뜻글자의 관문(關門)을 넘어서다

공자(孔子)와 제자 안회(顔回)가 환생(還生)하여 주고받은 가상(假想) 이야기

안회 : 스승님. 오늘날의 글자는 2500년 이전의 글자와는 너무나 많이 변하여 도저히 알아볼 수가 없습니다.

공자 : 그렇구나. 10년이면 강산도 변한다고 하지 않느냐. 그 많은 세월에 어찌 변하지 않을 수 있었겠는가? 글자가 많이 발전하였고 서체도 반듯하여 익히기가 훨씬 쉬워졌구나.

안회 : 스승님! 스승님의 말씀인 논어(論語)를 현세(現世)의 학자들이 강의(講義)를 하는데. 講 글자는 쓰기도 어렵거니와 어찌하여 「강론하다」는 뜻을 취하였는지요?

공자 : 현재의 글자는 부수(部首)를 조합하여 놓은 것으로 보면 된단다. 講이라는 글자는 말씀(言 말씀 언)을 서론과 본론, 결론에 이르기까지 짜임새 있게 얽어서(冓 얽을 구) 설명한다고 하여 「강론하다」는 뜻을 취한 것으로 보면 될 것 같구나.

안회 : 冓는 부수도 보이지 않고 자형(字形)이 복잡하여 쓰고 익히기가 매우 어렵습니다.

공자 : 冓는 비록 획수가 복잡하지만 잘 살펴보면 井(우물 정)과 再(거듭 재)의 결합이니라. 井은 二(두 이)를 서로 포개어 놓은 것이고, 再(거듭 재)는 工(만들 공)과 冂(거듭 모)의 결합이며, 冂는 冂(멀 경) 부수에 一(한 일)이 더하여져 있단다. 그리고 冓와 인연을 맺고 있는 購(살 구) 構(얽을 구) 溝(도랑 구) 글자들은 설문한자(說文漢字)를 읽어 보면 쉽게 이해를 할 것이니라. 안회야! 이렇게 글자를 풀어헤치고 배어 있는 뜻을 음미하면서 익히니 한결 쉬워 보이지 않느냐?

안회 : 예! 스승님. 복잡하고 난해한 부호처럼 보이던 글자도 어렵지 않으며, 오래도록 기억할 수 있을 것 같습니다. 또한 한 글자를 배우니 여러 글자들을 쉽게 터득하게 되오니, 이는 일석이조(一石二鳥)가 아니고 일석다조(一石多鳥)입니다. 스승님 감사합니다.

공자 : 안회야! 너는 과연 하나를 가르쳐 주면 둘을 아는 구나. "양자강 같은 큰 강물도 애초에는 잔을 띄울 정도로 가느다랗게 흐르는 시냇물에서 비롯한다"는 남상(濫觴)이란 낱말처럼 복잡하게만 보이던 冓 글자도 一 丨 冂 같은 간단한 부수에서 비롯하여 불어나 있다는 것을 알아야만 뜻글자를 익혔다고 과히 말할 수 있을 것이니라.

안회 : 스승님의 가르침을 받고 나니, 글자가 참으로 묘(妙)하고 흥미롭습니다. 부수를 제대로 익히는 것이 뜻글자의 관문(關門)을 통과하는 길임을 이제야 알겠습니다.

공자 : 네가 배움의 길을 알았다니 참으로 흐뭇하도다. 내가 죽고 난 다음에 공목(孔木)이라는 楷(공자나무/본보기 해) 글자까지 생겨났으니 나의 전생(前生)이 헛되지는 않았다는 생각이 드는구나. 안회야! 너는 전생에 명(命)이 짧아서 나보다 먼저 세상을 뜨지 않았더냐. 살기 좋은 이 세상에 좀 더 머물렀다가 오게나. 나는 다시 영면(永眠)하노라.

안회 : 선생님의 존명(尊名)과 楷 글자는 영원불멸(永遠不滅)할 것입니다. 편히 가십시오.

※ 楷(본보기/법식/해서/나무이름 해) 글자의 탄생

楷는 곡부(曲阜)에 있는 공자의 무덤에 자공(子貢 → 공자의 제자)이 심었다고 하는 나무(孔木 공목) 이름 글자로, 나뭇가지가 모두(皆 다/모두/함께 해) 반듯하게 자라나서 다른 나무의 본보기가 되었다는 나무(木)이라는 데서 「나무 이름(孔木). 본보기. 법식. (본보기가 되는 반듯한 글씨체이라는 데서) 해서」뜻을 취한 글자가 탄생된 것으로 보며, 이러하기에 자형(字形)이 가장 방정한 글씨체인 오늘날의 글자를 일컬어서 해서(楷書)라고 함.

※ 위의 楷와 유사한 전설(傳說)에 의하여 탄생된 模(본뜰/모범/주공묘에난나무 모) 글자(→ 본문 뜻풀이 글자 순번 1617 참조)가 있음.

부수의 조합으로 이루어진 흥미로운 뜻글자
說₍설₎文₍문₎漢₍한₎字₍자₎

鄭俊寬 著

현우사

머리말

한자(漢字)는 획수가 복잡하여 쓰고 익히기가 어려운 뜻글자임에도 日月(일월)과 같은 몇몇 상형 글자를 제외하고는 왜 이러한 뜻이 담겨 있는지에 대하여 알지 못한 채 지금껏 단순하게 음훈(音訓)만을 익혀 왔던 것이 사실이다. 뜻글자에서 뜻(訓)을 일으키는 부수(部首)와 뜻을 맺어 주는 다른 부수나 쪽자를 알지 못하고서 글자를 막연하게 익힌다는 것은 다양한 부호를 억지 주입식으로 암기하는 것과 다를 바 없기에 글자가 어렵게 느껴지고 또한 쉬이 잊어버린다고 보는 것이다.

漢字는 그림이나 매듭 같은 부호에서 출발하여 수천 년 동안 수많은 변모를 거듭하여 현재 우리가 쓰고 있는 해서(楷書)로 진화한 최적(最適)의 자형(字形)임에도 뜻을 풀이함에 있어서 오늘날의 글자를 인정하지 않고, 옛날의 글꼴과 본래의 뜻이 변하여 이러한 모양과 뜻을 지니게 되었다거나, 대다수의 글자를 형성(形聲) 문자로 분류한, 곧 부수는 의미(訓)를 나머지 부분(쪽자)은 소리(音)이라고 뜻풀이한 허신(許愼 AD 100년경)의 설문해자(說文解字)를 인용하여 설명하는 것은 글자를 이해하는 데 있어서 도움이 되지 않는다. 옛 글자들 가운데 부적합한 글자는 이미 도태(淘汰)되었으며 현재 우리가 쓰고 있는 글자는 자획의 구성과 의미가 가장 적절하게 표현된 최적의 글자로 보아야 하기에, 현재의 자형(字形)을 그대로 두고서 내포되어 있는 뜻이 풀이되어야 진정한 뜻글자이라고 단언(斷言)할 수 있을 것이다.

선현(先賢)들이 뜻글자를 창제하면서 뜻을 담아 두게 된 배경이나 설명을 남겨 놓지 않았다는 것은, 글자를 시각적(視覺的)으로 이해하여 충분히 터득할 수 있을 것으로 예견(豫見)하였기 때문이다. 漢字는 수많은 사물의 형상과 물정을 다양한 방법으로 구성하거나 조립하여 뜻(訓)을 묻어둔 글자이기에, 글자를 파자하여(깨뜨리어) 배어 있는 의미를 추리하여 연상할 수 있게끔 실마리를 끌어내어 익히는 것이 한결 바람직한 방도이라는 생각이 미치어, 천학(淺學)함에도 불구하고 용기를 내어 이 책을 엮은 것이다.

본 책자에서 파자(破字)와 뜻풀이 과정에 다소간 미흡한 점과 오류가 있을지라도 진일보(進一步)하는 단계라 여기시고 제현(諸賢)의 너그러운 이해를 바라며, 끝으로 이 책을 내기까지 물심양면으로 힘이 되어준 류경찬. 차흥도. 오석생 벗과 배용조 사장을 비롯한 주변 人士와 현우사 배영환 사장께 깊은 감사를 드리는 바이다.

2017. 2. 15.
엮은이 정 준 관

목차

▶ 한자의 이해 ················· 6
▶ 일러두기 ··················· 8
▶ 부수 학습에 대하여 ············· 9
▶ 암기용 부수 학습 ·············· 10
▶ 부수색인 (※ 일련번호는 글자 순번임)

1획	一	丨	丿	丶	亅	乙		
	0001	0017	0020	0028	0032	0036		
2획	人(亻)	儿	亠	二	匕	刀(刂)	勹	匚
	0044	0182	0199	0210	0219	0223	0263	0271
	凵	匸	几	厂	冫	冖	門	八
	0274	0280	0286	0290	0297	0310	0314	0320
	十	卩	入	力	又	厶	卜	
	0331	0344	0353	0358	0383	0394	0397	
3획	士	攵	子	彳	女	夊	尢	夂
	0402	0408	0413	0428	0455	0519	0522	0526
	山	巛(川)	寸	巾	小	宀	口	土
	0528	0557	0561	0572	0574	0578	0633	0650
	大	广	口	幺	弓	干	弋	工
	0729	0755	0788	0905	0910	0929	0935	0939
	己	尸	巿	工	夕	彐(彑)	彡	
	0945	0951	0970	0992	0997	1003	1008	
4획	日	月	火	水(氵)	牛(牜)	犬(犭)	毛	牙
	1018	1088	1099	1168	1375	1386	1416	1420
	手(扌)	爪(爫)	比	歹(歺)	木	片	爿	戶
	1422	1568	1573	1576	1589	1742	1746	1749
	戈	殳	斤	攴(攵)	父	爻	文	斗
	1757	1774	1783	1790	1815	1818	1821	1825
	心(忄)	气	无	方	氏	曰	止	欠
	1830	1969	1971	1973	1982	1985	1997	2006
	毋	支						
	2019	2023						
5획	玉(王)	白	瓦	玄	甘	瓜	生	田
	2025	2079	2087	2092	2095	2098	2101	2105
	石	穴	矛	矢	皮	用	禾	皿
	2131	2163	2180	2182	2189	2191	2193	2233
	疋(疌)	内	立	癶	目	疒	示	
	2247	2251	2254	2265	2269	2300	2342	
6획	羊	肉(月)	糸(사)	衣(衤)	米	耒	臼	缶
	2368	2376	2449	2540	2580	2599	2603	2609

	虫	舛	网(罒)	聿	竹	艸(艹)	而	西
	2612	2647	2650	2663	2667	2718	2833	2835
	虍	舌	血	色	老(耂)	臣	至	耳
	2840	2849	2853	2855	2857	2861	2865	2868
	舟	自	行	艮	羽			
	2884	2893	2895	2905	2908			
7획	邑(阝)	里	見	谷	酉	釆	赤	辰
	2919	2942	2947	2957	2960	2984	2988	2991
	豕	足(𧾷)	豸	身	貝	辵(辶)	車	走
	2994	2999	3028	3034	3037	3084	3158	3188
	言	豆	辛	角				
	3196	3306	3310	3318				
8획	長	阜(阝)	靑	門	雨	非	隶	金
	3323	3325	3367	3370	3393	3413	3415	3417
	隹							
	3479							
9획	首	頁	革	韋	音	香	風	飛
	3495	3497	3527	3536	3538	3542	3545	3550
	食	面	韭					
	3552	3573	3575					
10획	高	馬	髟	鬥	鬲	鬯	骨	鬼
	3577	3579	3606	3610	3614	3616	3618	3622
11획	魚	鹵	麻	麥	鹿	鳥		
	3644	3657	3660	3635	3666	3690		
12획	黍	黃	黑	黹				
	3630	3633	3639	3663				
13획	鼠	黽	鼎	鼓				
	3674	3681	3716	3721				
14획	鼻	齊			15획	齒		
	3672	3719				3677		
16획	龜	龍			17획	龠		
	3684	3686				3724		

- 간지(干支)에 대하여 ………………………………………………… 126
- 주관하는 부수(部首)는 거의 음(音)이 되지 않는다 ……………… 157
- 약자(略字)와 속자(俗字) ……………………………………………… 845
- 색인(가나다순) ………………………………………………………… 850

한자의 이해

- 한자어는 우리말이며, 漢字는 우리 조상이 남긴 유산으로 보아야 한다.
한자어(漢字語)는 우리 언어에 깊숙하게 자리매김하고 있는 엄연한 우리말이다. 우리 민족이 누리는 오늘날의 문명은 漢字와 더불어 한글이라는 문자에서 비롯하였으며 이들 문자는 우리 민족과 함께하여 왔고 함께하여야 할 영원한 동반자이다. 그 옛날 우리 조상(동이족)이 살았던 지역에서 출토된 갑골문(甲骨文)이 漢字의 기원(起源)이라는 점과, 글자 속에 우리 민족의 풍속과 관습이며 사상(思想)이 고스란히 배어 있는 점 등을 미루어 볼 때, 漢字는 우리 조상들이 주도하여 창제(創製)하였다고 과히 단언하는 바이다.

- 부수(部首)를 제대로 익힌다면 漢字는 결코 어려운 글자가 아니다.
漢字의 바탕을 이루는 부수를 지금껏 등한시하여 왔고 부수는 오르지 자전에서 글자를 찾기 위한 도구쯤으로 여겨 왔던 것이 사실이다. 뜻글자에서의 부수는 자형(字形)과 자의(字意)를 이루기에 소리글자인 한글의 자음과 모음, 영어의 알파벳을 아는 것 이상으로 중요하다. 예를 들어 획수가 적은 田(밭 전)과 土(흙 토) 부수를 익혀 두면 이보다 획수가 많은 里(마을 리 → 본문 2942 참조) 부수는 田과 土를 연결시켜 놓은 것임을 알게 되며, 나아가 「마을」이라는 뜻을 지닌 연유를 이해한다면 글자를 익히기가 훨씬 쉬워지는 것이다. 부수를 모르고서 완성 글자부터 익힌다는 것은 바쁘다고 하여 바늘허리에 실을 묶어서 바느질하는 것과 다름이 없음이다. 漢字의 구성과 자의(字意)는 부수에서 시작하여 부수에서 끝맺음하기에 부수를 제대로 알고 이들의 결합을 이해한다면 漢字는 결코 어렵지 않는 흥미로운 글자이다.

- 설문해자(說文解字)에서는 글자를 어떻게 풀이하였을까?.
허신(許愼)이 저술한 설문해자에, 篤(도타울 독) 글자에 대한 뜻풀이는 馬行頓遲也(마행돈지야 → 말이 머리를 숙이고 천천히 걸어감이다). 从馬(종마 → 말에서 의미를 따르고) 竹聲(죽성 → 죽이 소리이다)이라고 하였는데, 여기에서 篤(본문 2686 참조) 글자에 배어 있는 「순진하다. 도탑다」는 의미를 찾을 수 없으며, 오히려 의아스러운 해설이 곁들여져 있을 뿐이다. 이러하기에 설문해자는 오늘날의 글자를 이해하는 데 있어서 참고할 사항이 거의 없다고 보는 것이다.

- 漢字를 알면 한자 권역(圈域)의 외래어를 쉽게 익힐 수 있다.
漢字는 중어(中語)와 일어(日語)를 익히는 데 있어서 밑바탕이 되며 나아가 의사소통에서 공감대를 자아낸다. 지금 우리가 쓰는 漢字와 중국의 간화문자(簡化文字)인 간체자(簡體字)는 대동소이하다. 간체자의 대부분은 약자나 속자, 또는 획을 줄여 놓은 글자로서 우리가 현재 쓰고 있는 글자(楷書해서)를 알면 수일 이내에 터득할 수 있다.
예를 들어 약자가 간체자로 된 경우인 會(모을 회) → 会, 萬(일만 만) → 万, 與(줄 여) → 与

등이 있으며, 획수가 간략한 고어(古語)가 간체자로 회귀된 無(없을 무) → 无, 麗(고울 려) → 丽 등이 있고, 하나의 자획만을 취한 鄕(시골 향) → 乡, 飛(날 비) → 飞, 習(익힐 습) → 习 등이 있으며, 慶(경사 경)의 간체자인 庆 같은 글자는 새롭게 탄생된 글자로 볼 수 있으나 이와 같은 글자는 얼마 되지 않는다. 이와 같이 간화(簡化)된 글자 이외에 획수가 복잡한 言(말씀 언) 부수와 결합된 話(말씀 화) → 话, 談(말씀 담) → 谈, 金(쇠 금) 부수와 결합된 銅(구리 동) → 铜, 錫(주석 석) → 锡, 食(밥 식) 부수와 결합된 飯(밥 반) → 饭, 餘(남을 여) → 馀 등은 간화된 부수만을 사용하고 나머지(쪽자) 대부분은 번체자와 같기에 이들 부수와 결합된 글자를 제외하고 순수하게 간체자라고 볼 수 있는 것은 500여 글자에 지나지 않는다. 대만(臺灣)에서는 우리처럼 해서(楷書)를 쓰고 있으며, 일본도 자국에서 만든 소수의 글자를 제외하고는 우리가 쓰고 있는 글자를 그대로 쓰고 있기에 한자를 안다는 것은 이들 나라의 글자를 쉽게 터득할 수 있는 기반이 되는 것이다.

- 우리는 소리글자와 뜻글자를 함께 다루는 축복 받은 민족이다.

우리 민족은 이 지구상에서 쓰이는 글자 가운데 가장 과학적인 소리글자인 한글과 세상사의 물정을 함축시켜 놓은 유일무이(唯一無二)한 뜻글자를 함께 구사(驅使)하는 민족임을 자긍하고 글자를 창제한 선현들의 지혜로움에 경의를 표하여야 마땅하다. 漢字를 배운다는 것은 우리글을 보다 깊이 있고 바르게 아는 길이며, 우리의 아름다운 소리글자와 뜻글자가 교묘하게 어우러져, 그 어느 민족보다도 어휘력의 풍요로움을 누리고 있음을 감사히 여기고 이들의 글자를 더욱 더 아름답게 다듬고 소중하게 여겨야 할 것이다.

- 漢字는 세상사(世上事)의 이치(理致)와 물정(物情)을 담아 놓은 글자이다.

漢字는 하나의 글자에 일월(日月)과 같은 천체와 산천초목(山川草木)을 표현하였고, 이목구비(耳目口鼻)와 수족(手足)과 같은 글자들을 결합하여 다양한 동작과 용언을 표현하였으며, 의식(衣食)과 복효(卜爻) 같은 글자에는 생활상과 풍속이 담겨 있으며, 금금(今)거리는 소리를 현(絃) 모양에 결합시키어 琴(거문고 금)이라는 악기를, 약삭빠른 토끼가 거북이를 골려 주는 이야기에서 讒(참소할 참)이라는 의미를 도출하였으며, 죽마(竹馬)를 함께 타고 천진난만하게 뛰어놀던 어린 시절의 죽마고우(竹馬故友)에서 순진하고도 정분이 도탑다는 의미의 篤(도타울 독) 글자를 탄생시키는 등, 다양하고 다채로운 방법을 동원하여 세상사의 이치와 물정을 담아 놓은 흥미진진한 뜻글자이다. 기꺼이 상용(常用) 글자 정도는 익혀 두어야 할 것이다.

일러두기

-본 책자는 학습용 부수를 급수 순으로 배열하여 漢字 3725자를 뜻풀이하였다.
-다음의 예시에서

| 吾 나 오. 우리 오. | 0789-80 |

◉ 五(다섯 오) + 口 = 吾 (0211 참조)
☞ 다섯(五) 손가락을 자기 가슴에 대거나 손바닥으로 자기 가슴을 두드리면서 말하는(口) 것은 나(우리)를 가리키는 의미이라는 데서 「나. 우리」 뜻으로.
吾人(오인 - 나. 우리) 吾等(오등) 吾君(오군) 吾門(오문) 吾鼻三尺(오비삼척) 吾魚寺(오어사)

★ 吾(나/우리 오)와 결합을 이룬 글자.	0789 별첨
悟(깨달을 오)	☞ 心(1871) → 암울한 마음(忄)에서 깨어나 나(吾)의 참모습을 발견한다는 데서 「깨닫다」
語(말씀 어)	☞ 言(3198) → 나(吾)의 생각을 다른 사람에게 전하는(알리는) 말씀(言)이라는 데서 「말씀」

- 吾의 대표 음훈은 머리글자인 「나 오」이다.
- 0789-80은 뜻풀이 글자(3725자) 가운데 일련번호는 789이며, 80은 8급임을 명시.
- ◉는 吾 글자의 파자(破字).
- 吾 (0211 참조)의 0211은 일련번호 0211에서 五의 뜻풀이가 되어 있음을 명시.
- ☞는 吾에 대한 뜻풀이.
- ★는 吾와 결합을 이룬 글자로서 悟는 心 부수, 1871 순번에서 뜻풀이한 글자임을 명시.
- 위의 吾처럼 색상이 들어 있는 글자는 상용 글자(1817자)이며, 무색은 2급 이상의 글자임.
- 장음(長音)은 命:(목숨 명)처럼 :과 같이 표시, 장음과 단음이 한자어에 따라 달리하는 것은 長(:)(긴 장)처럼 (:)같이 표기.
- 급수는 한국어문회 급수별 기준에 따라 80(8급) 70(7급) 60(6급) 50(5급) 42(4급Ⅱ) 40(4급) 32(3급Ⅱ) 30(3급) 20(2급) 10(1급) 00(1급 이상)으로 표기.
- 초등학교 수준(1000자 → 4급), 중·고등학교 수준(1817자 → 3급), 대학·일반 수준(2355자 → 2급), 고급 수준(3500자 → 1급), 1급 이상(3500 초과)으로 가늠.
- 자음(字音)에 따른 가나다순 색인은 책자 말미에 수록.

- 글자의 뜻을 풀이한 것은 추측이고 추리이다. 특히 강과 물 이름, 지명 등의 고유 명사는 필자가 글자를 창제할 당시의 인물도 아니며, 또한 그러한 곳을 답사한 적도 없기에 자형에 배어 있는 의미를 추측하여 풀이한 것이며, 이는 오로지 의미를 상상(想像)하고 연상(聯想)하여 글자를 보다 쉽고 오래도록 기억하기 위한 방편이라는 점을 밝혀 두는 바이다.

부수 학습에 대하여

자전(字典)에 수록되어 있는 부수(部首) 214자는 연상(聯想)하여 익히기가 힘들뿐 아니라 설령 익혀 놓아도 쉽게 잊는다. 이에 부수를 획수별(11획에서 17획까지는 한데 묶음)로 암기할 수 있도록 별첨과 같이 문구화(文句化)하였다.

부수는 획수별로 자수(字數)가 다르고 한정되어 있으며 일부 부수는 순수하게 부수로만 쓰이기에 이를 문구로 엮는다는 것은 가능하지 않다. 그러나 뜻이 유사(類似)하거나 대칭(對稱)이 되는 글자를 4자씩 엮어 천자문(千字文) 흉내를 내어 본 것은 오로지 부수를 연상할 수 있도록 하기 위한 방편이며, 또한 가정적이고 추리적인 해설을 곁들여 놓은 것은 보다 쉽게 오래도록 기억하기 위한 수단으로써, 문법적으로는 맞지 않거나 불안전한 점이 있음을 밝혀 두며, 또한 이는 다른 문장에 인용하여 쓸 문구가 아님을 전제(前提)한다.

이렇게 문구화한 부수를 초·중·고등학생에게 설명하고 이들에게 하루에 한 두 시간을 할애하여 익히게 하였더니 2주일 만에 전체 부수를 외우고 쓸 수 있었기에, 이에 용기를 얻어 본 책자에 수록한 것이다. 부수를 굳이 암기까지 할 필요가 있겠는가라고 반문하겠지만 한자 입문(漢字入門)에 앞서서 이들 부수를 완벽하게 안다는 것은 수학(修學)의 지름길이 되기 때문이다. 부수 214자 가운데 日月火水(일월화수)처럼 어차피 익혀 두어야 할 제부수로 쓰이는 글자가 168자이며, ㅣㄱ一宀(곤별멱면) 등과 같이 순수하게 부수로만 쓰이는 글자는 46자이며, 이들은 부수로서의 쓰임이 더욱 더 중요하기에 모든 부수를 익힐 수 있도록 한 것이다. 부수를 안다는 것은 배우고자 하는 모든 글자의 1/3 정도를 이미 터득한 것이나 다름이 없을 정도로 한자 학습에 있어서 그 차지하는 비중이 지대하기에 재삼 강조하는 것이다.

★ 부수(部首)와 부수의 쓰임을 터득하면
- 글자의 자형(字形)을 시각적(視覺的)으로 받아들이어,
- 글자를 보다 쉽게 터득할 수 있다.
- 글자에 배어 있는 의미를 추리하고 연상(聯想)할 수가 있어서,
- 글자가 친근하고 흥미롭게 느껴져 보다 오래도록 기억할 수가 있다.

- 부수 명칭과 그 쓰임이 다른 경우, 예를 들어 貝(조개 패)는 주로 재물(돈) 의미로, 示(보일 시)는 귀신, 酉(닭 유)는 술(酒), 辛(매울 신)은 죄(罪), 自(스스로 자)는 주로 코 의미로 쓰이는 등 부수의 명칭과는 다른 의미로 쓰이는 경우가 더러 있음으로, 해당 부수를 설명한 본문에서 자원(字源)과 그 쓰임을 알아 두자.

암기용 부수

- 부수 1획 -			
一	丨	丿	丶
한 일	뚫을 곤丨 위아래통할 신	삐침 별	불똥 주

※ 하나(一)의 막대가 세로로 세워져 있으면 위아래로 통한다(丨)는 의미, 위에서 좌측으로 끌어내림을 삐침(丿)이라 이르고, 제자리에 점찍어 놓은 모양은 불똥 주(丶)이다.

亅	乙		
갈고리 궐	새 을		

※ 끝머리를 구부려 놓으면 갈고리(亅), 몸체를 구부려 놓으면 새 을(乙) 글자이다.

-부수 2획-			
人(亻)	儿	亠	二
사람 인	어진사람 인	머리 두	두 이

※ 사람(人)과 어진 사람(儿)이 나란히 서 있으면 머리(亠) 수효는 둘(二)이다.

匕	刀(刂)	勹	匸
비수 비	칼 도	쌀 포	감출 혜

※ 비수(匕)와 칼(刀)은 위험하므로 (사용하지 않을 때는) 보자기에 싸(勹) 두거나 감추어(匸) 둔다.

凵	匚	几	厂
입벌릴 감	상자 방	책상/안석 궤	굴바위/언덕 엄

※ 입을 벌린 모양을 감(凵), 눕혀 놓은 상자 모양은 방(匚)이라 이르며, 평평한 판자에 다리를 받쳐 놓은 모양을 궤(几)라 이르고, 비탈진 모양은 굴바위 엄(厂) 글자이다.

冫	冖	八	冂
얼음 빙	덮을 멱	여덟 팔	멀 경

※ (빙하기에는) 얼음(冫)이 팔방(八方)으로 멀리(冂)까지 덮이어(冖) 온 누리가 빙하를 이루었을 것이다.

十	卩 (㔾)	入	力
열 십	병부 절	들 입	힘 력

※ (전국 시대(戰國時代)에는) 임금은 <u>열</u>(十) 곳, 곧 여러 곳의 제후들에게 <u>병부</u>(卩)를 띄워 군사들의 <u>힘</u>(力)을 <u>끌어들이어</u>(入) 끊임없이 전쟁을 일삼았다.

又	厶	卜	
또 우	사사로울 사	점 복	

※ (〃) <u>또한</u>(又) 전쟁에 임하는 지휘관은 <u>사사롭게(개인적으로)</u>(厶) 승운(勝運)에 대하여 <u>점괘</u>(卜)를 뽑아 보기도 하였을 것이다.

- 부수 3획 -

士	夊	子	彳
선비 사	길게걸을 인	아들 자	자축거릴 척

※ (걸음걸이) <u>선비</u>(士)는 긴 <u>걸음걸이</u>(夊)로 걷고, <u>아들</u>(子)은 키가 작아 <u>자축거리며</u>(彳) 걷는다.

女	夂	尢	夊
계집 녀	천천히걸을 쇠	절름발이 왕	뒤져올 치

※ (〃) <u>여자</u>(女)는 <u>천천히 걸으며</u>(夂) <u>절름발이</u>(尢) 장애인은 <u>뒤져 온다</u>(夊).

山	巛 (川)	寸	屮
뫼 산	내 천	마디 촌	싹날 철

※ (봄이 오면) <u>산</u>(山)과 <u>냇가</u>(巛)에는 초목의 <u>마디</u>(寸)마다 <u>새싹이 돋아난다</u>(屮).

小	宀	囗	土
작을 소	움집 면	에울 위	흙 토

※ (옛날의 움집 모양) <u>작은</u>(小) <u>움집</u>(宀)의 가장자리는 <u>흙</u>(土)으로 <u>에워(둘러)</u>(囗) 놓아서 빗물이 스며들지 않았을 것이다.

大	广	口	幺
큰 대	돌집 엄	입 구	작을 요

※ (옛날의 돌집 모양) 큰(大) 돌집(广)은 입구(口)를 작은(幺) 곳으로 선택하여 비바람과 추위를 피하였을 것이다.

弓	干	弋	工
활 궁	방패 간	주살 익	장인 공

※ (옛날의 무기) 활(弓)과 방패(干) 그리고 주살(弋) 같은 무기는 장인(工)이 만들었다.

己	尸	巾	廾
몸 기	주검 시	수건 건	손맞잡을 공

※ (초상을 당하면) 몸(己)이 주검(尸)에 이르면 (입관하기 이전에) 깨끗한 수건(천)(巾)을 두 손으로 맞잡아(廾) 안면을 가리어 놓는다.

夕	彐(⺕)	彡	
저녁 석	돼지머리 계	털무늬/터럭 삼	

※ (저녁 풍경) 저녁(夕)노을은 돼지머리(彐)의 털 무늬(彡)도 검붉게 물들인다.

- 부수 4획 -

日	月	火(灬)	水(氵)
날(해) 일	달 월	불 화	물 수

※ (태초에는) 해(日)와 달(月)이 생겨나고 뒤이어 불(火)과 물(水)이 생겨났을 것이다.

牛(牜)	犬(犭)	毛	牙
소 우	개 견	털 모	어금니 아

※ (신생대에는) 소(牛)와 개(犬)는 털(毛)이 돋아나고 어금니(牙)가 튼튼하게 진화하였을 것이다.

手(扌)	爪(爫)	比	歹(歺)
손 수	손톱 조	비할 비	뼈앙상할 알

※ (원시 시대에는) 손(手)에 돋아 있는 손톱(爪)은 깍지 않아서 뼈 앙상한(歹) 모양에 비할(견줄)(比) 정도로 길게 자라났을 것이다.

木	片	爿	戶
나무 목	조각 편	조각널 장	지게문 호

※ (옛날에는) 나무(木) 조각(片)과 조각널(널판자)(爿)로 지게문(戶)을 만들었다.

戈	殳	斤	攴(攵)
창 과	날없는창 수	도끼 근	똑똑두드릴/칠 복

※ (〃) 창(戈)과 날 없는 창(殳) 그리고 도끼(斤) 같은 무기나 연장은 쇠를 달구어 똑똑 두드리어(攴) 만들었다.

父	爻	文	斗
아비 부	사귈 효	글월 문	말 두

※ (근년에 와서) 아버지(父)께서는 한학 분야의 글월(문장)(文)에 태산과 두성인 태두(泰斗)로 일컫는 위대한 학자와 사귀었다(爻).

心(忄)	气	无	方
마음 심	기운 기	없을 무	모 방

※ (한학자인) 그 분의 마음(心)에는 덕스러운 기운(气)이 가득하여 모남(方)이 없어(无) 보였다.

氏	曰	止	欠
성씨 씨	가로되 왈	그칠 지	하품 흠

※ (〃) 그 분(氏)께서 가로되(이르되)(曰) 다른 사람 앞에서 하품(欠)이 나오면 이내 그쳐야(止) 한다고 하였으며.

毋	支		
말 무	지탱할 지		

※ (〃) 또한 남에게 지탱하는(支), 곧 의지하려는 생각은 갖지 말라고(毋) 하셨다.

- 부수 5획 -

玉	白	瓦	玄
구슬 옥	흰 백	기와 와	검을 현

※ (구슬과 기와) 구슬(玉)은 주로 흰(白) 빛깔을 띠고 기와(瓦)는 주로 검은(玄) 빛깔이다.

甘	瓜	生	田
달 감	오이 과	날 생	밭 전

※ (농산물) 단맛(甘)이 나는 오이(瓜)는 밭(田)에서 자라난다(生).

石	穴	矛	矢
돌 석	구멍 혈	창 모	화살 시

※ (유물 탐사에서) 석혈(石穴), 곧 바위 동굴에는 먼 옛날에 쓰였던 창(矛)과 화살(矢)이 발견되기도 하며.

皮	用	禾	皿
가죽 피	쓸 용	벼 화	그릇 명

※ (〃) 가죽(皮)은 벼(禾)를 담는 그릇(皿)으로 쓴(사용한)(用) 흔적이 있으며.

疋(疋)	内	立	癶
발 소	짐승발자국 유	설 립	걸을 발

※ (〃) 사람 발(疋)과 짐승 발자국(内)이 서(立) 있었고 걸어(癶) 다녔던 화석들도 발견되었다.

目	疒	示(礻)	
눈 목	병 역	보일 시	

※ (〃) 이러한 유물을 발굴하고 오래도록 관찰하느라 눈(目)이 충혈되어 병(疒)이 난 것처럼 보인다(示).

- 부수 6획 -

羊	肉(月)	糸	衣(衤)

양 양	고기 육	실 사	옷 의

※ 양(羊)으로부터 고기(肉)를 얻고 양털로 실(糸)을 만들어 옷감(衣)을 짠다.

米	耒	臼	缶(缶)
쌀 미	쟁기 뢰	절구 구	장군 부

※ 쌀(米)을 생산하는 데는 쟁기(耒)와 절구(臼)와 장군(缶) 같은 기구와 용기를 사용한다.

虫	舛	网(罒)	聿
벌레 충	어그러질 천	그물 망	붓 률

※ 좀 같은 벌레(虫)는 그물(网)이나 붓(聿)을 갉아서 어그러지게(舛) 하기도 한다.

竹	艸(艹)	而	襾(覀)
대 죽	풀 초	말이을 이	덮을 아

※ 옛날에는 대나무(竹)와 풀(艸) 같은 초목을 서로 이어서(而) 초가지붕을 덮었다(襾).

虍	舌	血	色
범 호	혀 설	피 혈	빛 색

※ (날고기를 먹은) 범(虍)의 혀(舌)는 피(血) 빛(色)을 띠어 불그스레할 것이다.

老(耂)	臣	至	耳
늙을 로	신하 신	이를 지	귀 이

※ 늙으신(老) 신하(臣)는 들으면 곧바로 이해한다는 이순(耳順 → 60세)의 나이에 이르시었다(至).

舟	自	行	艮
배 주	스스로 자	갈 행	그칠 간

※ 돛을 단 배(舟)는 바람에 의하여 스스로(自) 가기(行)도 하고 그치기(艮)도 한다.

羽 →		깃 우	※ 깃(羽)이 있는 새는 스스로 난다.

- 부수 7획 -

邑(阝)	里	見	谷
고을 읍	마을 리	볼 견	골 곡

※ 고을(邑)의 시골 마을(里)에서는 골짜기(谷)를 볼(見) 수 있다.

酉	釆	赤	辰
닭 유	분별할 변	붉을 적	별 진

※ 닭(酉)은 붉은(赤) 별(辰)을 분별하는(釆) 것처럼 별이 뜰 무렵에 잠자리에 들고 별이 질 무렵이면 잠에서 깨어난다.

豕	足(𧾷)	豸	身
돼지 시	발 족	발없는벌레 치	몸 신

※ 돼지(豕)는 발(足)로 걸어 나가고, 발 없는 벌레(豸)는 몸(身)을 움직여 나아간다.

貝	走(辶)	車	走
조개 패	쉬엄쉬엄갈 착	수레 거	달아날 주

※ (촉수로 이동하는) 조개(貝)는 쉬엄쉬엄 가며(辶), (바퀴가 달려 있는) 수레(車)는 달아나는(走) 것처럼 빠르게 굴러간다.

言	豆	辛	角
말씀 언	콩 두	매울 신	뿔 각

※ 말씀(言)인즉 콩(豆)은 오곡의 하나, 매운맛(辛)은 오미의 하나, 뿔 각(角)이 「소리이름 각」일 때에는 오성(五聲)의 하나이다.

- 부수 8획 -

長(镸)	阜(阝)	靑	門
긴 장	언덕 부	푸를 청	문 문

※ 여기에서 長阜는 긴(長) 언덕(阜), 靑門은 푸른(靑) 문(門)이라는 의미이다.

雨	非	隶	金

비 우	아닐 비	미칠 이	쇠 금

※ 비(雨)가 내리면 쇠(金)에는 크게 영향이 미치지(隶) 아니(非)하지만.

隹			
새 추			

※ 새(隹)는 (날개가 비에 젖어) 날아다니는 데 지장을 받을 것이다.

- 부수 9획 -

首	頁	革	韋
머리 수	머리 혈	가죽 혁	다룬가죽 위

※ 머리 수(首)와 머리 혈(頁)은 훈이 같으며, 가죽 혁(革)과 다룬가죽 위(韋)는 훈(뜻)이 비슷하다.

音	香	風	飛
소리 음	향기 향	바람 풍	날 비

※ 소리(音)와 향기(香)는 바람(風)을 타고 멀리까지 날아간다(飛).

食	面	韭	
밥 식	낯 면	부추 구	

※ 밥(食)과 면(마주)(面)하고 있는 반찬은 부추(韭) 나물이다.

- 부수 10획 -

高	馬	髟	鬥
높을 고	말 마	머리털 표	싸움 투

※ (옛날 전쟁터에서) 장군은 높은(高) 말(馬)에 올라앉아 머리털(髟)을 휘날리며 격렬하게 싸움(鬥)을 하였을 것이다.

鬲	鬯	骨	鬼
오지병 격	술 창	뼈 골	귀신 귀

※ (〃) 장군은 오지병(䍃)의 술(鬯)을 부어서, 전사자를 묻어 놓은 무덤 속의 뼈(骨)에 깃들어 있다고 하는 귀신(鬼)인 넋(혼백)을 위로하였을 것이다.

- 부수 11획~17획 -

黍(12획)	黃(12획)	麥(12획)	黑(11획)
기장 서	누를 황	보리 맥	검을 흑

※ 기장(黍)으로 지은 기장밥은 누른(黃) 빛깔을 띠고, 보리(보리쌀)(麥)로 지은 보리밥은 검은(黑) 빛깔이 감돈다.

魚(11획)	鹵(11획)	麻(12획)	黹(12획)
고기 어	소금밭 로	삼 마	바느질할 치

※ 고기(魚)는 소금(鹵)에 절이어 젓갈을 만들고, 삼(麻)에서는 실을 뽑아 바느질한다(黹).

鹿(11획)	鼻(11획)	鼠(13획)	齒(15획)
사슴 록	코 비	쥐 서	이 치

※ 사슴(鹿)은 코(鼻)가 발달되어 냄새를 잘 맡으며, 쥐(鼠)는 이(齒)가 발달하여 딱딱한 먹이도 잘 갉아먹는다.

黽(13획)	龜(16획)	龍(16획)	鳥(11획)
맹꽁이 맹	거북 귀	용 룡	새 조

※ 맹꽁이 맹(黽)과 거북 귀(龜) 글자는 닮은 모양이며, 용(龍)을 닮은 새(鳥)를 익용이라 이른다.

鼎(13획)	齊(14획)	鼓(13획)	龠(17획)
솥 정	가지런할 제	북 고	피리 약

※ 여기에서 鼎齊(정제)는 솥(鼎)이 가지런하게(齊) 놓여 있다는 의미이며, 鼓龠(고약)은 북(鼓)과 피리(龠)이라는 악기를 의미하는 글자이다.

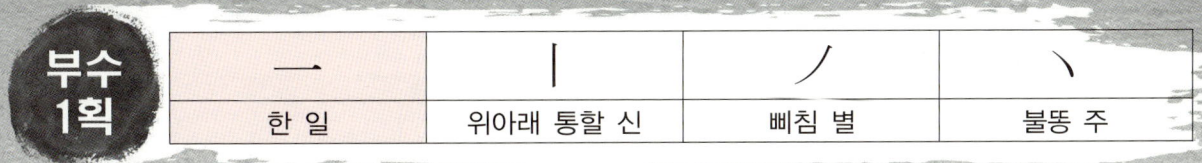

부수 1획	一	ㅣ	ノ	丶
	한 일	위아래 통할 신	삐침 별	불똥 주

一   한 일. 하나/고를/같을/첫째/한번/낱/통일/혹/만일/합할 일. 0001-80

자원 一 → 가로로 그어 놓은 하나의 선 모양.

쓰임 「하나. 첫째. 합하다. 같다. 지평선. 一 모양」과 의미로 쓰임.

※ 「一」은 그 쓰임에 따라 하늘과 땅 그리고 사람, 수평선이나 지평선, 심지어 둥근 모양을 표현하기도 하는바, 王(임금 왕) 글자에서 위쪽 一은 하늘, 아래쪽 一은 땅, 가운데 一은 사람을 의미한 것으로 보이며, 頁(머리 혈)에서 위쪽 一은 머리, 目(눈 목) 글자 속의 두 선(=)은 둥근 눈동자를 표현하였으며, 旦(아침 단)에서 一은 지평선(수평선)을, 음양(陰陽)에서 一은 양(陽)을, --은 음(陰)의 부호인 바, 이와 같이 다양한 쓰임과 의미를 지니고 있을 뿐만 아니라 모든 글자를 구성하는 데 있어서 가장 기초적이면서 가장 많이 쓰이는 부호이기도 함.

一刻(일각 - 짧은 시간) 一念(일념) 一時(일시) 一貫(일관) 一色(일색) 一針(일침) 一片丹心(일편단심)

三   석 삼. 자주/이따금/여러사람 삼. 0002-80

◉ 一 × 3 = 三

☞ 일(一)이 셋(3)이라는 데서 「삼」 뜻으로.

三寸(삼촌 - 아버지의 동생) 三權(삼권) 三板兩勝(삼판양승) 三顧草廬(삼고초려)

七   일곱 칠. 0003-80

◉ 一 + ㄴ(= 乙 「새/생선창자/굽힐 을」→ 「굽은 모양」을 의미) = 七

※ 勹(일곱 칠)은 七의 본래 글자(本字). 하늘(一)에 떠 있는 구기 모양(勹)의 북두칠성을 표현.

☞ 하늘(一)에 구기(국자) 모양처럼 굽은(ㄴ) 형상으로 드리워져 있는 북두칠성의 별 수효에서 「칠」 뜻으로.

七星(칠성 - 북두칠성) 七書(칠서) 七去之惡(칠거지악) 七言律詩(칠언율시)

上   윗 상: 꼭대기/높을 상. 0004-70

◉ ㅣ(위아래통할 신ㅣ뚫을 곤) + -(= 丶 불똥/점/표할 주) + 一 = 上

☞ 지면(一) 위쪽으로 뻗어 올라간(ㅣ) 높은 지점(- = 丶)이라는 데서 「위. 꼭대기. 높다」 뜻으로.

上品(상:품 - 품질이 좋은 물건) 上昇(상:승) 上級(상:급) 上流(상:류) 上部(상:부) 上訴(상:소)

下   아래 하: 밑/내릴/천할 하. 0005-70

◉ 一 + ㅣ(위아래통할 신ㅣ뚫을 곤) + 丶(불똥/점/표할 주) = 下

☞ 지면(一) 아래쪽으로 뻗어 내려간(ㅣ) 낮은 지점(丶)이라는 데서 「아래. 밑」 뜻으로.

下肢(하:지 - 두 다리) 下落(하:락) 下級(하:급) 下等(하:등) 下職(하:직) 下旬(하:순) 下午(하:오) 下校(하:교)

不 아닐 불. 아니/아니그런가 부. 0006-70

◉ {一 + 卜 = 下(아래 하)} + ノ(삐침 별 → 「끌어내리다」는 의미로 쓰임) = 不
☞ 아래(下)로 곧장 내려오지 못하고 좌측으로 비스듬하게 삐쳐진(끌어내려진)(ノ) 모양, 곧 반듯하게 내려오지 아니한 모양이라는 데서 「아니다」 뜻으로.
※ 不 글자와 이어지는 다음 글자의 첫소리가 ㄷ.ㅈ 이면 「부」로 발음됨.
不明(불명 - 분명하지 않음) 不正(부정) 不良(불량) 不能(불능) 不滿(불만) 不變(불변) 不潔(불결)

★ 不(아닐 불 | 아니 부)와 결합을 이룬 글자.		0006 별첨
否(아닐 부)	☞ 口(0818) → 아니(不)라고 부정하여 말한다(口)는 데서 「아니다」 否認(부인)	
杯(잔 배)	☞ 木(1643) → 불(不) 글자 형상처럼 돌출된 손잡이가 달린 나무(木)로 된 기물이라는 데서 「잔」 祝杯(축배)	
盃(잔 배)	☞ 皿(2246) → 불(不) 글자 형상처럼 돌출된 손잡이가 달린 그릇(皿)이라는 데서 「잔」	
丕(클 비)	☞ 一(0014) → 아래 0014 참조	
歪(비뚤 왜)	☞ 止(2005) → 바르게(正) 서 있는 모양이 아니다(不)는 데서 「비뚤다」 歪曲(왜곡)	

世 인간 세: 세대/세상/서른해 세 | 날 생. 0007-70

◉ 十(열 십) + 廿(스물 입) + 一 = 世
☞ 열(十)과 이십(廿)이 한데(一) 이어진(합하여진) 햇수이라는 데서 「서른 해」 뜻을. 서른 해(30년)가 한 세대를 이루어 면면히 이어져 나가는 것이 인간사(세상살이)라는 데서 「세대. 인간. 세상. (세대를 이루어 사람들이 태어)나다」 뜻으로.
世上(세:상 - 모든 사람들이 살고 있는 지구 위) 世界(세:계) 世代(세:대) 世態(세:태) 世子(세:자)

★ 世(인간/세대/서른해 세 | 날 생)와 결합을 이룬 글자.		0007 별첨
貰(세놓을 세)	☞ 貝(3071) → 세대(世)를 구분 짓는 것처럼 일정한 기한을 설정하여 두고 물건(재산)을 사용(수익)토록 하는 대가로 돈(貝)을 주고받는 행위이라는 데서 「세놓다. 세내다」 傳貰(전세)	
泄(샐 설)	☞ 水(1340) → 물(氵)이 (안에서 바깥으로) 스미어 나온다(世)는 데서 「새다」 泄瀉(설사)	

丁 고무래/장정 정. 넷째천간/성할/당할/말뚝박는소리/성(姓) 정. 0008-40

◉ 一 + 亅(갈고리 궐) = 丁

고무래(丁)

※ 고무래 → 곡식을 그러모으고 펴며, 논밭의 흙을 고르는 데 쓰는 널조각에 자루를 끼워 놓은 기구.
☞ 평평한 판자(一)에 길쭉한 자루(亅)를 끼워 놓은 고무래 모양에서 「고무래」. 정정(쩡쩡)(丁丁)거리며 울리는 소리이라는 데서 「말뚝 박는 소리」 뜻을. 한편 식물의 성장 과정을 순차적(10등분)으로 열거하여 놓은 천간(天干)에서 식물의 뿌리가 지면(一) 아래로 갈고리(亅)처럼 성하게 뻗어 나가는 시기에 해당하는 천간이라는 데서 「넷째 천간. (식물이)성하다. (성하게 자라난)장정」 뜻으로.
壯丁(장:정 - 성년이 된 남자) 兵丁(병정) 丁巳(정사) 目不識丁(목불식정) 丁若鏞(정약용 - 실학자)

一 부수(자원과 쓰임 → 0001 참조)

★ 丁(고무래/장정/성할/당할/말뚝박는소리 정)과 결합을 이룬 글자.		0008 별첨
頂(정수리 정)	☞ 頁(3509) → 고무래(丁)의 널조각 모양처럼 생긴 머리(頁) 부위이라는 데서 「이마. 정수리」
訂(바로잡을 정)	☞ 言(3243) → (잘못된 것을) 당하게(이치에 맞게)(丁) 말한다(言)는 데서 「바로잡다」
汀(물가 정)	☞ 水(1302) → 물(氵)이 정(丁) 글자 형상처럼 구부정하게 둘리어 있는 해안 지대이라는 데서 「물가」
町(밭두둑 정)	☞ 田(2126) → 밭(田)의 언저리에 정(丁) 글자 형상을 이루어 둘리어 있는(밭을 경계 지어 놓은) 밭두둑 모양이라는 데서 「밭두둑」 町步(정보)
酊(술취할 정)	☞ 酉(2981) → 술(酉)을 성하게(丁) 마신 상태이라는 데서 「술 취하다」 酒酊(주정)
釘(못 정)	☞ 金(3466) → (널조각에 자루를 끼워 놓은) 고무래(丁) 모양처럼 넓적한 머리와 몸체(자루)로 이루어져 있는 쇠(쇠붙이)(金)이라는 데서 「못」 押釘(압정)
打(칠 타)	☞ 手(1424) → 손(扌)으로 정정(丁)거리는 소리가 나도록 말뚝을 내려친다는 데서 「치다」

丈 어른 장: 장부/장인/열자/길/지팡이 장. 0009-32

◉ 一 + 又(다스릴 예) = 丈 또는 {一 + ㅣ = 十(열 십)} + 乀(파임 불) = 丈

☞ 하나(一)의 가족(일족)을 다스리는(又) 사람이라는 데서 「어른. 장부. 장인」 뜻을. 한편 열(十) 척(尺)이나 될 정도로 깊숙하게 파여(乀) 있는 깊이나 길이이라는 데서 「열자(十尺). 길다. (길쭉한)지팡이」 뜻으로.

丈夫(장:부 - 장성한 남자. 사내답고 씩씩한 남자) 丈人(장:인 - 아내의 친아버지) 丈尺(장:척)

★ 丈(어른/장부/장인/열자/길/지팡이 장)과 결합을 이룬 글자.		0009 별첨
杖(지팡이 장)	☞ 木(1704) → 나무(木)로 된 지팡이(丈)이라는 데서 「지팡이」 杖刑(장형)
仗(무기 장)	☞ 人(0162) → 사람(亻)이 호신용으로 허리춤에 차고 다니는 지팡이(丈)이라는 데서 「무기」

丙 남녘 병: 셋째천간/밝을 병. 0010-32

◉ 一 + 冂(멀 경ㅣ빌 형) + 人 = 丙

☞ 지면(一) 아래쪽에 빈 공간(冂)에 식물의 뿌리가 인(人) 글자 형상처럼 뻗어 있는 모양, 이는 곧 식물의 성장 과정을 순차적(10등분)으로 열거하여 놓은 천간(天干)에서 식물의 뿌리가 갈래 져서 뻗어 나는 시기에 해당하는 천간이라는 데서 「셋째 천간. (셋째 천간이 가리키는 방향 인)남녘. (밝은 남녘에서)밝다」 뜻으로.

丙寅(병:인 - 육십갑자의 셋째 해) 丙子胡亂(병:자호란) 丙坐壬向(병:좌임향) 甲乙丙丁(갑을병정)

★ 丙(남녘/밝을/셋째천간 병)과 결합을 이룬 글자.		0010 별첨
病(병 병)	☞ 疒(2301) → 무더운 남녘(丙)처럼 몸에 열이 오르면서 통증이 수반되는 병(疒)이라는 데서 「병. 아프다」 病院(병원)
昞(밝을 병)	☞ 日(1069) → 해(日)가 지구와 가까이 떠 있는 남녘(丙)은 매우 밝다는 데서 「밝다」
昺(밝을 병)	☞ 日(1070) → 해(日)가 지구와 가까이 떠 있는 남녘(丙)은 매우 밝다는 데서 「밝다」
炳(불꽃 병)	☞ 火(1137) → 불(火)이, 남녘(丙)의 밝은 햇빛처럼 밝게 피어오르는 모양이라는 데서 「불꽃」
柄(자루 병)	☞ 木(1669) → 남녘丙으로 길게 자라난 나뭇가지(木)는 연장의 자루로 쓰이는 데서 「자루」

且 또 차: 장차/이 차 | 수두룩할/많을 저.

0011-30

● 一 + 冂(멀 경 | 빌 형) + 二(두 이) = 且
☞ 지면(一) 위의 빈 공간(冂)에 물건을 쌓고(一) 또 쌓아(一) 놓은 모양, 곧 물건을 수없이 많이 (수두룩하게) 쌓아 놓은 모양이라는 데서 「또. 수두룩하다. (또다시 쌓이는 물건을 가리키는) 이. (또다시 도래되는)장차」 뜻으로.

且置(차:치 - 내버려 둠) 且說(차:설) 且信且疑(차:신차의) 重且大(중:차대) 苟且(구차)

| ★ 且(또/장차 차 \| 수두룩할/많을 저)와 결합을 이룬 글자. | 0011 별첨 |

沮(막을 저) ☞ 水(1282) → 토석을 수두룩하게(且) 쌓아 물(물길)(氵)을 막는다는 데서 「막다」

咀(씹을 저) ☞ 口(0889) → 입(口)에 음식물을 넣어 수없이(且) 반복하여 씹는다는 데서 「씹다」

狙(원숭이 저) ☞ 犬(1403) → 나뭇가지를 수두룩하게(且) 쌓아 하룻밤을 지낼 잠자리를 마련하는 개(犭)와 유사한 짐승이라는 데서 「원숭이」 狙擊(저격)

詛(저주할 저) ☞ 言(3282) → 말(言)을 수두룩하게(且) 늘어놓는, 곧 했던 말을 수없이 되풀이하여 남이 잘못 되기를 빈다는 데서 「저주하다」 詛呪=咀呪(저주)

祖(할아버지 조) ☞ 示(2343) → 여기에서 且는 위패(位牌 → 신주를 적은 나무패) 모양을 표현. 차(且) 글자 형상처럼 생긴 위패에 모시는 신위(示 → 神位)이라는 데서 「조상. 할아버지」

助(도울 조) ☞ 力(0366) → 다른 사람의 하는 일에 많은(且) 힘(力)을 보탠다는 데서 「돕다」 助力(조력)

組(짤 조) ☞ 糸(2473) → 실(糸)을 수두룩하게(많이)(且) 겹쳐지게끔 하여 베를 짜거나 끈을 꼰다는 데서 「짜다. 끈」 組成(조성)

租(조세 조) ☞ 禾(2212) → 나라에서 농가로부터 조세 명목으로 벼(禾)를 거두어들이어 수두룩하게(且) 쌓아 놓은 모양에서 「쌓다. 조세」 租稅(조세)

粗(거칠 조) ☞ 米(2590) → 쌀(米)에 쌀겨가 수두룩하게(且) 붙어 있어 낱알이 굵고 거칠어 보인다는 데서 「크다. 거칠다」 粗雜(조잡)

阻(험할 조) ☞ 阜(3358) → 언덕(阝)이 수두룩하게(且) 겹쳐져(겹겹으로 포개어져) 있는 매우 험난한 지형이라는 데서 「험하다」 險阻(험조)

疊(겹쳐질 첩) ☞ 田(2127) → 밭갈피(畾)가 덮어(冖) 놓은 형상을 이루어 (위아래가) 수두룩하게(且) 겹쳐져 있다는 데서 「겹쳐지다」 重疊(중첩)

宜(마땅 의) ☞ 宀(0612) → 집(宀)에 양식이 수두룩하게(且) 쌓여 있어 살림살이가 풍족하다는 데서 「마땅하다. 옳다」 宜當(의당)

査(조사할 사) ☞ 木(1610) → 나무(木)를 수두룩하게(且) 포개어(엮어) 강물에 띄우는 것이라는 데서 「뗏목. (뗏목을 타고 내려가면서 물길과 주변의 지형을 자세하게 살핀다는 데서)조사하다」

丑 소 축. 둘째지지 축 | 수갑 추.

0012-30

● 卝(→ 니「얽힐/감을 구」를 서로 맞물리게 얽어 놓은 모양) + 一 = 丑
☞ 물체를 서로 맞물리게 얽어서(卝) 이를 한데(一) 동여 놓은 형구(刑具)이라는 데서 「수갑」 뜻을. 한편 작물의 성장 순환 과정을 순차적으로 절기(12개월)에 배열하여 놓은 지지(地支)에서, 추수한 곡식을 수갑으로 채워 두듯이 한데 묶어 갈무리하는 절기(음력 12월)에 해당하는 지지이라는 데서 「둘째 지지. (둘째 지지에 배속 되어 있는 동물인)소」 뜻으로.

丑時(축시 - 오전 1시에서 3시 사이의 시간) 乙丑(을축 - 육십갑자의 둘째)

★ 丑(소 축 | 수갑 추)과 결합을 이룬 글자.	0012 별첨

紐(끈/맺을 뉴)　☞ 糸(2518) → 수갑(丑)을 채우듯이 실(노끈)(糸)로 사람이나 물건을 동여맨다는 데서 「맺다. 끈」
羞(부끄러울 수)　☞ 羊(2373) → 수갑(丑)에 채워(갈고리에 꿰어) 놓은 양고기(羊)로 요리한 음식이라는 데서 「반찬. (꿰어 놓은 살코기처럼 살갗이 드러나면 부끄러움을 느끼는 데서 「부끄럽다」

丘 언덕 구. 높을/묘 구.　　　0013-30

◉ 斤(도끼 근) + 一 = 丘
☞ (세워 놓은) 도끼(斤) 모양처럼 지면(一)이 불룩하게 솟아오른 곳이라는 데서 「언덕. (지면보다 언덕이)높다. (언덕처럼 솟아오른)무덤」 뜻으로.

丘陵(구릉 - 언덕) 丘木(구목 - 무덤가에 가꾸어 놓은 나무) 砂丘(사구)

★ 丘(언덕/높을/묘 구)와 결합을 이룬 글자.	0013 별첨

邱(언덕 구)　☞ 邑(2930) → 지형이 언덕(丘)으로 이루어져 있는 고을(阝)이라는 데서 「언덕」 大邱(대구)

丕 클 비: 으뜸 비.　　　0014-20

◉ 不(아니 불) + 一 = 丕 (0006 참조)
☞ 위로는 아무것도 없고(不) 오직 하나(一)만 존재하고 있는, 곧 세상에서 하나 밖에 없는 가장 큰(으뜸가는) 존재이라는 데서 「크다. 으뜸」 뜻으로.

丕業(비:업 - 큰 사업) 丕子(비:자 - 천자天子의 적자嫡子)

★ 丕(클/으뜸 비)와 결합을 이룬 글자.	0014 별첨

胚(아이밸 배)　☞ 肉(2409) → 몸(月)이 하나(一)가 아닌(不), 또는 (임신을 하여) 몸(月)이 크게(丕) 불어나 있는 모양이라는 데서 「아이 배다」 胚胎(배태)

丞 도울/정승 승. 이을 승.　　　0015-10

◉ 了(마칠 료 → 산모가 출산을 마친 상태를 의미) + 水(물 수) + 一 = 丞
☞ 출산을 마치는(了) 과정에서 물(水)이 바닥(一)으로 흐르는, 곧 출산을 할 때 양수(羊水)가 출산을 도와 순산으로 이어진다는 데서 「돕다. 잇다. (임금을 돕는)정승」 뜻으로.

丞相(승상 - 정승) 政丞(정승 - 의정부의 대신)

万 일만(萬) 만: 성(姓) 묵.　　　0016-00

◉ 一 + 勹(쌀 포) = 万　※ 万은 萬(일만 만)의 약자.
☞ 하나(一)의 큰 다발이 되게끔 감싸(勹) 놓은 수효, 곧 하나의 큰 다발(묶음)을 이루는 수효 이라는 데서 「일만」 뜻으로.

金一万원(금일만 - 돈 1만 원)

부수 1획

一	丨	丿	丶
한 일	위아래 통할 신	삐침 별	불똥 주

丨 위아래통할 신 ┃ 뚫을 곤. 0017-00

자원 丨 → 위에서 아래로 통과하거나 꿰뚫는 모양을 표현.

쓰임 「위아래가 통하다. 뚫다. 연결하는(꿰뚫는) 모양」과 의미로 쓰임.

中 가운데 중. 맞힐/바를/반 중. 0018-80

● 口(입 구) + 丨 = 中

☞ 물체(口)의 한가운데 지점을 통과하는(꿰뚫고 지나가는)(丨) 모양에서 「가운데. 맞히다. (가운데 지점은 편차가 없다는 데서)바르다. (가운데 지점인)반」 뜻으로.

中心(중심 - 한가운데) 中間(중간) 中央(중앙) 中立(중립) 中期(중기) 中途(중도) 中部(중부) 中學(중학)

★ 中(가운데/맞힐/바를/반 중)과 결합을 이룬 글자. 0018 별첨

仲(버금 중)	☞ 人(0114) → 형과 아우의 가운데(中) 서열에 태어난 사람(亻)이라는 데서 「(형과)버금」
忠(충성 충)	☞ 心(1842) → 가운데(中)에 자리하고 있는 마음(心), 곧 (다른 쪽으로는 기울지 않고) 오직 한 사람만을 섬기는 마음가짐이라는 데서 「충성」 忠誠(충성)
衷(속마음 충)	☞ 衣(2556) → 가운데(속)(中)에 입는 옷(衣), 곧 겉옷 속(안쪽)에 입는 옷이라는 데서 「속옷. 속. 가운데. (가슴속에 있다고 여기는)속마음」 衷情(충정)
沖(화할 충)	☞ 水(1275) → 물(氵)이 용기의 가운데(中)까지만 차 있고 절반은 비어 있다는 데서 「비다. (빈 용기는 더욱더 채울 수 있는 여유로움이 있다는 데서)화하다」 沖積土(충적토)

串 꿸 관 ┃ 땅이름 곶. 곶 곶 ┃ 꿸 천. 0019-20

● 口(입 구) + 中(가운데 중) = 串

☞ 물체(口)의 가운데(中) 부위를 꿰어 놓은 모양에서 「꿰다. (길쭉하게 꿰어 놓은 모양처럼 바다 쪽으로 뻗어나 있는 지형이라는 데서)곶. 땅 이름」 뜻으로.

串柿(관시 - 곶감) 石串洞(석관동 - 서울에 있는 지명) 長山串(장산곶 - 지명) 長鬐串(장기곶 - 지명)

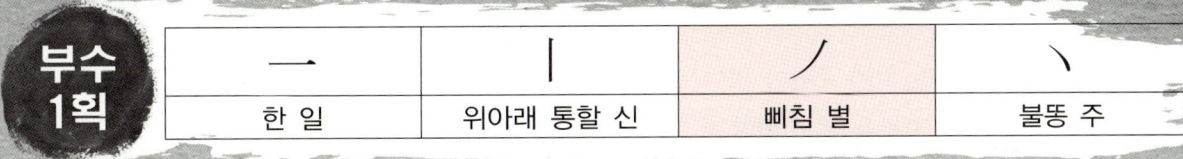

부수 1획	一	ㅣ	丿	丶
	한 일	위아래 통할 신	삐침 별	불똥 주

丿 　삐침 별.　　　　　　　　　　　　　　　　　　　0020-00

자원 丿 → 위에서 좌측으로 비스듬하게 끌어내리는(삐치는) 모양을 표현.

쓰임 「좌측으로 끌어내리다. 삐치는/꺾이는/쳐지는/당기는 모양」과 의미로 쓰임.

※ 乀(파임 불)은 우인(右引 → 「우측으로 끌어내리다」는 의미)으로 丿부수에 대응되는 글자.

久　오랠 구: 기다릴 구.　　　　　　　　　　　　　　0021-32

● 勹(→ 人「사람 인」의 변형) + 乀(파임 불 → 「우측으로 끌어내림」을 의미) = 久

☞ 사람(勹 = 人)을, 앞으로 나아가지 못하도록 뒤에서 끌어당겨(乀) 오래도록 머물러 있게 한다는 데서 「오래다. (오래도록)기다리다」뜻으로.

久遠(구:원 - 아득히 멀고 오램) 永久(영:구) 悠久(유구) 長久(장구) 恒久的(항구적) 耐久性(내:구성)

★ 久(오랠/기다릴 구)와 결합을 이룬 글자.		0021 별첨
灸(뜸 구)	☞ 火(1146) → 약쑥에 불(火)을 붙여 살갗에 오래(久)도록 올려놓고 뜸질한다는 데서 「뜸」	
柩(널 구)	☞ 木(1709) → 나무(木)로 된 널(匚 널 구)이라는 데서 「널. 관」 靈柩 (영구)	
玖(옥돌 구)	☞ 玉(2057) → 오랜(久) 세월 동안 옥(玉) 성분을 그대로 지니고 있는 돌이라는 데서 「옥돌」	

乃　이에 내: 어조사/너 내.　　　　　　　　　　　　　0022-32

● 丿 + ㇉(→ 「불룩하게 굽은 모양」을 표현) = 乃

☞ 임산부의 배가 비스듬히 아래로 쳐지고(丿) 불룩하게 불거져서(㇉) 이윽고 해산할 시기에 다다른 모양이라는 데서 「이에」 뜻으로.

乃至(내지 - 또는. 혹은) 人乃天(인내천 - 사람이 곧 한울이라는 천도교의 사상)

★ 乃(이에 내 → 불룩한 모양을 의미) 결합을 이룬 글자.		0022 별첨
秀(빼어날 수)	☞ 禾(2203) → 벼 이삭(禾)이 내(乃) 글자 형상처럼 불룩하게 피어(빼어)나는 모양이라는 데서 「(이삭이)빼어나다」秀麗(수려)	
盈(찰 영)	☞ 皿(2242) → 찰(㿿 찰 영) 있는 그릇에 내용물이 또(又) 더하여져 넘쳐 난다는 데서 「차다」	
孕(아이밸 잉)	☞ 子(0424) → 내(乃) 글자 형상처럼 불룩하게 나온 임산부의 배 속에 아이(子)가 배어 있다는 데서 「아이 배다」孕胎(잉태)	

之　갈 지. 이를/이/~의/어조사 지.　　　　　　　　　0023-32

● 丶(불똥/점 주) + 一 + 丿 + 乀(파임 불) = 之

☞ 한 지점(丶)을 기점으로 하여 앞으로 나아간(一) 다음에 좌측으로 끌어내려지고(丿) 다시 우측으로 끌어내려지는(乀), 곧 한 지점을 출발하여 이리저리 나아가는 모양에서 「가다. (가서) 이르다. 이(것)」 뜻으로.

之東之西(지동지서 - 어떤 일에 주견이 없이 갈팡질팡함을 이르는 말) 感之德之(감:지덕지)

★ 之(갈/이를/이 지)와 결합을 이룬 글자.		0023 별첨
芝(지초 지)	☞ 艸(2779) → 지(之) 글자 형상처럼 뿌리가 이리저리 비틀린 나선형을 이루어 뻗어 나가는 풀(식물)(艹)이라는 데서 「지초」芝草(지초)	

乘 탈 승. 오를/곱할 승.   0024-32

● 丿 + 木(나무 목) + 北(북녘 북 | 달아날 배) = 乘

☞ 나뭇가지(木)를 손으로 끌어당기면서(丿) 북녘(北)으로(북쪽 방향인 위쪽으로) 나아간다는 데서 「오르다. 타다. (수효를 오르게 한다는 데서)곱하다」 뜻으로.

乘馬(승마 - 말을 탐) 乘降(승강) 乘車(승차) 乘客(승객) 乘算(승산) 乘除(승제) 乘勝長驅(승승장구)

★ 乘(탈/오를 승)과 결합을 이룬 글자.		0024 별첨
剩(남을 잉)	☞ 刀(0260) → 나무에 오르기(乘) 위하여 칼(刂)로 디딤 자국을 내어 가면서 오르면 더욱더 여유롭게 오른다는 데서 「더하다. 남다」剩餘(잉여)	

乎 어조사 호. 아/그런가/감탄사 호.   0025-30

● 平(평평할 평 → 천칭 모양) 글자에서 一과 丨이 → 丿丨로 휘어진 모양) = 乎

☞ 평형(平)을 유지하여야 할 천칭의 수평과 수직(一 丨)이 기울어지고 휘어진(丿丨) 모양, 이는 곧 천칭이 평형을 잃어버린 모양으로 변모되어 의아스럽게 여긴다는 데서 「그런가. 아. 에. (의문이나 감탄하는 의미의)어조사」 뜻으로.

確乎(확호 - 아주 확실하게) 斷乎(단:호) 學而時習之不亦說乎(학이시습지 불역열호)

★ 乎(어조사/아 호)와 결합을 이룬 글자.		0025 별첨
呼(부를 호)	☞ 口(0811) → 입(口)으로 아(乎) 하는 소리를 내는, 곧 소리를 크게 지르거나 입김을 길게 내어 숨을 쉰다는 데서 「부르다. 숨 쉬다」呼名(호명)	

乏 가난할/모자랄 핍. 떨어질/다할/없을/곤할 핍.   0026-10

● 丿 + 之(갈 지) = 乏

☞ (생활 수준이) 아래로 끌어내려져(丿) 밑바닥으로 간다(이른다)(之)는 데서 「(생활 수준이)떨어지다. 모자라다. 가난하다. (재물이)다하다」 뜻으로.

乏人(핍인 - 인재가 절핍함) 乏財(핍재) 窮乏(궁핍) 缺乏(결핍) 絶乏(절핍) 耐乏生活(내:핍생활)

★ 乏(가난할/모자랄/떨어질/다할/곤할 핍)과 결합을 이룬 글자.		0026 별첨
貶(떨어질 폄)	☞ 貝(3078) → 돈(재물)(貝)이 떨어진(乏) 상태라는 데서 「떨어지다」貶下(폄하)	
泛(뜰 범)	☞ 水(1342) → 물(氵)보다 비중이(무게가) 떨어지는(乏) 물체가 물에 뜬다는 데서 「뜨다」	

乖 어그러질 괴. 배반할 괴.   0027-10

● 乘(오를/탈 승) - 八(→ 여기에서 八은 「나뭇가지나 디딤판」을 표현) = 乖

☞ 나무를 타고 <u>오르는</u>(乘) 데 있어서 <u>나뭇가지(디딤판)</u>(八)를 치워 버리면 나무에 발을 지탱하지 못하고 미끄러져(어그러져) 내린다는 데서 「어그러지다. (언약을 어그러지게 한다는 데서)배반하다」 뜻으로.

乖離(괴리 - 어그러져 동떨어짐) 乖愎(괴팍) 乖戾(괴려) 乖悖(괴패 - 이치에 벗어남)

자투리 마당

螢雪之功(형설지공)

○ 어렵게 공부한 사람을 일컬어 형설(螢雪), 고초를 겪으면서 이룬 업적을 형설지공(螢雪之功)이라고 함. 「중국 동진(東晉)의 차윤(車胤)이 반딧불(螢光)로 글을 읽고, 손강(孫康)이 눈빛(雪光)으로 글을 읽었다는 고사성어(故事成語)임.

- 「차윤」은 집이 가난하여 기름을 살 돈이 없어서, 여름철에는 얇은 주머니에 수십 마리의 반딧불(螢)을 집어넣어, 그 희미한 빛으로 밤낮을 가리지 않고 책을 읽었기에 학문이 대성하여 벼슬이 이부상서(吏部尙書)에 까지 이르렀으며, 효성이 지극하고 박학다식(博學多識)하였다고 함. 「차윤」과 어울리는 사람들은 그 자리에 공(公)이 보이지 않으면 「차공(車公)이 없으니 자리가 쓸쓸하다」라고 하였다 하니, 재담(才談) 또한 썩 뛰어 났음을 엿볼 수 있음이다.

- 「손강」 역시 집이 가난하여, 추운 겨울에는 눈(雪)을 비추어 책을 읽었으며, 학문이 대성하여 벼슬이 어사대부(御史大夫)에 이르렀고, 청렴결백하여 사귀고 노는 것이 잡되지 않았다고 함. 「차윤」과는 교분이 두터웠는데, 어느 날 「차윤」을 찾아 갔었으나 마침 집에 없었기에 아이에게 "어디에 가셨는가?"라고 물으니, "반딧불을 잡으러 나가셨다"는 대답을 듣고 되돌아왔는데, 훗날 「차윤」이 저녁 무렵에 「손강」의 집을 찾아갔더니, 마침 마당에 우두커니 서서 하늘을 쳐다보고 있기에 "왜 책을 읽지 않으십니까?"라고 묻자, "어차피 오늘은 하늘을 보니, 눈이 내리지는 않을 것 같습니다"라는 대화를 주고받았다는 이야기가 전해져 내려옴.

부수 1획	一	丨	丿	丶
	한 일	위아래 통할 신	삐침 별	불똥 주

丶 불똥 주. 구절찍을/표할/점 주.   0028-00

- **자원** 丶 → 불꽃이나 숯불에서 튀어나오는 불똥. 또는 점 모양을 표현.
- **쓰임** 「불똥. 불빛. 점(丶) 모양. 매듭진 모양」과 의미로 쓰임.

主 주인/임금 주. 지킬/맡을/주장할 주.   0029-70

- 丶 + 王(임금 왕) = 主
- ☞ 어두움을 밝혀 주는 불빛(丶)처럼 백성을 밝게 이끌어 주는 임금(王)이라는 데서 「임금. (임금은 나라의 주인이라는 데서)주인. (임금이 나라와 백성을)지키다. 맡다」 뜻으로.

主君(주군 - 임금) 主語(주어) 主人(주인) 主催(주최) 主幹(주간) 主觀(주관) 主演(주연) 主務(주무)

★ 主(주인/임금/맡을주장할 주)와 결합을 이룬 글자.		0029 별첨
住(살 주)	☞ 人(0045) → 사람(亻)이 집의 주인(主)이 되어 한 곳에 오래도록 머물러(정착하여 살아가고) 있다는 데서 「살다. 머물다」 住居(주거)	
注(물댈 주)	☞ 水(1178) → 농지의 주인(主)이 논밭에 물(氵)을 끌어들인다는 데서 「물대다」 注入(주입)	
柱(기둥 주)	☞ 木(1635) → 지붕을 떠받치는 주된(主) 구실을 하는 나무(木)이라는 데서 「기둥」	
駐(머무를 주)	☞ 馬(3588) → 말(馬)이 주인(主) 곁에 머물러 있다는 데서 「머무르다」 駐屯(주둔)	
註(주낼 주)	☞ 言(3292) → 주된(주요한)(主) 문구나 낱말을 풀어서 말한다(言)는 데서 「주내다」	
往(갈 왕)	☞ 亻(0432) → 하인이 주인(主) 곁으로 자축거리며 걸어간다(亻)는 데서 「가다」	

丹 붉을 단. 속마음/단청할/주사 단 | 꽃이름(모란) 란.   0030-32

- 冂(멀 경 | 빌 형) + 丶 + 一 = 丹
- ☞ 빈 공간(冂)의 받침대(一) 위에 켜 놓은 불빛(丶), 곧 초롱에 켜 놓은 붉은 초롱 불빛, 또는 탄광(冂) 속의 받침대(갱목)(一) 사이로 불똥(丶)처럼 붉은 빛을 발산하는 광물질이라는 데서 「붉다. (붉은 광물질인)주사. (붉은, 열정적인 마음이라는 데서)속마음. (붉은 색으로)단청하다. (덩어리를 이룬 주사처럼 붉은 꽃봉오리가 맺히는)모란」 뜻으로.
- ※ 주사(朱砂) → 단사(丹砂). 붉은 색의 덩어리를 이룬 광물질.

丹靑(단청 - 붉은빛과 푸른빛) 丹心(단심) 丹楓(단풍) 丹脣皓齒(단순호치) 牧丹(목단 - 모란)

丸 둥글 환. 알/탄자/구를/좁은땅 환.   0031-30

- 九(아홉 구 | 모을 규 → 「구불구불한 모양」을 의미) + 丶 = 丸 (0037 참조)
- ☞ 물체가 구(九) 글자 형상처럼 구부렁하게 접히어 점(丶)을 찍어 놓은 것처럼 동글동글한 모양이라는 데서 「둥글다. (둥근)알. 탄자. (둥근 물체가)구르다. (점을 찍어 놓은 것처럼 면적이 자그마한)좁은 땅」 뜻으로.

丸藥(환약 - 약재를 작고 둥글게 비빈 약) 丸劑(환제) 睾丸(고환) 砲丸(포환) 彈丸列車(탄환열차)

| 부수 1획 | 亅 갈고리 궐 | 乙(乚) 새 을 | | |

亅 갈고리 궐. 갈퀴 궐.   0032-00

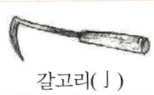
갈고리(亅)

자원 亅 → 끝이 뾰족하고 꼬부라진 갈고리 모양을 표현.
쓰임 「갈고리. 갈고리 모양」과 의미로 쓰임.

※ 갈고리 → 갈고랑이. 끝이 뾰족하고 꼬부라진 모양이며 물건을 걸고 끌어당기는 데 씀.

事 일 사: 부릴/섬길/다스릴/벼슬 사.   0033-70

● 一 + 口(입/어귀 구) + ⺕(→「손」을 의미) + 亅 = 事
☞ 많은 인부들이 일렬(一)로 국경의 어귀(口)에 늘어서서 손(⺕)에 갈고리(亅)를 거머쥐고 장벽을 쌓는 일(작업)을 한다는 데서 「일. (작업 인부를)부리다. 다스리다 (다스리는)벼슬. (일하여 윗사람을) 섬기다」뜻으로.

事親(사:친 - 어버이를 섬김) 事實(사:실) 事務(사:무) 事業(사:업) 事故(사:고) 事大主義(사:대주의)

了 마칠 료. 끝날/깨달을/어조사 료.   0034-30

● ⼀(→ 강보에 싸여 있는 머리 모양) + 亅 = 了
☞ 了는 강보(襁褓 → 포대기)에 싸여 있는 아기의 머리(⼀)와 몸뚱이(亅) 모양으로, 아기(子)가 아직 두 팔을 뻗지 못하고 있는 상태, 곧 산모가 출산을 마친 직후라는 데서 「마치다. 끝나다」뜻으로.

完了(완료 - 완전히 끝마침) 終了(종료 - 일을 끝마침) 修了(수료) 魅了(매료)

予 나 여. 줄/취할 여.   0035-30

● 了(→ 了의 변형) + ⼀(= 乚 = 乙 새/굽힐 을) = 予
☞ 予는 출산을 마친(了) 연후에 탯줄을 끊은 상태를 표현. 산파가 갓난 아기의 탯줄을 끊은(了) 후에 아기를 산모에게 안겨(⼀) 줌으로써 산모가 아기를 취한다는 데서 「(산파가 산모에게 아기를 건네)주다. (산모가 아기를)취하다. (갓 태어난)나」뜻으로.

予一人(여일인 - 나도 여느 사람과 다름없다는 뜻으로, 임금이 자기 자신을 겸칭한 말)

| ★ 予(나/줄/취할 여)와 결합을 이룬 글자. | | 0035 별첨 |

野(들 야) ☞ 里(2944) → 마을(里)에서 농산물을 취하는(予) 곳이라는 데서「들」野外(야외)

預(미리 예) ☞ 頁(3516) → 무엇인가를 주거나 취하는(予) 행위는 머리(頁)에서 진작부터 간직하고 있었던 생각을 드러냄이라는 데서「미리. (미리)맡기다」預置(예치)

序(차례 서) ☞ 广(0759) → 트인 집(广), 곧 관청(곳간)에서 나누어 주는(予) 구휼미(구호물자) 같은 것을 받기 위하여 차례지어(줄지어) 서 있는 모양에서「차례」序列(서열)

舒(펼 서) ☞ 舍(2851) → 집(舍)에 머물러 있는 나(予), 곧 집(보금자리)에 머물러 고단한 몸을 펴고(쉬고) 있는 한가한 시간이라는 데서「(몸을)펴다. 한가하다」舒遲(서지)

抒(풀 서) ☞ 手(1560) → 손(扌)으로 바닥에 놓인 물체를 취한다(끌어올린다)(予)는 데서「꺼내다. 물 자아 올리다. (실마리를 자아내어)풀다」抒情(서정)

부수 1획 | 亅 갈고리 궐 | 乙(乚) 새 을

乙 새 을. 생선창자/굽힐/둘째천간 을. 0036-32

새(乙)

자원 乙 → 물에 앉아 있는 새, 또는 구부렁한 생선 창자 모양을 표현. 한편 식물의 성장 과정을 순차적(10등분)으로 열거하여 놓은 천간(天干)에서 식물의 씨앗이 발아하여 흙을 뚫고 구부정하게 뿌리를 내리는 순차에 해당하는 천간에서 「둘째 천간」을 의미.

쓰임 「굽다. 구부리다. 굽은(구불구불한) 모양」과 의미로 쓰임.

甲論乙駁(갑론을박 - 서로 논박함) 乙丑甲子(을축갑자) 乙巳保護條約(을사보호조약)

九 아홉 구. 모을 규. 0037-80

◉ 十(열 십) + 乚(乙) = 九

☞ 열(十)에서 하나(一)를 구부려(乚) 놓으면(제외하면) 아홉이 되는 데서 「아홉. (九 글자 형상처럼 물체를 오므리어 끌어모은다는 데서)모으다」 뜻으로.

九折(구절 - 꼬불꼬불한 모양) 九泉(구천) 九牛一毛(구우일모) 九曲肝腸(구곡간장)

★ 九(아홉 구 | 모을 규 → 구불구불한 모양을 의미)와 결합을 이룬 글자. 0037 별첨		
究(연구할 구)	☞ 穴(2166) →	동굴(穴) 속으로 들어가서, 구(九) 글자 형상처럼 구부렁한 구석을 죄다 살펴보는 것처럼 사물에 숨겨져 있는 깊은 이치에 대하여 빈틈없이 탐구한다는 데서 「연구하다」
仇(원수 구)	☞ 人(0168) →	다른 사람(亻)과의 관계가 구(九) 글자 형상처럼 구부렁하게 꼬여 있다는 데서 「원수」 仇怨(구원)
鳩(비둘기 구)	☞ 鳥(3701) →	구구(九)거리며 울음소리를 내는 새(鳥)라는 데서 「비둘기」
軌(수레바퀴 궤)	☞ 車(3171) →	수레(車)에, 구(九) 글자 형상처럼 구부렁한 모양을 이루어 꿰어져 있는 바퀴라는 데서 「수레바퀴」 軌跡(궤적)
丸(둥글 환)	☞ 丶(0031) →	물체가 구(九) 글자 형상처럼 구부렁하게 접히어 점(丶)을 찍어 놓은 것처럼 동글동글한 모양이라는 데서 「둥글다」 丸藥(환약)

乳 젖 유. 젖먹을/기를 유. 0038-40

◉ 孚(새알/알깔/기를 부) + 乚(乙) = 乳

☞ 둥근 새알(孚)처럼 둥그스름하게 굽은(乚) 형상으로 이루어져 있는 젖(유방) 모양에서 「젖. (젖을 먹이어 아기를 기른다는 데서)젖 먹이다. 기르다」 뜻으로.

乳兒(유아 - 젖먹이) 粉乳(분유) 乳房(유방) 乳母(유모 - 생모 대신 젖을 먹여 길러 주는 여자)

★ 孚(새알/알깔/기를 부)와 결합을 이룬 글자. 0038 별첨		
孵(알깔 부)	☞ 子(0425) →	닭이나 새가 알(卵)을 깐다(孚)는 데서 「알 까다」 孵化(부화)
浮(뜰 부)	☞ 水(1222) →	물(氵)에, 곧 수초(水草) 위에 새알(孚)이 떠 있는 모양이라는 데서 「뜨다」

亂　어지러울 란: 얽힐/난리 란.　　　　　　　　　　　　　　　　0039-40

● 𤔔(다스릴 란) + 乚(乙) = 亂 (3312 참조)
☞ 다스리는(𤔔) 방도가 구불구불한(乚), 곧 정사를 바르게 다스리지 못하여 정국이 어수선하다는 데서 「어지럽다. 얽히다. (어지러운 사태인)난리」 뜻으로.

亂世(난:세 - 어지러운 세상) 亂離(난:리) 亂賊(난:적) 亂立(난:립) 叛亂(반:란) 變亂(변:란) 錯亂(착란)

乾　하늘/마를 건. 마를 간.　　　　　　　　　　　　　　　　　0040-32

● 倝(해돋을 간) + 乙 = 乾
☞ 해가 돋아(倝) 오르면서 굽은(乙) 윤곽으로 드러나는 거대한 공간이라는 데서 「하늘」, 해가 돋은 (倝) 하늘 아래에 건초용 풀이 굽은(乙) 형상을 이루어 마른다는 데서 「마르다」 뜻으로.

乾坤(건곤 - 하늘과 땅) 乾魚(건어) 乾燥(건조) 乾杯(건배) 乾期(건기) 乾坤一擲(건곤일척)

★ 倝(해돋을 간)과 결합을 이룬 글자.		0040 별첨
幹(줄기 간)	☞ 干(0933) → 해가 돋으면서(倝) 동녘 하늘에 방패(干)처럼 펼쳐지는 햇볕 줄기이라는 데서 「줄기」	
斡(돌 알)	☞ 斗(1829) → 해가 돋는(倝) 장소는 두성(斗星)의 위치에 따라 돌아간다는 데서 「돌다」	
翰(날개 한)	☞ 羽(2913) → 해가 돋아(倝) 오르는 것처럼 새가 날개(羽)를 저어 하늘 위로 날아오른다는 데서 「날다. 날개」 書翰(서한)	

也　어조사/이끼 야: 또/이를 야ㅣ잇닿을 이.　　　　　　　　　　　0041-30

● 乜(→ 乚「새/굽힐 을」을 위아래로 포개어 놓은 모양) + ㅣ(위아래통할 신) = 也
☞ 구부렁한(乚) 물체가 위아래로 포개어져(乜) 이들이 한데 연결되어(잇닿아)(ㅣ) 있는 모양 에서 「잇닿다. 또. (이어서 말한다는 데서)이르다. (이어주는 의미의)어조사」 뜻으로.

無勇也(무용야 - 용기가 없는 것이야) 及其也(급기야) 獨也靑靑(독야청청) 言則是也(언즉시야)

★ 也 (어조사/잇기/또/이를 야ㅣ잇닿을 이)와 결합을 이룬 글자.		0041 별첨
他(다를 타)	☞ 人(0067) → 다른 사람(亻)과 잇닿아(也) 있는, 곧 다른 부류의 사람들과 뒤섞이어 있다는 데서 「다르다. 겹치다」 他人(타인)	
地(땅 지)	☞ 土(0651) → 흙(土)이 위아래로 잇닿아(也) 있는 전체의 땅덩어리이라는 데서 「땅」	
池(못 지)	☞ 水(1212) → 물(氵)이 서로 잇닿아(也) 있는, 곧 물이 괴어 있는 곳이라는 데서 「못」	
施(베풀 시)	☞ 方(1977) → 깃발(㫃 깃발날릴 언)을 서로 잇닿게(也) 하여(잇대어서) 기다랗게 펼쳐 놓는 다는 데서 「펴다. 베풀다」 施行(시행)	
弛(늦출 이)	☞ 弓(0925) → 활(弓)이 굽은 상태로 이어져(也) 있는, 곧 활시위를 메기지 않고 느슨하게 풀어 놓는다는 데서 「늦추다」 弛緩(이완)	
馳(달릴 치)	☞ 馬(3593) → 말(馬)이 앞발과 뒷발을 잇닿게(也) 하여(모둠발을 하여) 달려 나간다는 데서 「달리다」 背馳(배치)	

乞　빌 걸. 구걸할/거지 걸.　　　　　　　　　　　　　　　　　0042-20

● 𠂉(= 人 사람 인) + 乙 = 乞
☞ 사람(𠂉 = 人)이 몸을 구부리고(乙) 구걸하는 모습에서 「빌다. 구걸하다. 거지」 뜻으로.

乙 부수(자원과 쓰임 → 0036 참조)

乞食(걸식 - 빌어서 먹음) 乞人(걸인) 乞神(걸신) 求乞(구걸) 乞人憐天(걸인연천) 哀乞伏乞(애걸복걸)

| 乭 | 이름 돌. | 0043-20 |

● 石(돌 석) + 乙 = 乭
※ 乭은 우리나라에서 만든 이두(吏讀) 형식의 국자(國字).
☞ 돌(石)이라는 뜻과 「도」 발음에, 을(乙) 소리의 「ㄹ」 받침을 끌어들여 「이름 돌」 훈으로. 甲乭이 甲順이(갑돌이 갑순이)

자투리 마당

蛇足(사족)

○ 사족(蛇足)이란 화사첨족(畵蛇添足)의 준말로 「뱀을 다 그리고 나서 있지도 아니한 발을 덧붙여 그려 넣는다는 뜻으로, 쓸데없는 군짓을 하여 도리어 잘못되게 함을 이르는 말」

- 초(楚)나라에 제사를 담당하는 인색한 노인이 있었는데, 어느 날 제사를 지내고 남은 술을 하인들에게 보냈는데. 하인들이 술을 마시려고 모였으나 분량이 너무나도 적었기에, 그 중에 한 사람이 "이 술은 한 사람이 마시면 족할 터이니 내기를 하여 한 사람에게 몰아줍시다. 뱀을 보기 좋게 먼저 그리는 사람이 모두 마시는 걸로 하면 어떻겠소"라고 제안을 하자, 이에 모두가 찬성하여 뱀을 그리기 시작하였다. 그 중에 한 사람이 뱀을 먼저 그렸으나 다른 사람들이 아직도 그리는 중이었기에 더욱더 잘 보이게 하려고 발을 덧붙여 그려 넣고서는 내심 술은 자기가 의당 마실 것이라 여기고 술병을 잡으면서 "내가 먼저 그렸으며 또한 제일 잘 그렸으니 술은 내 것이오"라고 말하는 것이었다. 그 즈음에 옆 사람이 그림을 다 그리고 나서 자기보다 먼저 잘 그렸다고 하는 그림을 바라보다가 "당신이 그린 뱀에는 발이 달려 있지 않소, 발 달린 뱀이 세상천지에 어디에 있단 말이오. 그러니 내가 가장 먼저 그렸으니 술은 내 것이오"하고는 술병을 가로채어 가는 것이었다. 있지도 않는 사족(蛇足)을 달아서 핀잔만 듣고 술병도 빼앗기었다는 이야기에서 유래한 고사성어(故事成語)임.

- 戰國策에서 -

| 부수 2획 | 人(亻) 사람 인 | 儿 어진사람 인 | 亠 머리 두 | 二 두 이 |

人 | 사람 인. 백성/남(다른사람)/사람됨됨이/잘난사람 인. 0044-80

자원 人 → 다리를 벌리고 서 있는 사람 형상을 표현.
쓰임 「사람. 다른 사람(타인). 人 모양」과 의미로 쓰임.
(人 부수는 주로 亻 모양으로 쓰이나 勹 𠂉 모양으로도 쓰임)

人間(인간 - 사람) 人格(인격) 人生(인생) 人性(인성) 人才(인재) 人類(인류) 人權(인권) 人望(인망)

住 | 살 주: 머무를 주. 0045-70

● 亻 + 主(주인/임금/지킬/맡을 주) = 住 (0029 참조)
☞ 사람(亻)이 집의 주인(主)이 되어 한곳에 오래도록 머물러(정착하여) 살고 있다는 데서 「살다. 머무르다」 뜻으로.

住居(주:거 - 어떤 곳에 자리 잡고 삶) 住宅(주:택) 住所(주:소) 住民(주:민) 居住(거주) 安住(안주)

休 | 쉴 휴. 아름다울 휴. 0046-70

● 亻 + 木(나무 목) = 休
☞ 사람(亻)이 나무(木) 그늘에 모여 여가를 즐기면서 쉬고 있는 아름다운 모습이라는 데서 「쉬다. 아름답다」 뜻으로.

休息(휴식 - 잠깐 쉼) 休日(휴일) 休講(휴강) 休學(휴학) 休校(휴교) 休眠(휴면) 休刊(휴간) 休暇(휴가)

★ 休(쉴/아름다울 휴)와 결합을 이룬 글자. 0046 별첨

烋(아름다울 휴) ☞ 火(1130) → 불(모닥불)(灬)을 지펴 놓고 여러 사람들이 한데 어울려 쉬고 있는 아름다운 (休) 모습이라는 데서 「아름답다」

便 | 편할 편(:) | 똥오줌 변. 편지 편 | 편리할/문득 변. 0047-70

● 亻 + 更(다시 갱 | 고칠/바꿀 경) = 便 (1990 참조)
☞ 사람(亻)이 일상생활에서 불편하거나 복잡한 것을 고치면(更) 한결 편리하여진다는 데서 「편하다. 편리하다」 뜻을. 한편 사람(亻)이 섭취한 음식물이 소화 과정을 거치어 다르게(更) 변모한 것이라는 데서 「똥. 오줌」 뜻으로

便利(편리 - 편하고 쉬움) 便安(편안) 便宜(편의) 便覽(편람) 便紙(편:지) 便所(변소) 便器(변기)

★ 便(편할 편 | 똥오줌 변)과 결합을 이룬 글자. 0047 별첨

鞭(채찍 편) ☞ 革(3533) → 사람(亻)의 나쁜 행실을 고치는(更) 방편(便)으로, 곧 채찍질하는 용도로 쓰는 가죽끈(革)이라는 데서 「채찍. 회초리」 鞭撻(편달)

人 부수(자원과 쓰임 → 0044 참조)

來 올 래(:) 보리(밀) 래.　　　　　　　　　　　　　　　　　　　　　　　0048-70

◉ {人 + 人 = 从(좇을 종)} + 木(나무 목) = 來

☞ (무더운 여름철에) 나무 그늘(木) 아래로 사람(人)과 사람(人)이 모여든다는 데서「오다」뜻을. 한편 來는 쭈뼛한 까끄라기 모양(从)과 나무(木)처럼 생긴 잎줄기, 곧 보리 모양에서「보리」뜻도 취하고 있으나 보리는 麥(보리 맥)으로 쓰임.

來訪(내:방 - 찾아와서 봄) 來客(내:객) 來韓(내:한) 來賓(내:빈) 來世(내:세) 來年(내년) 來日(내일)

★ 來(올/보리 래)와 결합을 이룬 글자.　　　　　　　　　　　　　　　　　0048 별첨

萊(명아주 래)　☞ 艸(2762) → 사람이 좇아(뒤따라)(从) 다니는, 곧 짚고서 따라다니는 (지팡이 재료로 쓰이는) 나무(木)처럼 생긴 길쭉한 풀(艹)이라는 데서「명아주」東萊(동래)

代 대신할 대: 시대/역대/바꿀 대.　　　　　　　　　　　　　　　　　　0049-60

◉ 亻 + 弋(주살 익 → 오늬에 줄을 매어 쏘는 화살) = 代

☞ 사람(亻)이, (화살 오늬에 줄을 매달아 반복하여 쏘는) 주살(弋)처럼 끊어짐이 없이 후대를 이어 (세대교체를 이루어) 나간다는 데서「(후세가 조상)대신하다. (이어지는)시대. 역대. (세대를) 바꾸다」뜻으로.

代身(대:신 - 남을 대리함) 代理(대:리) 代表(대:표) 代金(대:금) 代案(대:안) 代作(대:작) 交代(교대)

★ 代(대신할/시대/역대/바꿀 대)와 결합을 이룬 글자.　　　　　　　　　　0049 별첨

貸(빌릴 대)　☞ 貝(3064) → 소유자(임자)를 대신하여(代) 재물(貝)을 사용하거나 사용하게끔 한다는 데서「빌리다. 빌려주다」貸與(대여)

垈(집터 대)　☞ 土(0693) → 세대(代)를 이어 가며 살아가는 땅(터전)(土)이라는 데서「집터」垈地(대지)

袋(자루 대)　☞ 衣(2562) → 대신하는(代) 옷(衣), 곧 곡식이나 물건 같은 것을 넣어 두거나 싸 두는 일종의 옷 구실을 하는 물건이라는 데서「전대. 자루」包袋(포대)

今 이제 금. 이에/곧 금.　　　　　　　　　　　　　　　　　　　　　　0050-60

◉ {人 + 一 = 亼(모일 집)} + フ(→ 及「미칠/이를 급」의 고자) = 今

☞ 사람들이 모이는(亼) 시기에 때맞추어 이른다(당도한다)(フ)는 데서「이제. 곧」뜻으로.

今回(금회 - 이번) 今生(금생 - 지금의 세상) 今時(금시) 今方(금방) 今日(금일) 今週(금주) 今年(금년)

★ 今(이제/이에/곧 금)과 결합을 이룬 글자.　　　　　　　　　　　　　　0050 별첨

琴(거문고 금)　☞ 玉(2033) → 王王은 거문고의 현(絃) 모양을, 今은 현이 울리는 소리를 표현. 현(王王)을 퉁기면 금금(今)거리는 소리가 나는 악기라는 데서「거문고」

衾(이불 금)　☞ 衣(2565) → 모여(亼 모일 집) 있는 여러 사람들에게 미치는(フ), 곧 여러 사람들이 함께 덮고 자는 옷(衣)의 일종이라는 데서「이불」衾枕(금침)

矜(자랑할 긍)　☞ 矛(2181) → 창(무기)(矛)을 이제(今)부터 소지하게 되어서 뽐낸다(기를 펴고 젠체한다)는 데서「자랑하다」矜持(긍지)

念(생각할 념)　☞ 心(1841) → 지금(今) 이 순간에 마음(心)에 와 닿는 의견이나 감정 같은 것을 머릿속에 떠올린다는 데서「생각하다」念願(염원)

人 부수(자원과 쓰임) → 0044 참조

吟(읊을 음)	☞ 口(0835) → 소리(口)가 이제(今)까지 이어져서 나오는, 곧 여음이 길게 이어져 나온다는 데서 「읊다. 신음하다」 吟諷(음풍)
岑(봉우리 잠)	☞ 山(0556) → 산(山)의 등성이가 한데 모여(스) 꼭짓점에 이르러(ㄱ) 있는, 곧 산이 뾰족하게 어우러져 있는 봉우리이라는 데서 「산봉우리」 大岑(대잠)
貪(탐할 탐)	☞ 貝(3061) → 지금(今) 이 순간에 값진 재물(貝)이 앞에 놓여 있다면 대부분의 사람들은 이를 갖고 싶어 하는 마음을 낸다(견물생심이다)는 데서 「탐하다」 貪慾(탐욕)
含(머금을 함)	☞ 口(0824) → 지금(今) 입(口)에 머금고 있는 음식물이라는 데서 「입속 먹이. 머금다」

作 지을 작. 할 작.　　　　　　　　　　　　　　　　　　0051-60

◉ 亻 + 乍(잠깐/언뜻 사ㅣ지을 작) = 作 (1022 참조)
☞ 사람(亻)이 글이나 작물 같은 것을 짓는다(乍)는 데서 「짓다. 하다」 뜻으로.
作文(작문 - 글을 지음) 作況(작황) 作詩(작시) 作曲(작곡) 作業(작업) 作詞(작사) 作心三日(작심삼일)

信 믿을 신: 편지 신.　　　　　　　　　　　　　　　　　0052-60

◉ 亻 + 言(말씀 언) = 信
☞ 사람(亻)이 말(言)을 주고받는 것은 믿음(신뢰성)에 기반을 두고 있다는 데서 「믿다」 뜻을. 한편 다른 사람(亻)에게 말(言)을 (글로 써서) 전하는 것이라는 데서 「편지」 뜻으로
信任(신:임 - 믿고 맡기는 일) 信念(신:념) 信望(신:망) 信託(신:탁) 信仰(신:앙) 信徒(신:도) 信賴(신:뢰)

例 본보기/법식 례: 견줄 례.　　　　　　　　　　　　　　0053-60

◉ 亻 + 列(벌릴/펼/베풀 렬) = 例 (0232 참조)
☞ 사람(亻)이 지켜야 할 사항들을 일일이 열거(列)하여 놓은 표본이라는 데서 「법식. 본보기. 견주다」 뜻으로.
例示(예:시 - 예를 들어 보임) 例規(예:규) 例文(예:문) 例外(예:외) 事例(사:례) 法例(법례) 判例(판례)

使 하여금/부릴 사: 사신 사.　　　　　　　　　　　　　　0054-60

◉ 亻 + 吏(아전/벼슬아치 리) = 使 (0821 참조)
☞ 조정에서 학식과 덕망을 갖춘 사람(亻)으로 하여금 벼슬아치(吏)로 임명하여 직무를 수행토록 한다는 데서 「하여금. 부리다. 사신」 뜻으로.
使命(사:명 - 맡겨진 임무) 使用(사:용) 使節(사:절) 使臣(사:신) 使者(사:자) 使役(사:역) 使嗾(사:주)

位 자리 위. 위치/지위 위.　　　　　　　　　　　　　　0055-50

◉ 亻 + 立(설 립) = 位
☞ 사람(亻)이 조회(朝會)나 행사장에 입장하여 서(立) 있는 자리(지정된 위치)이라는 데서 「자리. 위치. 지위」 뜻으로.
位置(위치 - 자리. 곳. 장소) 位階(위계 - 지위 따위의 등급) 位相(위상) 地位(지위) 職位(직위)

人 부수(자원과 쓰임 → 0044 참조)

倍 곱 배: 갑절/등질 배. 0056-50

◉ 亻 + 㕝(침뱉을 부) = 倍 (2921 참조)
☞ 다른 사람(亻)에게 침을 뱉으면(해를 끼치면)(㕝) 그 앙갚음이 곱절로 되돌아오게 되고 서로가 등지는 사이가 된다는 데서 「곱. 갑절. 등지다」 뜻으로.
倍加(배:가 - 갑절을 더함) 倍數(배:수) 倍率(배:율) 倍達民族(배:달민족)

仙 신선 선. 0057-50

◉ 亻 + 山(뫼 산) = 仙
☞ (속세와 떨어진) 산속(山)에 은거하면서 선도를 깨우친 사람(亻)이라는 데서 「신선」 뜻으로.
神仙(신선 - 선도를 닦아 도에 통한 상상의 사람) 仙女(선녀) 仙境(선경) 仙界(선계) 仙風道骨(선풍도골)

億 억 억. 많을 억. 0058-50

◉ 亻 + 意(뜻 의) = 億 (1833 참조)
☞ 사람(亻)이 품고(간직하고) 있는 뜻(생각)(意)은 헤아릴 수가 없을 정도로 수없이 많다는 데서 「억. 많다」 뜻으로.
億劫(억겁 - 무한히 길고 오랜 세월) 億兆蒼生(억조창생 - 수많은 백성)

傳 전할 전. 이을/옮길 전. 0059-50

◉ 亻 + 專(오로지/정성/전일할 전) = 傳 (0567 참조)
☞ 오로지(專) 자신만이 알고 있는 기술이나 무예 같은 것을 다른 사람(亻)에게 전수시킨다(전한다)는 데서 「전하다. (전하여)잇다. 옮기다」 뜻으로.
傳授(전수 - 전하여 줌) 傳言(전언) 傳記(전기) 傳說(전설) 傳達(전달) 傳統(전통) 傳來(전래)

令 하여금 령(:) 시킬/부릴/영/명령 령. 0060-50

◉ {人 + 一 = 스(모일/모을 집)} + 卩(병부 절) = 令
☞ (전쟁이나 내란이 발생할 시에) 병력을 분쟁 지역으로 모이도록(스) 하기 위하여 임금이 전령으로 하여금 출동 명령서와 함께 (임금이 보관하던) 병부(卩)를 지역 사령관에게 내려보낸다는 데서 「하여금. 시키다. 부리다. 명령. 영」 뜻으로.
令達(영달 - 명령으로 전함) 令狀(영장) 令夫人(영부인) 令監(영:감) 口令(구:령) 發令(발령) 法令(법령)

★ 令(하여금/부릴/영/명령 령)과 결합을 이룬 글자. 0060 별첨

領(거느릴 령)	☞ 頁(3502) →	머리(頁)를 부리는(움직이게 하는)(令) 신체 부위이라는 데서 「목. (긴요한 목을 차지하고서 군사를 통솔한다는 데서)거느리다. 차지하다」 領導(영도)
嶺(고개 령)	☞ 山(0533) →	산(山)의 목(목덜미)(領)에 해당하는 지점이라는 데서 「고개. 재」 嶺東(영동)
零(떨어질 령)	☞ 雨(3401) →	윗분이 영(명령)(令)을 내리는 것처럼 비(雨)를 내리게 한다는 데서 「비 뚝뚝 떨어지다. 떨어지다」 零落(영락)
玲(옥소리 령)	☞ 玉(2036) →	윗사람이 엄하게 영(명령)(令)을 내리는 쩌렁쩌렁한 소리처럼 옥(玉)이 서로 부딪치어 울리는 쩌렁거리는 소리이라는 데서 「옥 소리」 玲瓏(영롱)

人 부수(자원과 쓰임 → 0044 참조)

鈴(방울 령)	☞ 金(3467) → 윗사람이 엄하게 영(命令)(令)을 내리는 소리처럼 쩌렁쩌렁한 소리를 내는 쇠(金)로 된 물건이라는 데서 「방울. 방울 소리」 鈴鐸(영탁)
囹(감옥 령)	☞ 囗(0647) → 영(命令)(令)을 어긴 죄인을 에워(가두어)(囗) 두는 곳이라는 데서 「옥」
齡(나이 령)	☞ 齒(3678) → 이(齒)로 하여금(令) 판별하는 것이 나이이라는 데서 「나이」 年齡(연령)
冷(찰 랭)	☞ 冫(0300)→ 얼음(冫)으로 하여금(令) 피부에 느끼는 차가운 기운이라는 데서 「차다」

仕 섬길 사. 벼슬 사.   0061-50

◉ 亻 + 士(선비 사) = 仕
☞ 높은 학덕을 갖춘 선비(士)는 벼슬아치로 임명 받아 다른 사람(亻), 곧 임금을 보필한다(섬긴다)는 데서 「섬기다. 벼슬」 뜻으로.
仕途(사도 - 관리가 되는 길) 仕進(사진) 出仕(출사) 給仕(급사) 奉仕活動(봉:사활동)

以 써 이: 쓸/할/까닭/~부터/거느릴 이.   0062-50

◉ レ(새잡는창애 궐) + 丶 + 人(사람 인) = 以
☞ 새 잡는 창애(レ)처럼 생긴 보습(쟁기)에 줄을 매달아(丶 → 매달아 놓은 표식) 사람(人)이 이끌어 나가는, 곧 사람이 보습을 사용하여 밭갈이하는 모습에서 「(보습으로)써. (보습을)쓰다. 거느리다. (밭갈이)하다」 뜻으로.
以內(이:내) 以上(이:상) 以下(이:하) 以心傳心(이:심전심) 以熱治熱(이:열치열) 以卵投石(이:란투석)

★ 以(써/쓸/까닭 이)와 결합을 이룬 글자		0062 별첨
似(같을 사)	☞ 人(0113) → 다른 사람(亻)을 인부로 씀으로써(以) 자기 자신이 작업한 것과 거의 마찬가지가 된다는 데서 「같다. 그럴듯하다」 似而非(사이비)	

健 굳셀 건: 튼튼할 건.   0063-50

◉ 亻 + 建(세울 건) = 健 (0409 참조)
☞ 사람(亻)이 몸을 꼿꼿하게 세우고(建) 활기차게 걸어가는 강건한 모습이라는 데서 「튼튼하다. 굳세다」 뜻으로.
健脚(건:각 - 튼튼한 다리. 튼튼하여 잘 걷는 사람) 健勝(건:승) 健康(건:강) 健鬪(건:투)

偉 거룩할/클 위. 훌륭할/위대할 위.   0064-50

◉ 亻 + 韋(다룬가죽/어길/에울 위) = 偉 (3537 참조)
☞ 다룬 가죽(韋)을 이용할 줄 아는 문명이 매우 발달한 사람(亻), 또는 만민(萬民)에게 에워싸여(韋) 추앙을 받는 사람(亻)이라는 데서 「위대하다. 거룩(훌륭)하다. 크다」 뜻으로.
偉人(위인 - 위대한 업적을 남긴 사람) 偉業(위업) 偉大(위대) 偉容(위용) 偉人傳記(위인전기)

人 부수(자원과 쓰임 → 0044 참조)

停 머무를 정. 　　　　　　　　　　　　　　　　　　　　0065-50

- 亻 + 亭(정자 정) = 停 (0204 참조)
- 사람(亻)이 (여가를 즐기면서) 정자(亭)에 머물러 있다는 데서 「머무르다」 뜻으로.
- ※ 정자(亭子) → 경관이 좋은 곳에 놀거나 쉬기 위하여 지은 집.

停止(정지) 停電(정전) 停戰(정전) 停車(정차) 停年(정년) 停會(정회) 停學(정학)

件 물건 건. 사건/건수 건. 　　　　　　　　　　　　　　0066-50

- 亻 + 牛(소 우) = 件
- 사람(亻)이 소(牛)를 이용하여 물건을 실어 나르거나 논밭을 가는 일거리를 하나하나씩 처리하여 나간다는 데서 「물건. 사건. 건수」 뜻으로.

件數(건수 - 사물의 가지 수) 物件(물건) 文件(문건) 要件(요건) 條件(조건) 事件(사:건) 用件(용:건)

他 다를 타. 겹칠 타. 　　　　　　　　　　　　　　　　0067-50

- 亻 + 也((어조사/잇기/또 야 ㅣ 잇닿을 이) = 他 (0041 참조)
- 다른 사람(亻)과 잇닿아(也) 있는, 곧 다른 부류의 여러 사람들이 뒤섞여 있다는 데서 「다르다. 겹치다」 뜻으로.

他人(타인) 他意(타:의) 他地(타지) 他國(타국) 他鄕(타향) 他姓(타성) 他山之石(타산지석) 其他(기타)

任 맡길 임(:). 맡을/당할/일/성(姓) 임. 　　　　　　　　0068-50

- 亻 + 壬(아홉째천간/북방/짊어질/클 임) = 任 (0404 참조)
- 다른 사람(亻)에게 짐짝 같은 것을 짊어지게(壬) 한다는 데서 「맡기다. 맡다. (맡은)일. (맡김을) 당하다」 뜻으로.

任務(임:무) 任意(임:의) 任命(임:명) 任官(임:관) 任員(임:원) 任期(임:기) 任氏(임씨)

價 값 가. 　　　　　　　　　　　　　　　　　　　　　0069-50

- 亻 + 賈(장사 고 ㅣ 값 가) = 價 (3070 참조)
- 다른 사람(亻)과 거래를 하는 가운데 이루어(매겨)지는 상품의 값(賈)이라는 데서 「값」 뜻으로.

價額(가액 - 값에 상당하는 금액) 價格(가격) 價値(가치) 定價(정가) 特價(특가) 廉價(염가)

假 거짓 가: 임시/빌릴 가. 　　　　　　　　　　　　　　0070-42

- 亻 + 叚(빌릴/허물 가) = 假
- 다른 사람(亻)으로부터 빌린(叚) 것은 일시적인 소유이며 참된 자기 것이 아니라는 데서 「거짓. 임시. 빌리다」 뜻으로.

假定(가:정 - 임시로 정함) 假裝(가:장) 假面(가:면) 假想(가:상) 假令(가:령) 假拂(가:불) 假借(가:차)

人 부수(자원과 쓰임 → 0044 참조)

★ 叚(빌릴/허물 가)와 결합을 이룬 글자		0070 별첨
暇(겨를 가)	☞ 日(1034) → 날(날짜)(日)을 빌려(叚) 놓은, 곧 자신이 쉴 수 있는 짬을 내어 놓은 여유로운 시간이라는 데서 「겨를. 한가하다」休暇(휴가)	
瑕(허물/티 하)	☞ 玉(2067) → 옥(玉)에 나 있는 허물(흠집)(叚)이라는 데서 「옥티. 허물. 티」瑕疵(하자)	
遐(멀 하)	☞ 辵(3144) → 이웃 나라의 길을 빌려(叚) 멀리 떨어진 제3국을 징벌하러 간다(辶)는 데서 「멀다」	
霞(노을 하)	☞ 雨(3407) → 비구름(雨)을 빌려(끌어들여)(叚) 놓은 것처럼 보이는, 곧 미세한 수증기가 석양에 반사되어 구름 형태를 이루어 검붉게 보이는 현상이라는 데서 「노을」霞光(하광)	
蝦(새우 하)	☞ 虫(2639) → 叚는 새우 모양을 표현. 새우의 불거져 나온 눈과 더듬이(戶), 엎어 놓은 상자(匚 ← 匚 상자 방)처럼 감각으로 둘러 있는 표피, 서로 꼬여 있는 발 모양(又), 곧 가(叚) 글자 형상처럼 생긴 벌레(虫)이라는 데서 「새우」大蝦(대하)	

佛 부처 불. 　　　　　　　　　　　　　　　　　　　　　　　　　　0071-42

◉ 亻 + 弗(아니/말/바르지못할 불) = 佛 (0919 참조)

☞ 부처를 의미하는 붓다(Buddha)의 음역(音譯)을 불(弗)로 표기한 글자로서, 다른 사람(亻)이 아닌(弗) 깨달음을 이룬 자기 자신, 또는 평범한 사람(亻)이 아닌(弗) 깨달음을 이룬 선각자이라는 의미가 부여되어 「부처」뜻으로.

佛陀(불타 - 부처) 佛者(불자) 佛敎(불교) 佛經(불경) 佛家(불가) 佛像(불상) 佛畵(불화)

伐 칠 벌. 벨/공/자랑할/방패 벌. 　　　　　　　　　　　　　　　　　0072-42

◉ 亻 + 戈(창 과) = 伐

☞ 다른 사람(亻), 곧 적군을 창(戈)으로 무찌른다는 데서 「치다. 베다. (적군을 무찔러서 세우는)공. (공을 세워)자랑하다. (무찌르고 방비하는)방패」뜻으로.

伐木(벌목 - 나무를 벰) 伐草(벌초) 征伐(정벌 - 적군이나 반역무리를 침)

★ 伐(칠/벨/공/자랑할/방패 벌)과 결합을 이룬 글자.		0072 별첨
閥(문벌 벌)	☞ 門(3382) → 나라에 공(伐)을 많이 세운 가문(家門)이라는 데서 「공로. 가문. 문벌」	
筏(뗏목 벌)	☞ 竹(2689) → 대나무(竹)를 넓적한 방패(伐) 모양처럼 평평하게 엮어서 물에 띄워 놓은 것이라는 데서 「뗏목」筏夫(벌부)	

儉 검소할 검: 　　　　　　　　　　　　　　　　　　　　　　　　　0073-40

◉ 亻 + 僉(다/여러 첨) = 儉 (0176 참조)

☞ 사람(亻)이, 옷이나 생활용품 같은 것을 다(僉) 닳을 때까지 아껴 사용한다는 데서 「검소하다」뜻으로.

儉素(검:소 - 사치하지 않고 아껴 씀) 儉約(검:약 - 검소하게 절약함) 勤儉(근:검 - 부지런하고 검소함)

低 낮을 저: 숙일 저. 　　　　　　　　　　　　　　　　　　　　　　0074-42

◉ 亻 + 氐(이를/근본/뿌리/머리숙일 저) = 低 (1984 참조)

☞ 다른 사람(亻)에게 머리를 숙이는(氐), 낮은 자세를 취한다는 데서 「낮다. 숙이다」뜻으로.

低音(저:음 - 낮은 소리) 低利(저:리) 低調(저:조) 低減(저:감) 低質(저:질) 低速(저:속) 低血壓(저:혈압)

係 맬 계: 걸릴/관계 계. 0075-42

- 亻 + 系(이을/맬 계) = 係 (2470 참조)
- 다른 사람(亻)과 소속 부서나 직무 등으로 이어진(系) 관계에 놓여 있다는 데서「걸리다. 매다. 관계」뜻으로.

係員(계:원 - 한 계에서 일하는 사람) 係長(계:장) 關係(관계)

保 지킬 보(:) 보전할/도울 보. 0076-42

- 亻 + {口(입/말할 구) + 木 = 呆(지킬/보전할 보 | 어리석을 매)} = 保 (0852 참조)
- 다른 사람(亻)에게 비밀을 발설하지 않고 지킨다(보전한다)(呆)는 데서「(비밀)지키다. 보전하다. (보전하여)도우다」뜻으로.

保全(보:전) 保衛(보:위) 保存(보:존) 保安(보:안) 保守(보:수) 保險(보:험) 保護(보:호) 保證(보증)

★ 保(지킬/보전할/도울 보)와 결합을 이룬 글자.		0076 별첨
堡(작은성 보)	☞ 土(0713) → 적의 침입이나 수재(水災)로부터 고을을 지키기(保) 위하여 흙(土)을 높직하게 쌓아 놓은 구축물이라는 데서「작은 성. 둑」堡壘(보루)	
褒(기릴 포)	☞ 衣(2566) → 속옷을 보전하여(保) 주는 큼지막한 옷(衣)이라는 데서「도포. (도포 자락이 바람에 날리는 것처럼 칭찬거리를 드날리게 한다는 데서)기리다」褒賞(포상)	

俗 풍속 속. 익힐 속. 0077-42

- 亻 + 谷(골 곡) = 俗
- 사람(亻)이 살아가는(거주하는) 골짜기(谷)마다 오랜 세월에 걸쳐 그 환경에 적응하여 온(길들여진) 생활 습관이라는 데서「풍속. 익히다」뜻으로.

風俗(풍속) 俗談(속담) 俗說(속설) 俗世(속세) 俗人(속인) 民俗(민속) 美風良俗(미:풍양속)

修 닦을 수. 꾸밀/바를/고칠 수. 0078-42

- {亻 + ㅣ + 攵 = 攸(바/곳/가득할/아득할 유)} + 彡(터럭/털무늬 삼) = 修
- 사람이 내면을 가득하게(攸) 채우고 밖으로 드러나는 외모도 털 무늬(彡)처럼 가지런하게 꾸민다는 데서「닦다. 꾸미다. 바르다」뜻으로.

修養(수양 - 도를 닦고 덕을 기르는 일) 修了(수료) 修訂(수정) 修正(수정)

★ 攸(바/곳/가득할/아득할 유)와 결합을 이룬 글자.		0078 별첨
悠(멀 유)	☞ 心(1872) → 아득하게(攸) 먼 곳으로 마음(心)이 가 있는, 곧 아득하게 먼 옛날을 생각(회상)하는 모양이라는 데서「멀다. 아득하다」悠久(유구)	
條(가지 조)	☞ 木(1623) → 나무(木)에 가득하게(攸) 돋아나 있는 가지이라는 데서「가지」條目(조목)	

人 부수(자원과 쓰임 → 0044 참조)

備 갖출 비: 예비할 비. 0079-42

● 亻 + 䇂(갖출 비) = 備
☞ 사람(亻)이 필요로 하는 모든 것을 갖추고(䇂) 있다는 데서「갖추다」뜻으로.
備置(비:치 - 갖추어 놓음) 備品(비:품) 備蓄(비:축) 備考(비:고) 備忘錄(비:망록) 豫備(예:비) 準備(준:비)

★ 備(갖출/예비할 비)와 결합을 이룬 글자.	0079 별첨
憊(고단할 비)	☞ 心 (1955) → 갖추는(備) 마음(心), 곧 행사 같은 것을 치르기 위하여 철저하게 준비하는 데는 심신(心身)의 고단함이 따른다는 데서「고단하다. 고달프다」憊色(비색)

侵 침노할 침. 범할/차츰/점점 침. 0080-42

● 亻 + ⼹(→ 帚「비 추」의 획 줄임) + 又(또/오른손 우) = 侵
☞ 사람(亻)이 빗자루(⼹ → 帚)를 손(又)에 쥐고 마당을 차츰차츰 쓸어 나간다는 데서「차츰. 점점. (마당을 쓸어 나가듯이 남의 나라를 차츰차츰 쳐들어간다는 데서)침노하다」뜻으로.
侵攻(침공 - 침범하여 공격함) 侵入(침입) 侵掠(침략) 侵略(침략) 侵犯(침범) 不可侵條約(불가침조약)

個 낱 개(:) 0081-42

● 亻 + 固(굳을 고) = 個 (0640 참조)
☞ 사람(亻)에게 굳어진(固) 개성은 저마다 다른 별개이라는 데서「낱」뜻으로.
個體(개:체 - 낱낱의 물체) 個別(개:별) 個人(개:인) 個性(개:성) 個月(개월) 別個(별개)

儀 거동 의. 모양/법도 의. 0082-40

● 亻 + 義(옳을 의) = 儀 (2370 참조)
☞ 사람(亻)이 지켜야 할 올바른(義) 규범이나 행동거지이라는 데서「거동. 법도」뜻으로.
儀禮(의례 - 형식과 절차를 갖춘 행사) 儀式(의식) 儀典(의전) 儀仗隊(의장대) 葬儀(장:의)

傑 뛰어날/호걸 걸. 0083-40

● 亻 + {舛(어그러질 천) 木(나무 목) = 桀(홰 걸)} = 傑 (1659 참조)
※ 홰 → 헛간이나 닭장에 닭이 올라가서 잠을 자도록 가로지른 나무막대.
☞ (높은 곳에 걸쳐 놓은) 홰대(桀)에 올라가 있는 사람(亻), 곧 평지에서 살아가는 일반 사람들보다 매우 우러러보이는 사람이라는 데서「뛰어나다. (지용이 뛰어난)호걸」뜻으로.
傑作(걸작 - 썩 훌륭한 작품) 傑出(걸출) 人傑(인걸) 豪傑(호걸) 英傑(영걸) 俊傑(준:걸)

依 의지할 의. 기댈 의. 0084-40

● 亻 + 衣(옷 의) = 依
☞ 사람(亻)은 (동물과는 달리) 옷(衣)에 의지하여 체온을 유지하고 몸을 보호한다는 데서「의지하다. 기대다」뜻으로.
依託(의탁 - 남에게 의지하여 맡김) 依據(의거) 依支(의지) 依存(의존) 依法(의법) 依舊(의구)

人 부수(자원과 쓰임 → 0044 참조)

伏 엎드릴 복. 숨을 복.
0085-40

● 亻 + 犬(개 견) = 伏
☞ 사람(亻)이, (엎드려서 걸어 다니는) 개(犬)처럼 엎드리는 자세를 취한다는 데서 「엎드리다. (엎드리어)숨다」 뜻으로.

伏兵(복병 - 숨어 있는 군사) 伏線(복선) 伏流(복류) 埋伏(매복) 降伏(항복) 屈伏(굴복) 潛伏(잠복)

★ 伏(엎드릴/숨을 복)과 결합을 이룬 글자. 　　　　　0085 별첨

洑(보 보)　　☞ 水 (1373) → 물(氵)이 엎드리는(伏) 자세를 취하는 것처럼 낮게 깔리어 흐르거나 괴어 있는 곳이라는 데서 「스미어 흐르다. 보」 洑稅(보세)

優 넉넉할/뛰어날 우. 부드러울/우수할 우.
0086-40

● 亻 + 憂(근심할/생각할/앓을 우) = 優 (1885 참조)
☞ 다른 사람(亻)을 근심하는(憂) 마음, 곧 불우한 사람을 걱정하여 주는 여유롭고 자애로운 마음씨를 지니고 있다는 데서 「넉넉하다. 부드럽다. (남들보다 넉넉하다는 데서)우수하다. 뛰어나다」 뜻으로.

優秀(우수 - 아주 뛰어남) 優勝(우승) 優等(우등) 優待(우대) 優劣(우열) 優柔不斷(우유부단)

儒 선비 유.
0087-40

● 亻 + 需(구할/쓰일 수 | 부드러울 유) = 儒 (3397 참조)
☞ (세상사에) 두루 쓰이는(需) 학문과 덕망을 갖춘 사람(亻)이라는 데서 「선비」 뜻으로.

儒學(유학 - 유교를 연구하는 학문) 儒敎(유교) 儒林(유림) 儒佛仙(유불선) 崇儒(숭유)

仁 어질 인. 착할 인.
0088-40

● 亻 + 二(두 이) = 仁
☞ 사람(亻)이 두(二) 가지를 갖추고 있는, 곧 타고난 천성(天性)과 배움에 의한 지성(知性)이 한데 어우러져 슬기롭고 너그러운 인품을 지니고 있는, 또는 효도와 공경하는 인품을 지니고 있는 사람이라는 데서 「어질다. 착하다」 뜻으로.

仁者(인자 - 어진 사람) 仁慈(인자) 仁術(인술) 仁義禮智(인의예지) 仁川廣域市(인천광역시)
孝弟也者其爲仁之本與(효:제야자 기위인지본여 - 효도와 공경이란 인을 행하는 근본이니라)

候 기다릴/기후 후: 물을/지킬/망보는사람 후.
0089-40

● 亻 + ㅣ(위아래통할 신) + {ㄱ(= 丩(얽힐 구) + 矢(화살 시) = 矣 → 과녁 모양)} = 候
☞ 사람(亻)이, 과녁(矣) 옆에 기다리고 서서 화살이 관통(ㅣ)하였는지를 묻고 일러 주기를 반복한다는 데서 「기다리다. 묻다. 지키다. 망보다. (일러 주기를 반복하는 것처럼 반복적으로 도래하는)기후. 철」 뜻으로.

候補(후:보 - 어떤 지위에 나아가기를 바라는 사람) 候:鳥(후조) 問候(문:후) 氣候(기후) 惡天候(악천후)

人 부수(자원과 쓰임) → 0044 참조)

傾 기울 경. 무너질 경.
0090-40
- 亻 + 頃(이랑/잠깐/기울 경) = 傾 (3508 참조)
- 사람(亻)의 자세가 비스듬한 이랑(頃)처럼 비스듬히 기울어 있다는 데서 「기울다. (기울어져서) 무너지다」 뜻으로.

傾斜(경사 - 비스듬히 기울어짐) 傾聽(경청) 傾向(경향) 傾注(경주) 傾國之色(경국지색)

傷 다칠/상할 상. 상처/아플 상.
0091-40
- 亻 + {𠂉(= 人 사람 인) + 昜(빛/열을/길 양) = 𥏫} = 傷
- ※ 𥏫 → 사람(𠂉 = 人)의 살점이 길게 열려(깊게 파여)(昜) 있는 모양을 표현.
- 사람(亻)의 살점이 길게 열려(깊게 파여)(𥏫) 있는 모양이라는 데서 「상처」 뜻으로.

傷心(상심 - 마음이 상함) 傷處(상처) 傷害(상해) 傷痕(상흔) 傷弓之鳥(상궁지조) 傷痍軍警(상이군경)

促 재촉할 촉. 촉박할 촉.
0092-32
- 亻 + 足(발 족) = 促
- 다른 사람(亻)에게 다가가 발(足)을 동동 구르면서 무엇인가를 다급하게 조른다는 데서 「재촉하다. 촉박하다」 뜻으로.

促迫(촉박 - 기한이 바싹 닥쳐 있음) 促求(촉구) 促進(촉진) 督促(독촉) 販促(판촉) 催促(최:촉)

倒 넘어질 도: 거꾸로 도.
0093-32
- 亻 + {至(이를 지) + 刂(칼 도) = 到(이를 도)} = 倒 (0229 참조)
- 다른 사람(亻), 곧 적군에게 칼(刂)을 이르게(닿게)(至) 하여 넘어뜨린다는 데서 「넘어지다. (넘어져서 뒤집힌다는 데서)거꾸로」 뜻으로.

倒置(도:치 - 차례 등이 뒤바뀜) 倒産(도:산) 倒錯(도:착) 壓倒(압도) 卒倒(졸도) 主客顚倒(주객전도)

企 꾀할 기. 바랄/계획할/발돋움하고바랄 기.
0094-32
- 人 + 止(그칠/발 지) = 企
- 사람(人)이 발(발꿈치)(止)을 세워(발돋움하여) 먼 곳을 바라다본다는 데서 「발돋움 하고서 바라다. 바라다. (바란다는 데서)꾀하다. 계획하다」 뜻으로.

企劃(기획 - 일을 계획함) 企圖(기도 - 일을 꾸며 이루려고 꾀함) 企待(기대) 企業體(기업체)

何 어찌 하. 무엇/무슨/짐 하.
0095-32
- 亻 + 可(옳을 가) = 何 (0802 참조)
- 다른 사람(亻)에게 옳게(바르게)(可) 처신하면 어찌(무슨) 욕됨을 당할 수 있겠는가라고 반문(反問)한다는 데서 「어찌. 무엇. 무슨」 뜻으로.

何故(하고 - 무슨 까닭) 何必(하필 - 어찌하여 꼭 그렇게) 何等(하등) 何時(하시) 何如歌(하여가)

人 부수(자원과 쓰임 → 0044 참조)

★ 何(어찌/무엇/짐 하)와 결합을 이룬 글자. 0095 별첨

荷(멜/짐 하)　☞ 艹(2746) → 풀(艹)을 짐(何)으로 지고(메고) 있다는 데서「짊어지다. 메다」荷物(하물)

供　이바지할 공: 베풀/받들 공. 0096-32

◉ 亻 + 共(함께 공) = 供 (0323 참조)

☞ 다른 사람(亻)과 함께(共)하기 위하여, 곧 공동체를 위하여 각자가 맡은 역할을 성실하게 수행(조력)한다는 데서「이바지하다. 베풀다. 받들다」뜻으로.

供給(공:급) 供物(공:물 - 바치는 물건) 供與(공:여) 供出(공:출) 供覽(공:람) 供養(공:양) 供託金(공:탁금)

佳　아름다울 가: 좋을/착할 가. 0097-32

◉ 亻 + 圭(홀/서옥 규) = 佳 (0697 참조)

※ 홀(圭) → 천자(天子)가 제후나 중신에게 내리는 신인(증표).

☞ 사람(亻)이 (높은 벼슬아치가 되어) 홀(圭)을 지니고 어전에 나아가는 출세한 모습이라는 데서「아름답다. 좋다」뜻으로.

佳日(가:일 - 좋은 날) 佳人(가:인) 佳約(가:약) 佳節(가:절) 佳宴(가:연) 佳景(가:경) 佳人薄命(가:인박명)

侍　모실 시: 가까울 시. 0098-32

◉ 亻 + 寺(절 사 | 관청/내관/내시 시) = 侍 (0565 참조)

☞ 내시(寺)가 다른 사람(亻)을 모시는, 곧 내시가 임금을 아주 가까운 곳에서 모신다는 데서「모시다. 가깝다」뜻으로.

侍奉(시:봉 - 부모를 모셔 받듦) 侍女(시:녀) 侍從(시:종) 侍者(시:자) 侍講(시:강) 內侍(내:시)

仰　우러를 앙: 쳐다볼/높을/믿을 앙. 0099-32

◉ 亻 + 卬(나/오를/향할/바랄/우러를 앙) = 仰

☞ 다른 사람(亻)을 높이 우러러(卬)본다는 데서「우러러다. 쳐다보다. 높다」뜻으로.

仰望(앙:망 - 우러러 바람) 仰慕(앙:모) 仰祝(앙:축) 仰俯日影(앙:부일영 - 해시계) 仰不愧於天(앙:불괴어천)

★ 卬(나/오를/향할/바랄/우러를 앙)과 결합을 이룬 글자. 0099 별첨

昂(오를·높을 앙)　☞ 日(1080) → 해(日)가 높이 (솟아) 오른다(卬)는 데서「오르다. 높다」昂貴(앙귀)
抑(누를 억)　☞ 手(1455) → 손(扌)으로 상대방을 위로 오르지(卬) 못하도록 누른다는 데서「누르다」

伯　맏 백. 형 백. 0100-32

◉ 亻 + 白(흰/밝을/맏 백) = 伯

☞ 맏이(白)로 태어난 사람(亻)이라는 데서「맏이. 형」뜻으로.

伯父(백부 - 큰아버지) 伯母(백모) 伯氏(백씨) 伯兄(백형) 伯仲之勢(백중지세) 畵伯(화:백)

人 부수(자원과 쓰임 → 0044 참조)

| 但 다만 단: 오직/홀로 단. | 0101-32 |

◉ 亻 + {日(날 일) + 一 = 旦(아침 단)} = 但 (1038 참조)
☞ 지평선(一) 위로 덩그렇게 떠오르는 해(日)처럼 외톨이로 서 있는 사람(亻)이라는 데서 「홀로.(오직 혼자라는 데서)오직. 다만」 뜻으로.
但只(단:지 - 다만. 오직) 但書(단:서 - 앞에 나온 본문의 설명이나 조건·예외 등을 나타내는 말)

| 側 곁 측. 가까울 측. | 0102-32 |

◉ 亻 + 則(법칙 칙 ǀ 곧 즉) = 側 (0230 참조)
☞ 다른 사람(亻) 곁에 곧바로(바짝)(則) 다가가 있다는 데서 「곁. 가깝다」 뜻으로.
側面(측면 - 옆면) 側面圖(측면도) 側近(측근) 側柏(측백) 北側(북측) 兩側(양:측) 左側(좌:측)

| 偶 짝 우(:) 합칠/우상 우. | 0103-32 |

◉ 亻 + 禺(원숭이/해지는곳/갈피/허수아비 우) = 偶 (3102 참조)
☞ 다른 사람(亻)을 (자신만이 숭배하거나 사모하여) 허수아비(禺)처럼 맹목적으로 따른다(단짝으로 대한다)는 데서 「짝. (짝으로)합치다. (단짝처럼 여기어 받드는)우상」 뜻으로.
偶像(우:상 - 목석 따위로 만든 신불이나 사람의 상) 偶數(우:수) 偶發(우:발) 偶然(우연) 配偶者(배:우자)

| 催 재촉할 최: 핍박할 최. | 0104-32 |

◉ 亻 + 崔(높을/산우뚝한모양 최) = 催 (0543 참조)
☞ 다른 사람(亻)으로 하여금 높은(崔) 직위나 단상 같은 곳에 오르도록 다그친다(성화를 부린다)는 데서 「재촉하다. (재촉하여)핍박하다」 뜻으로.
催告(최:고 - 재촉하는 뜻으로 내는 통지) 催眠(최:면) 催涙彈(최:루탄) 主催(주최) 開催(개최)

| 像 모양 상. 형상/화상 상. | 0105-32 |

◉ 亻 + 象(코끼리/형상/모양 상) = 像 (2995 참조)
☞ 사람(亻)의 모양(형상)(象)이라는 데서 「모양. 형상」 뜻으로.
銅像(동상 - 구리로 만든 사람이나 동물의 형상) 佛像(불상) 影像(영상) 畵像(화:상) 偶像(우:상)

| 倫 인륜 륜. 차례 륜. | 0106-32 |

◉ 亻 + {亼(모을 집) + 冊(책 책) = 侖(뭉치/둥글 륜)} = 倫 (3217 참조)
※ 侖 → 글씨를 쓴 죽편을 한데 모아(亼) 이를 둘둘 말아 놓은 둥근 책(冊) 모양에서 「뭉치. 둥글다」
☞ 사람(亻)이 (죽편에 글씨를 써서 가지런하게 엮어서 말아 놓은 책 뭉치인) 둥근 뭉치(侖)처럼 매사에 질서 정연하고 원만한 인품을 지니고 있다는 데서 「인륜. 차례」 뜻으로.
倫理(윤리 - 사람이 지켜야 할 도리) 人倫(인륜) 天倫(천륜) 不倫(불륜) 悖倫兒(패:륜아) 五倫(오:륜)

| 介 낄 개: 끼일/중매할 개. | 0107-32 |

◉ {人 + ǀ(위아래통할 신 ǀ 뚫을 곤) = 个(낱 개)} + ǀ = 介

人 부수(지원과 쓰임 → 0044 참조)

☞ 사람(人)이 홀로 서 있는(丨) 모양에서 낱(个) 뜻을. 낱개(个)에서 하나가 더 끼여 있는(丨) 모양에서 「끼다. 끼이다. (사람 사이에 끼여서 소개 역할을 한다는 데서)중매하다」 뜻으로.

介意(개:의 - 마음에 두어 생각함) 介入(개:입) 紹介(소개) 仲介(중개) 媒介(매개)

★ 介(끼일/낄/중매할 개)와 결합을 이룬 글자. 　　　　　　　　　　　　　0107 별첨

价(클/착할 개)	☞ 人(0141) → 다른 사람(亻)이 끼여(介) 있어 규모가 크다는 데서 「크다」 뜻을. 한편 두 사람 사이에 끼여(介) 일이 잘되도록 주선하는 선한 사람(亻)이라는 데서 「소개하다. 착하다」
芥(겨자 개)	☞ 艸(2818) → 이빨 틈에 끼일(介) 정도로 아주 작은 식물(艹)의 씨앗이라는 데서 「겨자」
界(지경 계)	☞ 田(2107) → 밭(田) 사이에 끼여(介) 있는 경계 지역이라는 데서 「지경」 境界(경계)

付　부칠 부: 줄/부탁할 부. 　　　　　　　　　　　　　　　　　　　　　0108-32

● 亻 + 寸(마디 촌 → 「치수. 법도. 잡다. 펼친 손 모양」을 의미) = 付

☞ 물건을 다른 사람(亻)의 손에 쥐어 주면서(寸) 제삼자에게 전달하도록(건네주게끔) 한다는 데서 「주다. 부치다. 부탁하다」 뜻으로.

付託(부:탁 - 남에게 의뢰함) 送付(송:부) 配付(배:부) 納付(납부) 當付(당부) 交付(교부) 分付(분부)

★ 付(줄/부칠/부탁할 부)와 결합을 이룬 글자. 　　　　　　　　　　　　0108 별첨

府(마을 부)	☞ 广(0762) → 백성을 보살펴 주는(付) 규모가 큰 집(广)이라는 데서 「마을」 政府(정부)
附(붙을 부)	☞ 阜(3344) → 붙어(付) 있는 언덕(阝), 곧 작은 언덕이 큰 언덕에 붙어(덧대어져) 있는 모양이라는 데서 「붙다. 더하다」 附着(부착)
符(부호 부)	☞ 竹(2684) → 대나무(竹)로 된 손잡이가 붙어(부착되어)(付) 있는 부절이라는 데서 「부절. (부절은 두 짝이 일치하는 데서)맞다. (맞추어 놓은 기호라는 데서)부호」 符號(부호)
吋(분부할 부)	☞ 口(0903) → 상대방이 마음에 새기도록 부탁하여(付) 말한다(口)는 데서 「분부하다」
駙(곁마/부마 부)	☞ 馬(3595) → 말(馬) 곁에 붙어(付) 있는 다른 말이라는 데서 「곁마」. 어마(御馬) 곁에 붙어(付) 말을 관리하는 관직은 대체적으로 임금의 사위이라는 데서 「부마」 駙馬(부마)

値　값 치. 　　　　　　　　　　　　　　　　　　　　　　　　　　　　0109-32

● 亻 + 直(곧을/바로볼 직│값 치) = 値 (2270 참조)

☞ 사람(亻)이 물품(상품)을 면밀하게 훑어보고 매기는 값(直)이라는 데서 「값」 뜻으로.

價値(가치 - 값어치) 加重値(가중치) 近似値(근:사치) 數値(수:치 - 셈값)

僧　중 승. 　　　　　　　　　　　　　　　　　　　　　　　　　　　　0110-32

● 亻 + 曾(일찍/더할/깊을 증) = 僧 (1991 참조)

☞ 일찍(曾)이 출가(出家)하여 수도하는 사람(亻)이라는 데서 「중」 뜻으로.

僧侶(승려) 僧家(승가) 僧房(승방) 禪僧(선승 - 참선하는 중) 比丘僧(비:구승) 破戒僧(파:계승)

倉　곳집 창(:) 창고/초상날 창. 　　　　　　　　　　　　　　　　　　0111-32

● 亼(→ 食「밥 식」의 획 줄임) + 口(입 구) = 倉

☞ 식량(亼)을 보관하여 두는 (우묵한) 입(口) 모양처럼 생긴 저장고이라는 데서 「곳집. 창고. (곳집

人 부수(자원과 쓰임 → 0044 참조)

모양처럼 천막을 쳐 놓은 초상집이라는 데서)초상나다」뜻으로.
倉庫(창고 - 곳집) 倉卒(창:졸 - 갑작스러움) 穀倉(곡창 - 곡식 창고) 營倉(영창) 彈倉(탄:창)

★ 倉(곳집/창고/초상날 창)과 결합을 이룬 글자.		0111 별첨
創(비롯할 창)	☞ 刀(0234) →	곳집(倉)을 짓는 데는 칼(刂)로 나무를 베어 내어 다듬는 작업에서 비롯한다는 데서「비롯하다. 비로소」創始(창시)
蒼(푸를 창)	☞ 艸(2740) →	풀(초목)(艹)이, 덩그렇게 솟은 곳집(倉)처럼 무성하게 자라나서 온 산야가 푸른 빛으로 덮여 있는 모양이라는 데서「무성하다. 푸르다」蒼空(창공)
滄(바다 창)	☞ 水(1253) →	물(氵)이 채워져 있는 곳집(倉), 곧 곡식을 채워 놓은 곳집처럼 물이 가득하게 들어차 있는 깊고 너른 곳이라는 데서「큰 바다. 바다」滄海一粟(창해일속)
槍(창 창)	☞ 木(1733) →	뾰족하게 솟은 곳집(倉) 모양처럼 끝머리를 뾰족하게 다듬어 놓은 나무(木)로 만든 무기라는 데서「창. 나무창」槍劍(창검)
愴(슬플 창)	☞ 心(1921) →	초상(倉)을 당한 마음(忄), 곧 사랑하는 사람을 여의어서 슬픔과 허무함을 느낀다는 데서「슬프다. 실의」悲愴(비창)
瘡(부스럼 창)	☞ 疒(2316) →	높다랗게 솟아오른 곳집(倉) 모양처럼 살갗이 둥그렇게 솟아(부어)오르는 병(疒)이라는 데서「부스럼. 종기」頭瘡(두창)
艙(선창 창)	☞ 舟(2891) →	배(舟)를 정박시켜 두는 일종의 곳집(倉) 구실을 하는 곳이라는 데서「선창」

償 갚을 상.   0112-30

◉ 亻 + 賞(상줄 상) = 償 (3045 참조)
☞ 다른 사람(亻)에게 상(賞)을 내려 공로를 보답하여 준다는 데서「갚다」뜻으로.
償還(상환) 報償(보:상 - 빚이나 받은 물건을 갚음) 賠償(배:상) 辨償(변:상) 減價償却(감:가상각)

似 같을/닮을 사: 그럴듯할 사.   0113-30

◉ 亻 + 以(써/쓸 이) = 似 (0062 참조)
☞ 다른 사람(亻)을 인부로 씀으로써(以) 자기 자신이 작업한 것과 거의 마찬가지가 된다는 데서 「같다. 닮다. 그럴듯하다」뜻으로.
似而非(사:이비 - 비슷하나 다름) 似是而非(사:시이비) 類似(유:사) 非夢似夢(비:몽사몽) 恰似(흡사)

仲 버금 중(:) 다음/중개 중.   0114-30

◉ 亻 + 中(가운데/바를 중) = 仲 (0018 참조)
☞ 형과 아우의 가운데(中) 서열에 태어난 사람(亻)이라는 데서「(형에)버금. 다음」뜻으로. 다른 사람(亻)의 가운데(中)에 끼어서 매개 역할을 한다는 데서「중개」뜻으로.
仲氏(중:씨 - 남의 둘째 형에 대한 존칭) 중형(仲:兄) 仲介(중개) 仲媒(중매) 仲裁(중재) 仲秋節(중추절)

伸 펼 신. 기지개켤 신.   0115-30

◉ 亻 + 申(납/펼/거듭/알릴 신) = 伸 (2113 참조)
☞ 사람(亻)이 몸을 편다(申)는 데서「펴다. 기지개 켜다」뜻으로.
伸張(신장 - 늘이어 넓게 폄) 伸長(신장 - 길게 뻗어남) 伸縮(신축) 屈伸(굴신)

佐　도울 좌: 버금/다음 좌 | 도울/버금 자.

0116-30

◉ 亻 + 左(왼/왼손 좌) = 佐 (0940 참조)
☞ 다른 사람(亻)의 왼손(左) 구실을 하는, 곧 다른 사람의 일을 거들어 주거나 업무를 대신하여 준다는 데서 「돕다. 버금. 다음」 뜻으로.

佐命(좌:명 - 임금을 도움) 補佐(보:좌) 佐飯(자:반 - 생선을 소금에 절인 반찬)

俱　함께 구. 다 구.

0117-30

◉ 亻 + 具(갖출 구) = 俱 (0326 참조)
☞ 사람(亻)이 모두 갖추어져(具) 있는, 곧 가족의 구성원인 조부모와 부모 그리고 처자식이 다 함께 살고(생존하여) 있다는 데서 「함께. 다」 뜻으로.

俱存(구존 - 부모가 모두 살아 계심) 俱現(구현) 俱沒(구몰) 俱樂部(구락부) 不俱戴天(불구대천)

余　나 여. 나머지/남을 여.

0118-30

◉ 人 + 二 + 小(작을 소) = 余
☞ 위쪽 사람(人)의 두(二) 분, 곧 부모님으로부터 작은(小) 몸뚱이를 물려받은 나이라는 데서 「나. (나의 존재는 부모님이 남기신 분신이라는 데서)나머지. 남다」 뜻으로.

余等(여등 - 우리들) ↔ ※ 汝等(여:등 - 너희들) 余輩(여배 - 우리들)

★ 余(나/나머지/남을 여)와 결합을 이룬 글자.		0118 별첨
餘(남을 여)	☞ 食(3555) → 밥(食)을 배불리 먹고도 남음(여분)이 있다는 데서 「남다」 餘裕(여유)	
途(길 도)	☞ 辵(3113) → 여유롭게(余) 걸어가도록(辶) 넓적하게 조성하여 놓은 지면이라는 데서 「길」	
斜(비낄 사)	☞ 斗(1827) → 말(斗)에 곡식을 수북이 채워, 말의 윗면을 초과한 나머지(여분)(余) 곡식을 잣대로 비낀다(용기 윗면과 곡식이 수평이 되게끔 한다)는 데서 「비끼다」 斜面(사면)	
徐(천천할 서)	☞ 彳(0438) → 시간적으로 남음(余)이(여유가) 있어서 서두르지 않고 천천히 걸어간다(彳)는 데서 「천천하다. 더디다」 徐行(서행)	
敍(펼/베풀 서)	☞ 攴(1808) → 나(余)를 두드리는(攴), 곧 나 자신을 채찍질하여 지니고 있는 재능이나 포부를 하나하나씩 펼쳐 나간다는 데서 「펴다. 베풀다」 敍述(서술)	
除(덜 제)	☞ 阜(3335) → 언덕(阝)의 나머지(余) 지대, 곧 경사가 완만한 언덕의 끝자락이라는 데서 「(경사가 덜하다는 데서)덜다. (덜어 내어)제하다」 除去(제거)	

侯　제후/임금 후. 과녁 후.

0119-30

◉ 亻 + {ユ(= 니얽힐 구) + 矢(화살 시) = 矦 → 화살이 얽혀 있는 과녁 모양)} = 侯
☞ 과녁(矦)에 화살을 많이 명중시킨 사람(亻)이라는 데서 「과녁. (먼 옛날에는 과녁에 화살을 많이 명중시킨 사람이 제후나 임금으로 추대되었기에)제후. 임금」 뜻으로.

諸侯(제후 - 일정한 영토를 가지고 영내의 인민을 다스리던 사람) 侯爵(후작) 王侯將相(왕후장상)

★ 侯(제후/임금/과녁 후)와 결합을 이룬 글자.		0119 별첨
喉(목구멍 후)	☞ 口(0832) → 입속(口)에, 과녁(侯)처럼 둥그렇게 뚫리어 있는 기관이라는 데서 「목구멍」	

人 부수(자원과 쓰임 → 0044 참조)

俊 준걸 준: 준수할 준. 0120-30

◉ 亻 + {允(맏/진실로 윤) + 夊(천천히걸을 쇠) = 夋(천천히걷는모양/갈 준)} = 俊
☞ 사람(亻)이 천천히 걸어가는(夋), 곧 거동에 여유가 있고 위의(威儀)가 넘쳐나 보이는 모습이라는 데서 「준걸(차다). 준수하다」 뜻으로.
俊傑(준:걸 - 재주와 덕망이 뛰어난 사람) 俊秀(준:수) 俊才(준:재) 俊英(준:영) 俊逸(준:일) 俊豪(준:호)

★ 夋(천천히걷는모양/갈/거만할 준)과 결합을 이룬 글자. 0120 별첨

峻(높을 준)	☞ 山(0539) → 산(山)이 거만하게(夋) 보일 정도로 매우 높고 가파르다는 데서 「높다」
埈(가파를 준)	☞ 土(0684) → 천천히 걸어가야(夋)만 오를 수 있을 정도로 매우 가파르고 높은 땅(곳)(土)이라는 데서 「가파르다」
晙(밝을 준)	☞ 日(1073) → 해(日)가 천천히 걸어가는(夋) 것처럼 동녘으로 서서히 다가가는 동틀(밝을) 무렵이라는 데서 「밝다. 이른 아침」
浚(깊게할 준)	☞ 水(1305) → 물(氵)이 천천히 걸어가는(夋) 모양새를 이루는, 곧 수심이 얕은 지대의 흙을 파내어 물이 서서히 깊어지도록 한다는 데서 「깊게 하다」 浚渫(준설)
駿(준마 준)	☞ 馬(3587) → 천천히 걸어가는(夋) 말(馬), 곧 늠름한 자태로 무척 위엄스럽게 걸어가는 좋은 말이라는 데서 「준마」 駿馬(준마)
竣(마칠 준)	☞ 立(2263) → 일으켜 세우는(立) 작업이 마감되어 간다(夋)는 데서 「마치다」 竣工(준공)
唆(부추길 사)	☞ 口(0848) → 천천히 걸어가는(夋) 것처럼 넌지시(은근히) 일러 주면서(다독이면서) 말한다(口)는 데서 「부추기다」 唆囑(사촉)
酸(실 산)	☞ 酉(2966) → 술(막걸리)(酉)이, 천천히 걸어가는(夋) 것처럼 서서히 발효 과정을 거치면서 시어진 것이라는 데서 「시다. 초」 酸性(산성)
悛(고칠 전)	☞ 心(1936) → 마음(忄)이 진실하게 천천히 걸어가는(夋), 곧 지난날의 잘못에 대하여 참된 마음으로 서서히 고쳐 나간다는 데서 「고치다」 改悛(개전)

借 빌릴 차: 빚 차. 0121-30

◉ 亻 + 昔(옛/오랠 석 | 섞일 착) = 借 (1046 참조)
☞ 다른 사람(亻)으로부터 금전적인 신세를 오래(昔)도록 진다는 데서 「빚. 빌리다」 뜻으로.
借用(차:용 - 물건을 빌리거나 돈을 꾸어 씀) 借入(차:입) 借邊(차:변) 借款(차:관) 借名(차:명) 賃借(임:차)

傍 곁 방: 기댈 방. 0122-30

◉ 亻 + 旁(곁/기댈/두루 방) = 傍 (1980 참조)
☞ 다른 사람(亻)의 곁(旁)에 기대어 있다는 데서 「곁. 기대다」 뜻으로.
傍觀(방:관 - 곁에서 봄) 傍聽(방:청) 傍證(방:증) 傍系(방:계) 傍室(방:실) 傍若無人(방:약무인) 近傍(근:방)

倣 본뜰 방. 모방할 방. 0123-30

◉ 亻 + 放(놓을/쫓을 방) = 倣 (1793 참조)
☞ 다른 사람(亻)을 쫓아(放)가는, 곧 다른 사람이 하는 방식을 그대로 따른다는 데서 「모방하다. 본뜨다」 뜻으로.
模倣(모방 - 본떠서 함) 倣似(방사 - 아주 비슷함)

人 부수(자원과 쓰임 → 0044 참조)

僅 겨우 근: 0124-30

● 亻 + {革(가죽 혁) + 土(흙 토) = 堇(진흙/찰흙 근)} = 僅 (0369 참조)
※ 堇 → 질긴 가죽(革)처럼 끈질긴(차진) 흙(土)이라는 데서「진흙. 찰흙」뜻으로.
☞ 사람(亻)이 진흙(수렁)(堇)에 빠지면 간신히 벗어날 수 있다는 데서「겨우」뜻으로.
僅少(근:소 - 아주 적어서 얼마 되지 못함) 僅僅扶持(근:근부지 - 간신히 견디어 감)

傲 거만할 오: 0125-30

● 亻 + 敖(거만할/놀 오) = 傲
☞ 사람(亻)의 언행이 거만하다(敖)는 데서「거만하다」뜻으로.
傲慢(오:만 - 태도가 거만함) 傲氣(오:기 - 지기 싫어하는 마음) 傲然(오:연 - 태도가 거만함)

★ 敖(거만할/놀 오)와 결합을 이룬 글자. 0125 별첨

| 鰲(큰자라 오) | ☞ | 黽(3682) → 거만하게(敖) 움직이는 것처럼 무척 여유 만만하게 물을 헤집으면서 나아가는 맹꽁이(黽) 유형의 파충류이라는 데서「큰 자라」鰲頭(오두) |
| 贅(혹 췌) | ☞ | 貝(3081) → (하는 일이 없이) 놀면서(敖) 재물(貝)을 축내는 혹과 같은 존재라는 데서「군더더기. 혹」贅言(췌언) |

債 빚 채: 빚질 채. 0126-30

● 亻 + 責(꾸짖을/취할 책 | 빚 채) = 債 (3042 별첨)
☞ 다른 사람(亻)으로부터 빚(責)을 지고 있다는 데서「빚. 빚지다」뜻으로.
債務(채:무 - 빚을 갚아야 할 의무) 債權(채권) 債券(채:권) 負債(부:채) 外債(외:채) 私債(사채) 社債(사채)

僞 거짓 위. 0127-30

● 亻 + 爲(될/할 위) = 僞 (1570 참조)
☞ 자연은 거짓이 없는 반면에 사람(亻)이 꾸며서 하는(爲), 곧 인위(人爲)에는 꾸밈(거짓)이 있다는 데서「거짓」뜻으로.
僞幣(위폐 - 위조한 화폐) 僞證(위증 - 거짓 증명) 僞造(위조) 僞善(위선) 僞裝(위장) 虛僞(허위)

倭 왜나라 왜. 왜국/키작을 왜. 0128-20

● 亻 + 委(맡길/붙일/따를/이삭고개숙일 위) = 倭 (0466 참조)
☞ 사람(亻)의 키가 벼이삭 고개 숙인(委) 모양처럼 작달막하다는 데서「키 작다. (키가 작은 민족의 국가이라는 데서)왜나라. 왜국」음훈으로.
倭國(왜국 - 일본의 별명) 倭食(왜식 - 일본식으로 만든 요리) 倭寇(왜구 - 과거 일본인 해적)

偵 염탐할 정. 정탐할/물을/염탐꾼 정. 0129-20

● 亻 + 貞(곧을/점칠 정) = 偵 (3060 참조)
☞ 다른 사람(亻)에게 점친(貞) 내용을 물어보는 것처럼 넌지시 묻는다는 데서「염탐하다. 정탐하다. 묻다. 염탐꾼」뜻으로.

偵探(정탐 - 몰래 사정을 더듬어 살핌) 偵察機(정찰기) 探偵탐정 - 정탐)

僚 동료 료. 벗 료. 0130-20

◉ 亻 + 尞(횃불/불놓을/밝을/비칠 료) = 僚 (2309 참조)
☞ (어두운 길을 밝게 비춰 주는) 횃불(尞)이 되어 주는(안내자나 동반자 구실을 하는) 사람(亻)이라는 데서 「동료. 벗」 뜻으로.
同僚(동료 - 같은 곳에서 같은 일을 하는 사람) 閣僚(각료) 官僚(관료) 幕僚(막료 - 보좌하는 간부)

傅 스승 부: 펼 부. 0131-20

◉ 亻 + 尃(펼 부) = 傅
☞ 다른 사람(亻)에게 가르침을 펴는(尃) 사람이라는 데서 「스승. 펴다」 뜻으로.
傅育(부:육 - 보살펴 기름) 師傅(사부 - 스승)   ※ 師父(사부 - 스승과 아버지. 스승의 존칭)

★ 尃(펼 부), 溥(펼 부 | 넓을 보)와 결합을 이룬 글자. 0131 별첨

賻(부의 부)	☞	貝(3074) → 초상집에 펼쳐(베풀어)(尃) 주는 돈(재물)(貝)이라는 데서 「부의」 賻儀(부의)
簿(문서 부)	☞	竹(2685) → 대나무(죽편)(竹)에 글씨를 써서 둘둘 말아 놓은 둥근 책 뭉치를 열람할 수 있도록 펼쳐(溥) 놓은 것이라는 데서 「문서」 簿錄(부록)
博(넓을 박)	☞	十(0339) → 사방(여러 방면)(十)으로 방대하게 펼쳐져(尃) 있다는 데서 「넓다」 博學(박학)
搏(두드릴 박)	☞	手(1500) → 손(扌)을 크게 펼쳐서(尃) 상대방의 멱살을 잡거나 친다는 데서 「잡다. 치다. 두드리다」 搏擊(박격)
膊(팔뚝 박)	☞	肉(2428) → 넓적하게 펼쳐져(尃) 있는 신체(月) 부위라는 데서 「어깨. (어깨에 드리워져 있는)팔뚝」 膊筋(박근)
縛(묶을 박)	☞	糸(2523) → 실(끈)(糸)을 펼치어(尃) 물건을 동인다는 데서 「묶다」 束縛(속박)
薄(엷을 박)	☞	艹(2732) → 풀(艹)을 (건초용으로) 말리기 위하여 땅바닥에 넓적하게(엷게) 펼쳐(溥) 놓은 모양이라는 데서 「엷다. 얇다」 薄俸(박봉)

伽 가야 야. 나라이름 야. 0132-20

◉ 亻 + {耳(귀 이) + 阝(고을 읍) = 耶(어조사/움푹파진곳 야)} = 倻 (2876 참조)
※ 倻는 우리나라에서 만든 국자(國字).
☞ 사람(亻)의 귀 모양처럼 지형이 움푹하게 파진 곳(耶)에 도읍을 정한 나라라는 의미가 부여되어 「나라 이름. 가야」 뜻으로.
伽倻國(가야국 - 가야산의 서남쪽 옛 변한 땅에 김수로왕이 세운 나라) 伽倻琴(가야금)

傘 우산 산. 일산 산. 0133-20

◉ 人 + 亽 + 亽 + 十 = 傘
☞ 傘은 우산 모양을 표현. 우산의 덮개(人)와 살(亽亽)과 받침대(자루)(十) 모양을 표현하여 「우산. 일산」 뜻으로.
雨傘(우:산 - 비를 가리는 데 쓰는 기물) 傘下(산하) 傘下機關(산하기관) 陽傘(양산) 日傘(일산)

人 부수(자원과 쓰임 → 0044 참조)

傀 허수아비 괴(:). 꼭두각시/클 괴. 0134-20
- 亻 + 鬼(귀신/도깨비 귀) = 傀
※ 꼭두각시 → 여러 가지 이상야릇한 탈을 씌운 인형.
☞ 도깨비(鬼) 형상의 탈(가면)을 쓰고 이리저리 날뛰는 사람(亻)이라는 데서 「꼭두각시. (꼭두각시 형상의)허수아비」 뜻으로.

傀儡軍(괴:뢰군 - 꼭두각시 노릇을 하는 군대) 傀儡(괴:뢰) 傀儡政府(괴:뢰정부) 傀奇(괴기 - 기괴함)

傭 품팔이/품팔 용. 0135-20
- 亻 + 庸(떳떳할/쓸 용) = 傭 (0769 참조)
☞ 다른 사람(亻)이 자신을 인부로 쓰는(庸), 곧 품삯을 받고 다른 사람(주인)이 시키는 일을 한다는 데서 「품팔이. 품 팔다」 뜻으로.

傭兵(용병 - 고용한 군사) 雇傭(고용 - 삯을 받고 남의 일을 하여 줌)

偏 치우칠 편. 한쪽 편. 0136-20
- 亻 + 扁(작을/넓적할/현판/두루 편) = 偏 (1752 참조)
☞ 사람(亻)이 (볼거리가 있는) 현판(扁) 쪽으로만 죄다 모여 있다는 데서 「치우치다. 한쪽」 뜻으로.

偏重(편중 - 한쪽으로 치우침) 偏見(편견) 偏差(편차) 偏食(편식) 偏愛(편애) 偏頗(편파)

僑 더부살이 교. 붙여살/높을 교. 0137-20
- 亻 + 喬(나뭇가지위굽을/높을/마음편안하지않을 교) = 僑 (0902 참조)
☞ 사람(亻)이 나뭇가지 위 굽은(喬) 곳에서 지내는 것처럼 몸을 의지하기 힘들 정도로 무척 불편스럽게 살아가는 처지라는 데서 「더부살이. 붙여 살다」 뜻으로.

僑胞(교포 - 외국에 살고 있는 동포) 僑民(교민 - 외국에 살고 있는 동포) 華僑(화교)

僻 궁벽할 벽. 후미질/치우칠 벽. 0138-20
- 亻 + 辟(임금/궁벽한/편벽될 벽 | 피할 피) = 僻 (3317 참조)
☞ 다른 사람(亻)을 피하여 궁벽한(辟) 곳에서 지낸다는 데서 「궁벽하다. 후미지다」 뜻으로.

僻村(벽촌 - 궁벽한 곳에 있는 마을) 窮僻(궁벽 - 매우 후미지어 으슥함) 僻地(벽지) 偏僻(편벽)

佾 춤 일. 춤줄/춤추는수효 일. 0139-20
- 亻 + {八 + 月(= 肉 고기 육) = 肎(눈깜짝일 홀)} = 佾
☞ 사람(亻)이 여덟(八) 명씩 짝을 이루어 몸동작(月)을 펼치는 무용이라는 데서 「춤추다. 춤. 춤추는 수효」 뜻으로.

八佾舞(팔일무 - 64인을 8열로 정렬시켜 추게 하는 규모가 큰 춤) 佾舞(일무 - 제향 때에 추는 춤)

儆 경계할 경. 0140-20
- 亻 + 敬(공경할 경) = 儆 (1798 참조) ※ 儆은 警(경계할 경)과 통자(通字).

人 부수(자원과 쓰임 → 0044 참조)

☞ 사람(亻)이 (신분이 지극히 높은) 공경하는(敬) 분의 신변을 보호한다는 데서 「경계하다」 뜻으로.
儆戒=警戒(경:계 - 잘못되는 일이 생기지 않도록 조심함) 儆新高等學校(경:신고등학교)

价 클/착할 개: 소개할 개. 0141-20

◉ 亻 + 介(끼일 개) = 价 (0107 참조)
☞ 다른 사람(亻)이 끼여(介) 있어 규모가 이전보다 크다는 데서 「크다」 뜻을. 한편 두 사람 사이에 끼여(介) (서로가 잘 어울리도록) 주선하는 선한 사람(亻)이라는 데서 「소개하다. 착하다」 뜻으로.
价婦(개:부 - 하녀下女) 价川郡(개:천군 - 평안남도에 있는 지명)

俛 구부릴/구푸릴 면: 0142-20

◉ 亻 + 免(면할 면) = 俛 (0193 참조)
☞ 사람(亻)이 낮고 비좁은 공간을 면하기(免) 위하여(밖으로 빠져나오기 위하여) 몸을 구푸린다는 데서 「구부리다. 구푸리다」 뜻으로.
俛首(면:수 - 머리를 숙임) 俛仰(면:앙 - 구부린 자세로 우러러봄)

伴 짝 반: 의지할 반. 0143-20

◉ 亻 + 半(반 반) = 伴 (0335 참조)
☞ 다른 사람(亻)의 반쪽(半) 구실을 하는 동반자이라는 데서 「짝. 의지하다」 뜻으로.
伴侶(반:려 - 짝이 되는 친구) 伴奏(반:주) 伴隨(반:수) 伴行(반:행) 同伴(동반) 隨伴(수반)

伽 절 가. 0144-20

◉ 亻 + 加(더할 가) = 伽 (0364 참조)
☞ 정사(精舍 → 사원)를 의미하는 범어(梵語) 승가람마(Sangharama)의 음역(音譯)을 가(加)로 표기한 글자로서. 수도(修道)하는 사람(亻)이 더하여(운집하여)(加) 있는 곳이라는 의미가 부여되어 「절」 뜻으로.
伽藍(가람 - 승려가 살면서 불도를 닦는 곳) 伽倻山(가야산) 伽倻琴(가야금) 僧伽(승가)

伊 저(彼) 이. 이/발어사 이. 0145-20

◉ 亻 + 尹(다스릴/벼슬아치 윤) = 伊
☞ 다른 사람(亻)을 다스리면서(尹) 이러저러한 사항을 지시하거나 지적한다는 데서 「저. 이. (저 하면서 말을 꺼내는)발어사」 뜻으로.
伊太利(이태리 - 이탈리아) 伊尹太公之謀(이윤태공지모 - 천하를 다스리는 계책)

佑 도울 우: 0146-20

◉ 亻 + 右(오른쪽/도울/인도할 우) = 佑 (0791 참조)
☞ 다른 사람(亻)을 돕는다(右)는 데서 「돕다」 뜻으로.
保佑(보:우 - 보살피어 도움) 天佑(천우 - 하늘의 도움)

人 부수(자원과 쓰임 → 0044 참조)

俳 배우 배. 광대 배. 0147-20

- 亻 + 非(아닐/어긋날 비) = 俳 (3414 참조)
- ☞ 사람(亻)의 참모습이 아닌(非), 곧 참모습을 보이는 것이 아니라 각본에 따라(꾸미어서) 연기(演技)하는 사람이라는 데서「배우. 광대」뜻으로.

俳優(배우 - 연극이나 영화에 출연하여 연기를 하는 사람)

俸 녹 봉: 봉급 봉. 0148-20

- 亻 + 奉(받들/봉양할/높일/공물/녹 봉) = 俸 (0734 참조)
- ☞ 다른 사람(亻)에게 일을 시킨 대가로 주는 녹(奉)이라는 데서「봉급. 녹」뜻으로.

俸祿(봉:록 - 벼슬아치에게 주던 봉급) 俸給(봉:급) 年俸(연봉) 初俸(초봉) 薄俸(박봉) 減俸(감:봉)

倂 아우를 병: 0149-20

- 亻 + 幷(아우를/나란히할 병) = 倂 (0934 참조)
- ☞ 사람(亻)이 아울러(나란히 모여)(幷) 있다는 데서「아우르다」뜻으로.

倂記(병:기 - 함께 합하여 기록하는 일) 倂用(병:용 - 아울러서 씀) 合倂症(합병증)

侮 업신여길 모: 0150-20

- 亻 + 每(매양/늘 매) = 侮 (2021 참조)
- ☞ 사람(亻)이 (예전보다 나아짐이 없이) 매양(每) 똑같으면(구태의연하면) 다른 사람들이 얕잡아본다는 데서「업신여기다」뜻으로.

侮辱(모:욕 - 깔보고 욕되게 함) 侮蔑(모:멸 - 업신여기고 얕잡아 봄) 受侮(수모 - 모욕을 당함)

侈 사치할 치. 많을 치. 0151-10

- 亻 + 多(많을/더할 다) = 侈 (0999 참조)
- ☞ 사람(亻)이 패물 같은 장신구를 몸에 많이(多) 차고 있다는 데서「사치하다. 많다」뜻으로.

奢侈(사치 - 신분에 지나치게 치레함) 豪奢(호사 - 호화롭고 사치함)

佩 찰 패: 0152-10

- 亻 + 凡(무릇/대개 범) + 巾(수건 건) = 佩
- ☞ (옛날에) 사람(亻)은 대개(凡) 허리춤에 수건(巾)을 차고 다닌다는 데서「차다」뜻으로.

佩物(패:물 - 사람의 몸에 차는 장식물) 佩瓢(패:표 - 쪽박을 차는, 곧 빌어먹음을 이름) 佩用(패:용)

侶 짝 려. 벗(동무) 려. 0153-10

- 亻 + 呂(법칙/음률/등마루뼈 려) = 侶 (0845 참조)
- ☞ 뼈가 다닥다닥 붙어 있는 등마루 뼈(呂)처럼 항상 함께 붙어 지내는 사람(亻)이라는 데서「짝. 벗(동무)」뜻으로.

伴侶(반:려 - 짝이 되는 동무) 伴侶者(반:려자 - 짝이 되는 사람)

人 부수(자원과 쓰임 → 0044 참조)

倦 게으를 권: 피곤할/싫을 권. 0154-10

- 亻 + 卷(책/말 권) = 倦 (0348 참조)
- ☞ 사람(亻)의 몸과 마음이 책을 돌돌 말아(卷) 놓은 것처럼 움츠리고 있다(매사에 의욕적이지 못하고 나서기를 귀찮아 한다)는 데서 「게으르다. 피곤하다. 싫다」 뜻으로.

倦怠(권:태 - 싫증을 느끼어 게을러짐) 倦厭(권:염 - 지겨워서 싫증이 남)

俯 구부릴 부: 엎드릴 부. 0155-10

- 亻 + 府(관청/곳집 부) = 俯 (0762 참조)
- ☞ 사람(亻)이 관청(府)에 출입할 때에는 흔히들 구부리는 자세를 취한다는 데서 「구부리다. 엎드리다」 뜻으로.

俯仰(부:앙 - 하늘을 우러러보고 세상을 굽어봄) 俯首傾聽(부:수경청 - 머리를 숙이고 귀 기울여 들음)

倆 재주 량. 0156-10

- 亻 + 兩(두/짝 량) = 倆 (0356 참조)
- ☞ 사람(亻)이 두(兩) 가지의 재능을 갖추고 있는, 곧 문무(文武)나 문예(文藝) 같은 재능을 함께 갖추고 (겸하고) 있다는 데서 「재주」 뜻으로.

技倆(기량 - 기능이나 기술상의 재능)

做 지을 주 0157-10

- 亻 + 故(예/연고 고) = 做 (1800 참조)
- ☞ 사람(亻)이 겪어 온 것을 연고(故)로 하여(옛것을 참고로 하여) 새로운 것을 창출하여 낸다(새로이 지어낸다)는 데서 「짓다」 뜻으로.

做錯(주착 - 잘못인 줄 알면서도 저지른 허물) 看做(간주 - 그런 양으로 여김)

佚 편안할 일 | 질탕 질. 숨을 일 | 방탕할 질. 0158-10

- 亻 + 失(잃을/놓을 실) = 佚 (0733 참조) ※ 佚은 逸(편안할 일)과 동자.
- ☞ 사람(亻)이 번거로운 일상생활을 놓아(벗어)(失) 버리고 편안하게 쉰다는 데서 「편안하다. (안식처로)숨다」 뜻을. 한편 사람(亻)이 본분을 잃어(失)버리고 아무렇게나 놀아난다는 데서 「방탕하다」 뜻으로.

佚民=逸民(일민 - 학덕이 있으면서도 묻히어 지내는 사람) 佚樂=逸樂(일락) 佚蕩=跌宕(질탕 - 방탕함)

偕 함께 해. 0159-10

- 亻 + 皆(다/모두/함께 개) = 偕 (2083 참조)
- ☞ 사람(亻)이 함께(皆) 모여 있는, 곧 온 집안 식구들이 함께(모두) 모이어 단란하게 살아간다는 데서 「함께」 뜻으로.

偕老(해로 - 부부가 일생을 함께 늙음) 偕樂(해락 - 여럿이 함께 즐김)

人 부수(자원과 쓰임 → 0044 참조)

俠 호협할/의기로울 협. 의협 협.   0160-10

◉ 亻 + 夾(낄 협) = 俠 (0754 참조)
☞ 다른 사람(亻), 곧 약자를 옆에 끼고(夾) 보호한다는 데서 「호협하다. 의기롭다」 뜻으로.
俠客(협객 - 강자를 꺾고 약자를 돕는 혈기를 지닌 사람) 俠士(협사) 義俠心(의:협심)

伍 대오/다섯사람 오: 0161-10

◉ 亻 + 五(다섯 오) = 伍 (0211 참조)
☞ 다섯(五) 사람(亻)으로 편성되어 있는 군대의 행렬이라는 데서 「다섯 사람. 대오」 뜻으로.
伍長(오:장 - 군졸 다섯 사람의 우두머리) 隊伍(대오 - 군대의 항오) 行伍(항오 - 군대를 편성한 행렬)

仗 무기/의장(儀仗) 장.   0162-10

◉ 亻 + 丈(어른/열자/길/지팡이 장) = 仗 (0009 별첨)
☞ 사람(亻)이 호신용으로 허리춤에 차고 다니는 지팡이(丈)라는 데서 「무기. (무기를 사열하는) 의장」 뜻으로.
儀仗(의장 - 천자가 행차할 때 격식을 갖추어 세우는 무기) 儀仗隊(의장대) 兵仗器(병장기)

仔 자세할 자. 새끼 자.   0163-10

◉ 亻 + 子(아들/자식/자세할 자) = 仔
☞ 사람(亻)이 어린 자식(子)을 자세하게 보살핀다는 데서 「자세하다. 새끼」 뜻으로.
仔細=子細(자세 - 주의가 썩 잔 것에까지 미치어 빠짐이 없음) 仔詳(자상 - 자세하고 찬찬함)

什 열사람 십 | 세간 집.   0164-10

◉ 亻 + 十 = 什
☞ 사람(亻)의 수효가 열(十)이라는 데서 「열 사람」 뜻을. 한편 사람(亻)이 갖추고 있는 여러(十) 가지 살림살이용 기물이라는 데서 「세간」 뜻으로.
什長(십장 - 병졸 열 사람 가운데 두목) 什器(집기 - 일상생활에 쓰는 도구) 什具(집구) 什物(집물)

僥 바랄/요행 요.   0165-10

◉ 亻 + 堯(요임금/높을/멀 요) = 僥 (0689 참조)
☞ 사람(亻)은 대개 높은(堯) 자리(지위)에 오르기를 바란다는 데서 「바라다. 요행」 뜻으로.
僥倖(요행 - 뜻밖의 행운을 바람) ※ 倖(요행 행)

僕 종 복. 마부 복.   0166-10

◉ 亻 + {丵(풀무성할 착) + 大(큰 대) = 業(번거로울 복)} = 僕
☞ 번거로운(業) 일거리를 도맡아 하는 사람(亻)이라는 데서 「종」 뜻으로.
奴僕(노복 - 사내 종) 公僕(공복 - 국민에 대한 봉사자. 공무원)

人 부수(자원과 쓰임 → 0044 참조)

★ 業(번거로울 복)과 결합을 이룬 글자.   0166 별첨

撲(칠/때릴 박)   ☞ 手(1519) → 손(扌)을 번거롭게(業) 내어 민다는 데서 「치다. 때리다」 撲殺=搏殺(박살)
樸(통나무 박)   ☞ 木(1722) → 잎이 무성하고(業) 체적이 큰(大) 나무(木)이라는 데서 「통나무」 樸直(박직)

偈   불교글귀/불시(佛詩) 게: 0167-10

- 亻 + 曷(어찌/쫓을/미칠 갈) = 偈 (1996 참조)
- ☞ 사람(亻)의 심성에 미치는(曷) 성스러운 글이라는 의미에서 「불교 글귀. 불시」 뜻으로.

偈句(게:구 - 부처의 공덕이나 교리를 찬미하는 노래 글귀) 偈頌(게:송 - 부처의 공덕을 찬미하는 노래)

仇   원수 구. 짝 구.   0168-10

- 亻 + 九(아홉 구 → 「구불구불한 모양」을 의미) = 仇 (0037 참조)
- ☞ 다른 사람(亻)과의 관계가 구(九) 글자 형상처럼 구부렁하게 꼬여 있는, 곧 좋지 못한 관계로 꼬여 있으면 원수지간, 좋은 관계로 엮여 있으면 짝이 되는 데서 「원수. 짝」 뜻으로.

仇怨(구원 - 원수) 仇讐(구수 - 원수) 仇隙(구극 - 원수와 같이 나쁜 사이) 仇敵(구적 - 원수)

倨   거만할 거: 0169-10

- 亻 + {尸(주검 시 → 구부정한 몸) + 古(예/오랠 고) = 居(살 거)} = 倨 (0955 참조)
- ☞ 사람(亻)이 구부정한 몸(尸)으로 오래(古)도록 버티고 서 있는(노려보는) 매우 거만스러운 모습이라는 데서 「거만하다」 뜻으로.

倨慢(거:만 - 겸손하지 않고 뽐냄) 倨傲(거:오 - 거만스럽고 오만스러움)

俺   나/클 엄.   0170-10

- 亻 + 奄(문득/덮을/가릴/클 엄) = 俺 (0751 참조)
- ☞ 다른 사람(亻)을 가릴(奄) 정도로 체구가 큰 자기이라는 데서 「나. 크다」 뜻으로.

儼   엄연할 엄. 공경할 엄.   0171-10

- 亻 + 嚴(엄할/씩씩할/높을/공경할 엄) = 儼 (0819 참조)
- ☞ 지위가 무척 높고 엄한(嚴) 사람(亻)이라는 데서 「엄연하다. 공경하다」 뜻으로.

儼然(엄연 - 씩씩하고 점잖은 모양) 儼存(엄존 - 엄연하게 존재함) 儼恪(엄각 - 공경하고 삼감)

俄   갑자기/아까 아. 별안간/잠깐/기울어질 아.   0172-10

- 亻 + 我(나/우리 아) = 俄 (1763 참조)
- ☞ 다른 사람(亻)이 예기치 않게 나(我)를 밀치면 몸뚱이가 삽시간에 기울어진다는 데서 「기울어지다. 갑자기. 별안간. 잠깐. (잠깐 사이에 지나간)아까」 뜻으로.

俄頃(아경 - 잠깐 동안) 俄然失色(아연실색 - 너무 놀라서 얼굴색이 변함) 俄國(아국 - 러시아)

人 부수(자원과 쓰임 → 0044 참조)

儺   역귀쫓을/굿할 나(:)   0173-10

● 亻 + {革(가죽 혁) + 大 + 隹(새 추) = 難(어려울 난)} = 儺 (1172 참조)
☞ 가죽끈(革)을 크게(大) 둘러(堇) 새(隹)를 묶어 놓듯이 사람(亻)을 움직이지 못하도록 묶어 놓고서 역귀를 쫓는다(굿한다)는 데서 「역귀 쫓다. 굿하다」 뜻으로.
儺禮(나:례 - 섣달 그믐날 밤에 잡귀를 쫓는 의식) 儺儀(나의) 儺儺之聲(나나지성 - 푸닥거리하는 소리)

儡   꼭두각시 뢰.   0174-10

● 亻 + 畾(밭갈피 뢰) = 儡 (2127 참조)
※ 꼭두각시 → 여러 가지 이상야릇한 탈을 쓴 인형. 남의 조종에 따라 행하는 사람의 비유.
☞ 겹겹으로 겹쳐져(갈래져) 있는 밭 갈피(畾)를 넘나드는 것처럼 이리저리 휩쓸리는(줏대가 없는) 사람(亻)이라는 데서 「꼭두각시」 뜻으로.
傀儡(괴:뢰 - 꼭두각시) 傀儡軍(괴:뢰군 - 괴뢰 정부의 군대)

伎   재간 기. 재주 기.   0175-10

● 亻 + 支(지탱할/가지/여럿 지) = 伎 (2024 참조)
☞ 사람(亻)이, 여러 갈래로 뻗어 있는 가지(支)처럼 여러 방면에 걸쳐 솜씨를 지니고 있다(다재다능하다)는 데서 「재주. 재간」 뜻으로.
技倆=伎倆(기량 - 기술상의 재능)

僉   다/여러 첨. 모두 첨.   0176-10

● {人 + 一 = 亼(모일 집)} + 口(입/말할 구) × 2 + 人 × 2 = 僉
☞ 이 사람(人)의 말(口)과 저 사람(人)의 말(口)이 한데 모아(亼)지는, 곧 여러 사람의 말(의견)이 모두 한데 모아진다는 데서 「다. 여러. 모두」 뜻으로.
僉位(첨위 - 여러분) 僉意(첨의 - 여러 사람의 의견) 僉知(첨지) 僉君子(첨군자) 僉節制使(첨절제사)

★ 僉(다/여럿/모두 첨)과 결합을 이룬 글자.		0176 별첨
檢(검사할 검)	☞ 木(1612) → 재목으로 사용할 나무(木)의 규격이나 재질 등에 관한 모두(僉)를 사전에 점검한다는 데서 「검사하다」 檢査(검사)	
儉(검소할 검)	☞ 人(0073) → 사람(亻)이 옷이나 생활용품 같은 것을 다(僉) 닳을 때까지 아껴 사용한다는 데서 「검소하다」 儉素(검소)	
劍(칼 검)	☞ 刀(0245) → 무엇이든지 다(僉) 베어 낼 수 있는 무척 크고 예리한 칼(刂)이라는 데서 「칼」	
斂(거둘 렴)	☞ 攴(1812) → 이삭에 붙어 있는 곡식 알갱이를 모두(僉) 두드려(탈곡하여)(攵) 거두어들인다는 데서 「거두다」 出斂(출렴-추렴)	
殮(염할 렴)	☞ 歹(1587) → 죽은(歹) 시신에 대하여 여러(僉) 가지 (몸을 씻기고 수의를 갈아입혀 염포로 묶는 일 등) 입관(入棺) 준비를 한다는 데서 「염하다」 殮襲(염습)	
驗(시험할 험)	☞ 馬(3580) → (좋은 말을 고르기 위하여) 말(馬)에 대한 성질이나 주력·건강 상태 등에 관한 모든(僉) 것을 실지로 증험(체험)하여 본다는 데서 「시험하다」 試驗(시험)	
險(험할 험)	☞ 阜(3337) → 모두(僉)가 높은 언덕(阝)으로 이루어져 있는, 곧 언덕 위에 언덕이 겹겹으로 포개어져 있는 매우 높고 험난한 지형이라는 데서 「험하다. 높다」 險峻(험준)	

人 부수(자원과 쓰임 → 0044 참조)

僭 참람할/주제넘을 참. 거짓 참. 　　　　　　　　　　　　　　0177-10

- 亻 + 朁(일찍/참여할 참 | 거짓 첨) = 僭 (1231 참조)
- 다른 사람(亻)에게 실없이(주제넘게) 참여하는(朁), 또는 다른 사람(亻)에게 거짓(朁)으로 이간질 한다는 데서 「참람하다. 주제넘다. 거짓」 뜻으로.

僭濫(참람하다 - 분수에 넘쳐 너무 지나치다) 僭妄(참망 - 분수에 넘쳐 망령됨) 僭稱(참칭)

倡 광대 창: 놀이/창성할/부를 창. 　　　　　　　　　　　　　　0178-10

- 亻 + 昌(창성할/성할/아름다운말씀 창) = 倡 (1040 참조)
- ※ 광대 → 가면극·인형극·줄타기·판소리 등을 하던 직업적 예능인을 통틀어 이르던 말.
- 성하게(昌) 소리를 내는 사람(亻), 곧 소리나 재담을 썩 잘하는 사람이라는 데서 「광대. 놀이. 창성하다. (노래를)부르다」 뜻으로.

倡夫(창:부 - 무당 굿거리의 한 가지) 倡優(창:우 - 광대) 倡道=唱道(창:도) 倡義(창:의 - 의병을 일으킴)

俚 속될 리. 상말 리. 　　　　　　　　　　　　　　　　　　　0179-10

- 亻 + 里(마을/거할 리) = 俚
- 사람(亻)이, 자기가 태어난 마을(里)에서만 줄곧 살아가면(바깥세상을 경험하지 못하면) 견문이 미천하여(비좁아) 촌스럽다는 데서 「속되다. (속된 어투인)상말」 뜻으로.

俚言(이언 - 속된 말) 俚諺(이언 - 항간에 퍼져 있는 속담) 俚歌(이가 - 항간에 유행하는 속된 노래)

仄 기울 측. 　　　　　　　　　　　　　　　　　　　　　　　0180-00

- 厂(굴바위/언덕 엄) + 人 = 仄
- 비탈진 언덕(厂)처럼 사람(人)이 비스듬하게 서 있는 모습이라는 데서 「기울다」 뜻으로.

仄聲(측성 - 한자의 상·거·입의 삼성을 이르는 말) 仄日(측일 - 서쪽에 기울어진 해)

仟 일천 천. 　　　　　　　　　　　　　　　　　　　　　　　0181-00

- 亻 + 千(일천 천) = 仟 (0332 참조)
- 사람(亻)의 수효가 일천(千)이라는 데서 「일천」 뜻으로.
- ※ 仟은 주로 금액 표기에서 1,000(千)의 갖은자로 쓰임.

金壹仟원=金壹仟원(금일천원 - 돈 1천 원)

부수 2획	人(亻) 사람 인	儿 어진사람 인	亠 머리 두	二 두 이

儿 | 어진사람 인. 0182-00

자원 儿 → 다리를 벌리고 서 있는, 또는 꿇어앉아 있는 사람을 표현.

쓰임 「어진 사람. 사람. 다리를 벌리고 꿇어앉아 있는 모습. 물체가 벌어진 모양. 물질이 퍼져 나가는 형상」과 의미로 쓰임.

先 | 먼저 선. 앞서나갈/앞설/일찍 선. 0183-80

● { 丿 + 土(흙 토) = 𠂉(땅에서 꿰져날/착할/지붕 정)} + 儿 = 先

☞ 땅에서 꿰져 나오는(𠂉), 곧 땅에서 맨 먼저 돋아나는 새싹처럼 (다른 사람들에 비하여) 앞질러 나아가는 사람(儿)이라는 데서 「앞서 나아가다. 앞서다. 먼저. 일찍」 뜻으로.

先行(선행 - 앞서 나아감) 先生(선생) 先祖(선조) 先例(선례) 先納(선납) 先覺(선각) 先考(선고)

★ 先(먼저/앞서나갈/앞설/일찍 선)과 결합을 이룬 글자		0183 별첨
銑(무쇠 선)	☞ 金(3464) → 제련 과정에서 먼저(先) 추출한 (제강 공정을 거치지 아니한) 쇠(金)라는 데서 「무쇠」 銑鐵(선철)	
洗(씻을 세)	☞ 水(1189) → 물(氵) 앞으로 나아가(先) 세수를 한다는 데서 「씻다」 洗手(세수)	

兄 | 맏/형 형. 어른 형ㅣ클 황. 0184-80

● 口(입/말할/어귀 구) + 儿 = 兄

☞ 어귀(口), 곧 첫 번째로 태어난 사람(儿), 또는 꿇어앉은 자세(儿)를 취하여 무엇인가를 말하는(口) 어른스러운 모습에서 「맏이. 형. 어른. (아우보다 형이)크다」 뜻으로.

兄弟(형제) 兄嫂(형수) 兄夫(형부) 姊兄(자형 - 누나의 남편) 妻兄(처형) 難兄難弟(난형난제)

★ 兄(맏/형/어른 형ㅣ클 황)과 결합을 이룬 글자.		0184 별첨
況(하물며 황)	☞ 水(1207) → 물(氵)이 크게(兄) 불어나 있는 상황이라는 데서 「불어나다. 상황. (물이 크게 불어나 범람하면 하찮은 것들은 생각할 겨를조차 없다는 데서)하물며」 狀況(상황)	
呪(빌 주)	☞ 口(0853) → 형(兄) 글자 형상처럼 꿇어앉은 자세로 무엇인가를 빌면서 말한다(口)는 데서 「빌다」 呪術(주술)	

光 | 빛 광. 빛날/비칠 광. 0185-60

● 业(→ 火「불 화」의 변형으로 봄) + 儿 = 光 ※ 炗(빛 광)은 光의 본래 글자.

☞ 불(业 = 火)에서 빛줄기가 인(儿) 글자 형상처럼 퍼져 나가는 형상을 표현하여 「빛. 빛나다. 비치다」 뜻으로.

光陰(광음 - 세월 또는 시간) 光明(광명) 光線(광선) 光速(광속) 光復節(광복절)

儿 부수(자원과 쓰임 → 0182 참조)

★ 光(빛/빛날/비칠 광)과 결합을 이룬 글자. 0185 별첨

胱(오줌통 광)	☞	肉(2417) → 빛(빛줄기)(光)처럼 오줌 줄기를 쏟아져 내리게 하는 몸속(月)의 장기라는 데서「방광」膀胱(방광)
晃(밝을 황)	☞	日(1074) → 해(日)가 빛(光)을 발산하여 날씨가 매우 밝다는 데서「밝다」
恍(황홀할 황)	☞	心(1927) → 마음(忄)이 빛나는(光) 것처럼 휘황찬란하다(야릇하고 묘한 기분을 느낀다)는 데서「황홀하다」恍惚(황홀)

兒 아이 아. 0186-50

◉ 臼(절구 구) + 儿 = 兒
☞ (가운데가 우묵하게 파여 있는) 절구(臼)처럼 정수리에 숫구멍(숨구멍)이 우묵하게 파여 있고 펑퍼짐하게 다리를 벌리고 있는 사람(儿), 곧 갓난아기의 모습에서「아이」뜻으로.

兒童(아동 - 어린아이) 兒女子(아녀자) 男兒(남아) 幼兒(유아) 乳兒(유아) 嬰兒(영아) 育兒(육아)

元 으뜸 원. 처음/근본/임금/하늘/클 원. 0187-50

◉ 一 + {一 + 儿 = 兀(우뚝할 올)} = 元 또는 二(→ 上「윗 상」의 고자) + 儿 = 元
☞ 하나(一)의 우뚝한(兀) 존재, 또는 가장 높은(二 = 上) 지위에 등극하여 있는 어진사람(儿)이라는 데서「으뜸. 근본. 하늘. 임금」뜻으로.

元旦(원단 - 정월 초하룻날 아침) 元首(원수) 元來(원래) 元祖(원조) 元老(원로) 元利(원리) 元素(원소)

★ 元(으뜸/처음/근본/하늘/클 원)과 결합을 이룬 글자. 0187 별첨

完(완전할 완)	☞	宀(0585) → 집(宀)을 으뜸(元)가게 지어 놓은, 곧 집을 부족함이 없이 잘 지어 놓았다는 데서「짓다. 완전하다」完全(완전)
玩(즐길 완)	☞	玉(2066) → 으뜸(元)가는(아주 뛰어난) 구슬(王)은 좋은 구경거리로서 사람들이 패용하고 다니거나 노리개로 즐긴다는 데서「즐기다. 희롱하다」玩具(완구)
阮(성/산이름 완)	☞	阜(3363) → 으뜸(元)가는 언덕(阝), 곧 가장 높은 언덕이라는 의미가 부여되어「산 이름. 높은 산을 끼고 있는)관 이름」阮丈(완장)
頑(완고할 완)	☞	頁(3517) → 자신의 머리(頁)에서 생각하는 바를 가장 으뜸(元)으로 여기는, 곧 자기의 생각(주장)이 가장 이상적이라고 고집을 피운다는 데서「완고하다」頑固(완고)

充 채울 충. 가득할/찰/갖출 충. 0188-50

◉ 𠫓(해산할때아이돌아나올 돌 → 子 글자를 거꾸로 뒤집어 놓은 모양) + 儿 = 充
☞ 해산할 때 아이가 돌아 나온(𠫓) 연후에 아기가 젖을 먹고 살이 채워져 튼실한 사람(儿) 모습을 갖추어 나간다는 데서「갖추다. (아기가 살을)채우다. 차다. 가득하다」뜻으로.

充滿(충만 - 가득하게 참) 充足(충족) 充員(충원) 充分(충분) 充實(충실) 充電器(충전기) 補充(보:충)

★ 充(채울/가득할/찰/갖출 충)과 결합을 이룬 글자. 0188 별첨

銃(총 총)	☞	金(3420) → 쇠붙이(金)에 탄알을 채워(充) 발포하는 무기라는 데서「총」銃砲(총포)
統(거느릴 통)	☞	糸(2460) → 실(糸)을 자아내어 용기에 채워(充) 나간다는 데서「(실을)잇다. (이어 나가는 실의 머리라는 데서)벼리. (벼리처럼 전체를 이끌어 나간다는 데서)거느리다」統治(통치)

克 이길 극. 능할/멜 극.   0189-32

◉ 古(예/오랠 고) + 儿 = 克

☞ 오래도록(古) 다리를 벌리고 서 있는 사람(儿), 곧 힘겨루기 시합에서 무거운 짐을 어깨에 메고 다른 사람에 비하여 오랫동안 버티고 서 있다는 데서「(다른 사람을)이기다. 능하다. (짐짝을 어깨에)메다」뜻으로.

克服(극복 - 곤란을 이겨 냄) 克明(극명 - 똑똑히 밝혀져 분명함) 克己(극기 - 어려움을 극복함)

★ 克(이길 극)과 결합을 이룬 글자.	0189 별첨
剋(이길 극) ☞ 刀(0255) → (옛날에 무기가 변변치 않았을 때에) 칼(刂) 같은 무기를 소지하고 전쟁을 치르면 반드시 이긴다(克)는 데서「이기다. 반드시」下剋上(하극상)	

兆 억조 조. 조짐/거북점/백성 조.   0190-32

◉ 儿 + 冫(얼음 빙) × 2(→ 冫 글자가 서로 마주하고 있는 모양) = 兆

☞ (불에 태운) 거북 껍질이 인(儿) 글자 형상처럼 벌어지면서 자잘하게 갈라진(금간) 모양()( ), 곧 거북 껍질의 금간 모양에서 조짐을 간파(看破)하여 점을 친다는 데서「거북점. 조짐. (조짐은 수 없이 다양하다는 데서)억조. (억조처럼 많은)백성」뜻으로.

兆朕(조짐 - 길흉이 생길 기미가 보이는 현상) 吉兆(길조) 凶兆(흉조) 徵兆(징조) 億兆蒼生(억조창생)

★ 兆(억조/조짐/거북/백성 조)와 결합을 이룬 글자.	0190 별첨
眺(바라볼 조)	☞ 目(2291) → 눈(目)으로, 어떠한 조짐(兆)이 일어날 것인지에 대하여 유심히 바라다본다(관망한다)는 데서「바라보다」眺望(조망)
逃(도망할 도)	☞ 辵(3106) → 무리에서 (거북 껍질이 갈라진 모양을 표현한) 조(兆) 글자 형상처럼 갈라져서 (이탈하여) 다른 곳으로 간다(辶)는 데서「달아나다. 도망하다」逃亡(도망)
跳(뛸 도)	☞ 足(3005) → 발(발걸음)(⻊)을 (거북 껍질이 갈라진 모양을 표현한) 조(兆) 글자 형상처럼 벌어지게 하여 멀리 내어 딛는다는 데서「뛰다. 건너다」跳躍(도약)
挑(돋을 도)	☞ 手(1472) → 손(扌)으로 (거북 껍질이 갈라진 모양을 표현한) 조(兆) 글자 형상처럼 갈래지게끔 긁어내린다는 데서「긁다. (찌끼를 긁어 심지를 돋운다는 데서)돋우다」挑戰(도전)
桃(복숭아 도)	☞ 木(1651) → 길흉 성쇠의 조짐(兆)을 예지하여 주는 나무(木 → 옛날에는 복숭아꽃을 보고 점을 쳤음)이라는 데서「복숭아나무. 복숭아」桃花(도화)
姚(예쁠 요)	☞ 女(0495) → 여기에서 兆는 복숭아꽃(桃 복숭아 도)을 표현. 여자(女)의 용모가 복숭아꽃(兆)처럼 예쁘장하다는 데서「예쁘다」

兔 토끼 토.   0191-32

◉ 刀(칼 도) + 口(입 구) + 儿 + 丶(불똥 주) = 兔

토끼(兔)

☞ 兔 → 쭈뼛하고 넓적한 식칼(刀)처럼 생긴 귀, 세로로 찢어져 있는 언청이 형상의 입(口), 짧은 앞 다리와 긴 뒷다리(儿), 점(丶)을 찍어 놓은 모양처럼 작달막한 꼬리가 붙어 있는 동물이라는 데서「토끼」뜻으로.

兎 토끼 토. 0192-32

- ノ(삐침 별)) + 口(입 구) + 儿 + 丶(불똥 주) = 兎 ※ 兎는 兔의 속자.
- ☞ 兎 → 兔에서 刀를 ノ로 대체한 속자(俗字).

兎缺(토결 - 토끼 입처럼 생긴 언청이의 입술) 兎月(토월) 兎死狗烹(토사구팽) 狡兎三窟(교토삼굴)

★ 兎(토끼 토)와 결합을 이룬 글자.		0192 별첨
逸(편안할 일)	☞ 辶(3114) → 덫에 걸려든 토끼(兎)가 그곳을 빠져(도망쳐) 나간다(辶)는 데서 「달아나다. (어려움을 탈피하여)편안하다」 逸脫(일탈)	
冤(원통할 원)	☞ 冖(0313) → 덫에 덮여(갇혀) 있는(冖) 토끼(兎) 입장에서는 무척 원통하고 한탄스럽다는 데서 「원통하다. 한탄하다」 冤痛=寃痛(원통)	
寃(원통할 원)	☞ 宀(0631) → 움집(宀)에 갇혀 있는 토끼(兎) 입장에서는 무척 원통하고 한탄스럽다는 데서 「원통하다. 한탄하다」 寃鬼(원귀)	
讒(참소할 참)	☞ 言(3290) → 약삭빠른 토끼(毚 약삭빠른토끼 참)처럼 교활하게 꾸미어 말한다(言)는 데서 「참소하다. 헐뜯다」 讒訴(참소)	

免 면할 면: 벗을/피할 면. 0193-30

- 兎(토끼 토) ㅡ 丶(불똥/점 주) = 免
- ☞ 덫에 걸려든 토끼(兎)가 그곳으로부터 빠져나오기 위하여 몸부림을 치다가 꼬리(丶)만 잘려 나가고 (희생시키고) 죽음을 면한다는 데서 「면하다. (덫을)벗다. 피하다」 뜻으로.

免罪(면:죄 - 죄를 면함) 免除(면:제) 免職(면:직) 免許(면:허) 免稅(면:세) 免責(면:책) 免役(면:역) 免疫(면:역)

★ 免(면할/벗을/피할 면)과 결합을 이룬 글자.		0193 별첨
勉(힘쓸 면)	☞ 力(0370) → 덫에 걸려든 토끼가 죽을 고비를 면하기(免) 위하여 강인하게 힘쓴다(力)는 데서 「힘쓰다」 勉學(면학)	
晩(늦을 만)	☞ 日(1052) → 해(日)가 하늘에 떠 있는 낮 동안을 면하는(免) 저녁 시간대이라는 데서 「저물다. 늦다」 晩秋(만추)	
娩(낳을 만)	☞ 女(0488) → 여자(女)가 태아를 배 속으로부터 면한다(免)는 데서 「낳다」 分娩(분만)	
挽(당길 만)	☞ 手(1504) → 손(扌)으로, 덫에 걸려들거나 수렁에 빠진 물체를 그곳으로부터 면하게(免) 하기 위하여 끌어당긴다는 데서 「당기다. 이끌다」 挽留(만류)	
輓(끌 만)	☞ 車(3178) → 수렁에 빠진 수레(車)를 수렁으로부터 면하게(免) 하기 위하여 끌어낸다는 데서 「끌다」 輓歌(만가)	
俛(구부릴 면)	☞ 人(0142) → 사람(亻)이 낮고 비좁은 공간을 면하기(免) 위하여 몸을 구푸린다는 데서 「구부리다」 俛首(면수)	
冕(면류관 면)	☞ 冂(0317) → 평민(낮은 신분)을 면하는(免) 복건(冂), 곧 제왕(帝王)으로 등극하여 머리에 쓰는 복건 대용의 쓰개(관)이라는 데서 「면류관」 冕旒冠(면류관)	

允 맏(伯)/진실로 윤: 믿을/허락할 윤. 0194-20

- 厶(사사로울 사) + 儿 = 允
- ☞ 사적으로(厶) 허물없이 터놓고 지내는 어진 사람(儿)이라는 데서 「진실로. 믿다. (믿음이 가는 사람이라는 데서)맏이. (믿고 승인한다는 데서)허락하다」 뜻으로.

允許(윤:허 - 임금이 허가함) 允可(윤:가 - 임금이 허락함) 允執其中(윤:집기중 - 진실로 중용의 도를 지킴)

儿 부수(자원과 쓰임 → 0182 참조)

| ★ 允(맏/진실로 윤)과 결합을 이룬 글자. | 0194 별첨 |

鈗(창/병기 윤) ☞ 金(3455) → 윤(允) 글자 형상처럼 뾰족하게 갈래져 있는 쇠(金)로 된 무기라는 데서 「창. 병기」

| 兌 바꿀/기쁠 태. 날카로울 예. | 0195-20 |

● 八(여덟/나눌 팔) + 口(입/말할/어귀 구) + 儿 = 兌
☞ 사람(儿)이 물건(口)을 서로 나누어(八) 갖는다는 데서 「바꾸다」. 사람(儿)이 입(口)을 크게 벌리고(八) 매우 좋아하는 모습이라는 데서 「기뻐하다」. 물체(口)의 아래쪽은 벌어지고(儿) 위쪽은 나누어져(갈래져)(八) 있는 뾰족한 모양이라는 데서 「날카롭다」 뜻으로.

兌換(태환 - 지폐를 정화와 바꿈) 兌卦(태괘 - 팔괘의 하나)

| ★ 兌(바꿀/기쁠 태 | 날카로울 예)와 결합을 이룬 글자. | 0195 별첨 |

說(말씀 설) ☞ 言(3208) → 상대방이 기뻐하도록(兌) 말씀(言)한다는 데서 「말씀. 기쁘다」 說明(설명)

稅(세금 세) ☞ 禾(2198) → (조세 명목으로) 국민이 벼(禾)를 국가에 바치는 대신에 이를 돈으로 바꾸어(兌) 국가에 내는 세금이라는 데서 「세금. 구실」 稅金(세금)

悅(기쁠 열) ☞ 心(1874) → 마음(忄)이 기쁘다(兌)는 데서 「기쁘다. 즐겁다」 悅樂(열락)

閱(볼 열) ☞ 門(3380) → 문(門) 안쪽을 날카롭게(兌) 들여다보는, 곧 관청 같은 곳을 감사하기 위하여 내부에 보관되어 있는 서류 같은 것을 빠짐없이 파헤쳐 본다는 데서 「보다」 閱覽(열람)

銳(날카로울 예) ☞ 金(3436) → 쇠(金)로 된 창이나 칼날이 날카롭다(兌)는 데서 「날카롭다」 銳利(예리)

脫(벗을 탈) ☞ 肉(2382) → 몸(月)을 바꾸는(兌) 것처럼 (뱀 같은) 파충류가 표피(허물)를 벗는다는 데서 「(표피를) 바꾸다. 허물 벗다」 脫皮(탈피)

| 兢 떨릴 긍: 삼갈/두려워할 긍. | 0196-20 |

● {古(예/오랠 고) + 儿 = 克(이길 극)} × 2 = 兢
☞ 이기고(克) 이겨(克) 천하무적의 강국이 되면 주변의 모든 나라가 이를 경계하고 두려워한다는 데서 「삼가다. 두려워하다. 떨리다」 뜻으로.

兢兢(긍:긍 - 두려워하여 삼가는 모양) 兢懼(긍:구 - 삼가고 두려워함) 兢兢業業(긍:긍업업 - 항상 조심함)

| 兇 흉악할 흉. | 0197-10 |

● 凶(흉할 흉) + 儿 = 兇 (0276 참조)
☞ 흉하게(凶) 보이는 (험상궂고 고약한) 사람(儿)이라는 데서 「흉악하다」 뜻으로.

兇漢(흉한 - 흉악한 행위를 저지른 사람) 元兇(원흉 - 못된 짓을 한 사람의 우두머리)

| 兜 투구 두 | 도솔천 도. 둘러쌀 두. | 0198-10 |

● 匸(상 자방) + ⺕(→ 匸을 돌려놓은 모양) + {白 + 儿 = 皃(모양 모 | 얼굴 막)} = 兜
☞ 마주 잇대어(붙여) 놓은 상자(匸⺕)처럼 생긴 쓰개를 얼굴(皃)에 둘러(씌워)놓은, 곧 머리에 씌워놓은 딱딱한 투구 모양에서 「투구. (투구가 머리를)둘러싸다. (육천으로 둘러싸여 있다고 하는)도솔천」 뜻으로.

兜鍪(두무 - 갑옷과 함께 쓰던 철모) ※ 鍪(투구 무) 兜率天(도솔천 - 미륵보살의 정토)

| 부수 2획 | 人(亻) 사람 인 | 儿 어진사람 인 | 亠 머리 두 | 二 두 이 |

亠　머리 두. 돼지해 밑. 　0199-00

자원　亠 → 머리 또는 지붕 모양을 표현.

쓰임　「머리. 지붕. 위쪽. 상단. 꼭지. 亠 모양」과 의미로 쓰임.

交　사귈 교. 서로/벗할/섞일/새소리 교. 　0200-60

● 亠 + 八(여덟/나눌 팔) + 乂(어질/다스릴/풀벨 예 → 서로가 교차된 모양) = 交

☞ 머리(亠) 아래쪽에서 나뉘어져(八) 서로가 교차하여(乂) 나가는, 곧 윗분인 스승 아래에서 가르침을 받은 제자들이 여러 방면으로 흩어져 살면서 교류한다(서로 오고 간다)는 데서 「서로. 사귀다. 벗하다. 섞이다」 뜻으로.

交際(교제 - 서로가 사귐) 交代(교대) 交換(교환) 交通(교통) 交流(교류) 交易(교역) 交叉(교차)

★ 交(사귈/서로/벗할/섞일/새소리 교)와 결합을 이룬 글자.		0200 별첨
校(학교 교)	☞ 木(1591) → 서로가 사귀며(交) 가르침을 받는 나무(木)로 된 건물이라는 데서 「학교」	
較(견줄 교)	☞ 車(3164) → 수레(車)에 우선적으로 탑승할 사람의 연령이나 신분 등을 서로(交) 견주어 본다는 데서 「견주다」 比較(비교)	
郊(들 교)	☞ 邑(2929) → 서로가 사귀는(오고 가는)(交) 가까운 고을(阝), 곧 성내(시내) 사람들과 서로 왕래하는 근린 지역이라는 데서 「들. 시외」 郊外(교외)	
絞(목맬 교)	☞ 糸(2502) → 실(끈)(糸)을 목덜미에 서로(交) 교차시켜 얽어 묶는다는 데서 「목매다」	
狡(교활할 교)	☞ 犬(1402) → 개(犭)가 서로 사귀는(交) 것처럼 간사스럽고 이기적이라는 데서 「교활하다」	
咬(새소리 교)	☞ 口(0899) → 새들이 교교(交交)거리며 지저귀는 소리(口)이라는 데서 「새소리」 咬傷(교상)	
皎(흴 교)	☞ 白(2086) → 흰(白) 빛깔이 서로 사귀는(交) 것처럼 모두가 새하얀 빛깔이라는 데서 「희다」	
蛟(이무기 교)	☞ 虫(2632) → 서로(交替) 교체되는 벌레(虫), 곧 몸뚱이가 탈바꿈하여 장차 용으로 변모하는 벌레 유형의 (전설상의) 동물이라는 데서 「이무기」 蛟龍(교룡)	

京　서울 경. 높은언덕/클 경. 　0201-60

● {亠 + 口 = 古(→ 高「높을 고」의 획 줄임)} + 小(작을 소 → 갈래진 모양) = 京

☞ 높은(古) 산맥으로부터 갈래져서(小) 뻗어 내려온 지대(지형)이라는 데서 「높은 언덕. 크다. (높은 언덕으로 에워싸인 지형은 주로 도읍지로 삼는 데서)서울」 뜻으로.

京城(경성 - 서울의 옛 이름) 京鄕(경향 - 서울과 시골) 京畿道(경기도) 京釜線(경부선) 歸京(귀:경)

★ 京(서울/높은언덕/클 경)과 결합을 이룬 글자.		0201 별첨
景(볕 경)	☞ 日(1024) → 해(日)가 높은 언덕(京) 위로 떠올라 지상에 내리쪼이는 뜨거운 기운이라는 데서 「볕. (햇볕에 드러나는 밝은 풍광인)경치」 景致(경치)	
鯨(고래 경)	☞ 魚(3648) → 높은 언덕(京)처럼 덩치가 거대한 물고기(魚)이라는 데서 「고래」	

亠 부수(자원과 쓰임 → O199 참조)

凉(서늘할 량)	☞ 冫(0301) → 높은 언덕(京)의 기온은 차가운 얼음(冫)처럼 서늘하다는 데서 「서늘하다」
涼(서늘할 량)	☞ 水(1224) → 높은 언덕(京)에서 흘러내리는 물(氵)은 서늘하다는 데서 「서늘하다」
諒(믿을 량)	☞ 言(3248) → (의지처가 되는) 높은 언덕(京)처럼 듬직하게 말하는(言), 곧 크게 믿음이 가도록 (진정성이 있게) 말한다는 데서 「믿다」 諒知(양지)
掠(노략질할 략)	☞ 手(1476) → 손(扌)이 높은 언덕(京)에서 뻗치는, 곧 높은 언덕에 본거지를 둔 소굴에서 산적들이 민가에 손을 뻗쳐 재물을 약탈한다는 데서 「노략질하다」 掠奪(약탈)
就(나아갈 취)	☞ 尢(0523) → 높은 언덕(京)과 더욱(尤) 가까운 곳으로 나아간다는 데서 「나아가다」

亡 망할 망. 잃을/죽을/도망할 망 | 없을 무. 0202-50

● 亠 + 乚(숨을 은) = 亡
☞ 머리(亠)가 숨어(乚) 버리고 없는, 곧 전쟁터에서 지도자(장수)가 패망한(전사하거나 도망가고 없는) 상태라는 데서 「망하다. 죽다. 도망하다. 없다」 뜻으로.

亡國(망국 - 망한 나라) 亡失(망실) 亡命(망명) 亡身(망신) 亡國之歎(망국지탄) 亡羊補牢(망양보뢰)

★ 亡(망할/잃을/죽을/도망할 망 | 없을 무)과 결합을 이룬 글자. 0202 별첨

妄(망령될 망)	☞ 女(0474) → 이성을 잃은(亡) 여자(女)라는 데서 「망령되다」 妄靈(망령)
忙(바쁠 망)	☞ 心(1890) → 마음(정신)(忄)을 잃을(亡) 정도로 겨를이 없다는 데서 「바쁘다」 多忙(다망)
忘(잊을 망)	☞ 心(1891) → 잃어(亡)버린 마음(心), 곧 과거의 생각(기억)이 전혀 떠오르지 않는다는 데서 「잊다」
罔(없을 망)	☞ 网(2656) → 그물(감옥)(罓)에 가두어 놓은 죄인이 파수꾼 몰래 도망하여(亡) 버리고 없다는 데서 「없다」 罔極(망극)
芒(까끄라기 망)	☞ 艸(2803) → 풀(艹)이 망하여(말라죽어)(亡) 까칠하게 꼬여 있는 동강이라는 데서 「까끄라기」

亦 또 역. 다/어조사 역. 0203-32

● 亣(→ 大「큰 대」의 고자) + 八(여덟/나눌 팔) = 亦
☞ 큰 사람(어른)(亣 = 大)의 좌우에(슬하에) 또한 많은 자식들이 나뉘어(늘어서)(八) 있는 모양에서 「또. 다. (또한 의미의)어조사」 뜻으로.

亦是(역시 - 이것 또한) 亦然(역연 - 또한 그러함) 不亦樂乎(불역락호 - 또한 기쁘지 아니 하리요)

★ 亦(또/다 역)과 결합을 이룬 글자. 0203 별첨

| 跡(발자취 적) | ☞ 足(3002) → 발(⻊)을 디딘 흔적이 또(亦) 있는, 곧 앞서간 사람들이 지면 여기저기에 발을 디뎠던(남겨 놓은) 흔적이라는 데서 「발자취. 자취」 人跡=人迹(인적) |
| 迹(자취 적) | ☞ 辵(3134) → 걸어간(辶) 흔적이 또(亦) 있는, 곧 앞서간 사람들이 지면 여기저기에 걸어 다녔던 (남겨 놓은) 많은 흔적이라는 데서 「자취. 공적」 形迹=形跡(형적) |

亭 정자 정. 0204-32

● {亠 + 口 + 冖 = 髙(→ 高「높을 고」의 획 줄임)} + 丁(장정/고무래 정) = 亭

정자(亭)

☞ 높이(髙) 솟은 지붕을 정(丁) 글자 형상의 기둥이 떠받치고 있는 (시야가 트인) 집이라는 데서 「정자」 뜻으로.

亭子(정자 - 경치 좋은 곳에 놀거나 쉬기 위해 지은 집) 亭閣(정각) 料亭(요정)

★ 亭(정자 정)과 결합을 이룬 글자.		0204 별첨
停(머무를 정)	☞ 人(0065) → 사람(亻)이 정자(亭)에 머물러 있다는 데서「머무르다」停止(정지)	

亥 돼지 해: 열두째지지/시월 해. 0205-30

- ⊙ 亠 + 丩(넝쿨뻗을/감을 구) + 丿(삐침 별) + 乀 = 亥
- ☞ 작물의 성장 순환 과정을 절기(12개월)에 대입하여 배열하여 놓은 지지(地支)에서, 농작물이 결실하여 꼭지(꼬투리)(亠)에 촘촘하게 얽혀(맺혀)(丩) 있는 알갱이가 땅바닥으로 이리저리 떨어져 내리는(乀) 절기(음력 10월)에 해당하는 지지이라는 데서「열두째 지지. 시월. (열두째 지지가 가리키는 동물인)돼지」뜻으로.

亥時(해:시 - 오후 9시~11시) 亥年(해:년) 乙亥(을해 - 육십갑자의 열두째)

★ 亥(돼지/열두째지지/시월 해)와 결합을 이룬 글자.		0205 별첨
該(갖출 해)	☞ 言(3251) → 마지막 지지(地支)인 열두째 지지(亥)까지 모두 말하는(헤아리는)(言) 것처럼 모든 자료를 갖추어 완벽하게 말한다는 데서「모두. 갖추다. 마땅하다」該當(해당)	
咳(기침할 해)	☞ 口(0896) → 해월(亥月 → 음력 10월)에 이르러 열매가 땅에 떨어지는 것처럼 입(口)에 고인 침(가래)을 땅바닥에 떨어뜨린다는 데서「침 뱉다. (가래를 뱉으면서)기침하다」	
駭(놀랄 해)	☞ 馬(3597) → 말(馬)이 마지막 지지인 열두째 지지(亥)에 다다르는 것처럼 막다른 길목에 맞닥뜨리면 앞발을 솟구치며 매우 놀란다는 데서「놀라다」駭怪(해괴)	
骸(뼈/해골 해)	☞ 骨(3620) → 마지막 지지인 열두째 지지(亥)에 이르러 있는 뼈(骨), 곧 (땅에 묻혀 있는) 시신(屍身) 가운데 마지막으로 남아 있는 앙상한 뼈대이라는 데서「해골. 뼈」骸骨(해골)	
核(씨 핵)	☞ 木(1624) → 해월(亥月 → 음력 10월)에 이르러 나무(木)에서 떨어지는 열매(씨)이라는 데서「씨」	
劾(캐물을 핵)	☞ 力(0382) → 마지막 지지(地支)인 열두째 지지(亥)에 이르는 것처럼, 죄인의 죄상을 처음부터 끝까지(자초지종을) 힘들여(力) 들추어낸다는 데서「캐묻다」彈劾(탄핵)	
刻(새길 각)	☞ 刀(0236) → (달력이 없던 옛날에) 하루의 마지막 시각인 해시(亥時)에 이르면 칼(刂)로 나무 같은 데에 날짜와 시각을 새긴다는 데서「새기다」刻印(각인)	

亨 형통할 형. 0206-30

- ⊙ 亠 + 口(입/말할/어귀 구) + 了(마칠 료 → 출산을 마친 상태를 의미) = 亨
- ☞ 머리(亠)가 어귀(자궁)(口)로부터 빠져나와 출산을 마친(了), 곧 아기가 순산으로 이어져 산모와 아기 모두가 아무런 탈이 없다는 데서「형통하다」뜻으로.

亨通(형통 - 모든 일이 뜻같이 잘됨) 萬事亨通(만:사형통 - 모든 일이 잘됨)

★ 亨(형통할 형)과 결합을 이룬 글자.		0206 별첨
烹(삶을 팽)	☞ 火(1167) → 음식물이 형통하여(亨)지도록(충분히 익도록) 불(火)을 지핀다는 데서「삶다」	

享 누릴 향: 먹일/드릴/대접할/제사 향. 0207-30

- ⊙ 亠 + 口(입/말할/어귀 구) + 子(아들 자) = 享
- ☞ 享은 亨(형통할 형) 글자에서 了 대신에 子가 결합되어 있는 바, 亨(형)은 순산한 상태를 의미하며, 享(향)은 순산한(亨) 이후에 아기(子)에게 젖을 먹여 삶을 누리게 한다는 데서

「누리다. 먹이다. (먹을 음식을)드리다. 대접하다」뜻으로.
享有(향:유 - 누려서 가짐) 享樂(향:락) 享年(향:년) 享壽(향:수) 祭享(제:향) 春享大祭(춘향대제)

★ 享(누릴/먹일/드릴/대접할/제사 향)과 결합을 이룬 글자		0207 별첨
郭(성곽 곽)	☞ 邑(2931) → (외침을 방비하여) 평화로운 삶을 누리기(享) 위하여 고을(阝) 주변에 토석을 높다랗게 쌓아 놓은 축조물이라는 데서 「성곽」城郭(성곽)	
敦(도타울 돈)	☞ 攴(1809) → 아이가 배고프면 먹이고(享) 잘못을 저지르면 회초리로 쳐서(攵) 키우면 미운 정고운 정이 쌓이어 부모와 자식 간에 정분이 도타워진다는 데서 「도탑다」敦篤(돈독)	
惇(도타울 돈)	☞ 心(1915) → 마음(忄)을 드리는(享), 곧 진솔하고 다정하게 마음을 쏟을 정도로 정분이 매우도탑다는 데서 「도탑다. 진실하다」惇德(돈덕)	
孰(누구 숙)	☞ 子(0423) → 신에게 제사 음식을 드린(바친)(享) 연후에 참배자는 어느 누구나 할 것 없이 모두가 둥글게(丸) 모여 앉아 음복(飮福)한다는 데서 「어느. 누구」孰是(숙시)	
淳(순박할 순)	☞ 水(1309) → (가난하여 제사상에 고기 같은 제물을 차리지 못하고) 한 그릇의 물(氵)을 제사상에 차려 드리는(享) 소박한 정성을 쏟는다는 데서 「순박하다」淳朴(순박)	
醇(전국술 순)	☞ 酉(2980) → 누릴(享) 수 있는 술(酉), 곧 술맛을 제대로 느낄 수 있는 진액의 술이라는 데서「진한 술. 전국 술」醇化(순화)	

亢 높을 항: 목/오를/가릴/별이름 항. 0208-20

◉ 亠 + 几(책상/안석 궤) = 亢
☞ 머리(亠) 아래쪽으로 궤(几) 글자 형상처럼 이어져 있는 신체 부위이라는 데서「목. (목덜미까지 이른다는 데서)높다. 오르다. (목이 머리에)가리다」뜻으로.
亢進(항:진 - 위세 좋게 뽐내고 나아감) 亢羅(항:라 - 성글게 짠 여름 옷감) 亢龍(항:룡)

★ 亢(높을/목/오를/가릴/겨룰 항)과 결합을 이룬 글자.		0208 별첨
航(배 항)	☞ 舟(2886) → 배(舟)가 목(길목)(亢)을 떠나는, 곧 항구를 떠나는 배이라는 데서「배」	
抗(겨룰 항)	☞ 手(1444) → 손(扌)으로 적군의 목(亢)을 겨룬다(밀친다)는 데서「겨루다」抗爭(항쟁)	
沆(넓을 항)	☞ 水(1298) → (홍수로 인하여) 물(氵)이 목(亢)에 차오를 정도로 크게 불어나 들판이 질펀하게 잠겨 있는 모양이라는 데서「큰물. 홍수로 범람한 면적이)넓다」	
坑(구덩이 갱)	☞ 土(0691) → 흙(土)이 목구멍(亢)처럼 깊숙하게 파여 있는 곳이라는 데서「구덩이」	

亮 밝을 량. 알/도울 량. 0209-20

◉ {亠 + 口 + 冖 = 亯(→ 高「높을 고」의 획 줄임)} + 儿(어진사람 인) = 亮
☞ (학식과 덕망을 갖추어) 높은(亯) 지위에 오른 어진 사람(儿)은 정사를 밝게 보필한다는 데서「밝다. 알다. 돕다」뜻으로.
亮察(양찰 - 밝게 살핌) 諸葛亮(제갈량 - 제갈공명. 중국 촉한의 충신)

| 부수 2획 | 人(亻) 사람 인 | 儿 어진사람 인 | 亠 머리 두 | 二 두 이 |

二 두 이: 둘/거듭 이. 0210-80

자원 二 → 두 개의 선 모양을 표현.

쓰임 「둘. 거듭. 二 모양」과 의미로 쓰임.

二心(이:심 - 두 가지 마음) 二次(이:차) 二重唱(이:중창) 二輪車(이:륜차) 二律背反(이:율배반)

五 다섯 오: 0211-80

● 二 + 十 + ㅣ = 五

☞ 열(十)의 가운데 지점(절반)을 묶음 표시(ㅣ)하여 이를 둘(二)로 분리하여 놓은 수효이라는 데서 「다섯」 뜻으로.

五輪(오:륜 - 올림픽 마크) 五倫(오:륜 - 다섯 가지의 도리) 五臟(오:장) 五福(오:복) 五代祖(오:대조)

★ 五(다섯 오)와 결합을 이룬 글자. 0211 별첨

| 吾(나 오) | ☞ 口(0789) → 다섯(五) 손가락을 자기 가슴에 대거나 손바닥으로 자기 가슴을 두드리면서 말하는(口) 것은 나(우리)를 가리키는 의미이라는 데서 「나. 우리」 吾等(오등) |
| 伍(대오 오) | ☞ 人(0161) → 다섯(五) 사람(亻)으로 편성되어 있는 군대의 행렬이라는 데서 「대오」 |

井 우물 정(:) 0212-32

● 二 + ㅣㅣ = 井

우물(井)

☞ 나무를 상하(二)와 좌우(ㅣㅣ)로 걸쳐(포개어) 놓은 우물 모양이라는 데서 「우물」 뜻으로.

井華水(정화수 - 첫새벽에 길은 우물물) 井底蛙(정저와) 井邑詞(정:읍사) 市井(시:정) 天井(천정)

★ 井(우물 정)과 결합을 이룬 글자. 0212 별첨

| 穽(함정 정) | ☞ 穴(2173) → 움푹하게 파 놓은 구멍(穴) 언저리에 정(井) 글자 형상처럼 나뭇가지를 얼기설기 걸쳐(가리어) 놓은 덫이라는 데서 「함정」 陷穽(함정) |
| 耕(밭갈 경) | ☞ 耒(2600) → 쟁기(耒)로, (우물 언저리에 나무를 상하좌우로 걸쳐 놓은) 정(井) 글자 형상처럼 밭에 이랑(골)을 낸다는 데서 「밭 갈다」 耕作(경작) |

亞 버금 아(:) 다음 아ㅣ누를 압. 0213-32

● 二 + 吅 (→ 가운데가 불거진 형상으로 대면하고 있는 모양) = 亞

☞ (위아래의) 두(二) 쪽이 똑같은 형상을 취하여(치우침이 없이) 마주 대면하고 있는 모양(吅)에서 「버금가다. (버금가는 차례인)다음」 뜻을. 한편 위아래의 두(二) 쪽으로부터 힘을 받아 가운데가

불거져 나온 모양(吅), 곧 눌리어진 모양에서「누르다」뜻으로.
亞流(아:류 - 둘째가는 사람이나 물건) 亞聖(아:성 - 성인의 다음) 亞細亞(아세아) 亞熱帶(아열대)

★ 亞(버금/다음 아 | 누를 압)와 결합을 이룬 글자.		0213 별첨
啞(벙어리 아)	☞ 口(0864) → 말은 못하고 아(亞)! 하는 소리(口)만을 낸다는 데서「벙어리」盲啞(맹아)
惡(악할 악)	☞ 心(1837) → 윗사람과 버금(亞)가려고 하는, 또는 다른 사람을 누르려고(亞) 하는 부도덕한 마음(心)을 품고 있다는 데서「악하다」惡童(악동)
堊(흰흙 악)	☞ 土(0723) → 벽에 흙을 바른 다음(亞)에 치장용으로 겉면에 바르는 흙(土)의 일종인 흰 회(석회)이라는 데서「흰 흙. 회색 벽을 하다」白堊館(백악관)

云 이를 운. 이러이러하다/일어날/돌아갈/움직일/성한모양 운.   0214-30

◉ 二 + 厶(사사로울 사 →「사적인. 제멋대로」의미로 쓰임) = 云
☞ 둘(二)이서 사적인(厶) 이야기를 주고받는다는 데서「이르다(말하다). 이러이러하다」뜻을. 한편 云은 본래 雲(구름 운)과 동자(同字)로서, 하늘에 비구름이 피어오르는 모양을 표현하여「(구름이)일어나다. 돌아가다. 움직이다. 성한 모양」뜻으로.
云謂(운위 - 일러 말함) 云云(운운 - 이러이러하게 말함)

★ 云(이를/일어날/움직일/돌아갈/성한모양 운)과 결합을 이룬 글자.		0214 별첨
雲(구름 운)	☞ 雨(3396) → 비(雨)를 일으키게 하는 구름 모양(云)에서「구름」雲霧(운무)
芸(향풀 운)	☞ 艸(2767) → 향내를 일으키는(云) 풀(艹)이라는 데서「향풀(香草)」
耘(김맬 운)	☞ 耒(2601) → 쟁기(耒)로 흙을 일어나게(云) 하여(일으키어) 잡초를 제거한다는 데서「김매다」
魂(넋 혼)	☞ 鬼(3623) → (죽음에 이르면) 구름을 타고 하늘나라로 돌아가는(오르는)(云) 혼령(鬼)이라는 데서「넋. 마음」魂靈(혼령)

于 어조사 우. 갈/할/있을/감탄할 우.   0215-30

◉ 二 + 亅(갈고리 궐) = 于
☞ 두(二) 쪽이 하나의 갈고리(亅)에 꿰어져(위아래의 두 쪽이 한데 연결되어) 나아간다는 데서「가다. (함께)하다. 있다. (연결 의미의)어조사」뜻으로.
于今(우금 - 지금까지) 于山國(우산국 - 울릉도의 옛 이름) 于歸(우귀 - 신부가 시집에 들어가는 일)

★ 于(어조사/갈/할/있을 우)와 결합을 이룬 글자		0215 별첨
宇(집 우)	☞ 宀(0603) → 하늘(一)과 땅(一)이 갈고리(亅)에 꿰어져 있는(于) 것처럼 거대하게 펼쳐져 있는 움집(宀) 형상의 공간이라는 데서「집. 하늘」宇宙(우주)
迂(멀 우)	☞ 辵(3149) → 가고(于) 가는(辶), 곧 걸어가고 걸어가서 먼 곳에 이른다는 데서「멀다」

互 서로 호: 0216-30

◉ 二 + ㅋ(→ 니「얽힐/감을 구」를 마주 포개어 놓은 모양) = 互
☞ 위아래의 두(二) 쪽이 서로 얽히어(어울려)(ㅋ) 있는, 곧 서로가 대등한 관계를 맺고 있는 모양에서「서로」뜻으로.
互換(호:환 - 서로 교환) 互稱(호:칭) 互惠(호:혜) 互選(호:선) 互先(호:선) 互惠關稅(호:혜관세) 相互(상호)

亘 뻗칠 긍: | 베풀 선. 걸칠 긍 | 펼 선 | 씩씩할 환.　　　　　　　　　　0217-10

● 一 + 日(날 일) + 一 = 亘

☞ 하늘(一)과 땅(一) 사이에 해(日)가 떠(걸치어) 있어서 햇빛이 사방으로 두루 뻗쳐 나간다는 데서「(햇볕이)뻗치다. (해가 햇빛을)베풀다. 펴다. (해가 하늘 가운데에)걸치다」뜻으로.

※ 亘은 본래「베풀 선」, 亙은「뻗칠 긍」이나, 오늘날 이들 글자가 혼용되어 亘으로 쓰이고 있음.

亘古(긍:고 - 옛날까지 뻗침)

★ 亘(뻗칠/걸칠 긍 | 베풀 선 | 씩씩할 환)과 결합을 이룬 글자.	0217 별첨
恒(항상 항)	☞ 心(1870) → (하늘과 땅 사이에) 햇빛이 두루 뻗치는(亘) 것처럼 언제나 변치 않는 마음(忄)으로 모든 사람에게 골고루 온정을 베푼다는 데서「항상」恒常(항상)
桓(굳셀 환)	☞ 木(1657) → 나무(木)가 크게 뻗치어(亘) 있다는 데서「크다. 굳세다」桓雄(환웅)
垣(담 원)	☞ 土(0728) → 흙(土)을, 둥근 해(日) 모양처럼 둥글게 뭉치어(벽돌을 만들어) 이를 한(一) 단 한(一) 단씩 쌓아서 집 주위에 둘러놓은 구조물이라는 데서「담」垣墻(원장)

些 적을 사. 어조사 사.　　　　　　　　　　　　　　　　　　　　0218-10

● 此(이 차) + 二 = 些 (2004 참조)

☞ 이(此)는 둘(二)에 지나지 않는 매우 적은 수효이라는 데서「적다」뜻으로.

些少(사소 - 매우 적음) 些事(사사 - 사소한 일) 些細(사세 - 하찮음)

| 부수 2획 | 匕 비수 비 | 刀(刂) 칼 도 | 勹 쌀 포 | 匸 감출 혜 |

匕 | 비수 비: 숟가락 비.　　　　　　　　　　　　　　　　　　　0219-10

자원 匕→ 꽂혀 있는 비수. 또는 움푹하게 파인 숟가락 모양을 표현.

쓰임 「비수. 숟가락」 의미로 쓰임.　※ 乚는 「될 화」

匕首(비:수 - 아주 잘 드는 단도. 짧은 칼)

北 | 북녘 북 | 달아날 배. 뒤 북.　　　　　　　　　　　　　　　　0220-80

● 北(→ 匕를 돌려놓은 모양) + 匕 = 北
☞ 비수(匕)가 서로 등지고 있는 모양(北)에서 「뒤. (뒤쪽의 등진 방향에서)북녘」 뜻을. 같은 무리에서 등을 돌린다는 데서 「달아나다」 뜻으로.

北極(북극) 北歐(북구) 北斗(북두) 北韓(북한) 北京(북경) 北向(북향) 北風(북풍) 敗北(패:배)

| ★ 北(북녘/뒤 북)과 결합을 이룬 글자.　　　　　　　　　　　0220 별첨 |
| 背(등 배) | ☞ 肉 (2380) → (인체에서) 북녘(北)을 향하고 있는 신체(月) 부위는 등(뒤쪽)을 의미하는 데서 「등. 뒤」 背面(배면) |

化 | 될 화(:) 화할/변화할/바꿀 화.　　　　　　　　　　　　　　0221-50

● 亻 + 乚(될 화) = 化
※ 乚(될 화)는 匕(비수 비)의 丿(삐침 별)이 바깥으로 삐쳐져 나온 모양으로 化의 古字.
☞ 사람(亻)으로 되는(乚), 곧 사람다운 사람(참된 인간)으로 변화되어(바뀌어) 간다는 데서 「되다. 화하다. 변화하다. 바꾸다」 뜻으로.

化身(화:신 - 사람으로 변화함) 化石(화:석) 化育(화:육) 化粧(화장) 化工(화공) 化合(화합) 化學(화학)

| ★ 化(될/화할/변화할/바꿀 화)와 결합을 이룬 글자.　　　　　0221 별첨 |
花(꽃 화)	☞ 艸(2721) → 풀(艹)이 변화하여(化), 곧 풀이 생식의 조화를 일으켜 피어나는 것이라는 데서 「꽃. 꽃피다」 花草(화초)
貨(재물 화)	☞ 貝(3049) → 돈(貝)으로 되는(化) 여러 가지 물자이라는 데서 「재물. 재화」 貨幣(화폐)
靴(신 화)	☞ 革(3528) → 가죽(革)을 (발 크기에 맞게끔) 변화시켜(化) 놓은 물건이라는 데서 「신」
訛(그릇될 와)	☞ 言(3294) → 말씀(言)한 내용이 변화되어(化) 잘못 알아듣거나 전달된다는 데서 「그릇되다」

匙 | 숟가락 시:　　　　　　　　　　　　　　　　　　　　　　0222-10

● {日(날 일) + 疋(= 正 바를 정) = 是(이/옳을/곧을 시)} + 匕 = 匙 (1029 참조)
☞ 둥근 해(日) 모양처럼 밥을 둥그렇게 담아 바르게(疋 = 正) 떠 올리는 숟가락(匕)이라는 데서 「숟가락」 뜻으로.

匙箸(시:저 - 숟가락과 젓가락) 十匙一飯(십시일반 - 여럿이서 한 사람을 돕는다는 뜻)

부수 2획	匕	刀(刂)	勹	匸
	비수 비	칼 도	쌀 포	감출 혜

| 刀 | 칼 도. 돈이름/거룻배 도. | 0223-32 |

- **자원** 刀 → 배가 볼록한 식칼 모양을 표현.
- **쓰임** 「칼이나 낫·가위 등의 도물(刀物)」 의미로 쓰임.

刀劍(도검 - 칼이나 검) 面刀(면:도) 果刀(과:도) 短刀(단:도) 靑龍刀(청룡도) 單刀直入(단도직입)

| 前 | 앞 전. 자를 전. | 0224-70 |

- ⦿ 丷(→ 艹「풀 초」의 약자) + 月(→ 月 주달 월 = 舟 배 주) + 刂 = 前
- ☞ (수초가 우거진 늪지에 배를 저어 가기 위하여) 배(月 = 舟) 앞에 돋아 있는 풀(수초)(丷)을 칼(刂)로 자른다는 데서 「앞. 자르다」 뜻으로.

前途(전도 - 가는 앞길) 前期(전기) 前後(전후) 前夜(전야) 前轍(전철) 前半戰(전반전) 前奏曲(전주곡)

★ 前(앞/자를 전)과 결합을 이룬 글자.		0224 별첨
剪(자를 전)	☞ 刀(0256 → 칼(刀)로 물체를 자른다(前)는 데서 「자르다」 剪枝(전지)	
煎(달일 전)	☞ 火(1150 → 약탕관이나 솥뚜껑을 앞(前)에 놓아두고 불(灬)을 지피어 약제를 달이거나 전을 부친다는 데서 「달이다. 전」 煎餠(전병)	
箭(화살 전)	☞ 竹(2712 → 활을 쏘면 앞(前)으로 날아가는 대나무(竹)로 된 물건이라는 데서 「화살」	

| 別 | 다를/나눌 별. 이별할/분별할 별. | 0225-60 |

- ⦿ 另(달리할 패) + 刂 = 別
- ☞ 물체를 칼(刀)로 잘라 내어 형체를 달리(다르게)한다(另)는 데서 「(형체가)다르다. 나누다. (나뉘어져)이별하다. (나누어)분별하다」 뜻으로.

別途(별도 - 딴 용도) 別味(별미) 別居(별거) 別種(별종) 別名(별명) 別離(별리) 別添(별첨) 別館(별관)

| 利 | 이할 리: 이로울/날카로울 리. | 0226-60 |

- ⦿ 禾(벼 화) + 刂 = 利
- ☞ 벼(禾)를 베는 칼(낫)(刂)은 매우 날카롭다는 데서 「날카롭다. (날카로운 칼을 이용하면 작업을 손쉽게 할 수 있어 매우 능률적이라는 데서)이롭다. 이하다」 뜻으로.

利用(이:용) 利權(이:권) 利害(이:해) 利益(이:익) 利潤(이:윤) 利子(이:자) 利律(이:율) 利己主義(이:기주의)

★ 利(이할/이로울/날카로울 리)와 결합을 이룬 글자.		0226 별첨
梨(배 리)	☞ 木(1655 → 인체(人體)에 이로운(利) 과일이 열리는 나무(木)라는 데서 「배나무. 배」	
悧(영리할 리)	☞ 心(1957 → 마음(忄)에서 자아내는 생각(사고력)이 매우 예리하다(利)는 데서 「영리하다」	
痢(이질/설사 리)	☞ 疒(2312 → 벼(禾)가 칼(칼날)(刀)에 날카롭게(利) 잘리어 나가는 것처럼 대변이 날카롭게(재빠르게) 쏟아져 내리는 병(疒)이라는 데서 「이질. 설사」 痢疾(이질)	

刀 부수(자원과 쓰임 → 0223 참조)

分　나눌 분(:) 쪼갤/분별할/판단할 분 | 푼 푼.　　0227-60

● 八(여덟/나눌 팔) + 刀 = 分

☞ 팔(八) 글자 형상처럼 물체의 한가운데를 칼(刀)로 분리시킨다는 데서 「나누다. 쪼개다. (나누어서)분별하다. (분별하여)판단하다」 뜻으로.

分裂(분열) 分斷(분단) 分別(분별) 分離(분리) 分野(분야) 分析(분석) 分量(분:량) 分數(분:수) 分錢(푼전)

★ 分(나눌/분별할/쪼갤/판단할 분)과 결합을 이룬 글자.		0227 별첨
粉(가루 분)	☞ 米(2583) →	쌀(米)을 아주 잘게 나누어(분쇄하여)(分) 놓은 것이라는 데서 「가루」
紛(어지러울 분)	☞ 糸(2484) →	실(糸)이 나누어져(分) 있는, 곧 실이(실오리가) 이리저리 흐트러져 있다는 데서 「어지럽다. 섞이다」 紛亂(분란)
芬(향기로울 분)	☞ 艸(2780) →	풀(艹)에서 나뉘어져(分) 나오는(사방으로 흩어지는) 향긋한 냄새이라는 데서 「향기롭다. 향기」 芬皇寺(분황사)
吩(명령할 분)	☞ 口(0887) →	윗사람이 말씀한(口) 사항을 여러 사람에게 나누어(分)지도록(전파가 되도록) 지시한다는 데서 「명령하다」 吩咐(분부)
扮(꾸밀 분)	☞ 手(1541) →	각자의 손(扌)에 나누어(分) 주는, 곧 연극 같은 역할을 각자에게 분담시켜 함께 꾸려(꾸며) 나간다는 데서 「(연극을)꾸미다」 扮裝(분장)
忿(성낼 분)	☞ 心(1943) →	서로 나뉘어(갈라)(分) 서려는(관계를 절교하려는) 분한 마음(心)을 낸다는 데서 「성내다. 분하다. 한하다」 忿怒(분노)
盆(동이 분)	☞ 皿(2244) →	여러 가지 식 재료(된장이나 고추장 같은 것)를 나누어(分) 담아 두는 그릇(皿)이라는 데서 「동이. 분」 盆栽(분재)
雰(안개 분)	☞ 雨(3406) →	비(雨)가 자잘하게 나뉘어져(分) 있는 것처럼 대기(大氣) 중에 미세한 물방울이 흩날리는 모양이라는 데서 「안개」 雰圍氣(분위기)
鼢(두더지 분)	☞ 鼠(3675) →	(앞발을 이용하여) 흙을 가르며(파헤치며)(分) 땅속으로 기어 다니는 쥐(鼠) 유형의 동물이라는 데서 「두더지」
貧(가난할 빈)	☞ 貝(3048) →	재물(貝)이 이리저리 나뉘어져(분산되어)(分) 남아 있는 것이 미미하다는 데서 「가난하다 구차하다」 貧困(빈곤)
頒(나눌 반)	☞ 頁(3518) →	머리(頁)에서 자아내는 자신의 생각이나 이념 따위를 여러 사람들에게 나누어(펼치어)(分) 준다는 데서 「나누다. 펴다」 頒布(반포)

切　끊을 절 | 온통 체. 자를/새길/요긴할 절 | 모두 체.　　0228-50

● 七(일곱 칠) + 刀 = 切

☞ (예전 풍습에서 시집온) 여자가 일곱(七) 가지 악행인 칠거지악(七去之惡)을 저지르면 이를 칼(刀)로 도려내는 것처럼 집 밖으로 내친다(부부의 인연을 완전히 끊는다)는 데서 「(인척 관계를) 자르다. 끊다. 온통. 모두」 뜻으로.

※ 칠거지악 → 옛날에 아내를 내 쫓는 사유가 되는 「시부모에게 불순·아기를 낳지 못함·음탕한 행실·도둑질·질투·말썽이 많은 것·나쁜 병」의 일곱 가지.

切斷(절단 - 잘라 냄) 切親(절친) 切削(절삭) 切實(절실) 切下(절하) 切磋琢磨(절차탁마) 一切(일체)

到　이를 도: 다다를 도.　　0229-50

● 至(이를/미칠/머무를 지) + 刂 = 到 (2867 참조)

刀 부수(자원과 쓰임 → 0223 참조)

☞ 칼(刂)이 베려고 하는 물체에 이른다(至)는 데서 「이르다. 다다르다」 뜻으로.

到達(도:달 - 목적한 곳에 이름) 到着(도:착) 到處(도:처) 到來(도:래) 殺到(쇄:도) 周到綿密(주도면밀)

★ 到(이를/다다를 도)와 결합을 이룬 글자.		0229 별첨
倒(넘어질 도)	☞ 人(0093) →	다른 사람(亻), 곧 적군에게 칼(刂)을 이르게(닿게)(至) 하여 넘어뜨린다는 데서 「넘어지다」 倒産(도산)

則 법칙 칙 | 곧 즉. 0230-50

◉ 貝(조개 패) + 刂 = 則

☞ 조개(貝)를 칼(刂)로 가르면 절반으로 곧장 갈라진다는 데서 「곧. (조개가 균등하게 갈라지는 것처럼 치우침이 없는 공평하고 정대한 규범이라는 데서)법칙」 뜻으로.

法則(법칙 - 꼭 지켜야만 하는 규범) 規則(규칙) 原則(원칙) 校則(교:칙) 言則是也(언즉시야)

★ 則(법칙 칙 | 곧 즉)과 결합을 이룬 글자.		0230 별첨
測(헤아릴 측)	☞ 水(1193) →	항상 수평을 유지하는 물(氵)의 법칙(則)을 이용하여 만들어 놓은 우량계나 수준기(水準器)로 수량(水量)이나 수평을 헤아린다는 데서 「헤아리다」 測量(측량)
側(곁 측)	☞ 人(0102) →	다른 사람(亻) 곁에 곧바로(바짝)(則) 다가가 있다는 데서 「곁」 側近(측근)
惻(슬플 측)	☞ 心(1938) →	마음(심)(忄)적으로, 재물(貝)이 칼(刂)에 잘리어 훼손되는 것처럼 애석함(슬프고 아까움)을 느낀다는 데서 「슬프다. 불쌍하다」 惻隱(측은)

初 처음 초. 비로소 초. 0231-50

◉ 衤(= 衣 옷 의) + 刀 = 初

☞ 옷(衤)을 만드는 데는 천(옷감)을 칼(가위)(刀)로 자르는 작업에서부터 비롯된다는 데서 「처음. 비로소」 뜻으로.

初級(초급 - 맨 처음 등급) 初俸(초봉) 初等(초등) 初代(초대) 初步(초보) 初志一貫(초지일관)

列 벌릴 렬. 펼/베풀/반열/항오 렬 | 견줄 례. 0232-42

◉ 歹(뼈앙상할 알) + 刂 = 列

☞ (가축을 도축하여) 뼈가 앙상하게(歹) 드러나도록 칼(刂)로 (뼈에 붙어 있는) 살점을 도려내어 이를 부위별로 죽 늘어놓는다(해체한다)는 데서 「벌리다. 펴다. 베풀다. (차례지어 펼쳐져 있다는 데서) 항오. 반열」 뜻으로.

列强(열강 - 강한 나라들) 列擧(열거) 列車(열차) 列傳(열전) 隊列(대열) 羅列(나열) 行列(행렬·항렬)

★ 列(벌일/펼/베풀/반열/항오 렬 | 견줄 례)과 결합을 이룬 글자.		0232 별첨
烈(매울 렬)	☞ 火(1108) →	벌어(펼쳐)(列)지는 형상을 이루어 불(灬)이 사방으로 매섭게 번져 나간다는 데서 「맵다. 세차다」 烈士(열사)
裂(찢을 렬)	☞ 衣(2554) →	뼈가 앙상하게(歹) 드러나도록 칼(刂)로 살점을 도려내어 벌리는(列) 것처럼 옷(衣)을 갈기갈기 찢는다는 데서 「찢다」 破裂(파열)
例(본보기 례)	☞ 人(0053) →	사람(亻)이 지켜야 할 조목들을 일일이 열거(列)하여 놓은 예법(법식)이라는 데서 「법식. 본보기」 例示(예시)

刂 부수(자원과 쓰임 → 0223 참조)

制　마를/절제할 제: 제도/단속할 제. 　　　0233-42

● ⺈(= 人 사람 인) + 一(한/같을 일) + 巾(수건/피륙 건) + 刂 = 制
☞ 사람(⺈ = 人)의 체구와 같은(一) 크기로 베(천)(巾)를 칼(刂)로 마름질한다는 데서「마르다. (천을 낭비함이 없이 규격에 꼭 들어맞게 마름질한다는 데서)제도. 절제하다」뜻으로.
制度(제:도) 制服(제:복) 制定(제:정) 制御(제:어) 制限(제:한) 制動(제:동) 制裁(제:재) 制覇(제:패)

★ 制(마를/절제할 제)와 결합을 이룬 글자.　　　0233 별첨

製(지을 제)　☞ 衣(2543) → 천(베)을 마름질(制)하여 옷(衣)을 만든다는 데서「만들다. 짓다」製作(제작)

創　비롯할 창: 비로소/만들 창. 　　　0234-42

● 倉(곳집 창) + 刂 = 創 (0111 참조)
☞ 곳집(倉)을 짓는 데는 칼(刂)로 나무를 베어 내어 다듬는 작업에서부터 비롯한다는 데서「비롯하다. 비로소. 만들다」뜻으로.
創始(창:시 - 처음 시작함) 創作(창:작) 創立(창:립) 創業(창:업) 創刊(창:간) 創造(창:조) 創製(창:제)

副　버금 부: 다음 부 | 쪼갤/찢을 복. 　　　0235-42

● 畐(가득할/찰/폭 복) + 刂 = 副 (2348 참조)
☞ 물체를 폭(畐) 방향으로 칼(刂)로 가른다는 데서「쪼개다. 찢다. (폭을 가르면 넓이는 줄어들지만 길이는 마찬가지이라는 데서)버금. (버금가는 순차인)다음」뜻으로.
副將(부:장 - 주장을 보좌하는 장군) 副食(부:식) 副詞(부:사) 副業(부:업) 副賞(부:상) 副作用(부:작용)

刻　새길 각. 시각 각. 　　　0236-40

● 亥(돼지/열두째지지 해) + 刂 = 刻 (0205 참조)
☞ (달력이 없던 옛날에) 하루의 마지막 시각인 해시(亥時)에 이르면 칼(刂)로 나무 같은 데에 날짜와 시각을 새긴다는 데서「새기다. 시각」뜻으로.
刻印(각인 - 도장을 새김) 刻苦(각고 - 몹시 애씀) 刻骨(각골) 刻骨難忘(각골난망) 刻薄成家(각박성가)

判　판단할 판. 나눌 판. 　　　0237-40

● 半(반 반) + 刂 = 判 (0335 참조)
☞ 절반(半)이 되도록 칼(刂)로 가른다(나눈다)는 데서「나누다. (치우침이 없도록 나누는 것처럼 공정하게 결단을 내린다는 데서)판단하다」뜻으로.
判定(판정 - 판별하여 결정함) 判斷(판단) 判決(판결) 判事(판사) 判例(판례) 判讀(판독) 判書(판서)

券　문서 권. 표 권. 　　　0238-40

● 龹(= 米 밥뭉칠 권) + 刀 = 券 (0348 참조)
☞ (글씨를 써넣은 죽편을 끈으로 엮어) 밥을 뭉쳐(龹) 놓은 모양처럼 동그랗게 말아 놓은 책장의 끈을 칼(刀)로 끊어 내어놓은 낱장 형태의 문서이라는 데서「문서. (낱장으로 된)표」뜻으로.

文券(문권 - 권리를 나타낸 문서) 證券(증권) 旅券(여권) 食券(식권) 福券(복권) 債券(채:권) 馬券(마:권)

刑 형벌 형. 목벨/꼴/본보기 형.　　　　　　　　　　　　　　　　　　　0239-40

◉ 开(= 幵 평평할 견 → 나무를 엮어 놓은 형틀 모양) + 刂 = 刑 (1009 참조)

☞ 평평한 형틀(开)에 죄인을 결박하고 칼(刂)로 목을 베는 형벌을 내린다는 데서「형벌. 목 베다. (형틀 모양의)꼴. (형벌을 내려 본때를 보인다는 데서)본보기」뜻으로.

刑罰(형벌 - 국가가 범죄자에게 내리는 제재) 刑事(형사) 刑法(형법) 刑具(형구) 刑期(형기) 刑曹(형조)

> ★ 刑(형벌/목벨/꼴/본보기 형)과 결합을 이룬 글자.　　　　　　　　　　　　0239 별첨
>
> 型(거푸집 형)　　☞ 土(0696) → 흙(土)으로 빚어 놓은 꼴(형틀)(刑)이라는 데서「거푸집」模型(모형)
>
> 荊(가시나무 형)　☞ 艸(2798) → 형벌(刑)을 내리는(고통을 주는) 것처럼 살갗을 찌르면 심한 통증을 느끼게 하는 가시가 돋아나 있는 초목(艹)이라는 데서「가시나무. 가시」荊棘(형극)

劇 심할 극. 연극할 극.　　　　　　　　　　　　　　　　　　　　　　0240-40

◉ {虍(범 호) + 豕(돼지 시) = 豦(범두발들/서로잡고어울려싸울 거)} + 刂 = 劇 (1442 참조)

☞ 범(虍)이 돼지(豕)를 두 발로 움켜잡고 싸우는(豦) 것처럼 칼(刂)을 서로 부딪쳐 가며 심하게 싸운다는 데서「심하다. (심하게 싸우는 것처럼 연기를 펼치는)연극」뜻으로.

劇甚(극심 - 아주 심함) 劇場(극장) 劇藥(극약) 劇團(극단) 戲劇(희극) 演劇(연:극) 悲劇(비:극)

刷 인쇄할 쇄: 쓸 쇄.　　　　　　　　　　　　　　　　　　　　　　0241-32

◉ 㞵(→ 豕「돼지 시」의 고자) + 刂 = 刷

☞ 돼지(㞵)를 잡아 칼(刂)로 털을 깎아내리는(쓸어내리는) 것처럼 글씨나 문양을 새겨 놓은 목판에 먹물을 묻힌 다음에 종이나 천(베)을 얹어서 쓸어(문질러)내리는, 곧 인쇄하는 모양에서「인쇄하다. (먹물을 묻힌 천으로 인쇄물을)쓸다」뜻으로.

印刷(인쇄 - 판면에 잉크를 묻히고 새겨진 글자를 종이 등에 문질러서 찍어 내는 일) 刷新(쇄:신)

剛 굳셀 강. 굳을 강.　　　　　　　　　　　　　　　　　　　　　　0242-32

◉ 岡(산등성이/언덕 강) + 刂 = 剛 (0544 참조)

☞ 높이 솟아오른 산등성이(岡)처럼 칼(刂)이 매우 우람차고 굳건하다는 데서「굳세다. 굳다」뜻으로.

剛健(강건 - 마음이 곧고 뜻이 굳세며 건전함) 剛直(강직) 剛柔(강유) 外柔內剛(외:유내강)

刊 새길 간. 간행할/책펴낼 간.　　　　　　　　　　　　　　　　　　0243-32

◉ 干(방패 간) + 刂 = 刊

☞ 방패(干)에 글씨나 문양 같은 것을 칼(刂)로 새긴다는 데서「새기다. (글자를 새겨 인쇄한다는 데서)간행하다. 책 펴내다」뜻으로.

刊行(간행 - 인쇄하여 발행함) 發刊(발간) 出刊(출간) 日刊新聞(일간신문) 創刊(창:간) 廢刊(폐:간)

刂 부수(자원과 쓰임) → 0223 참조

劃 그을 획. 계획할 획. 0244-32

- 畫(그을/나눌 획) + 刂 = 劃   ※ 劃과 畫(그을 획)은 동자(同字).
- 칼(刂)로 선 같은 획을 긋는다(畫)는 데서 「긋다. (그어 놓은 일정에 맞추어 작업 계획을 수립한다는 데서)계획하다」 뜻으로.

劃數=畫數(획수 - 글자 획의 수효) 劃策(획책 - 계책을 세움) 劃期的(획기적) 計劃(계:획)

劍 칼 검: 0245-32

- 僉(다/여러/모두 첨) + 刂 = 劍 (0176 참조)
- 무엇이든지 다(僉) 베어 낼 수 있는 무척 크고 예리한 칼(刂)이라는 데서 「칼」 뜻으로.

劍道(검:도 - 검술을 닦는 무예의 한 부분) 劍舞(검:무 - 칼춤) 劍客(검:객) 刀劍(도검)

割 벨 할. 나눌 할. 0246-32

- {宀(움집 면) + 丯(풀이나서산란할 개) + 口 = 害(해할 해)} + 刂 = 割 (0583 참조)
- 집(宀)에 풀이 산란하게(丯) 자라나 출입구(口)를 뒤덮고 있는, 곧 해로운(害) 잡초를 칼(刂)로 베어 낸다는 데서 「베다. (베어 내어 가른다는 데서)나누다」 뜻으로.

割當(할당 - 몫을 갈라 나눔) 割引(할인) 割據(할거) 割增(할증) 割賦(할부) 割腹(할복) 分割(분할)

刃 칼날 인. 찌를 인. 0247-30

- 刀 + 丶(불똥/점 주) = 刃
- 칼(刀)의 전면에 물체가 닿는 지점(부위)(丶)이라는 데서 「칼날」 뜻으로.

刃傷(인상 - 칼날에 상함) 刃創(인창 - 칼날에 다친 흉) 刃物(인물 - 칼 종류)

★ 刃(칼날/찌를 인)과 결합을 이룬 글자.		0247 별첨
忍(참을 인)	☞ 心(1861) → 칼날(刃)에 짓눌려 있는 마음(心), 곧 무력에 짓밟히어 억울함을 하소연하지 못하고 억지로 견디는 마음이라는 데서 「참다」 忍苦(인고)	
靭(질길 인)	☞ 革(3534) → 가죽(革)은 칼날(刃)로 잘라야 끊어질 정도로 매우 질기다는 데서 「질기다」	
認(알 인)	☞ 言(3220) → 말하는(言) 것을 참고(忍 참을 인) 있는, 곧 말로는 표현하지 않고 있으나 마음속으로는 이미 알고 있다는 데서 「알다. 인정하다」 認知(인지)	

削 깎을 삭. 지울 삭. 0248-30

- {小(작을 소) + 月(고기 육) = 肖(닮을/같을 초∣흩어질 소)} + 刂 = 削 (2391 참조)
- 책(죽편)에 잘못 쓴 글자를 본래 글자와 같게(肖) 하기(고쳐 쓰기)위하여 칼(刂)로 깎아 내어 지운다는 데서 「깎다. 지우다」 뜻으로.

削減(삭감 - 깎아서 줄임) 削除(삭제) 削髮(삭발) 削黜(삭출) 削奪官職(삭탈관직) 添削(첨삭)

刺 찌를 자: ∣ 찌를 척. 죽일/벨 자. 0249-30

- 朿(나무가시 자) + 刂 = 刺 (2683 참조)
- (살갗을 찌르는) 나무 가시(朿)처럼 칼(刂)로 찌른다는 데서 「찌르다」 뜻으로.

刺傷(자:상 - 칼 같은 데에 찔린 상처) 刺客(자:객) 刺戟(자:극) 刺繡(자:수) 刺殺(척살) 諷刺(풍자)

刹 절 찰. 기둥/불탑 찰.   0250-20

- 杀(→ 殺「나무로칠/죽일 찰」의 획 줄임) + 刂 = 刹   ※ 刹은 刹의 본래 글자.
- ☞ 나무(木)에 가위표(×) 같은 여러 가지 문양을 칼(刂)로 새겨 놓은 절간의 기둥이나 불탑 모양 이라는 데서「절. 기둥. 불탑」뜻으로.

寺刹(사찰 - 절) 刹那(찰나 - 범어 ksana의 음역으로, 지극히 짧은 시간) 古刹(고:찰 - 오래된 절)

劑 약제 제. 가지런히끊을/약지을/처방할 제.   0251-20

- 齊(가지런할/다스릴 제) + 刂 = 劑 (3719 참조)
- ☞ 약초를 가지런하게(齊) 칼(刂)로 썰어서 조제한 약이라는 데서「가지런히 끊다. 약제. 약 짓다」 뜻으로.

藥劑(약제 - 약재를 섞어서 조제한 약) 湯劑(탕제) 錠劑(정제) 營養劑(영양제) 助劑(조:제)

劉 죽일/묘금도 류. 이길/자귀/성(姓) 류.   0252-20

- 卯(토끼/무성할 묘 →「드리우다」는 의미로 쓰임) + {金 + 刂 = 釗(쇠뇌틀 소)} = 劉
- ☞ 쇠뇌 틀(釗)을 죄인에게 드리운다(卯)는 데서「죽이다. (적군을 죽이어 승리를 쟁취한다는 데서)이기다」 뜻으로. 선인(先人)들은 성씨(姓氏)에서 음이 같은 유(俞 인월도 유)와 구별을 용이하게 하기 위하여 劉를 파자하여「묘금도(卯金刂) 류」로 음훈 하였음.

劉備(유비 - 중국 삼국 시대 촉한의 시조. 시호는 소열황제昭烈皇帝)

刪 깎을 산(:) 줄일 산.   0253-10

- 册(책 책 → 죽편을 엮어 놓은 책) + 刂 = 刪 (0316 참조)
- ☞ 책(册)을 만들기 위하여 대나무를 칼(刂)로 깎는, 또는 (죽편으로 된) 책(册)에 잘못 쓰인 글자를 칼(刂)로 깎아 낸다(지운다)는 데서「깎다. (깎아 내어)줄이다」뜻으로.

刪削(산:삭 - 쓸데없는 문구를 삭제함) 刪略(산:략) 刪補(산:보) 刪定(산:정) 刪修(산:수)

刮 긁을 괄. 깎을/비빌 괄.   0254-10

- 舌(혀 설) + 刂 = 刮
- ☞ 동물이 혀(舌)로 털을 핥아 내리는 것처럼 칼(刂)로 나무껍질 같은 것을 긁는다는 데서「긁다. 깎다. 비비다」뜻으로.

刮目(괄목 - 몰라보게 발전한 데 대해서, 딴 사람이 아닌가 하고 눈을 비비고 봄)

剋 이길 극. 반드시/기약할/정할 극.   0255-10

- 克(이길 극) + 刂 = 剋 (0189 참조)
- ☞ (옛날에 무기가 변변치 않았을 때에) 칼(刂) 같은 무기를 소지하고 전쟁을 치르면 반드시 이긴다(克)는 데서「이기다. 반드시. (승리를)기약하다」뜻으로.

刀 부수(자원과 쓰임 → 0223 참조)

相剋(상극 - 둘 사이에 화합하지 못하고 항상 충돌됨) 下剋上(하:극상 - 윗사람을 꺾고 오름)

剪　자를/가위 전.　　　　　　　　　　　　　　　　　　0256-10

- ◉ 前(앞/자를 전) + 刀 = 剪 (0224 참조)
- ☞ 칼(刀)로 물체를 자른다(前)는 데서「자르다. (자르는)가위」뜻으로.

剪刀(전도 - 가위) 剪枝(전지 - 나뭇가지를 가위로 잘라 냄)

剝　벗길 박. 깎을 박.　　　　　　　　　　　　　　　　0257-10

- ◉ 彔(나무새길 록) + 刂 = 剝 (2453 참조)
- ☞ 글자나 문양을 나무에 새기기(彔) 위하여 칼(刂)로 나무껍질을 벗겨 내거나 표면을 평평하게 깎는다는 데서「벗기다. 깎다」뜻으로.

剝皮(박피 - 껍질을 벗김) 剝奪(박탈 - 강제로 빼앗음) 剝製(박제) 剝離(박리 - 벗겨짐)

剖　쪼갤 부: 나눌 부.　　　　　　　　　　　　　　　　0258-10

- ◉ 咅(침뱉을 부) + 刂 = 剖 (2921 참조)
- ☞ 침을 뱉어(咅) 놓은 모양처럼 물체를 여러 조각이 나게끔 칼(刂)로 가른다(쪼갠다)는 데서 「쪼개다. 나누다」뜻으로.

剖檢(부:검 - 해부하여 검사함) 剖棺斬屍(부:관참시) 解剖(해:부) 解剖學(해:부학)

剌　어그러질/발랄할 랄.　　　　　　　　　　　　　　　0259-10

- ◉ 束(묶을 속) + 刂 = 剌 (1609 참조)
- ☞ 묶어(束) 놓은 다발을 칼(刂)로 자르면 내용물이 이리저리 어그러진다는 데서「어그러지다. (어그러지듯이 활발하게 움직인다는 데서)발랄하다」뜻으로.

潑剌(발랄 - 활발하게 약동하는 모양)

剩　남을 잉. 더할 잉.　　　　　　　　　　　　　　　　0260-10

- ◉ {丿 + 木 + 北(북녘 북) = 乘(탈/오를 승)} + 刂 = 剩 (0024 참조)
- ☞ 나무에 오르기(乘) 위하여 칼(刂)로 디딤 자국을 내어 가면서 오르면 더욱더 여유롭게 오른다는 데서「더하다. 남다」뜻으로.

剩餘(잉여 - 나머지) 剩數(잉수 - 남은 수) 過剩(과:잉 - 필요한 수효보다 남음)

劈　쪼갤 벽.　　　　　　　　　　　　　　　　　　　　0261-10

- ◉ 辟(임금/궁벽할/편벽될 벽 ǀ 피할 피 ǀ 쪼갤 백) + 刂 = 劈 (3317 참조)
- ☞ 칼(刂)로 물체를 쪼갠다(辟)는 데서「쪼개다」뜻으로.

劈頭(벽두 - 일이 닥치는 첫머리) 劈開(벽개 - 쪼개져 갈라짐) 劈破門閥(벽파문벌)

剽　겁박할/빼앗을 표. 빠를/끊을 표.　　　　　　　　　0262-10

- ◉ 票(표/쪽지/날릴/빠를 표) + 刂 = 剽 (2351 참조)

刂 부수(자원과 쓰임 → 0223 참조)

☞ 표(쪽지)(票)를 칼(刂)로 자르는, 또는 (어음 같은) 표(쪽지)(票)를 칼(刂)로 위협하여 탈취한다는 데서 「끊다. 빼앗다. 겁박하다」 뜻으로.
剽竊(표절 - 남의 글귀를 훔쳐서 자기 것인 것처럼 발표함) 剽奪(표탈) 剽掠(표략) 剽盜(표도)

자투리 마당

금덩이를 강물에 던지다

○ 高麗恭民王時(고려공민왕시)에 有民兄弟(유민형제)하여 偕行(해행)이라가, 弟得黃金二錠(제득황금이정)하여 以其一(이기일)로 與兄(여형)이러니, 至孔巖津(지공암진)하여 同舟而濟(동주이제)할새 弟忽投金於水(제홀투금어수)라. 兄(형)이 怪而問之(괴이문지)하니 答曰(답왈), 吾(오) 平日(평일)에 愛兄篤(애형독)이러니 今而分金(금이분금)에 忽萌忌兄之心(홀맹기형지심)이라. 此乃不祥之物(차내불상지물)이니 不若投諸江而忘之(불약투저강이망지)니이다. 兄曰(형왈), 汝之言(여지언)이 誠是矣(성시의)라 하고는 亦投金於水(역투금어수)하니라. ※ 諸(모든 제. 어조사 저)

- 고려 공민왕 때에 백성 가운데 형제가 있어 함께 길을 가다가, 아우가 황금 두 덩이를 주워서 그 가운데 한 덩이를 형에게 주더니, 공암 나루에 이르러 함께 배를 타고 건널 제, 아우가 갑자기 금덩이를 물에 던졌다. 형이 괴이하게 여기어 그 까닭을 물으니, (동생이) 대답하여 이르기를 「내가 평소에는 형님을 아끼는 마음이 두터웠는데 이제 금덩이를 나눔에 있어서 갑자기 형을 기피하는 마음이 싹 틉니다. 이 금덩이는 상서로운 물건이 아니기에 이것을 강물에 던져서 잊어버리는 것만 못합니다」(라고 말한 즉), 형이 말하기를 「너의 말이 진실로 옳구나」 하고는 (형도) 역시 금덩이를 물속에 던졌다는 이야기다.

- 明心寶鑑에서 -

匕	刀(刂)	勹	匸
비수 비	칼 도	쌀 포	감출 혜

勹 쌀 포. 0263-00

자원 勹 → 보자기로 물건을 감싸는 모양을 표현.

쓰임 「감싸다. 껴안다. 꾸러미. 감싸 놓은 모양」과 의미로 쓰임.

包 쌀 포(:) 꾸러미/용납할 포. 0264-42

◉ 勹 + 巳(뱀 사) = 包

☞ 뱀(巳)이 똬리를 트는(몸뚱이를 칭칭 감는) 것처럼 물건을 감싼다(勹)는 데서 「싸다. (감싸 놓은)꾸러미. (잘못을 감싸 준다는 데서)용납하다」 뜻으로.

包圍(포:위) 包容(포:용) 包括(포:괄) 包攝(포:섭) 包含(포함) 包袋(포대) 包裝(포장) 包皮(포피)

★ 包(쌀/꾸러미/용납할 포)와 결합을 이룬 글자. 0264 별첨

砲(대포 포)	☞ 石(2132) → 돌(石)을 틀에 싸서(包) 던지는(발포하는) 무기라는 데서 「돌쇠뇌. 돌쇠뇌 처럼 탄환을 쏘는 무기라는 데서)대포」 砲彈(포탄)
胞(태 포)	☞ 肉(2381) → 태아를 감싸고(包) 있는 (주머니처럼 생긴) 살점(月)이라는 데서 「태」
抱(안을 포)	☞ 手(1473) → 손(扌)으로 사람이나 물건을 감싸(包) 안는다는 데서 「안다」 抱擁(포옹)
飽(배부를 포)	☞ 食(3562) → 밥(食)을 배불리 먹어서, 배가 감싸(包) 놓은 꾸러미처럼 불룩하다는 데서 「배 부르다」 飽滿(포만)
鮑(절인물고기 포)	☞ 魚(3646) → 소금에 싸서(包) 절여 놓은 물고기(魚)라는 데서 「절인 물고기」 鮑魚(포어)
泡(물거품 포)	☞ 水(1324) → 물(氵)이, 감싸(包) 놓은 꾸러미처럼 동그랗게 방울져 있는 모양이라는 데서 「거품. 물거품」 水泡(수포)
庖(부엌 포)	☞ 广(0787) → (여러 가지) 음식 재료를 싸(包) 놓은 트인 집(广)이라는 데서 「부엌」
咆(고함지를 포)	☞ 口(0860) → 소리(口)가 감싸여(응축되어)(包) 있다가 한꺼번에 터져 나오는 것처럼 우렁찬 소리를 낸다는 데서 「고함지르다. 으르렁거리다」 咆哮(포효)
疱(천연두 포)	☞ 疒(2341) → 감싸(包) 놓은 꾸러미 모양처럼 살갗이 도톰하게 부풀면서 물집이 생기는 병(疒) 의 일종이라는 데서 「천연두」 疱瘡(포창)
袍(두루마기 포)	☞ 衣(2569) → 보자기로 감싸는(包) 것처럼 겉옷 위에 이중으로 껴입는 옷(衤)이라는 데서 「두루마기. 도포」 道袍(도포)
雹(우박 박)	☞ 雨(3411) → 비(雨)가 결빙되어(얼어붙어서), 감싸(包) 놓은 꾸러미(덩어리) 형체를 이루어 떨어 지는 것이라는 데서 「우박」 雨雹(우박)

勿 말(莫) 물. 없을/아닐 물. 0265-32

◉ 勹 + 丿 + 丿(삐침 별 → 「끌어내리다」는 의미로 쓰임) = 勿

☞ 감싸(勹) 놓은 내용물을 끌어내리고(丿) 또 끌어내리는(丿), 곧 감싸 놓은 내용물을 모두 끌어 내어 비어(없어)지도록 한다는 데서 「말다. 없다. (본래의 상태가)아니다」 뜻으로.

勿論(물론 - 논할 것이 없음) 勿驚(물경 - 놀라지 마라) 勿忘草(물망초) 四勿(사:물 - 금기하는 네 가지)

勹 부수(자원과 쓰임 → 0263 참조)

★ 勿(말/없을/아닐 물)과 결합을 이룬 글자.		0265 별첨
物(만물 물)	☞ 牛(1376) → 소(牜)는 주인이 시키는 일을 마다(勿)하지 아니하고 모든 힘든 일을 능히 해낸다는 데서 「일. 만물」 物品(물품)	
忽(문득 홀)	☞ 心(1860) → 깊이 생각할 겨를이 없이(勿) 갑작스럽게 마음(心)이 내킨다는 데서 「문득」	
笏(홀 홀)	☞ 竹(2695) → 여기에서 勿은 대나무 속의 마디를 틔워 놓은 모양을 표현. 대나무(竹) 속의 마디를 물(勿) 글자 형상처럼 틔워서 납작하게 다듬어 놓은 물건이라는 데서 「홀」	

匈 오랑캐 흉. 가슴/요란할 흉. 0266-20

● 勹 + 凶(흉할/흉년/요란할 흉) = 匈 (0276 참조)
☞ 노략질 같은 흉한(凶) 짓거리를 일삼으며 변방 지대를 에워싸고(勹) 있는 종족이라는 데서 「오랑캐」 뜻을. 한편 요란하게(凶) 움직이는 심장이나 허파 같은 장기(臟器)를 감싸고(勹) 있는 신체 부위라는 데서 「가슴. 요란하다」 뜻으로.

匈奴(흉노 - 중국 북쪽에 살던 한 종족)

★ 匈(오랑캐/가슴/요란할 흉)과 결합을 이룬 글자.		0266 별첨
胸(가슴 흉)	☞ 肉(2395) → 신체(月) 앞면에 위치한 가슴(匈)이라는 데서 「가슴」 胸部(흉부)	
洶(물솟을 흉)	☞ 氵(1364) → 물(氵)이 요란하게(匈) 소용돌이치면서 솟구친다는 데서 「물 솟다」	

勺 구기 작. 잔/잔질할 작. 0267-10

● 勹 + 一(한 일) = 勺
※ 구기 → 술이나 감주 같은 것을 뜰 때에 쓰는 눈금이 그어진 동그스름한 기물.
☞ 감싸(勹) 놓은 모양을 이루어 테두리가 오목하게 둘리어져 있고 (분량을 가늠하는) 눈금(一)을 그어 놓은 구기 모양에서 「구기. 잔. (잔으로)잔질하다」 뜻으로.

勺水(작수 - 한 모금의 물) 勺(작 - 한 홉의 10분의 1)

★ 勺(구기/잔/잔질할 작)과 결합을 이룬 글자.		0267 별첨
酌(잔질할 작)	☞ 酉(2965) → 술(酉)을 구기(勺)로 따른다는 데서 「술 붓다. 잔질하다」 斟酌(짐작)	
灼(불사를 작)	☞ 火(1145) → 땔감과 불쏘시개를 함께(一) 감싸서(勹) 불(火)을 지핀다는 데서 「불사르다」	
芍(함박꽃 작)	☞ 艸(2829) → 풀잎(艹) 사이로, 눈금이 그어진 둥글고 오목한 구기(勺) 모양처럼 꽃봉오리가 선명하고 탐스럽게 맺히는 꽃이라는 데서 「함박꽃」 芍藥(작약)	
的(과녁 적)	☞ 白(2081) → 흰(白) 바탕에, 눈금이 새겨져 있는 구기(勺) 모양처럼 그려 놓은(동그란 원과 눈썹 모양의 선을 그어 놓은) 화살 표적물이라는 데서 「과녁」 的中(적중)	
釣(낚시 조)	☞ 金(3450) → 쇠(金)를, 포(勹) 글자 형상처럼 오목하게 구푸리어 (가시랭이 모양의) 미늘(턱)(一)을 내어 놓은 낚시 모양이라는 데서 「낚시」 釣魚(조어)	
杓(북두자루 표)	☞ 木(1672) → 나무(木)로 된 구기(勺)라는 데서 「구기. (구기 자루 형상의) 북두 자루」	
豹(표범 표)	☞ 豸(3031) → 눈금이 그어져 있는 구기(勺) 모양처럼 표피에 줄무늬가 들어 있는 사나운 짐승(豸)이라는 데서 「표범」 豹皮(표피)	

勹 부수(자원과 쓰임 → 0263 참조)

匐　길 복. 엎드릴 복.　　　　　　　　　　　　　　　　　　　　　　　0268-10

◉ 勹 + 畐(가득할/찰 복) = 匐 (2348 참조)

☞ 내용물을 가득하게(畐) 채워서 감싸(勹) 놓은 모양처럼 몸뚱이를 도톰하게 구푸리는(엎드리는) 자세를 취한다는 데서 「엎드리다. (엎드린 자세로)기다」 뜻으로.

匐枝(복지 - 땅으로 기는 가지) 匍匐訓練(포복훈련 - 배를 땅에 대고 기는 훈련)

匍　길 포. 엎드릴 포.　　　　　　　　　　　　　　　　　　　　　　　0269-10

◉ 勹 + 甫(클/도울 보ㅣ남새밭 포) = 匍 (2192 참조)

☞ 넝쿨 식물이 남새밭(甫)의 울타리를 감싸면서(휘감으면서)(勹) 기어오르는 모양이라는 데서 「기다. 엎드리다」 뜻으로.

匍匐(포복 - 배를 땅에 대고 김) 匍球(포구 - 야구에서 배트에 맞고 굴러가는 공)

★ 匍(길/엎드릴 포)와 결합을 이룬 글자.		0269 별첨
葡(포도 포)	☞ 艸(2783) → (다른 식물이나 물체를 타고) 기어(匍)오르는 풀(식물)(艹)이라는 데서 「포도나무. 포도」 葡萄(포도)	

匕	刀(刂)	勹	匸
비수 비	칼 도	쌀 포	감출 혜

匸 감출 혜. 덮을 혜. 0270-00

자원 匸 → 덮게(一)를 덮어씌워 물건 같은 것을 숨겨(감추어)(ㄴ 숨을 은) 놓은 모양에서 「감추다. 덮다」 의미를 지님.

쓰임 「감추다. 숨기다」는 의미로 쓰임.

區 구역/지경 구. 구분할/곳/감출 구 ¦ 숨길 우. 0271-60

- 匸 + 品(물건/등급/무리 품) = 區
- ☞ 물건(品)을 덮어(匸)씌워 다른 물건과 구분(경계)을 지어 놓은 모양이라는 데서 「지경. 구역. 구분하다」. 한편 물건(品)을 보이지 않도록 감춘다(匸)는 데서 「감추다. 숨기다」 뜻으로.

區別(구별 - 따로따로 종류별로 갈라놓음) 區域(구역) 區分(구분) 區廳(구청) 區劃(구획) 地區(지구)

★ 區(구분할/지경/구역/곳/감출 구)와 결합을 이룬 글자. 0271 별첨
驅(몰 구) ☞ 馬(3584) → 말(馬)을, 방목(사육)하는 구역(區)으로 몰아넣는다는 데서 「몰다」 驅迫(구박)
鷗(갈매기 구) ☞ 鳥(3698) → 일정한 구역(區)을 근거지로 삼아 집단으로 서식하는 새(鳥)라는 데서 「갈매기」
歐(구라파/칠 구) ☞ 欠(2013) → 입을 크게 벌리고(欠), 몫을 구분하여(區) 놓는 것처럼 배 속의 음식물을 무더기지게끔 토해 낸다는 데서 「토하다. (토하기 위하여 등을)치다」
嶇(험할 구) ☞ 山(0553) → 산(山)이 구역(區)을 이루어 한데 모여 있는 것처럼 겹으로 둘리어져 지세가 매우 험하다는 데서 「험하다」
嘔(토할 구) ☞ 口(0880) → 입(口)으로, 몫을 구분하여(區) 놓는 것처럼 먹은 음식물을 무더기지게끔 토해 낸다는 데서 「토하다」 嘔吐(구토)
毆(때릴 구) ☞ 殳(1782) → 일정한 구역(區)을 표적물로 삼아, 창(殳)으로 친다는 데서 「치다. 때리다」
軀(몸 구) ☞ 身(3036) → 구분(區) 지어져 있는 몸(身), 곧 머리와 팔다리 등의 제반 신체 부위와 심장과 위장 등의 오장과 육부로 구분 지어져 있는 몸뚱이라는 데서 「몸뚱이. 몸」 體軀(체구)
謳(노래할 구) ☞ 言(3270) → 구역(區)을 이루는 것처럼 장단과 고저의 가락을 이루어 말한다(言)는 데서 「노래하다」 謳歌(구가)
樞(지도리 추) ☞ 木(1692) → 나무(木)로 된 문짝과 문설주의 지경(경계 지점)(區)에 꽂아 놓은 쇠붙이라는 데서 「지도리」 中樞(중추)

匹 짝 필. 짝지을/필 필. 0272-30

- 匸 + 儿(어진사람 인 → 다리를 벌리고 있는 모양) = 匹
- ☞ 감추어져(匸) 있는 부위가 인(儿) 글자 형상처럼 벌어진 모양, 이는 곧 동물이 꼬리를 옆으로 젖히고 교미(짝짓기)하는 모양이라는 데서 「짝짓다. 짝. (옷의 기장과 짝을 맞추어 놓은 천의 길이 단위라는 데서 「필」 뜻으로.

配匹(배:필 - 부부로서의 짝) 匹敵(필적) 匹馬(필마) 匹對(필대) 匹夫匹婦(필부필부) 匹馬單騎(필마단기)

匚 부수(자원과 쓰임 → 0270 참조)

匿 숨길 닉. 숨을 닉.   0273-10

● 匚 + 若(같을 약) = 匿 (2736 참조)
☞ 감추어(匚) 놓은 것과 같은(若), 곧 감추어 놓은 것처럼(밖으로 전혀 드러나지 않도록) 몸이나 물건을 숨긴다는 데서「숨기다. 숨다」뜻으로.

匿名(익명 - 본 이름을 숨김) 隱匿(은닉 - 숨겨서 감춤)

★ 匿(숨길/숨을 닉)과 결합을 이룬 글자.   0273 별첨

慝(사특할 특)   ☞ 心(1948) → 숨기는(匿) 마음(心), 곧 본심을 숨기는 의롭지 못한 마음 씀씀이라는 데서「사특하다」邪慝(사특)

자투리 마당

助長(조장)

○ 조장(助長)이라는 낱말은「바람직하지 않은 일을 더욱 심해지도록 부추김」이라는 뜻으로,

- 옛날에 어느 농부가 밭에 심어 놓은 작물을 살펴보러 갔었는데 자기 밭의 작물이 이웃한 다른 사람의 밭에 자라난 작물보다 덜 자랐는지라, 은근히 샘이 나서 자기 밭의 작물이 더 크게 자라고 있음을 보여 주려고, 새싹을 위로 뽑아 올려놓고는 그 다음날에 밭에 나가 보았더니, 작물이 모두 말라죽어 있었다는 황당(荒唐)한 이야기에서 助長이라는 성어(成語)가 생겨났다고 함. 조장이란 바람직하지 않은 일을 부추기는 일만이 아닌, 능력을 신장(伸張)시키고 발전하는 것을 도와준다는 의미로도 쓰이는 낱말이다.

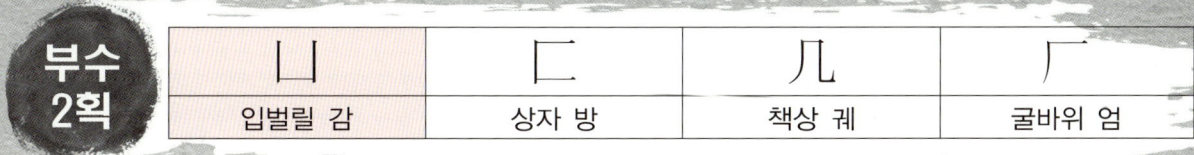

부수 2획	凵	匸	几	厂
	입벌릴 감	상자 방	책상 궤	굴바위 엄

凵 입벌릴 감. 위터진그릇/위터진입구 감. 0274-00

자원 凵 → 입을 벌린 모양. 또는 위가 트인 그릇 모양을 표현.

쓰임 「입 벌리다. 그릇. 입 벌린 모양」과 의미로 쓰임.

出 날 출. 나갈/낼/달아날 출. 0275-70

- 屮(싹/싹틀 철 ∣ 풀 초) + 凵 = 出
- ☞ 싹(새싹)(屮)이, 입을 벌리는(凵) 것처럼 지면(흙)을 열어젖히고 돋아나는 모양이라는 데서 「새싹이 돋아)나다. 나가다」 뜻으로.

出生(출생) 出發(출발) 出納(출납) 出席(출석) 出動(출동) 出講(출강) 出荷(출하) 出版(출판)

★ 出(날/나갈/낼/달아날 출)과 결합을 이룬 글자.		0275 별첨
黜(내칠 출)	☞ 黑(3643) → 단체 내에서 검은색(黑)을 띤 흑색 분자(이적 행위자)를 단체 밖으로 내어 (出)보낸다(퇴출시킨다)는 데서 「물리치다. 내치다」 黜黨(출당)	
拙(못날/졸할 졸)	☞ 手(1470) → 손(扌)이 먼저 나가는(出), 곧 타이르기에 앞서 손으로 먼저 때리는 것은 못난 사람의 짓거리이라는 데서 「졸하다. 못나다」 拙劣(졸렬)	

凶 흉할 흉. 흉년/요란할 흉. 0276-50

- 凵 + 乂(벨 예 → 가위 모양을 표현) = 凶
- ☞ 가위(乂) 형상의 목젖이 드러나도록 입을 벌리는(凵), 곧 입을 크게 벌리고 요란스럽게 지껄이는 흉측스러운 모습이라는 데서 「흉하다. 요란하다」 뜻을. 한편 그릇(凵)에 채워져 있어야 할 식량이 가위(乂)로 베어 내어 버린 것처럼 텅 비어 있다는 데서 「흉년」 뜻으로.

凶作(흉작 - 농작물이 잘 안된 해) 凶家(흉가) 凶年(흉년) 凶事(흉사) 凶物(흉물) 凶惡無道(흉악무도)

★ 凶(흉할/흉년/요란할 흉)과 결합을 이룬 글자.		0276 별첨
匈(오랑캐 흉)	☞ 勹(0266) → 노략질 같은 흉한(凶) 짓거리를 일삼으며 변방 지대를 에워싸고(勹) 있는 종족이라는 데서 「오랑캐」 匈奴(흉노)	
兇(흉악할 흉)	☞ 儿(0197) → 흉하게(凶) 보이는 사람(儿)이라는 데서 「흉악하다」 兇漢(흉한)	

凹 오목할 요. 0277-10

- 凵 + 凸 = 凹
- ☞ 그릇(凵) 안쪽이 오목하게 들어가 있는 모양(凸)에서 「오목하다」 뜻으로.

凹凸(요철 - 오목함과 볼록함)

凵 부수(자원과 쓰임 → 0274 참조)

| 凸 볼록할 철. | 0278-10 |

◉ 凵 + 几 = 凸
☞ 그릇(凵) 바깥쪽이 볼록하게 튀어나온 모양(几)에서 「볼록하다」 뜻으로.
凸形(철형 - 가운데가 불룩한 모양)

| 函 함 함: | 0279-10 |

◉ 一 + 勹(쌀 포) + 冫(→ 米의 변형으로 쌀 같은 곡식을 표현) + 凵 = 函
☞ 보자기에 감싸(勹) 두는 것처럼 쌀(冫) 같은 곡식을 그릇(凵)에 채워 놓고 그 위에 뚜껑(一)을 덮어 놓은 궤짝(함) 모양이라는 데서 「함」 뜻으로.
函蓋(함:개 - 함의 뚜껑) 私物函(사물함 - 개인의 물건을 넣는 함)

| ★ 函(함 함)과 결합을 이룬 글자. | 0279 별첨 |

涵(젖을 함)   ☞ 水(1318) → 물(氵)이 함(函)으로 스며들어 내용물이 젖거나 잠긴다는 데서 「젖다」

凵	匚	几	厂
입벌릴 감	상자 방	책상 궤	굴바위 엄

匚 상자 방. 모진그릇 방. 0280-00

자원 匚 → (눕혀 놓은) 상자(모진그릇) 모양을 표현.

쓰임 「상자. 그릇. 상자 모양」과 의미로 쓰임.

匪 비적 비: 도적/아닐/악할 비. 0281-20

● 匚 + 非(아닐/어긋날 비) = 匪 (3414 참조)
☞ 상자(匚)가 반듯하지 아니(非)하다는 데서 「아니다. (품행이 반듯하지 아니한 무리이라는 데서) 비적. 도적」뜻으로.

匪賊(비:적 - 떼를 지어 약탈을 일삼는 도둑의 무리) 武裝共匪(무:장공비 - 무장한 공산당 유격대)

匠 장인 장. 직공 장. 0282-10

● 匚 + 斤(도끼 근) = 匠
☞ 상자(匚) 속에 도끼(斤) 같은 연장을 챙겨 넣고서 집을 짓거나 기구 같은 것을 수선하는 사람이라는 데서 「장인. 직공」뜻으로.

匠人(장인 - 물건 만드는 일을 업으로 하는 사람) 의장(意匠) 名匠(명장) 美匠(미:장)

匣 갑 갑. 지갑 갑. 0283-10

● 匚 + 甲(갑옷 갑) = 匣 (2114 참조)
☞ 갑옷(가죽)(甲)으로 상자(匚) 모양처럼 만들어 놓은 물건이라는 데서 「지갑. 갑」뜻으로.

紙匣(지갑 - 신분증 등을 넣을 수 있도록 만든 갑 모양의 물건) 文匣(문갑 - 문서 등을 보관하는 궤)

匡 바로잡을/바를 광. 0284-10

● 匚 + 王(임금 왕) = 匡 (2026 참조)
☞ 임금(王)이, 네모반듯한 상자(匚)처럼 반듯하게 정사를 펼친다(잘못된 국정을 바룬다)는 데서 「바로잡다. 바르다」뜻으로.

匡諫(광간 - 바로잡아 간청함) 匡濟(광제 - 잘못을 바로잡아 구제함)

匱 함 궤: 갑 궤. 0285-00

● 匚 + 貴(귀할 귀) = 匱 (3038 참조) ※ 匱와 櫃(함 궤)는 동자(同字).
☞ 귀한(貴) 물건을 넣어 두는 상자(匚)이라는 데서 「함. 갑」뜻으로.

匱乏(궤:핍 - 결핍함. 의식이 모자람)

부수 2획	凵	匚	几	厂
	입벌릴 감	상자 방	책상 궤	굴바위 엄

几 책상 궤: 안석/의자/기댈상 궤.   0286-10

안석(几)

자원 几 → 책상 또는 안석 모양을 표현.

쓰임 「책상. 안석. 궤짝 모양」과 의미로 쓰임.

※ 안석 → 앉을 때 몸을 기대는 방석.

几(궤) : ①중신(重臣)들이 벼슬을 그만 둘 때 임금이 주던 팔을 기대는 물건.
② 제향 때에 쓰는 탁상의 하나.
③ 장사(葬事) 때 시체와 함께 묻는 기물.

几筵(궤:연 - 혼백·신주를 모셔 두는 곳) 靈几(영궤 - 영위靈位를 모셔 놓은 자리)

凡 무릇 범(:) 대강/모두/범상할/우두머리 범.   0287-32

- 几 + 丶(불똥/점 주) = 凡

☞ 궤짝(几) 모양의 초롱에 켜 놓은 불빛(丶), 곧 초롱 불빛은 비록 작고 희미하지만 어두움을 밝히어 주변의 모든 사물들을 대충은 식별할 수가 있다는 데서「무릇. 대강. 모두. 범상하다. (모두를 아우른다는 데서)우두머리」뜻을. 한편 凡은 천(베)을 궤짝(几) 모양처럼 드리워 돛대에 묶어(매달아)(丶) 놓은 돛 모양이기도 함.

凡常(범:상 - 대수롭지 않고 평범함) 凡例(범:례) 凡俗(범:속) 凡夫(범:부) 凡節(범:절)

★ 凡(무릇/대강/모두/범상할/우두머리 범)과 결합을 이룬 글자.		0287 별첨
汎(넓을 범)	☞ 水(1235) → 물(氵)에, 범(凡) 글자 형상을 이루어 돛이 드리워져 있는, 곧 물에 돛단배가 떠 있는 모양에서「뜨다. (돛단배는 널리 떠다닌다는 데서)넓다」汎愛(범애)	
帆(돛 범)	☞ 巾(0985) → 천(巾)을 범(凡) 글자 형상처럼 펼치어 돛대에 드리워 놓은 돛 모양에서「돛」	
梵(불경 범)	☞ 木(1697) → 수풀(林), 곧 숲속 보리수 아래에서 무릇(대저)(凡) 진리를 깨우친 분이라는 의미에서「부처. (부처의 설법을 기록한)범어. 불경」梵語(범어)	
鳳(봉새 봉)	☞ 鳥(3693) → 무릇(凡) 모든 짐승들을 거느리고 다닌다고 하는 상상의 새(鳥)이라는 데서「봉황. 봉새」鳳凰(봉황)	
夙(이를 숙)	☞ 夕(1002) → 대강(무릇)(凡) 밤(夕)이라고 일컬을 정도로 제법 어두운 새벽 시간대이라는 데서「(아침)일찍. 이르다」夙成(숙성)	

凱 개선할 개: 즐길 개.   0288-10

- {山 + 豆(콩/제기 두) = 豈(어찌 기)} + 几 = 凱 (3309 참조)

☞ 음식을 산더미(山)처럼 제기(豆)에 차려 놓고 개선한 병사들이 안석(几)에 기대어 앉아 잔치를 벌이며 즐거워한다는 데서「즐기다. 개선하다」뜻으로.

凱旋(개:선 - 싸움에 이기고 돌아옴) 凱歌(개:가 - 개선하여 부르는 노래)

几 부수(자원과 쓰임 → 0286 참조)

凰 봉황 황.   0289-10

● 几 + 皇(임금 황) = 凰 (2082 참조)

봉황(鳳凰)

※ 凰은 암 봉황새, 鳳(봉황새 봉)은 숫 봉황새.

☞ 궤짝(几) 모양처럼 두툼하게 솟은 날개를 펼치고 뭇 새들을 거느리는 황제(皇) 지위에 해당(비견)하는 상상의 새이라는 데서 「봉황」뜻으로.

鳳凰(봉황 - 상상想像의 상스러운 새로, 닭의 머리, 뱀의 목, 제비의 턱, 거북의 등허리, 물고기 꼬리 모양의 몸으로, 키는 6척 가량이며, 몸과 날개에는 오색의 빛이 찬란하고, 오음의 소리를 내며, 오동나무에 깃들고 대나무 열매를 먹으며 예천醴泉을 마신다고 함. 성천자聖天子가 태어나면 이 새가 나타나며, 뭇 짐승들이 따른다는 새임)

자투리 마당

堯舜(요순) 시대의 擊壤歌(격양가)

○ 日出而作 日入而息 (일출이작 일입이식)
  鑿井而飮 耕田而食 (착정이음 경전이식)
  帝力何有於我哉 (제력하유어아재)

- 해가 뜨면 일하고, 해가 지면 쉰다네.
  우물을 파서 물을 마시고, 논밭을 갈아 밥을 먹노라.
  내가 살아감에 있어서 임금의 힘이 무슨 소용 있으랴.

○ 고대 중국의 전설상의 임금으로 요임금(堯, 唐堯당요)과 순임금(舜, 虞舜우순)은 어질기(仁)가 하늘과 같았고 지혜(智慧)는 신(神)과 같아서 백성들은 임금을 해처럼 따랐고 구름처럼 우러러보았다고 함. 그 당시가 바로 태평성대(太平聖代)였으며 방방곡곡(坊坊曲曲)에는 擊壤歌가 끊이질 않았다고 전함. 역대의 帝王들은 모두가 요순시대를 꿈꿔 왔으나 한 번도 이룩한 적이 없었으며, 이는 인류가 염원(念願)하는 영원한 꿈일 것이다.

凵	匚	几	厂
입벌릴 감	상자 방	책상 궤	굴바위 엄

厂 굴바위/언덕 엄. 언덕높을/기슭 엄.   0290-00

자원 厂 → 굴 바위. 또는 비탈진 언덕 모양을 표현.

쓰임 「굴 바위. 언덕. 트인 집. 벌어진 모양」과 의미로 쓰임.

原 언덕 원. 근원/원인/들판 원.   0291-50

● 厂 + 白(힌/말 백) + 小(작을 소) = 原

☞ 바위틈으로 희고(白) 작은(小) 물방울이 떨어져 내리는(냇물이 발원되는) 언덕(厂)이라는 데서 「언덕. 근원. (사람들이 살아가는 근원지인)들판」 뜻으로.

原來=元來(원래) 原理(원리) 原料(원료) 原價(원가) 原論(원론) 原始(원시) 原因(원인) 平原(평원)

★ 原(언덕/근원/원인/들판 원)과 결합을 이룬 글자.		0291 별첨
願(원할 원)	☞ 頁(3500) → 자기가 태어나고 자라난 언덕(고향)(原) 쪽으로 머리(頁)를 돌려 돌아가기를 갈망한다는 데서 「원하다. 바라다」 願書(원서)	
源(근원 원)	☞ 水(1209) → 물(시냇물)(氵)이 흘러내리기 시작하는(발원하는) 언덕(原)이라는 데서 「근원」	

厚 두터울 후: 짙을 후.   0292-40

● 厂 + {(曰(가로 왈) + 子(아들 자) = 旱(두터울 후)} = 厚

☞ 언덕(厂)이 초목으로 두텁게(旱) 뒤덮여 있다는 데서 「두텁다. (초목 빛깔이)짙다」 뜻으로.

厚意(후:의 - 두터운 인정) 厚誼(후:의 - 두터운 정의) 厚生(후:생) 厚謝(후:사) 厚顔(후:안)

厄 재앙/액 액.   0293-30

● 厂 + 㔾(= 卩「병부/몸기 절」 → 㔾은 굽은 병부 또는 몸이 구부러진 모양) = 厄

☞ 언덕(厂) 아래에 놓인 구부정한 병부(몸)(㔾), 곧 병부(몸뚱이)가 언덕 아래로 굴러 떨어져 구부러지는 (다치는) 불미스러운 일이라는 데서 「재앙. 액」 뜻으로.

厄運(액운 - 액을 당할 운수) 厄땜(액땜 - 액을 때움)

★ 厄(재앙/액 액)과 결합을 이룬 글자.		0293 별첨
扼(누를/잡을 액)	☞ 手 (1559) → 손(扌)으로, 언덕(厂) 아래로 굴러 떨어진 구부정한 병부(몸)(㔾) 모양처럼 물체가 굽어질 정도로 힘껏 누르거나 움켜잡는다는 데서 「누르다. 잡다」 扼腕(액완)	

厥 그(其) 궐. 조아릴/짧을/어조사 궐.   0294-30

● 厂 + {屰(거스를 역) + 欠(하품/모자랄 흠) = 欮(팔/뚫을/열 궐)} = 厥

☞ 굴 바위(厂)를 뚫는(欮) 작업은 매우 힘들고 더디어 제자리(그 자리)에서 맴돈다는 데서 「그. 짧다. (바위 굴에서 머리를)조아리다」 뜻으로.

厥者(궐자 - 그 사람) 厥明(궐명 - 다음 날이 밝을 무렵)

★ 欮(팔/뚫을/열 궐), 厥(그/조아릴/짧을 궐)과 결합을 이룬 글자.		0294 별첨
闕(대궐 궐)	☞ 門(3383) → 대문(門) 안쪽으로 길쭉하고 넓게 뚫리어(열리어)(欮) 있는 넓은 터전에 지어 놓은 규모가 매우 큰 집이라는 데서「대궐. 틈」大闕(대궐)	
蹶(넘어질 궐)	☞ 足(3021) → 발(?)이 조아려(굽어)(厥)지면서 넘어진다는 데서「넘어지다」蹶起(궐기)	

厭 싫어할 염: 편안할/족할 염 | 눌릴 압. 0295-20

◉ 厂 + 猒(배부를/싫을/편안할 염) = 厭
☞ 굴 바위 집(厂)에서 배불리(猒) 먹고 편안하게 지내면 바깥 세상사는 귀찮아진다는 데서「싫어하다. 편안하다. 족하다. (싫은 생각이 머리를)누르다」뜻으로.

厭世(염:세 - 세상을 싫어함) 厭症(염:증 - 싫증) 厭忌(염:기 - 싫어하고 꺼림)

★ 厭(싫어할/편안할/족할 염 | 눌릴 압)과 결합을 이룬 글자.		0295 별첨
壓(누를 압)	☞ 土(0659) → 사람이나 물체가 땅(지면)(土)에 닿도록 위에서 누른다(厭)는 데서「누르다」	
靨(보조개 엽)	☞ 面(3574) → 눌러(厭) 놓은 모양처럼 얼굴(볼)(面)에 오목하게 우물져(들어가) 있는 자국(볼우물)이라는 데서「보조개」靨笑(엽소)	

厘 리 리. 가겟방/가게 전: 0296-00

◉ 厂 + 里(마을 리) = 厘 ※ 厘는 釐(다스릴 리)와 廛(가게 전)의 속자이기도 함.
※ 리(厘) → 화폐·길이·소수·무게 등의 단위.
☞ 마을(里) 사람들이 주로 드나드는 트인 집(厂)이라는 데서「가겟방. (가겟방에서 주로 상품의 무게를 달거나 돈을 헤아린다는 데서 헤아리는 단위인)리」뜻으로.
厘=釐(리 - 무게나 척도 단위로 1의 10분의 1, 소수 단위로 1의 100분의 1)

冫	冖	冂	八
얼음 빙	덮을 멱	멀 경	여덟 팔

冫 얼음 빙. 이수 변. 0297-00

자원 冫 → 결이 나 있는 얼음 모양을 표현.

쓰임 「얼음. 차다. 갈라진 모양」과 의미로 쓰임.

凍 얼 동: 0298-70

◉ 冫 + {木 + 日 = 東(동녘 동)} = 凍 (1590 참조)

☞ 얼음(冫)이 나무(木)에 둥근 해(日) 모양처럼 동그랗게 맺혀 있는, 곧 빗방울이 나뭇가지에 얼어 붙어 있는 모양에서 「얼다」 뜻으로.

凍傷(동:상 - 피부가 얼어서 생기는 상처) 凍結(동:결) 凍土(동:토) 凍死(동:사) 凍破(동:파) 冷凍(냉:동)

冬 겨울 동(:) 마칠/감출 동. 0299-70

◉ 夂(뒤져올 치) + 冫 = 冬

☞ (절기 가운데) 뒤늦게 와서(夂) 얼음(冫)이 어는 계절이라는 데서 「겨울. (겨울은 계절의 끝자락으로 농사일을 마치고 곡식을 갈무리한다는 데서)마치다. 감추다」 뜻으로.

冬服(동:복 - 겨울옷) 冬季(동:계) 冬節(동:절) 冬期(동:기) 冬眠(동:면) 冬將軍(동:장군) 冬至(동지)

★ 冬(겨울/마칠/감출 동)과 결합을 이룬 글자. 0299 별첨

疼(아플 동)	☞ 疒(2330) → 병(疒)으로 인하여, 추운 겨울(冬)에 살갗이 시리는 것처럼 심한 통증을 느낀다는 데서 「아프다」 疼痛(동통)
終(마칠 종)	☞ 糸(2454) → 실(糸)을 자아(뽑아)내는 작업을, 마지막 계절인 겨울(冬)에 이르는 것처럼 무두 마친다는 데서 「마치다. 다하다」 終末(종말)
鼕(북소리 동)	☞ 鼓(3723) → 여기에서 冬은 동동거리며 울리는 「북소리」를 표현. 북(鼓)이 동동(冬)거리며 울리는 소리라는 데서 「북소리」 鼕鼕鼕(동동동)
鼨(다람쥐 종)	☞ 鼠(3676) → 겨우살이 양식을 감추어(冬) 두는 습성을 지닌 쥐(鼠)와 유사한 동물이라는 데서 「다람쥐」

冷 찰 랭: 쌀쌀할/얼 랭. 0300-50

◉ 冫 + 令(하여금/영 령) = 冷 (0060 참조)

☞ 얼음(冫)으로 하여금(令) 피부에 느끼는 차가운 기온이라는 데서 「차다. 얼다」 뜻으로.

冷凍(냉:동 - 얼게 함) 冷笑(냉:소) 冷水(냉:수) 冷藏(냉:장) 冷情(냉:정) 冷媒(냉:매) 冷麪(냉:면) 冷戰(냉:전)

涼 서늘할 량. 0301-32

◉ 冫 + 京(서울/높은언덕 경) = 涼 (0201 참조) ※ 涼의 본자(本字)는 凉(서늘할 량).

☞ 높은 언덕(京)의 기온은 차가운 얼음(冫)처럼 무척 서늘하다는 데서 「서늘하다」 뜻으로.

凉風(양풍 - 서늘한 바람) 納凉(납량 - 서늘함을 느낌) 凄凉(처량) 淸凉飮料(청량음료)

凝 엉길 응: 정할/물얼어붙을 응.   0302-20

◉ 冫 + 疑(의심할 의 ǀ 정해질 응) = 凝 (2248 참조)
☞ 얼음(冫)으로 정하여(疑)지는, 곧 액체 상태의 물이 고체 상태의 얼음으로 굳어진다(엉긴다)는 데서 「엉기다. 정하다. 물 얼어붙다」 뜻으로.

凝固(응:고 - 엉겨서 딱딱하게 됨) 凝結(응:결) 凝視(응:시) 凝縮(응:축) 凝滯(응:체) 凝集力(응:집력)

准 비준/승인할 준: 평평할/따를/견줄 준.   0303-20

◉ 冫 + 隹(새 추) = 准
☞ 얼음(冫)으로 덮여 있는 강줄기를 따라 새(隹)가 떼를 지어 평평하게 날아가는 모양에서 「따르다. 평평하다. 견주다. (평준화에 견주어서 따른다는 데서)승인하다. 비준」 뜻으로.

批准(비:준 - 전권 위원이 조인한 조약을 국가 원수가 확인하는 행위) 准尉(준:위) 准將(준:장) 認准(인준)

冶 불릴 야: 녹일/대장장이 야.   0304-10

◉ 冫 + 台(나/기쁠/기를 이 ǀ 삼태성 태) = 冶 (0847 참조)
☞ 쇠를 얼음(冫)처럼 기르는(台), 곧 얼음이 얼고 녹으면서 부풀고 줄어들기를 반복하는 것처럼 쇠를 불에 달구어(부풀리게 하여) 두드린 후에 이를 물에 넣어 식히는(줄어들게 하는) 작업 과정을 반복한다는 데서 「(쇠를)불리다. 녹이다. (쇠를 불리는)대장장이」 뜻으로.

冶金(야:금 - 광석에서 쇠붙이를 추출하거나 합금하는 일) 冶爐(야:로) 冶匠(야:장) 冶容(야:용)

凌 능가할/업신여길 릉. 지날 릉.   0305-10

◉ 冫 + 夌(언덕/넘을/높을 릉) = 凌 (0521 참조)
☞ 얼음(冫)으로 뒤덮여 있는 높은 언덕을 넘어가는(夌), 곧 어려운 고비를 넘어간다는 데서 「능가하다. 지나다. (다른 사람을 능가하려는 마음을 낸다는 데서)업신여기다」 뜻으로.

凌駕(능가 - 남을 제압하고 그 위에 오름) 凌辱=陵辱(능욕) 凌蔑=陵蔑(능멸) 凌亂(능란)

凋 시들 조. 떨어질 조.   0306-10

◉ 冫 + 周(두루/합당할/주밀할 주) = 凋 (0816 참조)
☞ 얼음(冫)이 어는(서리가 내리는) 계절이 도래하면 초목의 잎사귀가 두루(周) 시들어져 땅바닥으로 떨어진다는 데서 「시들다. (잎이)떨어지다」 뜻으로.

凋落(조락 - 시들어 떨어짐) 凋傷(조상 - 시들어 상함)

凄 쓸쓸할 처.   0307-10

◉ 冫 + 妻(아내/시집보낼 처) = 凄 (0471 참조)
☞ (옛날에) 얼음(冫)처럼 차가운 물에 설거지며 빨래를 하는(고된 시집살이를 하는) 아내(妻)의 모습이 애처로워 보인다는 데서 「쓸쓸하다」 뜻으로.

凄凉(처량 - 쓸쓸하고 초라함) 凄然(처연 - 쓸쓸하고 구슬픈 모양)

| 凜 | 찰 름. 매섭게찰 름. | 0308-10 |

- ⓞ 冫 + {亩(곳간 름) + 禾(벼화) = 稟(여쭐/받을/줄 품)} = 凜 (2222 참조)
- ☞ 곳간(亩)에 벼(禾)가 가득하게 채워져 있는 것처럼 온 세상이 얼음(冫)으로 뒤덮이어 있어서 기온이 매우 차다는 데서「차다. 매섭게 차다」뜻으로.

凜烈(늠렬 - 추위가 살을 엘 듯이 심함) 凜然(늠연 - 위엄이 있고 기개가 높음) 凜凜(늠름)

| 冰 | 얼음 빙. | 0309-00 |

- ⓞ 冫 + 水(물 수) = 冰 ※ 冰은 氷(얼음 빙)의 본자(本字).
- ☞ 물(水)이 엉기어져 있는 얼음(冫)이라는 데서「얼음」뜻으로.

氷板=冰板(빙판 - 얼음이 깔린 길바닥)

冫	冖	冂	八
얼음 빙	덮을 멱	멀 경	여덟 팔

부수 2획

冖 덮을 멱. 민갓머리 멱.   0310-00

자원   冖 → 보자기로 덮어씌워 놓은 모양을 표현.

쓰임   「덮다. 보자기. 덮개 모양」과 의미로 쓰임.

冠 갓 관.   0311-32

◉ 冖 + {元(으뜸/하늘 원) + 寸(마디 촌) = 元寸(둥글게깎을 완)} = 冠

갓(冠)

※ 갓 → 어른이 되면 말총으로 만들어 머리에 쓰던 원통형으로 생긴 모자의 일종.
☞ 머리에 덮어(冖)쓰는, 둥글게 깎아(元寸) 놓은 원통형의 쓰개이라는 데서 「갓」 뜻으로.

冠禮(관례 - 남자가 20세가 되어 관을 쓰는 의식) 冠帶(관대) 冠形詞(관형사) 冠婚喪祭(관혼상제)

冥 어두울 명. 밤/저승 명.   0312-30

◉ 冖 + 㬎(= 灻「기울 측」) = 冥
☞ (보자기로) 덮어(冖) 놓은 것처럼, 해가 기울어져(㬎) 있어서 바깥이 잘 보이지 않는다는 데서 「어둡다. 밤. (밤처럼 어두운 세상이라는 데서)저승」 뜻으로.

冥想(명상 - 눈을 감고 고요히 생각함) 冥途(명도) 冥福(명복) 冥助(명조) 冥王星(명왕성)

★ 冥(어두울/밤/어리석을/저승 명)과 결합을 이룬 글자.   0312 별첨

暝(저물 명)	☞ 日(1083) → 해(日)가 가라앉아 날이 어둡다(冥)는 데서 「저물다」 暝途(명도)
溟(바다 명)	☞ 水(1344) → 물(氵)이 어두운(冥) 색상을 띠는 아주 깊은 바다이라는 데서 「바다」
螟(멸구 명)	☞ 虫(2635) → 어두운(冥) 곳(식물의 줄기 속)에서 서식하는 벌레(虫)이라는 데서 「멸구」

冤 원통할 원(:) 한탄할/억울할 원.   0313-10

◉ 冖 + 兔(토끼 토) = 冤 (0191 참조) ※ 寃(원통할 원)은 冤의 속자.

☞ 덫에 덮여(갇혀)(冖) 있는 토끼(兔) 입장에서는 무척 원통하고 한탄스럽다는 데서 「원통하다. 한탄하다」 뜻으로.

冤痛=寃痛(원통 - 분하고 억울함) 冤魂=寃魂(원:혼 - 원통하게 죽은 사람의 혼령)

부수 2획	冫	冖	冂	八
	얼음 빙	덮을 멱	멀 경	여덟 팔

冂 멀 경. 먼데/들밖 경 | 빌(空) 형. 0314-00

- 자원: 冂 → 시야(視野)에 들어오는(멀리 펼쳐져 있는) 빈 공간을 표현.
- 쓰임: 「멀다. 비다. 공간. 죽편. 조각 모양」과 의미로 쓰임.

再 두 재: 거듭/다시 재. 0315-50

- 二(두 이) + {冂 + 一 = 冄(거듭 모)} + ㅣ(위아래통할 신) = 再
- ☞ 위아래에 놓여 있는 두(二) 쪽을 서로 잇대어(연결시키어)(ㅣ) 거듭(冄) 지어(포개어) 놓은 모양이라는 데서 「두. 거듭. 다시」 뜻으로.

再活(재:활 - 다시 살아남) 再發(재:발) 再生(재:생) 再修(재:수) 再選(재:선) 再現(재:현) 再犯(재:범)

冊 책 책. 세울 책. 0316-40

- 冂 + 冂 + 一 = 冊 ※ 册은 冊과 동자.

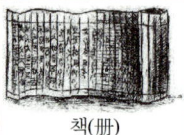
책(冊)

※ 여기에서 冂은 납작하게 다듬은 대나무조각(죽편)을 표현.
☞ 죽편(冂)과 죽편(冂)을 한데 모아, 이들을 끈으로 꿰어(一) 놓은 (먼 옛날의) 책 모양에서 「책. (죽편을 한데 꿰어 세워 놓은 모양에서)세우다」 뜻으로.

冊子(책자 - 서적) 冊房(책방) 冊床(책상) 冊曆(책력) 冊封(책봉) 冊張(책장) 冊欌(책장) 書冊(서책)

★ 冊(책/세울 책)과 결합을 이룬 글자. 0316 별첨

柵(울타리 책)	☞ 木(1707) → 나무(木)를 (죽편을 노끈에 꿰어서 엮어 놓은) 책(冊)처럼 엮어서 집 주위에 둘러쳐 놓은 구조물이라는 데서 「울타리」 木柵(목책)
刪(깎을 산)	☞ 刀(0253) → 책(冊)을 만들기 위하여 대나무를 칼(刂)로 깎는다는 데서 「깎다」 刪削(산삭)
珊(산호 산)	☞ 玉(2075) → 옥(玉)처럼 영롱한 빛깔을 띠고, 죽편을 엮어 놓은 책(冊)처럼 한데 엮이어져(무리 지어) 있는 동물이라는 데서 「산호」 珊瑚(산호)

冕 면류관 면: 0317-20

- {冂 + 二 = 冃(복건 모)} + 免(면할 면) = 冕 (0193 참조)
- ☞ 평민(낮은 신분)을 면하는(免) 복건(冃), 곧 제왕(帝王)으로 등극하여 머리에 쓰는 복건 대용의 쓰개(관)이라는 데서 「면류관」 뜻으로.

冕旒冠(면:류관 - 임금 또는 대부 이상의 귀인이 의식 때에 쓰던 관) ※ 旒(깃발/면류관술 류)

冒 무릅쓸 모: 가릴/쓰개 모. 0318-10

- {冂 + 二 = 冃(복건 모) + 目(눈 목) = 冒
- ☞ 복건(冃)이 눈(目)을 가리우고 있어서 억지로 쳐다보는 모양이라는 데서 「무릅쓰다. (복건이 눈을)가리다. (복건으로 된)쓰개」 뜻으로.

冒瀆(모:독 - 더럽혀서 욕되게 함) 冒險(모:험 - 위험을 무릅씀)

★ 冒(무릅쓸/가릴/쓰개 모) 와 결합을 이룬 글자.　　　　　　　　　　　　0318 별첨

帽(모자 모)　　　☞ 巾(0984) → 천(巾)으로 된 쓰개(冒)이라는 데서「모자」帽子(모자)

冑　투구 주.　　　　　　　　　　　　　　　　　　　　　　　　　　0319-00-1

◉ 由(말미암을/인할/지날 유) + {冂 + 二 = 冃(복건 모)} = 冑

　　　☞ 유(由 → 투구 모양을 표현) 글자 형상처럼 끝이 쭈뼛하고 비늘이 다닥다닥
　　　　붙어 있는 복건(冃) 형태의 쓰개이라는 데서「투구」뜻으로.
　　　甲冑(갑주 - 갑옷과 투구)

투구(冑)

胄　자손 주.　　　　　　　　　　　　　　　　　　　　　　　　　　0319-10-2

◉ 由(말미암을/인할/지날 유) + 月(= 肉(고기 육) = 胄　※ 胄 → 肉(月) 부수에 속한 글자.

☞ 부모님으로 말미암아(由) 살갗과 피를 이어받아 이 세상에 태어난 몸(분신)(月)이라는 데서「자손」
　뜻으로.

胄裔(주예 - 후손) 胄胤(주윤 - 직계의 자손) 胄子(주자 - 임금의 맏아들)

冫	冖	冂	八
얼음 빙	덮을 멱	멀 경	여덟 팔

八 여덟 팔. 나눌 팔.   0320-80

자원 八 → 물체를 분리하여(나누어) 놓은 모양에서 「나누다」. 여러 방면으로 나뉘어져 있는 여덟 방위에서 「팔」 의미를 지님.

쓰임 「나누다. 나뉘다. 분리하다. 나열하다. 八 모양」과 의미로 쓰임.

八方(팔방 - 사방과 사우四隅. 여러 방향. 모든 방면) 八面體(팔면체) 八等身(팔등신) 八珍味(팔진미)
八方美人(팔방미인) 四通八達(사:통팔달)

六 여섯 륙.   0321-80

◉ 亠(머리 두) + 八 = 六

☞ 머리(亠) 아래쪽으로 나뉘어져(八) 있는 여섯 개의 효, 곧 주역에서 괘(卦)를 이루는 두교 (頭交 → 머리에서 교차하는 육효六爻)의 수효, 또는 머리(亠)와 머리 아래쪽으로 나뉘어져(八) 있는 몸통과 팔다리로 이루어진 육신(六身)에서 「여섯」 뜻으로.

六月(유월) 五六月(오뉴월 - 5월과 6월) 六角(육각) 六書(육서) 六情(육정) 六爻(육효) 六曹(육조)

公 공평할 공. 바를/공작/제후/임금/어른 공.   0322-60

◉ 八 + 厶(사사로울/사사 사) = 公

☞ 공평하게 나누어(八) 사사로움(厶)을 배제하는, 곧 일을 공평무사하게 처리한다는 데서 「공평하다. 바르다. (공평무사한 사람이라는 데서)공작. 제후. 임금. 어른」 뜻으로.

公平(공평 - 치우침이 없이 공정함) 公衆(공중) 公明(공명) 公共(공공) 公立(공립) 公主(공주)

★ 公(공평할/바를/공작/제후/임금 공)과 결합을 이룬 글자.   0322 별첨

松(소나무 송)	☞ 木(1625) → (나무 가운데) 제후(公)에 비견할 정도로 무척 당당하고 품위가 있는 나무(木) 이라는 데서 「소나무」 松林(송림)
頌(기릴 송)	☞ 頁(3505) → 공(제후·임금)(公)의 덕행을 오래도록 기억하기 위하여 치적 같은 것을 비문에 새기거나 시가(詩歌)를 지어 머리(頁)에 떠올리게 한다는 데서 「기리다」 頌辭(송사)
訟(송사할 송)	☞ 言(3244) → 공평한(公) 심판을 받아 내기 위하여 관청에 나아가 말한다(言)는 데서 「송사 하다. 고소하다」 訟事(송사)
翁(늙은이 옹)	☞ 羽(2911) → 하얀 깃털(羽) 모양의 흰 수염이 길게 드리워져 있는 연세가 높으신 어른(公) (公)이라는 데서 「늙은이」 翁姑(옹고)

共 한가지 공: 함께/향할/무리/모을 공.   0323-60

◉ 廾(손맞잡을 공) + 一(한 일) + 八 = 共 또는 丑(→ 井 「우물 정」) + 八 = 共

☞ 여러 사람들이 손을 맞잡고(廾) 일렬(一)로 나뉘어(늘어)(八) 서서 함께 춤을 추거나 줄다리기 시합을 하는, 또는 우물(丑 = 井) 가장자리에 마을 사람들이 나뉘어(늘어)(八) 서서 함께 물을 긷는 모습

에서 「한가지. 함께. 무리. (사람들이 한쪽으로)향하다」 뜻으로.
共生(공:생 - 더불어 살아감) 共同(공:동) 共通(공:통) 共用(공:용) 共有(공:유) 共存共榮(공:존공영)

★ 共(한가지/함께/향할/무리/모을 공)과 결합을 이룬 글자.		0323 별첨
供(이바지할 공)	☞ 人(0096) →	다른 사람(亻)과 함께(共)하기 위하여, 곧 공동체를 위하여 각자가 맡은 역할을 성실하게 수행한다(조력한다)는 데서 「이바지하다」 供與(공여)
恭(공손할 공)	☞ 心(1867) →	두 손을 함께 모아(共) 공경하는 마음(㣺)을 표한다는 데서 「공손하다」
拱(팔짱낄 공)	☞ 手(1556) →	두 손(扌)을 함께 모으는(共) 자세를 취한다는 데서 「팔짱끼다」 拱手(공수)
洪(넓을 홍)	☞ 水(1220) →	물(氵)이 (여러 방면으로부터) 한데 모여(共)들어 수량(水量)이 크게 불어나 있다는 데서 「큰물. 넓다」 洪水(홍수)
哄(떠들 홍)	☞ 口(0895) →	여럿이 함께(한꺼번에)(共) 말하여(口) 매우 소란스럽다는 데서 「떠들다」
典(법 전)	☞ 八(0324) →	아래 0324 참조.

典 법 전: 본보기/책/전당잡힐 전. 0324-50

◉ 冊(= 册 책 책) + 共(한가지/함께 공) = 典
☞ 여러 사람들이 함께(共) 지키고 실천하여야 할 규범이나 예법 같은 것을 수록하여 놓은 책(冊)이라는 데서 「법. 책. 본보기」 뜻으로.
典型(전:형 - 모범이 될 만한 본보기) 法典(법전) 經典(경전) 儀典(의전) 辭典(사전) 祝典(축전)

兵 군사 병. 병사 병. 0325-50

◉ 丘(언덕 구) + 八 = 兵
☞ 언덕(丘)을 끼고 팔자(八字) 형으로 진을 치고(팔진도를 펼치고) 있는 병사들의 모습에서 「군사. 병사」 뜻으로.
兵士(병사 - 사병) 兵卒(병졸) 兵器(병기) 兵權(병권) 兵法(병법) 兵務(병무) 兵曹(병조) 兵站(병참)

具 갖출 구(:) 그릇/함께/성(姓) 구. 0326-50

◉ 目(눈 목) + {一 + 八(여덟/나눌 팔) = 𠔁(→ 廾 당길 반)} = 具
☞ 눈(目)을 끌어당겨(𠔁) 놓은, 곧 요긴한 것을 죄다 갖추어 놓았다는 데서 「갖추다. (갖추어 놓은 기물이나 구성원이라는 데서)그릇. 함께」 뜻으로.
具備(구비 - 고루 갖춤) 具色(구색) 具象(구상) 具體化(구체화) 家具(가구) 文房具(문방구) 具氏(구:씨)

★ 具(갖출/그릇/함께 구)와 결합을 이룬 글자.		0326 별첨
俱(함께 구)	☞ 人(0117) →	사람(亻)이 모두 갖추어져(具) 있는, 곧 가족의 구성원인 조부모 부모 그리고 처자식들이 다 함께 살고(생존하여) 있다는 데서 「함께. 다」 俱存(구존)

其 그 기. 그것/키/어조사 기. 0327-50

◉ 丌(→ 箕 「키 기」의 고자) + 八 = 其
☞ 키(챙이)(丌)로 쌀겨나 쭉정이 같은 것을 분리시켜(八) 놓은 순수한 곡식 그 자체라는 데서 「그. 그것」 뜻으로.

八 부수(자원과 쓰임 → 0320 참조)

※ 키 → 곡식 등을 까불러 껍질이나 먼지 같은 불순물을 없애게 하는 도구.
其他(기타 - 그 밖의 다른 것) 其亦是(기역시 - 그것도 이것과 똑같이) 各其(각기) 及其也(급기야)

★ 其(그/그것/어조사/키 기)와 결합을 이룬 글자.　　　　　　　　　　　　　　　　　　　　0327 별첨

旗(기/깃발 기)	☞ 方(1974) → 키(其) 모양처럼 생긴 직사각형의 천(베)에 장목(꿩 깃을 깃대 끝에 꽂아 놓은 꾸밈새)을 늘어뜨려 놓은 깃발(㫃 → 깃발 언)이라는 데서 「기. 깃발」旗手(기수)
基(터 기)	☞ 土(0656) → 키(其) 모양처럼 네모지고 태두리가 봉긋하게 둘리어져 있는(집을 지을 수 있는 아담한) 땅(곳)(土)이라는 데서 「터」基本(기본)
期(기약할 기)	☞ 月(1093) → 그(其) 달(月)이 뜨는, 곧 초승달이나 보름달 등이 뜨는 시기나 시각에 맞추어 서로가 약속한다는 데서 「기약하다. 시기」期約(기약)
欺(속일 기)	☞ 欠(2012) → 키(챙이)(其)로 곡식을 까불러서 날려 보내는 쭉정이(빈 껍질)처럼 입을 크게 벌리어(欠) 실없이(하찮게) 말한다는 데서 「속이다. 업신여기다」欺瞞(기만)
棋(바둑/장기 기)	☞ 木(1674) → (가로세로로 줄이 나 있는 직사각형의) 키(其) 모양처럼 가로와 세로줄이 그어져 있고 받침이 딸려 있는 나무(木)로 된 판이라는 데서 「바둑. 장기」棋士(기사)
箕(키 기)	☞ 竹(2688) → 其는 본래 「키」를 뜻하였으나 「그」 뜻으로 전용(轉用)되었기에, 키를 만드는 재료인 대나무(竹)에 키(其)를 결합하여 「키」箕子朝鮮(기자조선)
琪(아름다운옥 기)	☞ 玉(2054) → 여러 옥(玉) 가운데 바로 그것(其)이라고 꼬집어서 일컬을 정도로 매우 돋보이는 (뛰어난) 옥이라는 데서 「아름다운 옥」
淇(물이름 기)	☞ 水(1295) → (가로세로로 줄이 나 있는) 키(其) 모양처럼 가로와 세로 방면으로 모여들거나 흘러 나가는 물(강물)(氵)이라는 의미가 부여되어 「물 이름」淇水(기수)
朞(돌 기)	☞ 月(1098) → 그(其) 시기에 떴던 달(月)에 이르는, 곧 지난해의 떴던 달과 같은 시기에 이른다는 데서 「돌」朞年祭(기년제)
騏(준마 기)	☞ 馬(3591) → 수많은 말(馬) 가운데 바로 그것(其)이라고 꼬집어서 일컬을 정도로 매우 뛰어난 말이라는 데서 「준마」
麒(기린 기)	☞ 鹿(3668) → 성군이 태어날 그(其) 시기에 때맞추어 이 세상에 출현한다고 하는 사슴(鹿) 유형의 (전설상의 신령스러운) 동물이라는 데서 「기린」麒麟(기린)
斯(이 사)	☞ 斤(1787) → 그(其) 부분을 도끼(斤)로 쪼개어 놓은 것이 바로 이것이라는 데서 「이」

兼　겸할 겸. 아우를/두이삭가질 겸.　　　　　　　　　　　　　　　　　　　　0328-32

◉ 秉(잡을 병) + 秝 = 兼 (2214 참조)
※ 秉 → 벼(禾벼 화) 한 포기를 손(⺕ → 「손」을 의미)에 거머쥐고 있는 모양에서 「잡다」 뜻으로.
☞ 兼은 秉 글자를 겹쳐 놓은 모양, 벼(벼 이삭) 두 포기(禾禾)를 겸하여(아울러) 손(⺕)에 거머쥐고 있는 모양에서 「겸하다. 아우르다. 두 이삭 가지다」 뜻으로.
兼用(겸용 - 하나를 가지고 겸하여 씀) 兼事(겸사) 兼業(겸업) 兼任(겸임) 兼職(겸직) 兼務(겸무)

★ 兼(겸할/아우를/두이삭가질 겸)과 결합을 이룬 글자.　　　　　　　　　　　　　　　0328 별첨

謙(겸손할 겸)	☞ 言(3242) → 겸하여(兼) 말하는(言), 곧 "예! 예! 괜찮습니다"처럼 같은 말을 (낮은 자세로) 되풀이하여 수긍(만류)한다는 데서 「겸손(사양)하다」謙遜(겸손)
廉(청렴할 렴)	☞ 广(0770) → 집(广)에 있는 옷이나 생활용품 같은 것을 식구들이 겸하여(兼) 쓴다는 데서 「청렴하다」廉價(염가)
嫌(싫어할 혐)	☞ 女(0489) → 남편이 여자(女)를 겸하여(이중으로)(兼) 맞이하거나 교제를 하면 부인은 이를 싫어(의심)한다는 데서 「싫어하다. 의심하다」嫌疑(혐의)

八 부수(자원과 쓰임 → 0320 참조)

兮 어조사 혜.　　　　　　　　　　　　　　　　　　　　　　　0329-30

◉ 八 + 丂(= 巧 교묘할 교) = 兮
☞ 교묘하게(丂) 나누는(八), 곧 문장을 교묘하게 나누어 끝맺음을 매끄럽게 하는 말이라는 데서 「어조사」 뜻으로.
歸去來兮(귀:거래혜 - 돌아갈 지어다)

冀 바랄 기.　　　　　　　　　　　　　　　　　　　　　　　0330-20

◉ 北(북녘 북∣달아날 배) + 異(다를 이) = 冀 (2116 참조)
☞ 달아나는(北) 것과는 다르게(異)되기를 기대한다(헤어지지 않기를 바란다)는 데서 「바라다」 뜻으로.
冀望(기망 - 앞일에 대해 이렇게 되었으면 하고 바람) 冀願(기원 - 바라고 바람) 冀圖(기도)

★ 冀(바랄 기)와 결합을 이룬 글자.	0330 별첨

驥(천리마 기)　　☞ 馬(3590) → 모든 사람들이 갖기를 바라는(冀) 출중한 말(馬)이라는 데서 「천리마」

十	卩(㔾)	入	力
열 십	병부 절	들 입	힘 력

十 열 십. 충분할 십.   0331-80

자원 十 → 一(한 일)을 포개어 놓은 모양, 이는 한 자리 수의 완성(마감)된 수효이라는 의미. 또는 두 손을 포개어 놓은 손가락의 수효이라는 데서 「열」 의미를 지님.

쓰임 「열. 여럿. 많음. 여러 가지. 사방. 十 모양」과 의미로 쓰임.

十分(십분) 十干(십간) 十字架(십자가) 十誡命(십계명) 十長生(십장생) 十匙一飯(십시일반)

千 일천 천.   0332-70

◉ ノ(삐침 별 → 「좌측으로 끌어내리다」는 의미) + 十 = 千

☞ 열(十)을 아래쪽으로 끌어내려(ノ) 놓은, 곧 열을 길게 늘리어 놓은 수효(숫자)이라는 데서 「천」 뜻으로.

千里眼(천리안 - 먼데서 일어난 일을 감지하는 능력) 千字文(천자문) 千萬多幸(천만다행) 千軍萬馬(천군만마)

★ 千(일천 천)과 결합을 이룬 글자.		0332 별첨
仟(일천 천)	☞ 人(0181) → 사람(亻)의 수효가 일천(千)이라는 데서 「일천」 一仟원(일천 원)	
阡(밭둑길 천)	☞ 阜(3366) → 두툼한 언덕(阝) 형상을 이루어 일천(千) 척(尺)이나 될 정도로 길게 뻗어 있는 밭둑길이라는 데서 「밭둑길」	
重(무거울 중)	☞ 里(2943) → 일천(千), 곧 수없이 많은 마을(里)을 다스리는 위정자의 책임은 매우 무거우며, 삼가는 자세로 민심을 두텁게 쌓아 나가야 한다는 데서 「무겁다. 두텁다」 重責(중책)	

午 낮 오: 일곱째지지/말/오월 오.   0333-70

◉ ノ(삐침 별) + 一 + 十 = 午

☞ 태양으로부터 내리쪼이는 햇빛(ノ)이 하늘(一) 아래의 여러(十) 방면으로 고르게 퍼져 나가는 시간대이라는 데서 「낮」. 한편 작물의 성장 순환 과정을 절기(12개월)에 대입하여, 이를 배열하여 놓은 지지(地支)에서 작물의 잎줄기가 대낮처럼 만개하는 절기(음력 5월)에 해당하는 지지이라는 데서 「일곱째 지지. 오월. (일곱째 지지가 가리키는 동물인)말」 뜻으로.

午夜(오:야 - 자정) 午睡(오:수 - 낮잠) 午前(오:전) 午後(오:후) 午餐(오:찬) 正午(정:오)

★ 午(낮 오)와 결합을 이룬 글자.		0333 별첨
許(허락할 허)	☞ 言 (3205) → 밝은 대낮(午)처럼 말씀(言)하는, 곧 요구 사항에 대하여 대낮처럼 환하게 들어주는 말씀을 한다는 데서 「허락하다. 들어주다」 許諾(허락)	

南 남녘 남.   0334-70

◉ 十 + 冂(멀 경 ǀ 빌 형 → 「빈 공간」을 의미) + 羊(약간심할 임) = 南

☞ (동서남북의) 사방(十)에서 아래쪽 공간(冂)으로 심하게(羊) 치우쳐져 있는 방위, 곧 동서남북의

104

방위에서 아래쪽 방위(위쪽은 북쪽, 아래쪽은 남쪽을 의미)이라는 데서 「남녘」 뜻으로.
南向(남향) 南方(남방) 南村(남촌) 南北統一(남북통일) 南男北女(남남북녀) 南柯一夢(남가일몽)

半 반 반: 절반/가운데 반. 0335-60

- ◉ 八(여덟/나눌 팔) + 一 + 十 = 半
- ☞ 열(十)의 가운데 부위에 선(一)을 그어 절반이 되게끔 나누어(펼쳐)(八) 놓은 반쪽이라는 데서 「반. 절반. 가운데」 뜻으로.

半徑(반:경 - 반지름) 半額(반:액) 半島(반:도) 半球(반:구) 半身(반:신) 半導體(반:도체) 半信半疑(반:신반의)

★ 半(반/절반/가운데 반)과 결합을 이룬 글자.		0335 별첨
伴(짝 반)	☞ 人(0143) →	다른 사람(亻)의 반쪽(半) 구실을 하는 동반자이라는 데서 「짝」 伴侶(반려)
拌(버릴 반)	☞ 手(1553) →	손(扌)으로 분량의 절반(半)이 되도록 떼어 내어 버린다는 데서 「버리다」
畔(반두둑 반)	☞ 田(2125) →	밭(田)을 절반(半)씩 갈라놓은 경계 선상이라는 데서 「밭두둑」 湖畔(호반)
絆(얽어맬 반)	☞ 糸(2531) →	물체의 절반(半)이 되는 가운데 부위를 실(끈)(糸)로 얽어맨다는 데서 「얽어매다」
判(판단할 판)	☞ 刀(0237) →	절반(半)이 되도록 칼(刂)로 가른다는 데서 「나누다. (치우침이 없이 나누는 것처럼 공정하게 결단을 내린다는 데서)판단하다」 判斷(판단)

卒 군사/마칠 졸. 다할/항오/별안간/죽을 졸. 0336-50

- ◉ {亠(머리 두) + 从(좇을/따를 종) = 众(→ 亦「또 역」의 고자)} + 十 = 卒
- ☞ 머리(亠)를 따르는(从) 많은(十) 무리, 곧 장수를 따르는 많은 무리의 군사들이라는 데서 「군사. (군사는 대오를 이루어 긴급히 출동한다는 데서)항오. 별안간」. 군사는 병역 의무를 마친다는 데서 「마치다. 다하다. (목숨을 다하여)죽다」 뜻으로.

卒兵(졸병 - 장교가 아닌 병사) 卒業(졸업) 卒倒(졸도) 卒徒(졸도) 卒逝(졸서) 兵卒(병졸) 士卒(사:졸)

★ 卒(군사/마칠/다할/항오/별안간/죽을 졸)과 결합을 이룬 글자.		0336 별첨
猝(갑자기 졸)	☞ 犬(1410) →	개(犭)가, 빠르게 돌진하는 군사들(卒)처럼 갑작스럽게 뛰쳐나가는 모양이라는 데서 「별안간. 갑자기」 猝地(졸지)
碎(부술 쇄)	☞ 石(2149) →	돌(石)이 수명을 다하는(卒) 것처럼 형체가 없어진다(형체가 없어지도록 자잘하게 부순다)는 데서 「부수다」 碎石(쇄석)
粹(순수할 수)	☞ 米(2592) →	(절구에 찧은 쌀(米)이 쓿기를 마치어(卒) 쌀겨 같은 불순물이 조금도 섞여 있지 않다는 데서 「순수하다」 純粹(순수)
悴(파리할 췌)	☞ 心(1920) →	마음(忄)이 다하는(卒), 곧 기진맥진(氣盡脈盡)하여 안색이 푸르스름하다는 데서 「파리하다」 悴顔(췌안)
萃(모일 췌)	☞ 艸(2793) →	풀(艹)이, (한곳에 집결하여 있는) 군사들(卒)처럼 무리지어 있는, 곧 (사료용) 건초를 한곳에 모아 놓은 모양이라는 데서 「모이다」 拔萃(발췌)
醉(취할 취)	☞ 酉(2964) →	술(酉)이 다하도록(卒) 마시는, 곧 술 항아리의 술이 모두 비도록 흠뻑 마신다는 데서 「취하다」 醉客(취객)
翠(물총새 취)	☞ 羽(2917) →	깃(羽)이, 군사들(卒)이 입는 푸른 제복처럼 푸른빛을 띠는 새이라는 데서 「물총새. 비취빛」 翠浪(취랑)

十 부수(자원과 쓰임 → 0331 참조)

卓 높을 탁. 우뚝할/뛰어날/책상/성(姓) 탁.   0337-50

◉ ㅣ + 一 + {日 + 十 = 早(일찍/새벽 조)} = 卓

☞ 아침 일찍(早) 돌아 오르는 해보다 위쪽(ㅣ)으로 높이 솟아나 있는 지점(지대)(一)이라는 데서 「높다. 우뚝하다. (우뚝하게 솟은 모양에서)뛰어나다. 책상」 뜻으로.

卓越(탁월 - 남보다 훨씬 뛰어남) 卓見(탁견) 卓子(탁자) 卓球(탁구) 卓爾(탁이) 卓上空論(탁상공론)

★ 卓(높을/우뚝할/뛰어날/책상 탁)과 결합을 이룬 글자.   0337 별첨

悼(슬퍼할 도)	☞ 心(1912) → 마음(감정)(忄)이 높이(卓) 솟아오르는, 곧 애달픈 마음이 북받쳐 오른다는 데서 「슬퍼하다」 哀悼(애도)
掉(흔들 도)	☞ 手(1566) → 손(扌)을 높이(卓) 쳐들어 크게 휘젓는다(흔든다)는 데서 「흔들다」
綽(너그러울 작)	☞ 糸(2536) → 실(糸)이 높이(卓) 드리워져서 가느다랗게 보이는 모양이라는 데서 「가냘픈 모양. 느즈러지다. (느즈러진 것처럼 각박하지 않다는 데서)너그럽다」 綽約(작약)

協 화할 협. 도울/합할 협.   0338-42

◉ 十 + 劦(힘합할/힘쓸 협) = 協

☞ 여럿이(十) 모여 힘을 합한다(劦)는 데서 「화합하다. 돕다. 화하다」 뜻으로.

協同(협동 - 서로 힘을 합함) 協業(협업) 協議(협의) 協定(협정) 協會(협회) 協贊(협찬) 協助(협조)

★ 劦(힘합할/힘쓸 협)과 결합을 이룬 글자.   0338 별첨

| 脅(위협할 협) | ☞ 肉(2388) → 협(劦) 글자 형상을 이루어 살점(月)에 감싸여 있는 갈빗대 모양에서 「갈빗대. (갈빗대 부위의)옆구리. (옆구리에 끼워 조이듯이 압력을 가한다는 데서)위협하다」 |

博 넓을 박. 클/통할/많을/학문있을/노름 박.   0339-42

◉ 十 + 尃(펼 부) = 博 (0131 참조)

☞ 사방(여러 방면)(十)으로 방대하게 펼쳐져(尃) 있다는 데서 「넓다. 크다. 통하다. (통하는 길이) 많다. (폭넓은 지식을 갖추고 있다는 데서)학문 있다」. 한편 여러 방면(十)으로 돌아다니면서 돈을 걸고 내기를 펼친다(尃)는 데서 「노름」 뜻으로.

博士(박사) 博學(박학) 博識(박식) 博覽會(박람회) 博物館(박물관) 博而不精(박이부정) 賭博(도박)

卑 낮을 비: 천할 비.   0340-32

◉ 甶(귀신머리 불ㅣ귀신머리 비) + ノ(삐침 별) + 十 = 卑

☞ 귀신 머리(甶)처럼 머리카락을 길게 늘어뜨리고(ノ) 여러(十) 가지 천한 일을 도맡아 하는 (신분이 지극히 낮은) 사람이라는 데서 「낮다. 천하다」 뜻으로.

卑賤(비:천 - 신분이 낮고 천함) 卑下(비:하) 卑屈(비:굴) 卑怯(비:겁) 卑俗(비:속) 卑劣(비:열) 卑近(비:근)

★ 卑(낮을/천할 비)와 결합을 이룬 글자. 0340 별첨

碑(비석 비)	☞ 石(2136) → 나지막하게(卑) 세워 놓은 돌(石)이라는 데서「비석」碑石(비석)
婢(여자종 비)	☞ 女(0472) → 신분이 낮은(卑) 여자(女)이라는 데서「여자종」奴婢(노비)
痺(저릴 비)	☞ 疒(2314) → 신체 가운데 낮은(卑) 부위에 위치한 말초 신경이나 손발이 혈액 순환의 장애로 인하여 감각이 무디어지는 병(疒)의 일종이라는 데서「저리다」痲痺(마비)
脾(지라 비)	☞ 肉(2424) → 몸속(月)의 오장 가운데 낮은(卑) 부위에 위치하고 있는 장기이라는 데서「지라」
裨(도울 비)	☞ 衣(2577) → 생활 형편이 낮은(卑) 가난한 사람에게 구호품으로 옷(衤)을 준다(의복으로 빈민을 도와준다)는 데서「주다. 돕다」裨益(비익)
牌(패 패)	☞ 片(1744) → 글씨를 새겨 넣은 나지막한(卑) 나뭇조각(片)이라는 데서「패」賞牌(상패)
稗(피 패)	☞ 禾(2225) → 벼(禾)보다 품질이 낮은(卑), 곧 잎줄기는 벼와 흡사하지만 알갱이가 매우 작아 식용 가치가 떨어지는 벼의 일종이라는 데서「피」稗飯(패반)

升 되 승. 오를/올릴 승. 0341-30

◉ 丿(삐침 별) + 丿 + 十 = 升

☞ 곡식 열(十) 홉을 용기에 수북하게 담은 다음에, 용기의 윗면에 초과하여 담긴 곡식을 잣대로 삐쳐서(丿) 끌어내려(丿) 놓은 (용기의 윗면과 수평이 되게끔 채워 놓은) 곡식의 분량이라는 데서 「되. (됫박에 곡식을)올리다. 오르다」뜻으로.

一升(일승 - 한 되) 升鑑(승감 -「올리오니 보아 주십시오」라는 뜻으로 편지에서 수신자 밑에 쓰는 말)

★ 升(되/오를/올릴 승)과 결합을 이룬 글자. 0341 별첨

昇(오를 승)	☞ 日 (1039) → 해(日)가 돋아 오른다(升)는 데서「해 오르다. 오르다」昇進(승진)

卉 풀 훼. 많을/초목 훼. 0342-10

◉ 十 + 艹(풀 초) = 卉

☞ 열(十), 곧 여러 가지 수많은 풀(초목)(艹)이 돋아나 있다는 데서「풀. 많다. 초목」뜻으로.

卉木(훼목 - 풀과 나무) 花卉(화훼 - 꽃이 피는 풀. 화초)

卍 만자 만: 0343-10

◉ 十 + 一 一 ㅣㅣ = 卍 ※ 卍은 萬(일만 만)과 통자(通字).

☞ 만(卍)은 열(十)이 상하좌우로 뻗어 나간 모양(ㅣㅣ一 一)으로 본래 길상(吉祥)의 표상으로 범어(梵語)였으나 한자로 차용된 글자로서, 석가의 가슴 복판에 찍혀 있었다고 전해지며, 절간(사찰)의 표지로 쓰이어「만사형통 → 많다 → 일만」을 의미하여, 만(萬)과 통(通)하는 글자가 된 것으로 봄.

卍字(만:자 - 卍과 같은 형상의 무늬나 표지) 卍字窓(만:자창) 卍字旗(만:자기)

부수 2획	十	卩 (㔾)	入	力
	열 십	병부 절	들 입	힘 력

卩 병부 절. 몸기 절.   0344-00

자원 卩 → 둥근 나무판을 세로로 가른(쪼갠) 그 반쪽 모양을 표현.

쓰임 「병부. 부절. 구부정한 몸」 모양과 의미로 쓰임. ※ 㔾→ 옥병부 절.

- 병부(兵符)와 부절(符節) -

1. 병부(兵符) 또는 발병부(發兵符)
   - 옛날에 나라에서 내란을 진압하거나 국가 간에 전쟁이 발발하면 주둔지 최고 책임자에게 출동 명령을 내리게 되는데, 그 명령서의 진위를 확인할 수 있게끔 만들어 놓은 일종의 증표 역할이 되는 물건으로,
   - 잘 다듬은 나무판자(두께 1cm, 직경 7cm)의 한 면에는 「발병(發兵)」이라는 글자를 쓰고, 반대편에는 「칭호(稱號) (예 : 00 관찰사)」를 쓴 다음, 이를 세로로 반쪽이 되게끔 쪼개어, 한쪽은 임금이 보관하고 다른 한쪽은 주둔지 책임자가 지니고 다님.
   - 나라에서 군사를 일으킬 일이 발생하면 임금이 보관하던 병부를 전령(傳令)이 출동 명령서와 함께 지참하고 주둔지 책임자에게 내보이게 되는데, 이때 두 병부를 대조하여 보고 이들이 일치하면 그 출동 명령서에 따라 군사를 출동하게 됨.
   - 이렇게 하는 것은 임금이 친히 내린 명령(친명親命)인지를 판별할 수 있는 좋은 방법으로, 이를테면 두 병부에 쓰인 필체·나무의 재질·쪼개진 부분의 일치 여부를 명확하게 식별할 수 있기 때문이며, 이는 오늘날의 인감 대조와 같은 방식임.

2. 부절(符節)
   - 옛날에 사신(使臣)이 외교 차원으로 상대국에 갈 때, 발병부와 비슷한 형태로 나무나 청동 같은 재료에 그림 등을 새겨 이를 둘로 가른 다음, 한쪽은 조정에서 보관하고, 다른 한쪽은 상대국의 왕(王)에게 증표로 주던 물건으로, 일종의 신임장과 같은 역할의 증표임. 제후(諸侯) 또한 이와 같은 부절(符節)을 소지하였음.

印 도장 인. 찍을 인.   0345-42

◉ 卬(나/우러를 앙 → 두 손「⺁」으로 부절「卩」을 받쳐 든 모양) + 一 = 印

☞ <u>받쳐 들고 있는 부절</u>(卬)이 위쪽의 부절과 <u>일치</u>(一)하는 모양, 곧 반쪽으로 갈라(쪼개어) 놓은 부절이 아닌, 합쳐진 부절처럼 만들어 놓은 물건이라는 데서 「도장」 뜻으로.

印鑑(인감 - 관공서에 등록된 도장) 印章(인장) 印刷(인쇄) 印朱(인주) 印度(인도) 印泥(인니)

危 위태할 위. 두려울/근심할 위. 0346-40

◉ {⺈(= 人) + 厂 = ⺈(우러를 첨 | 우러를 위)} + 㔾(→ 卩 부절이 구부러진 모양) = 危

☞ 구부러진 부절(㔾), 곧 훼손된 부절을 받쳐 들고 제후가 천자를 우러러(⺈)본다는 것은 목숨이 위태로울 정도로 큰 죄목에 해당한다는 데서 「위태하다. 두렵다」 뜻으로.

※ 제후(諸侯)가 천자(天子)를 알현(謁見)할 때에 천자가 소지하고 있는 부절과 대조를 하게 되는데, 이때 제후의 부절이 천자의 부절과 일치하지 않으면 중죄에 해당됨.

危殆(위태 - 위험) 危險(위험) 危急(위급) 危害(위해) 危重(위중) 危篤(위독) 危機一髮(위기일발)

★ 危(위태할/두려울/근심할 위)와 결합을 이룬 글자. **0346 별첨**

詭(속일 궤)	☞ 言(3283) → 상대방을 위험한(危) 지경에 처하도록 말한다(言)는 데서 「속이다」 詭辯(궤변)
脆(연할/무를 취)	☞ 肉(2415) → 살점(月)이 위태하여(危) 보이는, 곧 살점이 단단하지 못하고 연약하여(물러) 보인다는 데서 「연하다. 무르다」 脆弱(취약)

卵 알 란: 0347-40

◉ 卯(토끼/무성할 묘 → 「드리워진 모양」을 의미) + 丶 + 丶 = 卵

☞ 점점(丶丶)이 드리워져 있는 모양(卵), 곧 드리워져 있는 알 주머니 또는 계란 꾸러미 모양에서 「알」 뜻으로.

卵巢(난:소 - 암컷의 생식 기관) 卵生(난:생) 卵子(난:자) 卵管(난:관) 抱卵(포:란) 鷄卵(계란) 排卵(배란)

卷 책 권(:) 말 권. 0348-40

◉ 𧰨(밥뭉칠 권) + 㔾(= 卩 병부 절) = 卷

☞ 밥을 뭉쳐(𧰨) 놓은 모양처럼 돌돌 말아 놓은 (구부러진) 병부(㔾) 형태의 죽편(옛날의 책)이라는 데서 「책. (죽편을)말다」 뜻으로.

卷頭言(권두언 - 잡지 등의 머리 말) 卷末(권말) 席卷(석권) 壓卷(압권) 手不釋卷(수불석권)

★ 𧰨(밥뭉칠 권), 卷(책/말 권)과 결합을 이룬 글자. **0348 별첨**

券(문서 권)	☞ 刀(0238) → (글씨를 써넣은 죽편을 끈으로 엮어) 밥을 뭉쳐(𧰨) 놓은 모양처럼 동그랗게 말아 놓은 책장의 노끈을 칼(刀)로 떼어 내어놓은 낱장 형태의 문서이라는 데서 「문서」
拳(주먹 권)	☞ 手(1458) → 밥을 뭉쳐(𧰨) 놓은 것처럼 손(手)을 동그랗게 오므린 모양이라는 데서 「주먹」
眷(돌아볼 권)	☞ 目(2290) → 밥을 뭉쳐(𧰨) 놓은 것처럼, 눈(目)을 고정시키어 어느 한쪽만을 집중적으로 바라본다는 데서 「눈길이」향하다. 돌아보다」 眷屬(권속)
倦(게으를 권)	☞ 人(0154) → 사람(亻)의 몸과 마음이 책을 말아(卷) 놓은 것처럼 움츠리고 있다(매사에 의욕적이지 못하고 나서기를 귀찮아 한다)는 데서 「게으르다. 싫다」 倦怠(권태)
圈(우리 권)	☞ 囗(0646) → (죽편을 엮어) 책을 말아(卷) 놓은 모양처럼 나무를 둥그렇게 에워(둘러)(囗) 놓은 구조물이라는 데서 「우리」 圈內(권내)
捲(거둘/말 권)	☞ 手(1499) → 손(扌)으로 멍석 같은 것을 돌돌 만다(卷)는 데서 「말다. (말아서)거두다」

卽 곧 즉. 바로/나아갈/먹을/가까울 즉. 0349-32

◉ 皀(밥고수할 흡) + 卩 = 卽

卩 부수(자원과 쓰임 → 0344 참조)

☞ 고소한 밥(皀) 향기가 남아 있는 동안에 병부(卩)를 곧바로 전달할 수 있는(밥상을 받은 후에 전달 명령을 받은 병부를 전달하고 그 밥이 식기 전에 돌아와서 식사를 할 수 있는) 무척 가까운 거리이라는 데서「곧. 바로. (전달하러)나아가다. 가깝다. 먹다」뜻으로.

卽刻(즉각 - 즉시) 卽時(즉시) 卽席(즉석) 卽答(즉답) 卽興(즉흥) 卽決(즉결) 卽位(즉위) 卽效(즉효)

★ 卽(곧/바로/나아갈/먹을/가까울 즉)과 결합을 이룬 글자.		0349 별첨
節(마디 절)	☞ 竹(2672) → 대나무(竹)가 커지면서(죽순이 자라나면서) 위로 뻗어 나가는(卽) 마디이라는 데서「마디」節制(절제)	
櫛(빗 즐)	☞ 木(1735) → 여러 개의 마디(節)를 내어놓은(골을 지어 놓은) 나무(木)로 만든 물건이라는 데서「빗」櫛文土器(즐문토기)	

卯 토끼 묘: 넷째지지(地支)/무성할 묘. 0350-30

◉ 卯(나/우러를 앙 → 양손(ᒎ)으로 부절「卩」을 받쳐 든 모양) + ノ(삐침 별) = 卯

☞ 卯 → 제후가 부절을 받쳐 들고(卯) 천자의 부절과 대조를 한 다음에 이를 아래로 내리는(드리우는)(ノ) 모양으로, 이는 곧 작물의 성장 순환 과정을 절기(12개월)에 순차적으로 배열하여 놓은 지지(地支)에서, 작물의 뿌리가 땅속으로 드리우는(卯) 절기(음력 2월)에 해당하는 지지이라는 데서「넷째 지지. (넷째 지지가 가리키는 동물인)토끼. (드리워져)무성하다」뜻으로.

卯時(묘:시 - 상오 5시부터 7시 사이) 卯坐酉向(묘:좌유향) 丁卯(정묘 - 육십갑자의 넷째)

★ 卯(토끼/무성할 묘)와 결합을 이룬 글자.		0350 별첨
昴(별이름 묘)	☞ 日(1072) → 해(日)처럼 밝은 빛을 띠면서 서녘 하늘에 드리워져(卯) 있는 별이라는 데서「(묘성을 지칭하는)별 이름」昴星(묘성)	
聊(귀울 료)	☞ 耳(2881) → 귀(耳)를 낮게 드리워(卯) 작은 울림이나 흥겨운 소리에 깊이 빠져든다(즐겨 듣는다)는 데서「귀 울다. 즐기다」無聊(무료)	
柳(버들 류)	☞ 木(1626) → 가지와 잎사귀를 무성하게 드리우는(卯) 나무(木)이라는 데서「(수양)버들」	
貿(무역할 무)	☞ 貝(3055) → 무성하게(卯) 재화(貝)의 거래가 이루어지는, 곧 많은 재화가 빈번하게 거래된다는 데서「무역하다. 장사하다」貿易(무역)	

却 물리칠 각. 물러날 각. 0351-30

◉ 去(갈 거) + 卩 = 却

☞ 병부(卩)를 지참하고 임지에 가서(去) 적군을 물리치는, 곧 전령이 출동 명령서와 함께 병부(兵符)를 주둔지 사령관에게 제시하여 내란을 진압하거나 적군을 물리치게(물러나게) 한다는 데서「물리치다. 물러나다」뜻으로.

却下(각하 - 신청을 물리치는 처분) 却說(각설 - 화제를 돌림) 忘却(망각) 燒却(소각) 退却(퇴:각)

★ 却(물리칠/물러날 각)과 결합을 이룬 글자.		0351 별첨
脚(다리 각)	☞ 肉(2386) → 몸(月)을 물러가게(물러나게)(却) 하는, 곧 몸을 앞뒤로 움직이게 하는 신체 부위이라는 데서「다리」脚線美(각선미)	

부수(자원과 쓰임 → 0344 참조)

卿 벼슬 경. 재상/귀할 경.   0352-30

● 卯(토끼/무성할 묘 →「드리우는 모양」을 표현한 글자) + 皀(밥고수할 흡) = 卿
☞ 고수한 밥(皀)이 드리우고(卯) 있는, 곧 봉록(俸祿)이 넉넉하게 주어지는 높은 관직에 몸담고 있다는 데서「벼슬. 재상」뜻으로.
卿大夫(경대부 - 경과 대부. 높은 벼슬을 이르던 말) 公卿(공경 - 고위 관직의 총칭)

자투리 마당

古來稀(고래희)와 祝賀宴(축하연)

○ 이전(以前)에는 환갑(還甲)잔치가 일생일대(一生一大)에서 빼놓을 수 없는 큰 행사였으나, 이제는 평균 수명이 늘어남에 따라 대다수의 사람들은 잔치를 생략하고 여행이나 하는 정도의 기념일이 되었다. 사람은 70세를 살기가 희박하다는 인생 칠십 고래희(古來稀)의 어원에서 나온 고희(古稀) 기념일을 이전의 환갑잔치처럼 챙기는 실정이다.

○ 還甲(환갑) → 61세 생일. 환갑연(還甲宴), 갑연(甲宴), 화연(花宴·華宴), 회갑연(回甲宴)이라고도 함.

○ 進甲(진갑) → 62세 생일.

○ 古稀(고희) = 稀壽(희수) → 70세 생일.

○ 喜壽(희수) → 77세 생일(喜의 초서체에 七 七이 어우러져 있기에).

○ 傘壽(산수) → 80세 생일(傘 글자에 八과 十이 들어 있기에).

○ 米壽(산수) → 88세 생일(米 글자에 八十八이 들어 있기에).

○ 卒壽(졸수) → 90세 생일(卒의 약자인 卆이 九十으로 어우러져 있기에).

○ 白壽(백수) → 99세 생일(百의 100에서 一을 제하면 白과 99가 되는 데서).

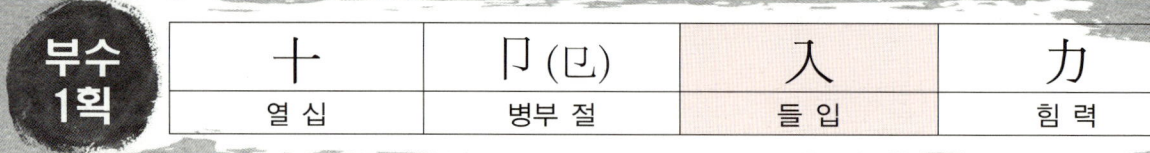

十	卩(㔾)	入	力
열 십	병부 절	들 입	힘 력

부수 1획

入 | 들 입. 넣을/받을/드릴/빠질/뺏을/해칠 입.　0353-70

자원 入 → 파여(㇏ 파임 불) 있는 안쪽으로 물체가 들어가는(丿 삐침 별 → 좌측 아래로 끌어내려지는 형상) 모양에서 「들다. 넣다. 빠지다」는 의미를 지님.

쓰임 「들어가다. 들여놓다. 넣다」는 의미로 쓰임.

入學(입학) 入社(입사) 入山(입산) 入門(입문) 入試(입시) 入闕(입궐) 入隊(입대) 入營(입영)

全 | 온전 전. 온통/순전할/성(姓) 전.　0354-70

- 入 + 王(= 玉 구슬 옥) = 全
- ☞ 보관함에 들여(入)놓은 구슬(王)은 결점이 없는(온전한) 것만을 골라 놓은 것이라는 데서 「온전. 온통. 순전하다」 뜻으로.

穩全(온전 - 결점이 없고 완전함) 全般(전반) 全部(전부) 全員(전원) 全體(전체) 全國(전국)

★ 全(온전/온통/순전할 전)과 결합을 이룬 글자.		0354 별첨
栓(나무못 전)	☞ 木(1715) → 온전한(全) 상태를 유지토록 하는(물체를 고정시키거나 액체가 새어 나가지 않도록 하는) 나무(木)로 된 물건이라는 데서 「나무 못. 마개」 給水栓(급수전)	
銓(저울질할 전)	☞ 金(3469) → 온전하게(全) 하기 위하여, 곧 공정하게 물건을 달기 위하여 표준 치의 눈금을 설정하여(새겨) 놓은 쇠(金)로 된 기구이라는 데서 「저울. 저울질하다」 銓衡(전형)	

內 | 안 내: 들일 입 | 들일 납 | 나인/내시 나.　0355-70

- 冂(멀 경 | 빌 형 → 「빈 공간」을 의미) + 入 = 內
- ☞ 빈 공간(冂)의 안쪽으로 물건을 들여(入)놓는다는 데서 「안. 들이다. (궁궐 안에서 근무하는)나인. 내시」 뜻으로.

內部(내:부) 內申(내:신 - 내부에서 상신함) 內科(내:과) 內容(내:용) 內外(내:외) 內助(내:조) 內閣(내:각)

★ 內(안/들일 납)와 결합을 이룬 글자.		0355 별첨
納(드릴 납)	☞ 糸(2519) → 실(糸)을 안(內)으로 들여보내는, 곧 신랑 집에서 푸른 실과 붉은 실로 짠 청단 홍단(靑緞紅緞)을 신부 집에 폐백(幣帛)으로 들여보낸다는 데서 「드리다」 納付(납부)	
衲(기울 납)	☞ 衣(2571) → 옷(衤) 안(內)으로 바늘 실을 집어넣어 해진 부위를 꿰맨다는 데서 「깁다」	
訥(말더듬거릴 눌)	☞ 言(3279) → 말(言)이 선뜻 나오지 않고 (입)안(內)에서 맴돈다는 데서 「말 더듬거리다」	

兩 | 두(둘) 량: 짝/수레/양(무게나 돈의 단위) 량.　0356-42

- {一 + 巾(수건/피륙 건) = 帀(둘릴/둘레 잡)} + 入 + 入 = 兩
- ☞ 하나의 둘레(帀) 속으로 똑같은 물체가 양쪽으로 나란히 들어가(入入) 있는 모양, 이는 곧 무게를 다는 천칭(저울)이나 굴대에 끼워 놓은 두 짝의 수레바퀴이라는 데서 「(천칭으로 다는 무게의)양.

入 부수(자원과 쓰임 → 0353 참조)

(두 바퀴가 꿰어져 있는)수레. 둘. 짝」 뜻으로.

兩親(양:친 - 두 분 부모) 兩側(양:측) 兩家(양:가) 兩面(양:면) 兩班(양:반) 一擧兩得(일거양득) 萬兩(만:량)

★ 兩(두/짝/수레/양 량)과 결합을 이룬 글자.   0356 별첨

輛(수레 량)	☞ 車(3175) → 두(兩) 개의 바퀴가 꿰어져 있는 수레(車)이라는 데서 「수레」 車輛(차량)
倆(재주 량)	☞ 人(0156) → 사람(亻)이 두(兩) 가지의 재능을 갖추고 있는, 곧 문무나 문예 같은 재능을 함께 갖추고 있다는 데서 「재주」 技倆(기량)

俞 성(姓)/인월도 유. 점점/나을/그러할/대답할 유.   0357-20

● {入 + 一 = 스(모일 집)} + 月(= 舟 주달 월) + 巜(도랑 괴) = 俞
☞ 배(月 = 舟)가 (좁은) 도랑(巜)을 타고 (넓은) 강으로 차츰차츰 모여(스)든다는 데서 「점점. (점점)나아지다」 뜻을. 한편 俞를 파자하여 인(人) 월(月) 도(刂) → 유(俞)로 음훈(音訓)하였으나 실제로는 입(入) 일(一) 월(月) 괴(巜). 또는 집(스) 월(月) 괴(巜) 유(俞)임.

俞俞(유유 - 느긋한 모양. 마음이 편한 모양) 俞應孚(유응부 - 조선 세조 때 사육신의 한 사람)

★ 俞(성(姓)/점점/나을 유)와 결합을 이룬 글자.   0357 별첨

愈(나을 유)	☞ 心(1897) → (지난번보다) 점점 나아지는(俞) 마음(생각)(忄)이 든다는 데서 「낫다」
愉(즐거울 유)	☞ 心(1941) → 마음(기분)(忄)이 점점 나아진다(俞)는 데서 「즐겁다」 愉快(유쾌)
踰(넘을 유)	☞ 足(3009) → 발(발걸음)(𧾷)이 (장애물을 헤쳐 가면서) 점점 나아간다(俞)는 데서 「(장애물을)넘다. 통과하다」 踰墻(유장)
楡(느릅나무 유)	☞ 木(1683) → 병을 나아지게(낫게)(俞) 하는 (약재로 쓰이는) 나무(木)이라는 데서 「느릅나무」
喩(비유할 유)	☞ 口(0874) → 말하는(口) 재주가 이전보다 나아진다(俞)는 데서 「깨우치다. (이전보다 나아진다는 것은 비유하여 이르는 말이라는 데서)비유하다」 隱喩(은유)
諭(타이를 유)	☞ 言(3265) → 말씀(言)으로 가르치거나 타일러서 이전보다 나아지도록(俞) 한다(깨우치도록 유도한다)는 데서 「깨우치다. 타이르다」 諭示(유시)
揄(야유할 유)	☞ 手(1549) → 손(扌)으로 물건이나 신체 부위를 잡고서 앞으로 나아간다(俞)는 데서 「끌다. (민감한 신체 부위를 끈다는 데서)야유하다」 揶揄(야유)
鍮(놋쇠 유)	☞ 金(3470) → (합금 과정을 거치어) 더욱더 나은(俞) 성분으로 이루어진 쇠(金)이라는 데서 「놋쇠. 유기」 鍮器(유기)
癒(병나을 유)	☞ 疒(2324) → 병(疒)이 점점 나아진다(愈)는 데서 「낫다」 治癒(치유)
輸(보낼 수)	☞ 車(3167) → 수레(車)에 짐을 실어 앞으로 나아가게(俞) 한다는 데서 「(짐을 실어)보내다」

十	卩(㔾)	入	力
열 십	병부 절	들 입	힘 력

力 | 힘 력. 힘쓸/일할/심할/부지런할/위엄/작용할 력.   0358-70

자원 力 → 불거져 나온 근육. 또는 쟁기(丂 → 쟁기 모양)를 이끌어 나가는(丿) 모양을 표현한 것으로 봄.

쓰임 「힘. 힘들이다. 힘차다. 갈빗대 모양」과 의미로 쓰임.

力作(역작 - 힘들여 지은 훌륭한 작품) 力士(역사) 力點(역점) 力量(역량) 力學(역학) 力道(역도)

動 움직일 동: 일어날 동.   0359-70

● 重(무거울/거즘 중) + 力 = 動 (2943 참조)

☞ 무거운(重) 물체는 자체적인 힘(力)인 중력(重力)으로 말미암아 높은 곳에서 낮은 곳으로 구른다(움직인다)는 데서 「움직이다. (움직이어)일어나다」 뜻으로.

動力(동:력 - 움직이게 하는 힘) 動産(동:산) 動物(동:물) 動機(동:기) 動天(동:천) 自動(자동) 手動(수동)

★ 動(움직을/일어날 동)과 결합을 이룬 글자.	0359 별첨
慟(애통할 통) ☞ 心(1950) → 마음(忄)이 매우 무겁고(重) 힘겨운(力) 감정에 싸여 있다는 데서 「애통하다. 서러워하다」 慟哭(통곡)	

功 공(勳) 공. 공로 공.   0360-60

● 工(장인/만들 공) + 力 = 功

☞ 장인(工)이 힘들여(力) 이룩하여 놓은, 또는 힘들여(力) 만들어(工) 놓은 업적(실적)이라는 데서 「공. 업적. 공로」 뜻으로.

功勞(공로 - 일에 애를 쓴 공적) 功過(공과) 功績(공적) 功勳(공훈) 功德(공덕) 功臣(공신)

勇 날랠 용: 용감할/용기 용.   0361-60

● 甬(→ 甬 물솟아오를 용 | 대통 통) + 力 = 勇

☞ 물이 솟구쳐 오르는(甬 = 甬) 것처럼 힘(力)이 솟구쳐 오른다는 데서 「날래다. 용감하다. 용기」 뜻으로.

勇士(용:사 - 용맹스러운 사람) 勇氣(용:기) 勇敢(용:감) 勇斷(용:단) 勇猛(용:맹) 智仁勇(지인용)

★ 甬(물솟아오를 용 | 대통 통)과 결합을 이룬 글자.	0361 별첨
涌(샘솟을 용) ☞ 水(1319) → 물(氵)이 지상으로 솟아오른다(甬)는 데서 「샘솟다」 涌出(용출)	
踊(뛸 용) ☞ 足(3013) → 발(⻊)이, 물 솟아오르는(甬) 모양처럼 (제자리에서) 솟구쳐 오르는 동작을 취한다는 데서 「뛰다」 踊躍(용약)	
通(통할 통) ☞ 辵(3088) → (땅을 뚫고 끊임없이) 물 솟아오르는(甬) 모양처럼 장애물을 뚫고(헤쳐 가면서) 거침없이 나아간다(辶)는 데서 「장애물을)뚫다. (뚫리어서)통하다」 通過(통과)	

力 부수(자원과 쓰임 → 0358 참조)

痛(아플 통)	☞ 疒(2303) → 병(疒)으로 인한 통증이 샘물이 솟아오르는(甬) 것처럼 끊임없이 연이어진다는 데서 「아프다. 괴롭다」 痛症(통증)
桶(통 통)	☞ 木(1699) → 나무(木)로 된 통(甬)이라는 데서 「통」 休紙桶(휴지통)
誦(욀 송)	☞ 言(3247) → (땅을 뚫고 끊임없이) 물이 솟아오르는(甬) 것처럼 거침없이 술술 말한다(言)는 데서 「외다」 暗誦(암송)

勞 일할 로. 수고로울/공로/위로할 로.   0362-60

◉ {火 + 火 = 炏(불성할 개)} + 冖(덮을 멱) + 力 = 勞
☞ 불이 성하게(炏) 보존되도록 불씨(불이 붙어 있는 숯덩이)를 덮어(冖) 간수하는 일에 힘(力)을 기울인다는 데서 「일하다. 수고롭다」 뜻으로.
※ 옛날에는 불씨를 살리기 위하여 불이 붙은 숯덩이를 잿더미에 파묻어 간수하는 일에 힘을 쏟았음.
勞苦(노고 - 수고롭게 애씀) 勞賃(노임) 勞動(노동) 勞使(노사) 勞務(노무) 勞心焦思(노심초사)

★ 勞(일할/수고로울 로)와 결합을 이룬 글자.		0362 별첨
撈(건져낼 로)	☞ 手(1523) → 손(扌)으로, 불이 성하게(炏) 덮여(冖) 있는 불씨를 힘들여(力) 끄집어낸다는 데서 「건져 내다. 건지다」 漁撈(어로)	

勝 이길 승. 맡길/견딜/나을 승.   0363-60

◉ 月(= 舟 주달 월) + 劵(수고로울/고달플 권) = 勝
☞ 배(月 = 舟)를 젓는 수고로운(고달픈)(劵) 일을 도맡아 견뎌 낸다는 데서 「맡다. 견디다. (어려운 고비를 견디어서)이기다」 뜻으로.
勝利(승리 - 겨루어서 이김) 勝敗(승패) 勝負(승부) 勝者(승자) 勝戰(승전) 勝運(승운) 勝機(승기)

加 더할 가. 더욱/능가할 가.   0364-50

◉ 力 + 口(입/어귀/말할 구) = 加
☞ 힘차게(力) 말하여(구령하여)(口) 병사들을 통솔하면 아군의 사기가 더하여져(충천하여) 적군의 기세를 능가한다는 데서 「더하다. 더욱. 능가하다」 뜻으로.
加入(가입 - 단체에 들어감) 加速(가속) 加勢(가세) 加減(가감) 加味(가미) 加工(가공) 加盟(가맹)

★ 加(더할/더욱/능가할 가)와 결합을 이룬 글자.		0364 별첨
架(시렁 가)	☞ 木(1644) → 빈 공간에 덧대어(加) 걸쳐 놓은 나무(木)라는 데서 「시렁」 架橋(가교)	
伽(절 가)	☞ 人(0144) → 수도하는 사람(亻)이 더하여(운집하여)(加) 있는 곳이라는 의미가 부여되어 「절」	
迦(부처 가)	☞ 辵(3131) → 진리를 더하여(加) 가는(辶) 분이라는 의미가 부여되어 「부처이름」 釋迦(석가)	
嘉(아름다울 가)	☞ 口(0870) → 잔치 마당에 풍류(壴)가 더하여져(가미되어)(加) 더욱더 흥겨워(경사스러워) 보인다는 데서 「경사. (경사스러워 보인다는 데서)아름답다」 嘉日(가일)	
袈(가사 가)	☞ 衣(2567) → 덧대어(加) 입는(걸쳐 입는) 옷(衣)이라는 데서 「가사」 袈裟(가사)	
駕(가마 가)	☞ 馬(3594) → 말(馬)에 더하여(덧대어)(加) 놓은 장신구나 장비라는 데서 「멍에. 가마」	
賀(하례할 하)	☞ 貝(3057) → 축하 인사에 더하여(加) 돈(축의금)(貝)을 곁들여 준다는 데서 「하례하다」	

力 부수(자원과 쓰임 → 0358 참조)

務　힘쓸 무: 일할/정사/직분 무. 　　　　　　　　　　　　　　　0365-42

- ⊙ {矛(창 모) + 攵(칠/똑똑두드릴 복) = 敄(서로힘쓸 무)} + 力 = 務 (2181 참조)
- ☞ 창(矛)을 서로 부딪쳐(攵) 가며 힘(力)을 겨룬다(쓴다)는 데서 「힘쓰다. (힘들여)일하다. (일하는)직분. 정사」 뜻으로.

務實力行(무:실역행 - 실속 있도록 힘써 실행함) 義務(의:무) 事務(사:무) 勤務(근:무) 醫務(의무)

★ 務(힘쓸/일할 무)와 결합을 이룬 글자.		0365 별첨
霧(안개 무)	☞ 雨 (3403) → 비(雨)가 내리려고 힘쓰는(務) 것처럼(마치 비가 내리려는 것처럼) 미세한 빗방울 모양의 수증기가 구름처럼 자욱하게 끼는 현상이라는 데서 「안개」 霧散(무산)	

助　도울 조: 힘빌릴 조. 　　　　　　　　　　　　　　　　　　　0366-42

- ⊙ 且(또 차 | 수두룩할/많을 저) + 力 = 助 (0011 참조)
- ☞ 다른 사람의 하는 일에 많은(且) 힘(力)이 되어 주는, 또는 다른 사람으로부터 많은(且) 힘(力)을 끌어들인다는 데서 「돕다. 힘 빌리다」 뜻으로.

助力(조:력 - 힘을 써 도와 줌) 助手(조:수) 助言(조:언) 助演(조:연) 助動詞(조;동사) 助敎授(조:교수)

努　힘쓸 노. 힘들일 노. 　　　　　　　　　　　　　　　　　　　0367-42

- ⊙ 奴(노예 노) + 力 = 努 (0473 참조)
- ☞ 노예(奴)가 힘들여(力) 일하는, 또는 노예(奴)처럼 힘들여(力) 일한다는 데서 「힘쓰다. 힘들이다」 뜻으로.

努力(노력 - 애를 쓰고 힘을 들임)

勢　형세 세: 기세/세력/권세 세. 　　　　　　　　　　　　　　　0368-42

- ⊙ 埶(심을 예 | 심을 세) + 力 = 勢 (1103 참조)
- ☞ 심어(埶) 놓은 작물이 힘(力)이 있게 자라나는 모양이라는 데서 「세력. 형세. 기세」 뜻으로.

勢力(세:력 - 기세와 힘) 勢道(세:도) 氣勢(기세) 權勢(권세) 强勢(강세) 形勢(형세) 姿勢(자:세)

勤　부지런할 근(:) 괴로울 근. 　　　　　　　　　　　　　　　　0369-40

- ⊙ 堇(진흙/찰흙 근) + 力 = 勤
- ※ 堇 → 질긴 가죽(革 가죽 혁)처럼 끈질긴(차진) 흙(土 흙 토)이라는 데서 「진흙. 찰흙」 뜻으로.
- ☞ 진흙(堇)으로 이루어진 논밭에서 힘들여(力) 일한다는 데서 「부지런하다. 괴롭다」 뜻으로.

勤勉(근:면 - 부지런하게 힘씀) 勤:務(근무) 勤苦(근:고) 勤儉(근:검) 勤怠(근:태) 勤勞(근:로) 勤續(근:속)

★ 堇(진흙/찰흙 근)과 결합을 이룬 글자.		0369 별첨
僅(겨우 근)	☞ 人(0124) → 사람(亻)이 진흙(수렁)(堇)에 빠지면 간신히 벗어날 수 있다는 데서 「겨우」	
謹(삼갈 근)	☞ 言(3252) → 진흙(수렁)(堇)을 어렵게 헤쳐 나가는 것처럼 조심스럽고 어렵사리 말한다(言)는 데서 「삼가다」 謹弔(근조)	

力 부수(자원과 쓰임 → 0358 참조)

槿(무궁화 근)	☞ 木(1661) → 끈기가 있는 차진 찰흙(堇)처럼 끈질기게 꽃이 피었다가 지기를 반복하는 나무(木)이라는 데서「무궁화」槿花(근화)
瑾(아름다운옥 근)	☞ 玉(2044) → 차진 찰흙(堇)처럼 빤지르르하게 윤기가 흐르는 옥(王)이라는 데서「아름다운 옥」
覲(뵐 근)	☞ 見(2956) → 차진 찰흙(堇)처럼 끈끈한(정감어린) 표정으로 윗사람을 본다(見)는 데서「뵈다」
饉(주릴 근)	☞ 食(3571) → 밥(식량)(食)을 진흙(수렁)(堇)에서 구하는 것처럼 무척 힘들게 구한다는 데서「흉년 들다. 주리다」飢饉(기근)
懃(은근할 근)	☞ 心(1968) → 부지런하게(勤 → 부지런할 근) 힘쓰는(끊임없이 정성을 쏟아붓는) 마음(心)을 다분히 간직하고 있다는 데서「은근하다. 수고롭다」慇懃(은근)

勉 힘쓸 면: 권면할/부지런할/강인할 면. 0370-40

- ◉ {兎(토끼 토) -丶(불똥 주) = 免(면할 면)} + 力 = 勉 (0193 참조)
- ☞ 덫에 걸려든 토끼가 죽을 고비를 면하기(免) 위하여 강인하게 힘쓴다(力)는 데서「힘쓰다. 강인하다. (힘써 일한다는 데서)권면하다. 부지런하다」뜻으로.

勉學(면:학 - 학문에 힘씀) 勉强(면:강 - 강인하게 힘씀) 勉勵(면:려 - 노력하고 힘씀) 勤勉(근:면)

勸 권할 권: 권장할/힘쓸/도울 권. 0371-40

- ◉ 雚(황새/억새 관) + 力 = 勸 (2950 참조)
- ☞ 황새(雚)가 힘들여(力) 먹이를 낚아채거나 새끼들을 돌본다는 데서「힘쓰다. (새끼를)돕다. (먹이를)권하다. 권장하다」뜻으로.

勸獎(권:장 - 권하여 장려함) 勸勉(권:면) 勸誘(권:유) 勸告(권:고) 勸善懲惡(권:선징악)

勵 힘쓸 려: 권면할 려. 0372-32

- ◉ 厲(갈 려) + 力 = 勵
- ☞ 칼 같은 연장을 숫돌에 가는(厲) 것처럼 쉼 없이(반복적으로) 힘들여(力) 일한다는 데서「힘쓰다. 권면하다」뜻으로.

勵行(여:행 - 힘써 행함) 督勵(독려) 激勵(격려) 獎勵(장:려 - 권하여 북돋아 줌)

★ 厲(갈 려)와 결합을 이룬 글자.		0372 별첨
礪(숫돌 려)	☞ 石(2148) → 칼 같은 연장을 가는(厲) 돌(石)이라는 데서「숫돌」礪山(여산)	

劣 못할 렬. 적을/용렬할 렬. 0373-30

- ◉ 少(적을 소) + 力 = 劣 (0575 참조)
- ☞ 적게(少) 힘(力)을 들이면 소득이나 결과가 좋지 못하다(하잘것없는 결과를 얻는다)는 데서「못하다. 적다. 용렬하다」뜻으로.

劣勢(열세 - 세력이 열등함) 劣惡(열악) 劣等(열등) 優劣(우열) 拙劣(졸렬) 庸劣(용렬) 卑劣(비:열)

募 모을/뽑을 모. 모집할 모. 0374-30

- ◉ 莫(없을/말/장막 막 | 저물/꾀할 모) + 力 = 募 (2731 참조)

☞ 큰 사업을 꾀하기(획책하기)(募) 위하여 힘(능력)(力)이 있는 인재를 끌어들인다(뽑는다)는 데서「모으다. 뽑다. 모집하다」뜻으로.
募集(모집 - 뽑아서 모음) 募金(모금) 募兵(모병) 公募(공모) 應募(응:모) 懸賞公募(현:상공모)

勳 공 훈.   0375-20

◉ 熏(불길/불길성할/연기낄/취할 훈) + 力 = 勳 (1132 참조)
☞ 불길(熏)이 성하게 피어오르는 것처럼 뜨거운 열정으로 힘들여(力) 이룩하여 놓은 업적이라는 데서「공」뜻으로.
勳功(훈공 - 나라에 충성하여 세운 공로) 勳章(훈장) 勳褒章(훈포장) 殊勳(수훈) 賞勳(상훈) 報勳(보:훈)

劫 위협할 겁. 빼앗을/겁탈할/긴세월 겁.   0376-10

◉ 去(갈 거) + 力 = 劫 (0395 참조)
☞ 상대편으로 가서(去) 힘(力)으로 윽박지른다는 데서「위협하다. 빼앗다. 겁탈하다」뜻을. 범어(梵語) 칼퍼(kalp → 긴 세월)를「劫」으로 음역(音譯)하였기에「긴 세월」뜻으로.
劫奪(겁탈 - 남의 것을 폭력으로 빼앗음) 劫迫(겁박) 劫姦(겁간) 劫年(겁년) 億劫(억겁) 永劫(영:겁)

勃 노할 발. 발끈할/우쩍일어날/갑자기 발.   0377-10

◉ 孛(혜성 페 | 요사스러울 발) + 力 = 勃
☞ 별안간에 나타났다가 사그라지는 혜성(孛)처럼 힘(力)이 갑자기(불끈) 솟아오른다는 데서「우쩍 일어나다. 발끈하다. (발끈하여)노하다. 갑자기」뜻으로.
勃起(발기 - 별안간 불끈 일어남) 勃發(발발 - 일이 갑자기 일어남)

★ 孛(혜성 페), 勃(노할/우쩍일어날 발)과 결합을 이룬 글자.		0377 별첨
悖(어그러질 패)	☞ 心 (1935) →	별안간에 나타났다가 사그라지는 혜성(孛)처럼 방금 내키었던 마음(心)이 이내 시들어 든다(변덕이 무척 심하다)는 데서「어그러지다」悖說(패설)
渤(바다이름 발)	☞ 水 (1267) →	渤은 요동반도를 끼고 있는 바다 이름 글자임. 바닷물(氵)이 우쩍 일어나(勃) 있는 모양처럼 내륙으로 깊숙하게 들어가 있는 바다라는 의미에서「바다 이름」

勅 조서/칙서 칙.   0378-10

◉ 束(묶을 속) + 力 = 勅 (1609 참조)
☞ 조정에서 백성에게 알리고자 할 조목들을 한데 묶어(모아)(束) 권력의 힘(力)으로 하달하는 문서라는 데서「조서. 칙서」뜻으로.
勅書(칙서 - 임금이 특정인에게 훈계하거나 알릴 일을 적은 글) 勅命(칙명) 勅令(칙령) 勅使(칙사)

勒 굴레 륵. 재갈/새길/묶을 륵.   0379-10

◉ 革(가죽 혁) + 力 = 勒
※ 굴레 → 마소의 목으로부터 고삐에 걸쳐 얽어매는 줄.

☞ 마소(馬牛)의 힘(力)을 억제하기 위하여 목으로부터 고삐에 걸쳐 얽어매어 놓은 가죽끈(革)이라는 데서 「굴레. 재갈. 묶다」 뜻으로.

勒死(늑사 - 목을 매어 죽음) 勒銘(늑명 - 문자를 금석에 새김) 彌勒佛(미륵불 - 장래의 부처)

勘　헤아릴 감. 감당할/마감할 감. 0380-10

● 甚(심할/매우 심) + 力 = 勘 (2096 참조)
☞ 심하게(甚) 힘(力)을 주는, 곧 있는 힘을 다하여 적군(상대방)을 당할 수가 있는지를 가늠하여 (헤아려) 본다는 데서 「헤아리다. 감당하다」 뜻으로.

勘案(감안 - 헤아리어 생각함) 勘當(감당 - 능히 당하여 냄) 勘斷(감단 - 심리하여 처단함) 磨勘(마감)

勁　굳셀 경. 0381-10

● 巠(물줄기 경) + 力 = 勁 (3160 참조)
☞ 줄기차게 흘러내리는 물줄기(巠)처럼 힘(力)이 끊임없이 넘쳐 난다는 데서 「굳세다」 뜻으로.

勁健(경건 - 굳세고 건장함) 强勁(강경 - 굳세게 버티어 굽히지 아니함)

劾　꾸짖을/캐물을 핵. 힘쓸 핵 | 캐물을/힘쓸 해. 0382-10

● 亥(돼지/열두째지지 해) + 力 = 劾 (0205 참조)
☞ 마지막 지지(地支)인 열두째 지지(亥)에 이르는 것처럼 죄인의 죄상에 대하여 처음부터 끝까지 (자초지종을) 힘들여(力) 들추어낸다는 데서 「캐묻다. 꾸짖다. 힘쓰다」 뜻으로.

劾論(핵론 - 허물을 들어 논박함) 劾奏(핵주) 彈劾(탄:핵) 彈劾訴追權(탄:핵소추권)

부수 2획

又	厶	卜	
또 우	사사로울 사	점 복	

又 | 또 우: 오른손/도울/거듭/용서할 우 | 다시 역. 0383-30

- **자원** 又 → 왼손에 오른손을 포개어(겹쳐) 놓은 모양을 표현.
- **쓰임** 「또. 더하다. 오른손. 손. 又 모양」과 의미로 쓰임.
  ※ ⺕ → 又 부수 대용의 글자로서 「손」을 의미.

又況(우:황 - 하물며) 又日新(우:일신 - 날마다 새롭게) 又重之(우:중지 - 더욱이) 又一杯(우:일배 - 또 한잔)

反 돌이킬/돌아올 반: 되돌릴/뒤칠/반대로 반. 0384-60

● 厂(굴바위/언덕 엄) + 又 = 反

☞ 가파른 굴바위(厂)를 손(又)으로 잡고 기어오르면 흔히들 미끄러져서 제자리로 되돌아온다는 데서 「돌이키다. 되돌리다. 돌아오다. 뒤치다」 뜻으로.

反復(반:복 - 되풀이함) 反對(반:대) 反省(반:성) 反感(반:감) 反映(반:영) 反則(반:칙) 反應(반:응) 反共(반:공)

★ 反(돌이킬/되돌릴/돌아올/뒤칠/반대로 반)과 결합을 이룬 글자.		0384 별첨
飯(밥 반)	☞ 食(3556) → 매번 돌아오는(反) 끼니때마다 먹는 밥(食)이라는 데서 「밥」 飯床(반상)	
返(돌아올 반)	☞ 辵(3115) → (원래 자리로) 되돌아(反) 간다(辶)는 데서 「돌아오다」 返還(반환)	
叛(배반할 반)	☞ 又(0390) → 절반(半)이 되돌아(反)서는, 곧 동지나 아군의 태반이 뜻을 달리하여(반기를 들어) 등을 돌린다는 데서 「배반하다」 叛徒(반도)	
板(널 판)	☞ 木(1607) → 비탈진 언덕(厂)처럼 단면(斷面)을 이루고 넓적한 손바닥(又)처럼 판판한 나무(木)이라는 데서 「널. 판자」 板材(판재)	
版(조각 판)	☞ 片(1743) → 비탈진 언덕(厂)처럼 단면(斷面)을 이루고 넓적한 손바닥(又)처럼 판판한 나무 조각(片)이라는 데서 「조각」 版圖(판도)	
販(팔 판)	☞ 貝(3062) → 상품을 건네주는 대가로 돈(貝)을 되돌려(反) 받는 행위이라는 데서 「팔다. 장사하다」 販賣(판매)	
阪(언덕/비탈 판)	☞ 阜(3352) → 사람이 위로 오르면 되돌아(反) 내려올(미끄러질) 정도로 몹시 비탈진 언덕(阝)이라는 데서 「언덕. 비탈」 大阪(대판)	

友 벗 우: 우애 우. 0385-50

● 㐄(→ 左「왼손 좌」의 古字로, 「왼손. 있다」 의미로 쓰임) + 又 = 友

☞ 왼손(㐄)을 오른손(又)으로 잡아(이끌어)주는 것처럼 서로가 도와주고 의지하는 가까운 사이이라는 데서 「벗. 우애」 뜻으로.

友情(우:정 - 벗 사이의 정의) 友誼(우:의) 友軍(우:군) 友邦(우:방) 友愛(우:애) 朋友有信(붕우유신)

受 받을 수(:) 얻을/담을 수. 0386-42

● 爫(손톱 조 → 「손가락. 손. 잡다」 의미로 쓰임) + 冖(덮을 멱) + 又 = 受

又 부수(자원과 쓰임) → 0383 참조

☞ 위쪽 손(손가락)(⺕)으로는 물건을 덮어(冖)씌우고 아래쪽 손(又)으로 받아 쥐는 모양에서 「(물건을)받다. (손에)담다. 얻다」 뜻으로.

受任(수임 - 임무를 받음) 受講(수강) 受納(수납) 受難(수난) 受賂(수뢰) 受驗生(수험생) 受苦(수:고)

★ 受(받을/얻을/담을 수)와 결합을 이룬 글자.		0386 별첨
授(줄 수)	☞ 手 (1434) → 손(扌)에 든 물건을 상대방이 받도록(受) 건네준다는 데서 「주다」	

取 가질 취: 취할/잡을/받을 취. 0387-42

● 耳(귀 이) + 又 = 取
☞ 귀(耳)를 손(又)에 잡고 있는 모양, 곧 전쟁터에서 적군의 귀를 베어 내어 전리품(戰利品)으로 취한다(가진다)는 데서 「가지다. 잡다. 취하다. (전리품으로)받다」 뜻으로.

取得(취:득 - 수중에 넣음) 取扱(취:급) 取捨(취:사) 取消(취:소) 取材(취:재) 取捨選擇(취:사선택)

★ 取(가질/취할/잡을/받을 취)와 결합을 이룬 글자.		0387 별첨
趣(뜻 취)	☞ 走(3190) → 마음에 품고 있는(목표한) 바를 취하기(이루기)(取) 위하여 줄곧 달려 나간다(走)는 데서 「달리다. 향하다. (향하는 바를 이루려는)뜻」 趣旨(취지)	
聚(모을 취)	☞ 耳(2878) → 여러 가지를 취하여(取) 한자리에 나란히 모아(乑 나란히설/모여설 음) 놓는다는 데서 「모으다. 거두다」 聚合(취합)	
娶(장가들 취)	☞ 女(0498) → 여자(女)를 아내로 취한다(맞아들인다)(取)는 데서 「장가들다」 娶妻(취처)	

叔 아재비 숙. 아이/콩 숙. 0388-40

● {上(윗 상) + 小(작을 소) = 尗(콩/아재비 숙)} + 又 = 叔
☞ 위(上)에서부터 아래로 작게(小) 또(又) 태어난 사람, 곧 큰아버지와 아버지 다음으로 또다시 태어난 사람이라는 데서 「아재비. (형제들 가운데 뒤늦게 태어난)아이」 뜻으로.

叔父(숙부 - 아버지의 동생) 叔母(숙모) 叔姪(숙질 - 아재비와 조카) 堂叔(당숙) 從叔(종:숙)

★ 叔(아재비/아이/콩 숙)과 결합을 이룬 글자.		0388 별첨
淑(맑을 숙)	☞ 水(1225) → 물(시냇물)(氵)에서 물장구를 치며 노는 어린아이(叔)의 티 없이 맑은(천진난만한) 모습에서 「맑다. 착하다」 淑女(숙녀)	
菽(콩 숙)	☞ 艸(2802) → 풀(식물)(艹)에 맺혀(열려) 있는 콩(叔)이라는 데서 「콩」 菽麥(숙맥)	
督(감독할 독)	☞ 目(2275) → 아이(叔)를 눈(目)으로 보는, 곧 아이들을 자세하게 보살핀다는 데서 「살펴보다. (보살피어 단속한다는 데서)감독하다」 監督(감독)	
寂(고요할 적)	☞ 宀(0606) → 집(宀)에 (결혼을 하지 않은) 아재비(叔)가 홀로 살고 있어서 분위기가 매우 적적하다는 데서 「고요하다. 적적하다」 寂寞(적막)	

及 미칠 급. 이를 급. 0389-32

● 𠂇(= 人 「사람 인」의 변형) + 又 = 及
☞ 앞서가는 사람(𠂇 = 人)에게 뒤따르는 사람의 손길(又)이 미친다(닿는다)는 데서 「미치다. 이르다」 뜻으로.

又 부수(자원과 쓰임) → 0383 참조

及落(급락 - 급제와 낙제) 及第(급제) 科擧及第(과거급제) 言及(언급) 普及(보:급) 可及的(가:급적)

★ 及(미칠/이를 급)과 결합을 이룬 글자.		0389 별첨
級(등급 급)	☞ 糸(2452) →	실(糸)이 옷감에 <u>미치는</u>(及) 품질상의 차등이라는 데서 「등급」等級(등급)
汲(물길을 급)	☞ 水(1351) →	우물에 두레박을 <u>미치게(이르게)</u>(及) 하여 <u>물</u>(氵)을 긷는다(두레박줄을 끌어 당긴다)는 데서 「물 긷다. (두레박줄을)당기다」 汲汲(급급)
扱(다룰 급)	☞ 手(1542) →	<u>손</u>(扌)이 <u>미치는</u>(及), 곧 손으로 농기구를 다루거나 추수한 벼를 거두어들인 다는 데서 「곡식을거두다. (농기구를)다루다」 取扱(취급)
吸(마실 흡)	☞ 口(0809) →	<u>입</u>(口)에 물이나 공기를 <u>미치게</u>(及) 한다(입으로 물을 마시거나 숨을 들이쉰다)는 데서 「마시다. 숨 들이쉬다」 吸入(흡입)

叛 배반할 반: 0390-30

◉ 半(반 반) + 反(돌이킬/반대로 반) = 叛 (0384 참조)
☞ <u>절반</u>(半)이 <u>되돌아</u>(反)서는, 곧 동지나 아군의 태반이 뜻을 달리하여(반기를 들어) 등을 돌린다는 데서 「배반하다」 뜻으로.

叛逆=反逆(반:역 - 배반함) 叛徒(반:도) 叛亂(반:란) 背叛(배:반) 叛旗(반:기) 叛起(반:기) 叛軍(반:군)

叉 깍지낄/갈래 차. 비녀/두갈래 채. 0391-10

◉ 又 + 丶(불똥/점 주) = 叉
☞ <u>두 손</u>(又)을 교차시키어 <u>점</u>(丶)을 찍어 놓은 모양처럼 한데 얽히게(맞물리게) 한다는 데서 「깍지 끼다. (머리 깍지에 끼우는)비녀. (교차시켜 놓은)두 갈래」 뜻으로.

交叉(교차 - 종횡으로 엇갈림) 交叉路(교차로 - 교차된 길) 夜叉(야:차 - 추악하고 잔인한 귀신)

叢 떨기/모일 총. 0392-10

◉ 丵(풀무성할 착) + 取(취할 취) = 叢
☞ <u>풀이 무성한</u>(丵) 모양을 <u>취하고</u>(取) 있는, 곧 풀이 무더기를 이루어 빽빽하게 돋아나 있는 모양이라는 데서 「(풀이)모이다. 떨기」 뜻으로.

叢生(총생 - 초목이 무더기로 더부룩하게 남) 叢叢(총총 - 많은 물건이 빽빽하게 들어서 있는 모양)

叡 밝을/슬기 예: 성인 예. 0393-00

◉ 睿(슬기/밝을 예) + 又 = 叡 (2285 참조) ※ 叡는 睿(밝을 예)와 동자.
☞ <u>슬기</u>(睿)가 <u>또</u>(又) 더하여져(슬기가 배가를 이루어) 사고력이 매우 지혜롭다(밝다)는 데서 「밝다. 슬기. (사고력이 매우 밝고 슬기로운)성인」 뜻으로.

叡智(예:지 - 마음이 밝고 생각이 뛰어나게 지혜로움) 聰叡=聰睿(총예 - 총명하고 지혜가 뛰어남)

부수 2획	又	厶	卜
	또 우	사사로울 사	점 복

厶 　사사로울 사. 사사(自營)/나(我) 사ㅣ갑옷 모ㅣ마늘모 변. 　　　0394-00

자원 厶 → 굽은 팔꿈치 모양을 표현한 글자로 봄. 팔꿈치를 마음대로 굽히고 펴는 것처럼 자유로운 삶을 누리는 나(자신)이라는 데서 「사사롭다. 나」 의미를 지님.

쓰임 「나. 사사롭다. 마음대로. 팔꿈치. 갑옷. 굽은(둥근) 모양」과 의미로 쓰임.

去 　갈 거: 버릴/떨어질/예전 거. 　　　0395-50

◉ 土(흙/땅 토) + 厶 = 去　※ 去의 본래 글자는 大와 厶가 결합된 「𠫔」임.

☞ 땅(지면)(土)에 다리를 <u>사</u>(厶) 글자 형상처럼 굽히고 펴면서 이리저리 걸어 나간다는 데서 「가다. (가버린 세월인)예전. (가진 것이 가버린다는 데서)버리다. 떨어지다」 뜻으로.

去就(거:취 - 나아가는 일) 去取(거:취 - 버리기와 취하기) 去來(거:래) 去年(거:년) 去頭截尾(거:두절미)

★ 去(갈/버릴/떨어질/예전 거)와 결합을 이룬 글자.		0395 별첨
劫(위협할 겁)	☞ 力(0376) → 상대편으로 <u>가서</u>(去) <u>힘</u>(力)으로 윽박지른다는 데서 「위협하다」 劫迫(겁박)	
怯(겁낼 겁)	☞ 心(1944) → <u>마음</u>(忄)이 <u>가버리는</u>(去), 곧 적군과 대적할 용기가 사라져 버린다는 데서 「겁내다. 무서워하다」 怯心(겁심)	
法(법 법)	☞ 水(1184) → 높은 곳에서 낮은 곳으로 (거스르지 않고) <u>흘러가서</u>(去) 항상 수평을 유지하는 <u>물</u>(氵)처럼 사람이 순리에 따라 평등하게 지켜야 할 본보기이라는 데서 「본보기. 법」	

參 　참여할 참. 관여할/층날/보일 참. 석 삼. 　　　0396-50

◉ {厶 × 3 = 厽(흙쌓아서담쌓을/담벽 류)} + 㐱(머리숱많고검을 진) = 參

☞ <u>흙을 쌓아 담을 쌓는</u>(厽), 곧 토성을 쌓는 작업에 인부들이 <u>머리숱 많고 검게</u>(㐱) 보일 정도로 수없이 많이 참여하고 있다는 데서 「참여하다. 관여하다. (성벽이)층나다」. 한편 <u>개체</u>(厶)가 <u>셋</u>(厽)인 <u>사람</u>(人) 수효와 <u>삼</u>(彡 → 터럭 삼)의 음을 취하여 「석 삼」 음훈으로.

參加(참가) 參席(참석) 參與(참여) 參考(참고) 參觀(참관) 參謀總長(참모총장) 參千원(삼천원)

★ 參(참여할/관여할/층날/보일 참ㅣ석 삼)과 결합을 이룬 글자.		0396 별첨
慘(참혹할 참)	☞ 心(1901) → <u>마음</u>(忄)이 <u>층나는</u>(參), 곧 마음이 층층으로 갈라지는(가슴이 갈가리 찢어지는) 것처럼 슬픔이 극도에 이른다는 데서 「참혹하다」 慘酷(참혹)	
蔘(삼 삼)	☞ 艸(2771) → <u>담벽</u>(厽)처럼 층계를 이룬 머리, <u>사람</u>(人) 형상의 몸통과 다리, <u>터럭</u>(彡) 모양의 잔뿌리가 돋아 있는 <u>식물</u>(艹)이라는 데서 「삼. 인삼」 山蔘(산삼)	
滲(스밀 삼)	☞ 水(1371) → <u>물</u>(氵)이 <u>참여하는</u>(參), 곧 물이 수면보다 낮은 곳이나 농도가 높은 다른 물질 속으로 스며든다는 데서 「스미다」 滲透(삼투)	

부수 2획	又	厶	卜	
	또 우	사사로울 사	점 복	

卜 점 복. 점칠/줄(賜)/가릴/기대할/짐/성(姓) 복. 0397-30

자원 卜 → 거북 껍질이 갈라진 모양을 표현한 글자로 봄. 거북 껍질을 불에 태웠을 때 갈라지는(금간) 모양을 보고 점을 치는 데서 「점. 점치다」는 의미를 지님.

쓰임 「점. 점치다. 갈라진(금간) 모양」과 의미로 쓰임.

卜術(복술 - 점을 치는 방법이나 기술) 卜債(복채 - 점을 볼 때 내는 돈) 卜師(복사 - 점쟁이)

占 점칠 점 | 점령할 점: 점/차지할/자리에붙어있을 점. 0398-40

◉ 卜 + 口(입/말할 구) = 占

☞ 점친(卜) 내용을 말하여(口) 준다는 데서 「점. 점치다. (점을 보기 위하여 여러 사람들이 자리를 차지하고 있다는 데서)점령하다. 차지하다. 자리에 붙어 있다」 뜻으로.

占星術(점성술 - 별을 보고서 점치는 복술) 占領(점:령) 占據(점:거) 占有(점:유) 占用(점:용) 占斷(점:단)

★ 占(점칠/점령할/점/차지할/자리에붙어있을 점)과 결합을 이룬 글자.		0398 별첨
店(가게 점)	☞ 广(0758) → 점치는(占) 집(广), 또는 손님들이 자리를 차지하고(占) 있는 집(广), 곧 손님들이 항시 드나드는 영업집이라는 데서 「가게. 주막」 店房(점방)	
點(점 점)	☞ 黑(3641) → 검은(黑) 색상이 자리에 붙어 있는(占), 곧 자리에 검은 색의 점이 찍혀 있다는 데서 「점. 검은 점」 黑點(흑점)	
粘(붙을 점)	☞ 米(2589) → 쌀(米)로 지은 쌀밥은 끈끈하여 자리에 달라붙는다(占)는 데서 「붙다」	
黏(차질/붙을 점)	☞ 黍(3632) → 기장(黍)으로 지은 기장밥은 매우 끈끈하여(차지어) 자리에 달라붙는다(占)는 데서 「차지다. 붙다」 粘液=黏液(점액)	
霑(젖을 점)	☞ 雨(3409) → 비(雨)에 옷이나 물건이 젖는다(沾 젖을 점)는 데서 「젖다」 霑潤(점윤)	
站(역마을 참)	☞ 立(2261) → 서(立)서 점령(차지)하고(占) 있는, 곧 역무원이 말(馬)이 통과하는 길목에 대기하고 서서 말을 관리하는 장소라는 데서 「역마을. 역」 驛站(역참)	
貼(붙일 첩)	☞ 貝(3079) → 재물(貝)을 점령하는(占), 곧 전당포 주인이 돈을 빌려주면서 돈에 상응하는 다른 재물을 맡는다는 데서 「전당 잡히다. (전당품에는 붉은 딱지를 붙이는 데서)붙이다」	
帖(표제 첩)	☞ 巾(0989) → 천(巾)을 표지에 붙여(덧씌워)(占)서 제목을 써넣은 기록부라는 데서 「표제. 문서. 수첩」 畵帖(화첩)	
砧(다듬잇돌 침)	☞ 石(2160) → 방 한구석을 차지하고(占) 있는 돌(石)이라는 데서 「다듬잇돌」 砧聲(침성)	

卞 성(姓)/조급할 변: 법 변. 0399-20

◉ 亠 (머리 두) + 卜 = 卞

☞ 머리(亠)에서 점(卜)을 치게 하는, 곧 상부(왕실)에서 다급한 일이 발생하면 점성술사로 하여금 점을 치게 하는데, 이때 나온 점괘에 따른 대책은 법에 준하여 서둘러 시행한다는 데서 「조급하다. 법」 뜻으로.

卞急(변:급 - 참을성이 없이 썩 급함) 卞季良(변:계량 - 조선 세종 때 국조보감을 편찬한 학자)

卜 부수(자원과 쓰임 → 0397 참조)

| 卨 사람이름 설. 은나라시조이름 설. | 0400-20 |

● 卜 + 咼(입비뚤어질 괘) = 卨
☞ 卨은 인명 이외의 다른 음훈이 없어 본래의 의미는 미지(未知)임. 거북 껍질처럼 금(卜)이 그어져 있고 입이 비뚤한(咼) 갑각류나 파충류를 지칭한 글자로 봄.

李相卨(이:상설 - 헤이그 밀사로 파견된 독립운동가)

| 卦 점괘 괘. 괘 괘. | 0401-10 |

● {土(흙 토) + 土 = 圭(서옥/쌍토/홀 규)} + 卜 = 卦
☞ 획수가 3획인 土를 포개어 놓은 규(圭) 글자처럼 위아래가 각각 세 개의 획으로 이루어져 있는 육효(六爻)는 주역에서 점(卜)을 치는 괘이라는 데서 「점괘. 괘」 뜻으로.
※ 六爻(육효) → 점괘(占卦)의 6가지 획수.

占卦(점괘 - 점에서 나오는 괘) 卦辭(괘사 - 점괘를 풀이한 글이나 말)

| ★ 卦(점괘/괘 괘)와 결합을 이룬 글자. | 0401 별첨 |

| 掛(걸 괘) | ☞ 手(1477) → 손(손가락)(扌) 사이에 점괘(卦)를 얻는 서죽(筮竹 → 점칠 때 쓰는 산가지)을 순서대로 나누어 끼운다(건다)는 데서 「걸다. 나누다」 掛圖(괘도) |
| 罫(줄/바둑판 괘) | ☞ 网(2658) → 실을 사각으로 매듭지어 놓은 그물(罒) 모양처럼 선을 그어 놓은 반상(盤床)에 점괘(卦)를 나열하듯이 바둑돌을 놓는 바둑판 모양에서 「바둑판. 줄」 罫線(괘선) |

간지(干支)에 대하여

○ 상용글자에서 간지(干支)를 뜻하는 글자는 모두 22자(字)이며, 이들은 애초부터 간지를 뜻하기 위하여 만들어진 것과 다른 뜻이 있는 글자를 빌려 와서 간지를 뜻하게 된 글자도 있겠으나 하여튼 천간과 지지에 배속되어 있는 글자들은 식물이 성장하고 순환하는 과정(10등분)과 절기(12개월)를 순차적으로 배열하여 놓은 것으로, 간지에 담겨 있는 의미를 알고 나면 간지에 소속되어 있는 글자들을 보다 쉽게 이해할 것임.

○ 간지(干支)란? 천간(天干)과 지지(地支)를 총칭한 말이며, 천간을 십간(十干), 지지를 십이지(十二支)라고 하며, 이는 하늘(天)을 줄기(干)로 하고 땅(地)을 가지(支)로 하여, 하늘은 둥글기에 완성된 숫자인 10을, 땅은 모나기에 사 계절의 월수인 12를 배정하여, 이들의 천간과 지지를 서로 결합하거나 배열하여 년·월·일·시를 표기하고 계절이나 방향을 가리키며, 역술에서는 음양을 나타내는 바, 인간사(人間事)와는 무척 밀착되어 있는 용어임.

- 천간(天干)과 천간에 배어 있는 여러 가지 의미.

순번	천간 명		대표음훈	오행	음양	방위	색상	절기	맛	비 고
1	甲	첫째천간 갑	갑옷 갑	木	양	동쪽	청색	봄	酸 신맛	
2	乙	둘째천간 을	새 을	木	음	동쪽	청색	봄	酸 신맛	
3	丙	셋째천간 병	남녘 병	火	양	남쪽	적색	여름	苦 쓴맛	
4	丁	넷째천간 정	장정 정	火	음	남쪽	적색	여름	苦 쓴맛	
5	戊	다섯째천간 무	천간 무	土	양	중앙	황색	사계	甘 단맛	
6	己	여섯째천간 기	몸 기	土	음	중앙	황색	사계	甘 단맛	
7	庚	일곱째천간 경	별 경	金	양	서쪽	백색	가을	辛 매운맛	
8	辛	여덟째천간 신	매울 신	金	음	서쪽	백색	가을	辛 매운맛	
9	壬	아홉째천간 임	북방 임	水	양	북쪽	흑색	겨울	鹹 짠맛	
10	癸	열번째천간 계	북방 계 천간 계	水	음	북쪽	흑색	겨울	鹹 짠맛	

– 지지(地支)와 지지에 배어 있는 여러 가지 의미.

순번	지지 명		대표 음훈	오행	음양	띠 (동물)	시간배정	절기	방위	색상	비고
1	子	첫째지지 자	아들 자	水	양	쥐	오후 11시- 오전 01시	11월	북쪽	흑색	
2	丑	둘째지지 축	소 축	土	음	소	오전 1시- 오전 3시	12월	중앙	황색	
3	寅	셋째지지 인	범 인	木	양	범	오전 3시- 오전 5시	1월	동쪽	청색	
4	卯	넷째지지 묘	토끼 묘	木	음	토끼	오전 5시- 오전 7시	2월	동쪽	청색	
5	辰	다섯째지지 진	별 진 때 신	土	양	용	오전 7시- 오전 9시	3월	중앙	황색	
6	巳	여섯째지지 사	뱀 사	火	음	뱀	오전 9시- 오전 11시	4월	남쪽	적색	
7	午	일곱째지지 오	낮 오	火	양	말	오전 11시- 오후 1시	5월	남쪽	적색	
8	未	여덟째지지 미	아닐 미	土	음	양	오후 1시- 오후 3시	6월	중앙	황색	
9	申	아홉째지지 신	펼 신 납 신	金	양	원숭이	오후 3시- 오후 5시	7월	서쪽	백색	
10	酉	열번째지지 유	닭 유	金	음	닭	오후 5시- 오후 7시	8월	서쪽	백색	
11	戌	열한번째지지 술	개 술	土	양	개	오후 7시- 오후 9시	9월	중앙	황색	
12	亥	열두번째지지 해	돼지 해	水	음	돼지	오후 9시- 오후 11시	10월	북쪽	흑색	

士	廴	子	彳
선비 사	길게걸을 인	아들 자	자축거릴 척

士 | 선비 사: 벼슬/일/군사/살필/남자 사. 0402-50

자원 士 → 열(十) 사람 가운데 한(一) 사람 정도의 지식층(知識層) 부류(상류층)에 속한 사람. 또는 여러(十) 가지를 고르게(一) 아는 박식한 사람이라는 데서 「선비」 의미를 지님.

쓰임 「선비. 위. 위쪽. 머리 부위. 뚜껑 모양」과 의미로 쓰임.

※ 선비 - 사민지수(四民之首). 즉 사농공상으로 구성되어 있는 백성 가운데 상류층에 속했던 계급.
- 옛날에 학식이 있되 벼슬하지 아니한 사람.
- 마음이 어질고 순한 사람.

士大夫(사:대부 - 벼슬이나 문벌이 높은 사람) 士林(사:림) 士官(사:관) 士兵(사:병) 士官生徒(사:관생도)

壯 | 장할/씩씩할 장: 굳셀/성할 장. 0403-40

- 爿(조각널 장 | 걸상 상) + 士 = 壯 (1748 참조)
- 단단하고 꼿꼿한 조각널(널판자)(爿)처럼 선비(士)의 기상(氣像)이 매우 꼿꼿하다는 데서 「씩씩하다. 굳세다. 성하다. 장하다」 뜻으로.

壯士(장:사 - 용감하고 힘센 사나이) 壯觀(장:관) 壯談(장:담) 壯骨(장:골) 壯元(장:원) 壯烈(장:렬)

★ 壯(씩씩할/굳셀/성할/장할 장)과 결합을 이룬 글자.		0403 별첨
裝(꾸밀 장)	☞ 衣(2544) → 성하게(壯) 옷(衣)을 차려입고 치장한다는 데서 「꾸미다」	裝置(장치)
莊(장엄할 장)	☞ 艸(2745) → 풀(초목)(艹)이 성하게(壯) 자라나 있는(초원으로 뒤덮여 있는) 모양이라는 데서 「풀무성한 모양. 장엄하다」	莊嚴(장엄)

壬 | 북방 임: 아홉째천간/짊어질/클 임. 0404-32

- 丿(삐침 별 → 「아래로 끌어내리다. 드리우다」 의미로 쓰임) + 士 = 壬
- 선비(士)는 국가와 사회에 이바지하여야 할 책무가 드리워져(丿) 있다는 데서 「(책무를)짊어지다. (책무가)크다」 뜻을. 한편 식물의 성장 과정을 순차적(10등분)으로 열거하여 놓은 천간(天干)에서 결실한 열매가 위(士)에서 아래로 드리우는(丿) 순차에 해당하는 천간이라는 데서 「아홉째 천간. (아홉째 천간이 가리키는 방위인)북방」 뜻으로.

壬方(임:방 - 정북에서 서쪽으로 15도 지점의 방위) 壬辰倭亂(임:진왜란)

★ 壬(북방/아홉째천간/짊어질/클 임)과 결합을 이룬 글자.		0404 별첨
任(맡길 임)	☞ 人(0068) → 다른 사람(亻)에게 짐 같은 것을 짊어지게(壬) 한다는 데서 「맡다. 맡기다」	
妊(아이밸 임)	☞ 女(0485) → 여자(女)의 배가 크게(壬) 불어나 있다는 데서 「아이 배다」	妊娠(임신)
賃(품삯 임)	☞ 貝(3063) → 다른 사람이 시키는 일거리나 남의 재산을 일정한 기간 동안 사용 수익할 수 있는 권리를 맡는(任) 대가로 주고받는 돈(貝)이라는 데서 「품삯. 세내다」	賃金(임금)

士 부수(자원과 쓰임 → 0402 참조)

壽 목숨 수. 나이/오랠 수. 0405-32

◉ 士 + ㄱ(= 乙 = ㄴ 새/새창자/굽힐 을) + 工 + ㄱ + {口 + 寸 = 吋(꾸짖을 두)} = 壽

※ 여기에서 사(士)와 공(工)은 사농공상(士農工商) 가운데 선비와 장인으로, 모든 백성을 의미함.

☞ 선비(士)의 몸이 굽어(ㄱ) 있고 장인(工)의 몸도 굽어(ㄱ) 있는, 곧 모든 사람들은 귀천을 막론하고 오랜 세월이 흐르면 허리가 굽어지고 (아랫사람의) 잘못을 꾸짖는(훈계하는)(吋) 나이가 많은 노인으로 된다는 데서 「오래다. 나이. (오래도록 연명하는)목숨」 뜻으로.

※ 壽는 획이 복잡하기에, 이를 파자하여 「41019촌(士一工一口寸)」으로 암기하기도 함.

壽命(수명 - 생물이 살아 있는 연한) 壽宴(수연) 壽福(수복) 長壽(장수) 萬壽無疆(만:수무강)

★ 壽(목숨/나이/오랠 수)와 결합을 이룬 글자. 0405 별첨

鑄(쇠불릴 주)	☞	金(3430) → 쇠(金)로 하여금 목숨(壽)을 부여하여 주는, 곧 쇠를 불에 녹이어 기물의 형체를 만들어 준다는 데서 「기물을 만들다. 쇠 불리다」 鑄型(주형)
疇(이랑 주)	☞	田(2124) → 목숨(壽)이 붙어 있어서(살아서) 꿈틀거리는 것처럼 이리저리 일렁이는 형상을 이루어 굽이져 있는 밭(田)의 이랑(두둑) 모양이라는 데서 「이랑. 밭두둑」 範疇(범주)
躊(머뭇거릴 주)	☞	足(3023) → 발(발걸음)(𧿹)을 내딛는 동작이 오래(壽)도록 지체된다는 데서 「머뭇거리다」
燾(비칠 도)	☞	火(1144) → 목숨(壽)이 붙어 있는 불(灬), 곧 (잿더미에 묻어 놓은) 살아 있는 불씨(숯불)에서 불빛이 희미하게 비친다는 데서 「비치다」 燾育(도육)
濤(물결 도)	☞	水(1321) → 물(氵)이, 목숨(壽)이 붙어 있어 꿈틀거리는 것처럼 반복적으로 크게 일렁이는 모양(운동)을 일으키는 것이라는 데서 「물결. 큰 물결」 波濤(파도)
禱(빌 도)	☞	示(2364) → 신(示)에게 목숨(壽)을 길게 이어(연명하여) 줄 것을 빈다는 데서 「빌다」

壹 한/갖은한 일. 하나/모두/한결 일. 0406-30

◉ 士(→ 뚜껑 모양) + 冖(덮을 멱) + 豆(콩/제기 두) = 壹 (3309 참조)

☞ 위쪽 획은 넓고 아래쪽 획은 좁은 사(士) 글자 형상처럼 이루어진 뚜껑이 덮여(冖) 있는 제기(豆), 곧 제기에 뚜껑이 딸리어 한 벌을 이룬 모양이라는 데서 「하나. 모두. 한결」 뜻으로.

壹是(일시 - 죄다. 한결같이) 壹萬원(일만 원)

※ 갖은자 → 금전 증서에서 고쳐 쓰지 못하게 할 목적으로 쓰이는 글자로서 一 二 三 十 千을 대신하여 쓰이는 壹 貳 參 拾 阡 따위의 글자.

壻 사위 서. 0407-10

◉ 士 + 胥(서로 서) = 壻 (2444 참조) ※ 壻와 婿(사위 서)는 동자.

☞ 딸(딸자식)과 서로(胥) 인연을 맺은(결혼한) 선비(士)라는 데서 「사위」 뜻으로.

壻郞=婿郞(서랑 - 남의 사위의 높임말) 同壻(동서 - 자매의 남편 또는 형제의 아내끼리 일컫는 말)

파자(破字)에 얽힌 이야기

자투리 마당

○ 파자(破字)란 글자를 깨뜨린다는 뜻으로, 한자(漢字)의 자획(字劃)을 분리하거나 합하여 맞추는 수수께끼로.

○ 김삿갓(본명 김병연 → 1807~1863)이 유랑을 하다가 어느 양반집에 들렀는데 끼니때가 될 즈음에 안주인이 이르기를 「인량복일(人良卜一) 하오리까?」라고 여쭈니 주인이 대답하기를 「월월산산(月月山山)커든」이라고 대답하는 것인지라, 박학다식한 김삿갓이 이들이 주고받는 말을 풀이한 즉 人良卜一은 食上(식상)으로 「밥을 올릴까요?」이란 뜻이고 주인이 대답한 月月山山이란 朋出(붕출)로 「친구가 나가거든」이라는 뜻으로, 이는 다른 사람이 알아듣지 못하도록 글자를 파자(破字)하여 자기네들끼리 주고받는 은어였기에, 이에 김삿갓은 이들의 수작이 내심 괴심하고 우스꽝스러워 「견자화중(犬者禾重)아! 정구죽천(丁口竹天)이로소이다」라는 말을 남기고 그 집을 나와 버렸다는 이야기로, 犬(犭)者禾重은 猪種(견종)으로 「돼지 같은 종자야」 丁口竹天은 可笑(가소)로 「가히 우습다」는 뜻으로 화답하였다고 하니, 김삿갓의 박식함과 재기가 넘쳐 나는 이야기임. 본 책자에서도 글자를 분해(파자)하였으나 김삿갓이 이들의 글자를 파자(破字)하고 해설을 하였으면 더욱더 완벽하고 재미있게 되었을 것이라고 상상하여 보는 바이다.

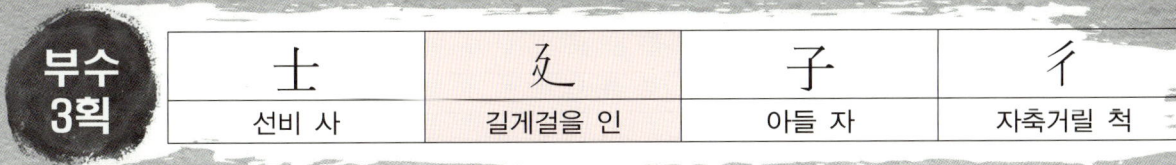

| 부수 3획 | 士 선비 사 | 廴 길게걸을 인 | 子 아들 자 | 彳 자축거릴 척 |

廴 길게걸을 인. 민책받침/뻗칠/끌/당길 인.   0408-00

- **자원** 廴 → 발걸음을 길게 내어 딛는 모양을 표현.
- **쓰임** 「길게 걸어 나가다. 가다. 이끌어 나가는 동작」과 의미로 쓰임.

建 세울 건: 일으킬 건.   0409-50

- 聿(붓 율) + 廴 = 建 (2666 참조)
- ☞ 붓(聿)을 길게 이끌어 나가는(廴), 곧 획을 길게 긋기 위하여 붓을 일으켜 세운다는 데서 「세우다. 일으키다」뜻으로.

建國(건:국 - 나라를 세움) 建物(건:물) 建立(건:립) 建設(건:설) 建議(건:의) 建造(건:조) 建築(건:축)

| ★ 建(세울/일으킬 건)과 결합을 이룬 글자.   0409 별첨 |
健(굳셀 건)	☞ 人(0063) → 사람(亻)이 몸을 꼿꼿하게 세우고(建) 활기차게 걸어가는 강건한 모습이라는 데서 「굳세다. 튼튼하다」健康(건강)
鍵(열쇠 건)	☞ 金(3443) → (문짝에 가로질러서 채워 놓은) 빗장을 일으켜 세워(建) 문을 열어젖히는 쇠(金)로 된 물건이라는 데서 「열쇠」關鍵(관건)
腱(힘줄 건)	☞ 肉(2439) → 힘을 쓰면(주면) 빳빳하게 세워지는(建) 희고 질긴 줄(끈)처럼 생긴 살점(月)이라는 데서 「힘줄」腱反射(건반사)

延 늘일 연. 뻗칠/펼/길/나아갈 연.   0410-40

- 丿(삐침 별 → 「아래로 끌어내리다」는 의미) + {止(그칠 지) + 廴 = 廷(걸을 천)} = 延
- ☞ 끌어내리는(丿) 자세로 걸어가는(廷), 곧 다리를 길게 끌면서(보폭을 넓히어) 걸어간다는 데서 「(보폭을)늘이다. 펴다. 뻗치다. 길다. 나아가다」뜻으로.

延期(연기 - 기한을 늘임) 延長(연장) 延着(연착) 延命(연명) 延滯(연체) 遲延(지연) 順延(순:연)

| ★ 延(늘일/펼/뻗칠/길/나아갈 연)과 결합을 이룬 글자.   0410 별첨 |
| 筵(대자리 연) | ☞ 竹(2692 → 대나무(竹)를 엮어서, 길쭉하게 늘이어(펼쳐)(延) 놓은 깔개이라는 데서 「대자리」 |
| 誕(낳을 탄) | ☞ 言(3258) → 임금(성인)의 말씀(言)을 후세에 늘이어(펼치어)(延) 나갈 자손이 태어난다는 데서 「태어나다. 낳다」誕生(탄생) |

廷 조정 정. 바를/머무를/평평할 정.   0411-32

- 壬(착할/줄기 정) + 廴 = 廷
- ☞ 착하게(壬) 이끌어 나가는(廴), 곧 백성을 선량하고 바르게 이끌어 나가는 곳이라는 데서 「조정. 바르다. (바르다는 데서)평평하다. (조정에 임금과 대신들이)머무르다」뜻으로.

朝廷(조정 - 임금이 정치를 의논하고 집행하는 곳) 宮廷(궁정) 法廷(법정) 出廷(출정) 開廷(개정)

夂 부수(자원과 쓰임 → 0408 참조)

★ 廷(조정/바를/머무를/평평할 정)과 결합을 이룬 글자.   0411 별첨

庭(뜰 정)   ☞ 广(0756) → 집(广)을 둘러싸고 있는 평평한(廷) 지면이라는 데서「뜰」庭園(정원)

艇(배 정)   ☞ 舟(2890) → 조정(廷)에서 순찰이나 유람용으로 이용하는 배(舟)이라는 데서「배」

珽(옥이름 정)   ☞ 玉(2060) → 조정(廷)의 벼슬아치가 조현(朝見)할 때 조복에 갖추어 손에 쥐는 옥(玉)으로 된 홀(笏)이라는 데서「옥으로 만든 홀. 옥 이름」

挺(빼어날 정)   ☞ 手(1555) → 조정(廷)에서 손(손길)(扌)을 뻗치어 학문이나 기예가 남달리 뛰어난 인재를 발탁하여 쓴다는 데서「(인재가)빼어나다. 뽑다」挺身隊(정신대)

廻   돌 회. 돌아올 회.   0412-20

◉ 回(돌아올/돌 회) + 夂 = 廻 (0641 참조)

☞ (제자리로) 돌아(回) 간다(夂)는 데서「돌다. 돌아오다」뜻으로.

廻風(회풍 - 회오리바람) 巡廻(순회 - 여러 곳으로 돌아다님) 迂廻(우회 - 빙 돌아서 감)

士	夂	子	彳
선비 사	길게걸을 인	아들 자	자축거릴 척

부수 3획

子 아들 자. 남자/자식/당신/임자/저/북녘/첫째지지/쥐/동짓달/씨/열매 자. 0413-70

- **자원** 子 → 출산을 마친(了 마칠 료 → 팔을 오므린 태아 모양) 연후에 양쪽 팔(一)을 뻗은 아기 모습을 표현.
- **쓰임** 「어린아이. 자식. 아들. 남자. 사람. 열매(씨)」 의미로 쓰임.

子女(자녀 - 아들과 딸) 子息(자식) 子婦(자부) 子孫(자손) 子音(자음) 子時(자시) 種子(종자)

學 배울 학. 본받을 학. 0414-80

- 爻(본받을 효) + 臼(깍지낄/움킬 국) + 冖(덮을 멱) + 子 = 學
- ☞ 스승을 본받기(爻) 위하여 책을 옆구리에 끼고(臼), 어리석음으로 덮여(冖) 있는(몽매한) 아이들(子)이 글을 배우러 다닌다는 데서 「배우다. 본받다」 뜻으로.

學生(학생) 學者(학자) 學問(학문) 學士(학사) 學校(학교) 學院(학원) 學德(학덕) 學識(학식)

孝 효도 효: 초상 효. 0415-70

- 耂(늙을 로) + 子 = 孝
- ☞ 노인(耂)을 아들(子)이 부축하는(모시는) 모습에서 「효도」 뜻을. 한편 허리가 구부정한 노인(耂)처럼 아들(子)이 허리를 굽히고 (초상을 당하여) 곡하는 모습에서 「초상」 뜻으로.

孝道(효:도 - 부모를 섬기는 도리) 孝心(효:심) 孝誠(효:성) 孝子(효:자) 孝女(효:녀) 孝婦(효:부) 孝行(효:행)

★ 孝(효도/초상 효)와 결합을 이룬 글자.		0415 별첨
哮(으르렁거릴 효)	☞ 口(0861) → 소리(口)가 초상(孝)집에서 나는 것처럼 크게 울부짖는 소리를 낸다는 데서 「으르렁거리다. 크게 부르다」 咆哮(포효)	
酵(술밑 효)	☞ 酉(2973) → 초상(孝)집에서 울부짖는 소리가 나는 것처럼 술(막걸리)(酉)이 부글거리며 끓어오르는 소리를 낸다는 데서 「술 괴다. 발효하다. (발효 물질인)술밑」 酵素(효소)	

字 글자 자. 젖먹이/자(본이름대신부르는이름) 자. 0416-70

- 宀(움집 면) + 子 = 字
- ☞ 집(宀)에서 어머니의 보살핌을 받는 아이(子)라는 데서 「젖먹이」 뜻을. 한편 집(宀)을 짓는 (이루는) 것처럼 부수와 부수가 결합을 이루어, 불어나는 자식(子)처럼 지속적으로 늘어나는 것이 글자라는 데서 「글자」 뜻으로.

字形(자형 - 글자의 모양) 字解(자해) 字音(자음) 字體(자체) 字訓(자훈) 字畫(자획) 字幕(자막)

孫 손자 손(:). 겸손할/성(姓) 손. 0417-60

- 子 + 系(이을/맬 계) = 孫 (2470 참조)

子 부수(자원과 쓰임) → 0413 참조

☞ 아들(子)에게 이어진(系) 자식이라는 데서「손자. (손자가 조부모님께)겸손하다」뜻으로.
孫子(손자 - 아들의 아들) 孫女(손녀) 曾孫(증손) 玄孫(현손) 曾孫子(증손자) 後孫(후:손) 孫(손: - 후손)

| ★ 孫(손자/겸손할 손)과 결합을 이룬 글자. | 0417 별첨 |

遜(겸손할 손) ☞ 辵(3140) → 겸손한(孫) 자세로 윗사람을 따라간다(辶)는 데서「겸손하다」謙遜(겸손)

季 계절 계: 사철/끝/막내 계.   0418-40

◉ 禾(벼 화) + 子 = 季
☞ 벼(禾)가 (성장을 다하여) 씨앗(子)을 맺는(결실하는) 마지막 계절이라는 데서「계절. 끝. (끝에 태어난)막내」뜻으로.
季節(계:절 - 일 년을 네 절기로 나눈 한 동안의 철) 季刊(계:간) 季嫂(계:수)

| ★ 季(계절/사철/끝/막내 계)와 결합을 이룬 글자 | 0418 별첨 |

悸(두근거릴 계) ☞ 心(1964) → 마음(심장)(忄)이, 계절(季)이 바뀌는 것처럼 건너뛰는 것 같은 현상을 일으킨다는 데서「두근거리다」動悸(동계)

孤 외로울 고. 홀로/아비없을 고.   0419-40

◉ 子+ 瓜(오이/외 과 → 조롱박 같은 넝쿨 열매를 의미) = 孤 (2100 참조)
☞ 아이(子)가, 넝쿨에 덩그렇게 매달리어 있는 넝쿨 열매(조롱박)(瓜)처럼 외톨이이라는 데서「외롭다. 홀로. 아비 없다」뜻으로.
孤兒(고아 - 부모가 없는 아이) 孤島(고도) 孤獨(고독) 孤寡(고과) 孤子(고혈) 孤哀子(고애자)

孔 구멍 공: 통할 공.   0420-40

◉ 子 + 乚(숨을 은) = 孔
☞ 아이(子)가 숨어(乚) 들어갈 정도로 자그마하게 뚫려 있는 구멍이라는 데서「구멍. (구멍으로 물체가)통하다」뜻으로.
孔穴(공:혈 - 구멍) 孔孟(공:맹) 孔子(공:자) 孔雀(공:작 - 꽁지깃을 펴는 새) 氣孔(기공)

| ★ 孔(구멍/통할 공)과 결합을 이룬 글자. | 0420 별첨 |

吼(울 후) ☞ 口(0854) → 목구멍(孔)으로부터 우러나오는 큰 소리(口)이라는 데서「울부짖다. 울다」

存 있을 존. 이를 존.   0421-40

◉ 𠂇(= 左「왼 좌」→「왼손. 있다」의미로 쓰임) + ㅣ(위아래통할 신) + 子 = 存
☞ 자식(子)이 위아래로(ㅣ) 늘어서 있는(𠂇), 곧 부모 곁에 여러 자식들이 딸려 있다는 데서「있다. 이르다」뜻으로.
※ 在(있을 재)는 무생물인 농토(土)가 있다는 의미, 存은 생명체인 자식(子)이 딸려 있다는 의미임.
存在(존재 - 현실에 있음) 存亡(존망 - 삶과 죽음) 存立(존립) 存續(존속) 存否(존부) 存廢(존폐)

子 부수(자원과 쓰임) → 0413 참조

孟 맏 맹: 클/처음 맹.
0422-32

● 子 + 皿(그릇 명) = 孟
☞ (부모로부터) 제사용 그릇(皿)을 대물림 받는 아들(子)이라는 데서 「맏이. (맏이는 형제 가운데 먼저 태어나서 책임감이 크다는 데서)처음. 크다」 뜻으로.

孟春(맹:춘 - 초봄. 음력 정월) 孟冬(맹:동) 孟浪(맹:랑) 孟子(맹:자) 孟母三遷(맹:모삼천)

★ 孟(맏/클/처음 맹)과 결합을 이룬 글자.		0422 별첨
猛(사나울 맹)	☞ 犬(1390) → 짐승(犭)의 맏이(孟), 곧 뭇 짐승들의 우두머리로 일컫는 사자나 범 같은 맹수는 성질이 매우 사납다는 데서 「사납다」 猛獸(맹수)	

孰 누구 숙. 어느/익을 숙.
0423-30

● 享(누릴/먹일/드릴 향) + 丸(둥글/알 환) = 孰 (0207 참조)
☞ 신에게 제사 음식을 드린(바친)(享) 후에 참배자는 어느 누구나 할 것 없이 모두가 둥글게(丸) 모여 앉아 음복(飮福)한다(제사 음식을 나누어 먹는다)는 데서 「어느. 누구. (제물에 쓰이는 곡물은 먼저 익은 것이라는 데서)익다」 뜻으로.

孰是孰非(숙시숙비 - 누가 옳고 그런지가 분명치 않음) 孰能禦之(숙능어지 - 누가 감히 막겠는가?)

★ 孰(누구/어느/익을 숙)과 결합을 이룬 글자.		0423 별첨
熟(익을 숙)	☞ 火(1114) → 불(灬) 위에 올려놓은 날것(음식물)이 익는다(孰)는 데서 「익다」 熟成(숙성)	
塾(글방 숙)	☞ 土(0703) → 누구(孰)든지 자유롭게 출입하는 곳(土)이라는 데서 「사랑방. (사랑방은 대개 글방 구실을 하는 데서)글방」 塾堂(숙당)	

孕 아이밸 잉.
0424-10

● 乃(이에 내 → 「불룩한 모양」을 표현한 글자) + 子 = 孕 (0022 참조)
☞ 내(乃) 글자 형상처럼 불룩하게 나온 임산부의 배 속에 아이(子)가 배어 있다는 데서 「아이 배다」 뜻으로.

孕胎(잉태 - 아이를 뱀) 孕婦(잉부 - 임신한 부인)

孵 알깔 부.
0425-10

● 卵(알 란) + {爫(손톱 조) + 子 = 孚(새알/알깔/기를 부)} = 孵 (0038 참조)
☞ (닭이나 새가) 알(卵)을 깐다(孚)는 데서 「알 까다」 뜻으로.

孵化(부화 - 동물의 알이 까짐)

孺 젖먹이/어릴 유. 딸릴/사모할 유.
0426-00

● 子 + 需(구할/쓰일/요구 수 ㅣ 부드러울 유) = 孺 (3397 참조)
☞ 어머니의 보살핌이 요구(需)되는 유약한 아이(子)라는 데서 「젖먹이. 어리다. (젖먹이가 어미에게)딸리다. (젖먹이는 항상 어미를 그리워한다는 데서)사모하다」 뜻으로.

孺慕(유모 - 돌아간 부모를 사모함) 孺人(유인 - 벼슬하지 못한 사람의 아내의 신주에 쓰는 존칭)

子 부수(자원과 쓰임 → 0413 참조)

孱 잔약할 잔. 가냘플/끼일 잔.   0427-00

● 尸(주검 시 → 「지붕. 계단」 모양) + {子 × 3 = 孨(가련할/삼갈 잔)} = 孱
☞ 지붕(尸) 아래에 많은 자식들(孨)이 딸려 있는, 곧 가난한 집안에 많은 자식들이 딸리어 있어서 가냘프게 보인다는 데서 「가냘프다. 잔약하다. (부모에게 많은 자식들이)끼이다」 뜻으로.
孱弱(잔약 - 튼튼하지 못하고 약함) 孱孱(잔잔 - 기질이 몹시 약함) 孱劣(잔열 - 잔약하고 용렬함)

자투리 마당

塞翁之馬(새옹지마)

○ 새옹지마(塞翁之馬) 또는 새옹마(塞翁馬)란 「인생의 길흉화복은 변화가 무척 많아서 예측하기가 어렵다는 의미」의 고사성어(故事成語).

- 옛날에 새옹이라는 노인이 기르던 말이 오랑캐 땅으로 달아나자 이웃 사람들이 위로(慰勞)의 말을 하였더니 "머지않아 좋은 일이 생길 수도 있겠지요"하고 스스로를 위로 하였는데, 그로부터 수개월 후에 도망친 암말이 좋은 수말을 데리고 왔는지라. 이번에는 이웃 사람들이 축하한다는 인사를 하자 "화를 초래할지도 모르지요"라고 대답하는 것이었다. 얼마 후에 새옹의 아들이 새로 들어온 말을 타다가 낙마(落馬)하여 다리를 크게 다치었기에 이웃 주민들이 위로하니, "전화위복(轉禍爲福)이 될 수도 있겠지요"라고 하였다. 이후에 전쟁이 발발(勃發)하여 많은 장정(壯丁)들이 징병(徵兵)되어 전사(戰死)하였으나 새옹의 아들은 낙마(落馬)로 인한 부상 때문에 전화(戰禍)를 면(免)하였다는 이야기에서 유래한 성어(成語)로, 화복(禍福)이라는 것은 수시로 바뀜으로 그 순간마다 일희일비(一喜一悲)할 것은 아니라는 의미가 곁들여 있음이다.

士	夊	子	彳
선비 사	길게걸을 인	아들 자	자축거릴 척

彳 자축거릴 척. 중인변/머무를 척 | 발밑가지런할 복. 0428-00

자원 彳 → 사람(亻)과 사람(亻)이 다닥다닥 붙어서 걸어가는 모양을 표현.

쓰임 「자축거리며 걸어가다. 가다. 나아(다가)가다. 행하다」는 의미로 쓰임.

後 뒤 후: 늦을/뒤떨어질 후. 0429-70

- 彳 + 幺(작을 요) + 夂(뒤져올 치) = 後
- ☞ 자축거리며(彳) 작은(幺) 걸음걸이로 뒤져 온다(夂)는 데서 「뒤. 늦다. 뒤떨어지다」 뜻으로.

後退(후:퇴 - 뒤로 물러남) 後進(후:진) 後援(후:원) 後拂(후:불) 後繼(후:계) 後尾(후:미) 後期(후:기)

待 기다릴 대: 대접할 대. 0430-60

- 彳 + 寺(절 사 | 관청/내관/내시 시) = 待 (0565 참조)
- ☞ 내시(寺)가 자축거리며(彳) 어전에 나아가 왕명을 기다리며 시중을 든다는 데서 「기다리다. 대접하다」 뜻으로.

待機(대:기 - 때나 기회를 기다림) 待接(대:접) 待遇(대:우) 待避(대:피) 待令(대:령) 待合室(대:합실)

德 큰/덕 덕. 은혜 덕. 0431-50

- 彳 + 悳(= 惪 큰 덕) = 德 또는 {彳 + 直(곧을 직) = 徝(베풀 지)} + 心 = 德
- ☞ 덕(悳)을 쌓아 나가는(彳), 또는 남에게 베풀어(徝) 주는 너그럽고 어진 마음(心)을 지니고 있다는 데서 「덕. 은혜. (덕은 교화하는 바가 크다는 데서)크다」 뜻으로.

德行(덕행 - 어질고 너그러운 행실) 德談(덕담) 德澤(덕택) 德望(덕망) 德治(덕치) 德目(덕목)

往 갈 왕: 향할/옛 왕. 0432-42

- 彳 + 主(임금/주인/맡을 주) = 往 (0029 참조)
- ☞ (신하나 하인이) 임금(주인)(主) 곁으로 자축거리며 걸어간다(彳)는 데서 「가다. (주인 곁으로) 향하다. (지나간 세월인)옛」 뜻으로.

往復(왕:복 - 갔다가 돌아옴) 往來(왕:래) 往年(왕:년) 往診(왕:진) 旣往之事(기왕지사) 說往說來(설왕설래)

得 얻을 득. 상득할/뜻맞을 득. 0433-42

- 彳 + {旦(아침 단) + 寸(마디 촌) = 㝵(그칠/막을/거리낄 애)} = 得
- ☞ 그쳐(막혀)(㝵) 있다가 나아가는(彳), 곧 서로 간에 단절되었던 왕래나 대화가 풀려 나간다는 데서 「뜻 맞다. (서로에게 뜻이 맞아)상득하다. 얻다」 뜻으로.

得利(득리 - 이익을 얻음) 得失(득실) 得票(득표) 得點(득점) 得勢(득세) 得男(득남) 得道(득도)

彳 부수(자원과 쓰임 → 0428 참조)

★ 㝵(그칠/막을/거리낄 애)와 결합을 이룬 글자.　　　　　　　　　　　　　　　　　　0433 별첨

碍(거리낄 애)　　☞ 石(2144) → 돌(石)이 길목을 막고(㝵) 있어서 보행에 거치적거린다는 데서 「거리끼다」

律　법칙 률. 계율/풍류/율시 률.　　　　　　　　　　　　　　　　　　　　　　　0434-42

● 彳 + 聿(붓 율) = 律 (2666 참조)
☞ 붓(聿)으로 글씨를 써 나가는(彳) 필법(筆法)처럼 사람이 지키고 이행하여야 할 규범이나 계율이라는 데서 「법칙. 계율. (운율의 법칙이 서 있는)풍류. 율시」 뜻으로.

律法(율법 - 법도. 인간이 지켜야 할 규범) 律動(율동) 律詩(율시) 律呂(율려) 音律(음률) 法律(법률)

復　회복할 복 | 다시 부: 돌아올/되풀이할 복.　　　　　　　　　　　　　　　　　0435-40

● 彳 + 复(= 夏 옛길을갈 복) = 復
☞ 걸어서(彳) 옛길을 가는(复), 곧 옛날에 떠났던 고향 길을 다시 돌아간다(온다)는 데서 「돌아오다. 다시. 되풀이하다. (다시)회복하다」 뜻으로.

復歸(복귀 - 제자리로 돌아감) 復唱(복창) 復習(복습) 復命(복명) 復古(복고) 復興(부:흥) 復活(부:활)

★ 复(= 夏 옛길을갈/돌아올/되풀이할 복)과 결합을 이룬 글자.　　　　　　　　　　0435 별첨

複(겹칠 복)	☞ 衣(2542) →	되풀이하여(复) 지어 놓은 옷(衣), 곧 옷감을 겹(이중)으로 지어 놓은 옷이라는 데서 「겹옷. (옷감이)겹치다」 複合(복합)
腹(배 복)	☞ 肉(2385) →	뱃가죽이 돌아오는(复) 모양을 이루어 창자를 빙 두르고 있는 신체(月) 부위이라는 데서 「배」 腹部(복부)
馥(향기 복)	☞ 香(3544) →	돌아오는(되풀이되는)(复) 향기(香), 곧 바람결에 주위를 맴도는 향기이라는 데서 「향기롭다. 향기」 馥郁(복욱)
鰒(전복 복)	☞ 魚(3654) →	떠났던 길을 돌아오는(复) 것처럼 언제나 가까운 주변을 맴도는 고기(魚) 유형의 어패류이라는 데서 「전복」 全鰒(전복)
愎(괴팍할 팍)	☞ 心(1949) →	마음(생각)(忄)이 옛길을 가는(复) 것처럼 (시대의 흐름에 따르지 않고) 낡고 고리타분한 옛날 방식만을 굳게 지킨다는 데서 「고집하다. 괴팍하다」 乖愎(괴퍅)
履(밟을 리)	☞ 尸(0960) →	시(尸) 글자를 돌려(뒤집어)(復 돌아올 복)놓은 신 모양(レ)에서 「신. (신을 신고 땅을)밟다」 履行(이행)
覆(다시 복)	☞ 襾(2838) →	덮어(襾) 놓은 모양이 되게끔, 물체의 밑면을 위쪽으로 돌아오게(뒤집히게)(復 돌아올 복) 한다는 데서 「엎다. 뒤집히다. 다시」 顚覆(전복)

徒　무리/걸을 도. 보병/헛될/다만 도.　　　　　　　　　　　　　　　　　　　　0436-40

● 彳 + 走(달아날 주) = 徒
☞ 병사(보병)들이 자축거리며(彳) 앞뒤로 늘어서서(무리지어) 달아나는(走) 모양이라는 데서 「무리. 보병. 걷다. (달아나 버리고 없다는 데서)헛되다」 뜻으로.

徒步(도보 - 걸어감) 徒黨(도당 - 떼를 지은 무리) 徒食(도식) 徒輩(도배) 學徒(학도) 信徒(신:도)

從　좇을 종(:) 모실 종.　　　　　　　　　　　　　　　　　　　　　　　　　　　0437-40

● {彳 + 从(좇을 종) = 従(좇을 종)} + ⺊(= 止 발 지 → 발이 나아가는 모양) = 從

138

彳 부수(자원과 쓰임 → 0428 참조)

☞ 다른 사람을 좇아(彳) 발(止)을 내어 딛는, 곧 아랫사람이 윗사람을 뒤좇아(따라) 다니면서 모신다는 데서 「좇다. 모시다」 뜻으로.

從來(종래 - 이전부터 지금까지) 從屬(종속) 從事(종사) 從軍(종군) 從量制(종량제) 從兄弟(종:형제)

★ 從(좇을/모실 종)과 결합을 이룬 글자.		0437 별첨
縱(세로 종)	☞ 糸(2483) → 실(糸)이 좇아(따라)(從) 나가는 것처럼 실마리(첫머리)를 따라 길이 방향으로 풀리어져(늘어져) 있다는 데서 「세로. 늘어지다」 縱隊(종대)	
慫(권할 종)	☞ 心(1965) → 좇아(따라)(從)오도록 상대편의 마음(心)을 내키게 한다는 데서 「권하다」.	
聳(솟을 용)	☞ 耳(2882) → 좇아(따라)(從) 나가는 귀(耳), 곧 (소리가 잘 들리지 않아) 소리가 나는 방향을 따라 귀를 쫑긋이 세운다는 데서 「(귀가)솟다」 聳出(용출)	

徐 천천할 서(:) 더딜/성(姓) 서.   0438-32

◉ 彳 + 余(나/나머지 여) = 徐 (0118 참조)

☞ 시간적으로 남음(余)이(여유가) 있어 서두르지 않고 천천히 걸어간다(彳)는 데서 「천천하다. 더디다」 뜻으로.

徐行(서:행 - 천천히 감) 徐步(서:보) 徐羅伐(서라벌) 徐居正(서거정 - 세종 때 집현전 박사)

彼 저 피: 잇닿을 피.   0439-32

◉ 彳 + 皮(가죽/껍질/거죽/살갗 피) = 彼 (2190 참조)

☞ 거죽(皮)에 다가가는(彳), 곧 가장자리에 다다른다(이른다)는 데서 「저. 잇닿다」 뜻으로.

彼我(피:아 - 상대방과 우리) 彼此(피:차 - 저것과 이것) 彼岸(피:안) 彼地(피:지) 此日彼日(차일피일)

御 거느릴/임금 어: 모실/어거할/마부/막을 어.   0440-32

◉ 彳 + 卸(짐부릴/풀 사) = 御

※ 어거하다 → 소나 말을 몰다. 거느리어 바른길로 나가게 하다.

☞ 자축거리며 나아가서(彳) 짐을 부리는(卸), 곧 신하(마부)가 종종걸음으로 나아가 임금을 시중든다(모신다)는 데서 「모시다. (모시는 분인)임금. (임금이 신하를)거느리다. 마부. 어거하다. (임금을 모시기 위하여 외부 인의 출입을)막다」 뜻으로.

御駕(어:가 - 임금이 타는 수레) 御命(어:명) 御殿(어:전) 御前(어:전) 御馬(어:마) 御衣(어:의) 御史(어:사)

★ 御(거느릴/임금/모실/막을 어)와 결합을 이룬 글자.		0440 별첨
禦(막을 어)	☞ 示(2356) → (제사상 뒷면에) 병풍을 막아(가리어)(御) 놓고 신(示)에게 제사를 지낸다는 데서 「막다. 제사」 禦寒(어한)	

徹 통할 철. 사무칠/다스릴 철.   0441-32

◉ 彳 + {育(기를 육) + 攵(칠 복) = 敳(→ 「거두다. 통하다」 의미로 쓰임)} = 徹

☞ 부모가 자식을 기르고(育) 회초리로 매질하여(攵) 올바른 길로 나아가도록(彳) 한다(자식을 지극하게 보살핀다)는 데서 「(자식을)다스리다. (보살핌이)사무치다. 통하다」 뜻으로.

徹底(철저 - 밑바닥까지 투철함) 徹夜(철야 - 밤을 샘) 徹頭徹尾(철두철미) 徹天之冤(철천지원)

139

亻 부수(자원과 쓰임) → 0428 참조

★ 攵(거둘/통할 철)과 결합을 이룬 글자.		0441 별첨
撤(거둘 철)	☞ 手(1497) → 손(扌)으로 곡식 같은 것을 거두어(攵)들인다는 데서 「거두다」撤去(철거)	
澈(맑을 철)	☞ 水(1278) → 빛이 통과하는(攵) 맑은 물(氵)이라는 데서 「맑다. 물 맑다」	
轍(바퀴자국 철)	☞ 車(3182) → 수레(車)가 통과하면서(攵) 지면에 닿았던 자국이라는 데서 「바퀴자국」	

役 부릴 역. 부역/국경지킬 역.   0442-32

- 彳 + 殳(날없는창 수 → 주로 「밀다. 밀어붙이다」는 의미로 쓰임) = 役
- ☞ 적군을 날 없는 창으로 밀어붙이며(殳) 나아가는(彳), 곧 국경에서 방어전을 펼친다는 데서 「국경 지키다. (국경을 지키도록 병사들을)부리다. 부역」 뜻으로.

役事(역사 - 토목·건축 등의 공사) 役割(역할) 役軍(역군) 役夫(역부) 使役(사역) 賦役(부:역)

征 칠 정. 갈 정.   0443-32

- 彳 + 正(바를 정) = 征 (1998 참조)
- ☞ 버릇이 없는 다른 나라의 정사를 바로(正)잡기 위하여 응징하러 간다(彳)는 데서 「치다. 가다」 뜻으로.

征伐(정벌 - 죄가 있는 무리를 군대로 침) 征服(정복) 征討(정토) 出征(출정) 遠征隊(원:정대)

微 작을 미. 미묘할 미.   0444-32

- 彳 + 散(묘할/작을 미) = 微
- ☞ 점점 작아져(散) 간다(彳)는 데서 「작다. 미묘하다」 뜻으로.

微妙(미묘 - 섬세하고 묘함) 微笑(미소) 微量(미량) 微動(미동) 微細(미세) 微微(미미) 輕微(경미)

★ 微(작을/미묘할/숨을 미)와 결합을 이룬 글자.		0444 별첨
薇(장미 미)	☞ 艸(2820) → (잎줄기가 돌돌 말려 있는) 나선형의 미묘한(微) 형체를 이루어 돋아나는 풀(나물)(艹)이라는 데서 「고비. (고비처럼 꽃잎이 나선형으로 맺혀 있는)장미」 薔薇(장미)	

徵 부를 징. 물을 징 | 음률이름 치.   0445-32

- 彳 + 欼(풍류소리 치) = 徵
- ☞ 풍류 소리(欼)가 퍼져 나가는(彳), 곧 풍류 소리가 사방으로 퍼져 나가 많은 인파를 불러들인 다는 데서 「부르다. (불러서)묻다. (풍류 소리에서 오음의 하나인)음률 이름」 뜻으로.

徵收(징수 - 조세를 거둠) 徵用(징용 - 징발하여 씀) 徵兵(징병) 徵集(징집) 宮商角徵羽(궁상각치우)

★ 徵(부를/물을 징)과 결합을 이룬 글자.		0445 별첨
懲(징계할 징)	☞ 心(1907) → 상급자가 하급자의 잘못을 물어서(지적하여)(徵) 마음(心)에 새기도록 나무란다 (문초하여 벌을 내린다)는 데서 「징계하다」 懲罰(징벌)	

徑 지름길/길 경. 빠를/곧을 경.   0446-30

- 彳 + 巠(물줄기 경) = 徑 (3160 참조)

☞ 높은 곳에서 낮은 곳으로 거침없이 흘러내리는 물줄기(巠)처럼 곧장 나아간다(彳)는 데서 「곧다.
(곧은)지름길. 길. 빠르다」 뜻으로.
直徑(직경 - 지름) 捷徑(첩경 - 지름길. 빠른 길) 半徑(반:경 - 반지름) 口徑(구:경 - 원통의 아가리 지름)

循 돌/좇을 순. 0447-30

● 彳 + 盾(방패/도망 순) = 循 (2283 참조)
☞ 방패(盾)가 적군의 창칼을 좇아 이리저리 돌아간다(彳)는 데서 「돌다. 좇다」 뜻으로.
循俗(순속 - 풍속을 좇음) 循環(순환) 循行(순행) 循環列車(순환열차) 惡循環(악순환)

徽 아름다울 휘. 기치 휘. 0448-20

● 彳 + 㣲(아름다울 휘) = 徽
☞ 아름다운(㣲) 자태로 걸어가는(彳) 모습이라는 데서 「아름답다. (아름답게 걸어가는 모습처럼 바람에 나풀거리는 깃발이라는 데서)기치」 뜻으로.
徽章(휘장 - 옷이나 모자에 붙이는 표장) 徽音(휘음) 徽號(휘호) 徽文中高等學校(휘문중고등학교)

彷 헤맬/거닐 방. 0449-10

● 彳 + 方(모/방향 방) = 彷
☞ 마음이 내키는 방향(方)으로 이리저리 걸어간다(彳)는 데서 「거닐다. 헤매다」 뜻으로.
彷徨(방황 - 목적이나 방향이 없이 돌아다님) 彷彿(방불 - 그럴듯하게 비슷함)

徘 어정거릴 배. 노닐 배. 0450-10

● 彳 + 非(아닐/어긋날 비) = 徘 (3414 참조)
☞ 이리저리 어긋난(非) 방향으로(목적지가 없이 이리저리) 걸어간다(彳)는 데서 「어정거리다. 노닐다」 뜻으로.
徘徊(배회 - 목적 없이 이리저리 거닒. 마음이 정해지지 않음)

徊 노닐/머뭇거릴 회. 0451-10

● 彳 + 回(돌아올/돌 회) = 徊 (0641 참조)
☞ (목적지가 없이) 이리저리 돌아(回) 다닌다(彳)는 데서 「노닐다. 머뭇거리다」 뜻으로.
低徊=低回(저:회 - 머리를 숙이고 사색하면서 거닒) 徘徊顧眄(배회고면 - 목적 없이 거닐며 기웃거림)

徙 옮길 사. 피할/귀양갈 사. 0452-10

● 彳 + 走(= 步 걸을 보) = 徙
☞ 앞서 걸어가고(彳) 뒤따라 걸어가는(走 = 步), 곧 줄지어 걸어가는 이사 행렬이나 호송관에 둘리어 죄인이 귀양지로 떠나는 모습에서 「옮기다. 귀양 가다. 피하다」 뜻으로.
徙居(사거 - 이사하여 거주함) 移徙(이사 - 사는 곳을 옮김)

| 부수(자원과 쓰임) → 0428 참조

佛 비슷할 불. 흡사할 불.   0453-10

- 亻 + 弗(아닐/말/바르지못할/어그러질 불) = 佛 (0919 참조)
- ☞ 바르지 못한(弗) 자세로 걸어가는(亻), 곧 바르지는 않지만 엇비슷한 자세로 걸어간다는 데서 「비슷하다. 흡사하다」 뜻으로.

彷佛(방불 - 그럴듯하게 비슷함)

徨 노닐/헤맬 황.   0454-10

- 亻 + 皇(임금/클 황) = 徨 (2082 참조)
- ☞ 임금(皇)이 정원을 어슬렁거리며 걸어 다닌다(亻)는 데서 「노닐다. 헤매다」 뜻으로.

彷徨(방황 - 일정한 목적이나 방향이 없이 어정버정 돌아다님)

자투리 마당

어버이를 섬기다

養親只二人(양친지이인)이로되 常與兄弟爭(상여형제쟁)하고 — 어버이를 받들고 섬기는 것은 다만 두 사람인데, 늘 형과 동생이 서로 다투고,

養兒雖十人(양아수십인)이나 君皆獨自任(군개독자임)이라 — 아기를 기르는 데는 비록 열 사람이나 되어도, 모두 자기 혼자 맡느니라.

兒飽煖親常問(아포난친상문)하되 父母饑寒不在心(부모기한부재심)이라 — 아이가 배부르고 따뜻한 것은 어버이가 늘 묻지만, 어버이의 배고프고 추운 것은 마음에 두지 아니하니라.

勸君養親須竭力(권군양친수갈력)하라 當初衣食被君侵(당초의식피군침)이니라 — 그대에게 권하노니 어버이를 받들고 섬기기를 모름지기 힘을 다 하여라, 애당초 입을 것과 먹을 것을 그대들에게 빼앗겼느니라.

- 明心寶鑑에서 -

| 부수 3획 | 女 계집 녀 | 夂 천천히걸을 쇠 | 尢 절름발이 왕 | 夊 뒤져올 치 |

女 계집 녀. 여자/처녀/시집보낼/아낙네/딸/너 녀. 0455-80

- 자원 女 → 여자가 두 손을 포개고 다소곳이 앉아 있는 모습을 표현.
- 쓰임 「여자. 여인. 여아. 너」 의미로 쓰임.

女子(여자) 女人(여인) 女性(여성) 女息(여식 - 딸) 女流(여류) 女王(여왕) 女軍(여군) 女傑(여걸)

姓 성(성씨) 성: 백성 성. 0456-70

- ◉ 女 + 生(날 생) = 姓
- ☞ (옛날에 성씨를 처음으로 제정할 때에) 여자(女)가 아기를 낳은(生) 곳의 지명(地名)을 성씨로 삼은 데서 「성씨(성). (모든 성씨를 아우른)백성」 뜻으로.

姓氏(성:씨 - 성의 경칭) 姓名(성:명) 姓銜(성:함) 百姓(백성) 他姓(타성) 同姓同本(동성동본)

始 비로소 시: 처음 시. 0457-60

- ◉ 女 + 台(나/기를 이 ǀ 별/삼정승 태) = 始 (0847 참조)
- ☞ 여자(女), 곧 어머니가 나를 길러(台) 줌으로써 나의 생존이 비롯되었다는 데서 「비로소. 처음」 뜻으로.

始初(시:초 - 맨 처음) 始動(시:동) 始作(시:작) 始祖(시:조) 始務式(시:무식) 始終一貫(시:종일관)

如 같을 여. 이를 여. 0458-42

- ◉ 女 + 口(입/어귀/말할 구) = 如
- ☞ 여자(女)가 말하는(口) 내용, 곧 (옛날 여성들은 가사 활동을 주로 하였기에) 여인들이 나누는 이야기는 대체적으로 육아나 살림살이 등 가사에 관한 것으로 그 내용이 거의 대동소이하다는 데서 「같다. (같은 결과에)이르다」 뜻으로.

如意(여의 - 뜻대로 됨) 如或(여혹 - 만일) 如意珠(여의주) 如反掌(여반장) 如何間(여하간) 如一(여일)

> ★ 如(같을/이를 여)와 결합을 이룬 글자. 0458 별첨
>
> 恕(용서할 서) ☞ 心(1868) → 같은(如) 마음(心)을 내는, 곧 상대방이 저지른 잘못을 내가 저지른 것처럼 여기어 책망(벌)하지 않는다는 데서 「용서하다. 용서」 容恕(용서)

婦 며느리/부인 부. 지어미 부. 0459-42

- ◉ 女 + 帚(비 추) = 婦 (1430 참조)
- ☞ 빗자루(帚)를 손에 쥐고 소제하는 여자(女), 곧 집안 살림살이를 하는 여인이라는 데서 「부인. 지어미. 며느리」 뜻으로.

婦人(부인 - 결혼한 여자) 婦女子(부녀자) 婦德(부덕) 夫婦(부부) 主婦(주부) 子婦(자부) 新婦(신부)

女 부수(자원과 쓰임 → 0455 참조)

妹 누이(손아래누이) 매. 소녀 매. 0460-40

- 女 + 未(아닐/아직 미) = 妹 (1611 참조)
- ☞ (자기보다 성장이) 미성숙한(未) 여자(女) 형제이라는 데서 「누이」 뜻으로.
- ※ 매형(妹兄 → 손위 누이의 남편)은 표준어이나 의미상으로 잘못된 낱말이며, 姉兄(자형)이 올바른 표현임.

妹夫(매부 - 누이의 남편) 妹弟(매제) 男妹(남매) 兄弟姉妹(형제자매) 姉妹(자매) 姉妹結緣(자매결연)

好 좋을 호: 사랑할 호. 0461-40

- 女 + 子(아들/자식 자) = 好
- ☞ 여자(어머니)(女)가 아들(자식)(子)을 가슴에 안고 좋아(사랑스러워)하는 모습에서 「좋다. 사랑하다」 뜻으로.

好感(호:감 - 좋은 감정) 好意(호:의) 好機(호:기) 好況(호:황) 好材(호:재) 好評(호:평) 好事多魔(호:사다마)

妨 방해할 방. 해로울 방. 0462-40

- 女 + 方(모/방향 방) = 妨
- ☞ 여자(女)가 있는 방향(方), 곧 (옛날에) 기생들이 있는 유흥가에 출입하면 학업에 지장을 초래한다는 데서 「방해하다. 해롭다」 뜻으로.

妨害(방해 - 남의 일에 훼방을 놓음) 妨害罪(방해죄) 無妨(무방 - 지장이 없음)

妙 묘할 묘: 예쁠 묘. 0463-40

- 女 + 少(적을 소) = 妙 (0575 참조)
- ☞ 나이가 적은(少) 여아(女)는 매우 아리따워 보인다는 데서 「예쁘다. 묘하다」 뜻으로.

妙手(묘:수 - 절묘한 수) 妙技(묘:기) 妙案(묘:안) 妙策(묘:책) 妙藥(묘:약) 妙齡(묘:령) 絕妙(절묘)

姉 손위누이 자. 맏누이 자. 0464-40

姊 손위누이 자. 맏누이 자. 0465-00

- 女 + {亠(머리 두) + 巾(수건/피륙 건) = 市(저자 시)} = 姉 (0971 참조)
- 女 + 弟(그칠 제) = 姊 ※ 姊의 속자(俗子)인 姉가 주로 쓰임.
- ☞ 姉 → 머리(亠)에 수건(巾)을 두른 성숙한 여자(女), 또는 저잣거리(市)에 장보러 다니는 성숙한 여자(女)이라는 데서 「손위 누이. 맏누이」 뜻으로.
- ☞ 姊 → 성장이 그친(弟), 곧 다 자라난(자기보다 성숙한) 여자(女)이라는 데서 「누이」 뜻으로.

姉兄=姊兄(자형 - 손위 누이의 남편) 姉妹=姊妹(자매 - 여자 형제의 언니와 아우)

委 맡길 위. 붙일/버릴/끝/이삭고개숙일 위. 0466-40

- 禾(벼 화) + 女 = 委
- ☞ (탈곡한) 벼(禾)를 여인(女)의 손길에 맡기어 정갈하게 손질함으로써 농사일이 끝난다는 데서 「맡기다. (일거리를)붙이다. (불순물을)버리다. 끝」. 한편 다소곳이 앉아 있는 여인(女)의 모습

처럼 벼 이삭(禾)이 고개를 숙인 모양이라는 데서 「이삭 고개 숙이다」 뜻으로.
委託(위탁 - 남에게 맡김) 委任(위임) 委員(위원) 委嘱(위촉) 常任委員(상임위원)

★ 委(맡길/붙일/버릴/끝/이삭고개숙일 위)와 결합을 이룬 글자.		0466 별첨
魏(성/나라 위)	☞ 鬼(3626) → 귀신(鬼), 곧 신(神)의 보살핌에 맡겨져(委) 가호를(돌봄을) 받는 나라라는 의미가 부여되어 「나라 이름」 魏나라(위나라)	
萎(시들 위)	☞ 艸(2792) → 풀(풀잎)(艹)이 벼이삭 고개 숙인(委) 모양처럼 아래로 처져(시들어져) 있다는 데서 「시들다. 마르다」 萎縮(위축)	
倭(왜나라 왜)	☞ 人(0128) → 사람(亻)의 키가 벼이삭 고개 숙인(委) 모양처럼 작달막하다는 데서 「키 작다. (키가 작은 민족의 국가라는 데서)왜나라」 倭國(왜국)	
矮(키작을 왜)	☞ 矢(2187) → 화살(矢)을 줍고 나르는 일거리를 맡은(委) 어린 아동(矢童시동)처럼 키가 작다는 데서 「키 작다」 矮小(왜소)	
巍(높을 외)	☞ 山(0551) → 산(山)이 높고 큰 모양(魏 나라/높고큰모양 위)이라는 데서 「높다」	

威 위엄 위. 엄할/세력/두려워할/시어머니 위.   0467-40

◉ 戌(개/때려부술 술) + 女 = 威 (1767 참조)
☞ 때려 부수며(戌) 전진하는 것처럼 기세가 매우 당당한 여자(女), 곧 며느리에게 위세를 당당하게 부리는 시어머니의 엄한 모습이라는 데서 「위엄. 엄하다. 시어머니」 뜻으로.
威嚴(위엄 - 점잖고 엄숙함) 威勢(위세) 威力(위력) 威容(위용) 威脅(위협) 威風堂堂(위풍당당)

姿 모양 자: 맵시/모양낼/얼굴 자.   0468-40

◉ 次(버금/다음/행차/머리꾸밀 차) + 女 = 姿 (2008 참조)
☞ 행차하기(次) 위하여 치장(화장)을 한 여자(女)의 얼굴, 또는 아름답게 머리를 꾸민(次) 여인(女)의 모습이라는 데서 「모양. 맵시. 모양내다. 얼굴」 뜻으로.
姿勢(자:세 - 몸을 움직이거나 가누는 모양) 姿態(자:태) 姿色(자:색) 姿貌(자:모) 雄姿(웅자) 容姿(용자)

婚 혼인할 혼. 혼인 혼.   0469-40

◉ 女 + 昏(어두울 혼) = 婚 (1045 참조)
☞ 남자가 여자(女)와 어두운 저녁(昏) 무렵에 혼례식을 치른다는 데서 「혼인하다」 뜻으로.
※ 옛날에는 신랑이 신부 집에 가서 저녁 무렵에 혼례식을 치렀음.
婚姻(혼인 - 남녀가 부부가 되는 일) 婚禮(혼례) 婚事(혼사) 婚需(혼수) 婚期(혼기) 婚談(혼담)

姑 시어머니 고. 고모 고.   0470-32

◉ 女 + 古(예/오랠 고) = 姑 (0797 참조)
☞ 오랜(古) 세월을 살아온 여자(女), 곧 나이가 많은 여인은 며느리와 친정 조카로부터 시어머니와 고모로 호칭되는 데서 「시어머니. 고모」 뜻으로.
姑婦(고부 - 시어머니와 며느리) 姑息的(고식적 - 임시변통으로 하는 것) 姑母(고모) 姑從(고종)

妻 아내 처. 시집보낼 처. 0471-32

- 丯(→ 丯「베틀디딜판 섭」의 획 줄임) + 女 = 妻
- 베틀 디딜판(丯)에 앉아서 베를 짜는(집에서 길쌈하는) 여인(女)이라는 데서「아내. (남의 아내가 되게 한다는 데서)시집보내다」뜻으로.

妻家(처가 - 아내의 친정집) 妻弟(처제) 夫妻(부처) 良妻(양처) 恐妻家(공처가) 愛妻家(애:처가)

★ 妻(아내/시집보낼 처)와 결합을 이룬 글자. 0471 별첨

悽(슬퍼할 처)	☞ 心(1894) → 사랑스럽게 키운 딸자식을 다른 곳(타향)으로 시집보내는(妻) 부모의 애처로운 마음(忄)이라는 데서「슬퍼하다」悽慘(처참)
凄(쓸쓸할 처)	☞ 冫(0307) → (옛날에) 얼음(冫)처럼 차가운 물에 설거지며 빨래를 하는(고된 시집살이를 하는) 아내(妻)의 모습이 애처로워 보인다는 데서「쓸쓸하다」凄凉(처량)
棲(깃들일 서)	☞ 木(1687) → 나무(木)가 울창한 수풀을 아내(妻)처럼 여기고 온갖 길짐승과 날짐승들이 깃들이고(살아가고) 있다는 데서「깃들이다. 살다」棲息(서식)

婢 계집종 비(:) 여자종 비. 0472-32

- 女 + 卑(낮을 비) = 婢 (0340 참조)
- 신분이 낮은(卑) 여자(女)이라는 데서「여자종」뜻으로.

婢僕(비복 - 계집종과 사내종) 婢妾(비:첩 - 종으로 첩이 된 여자) 侍婢(시:비) 奴婢(노비)

奴 종 노. 사내종 노. 0473-32

- 女 + 又(또/오른손 우) = 奴
- 여인(女)의 손(又)이 되어 주는, 곧 남의 집 부인의 손발 노릇을 하는 신분이 미천한 사람(남자)이라는 데서「종. 사내종」뜻으로.

奴婢(노비 - 사내종과 계집종의 총칭) 官奴(관노 - 관가의 사내종)

★ 奴(노예/사내종 노)와 결합을 이룬 글자. 0473 별첨

努(힘쓸 노)	☞ 力(0367) → 노예(奴)가 힘들여(力) 일한다는 데서「힘쓰다. 힘들이다」努力(노력)
怒(성낼 노)	☞ 心(1849) → 노예(奴)로 취급당하는 노여운 마음(心)이라는 데서「성내다」怒氣(노기)
駑(둔한말 노)	☞ 馬(3600) → (마지못해) 이끌려 가는 노예(奴)처럼 걸음이 매우 느릿한(굼뜬) 말(馬)이라는 데서「둔한 말. 둔하다」駑鈍(노둔)
弩(쇠뇌 노)	☞ 弓(0927) → 포로가 되어 집단으로 끌려가는 노예(奴)처럼 여러 개의 화살이 연달아 이끌려 나가는(발사되는) 활(弓)의 일종이라는 데서「쇠뇌」弩砲(노포)
拏(붙잡을 나)	☞ 手(1536) → 노예(奴)를 붙잡아 손(手)에 밧줄을 묶어 이끌어 간다는 데서「붙잡다」

妄 망령될 망: 요망할 망. 0474-32

- 亡(망할/잃을 망 ㅣ 없을 무) + 女 = 妄 (0202 참조)
- (여성으로서의) 이성을 잃은(亡) 여자(女)이라는 데서「망령되다. 요망하다」뜻으로.

妄靈(망:령 - 정신이 흐려서 언행이 정상을 벗어난 상태) 妄言(망:언) 妄念(망:념) 妄動(망:동) 妄發(망:발)

女 부수(자원과 쓰임 → 0455 참조)

妃 왕비 비. 짝/배필 비. 0475-32

◉ 女 + 己(몸 기) = 妃

☞ 자신의 몸(己)을 일으켜 세운(입신출세한) 여인(女), 또는 자기(己)와 단짝으로 이루어진(간택되어진) 여인(女)이라는 데서 「왕비. 짝. 배필」 뜻으로.

王妃(왕비 - 임금의 아내. 왕후) 妃嬪(비빈 - 비와 빈) 皇妃(황비) 大妃(대:비) 大王大妃(대:왕대비)

娘 아가씨/계집 낭. 각시/어머니/처녀 낭. 0476-32

◉ 女 + 良(어질/착할/낭군 량) = 娘 (2906 참조)

☞ 어질고 착한(良) 여자(女)라는 데서 「아가씨. 처녀. 계집」 뜻으로.

娘子(낭자 - 예전에 처녀를 높여 이르던 말 ↔ 낭자郎子) 娘子軍(낭자군 - 여자들로 구성된 군대)

妾 첩 첩. 0477-30

◉ 立(설 립) + 女 = 妾

☞ 새로이 세운(立) 여자(女), 곧 부인 이외에 새로 맞아들인 여자이라는 데서 「첩」 뜻으로.

妾室(첩실 - 첩이 된 여자) 妾子(첩자 - 첩의 자식) 妻妾(처첩) 臣妾(신첩) 愛妾(애:첩) 小妾(소:첩)

★ 妾(첩 첩)과 결합을 이룬 글자. 0477 별첨

接(이을 접)　　☞ 手(1435) → 손(손길)(扌)이 첩(妾)에게 미친다는 데서 「잇닿다. 잇다」 接觸(접촉)

姦 간사할 간: 간음할 간. 0478-30

◉ 女 × 3(→ 「많은 수효」를 의미) = 姦

☞ 여자(女)가 셋(3)이 모여 있는, 곧 여자들이 많이 모여서 수다를 떨며 간사스럽게 대화를 나눈다는 데서 「간사하다. (간사스러운 짓거리를 펼친다는 데서)간음하다」 뜻으로.

姦臣=奸臣(간:신 - 간사한 신하) 姦通(간:통) 姦淫=姦婬(간:음) 姦婦(간:부)

妥 온당할 타: 타당할/편안할/안정할 타. 0479-30

◉ 爫(= 爪 손톱 조 → 「손가락. 손. 잡다」 의미로 쓰임) + 女 = 妥

☞ 남편의 손(손길)(爫)이 미치는 떳떳한 부부 관계를 맺은 여인(女)이라는 데서 「온당하다. 타당하다. 편안하다」 뜻으로.

妥當(타:당 - 형편이나 이치에 마땅함) 妥協(타:협 - 두 편이 서로 좋도록 협의함) 妥結(타:결)

姻 혼인 인. 혼인할 인. 0480-30

◉ 女 + 因(인할/인연 인) = 姻 (0639 참조)

☞ 남자가 여자(女)와 인연(因)을 맺는다는 데서 「혼인. 혼인하다」 뜻으로.

婚姻(혼인 - 남녀가 부부가 되는 일) 姻戚(인척 - 외가와 처가에 딸린 식구) 姻親(인친)

娛 즐길 오: 즐거워할 오. 0481-30

- 女 + 吳(나라이름/떠들썩할/크게말할/시끄러울 오) = 娛 (0842 참조)
- ☞ 여자(기생)(女)와 어울려 떠들썩하게(吳) 잡담을 나누거나 가무(歌舞)를 즐긴다는 데서 「즐기다. 즐거워하다」 뜻으로.

娛樂(오:락 - 쉬는 시간에 기분을 즐겁게 하는 일) 娛遊(오:유 - 오락과 유희)

媒 중매 매. 중매할/중개할 매. 0482-30

- 女 + 某(아무 모) = 媒 (1647 참조)
- ☞ 여자(노파)(女)가 아무개(某)의 총각과 처녀 집을 오가며 혼인을 주선한다는 데서 「중매하다. 중매」 뜻으로.

媒介(매개 - 주선함) 媒婆(매파 - 혼인을 중매하는 할멈) 媒體(매체) 媒質(매질) 仲媒(중매)

姪 조카 질. 조카딸 질. 0483-30

- 女 + 至(이를/미칠/머무를 지) = 姪 (2867 참조) ※ 侄(조카 질)은 姪의 속자.
- ☞ 여자(女)인 형수나 제수로부터 이른(태어난)(至) 아이이라는 데서 「조카. 조카딸」 뜻으로.

姪女(질녀 - 조카딸) 姪壻(질서 - 조카사위) 姪婦(질부 - 조카며느리) 叔姪(숙질 - 아재비와 조카)

姸 고울 연: 예쁠 연. 0484-20

- 女 + 幵(평평할 견) = 姸 (2134 참조)
- ☞ 여자(女)의 이목구비(耳目口鼻)가 평평한(幵) 모양, 곧 여자의 이목구비가 반듯하여 아름다워 보인다는 데서 「곱다. 예쁘다」 뜻으로.

姸麗(연:려 - 어여쁘고 아리따움)

妊 아이밸 임: 0485-20

- 女 + 壬(북방/짊어질/클 임) = 妊 (0404 참조) ※ 妊과 姙(아이밸 임)은 동자.
- ☞ 여자(女)의 몸집이(배가) 크게(壬) 불어나 있다는 데서 「아이 배다」 뜻으로.

妊娠=姙娠(임:신 - 아이를 뱀) 妊婦(임:부 - 아이를 밴 여자) 避妊=避姙(피:임 - 임신을 피하는 일)

姜 성(姓) 강. 물이름 강. 0486-20

- 羊(→ 羊「양 양」의 획 줄임) + 女 = 姜
- ☞ 姜은 본래 강수(姜水)이라는 강 이름 글자. 강물이 온순한 양(羊 = 羊)과 다소곳한 여인(女) 처럼 잔잔하고 미려하게 흐르는 강이라는 의미가 부여되어 「물(강) 이름」 뜻으로.

姜邯贊(강감찬 - 고려 때 거란의 침공을 물리친 공신)

妖 요사할 요. 아리따울/아양부릴/괴물 요. 0487-20

- 女 + 夭(어릴/예쁠/일찍죽을/굽을 요) = 妖 (0750 참조)
- ☞ 어리고 예쁜(夭) 여아(女)이라는 데서 「아리땁다. (여아가 아리땁게 말한다는 데서)아양 부리다.

(간드러지게 아양을 부린다는 데서)요사하다. (요사스러운)괴물」뜻으로.
妖怪(요괴 - 요사스러운 귀신) 妖艶(요염) 妖精(요정) 妖邪(요사) 妖妄(요망) 妖婦(요부) 妖術(요술)

娩　낳을 만: 해산할 만. 0488-20

- ◉ 女 + 免(면할 면) = 娩 (0193 참조)
- ☞ 여자(女)가 태아를 배 속으로부터 면한다(免)는 데서 「해산하다. (아기를)낳다」뜻으로.

娩痛(만:통 - 분만할 때의 아픔) 分娩(분만 - 아이를 낳음)

嫌　싫어할 혐. 의심할 혐. 0489-20

- ◉ 女 + 兼(겸할 겸) = 嫌 (0328 참조)
- ☞ 남편이 여자(女)를 겸하여(이중으로)(兼) 맞이하거나 교제를 하면 부인은 이를 싫어(의심)한다는 데서 「싫어하다. 의심하다」뜻으로.

嫌疑(혐의 - 꺼리어 싫어함. 범죄 사실이 있으리라는 의심) 嫌惡(혐오) 嫌怨(혐원) 嫌忌(혐기)

嬉　아름다울 희. 예쁠/즐길 희. 0490-20

- ◉ 女 + 喜(기쁠/즐거울 희) = 嬉 (0815 참조)
- ☞ 여자(女)가 기쁜(喜) 표정을 짓는 아리따운 모습이라는 데서 「아름답다. 예쁘다」뜻으로.

嬉笑(희소 - 실없이 웃는 웃음. 예쁘게 웃는 웃음) ※ 喜笑(희소 - 기뻐서 웃음)

媛　계집/예쁠 원. 0491-20

- ◉ 女 + 爰(이에/이끌/당길 원) = 媛 (1451 참조)
- ☞ 사람들의 이목을 이끄는(爰) 여자(女)라는 데서 「계집. 예쁘다」뜻으로.

才媛(재원 - 재주가 있는 젊은 여자)

孃　아가씨 양. 계집애 양. 0492-20

- ◉ 女 + 襄(도울/옷벗고밭갈/오를/이룰 양) = 孃 (2560 참조)
- ☞ 여성(女)으로서의 자태를 이룬(襄), 곧 여성스러운 면모를 갖춘(사춘기에 접어든) 처녀라는 데서 「계집애. 아가씨」뜻으로.

孃(양 - 처녀의 뜻으로 성명 아래에 붙여 대접하여 부르는 말) 金孃(김양)

嬅　탐스러울 화. 0493-20

- ◉ 女 + 華(빛날/꽃 화) = 嬅 (2729 별첨)
- ☞ 여자(女)의 모습이 꽃(꽃봉오리)(華)처럼 탐스러워 보인다는 데서 「탐스럽다」뜻으로.

姬　계집 희. 아씨 희. 0494-20

- ◉ 女 + 臣(턱 이) = 姬
- ☞ (굴곡을 이룬) 턱(臣) 모양처럼 각선미가 넘치는 여자(女)라는 데서 「계집. (부녀자를 아름답게 칭하는)아씨」뜻으로.

美姬(미:희 - 아름다운 여자) 佳姬(가:희 - 미희) 舞姬(무:희 - 춤추는 일을 업으로 삼는 여자)

姚 예쁠 요. 성(姓) 요. 0495-20

- 女 + 兆(조짐/억조/거북점 조) = 姚 (0190 참조)
- ☞ 여기에서 兆는 복숭아꽃(桃 복숭아 도)을 표현. 여자(女)의 용모가 복숭아 꽃망울(兆 = 桃)처럼 예쁘장한 모습이라는 데서「예쁘다」뜻으로.

妖冶(요야 - 용모가 아름다움)

妓 기생 기: 0496-10

- 女 + 支(지탱할/가지 지) = 妓 (2024 참조)
- ☞ 여자(女)가 나뭇가지(支)를 쥐고 있는 모양, 곧 장구채를 거머쥐고 춤추며 노래하는 여자이라는 데서「기생」뜻으로.

妓生(기:생 - 풍류로 흥을 돕는 것을 업으로 삼는 여자) 妓女(기:녀 - 기생) 名妓(명기 - 이름난 기생)

娠 아이밸 신. 0497-10

- 女 + 辰(별/일진/삼월 진) = 娠 (2993 별첨)
- ☞ 여자(女)의 배가, 식물이 삼월(辰)에 이르러 피어나는 볼록한 꽃망울처럼 볼록하게 불어 있다는 데서「아이 배다」뜻으로.

妊娠=姙娠(임:신 - 아이를 뱀)

娶 장가들 취: 0498-10

- 取(가질/취할/잡을 취) + 女 = 娶 (0387 참조)
- ☞ 여자(女)를 아내로 취한다(맞아들인다)(取)는 데서「장가들다」뜻으로.

娶妻(취:처 - 아내를 맞아들임) 娶嫁(취:가 - 장가가고 시집가는 일) 嫁娶(가취 - 취가)

妣 죽은어미 비: 0499-10

- 女 + 比(견줄/비할/아우를 비) = 妣 (1575 참조)
- ☞ 돌아가신 아버지의 위패(位牌)와 아울러(나란히)(比) 모시는 고인으로 된 여자(女)이라는 데서「죽은 어미」뜻으로.

妣位(비:위 - 돌아가신 어머니와 그 이상 대대의 할머니의 신위) 先妣(선비) 顯妣(현:비)

姨 이모 이. 0500-10

- 女 + 夷(오랑캐/큰활/무리 이) = 姨 (0741 참조)
- ☞ 여자(女)와 같은 무리(夷), 곧 어머니와 혈연이 같은 자매이라는 데서「이모」뜻으로.

姨母(이모 - 어머니의 자매) 姨從四寸(이종사촌 - 이모의 아들과 딸)

嫁 시집갈 가. 0501-10

- 女 + 家(집 가) = 嫁 (0581 참조)

女 부수(자원과 쓰임 → O455 참조)

☞ 여자(女)가 집(家)을 마련하여 가는, 곧 처녀가 총각을 만나 새로운 가정을 이루려 간다는 데서「시집가다」뜻으로.
嫁娶(가취 - 시집가고 장가듦) 出嫁(출가 - 처녀가 시집을 감) 嫁期(가기) 再嫁(재:가)

妬 샘낼 투. 투기할/강샘할 투. 0502-10

● 女 + 石(돌 석) = 妬
☞ 여자(女)가 시샘하여 상대자에게 돌(石)을 던지는, 또는 여자(女)가 시샘하여 당사자에게 (차갑고 딱딱한) 돌(石)처럼 쌀쌀맞게 대한다는 데서「샘내다. 투기(강샘)하다」뜻으로.
妬心(투심 - 시기하는 마음) 妬忌(투기 - 질투) 嫉妬(질투 - 시기하고 증오하는 감정)

婆 할미 파. 늙은어머니 파. 0503-10

● 波(물결/파도 파) + 女 = 婆 (1199 참조)
☞ 수면이 굴곡을 이루는 물결(파도)(波) 모양처럼 피부에 주름이 잡혀 있는 늙은 여자(女)라는 데서「할미. 늙은 어머니」뜻으로.
老婆(노:파 - 늙은 여자) 産婆(산:파 - 조산사의 구 용어) 婆羅門(바라문 - 브라만. 가장 높은 승려 계급)

奸 간사할 간. 범할/무례를범할 간. 0504-10

● 女 + 干(방패/범할 간) = 奸
☞ 다른 여자(女)를 범한다(干)는 데서「무례를 범하다. 범하다. (무례를 범하는 간교한 성품이라는 데서)간사하다」뜻으로.
奸邪(간사 - 간교하고 바르지 못함) 奸巧(간교) 奸惡(간악) 奸慝(간특) 奸臣賊子(간신적자)

娼 창녀 창. 계집광대 창. 0505-10

● 女 + 昌(창성할/성할/나타날/부를 창) = 娼 (1040 참조)
☞ 소리를 성하게(昌) 부르는 여자(女)라는 데서「계집 광대. (몸을 파는 계집 광대라는 데서) 창녀」뜻으로.
娼女(창녀 - 몸을 파는 것을 업으로 삼는 여자) 私娼(사창 - 매음하는 창녀) 私娼街(사창가)

媤 시집 시. 0506-10

● 女 + 思(생각할 사) = 媤 (1838 참조)
☞ 여러 가지를 생각하며(思) 살아가는 여인(女), 곧 친정 부모를 그리워하고 시부모와 남편과 자식들을 생각하며 살아가는 여인내의 시댁 생활이라는 데서「시집」뜻으로.
媤家(시가 - 시부모가 있는 집) 媤宅(시댁 - 시가의 높임말)

嫂 형수 수. 0507-10

● 女 + 叟(늙은이/어른/움직일/쌀씻는소리 수) = 嫂 (1479 참조)
☞ 거처를 움직여(이동하여)(叟) 형님에게 시집온 여자(女)라는 데서「형수」뜻으로.

女 부수(자원과 쓰임 → 0455 참조)

兄嫂(형수 - 형의 아내) 弟嫂(제:수 - 아우의 아내) 季嫂(계:수 - 막내 동생의 아내)

嫡 정실 적. 본마누라/맏아들 적. 0508-10

- 女 + 啇(밑동/나무뿌리/과일꼭지 적) = 嫡 (1803 참조)
- ☞ 밑동(본바탕)(啇)을 이루는 여자(女), 곧 집안에서 처음부터 정식으로 결혼한 본래의 부인이라는 데서 「정실. 본마누라. (정실이 먼저 낳은)맏아들」 뜻으로.

嫡妻(적처 - 정식으로 맞이한 아내) 嫡統(적통) 嫡室(적실) 嫡出(적출) 嫡子(적자) 嫡庶(적서)

嬰 어린아이 영. 갓난아이/연약할/둘릴/갓끈 영. 0509-10

- {貝(조개 패) + 貝 = 賏(목걸이 영)} + 女 = 嬰
- ☞ 목에 조개 목걸이(賏)가 둘리어져 있는 어린 여아(女)이라는 데서 「어린아이. 갓난아이. 연약하다. (목걸이가 목에)둘리다. (목에 둘러매는)갓끈」 뜻으로.
- ※ 「갓끈」을 뜻하는 글자는 糸 부수에 嬰(영)이 결합된 纓(갓끈 영)으로 됨.

嬰兒(영아 - 젖먹이)

★ 嬰(갓난아이/연약할/둘릴/갓끈 영)과 결합을 이룬 글자. 0509 별첨

櫻(앵두나무 앵)	☞	木(1721) → 조개 목걸이(賏)가 여아(女)의 목에 둘리어(嬰) 있는 모양처럼 작고 동글동글한 열매가 조롱조롱 맺히는 나무(木)이라는 데서 「앵두나무. 앵두」 櫻桃(앵도)
鸚(앵무새 앵)	☞	鳥(3714) → 엉얼대는 갓난아이(嬰)처럼 말소리를 흉내 내는 새(鳥)이라는 데서 「앵무새」

嬌 아리따울 교. 애교 교. 0510-10

- 女 + 喬(나뭇가지위굽을/높을 교) = 嬌 (0902 참조)
- ☞ 나뭇가지 위 굽은(喬) 모양처럼 야들야들하고 곡선미가 넘쳐나는 여자(女)이라는 데서 「아리땁다. (아리따운 언행을 보인다는 데서)애교」 뜻으로.

嬌聲(교성 - 여자의 간드러지는 소리) 嬌態(교태) 嬌姿(교자) 愛嬌(애:교 - 남에게 귀엽게 보이는 태도)

嬪 궁녀/궁녀벼슬이름 빈. 아내 빈. 0511-10

- 女 + 賓(손/손님 빈) = 嬪 (3066 참조)
- ☞ 귀한 손님(賓)을 맞이하는 것처럼 언제나 왕과 왕비를 귀하게 모시는 여인(女)이라는 데서 「궁녀. 궁녀 벼슬 이름. (부군을 모시는)아내」 뜻으로.

嬪宮(빈궁 - 왕세자의 아내) 嬪妾(빈첩 - 빈궁이 자신을 낮추어 일컫는 말)

孀 홀어미 상. 과부 상. 0512-10

- 女 + 霜(서리 상) = 孀 (3398 참조)
- ☞ 서리(霜)를 맞아 잎이 떨어진 나무(나목)처럼 남편을 여의어서 보호막이 없어진 여인(女)이라는 의미가 부여되어 「홀어미. 과부」 뜻으로.
- ※ 대부분의 초목은 서리를 맞으면 잎이 떨어져 앙상한 가지만 남음.

青孀寡婦(청상과부 - 나이가 젊은 과부) 孀閨(상규 - 과부가 거처하는 방)

女 부수(자원과 쓰임 → 0455 참조)

嫉 미워할 질. 시기할/투기할 질. 0513-10

- 女 + 疾(병질/빠를/투기할 질) = 嫉 (2305 참조)
- ☞ 여자(女)가 투기하는(疾), 곧 기존의 남녀 사이에 다른 여인이 끼어들면서 서로가 시샘(미워)한다는 데서 「시기하다. 투기하다. 미워하다」 뜻으로.

嫉視(질시 - 시기해서 봄) 嫉逐(질축 - 샘내어 내쫓음) 嫉妬(질투) 嫉惡(질오) 嫉惡如仇(질오여구)

婉 순할/아름다울 완: 0514-10

- 女 + 宛(완연할/굽을 완) = 婉 (1857 참조)
- ☞ 자세를 구부린(宛) 여자(女), 곧 다소곳이 앉아 있는 여인의 모습에서 「순하다. 아름답다」 뜻으로.

婉曲(완:곡하다 - 말하는 투가 모나지 않고 부드럽다) 婉順(완:순하다 - 예쁘고 온순하다)

媚 아첨할/예쁠 미. 상긋거릴 미. 0515-10

- 女 + 眉(눈썹 미) = 媚 (2282 참조)
- ☞ 여자(女)가 눈썹(眉)을 살포시 움직이며 아양을 떠는(아첨하는) 예쁜 모습이라는 데서 「(눈썹을) 상긋거리다. 아첨하다. 예쁘다」 뜻으로.

媚態(미태 - 아양을 부리는 태도) 明媚(명미하다 - 경치가 맑고 아름답다)

娑 춤출/사바세상 사. 옷너풀거릴 사. 0516-10

- 沙(모래 사) + 女 = 娑 (1211 참조)
- ☞ 모래(沙)가 바람에 흩날리는 것처럼 여인(女)이 옷을 너풀거리며 춤추는 모습이라는 데서 「옷너풀거리다. 춤추다」. 범어 Sabha를 娑婆(사바)로 음역하여 「(괴로움이 많은)사바 세상」 뜻으로

娑婆(사바 - 범어 Sabha의 음역으로, 괴로움이 많은 이 세상) 娑婆世界(사바세계 - 인간 세계)

婿 사위 서. 0517-00

- 女 + 胥(서로 서) = 婿 (2444 참조)   ※ 婿는 壻(사위 서)와 동자.
- ☞ 여식(딸)(女息)과 서로(胥) 인연을 맺은(결혼한) 사람이라는 데서 「사위」 뜻으로.

壻郎=婿郎(서랑 - 남의 사위의 높임말) 同婿(동서 - 자매의 남편, 형제의 아내끼리 서로 일컫는 말)

嬋 고울 선. 0518-00

- 女 + 單(홑/외짝 단) = 嬋 (0813 참조)
- ☞ 여기서 單은 매미(蟬 매미 선) 모양을 표현. 여자(女)의 체형이 매미(單 → 蟬) 모양처럼 허리가 가늘고 산뜻한 모습이라는 데서 「곱다」 뜻으로.

嬋姸(선연 - 날씬하고 아름다움) 嬋娟(선연 - 얼굴이 곱고 예쁨) ※ 娟(예쁠 연)

| 부수 3획 | 女 계집 녀 | 夊 천천히걸을 쇠 | 尢 절름발이 왕 | 夂 뒤져올 치 |

夊 천천히걸을 쇠. 편안히걸을 쇠. 0519-00

자원 夊 → 사람(勹 → 人「사람 인」의 변형)의 걸음걸이가 물이 흘러내리는(乁 흐를 이) 모양처럼 여유롭게 걸어가는 모습에서「천천히 걷다. 편안히 걷다」는 의미를 지님.

쓰임 「천천히 걷다. 걷다. 걷는 동작」과 의미로 쓰임.

夏 여름 하: 나라이름/클 하. 0520-70

◉ 頁(→ 首「머리 수」의 본래 글자) + 夊 = 夏

☞ 머리(頁)를 늘어뜨리고 천천히 걸어가는(夊), 곧 보행이 굼뜨는(몸이 풀리어 걸음걸이가 느릿한) 무더운 계절이라는 데서「여름. (여름은 해가 크게 원을 그리는 데서)크다」뜻으로.

夏期(하:기 - 여름 동안의 기간) 夏季(하:계 - 여름철) 夏服(하:복) 夏至(하:지) 夏爐冬扇(하:로동선)

夌 언덕 릉. 넘을/높을 릉. 0521-00

◉ 坴(두꺼비/나아가지않을 록) + 夊 = 夌

☞ 동작이 느릿한 두꺼비(坴)가 나아가는 것처럼 천천히 걸어가야(夊)만 넘을 수 있는 높고 가파른 언덕이라는 데서「언덕. 높다. (언덕을)넘다」뜻으로.

※「언덕」을 뜻하는 글자는 阝 부수에 夌이 결합된 陵(릉)으로 쓰임.

★ 夌(언덕/넘을/높을 릉)과 결합을 이룬 글자. 0521 별첨

陵(언덕 릉)	☞ 阜(3342) →	높은(夌) 언덕(阝)이라는 데서「(큰) 언덕. 높다」江陵(강릉)
凌(능가할 릉)	☞ 冫(0305) →	얼음(冫)으로 뒤덮여 있는 높은 언덕을 넘어가는(夌), 곧 어려운 고비를 넘어간다는 데서「능가하다」凌駕(능가)
稜(모날 릉)	☞ 禾(2229) →	벼(禾)가 언덕(夌) 형상처럼 가운데는 볼록하고 가장자리는 비탈져 있는(모난) 모양이라는 데서「모나다. 모서리」稜線(능선)
綾(비단 릉)	☞ 糸(2512) →	매우 가늘고 가벼운 실(糸)로 직조되어(짜여져) 언덕을 넘어가는(夌) 것처럼 너울거리는 천(베)이라는 데서「가는 비단. 비단」綾紗(능사)
菱(마름 릉)	☞ 艹(2822) →	(물 밑에 뿌리를 내리고) 잎줄기가 깊은 물길을 넘어(夌) 수면에 잎과 꽃을 피우는 풀(식물)(艹)이라는 데서「마름」菱形(능형)

女	夂	尢	夊
계집 녀	천천히걸을 쇠	절름발이 왕	뒤져올 치

尢 절름발이 왕. 곱사 왕.   0522-00

자원 尢 → 양쪽 팔다리를 크게 벌리고 서 있는 사람을 표현한 대(大) 글자에 반하여, 한쪽 다리가 굽어진 모양(乚)을 표현하여 「절름발이」 의미를 지님.

쓰임 「절름발이. 尢 모양」과 의미로 쓰임.

就 나아갈 취: 이룰 취.   0523-40

◉ 京(서울/높은언덕 경) + {尢 + 丶 = 尤(더욱 우)} = 就 (0201 참조)

☞ 서울(京)과 더욱(尤) 가까운 곳(서울 부근)으로 나아가는, 또는 높은 언덕(京)과 더욱(尤) 가까운 곳(정상 부근)으로 나아간다는 데서 「나아가다. 이루다」 뜻으로.

就業(취:업 - 직업을 얻음. 취직) 就職(취:직) 就學(취:학) 就任(취:임) 就航(취:항) 就寢(취:침) 就勞(취:로)

★ 就(나아갈/이룰 취)와 결합을 이룬 글자.   0523 별첨

鷲(수리 취)	☞ 鳥(3710) → 먹이를 낚아채기 위하여 잽싸게 나아가는(就) 매우 진취적인 새(鳥)이라는 데서 「수리. 독수리」 鷲瓦(취와)
蹴(찰 축)	☞ 足(3007) → 발(𧾷)을 앞으로 나아가게(就) 하여 공이나 물건 같은 것을 걷어찬다는 데서 「차다」 蹴球(축구)

尤 더욱 우. 가장/원망할 우.   0524-30

◉ 尢 + 丶(불똥/점 주) = 尤

☞ (흉악한 범죄자에 대하여) 다리를 절단하여 절름발이(尢)를 만들고 이마에 점(丶)을 찍는(경을 치는) 가장 혹독한 형벌을 내린다는 데서 「더욱. 가장」 뜻을. 혹독한 형벌을 받는 죄인의 입장에서는 원망스럽게 여긴다는 데서 「원망하다」 뜻으로.

※ 경(黥 : 얼굴에먹물을넣어빠지지않도록하는형벌 경)은 죄인의 이마에 먹물을 문신하는 형벌.

尤甚(우심 - 더욱 심함) 尤極(우극 - 더욱) 尤妙(우묘) 尤庵集(우암집) 不怨天不尤人(불원천 불우인)

尨 삽살개/클 방.   0525-10

◉ 尤(더욱 우) + 彡(터럭/털무늬 삼) = 尨

삽살개(尨)

☞ 여기에서 尤는 개(犬 개 견)가 다리를 접고 앉아 있는 모양을 표현. 털(彡)이 더욱더(尤) 많이 돋아나서 큼지막하게 보이는 삽살개 모양(尨)에서 「삽살개. 크다」 뜻으로.

尨大=厖大(방대 - 매우 많고도 큼)

女	夂	尢	夂
계집 녀	천천히걸을 쇠	절름발이 왕	뒤져올 치

夂 | 뒤져올 치. 0526-00

자원 夂 → 사람(夂 → 人「사람 인」의 변형)의 걸음걸이가 뒤쪽으로 처져(\ 파임 불) 있는, 곧 사람의 걸음걸이가 뒤로 처지어 걸어(따라)오는 모습을 표현.

쓰임 「뒤져(뒤따라) 오다. 잇닿은 모양」과 의미로 쓰임.

夆 | 만날 봉. 끌/봉우리 봉. 0527-00

● 夂 + 丰(예쁠/풀성할 봉) = 夆

☞ 뒤져 와서(夂) 무성하게(丰) 꿰어져 있는, 곧 산등성이가 연이어져(겹겹으로 포개어져)서 높이 솟아오른 봉우리 모양에서 「봉우리. (산등성이가 서로)만나다. 끌다」 뜻으로.

※ 夆은 위와 같은 음훈을 지니고 있으나 중간 글자(쪽자)로만 쓰임.

★ 夆(만날/끌/봉우리 봉)과 결합을 이룬 글자.		0527 별첨
逢(만날 봉)	☞ 辶(3112) → 상대편으로 다가가서(辶) 서로가 만난다(夆)는 데서 「만나다」 相逢(상봉)	
峯(봉우리 봉)	☞ 山(0531) → 산(山) 봉우리(夆)이라는 데서 「봉우리」 雲峯(설봉)	
峰(봉우리 봉)	☞ 山(0532) → 산(山) 봉우리(夆)이라는 데서 「봉우리」 雪峰(설봉)	
蜂(벌 봉)	☞ 虫(2615) → 봉우리(夆) 형상을 이루어 집을 짓거나 분봉하는 벌레(虫)이라는 데서 「벌」	
烽(봉화 봉)	☞ 火(1157) → 난리를 알리기 위하여 산봉우리(夆)에 피우는 불(火)이라는 데서 「봉화」	
鋒(칼끝 봉)	☞ 金(3462) → 쇠(쇠붙이)(金)로 된 칼이나 창의 봉우리(夆) 지점이라는 데서 「칼끝. 창끝」	

주관하는 부수(部首)는 거의 음(音)이 되지 않는다

○ 한자는 훈(訓)과 음(音)으로 구분되어 있으며, 峯(봉우리 봉)에서 「봉우리」는 훈이고 「봉」은 음인 고로, 예를 들어 峯은 山 부수에 속하여 있음으로 「산」이 주된 의미가 되고, 夆(만날 봉)은 봉우리 모양과 부차적인 뜻을 지님과 동시에 「봉」이라는 음(音)이 되며, 이때 峯을 주관하는 부수인 山(메 산)의 「산」은 음으로 쓰이지 않는 원칙이 세워져 있음이다. 주관하는 부수가 음을 겸하고 있는 예외의 경우(仁「어질 인 → 人 부수」 幹「줄기 간 → 干 부수」 등도 가끔은 있긴 하지만. 이러한 원칙은 글자를 주관하는 부수(部首)가 음(音)마저도 같다면 음을 듣고서는 글자를 구분하기가 힘들기 때문일 것이다.

○ 功의 경우 工 부수인지 力 부수인지가 애매하여 보인다. 그러나 工(장인 공)은 功(공 공)과 같은 「공」으로 발음되므로 工은 주관하는 부수가 아니며, 상대적으로 力(힘 력)이 주관하는 부수임을 알게 된다.

○ 이와 같이 주관하는 부수는 음으로 되지 않기에 중간 글자(쪽자) 구실을 하는 夆(만날 봉). 夌(언덕 릉) 등과 결합된 글자는 음(音)을 거의 그대로 지니고 있다. 이들 글자를 몇 자만 알아 두어도 수백 글자의 음(音)을 아는 셈이 되며, 이처럼 자주 쓰이는 중간 글자에 내포되어 있는 뜻을 함께 알아 둔다면 이들과 결합된 글자들은 거의 터득한 것이나 마찬가지이므로 매우 중요하다고 볼 수 있다.

부수가 음(音)을 겸한 예외 글자

예외 글자	부수	예외 글자	부수	예외 글자	부수
仁(어질 인)	人	毘(도울 비)	比	紗(비단 사)	糸
到(이를 도)	刀	毖(삼갈 비)	比	舅(시아비 구)	臼
包(쌀 포)	勹	旁(곁 방)	方	艱(어려울 간)	艮
字(글자 자)	子	欽(공경할 흠)	欠	諺(언문 언)	言
如(같을 여)	女	歆(흠향할 흠)	欠	錦(비단 금)	金
少(적을 소)	小	甥(생질 생)	生	飾(꾸밀 식)	食
囲(에워쌀 위)	囗	甸(경기 전)	田	鬪(싸움 투)	鬥
句(글귀 구)	口	碩(클 석)	石		
幹(줄기 간)	干	號(이름 호)	虍		
扈(따를 호)	戶	發(필 발)	癶		

山	巛(川)	寸	屮
메 산	내 천	마디 촌	싹날 철

山 메 산. 0528-80

- **자원** 山 → 연이어져 있는 산(산봉우리) 모양을 표현.
- **쓰임** 「산. 산 모양」과 의미로 쓰임.

山水(산수 - 산과 물) 山林(산림) 山川(산천) 山河(산하) 山村(산촌) 山莊(산장) 山海珍味(산해진미)

島 섬 도. 0529-50

- 鳥(→ 鳥「새 조」의 줄임으로 봄) + 山 = 島
- (물에 떠 있는) 새(鳥) 형상을 이루어 바다 위에 솟아 있는 산(山)이라는 데서 「섬」 뜻으로.

島嶼(도서 - 크고 작은 섬) 島民(도민 - 섬에 사는 사람) 半島(반:도) 韓半島(한:반도 - 우리나라)

★ 島(섬 도)와 결합을 이룬 글자. 0529 별첨

搗 찧을 도 ☞ 手(1505) → 여기에서 島는 디딜방아 모양을 표현. 도(島) 글자 형상처럼 생긴 디딜방아에 손(扌)으로 곡식을 뒤집어 가면서 방아를 찧는다는 데서 「찧다」 搗精(도정)

崇 높을 숭. 높일 숭. 0530-40

- 山 + 宗(마루/종묘/밑동/높일 종) = 崇 (0596 참조)
- ※ 마루 → ①지붕이나 산에 길게 등성이가 진 곳. ②바닥을 널조각으로 깔아 놓은 간(間)
- 산(山)이 마루(등성마루)(宗) 위로 높이 솟구쳐 있는, 또는 높은 산(山)처럼 종묘(宗)를 높이 떠받든다는 데서 「높다. 높이다」 뜻으로.

崇尙(숭상 - 높여 소중히 여김) 崇拜(숭배) 崇高(숭고) 崇慕(숭모) 崇禮門(숭례문) 崇儒(숭유)

峯 봉우리 봉. 메/멧부리 봉. 0531-32

峰 봉우리 봉. 메/멧부리 봉. 0532-00

- 山 + 夆(만날/봉우리 봉) = 峯 = 峰 (0527 참조) ※ 峯과 峰은 동자.
- 산(山)의 봉우리(夆)이라는 데서 「봉우리. 메. 멧부리」 뜻으로.

峰頭=峯頭(봉두 - 산봉우리) 雪峯(설봉 - 눈 덮인 봉우리) 白頭峰(백두봉) 靈峰(영봉 - 신령스런 봉우리)

嶺 고개 령. 재/산맥이름 령. 0533-32

- 山 + 領(거느릴/목 령) = 嶺 (0060 참조)
- 산(山)의 목(목덜미)(領)에 해당하는 지점이라는 데서 「고개. 재」 뜻으로.

嶺東(영동 - 대관령의 동쪽 지방) 嶺西(영서) 大關嶺(대:관령 - 강원도에 있는 재)

山 부수(자원과 쓰임) → 0528 참조

岸 언덕 안: 기슭 안. 0534-32

◉ 山 + {厂(굴바위/언덕 엄) + 干(방패 간) = 厈(굴바위집 엄)} = 岸
☞ 산(山) 아래쪽으로, 언덕(厂)이 방패막이(干)처럼 둘리어져 있는 지대(산자락)라는 데서 「언덕. 기슭」 뜻으로.

岸壁(안:벽 - 깎아지른 듯한 낭떠러지로 된 물가) 海岸(해:안) 彼岸(피:안) 兩岸(양:안) 沿岸(연안)

巖 바위 암. 0535-32

◉ 山 + 嚴(엄할/씩씩할/높을/굳셀 엄) = 巖 (0819 참조)
☞ 산(山)을 형성하고(이루고) 있는 매우 굳센(嚴) 물질이라는 데서 「바위」 뜻으로.

巖盤=岩盤(암반 - 바위로 구성된 지층) 巖石=岩石(암석) 巖壁(암벽) 巖窟(암굴) 花崗巖(화강암)

岩 바위 암. 0536-00

◉ 山 + 石(돌 석) = 岩 ※ 岩은 巖(바위 암)의 약자.
☞ 산(山)을 이루고(형성하고) 있는 돌(石)이라는 데서 「바위」 뜻으로.

岩石(암석 - 바위) 岩壁(암벽 - 벽 모양처럼 높이 솟은 바위) 岩窟(암굴)

崩 무너질 붕. 0537-30

◉ 山 + 朋(벗/무리 붕) = 崩 (1095 참조)
☞ 산(山) 아래로 토석이 무리(朋)를 이루어 허물어져 내린다는 데서 「무너지다」 뜻으로.

崩壞(붕괴 - 허물어져 무너짐) 崩落(붕락 - 무너져서 떨어짐) 崩御(붕어 - 임금의 죽음을 이르는 말)

★ 崩(무너질 붕)과 결합을 이룬 글자. 0537 별첨

| 繃(묶을 붕) | ☞ 糸(2513) → 무너진(헤진)(崩) 부위를 실(糸)로 묶는다는 데서 「묶다」 繃帶(붕대) |

岳 큰산 악. 멧부리/조종 악. 0538-30

◉ 丘(언덕 구) + 山 = 岳 ※ 岳은 嶽(큰산 악)의 고자(古字)이면서 동자.
☞ 언덕(丘)이 산(山) 위에 덧대어져 있는 것처럼 매우 높이 솟아오른 산이라는 데서 「큰 산. 멧부리. 조종」 뜻으로.

山岳=山嶽(산악 - 높고 험준한 산들) 岳父(악부 - 장인) 冠岳山(관악산 - 서울에 있는 산 이름)

峻 높을/준엄할 준: 험할/가파를 준. 0539-20

◉ 山 + 夋(천천히걷는모양/갈/거만할 준) = 峻 (0120 참조)
☞ 산(山)이 거만하게(夋) 보일 정도로 매우 높고 가파른 모양이라는 데서 「높다. 험하다. 가파르다. (높고 험한 형세라는 데서)준엄하다」 뜻으로.

峻峰(준:봉 - 높고 험준한 산봉우리) 峻嚴(준:엄 - 매우 엄격함) 險峻(험:준 - 지세가 썩 높고 가파름)

山 부수(자원과 쓰임 → 0528 참조)

峽 골짜기 협. 0540-20

- 山 + 夾(낄 협) = 峽 (0754 참조)
- ☞ 산(山) 사이에 끼여(夾) 있는 비좁은 지대이라는 데서 「골짜기」 뜻으로.

峽谷(협곡 - 계곡) 峽路(협로 - 산길) 海峽(해:협 - 육지와 섬 사이에 끼어 있는 좁고 긴 바다)

岬 곶(串) 갑. 산곁/산허리 갑. 0541-20

- 山 + 甲(갑옷/껍질 갑) = 岬 (2114 참조)
- ☞ 산(山)의 껍질(甲), 곧 산의 언저리 지대이라는 데서 「산 곁. 산허리. 곶」 뜻으로.

岬角(갑각 - 육지가 바다 안으로 돌출한 부분. 곶) 長山岬(장산갑 - 장산곶) 長鬐岬(장기갑 - 동외곶)

岐 갈림길 기. 0542-20

- 山 + 支(지탱할/가지 지) = 岐 (2024 참조)
- ☞ 산(山)에, 나뭇가지(支)처럼 이리저리 갈래져 있는 길이라는 데서 「갈림길」 뜻으로.

岐路(기로 - 갈림길)

崔 성(姓)/높을 최. 산우뚝한모양 최. 0543-20

- 山 + 隹(새 추ㅣ높을 최) = 崔
- ☞ 산(山)이 높이 날아오르는 새(隹)보다 더욱더 높이 솟아오른 모양이라는 데서 「높다. 산 우뚝한 모양」 뜻으로.

崔崔(최최 - 산이 우뚝하게 솟은 모양) 崔致遠(최치원 - 신라 때의 대학자)

★ 崔(높을/산우뚝한모양 최)와 결합을 이룬 글자.		0543 별첨
催(재촉할 최)	☞ 人(0104) → 다른 사람(亻)으로 하여금 높은(崔) 직위나 단상 같은 곳에 오르도록 다그친다 (성화를 부린다)는 데서 「재촉하다」 催告(최고)	

岡 산등성이 강. 언덕 강. 0544-20

- 罒(= 网 그물 망) + 山 = 岡
- ☞ 그물(罒)을 덮어씌워 놓은 모양처럼 두툼한 형상으로 이루어져 있는 산자락(山)이라는 데서 「산등 성이. 언덕」 뜻으로.

岡陵(강릉 - 언덕이나 작은 산)

★ 岡(산등성이/언덕 강)과 결합을 이룬 글자.		0544 별첨
剛(굳셀 강)	☞ 刀(0242) → 높이 솟아오른 산등성이(岡)처럼 칼(刂)이 매우 우람차고 굳건하다는 데서 「굳세다」 剛健(강건)	
綱(벼리 강)	☞ 糸(2481) → 언덕(岡)에 매달아 놓은 실(糸), 곧 (새를 잡기 위하여) 언덕에 그물을 매달아 놓은 굵은 실이라는 데서 「그물 얽어매다. 동아줄. (그물을 매달아 놓은 동아줄은 그물을 펴고 오므리는 벼리 구실을 한다는 데서)벼리」 紀綱(기강)	

| 鋼(강철 강) | ☞ 金(3437) → 산등성이(岡)처럼 굳건한 쇠(金), 곧 성질이 매우 강인한(단단하고 질긴) 쇠이라는 데서「강철. 단련한 쇠」鋼鐵(강철) |

崗 산등성이/언덕 강. 0545-20

- 山 + 岡(산등성이/언덕 강) = 崗 ※ 崗은 岡의 속자.
- ☞ 산(山) 아래로 뻗어나 있는 산등성이(岡)이라는 데서「산등성이. 언덕」뜻으로.

花崗巖(화강암 - 단단하고 결이 고와 비석이나 건축재로 쓰이는 암석)

崙 산이름 륜. 곤륜산 륜. 0546-20

- 山 + 侖(뭉치/둥글 륜) = 崙 (3217 참조)
- ☞ (죽편을 둘둘 말아 놓은) 둥근 뭉치(侖)처럼 산맥이 겹겹으로 둘리어 있는 거대한 산(山)이라는 의미가 부여되어「곤륜산. 산 이름」뜻으로.

崑崙山(곤륜산 - 중국 서방에 있는 최대의 영산) ※ 崑(산이름 곤)

峙 언덕 치. 우뚝솟을 치. 0547-20

- 山 + 寺(절 사 | 관청/내관/내시 시) = 峙 (0565 참조)
- ☞ 산(山)이, 높다랗게 솟은 관청(寺) 건물처럼 우뚝하게 솟아오른 모양이라는 데서「우뚝 솟다. (산처럼 우뚝하게 솟아오른)언덕」뜻으로.

對峙(대:치 - 서로 마주 대하여 버팀)

峴 고개 현: 재 현. 0548-20

- 山 + 見(볼 견 | 보일 현) = 峴
- ☞ 산(山)이 보이는(見) 지점, 곧 산 넘어 있는 산이 바라다보이는 지점(고갯마루)이라는 데서「고개. 재」뜻으로.

阿峴洞·北阿峴洞·峴底洞(아현동·북아현동·현저동 - 서울에 있는 지명)

崖 언덕/벼랑 애. 0549-10

- 山 + 厓(언덕/물가 애) = 崖
- ☞ 산(山)처럼 높고 가파른 언덕(厓)이라는 데서「언덕. 벼랑」뜻으로.

斷崖(단:애 - 깎아 세운 듯한 낭떠러지) 磨崖佛(마애불 - 암벽에 새긴 부처)

嶼 섬 서. 작은섬 서. 0550-10

- 山 + 與(줄/더불/참여할/무리 여) = 嶼 (2606 참조)
- ☞ 산(山)이 더불어(무리지어)(與) 있는 형상을 이루어 바다에 즐비하게 늘어서 있는 작은 섬이라는 데서「작은 섬. 섬」뜻으로.

島嶼(도서 - 크고 작은 섬들)

山 부수(자원과 쓰임 → 0528 참조)

巍 높고클 외. 높고큰모양 외.
0551-10
- 山 + 魏(성/나라/높고큰모양/높을 위) = 巍 (0466 참조)
☞ 산(山)이 높고 큰 모양(魏)이라는 데서 「높고 큰 모양. 높고 크다」뜻으로.

巍巍(외외하다 - 매우 높고 우뚝하다) 巍巍蕩蕩(외외탕탕 - 높고 크며 넓고 먼 모양)

嵎 산굽이 우. 해돋이 우.
0552-10
- 山 + 禺(원숭이/해지는곳/갈피 우) = 嵎 (3102 참조)
※ 갈피 → 일이나 물건의 부분과 부분이 구별되는 자리나 한가운데
☞ 산(山)의 갈피(禺), 곧 산과 산이 겹쳐지는 굴곡 지대라는 데서 「산굽이. (산굽이 사이로 솟아오르는)해돋이」뜻으로.

嵎夷(우이 - 해가 돋는 곳) 嵎嵎(우우 - 산이 겹쳐져 높은 모양)

嶇 험할 구.
0553-10
- 山 + 區(구역/지경/구분할 구) = 嶇 (0271 참조)
☞ 산(山)이 구역(區)을 이루어 한데 모여 있는 것처럼 겹으로 둘러어져 지세가 매우 험하다는 데서 「험하다」뜻으로.

崎嶇(기구하다 - 산길이 험하다. 팔자가 무척 험악하고 사납다)

崎 험할 기. 산길험할 기 | 땅이름 의.
0554-10
- 山 + 奇(기이할/기특할 기) = 崎 (0736 참조)
☞ 산(山)이 기이한(奇) 형세(기괴하고 특이한 모양새)로 이루어져 있다는 데서 「험하다. 산길 험하다」뜻으로.

崎險(기험하다 - 산길이 험하다. 팔자가 험악하고 사납다. 기구하다) 崎嶇罔測(기구망측)

嶽 큰산 악. 멧부리/조종 악.
0555-00
- 山 + 獄(감옥 옥) = 嶽 (1395 참조)
☞ 높은 벽면에 둘러싸인 감옥(獄)처럼 무척 높은 산(山)이라는 데서 「큰 산. 멧부리」뜻으로.

山嶽(산악) 五嶽(오:악 - 우리나라의 다섯 명산. 금강산·묘향산·지리산·백두산·삼각산)

岑 봉우리 잠. 산높을 잠.
0556-00
- 山 + {亼(모일 집) + 丁(→ 及「미칠/이를 급」의 고자) = 今(이제 금)} = 岑 (0050 참조)
☞ 산(山)의 등성이가 한데 모여(亼) 꼭짓점에 이르러(丁) 있는, 곧 산이 뾰족하게 어우러져 있는 봉우리이라는 데서 「봉우리. 산 높다」뜻으로.

大岑(대:잠 - 큰 봉우리)

부수 3획	山	巛(川)	寸	屮
	메 산	내 천	마디 촌	싹날 철

巛(川) 내 천. 0557-70

자원 巛 → 냇물이 굽이져 흘러내리는 모양. 또는 <u>작은 도랑</u>(〈 도랑 견)과 <u>큰 도랑</u>(巜 큰 도랑 괴)이 한데 어우러져 있는 냇물을 표현.

쓰임 「내. 시냇물. 굽이진 모양」과 의미로 쓰임.

川邊(천변 - 냇가) 川獵(천렵 - 냇물에서 고기잡이를 함) 河川(하천) 乾川(건천) 淸溪川(청계천)

州 고을 주. 섬/모래톱 주. 0558-50

● 川 + 丶 + 丶 + 丶 = 州

☞ <u>냇물(강물)</u>(川) 사이로 <u>많은 점들</u>(丶丶丶)이 찍혀 있는, 곧 강 하구에 널리어 있는 모래톱 모양에서 「모래톱. 섬. (모래톱이 발달한 강 주변으로 형성되어 있는)고을」 뜻으로.

州里(주리 - 향리) 廣州(광:주) 驪州(여주) 坡州(파주) 原州(원주) 淸州(청주) 忠州(충주) 公州(공주) 全州(전주) 光州(광주) 羅州(나주) 晋州(진:주) 蔚州(울주) 尙州(상주) 榮州(영주) 慶州(경:주) 濟州(제:주)

★ 州(고을/섬/모래톱 주)와 결합을 이룬 글자. 0558 별첨

洲(물가/섬 주)	☞ 水(1219) → 주위가 <u>물</u>(氵)에 둘러싸여 있는 <u>섬</u>(州)이라는 데서 「물가. 섬」亞洲(아주)
酬(갚을 수)	☞ 酉(2978) → <u>냇물</u>(川) 사이에 끼여 있는 <u>모래톱</u>(丶丶丶)을 넘나들듯이 술잔을 이쪽저쪽으로 건네 가며 <u>술</u>(酉)을 마신다는 데서 「잔 돌리다. (잔을)보내다. (받은 잔을 되돌려)갚다」

巡 돌/순행할 순. 돌아다닐 순. 0559-32

● 巛 + 辶(쉬엄쉬엄갈 착) = 巡

☞ <u>냇물</u>(巛)이 굽이져서(맴을 돌면서) <u>쉬엄쉬엄 나아간다(흘러내린다)</u>(辶)는 데서 「돌다. 돌아다니다. 순행하다」 뜻으로.

巡廻(순회 - 여러 곳을 돌아다님) 巡訪(순방) 巡視(순시) 巡察(순찰) 巡警(순경) 巡禮(순례) 巡幸(순행)

巢 새집/집 소. 보금자리 소. 0560-20

● 巛 + 日 + 木 = 巢

☞ 자잘한 나뭇가지 같은 것을 <u>천</u>(巛) 글자 형상처럼 굽이지게 얽어, 둥근 <u>해</u>(日) 처럼 동그랗게 <u>나무</u>(木)에 지어 놓은 새집 모양에서 「새집. 보금자리」 뜻으로.

巢窟(소굴 - 도둑이나 악한들이 사는 곳) 卵巢(난:소) 歸巢性(귀:소성) 歸巢本能(귀:소본능)

새집(巢)

山	巛(川)	寸	屮
메 산	내 천	마디 촌	싹날 철

寸 | 마디 촌: 치/헤아릴/조금 촌.　　　　　　　　　　　　　　0561-80

자원 寸 → 손목(一)과 손(亅)과 맥박(丶)을 표현. 손목에서 한 치(一寸) 정도의 지점을 헤아려 맥을 짚는다는 데서 「(맥이 위치한)마디. (맥박을)헤아리다. (손목과 맥박 사이의 길이인)치. (치 길이처럼 짧은)조금」 의미를 지님.

쓰임 「마디. 맥박. 헤아리다. 치수. 규칙. 법도. 잡다. 손 모양」과 의미로 쓰임.

一寸(일촌 - 3.03cm의 길이) 寸刻(촌:각 - 썩 짧은 시간) 寸陰(촌:음) 寸評(촌:평) 寸劇(촌:극) 寸志(촌:지)

對 | 대할 대: 마주할/대답할 대.　　　　　　　　　　　　　　0562-60

◉ 丵(풀무성할 착) + 一 + 寸 = 對

☞ (꼴을 베기 위하여) 지면(一)에 돋아 있는 무성한 풀(丵)을 손으로 잡고(寸) 있는 모양에서 「(풀과 손이)마주하다. 대하다. (마주 대면하여 말한다는 데서)대답하다」 뜻으로.

對面(대:면) 對應(대:응) 對談(대:담) 對答(대:답) 對話(대:화) 對備(대:비) 對處(대:처) 對立(대:립)

尊 | 높을 존. 공경할/어른 존 | 술통 준.　　　　　　　　　　0563-42

◉ {八 + 酉(닭 유 →「술」을 의미) = 酋(두목 추)} + 寸 = 尊

☞ 두목(酋)은 법도(寸)에 따라 추대되는 (부족 사회에서) 가장 높은 어른으로서 공경의 대상이라는 데서 「높다. 공경하다. 어른」 뜻을. 한편 손에 쥐고(寸) 있는 술병(酋)을 펼쳐(진설하여)(八) 놓은 모양에서 「술통」 뜻으로.

尊貴(존귀 - 높고 귀함) 尊敬(존경) 尊稱(존칭) 尊待(존대) 尊重(존중) 尊嚴(존엄) 尊屬(존속)

★ 尊(높을/공경할 존 | 술통 준)과 결합을 이룬 글자.　　　　0563 별첨

遵(좇을 준)　☞ 辶(3125) → (아랫사람이) 지위가 높은(尊) 윗사람을 뒤따라간다(辶)는 데서 「좇다」
樽(술통 준)　☞ 木(1732) → 나무(木)로 된 술통(尊)이라는 데서 「술통」 樽酒(준주)

導 | 인도할 도: 이끌 도.　　　　　　　　　　　　　　　　　0564-42

◉ 道(길 도) + 寸 = 導 (3085 참조)

☞ (상대방을) 바른 길(道)로 나아가도록 손으로 잡아(寸) 이끈다(안내한다)는 데서 「이끌다. 인도하다」 뜻으로.

導入(도:입 - 끌어들임) 導出(도:출) 導火線(도:화선) 敎導(교:도) 善導(선:도) 半導體(반:도체) 誘導(유도)

寺 | 절 사. 관청/내관/내시 시.　　　　　　　　　　　　　　0565-42

◉ 土(흙/땅/곳 토) + 寸 = 寺

164

寸 부수(자원과 쓰임 → 0561 참조)

☞ 법도(寸)에 따라 정사를 펼치는 곳(土)이라는 데서 「관청. (궁궐 내부의 관직인)내관. 내시」 뜻을. 한편 법도(寸)를 엄격하게 지키며 수도하는 곳(土)이라는 데서 「절」 뜻으로.
寺刹(사찰 - 절) 寺院(사원 - 절이나 암자. 교당) 寺塔(사탑) 寺址(사지) 佛國寺(불국사)

★ 寺(절 사ㅣ관청/내관/내시 시)와 결합을 이룬 글자.		0565 별첨
待(기다릴 대)	☞ 彳(0430) → 내시(寺)가 자축거리며(彳) 어전에 나아가 왕명을 기다리며 시중을 든다는 데서 「기다리다. 대접하다」 待機(대기)	
等(무리 등)	☞ 竹(2671) → 대나무(竹)가 (한곳에 여러 채의 건물을 높다랗게 지어 놓은) 관청(寺) 건물처럼 높고 가지런하게 무더기지어 돋아나 있다는 데서 「무리. 가지런하다」 等級(등급)	
時(때 시)	☞ 日(1020) → 관청(寺)에서 해(日)의 운행 주기를 기록하여 놓은 책력상의 절기이라는 데서 「때」	
詩(시 시)	☞ 言(3216) → 관청(寺)의 법치를 따르는(지키는) 것처럼 운율의 법칙(음성적인 형식)에 따라 지어 놓은 말(言)의 가락이라는 데서 「시. 풍류 가락」 詩歌(시가)	
侍(모실 시)	☞ 人(0098) → 내시(寺)가 다른 사람(亻)을 모시는, 곧 내시가 임금을 가까운 곳에서 모신다는 데서 「모시다. 가깝다」 侍女(시녀)	
持(가질 지)	☞ 手(1447) → 내시(寺)가 시중을 들기 위하여 손(扌)에 무엇인가를 거머쥐고 있다는 데서 「가지다. 잡다」 持參(지참)	
峙(언덕 치)	☞ 山(0547) → 산(山)이, 높다랗게 솟은 관청(寺) 건물처럼 우뚝하게 솟아오른 모양이라는 데서 「우뚝 솟다. (우뚝하게 솟아오른)언덕」 對峙(대치)	
痔(치질 치)	☞ 疒(2340) → 내시(寺)의 근무처가 대궐 문의 안쪽 지점인 것처럼 항문 안쪽 부위에 발생하는 병(疒)의 일종이라는 데서 「치질」 痔疾(치질)	
特(특별할/수소 특)	☞ 牛(1377) → 높이 솟은 관청(寺) 건물처럼 덩치가 매우 우람찬 소(牛)라는 데서 「수소. (수소는 암소에 비하여 위세가 넘쳐나 보인다는 데서)뛰어나다. 특별하다」 特別(특별)	

將 장수 장(:). 거느릴/장차/클 장. 0566-42

◉ 爿(조각널 장ㅣ걸상 상) + 夅(→ 肘「팔꿈치/팔뚝 주」의 변형) = 將 (1748 참조)
☞ 걸상(爿 → 牀)에 팔꿈치(夅)를 고임하고서 전쟁에 대비할 작전 계획을 구상하는 사람이라는 데서 「장수. (장수가 부하를)거느리다. (장수가 전쟁을 맞이할)장차」 뜻으로.
將帥(장:수) 將校(장:교) 將兵(장:병) 將卒(장:졸) 將軍(장군) 將來(장래) 將次(장차) 將棋(장:기)

★ 將(장수/거느릴/장차/클/길 장)과 결합을 이룬 글자.		0566 별첨
獎(장려할 장)	☞ 大(0735) → 장차(將) 크게(大) 성공하도록 성원을 보낸다는 데서 「장려하다」 獎勵(장려)	
漿(미음 장)	☞ 水(1363) → (끓이거나 삭히어) 장래(將)에 물(水)처럼 묽어지는 음식이라는 데서 「미음」	
醬(장/육장 장)	☞ 酉(2975) → 장래(將)에 술(酉)처럼 발효되는 음식물, 곧 메주나 육포 같은 것을 소금에 절이어 (발효시켜) 놓은 음식물이라는 데서 「장. 육장」 醬肉(장육)	
蔣(성(姓)/줄 장)	☞ 艸(2765) → 잎줄기가 길게(將) 자라나는 풀(艹)이라는 데서 「줄(줄풀)」	

專 오로지 전. 정성/전일할/저대로 전ㅣ모일 단. 0567-40

◉ 叀(오로지 전) + 寸 = 專
☞ 오로지(叀) 바라는 바가 반드시 이루어지도록 손을 움켜쥐고(寸) 간절하게 기원한다는 데서 「오로지. 정성. 전일하다. (손이)모이다. 저대로」 뜻으로.
專屬(전속 - 오직 한 곳에만 속함) 專門(전문) 專制(전제) 專攻(전공) 專擔(전담) 專任講師(전임강사)

寸 부수(자원과 쓰임 → 0561 참조)

★ 專(오로지/정성/전일할/저대로 전 ǀ 모일 단)과 결합을 이룬 글자.	0567 별첨

傳(전할 전)　☞ 人(0059) → 오로지(專) 자신만이 알고 있는 기술이나 무예 같은 것을 다른 사람(亻)에게 전수시킨다는 데서「전하다. 옮기다」傳授(전수)

轉(구를 전)　☞ 車(3162) → 둥근 수레바퀴(車)가 (내리막길에) 저대로(專) 굴러간다는 데서「구르다」

塼(벽돌 전)　☞ 土(0726) → 흙(土)이 한데 모이어(專) 있는, 곧 흙을 틀에 넣어 한데 뭉쳐 놓은 것이라는 데서「벽돌」塼塔(전탑)

團(둥글 단)　☞ □(0638) → 여러 사람들이 한데 모이어(專) 둥그렇게 에워싸고(□) 있는 모양에서「둥글다」

射　쏠 사. 맞출 석 ǀ 벼슬이름 야.　　0568-40

◉ 身(몸 신) + 寸 = 射

☞ 몸(身)의 마디(맥박)(寸)에 해당하는 혈(穴)이나 급소 같은 데에 침을 놓거나 화살을 쏜다는 데서「쏘다. 맞추다」뜻으로.

射擊(사격 - 활이나 총 등을 쏨) 射手(사수) 射殺(사살) 射臺(사대) 射精(사정) 射出(사출) 射倖(사행)

★ 射(쏠 사)와 결합을 이룬 글자.	0568 별첨

謝(사례할 사)　☞ 言(3221) → 활을 쏘아(射) 과녁을 맞추는 것처럼 상대방의 의중에 닿도록 고맙음을 표하여 말한다(言)는 데서「사례하다」謝禮(사례)

麝(사향노루 사)　☞ 鹿(3671) → 사슴(鹿)의 일종으로서, 향낭(香囊 → 향주머니)에서 분비되는 향을 쏘아(射) 향내를 풍기는 짐승이라는 데서「사향노루」麝香(사향)

封　봉할 봉. 지경봉할/북돋울 봉.　　0569-32

◉ {土 + 土 = 圭(홀 규)} + 寸 = 封

☞ 천자(天子)가 제후(諸侯)에게 홀(圭)을 내리어 법도(寸)에 따라 영지(領地)를 다스리게 한다는 데서「지경 봉하다. 봉하다. (지경을 봉하여 제후의 사기를)북돋우다」뜻으로.

封合(봉합 - 봉하여 붙임) 封套(봉투) 封鎖(봉쇄) 封緘(봉함) 封印(봉인) 封土(봉토) 封庫(봉고)

★ 封(봉할/북돋을 봉)과 결합을 이룬 글자.	0569 별첨

幇(도울 방)　☞ 巾(0988) → (본바탕의 천에) 북돋우어(덧대어)(封) 주는 천(베)(巾)이라는 데서「곁들다. (곁들어)돕다」幇助(방조)

尋　찾을 심.　　0570-30

◉ {⺕ → 𠂇 + 工 = 左(왼 좌)} + {⺕ → 𠂇 + 口 = 右(오른쪽 우)} + 寸 = 尋

☞ 손으로 왼쪽(좌측)(⺕工 → 左)과 오른쪽(우측)(⺕口 → 右)을 이리저리(샅샅이) 뒤져 가면서 물건을 잡는다(寸)는 데서「찾다」뜻으로.

尋訪(심방 - 방문하여 찾아봄) 尋問(심문 - 방문하여 물어봄) 尋人(심인 - 사람을 찾음)

尉　벼슬 위. 누를/편안하게할 위 ǀ 다릴/다리미 울.　　0571-20

◉ 尸(주검 시 →「굽은 모양」을 의미) + 示(보일 시) + 寸 = 尉

☞ 굽은(尸) 물체를 반듯하게 보이도록(示) 손(寸)으로 펴는, 곧 구겨진 옷을 다리미질하여 편다는 데서 「다리다. (다리미로)누르다」 뜻을. 다리미로 옷을 다리듯이 백성을 편안하게 다스린다는 데서 「편안하게 하다. (백성을 편안하게 다스리는)벼슬」 뜻으로.

尉官(위관 - 군대의 소위·중위·대위 계급의 장교) 少尉(소:위) 大尉(대:위) 准尉(준:위)

★ 尉(벼슬/누를/편안하게할 위 | 다릴/다리미 울)와 결합을 이룬 글자.　　　　　0571 별첨

慰(위로할 위)　☞ 心(1855) → 구겨진 옷을 다리미로 다리어(尉) 가지런하게 펴는 것처럼 슬프거나 괴로운 마음(心)을 펴지게 한다는 데서 「위로하다」 慰勞(위로)

蔚(고을이름 울)　☞ 艸(2773) → 초목(艹)이 위에서 누르고(尉) 있는 것처럼 울창하게 뒤덮여 있는 모양이라는 데서 「초목 무성한 모양. 숲」, 蔚이 고을 이름 글자로 쓰였기에 「고을 이름」

자투리 마당

寸陰(촌음)을 아껴 쓰자

○ 少年(소년)은 易老(이노)하고 學難成(학난성)하니 一寸光陰(일촌광음)이라도 不可輕(불가경)하라.
未覺池塘(미각지당)에 春草夢(춘초몽)인데 階前梧葉(계전오엽)이 已秋聲(이추성)이라.

- 소년은 늙기 쉽고 학문은 이루기 어려우니, 지극히 짧은 시간이라도 가볍게 여기지 말라. 연못의 봄풀은 꿈에서 깨어나지 않았다고 여겨지는데, 세월은 덧없이 흘러 섬돌 앞의 오동나무 잎은 이미 가을 소리를 내는구나.

明心寶鑑(명심보감)에서

山	巛(川)	寸	屮
메 산	내 천	마디 촌	싹날 철

屮 싹날 철. 싹틀 철 | 풀 초. 0572-00

자원 屮 → 새싹이 <u>입을 벌리는</u>(凵 입벌릴 감) 것처럼 땅을 뚫고 <u>돋아나는</u>(丨 위아래통할 신) 모양을 표현.

쓰임 「새싹. 싹이 돋아나는 모양」과 의미로 쓰임.

※ 屮는 「왼손 좌」이며, 屮과 모양이 비슷하기에 屮 부수에 포함된 것으로 봄.

屯 진칠 둔. 모일/둔전 둔 | 어려울/두터울 준. 0573-20

● 丿(삐침 별) + 屯(움직이는모양 궐. 屮 → 새싹의 줄기가 구부러진 모양) = 屯

☞ <u>새싹</u>(屮)의 <u>줄기가 굽어지고</u>(屯) 순이 <u>꺾이어진</u>(丿) 모양, 이는 곧 돋아나는 새싹이 주둔하고 있는 병사들에게 짓밟히어 어렵게 자라나는 모양이라는 데서 「(병사들이)진 치다. 모이다. (새싹이 자라나기)어렵다. (한데 모여 있어)두텁다. (주둔 병사들이 경작하는)둔전」 뜻으로.

屯田(둔전 - 군량미를 자급하기 위하여 마련되었던 논밭) 屯畓(둔답) 屯營(둔영) 屯田兵(둔전병)

★ 屯(진칠/모일/둔전 둔 | 어려울/두터울 준)과 결합을 이룬 글자.		0573 별첨
沌(엉길 돈)	☞ 水(1353) → <u>물(수분)</u>(氵)이 <u>두텁게 모이어</u>(屯) 있는, 곧 수분으로 뭉치어져 있는 구름 덩어리이라는 데서 「덩어리. (덩어리로)엉기다」 混沌(혼돈)	
頓(조아릴 돈)	☞ 頁(3515) → <u>머리</u>(頁)를 턱 아래쪽으로 <u>모은다</u>(屯)는 데서 「조아리다」 頓首(돈수)	
鈍(둔할 둔)	☞ 金(3435) → <u>쇠</u>(金)로 된 도끼날이나 칼날이 <u>두터워져</u>(屯) 있다는 데서 「둔하다」 鈍器(둔기)	
純(순수할 순)	☞ 糸(2461) → <u>실</u>(糸)이 한데 <u>모여</u>(屯) 있는, 곧 다른 잡것은 섞여 있지 않고 실만이 한곳에 모여 있다는 데서 「(섞임이 없어)순전하다. 순수하다」 純白(순백)	

小	宀	囗	土
작을 소	움집 면	에울 위	불똥 주

부수 3획

小 작을 소: 잘/가늘/약할/좁을/낮을/천할/첩 소. 0574-80

자원 小 → 두 팔다리를 크게 벌리고 서 있는 큰 사람을 표현한 「大」 글자에 반하여, 두 팔을 비스듬히 내리고 다리를 모은 자세로 서 있는 작은 사람을 표현. 한편 물체의 가운데 부위가 양측으로 갈라진 모양의 표현이기도 함.

쓰임 「작다. 갈라진(갈래진) 모양」과 의미로 쓰임.

小品(소:품 - 자그마한 물품) 小心(소:심) 小數(소:수) 小便(소:변) 小賣(소:매) 小說(소:설) 小人(소:인)

少 적을 소: 젊을 소. 0575-70

◉ 小 + 丿(삐침 별 → 「좌측으로 끌어내리다」는 의미로 쓰임) = 少

☞ 작은(小) 것을 끌어내려(丿) 놓은, 곧 작은 것만을 골라(가려) 놓은 적은 분량이라는 데서 「적다. (나이가 적다는 데서)젊다」 뜻으로.

少量(소:량 - 적은 분량) 少女(소:녀) 少年(소:년) 少額(소:액) 少尉(소:위) 多少(다소) 年少者(연소자)

★ 少(적을/젊을 소)와 결합을 이룬 글자. 0575 별첨

劣(못할 렬)	☞ 力(0373) → 적게(少) 힘(力)을 들이면 소득이나 결과가 좋지 못하다는 데서 「못하다」
妙(묘할 묘)	☞ 女(0463) → 나이가 적은(少) 여아(女)는 매우 아리따워 보인다는 데서 「예쁘다. 묘하다」
沙(모래 사)	☞ 水(1211) → 물(氵)이 적은(얕은)(少) 강이나 바닷가에 드러나는 것이라는 데서 「모래」
砂(모래 사)	☞ 石(2162) → 돌(石)이 작게(小) 갈라져(파쇄되어) 바닥으로 끌어내려져(丿) 있는 돌 부스러기이라는 데서 「모래」 砂金(사금)
紗(깁/비단 사)	☞ 糸(2510) → 실(糸)을 조금 적게(少) 넣어 성글게 짜 놓은 천(베)이라는 데서 「깁. 비단」
省(살필 성)	☞ 目(2271) → 적은(사소한)(少) 것까지 눈(目)으로 살펴본다는 데서 「보다. 살피다」
抄(뽑을 초)	☞ 手(1467) → 손(扌)으로 작은(小) 것을 끌어내리는(丿), 곧 작물 가운데 연약하게 자란 것을 가려내어 뽑는다(솎아 낸다)는 데서 「뽑다. 가리다」 抄本(초본)
秒(분초 초)	☞ 禾(2213) → 벼(벼 이삭)(禾)에, 소(小) 글자 형상처럼 갈라져서 삐쳐져(丿) 나온 까끄라기 모양에서 「까끄라기. 까끄라기는 미세하다는 데서)세미하다. (세미한 시간인)분초」
炒(볶을 초)	☞ 火(1165) → 여기에서 少는 주걱을 휘젓는 모양을 표현. 솥에 불(火)을 지피어 주걱을 소(少) 글자 형상처럼 이리저리 휘저어 곡식을 볶아 내는 모양에서 「볶다」

尙 오히려/숭상할 상(:) 귀히여길/높일/일찍 상. 0576-32

◉ 小 + 冋(들 경) = 尙

☞ 작은(小) 들판(冋), 곧 작은 농토일지언정 가난한 백성에게 있어서는 생활의 터전이기에 이를 오히려 귀하게 여긴다는 데서 「오히려. 귀히 여기다. 높이다. 숭상하다」 뜻으로.

尙早(상:조 - 때가 아직 이름) 尙武(상:무) 尙文(상:문) 尙古(상:고) 尙饗(상:향) 尙宮(상궁) 尙州(상주)

小 부수(자원과 쓰임 → 0574 참조)

★ 尚(오히려/숭상할/귀히여길/높일/일찍 상)과 결합을 이룬 글자.　　　　　　　　0576 별첨

賞(상줄 상)	☞ 貝(3045) →	공훈이나 업적을 높이(尚) 기리고 권면하기 위하여 재물(貝)을 곁들여 준다는 데서「상주다」賞金(상금)
常(떳떳할 상)	☞ 巾(0975) →	깃대에 높이(尚) 매달아 놓은 천(巾)이라는 데서「깃발. (깃발은 바람에 한결같이 펄럭인다는 데서)항상. (항상 변함이 없는 마음을 쓰는 데서)떳떳하다」常綠(상록)
裳(치마 상)	☞ 衣(2553) →	소(小) 글자 형상처럼 주름이 잡혀 있고 빈 공간(冖)으로 이루어진 치마폭에 출입구(口)가 뚫리어 있는, 곧 상(尚) 글자 형상처럼 이루어진 옷(衣)이라는 데서「치마」
嘗(맛볼 상)	☞ 口(0839) →	일찍(尚) 수확한 곡식을 조상신에게 올려 맛보게(旨) 한다는 데서「맛보다」
堂(집 당)	☞ 土(0653) →	여기에서 尚은 지붕(小)과 벽면(冖)과 방(口)으로 이루어진 집 모양을 표현. 땅(터전)(土) 위에 상(尚) 글자 형상처럼 높다랗게 지어 놓은 큰 집 모양에서「집」
當(마땅 당)	☞ 田(2111) →	(농경 사회에서) 논밭(田)에서 농작물을 생산하는 농업을 높이(尚) 떠받드는 것은 지극히 당연하다는 데서「마땅하다」當年(당년)
黨(무리 당)	☞ 黑(3640) →	오히려(尚) 검게(黑) 보이는, 곧 사람이나 집들이 까마득하게 보일 정도로 수없이 많이 모여(무리지어) 있다는 데서「무리. 많다」政黨(정당)
棠(아가위 당)	☞ 木(1730) →	(나무는 관상용, 열매는 약재로써) 높이(귀하게)(尚) 여기는 나무(木)이라는 데서「아가위」棠梨(당리)
掌(손바닥 장)	☞ 手(1460) →	작은(小) 들판(冋)처럼 평평한, 손(手)의 안쪽 부위이라는 데서「손바닥」
敞(시원할 창)	☞ 攴(1811) →	지대가 높은(尚) 곳에서 주변의 장애물을 물리쳐(제거하여)(攵) 놓으면 시야가 더욱더 넓게 트여져 무척 시원함을 느낀다는 데서「높다. 시원하다」高敞(고창)

尖 뾰족할 첨.　　　　　　　　　　　　　　　　　　　　　　　　　　　　0577-30

◉ 小 + 大(큰 대) = 尖

☞ 위는 작고(小) 아래는 큰(大), 곧 아래쪽은 굵고 끄트머리는 가느다란(뾰족한) 모양이라는 데서「뾰족하다」뜻으로.

尖形(첨형 - 뾰족한 모양) 尖銳(첨예 - 뾰족하고 날카로움) 尖端(첨단 - 뾰족한 끝. 최신의 과학 문명)

부수 3획	小 작을 소	宀 움집 면	口 에울 위	土 흙 토

宀 움집 면. 움/집/갓머리 면.　　　　　　　　　　　　　0578-00

움집(宀)

자원 → 움집(집) 모양을 표현.
※ 宀은 머리에 쓰는 「갓」을 닮았기에 「갓머리」이라고 하나, 내포되어 있는 의미와는 무관함.
쓰임 「집. 움집. 움집 모양」과 의미로 쓰임.

室 집 실. 방 실.　　　　　　　　　　　　　　　　　　0579-80

◉ 宀 + 至(이를/미칠/머무를 지) = 室 (2867 참조)
☞ 사람이 머물러(至) 있는(거처하고 있는) 집(宀)이라는 데서 「집. 방」 뜻으로.

室內(실내 - 건물의 안) 室長(실장) 室溫(실온) 室家(실가) 居室(거실) 敎室(교:실) 寢室(침:실)

安 편안 안. 안온할/안정할/어찌/성(姓) 안.　　　　　　0580-70

◉ 宀 + 女(계집 녀) = 安
☞ 집(宀)에 (살림살이를 하는) 여자(女)가 있으면 집안 분위기가 안정되어 안온하다는 데서 「편안하다. 안온하다. 안정하다」 뜻으로.

安全(안전) 安息(안식) 安寧(안녕) 安穩(안온) 安貧樂道(안빈낙도) 安重根(안중근 - 독립운동가)

★ 安(편안할/안온할/안정할 안)과 결합을 이룬 글자.　　　　　　　　0580 별첨
案(책상 안)　☞　木(1603) → (물체나 몸을) 편안(안전)하게(安) 받쳐 주는 나무(木)로 된 기구이라는 데서 「책상. 안석」 案席(안석)
晏(늦을 안)　☞　日(1086) → 해(日)가 편안하여(安)지는, 곧 한낮에 강렬하게 비치던 햇빛이 수그러드는 늦은 시간대이라는 데서 「늦다」 晏駕(안가)
按(누를 안)　☞　手(1537) → 손(扌)으로 몸이 편안하여(安)지도록 지압을 하거나 어루만져 준다는 데서 「어루만지다. 누르다」 按摩(안마)
鞍(안장 안)　☞　革(3535) → 사람이 편안하게(安) 앉을 수 있도록 가죽(革)으로 만들어 말(馬)의 등허리에 올려 놓은 깔개이라는 데서 「안장」 鞍裝(안장)

家 집 가. 남편/집안/학파 가.　　　　　　　　　　　　0581-70

◉ 宀 + 豕(돼지 시) = 家
☞ 돼지(豕)가 사는 움집(宀), 곧 돼지우리처럼 허술하고 초라한 집(자신의 집을 다른 사람에게 낮추어 일컫는 말)이라는 데서 「집. 집안. (집주인인)남편」 뜻으로.
※ 예전에 우리 민족은 돼지에게 인분을 먹이면서 한 지붕 아래에서 돼지와 함께 살기도 하였음.

家屋(가옥 - 사람이 사는 집) 家事(가사) 家庭(가정) 家寶(가보) 家財(가재) 家畜(가축) 家計簿(가계부)

宀 부수(자원과 쓰임) → 0578 참조

★ 家(집/집안 가)와 결합을 이룬 글자.		0581 별첨
嫁(시집갈 가)	☞ 女(0501) → 여자(女)가 집(家)을 마련하여 가는, 곧 처녀가 총각을 만나 새로운 가정을 이루려 간다는 데서 「시집가다」 出嫁(출가)	
稼(심을 가)	☞ 禾(2223) → 벼(禾)에게 집(家)을 마련하여 주는, 곧 벼가 잘 자랄 수 있도록 모판에서 키운 볏모를 논에 옮겨 심는다는 데서 「심다」 稼動(가동)	

定 정할 정: 그칠/머무를 정. 0582-60

◉ 宀 + 疋(→ 正「바를 정」의 고자) = 定

☞ 바른(반듯한)(疋 = 正) 터전에 집(宀)을 지어(주거지를 마련하여) 사람이 거처를 정한다는 데서 「정하다. (주거지에)머무르다. 그치다」 뜻으로.

定處(정:처 - 정한 곳) 定着(정:착) 定價(정:가) 定規(정:규) 定員(정:원) 定礎(정:초) 定足數(정:족수)

★ 定(정할/그칠/머무를 정)과 결합을 이룬 글자.		0582 별첨
碇(닻 정)	☞ 石(2151) → 배를 제자리에 머무르게(定) 하는 돌(石)이라는 데서 「닻」 碇泊(정박)	
錠(덩이 정)	☞ 金(3475) → 머물러(定) 있는 쇠(金), 곧 방안의 탁자 위에 고정시켜(올려) 놓고 열구자를 끓이는 쇠로 된 기물이라는 데서 「신선로. (쇠로 뭉쳐진)덩이」 錠劑(정제)	
綻(옷터질 탄)	☞ 糸(2521) → 실(糸)이 그치는(定), 곧 실이 이어져 있지 않고 끊어진다(실밥이 터진다)는 데서 「옷 터지다」 綻露(탄로)	

害 해할 해: 해칠/재앙/거리낄/상처입힐 해. 0583-50

◉ 宀 + 丯(풀이나서산란할 개) + 口(입 구) = 害

☞ 집(宀)에 풀이 산란하게(丯) 자라나 출입구(口)를 뒤덮고 있는, 곧 재앙으로 집안이 멸망하여 잡초만 무성하게 자라나 있는(폐가로 전락한) 모양이라는 데서 「(잡초가 집을)해치다. 해하다. 재앙. 거리끼다」 뜻으로.

害惡(해:악 - 해가 되는 나쁜 일) 害毒(해:독) 害蟲(해:충) 利害(이:해) 被害(피:해) 公害(공해) 災害(재해)

★ 害(해할/해칠/재앙/거리낄/상처입힐 해)와 결합을 이룬 글자.		0583 별첨
割(벨 할)	☞ 刀(0246) → 해로운(害) 잡초를 칼(刂)로 베어 낸다는 데서 「베다」 割當(할당)	
轄(다스릴 할)	☞ 車(3187) → 수레(車)를 해침(害)으로부터 방비하는, 곧 바퀴가 굴대를 벗어나는 피해를 방비하는 큰 못이라는 데서 「비녀장. (비녀장은 수레바퀴를 제어한다는 데서)다스리다」	
豁(넓을 활)	☞ 谷(2959) → 해침(害)을 당하여 골짜기(谷)가 허물어져 버린 것처럼 골이 넓적하게 트여(뚫리어) 있다는 데서 「넓다. 뚫린 골」 空豁(공활)	

實 열매 실. 충실할/사실 실. 0584-50

◉ 宀 + 貫(꿸 관) = 實

☞ 집(宀)의 처마에 끈으로 꿰어(貫) 매달아 놓은 옥수수나 기장 같은 잘 영근 종자용 씨앗(열매)이라는 데서 「열매. 충실하다」 뜻으로.

實果(실과 - 먹는 열매의 총칭) 實驗(실험) 實技(실기) 實用(실용) 實際(실제) 實事求是(실사구시)

宀 부수(자원과 쓰임) → 0578 참조

完 완전할 완. 지을/꾸밀/마칠 완.　　0585-50

● 宀 + 元(으뜸/처음/근본/클 원) = 完 (0187 참조)
☞ 집(宀)을 으뜸(元)가게 지어 놓은, 곧 집을 부족함이 없이 잘 지어 놓았다는 데서 「짓다. 꾸미다. 마치다. 완전하다」 뜻으로.

完全(완전 - 부족함이 없음) 完了(완료) 完結(완결) 完納(완납) 完成(완성) 完遂(완수) 完璧(완벽)

★ 完(완전할/지을/꾸밀/마칠 완)과 결합을 이룬 글자.		0585 별첨
莞(왕골 완)	☞ 艸(2782) → 집을 지어(完) 놓은 모양처럼 잎줄기가 둥그스름한 형상을 이루어 빼곡하게 돋아나는 풀(艹)이라는 데서 「왕골」 莞爾(완이)	
琓(옥돌 완)	☞ 玉(2071) → 옥(玉)이 집 모양처럼 지어져(完) 있는, 곧 옥으로 이루어진 덩어리 형태의 돌이라는 데서 「옥돌」	
院(집/관청 원)	☞ 阜(3328) → 높은 언덕(阝)처럼 매우 높다랗게 지어(完) 놓은 건물이나 구축물이라는 데서 「집. 관청. 담」 院長(원장)	

客 손(손님) 객. 나그네/붙일 객.　　0586-50

● 宀 + 各(각각 각) = 客 (0796 참조)
☞ 집(宀)에 왕래하는 각각(各)의 사람, 곧 주막집이나 여인숙에 드나드는 여러 부류의 사람이라는 데서 「손님. 나그네. (손님을 집에)붙이다」 뜻으로.

客室(객실 - 손님이 거처하는 방) 客地(객지) 客席(객석) 客觀(객관) 客舍(객사) 客死(객사) 客員(객원)

★ 客(손/나그네/붙일 객)과 결합을 이룬 글자.		0586 별첨
額(이마 액)	☞ 頁(3506) → (눈이나 코 이외에) 다른 무엇인가를 붙일(客) 공간이 남아 있는 넓적한 머리(頁) 부위이라는 데서 「이마」 額字(액자)	

宅 집 택. 자리/살 택 | 댁 댁.　　0587-50

● 宀 + 乇(붙일/부탁할 탁) = 宅
☞ 몸을 붙이고(乇) 살아가는(거주하는) 집(宀)이라는 데서 「집. 살다. 자리」 뜻으로.

宅內(댁내 - 남의 집안의 존칭) 宅地(택지) 宅配(택배) 宅號(택호) 家宅(가택) 住宅(주:택)

★ 乇(붙일/부탁할 탁)과 결합을 이룬 글자.		0587 별첨
托(맡길 탁)	☞ 手(1466) → 손(扌)에 쥔 물건을 상대방에게 건네주면서 제삼자에게 전하여 달라고 부탁한다(부친다)(乇)는 데서 「(상대방에게)맡기다. 부탁하다」 托鉢(탁발)	
託(부탁할 탁)	☞ 言(3262) → 말씀한(言) 사항을 제삼자에게 전하여 달라고 상대방에게 부탁한다(乇)는 데서 「부탁하다. 의탁하다」 付託(부탁)	

宿 잘 숙 | 별자리 수: 묵을/잠잘 숙.　　0588-50

● 宀 + {亻 + 百(일백 백) = 佰(백사람어른 백)} = 宿
☞ 집(宀)에 백 사람의 어른(佰)이 머물러 있는, 곧 여인숙에 많은 사람이 숙식을 하면서 머물러 있다는 데서 「잠자다. 자다. 묵다. (함께 잠을 자는 것처럼 우주 공간에 수없이 많이 머물러 있는 것

宀 부수(자원과 쓰임) → 0578 참조

이라는 데서)별」 뜻으로.
宿食(숙식 - 자고 먹음) 宿泊(숙박) 宿所(숙소) 宿直(숙직) 宿題(숙제) 宿醉(숙취) 星宿(성수)

★ 宿(잘/묵을 숙)과 결합을 이룬 글자.		0588 별첨
縮(줄일 축)	☞ 糸(2468) → (물레에서 자아낸) 실(糸)을 용기에 수북하게 담아 잠재워(宿) 놓으면 부피가 많이 줄어든다는 데서「줄다. 오그라들다」縮小(축소)	

寫 베낄 사. 옮겨놓을 사.	0589-50

◉ 宀 + 舃(= 舄 겹창의신/소금기가있는토지 석) = 寫 ※ 舃는 舄의 속자.
☞ 집(宀)을 겹창의 신(舃) 모양처럼 만드는, 곧 전체적인 형체를 겹창의 신 모양처럼 중복되게 만든다(원본처럼 글씨를 쓴다)는 데서「베끼다. (베껴서)옮겨 놓다」뜻으로.
寫本(사본 - 원본을 옮기어 베낌) 寫眞(사진) 寫生大會(사생대회) 複寫(복사) 謄寫(등사)

★ 舄(겹창의신/소금기가있는토지 석), 寫(베낄/옮겨놓을 사)와 결합을 이룬 글자.		0589 별첨
潟(개펄 석)	☞ 水(1372) → 물(氵)이, 곧 조수가 드나드는 소금기 있는 토지(舄)이라는 데서「개펄」	
瀉(쏟을 사)	☞ 水(1320) → 용기에 들어 있는 물(氵)을 용기 바깥으로 옮겨 놓는다(寫)는 데서「쏟다」	

寒 찰 한. 겨울 한.	0590-50

◉ 𡨄(틈 하│변방 새│막힐 색) + 冫(얼음 빙) = 寒
☞ 틈(𡨄) 사이로 스며드는 공기가 얼음(冫)처럼 차다는 데서「차다. (차가운)겨울」뜻으로.
寒冷(한랭 - 춥고 참) 寒氣(한기) 寒波(한파) 寒暑(한서) 寒帶(한대) 寒害(한해) 寒來暑往(한래서왕)

★ 𡨄(틈 하│변방 새│막힐 색)과 결합을 이룬 글자.		0590 별첨
塞(변방 새)	☞ 土(0674) → 틈(𡨄)이 있는(방비가 허술한) 변방 지역에 흙(토성)(土)을 높다랗게 쌓아 놓은 방어벽이라는 데서「변방. 요새. 막다」要塞(요새)	
寨(목책 채)	☞ 木(0622) → 틈(𡨄)이 있는(방비가 허술한) 곳에 나무(木)를 엮어 둘러놓은 시설물이라는 데서「나무 우리. 목책」木寨(목채)	

容 얼굴 용. 모양/받아들일/담을/용서할 용.	0591-42

◉ 宀 + 谷(골/골짜기 곡) = 容 (2959 참조)
☞ 집(宀)이 깊숙한 골짜기(谷)처럼 큼지막하여 많은 식솔과 가재도구며 곡식 등을 받아들인다는 데서「받아들이다. 담다. (받아들이어)용서하다. (온갖 표정을 담고 있는)얼굴. 모양」뜻으로.
容貌(용모 - 사람의 얼굴 모양) 容器(용기) 容量(용량) 容易(용이) 容恕(용서) 容儀端正(용의단정)

★ 容(얼굴/모양/받아들일/담을/용서할 용)과 결합을 이룬 글자.		0591 별첨
溶(녹을 용)	☞ 水(1269) → 고체가 뜨거운 열기를 받아들이어(容) 물(氵)처럼 묽어진다는 데서「녹다」	
熔(녹을 용)	☞ 火(1133) → 쇠붙이 같은 물질이 불(火)의 열기를 받아들이어(容) 녹는다는 데서「녹다」	
鎔(쇠녹일 용)	☞ 金(3444) → 쇠(金)가 뜨거운 열기를 받아들이어(容) 녹는다는 데서「쇠 녹이다」	

宀 부수(자원과 쓰임 → 0578 참조)

| 瑢(패옥소리 용) | ☞ 玉(2062) → 조복(朝服)에 늘어뜨린 옥(玉)이 용용(容容)거리며 부딪치는 소리이라는 데서 「패옥 소리」 |
| 蓉(연꽃 용) | ☞ 艸(2808) → 배필의 얼굴(容)처럼 아름다운 식물(艹)이라는 의미가 부여되어 「연꽃」 |

察 살필 찰. 자세할 찰. 0592-42

- 宀 + 祭(제사 제) = 察 (2349 참조)
☞ 집(宀)에서 제사(祭)를 모실 때에는 혹시라도 빠뜨린 제물이 없는지, 제기 같은 집기는 청결한지를 자세하게 살핀다는 데서 「살피다. 자세하다」 뜻으로.
觀察(관찰 - 사물을 잘 살펴봄) 監察(감찰) 省察(성찰) 巡察(순찰) 視察(시:찰) 洞察(통:찰) 警察(경:찰)

★ 察(살필/자세할 찰)과 결합을 이룬 글자. 0592 별첨

| 擦(문지를 찰) | ☞ 手(1522) → 손(扌)이 여기저기를 두루 살피는(察) 것처럼 살갗을 골고루 문지른다는 데서 「문지르다」 按擦(안찰) |

寶 보배 보: 귀할/옥새/돈 보. 0593-42

- 宀 + 王(= 玉 구슬 옥) + 缶(장군 부 → 오지그릇) + 貝(조개 패 → 돈. 재물) = 寶
☞ 집(宀)에 소유하고 있는 구슬(王)과 도자기(缶)는 보배로운(귀중한) 재물(貝)이라는 데서 「보배. 귀하다. 돈」 뜻으로.
寶物(보:물 - 보배로운 물건) 寶庫(보:고) 寶石(보:석) 寶玉(보:옥) 家寶(가보) 國寶(국보) 七寶(칠보)

守 지킬 수. 맡을/관장할 수. 0594-42

- 宀 + 寸(마디 촌 → 「헤아리다. 법도. 펼친 손 모양」을 의미) = 守
☞ 집(宀)에 침입하는 도적이나 외적을 손을 펼쳐(寸) 막는다는 데서 「(집을)지키다. (지키는 임무를)맡다. 관장하다」 뜻으로.
守備(수비) 守護(수호) 守則(수칙) 守成(수성) 守衛(수위) 守節(수절) 守舊(수구) 守錢奴(수전노)

★ 守(지킬/맡을 수)와 결합을 이룬 글자. 0594 별첨

| 狩(사냥 수) | ☞ 犬(1404) → 포수가 개(犭)로 하여금 짐승을 몰이하게 하고서 짐승이 달아나는 길목을 지키고 (守) 서서 사냥한다는 데서 「사냥」 狩獵(수렵) |

官 벼슬 관. 공직/관가 관. 0595-42

- 宀 + 㠯(→ 以「써/할/거느릴 이」의 고자) = 官
☞ 백성을 거느리는(㠯) 규모가 큰 집(宀)이라는 데서 「관가. (관가의)벼슬. 공직」 뜻으로.
官家(관가 - 나라 일을 보는 마을) 官僚(관료) 官廳(관청) 官給(관급) 官職(관직) 官吏(관리)

★ 官(벼슬/관가/기관/집 관)과 결합을 이룬 글자. 0595 별첨

| 管(대롱 관) | ☞ 竹(2677) → 방과 방이 연이어져 있는 관(官) 글자 형상처럼 마디가 뚫리어 있는 대나무(竹) 이라는 데서 「대롱. 피리」 管理(관리) |

宀 부수(자원과 쓰임 → 0578 참조)

琯(옥피리 관)	☞ 玉(2058) → 집(宀)에 방(口)과 방(口)이 연이어져(丨) 있는 관(官) 글자 형상처럼 여러 개의 구멍이 가지런하게 뚫리어 있는 옥(玉)으로 된 악기이라는 데서 「옥피리」
館(집 관)	☞ 食(3558) → 밥(음식)(食)이 제공되는 규모가 큰 집(官)이라는 데서 「집」 館舍(관사)
舘(집 관)	☞ 舌(2852) → 기관(官)이 이용하는 규모가 큰 집(舍)이라는 데서 「집. 객사」 公舘(공관)
棺(널 관)	☞ 木(1708) → 시신을 안치하여 두는 나무(木)로 된 일종의 집(官)이라는 데서 「널」

宗 마루 종. 종묘/밑동/높일/일가 종. 0596-42

◉ 宀 + 示(보일 시 | 땅귀신 기 → 주로 신「神」을 의미) = 宗

☞ 왕족 조상의 신(신위)(示)을 모시는 집(宀)이라는 데서 「종묘. (제단을 설치하는)마루」. 종묘는 조상신을 높이 받들어 모시는 왕족의 밑동 구실을 한다는 데서 「밑동. 높이다」 뜻으로.

宗廟(종묘 - 임금·제후의 조상신을 모시는 사당) 宗家(종가) 宗孫(종손) 宗親(종친) 宗敎(종교)

★ 宗(마루/종묘/밑동/높일 종)과 결합을 이룬 글자.		0596 별첨
綜(모을 종)	☞ 糸(2498) → 베틀의 실(날실)(糸)을 높이(宗) 끌어올리는 줄(노끈)이라는 데서 「잉아. (잉아가 날실을)모으다」 綜合(종합)	
琮(옥홀/서옥 종)	☞ 玉(2051) → 종묘(宗)의 제단에 바치는 옥(玉)이라는 데서 「옥홀. 서옥」	
踪(자취 종)	☞ 足(3015) → 발(𠯂)이 밑동(宗)에 닿았던(땅을 밟고 지나갔던) 자취이라는 데서 「자취」	
崇(높을 숭)	☞ 山(0530) → 산(山)이 마루(등성마루)(宗) 위로 높이 솟아오른 모양이라는 데서 「높다」	

宮 집 궁. 궁궐 궁. 0597-42

◉ 宀 + 呂(법칙/등마루뼈/음률 려) = 宮

☞ 집(宀)의 칸수가 등마루 뼈(呂)처럼 촘촘하게 연이어져 있는, 또는 방(口)과 방(口)이 서로 통하여(연결되어)(丨) 있는 규모가 매우 큰 집(宀)이라는 데서 「(큰) 집. 궁궐」 뜻으로.

宮闕(궁궐 - 임금이 거처하는 집) 宮殿(궁전 - 궁궐) 宮合(궁합) 宮女(궁녀) 宮內(궁내) 景福宮(경:복궁)

富 부자 부: 가멸 부. 0598-42

◉ 宀 + 畐(가득할/찰/폭 복) = 富 (2348 참조)

※ 가멸다 → 재산이 많다. 살림이 넉넉하다

☞ 집(宀)에 재물이 가득하다(畐)는 데서 「부자. 가멸」 뜻으로.

富裕(부:유 - 재물이 넉넉함) 富者(부:자) 富豪(부:호) 富强(부:강) 富國强兵(부:국강병) 富貴在天(부:귀재천)

密 빽빽할 밀. 깊숙할/숨길/몰래 밀. 0599-42

◉ {宀 + 必(반드시 필) = 宓(편안할/조용할/몰래 밀)} + 山 = 密

☞ 조용(은밀)하게(宓) 처리하여야 할 일들이 산더미(山)처럼 수없이 많이 쌓여 있다는 데서 「빽빽하다. 깊숙하다. (깊숙하게)숨기다. 몰래」 뜻으로.

密集(밀집 - 빽빽하게 모임) 密告(밀고) 密林(밀림) 密談(밀담) 密室(밀실) 密度(밀도) 密輸(밀수)

★ 宓(편안할/조용할/몰래 밀)과 결합을 이룬 글자. 　　　　　　　　　　　　　　　0599 별첨

蜜(꿀 밀)　　　☞ 虫(2616) → 집을 지어 몰래(宓) 저장하여 놓은 벌레(꿀벌)(虫)의 먹이이라는 데서「꿀」

寢　잘 침: 안방 침. 　　　　　　　　　　　　　　　　　　　　　　　　　0600-40

◉ {宀 + 뷰 = 㝱(잘 침)} + 爿(조각널 장 | 걸상/침상 상) = 寢
☞ 침상(爿)에 드러누워 잠잔다(㝱)는 데서「자다. (잠자는)안방」뜻으로.
寢室(침:실 - 잠자는 방) 寢牀(침:상) 寢具(침:구) 寢臺(침:대) 寢囊(침:낭) 寢食(침:식) 就寢(취:침)

寄　부칠 기. 붙여살/맡길 기. 　　　　　　　　　　　　　　　　　　　　0601-40

◉ 宀 + {大 + 可(옳을 가) = 奇(기이할/기특할/외짝/홀수 기)} = 寄 (0736 참조)
☞ (양육할 형편이 되지 못하여) 아기를 남의 집(宀)에 홀(奇)로 맡긴다는 데서「맡기다. 부치다.
　 붙여 살다」뜻으로.
寄居(기거 - 임시로 거처함) 寄託(기탁) 寄與(기여) 寄附(기부) 寄贈(기증) 寄稿(기고) 寄宿舍(기숙사)

宣　베풀 선. 펼/두루/밝힐 선. 　　　　　　　　　　　　　　　　　　　　0602-40

◉ 宀 + 亘(베풀 선 | 씩씩할 환) = 宣
☞ 집(宀), 곧 관가에서 가난한 백성에게 (구휼미 같은 것으로) 온정을 베푼다(亘)는 데서「베풀다.
　 펴다. 두루. 밝히다」뜻으로.
宣告(선고 - 널리 알림) 宣布(선포) 宣傳(선전) 宣誓(선서) 宣敎師(선교사) 宣戰布告(선전포고)

★ 宣(베풀/펼/두루/밝힐 선)과 결합을 이룬 글자. 　　　　　　　　　　　　　0602 별첨

瑄(도리옥 선)	☞ 玉(2073) → 베풀어(宣) 주는 옥(玉), 곧 임금이 높은 벼슬아치에게 내려 주는 둥글고 큰 구슬이라는 데서「도리옥. 큰 구슬」
渲(바림 선)	☞ 水(1374) → (땅바닥에) 물(氵)이 두루 퍼져(宣) 있다는 데서「물 지적지적하다. (물을 지적지적하게 바른 다음에 색칠하는 화법이라는 데서)바림」渲染法(선염법)
喧(시끄러울 훤)	☞ 口(0893) → 소리(口)가 멀리까지 두루 퍼져(宣) 나갈 정도로 몹시 떠들썩하다는 데서「지껄이다. 시끄럽다」喧騷(훤소)

宇　집 우: 하늘/세계 우. 　　　　　　　　　　　　　　　　　　　　　　0603-32

◉ 宀 + {一 + 一 + 亅 = 于(어조사/갈/있을 우)} = 宇 (0215 참조)
☞ 하늘(一)과 땅(一)이 하나의 갈고리(亅)에 꿰어져 있는(于) 것처럼 거대하게 펼쳐져 있는 움집
　 (宀) 형상의 공간이라는 데서「집. 하늘. 세계」뜻으로.
宇宙(우:주 - 무한한 시간과 끝없는 공간의 총체) 宇內(우:내 - 온 세상) 屋宇(옥우 - 여러 집채)

宙　집 주: 하늘/세계/때 주. 　　　　　　　　　　　　　　　　　　　　　0604-32

◉ 宀 + 由(말미암을/지날 유) = 宙 (2108 참조)
☞ 움집(宀)이, 위쪽으로 지나가는(由) 형상, 곧 지상에서 하늘 쪽으로 끝없이 뻗어 있는 움집
　 형상의 공간이라는 데서「집. 하늘. 세계. (끝없이 지나가는)때」뜻으로.

※ 우주(宇宙)에서 우(宇)는 공간을, 주(宙)는 시간을 의미함.
宙合樓(주:합루 - 창덕궁에 있는 누각의 이름) 宇宙船(우:주선 - 유성으로 비행하는 항공기)

宴 잔치 연: 편안할/즐길 연.　　　　　　　　　　　　　　　　　　　　　　　　0605-32

- ⊙ 宀 + 妟(편안/화할 안)} = 宴
- ☞ 집(宀)에서 여러 사람들이 모여 편안하게(화목하게)(妟) 즐거운 시간을 보낸다는 데서「잔치. 즐기다. 편안하다」뜻으로.

宴會(연:회 - 여러 사람이 모여 베푸는 잔치) 壽宴(수연) 酒宴(주연) 回甲宴(회갑연) 披露宴(피로연)

寂 고요할 적. 적적할 적.　　　　　　　　　　　　　　　　　　　　　　　　　0606-32

- ⊙ 宀 + 叔(아재비/아이/콩 숙) = 寂 (0388 참조)
- ☞ 집(宀)에 (결혼을 하지 않은) 아재비(叔)가 홀로 살고 있어서 분위기가 매우 적적하다는 데서「고요하다. 적적하다」뜻으로.

寂寂(적적하다 - 외롭고 쓸쓸하다) 寂滅(적멸) 寂寞(적막) 閑寂(한적) 靜寂(정적) 入寂(입적)

寬 너그러울 관. 넓을/용서할 관.　　　　　　　　　　　　　　　　　　　　　　0607-32

- ⊙ 宀 + {卝(쌍상투 관) + 見(볼 견) + = 莧(산양의가는뿔 환)} + 丶(불똥 주) = 寬
- ☞ 집(宀)에 상투(卝)를 튼 선비가 등잔불(丶) 앞에서 책을 보는(見) 인자한 모습이라는 데서「너그럽다. (마음이)넓다. (너그럽게)용서하다」뜻으로.

寬容(관용 - 너그럽게 받아들임) 寬大(관대) 寬裕(관유 - 너그러움) 寬宥(관유) 寬恕(관서)

審 살필 심(:). 자세할 심.　　　　　　　　　　　　　　　　　　　　　　　　　0608-32

- ⊙ {宀 + 釆(분별할 변) = 宷(살필 심)} + 田 = 審 (2110 참조)
- ☞ 논밭(田)에 심어 놓은 작물의 생육 상태를 자세하게 살핀다(宷)는 데서「살피다. 자세하다」뜻으로.

審議(심:의) 審判(심:판) 審査(심사 - 자세히 조사함) 審理(심리) 審問(심문) 審美眼(심미안)

★ 審(살필/자세할 심)과 결합을 이룬 글자.　　　　　　　　　　　　　　　　0608 별첨
瀋(즙낼 심)　☞ 水 (1291) → 물(氵)이 자세하게(촘촘하게)(審) 배어져 나오는, 곧 갈거나 찧은 과채를 주머니에 넣어 즙을 짜내는 모양이라는 데서「즙. 즙 내다」瀋陽(심양)

寧 편안 녕. 공손할/차라리 녕.　　　　　　　　　　　　　　　　　　　　　　　0609-32

- ⊙ {宀 + 心 + 皿(그릇 명) = 寍(편안할 녕)} + 丁(장정 정) = 寧
- ☞ 장정(丁)이 연세 높은 어른을 편안하게(寍) 모신다는 데서「편안하다. 공손하다」뜻으로.

康寧(강녕 - 몸이 건강하며 마음이 편안함) 安寧(안녕) 寧邊郡(영변군 - 평북에 있는 지명)

寡 적을 과: 홀어미(과부) 과.　　　　　　　　　　　　　　　　　　　　　　　　0610-32

- ⊙ 宀 + {頁(머리 혈) + 分(나눌 분) = 頒(= 頒 나눌 반)} = 寡

宀 부수(자원과 쓰임 → 0578 참조)

☞ 집(宀)에 더불어 살아가는 가족의 머리(頁) 수효가 나뉘어져(分) 식구가 줄어들었다는 데서 「적다」 뜻을. 또는 집(宀)의 우두머리(頁), 곧 가장과 나뉘어져(이별하여)(分) 홀로된 여인이라는 데서 「홀어미(과부)」 뜻으로.

寡聞(과:문 - 견문이 적음) 寡黙(과:묵) 寡婦(과:부) 寡守(과:수) 寡宅(과:댁) 寡人(과:인) 寡聞淺識(과:문천식)

寅 범/동방 인. 셋째지지/정월/공경/넓힐/나아갈 인.	0611-30

● 宀 + 一 + 由(말미암을 유 → 새싹이 돋아나는 모양) + 八(여덟/나눌 팔) = 寅
☞ 작물의 성장 순환 과정을 절기(12개월)에 배열하여 놓은 지지(地支)에서 씨앗이 움집(宀) 형상을 이루어 지면(一) 아래에서 싹을 틔우고(由) 뿌리가 갈래져(八) 나오는(움트는) 절기(음력 1월)에 해당하는 지지이라는 데서 「셋째 지지. 정월. (셋째 지지가 가리키는)범. 동방. (뿌리가 갈래져서)나아가다. 넓히다」 뜻으로.

寅月(인월 - 음력 정월을 달리 이르는 말) 寅方(인방 - 이십사방위의 하나) 丙寅(병:인)

★ 寅(범/넓힐/나아갈 인)과 결합을 이룬 글자.	0611 별첨
演(펼 연)	☞ 水(1198) → 물(氵)이 넓게 퍼져 나아간다(寅)는 데서 「펴다. 넓히다」 演習(연습)

宜 마땅 의. 옳을 의.	0612-30

● 宀 + 且(또 차 | 수두룩할 저) = 宜 (0011 참조)
☞ 집(宀)에 양식이 수두룩하게(且) 쌓여 있어 살림살이가 풍족하다는 데서 「마땅하다. 옳다(좋다)」 뜻으로.

宜當(의당 - 마땅히) 適宜(적의 - 하기에 마땅함) 便宜(편의) 時宜適切(시의적절) 便宜施設(편의시설)

★ 宜(마땅/옳을 의)와 결합을 이룬 글자.	0612 별첨
誼(의좋을 의)	☞ 言(3275) → 마땅한(옳은)(宜) 말씀(言)으로 서로가 대화를 나누는 매우 건전하고 친근한(의좋은) 사이이라는 데서 「의좋다. 옳다. 착하다」 友誼(우의)

宋 송나라/성(姓) 송: 살 송.	0613-20

● 宀 + 木(나무 목) = 宋
☞ 움집(宀) 형상을 이루어 가지와 잎사귀를 드리우고 있는 나무(木), 곧 살아 있는(자라나고 있는) 나무에서 「살다」 뜻을. 宋은 송나라 국명으로 쓰였기에 「송나라」 음훈으로.

宋儒(송:유 - 송나라 때의 성리학자) 宋學(송:학) 宋時烈(송:시열 - 조선 때의 정치가·학자)

宰 재상 재: 정승/다스릴/제재할 재.	0614-20

● 宀 + 辛(매울 신 → 주로 「죄. 죄인」 의미로 쓰임) = 宰
☞ 집(관청)(宀)에서 죄인(辛)을 다스리는(치죄하는) 높은 벼슬아치이라는 데서 「재상. 정승. (재상이 죄인을)다스리다. 제재하다」 뜻으로.

宰相(재:상 - 임금을 돕고 백관을 지휘 감독하는 최고의 관직) 主宰(주재 - 책임지고 맡아 처리함)

宀 부수(자원과 쓰임 → 0578 참조)

★ 宰(재상/다스릴/제재할 재)와 결합을 이룬 글자.　　　　　　　　　　　　　　0614 별첨

滓(찌끼 재)　　☞ 水(1361) → 물(氵)이 다스려(宰)지면서(정제되면서) 바닥에 가라앉은 불순물(찌기)이라는 데서
　　　　　　　「찌끼. 앙금」 殘滓(잔재)

寇　도둑/도적 구. 원수 구.　　　　　　　　　　　　　　　　　　　　　　　　0615-10

- {宀 + 元(으뜸 원) = 完(완전할 완)} + 攴(칠/똑똑두드릴 복) = 寇
- ☞ 완전하게(完) 구비하고 있는, 곧 여러 가지 많은 재산을 보유하고 있는 부잣집을 쳐서(攴) 재물을 약탈하는 사람이라는 데서 「도둑. 원수」 뜻으로.

寇賊(구적 - 떼를 지어 다니며 백성을 해치고 약탈하는 도둑) 寇掠(구략) 倭寇(왜구)

宥　너그러울 유. 죄사할/용서할/도울 유.　　　　　　　　　　　　　　　　　　0616-10

- 宀 + 有(있을/가질 유) = 宥 (1089 참조)
- ☞ 죄를 저지른 사람(식구)을 집 밖으로 내치지 않고 집(宀)에 있도록(有) 한다는 데서 「용서하다. 죄 사하다. 너그럽다. (용서하여)돕다」 뜻으로.

宥罪(유죄 - 죄를 용서함) ※ 有罪(유:죄 - 죄가 있음) 宥和政策(유화정책 - 온건한 정책)

寞　고요할 막. 쓸쓸할 막.　　　　　　　　　　　　　　　　　　　　　　　　0617-10

- 宀 + 莫(말/없을 막 | 저물 모) = 寞 (2731 참조)
- ☞ 집(宀)에 더불어 살아가는 사람이 없어서(莫) 집안이 매우 적막하다는 데서 「쓸쓸하다. 고요하다」 뜻으로.

寞寞(막막하다 - 괴괴하고 쓸쓸하다) 寂寞(적막 - 쓸쓸하고 고요함)

寐　잠잘/잘 매.　　　　　　　　　　　　　　　　　　　　　　　　　　　　　0618-10

- 宀 + 爿(조각널 장 | 걸상/침상 상) + 未(아닐 미) = 寐
- ☞ 집(宀)의 침상(爿)에서 일어나지 아니한(未), 곧 잠에서 깨어나지 아니한 상태라는 데서 「잠자다」 뜻으로.

夢寐(몽매 - 잠을 자며 꿈을 꿈)

寤　잠깰 오.　　　　　　　　　　　　　　　　　　　　　　　　　　　　　　0619-10

- {宀 + 吾 = 寍(잠깰 오)} + 爿(조각널 장 | 걸상/침상 상) = 寤
- ☞ 집(宀)의 침상(爿)에 누워 잠을 자다가 나(吾)를 의식한 상태, 또는 침상(爿)에서 잠을 깬(寍) 상태라는 데서 「잠깨다」 뜻으로.

寤寐不忘(오매불망 - 자나 깨나 항상 잊지 못함)

寓　부칠/빗댈 우: 머무를/평계삼을 우.　　　　　　　　　　　　　　　　　　0620-10

- 宀 + 禺(원숭이/해지는곳/갈피 우) = 寓 (3102 참조)
- ☞ 원숭이(禺)가 집(宀)을 지어 일시적으로 머무른다는 데서 「머무르다. (몸뚱이를)부치다. 빗대다.

(빗대어)핑계 삼다」뜻으로.

※ 원숭이는 나뭇가지를 꺾어 하룻밤을 지낼 보금자리를 만드는 습성을 지니고 있음.

寓居(우:거 - 남의 집이나 타향에서 임시로 삶) 寓話(우:화) 寓意(우:의) 寓話小說(우:화소설)

寵　사랑할(괼)총: 은혜/현명할 총.　　　　　　　　　　　　　　　　0621-10

- 宀 + 龍(용 룡) = 寵 (3689 참조)
- ☞ 집(宀)에 용(龍)이 태어나는, 곧 (용은 임금이나 귀인에 비유하는 바) 집(궁궐)에 왕세자나 귀인이 태어나면 한없이 사랑을 쏟아붓는다는 데서「사랑하다. 현명하다. 은혜」뜻으로.

寵愛(총:애 - 남달리 귀엽게 여겨 사랑함) 寵臣(총:신) 寵兒(총:아) 寵辱(총:욕) 聖寵(성:총) 恩寵(은총)

寨　목책/나무우리 채. 진(陣) 채.　　　　　　　　　　　　　　　　　0622-10

- 宷(틈 하ㅣ변방 새ㅣ막을 색) + 木(나무 목) = 寨 (0590 참조)
- ☞ 틈(宷)이 있는(방비가 허술한) 곳에 나무(木)를 엮어 둘러놓은 시설물이라는 데서「나무 우리. 목책. 진(陣)」뜻으로.

木寨(목채 - 나무 울타리. 울짱) 寨內(채내 - 성채 안) 寨外(채외 - 성채 밖)

宛　완연할 완. 어슴푸레할/흡사할/마치/굽을 완.　　　　　　　　　　　0623-10

- 宀 + {夕 + 㔾(병부/몸기 절) = 夗(누워서딩굴 원)} = 宛 (1857 참조)
- ☞ 움집(宀)이, 어두운 저녁(夕)에는 구푸린 몸뚱이(㔾)처럼 어렴풋하게 보인다는 데서「어슴푸레하다. 흡사하다. (흡사하여)완연하다. (집이)굽다」뜻으로.

宛然(완연하다 - 뚜렷하다) ※ 完然(완연하다 - 흠이 없이 완전하다)

宸　대궐 신. 집/지붕/천자께서하시는일 신.　　　　　　　　　　　　　0624-10

- 宀 + 辰(별/일진/용 진ㅣ때 신) = 宸 (2993 별첨)
- ☞ 집(지붕)(宀)에 용(辰)을 새겨 놓은 (임금이 정사를 돌보는) 큰 집이라는 데서「대궐. 집. 지붕. (대궐에서)천자께서 하시는 일」뜻으로.

宸襟(신금 - 임금의 마음) 宸宴(신연 - 임금이 베푸는 술잔치) 宸斷(신단 - 임금의 결재)

宏　클 굉. 넓을 굉.　　　　　　　　　　　　　　　　　　　　　　　0625-10

- 宀 + 厷(팔뚝/둥글 굉) = 宏
- ☞ 둥근(厷) 움집(宀) 모양처럼 이루어진 거대한 우주 공간이라는 데서「크다. 넓다」뜻으로.

宏大(굉대하다 - 굉장히 크다) 宏業(굉업) 宏壯(굉장) 宏才(굉재) 宏材(굉재) 宏傑(굉걸) 宏闊(굉활)

★ 厷(팔뚝/둥글 굉)과 결합을 이룬 글자.		0625 별첨
肱(팔뚝 굉)	☞ 肉(2413) → 몸(신체)(月)의 한 부분을 이루고 있는 팔뚝(厷)이라는 데서「팔뚝」	
雄(수컷 웅)	☞ 隹(3481) → 꼬리를 둥글게(厷) 구푸리어 교미하는 수컷 새(隹)이라는 데서「수컷」	

宀 부수(자원과 쓰임 → 0578 참조)

宕 호탕할 탕. 방탕할/골집(洞屋)/지날 탕. 0626-10

- 宀 + 石(돌 석) = 宕
- ☞ 돌(바위)(石)로 이루어진 집(宀)이라는 데서「골집」뜻을, 골집에서 자연을 벗 삼아 자유분방하게 지낸다는 데서「호탕하다. 방탕하다. 지내다」뜻으로.

宕巾(탕건 - 관 아래에 받쳐 쓰던 관冠) 佚宕(질탕 - 방탕함) 豪宕(호탕 - 기풍이 호걸스럽고 방종함)

宦 벼슬 환. 내관 환. 0627-10

- 宀 + 臣(신하 신) = 宦
- ☞ 집(궁궐)(宀) 내부에서 주로 근무하는 신하(臣)이라는 데서「벼슬. 내관」뜻으로.

宦官(환관 - 내시부內侍府의 관원. 불알이 없는 사내) 宦福(환복) 宦厄(환액) 宦海風波(환해풍파)

寮 동관(同官) 료. 관리 료. 0628-10

- 宀 + 尞(횃불/불놓을/밝을/비출 료) = 寮 (2309 참조)
- ☞ 집(관청)(宀)에 불을 밝혀(尞) 놓고 함께 사무를 보는 관리이라는 데서「동관. 관리」뜻으로.

寮舍(요사 - 절에 스님이 거처하는 집. 학교나 공공 단체의 기숙사)

寥 쓸쓸할 료. 적적할/빌(虛) 료. 0629-10

- 宀 + 翏(높이날 류) = 寥 (3259 참조)
- ☞ 집(宀)에 있는 양식이나 집기 같은 모든 것이 높이 날아(翏) 가버린 것처럼 아무것도 남아 있지 않아 집안이 매우 공허하다는 데서「쓸쓸하다. 적적하다. 비다」뜻으로.

寥寥(요요하다 - 고요하고 쓸쓸하다) 寥闊(요활 - 텅 비고 넓음) 寥寥無聞(요요무문)

宵 밤(夜) 소. 0630-10

- 宀 + 肖((닮을/같을/작을 초 | 쇠약할/흩어질 소) = 宵 (2391 참조)
- ☞ 움집(宀)과 같은(肖), 곧 어두컴컴한 움집 내부처럼 어두운 시간대이라는 데서「밤」뜻으로.

春宵(춘소 - 봄밤) 元宵(원소 - 음력 정월 보름날 밤)

寃 원통할 원(:) 한탄할/억울할 원. 0631-10

- 宀 + 兔(토끼 토) = 寃 (0191 참조) ※ 寃은 冤(원통할 원)의 속자.
- ☞ 움집(宀)에 갇혀 있는 토끼(兔) 입장에서는 무척 원통하고 한탄스럽다는 데서「원통하다. 억울하다. 한탄하다」뜻으로.

寃痛(원통 - 분하고 억울함) 寃鬼(원:귀) 寃訴(원:소) 寃淚(원:루) 寃罪(원:죄)

宝 보배 보: 귀할 보. 0632-00

- 宀 + 玉(구슬 옥) = 宝 ※ 宝는 寶의 약자.
- ☞ 집(宀)에 있는 구슬(玉)은 보배롭고 귀한 재물이라는 데서「보배. 귀하다」뜻으로.

宝玉=寶玉(보:옥 - 보석. 빛깔과 광택이 아름다운 희귀한 광물)

| 부수 3획 | 小 작을 소 | 宀 움집 면 | 囗 에울 위 | 土 흙 토 |

囗 에울 위. 큰입구/에운담 구 | 나라 국. 0633-00

자원 囗 → 일정한 지역이나 물체를 에워싼 모양을 표현.
쓰임 「에워싸다. 두르다. 국경. 나라. 둥근 모양」과 의미로 쓰임.

國 나라 국. 고향 국. 0634-80

● 囗 + {戈(창 과) + 口(입 구) + 一 = 或(혹시 혹 | 나라 역)} = 國 (1760 참조)
☞ 국경으로 에워(둘리어)(囗) 있는 나라(或)이라는 데서 「나라」 뜻으로.

國家(국가) 國語(국어) 國史(국사) 國民(국민) 國交(국교) 國際(국제) 國賓(국빈) 國權(국권)

四 넉 사: 0635-80

● 囗 + 儿(어진사람 인) = 四 ※ 亖는 四의 고자(古字).
☞ 사람(儿)을 에워싸고(囗) 있는 동서남북의 네 방위, 또는 사각형(囗)의 모서리를 인(儿) 글자 형상처럼 분리하여 놓은 네 각의 수효이라는 데서 「넉(4)」 뜻으로.

四角(사:각) 四通八達(사:통팔달) 四捨五入(사:사오입) 四面楚歌(사:면초가) 四分五裂(사:분오열)

★ 四(넉 사)와 결합을 이룬 글자. 0635 별첨

| 泗(물이름 사) | ☞ 水 (1293) → 물(氵)이 네(四) 방면으로부터 모여 들거나 흘러 나가는 강물이라는 의미가 부여되어 「물 이름」 泗川市(사천시) |

園 동산 원. 뜰 원. 0636-60

● 囗 + 袁(옷이길어치렁치렁한모양/옷길 원) = 園 (2559 참조)
☞ 옷이 길어 치렁치렁한 모양(袁)을 이루고 있는 것처럼 나뭇가지와 잎사귀가 무성하게 드리워진 (늘어뜨린) 초목에 에워싸여(囗) 있는 곳이라는 데서 「동산. 뜰」 뜻으로.

園藝(원예 - 정원수나 화훼 등을 가꾸는 일) 園頭幕(원두막) 庭園(정원) 田園(전원) 公園(공원)

圖 그림 도. 도모할 도. 0637-60

● 囗 + 啚(더러울/인색할/고을 비) = 圖
☞ 국경(囗) 안에 있는 고을(啚)을 표시하여(그려) 놓은 것이라는 데서 「그림. (그림이나 지도를 그려 가면서 작전 계획을 세운다는 데서)도모하다」 뜻으로.

圖書(도서 - 그림·서적 등의 총칭) 圖案(도안) 圖面(도면) 圖鑑(도감) 圖畵紙(도화지) 地圖(지도)

★ 啚(더러울/인색할/고을 비)와 결합을 이룬 글자. 0637 별첨

| 鄙(더러울 비) | ☞ 邑(2940) → 인색한(啚) 고을(阝), 곧 인심이 매우 박하여 살아갈 만한 곳이 못되는 궁벽한 고을이라는 데서 「인색하다. 더럽다. 궁벽한 곳」 鄙陋(비루) |

□ 부수(자원과 쓰임 → 0633 참조)

團 둥글 단. 모을/단속할 단. 　　0638-50

● □ + 專(오로지/정성 전｜모일 단) = 團 (0567 참조)
☞ 여러 사람들이 한데 모이어(專) 둥그렇게 에워싸고(□) 있는 모양에서「둥글다. (둥그렇게)모으다. (흐트러지지 않게 모은다는 데서)단속하다」뜻으로.

團合(단합) 團體(단체) 團結(단결) 團員(단원) 團長(단장) 團旗(단기) 團束(단속) 團地(단지)

因 인할 인. 말미암을/의지할/인연/원인 인. 　　0639-50

● □ + 大(큰대) = 因
☞ 크게(大) 영향을 미치는 요소나 연분으로 에워싸여(둘리어)(□) 있다는 데서「인하다. 말미암다. 의지하다. 인연. 원인」뜻으로.

因緣(인연 - 서로의 연분) 因子(인자) 因習(인습) 因果應報(인과응보) 因數分解(인수분해) 原因(원인)

★ 因(인할/말미암을/의지할/인연/원인 인)과 결합을 이룬 글자.		0639 별첨
姻(혼인 인)	☞ 女(0480) → 남자가 여자(女)와 인연(因)을 맺는다는 데서「혼인」婚姻(혼인)	
咽(목구멍 인)	☞ 口(0859) → 입속(口)에, 인(因) 글자 형상(口 → 목구멍, 大 → 목젖)처럼 이루어진 목구멍 모양에서「목구멍」咽喉(인후)	
恩(은혜 은)	☞ 心(1846) → 부모와 자식 또는 스승과 제자 사이에 맺어진 인연(因)으로 말미암아 사랑과 훈육을 받은 한없이 고마운 마음(心)이라는 데서「은혜. 덕택」恩惠(은혜)	

固 굳을 고. 고집할/막힐 고. 　　0640-50

● □ + 古(예/오랠 고) = 固 (0797 참조)
☞ 예(古)로부터 자기 나라의 국경(□)으로 굳어져 왔음을 상대국에 주장한다는 데서「굳다. 고집하다. (고집불통으로)막히다」뜻으로.

固守(고수 - 굳게 지킴) 固定(고정) 固着(고착) 固有(고유) 固體(고체) 固然(고연) 確固(확고)

★ 固(굳을/고집할/막힐 고)와 결합을 이룬 글자.		0640 별첨
個(낱 개)	☞ 人(0081) → 사람(亻)에게 굳어진(固) 개성은 저마다 다른 별개이라는 데서「낱」個體(개체)	
箇(낱 개)	☞ 竹(2693) → 대나무(竹)가 성장을 다하여 굳어진(固) (곁가지가 돋아나지 않은) 외줄기 그 자체이라는 데서「낱」箇體(개체)	
痼(고질병 고)	☞ 疒(2317) → 오래도록 몸속에 굳어(固) 있는 불치의 병(疒)이라는 데서「고질병」痼疾(고질)	
錮(땜질할 고)	☞ 金(3459) → (납 같은) 쇠(쇠붙이)(金)를 불에 녹이어 구멍이 생긴 부위(틈)를 막는다(固)는 데서「땜질하다. 막다」禁錮(금고)	

回 돌아올 회. 돌 회. 　　0641-42

● □ + □ = 回
☞ 에우고(□) 다시 에우는(□), 곧 주위를 빙글빙글 돈다는 데서「돌다. 돌아오다」뜻으로.

回轉=廻轉(회전) 回復(회복) 回答(회답) 回收(회수) 回想(회상) 回診(회진) 回甲(회갑) 回顧(회고)

囗 부수(자원과 쓰임 → 0633 참조)

| ★ 回(돌아올/돌 회)와 결합을 이룬 글자. | 0641 별첨 |

廻(돌 회) ☞ 廴(0412) → (제자리로) 돌아(回) 간다(廴)는 데서 「돌다. 돌아오다」 巡廻(순회)
徊(노닐 회) ☞ 彳(0451) → (목적지가 없이) 이리저리 돌아(回) 다닌다(彳)는 데서 「노닐다」 徘徊(배회)
蛔(회충 회) ☞ 虫(2624) → 몸 안과 몸 밖, 또는 뱃속에서 돌아(回)다니는 벌레(虫)이라는 데서 「회충」

圓 둥글 원. 0642-42

● 囗 + 員(인원/수효/둥글 원) = 圓 (0812 참조)
☞ 많은 인원(員)이 주변을 에워싸고(囗) 있는 둥근 모양이라는 데서 「둥글다」 뜻으로.
圓形(원형 - 둥근 모양) 圓筒(원통) 圓滿(원만) 圓滑(원활) 圓熟(원숙) 圓盤(원반) 圓錐(원추)

圍 에워쌀 위. 에울/둘레 위. 0643-40

● 囗 + 韋(다룬가죽/어길/에울 위) = 圍 (3537 참조)
☞ 가죽끈(韋)으로 테두리를 에워(둘러)(囗) 놓은 모양에서 「에워싸다. 에우다. 둘레」 뜻으로.
圍徑(위경 - 둘레와 지름) 周圍(주위) 範圍(범:위) 包圍(포:위) 廣範圍(광:범위)

困 곤할 곤: 괴로울/곤궁할/노곤할 곤. 0644-40

● 囗 + 木(나무 목) = 困
☞ 나무(木) 주변이 장애물에 에워싸여(囗) 있어서 생육에 많은 지장을 받는다는 데서 「(나무가) 곤하다. 괴롭다. 곤궁하다」 뜻으로.
※ 중국의 어느 목(木)씨 집성촌(集成村)에는 담장을 치지 않는다고 하는 바, 이유는 위의 뜻풀이처럼 담장을 두르면 집안이 곤란을 겪는다는 믿음에서 비롯한다고 함.
困境(곤:경 - 어려운 지경) 困窮(곤:궁) 困難(곤:란) 困辱(곤:욕) 困惑(곤:혹) 疲困(피곤) 貧困(빈곤)

囚 가둘 수. 죄수 수. 0645-30

● 囗 + 人(사람 인) = 囚
☞ 사람(人)을 에워(囗) 놓은. 곧 죄수를 감옥에 가두어 놓은 모양에서 「가두다. 죄수」 뜻으로.
囚人(수인 - 죄수) 囚衣(수의 - 죄수복) 囚禁(수금 - 죄인을 가두어 둠) 罪囚(죄:수)

圈 우리(牢) 권. 나무를휘어만든그릇 권. 0646-20

● 囗 + 卷(책/말/굽을 권) = 圈 (0348 참조)
☞ (죽편을 엮어) 책을 말아(卷) 놓은 모양처럼 나무를 둥그렇게 에워(둘러)(囗) 놓은 구조물이나 그릇이라는 데서 「우리. 나무를 휘어 만든 그릇」 뜻으로.
圈內(권내 - 일정한 범위의 안) 圈域(권역) 圈點(권점) 商圈(상권) 與圈(여:권) 野圈(야:권)

圇 옥 령. 감옥 령. 0647-10

● 囗 + 令(하여금/영 령) = 圇 (0060 참조)
☞ 영(법령)(令)을 위반한 죄인을 에워(가두어)(囗) 두는 곳이라는 데서 「옥. 감옥」 뜻으로.

□ 부수(자원과 쓰임 → 0633 참조)

囹圄(영어 - 죄수를 가두는 곳. 감옥)

圄 옥 어. 감옥/갇힐 어. 0648-10

● □ + 吾(나 오) = 圄 (0789 참조)
☞ (죄를 지은) 나(우리)(吾)를 에워(가두어)(□) 두는 곳이라는 데서「옥. (옥에)갇히다」뜻으로.
囹圄空虛(영어공허 - 나라가 잘 다스려져 있음을 비유한 말) 囹圄生草(영어생초)

圃 채마밭 포. 남새밭 포. 0649-10

● □ + 甫(클/도울 보 | 남새밭 포) = 圃 (2192 참조)
☞ 울타리로 에워(둘러)(□) 놓은 남새밭(甫)이라는 데서「채마밭. 남새밭」뜻으로.
圃田(포전 - 남새밭) 藥圃(약포 - 약초를 심는 밭)

자투리 마당

배워야 한다

○ 禮記(예기)에 曰(왈), 玉不琢(옥불탁)이면 不成器(불성기)하고, 人不學(인불학)이면 不知義(부지의)니라
- 예기에서 말하기를, 옥은 쪼지 아니하면 그릇이 되지 못하며, 사람은 배우지 아니하면 의(도리)를 알지 못하느니라.

○ 太公(태공)이 曰(왈), 人生不學(인생불학)이면 冥冥如夜行(명명여야행)이니라.
- 태공이 말하기를, 사람이 배우지 아니하면 어둡고 어두운 밤길을 다니는 것과 같으니라.

○ 子(자) 曰(왈), 博學而篤志(박학이독지)하며, 切問而近思(절문이근사)하면 仁在其中矣(인재기중의)니라.
- 공자가 말씀하기를, 널리 배워서 뜻을 도탑게 하며, 묻기를 절실하게 하여 생각을 가까이 한다면 어짊이 그 가운데에 있느니라.

- 明心寶鑑에서 -

小	宀	囗	土
작을 소	움집 면	에울 위	흙 토

土 흙 토. 땅/곳/뭍/뿌리/고향 토.   0650-80

- **자원** 土 → 지면(一)에 겹겹으로 포개어져(十) 있는 흙더미를 표현.
- **쓰임** 「흙. 흙덩이. 땅. 토지. 곳. 흙무더기」 모양과 의미로 쓰임.

土地(토지 - 땅. 흙. 논밭) 土砂(토사) 土石(토석) 土城(토성) 土窟(토굴) 土臺(토대) 土俗(토속)

地 땅 지. 바탕/처지/신분 지.   0651-70

- ⊙ 土 + 也(어조사/잇기/또 야 | 잇닿을 이) = 地 (0041 참조)
- ☞ 흙(土)이 위아래로 잇닿아(也) 있는 전체의 땅덩어리이라는 데서 「땅. 바탕. (바탕이 되는) 처지. 신분」 뜻으로.

地表(지표 - 땅의 표면) 地球(지구) 地形(지형) 地域(지역) 地位(지위) 地盤(지반) 地震(지진)

場 마당 장. 곳 장.   0652-70

- ⊙ 土 + 昜(빛/열을/날아오를/길 양) = 場 (3326 참조)
- ☞ 흙(土)이 열려(昜) 있는, 곧 건물이 들어서 있지 아니한 땅이라는 데서 「마당. 곳」 뜻으로.

場面(장면 - 겉으로 드러난 면) 場所(장소) 場勢(장세) 場外(장외) 市場(시:장) 運動場(운:동장)

堂 집 당. 대청/높고귀한모양 당.   0653-60

- ⊙ 尙(오히려/높일 상) + 土 = 堂 (0576 참조)
- ☞ 여기에서 尙은 지붕(小)과 벽면(冂)과 방(口)으로 이루어져 있는 집 모양을 표현. 땅(터전)(土) 위에 상(尙) 글자 형상처럼 높다랗게 지어 놓은 큰 집 모양에서 「집. (높게 지어 놓은 건물 모양에서)높고 귀한 모양. (큰 집의 중심부를 이루는)대청」 뜻으로.

堂叔(당숙 - 아버지의 사촌 형제) 堂堂(당당) 堂號(당호) 法堂(법당) 祠堂(사당) 別堂(별당) 講堂(강:당)

★ **堂**(집/대청 당)과 결합을 이룬 글자.   0653 별첨

螳(사마귀 당)	☞ 虫(2633) → 위세가 당당한(堂) 벌레(虫), 곧 덩치가 큰 상대와 마주쳐도 물러섬이 없이 고개를 쳐들고 당당하게 버티는 벌레이라는 데서 「사마귀」 螳螂拒轍(당랑거철)

在 있을 재: 곳 재.   0654-60

- ⊙ 𠂇(= 左「왼 좌」 → 「왼손. 있다」는 의미) + 丨(위아래통할 신) + 土 = 在
- ☞ (농사를 지을) 땅(土)이 위아래로(丨) 펼쳐져 있다(𠂇)는 데서 「있다. (있는)곳」 뜻으로.

在職(재:직 - 근무하고 있음) 在學(재:학) 在中(재:중) 在庫(재:고) 在來(재:래) 在野(재:야) 在京(재:경)

壇 단/제터 단. 평평할 단.   0655-50

- ⊙ 土 + {靣(쌀곳간 름) + 旦(아침 단) = 亶(클/많을/도타울/믿을 단)} = 壇

土 부수(자원과 쓰임 → 0650 참조)

※ 亶 → 쌀 곳간(㐭)이 아침(旦)에 덩그렇게 떠오르는 해처럼 높이 솟아오른 모양에서 「곳간이」크다. (곳간에 곡식이)많다. (곡식이 많아서 믿음직스럽다는 데서)믿다」뜻으로.
☞ 흙(土)을 도탑게(亶) 쌓아 평평하게 다져 놓은 단이라는 데서 「단. 제터. 평평하다」뜻으로.
壇上(단상 - 교단 등의 단 위) 花壇(화단) 登壇(등단) 敎壇(교:단) 講壇(강:단) 演壇(연:단) 祭壇(제:단)

★ 亶(클/많을/도타울/믿을 단)과 결합을 이룬 글자.		0655 별첨
檀(박달나무 단)	☞ 木(1613) → (재질이 매우 단단하여 수레의 축으로 쓰이는) 믿음직한(亶) 나무(木)이라는 데서 「박달나무」檀木(단목)	
氈(모전/담요 전)	☞ 毛(1418) → 많은(亶) 분량의 털(毛)로 도톰하게 짜 놓은 직물이라는 데서 「모전. 담요」	
顫(떨릴/떨 전)	☞ 頁(3525) → 큰(亶) 물체가 머리(頁)를 짓누르면 힘에 겨워 머리가 비틀어지고 사지가 떨린다는 데서 「떨리다. 떨다」手顫症(수전증)	
擅(멋대로할 천)	☞ 手(1547) → 손(扌)을 크게 믿는(亶), 곧 타협하거나 순리대로 하지 않고 오로지 완력에 의지하여 제멋대로 행동한다는 데서 「멋대로 하다. 의지하다」擅橫(천횡)	

基 터 기. 자리잡을/근본 기. 0656-50
◉ 其(그/키 기) + 土 = 基 (0327 참조)
☞ 키(其) 모양처럼 각지고 태두리가 봉긋하게 둘리어져 있는 아담한 땅(곳)(土)이라는 데서 「터. (터전에)자리 잡다. (터전이 되는)근본」뜻으로.
基本(기본 - 기초와 근본) 基幹(기간) 基礎(기초) 基盤(기반) 基地(기지) 基準(기준) 基督敎(기독교)

報 갚을/알릴 보: 응할/보고할 보 | 나아갈 부. 0657-42
◉ 幸(다행/요행 행) + 𠬝(다스릴/일할 복 → 병부를 손에 쥐고 있는 모양) = 報
☞ 제후(諸侯)가 영지(領地)를 다행히(幸) 잘 다스려(𠬝) 천자(天子)로부터 입은 은혜를 보답한다는 데서 「갚다. 응하다」뜻을. 제후가 영지를 다스린 치적들을 천자 앞에 나아가 보고한다는 데서 「나아가다. 보고하다」뜻으로.
報恩(보:은 - 은혜를 갚음) 報答(보:답) 報施(보:시) 報告(보:고) 報酬(보:수) 報償(보:상) 報道(보:도)

城 재 성. 성(성곽) 성. 0658-42
◉ 土 + 成(이룰/마칠/성할 성) = 城 (1758 참조)
☞ 흙(土)을 이루어(쌓아)(成) 놓은 축조물이라는 데서 「재. 성」뜻으로.
城門(성문 - 성의 출입문) 城郭(성곽) 城壁(성벽) 築城(축성) 土城(토성) 南漢山城(남한산성)

壓 누를 압. 0659-42
◉ 厭(싫을 염 | 눌릴 압) + 土 = 壓 (0295 참조)
☞ 사람이나 물체가 땅(지면)(土)에 닿도록 위에서 누른다(厭)는 데서 「누르다」뜻으로.
壓倒(압도 - 월등한 힘으로 상대를 누름) 壓力(압력) 壓卷(압권) 壓迫(압박) 壓縮(압축) 制壓(제:압)

境 지경 경. 곳 경. 0660-42
◉ 土 + 竟(마침내/다할/마칠/지경 경) = 境 (2260 참조)

☞ (자국의) 땅(영토)(土)이 다하는(마치는)(竟) 곳이라는 「지경. 곳」 뜻으로.
境界(경계 - 지역이 구분되는 자리) 境內(경내) 境地(경지) 境遇(경우) 國境(국경) 環境(환경)

壁 벽 벽. 0661-42

● 辟(임금/궁벽할/편벽될 벽 | 피할 피) + 土 = 壁 (3317 참조)
☞ 추위나 바람을 피하기(辟) 위하여 흙(土)으로 둘러놓은 구조물이라는 데서 「벽」 뜻으로.
壁面(벽면 - 벽의 거죽) 壁紙(벽지) 壁報(벽보) 壁畫(벽화) 障壁(장벽) 城壁(성벽) 絶壁(절벽)

增 더할 증. 불을 증. 0662-42

● 土 + 曾(일찍/더할/깊을/거듭 증) = 增 (1991 참조)
☞ 땅(土)이 더하여(曾)지는, 곧 농토가 불어난다는 데서 「더하다. 붇다」 뜻으로.
增加(증가 - 더 늘어남) 增産(증산) 增額(증액) 增强(증강) 增設(증설) 增資(증자) 增殖(증식)

塵 티끌 진. 먼지 진. 0663-40

● 鹿(사슴 록) + 土 = 塵
☞ 무리지어 이동하는 사슴(鹿) 발자국에서 일어나는 흙(흙먼지)(土)이라는 데서 「먼지. 티끌」 뜻으로.
塵埃(진애 - 티끌과 먼지) 塵土(진토) 塵世(진세) 塵肺症(진폐증) 落塵(낙진) 粉塵(분진) 風塵(풍진)

堅 굳을 견. 굳셀 견. 0664-40

● 臤(굳을 견 | 어질 현) + 土 = 堅
☞ 단단하게 굳어(臤) 있는 흙(흙덩이)(土)이라는 데서 「굳다. 굳세다」 뜻으로.
堅固(견고 - 굳세고 강함) 堅實(견실) 堅剛(견강) 堅强(견강) 堅持(견지) 中堅(중견)

★ 臤(굳을 견 | 어질 현)과 결합을 이룬 글자.		0664 별첨
緊(긴할 긴)	☞ 糸(2486) → 굳게(단단하게)(臤) 실(糸)로 동여맨다는 데서 「굳게 얽다. (굳게 얽어매듯이 매우 소중하게 여긴다는 데서)긴하다. 요긴하다」 긴요(緊要)	
賢(어질 현)	☞ 貝(3047) → 어진(臤) 마음으로 좋은 일에 재물(貝)을 쓰는 인품이라는 데서 「어질다」	
竪(더벅머리 수)	☞ 立(2264) → 굳게(臤) 서(세워져)(立) 있는 아이들의 머리카락이라는 데서 「더벅머리」	
腎(콩팥 신)	☞ 肉(2405) → 딱딱하게 굳은(臤) 형체처럼 보이는 몸속(月)의 장기이라는 데서 「콩팥」	

墓 무덤 묘: 0665-40

● {艹(풀 초) + 日(날 일) + 大(큰 대) = 莫(말 막 | 저물 모)} + 土 = 墓 (2731 참조)

무덤(墓)

☞ 풀(잔디)(艹)이 돋아 있고, 둥근 해(日) 모양처럼 둥그렇게 조성하여 놓은 큰(大) 흙무더기(土)이라는 데서 「무덤」 뜻으로.
墓所(묘:소 - 산소의 존칭. 묘) 墓碑(묘:비) 墓地(묘:지) 墓域(묘:역) 墓祭(묘:제) 墓祀(묘:사) 省墓(성묘)

土 부수(자원과 쓰임 → 0650 참조)

均 고를 균. 0666-40

◉ 土 + 勻(고를 균) = 均

☞ 흙(土)의 높낮이가 고르다(勻)는 데서 「고르다」 뜻으로.

均分(균분 - 고르게 나눔) 均等(균등) 均一(균일) 均配(균배) 均衡(균형) 均割(균할)

域 지경 역. 나라/국토 역. 0667-40

◉ 土 + 或(혹시 혹 | 나라 역) = 域 (1760 참조)

☞ 나라(或)에 편입되어 있는 땅(土)이라는 데서 「지경. 나라. 국토」 뜻으로.

域內(역내 - 일정한 구역의 안) 區域(구역) 圈域(권역) 地域(지역) 異域(이:역) 聖域(성:역) 海域(해:역)

坐 앉을 좌: 꿇을/자리 좌. 0668-32

◉ 人 + 人 + 土 = 坐

☞ 사람(人)과 사람(人)이 마주 바라보고 땅(土)에 앉아 있는 모습에서 「앉다. (앉기 위하여 다리를) 꿇다. (앉는)자리」 뜻으로.

坐視(좌:시 - 간섭하지 않고 가만히 보기만 함) 坐禪(좌:선) 坐不安席(좌:불안석) 正坐(정:좌) 靜坐(정좌)

★ 坐(앉을/꿇을/자리 좌)와 결합을 이룬 글자. 0668 별첨

| 座(자리 좌) | ☞ 广(0766) → 집(广)에 사람이 앉을(坐) 수 있도록 마련하여 놓은 장치라는 데서 「자리」 |
| 挫(꺾을 좌) | ☞ 手(1516) → 손(扌)으로 나뭇가지를 휘어잡아 땅바닥에 가라앉게(꿇어지게끔)(坐) 한다는 데서 「꺾다. 꺾이다」 挫折(좌절) |

壞 무너질 괴: 0669-32

◉ 土 + {衣(옷 의) + 眔(= 眔 눈서로미칠 답) = 褱(품을/낄 회)} = 壞 (1865 참조)

☞ 흙덩이(土)를 가슴에 품으면(褱) 어그러진다는 데서 「무너지다」 뜻으로.

壞滅(괴:멸 - 파괴되어 멸망함) 壞裂(괴:열) 壞損(괴:손) 壞血病(괴:혈병) 破壞(파:괴) 崩壞(붕괴)

壤 흙덩이 양: 흙/부드러운땅 양. 0670-32

◉ 土 + 襄(도울/옷벗고밭갈/오를/이룰 양) = 壤 (2560 참조)

☞ 순수한 흙(土)으로 이루어져(襄) 있는 땅이라는 데서 「부드러운 땅. 흙덩이. 흙」 뜻으로.

壤土(양:토 - 땅. 토양) 土壤(토양 - 흙) 天壤之間(천양지간) 天壤之差(천양지차) 平壤(평양)

培 북돋울 배: 0671-32

◉ 土 + 咅(침뱉을 부) = 培 (2921 참조)

☞ 흙(土)을 작물의 뿌리 주변에, 침을 뱉어(咅) 놓은 모양처럼 볼록하게 덧대어 준다는 데서 「북돋우다」 뜻으로.

※ 북돋우다 → ①식물의 뿌리를 흙으로 덮어 주다. ②기운·정신을 더욱 높여 주다.

培養(배:양) 栽培(재:배 - 식물을 심어 가꿈) 水耕栽培(수경재배) 培栽中高等學校(배:재중고등학교)

執 잡을 집. 가질/지킬 집. 0672-32

- 幸(다행/요행 행) + 丸(둥글/좁은땅 환) = 執 (0932 참조)
- 다행히(幸) 농사를 지을 좁은 땅(약간의 농토)(丸)을 소유하고(가지고) 있어서, 고향을 지키며 살아간다는 데서「잡다. 가지다. (고향을)지키다」뜻으로.

執行(집행 - 일을 잡아 시행함) 執務(집무) 執權(집권) 執筆(집필) 執着(집착) 執念(집념) 執事(집사)

★ 執(잡을/가질/지킬 집)과 결합을 이룬 글자. 0672 별첨

| 摯(잡을 지) | ☞ 手(1517) → 손(手)으로 사람이나 물건을 잡는다(執)는 데서「잡다」眞摯(진지) |
| 蟄(숨을 칩) | ☞ 虫(2629) → 집을 지키는(執) 벌레(虫), 곧 벌레가 겨울 동안에 비좁은 틈(집)으로 숨어들어 가서 움츠리고 있다는 데서「숨다. 움츠리다」蟄居(칩거) |

塔 탑 탑. 0673-32

- 土 + {(艹(풀 초) + 合(합할 합) = 荅(팥/우두컨한모양 답)} = 塔
- 흙(土)을, 우두커니 서 있는 모양(荅)이 되게끔 높게 쌓아 놓은 구조물이라는 데서「탑」뜻으로.

塔身(탑신 - 탑의 몸체) 塔碑(탑비 - 탑과 비석) 石塔(석탑) 鐵塔(철탑)

★ 荅(팥/우두컨한모양 답)과 결합을 이룬 글자. 0673 별첨

| 搭(탈 탑) | ☞ 手(1506) → 손(扌)으로, 풀(艹)을 한데 모아(合) 우두커니 서 있는 모양(荅)을 이루게 하듯이 수레에 덩그렇게 싣는다는 데서「싣다. 타다」搭載(탑재) |

塞 변방 새 | 막힐 색. 요새 새 | 막을 색. 0674-30

- 寒(틈 하 | 변방 새 | 막을 색) + 土 = 塞 (0590 참조)
- 틈(寒)이 있는(방비가 허술한) 변방 지역에 흙(토성)(土)을 높다랗게 쌓아 놓은 방어벽이라는 데서「변방. 요새. 막다. 막히다」뜻으로.

塞翁之馬(새옹지마) 窮塞(궁색 - 몹시 곤궁함) 窒塞(질색 - 기막힐 지경에 이름) 要塞(요새) 梗塞(경색)

墮 떨어질 타: 0675-30

- 隋(떨어질 타 | 수나라 수) + 土 = 墮 (3354 참조)
- (지상에 있는 물체가) 땅(土)에 떨어진다(隋)는 데서「떨어지다」뜻으로.

墮落(타:락 - 품행이 나빠서 못된 구렁에 빠짐) 墮其術中(타:기술중 - 남의 간악한 술책에 빠짐)

堤 둑/방죽 제. 막을 제. 0676-30

- 土 + 是(이/옳을/곧을 시) = 堤 (1029 참조)
- 흙(土)을 곧게(위로 반듯하게)(是) 쌓아 올려 물길을 막아 놓은 축조물이라는 데서「방죽. 둑. (둑으로)막다」뜻으로.

堤防(제방 - 둑. 방죽) 堤堰(제언 - 물을 가두어 두는 구조물) 防波堤(방파제) 防潮堤(방조제)

土 부수(자원과 쓰임) → 0650 참조)

墻 담(담장) 장. 0677-30
- 土 + {來(올 래) + 回(돌 회) = 嗇(아낄/인색할 색)} = 墻 (0876 참조)
- ☞ 흙(土)으로 집 주위를 둘러막아 (외부에서) 집으로 들어오는(來) 길목을 돌려(回)놓은 구조물이라는 데서「담(담장)」뜻으로.

越墻=越牆(월장 - 담을 넘음) 路柳墻花(노:류장화 - 길가의 버들과 장미, 곧 창녀나 기생)

墳 무덤 분. 봉/봇둑 분. 0678-30
- 土 + 賁(클/결낼/노할 분 | 꾸밀 비) = 墳 (1858 참조)
- ☞ 흙(土)을 크게(賁) 쌓아 놓은 구조물이라는 데서「무덤. 봉분. 봇둑」뜻으로.

墳墓(분묘 - 무덤) 封墳(봉분 - 흙을 쌓아 올려서 무덤을 만듦) 古墳(고:분 - 고대의 무덤)

坤 땅 곤. 순할/괘이름 곤. 0679-30
- 土 + 申(납/펼/거듭/알릴 신) = 坤 (2113 참조)
- ☞ 흙(土)이 위아래로 펼쳐져(申) 있는 너른 땅덩어리이라는 데서「땅」뜻으로.

坤德(곤덕 - 황후나 왕후의 덕) 坤殿(곤전 - 중궁전) 坤方(곤방 - 서남쪽) 乾坤(건곤 - 하늘과 땅)

墨 먹 묵. 0680-30
- 黑(검을 흑) + 土 = 墨
- ☞ 검은(黑) 흙(흙가루)(土)을 굳혀 놓은 물건이라는 데서「먹」뜻으로.

墨畵(묵화 - 묵으로 그린 그림) 墨香(묵향 - 먹의 향기) 紙筆墨(지필묵 - 종이·붓·먹) 松煙墨(송연묵)

埋 묻을 매. 0681-30
- 土 + 里(마을/거할 리) = 埋
- ☞ 죽은 사람의 시신과 넋을 흙(土) 속에 거하게(머물도록)(里) 한다는 데서「묻다」뜻으로.
- ※ 넋은 무덤 속의 뼈와 함께한다고 함.

埋沒(매몰 - 파묻음) 埋葬(매장 - 죽은 사람을 땅에 묻음) 埋藏(매장) 埋伏(매복) 暗埋葬(암:매장)

塊 흙덩이 괴. 덩어리 괴. 0682-30
- 土 + 鬼(귀신/죽은사람의혼 귀) = 塊
- ☞ (응어리져 있다고 여기는) 죽은 사람의 혼령(鬼)처럼 한데 응어리여 있는 흙(土)이라는 데서「흙덩이. 덩어리」뜻으로.

塊形(괴형 - 덩어리로 된 모양) 塊狀(괴상) 塊鐵(괴철 - 쇳덩어리) 地塊(지괴 - 땅덩어리) 金塊(금괴)

墺 물가 오: 언덕 오. 0683-20
- 土 + 奧(속/그윽할 오 | 모퉁이 욱) = 墺 (0749 참조)
- ☞ 땅(土)이 (물)속(奧)으로 들어가는, 곧 물속과 인접한 벼랑이라는 데서「물가. 언덕」뜻으로.

墺地利(오:지리 - 오스트리아)

土 부수(자원과 쓰임 → 0650 참조)

埈 가파를 준: 높을 준. 0684-20

◉ 土 + 夋(천천히걷는모양/갈 준) = 埈 (0120 참조)
☞ 천천히 걸어가야(夋)만 오를 수 있을 정도로 매우 가파르고 높은 땅(곳)(土)이라는 데서 「가파르다. 높다」뜻으로.

塏 높은땅 개: 0685-20

◉ 土 + {山 + 豆(콩/제기 두) = 豈(어찌/오를 기)} = 塏 (3309 참조)
☞ 오르막(豈)으로 이루어진 지대가 높은 흙(땅)(土)이라는 데서 「높은 땅」 뜻으로.
李塏(이:개 - 단종 때의 충신)

埰 사패지 채: 영지/나라에서준땅 채. 0686-20

◉ 土 + 采(풍채/캘/취할/채읍 채) = 埰 (2986 참조)
※ 사패지(賜牌地) → 나라에서 공신에게 내려 준 땅
☞ 나라에서 채읍(采邑 → 공신에게 내리는 땅)으로 내려 준 땅(지역)(土)이라는 데서 「사패지. 영지. 나라에서 준 땅」뜻으로.

壎 질나팔 훈. 0687-20

◉ 土 + 熏(불길/연기낄 훈) = 壎 (1132 참조)
☞ 흙(土)으로, 불길(熏)이 통하는 연돌 모양처럼 빚어 놓은 악기이라는 데서 「질나팔」뜻으로.
壎篪(훈지 - 피리의 일종. 형제간에 서로 화목함을 이름) ※ 篪(저 지)

垠 지경/땅끝 은. 언덕 은. 0688-20

◉ 土 + 艮(그칠/한정할 간) = 垠 (2907 참조)
☞ 땅(土)이 그치는(艮) 곳, 곧 영토가 끝나는 지대이라는 데서 「땅끝. 지경」뜻으로.
李垠(이:은 - 영친왕. 구한말의 마지막 황태자)

堯 요임금 요. 높을/멀 요. 0689-20

◉ {土 × 3 = 垚(높은모양 요)} + 兀(우뚝할 올) = 堯
☞ 높은 모양(垚)으로 우뚝하게(兀) 솟아오른 지대(곳)이라는 데서 「높다. 멀다. (堯는 요임금의 이름 글자이기에)요임금」 음훈으로.
堯舜(요순 - 성군인 요 임금인 당요唐堯와 순 임금인 우순虞舜) 堯風舜雨(요풍순우 - 태평한 세상)

★ 堯(요임금/높을/멀 요)와 결합을 이룬 글자. 0689 별첨

僥(바랄 요)	☞ 人(0165) →	사람(亻)은 대개 높은(堯) 자리(지위)에 오르기를 바란다는 데서 「바라다」
饒(넉넉할 요)	☞ 食(3567) →	밥(식량)(食)이 그릇에 높게(堯) 채워져 있다는 데서 「넉넉하다」 豊饒(풍요)
燒(불사를 소)	☞ 火(1122) →	지방이나 축문에 불(火)을 붙여 높이(堯) 날려 보낸다는 데서 「불사르다」
曉(새벽 효)	☞ 日(1043) →	해(日)가 먼(堯) 곳으로부터 떠오르는 이른 시간대이라는 데서 「새벽」

土 부수(자원과 쓰임) → 0650 참조

> 撓(구부러질 뇨)　☞ 手(1551) → 손(扌)으로 (열매를 따기 위하여) 높게(堯) 자란 나뭇가지를 휘어잡아 흔든다는 데서 「(가지가)구부러지다. 흔들다」 撓改(요개)

埃 티끌 애.　　0690-20

- 土 + 矣(어조사/말그칠 의) = 埃 (2186 참조)
- ☞ 흙(土)이 바람에 날아가서 그친(가라앉은)(矣) 흙먼지이라는 데서 「티끌」 뜻으로.

塵埃(진애 - 티끌. 먼지) 埃及(애급 - 이집트)

坑 구덩이 갱. 묻을 갱.　　0691-20

- 土 + 亢(목/목구멍 항) = 坑 (0208 참조)
- ☞ 흙(土)이 우묵한 목구멍(亢)처럼 깊숙하게 파여 있는 곳이라는 데서 「구덩이. (구덩이를 파서) 묻다」 뜻으로.

坑道(갱도 - 땅 속으로 뚫은 길) 坑木(갱목) 坑口(갱구) 坑內(갱내) 坑儒(갱유) 焚書坑儒(분서갱유)

址 터 지.　　0692-20

- 土 + 止(그칠/머무를/발 지) = 址
- ☞ 사람이 주거지를 정하여 머물러(止) 있는 땅(터전)(土)이라는 데서 「터」 뜻으로.

城址(성지 - 성터) 寺址(사지 - 절터) 史蹟址=史跡址(사적지 - 역사적 사실의 자취가 남아 있는 곳)

垈 집터 대.　　0693-20

- 代(대신할/시대/바꿀 대) + 土 = 垈 (0049 참조)
- ☞ 세대(代)를 이어 가며 살아가는 땅(터전)(土)이라는 데서 「집터」 뜻으로.

垈地(대지 - 집터로서의 땅) 裸垈地(나:대지 - 집을 짓지 않은 땅)

坪 넓이단위 평: 평평할/큰들판 평.　　0694-20

- 土 + 平(평평할/나눌 평) = 坪 (0931 참조)
- ☞ 땅(土)이 평평하게(平) 펼쳐져 있는, 또는 땅(土)을 공평하게 나누어(平) 놓은 일정 규모의 단위 면적이라는 데서 「평평하다. 큰 들판. 넓이 단위」 뜻으로.

坪數(평수 - 평으로 환산한 넓이) 坪當(평당) 建坪(건:평 - 건물이 차지한 밑바닥의 평수)

坡 언덕 파.　　0695-20

- 土 + 皮(가죽/껍질/거죽/살갗 피) = 坡 (2190 참조)
- ☞ 두툼한 가죽(皮)처럼 흙(土)이 두툼하게 솟아 있는 지형이라는 데서 「언덕」 뜻으로.

坡下(파하 - 언덕아래) 坡州市(파주시 - 경기도에 있는 지명) 松坡區(송파구 - 서울에 있는 지명)

型 모형/거푸집 형. 본보기 형.　　0696-20

- 刑(형벌/꼴 형) + 土 = 型 (0239 참조)

☞ 흙(土)으로 빚어 놓은 꼴(형틀)(刑)이라는 데서 「거푸집. 모형」 뜻으로.
※ 거푸집 → 주물 같은 것을 부어서 만드는 물건의 모형. 몸의 외양.
鑄型(주형 - 쇠붙이를 녹여서 만든 거푸집의 일종) 模型(모형) 金型(금형) 類型(유:형) 典型(전:형)

圭 서옥/쌍토 규. 홀/일영표(日影表) 규.   0697-20

- 土 + 土 = 圭 ※ 서옥 → 상스러운 구슬.
- ☞ 圭는 흙(땅)(土)을 포개어 놓은 또는 분할하여 놓은 모양으로, 이는 천자(天子)가 영토를 분할하여 제후(諸侯)에게 내린 영지(領地)에 대하여 다스릴 권한을 부여한 증표라는 데서 「홀. (홀을 만드는)서옥」 뜻을. 한편 흙(土)이 겹쳐진 모양에서 「쌍토」 음훈으로.
- ※ 홀(圭) → 천자(天子)가 제후(諸侯)에게 내린 영지(領地)의 권한을 증명하는 일종의 증표. 또는 벼슬아치가 조현(朝見)할 때에 조복(朝服)에 갖추어 손에 쥐는 물건으로 길이는 한 자 넓이는 두 치(약 6cm) 가량이며 얄팍한 모양으로 서옥이나 상아 또는 나무로 만듦.

圭角(규각 - 옥玉의 뾰족한 모서리. 말과 뜻이 모가 나서 남과 잘 어울리지 않는 일)

★ 圭(서옥/쌍토/홀/일영표 규)와 결합을 이룬 글자.		0697 별첨
閨(안방 규)	☞ 門(3379) → 문(門)이 (위는 둥글고 아래는 모난) 홀(圭) 모양처럼 반원형으로 이루어진 (여자들이 거처하는) 방이라는 데서 「안방. 도장방」 閨房(규방)	
珪(홀 규)	☞ 玉(2053) → 옥(玉)으로 만든 홀(圭)이라는 데서 「홀」	
奎(별이름 규)	☞ 大(0747) → 대(大) 글자 형상을 이루어 밤하늘에 떠 있는 서옥(圭) 모양의 별무리라는 데서 「(규성을 가리키는)별 이름」 奎星(규성)	
硅(규소 규)	☞ 石(2153) → 서옥(圭)처럼 표면이 반지르하고 단단한 돌(石) 유형의 물질이라는 데서 「규소」	
街(거리 가)	☞ 行(2897) → 길고 납작한 홀(圭) 모양처럼 길쭉하고 평평한 길(行)이라는 데서 「거리」	
佳(아름다울 가)	☞ 人(0097) → 사람(亻)이 홀(圭)을 지니고 어전에 나아가는 출세한 모습이라는 데서 「아름답다」	
蛙(개구리 와)	☞ 虫(2645) → 규규(圭)거리는 울음소리를 내는 벌레(虫)이라는 데서 「개구리」 蛙聲(와성)	

垂 드리울 수. 베풀 수.   0698-20

- 千(일천 천) + ⺿(풀 초) + 土 = 垂
- ☞ 일천(千), 곧 수많은 초목(⺿)의 가지와 잎사귀가 땅(土)에 드리워져 있는 모양이라는 데서 「드리우다. 베풀다」 뜻으로.

垂直(수직 - 반듯하게 드리운 상태) 垂範(수범 - 모범을 보임) 垂簾聽政(수렴청정) 懸垂幕(현:수막)

★ 垂(드리울/베풀 수)와 결합을 이룬 글자.		0698 별첨
睡(졸음 수)	☞ 目(2284) → 눈(눈꺼풀)(目)을 아래쪽으로 드리우고(垂) 졸거나 잠잔다는 데서 「졸음」	
郵(우편 우)	☞ 邑(2924) → 말을 타고 역참(驛站)을 지나면서 고을(⻏)에 드리우는(배달하는)(垂) 공문서나 편지 같은 우편물이라는 데서 「역말. 우편」 郵便(우편)	
錘(저울 추)	☞ 金(3472) → 저울대에 드리워(垂) 놓은 쇠(쇳덩이)(金)이라는 데서 「저울추」 紡錘(방추)	
唾(침 타)	☞ 口(0862) → 입(口) 언저리에 드리워지는(垂) 물질이라는 데서 「침」 唾液(타액)	

土 부수(자원과 쓰임 → 0650 참조)

塘 못(池) 당. 연못 당.   0699-20
- 土 + 唐(당나라/허풍/둑 당) = 塘 (0822 참조)
- ☞ 흙(土)으로 둑(唐)을 쌓아서 물을 가두어 놓은 곳이라는 데서 「못. 연못」 뜻으로.

池塘(지당 - 연못) 盆塘區(분당구 - 경기도에 있는 지명)

塗 칠할/진흙 도. 바를 도.   0700-20
- 涂(개천길/도랑길 도) + 土 = 塗
- ☞ 개천 길(涂)의 바닥에 깔려 있는 흙(土)이라는 데서 「진흙. (진흙으로 벽을 바른다는 데서)바르다. 칠하다」 뜻으로.

塗裝(도장 - 도료를 칠함) 塗色(도색 - 도료를 칠함) 塗料(도료) 塗炭(도탄) 塗藥(도약) 糊塗(호도)

壕 해자 호.   0701-20
- 土 + 豪(호걸/돼지갈기 호) = 壕 (2997 참조)
- ※ 해자(垓字) → ①성(城) 밖으로 둘러 판 못. ②능(陵)·원(園)·묘(墓) 등의 경계.
- ☞ 흙(土)으로, (목덜미에 갈기가 뻗치어 있는) 돼지 갈기(豪) 모양처럼 성벽(城壁) 테두리에 물길을 내어 둘러놓은 구조물이라는 데서 「해자」 뜻으로.

塹壕(참호 - 성城 둘레의 구덩이. 몸을 숨기는 방어 시설) 防空壕(방공호)

塡 메울 전. 채울 전.   0702-10
- 土 + 眞(참/진실/바를 진) = 塡 (2274 참조)
- ☞ 흙(土)으로 파인 곳을 바르게(평평하게)(眞) 메운다는 데서 「메우다. 채우다」 뜻으로.

塡補(전보 - 부족한 것을 메워서 채움) 充塡(충전 - 채우는 일) 補塡(보:전 - 전보)

塾 글방 숙. 사랑방 숙.   0703-10
- 孰(누구 숙) + 土 = 塾 (0423 참조)
- ☞ 누구(孰)든지 자유롭게 출입하는 곳(土)이라는 데서 「사랑방. (사랑방은 대개 글방 구실을 하는 데서)글방」 뜻으로.

塾堂(숙당 - 글방. 서당) 家塾(가숙 - 개인이 설립한 글방) 鄕塾(향숙 - 시골 서당) 義塾(의:숙)

壅 막을 옹. 막힐/덮을 옹.   0704-10
- 雍(화할/모일/막을 옹) + 土 = 壅 (3493 참조)
- ☞ 뚫린(구멍 난) 곳을 흙(土)으로 채워 막는다(雍)는 데서 「막다. 막히다. 덮다」 뜻으로.

壅拙(옹졸 - 너그럽지 못하고 생각이 좁음) 壅塞(옹색) 壅滯(옹체) 壅蔽(옹폐) 壅固執(옹고집)

坦 평탄할 탄. 평평할 탄.   0705-10
- 土 + 旦(아침 단) = 坦 (1038 참조)
- ☞ 아침(旦) 햇살을 고르게 받는 평평한 땅(土)이라는 데서 「평탄하다. 평평하다」 뜻으로.

平坦(평탄 - 지면이 평평함) 坦坦大路(탄탄대로 - 평탄하고 넓은 길) 虛心坦懷(허심탄회) 順坦(순:탄)

垢 때 구.   0706-10

- 土 + 后(임금/왕후/뒤 후) = 垢 (0846 참조)
- ☞ 흙(土)을 밟은 뒤(后)에 일어나는 흙먼지가 옷(살갗)에 달라붙은 것이라는 데서 「때」 뜻으로.

垢故(구고 - 때가 끼고 오래됨) 無垢(무구 - 깨끗함. 죄가 없음)

坊 동네 방. 고을이름 방.   0707-10

- 土 + 方(모/방위/곳/연결할 방) = 坊
- ☞ 농사를 지을 땅(土)이 연하여 있는 곳(方)이라는 데서 「동네. (동네가 이어진)고을」 뜻으로

坊坊曲曲(방방곡곡 - 한 군데도 빠짐없는 여러 곳)

堪 견딜 감. 버틸/실을/하늘 감.   0708-10

- 土 + 甚(심할/매우 심) = 堪 (2096 참조)
- ※ 堪은 勘(헤아릴 감)과 혼동하기 쉬운 글자임.
- ☞ 땅(土)은 무거운 물체를 제아무리 심하게(甚) 실어도 가라앉지 않고 이를 견디어 낸다는 데서 「견디다. 버티다. 싣다. (천체를 싣고 있는)하늘」 뜻으로.

堪耐(감내 - 어려움을 견딤) 堪當(감당 - 일을 맡아서 능히 해냄) 堪輿(감여 - 하늘과 땅) 難堪(난:감)

塋 무덤 영.   0709-10

- 炏(불성할 개) + 冖(덮을 멱) + 土 = 塋 (1614 참조)
- ☞ 불이 성하게(炏) 덮여(冖) 있는 둥근 불덩이처럼 둥그렇게 조성하여 놓은 흙무더기(土)이라는 데서 「무덤」 뜻으로.

先塋(선영 - 조상의 무덤)

塚 무덤 총.   0710-10

- 土 + 冢(높은무덤/무덤/클 총) = 塚
- ☞ 흙(土)을 높다랗게 쌓아 놓은 무덤(冢)이라는 데서 「무덤」 뜻으로.

塚中枯骨(총중고골 - 뼈만 남은 사람을 일컬음) 天馬塚(천마총) 貝塚(패:총 - 조개 무덤)

墟 빈터/터 허.   0711-10

- 土 + 虛(빌 허) = 墟 (2843 참조)
- ☞ (건축물이 없는) 비어(虛) 있는 땅(土)이라는 데서 「빈터. 터」 뜻으로.

廢墟(폐:허 - 파괴를 당하여 아무 것도 없는 터)

埠 부두 부. 선창 부.   0712-10

- 土 + 阜(언덕 부) = 埠
- ☞ (배를 정박시킬 수 있도록) 흙(土)을 언덕(阜)처럼 길쭉하고 높다랗게 쌓아 놓은 구축물이라는

데서 「선창. 부두」 뜻으로.
埠頭(부두 - 항만 안에 둑을 바닷가까지 연장하여 방죽처럼 만든 선창)

堡 작은성 보: 둑 보.   0713-10

◉ 保(지킬/보전할 보) + 土 = 堡 (0076 참조)
☞ 적의 침입이나 수재(水災)로부터 고을을 지키기(保) 위하여 흙(土)을 높직하게 쌓아 놓은 구축물이라는 데서 「작은 성. 둑」 뜻으로.
堡壘(보:루 - 적의 접근을 막기 위하여 토석을 쌓아 놓은 견고한 구축물) 橋頭堡(교두보)

壘 보루 루. 진/이을 루.   0714-10

◉ {田(밭 전) × 3 = 畾(밭갈피 뢰)} + 土 = 壘 (2127 참조)
☞ (밭이 겹겹으로 포개어져 있는) 밭갈피 뢰(畾) 글자 형상처럼 흙(土)을 높다랗게 쌓아 놓은 구축물이라는 데서 「보루. 진. (흙덩이를)잇다」 뜻으로.
堡壘(보:루 - 적의 접근을 막기 위하여 토석을 쌓아 막아 놓은 견고한 구축물) 滿壘(만:루)

堆 쌓을 퇴: 언덕 퇴.   0715-10

◉ 土 + 隹(새 추 | 높을 최) = 堆
☞ 흙(土)을 도톰한 새(隹) 모양처럼 두툼하게(높다랗게) 쌓는다는 데서 「쌓다. (흙이 두툼하게 쌓여 있는)언덕」 뜻으로.
堆積(퇴:적 - 많이 덮쳐 쌓임) 堆肥(퇴:비 - 풀이나 나뭇잎 같은 것을 퇴적하여 썩힌 비료)

墜 떨어질 추.   0716-10

◉ 土 + 隊(떼/무리/대오 대 | 떨어질 추) = 墜 (3334 참조)
☞ 무리(대오)에서 떨어져(隊) 땅(땅바닥)(土)에 주저앉는다는 데서 「떨어지다」 뜻으로.
墜落(추락 - 높은 곳에서 떨어짐) 失墜(실추 - 떨어뜨림) 擊墜(격추 - 무기로 쏘아 떨어뜨림)

墾 개간할 간.   0717-10

◉ 豤(물 곤 | 간절할 간) + 土 = 墾 (1876 참조)
☞ 물어서(豤) 뜯어내는 것처럼 돌이나 나무뿌리 같은 것을 캐어 내어 흙(농토)(土)을 새로이 일군다는 데서 「개간하다」 뜻으로.
開墾(개간 - 거친 땅을 개척하여 처음으로 논밭을 만드는 일) 耕墾(경간 - 논밭을 개간하여 갊)

塹 구덩이 참.   0718-10

◉ 斬(벨 참) + 土 = 塹 (1788 참조)
☞ 베어(도려)(斬) 내어놓은 것처럼 흙(土)이 움푹하게 들어가(파여) 있는 곳이라는 데서 「구덩이」 뜻으로.
塹壕(참호 - 성성 둘레의 구덩이. 구덩이를 파서 그 흙으로 앞을 막아 놓은 방어 시설)

土 부수(자원과 쓰임 → 0650 참조)

壑 구렁/골 학. 골짜기/도랑 학. 0719-10

- 叡(도랑 학) + 土 = 壑
- ☞ 도랑(叡)이 지나가는 곳(土), 또는 깊숙한 도랑(叡)을 끼고 있는 곳(土)이라는 데서 「구렁. 골. 도랑. 골짜기」 뜻으로.

丘壑(구학 - 언덕과 골짜기) 千峰萬壑(천봉만학 - 첩첩이 겹쳐진 산봉우리와 골짜기)

壙 뫼구덩이 광: 광 광. 0720-10

- 土 + 廣(넓을/클/큰집 광) = 壙 (0760 참조)
- ☞ 땅(土)에 (시체를 묻기 위하여) 큰 집(廣) 모양처럼 우묵하게 파 놓은 구덩이라는 데서 「뫼 구덩이. 광」 뜻으로.

壙(광: - 송장을 파묻기 위한 구덩이) 壙中(광:중 - 시체를 묻는 구덩이 속. 광내)

堵 담 도. 0721-10

- 土 + 者(사람/놈/것 자) = 堵 (2858 참조)
- ☞ 흙(土)으로 사람(者)의 주거지 주위에 둘러쳐 놓은 구조물이라는 데서 「담」 뜻으로.

堵列(도열 - 죽 늘어섬) 堵牆(도장 - 담. 울타리) 安堵(안도 - 마음을 놓음)

塑 흙빚을 소: 토우/흙으로만든인형/꼭두각시 소. 0722-10

- {屰(거스를 역) + 月(달 월) = 朔(초하루/처음 삭)} + 土 = 塑 (1096 참조)
- ※ 토우(土偶) → 흙으로 만든 인형. 조각.
- ☞ (작아졌다가 커지는) 거스르는(屰) 달(月) 모양처럼 흙(土)을 덧대어서 키우고 깎아내리는 작업 과정을 반복하여 가면서 물상을 만든다는 데서 「흙 빚다. 토우. 흙 인형」 뜻으로.

塑像(소:상 - 흙으로 만든 인물의 형상) 塑造(소:조 - 흙으로 조각의 원형을 만듦) 彫塑(조소)

堊 흰흙 악. 색흙/회색벽할 악. 0723-10

- 亞(버금/다음 아) + 土 = 堊 (0213 참조)
- ☞ (벽면에) 흙을 바른 다음(亞)에 치장용으로 겉면에 바르는 흙(土)의 일종인 흰 회(석회)라는 데서 「흰 흙. 색 흙. 회색 벽을 하다」 뜻으로.

白堊館(백악관 - 미국 대통령의 관저)

堰 둑/방죽 언. 0724-10

- 土 + 匽(숨길/숨을/못/방죽 언) = 堰
- ☞ 흙(土)으로 축조하여 놓은 방죽(匽)이라는 데서 「둑. 방죽」 뜻으로.

堰堤(언제 - 둑을 쌓아 물을 가두어 두는 구조물)

壟 밭두둑 롱. 언덕/무덤 롱. 0725-10

- 龍(용 룡) + 土 = 壟 (3689 참조)

土 부수(자원과 쓰임) → 0650 참조)

☞ 용(龍)이 똬리를 틀고 있는 모양처럼 흙(土)이 둥그스름하게 둘리어 있는 지형(지대)이라는 데서 「밭두둑. 언덕. 무덤」 뜻으로.

壟斷(농단 - 이익이나 권리를 독차지함) 壟畔(농반 - 밭두둑)

塼 벽돌 전. 0726-00

● 土 + 專(오로지/정성/전일할 전 | 모일 단) = 塼 (0567 참조)
☞ 흙(土)이 한데 모이어(專) 있는, 곧 흙을 틀(거푸집) 속에 넣어 반듯하게 뭉쳐 놓은 것이라는 데서 「벽돌」 뜻으로.

塼塔(전탑 - 흙벽돌로 쌓은 탑)

坎 구덩이 감. 웅덩이 감. 0727-00

● 土 + 欠(하품/모자랄/빠질 흠) = 坎
☞ 땅(土)이 입을 크게 벌리고 하품(欠)하는 모양처럼 우묵하게 들어가(파여) 있는 곳이라는 데서 「구덩이」 뜻으로.

坎井之蛙(감정지와 - 우물 안의 개구리, 곧 견문이 좁은 사람을 비유한 말)

垣 담 원. 0728-00

● 土 + {一 + 日 + 一 = 亘(뻗칠 긍 | 베풀 선 | 씩씩할 환)} = 垣 (0217 참조)
☞ 흙(土)을, 둥근 해(日) 모양처럼 둥글게 뭉쳐(벽돌을 만들어) 이를 한(一) 단 한(一) 단 씩 쌓아서 집 주위에 둘러놓은 구조물이라는 데서 「담」 뜻으로.

垣衣(원의 - 토담에 나는 이끼. 담쟁이) 垣墻(원장 - 담장) 紫微垣(자:미원 - 삼원三垣의 하나인 별자리)

大	广	口	幺
큰 대	돌집 엄	입 구	불똥 주

大 | 큰 대(:) 길/많을 대 | 클 태. 0729-80

- 자원 大 → 사람이 두 팔과 다리를 크게 벌리고 서 있는 모습을 표현.
- 쓰임 「크다. 사람. 어른. 팔다리를 벌리고 서 있는 사람」과 의미로 쓰임.

大成(대:성) 大賞(대:상) 大韓(대:한) 大學(대:학) 大望(대:망) 大陸(대:륙) 大將(대:장) 大統領(대:통령) 大邱(대구) 大田(대전)

天 | 하늘 천. 하느님/자연/임금 천. 0730-70

- ⊙ 一(한/하나/같을/첫째 일) + 大 = 天
- ☞ 하나(一)의 거대한(大) 공간, 또는 사람(大) 위쪽으로 펼쳐져(一) 있는 한없이 넓은 공간을 표현하여 「하늘. (하늘에 계신다는)하느님. (하늘처럼 받드는)임금」 뜻으로.

天體(천체) 天命(천명) 天子(천자) 天時(천시) 天心(천심) 天機漏泄(천기누설) 天高馬肥(천고마비)

夫 | 지아비/사나이 부. 배필/어조사 부. 0731-70

- ⊙ 一(한/하나/같을/첫째 일) + 大 = 夫
- ☞ 일생을 같이(一)하는(부부로 함께 살아가는) 큰 사람(어른)(大)이라는 데서 「지아비. 배필. 사나이」 뜻으로.

夫君(부군 - 남의 남편의 공대말) 夫婦(부부) 夫人(부인 - 다른 사람 아내의 공대말) 丈夫(장:부)

★ 夫(지아비/사나이/배필 부)와 결합을 이룬 글자.	0731 별첨
扶(도울 부)	☞ 手(1454) → 손(扌)을 뻗쳐 지아비(夫)를 부축하여(도와) 준다는 데서 「부축하다. 돕다」
芙(연꽃 부)	☞ 艸(2807) → 배필(夫)처럼 사랑스러운 식물(艹)이라는 의미가 부여되어 「연꽃」 芙蓉(부용)

太 | 클/처음 태. 가장 태. 0732-60

- ⊙ 大 + ヽ(불똥/점 주) = 太
- ☞ 지극히 미세한 점(ヽ)에서 비롯하여 더없이 크게(大) 불어나 있는 인체(人體)나 물상이라는 데서 「처음. 크다. 가장」 뜻으로.

太初(태초 - 천지가 개벽한 처음) 太陽(태양) 太平(태평) 太極旗(태극기) 太平洋(태평양) 太白(태백)

★ 太(클/처음/가장 태)와 결합을 이룬 글자.	0732 별첨
汰(씻을 태)	☞ 水(1338) → 물(氵)이 크게(大) 흘러내리면서 점(ヽ) 형태의 미세한 토사나 찌꺼기 같은 것들이 씻기어져 내린다는 데서 「사태. 씻다」 沙汰(사태)

失 | 잃을 실. 놓을/그릇할 실. 0733-60

- ⊙ {一 + 大 = 夫(지아비 부)} + ノ(삐침 별) = 失

大 부수(자원과 쓰임 → 0729 참조)

☞ 지아비(夫)가 아래로 끌어내려(ノ)지는, 곧 지아비를 놓치거나 잃어버리는 불미스러운 일을 당한다는 데서 「(지아비를)잃다. 놓치다. 그릇되다」 뜻으로.

失機(실기 - 기회를 놓침) 失期(실기 - 시기를 놓침) 失言(실언) 失手(실수) 失心(실심) 失望(실망) 失格(실격) 失業(실업) 失職(실직) 失鄕(실향) 失脚(실각) 失踪(실종)

★ 失(잃을/놓을/그릇할 실)과 결합을 이룬 글자.		0733 별첨
秩(차례 질)	☞ 禾(2207) → 벼(禾)가 잃어(失) 나가는, 곧 손에 쥐고 있는 볏모를 잃어 나가듯이 차례대로 (열을 맞추어 가며) 심어 나간다는 데서 「차례. 질서」 秩序(질서)	
迭(갈마들 질)	☞ 辵(3145) → 전쟁터에서 잃은(失) 병사를 보충하여 나간다는(辶)데서 「갈마들다」	
跌(넘어질 질)	☞ 足(3010) → 발(𧾷)을 내어 딛는 자리를 잃는다(헛디딘다)(失)는 데서 「넘어지다」	
帙(책갑 질)	☞ 巾(0991) → 잃을(유실될)(失) 우려가 있는 책장을 잘 간수하기 위하여 덧씌우는 천(巾) 조각이라는 데서 「책갑」 書帙(서질)	
佚(편안할 일)	☞ 人(0158) → 사람(亻)이 번거로운 일상생활을 놓아(벗어)(失) 버리고 편안하게 쉰다는 데서 「편안하다」 佚民(일민)	

奉 받들 봉: 봉양할/높일/공물/녹 봉.   0734-50

◉ {二(두 이) + 大(큰 대) = 夫} + 二(두 이) + ㅣ(위아래통할 신 | 뚫을 곤) = 奉

☞ 두(二) 분의 어른(大)인 부모(夫)를 아들과 며느리 둘(二)이서 꿰고(받들고)(|) 있는 모양, 곧 아들과 며느리 둘이서 부모를 받들어 모신다는 데서 「받들다. 봉양하다. (어른을)높이다. (받들어서 바치는)공물. 녹」 뜻으로.

奉養(봉:양 - 부모·조부모를 받들어 모심) 奉仕(봉:사) 奉祝(봉:축) 奉行(봉:행) 奉安(봉:안) 奉獻(봉:헌)

★ 奉(받들/봉양할/높일/공물/녹 봉)과 결합을 이룬 글자.		0734 별첨
俸(녹 봉)	☞ 人(0148) → 다른 사람(亻)에게 일을 시킨 대가로 주는 녹(奉)이라는 데서 「녹」 俸祿(봉록)	
捧(받들 봉)	☞ 手(1561) → 두 손(扌)을 한데 모아 물건을 받들어(奉) 올린다는 데서 「받들다」	
棒(몽둥이 봉)	☞ 木(1695) → 높이 받들어(奉) 올렸다가 내려치는 나무(木)이라는 데서 「몽둥이」	

奬 장려할 장: 도울/권면할 장.   0735-40

◉ 將(장수/거느릴/장차 장) + 大 = 奬 (0566 참조)

☞ 장차(將) 크게(大) 성공하도록 성원을 보낸다는 데서 「장려하다. 돕다. 권면하다」 뜻으로.

奬勵(장:려 - 권하여 힘쓰게 함) 奬學金(장:학금) 奬學官(장:학관) 奬學士(장:학사) 勸奬(권:장)

奇 기특할/기이할 기. 이상할/외짝/홑수 기.   0736-40

◉ 大 + 可(옳을/좋을 가) = 奇

☞ 크게(大) 옳은(可), 곧 품행이나 재주 같은 것이 월등(특이)하다는 데서 「기이하다. 이상하다. 기특하다. (기이하게 짝이 되지 못하는)외짝. 홀」 뜻으로.

奇異(기이 - 기괴하고 이상함) 奇人(기인) 奇妙(기묘) 奇蹟(기적) 奇巖(기암) 奇想天外(기상천외)

大 부수(자원과 쓰임 → 0729 참조)

★ 奇(기이할/기특할/이상할/외짝/홀수 기)와 결합을 이룬 글자.		0736 별첨
寄(부칠 기)	☞ 宀(0601) → (양육할 형편이 어려워) 아기를 남의 집(宀)에 홀(奇)으로 맡긴다는 데서「맡기다. 부치다」寄託(기탁)	
騎(말탈 기)	☞ 馬(3585) → 달리는 말(馬) 위에 올라앉아 기이하게(奇) 기교를 부리는(활을 쏘거나 창을 다루는) 기마병이라는 데서「말 타다. 기병」騎手(기수)	
琦(옥이름 기)	☞ 玉(2052) → 기이한(특이한)(奇) 옥(玉), 곧 모양이나 빛깔이 특출하게 뛰어난 옥이라는 의미가 부여되어「진기하고 아름다운 옥. (진기한)옥 이름」	
崎(험할 기)	☞ 山(0554) → 산(山)이 기이한(奇) 형세(기괴하고 특이한 모양새)로 이루어져 있다는 데서「산길 험하다. 험하다」崎嶮(기험)	
綺(비단 기)	☞ 糸(2511) → 실(糸)이 크게(大) 좋은(可), 곧 품질이 썩 뛰어난 실로 직조하여 놓은 천(베) 이라는 데서「비단」綺羅星(기라성)	
畸(뙈기밭 기)	☞ 田(2128) → 홀(외짝)(奇)으로 일구어 놓은 자그마한 밭(田)이라는 데서「뙈기밭」	
攲(기울 기)	☞ 支(2024) → 물체가 기이한(奇) 형상으로 지탱하고(支) 있는, 곧 물체가 곧바르게 세워진 모양새가 아니라는 데서「기울다」攲器(기기)	
椅(의자 의)	☞ 木(1712) → 큰 사람(어른)(大)이 걸터앉아도 좋을(가능할)(可) 정도로 견고하게 만들어 놓은 나무(木)로 된 기구라는 데서「의자. 교의」椅子(의자)	

央 가운데 앙. 중앙/반 앙 | 또렷할/선명한모양 영. 0737-32

◉ 冂(멀 경 | 빌 형 →「빈 공간」을 의미) + 大 = 央

☞ 빈 공간(冂)의 가운데 지점에 팔다리를 크게 벌리고 서 있는 사람(大) 모습에서「가운데. 중앙. (가운데 지점으로 갈라놓은)반. (가운데 지점이 돌출되어 있어서)또렷하다」뜻으로.

中央(중앙 - 사방의 중심이 되는 곳)

★ 央(가운데/중앙/반 앙 | 또렷할/선명한모양 영)과 결합을 이룬 글자.		0737 별첨
怏(원망할 앙)	☞ 心(1945) → 미워하거나 탓하는 마음(忄)이 가슴 한가운데(央)에 맺혀(응어리져) 있다는 데서「원망하다」怏心(앙심)	
殃(재앙 앙)	☞ 歹(1582) → 죽음(歹)의 가운데(央)에 놓여 있는, 곧 천재지변 등으로 인하여 도저히 피할 수가 없는 죽을(불행한) 운명에 처하여 있다는 데서「재앙」殃災(앙재)	
秧(모 앙)	☞ 禾(2226) → 여기에서 央은 벼가 껍질(冂)을 덮어쓴 채 새싹이 돋고 뿌리를 내린 모양(大)을 표현, 곧 앙(央) 글자 형상처럼 새싹이 발아한 벼(禾)라는 데서「모」秧苗(앙묘)	
鴦(원앙새 앙)	☞ 鳥(3705) → 수컷 원앙새의 반쪽(央) 구실을 하며 정절을 지키는 (암 원앙) 새(鳥)라는 데서 「(암) 원앙새」鴛鴦(원앙)	
映(비칠 영)	☞ 日(1032) → 해(日)가 하늘 가운데(央)에 떠 있어 햇빛이 만물을 밝게 비춘다는 데서「비치다. 밝다」映窓(영창)	
英(꽃부리 영)	☞ 艸(2724) → 풀(艹)의 가운데 부위에 선명한 모양(央)을 이루어 솟아(피어) 있는 화관(花冠) 이라는 데서「꽃부리」英才(영재)	

契 맺을 계: 계약할/애쓸 결 | 종족이름 글 | 사람이름 설. 0738-32

◉ 㓞(계약할 계 | 새길 갈) + 大 = 契

※ 㓞 → 풀이 나서 산란한(丰 풀이나서산란할 개) 모양처럼 칼(刀)로 문양을 새긴다는 데서「새기다. (언약을 새기어)계약하다」뜻으로.

☞ (서로 간에 약속을 지킬 것을) 계약하여(㓞) 일을 크게(大) 도모하여(성사시켜) 나간다는 데서

大 부수(자원과 쓰임) → 0729 참조

「(약속을)맺다. 계약하다. 애쓰다」 뜻으로.
契約(계:약 - 약정을 맺는 일) 契機(계:기) 契主(계:주) 契員(계:원) 親睦契(친목계) 契丹(글안)

★ 契(맺을/계약할 계)와 결합을 이룬 글자.		0738 별첨
喫(마실 끽)	☞ 口(0866) → 입(口)에 맺어지게(契) 하는, 곧 입에 물이나 음식물을 받아들여지게 한다는 데서 「마시다. 먹다」 喫茶(끽다)	

奔 달릴/달아날 분. 분주할 분.   0739-32

◉ 大 + 卉(풀/초목/많을 훼) = 奔
☞ 팔다리를 크게(大) 벌리고 많은(卉) 무리가 한꺼번에 뛰쳐나간다는 데서 「달리다. 달아나다. 분주하다」 뜻으로.
奔走(분주 - 몹시 바쁨) 奔忙(분망 - 매우 부산하여 바쁨) 奔放(분방) 狂奔(광분) 東奔西走(동분서주)

奮 떨칠 분: 일어날/힘쓸 분.   0740-32

◉ {大 + 隹(새 추) = 奞(새가날개펼쳐떨칠 순)} + 田(밭 전) = 奮
☞ 날개를 크게(大) 펼치는 새(隹), 곧 새가 날개를 펼쳐 떨치며(奞) 밭(田)에서 힘차게 날아오른다는 데서 「떨치다. 일어나다. 힘쓰다」 뜻으로.
奮起(분:기 - 분발하여 일어남) 奮發(분:발) 奮戰(분:전) 奮鬪(분:투) 激奮(격분) 孤軍奮鬪(고군분투)

夷 큰활/오랑캐 이. 클/상할/무리 이.   0741-30

◉ 大 + 弓(활 궁) = 夷
☞ 큰(大) 활(弓)이라는 데서 「큰 활. 크다」 뜻을. 활(弓)을 다루는 솜씨가 크게(大) 뛰어난 민족이라는 데서 「(동녘)오랑캐. (오랑캐로 이루어진)무리」 뜻으로.
※ 동이(東夷)는 우리 민족으로, 夷에는 재주가 크게 뛰어난 민족이라는 의미가 담겨 있음.
東夷(동이 - 동쪽 오랑캐) 夷狄(이적 - 오랑캐)

★ 夷(오랑캐/큰활/클/상할/무리 이)와 결합을 이룬 글자.		0741 별첨
痍(상처 이)	☞ 疒(2311) → 활에 상한(夷) 병(疒), 곧 화살에 다친 상처이라는 데서 「상처」 傷痍(상이)	
姨(이모 이)	☞ 女(0500) → 여자(女)와 같은 무리(夷), 곧 어머니와 혈연이 같은 자매이라는 데서 「이모」	

奈 어찌 내. 나락 나.   0742-30

◉ 大 + 示(보일 시 | 귀신 기) = 奈
☞ (위쪽에) 큰(大) 물체가 놓여 있으면 어찌 보일(示) 수 있겠는가? 라고 반문(反問)하는 데서 「어찌」 뜻을. 범어(梵語) naraka(지옥)의 「나」 음을 「奈」로 음역하였기에 「나락」 뜻으로.
奈何(내하 - 어떠함) 莫無可奈(막무가내 - 어찌할 수 없음) 奈落(나락 - 지옥)

★ 奈(어찌 내)와 결합을 이룬 글자.		0742 별첨
捺(누를 날)	☞ 手(1545) → 손(扌)을 크게(大) 벌려 보이는(示) 것처럼 손가락을 크게 펼치어 힘껏 누른다는 데서 「누르다」 捺印(날인)	

大 부수(자원과 쓰임 → 0729 참조)

奚 어찌 해. 종(관비)/큰배(腹) 해. 0743-30

◉ 爫(爪손톱 조 → 「손가락. 손. 잡다」는 의미로 쓰임) + 幺(작을 요) + 大 = 奚
☞ 손(爫)에 작고(幺) 큰(大) 물건이 쥐어져 있는, 곧 손으로 처리하여야 할 크고 작은 일들이 잡다하게 많아서 어찌할 바를 모르는 하인의 모습에서 「어찌. 종」 뜻을. 한편 손가락(爫)처럼 가늘고(幺) 긴(大) 창자로 둘리어져 있는 큰 배 모양이라는 데서 「큰 배(腹)」 뜻으로.

奚奴(해노 - 종) 奚童(해동 - 아이 종) 奚琴(해금 - 악기) 奚必(해필 - 하필의 뜻)

★ 奚(어찌/종/배(腹) 해)와 결합을 이룬 글자. 0743 별첨

鷄(닭 계)	☞ 鳥(3692) → (사람의) 배(奚) 모양처럼 몸집이 불룩한 새(鳥)의 일종이라는 데서 「닭」
溪(시내 계)	☞ 水(1227) → 조(爫) 글자 형상을 이루어 바위틈에 맺힌 물방울이 떨어져 작은(幺) 실개천을 이루고 이들이 크게(大) 불어나 골짜기를 따라 흘러내리는 물(氵)이라는 데서 「시내」
谿(시내 계)	☞ 谷(2958) → 조(爫) 글자 형상을 이루어 바위틈에 맺힌 물방울이 떨어져 작은(幺) 실개천을 이루고 이들이 크게(大) 불어나 골짜기(谷)를 따라 흘러내리는 시냇물이라는 「시내」

奪 빼앗을 탈. 0744-30

◉ {大 + 隹 = 奞(새가날개펼쳐떨칠 순)} + 寸(마디 촌 → 「잡다」 의미로 쓰임) = 奪
☞ (먹이를 낚아채어) 새가 날개를 펼쳐 떨치며(奞) 날아오르는 것처럼 남의 물건을 손으로 잡아채어(寸) 달아난다는 데서 「빼앗다」 뜻으로.

奪取(탈취 - 빼앗아 가짐) 奪還(탈환 - 도로 빼앗음) 剝奪(박탈) 削奪(삭탈) 換骨奪胎(환:골탈태)

奭 클 석. 성할 석. 0745-20

◉ 大 + 百(일백/많을 백) + 百 = 奭
☞ 규모가 크고(大) 분량이 많고(百) 많다(百)는 데서 「크다」 뜻을. 큰 사람(어른)(大)의 좌우로 많고(百) 많은(百) 자손이나 제자들이 늘어서 있는 모습에서 「성하다」 뜻을.

李範奭(이:범석 - 독립운동가. 우리나라 초대 국무총리)

奏 아뢸 주: 연주할 주. 0746-20

◉ 三(→ 많음을 의미) + 人 + 夭(일찍죽을/어릴/굽을 요) = 奏
☞ 많은(三) 사람(人)이, 곧 많은 신하와 악공들이 어전에 나아가 허리를 굽히고(夭) 여쭙거나 연주를 한다는 데서 「아뢰다. 연주하다」 뜻으로.

奏請(주:청 - 임금께 청원하던 일) 奏效(주:효 - 효력이 나타남) 奏樂(주:악) 伴奏(반:주) 演奏(연:주)

★ 奏(아뢸/연주할 주)와 결합을 이룬 글자. 0746 별첨

| 輳(몰려들 주) | ☞ 車(3185) → 수레바퀴(車)에, 신하들이 임금에게 아뢰기(奏) 위하여 어전에 모여드는 것처럼 바퀴살이 빼곡하게 몰려들어 있다는 데서 「(바퀴살이 바퀴통에)몰려들다」 輻輳(폭주) |

奎 별 규. 별이름 규. 0747-20

◉ 大 + 圭(홀/서옥 규) = 奎 (0697 참조)

大 부수(자원과 쓰임 → 0729 참조)

☞ 대(大) 글자 형상을 이루어 밤하늘에 떠 있는 서옥(圭) 모양의 별무리이라는 데서 「(규성을 가리키는)별 이름」 뜻으로.
奎星(규성 - 28수의 별 가운데 열다섯째 별) 奎章閣(규장각 - 역대 왕실 문서를 보관하던 관청)

奢 사치할 사. 분에넘칠 사. 0748-10

◉ 大 + 者(사람/것/곳 자) = 奢 (2858 참조)
☞ 크게(大) 과시하는(뽐내는) 사람(者)이라는 데서 「분에 넘치다. 사치하다」 뜻으로.
奢侈(사치 - 분수에 넘치게 치레함) 豪奢(호사 - 호화롭고 사치함)

奧 속/깊을 오(:) 그윽할 오 | 모퉁이 욱. 0749-10

◉ { ノ(삐침 별) + 冂(멀 경 | 빌 형) + 大 = 冉(= 内 안 내)} + 釆(분별할 변) = 奧
☞ 물체를 분별하기(釆) 어려울 정도로 어둠침침한 안(내부)(冉 = 内) 쪽에 위치하고 있다는 데서 「속. 깊다. 그윽하다. 모퉁이」 뜻으로.
奧妙(오:묘 - 심오하고 미묘함) 奧義(오:의) 奧地探險(오:지탐험) 深奧(심:오 - 깊고 오묘함)

★ 奧(속/깊을/그윽할 오 | 모퉁이 욱)와 결합을 이룬 글자.		0749 별첨
墺(물가 오)	☞ 土(0683) → 땅(土)이 (물)속(奧)으로 들어가는, 곧 물속과 인접한 벼랑이라는 데서 「물가」	
懊(한할 오)	☞ 心(1956) → (가슴)속(奧)에 깊숙하게 묻어 두고 번민(후회)하는 마음(忄)이라는 데서 「한하다. 번뇌하다」 懊恨(오한)	

夭 어릴/일찍죽을 요. 예쁠/굽을/풀성한모양 요. 0750-10

◉ ノ(삐침 별 →「아래로 끌어내리다. 꺾이어진 모양」을 의미) + 大 = 夭
☞ 크게(大) 자라나지 못하고 아래로 쳐져(ノ) 있는 유약한 상태이라는 데서 「어리다. (어린이 모습에서)예쁘다」 뜻을. 크게(大) 자라나지 못하고 아래로 꺾이어진(ノ), 곧 자라나는 도중에 죽은 모양이라는 데서 「일찍 죽다. (꺾이어져)굽다. (가지가 굽어질 정도로 무성한 풀 모양에서)풀 성한 모양」 뜻으로.
夭夭(요요 - 나이가 젊고 아름다움) 夭折(요절 - 나이가 젊어서 죽음)

★ 夭(어릴/예쁠/일찍죽을/굽을 요)와 결합을 이룬 글자.		0750 별첨
妖(요사할 요)	☞ 女(0487) → 어리고 예쁜(夭) 여아(女)이라는 데서 「아리땁다. (여아가 아리땁게 말한다는 데서)아양 부리다. (간드러지게 아양을 부린다는 데서)요사하다」 妖精(요정)	
沃(기름질 옥)	☞ 水(1274) → 물길(氵)을 이리저리 굽히어(夭) 논밭에 물을 끌어들인다는 데서 「물대다. (물을 넉넉하게 대어 놓은 농토는)기름지다」 沃土(옥토)	
笑(웃음 소)	☞ 竹(2674) → 옆으로 벌어진 대나무(竹) 잎처럼 입을 활짝 벌리고 허리를 굽혀(夭) 가며 크게 웃어 대는 모습이라는 데서 「웃음. 웃다」 笑顔(소안)	

奄 문득 엄. 갑자기/덮을/가릴/클/환관 엄. 0751-10

◉ 大 + 电(→ 申「납/펼 신」의 획이 굽어진 모양) = 奄
☞ 위쪽의 큰(大) 물체로 인하여 아래쪽의 물체가 펴지(뻗어나지)(申) 못하고 구부러진 모양(电)

大 부수(자원과 쓰임 → 0729 참조)

으로 변모되어 있는, 곧 위에서 아래쪽을 짓눌러(덮어) 놓은 모양이라는 데서 「덮다. 가리다. (위쪽의 물체가)크다. (위쪽의 물체가 갑자기 덮친다는 데서)문득. 갑자기」 뜻으로.

奄然(엄연 - 갑작스러운 모양) 奄忽(엄홀하다 - 매우 갑작스럽다)

★ 奄(문득/갑자기/덮을/가릴/클 엄)과 결합을 이룬 글자. 0751 별첨

俺(나/클 엄)	☞ 人(0170) → 다른 사람(亻)을 가릴(奄) 정도로 체구가 큰 자기라는 데서 「나. 크다」
掩(가릴 엄)	☞ 手(1567) → 손(扌)으로 얼굴 같은 부위를 가린다(奄)는 데서 「가리다」掩蔽(엄폐)
庵(암자 암)	☞ 广(0779) → 큰 집(广)에 가리어(奄) 있는, 곧 큰 절에 딸려 있는 작은 절이라는 데서 「암자」

奠 정할/제사 전: 바칠/전올릴/드릴 전. 0752-10

◉ 酋(두목/오래된술 추) + 大 = 奠 (2982 참조)
☞ 두목(酋)이 팔다리를 크게(大) 벌리고 제물을 바치는(제사를 지내는) 모습에서 「전 올리다. (제물을)바치다. 드리다. 제사. (제를 드리는 기일을)정하다」 뜻으로.

奠雁(전:안 - 혼인 때, 기러기를 상에 올려놓고 절하는 예) 奠都(전:도) 遣奠祭(견:전제) 釋奠(석전)

★ 奠(정할/제사/전올릴 전)과 결합을 이룬 글자. 0752 별첨

| 鄭(나라 정) | ☞ 邑(2934) → 종묘와 사직에 전을 올리는(奠) 규모가 매우 큰 고을(阝)이라는 데서 「나라」 |

套 씌울/버릇 투. 0753-10

◉ 大 + 镸(= 長긴 장) = 套
☞ 큰(大) 것으로 긴(長) 것을 덮어씌워 놓은 모양에서 「씌우다. (내용물이 덮어씌워져 같아 보이는 것처럼 똑같은 언행을 반복한다는 데서)버릇」 뜻으로.

套語(투어 - 진부한 말. 정해진 문구. 상투어) 封套(봉투 - 종이 주머니) 常套(상투 - 보통으로 하는 투)

夾 낄 협. 부축할/가까울 협. 0754-00

◉ 大 + 人(사람 인) + 人 = 夾
☞ 큰 사람(大)이 작은 두 사람(人人)을 옆구리에 끼고 있는, 또는 두 사람(人人)이 큰 사람(어른) (大)을 좌우에서 부축하고 있는 모습에서 「끼다. 부축하다. (사이가)가깝다」 뜻으로.

夾門(협문 - 정문 옆에 붙은 작은 문) 夾室(협실 - 안방에 딸려 있는 방)

★ 夾(낄/부축할/가까울 협)과 결합을 이룬 글자. 0754 별첨

峽(골짜기 협)	☞ 山(0540) → 산(山) 사이에 끼여(夾) 있는 비좁은 지대이라는 데서 「골짜기」峽谷(협곡)
挾(낄 협)	☞ 手(1515) → 손(扌)으로 사람이나 물건을 옆구리에 낀다(夾)는 데서 「끼다」挾攻(협공)
俠(호협할 협)	☞ 人(0160) → 다른 사람(亻), 곧 약자를 옆구리에 끼고(夾) 보호한다는 데서 「호협하다」
狹(좁을 협)	☞ 犬(1405) → 개(犭)가 지나가면 끼일(夾) 정도로 폭이 매우 비좁다는 데서 「좁다」
頰(뺨 협)	☞ 頁(3526) → 끼여(夾) 있는 형상을 이루어 머리(얼굴)(頁) 좌우 측에 도톰하게 솟아나 있는 관자놀이 부위의 살점이라는 데서 「뺨」頰骨(협골)
陝(땅이름 합)	☞ 阜(3365) → 언덕(阝) 사이에 끼여(夾) 있는 비좁은 지형이라는 데서 「좁다. (언덕에 에워 싸인 지형이라는 의미가 부여되어)땅 이름」陝川(합천)

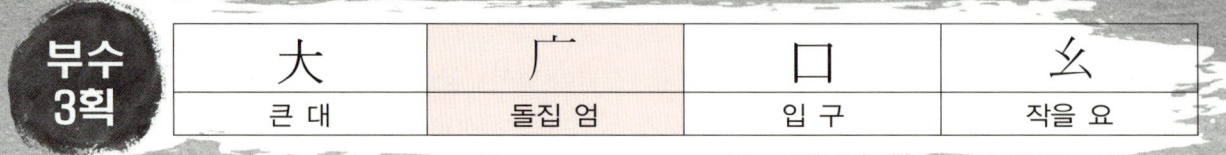

大	广	口	幺
큰 대	돌집 엄	입 구	작을 요

부수 3획

广 | 돌집 엄. 지붕 한쪽 늘어질 엄. 0755-00

- 자원 广 → 바위(丶)가 굴 바위(厂 굴바위 엄)에 지붕처럼 덮여 있는 돌집 모양을 표현.
- 쓰임 「(규모가 큰) 집. 트인 집. 집 모양」과 의미로 쓰임.

庭 | 뜰 정. 0756-60

- 广 + 廷(조정/바를/평평할 정) = 庭 (0411 참조)
- ☞ 집(广)을 둘러싸고 있는 평평한(廷) 지면이라는 데서 「뜰」 뜻으로.

庭園(정원 - 집 안에 있는 뜰) 庭球(정구 - 연식 정구) 家庭(가정) 親庭(친정 - 시집간 여자의 본집)

度 | 법도 도: ㅣ 헤아릴 탁. 제도/자/건널/지날 도. 0757-60

- 广 + 廿(스물 입) + 又(또/오른손 우) = 度
- ☞ 집(广)의 크기를 스물(廿) 자(尺) 정도가 되게끔 손(又)으로 뼘을 헤아려(규격에 맞추어) 가면서 지어 나간다는 데서 「헤아리다. (한 뼘 길이의)자. (규격이나 규범에 맞추어 놓은)제도. 법도. (헤아려 나간다는 데서)지나다. 건너다」 뜻으로.

度量(도:량 - 길이를 재는 자와 양을 되는 말. 너그러운 마음과 생각) 度量衡(도:량형) 度數(도:수) 態度(태:도) 制度(제:도) 年度(년도) 程度(정도) 度支部(탁지부)

★ 度(법도/자/정도/지날/건널 도 ㅣ 헤아릴 탁)과 결합을 이룬 글자. 0757 별첨

| 渡(건널 도) | ☞ 水(1249) → 물(氵)을 건넌다(度)는 데서 「건너다」 渡河(도하) |
| 鍍(도금할 도) | ☞ 金(3460) → 금(金)을 녹여서 다른 물체의 표면에 지나가게(度) 한다는 데서 「도금하다」 |

店 | 가게 점: 주막 점. 0758-50

- 广 + 占(점칠/점령할 점) = 店 (0398 참조)
- ☞ 점치는(占) 집(广), 또는 손님들이 자리를 차지하고(占) 있는 집(广), 곧 손님이 항시 드나드는 영업집이라는 데서 「가게. 주막」 뜻으로.

店鋪(점:포 - 가게. 상점) 店員(점:원) 店房(점:방) 店主(점:주) 賣店(매:점) 商店(상점)

序 | 차례 서: 실마리 서. 0759-50

- 广 + 予(나/줄/취할 여) = 序 (0035 참조)
- ☞ 트인 집(广)인 관청이나 곳간에서 나누어 주는(予) 구휼미(구호물자) 같은 것을 받기 위하여 차례지어(줄지어) 서 있는 모양에서 「차례. (차례대로 이어져 나가는)실마리」 뜻으로.

序列(서:열 - 차례로 늘어놓음) 序頭(서:두) 序論(서:론) 序幕(서:막) 序品(서:품) 序詩(서:시) 秩序(질서)

广 부수(자원과 쓰임) → 0755 참조

廣 넓을 광: 클/큰집 광. 0760-50

◉ 广 + 黃(누를 황) = 廣 (3634 참조)
☞ 트인 집(广) 형상을 이루어, 누른(黃) 빛깔의 땅덩어리를 감싸고 있는 거대한 우주 공간이라는 데서「넓다. 크다. (우주 공간으로 이루진)큰 집」뜻으로.

廣野(광:야 - 너른 들) 廣場(광:장) 廣告(광:고) 廣大(광:대) 廣域(광:역) 廣義(광:의) 廣闊(광:활) 廣範(광:범)

★ 廣(넓을/클/큰집 광)과 결합을 이룬 글자. 0760 별첨

鑛(쇳돌 광)	☞ 金(3424) → 쇠(金) 성분이 넓게(廣) 분포되어 있는 광석이라는 데서「쇳돌. 광석」
曠(훵할 광)	☞ 日(1078) → 햇빛(日)이 넓게(廣) 퍼져 나가는 거대한 우주 공간이라는 데서「훵하다」
壙(광 광)	☞ 土(0720) → 땅(土)에 큰 집(廣) 모양처럼 우묵하게 파 놓은 구덩이이라는 데서「광」
擴(넓힐 확)	☞ 手(1483) → 손(扌)을 써서 땅을 넓게(廣) 일구어 나간다는 데서「넓히다」擴張(확장)

床 상 상. 0761-42

◉ 广 + 木(나무 목) = 床
☞ 널판자를 트인 집(广) 모양처럼 꾸미어 나무(木)를 고임하여(받쳐) 놓은 기물이라는 데서「상」뜻으로.

床石(상석 - 무덤 앞에 상처럼 만들어 놓은 돌) 册床(책상) 祭床(제:상) 病床(병:상) 寢牀(침:상)

府 마을 부: 관청/곳집 부. 0762-42

◉ 广 + 付(줄/붙일/부탁할 부) = 府 (0108 참조)
☞ 백성(민생)을 보살펴 주는(付) 규모가 매우 큰 집(广)이라는 데서「(관원이 모여 나랏일을 다스리는 곳인)마을. 관청. 곳집」뜻으로.

府君(부:군 - 망부에 대한 존칭) 府院君(부:원군) 顯考處士府君(현:고처사부군) 三府(삼부) 政府(정부)

★ 府(마을/관청/곳집 부)와 결합을 이룬 글자. 0762 별첨

腐(썩을 부)	☞ 肉(2401) → 곳집(府)에 넣어 둔 고기(月)는 쉽게 변질된다는 데서「썩다」腐心(부심)
腑(육부 부)	☞ 肉(2445) → 곡식을 받아들이어 저장하고 불출하는 곳집(府)처럼 음식물을 받아들이어 소화하고 배설시키는 신체(月) 기관이라는 데서「육부. 장부」六腑(육부)
俯(구부릴 부)	☞ 人(0155) → 사람(亻)이 관청(府)에 출입할 때에는 흔히들 구부리는 자세를 취한다는 데서「구부리다. 엎드리다」俯仰(부앙)

康 편안 강. 화할/성할/빌/성(姓) 강. 0763-42

◉ 广 + 隶(미칠 이ㅣ더불어 대) = 康 (3416 참조)
☞ 집(广)에 모든 식구들이 더불어(隶) 살아가는, 곧 온 집안 식구들이 함께 모이어 화목하게 살아간다는 데서「편안하다. 화하다. (집안이)성하다. (편안하여져 마음이)비다」뜻으로.

康寧(강녕 - 몸이 건강하며 마음이 편안함) 康健(강건) 康衢煙月(강구연월) 健康(건:강)

广 부수(자원과 쓰임 → 0755 참조)

★ 康(편안할/화할/성할/빌 강)과 결합을 이룬 글자.　　　　　　　　　　　　　0763 별첨

慷(슬플 강)　　☞ 心(1963) → 마음(忄)이 성한(康) 상태에 놓여 있는, 곧 마음이 매우 격앙되어(북받쳐) 있는 상태라는 데서 「슬프다. 강개하다」 慷慨(강개)

糠(쌀겨 강)　　☞ 米(2594) → 쌀(米)이 비어(康) 있는 벼의 겉껍질이라는 데서 「쌀겨」 糟糠之妻(조강지처)

庫　곳집 고. 창고 고.　　　　　　　　　　　　　　　　　　　　　　　0764-40

◉ 广 + 車(수레 거) = 庫
☞ 수레(車)를 넣어 두는 트인 집(广)이라는 데서 「곳집. 창고」 뜻으로.

庫房(고방 - 살림살이를 넣어 두는 방) 倉庫(창고) 車庫(차고) 金庫(금고) 寶庫(보:고) 冷藏庫(냉:장고)

廳　관청 청. 대청 청.　　　　　　　　　　　　　　　　　　　　　　　0765-40

◉ 广 + 聽(들을 청) = 廳 (2873 참조)
☞ 백성의 건의나 고충 사항을 듣는(聽) 큰 집(广)이라는 데서 「관청. (관청 건물은 넓은 마루 위주로 지어져 있는 데서)대청」 뜻으로.

廳舍(청사 - 관청의 사옥) 大廳(대:청 - 큰 마루) 廳長(청장) 官廳(관청) 敎育廳(교:육청) 警察廳(경:찰청)

座　자리 좌: 지위 좌.　　　　　　　　　　　　　　　　　　　　　　　0766-40

◉ 广 + 坐(앉을/꿇을 좌) = 座 (0668 참조)
☞ 집(广)에 사람이 앉을(坐) 수 있도록 마련하여 놓은 장치라는 데서 「자리. (앉는 자리의 높낮이에 따른)지위」 뜻으로.

座席(좌:석 - 앉는 자리) 座談(좌:담 - 앉아서 하는 대화) 座中(좌:중) 權座(권좌)

底　밑 저: 이를 지.　　　　　　　　　　　　　　　　　　　　　　　　0767-40

◉ 广 + 氐(근본/이를/뿌리 저) = 底 (1984 참조)
☞ 집(广)의 뿌리(氐), 곧 집을 지탱하는 밑동이라는 데서 「밑」 뜻을. 한편 집(广)에 이른다(氐)는 데서 「이르다」 뜻으로.

底力(저:력 - 속에 간직한 끈기 있는 힘) 底意(저:의) 底邊(저:변) 底引網(저:인망) 海底(해:저) 徹底(철저)

廊　행랑/사랑채 랑. 복도 랑.　　　　　　　　　　　　　　　　　　　　0768-32

◉ 广 + 郞(사내/낭군 랑) = 廊 (2906 참조)
☞ 사내(郞)가 주로 거처하는 집(广)이라는 데서 「행랑. 사랑채. 복도」 뜻으로.

廊下(낭하 - 행낭. 복도) 行廊(행랑 - 대문간에 붙어 있는 방) 回廊(회랑) 舍廊房(사랑방) 畵廊(화:랑)

庸　떳떳할 용. 중용/항상/쓸 용.　　　　　　　　　　　　　　　　　　　0769-30

◉ 广 + 甫(→ 肅(엄숙할/공순할 숙)의 약자) = 庸
☞ 집(집안)(广) 식구들이 모두 공순하는(甫) 가풍이라는 데서 「떳떳하다. (떳떳함이란 언제 어디에서나 두루 쓰인다는 데서)항상. 중용. 쓰다」 뜻으로.

广 부수(자원과 쓰임 → 0755 참조)

庸劣(용렬 - 못생기어 재주가 미천하고 어리석음) 庸醫(용의) 庸人(용인) 中庸(중용) 登庸=登用(등용)

★ 庸(떳떳할/중용/항상/쓸 용)과 결합을 이룬 글자.　　　　　　　　　　　　　　0769 별첨

| 傭(품팔이 용) | ☞ 人(0135) → 다른 사람(亻)이 자신을 인부로 쓰는(庸), 곧 품삯을 받고 다른 사람(주인)이 시키는 일을 한다는 데서「품팔이」傭兵(용병) |
| 鏞(쇠북 용) | ☞ 金(3453) → 쇠(金)로 된, 종각에 달아 놓은 종 모양(庸)에서「쇠북」|

廉　청렴할 렴. 값쌀/거둘 렴. 　　　　　　　　　　　　　　　　　　　　　　0770-30

◉ 广 + 兼(겸할/아우를 겸) = 廉 (0328 참조)

☞ 집(广)에 가족이 (분가하지 않고) 아울러(兼) 지내는, 또는 집(广)에 있는 옷가지나 생활용품 같은 것을 식구들이 겸하여(兼) 쓴다는 데서「청렴하다. 값싸다」뜻으. 한편 곳집(广)에 벼를 아울러(兼) 들여놓는다는 데서「거두다」뜻으로.

清廉(청렴 - 성품이 고결하고 탐욕이 없음) 廉價(염가 - 싼값) 廉恥(염치) 廉探(염탐) 低廉(저:렴)

★ 廉(청렴할/값쌀/거둘 렴)과 결합을 이룬 글자.　　　　　　　　　　　　　　　0770 별첨

| 濂(물이름 렴) | ☞ 水(1287) → 물(氵)이 청렴한(廉) 모양새를 이루고 있는, 곧 물이 풍부하지 않은 수량(水量)을 이루어 흐르거나 고여 있는 늪지이라는 의미에서「물 이름. 물 깊이가」엷다」|
| 簾(발 렴) | ☞ 竹(2701) → 거두어(廉)들이는 대나무(竹), 곧 창문에 드리웠다가 거두어들이는(말아 올리는) 대나무로 된 물건이라는 데서「발」垂簾聽政(수렴청정) |

庚　별 경. 일곱째천간/굳셀/나이/삼경 경.　　　　　　　　　　　　　　　　　0771-30

◉ 广 + 人 + ⇒(→「손」을 의미) = 庚

☞ 집(广)을 사람(人)이 손(⇒)으로 떠받칠 정도로 힘이 무척이나 세다는 데서「굳세다. (손으로 떠받치는 형상을 이루어 서쪽 하늘에 떠 있는 장경성長庚星을 가리키는)별」뜻을. 한편 식물의 성장 과정을 순차적(10등분)으로 열거하여 놓은 천간(天干)에서 식물이 굳세게 뻗어 나가는 순차에 해당하는 천간이라는 데서「일곱째 천간」뜻으로.

庚午(경오 - 육십갑자의 일곱째) 庚戌國恥(경술국치) 長庚(장경) 三庚(삼경) 同庚(동경 - 같은 나이)

廟　사당 묘: 종묘 묘.　　　　　　　　　　　　　　　　　　　　　　　　　0772-30

◉ 广 + 朝(아침/이를 조) = 廟 (1091 참조)

☞ 아침(朝)마다 참배하는 큰 집(广), 또는 조정(朝廷)의 조상신을 모시는 큰 집(广)이라는 데서「사당. 종묘」뜻으로.

廟堂(묘:당 - 의정부의 별칭. 조정) 宗廟(종묘 - 역대 제왕의 위패를 모시는 사당)

廢　폐할/버릴 폐: 집쓸릴 폐.　　　　　　　　　　　　　　　　　　　　　　0773-30

◉ 广 + 發(필/쏠/일어날 발) = 廢 (2267 참조)

☞ 집(广)이 (한쪽 발을 먼저 내어 디디면서) 일어나는(發) 동작을 취하는 것처럼 기둥이 비스듬하게 쓸리는 모양이라는 데서「집 쓸리다. 폐하다. (폐하여)버리다」뜻으로.

廢家(폐:가 - 버려두어 낡아 빠진 집) 廢品(폐:품) 廢止(폐:지) 廢校(폐:교) 廢業(폐:업)

211

广 부수(자원과 쓰임 → 0755 참조)

庶 여러 서: 무리/가까울/서자 서.   0774-30

- 广 + 廿(스물 입) + 灬(= 火 불 화) = 庶
- 집(广)에 스물(廿) 사람이, 곧 집에 가족이나 친지 등 많은 사람들이 모닥불(灬)을 지펴 놓고 즐거운 시간을 보내고 있는 모습에서 「여러. 무리. 가깝다」뜻으로.

庶民(서:민 - 일반 백성) 庶子(서:자) 庶出(서:출) 庶母(서:모) 庶務(서:무) 班常嫡庶(반상적서)

| ★ 庶(여러/무리/가까울 서)와 결합을 이룬 글자. | 0774 별첨 |

蔗(사탕수수 자) ☞ 艸(2828) → (한곳에) 무리지어(庶) 자라나는(총생하는) 식물(艹)이라는 데서 「사탕수수」
遮(가릴 차) ☞ 辶(3130) → 무리지어(庶) 지나가는(辶), 곧 한꺼번에 많은 무리가 지나가면 시야가 가리어 지고 길이 막힌다는 데서 「가리다. 막다」遮斷(차단)

庄 전장(田莊)/농막 장. 평평할 팽.   0775-20

- 广 + 土(흙/땅 토) = 庄
- 토지(논밭)(土)에 지어 놓은 트인 집(广)이라는 데서 「농막. (농막을 지어 놓은 평평한 논밭이라는 데서)전장. 평평하다」뜻으로.

田庄=田莊(전장 - 소유하고 있는 논밭)

| ★ 庄(전장/농막 장 | 평평할 팽)과 결합을 이룬 글자. | 0775 별첨 |

粧(단장할 장) ☞ 米(2584) → 쌀가루(米)처럼 하얀 분을 얼굴에 평평하게(庄) 바른다는 데서 「단장하다」

庠 학교 상.   0776-20

- 广 + 羊(양 양) = 庠
- 양 떼(羊)처럼 모여드는 많은 학생들을 가르치는 트인 집(广)이라는 데서 「학교」뜻으로.

庠序(상서 - 학교의 딴이름)

庾 곳집/노적가리 유.   0777-20

- 广 + 臾(삼태기 궤 | 잠깐 유 | 꾈 용) = 庾
- 삼태기(臾) 모양처럼 우긋하게 생긴 트인 집(广)이라는 데서 「곳집. (곳집 모양처럼 우뚝하게 솟아나 있는)노적가리」뜻으로.

金庾信(김유신 - 삼국 통일의 기반을 다진 신라의 명장)

| ★ 臾(삼태기 궤 | 잠깐 유 | 꾈 용)와 결합을 이룬 글자. | 0777 별첨 |

諛(아첨할 유) ☞ 言(3274) → 꾈기(臾) 위하여 솔깃하게(듣기 좋게) 말한다(言)는 데서 「아첨하다」諛言(유언)

廬 농막집 려. 오두막집 려.   0778-20

- 广 + 盧(밥그릇/화로 로) = 廬 (2241 참조)
- (밥을 소복하게 담아 놓은) 밥그릇(盧) 모양처럼 도톰하고 자그마하게 지어 놓은 트인 집(广) 이라는 데서 「농막(農幕) 집. 오두막집」뜻으로.

廬幕(여막 - 상주가 묘소 부근에 거처하는 초막) 廬舍(여사) 草廬(초려) 三顧草廬(삼고초려)

庵 암자 암. 0779-10

● 广 + 奄(문득/덮을/가릴 엄) = 庵 (0751 참조)
☞ 큰 집(广)에 가리어(奄) 있는, 곧 큰 절에 딸리어 있는 작은 절이라는 데서 「암자」 뜻으로.
庵子(암자 - 큰 절에 딸리어 있는 작은 절) 石窟庵(석굴암 - 경주 토함산에 있는 암자)

庇 덮을 비: 0780-10

● 广 + 比(견줄/비할/아우를 비) = 庇 (1575 참조)
☞ 집(지붕)(广)에 이엉을 가지런하게 아울러(덮어)(比) 놓은 모양에서 「덮다」 뜻으로.
庇護(비:호 - 뒤덮어서 보호함) 庇蔭(비:음 - 차양의 그늘) 補庇(보:비 - 보호하고 돌보아 줌)

廚 부엌 주. 0781-10

● 广 + 尌(세울 주) = 廚 (1595 참조)
☞ 물동이 같은 기물들을 가지런하게 세워(尌) 놓은 집(广)이라는 데서 「부엌」 뜻으로.
廚房(주방 - 음식을 만들거나 차리는 곳) 庖廚(포주 - 쇠고기나 돼지고기 등을 파는 가게)

廓 둘레 곽ㅣ클 확. 0782-10

● 广 + 郭(성곽/외성/둘레 곽) = 廓 (2931 참조)
☞ 집(궁궐)(广) 주변이 성곽(외성)(郭)으로 크게 둘리어 있다는 데서 「둘레. 크다」 뜻으로.
外廓(외:곽 - 바깥 테두리) 輪廓(윤곽) 廓淸(확청 - 폐단을 없애어 깨끗하게 함)

廠 헛간/공장 창. 0783-10

● 广 + 敞(시원할/높을 창) = 廠 (1811 참조)
☞ (내벽이 없이) 시원하게(敞) 지어 놓은 트인 집(广)이라는 데서 「헛간. 공장」 뜻으로.
工廠(공창 - 철공물을 만드는 공장) 兵器廠(병기창) 造兵廠(조:병창 - 병기창) 造幣廠(조:폐창)

廛 가게 전: 터전 전. 0784-10

● {广 + 里(마을/거할 리) = 厘(가게 전)} + 坴(흙덩이/시원한땅 륙) = 廛
☞ (사방이 트인) 시원한 땅(터전)(坴)에 지어 놓은 가게(厘)이라는 데서 「가게. 터전」 뜻으로.
廛房(전:방 - 가게) 魚物廛(어물전 - 어물을 파는 가게) 鐵物廛(철물전 - 철물을 파는 가게)

★ 廛(가게/터전 전)과 결합을 이룬 글자.	0784 별첨
纏(얽을 전) ☞ 糸(2537) → 가게(廛)에서 사고파는 물품들을 실(끈)(糸)로 얽어 묶는다는 데서 「얽다」	

廏 마구 구. 0785-10

廐 마구 구. 0786-00

● 广 + 㱃(휠/굴복할 구) = 廐

广 부수(자원과 쓰임 → 0755 참조)

- ● 广 + 旣(이미/다할 기) = 厩   ※ 厩는 廐의 속자.
- ☞ 廐 → 굴복시키는(殳), 곧 덩치가 크고 힘이 센 소나 말 같은 동물을 제어하여(가두어) 두는 트인 집(广)이라는 데서 「마구간」 뜻으로.
- ☞ 厩 → 덩치가 큰 소나 말 같은 동물이 실내 공간을 모두(다)(旣) 차지하고 있는 트인 집(广), 곧 가축을 많이 키우는 외양간이라는 데서 「마구간」 뜻으로.

馬廐(마:구 - 말이나 소를 기르는 곳) 廐舍(구사 - 마구간) 廐置(구치 - 역마을)

庖 부엌 포. 푸줏간 포.   0787-10

- ● 广 + 包(쌀 포) = 庖 (0264 참조)
- ☞ (여러 가지) 음식 재료 따위를 싸(包) 놓은 트인 집(广)이라는 데서 「푸줏간. 부엌」 뜻으로.

庖丁(포정 - 백장. 소나 돼지 등을 잡는 일을 업으로 하는 사람) 庖廚(포주 - 「푸주」의 본딧말)

자투리 마당

「하늘과 땅」을 표현한 글자

- ○ 天(하늘 천) → 하나(一)의 거대한(大) 공간, 또는 사람(大 → 큰 사람을 의미) 위쪽으로 펼쳐져(一) 있는 한없이 넓은 공간. 天空(천공)
- ○ 昊(여름하늘/하늘 호) → 해(日)가 하늘(一)에 크게(大) 원을 그리는(지구의 중심을 통과하는) 계절의 하늘. 昊天(호천)
- ○ 旻(가을하늘 민) → 하늘에 떠 있는 해(日)에서 문채가 나는(文 글월/문채날 문), 곧 햇빛이 밝고 맑게 비치어 풍광이 아름답게 드러나는 하늘. 旻天(민천)
- ○ 穹(하늘 궁) → 반원형의 활(弓 활 궁)처럼 휘어져 있는 구멍(穴 구멍 혈), 곧 둥그스름하게 뚫리어 있는 거대한 공간. 穹蒼(궁창)
- ○ 乾(하늘 건) → 해가 돋아(倝 해돋을 간) 오르면서 굽은(乙 새/굽을 을) 윤곽으로 드러나는 더없이 넓은 공간. 乾坤(건곤)

- ● 土(흙/땅 토) → 지면(一)에 겹겹으로 포개어져(十) 있는 흙덩이. 土地(토지)
- ● 地(땅 지) → 흙(土)이 위아래로 잇닿아(也 어조사 야 |잇닿을 이) 있는 전체의 땅덩어리. 地球(지구)
- ● 陸(뭍/땅 륙) → 언덕(阝)과 흙덩이(坴 흙덩이 륙)가 연이어져 있는 두툼한 땅덩어리. 陸地(육지)
- ● 坤(땅 곤) → 흙(土)이 위아래로 펼쳐져(申 납/펼 신) 있는 너른 땅덩어리. 乾坤(건곤)

大	广	口	幺
큰 대	돌집 엄	입 구	작을 요

부수 3획

口 | 입 구(:) 말할/어귀/구멍/인구/실마리 구. 　　　　　　　　　　0788-70

- **자원** 口 → 사람의 입 모양을 표현.
- **쓰임** 「입. 말(말하다). 소리. 어귀. 구멍. 네모 또는 둥근 모양」과 의미로 쓰임.

口語(구:어 - 말) 口頭(구:두) 口舌(구:설) 口辯(구:변) 口號(구:호) 口腔(구:강) 口尙乳臭(구:상유취)

吾 | 나 오. 우리 오. 　　　　　　　　　　　　　　　　　　　　0789-80

- 五(다섯 오) + 口 = 吾 (0211 참조)
- ☞ 다섯(五) 손가락을 자기 가슴에 대거나 손바닥으로 자기 가슴을 두드리면서 말하는(口) 것은 나(우리)를 가리키는 의미이라는 데서 「나. 우리」 뜻으로.

吾人(오인 - 나. 우리) 吾等(오등) 吾君(오군) 吾門(오문) 吾鼻三尺(오비삼척) 吾魚寺(오어사)

★ 吾(나/우리 오)와 결합을 이룬 글자. 　　　　　　　　　　　　0789 별첨

悟(깨달을 오)	☞ 心(1871) → 암울한 마음(忄)에서 깨어나 나(吾)의 참모습을 발견한다는 데서 「깨닫다」
語(말씀 어)	☞ 言(3198) → 나(吾)의 생각을 다른 사람에게 전하는(알리는) 말씀(言)이라는 데서 「말씀」
梧(오동나무 오)	☞ 木(1649) → 나(吾)와 함께하는 나무(木), 장롱이나 거문고 같은 가구나 악기로 만들어져 일상 생활에서 나(우리)와 함께하는 나무이라는 데서 「오동나무」
圄(옥 어)	☞ 囗(0648) → (죄를 저지른) 나(우리)(吾)를 에워(가두어)(囗) 두는 곳이라는 데서 「옥」
衙(마을/관청 아)	☞ 行(2902) → 내(우리)(吾)가 항시 다니는(行) 곳이라는 데서 「마을. 관청」 官衙(관아)

名 | 이름 명. 이름날/사람 명. 　　　　　　　　　　　　　　　　0790-70

- 夕(저녁 석) + 口 = 名
- ☞ 사물이 보이지 않는 어두운 저녁(夕)에 말로써(口) 상대방을 불러낼 수 있게끔 지어 놓은 호칭이라는 데서 「이름」 뜻으로.
- ※ 낮에는 눈짓 손짓으로도 상대방을 부를 수 있으나 밤에는 그렇지 못하므로 밤에 부르기 위한 수단으로 이름을 지었다는 의미가 됨.

名札(명찰) 名曲(명곡) 名家(명가) 名辭(명사) 名分(명분) 名聲(명성) 名銜(명함) 名譽(명예)

★ 名(이름/이름날 명)과 결합을 이룬 글자. 　　　　　　　　　　0790 별첨

| 銘(새길 명) | ☞ 金(3432) → 쇠(쇠붙이)(金)에 이름(名)을 새긴다는 데서 「새기다. 기록하다」 銘心(명심) |
| 酩(술취할 명) | ☞ 酉(2979) → 이름 난(名) 좋은 술(酉)처럼 단맛이 나는 술 유형의 음식이라는 데서 「단술. (단술처럼 단맛을 느끼면 이는 술이 흠뻑 취한 상태이라는 데서)술 취하다」 酩酊(명정) |

右 | 오른쪽 우: 도울/인도할 우. 　　　　　　　　　　　　　　　0791-70

- 𠂇(왼쪽 좌 → 左의 古字 「왼쪽. 있다」 의미로 쓰임) + 口 = 右

口 부수(자원과 쓰임 → 0788 참조)

☞ 왼쪽(ナ) 손의 어귀(입구)(口) 쪽이라는 데서 「오른쪽. (오른손이 왼손을)돕다. (오른손으로 손님을 자리에)인도하다」 뜻으로.

右側(우:측 - 오른쪽) 右廻轉(우:회전) 右議政(우:의정) 右翼手(우:익수) 右往左往(우:왕좌왕)

★ 右(오른쪽/도울/인도할 우)와 결합을 이룬 글자.		0791 별첨
佑(도울 우)	☞ 人(0146) →	다른 사람(亻)을 돕는다(右)는 데서 「돕다」 保佑(보우)
祐(복 우)	☞ 示(2360) →	신(示)이 도와(右)주는 길한 운수이라는 데서 「복. 돕다」 祐助(우조)
若(같을 약)	☞ 艹(2736) →	(나물은 대개 오른손으로 캐고 왼손으로 거머쥐는 바) 왼손에 거머쥐고 있는 것과 같은 풀(나물)(艹)을 골라내어 오른손(右)으로 캔다는 데서 「(왼손의 것과)같다」

同 한가지 동. 같을/화할 동.
0792-70

◉ {冂(멀 경 ǀ 빌 형) + 一(한/하나/같을 일) = 冃(거듭 모)} + 口 = 同

☞ 공간(冂)에 모여 있는 모든 사람의 의견이 하나(일치)(一)가 되게끔 말하는(口), 또는 하나의 의견(안건)을 거듭(冃)하여 말하는(口), 곧 여러 사람들이 동일하게(같게) 말한다는 데서 「한가지. 같다. 화하다」 뜻으로.

同意(동의 - 의견을 같이함) 同議(동의 - 같은 의견) 同感(동감) 同窓(동창) 同苦同樂(동고동락)

★ 同(한가지/같을/화할 동)과 결합을 이룬 글자.		0792 별첨
洞(마을 동)	☞ 水(1171) →	우물물(氵)을 함께(同) 길으며 서로가 이웃하여 지내는 마을(골)이라는 데서 「골. 마을」 洞里(동리)
銅(구리 동)	☞ 金(3421) →	쇠(金)와 한가지(同) 부류의 금속이라는 데서 「구리」 銅像(동상)
桐(오동나무 동)	☞ 木(1650) →	우리와 함께(同)하는 나무(木), 곧 장롱이나 거문고 같은 가구나 악기로 만들어져 일상생활에서 우리와 함께하는 나무이라는 데서 「오동나무」 梧桐(오동)
胴(몸통 동)	☞ 肉(2414) →	한가지(同)로 이루어져 있는 몸(月), 곧 (팔다리를 제외한) 하나의 덩어리로 이루어져 있는 몸뚱이이라는 데서 「몸통」 胴體(동체)
筒(대통/통 통)	☞ 竹(2714) →	同 글자 형상처럼 빈(冂) 공간에 일렬(一)로 구멍(口)을 뚫어 놓은 대나무(竹)이라는 데서 「대통. 통. 통소」 筆筒(필통)

命 목숨 명: 명령할/운수 명.
0793-70

◉ {亼(모을/모일 집) + 口 = 合(합할 합)} + 卩(병부 절) = 命

☞ 합치한(合) 병부(卩), 곧 임금의 출동 명령서와 함께 제시된 병부가 본인이 소지한 병부와 일치하면 이는 임금이 친히 내린 명령(親命)이라는 데서 「명령하다. (임금이 내린 명령은 목숨을 바쳐서라도 수행하여야 한다는 데서)목숨」 뜻으로.

命令(명:령) 命中(명:중) 命脈(명:맥) 使命(사:명) 生命(생명) 召命(소명) 親命(친명) 救命(구:명)

問 물을 문:
0794-70

◉ 門(문 문) + 口 = 問

☞ 문(門) 앞에서 말하는(口), 곧 길손이 대문 앞에서 여쭙는다는 데서 「묻다」 뜻으로.

問議(문:의) 問病(문:병) 問答(문:답) 問項(문:항) 問責(문:책) 問安(문:안) 問題(문:제) 問診(문:진)

口 부수(자원과 쓰임) → 0788 참조

合 합할 합. 같을/만날/모을 합 | 홉 홉.　　0795-60

◉ {人 + 一 = 亼 (모일/모을 집)} + 口 = 合
☞ 여러 사람의 의견이 한데 모아(亼)지도록 말한다(口)는 데서 「모으다. 합하다」 뜻으로.
合當(합당 - 꼭 알맞음) 合唱(합창) 合同(합동) 合格(합격) 合作(합작) 合理(합리) 合宿(합숙) 合流(합류) 合勢(합세) 一合(일합 - 칼이나 창을 서로 한 번 마주침) 一合(일홉 - 한 홉)

★ 合(합할/같을/만날/모을 합)과 결합을 이룬 글자.　　0795 별첨

盒(합/소반뚜껑 합)	☞ 皿(2245) →	합하여(合) 놓은 그릇(皿), 곧 마주 포개어 놓은 그릇처럼 이루어진 찬합(뚜껑) 모양이라는 데서 「합. 소반 뚜껑」 香盒(향합)
蛤(대합조개 합)	☞ 虫(2638) →	(두 짝으로 나뉘어져 있는) 조가비가 한데 합하여(合)지는 벌레(조개류)(虫)이라는 데서 「대합조개」 大蛤(대합)
給(줄 급)	☞ 糸(2457) →	실(糸)을 합하여(合) 주는, 곧 베틀의 바디 앞으로 북의 실을 끊이지 않게 연속적으로 넣어 준다는 데서 「주다. 공급하다」 給水(급수)
拿(붙잡을 나)	☞ 手(1535) →	두 손(手)을 합하여(모아서)(合) 사람이나 물건을 잡는다는 데서 「붙잡다」
答(대답 답)	☞ 竹(2668) →	(두 그루의) 대나무(竹)가 서로 마주하고 있는 것처럼 물음에 합치되게(合) 말한다(응대한다)는 데서 「합당하다. 대답하다」 答辯(답변)
拾(주을 습)	☞ 手(1453) →	두 손(扌)을 한데 모아(合) 물건을 줍는다는 데서 「줍다」 拾得(습득)
洽(흡족할 흡)	☞ 水(1327) →	물(氵)이 여러 방면으로부터 합하여(合)지는(모여드는) 지역(수량이 넉넉한 들판)은 풍작을 이루어 식생활이 넉넉하다는 데서 「흡족하다」 洽足(흡족)
恰(마치 흡)	☞ 心(1925) →	마음(忄)이 합하여(合)지는, 곧 합하여질 수 없는 마음이 마치 합하여지는 것처럼 서로간의 생각이 완전하게 일치한다는 데서 「마치. 흡사하다」 恰似(흡사)

各 각각 각. 제각기/따로따로/서로 각.　　0796-60

◉ 夂(뒤져올 치) + 口 = 各
☞ 뒤져온(夂) 사람이 하는 말(口), 곧 동등한 사물을 목격하고서 먼저 온 사람이 말한 내용과 뒤따라온 사람이 하는 말에는 다소간의 차이가 있다는 데서 「각각. 제각기. 따로」 뜻으로.
各各(각각) 各種(각종) 各自(각자) 各界(각계) 各別(각별) 各處(각처) 各國(각국) 各樣各色(각양각색)

★ 各(각각/제각기/따로 각)과 결합을 이룬 글자.　　0796 별첨

閣(집/누각 각)	☞ 門(3377) →	문(門)이 각각(各)으로 나 있는(벽면이 온통 문설주와 문짝으로 둘러져 있는) 집이라는 데서 「누각. 집」 樓閣(누각)
恪(조심할 각)	☞ 心(1962) →	각각(各)의 사람, 곧 윗사람이나 아랫사람을 대함에 있어서 예의나 예우에 맞추어 세심하게 마음(忄)을 쓴다는 데서 「조심하다」 恪勤(각근)
客(손님 객)	☞ 宀(0586) →	집(宀)에 왕래하는 각각(各)의 사람, 곧 주막집에 드나드는 여러 부류의 사람이라는 데서 「손님. 나그네」 客室(객실)
格(격식 격)	☞ 木(1608) →	나무(木)에 각각(各)으로 뻗어 있는 가지이라는 데서 「나뭇가지. (나뭇가지는 나무의 균형을 바로잡는다는 데서)바로잡다. (균형이 바르게 잡혀 있는)격식」 格式(격식)
洛(낙수 락)	☞ 水(1244) →	물(氵)이 각각(各) 다른 방면으로부터 모여드는 강이라는 의미가 부여되어 「낙수. 물 이름」 洛東江(낙동강)
絡(이을 락)	☞ 糸(2477) →	각각(各)으로 분리되어 있는 물체를 실(끈)(糸)로 얽어맨다는 데서 「잇다」
烙(지질 락)	☞ 火(1149) →	불(火)에 달군 인두를 각각(各) 다른 신체 부위에 닿게 한다는 데서 「지지다」

酪(유즙 락)	☞ 酉(2974) →	술(막걸리)(酉)처럼 뿌연 빛깔이 각각(各)의 젖꼭지로부터 나오는 젖소의 젖(우유)이라는 데서 「유즙」酪農(낙농)
駱(낙타 락)	☞ 馬(3596) →	각각(各)의 혹(쌍봉)이 등줄기에 붙어 있는 말(馬)과 유사한 동물이라는 데서 「낙타」
略(간략할 략)	☞ 田(2115) →	세력가들이 남의 전지(농토)(田)를 제각기(各) 쟁탈하여 다스린다는 데서 「다스리다. (남의 농토를)줄이다. (줄어들어)간략하다」略式(약식)
路(길 로)	☞ 足(3000) →	발(⻊)을 제각각(各) 옮겨 딛는 곳이라는 데서 「길」路面(노면)
賂(뇌물 뢰)	☞ 貝(3075) →	재물(돈)(貝)을 각각(各)의 사람에게 나누어 준다는 데서 「주다. (청탁을 들어주는 대가로 돈을 준다는 데서)뇌물」賂物(뇌물)

古 예 고: 오래되었을/선조/비롯할 고. 0797-60

◉ 十(열/충분할 십 →「많음」을 의미) + 口 = 古

☞ 많은(十) 세대를 거쳐 입(口)으로 전해져 내려오는(구전되어 오는) 상고 시대이라는 데서 「예(옛날). 오래되다. 선조. (옛날에서부터)비롯하다」 뜻으로.

古代(고:대 - 옛 시대) 古風(고:풍 - 옛 모습) 古今(고:금) 古物(고:물) 古墳(고:분) 古宮(고:궁) 古蹟(고:적)

★ 古(예/오래되었을/비롯할 고)와 결합을 이룬 글자. 0797 별첨

苦(쓸 고)	☞ 艹(2722) →	풀(나물)(艹)이 돋아나 오래(古) 지나면 대체로 쓴맛이 난다는 데서 「쓰다」
固(굳을 고)	☞ 囗(0640) →	예(古)로부터 자기 나라의 국경(囗)으로 굳어져 있음을 상대국에 주장한다는 데서 「굳다」固着(고착)
故(연고 고)	☞ 攴(1800) →	옛날(古)을 두드리는(攵), 곧 지나간(잊혀진) 옛 일이나 추억 같은 것을 들추어(되새겨) 본다는 데서 「연고. 고로」緣故(연고)
姑(시어머니 고)	☞ 女(0470) →	오랜(古) 세월을 살아온 여자(女), 곧 나이가 많은 여인은 며느리와 친정 조카로부터 시어머니와 고모로 호칭되는 데서 「시어머니. 고모」姑婦(고부)
枯(마를 고)	☞ 木(1645) →	나무(木)가 무척 오래(古)되어 쇠잔하고 마른 모양이라는 데서 「마르다」
辜(허물 고)	☞ 辛(3315) →	옛날(古)에 지은 죄(辛)가 있다는 데서 「허물」無辜(무고)
祜(복 호)	☞ 示(2363) →	오래(古)도록 신(示)으로부터 보살핌을 받는 길한 운수이라는 데서 「복」

向 향할 향: 북창 향. 0798-60

◉ 丿(삐침 별) + 冂(멀 경│빌 형 →「공간」을 의미) + 口 = 向

☞ (해가 뜨는 동쪽의) 좌측으로 삐쳐져(드리워져)(丿) 있는 공간(冂), 곧 북쪽에 나 있는 창문 모양(口)에서 「북창. (북쪽으로)향하다」 뜻으로.

向方(향:방 - 향하는 방향) 向後(향:후) 向上(향:상) 向背(향:배) 動向(동:향) 方向(방향) 傾向(경향)

和 화할 화. 답할/화목할 화. 0799-60

◉ 禾(벼 화) + 口 = 和 ※ 龢(화할 화)는 和의 고자.

☞ 벼농사(禾) 일을 하면서 소리(口)로 화답하는, 곧 농부들이 농사일을 하면서 선소리(메기는 소리)에 화답하여 가면서 흥겹게 일한다는 데서 「화하다. (선소리에)답하다. 화목하다」 뜻으로.

和答(화답 - 온화하게 대답함) 和合(화합) 和平(화평) 和音(화음) 和解(화해) 和睦(화목) 和樂(화락)

口 부수(자원과 쓰임 → 0788 참조)

告 고할 고: 알릴/말할/사뢸/여쭐/쉴 고 | 청할/쉴 곡 | 쉴 호. 0800-50

◉ 牛(소 우) + 口 = 告

☞ 소(牛)를 제물로 바치면서 말하는(口), 곧 희생의 소를 천지신명(天地神明)에게 바치면서 축문으로 아뢴다는 데서「고하다. 알리다. 말하다. 사뢰다. 청하다. (청하여)쉬다」뜻으로.

告別(고:별) 告白(고:백) 告訴(고:소) 告發(고:발) 告知(고:지) 告祀(고:사) 出必告知(출필곡지)

★ 告(고할/알릴/말할 고	청할 곡	쉴 호)와 결합을 이룬 글자.	0800 별첨
梏(수갑 곡)	☞ 木(1739) → (범죄 행위에 대한) 고백(告)을 받아 내기 위하여 죄인을 결박하는 나무(木)로 된 형구(刑具)라는 데서「수갑」桎梏(질곡)	
鵠(고니 곡)	☞ 鳥(3702) → 무엇인가를 고하는(告) 것처럼 목을 길게 빼어 내어 소리를 크게 지르는 새(鳥) 이라는 데서「고니」正鵠(정곡)	
造(지을 조)	☞ 辶(3101) → (일의 진척 상황을) 고하기(알리기)(告) 위하여 윗사람을 찾아간다(辶)는 데서「가다. (찾아가서 보고를)하다. (보고서)짓다」造成(조성)	
浩(넓을 호)	☞ 水(1233) → 물(氵)이 쉬어(告) 가는, 곧 강물이 일시적으로 멈추어 있는 광활한 늪지이라는 데서「넓다. 물이 질펀한 모양」浩氣(호기)	
晧(밝을 호)	☞ 日(1057) → 해(日)가 돋아 오름을 앞서(미리) 알리기(告)라도 하는 것처럼 동녘 하늘이 서서히 밝아져 온다는 데서「해 돋다. 밝다」	
酷(심할 혹)	☞ 酉(2969) → 술(酉)이라는 것을 알리기(告)라도 하는 것처럼 술기운을 심하게 느낀다는 데서「심하다. 술맛이 독하다」酷毒(혹독)	

唱 부를 창: 노래/노래부를 창. 0801-50

◉ 口 + 昌(성할 창) = 唱 (1040 참조)

☞ 소리(口)를 성하게(昌) 지른다(부른다)는 데서「부르다. 노래」뜻으로.

唱歌(창:가 - 노래를 부름) 唱法(창:법) 唱劇(창:극) 唱曲(창:곡) 歌唱(가창) 獨唱(독창) 合唱團(합창단)

可 옳을 가: 착할/가히/허락할/겨우자랄 가. 0802-50

◉ 丁(고무래/장정/당할 정) + 口 = 可

☞ 당(합당)하게(丁) 말한다(口)는 데서「옳다. 착하다. 가히」뜻으로.

可否(가:부 - 옳고 그름의 여부) 可決(가:결) 可能(가:능) 可望(가:망) 可變(가:변) 可視(가:시) 可當(가:당)

★ 可(옳을/착할/가히/허락할/겨우자랄 가)와 결합을 이룬 글자.		0802 별첨
柯(가지 가)	☞ 木(1670) → 고무래(丁)의 구멍(口)에 끼울 정도의 크기로 자라난 나뭇가지(木)이라는 데서「가지. (나뭇가지로 된)도끼 자루」南柯一夢(남가일몽)	
軻(수레 가)	☞ 車(3177) → 수레(車)를 구르게 하는, 고무래(丁)의 구멍(口)에 끼워 놓은 자루처럼 생긴 차축(굴대)이라는 데서「굴대. (굴대로 굴러가는)수레」	
苛(매울 가)	☞ 艸(2797) → 풀(艹)이 겨우 자라날(可) 정도로 (생육 환경이 매우 열악하여) 매서운 고초를 겪는다는 데서「맵다」苛酷(가혹)	
呵(꾸짖을 가)	☞ 口(0850) → 말(口)로서 (잘못된 것을) 올바르게(可) 타이른다는 데서「꾸짖다」	
哥(소리/성 가)	☞ 口(0901) → 가가(可可)거리며 흥겨운 소리를 낸다는 데서「소리. 노래」金哥(김가)	
歌(노래 가)	☞ 欠(2007) → 입을 크게 벌리고(欠) 부르는 노래(哥 노래 가)이라는 데서「노래」	

口 부수(자원과 쓰임 → 0788 참조)

阿(언덕 아)	☞ 阜(3345) → 가히(可) 언덕(阝)이라고 일컬을 정도로 제법 높은 지대이라는 데서 「언덕」
河(물 하)	☞ 水(1182) → 모든 물(氵)을 수용이 가능(可)할 정도로 매우 큰 강이라는 의미가 부여되어 「강 이름. 물」 河海(하해)
何(어찌 하)	☞ 人(0095) → 다른 사람(亻)에게 옳게(바르게)(可) 처신하면 어찌 욕됨을 당할 수 있겠는가라고 반문한다는 데서 「어찌. 무엇. 무슨」 何故(하고)

史 사기 사: 역사/사관 사. 0803-50

◉ (口 + ㅣ = 中(가운데 중)} + 乂(풀벨/다스릴 예) = 史
☞ (어느 편으로도 치우침이 없이) 가운데(中)의 입장(중립적인 관점)에서 인류사에 일어난 사실과 변천 과정을 기록물로 다스려(남겨)(乂) 놓은 것이라는 데서 「사기. 역사」 뜻으로.

史官(사:관 - 역사를 기록하던 관리) 史記(사:기) 史料(사:료) 史觀(사:관) 史蹟(사:적) 史劇(사:극)

品 물건 품: 온갖/품수/성품 품. 0804-50

◉ 口 × 3(→「많은 수효」를 의미) = 品
☞ 말하고(口) 말하고(口) 말하는(口), 곧 여러 사람들이 잡다하게 말하는 온갖 사물과 사건, 또는 물건(口 → 물건 모양)이 많이(3) 쌓여 있는 모양에서 「물건. 온갖. 품수」 뜻으로.

品目(품:목) 品性(품:성) 品種(품:종) 品位(품:위) 品質(품:질) 品格(품:격) 品數(품:수) 品階(품:계)

吉 길할 길. 이로울/착할 길. 0805-50

◉ 士(선비 사) + 口 = 吉
☞ (학식과 덕망을 갖춘) 선비(士)가 말하는(口) 것을 잘 새겨듣고 실천하면 이롭다는 데서 「이롭다. 길하다. 착하다」 뜻으로.

吉日(길일 - 좋은 날) 吉兆(길조) 吉相(길상) 吉事(길사) 吉夢(길몽) 吉鳥(길조) 吉凶禍福(길흉화복)

★ 吉(길할/이로울/착할 길)과 결합을 이룬 글자.		0805 별첨
拮(일할 길)	☞ 手(1562) → 길한(이로운)(吉) 삶을 영위하기 위하여 손(扌)으로 부지런하게 일한다는 데서 「열심히 일하다. 일하다」 拮抗作用(길항작용)	
結(맺을 결)	☞ 糸(2456) → 길한(吉) 혼례 식장에 올려놓은 실(실타래)(糸)은 신랑과 신부를 부부로서의 인연을 맺게 하는 의미이라는 데서 「맺다. (끝맺음한다는 데서)마치다」 結婚(결혼)	
詰(꾸짖을 힐)	☞ 言(3285) → (죄상을 벌하지 않고 이롭게(吉) 말하여(言) 문책한다는 데서 「꾸짖다」	
喆(밝을 철)	☞ 口(0849) → 0849 참조	

商 장사 상. 헤아릴 상. 0806-50

◉ 亠(→「좌대 모양」을 표현) + 冏(밝을/빛날 경) = 商아래
☞ 전망이 밝은(冏) 곳에 좌대(亠)를 차려 놓고 물품(상품)을 사고판다는 데서 「장사. (장사는 상품의 품질·수량·이윤 따위를 헤아린다는 데서)헤아리다」 뜻으로.

商品(상품 - 사고파는 물품) 商店(상점) 商業(상업) 商街(상가) 商談(상담) 商議(상의) 商術(상술)

□ 부수(자원과 쓰임) → 0788 참조

善 착할 선: 길할/좋을/아름다울/다스릴 선.   0807-50

◉ 羊(양 양) + 丷(→ ⺿「풀 초」의 고자) + 口 = 善

☞ 양(羊)이 풀(⺿)을 입(口)에 물고(입으로 풀을 뜯고) 있는 것은 매우 아름다운(길한) 광경이라는 데서 「아름답다. 길하다. 착하다. 좋다. (풀을 뜯게 하여 양 떼를)다스리다」 뜻으로, 한편 善은 옛 글자인 譱(착할 선 → 羊 + 誩)의 획 줄임으로 보기도 함.

善良(선:량 - 착하고 어짊) 善行(선:행) 善用(선:용) 善導(선:도) 善隣(선:린) 善戰(선:전) 善處(선:처)

★ 善(착할/좋을/길할/다스릴 선)과 결합을 이룬 글자.		0807 별첨
繕(기울 선)	☞ 糸(2496) → 실(糸)로 다스리는(善), 곧 실로 해진 옷을 바르게 기워 나간다는 데서 「깁다」	
膳(선물/반찬 선)	☞ 肉(2432) → 길한(善) 제사에 바치는 고기(月)이라는 데서 「희생의 고기. (고기로 만든)반찬. (반찬을 마련하여 보내는)선물」 膳物(선물)	

句 글귀 구. 굽을/담당할/맡아볼 구.   0808-42

◉ 口 + 勹(쌀 포) = 句

☞ 말한(口) 내용을 감싸(勹) 놓은, 곧 말한 내용(문장)을 하나의 묶음으로 구분지어 놓은 구절이라는 데서 「글귀. (구분 짓는 작업을)담당하다. 맡아보다」 뜻을. 한편 물체(口)가 감싸여(勹) 있는 것처럼 휘어져 있다는 데서 「굽다」 뜻으로.

句節(구절 - 구와 절. 한 토막의 말이나 글) 句文(구문) 句讀點(구두점) 句句節節(구구절절) 文句(문구)

★ 句(글귀/굽을/담당할/맡아볼 구)와 결합을 이룬 글자.		0808 별첨
拘(잡을 구)	☞ 手(1456) → 손(扌)을 굽히어(句) 사람이나 물건을 잡는다는 데서 「잡다」 拘束(구속)	
苟(구차할 구)	☞ 艸(2751) → 풀(나물)(⺿)만을 싸서(勹) 입(口)에 넣을 정도로 살림살이가 매우 궁색하다는 데서 「구차하다」 苟且	
枸(구기자 구)	☞ 木(1726) → 줄기가 굽은(句) 형상을 이루어 자라는 나무(木)이라는 데서 「구기자」	
鉤(갈고리 구)	☞ 金(3465) → 쇠(金)의 끄트머리를 구부려(句) 놓은 연장(도구)이라는 데서 「갈고리. 낚시」	
狗(강아지 구)	☞ 犬(1396) → 입(口)을 감싸고(勹) 있는 개(犭), 곧 입을 어미 품에 파묻고 젖을 빨거나 사타구니에 주둥이를 파묻고 잠자는 습성을 지닌 어린 개이라는 데서 「강아지」	
駒(망아지 구)	☞ 馬(3602) → 입(口)을 감싸고(勹) 있는 말(馬), 곧 입을 어미 품에 파묻고서 젖을 빠는 젖먹이 말이라는 데서 「망아지」 駒隙(구극)	
局(판 국)	☞ 尸(0953) → 한 지붕(尸) 아래에서 여러 사람이 사무를 맡아보는(句) 관아(官衙)이라는 데서 「마을(관아). (일거리를 벌려 놓은)판」 局長(국장)	

吸 마실 흡. 숨들이쉴 흡.   0809-42

◉ 口 + 及(미칠/이를 급) = 吸 (0389 참조)

☞ 입(口)에 물이나 공기를 미치게(及) 한다(입으로 물을 마시거나 숨을 들이쉰다)는 데서 「마시다. 숨 들이쉬다」 뜻으로.

吸入(흡입 - 빨아들임) 吸引(흡인) 吸煙(흡연) 吸收(흡수) 吸着(흡착) 吸血鬼(흡혈귀) 呼吸(호흡)

□ 부수(자원과 쓰임 → 0788 참조)

味 맛 미.   0810-42

◉ 口 + 未(아닐 미) = 味 (1611 참조)
☞ 음식물이 입(口)에 맞지 아니한(未)지를 미리 알아보는, 곧 음식물을 만드는 도중에 맛이 없으면 어쩌나 하고(미심쩍어) 미리 맛본다는 데서「맛보다」뜻으로.

味覺(미각 - 자극하는 맛의 감각) 吟味(음미) 興味(흥미) 珍味(진미) 妙味(묘:미) 意味(의:미) 趣味(취:미)

呼 부를 호. 숨쉴 호.   0811-42

◉ 口 + 乎(어조사/아/에 호) = 呼 (0025 참조)
☞ 입(口)으로 아(乎) 하는 소리를 내는, 곧 소리를 크게 지르거나 입김을 길게 내어 숨을 쉰다는 데서「부르다. 숨 쉬다」뜻으로.

呼名(호명 - 이름을 부름) 呼出(호출) 呼吸(호흡) 呼訴(호소) 呼應(호응) 呼稱(호칭) 呼兄(호형)

員 인원 원. 수효/둥글/고를 원.   0812-42

◉ 口 + 貝(조개/재물 패) = 員
☞ 구멍(口)이 뚫린 조개(돈)(貝)를 가지런하게 꿰어 놓은 둥근 꾸러미(엽전 꾸러미) 모양에서「둥글다. 고르다」뜻을. 한편 소리(口)를 내어 헤아리는 돈(貝)의 수효라는 데서「수효. (사람의 수효인)인원」뜻으로.

員數(원수 - 인원의 수) 社員(사원) 黨員(당원) 議員(의원) 委員(위원) 會員(회:원) 敎員(교:원)

★ 員(인원/수효/둥글/고를 원)과 결합을 이룬 글자.		0812 별첨
圓(둥글 원)	☞ 口(0642) → 많은 인원(員)이 주변을 에워싸고(口) 있는 둥근 모양이라는 데서「둥글다」	
韻(운 운)	☞ 音(3540) → 고저와 장단을 고르게(員) 내는 소리(音)이라는 데서「운. 화하다」	
殞(죽을 운)	☞ 歹(1585) → 죽은(歹) 시신의 일원(員)으로 된다는 데서「죽다」殞命(운명)	
隕(떨어질 운)	☞ 阜(3357) → 언덕(阝) 아래로 둥근(員) 물체가 굴러떨어진다는 데서「떨어지다」	
損(덜 손)	☞ 手(1441) → 재물(貝)을 (망치 같은 것으로)두드려(扣 → 두드릴 구) 손상시킨다는 데서「(재물이)상하다. (상하여 가치가)덜하다」損傷(손상)	

單 홑 단. 외짝/다할 단 | 클/성(姓) 선.   0813-42

◉ {口 + 口 = 吅(부르는소리/지껄일 훤)} + 甲(갑옷 갑) + 一 = 單
☞ 單은 매미(蟬 매미 선) 모양을 표현. 매미의 도드라진 두 눈(吅), 갑옷(甲) 형상의 각질에 둘러싸인 몸통, 펼쳐진 날개(一), 곧 매미 모양을 표현한 것으로, 매미는 홀로 크게 소리 내어 운다는 데서「홀. 외짝. (소리가)크다. (온종일 우는 소리를)다하다」뜻으로.
※ 한편 單은 매미 형상의 뇌석거(檑石車 → 돌을 수레에 얹어 쏘는 무기) 모양을 표현한 글자로도 봄.

單獨(단독 - 혼자) 單式(단식) 單語(단어) 單身(단신) 單科(단과) 單位(단위) 單層(단층) 單色(단색)

□ 부수(자원과 쓰임 → 0788 참조)

★ 單(홑/외짝/다할 단 | 클 선)과 결합을 이룬 글자. 0813 별첨

蟬(매미 선)	☞ 虫(2643) →	單은 매미 모양을 표현. 도드라진 두 눈(吅), 갑옷(甲) 형상의 각질에 둘러싸인 몸, 펼쳐진 날개(一), 곧 單(單) 글자 형상처럼 생긴 벌레(虫)이라는 데서 「매미」
簞(소쿠리 단)	☞ 竹(2710) →	여기에서 單은 매미(蟬 매미 선)처럼 생긴 소쿠리 모양을 표현. 매미(單)처럼 생긴 대나무(竹)로 된 그릇이라는 데서 「소쿠리」 簞食(단사)
嬋(고울 선)	☞ 女(0518) →	여자(女)의 체형이 매미(單 → 蟬) 모양처럼 허리가 가늘고 산뜻한 모습이라는 데서 「곱다」 嬋姸(선연)
禪(참선 선)	☞ 示(2359) →	신전(示)에 홀로(單) 앉아서 경건하고 조용하게 묵상한다는 데서 「참선」
戰(싸움 전)	☞ 戈(1759) →	單(單) 글자 형상처럼 생긴 뇌석거와 창(戈)으로 전쟁을 치른다는 데서 「싸움」
闡(열 천)	☞ 門(3388) →	두 짝으로 닫혀 있는 문(門)을 외짝(單)이 되게끔 열어젖힌다는 데서 「열다」
彈(탄알 탄)	☞ 弓(0917) →	활(弓)을 쏘듯이, 單(單) 글자 형상처럼 생긴 뇌석거에 돌을 얹어 퉁긴다는 데서 「퉁기다. 쏘다. (쏘는)탄알」 彈丸(탄환)
憚(꺼릴 탄)	☞ 心(1918) →	마음(忄)이, 과부처럼 홀(홀몸)(單)으로 되면 (의지할 데가 없어서) 모든 일이 어렵게 느껴지고 나서기를 꺼려한다는 데서 「어렵다. 두렵다. 꺼리다」 忌憚(기탄)

器 그릇 기. 0814-42

- {口 × 4 = 㗊(뭇입 집)} + 犬(개 견) = 器
- ☞ 여기에서 口는 그릇 모양을 표현. 개고기(犬)를 나누어 담아 놓은 여러 개의 그릇 모양(㗊)에서 「그릇」 뜻으로.

器物(기물 - 살림에 쓰는 그릇붙이. 기명) 器皿(기명) 器機(기기) 器具(기구) 大器晚成(대:기만성)

喜 기쁠 희. 즐거울 희. 0815-40

- 壴(진나라풍류/곧게설 수) + 口 = 喜
- ☞ 풍류(壴) 소리(口)를 들으면서 기뻐(즐거워)한다는 데서 「기쁘다. 즐겁다」 뜻으로.

喜樂(희락 - 기쁨과 즐거움) 喜悅(희열) 喜悲(희비) 喜消息(희소식) 喜怒哀樂(희노애락)

★ 喜(기쁠/즐거울 희)와 결합을 이룬 글자. 0815 별첨

嬉(아름다울 희)	☞ 女(0490) →	여자(女)가 기쁜(喜) 표정을 짓는 아리따운 모습이라는 데서 「아름답다」
熹(빛날 희)	☞ 火(1134) →	불(灬)이 기쁜(喜) 표정을 짓는 것처럼 밝은 빛을 발하며 성하게 피어오른다는 데서 「빛나다. (불꽃이)성하다」
憙(기뻐할 희)	☞ 心(1910) →	기쁜(喜) 마음(心)이 우러난다는 데서 「기뻐하다」
禧(복 희)	☞ 示(2362) →	신(示)이 기쁘게(喜) 여기어 인간에게 내리는 길한 운수라는 데서 「복」

周 두루 주. 합당할/주밀할/이를 주. 0816-40

- 冂(멀 경 | 빌 형) + 二 + ㅣ(위아래통할 신) + 口 = 周
- ☞ 공간(冂)에 모여 있는 두(二) 부류, 곧 유식자와 무식자 또는 상급자와 하급자 모두에게 통하도록(ㅣ) 쉬운 용어로 말하면(口) 의사소통이 두루 이루어진다는 데서 「두루. 합당하다. (두루 통한다는 데서)주밀하다. 이르다」 뜻으로.

周知(주지 - 두루 앎) 周邊(주변) 周圍(주위) 周旋(주선) 周密(주밀) 周易(주역) 周到綿密(주도면밀)

口 부수(자원과 쓰임 → 0788 참조)

★ 周(두루/합당할/주밀할/빽빽할/이를 주)와 결합을 이룬 글자.　　　　　　　　　0816 별첨

週(주일 주)	☞ 辵(3092) → 두루(周) 돌아간다(辶)는 데서 「돌다. 두르다. (매번 돌아가는 날짜를 묶어 놓은) 주일」 週日(주일)
調(고를 조)	☞ 言(3204) → 모두가 두루(周) 이해할 수 있도록 적절하게 말한다(言)는 데서 「고르다」
彫(새길 조)	☞ 彡(1013) → 주밀하게(周) 무늬(彡)를 새겨 넣는다는 데서 「새기다」 彫刻(조각)
稠(빽빽할 조)	☞ 禾(2221) → 벼(禾)가 주밀(빽빽)하게(周) 자라나 있다는 데서 「빽빽하다」 稠密(조밀)
凋(시들 조)	☞ 冫(0306) → 얼음(冫)이 어는(서리가 내리는) 계절이 도래되면 초목의 잎사귀가 두루(周) 시들어져 땅바닥에 떨어진다는 데서 「시들다. (잎이)떨어지다」 凋落(조락)

君　임금 군. 군자/남편/그대 군.　　　　　　　　　　　　　　　　　　　　0817-40

◉ 尹(다스릴 윤) + 口 = 君

☞ 다스리는(尹) 말씀(口)을 펴는(정사를 펼치는) 사람이라는 데서 「임금. (임금처럼 학식과 덕망이 높은)군자. (군자처럼 높이 받드는)남편. 그대」 뜻으로.

君主(군주 - 임금) 君子(군자 - 학식과 덕행이 높은 사람) 君臨(군림) 君臣有義(군신유의) 郎君(낭군)

★ 君(임금/군자/남편/그대 군)과 결합을 이룬 글자.　　　　　　　　　　　　0817 별첨

郡(고을 군)	☞ 邑(2920) → 임금(君)이 통치하는 고을(阝)이라는 데서 「고을」 郡民(군민)
群(무리 군)	☞ 羊(2371) → 임금(君)처럼 군림하는 우두머리를 따라 양들(羊)이 무리지어(모여) 있다는 데서 「무리. 모이다」 群衆(군중)
窘(군색할 군)	☞ 穴(2179) → 구멍(穴), 곧 간신들의 소굴에 임금(君)이 갇히어 있는(언로가 막혀 있는) 처지 이라는 데서 「군색하다」 窘塞(군색)

否　아닐 부: 막힐 비:　　　　　　　　　　　　　　　　　　　　　　　　0818-40

◉ 不(아닐 불 | 아닐 부) + 口 = 否 (0006 참조)

☞ 아니(不)라고 부정하여 말한다(口)는 데서 「아니다. (대화가)막히다」 뜻으로.

否認(부:인 - 인정하지 아니함) 否決(부:결) 否定(부:정) 否塞(비:색 - 꽉 막힘) 與否(여:부) 可否(가:부)

嚴　엄할 엄. 씩씩할/높을/굳셀/공경할 엄.　　　　　　　　　　　　　　　　0819-40

◉ 吅(부르는소리 훤) + {厂(굴바위 엄) + 敢(용감할 감) = 厰(바위험할 엄)} = 嚴

☞ 험한 바위(厰) 위에 올라서서 크게 부르는 소리(吅)를 내는, 곧 추장이 높은 바위에 올라서서 부하들을 호령하는 엄중한 모습에서 「엄하다. 씩씩하다. 높다. 굳세다」 뜻으로.

嚴命(엄명 - 엄한 명령) 嚴冬(엄동) 嚴禁(엄금) 嚴格(엄격) 嚴重(엄중) 嚴正(엄정) 嚴妻侍下(엄처시하)

★ 嚴(엄할/씩씩할/높을/굳셀/공경할 엄)과 결합을 이룬 글자.　　　　　　　0819 별첨

儼(엄연할 엄)	☞ 人(0171) → 지위가 무척 높고 엄한(嚴) 사람(亻)이라는 데서 「엄연하다. 공경하다」
巖(바위 암)	☞ 山(0535) → 산(山)을 형성하고(이루고) 있는 매우 굳센(嚴) 물질이라는 데서 「바위」

司　맡을 사. 주장할/마을(관아)/벼슬 사.　　　　　　　　　　　　　　　　0820-32

◉ 司 → 厂(밝을/끌 예) + 口(뜻 지) = 后(임금 후) 글자를 돌려놓은 모양

口 부수(자원과 쓰임) → 0788 참조

☞ 后는 궁궐 내부에서 정사를 돌보는「임금」을, 后를 바깥으로 돌려놓은 司는 궁궐 바깥의 행정을 맡아보는 벼슬아치이라는 의미가 부여되어「벼슬. (행정을)맡다. (권한을 맡아서)주장하다. (벼슬아치가 근무하는 관아인)마을」뜻으로.

司會(사회 - 회의 등의 진행을 맡아봄) 司正(사정) 司書(사서) 司祭(사제) 司令官(사령관) 司法(사법)

★ 司(맡을/주장할/마을(관아)/벼슬 사)와 결합을 이룬 글자.　　　　　　　　　　　　0820 별첨

詞(말/글 사)	☞ 言(3237) → (자신의 견해를) 주장하는(司) 말씀(言)이라는 데서「말. 글」歌詞(가사)
飼(먹일 사)	☞ 食(3563) → 가축을 먹이는(사육하는)(食) 일을 맡고(司) 있다는 데서「먹이다. 기르다」
嗣(대이을 사)	☞ 口(0879) → 새김질하는(呵 새김질할 시) 것처럼 반복하여 후대(後代 → 다음 세대)를 세워(冊) 나간다는 데서「대를 잇다. 잇다」後嗣(후사)
祠(사당 사)	☞ 示(2366) → 신(示)을 맡아(받들어)(司) 모시는 곳이라는 데서「사당」祠堂(사당)

吏 벼슬아치/관리 리: 아전/다스릴 리.　　　　　　　　　　　　0821-32

◉ 一 + 史(역사/사기 사) = 吏
☞ 한(一) 시대의 역사(史)를 일구어 나가는 (관직에 종사하는) 사람이라는 데서「벼슬아치. 아전. 관리. (관리가 민정을)다스리다」뜻으로.

吏曹(이:조 - 육조의 하나) 吏讀(이:두 - 한자 음훈으로 우리말을 표기하던 문자) 官吏(관리)

★ 吏(벼슬아치/관리/다스릴 리)와 결합을 이룬 글자.　　　　　　　　　　0821 별첨

| 使(하여금 사) | ☞ 人(0054) → 조정에서 학식과 덕망을 갖춘 사람(亻)으로 하여금 벼슬아치(吏)로 임명하여 부과한 직무를 수행토록 한다는 데서「하여금. 부리다. 사신」使命(사명) |

唐 당나라/당황할 당(:) 황당할/허풍/둑 당.　　　　　　　　　　0822-32

◉ 广 + 彐(→「손」을 의미함) +丨(위아래통할 신丨뚫을 곤) + 口 = 唐
☞ 집(广)을 손(彐)으로 괸다(丨)고(떠받쳐 올린다고) 허황되게 말한다(口)는 데서「허풍. 황당하다. 당황하다」뜻을. 唐이 당나라 국명으로 쓰였기에「당나라 당」음훈으로. 한편 높다란 돌집(广) 모양처럼 손(彐)으로 흙덩이(口)를 괴어(丨) 놓은 구조물이라는 데서「둑」뜻으로.

唐詩(당시 - 당나라 때의 한시) 唐惶=唐慌(당황) 唐麵(당면) 唐突(당:돌 - 올차고 꺼리는 마음이 없음)

★ 唐(황당할/허풍/둑 당)과 결합을 이룬 글자.　　　　　　　　　　0822 별첨

| 糖(엿 당) | ☞ 米(2586) → 쌀(米)이 허풍(唐)을 이루듯이 빈 껍질만을 남기면서(발효 과정을 거치면서) 빚어진 감주를 불에 졸이어 만든 것이라는 데서「엿」糖分(당분) |
| 塘(못 당) | ☞ 土(0699) → 흙(土)으로 둑(唐)을 쌓아서 물을 가두어(채워) 놓은 곳이라는 데서「못」 |

哲 밝을 철. 깨달을/현명할 철.　　　　　　　　　　0823-32

◉ {扌(손 수) + 斤(도끼 근) = 折(꺾을/결단할 절)} + 口 = 哲 (1437 참조)
☞ 나무를 결단하여(折) 속살을 드러나게 하는 것처럼 숨겨져 있는 이치를 규명하여 말하는(口) 밝은 안목과 식견을 지니고 있다는 데서「밝다. 현명하다. 깨닫다」뜻으로.

哲人(철인 - 학식이 높고 사리에 밝은 사람) 哲學(철학) 名哲(명철 - 총명하고 사리에 밝음)

口 부수(자원과 쓰임 → 0788 참조)

含　머금을 함. 입속먹이 함.　　　　　　　　　　　　　　　　　0824-32

- 今(이제/이에/곧 금) + 口 = 含 (0050 참조)
- ☞ 지금(今) 입(口)에 머금고 있는 음식물이라는 데서 「입속 먹이. 머금다」 뜻으로.

含量(함량 - 들어 있는 량) 含笑(함소) 含蓄(함축) 含有(함유) 含憤(함분) 含哺鼓腹(함포고복)

吹　불 취:　　　　　　　　　　　　　　　　　　　　　　　　　0825-32.

- 口 + 欠(하품/모자랄 흠 → 「입을 크게 벌린 모양」을 표현한 글자) = 吹
- ☞ 입(口)을 크게 벌려(欠) 입김을 불어 낸다는 데서 「불다」 뜻으로.

吹笛(취:적 - 피리를 붐) 吹入(취:입) 吹奏(취:주) 吹彈(취:탄) 吹打手(취:타수) 鼓吹(고취)

哀　슬플 애.　　　　　　　　　　　　　　　　　　　　　　　　0826-32

- 衣(옷 의) + 口 = 哀
- ☞ 옷자락(衣)에 입(口)을 파묻고 흐느끼는 모습에서 「슬프다」 뜻으로.

哀痛(애통 - 몹시 슬퍼함) 哀惜(애석) 哀悼(애도) 哀愁(애수) 哀歡(애환) 哀乞伏乞(애걸복걸)

哭　울 곡. 곡할 곡.　　　　　　　　　　　　　　　　　　　　　0827-32

- {口 + 口 = 吅(부르는소리/지껄일 훤)} + 犬 = 哭
- ☞ 개(犬)가 머리를 쳐들고 부르는 소리(吅)를 낸다(개가 크게 울부짖는다)는 데서 「울다. (상주가 울부짖듯이)곡하다」 뜻으로.

哭聲(곡성 - 우는소리) 哭泣(곡읍) 弔哭(조:곡) 大聲痛哭(대:성통곡) 放聲大哭(방:성대곡) 止哭(지곡)

啓　열 계: 가르칠/인도할 계.　　　　　　　　　　　　　　　　0828-32

- {戶(지게문 호) + 攵(칠/똑똑두드릴 복) = 啟(열 계)} + 口 = 啓
- ☞ 닫혀 있는 문을 여는(啟) 것처럼 모르는(무지한) 분야를 말하여(口) 깨우치게 한다는 데서 「가르치다. (무지한 분야를)열다. 인도하다」 뜻으로.

啓導(계:도 - 남을 깨치어 이끌어 줌) 啓發(계:발) 啓蒙(계:몽) 啓明(계:명) 啓聞(계:문) 啓示(계:시)

> ★ 啟(열 계)와 결합을 이룬 글자.　　　　　　　　　　　　　0828 별첨
>
> 肇(비롯할 조)　☞ 聿(2665) → 지게문(戶)을 똑똑 두드리는(攵) 것처럼 먹물을 묻힌 붓(聿)을 벼루에 톡톡 쳐서 붓끝을 가지런히 고른 연후에 비로소 글씨를 쓰기 시작한다는 데서 「비로소. 비롯하다」

喪　잃을 상(:)　　　　　　　　　　　　　　　　　　　　　　　0829-32

- 十 + 吅(부르는소리/지껄일 훤) + 𠃊(→ 衣「옷 의」의 획 줄임으로 봄) = 喪
- ☞ 여러(十) 사람들이 울부짖으며(吅), (옷자락이 단출한) 옷(상복)(𠃊)을 입고 장례를 치르는 상갓집 모습에서 「죽다. 잃다」 뜻으로.

喪家(상가 - 장례를 치르는 집) 喪失(상실 - 잃어버림) 喪禮(상례) 喪中(상중) 喪服(상복) 喪妻(상:처)

口 부수(자원과 쓰임) → 0788 참조

咸 다 함. 모두/찰/두루/성(姓) 함 ǀ 덜 감.　　0830-30

● 戌(개/때려부술 술) + 口 = 咸 (1767 참조)
☞ 병사들이 무기를 들고 때려 부수는(戌) 기세로 입구(口) 쪽으로 죄다 모여들거나 빠져나간다는 데서「다. 모두. 차다. 덜다」뜻으로.

咸告(함고 - 다 일러바침) 咸池(함지 - 해가 진다고 하는 서쪽의 큰 못) 咸興差使(함흥차사)

★ 咸(다/모두/찰/두루 함 ǀ 덜 감)과 결합을 이룬 글자.　　0830 별첨

減(덜 감)	☞ 水(1197) → 물(氵)을 덜어(咸) 낸다(수량을 줄어들게 한다)는 데서「덜다. 감하다」
感(느낄 감)	☞ 心(1834) → 모두가 다(咸) 마음(心)에 와 닿는, 곧 지나간 모든 일들이 뉘우침(회한)으로 떠오른다는 데서「느끼다. 한하다」感想(감상)
憾(섭섭할 감)	☞ 心(1914) → 마음(忄)에, 쉽사리 잊어지지 않는 서운함이나 아쉬움을 느낀다(感 느낄 감)는 데서「섭섭하다. 한하다」遺憾(유감)
箴(경계/바늘 잠)	☞ 竹(2700) → 다(咸) 들어가는 대나무(竹), 곧 옷 속에 통째로 집어넣어서 옷을 깁는 대꼬챙이이라는 데서「바늘. (바늘로 살갗을 찔러 가면서 잊지 않도록 마음에 새기는 데서)경계」
鍼(침 침)	☞ 金(3461) → 쇠(쇠붙이)(金)가 살갗이나 옷 속으로 다(모두)(咸) 들어가는, 곧 침을 놓거나 바느질을 하는 가느다란 쇠꼬챙이이라는 데서「바늘. 침. 침놓다」鍼灸(침구)
喊(소리칠 함)	☞ 口(0868) → 다(咸) 함께 모여 소리(口)를 크게 지른다는 데서「소리치다」喊聲(함성)
緘(봉할 함)	☞ 糸(2509) → 실(糸)이 다(두루)(咸) 미치도록 빈틈없이 꿰맨다는 데서「봉하다」
鹹(짤 함)	☞ 鹵(3659) → (바닷물에) 소금(鹵)이 모두(咸) 들어 있어서 짜다는 데서「짜다」

哉 어조사 재. 비로소/의문사/그러한가 재.　　0831-30

● 𢦏(= 𢦏 다칠/상할 재) + 口 = 哉 (1638 참조)
☞ 다치게(𢦏) 하는(상처를 입히는) 것처럼 의문스러운 부분을 짚어 내어 말한다(口)는 데서「그러한가. 의문사. (그러할 것이라는 의미의)어조사」뜻으로.

嗚呼痛哉(오호통재 - 아아 원통하구나!) 哀哉(애재라 - 슬픈 일이여!) 快哉(쾌재라 - 통쾌하구나)

喉 목구멍 후.　　0832-30

● 口 + 侯(제후/과녁 후) = 喉 (0119 참조)
☞ 입속(口)에, 과녁(侯) 모양처럼 둥그렇게 뚫리어 있는 기관이라는 데서「목구멍」뜻으로.

喉頭(후두 - 인두에 연결되어 있는 기관 앞쪽의 끝 부분)

召 부를 소. 높을 조.　　0833-30

● 刀(칼 도) + 口 = 召
☞ 칼(刀)이야! 하고 (위급한 상황을 당하여) 큰 소리(口)를 지르는 것처럼 이름을 짧고 크게 부른다는 데서「부르다. (부르는 음성이)높다」뜻으로.

召喚(소환 - 법원이 출두를 명하는 일) 召還(소환 - 일을 마치기 전에 불러들임) 召命(소명) 召集(소집)

★ 召(부를 소|높을 조)와 결합을 이룬 글자.		0833 별첨
昭(밝을 소)	☞ 日(1049) → 해(日)를 불러(끌어)(召)들이어 놓은 것처럼 밝게 드러나 보인다는 데서「밝다」	
沼(못 소)	☞ 水(1283) → 물(氵)을 불러(끌어)(召)들이어 저장하여 놓은 곳이라는 데서「못」沼池(소지)	
紹(이을 소)	☞ 糸(2503) → 실(糸)을 불러(끌어)(召)들이어 한데 이어지게 한다는 데서「잇다. 얽다」	
邵(땅이름 소)	☞ 邑(2936) → 고을(阝)이라고 부를(召) 정도로 규모가 큰 땅이라는 의미가 부여되어「땅 이름」	
韶(풍류 소)	☞ 音(3541) → 소리(音)를 여러 사람이 이어가며 부른다(召)는 데서「잇다. 풍류」	
詔(고할/조서 조)	☞ 言(3291) → 임금이 신하를 불러(召)들이어 백성에게 고할(알릴) 사항을 말씀(言)한다는 데서「고하다. 조서」詔書(조서)	
招(부를 초)	☞ 手(1452) → 손(손짓)(扌)으로 신호를 보내어 상대방을 부른다(召)는 데서「부르다」	
超(뛰어넘을 초)	☞ 走(3191) → 높이(召) 뛰어오르면서 달려 나간다(走)는 데서「뛰어넘다」超過(초과)	
貂(담비 초)	☞ 豸(3033) → 높이(召) 뛰어오르는 매우 날쌘 짐승(豸)이라는 데서「담비」	

只 다만 지. 오로지/어조사 지. 0834-30

● 口 + 八(여덟/나눌 팔) = 只
☞ 말(口)이 나뉘어(八)지는 것처럼 다르게 전개되거나 가정하는(토를 다는) 말이라는 데서「다만. 오로지」뜻으로.

只今(지금 - 이제. 시방) 但只(단:지 - 다만. 겨우. 오직)

★ 只(다만/오로지 지)와 결합을 이룬 글자.		0834 별첨
咫(길이 지)	☞ 口(0858) → 단지(只) 한 자(尺) 정도에 지나지 않을 정도로 무척 짧은 길이(거리)라는 데서「길이. 가까운 거리」咫尺(지척)	
枳(탱자 지)	☞ 木(1737) → 只는 탱자 모양을 표현. 둥근 열매(口)와 쭈뼛한 가시(八)가 돋아 있는 나무(木)이라는 데서「탱자나무. 탱자」南橘北枳(남귤북지)	

吟 읊을 음. 신음할/탄식할 음. 0835-30

● 口 + 今(이제/이에/곧 금) = 吟 (0050 참조)
☞ 소리(口)가 이제(今)까지 이어져서 나오는, 곧 여음이 길게 이어져 나온다는 데서「읊다. 신음하다. 탄식하다」뜻으로.

吟味(음미 - 시나 노래를 읊어 감상함. 사물의 의미를 새겨서 연구함) 吟風弄月(음풍농월) 呻吟(신음)

吐 토할 토(:) 0836-30

● 口 + 土(흙/땅/곳 토) = 吐
☞ 입(口)에 들어 있는 음식물을 땅(土)에 뱉어 낸다는 데서「토하다」뜻으로.

吐露(토:로 - 속마음을 드러내어서 말함) 吐出(토:출) 吐氣(토:기) 吐瀉(토:사) 吐哺(토:포) 嘔吐(구토)

叫 울부짖을 규. 부르짖을 규. 0837-30

● 口 + 丩(넝쿨뻗을/휘감을 구) = 叫

☞ 소리(口)가 휘감기어져(丩) 나오는, 곧 감정이 북받쳐 우는 소리와 부르짖는 소리가 한데 섞이어져(어우러져) 나온다는 데서 「울부짖다. 부르짖다」 뜻으로.

絶叫(절규 - 힘을 다하여 부르짖음) 阿鼻叫喚(아비규환 - 아비지옥의 고통을 못 참아 울부짖는 소리)

★ 丩(넝쿨뻗을/휘감을 구)와 결합을 이룬 글자.	0837 별첨
糾(얽힐 규) ☞ 糸(2508) → 실(糸)이 서로 휘감기어(얽히어)(丩) 있다는 데서 「얽히다」 糾合(규합)	

唯 오직 유. 뿐/대답할/어조사 유. 0838-30

- 口 + 隹(새 추) = 唯
- ☞ 새(隹)가 짹짹거리며 같은 소리를 내어 지저귀는 것처럼 단순하게 말한다(口)는 데서 「단순하게) 대답하다. 오직. 뿐」 뜻으로.

唯一無二(유일무이 - 오직 하나뿐으로 둘이 없음) 唯我獨尊(유아독존 - 세상에서 오직 나만이 존귀함)

嘗 맛볼 상. 일찍/가을제사 상. 0839-30

- 尙(오히려/일찍 상) + 旨(맛 지) = 嘗 (0576 참조)
- ☞ 일찍이(尙) 수확한 햇곡식을 조상신에게(제사상에) 올려 맛보게(旨) 한다는 데서 「맛보다. 일찍. 가을 제사」 뜻으로.

嘗味(상미 - 맛을 봄) 嘗膽(상담 - 쓸개를 맛본다는 뜻으로 원수를 갚고자 고생을 참고 견딤을 비유)

噫 한숨쉴/슬플 희. 탄식할 희. 0840-30

- 口 + 意(뜻/생각할/아아 의) = 噫 (1833 참조)
- ☞ 아아(意)! 하고 탄식하는 소리(口)를 낸다는 데서 「탄식하다. 한숨 쉬다. 슬프다」 뜻으로.

噫嗚(희오 - 슬피 탄식하는 모양)

嗚 슬플 오. 탄식소리 오. 0841-30

- 口 + 烏(까마귀 오) = 嗚 (1113 참조)
- ☞ 까마귀(烏)가 아~아~ 하고 우는 소리처럼 구슬픈 소리(口)를 낸다는 데서 「탄식 소리. 슬프다」 뜻으로.

嗚呼(오호 - 슬플 때나 탄식할 때 내는 소리) 嗚咽(오열 - 목메어 욺) 嗚呼痛哉(오호통재)

吳 성(姓)/나라 오. 크게말할/떠들썩할/시끄러울 오. 0842-20

- 口 + 夨(= 矢 머리기울 녈) = 吳
- ☞ 머리를 기울여(夨) 가며 힘주어 말한다(口)는 데서 「크게 말하다. 떠들썩하다」 뜻으로.

吳允謙(오윤겸 - 조선 인조 때의 상신으로. 문집에 추탄집이 있음) 吳越同舟(오월동주)

★ 吳(성/나라/크게말할/떠들썩할/시끄러울 오)와 결합을 이룬 글자.	0842 별첨
誤(그르칠 오) ☞ 言(3219) → 떠들썩하게(吳) 말하여(言) 무슨 내용인지를 잘 알지 못한다(잘못 알아듣는다)는 데서 「그르치다. 잘못하다」 誤認(오인)	

娛(즐길 오)   ☞ 女(0481) → 여자(기생)(女)와 어울려 떠들썩하게(吳) 잡답을 나누거나 가무를 즐긴다는 데서 「즐기다」 娛樂(오락)

虞(염려할 우)   ☞ 虍(2847) → 범(虍)이 시끄럽게(吳) 굴어(으르렁거리어), 덤벼들면 어쩌나 하고 염려(경계)한다는 데서 「염려하다. 경계」 虞犯(우범)

呈 드릴 정. 드러낼/나타날 정 | 통할/쾌할 령.   0843-20

● 口 + 壬(땅에서꿰져날/줄기/착할 정) = 呈

☞ 땅에서 꿰져 나오는(壬) 것처럼 말하는(口), 곧 (마음속에 품고 있는) 진심을 드러내어 말한다는 데서 「드러내다. 드리다. 나타나다. (진심으로)통하다. (통하여)쾌하다」 뜻으로.

呈上(정상 - 물건을 보내서 바침) 露呈(노정 - 드러냄) 贈呈(증정 - 남에게 물건을 드림) 謹呈(근:정)

★ 呈(드릴/드러낼/나타날 정 | 통할/쾌할 령)과 결합을 이룬 글자.   0843 별첨

程(한도/길 정)   ☞ 禾(2199) → 벼(禾)를 들어내어(呈) 각각의 몫(조세나 양곡 등)을 헤아려(지정하여) 놓는다는 데서 「헤아리다. 단위. 한도. (한도를 정하여 놓은 장소나 규범에서)길. 법」 程道(정도)

逞(쾌할 령)   ☞ 辶(3153) → 쾌하게(呈) 걸어가는(辶), 곧 거리낌이 없이 지나간다는 데서 「쾌하다」

哨 망볼 초. 작을 초.   0844-20

● 口 + 肖((닮을/같을/작을 초 | 쇠약할/흩어질 소) = 哨 (2391 참조)

☞ 작은(肖) 구멍(口)을 통하여 적군의 동태를 살핀다는 데서 「망보다. 작다」 뜻으로.

哨戒(초계 - 망보며 경계하는 일) 哨所(초소) 前哨戰(전초전) 步哨(보:초 - 감시 임무를 맡는 일)

呂 성(姓)/법칙 려: 음률/등마루뼈 려.   0845-20

● 口 + 丿(삐침 별 → 「좌하로 끌어내리다」는 의미) + 口 = 呂

☞ 위쪽의 소리(口)가 끌어내려져(丿) 아래쪽의 소리(口)에 이어지는, 곧 높고 낮게 이어지는 악기 소리이라는 데서 「음률. (고저장단의 음률을 이루는)법칙」 뜻. 한편 뼈(口)와 뼈(口)가 서로 이어져(丿) 있는 척골(脊骨) 모양에서 「등마루 뼈」 뜻으로.

律呂(율려 - 악률과 음률로 이루어진 음악) 六呂(육려 - 십이율 중 음성에 속하는 여섯 가지 소리)

★ 呂(법칙/음률/등마루뼈 려)와 결합을 이룬 글자.   0845 별첨

侶(짝 려)   ☞ 人(0153) → 뼈가 다닥다닥 붙어 있는 등마루(呂)처럼 항상 함께 붙어 지내는 사람(亻)이라는 데서 「짝. 벗」 伴侶(반려)

閭(마을 려)   ☞ 門(3390) → 뼈가 다닥다닥 붙어 있는 등마루 뼈(呂)처럼 집이 다닥다닥 붙어 있는 마을에 세워 놓은 문(門)이라는 데서 「마을의 문. 마을」 閭門(여문)

后 임금/왕후 후: 왕비/뒤/성(姓) 후.   0846-20

● 厂(밝을/끌 예) + 口(→ 旨 「뜻 지」의 고자) = 后

☞ 품고 있는 뜻(口)을 밝게(厂) 펼치는, 곧 정사를 밝게 펼쳐 나가는 사람이라는 데서 「임금. (임금의 아내인)왕후. 왕비. (왕비는 왕의 뒤편에서 내조한다는 데서)뒤」 뜻으로.

王后(왕후 - 임금의 아내) 后妃(후:비 - 임금의 정실) 后土(후:토 - 토지의 신) 后稷(후:직) 皇后(황후)

口 부수(자원과 쓰임 → 0788 참조)

★ 后(임금/왕후/왕비/뒤 후)와 결합을 이룬 글자. 0846 별첨

垢(때 구)	☞ 土(0706) →	흙(土)을 밟은 뒤(后)에 일어나는 흙먼지가 옷(살갗)에 달라붙은 것이라는 데서 「때」 無垢(무구)
逅(만날 후)	☞ 辵(3147) →	앞서가는 사람의 뒤(后)를 따라 걸어가면(辶) 언젠가는 서로가 만난다는 데서 「만나다」 邂逅(해후)

台 별 태. 나/기쁠/기를/높을/줄 이 | 삼정승/심히늙을 태. 0847-20

◉ 厶(사사로울/나 사 → 「굽은 팔꿈치 모양」을 표현한 글자) + 口 = 台

☞ 사(厶) 글자 형상처럼 삼각을 이룬 세 개의 별 모양(口)에서 「(삼태성)별. (삼태성 별자리처럼 높은 벼슬아치이라는 데서)삼정승. 높다. (삼정승의 높은 연령에서)심히 늙다」. 한편 사사롭게(厶) 말하는(口), 곧 주의주장을 소신 있게 펼치는 자신이라는 데서 「나」. 입(口)을 크게 벌리고(厶) 웃거나 먹이를 먹인다는 데서 「기쁘다. 기르다. 주다」 뜻으로.

台司(태사 - 삼공三公. 삼정승의 높은 벼슬) 三台(삼태 - 삼태성三台星. 삼공三公)

★ 台(별/삼정승/심히늙을 태 | 나/기를/줄/기쁠/높을 이)와 결합을 이룬 글자. 0847 별첨

始(비로소 시)	☞ 女(0457) →	여자(女), 곧 어머니가 나를 길러 줌(台)으로써 나의 생존이 비롯되었다는 데서 「비로소. 처음」 始初(시초)
治(다스릴 치)	☞ 水(1194) →	물(氵)을 기르는(台), 곧 홍수나 가뭄 피해를 방비하기 위하여 물길을 내거나 물을 저장하는 등의 관리를 꾀한다는 데서 「다스리다」 治水(치수)
冶(불릴 야)	☞ 冫(0304) →	쇠를 얼음(冫)처럼 기르는(台), 곧 얼음이 얼고 녹으면서 부피가 부풀고 줄어들기를 반복하는 것처럼 쇠를 불에 달구고 식히는 작업을 반복한다는 데서 「불리다」
怡(기쁠 이)	☞ 心(1911) →	마음(忄)이 기쁘다(台)는 데서 「기쁘다」 南怡將軍(남이장군)
貽(줄 이)	☞ 貝(3082) →	재물(貝)을 다른 사람에게 준다(台)는 데서 「주다」 貽訓(이훈)
殆(위태할 태)	☞ 歹(1579) →	뼈가 앙상하게(歹) 나오고 심히 늙어서(台) 죽음을 거의 목전에 두고 있다는 데서 「위태하다. 거의」 危殆(위태)
怠(게으를 태)	☞ 心(1892) →	심히 늙은(台) 마음(心)처럼 의욕이 없고 행동이 굼뜨다는 데서 「게으르다」
胎(아이밸 태)	☞ 肉(2402) →	몸속(月)에서 아이를 기르고(台) 있다(임신 중이다)는 데서 「아이 배다」
颱(태풍 태)	☞ 風(3546) →	삼정승(台)의 당당한 위세처럼 세력이 무척 강한 바람(風)이라는 데서 「태풍」
笞(볼기칠 태)	☞ 竹(2691) →	아이를 기르면서(台) (잘못을 저지르면) 대나무(竹) 회초리로 매질한다는 데서 「볼기 치다」 笞杖(태장)
苔(이끼 태)	☞ 艸(2796) →	여기에서 台는 이끼 모양을 표현. 형체가 굽은 사(厶) 글자 형상을 이루어 바위(口)에 달라붙어 있는 풀(艹)의 일종이라는 데서 「이끼」 海苔(해태)
跆(밟을 태)	☞ 足(3011) →	발(발걸음)(𧾷)이 길러지는(台) 것처럼 점진적으로 밟아 나간다는 데서 「밟다」

唆 부추길 사. 아이들서로군호할/꾀어시킬 사. 0848-20

◉ 口 + 夋(천천히걷는모양/갈 준) = 唆 (0120 참조)

☞ 천천히 걸어가는(夋) 것처럼 넌지시 일러 주면서(다독이면서) 말한다(口)는 데서 「아이들 서로 군호(軍號)하다. 꾀어 시키다. 부추기다」 뜻으로.

唆囑(사촉 - 남을 부추겨 좋지 않은 일을 시킴) 示唆(시:사 - 뜻을 암시하여 일러 줌) 敎唆(교:사)

口 부수(자원과 쓰임) → 0788 참조

喆 밝을/쌍길 철. 깨달을 철. 0849-20

- 吉(길할/이로울/착할 길) + 吉 = 喆 (0805 참조) ※ 喆은 哲(밝을 철)과 동자.
- ☞ 선비(士)가 말하는(口) 것을 새겨듣고 실천하면 「길하다. 이롭다」는 吉을 중복시켜 놓은 것으로, 매우 길하고 이롭다는 의미가 부여되어 「밝다. (밝아서)깨닫다. (吉이 중복되어 있다는 데서)쌍길」 뜻으로.

李秉喆(이:병철 - 삼성그룹의 창업자)

呵 꾸짖을 가: 웃을 가. 0850-10

- 口 + 可(옳을 가) = 呵 (0802 참조)
- ☞ 말(口)로써 (잘못한 것을) 올바르게(可) 타이른다는 데서 「꾸짖다」 뜻을. 한편 가가(呵呵)거리며 웃는 소리(口)를 낸다는 데서 「웃다」 뜻으로.

呵責(가:책 - 꾸짖음. 책망함) 呵呵大笑(가:가대소 - 소리를 크게 내어 웃음)

吞 삼킬 탄. 삼킬/성(姓) 천. 0851-10

- 一 + 大(큰 대) + 口 = 吞
- ☞ 하늘(一)을 향하여 크게(大) 입(口)을 벌리고 약 같은 것을 집어삼킨다는 데서 「삼키다」 뜻으로.

甘吞苦吐(감탄고토 - 비위에 맞으면 좋아하고 맞지 않으면 싫어함을 일컫는 말) 吞牛之氣(탄우지기)

呆 어리석을 매. 멍청이/천치 매 | 지킬/보전할 보. 0852-10

- 口 + 木(나무 목) = 呆
- ☞ 입(口)이, 단단한 나무토막(木)처럼 굳어 있어 말을 제대로 못한다는 데서 「멍청이. 천치. 어리석다」 뜻을. 한편 입(口)에 나무토막(木)을 물리어 말을 못하게 하는 것처럼 비밀을 발설하지 못하게 한다는 데서 「지키다. 보전하다」 뜻으로.
- ※ 呆는 하무(군중에서 떠드는 것을 막기 위하여 병사들의 입에 물리던 나무토막)이기도 함.

癡呆(치매 - 언어 동작이 느리고 정신 작용이 완전하지 못한 증세)

★ 呆(어리석을/멍청이 매 | 지킬/보전할 보)와 결합을 이룬 글자.	0852 별첨
保(지킬 보) ☞ 人(0076) → 다른 사람(亻)에게 비밀을 발설하지 않고 지킨다(呆)는 데서 「지키다」	

呪 빌 주: 저주할 주. 0853-10

- 口 + {口 + 儿(어진사람 인) = 兄(맏/형/어른 형)} = 呪 (0184 참조)
- ☞ 여기에서 兄은 꿇어앉은 자세(儿)로 하늘을 쳐다보면서 말하는(口) 모습을 표현. 형(兄) 글자 형상처럼 꿇어앉아서 무엇인가를 빌면서 말한다(口)는 데서 「빌다. (잘못되기를 빈다는 데서) 저주하다」 뜻으로.

呪術(주:술 - 신비적인 힘을 빌려 길흉을 점치고 화복을 구하려는 술법) 呪文(주:문 - 술법을 외우는 글)

口 부수(자원과 쓰임) → 0788 참조)

吼 울부짖을/울 후. (소·사자·범)우는소리 후. 0854-10

- 口 + 孔(구멍/통할 공) = 吼 (0420 참조)
- 목구멍(孔)으로부터 우러나오는 우렁찬 소리(口)이라는 데서 「(소·사자·범)우는소리. 울부짖다. 울다」뜻으로.

獅子吼(사자후 - 크게 부르짖어 열변을 토하는 연설의 비유)

叱 꾸짖을 질. 욕할 질. 0855-10

- 口 + 七(일곱 칠) = 叱
- 시집간 여자의 부도덕한 행실인 칠거지악(七去之惡)에 대하여 꾸짖어 말한다(口)는 데서 「꾸짖다. 욕하다」뜻으로.

叱責(질책 - 꾸짖어 나무람) 叱咤(질타 - 노기를 띠고 크게 꾸짖음) 叱正(질정 - 꾸짖어 바로잡음)

呻 끙끙거릴 신. 읊조릴/읊을 신. 0856-10

- 口 + 申(납/펼/거듭/알릴 신) = 呻 (2113 참조)
- 소리(口)가 위아래로 펼쳐지는(申) 것처럼 높고 낮은 여음(餘音)이 길게 이어진다는 데서 「끙끙거리다. 읊조리다. 읊다」뜻으로.

呻吟(신음 - 병이나 고통으로 앓는 소리를 냄)

呱 울 고. 0857-10

- 口 + 瓜(오이/참외 과) = 呱 (2100 참조)
- 넝쿨에 매달려 있는 오이(瓜)처럼 갓난아기가 탯줄에 매달리어 소리(口)를 내어 운다는 데서 「울다」뜻으로.

呱呱(고고 - 고고지성) 呱呱之聲(고고지성 - 아이가 세상에 처음 나오면서 우는소리)

咫 길이/여덟치 지. 가까운거리/짧을 지. 0858-10

- 尺(자 척) + 只(다만/오로지 지) = 咫 (0834 참조)
- 단지(只) 한 자(尺) 정도에 지나지 않을 정도로 무척 짧은 길이(거리)이라는 데서 「길이. 가까운 거리. 여덟 치. 짧다」뜻으로.

咫尺(지척 - 떨어져 있는 거리가 아주 가까운 사이) 咫尺不辨(지척불변 - 지척도 분별할 수 없음)

咽 목구멍 인 | 목멜 열. 삼킬 연. 0859-10

- 口 + {囗(에울 위) + 大(큰 대) = 因(인할/말미암을 인)} = 咽 (0639 참조)
- 입속(口)에, 인(因) 글자 형상(囗 → 목구멍, 大 → 목젖)처럼 이루어진 목구멍 모양에서 「목구멍. (목구멍으로 음식을)삼키다. (목구멍이 막히어)목메다」뜻으로.

咽喉(인후 - 목구멍) 咽頭(인두) 嗚咽(오열) 耳鼻咽喉科(이:비인후과)

口 부수(자원과 쓰임 → 0788 참조)

咆 고함지를/으르렁거릴 포. 0860-10

- 口 + 包(쌀 포) = 咆 (0264 참조)
- 소리(口)가 감싸여(응축되어)(包) 있다가 한꺼번에 터져 나오는 것처럼 우렁찬 소리를 낸다는 데서 「고함지르다. 으르렁거리다」 뜻으로.

咆虎陷浦(포호함포 - 으르렁거리기만 하는 범은 개펄에 빠진다는 의미) 咆哮(포효)

哮 으르렁거릴/성낼 효. 크게부를 효. 0861-10

- 口 + 孝(효도/초상 효) = 哮 (0415 참조)
- 소리(口)가 초상(孝)집에서 나는 것처럼 크게 울부짖는 소리를 낸다는 데서 「으르렁거리다. 크게 부르다. 성내다」 뜻으로.

咆哮(포효 - 사나운 짐승이 울부짖음)

唾 침 타. 0862-10

- 口 + 垂(드리울 수) = 唾 (0698 참조)
- 입(口) 언저리에 드리워지는(垂) 물질이라는 데서 「침」 뜻으로.

唾液(타액 - 침) 唾棄(타기 - 업신여기거나 더럽게 생각하여 돌보지 않고 버림)

哺 먹일 포: 먹을 포. 0863-10

- 口 + 甫(클/도울 보 | 남새밭 포) = 哺 (2192 참조)
- 입(口)을 크게(甫) 벌리고 먹이를 받아먹는다(먹인다)는 데서 「먹다. 먹이다」 뜻으로.

哺育(포:육 - 젖을 먹여 새끼를 기름) 哺乳類(포:유류) 反哺之孝(반:포지효 - 반포하는 효도)

啞 벙어리 아(:) 까마귀소리 아. 0864-10

- 口 + 亞(버금/다음 아) = 啞 (0213 참조)
- 말은 못하고 아(亞)! 하는 소리(口)만을 낸다는 데서 「벙어리. 까마귀 소리」 뜻으로.

盲啞(맹아 - 소경과 벙어리) 啞鈴(아:령) 啞然失色(아연실색 - 너무 놀라서 얼굴빛이 변함)

喝 꾸짖을 갈. 외칠 갈 | 목멜/목쉴 애. 0865-10

- 口 + 曷(어찌/쫓을/미칠/그칠 갈) = 喝 (1996 참조)
- 소리(口)를 크게 지르면서 어찌(曷) 그러할 수가 있느냐며 나무란다(호통을 친다)는 데서 「꾸짖다. 외치다」 뜻으로.

喝破(갈파 - 큰소리로 꾸짖어 누름) 喝取(갈취) 喝道(갈도) 拍手喝采(박수갈채) 恐喝(공:갈)

喫 먹을/마실 끽. 0866-10

- 口 + 契(맺을/계약할 계) = 喫 (0738 참조)
- 입(口)에 맺어지게(契) 하는, 곧 입에 물이나 음식물을 받아들여지게 한다는 데서 「먹다. 마시다」 뜻으로.

喫茶(끽다 - 차를 마심) 喫飯(끽반 - 밥을 먹음) 喫煙(끽연 - 담배를 피움) 滿喫(만끽)

喚 부를 환. 큰소리 환. 0867-10

● 口 + 奐(클/빛날/성할/흩을 환) = 喚 (1465 참조)
☞ 소리(口)를 크게(奐) 지른다는 데서 「부르다. 큰소리」 뜻으로.
喚聲(환성 - 고함 소리) 喚起(환기 - 불러일으킴) 使喚(사:환 - 심부름을 시키기 위하여 고용한 사람)

喊 소리칠 함: 크게외칠/소리 함. 0868-10

● 口 + 咸(다/모두/찰 함) = 喊 (0830 참조)
☞ 다(咸) 함께 모여 소리(口)를 크게 지른다는 데서 「소리치다. 크게 외치다. 소리」 뜻으로.
喊聲(함:성 - 여럿이 함께 높이 외치는 소리) 鼓喊(고함 - 북을 치고 고함을 지름) 高喊(고함)

嗜 즐길 기. 좋아할 기. 0869-10

● 口 + 耆(늙은이/어른 기) = 嗜 (2860 참조)
☞ (노인에게) 입(입맛)(口)에 맞는 음식을 대접하면 노인(耆)은 이를 즐겨 드시고 좋아한다는 데서 「좋아하다. 즐기다」 뜻으로.
嗜好(기호 - 즐기고 좋아함) 嗜好品(기호품)

嘉 아름다울 가. 경사/기쁠 가. 0870-10

● 壴(진나라풍류/곧게설 수) + 加(더할 가) = 嘉 (0364 참조)
☞ 잔치 마당에 풍류(壴)가 더하여져(가미되어)(加) 더욱더 흥겨워(경사스러워) 보인다는 데서 「경사. 기쁘다. (경사스러워 보이는 데서)아름답다」 뜻으로.
嘉賓=佳賓(가빈 - 반가운 손님) 嘉日(가일 - 경사스러운 날) 嘉禮(가례) 嘉尙(가상) 嘉行(가행)

噴 뿜을 분. 물뿜을 분. 0871-10

● 口 + 賁(클/결낼/노할 분 | 꾸밀 비) = 噴 (1858 참조)
☞ 입(口)에 머금은 물을 결이 나게끔(賁) 뿜는다는 데서 「물 뿜다. 뿜다」 뜻으로.
噴水(분수 - 뿜어내는 물) 噴霧(분무) 噴出(분출) 噴火(분화) 噴射(분사) 噴水臺(분수대)

喘 숨찰/헐떡거릴 천: 기침 천. 0872-10

● 口 + {山 + 而(말이을 이) = 耑(처음날/끝/실마리 단)} = 喘 (2258 참조)
☞ 입(口)으로부터 뿜어져 나오는 숨결(기침)이 높은 산(山)처럼 높게 이어져(而) 나온다는 데서 「헐떡거리다. 기침」 뜻으로.
喘息(천:식 - 발작적으로 호흡이 곤란한 병) 喘氣(천:기 - 천식 기운이 있는 증세)

啼 울 제. 0873-10

● 口 + 帝(임금/클 제) = 啼 (0979 참조)
☞ 크게(帝) 소리(口)를 내어 운다는 데서 「(크게)울다」 뜻으로.

口 부수(자원과 쓰임 → 0788 참조)

啼泣(제읍 - 소리를 높이어 욺) 杜鵑啼血(두견제혈 - 두견이는 피를 토하듯이 울어 대다)

喩 깨우칠/비유할 유. 0874-10

◉ 口 + 俞(성(姓)/점점/나을 유) = 喩 (0357 참조)

☞ 말하는(口) 재주가(화술이) 이전보다 나아진다(俞)는 데서 「깨우치다. (이전보다 나아진다는 것은 비유하여 이르는 말이라는 데서)비유하다」 뜻으로.

訓喩=訓諭(훈:유 - 가르치어 타이름) 比喩=譬喩(비:유) 隱喩(은유 - 암시적으로 나타내는 수사법)

吝 아낄 린. 0875-10

◉ 文(글월/무늬/문채 문) + 口 = 吝

☞ 문채(文)나게 말하는(口), 곧 말로써 번지르르하게 생색을 내면서 물질적으로는 인색하다는 데서 「아끼다」 뜻으로.

吝嗇(인색 - 재물을 아끼는 태도가 몹시 지나침)

嗇 아낄 색. 인색할 색. 0876-10

◉ 𣎴(= 來 올 래) + 回(돌아올/돌 회) = 嗇

☞ 한 번 들여온(𣎴 = 來) 가구나 집기 같은 물품의 수명(내용연수)이 돌아올(回) 때까지 아껴 사용한다는 데서 「아끼다. 인색하다」 뜻으로.

嗇夫(색부 - 인색한 사내. 깍정이)

★ 嗇(아낄/인색할 색)과 결합을 이룬 글자.		0876 별첨
墻(담장 장)	☞ 土(0677) → 흙(土)으로 집 주위를 둘러막아 (외부에서) 집으로 들어오는(來) 길목을 돌려(回) 놓은 구조물이라는 데서 「담장」 越墻(월장)	
牆(담장 장)	☞ 爿(1748) → 널판자(爿)를 집 주변에 둘러막아 (외부에서) 집으로 들어오는(來) 길목(출입구)을 돌려(回)놓은 구조물이라는 데서 「담. 둘러막다」 垣牆=垣墻(원장)	
檣(돛대 장)	☞ 木(1711) → 배를 오게(來) 하고 돌게(回) 하는(오가도록 하고 방향을 트는) 돛을 매달아 놓은 나무(木)이라는 데서 「돛대」 檣竿(장간)	
薔(장미 장)	☞ 艹(2825) → 줄기가 뻗어 나와(來) 담장을 타고 돌아(回) 나가는 풀(艹)이라는 데서 「장미」	

嗅 맡을 후. 0877-10

◉ 口 + 臭(냄새 취 | 냄새맡을 후) = 嗅(2894 참조)

☞ 음식물을 입(口)언저리에 대고서 냄새를 맡는다(臭)는 데서 「맡다」 뜻으로.

嗅覺(후각 - 냄새를 맡는 감각)

嗔 성낼 진. 0878-10

◉ 口 + 眞(참/진실/바를 진) = 嗔 (2274 참조)

☞ 바르게(眞) 처신하라고 거친 언성으로 말한다(口)는 데서 「성내다」 뜻으로.

嗔言(진언 - 성내어서 꾸짖는 말) 嗔責(진책 - 성을 내어 꾸짖음)

口 부수(자원과 쓰임) → 0788 참조

嗣 이을 사. 대(代)이을 사.   0879-10

◉ {口 + 司(맡을 사) = 䛚(새김질할 시)} + 冊(= 冊 책/세울 책) = 嗣 (0820 참조)
※ 새김질 → 소나 양 등이 먹은 것을 뱉어 내어 되씹는 일.
☞ 새김질하는(䛚) 것처럼 반복하여 후대(後代 → 다음 세대)를 세워(冊) 나간다는 데서 「대를 잇다. 잇다」 뜻으로.

嗣子(사자 - 대를 이을 아들. 맏아들) 後嗣(후:사 - 대를 잇는 자식)

嘔 토할/게울 구.   0880-10

◉ 口 + 區(구분할/지경/구역 구) = 嘔 (0271 참조)
☞ 입(口)으로, 몫을 구분하여(區) 놓는 것처럼 먹은 음식물을 무더기지게끔 토해 낸다는 데서 「토하다」 뜻으로.

嘔吐(구토 - 먹은 음식물을 토함) 嘔逆症(구역증 - 속이 불편하여 느끼한 증세)

嘲 비웃을 조. 조소할 조.   0881-10

◉ 口 + 朝(아침/이를 조) = 嘲 (1091 참조)
☞ 아침(朝)에 갓 떠오르는 해처럼 (말은 하지 않고) 입(口)만 삐죽하게 내민다(내보인다)는 데서 「비웃다. 조소하다」 뜻으로.

嘲笑(조소 - 비웃음) 嘲弄(조롱 - 비웃거나 깔보고 놀림) 自嘲(자조 - 스스로를 비웃음)

嚆 울릴 효.   0882-10

◉ 口 + 蒿(쑥 호) = 嚆
☞ 쑥(쑥대)(蒿)이 겨울바람에 휘휘거리는 소리(口)를 낸다는 데서 「울리다」 뜻으로.

嚆矢(효시 - 우는 화살. 온갖 사물의 맨 처음)

嚮 향할 향: 0883-10

◉ 鄕((시골 향) + 向(향할 향) = 嚮 (2923 참조)
☞ 시골(鄕)로 향하는(向), 곧 자기가 태어나고 자라난 고향으로 생각이나 발길이 향한다는 데서 「향하다」 뜻으로.

嚮導(향:도 - 길을 인도함. 또는 그 사람)

囑 부탁할 촉.   0884-10

◉ 口 + 屬(붙일/무리 속 | 이을/닿을 촉) = 囑 (0958 참조)
☞ 다른 사람에게 말하여(口) 전달 사항을 제삼자에게 닿게(屬) 한다는 데서 「부탁하다」 뜻으로.

囑託(촉탁 - 임시로 부탁을 맡아서 일을 보는 직책) 囑望=屬望(촉망 - 잘 되기를 기대함) 委囑(위촉)

囊 주머니 낭. 자루 낭.   0885-10

◉ 衣 + 中(가운데 중) + 冖(덮을 멱) + 口(입 구) + 口 + 井(우물 정) = 囊

☞ 옷(衣)의 가운데(속)(中) 부위에 헝겊을 덮어(덧씌워)(一), 구멍(口口)을 우물(井)처럼 우묵하게 내어놓은 주머니 모양에서 「주머니. (주머니처럼 생긴)자루」 뜻으로.

囊中之錐(낭중지추 - 재능이 뛰어난 사람을 이르는 말) 陰囊(음낭 - 불알을 싸고 있는 주머니) 背囊(배:낭)

嚼 씹을 작. 맛볼 작. 0886-10

● 口 + 爵(벼슬/봉할 작) = 嚼 (1571 참조)
☞ 입(口)에 음식물을 봉하여(爵) 주는, 곧 음식물을 입에 넣어서 씹도록(음미하도록) 한다는 데서 「씹다. 맛보다」 뜻으로.

咀嚼(저:작 - 음식물을 입에 넣어 씹음) 咀嚼筋(저:작근 - 씹는 작용을 하는 근육)

吩 분부할 분. 명령할/일컬을 분. 0887-10

● 口 + 分(나눌/분별할/쪼갤 분) = 吩 (0227 참조)
☞ 윗사람이 말씀한(口) 사항을 여러 사람에게 나누어(分)지도록(전파되도록) 지시한다(일러 준다)는 데서 「명령하다. 분부하다. 일컫다」 뜻으로.

吩咐=分付(분부 - 윗사람의 당부나 명령을 높여 이르는 말)

嚬 찡그릴 빈. 0888-10

● 口 + 頻(자주 빈) = 嚬 (3512 참조)
☞ 입(口)을 자주(頻) 씰룩이는(이리저리 삐죽거리는) 모습이라는 데서 「찡그리다」 뜻으로.

嚬蹙(빈축 - 남을 비난하거나 미워함) ※ 蹙(찡그릴 축) 嚬笑(빈소 - 찡그림과 웃음, 곧 기쁨과 슬픔)

咀 씹을 저. 맛볼 저. 0889-10

● 口 + 且(또 차 | 수두룩할 저) = 咀 (0011 참조)
☞ 입(口)에 음식물을 넣어 수없이(且) 반복하여 씹는다는 데서 「씹다. 맛보다」 뜻으로.

咀嚼(저작 - 음식물을 입에 넣어 씹음) 咀嚼器(저작기 - 음식을 씹는 일을 맡은 기관)

嗾 부추길 주: 시킬/꾈/개(犬)부리는소리 주. 0890-10

● 口 + 族(겨레/일가/동류 족) = 嗾 (1975 참조)
☞ 소리(口)를 질러 동류(族)에게 알리는, 곧 개(犬)가 같은 무리와 행동을 함께하기 위하여 부르짖는 소리이라는 데서 「개 부리는 소리. (동류를)꾀다. 부추기다. 시키다」 뜻으로.

嗾囑(주:촉 - 남을 꾀어 부추겨서 부림) 使嗾(사:주 - 남을 부추겨서 시킴)

嗟 탄식할 차. 슬플 차. 0891-10

● 口 + 差(어긋날/다를 차 | 층질 치) = 嗟 (0942 참조)
☞ 층지게(差) 소리(口)를 내는, 곧 아~아~ 하는 한숨이 뒤섞인 높고 낮은 소리를 낸다는 데서 「탄식하다. 슬프다」 뜻으로.

嗟歎(차탄 - 탄식하고 한탄함) 嗟惜(차석 - 애달프고 아까움)

口 부수(자원과 쓰임 → 0788 참조)

嗤 비웃을 치. 0892-10

- 口 + 蚩(벌레이름/업신여길/어리석을 치) = 嗤
- ☞ 다른 사람을 벌레처럼 업신여기며(蚩) 하찮게 말한다(口)는 데서 「비웃다」 뜻으로.

嗤笑(치소 - 빈정거리며 웃음) 嗤侮(치모 - 비웃고 업신여김)

喧 시끄러울/지껄일 훤. 싸움할 훤. 0893-10

- 口 + 宣(베풀/펼/두루 선) = 喧 (0602 참조)
- ☞ 소리(口)가 먼 곳까지 두루 퍼져(宣) 나갈 정도로 몹시 떠들썩하다는 데서 「시끄럽다. 지껄이다. 싸움하다」 뜻으로.

喧騷(훤소 - 떠들고 소란스러움) 喧譁(훤화 - 시끄러움) ※ 譁(시끄러울 화)

喙 부리 훼. 0894-10

- 口 + 彖(돼지달아날 단) = 喙 (2475 참조)
- ☞ 돼지가 달아나면서(彖) 앞쪽으로 내어 미는 주둥이처럼 길쭉하게 튀어나온 입(口)이라는 데서 「부리」 뜻으로.

喙息(훼식 - 주둥이로 숨을 쉬는 것) 喙長三尺(훼장삼척 - 주둥이가 석 자라도 변명할 수가 없음)

哄 떠들썩할/떠들 홍. 0895-10

- 口 + 共(한가지/함께 공) = 哄 (0323 참조)
- ☞ 여럿이 함께(한꺼번에)(共) 말하여(口) 장내가 매우 소란스럽다는 데서 「떠들썩하다. 떠들다」 뜻으로.

哄笑(홍소 - 떠들썩하게 웃음) 哄動(홍동 - 여러 사람이 떠들썩함)

咳 기침 해. 기침할/침뱉을 해. 0896-10

- 口 + 亥(돼지/열두째지지 해) = 咳 (0205 참조)
- ☞ 해월(亥月 → 음력 10월)에 이르러 씨앗이 땅에 떨어지는 것처럼 입(口)에 고인 침이나 가래를 땅바닥에 떨어뜨린다는 데서 「침 뱉다. (가래를 뱉으면서)기침하다. 기침」 뜻으로.

咳嗽(해수 - 기침) ※ 嗽(기침할 수) 咳喘(해천 - 기침과 천식) 鎭咳劑(진:해제 - 기침을 진정시키는 약제)

噓 불 허. 탄식하는소리 허. 0897-10

- 口 + 虛(빌/다할 허) = 噓 (2843 참조)
- ☞ 입(口)으로, 허파 속의 공기가 죄다 비어(虛)지도록 입김을 길게 불어 낸다는 데서 「불다. (입김을 길게 뿜어내는 소리인)탄식하는 소리」 뜻으로.

噓吸(허흡 - 숨을 쉼. 호흡) 噓風扇(허풍선 - 허풍선이. 매우 허풍을 떠는 사람)

唄 염불소리 패: 찬불/찬미할 패. 0898-10

- 口 + 貝(조개 패) = 唄
- ☞ 입(입김)(口)으로 조가비(貝)를 불어서(소라 같은 조가비 소리를 내어) 부처님의 공덕을 기

□ 부수(자원과 쓰임 → 0788 참조)

린다(찬미한다)는 데서 「찬미하다. (찬미하는)노래. 염불 소리」 뜻으로.
唄讚(패:찬 - 부처의 덕을 찬미하는 노래) 梵唄(범:패 - 부처의 공덕을 찬미하는 노래)

咬 새소리/물(齧) 교. 새지저귈 교. 0899-10

- 口 + 交(사귈/서로 교 → 「교교」거리는 의성어로 봄) = 咬 (0200 참조)
- ☞ 새들이 교교(交交)거리며 지저귀는(먹이를 쪼는) 소리(口)이라는 데서 「새소리. 새가 지저귀다. (먹이를 쪼아서)물다」 뜻으로.

咬咬(교교 - 새가 지저귀는 소리) 咬傷(교상 - 짐승 등에 물려 상함) 咬裂(교열) 咬筋(교근)

叩 두드릴/조아릴 고. 0900-10

- 口 + 卩(병부 절) = 叩
- ☞ 신하가 보절(卩)을 받쳐 들고 머리를 숙이면서 말한다(口)는 데서 「조아리다. (조아리기 위하여 방문을)두드리다」 뜻으로.

叩門(고문 - 문을 두드림) 叩頭(고두 - 머리를 조아려 경의를 표함) 叩謝(고사) 叩頭謝罪(고두사죄)

哥 성(姓)/소리 가. 노래/형 가. 0901-10

- 可(옳을 가) + 可 = 哥 (0802 참조)
- ☞ 가가(可可)거리며 흥겨운 소리를 낸다는 데서 「소리. 노래」 뜻을. 나보다도 올바르게(可) 자라나서 올바른(可) 인품을 지닌 사람이라는 데서 「형」 뜻으로.

哥哥(가가 - 가가하는 소리) 金哥(김가 - 성씨를 낮추어 부르는 말)

喬 높을 교. 나뭇가지위굽을/높은나무/높이솟을 교. 0902-10

- 夭(어릴/예쁠/굽을 요 + 咼(→ 高「높을 고」의 획 줄임) = 喬
- ☞ 굽은(夭) 형상을 이루어 나뭇가지가 높이(咼) 자라나 있는 모양이라는 데서 「높은 나무. 나뭇가지 위 굽다. 높다」 뜻으로.

喬木(교목 - 큰 키 나무) 喬松(교송 - 높이 솟은 소나무) 喬遷(교천 - 승진함. 벼슬이 올라감)

★ 喬(높을/나뭇가지위굽을/높이솟을 교)와 결합을 이룬 글자.			0902 별첨
橋(다리 교)	☞	木(1604) → 나뭇가지 위 굽은(喬) 모양처럼 동그스름하게 휘어진 나무(木)로 된 구조물이라는 데서 「다리」 橋梁(교량)	
矯(바로잡을 교)	☞	矢(2185) → 나뭇가지 위 굽은(喬) 모양처럼 휘어진 화살(矢)을 불에 쬐어서 곧게 바룬다는 데서 「바로잡다」 矯正(교정)	
僑(더부살이 교)	☞	人(0137) → 사람(亻)이 나뭇가지 위 굽은(喬) 곳에서 지내는 것처럼 몸을 의지하기 힘들 정도로 무척 불편스럽게 살아가는 처지이라는 데서 「더부살이」	
嬌(아리따울 교)	☞	女(0510) → 나뭇가지 위 굽은(喬) 모양처럼 야들야들하고 곡선미가 넘쳐나는 여자(女)이라는 데서 「아리땁다」 嬌聲(교성)	
轎(가마 교)	☞	車(3184) → 높이(喬) 들어 올려 어깨에 메고 가는 수레(車)의 일종이라는 데서 「가마」	
驕(교만할 교)	☞	馬(3598) → 높이 솟은(喬) 말(馬), 곧 키가 무척이나 큰 말이라는 데서 「키가 여섯 자(尺)나 되는 말. (키가 커서)뻣뻣하다. (태도가 뻣뻣하다는 데서)교만하다」 驕慢(교만)	

□ 부수(자원과 쓰임 → 0788 참조)

附 분부할 부. 0903-10

● 口 + 付(줄/부칠/부탁할 부) = 附 (0108 참조)
☞ 상대방이 마음에 새기도록 부탁하여(付) 말한다(口)는 데서 「분부하다」 뜻으로.
附囑(부촉 - 부탁하여 위촉함) 吩咐=分付(분부 - 윗사람의 당부나 명령을 높여 이르는 말)

嘆 한숨쉴 탄: 0904-00

● 口 + {革(가죽 혁) + 大 = 堇(→ 가죽끈을 크게 둘러놓은 모양)} = 嘆 (1172 참조)
☞ 가죽끈(革)을 크게(大) 둘러(堇)놓은 모양처럼 입(口)을 크게 벌리고 아! 아! 하며 한숨 섞인 소리를 낸다는 데서 「한숨 쉬다」 뜻으로.
嘆息=歎息(탄:식 - 한숨을 쉬며 한탄함) 嘆哭(탄:곡 - 탄식하여 욺) 嘆嗟(탄:차 - 한탄함)

자투리 마당

分數(분수)를 알면 편안하다

○ 景行錄(경행록)에 云(운), 知足可樂(지족가락)이오 務貪則憂(무탐즉우)니라 — 경행록에 이르기를, 넉넉함을 알면 가히 즐거울 것이요, 욕심이 많으면 곧 근심이 있느니라.

○ 知足者(지족자)는 貧賤(빈천)도 亦樂(역락)이오, 不知足者(부지족자)는 富貴(부귀)도 亦憂(역우)니라 — 만족함을 아는 자는 가난하고 천하여도 역시 즐거울 것이요, 만족함을 알지 못하는 자는 부귀하여도 역시 근심하느니라.

○ 濫想(남상)은 徒傷神(도상신)이오 妄動(망동)은 反致禍(반치화)니라 — 쓸데없는 생각은 다만 정신을 상하게 할 것이요, 망령된 행동은 도리어 화를 이르게 하느니라.

○ 知足常足(지족상족)하면 終身不辱(종신불욕)하고, 知止常止(지지상지)하면 終身無恥(종신무치)니라 — 만족함을 알아서 항상 만족하면 몸을 마치도록 욕되지 아니하고, 그침을 알아서 항상 그치면 몸을 마치도록 부끄러움이 없느니라.

- 明心寶鑑에서 -

大	广	口	幺
큰 대	돌집 엄	입 구	작을 요

幺	작을 요. 어릴/곡조이름 요.	0905-00

자원 幺 → 가느다란 실오리 모양을 표현.

쓰임 「작다. 가늘다. 어리다. 현(絃) 모양. 굴곡진 모양. 실 모양」과 의미로 쓰임.

幺麼(요마 - 작은 것) 幺弱(요약 - 매우 가냘프고 약함) 六幺(육요 - 비파의 곡조 이름)

幼	어릴 유. 어린이 유 ∣ 심오할 요.	0906-32

◉ 幺 + 力(힘 력) = 幼

☞ 작은(幺) 힘(力)을 지니고 있다(힘이 약하고 매우 여리다)는 데서 「어리다. 어린이. (아주 여리어 오묘하여 보인다는 데서)심오하다」 뜻으로.

幼弱(유약 - 어리고 약함) 幼兒(유아) 幼年(유년) 幼蟲(유충) 幼稚園(유치원) 長幼有序(장:유유서)

★ 幼(어릴/어린이 유 ∣ 심오할 요)와 결합을 이룬 글자.		0906 별첨
拗(꺾을 요)	☞ 手(1532) → 손(扌)으로, 나뭇가지를 요(幺) 글자 형상처럼 굴곡지게끔 힘주어(力) 비틀어 꺾는다는 데서 「꺾다. 비뚤다」 執拗(집요)	
窈(그윽할 요)	☞ 穴(2175) → 구멍(穴)이 심오하여(幼) 보이는, 곧 구멍이 매우 깊숙하게 뚫리어져 있어서 그윽하여 보인다는 데서 「그윽하다. 고요하다」 窈窕(요조)	

幽	그윽할 유. 깊을/어두울/저승/귀신 유.	0907-32

◉ 山(메 산) + {幺 +幺 = 玆(작을 유)} = 幽

☞ 산(山) 사이의 계곡이 실오리처럼 작아(玆) 보일 정도로 골짜기가 매우 깊고 그윽하다는 데서 「그윽하다. 깊다. (그윽하여)어둡다. (어두운 곳에 있다고 여기는)저승. 귀신」 뜻으로.

幽谷(유곡 - 깊은 산골) 幽居(유거 - 그윽한 곳에 거처함) 幽宅(유택) 幽明(유명) 幽靈(유령) 幽閉(유폐)

幾	몇/기미 기. 얼마못될/작을/위태할 기.	0908-30

◉ {幺 + 幺 + = 玆(작을 유)} + 戍(수자리/막을 수) = 幾 (1770 참조)

☞ 변방을 지키는 수자리(戍) 병사들의 수효가 매우 작다(적다)(玆)는 데서 「얼마 못되다. 몇. 기미. 작다. (경계병이 얼마 못되어 국경이)위태하다」 뜻으로.

幾微(기미 - 낌새) 幾何(기하 - 얼마) 幾日(기일 - 며칠) 幾何級數(기하급수 - 등비급수)

★ 幾(몇/기미/얼마못될/작을/위태할 기)와 결합을 이룬 글자.		0908 별첨
機(틀 기)	☞ 木(1619) → 幾는 베틀 모양을 표현. 玆는 여러 가닥의 실오리, 戍은 베틀의 잉아(戈)와 받침대(人) 모양. 나무(木)로 된 기(幾) 글자 형상처럼 생긴 베틀 모양에서 「베틀. 틀」	
璣(별이름 기)	☞ 玉(2055) → 크기가 작은(幾), 또는 수량이 얼마 못되는(幾) 희귀한 구슬(王)이라는 데서 「작은 구슬. 구슬. (작은 구슬 형상의)별 이름」 璿璣(선기)	

幺 부수(자원과 쓰임 → 0905 참조)

| 譏(나무랄 기) | ☞ 言(3301) → 기미(낌새)(幾)를 엿보아 가면서(살피면서) 훈계 차원으로 빗대어 말한다(言)는 데서 「엿보다. 나무라다. 비웃다」 譏弄(기롱) |
| 饑(주릴 기) | ☞ 食(3560) → (남아 있는) 밥(식량)(食)이 얼마 되지 않는다(幾)는 데서 「주리다. 흉년」 |

幻 헛보일 환: 변할/바뀔 환.   0909-20

● 幺 + 勹(→ 勹「쌀 포」에서 丿이 없는, 곧 싸여 있지 않는 모양) = 幻
☞ 아주 작은(幺) 물체를 보자기에 싸 놓으면 마치 싸여 있지 않은(勹) 것처럼 보인다는 데서 「헛보이다. 변하다」 뜻으로.

幻夢(환:몽 - 허황한 꿈) 幻影(환:영) 幻想(환:상) 幻生(환:생) 幻滅(환:멸) 幻燈機(환:등기) 幻覺劑(환:각제)

자투리 마당

弱冠(약관)과 不惑(불혹)의 나이

○ 약관(弱冠)이란 "나이 20세 또는 젊은 나이"를, 불혹(不惑)이란 "나이 40세 또는 40대 연령의 나이"를 달리 이르는 낱말이다.

○ 논어(論語)에서 공자께서 이르기를
   30세 - 而立(이립) → 서른 살에 자립하였다는 데서 나온 말.
   40세 - 不惑(불혹) → 마흔 살부터 세상사에 미혹되지 않았다는 데서 나온 말.
   50세 - 지천명(知天命) → 쉰 살에는 하늘의 뜻을 알았다는 데서 나온 말.
   60세 - 耳順(이순) → 예순 살에 들어서는 어떤 일을 들으면 곧바로 이해가 되었다는 데서 나온 말.
   70세 - 從心所欲不踰矩(종심소욕불유구) → 일흔 살에는 마음속으로 하고 싶은 대로 하여도 법도에 벗어나지 않았다는 데서 나온 말.

부수 3획	弓 활 궁	干 방패 간	弋 주살 익	工 장인 공

弓 | 활 궁. 자(尺)/과녁거리 궁.   0910-32

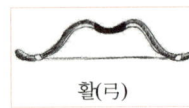
활(弓)

- **자원** 弓 → 굽은 활 모양을 표현.
- **쓰임** 「활. 자. 굽은 모양」과 의미로 쓰임.

弓手(궁수 - 활을 쏘는 사람) 弓術(궁술) 弓道(궁도) 弓矢(궁시) 國弓(국궁) 傷弓之鳥(상궁지조)

弟 | 아우 제: 차례/제자/공손할 제.   0911-80

- ● 弓 + 丫(두갈래질 아) + 丿(삐침 별 → 「아래로 쳐진 모양」을 의미) = 弟
- ☞ (층을 이룬) 弓(궁) 글자 형상처럼 층층이 태어난 형제들 가운데 갈래져서(丫) 아래쪽으로 쳐진(丿) 형제, 곧 서열이 낮은 차례에 태어난 형제이라는 데서 「아우. 차례. (아우처럼 낮은 서열이라는 데서)제자. (제자가 스승에게)공손하다」 뜻으로.

弟嫂(제:수 - 아우의 아내) 弟子(제:자) 弟妹(제:매) 兄弟(형제) 師弟(사제) 子弟(자제)

★ 弟(아우/차례/제자/공손할 제)와 결합을 이룬 글자.		0911 별첨
悌(공손할 제)	☞ 心(1934) → (아우가 형에게) 공손한(弟) 마음(忄)으로 대한다는 데서 「공손하다」	
梯(사다리 제)	☞ 木(1736) → 아우(弟)가 층층으로 태어나 있는 것처럼 나무(木)로 된 디딤판을 층층이(차례지어) 걸쳐 놓은 물건이라는 데서 「사다리. 층」 梯田(제전)	
涕(눈물 체)	☞ 水(1326) → 차례(弟)를 이루어(줄지어) 눈에서 줄줄 흘러내리는 물(氵)이라는 데서 「눈물」	

弱 | 약할 약.   0912-60

- ● {弓 + 彡(→ 彡「터럭/털자라날 삼」의 획 줄임) = 弱} × 2 = 弱 ※ 弱은 弱의 본자.
- ☞ 활(弓)이 보드라운 터럭(彡 = 彡)처럼 연약한 모양(弱), 곧 활이 연약하고(弱) 연약하여(弱) 튼튼하지 못하다는 데서 「약하다」 뜻으로.

弱體(약체 - 약한 몸) 弱者(약자) 弱小(약소) 弱骨(약골) 弱點(약점) 弱冠(약관) 弱肉强食(약육강식)

★ 弱(약할 약)과 결합을 이룬 글자.		0912 별첨
溺(빠질 닉)	☞ 水(1272) → (수영을 하다가) 힘이 약하여(弱)지면 물속(氵)으로 빠져들어 간다는 데서 「빠지다. 물에 빠져 죽다」 溺死(익사)	

强 | 강할 강(:) 굳셀/힘쓸/굳을 강.   0913-60

強 | 강할 강(:) 굳셀/힘쓸/굳을 강.   0914-00

- ● 強 = {弓 + 厶(사사로울/사사 사) = 弘(클 홍)} + 虫(벌레 충)
- ● 强 = 弓 + 口(입 구) + 虫(벌레 충) ※ 强은 強의 속자.

弓 **부수(자원과 쓰임 → 0910 참조)**

☞ 強 → 큰(弘) 벌레(虫), 곧 코끼리를 잡아먹는다고 하는 덩치가 매우 큰 뱀(식상사食象蛇)처럼 힘이 무척 세다는 데서 「굳세다. 힘쓰다」 뜻으로.
☞ 强 → 強의 厶가 口로 대체된 속자

強力(강력) 強弱(강약) 強度(강도) 強國(강국) 強制(강:제) 強盜(강:도) 強忍(강:인) 強辯(강:변)

| 引 끌 인. 이끌/활당길 인. | 0915-42 |

◉ 弓 + ㅣ(위아래통할 신 ∣ 뚫을 곤) = 引
☞ 활(弓)에 화살을 신(ㅣ) 글자 형상처럼 메기어 시위(활줄)를 힘껏 끌어당긴다는 데서 「활 당기다. (시위를)끌다. 이끌다」 뜻으로.

引導(인도 - 이끌어 가르침) 引渡(인도 - 넘겨줌) 引率(인솔) 引繼(인계) 引上(인상) 引揚(인양)

| ★ 引(끌/이끌 인)과 결합을 이룬 글자. | 0915 별첨 |

蚓(지렁이 인)　☞ 虫(2640) → 길쭉한 몸뚱이를 끌어(引)당기면서 이동하는 벌레(虫)이라는 데서 「지렁이」

| 張 베풀 장. 벌릴/성(姓) 장. | 0916-40 |

◉ 弓 + 長(긴/멀/클 장) = 張 (3324 참조)
☞ 활(弓)의 시위(활줄)를 길게(長) 끌어당겨 활과 시위 사이를 벌어지게 한다는 데서 「벌리다. 베풀다」 뜻으로.

張皇(장황 - 매우 길고 번거로움) 張數(장수) 張本人(장본인) 張勉(장면 - 우리나라 제7대 국무총리)

| ★ 張(베풀/벌릴 장)과 결합을 이룬 글자. | 0916 별첨 |

漲(불을/넘칠 창)　☞ 水(1357) → 물(氵)이 널리 베풀어져(張) 있는, 곧 강물이 범람하여(넘치어) 들판이 물에 잠겨 있는 모양이라는 데서 「넘치다. 불어나다」 漲滿(창만)

| 彈 탄알 탄: 퉁길/쏠 탄. | 0917-40 |

◉ 弓 + 單(홑 단 → 여기에서는 「뇌석거 모양」을 표현) = 彈 (0813 참조)
※ 뇌석거(檑石車) → 돌을 수레에 얹어 던지는 무기의 일종
☞ 활(弓)을 쏘듯이, 단(單) 글자 형상처럼 생긴 뇌석거에 돌을 얹어 퉁긴다는 데서 「퉁기다. 쏘다. (쏘는)탄알」 뜻으로.

彈丸(탄:환 - 탄알) 彈琴(탄:금 - 거문고 등을 탐) 彈藥(탄:약) 彈劾(탄:핵) 彈壓(탄:압) 誘導彈(유도탄)

| 弔 조상할 조: 슬퍼할 조. | 0918-30 |

◉ 弓 + ㅣ(위아래통할 신 ∣ 뚫을 곤) = 弔
☞ 초상을 당한 상주(喪主)가 굽은 활(弓)처럼 몸을 구부리고 지팡이(ㅣ)를 짚고 서서 곡(哭)하는 모습에서 「조상하다. 슬퍼하다」 뜻으로.

弔客(조:객 - 조상하러 온 사람) 弔花(조:화) 弔旗(조:기) 弔喪(조:상) 弔問(조:문) 弔意金(조:의금)

| 弗 아닐/말(勿) 불. 어그러질/바르지못할/버릴/달러 불. | 0919-30 |

궁 부수(자원과 쓰임 → 0910 참조)

◉ 弓 + 丿 = 弗
☞ 활(弓)이 두 가닥(丿)으로 갈라져서 본래 형체가 아닌(어그러진) 모양이라는 데서 「본래 활이)아니다. 말다. 어그러지다. (활이 어그러져서)버리다」 뜻을. 한편 화폐 기호인 $(달러)과 비슷한 형상인 弗 글자를 가차(假借)하여 「달러($)」 뜻으로.
弗素(불소 - 할로겐족 원소의 하나로, 황색이 나는 기체) 弗(불 - 달러 dollar) 弗貨(불화)

★ 弗(아니/말/어그러질/바르지못할/버릴 불)과 결합을 이룬 글자.		0919 별첨
佛(부처 불)	☞ 人(0071) → 부처를 의미하는 붓다(Buddha)의 음역(音譯)을 불(弗)로 표기한 글자. 다른 사람(亻)이 아닌(弗) 깨달음을 이룬 자기 자신이라는 의미가 부여되어 「부처」	
拂(떨칠 불)	☞ 手(1469) → (먼지떨이를 쥔) 손(扌)으로 먼지를 어그러지게(弗) 한다는 데서 「떨치다」	
彿(비슷할 불)	☞ 彳(0453) → 바르지 못한(弗) 자세로 걸어가는(彳), 곧 바르지는 않지만 엇비슷한 자세로 걸어간다는 데서 「비슷하다. 흡사하다」 彷彿(방불)	
費(쓸 비)	☞ 貝(3043) → 재물(돈)(貝)을 어그러지게(弗) 하는, 곧 가지고 있는 돈을 이리저리 허비(소비)한다는 데서 「허비하다. 소모하다. 쓰다」 費用(비용)	
沸(끓을 비)	☞ 水(1339) → 물(氵)이 이리저리 어그러지는(弗) 형상을 이루어 (부글거리면서) 끓어오르는 모양이라는 데서 「(물이)끓다. 용솟음하다」 沸騰(비등)	

弘 클 홍. 넓을/넓힐 홍.   0920-30

◉ 弓 + 厶(사사로울/나 사 → 「굽은 팔꿈치 모양」을 표현한 글자) = 弘
☞ 활(弓)이 사(厶) 글자 형상처럼 굽어지도록 시위(활줄)를 힘껏 끌어당겨 활과 시위 사이를 크게 늘리어 놓은 모양이라는 데서 「크다. 넓다. 넓히다」 뜻으로.
弘報(홍보 - 널리 알림) 弘道(홍도 - 도를 널리 펴는 일) 弘文館(홍문관) 弘益人間(홍익인간)

★ 弘(클/넓을/넓힐 홍)과 결합을 이룬 글자.		0920 별첨
泓(물깊을 홍)	☞ 水(1276) → 물(氵)이 크게(弘) 채워져 있어 수심이 깊다는 데서 「물 깊다」	

弦 시위/활시위 현. 탈 현.   0921-30

◉ 弓 + 玄(검을 현 → 높이 매달아 놓은 실을 표현) = 弦 (2094 참조)
☞ 활(弓)에, 현(玄) 글자 형상처럼 매달아 놓은 실(끈)이라는 데서 「시위. 활시위」 뜻으로.
弦樂器=絃樂器(현악기) 弓弦(궁현 - 활시위) 上弦(상:현 - 음력 7~8일경에 뜨는 달)

弼 도울 필.   0922-20

◉ {弓 + 弓 = 弜(굳셀 강)} + 百(일백/힘쓸/모든 백) = 弼
☞ 굳센(弜) 국가를 이룩하기 위하여 모든(百) 백성이 힘써 조력한다는 데서 「돕다」 뜻으로.
弼成(필성 - 도와서 이루게 함) 弼導(필도 - 보필하여 인도함) 輔弼(보:필 - 임금의 덕업을 보좌함)

彊 굳셀 강. 힘쓸/굳을 강.   0923-20

◉ 弓 + 畺(지경 강) = 彊 ※ 彊은 强(강할 강)과 통자(通字).
☞ 활(弓)을 지니고 지경(畺)을 지키는, 곧 무기를 지니고 국경을 튼튼하게 지킨다는 데서 「굳세다.

弓 부수(자원과 쓰임 → 0910 참조)

힘쓰다. (자기 나라의 국경으로)굳다」뜻으로.
自彊不息=自强不息.(자강불식 - 스스로 근면하여 힘씀)

★ 畺(지경 강)과 결합을 이룬 글자.		0923 별첨
疆(지경 강)	☞ 田(2122) →	자국의 영토로 굳어진(彊 굳을 강) 경계(접경)를 이루고 있는 땅(土)이라는 데서 「지경」疆土(강토)
薑(생강 강)	☞ 艸(2817) →	밭(田)과 밭(田)을 구분(경계)(三)지어 놓은 강(畺) 글자 형상처럼 뿌리가 울룩 불룩하게 구분 지어진 모양을 이루어 맺혀 있는 식물(艹)이라는 데서 「생강」生薑(생강)

彌 오랠/미륵 미. 그칠/더욱/두루 미.　　0924-20

◉ 弓 + 爾(너/가까울 이) = 彌 (1820 참조)
☞ 활(弓)을, 표적물과 가까운(爾) 곳에서 쏘면 두루 맞힐 수 있을 뿐만 아니라 더욱 위력적이라는 데서 「두루. 그치다. 더욱」 뜻을, 고금(古今)에 두루 미친다는 데서 「오래다. (오랜 세월에 걸쳐 광명이 두루 미친다는 의미가 부여되어)미륵」 뜻으로.

彌縫策(미봉책 - 임시로 눈가림만 하는 일시적인 계책) 彌勒(미륵) 彌阿洞(미아동 - 서울에 있는 지명)

弛 늦출 이.　　0925-10

◉ 弓 + 也(어조사/잇기/또 야 | 잇닿을 이) = 弛 (0041 참조)
☞ 활(弓)이 굽은 상태로 이어져(也) 있는, 곧 활시위를 메기지 않고 느슨하게 풀어놓는다는 데서 「늦추다」 뜻으로.

弛緩(이완 - 느즈러짐) 解弛(해:이 - 긴장이나 규율이 풀리어 느즈러짐)

弧 활/나무활 호.　　0926-10

◉ 弓 + 瓜(오이/참외 과) = 弧 (2100 참조)
☞ (길쭉하게 굽은) 오이(瓜) 모양처럼 밋밋하게 굽은 나무로 된 활(弓)이라는 데서 「나무 활. 활」 뜻으로.

弧線(호선 - 반원형의 선) 弧矢(호시 - 나무로 만든 활과 화살) 括弧(괄호)

弩 쇠뇌 노.　　0927-10

◉ 奴(노예 노) + 弓 = 弩 (0473 참조)
※ 쇠뇌 → 여러 개의 화살을 한꺼번에 쏘는 활의 한 가지.
☞ 포로가 되어 집단으로 끌려가는 노예(奴)처럼 여러 개의 화살이 한꺼번에 이끌려 나가는 (발사되는) 활(弓)의 일종이라는 데서 「쇠뇌」 뜻으로.

弩砲(노포 - 쇠뇌) 弓弩(궁노 - 활과 쇠뇌) 弩臺(노대 - 쇠뇌를 쏘기 위하여 높게 지은 대)

彎 굽을 만. 당길/활에살먹일 만.　　0928-10

◉ 䜌(끊이지않을/맬 련 | 말방울 란) + 弓 = 彎
☞ (활줄이) 끊어지지 않을(䜌) 정도로 화살을 메긴 시위를 힘껏 끌어당기어 활(弓)이 둥그스름 하게 굽어 있다는 데서 「굽다. (시위를)당기다. 활에 살 먹이다」 뜻으로.

彎曲(만곡 - 활 모양으로 굽음) 彎月(만월 - 구붓하게 된 달. 초승달이나 그믐달)

★ 䜌(끊이지않을/맬 련 | 말방울 란)과 결합을 이룬 글자. 0928 별첨

戀(그리워할 련)	☞ 心(1863) →	끊이지 않고(䜌) 마음(心)에 이어지는, 곧 상대방을 생각하는 마음이 잊히지가 아니하고 끊임없이 떠오른다는 데서 「사모하다. 그리워하다」戀情(연정)
鸞(난새 란)	☞ 鳥(3708) →	말방울(䜌) 소리를 내어 우는 상상(想像)의 새(鳥)라는 데서 「난새」
蠻(오랑캐 만)	☞ 虫(2618) →	끊이지 않는(䜌) 벌레(虫), 곧 끊임없이 귀찮게 굴어 대는 파리나 모기떼 같은 종족이라는 의미가 부여되어 「(남녘)오랑캐」蠻族(만족)
灣(물굽이 만)	☞ 水(1381) →	물(氵)이 굽은(彎 → 굽을 만) 형상으로 둘러어 있는, 곧 바닷물이 내륙 쪽으로 깊숙하게 굽이져 있는 지대이라는 데서 「물굽이」港灣(항만)
變(변할 변)	☞ 言(3206) →	끊임없이(䜌) 타이르고 회초리로 쳐서(매질하여)(攵) 훈육하면 나쁜 행실이 바르게 변한다는 데서 「바르다. 변하다」變化(변화)

자투리 마당

초인유궁(楚人遺弓) 초인득지(楚人得之)

○ 초나라 사람이 잃어버린 활을 초나라 사람이 습득한다는 뜻으로, 도량이 좁음을 비유적으로 이르는 말.

- 초(楚)나라의 공왕(共王)이 하루는 사냥을 나갔다가 활을 잃어버렸는데, 좌우에 있던 신하들이 한 번 더 찾아보겠다고 말하자, 공왕이 이르기를 「그만 두어라. 楚나라 사람이 잃어버린 활을 언젠가는 楚나라 사람이 주워 갈 터인데 그렇게까지 찾을 필요야 없지 않은가?」라는 일화(逸話)가 있었기에, 그 당시의 신하들은 공왕의 너그러운 인품을 칭송하였다고 한다.

- 그러나 공왕(共王)이 죽은 지 몇 해 뒤에 태어난 공자(孔子)께서 나중에 이 이야기를 전해 듣고서는 말씀하기를 「애석하구나. 그분은 큰 아량을 지닌 인물은 아니로다. 사람이 잃어버린 활을 다른 사람이 다시 손에 넣을 뿐이라고만 말하였다면 만족할 수 있는 일이 아닌가? 구태여 楚나라 사람을 한정 짓다니(人遺之 人得之 何必楚也 인유지 인득지 하필 초야)라는 말을 남겼으니, 孔子의 인류애(人類愛)적인 인품과 도량(度量)이 엿보이는 이야기임.

- 설원(說苑) -

| 부수 3획 | 弓 활 궁 | 干 방패 간 | 弋 주살 익 | 工 장인 공 |

| 干 | 방패 간. 구할/범할/물가/막을/얼마/약간/마을/기울/간여할/난간/천간 간. | 0929-40 |

방패(干)

자원 干 → 널판자를 잇대어(二) 손잡이(丨)를 달아 놓은 방패 모양을 표현.
쓰임 「방패. 막다. 범하다. 방패 모양」과 의미로 쓰임.

干戈(간과 - 방패와 창. 전쟁) 干求(간구 - 바라고 구함) 干涉(간섭) 干支(간지) 干滿(간만) 干與(간여)
干城(간성) 干拓(간척) 天干(천간) 支干(지간)

| 年 해 년. | 0930-80 |

◉ 丿(삐침 별) + 干 + 乚(→ 니 얽힐 구) = 年
☞ 방패(干)가 끌어내려(丿)지고 얽히는(乚), 곧 무기를 내려놓은 휴전과 방패가 서로 얽히는 교전 (평화와 전쟁)이 교차하는 가운데 흘러가는 것이 세월(해)이라는 데서 「해」 뜻으로.

年歲(연세 - 연령) 年初(연초) 年度(연도) 年末(연말) 年俸(연봉) 年賀(연하) 年下(연하) 年齡(연령)

| 平 평평할 평. 바를/다스릴/화할 평. | 0931-70 |

◉ 干 + 八(여덟/나눌 팔) = 平
☞ 방패(干)가 자루를 중심으로 균등하게 나누어져(八) 있는(치우침이 없이 평평하게 균형이 잡혀 있는) 모양에서 「평평하다. 바르다. (바르게)다스리다. (나라를 바르게 다스려 국민이)화하다」 뜻으로. 한편 平은 좌우가 대칭인 천칭 모양을 표현한 글자이기도 함.

平野(평야 - 평평한 들) 平原(평원) 平等(평등) 平和(평화) 平坦(평탄) 平均(평균) 平面(평면)

★ 平(평평할/바를 평)과 결합을 이룬 글자.		0931 별첨
評(평론할 평)	☞ 言(3228) → (치우침이 없도록) 공평하게(平) 논증하여(근거나 이유를 들어서) 말한다(言)는 데서 「평론하다」 評論(평론).	
坪(넓이단위 평)	☞ 土(0694) → 땅(土)을 공평하게 나누어(平) 놓은 일정 규모의 크기이라는 데서 「넓이 단위」	
萍(부평초 평)	☞ 艸(2811) → 물(수면)(氵)에, 평평하게(平) 떠 있는 풀(식물)(艹)이라는 데서 「부평초」	
秤(저울 칭)	☞ 禾(2220) → 벼(禾)의 무게를 다는 (좌우 측이 공평하게 나뉘어져서 평형을 이룬) 평(平) 글자 형상처럼 생긴 천칭 모양에서 「저울」 天秤(천칭).	

| 幸 다행 행: 요행 행. | 0932-60 |

◉ 土(흙 토) + 𢆉(약간심할 임)} = 幸
☞ 땅(土)이 약간 심하게(𢆉) 있는, 곧 농토가 제법 많아서 식생활에는 별반 걱정이 없다는 데서 「다행. 요행」 뜻으로.

干 부수(자원과 쓰임) → 0929 참조

幸福(행:복 - 욕구가 충족되어 만족과 기쁨을 느끼는 상태) 幸運(행:운 - 행복한 운수) 多幸(다행)

★ 幸(다행/요행 행)과 결합을 이룬 글자.　　　　　　　　　　　　　　　　　　　0932 별첨

| 執(잡을 집) | ☞ 土(0672) → 다행히(幸) 농사를 지을 좁은 땅(약간의 농토)(丸)을 소유하고(가지고) 있어서, 고향을 지키며 살아간다는 데서 「잡다. 가지다. 지키다」執行(집행) |

幹 줄기 간. 등마루뼈(척추)/몸뚱이/일맡을/천간 간. 　　　　　　　　0933-32

◉ 倝(해돋을 간) + 干 = 幹 (0040 참조)

☞ 해가 돋으면서(倝) 동녘 하늘에 방패(干)처럼 펼쳐지는 햇볕 줄기이라는 데서 「줄기. (줄기처럼 생긴)등마루 뼈. 몸뚱이. (줄기가 되는)일을 맡다. (줄기를 이루는)천간」뜻으로.

幹線(간선 - 철도·도로 등의 주요한 선로) 幹部(간부) 幹枝(간지) 幹事(간사) 基幹産業(기간산업)

★ 幹(줄기/등마루뼈 간)과 결합을 이룬 글자.　　　　　　　　　　　　　　　　0933 별첨

| 澣(빨래할 한) | ☞ 水(1366) → 물(氵)이 줄기(幹)를 이루어 흘러내리는, 곧 빨래거리를 물에 흔들어서 건져 올리는 (빨래하는) 모양이라는 데서 「빨래하다」澣滌(한척) |

幷 아우를 병. 나란히할/합할/같을/겸할 병. 　　　　　　　　　　　0934-00

◉ {丿(삐침 별) + 干 = 午} + {丿 + 干 = 午} = 幷 (2134 참조)　※ 幷과 倂은 동자.

☞ 午 → 방패(干)를 끌어내려(丿)놓은 모양, 곧 방패 두 자루를 바닥에 나란하게 진열하여 놓은 모양(幷)에서 「아우르다. 나란히 하다. 합하다. 같다. 겸하다」뜻으로.

幷合=倂合(병합 - 합하여 하나로 함)

★ 幷(아우를/나란히할/합합 병)과 결합을 이룬 글자.　　　　　　　　　　　　0934 별첨

倂(아우를 병)	☞ 人(0149) → 사람(亻)이 아울러(나란히 모여)(幷) 있다는 데서 「아우르다」倂記(병기)
屛(병풍 병)	☞ 尸(0962) → 시(尸) 글자 형상처럼 이루어진 여러 겹의 천이나 종이 조각을 아울러(나란하게 펼쳐)(幷) 놓은 물건이라는 데서 「병풍」屛風(병풍)
甁(병 병)	☞ 瓦(2091) → 아우른(幷) 형상으로 이루어져 있는 도자기(瓦), 곧 위아래는 좁으면서 배가 볼록하게 튀어나온 도자기이라는 데서 「병. 단지」花甁(화병)
餠(떡 병)	☞ 食(3565) → 밥(食)을 아울러(뭉쳐)(幷) 놓은, 곧 쌀가루를 쪄서 덩어리지게끔 만들어 놓은 음식이라는 데서 「떡」煎餠(전병)

부수 3획	弓	干	弋	工
	활 궁	방패 간	주살 익	장인 공

弋 주살 익. 취할/검을/오랑캐 익. 0935-00

자원 弋 → 창애(𠃌 새잡는창애 궐)를 줄(一)에 매달아 놓은 모양(丶), 곧 기다란 줄을 매달아 놓은 창애 형태의 화살을 표현.

쓰임 「주살. 말뚝. 쟁기. 잉아」 모양과 의미로 쓰임.

※ 주살 → 화살의 일종으로, 오늬에 줄을 매어 쏘는 화살. 이는 활을 쏜 다음에 화살을 다시 회수할 수 있으며, 오늘날에도 창에 줄을 매달아 고래를 사냥하는 주살 형태의 무기가 있음.

弋獵(익렵 - 날짐승은 활을 쏘아 잡고 길짐승은 쫓아가서 잡음)

式 법 식. 제도/의식/수레앞가로막대 식 | 모질 특. 0936-60

◉ 弋 + 工(장인/만들 공) = 式

☞ 발사한 주살(弋)이 일정한 범위를 벗어나지 않는 것처럼 제도에 꼭 들어맞게 만들어(工) 놓은 것이라는 데서 「법. 제도. 의식」 뜻을. 익(弋) 자 형상처럼 만들어(工) 수레 앞에 걸쳐 놓은 난간 형태의 막대이라는 데서 「수레 앞 가로막대」. 주살을 맞은 사냥감은 놓치지 않고 사로잡는다는 데서 「모질다」 뜻으로.

式順(식순 - 의식 진행의 순서) 式場(식장) 式典(식전) 式辭(식사) 方式(방식) 儀式(의식)

★ 式(법/제도/의식/수레앞가로막대 식 | 모질 특)과 결합을 이룬 글자. 0936 별첨

試(시험할 시)	☞ 言(3218) → 법(제도)(式)에 맞도록 바르게 말하는지(言)를 알아본다는 데서 「시험하다」
弒(죽일 시)	☞ 弋(0937) → 아래 0937 참조.
軾(수레앞가로나무 식)	☞ 車(3173) → 수레(車)의 앞면에 걸쳐 놓은 가로막대(式)이라는 데서 「수레 앞 가로나무」
拭(씻을 식)	☞ 手(1538) → 걸레를 쥔 손(扌)으로 방바닥을 식식(式)거리며 문지른다는 데서 「닦다. 씻다」

弒 죽일/윗사람죽일 시: 0937-10

◉ 杀(= 殺 나무로칠/죽일 찰) + 式(법/제도 식 | 모질 특) = 弒 (0936 참조)

☞ 나무로 쳐서(杀) 모질게(式) 죽인다는 데서 「윗사람 죽이다. 죽이다」 뜻으로.

弒害(시:해 - 시살. 부모나 임금을 죽이는 일) 弒殺(시:살) 弒逆(시:역)

弍 두 이: 0938-00

◉ 弋 + 二(두 이) = 弍 ※ 弍는 二의 고자(古字)이며 貳(두 이)의 약자.

☞ 주살(弋)이 둘(二)이라는 데서 「둘(2)」 뜻으로.

弍萬원=貳萬원(이:만원 - 2만 원)

弓	干	弋	工
활 궁	방패 간	주살 익	장인 공

工 장인 공. 만들/공장/지을/교묘할/벼슬 공. 0939-70

자원 위아래의 두(二) 쪽을 연결(丨)시켜 물건을 조립하는 모양. 또는 장인이 사용하는 곡척 모양을 표현.

쓰임 「장인. 만들다. 이루다. 짓다. 작업. 자. 공구. 工 모양」과 의미로 쓰임.

工具(공구 - 공작에 쓰이는 기구) 工業(공업) 工事(공사) 工場(공장) 工作(공작) 工藝(공예) 工團(공단)

左 왼 좌: 왼손/도울/낮을 좌. 0940-70

- ナ(왼 좌 → 左의 古字로서 「왼쪽. 있다」 의미로 쓰임) + 工 = 左
- ☞ 공(工) 글자 형상의 자(곡척)를 쥐고 있는 왼쪽(ナ) 손이라는 데서 「왼손. 왼. (왼쪽 손은 주로 오른쪽 손을 돕는 보조 역할을 한다는 데서)돕다. 낮다」 뜻으로.

左右(좌:우) 左遷(좌:천) 左傾(좌:경) 左翼(좌:익 - 과격한 당파) 左衝右突(좌:충우돌) 左顧右眄(좌:고우면)

★ 左(왼/왼손/도울 좌)와 결합을 이룬 글자.		0940 별첨
佐(도울 좌)	☞ 人(0116) → 다른 사람(亻)의 왼손(左) 구실을 하는, 곧 다른 사람의 일을 거들어 주거나 업무를 대신하여 준다는 데서 「돕다. 버금. 다음」 補佐(보좌)	

巨 클 거: 많을/억 거. 0941-40

- 工 + ㄱ(→匚「상자 방」을 되돌려 놓은 모양) = 巨
- ☞ 공구(工)가 상자(ㄱ) 속에 들어가지 못할 정도로 무척 크거나 많다는 데서 「크다. 많다. (크게 많은 수효인)억」 뜻으로.

巨大(거:대) 巨人(거:인) 巨軀(거:구) 巨事(거:사) 巨額(거:액) 巨金(거:금) 巨富(거:부) 巨匠(거:장)

★ 巨(클/많을 거)와 결합을 이룬 글자.		0941 별첨
拒(막을 거)	☞ 手(1445) → 손(扌)을 크게(巨) 벌려 안으로 들어오지 못하도록 차단한다는 데서 「막다」	
距(떨어질 거)	☞ 足(3001) → 발(𧾷)을 크게(巨) 벌려 멀리 내어 딛는다는 데서 「상거하다. 떨어지다」	
矩(곱자 구)	☞ 矢(2188) → 화살(矢) 길이에 맞추어 공(工)과 방(ㄱ ← 匚) 글자 형상처럼 모나게 만들어 놓은 곡척 모양에서 「곱자」 矩尺(구척)	

差 다를/어긋날 차. 층질 치. 0942-40

- 𦍌(→ 羊 양 양) + 丿(삐침 별) + 工 = 差
- ☞ 양(羊)의 꼬리가 왼쪽으로 쳐진(丿) 모양으로 지어져(이루어져)(工) 있는, 곧 양의 꼬리가 어긋나 있는 모양이라는 데서 「어긋나다. 다르다. 층지다」 뜻으로.

差異(차이) 差等(차등 - 차이가 나는 등급) 差別(차별) 差減(차감) 差額(차액) 差度(차도) 參差(참치)

工 부수(자원과 쓰임 → 0939 참조)

★ 差(어긋날/다를 차 | 층질 치)와 결합을 이룬 글자. 　　　　　　　　　　　　　0942 별첨

嗟(탄식할 차) 　☞ 口(0891) → 충지계(差) 소리(口)를 내는, 곧 아~아~ 하는 한숨이 섞인 높고 낮은 소리를 낸다는 데서「탄식하다」嗟歎(차탄)

蹉(넘어질 차) 　☞ 足(3018) → 발(발걸음)(𧾷)이 어긋나서(꼬여져)(差) 헛디딘다는 데서「넘어지다」

巧 　공교할 교. 교묘할/재주 교. 　　　　　　　　　　　　　　　　　　　　0943-32

◉ 工 + 丂(재주/교묘할 교) = 巧

☞ 만드는(工) 재주가 교묘하다(丂)는 데서「재주. 교묘하다. 공교하다」뜻으로.

巧妙(교묘 - 썩 잘되고 묘함) 巧拙(교졸) 巧技(교기) 巧言(교언) 巧言令色(교언영색) 精巧(정교)

巫 　무당 무: 무녀 무. 　　　　　　　　　　　　　　　　　　　　　　　　0944-10

◉ 工 + 从(좇을/따를 종) = 巫

☞ (나무나 바위 따위를) 우상물(偶像物)로 만들어(工) 놓고 이를 좇는(믿는)(从) 사람이라는 데서「무당. 무녀」뜻으로.

巫堂(무:당 - 점치고 굿하는 사람) 巫覡(무:격 - 무당과 박수) 巫俗(무:속 - 무당들의 풍속) 巫女(무:녀)

★ 巫(무당/무녀 무)와 결합을 이룬 글자. 　　　　　　　　　　　　　　　　0944 별첨

誣(속일 무) 　　☞ 言(3286) → 무당(巫)이 말하는(言) 것처럼 지어내어 말한다는 데서「꾸미다. 속이다」

覡(남자무당 격) 　☞ 見(2955) → (굿판에서) 여자 무당(巫)을 마주 바라보면서(見) 북을 치는 남자 무당이라는 데서「남자 무당. 박수」巫覡(무격)

筮(점대 서) 　　☞ 竹(2715) → 무당(巫)이 점치는 용구로 사용하는 대나무(대꼬챙이)(竹)이라는 데서「점대」

253

己	尸	巾	廾
몸 기	주검 시	수건 건	손맞잡을 공

己 | 몸 기. 나/사사(私)/다스릴/여섯째천간 기. 0945-50

자원 己 → 몸을 구푸린 자세, 곧 자세를 최대한도로 낮춘(겸양하는) 자신(自身)이라는 데서 「나. 몸(몸소)」 의미를 지님.

쓰임 「몸. 낮춘 몸. 己 글자 형상처럼 굽은 모양」과 의미로 쓰임.

自己(자기) 知己(지기 - 자기 마음까지 알아주는 사람) 克己(극기) 己未年(기미년) 利己主義(이:기주의)

已 | 이미 이: 어조사 이. 0946-32

◉ 己 + ㅣ(ㅣ「위아래통할 신」의 1/2 모양) = 已

☞ 기(己) 글자도 사(巳 뱀 사) 글자도 아닌 모양으로 글자 획이 이미 지나가 버린 모양(已)이라는 데서 「이미」 뜻으로.

※ 己. 已. 巳는 자형이 엇비슷하여 혼동하기 쉬운 글자임.

已往之事(이:왕지사 - 이미 지나간 일) 已而(이:이 - 뿐. 따름) 不得已(부득이)

巳 | 뱀/여섯째지지 사. 동남방위/삼짇날 사. 0947-30

◉ 己 + ㅣ = 巳

☞ 몸(己)의 상체가 한데 이어져(ㅣ) 있는 모양으로, 이는 작물의 성장 순환 과정을 절기(12개월)에 대입하여, 이를 순차적으로 배열하여 놓은 지지(地支)에서 작물의 잎줄기가 어울리는(巳) 절기 (음력 4월)에 해당하는 지지이라는 데서 「여섯째 지지. (여섯째 지지가 가리키는 동물과 방위인) 뱀. 동남 방위」 뜻으로. 한편 巳는 몸뚱이가 구부렁한 뱀 모양이기도 함.

巳時(사시 - 상오 9시에서 11시까지 시간대) 己巳(기사 - 육십갑자의 여섯째) 乙巳條約(을사조약)

★ 巳(뱀/여섯째지지/삼짇날 사)와 결합을 이룬 글자.	0947 별첨
祀(제사 사) ☞ 示(2354) → 신위(示 → 神位) 앞에서 사(巳) 글자 형상처럼 몸을 구푸리고 제사 지내는 모습에서 「제사」 祭祀(제사)	

巷 | 거리 항: 골목 항. 0948-30

◉ 共(한가지/함께 공) + 巳(뱀 사) = 巷

☞ 여러 사람들이 함께(共) 이용하는, 사(巳) 글자 형상처럼 구불구불한 골목길이라는 데서 「거리. 골목」 뜻으로.

巷間(항:간 - 일반 사람들 사이) 巷談(항:담 - 항설) 巷說(항:설 - 거리의 풍문. 세상에 떠도는 이야기)

★ 巷(거리/골목 항)과 결합을 이룬 글자.	0948 별첨
港(항구 항) ☞ 水(1192) → 물(氵)에 잇닿아 있는 거리(巷), 곧 물가(해변)에 배를 정박시키기 위하여 조성하여 놓은 거리(곳)이라는 데서 「항구」 港口(항구)	

己 부수(자원과 쓰임 → 0945 참조)

巴 땅이름/꼬리 파. 뱀(食象蛇)/파초 파.   0949-10

◉ {己 + ㅣ = 巳(뱀/여섯째지지 사)} + ㅣ = 巴

☞ 巴 → 사(巳 뱀 사) 글자에 선(ㅣ)을 그어 놓은 모양으로, 이는 일반적인 뱀과는 다른 몸집이 매우 큰 뱀임을 표시하여「뱀(식상사 → 코끼리를 잡아먹는다고 하는 큰 뱀). (뱀의)꼬리. (큰 뱀의 꼬리처럼 잎이 길쭉하게 드리워져 있는)파초」뜻으로.

巴蜀(파촉 - 중국 사천성의 옛 이름). 巴戟天(파극천 - 부조초不凋草의 뿌리. 약재로 씀)

★ 巴(땅이름/꼬리/뱀(食象蛇)/파초 파)와 결합을 이룬 글자.		0949 별첨
把(잡을 파)	☞ 手(1491) → 몸을 움츠리는 뱀(巴)처럼 손(扌)을 오므리어 물건을 잡는다는 데서「잡다」	
爬(긁을 파)	☞ 爪(1572) → 손톱(손가락)(爪)을 (몸뚱이를 구부리어 기어 나가는) 뱀(巴)처럼 구부리어 살갗을 긁거나 기어 나간다는 데서「긁다. 기어가다」爬蟲(파충)	
琶(비파 파)	☞ 玉(2065) → 여기에서 王王은 비파의 현(絃) 모양, 비파(比巴)는 소리를 표현. 현(王王)을 긁으면 비파(삐빠)(比巴)거리는 소리가 나는 현악기이라는 데서「비파」琵琶(비파)	
爸(아비 파)	☞ 父(1817) → 아버지(父)이라는 뜻(訓)과 자식이 아버지를「파파」라고 부르는 파(巴) 소리(音)를 결합하여「아비」爸爸(파파)	
芭(파초 파)	☞ 艸(2810) → 파초(巴) 풀(식물)(艸)이라는 데서「파초」芭蕉(파초)	
肥(살찔 비)	☞ 肉(2392) → 살점(月)이 큰 뱀(巴→덩치가 매우 큰 식상사(食象蛇))처럼 토실토실하게 뭉치어져(불어나) 있다는 데서「살찌다」肥滿(비만)	

巽 부드러울 손. 사양할/낮은체할/손방 손.   0950-00

◉ {己 + ㅣ = 巳(뱀/여섯째지지 사)} + 巳 + 共(한가지 공) = 巽

☞ 몸뚱이를 구푸린 뱀(巳)과 뱀(巳)이 마주 대면하고 있는 것처럼 모두가 함께(共) 허리를 구부리는 낮은 자세를 취한 모양이라는 데서「낮은 체하다. (낮은 자세를 취하여)부드럽다. (부드럽게 말하여)사양하다. (주역에서 손괘 방위인)손방」뜻으로.

巽方(손방 - 동쪽과 남쪽의 가운데 방위) 巽卦(손괘 - 8괘의 하나. 바람을 상징)

★ 巽(부드러울/사양할 손)과 결합을 이룬 글자.		0950 별첨
選(가릴 선)	☞ 辵(3091) → 직책을 사양하고(巽) 물러난 자리에 새로운 사람을 나아가게(辶) 하는, 곧 물러난 자리에 적임자를 가리어 뽑는다는 데서「가리다. 뽑다」選定(선정)	
撰(지을 찬)	☞ 手(1543) → 손(扌)으로, 직책을 사양하고(巽) 물러난 자리에 적임자를 가리어(뽑아서) 새로운 진용을 갖춘다는 데서「가리다. 갖추다. (문맥을 갖추어 글을)짓다」撰述(찬술)	
饌(반찬 찬)	☞ 食(3568) → 밥(食)이 부드럽게(巽) 넘어가도록 곁들여 먹는 여러 가지 음식물이라는 데서「반찬」	

己	尸	巾	廾
몸 기	주검 시	수건 건	손맞잡을 공

부수 3획

尸 | 주검 시: 주장할/베풀/시동(尸童)/게으를 시. 0951-00

- **자원** 尸 → 꾸부정한 몸뚱이 모양. 또는 계단이나 지붕 모양을 표현.
- **쓰임** 「주검. 구부렁한 몸/자세/물체/꼬리/눈썹. 계단. 지붕. 집 모양」과 의미로 쓰임.

尸祿(시:록 - 하는 일이 없이 녹만 받아먹고 직책을 다하지 않음) 尸童(시:동)

屋 집 옥. 지붕 옥. 0952-50

- 尸 + 至(이를/미칠/머무를 지) = 屋 (2867 참조)
- ☞ 여기에서 尸는 집(지붕) 모양을 표현. 사람이 이르러(至) 있는 집(지붕)(尸) 모양에서「집. 지붕」 뜻으로.

屋上(옥상 - 지붕 위) 屋外(옥외) 屋上架屋(옥상가옥) 洋屋(양옥) 社屋(사옥) 韓屋(한:옥)

★ 屋(집/지붕 옥)과 결합을 이룬 글자.		0952 별첨
握(쥘 악)	☞ 手(1490) → 손(扌)을, 둥그스름하게 덮여 있는 지붕(屋)처럼 구푸리어(덮어씌워) 물건 따위를 움켜쥔다는 데서「쥐다. 잡다」握力(악력)	

局 판(形局) 국. 꾸부릴/굽힐/마을(관아) 국. 0953-50

- 尸 + 句(글귀/굽을/담당할/맡아볼 구) = 局 (0808 참조)
- ※ 판 → 일이 벌어진 자리. 또는 그 장면.
- ☞ 구부린 자세(尸)로 주어진 사무를 맡아보는(句), 또는 한 지붕(尸) 아래에서 여러 사람들이 사무를 맡아보는(句) 관아(官衙)라는 데서「마을(관아). (몸을)꾸부리다. 굽히다. (관아에서 일거리를 벌려 놓은)판」뜻으로.

局外(국외 - 그 일과는 관계가 없는 처지) 局限(국한) 局番(국번) 局長(국장) 局地戰(국지전) 對局(대:국)

展 펼 전: 열/벌릴 전. 0954-50

- 尸 + 廾(손맞잡을/스물십 공) + 氏(→ 衣「옷 의」의 획 줄임 → 옷자락 모양) = 展
- ☞ 굽은 물체(尸)를 손으로 맞잡아(廾), 늘어뜨린 옷자락 모양(氏)처럼 퍼지게 한다는 데서「펴다. 벌리다. 열다」뜻으로.

展開(전:개 - 늘어서 폄) 展示(전:시 - 물품 따위를 펴서 보임) 展覽(전:람) 展望臺(전:망대) 發展(발전)

★ 展(펼/열/벌릴 전)과 결합을 이룬 글자.		0954 별첨
輾(돌아누울 전)	☞ 車(3186) → 진(陣)을 치기 위하여 수레(車)를 반원형으로 펼친다(展)는 데서「반 바퀴 돌다. 돌다. 돌아눕다」輾轉反側(전전반측)	

尸 부수(자원과 쓰임 → 0951 참조)

居 살 거. 있을/곳 거.   0955-40

◉ 尸 + {十(열/충분할 십) + 口(입/말할 구) = 古(예/오랠 고)} = 居
☞ 지붕(尸) 아래에서 여러(十) 식구(口)가 함께 살고 있는, 또는 구부정한 몸(尸)이 되도록 오래 (古)도록 살고 있다는 데서 「살다. 있다. (사는)곳」뜻으로.
居住(거주 - 일정한 곳에 머물러 삶) 居留(거류) 居室(거실) 居士(거사) 居處(거처) 居所(거소)

★ 居(살/있을·곳 거)와 결합을 이룬 글자.	0955 별첨
倨(거만할 거)	☞ 人(0169) → 사람(亻)이 구부정한 몸(尸)으로 오래(古)도록 버티고 서 있는(노려보는) 매우 거만스러운 모습이라는 데서 「거만하다」倨慢(거만).

屈 굽힐 굴. 굽을 굴.   0956-40

◉ 尸 + 出(날 출) = 屈
☞ 좁은 곳을 빠져 나오기(出) 위하여 굽은 자세(尸)를 취한다는 데서 「굽히다. 굽다」뜻으로.
屈身(굴신 - 몸을 굽힘) 屈伸(굴신 - 굽힘과 폄) 屈折(굴절) 屈服(굴복) 屈曲(굴곡) 屈辱(굴욕)

★ 屈(굽힐/굽을 굴)과 결합을 이룬 글자.	0956 별첨
掘(팔 굴)	☞ 手(1484) → 손(扌)을 굽히어(屈) 흙을 파낸다는 데서 「파다. 뚫다」發掘(발굴)
窟(굴 굴)	☞ 穴(2169) → 굽은(屈) 형상으로 이루어져 있는 굴(穴)이라는 데서 「굴」土窟(토굴)

層 층 층. 층계 층.   0957-40

◉ 尸 + 曾(일찍/더할/깊을/거듭 증) = 層 (1991 참조)
☞ 여기에서 尸는 계단 모양을 표현. 시(尸) 글자 형상처럼 이루어진 판판하고 비탈진 계단을 층층으로 더하여(거듭하여)(曾) 놓은 설비라는 데서 「층. 층계」뜻으로.
層階(층계) 層層侍下(층층시하 - 부모·조부모를 다 모시고 있는 처지) 地層(지층) 階層(계층)

屬 붙일 속. 무리 속 | 이을/닿을/붙일 촉.   0958-40

◉ 尾(= 尾 → 尾「꼬리 미」의 본자) + 蜀(나비애벌레/나라이름 촉) = 屬
☞ 길쭉한 꼬리(尾 = 尾)처럼 생긴 더듬이가 나비 애벌레(蜀)의 머리에 달라붙어 있다는 데서 「(더듬이를 머리에)붙이다. 잇다. (한데 잇닿아 있는)무리」뜻으로.
屬性(속성 - 사물의 특징·성질) 屬國(속국) 屬望=囑望(촉망 - 희망을 걺) 從屬(종속) 所屬(소:속)

★ 屬(붙일 속 | 이을/닿을 촉)과 결합을 이룬 글자.	0958 별첨
囑(부탁할 촉)	☞ 口(0884) → 다른 사람에게 말하여(口) 전달 사항을 제삼자에게 닿게(屬) 한다는 데서 「부탁하다」

尺 자 척. 길이 척.   0959-32

◉ 尸 + 乀(파임 불) = 尺
☞ 구부러진 신체(尸) 부위인 겨드랑이와 파인(乀) 부위인 팔꿈치까지의 거리가 대개 한자(一尺) 정도의 길이라는 데서 「자. 길이」뜻으로.

尺度(척도 - 계량이나 평가의 기준) 咫尺(지척 - 아주 가까운 거리) 越尺(월척) 三尺童子(삼척동자)

履 밟을 리: 신 리.　　　　　　　　　　　　　　　　　　　　　　　　0960-32

- 尸 + 復(돌아올/되풀이할 복 | 다시 부) = 履 (0435 참조)
- 시(尸) 글자를 돌려(뒤집어)(復)놓은 신 모양(ㄴ)에서「신. (신을 신고)밟다」뜻으로.

履修(이:수 - 차례를 밟아 학과를 공부하여 마침) 履行(이:행) 履歷書(이:력서) 曳履聲(예:리성)

尾 꼬리 미. 끝 미.　　　　　　　　　　　　　　　　　　　　　　　　0961-30

- 尸 + 毛(털 모) = 尾 (1419 참조)
- 시(尸) 글자 형상처럼 구부렁한 부위에 털(毛)이 돋아 있는 동물의 꼬리 모양이라는 데서「꼬리. (꼬리 지점인)끝」뜻으로.

尾行(미행 - 몰래 남의 뒤를 따라감) 尾生之信(미생지신) 末尾(말미 - 책 등의 끝 부분) 交尾(교미)

屛 병풍 병.　　　　　　　　　　　　　　　　　　　　　　　　　　　0962-30

- 尸 + 幷(아우를/나란히할 병) = 屛 (0934 참조)
- 시(尸) 글자 형상처럼 이루어진 여러 겹의 천이나 종이 조각을 아울러(나란하게 펼쳐)(幷) 놓은 물건이라는 데서「병풍」뜻으로.

屛風(병풍) 屛伏(병복 - 숨어 삶) 屛居(병거 - 집에만 들어 있음) 畫屛(화:병) 繡屛(수:병)

屢 여러 루: 자주 루.　　　　　　　　　　　　　　　　　　　　　　0963-30

- 尸 + 婁(여러/자주 루) = 屢 (1628 참조)
- 시(尸) 글자 형상처럼 이루어진 계단(층계)이 여러(婁) 겹으로 연이어져 있다는 데서「여러. 자주」뜻으로.

屢次(누:차 - 여러 차례) 屢代(누:대 - 여러 대) 屢世(누:세 - 여러 세대)

屍 주검 시: 송장 시.　　　　　　　　　　　　　　　　　　　　　　0964-20

- 尸 + 死(죽을 사) = 屍 (1577 참조)
- 주검(尸)에 이르러 있는 죽은(死) 시체(시신)이라는 데서「주검. 송장」뜻으로.

屍身(시:신 - 시체. 송장) 屍諫(시:간 - 죽음을 무릅쓰고 간언함) 屍山血海(시:산혈해)

尿 오줌 뇨.　　　　　　　　　　　　　　　　　　　　　　　　　　0965-20

- 尸 + 水(물 수) = 尿
- 구부렁한 신체(尸) 부위인 사타구니 사이로 배출되는 물(水)이라는 데서「오줌」뜻으로.

尿道(요도 - 오줌이 나오는 관) 尿路(요로) 尿素(요소) 糞尿(분뇨) 糖尿(당뇨) 放尿(방:뇨)

尹 성(姓)/다스릴 윤: 바로잡을 윤.　　　　　　　　　　　　　　　　0966-20

- 尸 + ⇁(= 又(또/오른손 우 →「손」을 의미) = 尹
- 구부정한 물체(尸)를 손(⇁)으로 끌어당겨 바르게 펼친다는 데서「바로잡다. (정사를 바르게 잡는

다는 데서)다스리다」뜻으로.
府尹(부윤 - 정이품의 외관직) 判尹(판윤) 尹善道(윤:선도 - 어부사시사 등의 작품이 유명함)

尼 여승 니. 화할(和)/공자이름 니 | 가까울 닐. 0967-20

◉ 尸 + 匕(비수/숟가락 비) = 尼
☞ 구부정한 몸(尸)이 된 노인에게 숟가락(匕)으로 음식을 먹여 드리는 화기애애한 모습에서 「화(和)하다. 가깝다」뜻을. 한편 범어인 bhikkuni(비구니)의 ni(니)의 음역(音譯)으로 尼를 취하였기에 「여승」. 尼는 공자의 이름 글자이기에 「공자 이름」 음훈으로.
尼僧(이승 - 중이 된 여자. 비구니) 印尼(인니 - 인도네시아) 比丘尼(비구니) 仲尼(중니 - 공자의 자字)

★ 尼(여승/화할 리 | 가까울 닐)과 결합을 이룬 글자. 0967 별첨

泥(진흙 니)　☞ 水(1241) → 물(氵)과 가까이(尼) 접하고 있는 흙이라는 데서 「진흙」 泥田鬪狗(이전투구)

屠 죽일 도. 잡을 도. 0968-10

◉ 尸 + 者(사람/것/곳 자) = 屠 (2858 참조)
☞ 닭 같은 짐승을 주검(尸)에 이르게 하는 것(者)이라는 데서 「잡다. 죽이다」 뜻으로
屠畜(도축 - 가축을 도살함) 屠殺(도살) 屠所之羊(도소지양 - 죽음이 목전에 닥친 사람을 비유한 말)

屑 가루 설. 가늘 설. 0969-10

◉ 尸 + {小(작을 소) + 月(= 肉고기육) = 肖(닮을 초)} = 屑 (2391 참조)
☞ 주검(尸)에 이른 다음(먼 훗날)에 송장이 아주 작은(小) 살점(月)으로 변모한 분진이라는 데서 「가루. 가늘다」 뜻으로.
屑塵(설진 - 티끌. 먼지) 屑鐵(설철 - 쇠 부스러기) 碎屑(쇄:설 - 부스러진 가루)

己	尸	巾	廾
몸 기	주검 시	수건 건	손맞잡을 공

巾 | 수건 건. 피륙/두건/헝겊/꾸밀/덮을 건. 0970-10

자원 巾 → 줄(|)에 걸어 놓은 수건(천) 모양(冂)을 표현.

쓰임 「수건. 베. 천(피륙)」 의미로 쓰임.

手巾(수:건) 頭巾(두건 - 상중에 쓰는 베로 된 모자의 일종) 葛巾(갈건) 網巾(망건)

市 | 저자 시: 장사/팔/살/물가 시. 0971-70

● 亠(머리 두) + 巾 = 市

☞ 머리(亠)에 수건(巾)을 두른 아낙네들이 물건을 사고파는 저잣거리의 풍경, 또는 머리(亠) 쪽에(상단에) 천(피륙)(巾)을 즐비하게 걸어 놓은 저잣거리라는 데서 「저자. 장사. (저자에서 물건을)팔다. 사다. (사고파는 시세인)물가」 뜻으로.

市場(시:장) 市長(시:장) 市廳(시:청) 市街(시:가) 市價(시:가) 市中(시:중) 都市(도시) 門前成市(문전성시)

★ 市(저자/장사 시)와 결합을 이룬 글자. 0971 별첨

姉(손위누이 자)　☞ 女(0464) → 저잣거리(市)에 장보러 다니는 성숙한 여자(女)라는 데서 「손위 누이」

席 | 자리 석. 깔/베풀 석. 0972-60

● 广(돌집 엄) + 廿(스물 입) + 巾 또는 庐(→ 庶「여러 서」의 획 줄임) + 巾 = 席

☞ 집(广)에, (열과 열을 겹쳐 놓은) 입(廿) 글자 형상처럼 베(천)(巾)를 여러 겹으로 겹쳐 놓은 깔개, 또는 여러(庐) 사람이 함께 앉을 수 있게끔 넓적하게 펼쳐 놓은 천(巾)이라는 데서 「자리. 깔다. (자리를)베풀다」 뜻으로.

席卷(석권 - 자리를 말 듯이 휩쓸음) 席次(석차) 參席(참석) 出席(출석) 座席(좌:석) 坐不安席(좌:불안석)

布 | 베 포(:) | 보시 보: 펼/분산할 포 | 베풀 보. 0973-42

● 𠂇(= 左「왼 좌」의 古字 → 「왼손. 왼쪽. 있다」 의미로 쓰임) + 巾 = 布

☞ (천을 팔기 위하여) 왼손(𠂇)으로 베(천)(巾)를 펼쳐 보인다는 데서 「베. 펴다. 분산하다. (온정을 펼치어)베풀다」 뜻으로.

布木(포목 - 베와 무명) 布帛(포백 - 베와 비단) 布告(포:고) 布敎(포:교) 布帳(포장) 布施(보:시)

★ 布(베/펼/분산할 포 | 베풀 보)와 결합을 이룬 글자. 0973 별첨

怖(두려워할 포)　☞ 心(1913) → 마음(忄)이 분산하는(布), 곧 마음이 흐트러질(혼비백산할) 정도로 크게 두려움을 느낀다는 데서 「두려워하다」 恐怖(공포)

帶 | 띠 대(:). 찰 대. 0974-42

● {十 + 廿(스물 입) + 十 + 一 = 丗} + 冖(덮을 멱) + 巾 = 帶

巾 부수(자원과 쓰임 → 0970 참조)

☞ 㠭 → 열(十)과 열(十)을 더하여 스물(卄)이 되게끔 한데 이어(연결시켜)(一) 나가는 것처럼 천 조각을 길게 이어 놓은 띠를 표현. 베(천)(巾)로 된 기다란 띠(㠭)를 허리에 덮어(둘러)(一) 놓은 모양에서「띠. (띠로 물건을 묶어 허리에)차다」뜻으로.

帶同(대:동 - 사람을 함께 데리고 감) 帶劍(대:검) 帶狀(대상) 連帶(연대) 繃帶(붕대) 革帶(혁대)

★ 帶(띠/찰 대)와 결합을 이룬 글자.	0974 별첨
滯(막힐 체) ☞ 水(1271) → 물(氵)이, 기다란 띠(帶) 모양처럼 둘러어진 제방에 갇히어 흘러내리지 못하고 (정체되어) 있다는 데서「막히다. 머무르다」滯留(체류)	

常 떳떳할 상. 항상/기(旗) 상.   0975-42

◉ 尙(오히려/높을 상) + 巾 = 常 (0576 참조)

☞ 깃대에 높이(尙) 매달아 놓은 천(巾)이라는 데서「깃발. (깃발은 바람에 한결같이 펄럭인다는 데서)항상. (항상 변함없는 마음을 쓴다는 데서)떳떳하다」뜻으로.

常綠(상록 - 항상 푸름) 常用(상용) 常備(상비) 常識(상식) 常時(상시) 常務(상무) 常設(상설)

師 스승 사. 군사/어른/본받을 사.   0976-42

◉ 自(무더기/작은산 퇴) + {一 + 巾 = 帀(두루/둘릴 잡)} = 師

☞ 무더기(自)에 둘리어(둘러싸여)(帀) 있는, 곧 수많은 병사들이나 제자들에게 둘러싸여 있는 군사(軍師)나 스승이라는 데서「군사. 스승. 어른. (스승을)본받다」뜻으로.

師弟(사제 - 스승과 제자) 師道(사도) 師表(사표) 師範(사범) 師團(사단) 出師表(출사표) 敎師(교:사)

★ 師(스승/군사/어른 사)와 결합을 이룬 글자.	0976 별첨
獅(사자 사) ☞ 犬(1408) → 짐승들 가운데 어른(師)으로(우두머리로) 일컫는 짐승(犭)이라는 데서「사자」	

希 바랄 희. 드물/적을 희.   0977-42

◉ 爻(= 爻(사귈/효/본받을/형상 효) + 巾(베 포) = 希 (1818 참조)

☞ 여러 가지 형상(爻 = 爻)을 새겨 놓은(수놓은) 천(피륙)(巾)은 흔하지 않으며(드물며) 이는 모든 사람들이 갖기를 바란다는 데서「드물다. 적다. 바라다」뜻으로.

希望(희망) 希求(희구 - 원하여 바람) 希願(희원 - 희망) 希臘(희랍 - 그리스)

★ 希(바랄/드물/적을 희)와 결합을 이룬 글자.	0977 별첨
稀(드물 희) ☞ 禾(2208) → 벼(禾)가 드물게(希) 자라나(심어져) 있다는 데서「드물다」稀少(희소)	

帳 장막 장. 휘장/천막/장부 장.   0978-40

◉ 巾 + 長(긴/멀/클/어른 장) = 帳 (3324 참조)

☞ 길게(長) 둘러쳐 놓은 천(베)(巾)이라는 데서「휘장. 장막. 천막」뜻으로.

帳幕(장막 - 둘러치는 막) 帳簿(장부) 布帳(포장) 通帳(통장) 揮帳(휘장) 日記帳(일기장)

帝　임금 제: 황제/하느님/클 제.

0979-40

◉ 亠(→「좌대 모양」을 표현) + 冖(덮을 멱) + 巾 = 帝
☞ 좌대(亠)에 천(巾)을 덮어(冖)씌워 놓은 모양의 제단(祭壇)에 모시는 천신(天神)이라는 데서 「하느님. (하느님의 존재가)크다. (하느님에 비유하는 사람인)임금. 황제」 뜻으로.

帝王(제:왕 - 황제와 국왕) 帝國主義(제:국주의) 皇帝(황제) 玉皇上帝(옥황상제) 日帝(일제)

★ 帝(임금/황제/하느님/클 제)와 결합을 이룬 글자.		0979 별첨
啼(울 제)	☞ 口(0873) → 크게(帝) 소리(口)를 내어 운다는 데서 「울다」 啼泣(제읍)	
蹄(발굽 제)	☞ 足(3025) → 제(帝) 글자 형상, 곧 천(베)(巾)을 덮어(冖)놓은 두툼한 좌대(亠)처럼 두툼하게 생긴 소나 말 같은 짐승의 발(발굽)(足) 모양이라는 데서 「발굽. 발」 蹄鐵(제철)	
締(맺을 체)	☞ 糸(2495) → 실(糸)이 임금(帝)과 이어져 있는, 곧 임금과 연줄을 맺고 있다는 데서 「맺다」	
諦(살필 체)	☞ 言(3269) → 임금(帝)이 민정을 살피면서 자세하게 말씀(言)한다는 데서 「살피다」	

幕　장막 막. 덮을 막.

0980-32

◉ 莫(말/없을 막 | 저물 모) + 巾 = 幕 (2731 참조)
☞ 눈비나 햇빛을 막는(가리는)(莫) 천(巾)이라는 데서 「장막. 덮다」 뜻으로.

幕舍(막사 - 임시 거처용 천막집) 幕僚(막료) 幕間(막간) 幕後交涉(막후교섭) 天幕(천막)

帥　장수 수. 거느릴 솔.

0981-32

◉ 𠂤(무더기/작은산 퇴) + 巾 = 帥
☞ 두툼하게 무더기(𠂤)지어 놓은 모양처럼 천(베)(巾)을 둥그렇게 둘러쳐 놓은 야전 막사에서 장수가 부하들을 거느리고 작전을 지휘하는, 또는 무더기(𠂤)지어 놓은 모양처럼 두툼하게 수건(巾)을 머리에 두른 추장 모습이라는 데서 「장수. (장수가 부하를)거느리다」 뜻으로.

將帥(장:수 - 군사를 거느리는 우두머리) 總帥(총:수) 統帥權(통:수권) 元帥(원수)

幣　폐백/화폐 폐: 비단/예물/돈 폐.

0982-30

◉ 敝(옷해어질/무너질 폐) + 巾 = 幣 (0994 참조)
☞ (많이 닳아서) 옷이 해어진(敝) 것처럼 무척 낡아 보이는 얇은 천(巾)이라는 데서 「비단. (비단은 화폐 대용의 예물로 쓰이는 데서)폐백. 예물. 화폐. 돈」 뜻으로.

幣帛(폐:백 - 혼인 때 신랑이 신부 집에 보내는 예물) 貨幣(화:폐 - 통화 수단으로 쓰이는 돈)

幅　폭/너비 폭.

0983-30

◉ 巾 + 畐(가득할/찰/폭 복) = 幅 (2348 참조)
☞ 천(베)(巾)의 가로 폭(畐)이라는 데서 「폭. 너비」 뜻으로.

廣幅(광:폭 - 넓은 폭) 步幅(보:폭 - 걸음나비) 路幅(노:폭 - 도로의 너비) 江幅(강폭 - 강의 너비)

巾 부수(자원과 쓰임 → 0970 참조)

帽 모자 모. 0984-20

- 巾 + 冒(덮을/쓰개/무릅쓸 모) = 帽 (0318 참조)
- ☞ 천(巾)으로 된 쓰개(冒)이라는 데서 「모자」 뜻으로.

帽子(모자 - 머리에 쓰는 물건의 통칭) 軍帽(군모 - 군인이 쓰는 모자)

帆 돛 범: 돛달 범. 0985-10

- 巾 + 凡(무릇 범)} = 帆 (0287 참조)

돛(帆)

☞ 천(巾)을 범(凡) 글자 형상처럼 펼치어 돛대에 드리워 놓은 돛 모양에서 「돛. 돛 달다」 뜻으로.

帆船(범:선 - 돛단 배) 出帆(출범 - 배가 돛을 달고 떠나감)

帛 비단 백. 명주/폐백 백. 0986-10

- 白(흰/밝을/맏 백) + 巾 = 帛
- ☞ 흰(白) 천(巾), 또는 (여러 가지 피륙 가운데) 맏이(白)이라고 일컬을 정도로 으뜸가는 천(巾)이라는 데서「비단. 명주. (비단을 예물로 보내는 데서)폐백」뜻으로.

帛書(백서 - 비단에 쓴 글자) 幣帛(폐:백 - 혼인 때 신랑이 신부 집에 보내는 예물)

★ 帛(비단/명주/폐백 백)과 결합을 이룬 글자. 0986 별첨

綿(솜 면)	☞ 糸(2482) → 실(糸)이 얇은 비단(帛)처럼 매우 가늘게 이어져 있는 섬유질 뭉치라는 데서 「솜. 가늘다. 이어지다」 綿絲(면사)
棉(목화 면)	☞ 木(1686) → 흰(白) 천(巾)의 원료가 되는 목화다래가 열리는 나무(木)이라는 데서 「목화」
錦(비단 금)	☞ 金(3431) → 금빛(金)을 띠는 비단(帛)이라는 데서 「비단」 錦繡江山(금수강산)

幀 그림족자 정. 불상그림 탱. 0987-10

- 巾 + 貞(곧을/점칠 정) = 幀 (3060 참조)
- ☞ 천(巾)에 그림을 그리거나 수(繡)를 놓아서 곧게(貞) 드리워 놓은 족자이라는 데서 「그림 족자. 불상 그림」뜻으로.
- ※ 그림 불상을 의미할 때에는 「탱」으로 발음.

幀畵(탱화 - 벽에 거는 그림 불상) 裝幀(장정 - 책을 매어 꾸밈) 影幀(영:정 - 화상을 그린 족자)

幇 도울 방. 곁들/신꾸밀 방. 0988-10

- 封(봉할/북돋울 봉) + 巾 = 幇 (0569 참조) ※ 幇은 幫(도울 방)과 동자.
- ☞ (본바탕의 천에) 북돋우어(덧대어)(封) 주는 천(헝겊)(巾)이라는 데서 「곁들다. (곁들어)돕다. (천을 덧대어)신 꾸미다」뜻으로.

幇助(방조 - 일을 거들어 도와 줌. 흔히 나쁜 일의 뒤를 돕는 경우에 씀) 幇助罪(방조죄)

巾 부수(자원과 쓰임 → 0970 참조)

帖 표제(標題)/문서 첩. 장부/수첩/시지 첩 | 체지 체. 0989-10

● 巾 + 占(점칠/점령할/차지할/자리에붙어있을 점) = 帖 (0398 참조)

☞ 천(巾)을 표지에 붙여(덧씌워)(占)서 제목을 써넣은 기록부이라는 데서「표제. 문서. 장부. 수첩」뜻으로.

手帖(수첩 - 비망록을 적는 작은 책) 粧帖(장첩) 帖紙(체지 - 사령辭令이나 영수증) 畵帖(화:첩)

幟 기(旗) 치. 표기 치. 0990-10

● 巾 + {音(소리 음) + 戈(창 과) = 戠(찰흙 치 | 00 직)} = 幟 (3203 참조)

☞ 베틀에 매달리어 철거덕거리는 소리(音)를 내는 잉아(戈 → 잉아 모양)처럼 높이 매달리어 펄럭이는 소리를 내는 천(巾)이라는 데서「기. (깃발로 위치를 표시하는 데서)표기」뜻으로.

旗幟(기치 - 군중에서 쓰는 기. 기의 표지. 어떤 목적을 위하여 내세우는 태도나 주장)

帙 책갑/책권차례 질. 0991-10

● 巾 + 失(잃을/놓을 실) = 帙 (0733 참조)

☞ 잃을(유실될)(失) 우려가 있는 책장을 잘 간수하기 위하여 덧씌우는 천(巾) 조각이라는 데서「책갑. 책권 차례」뜻으로.

書帙(서질 - 책. 책을 넣어두기 위하여 헝겊으로 만든 책 덮개) 帙冊(질책 - 여러 권이 한 벌이 된 책)

己	尸	巾	廾
몸 기	주검 시	수건 건	손맞잡을 공

廾 손맞잡을 공. 팔짱낄/밑스물십 공. 0992-00

자원 廾 → 두 손을 마주 잡은 모양을 표현.

쓰임 「손으로 맞잡다. 잡다. 맞잡은 모양」과 의미로 쓰임.

弄 희롱할 롱: 구경할/즐길/업신여길 롱. 0993-32

- 王(= 玉 구슬 옥) + 廾 = 弄
- 구슬(王)을 두 손으로 마주 잡고(廾) 어루만지면서 논다(본다)는 데서 「구경하다. 즐기다」 뜻을, 구경거리로(장난삼아) 즐긴다는 데서 「희롱하다. 업신여기다」 뜻으로.

弄奸(농:간 - 남을 속이려는 간사한 짓) 弄談(농:담) 弄調(농:조) 弄璋之慶(농:장지경) 愚弄(우롱)

弊 해질 폐: 무너질 폐. 0994-32

- 敝(옷해어질/무너질/패할 폐 | 가릴 별) + 廾 = 弊
- 옷이 해어지도록(敝) 두 손으로 맞잡아(廾) 끌어당긴다(내린다)는 데서 「해지다. (사람이)무너지다」 뜻으로.

弊端(폐:단 - 해롭고 번거로운 일) 弊習(폐:습) 弊害(폐:해) 弊社(폐:사) 弊家(폐:가) 民弊(민폐)

★ 敝(옷해어질/무너질/패할 폐 | 가릴 별)와 결합을 이룬 글자. 0994 별첨

蔽(덮을/가릴 폐)	☞ 艹(2757) → 풀(초목)(艹)이 돋아나, (산사태로) 흙더미가 무너진(해진)(敝) 부위를 가리고(덮고) 있다는 데서 「가리다. 덮다」 蔽遮(폐차)
幣(폐백/화폐 폐)	☞ 巾(0982) → 옷이 해어진(敝) 것처럼 무척 낡아 보이는 얇은 천(巾)이라는 데서 「비단. (비단은 화폐 대용의 예물로 쓰이는 데서)폐백. 화폐」 貨幣(화폐)
斃(죽을 폐)	☞ 攴(1814) → 옷이 해어져(敝) 수명을 다하는 것처럼 동식물이 죽음(死)에 이른다는 데서 「죽다. 넘어지다」 斃死(폐사)
瞥(눈깜짝할 별)	☞ 目(2298) → 옷이 해어진(敝) 틈 사이로 눈(目)을 갔다 대고 사물을 보는 것처럼 매우 비좁은 공간에서 짧게 지나쳐 본다는 데서 「언뜻 보다. 깜짝하다」
鱉(자라 별)	☞ 魚(3653) → 머리를 몸속으로 가리는(숨기는)(敝) 습성을 지닌 고기(魚) 유형의 파충류이라는 데서 「자라」 鱉主簿傳(별주부전)
鼈(자라 별)	☞ 黽(3683) → 머리를 몸속으로 가리는(숨기는)(敝) 습성을 지닌 맹꽁이(黽) 유형의 파충류이라는 데서 「자라」 鼈甲=鱉甲(별갑)

弁 고깔 변: 성(姓) 변. 0995-20

- 厶(사사로울 사 | 갑옷 모) + 廾 = 弁
- ※ 고깔 → 머리에 쓰는 두건의 하나. 베 조각으로 세모지게 만듦.
- 사(厶) 글자 형상처럼 끝이 쭈볏하고 두 손을 마주잡은(廾) 형태로 태두리가 둘리어져 있는 쓰개이라는 데서 「고깔」 뜻으로.

廾 부수(자원과 쓰임 → 0992 참조)

弁韓(변:한 - 삼한의 하나. 지금의 경상도 및 강원도 일부에 있었던 부족 국가) 弁言(변:언 - 머리말)

| 弈 | 바둑돌 혁. | 0996-00 |

● 亦(또 역) + 廾 = 弈
☞ 또(亦) 손으로 잡는(廾), 곧 손으로 바둑돌 잡기를 수없이 반복하여 가면서 바둑을 둔다는 데서 「바둑 두다」 뜻으로.

弈棋=奕棋(혁기 - 바둑을 둠. 또는 바둑)

자투리 마당

疑心(의심)을 살 만한 일을 피하라는 成語(성어)

○ 李下不整冠(이하부정관)
- 「자두나무 밑에서는 갓을 바루지 말라」는 뜻으로, 자두나무 밑에서 갓을 고쳐 쓰면 손을 위로 올리기 때문에 자두를 따는 것으로 오인되기 쉬우니 남에게 의심 살 만한 행동은 피하는 것이 좋다는 말.

○ 瓜田不納履(과전불납리)
- 「오이 밭에서는 신을 고쳐 신지 말라」는 뜻으로, 오이 밭에서 신 끈을 고쳐 매면 손이 아래로 향하기에 오이를 따는 것으로 오해 받기 쉬우니 남에게 의심을 살 만한 행동은 피하는 것이 좋다는 말.

○ 瓜田李下(과전이하)
- 「오이 밭에서 신을 고쳐 신지 말고 자두나무 밑에서 갓을 고쳐 쓰지 말라」는 뜻으로 의심받기 쉬운 행동은 아예 피하는 것이 좋음을 이르는 말.

- 文選(문선)에서 -

| 부수 3획 | 夕 저녁 석 | 彐(彑彑) 돼지머리 계 | 彡 터럭 삼 | |

夕 　저녁 석. 저물/밤/서녘 석.　　　　　　　　　　　　　　　　　　　0997-70

자원 夕 → 月(달 월)에서 달빛에 해당하는 자획(一)을 줄이고 비스듬히 눕혀 놓은 모양으로, 저녁 녘의 서녘 하늘에 떠 있는 희미한 달을 표현하여 「저녁. 저물다. 서녘」 의미를 지님.

쓰임 「저녁. 밤. 어둡다」는 의미로 쓰임.

夕照(석조 - 저녁때의 햇빛) 夕陽(석양) 夕刊(석간) 夕食(석식) 夕潮(석조) 夕霧(석무) 秋夕(추석)

外 　바깥 외: 인도(人道)에서 어그러질 외.　　　　　　　　　　　　　0998-80

◉ 夕 + 卜(점/점칠 복) = 外

☞ 저녁(夕)에 점(점괘)(卜)을 본다는 것은 정도에서 벗어난 것이라는 데서 「인도(人道)에서 어그러지다. (인도를 벗어난 바깥이라는 데서)바깥」 뜻으로.

※ 주역 점괘는 아침 일찍 일어나 목욕재계하고 경건한 마음으로 보는 것으로, 저녁에 점괘를 본다는 것은 정도에 어긋난다(비정상적이다)는 의미임.

外道(외:도 - 바른길을 어김) 外出(외:출) 外泊(외:박) 外遊(외:유) 外貌(외:모) 外柔內剛(외:유내강)

多 　많을 다. 더할 다.　　　　　　　　　　　　　　　　　　　　　　0999-60

◉ 夕 + 夕 = 多

☞ 저녁(夕)과 저녁(夕)이 쌓이어(해가 저물고 또 저물어) 일수가 많이 더하여진다는 데서 「많다. 더하다」 뜻으로.

多少(다소 - 많고 적음) 多數(다수) 多量(다량) 多幸(다행) 多福(다복) 多樣(다양) 多岐亡羊(다기망양)

★ 多(많을/더할 다)와 결합을 이룬 글자.　　　　　　　　　　　0999 별첨
移(옮길 이)　☞ 禾(2197) → 벼(禾)를 못자리에 많이(多) 파종하여 그 자란 모를 논에 옮겨 심는다는 데서 「옮기다. 모내다」 移植(이식)
侈(사치할 치)　☞ 人(0151) → 사람(亻)이 패물 같은 장신구를 몸에 많이(多) 차고 있다는 데서 「사치하다」

夜 　밤 야: 어두울/쉴 야.　　　　　　　　　　　　　　　　　　　1000-60

◉ 礻(示 보일 시 | 귀신 기) + 夕 = 夜

☞ 귀신(礻)이 준동한다고(설친다고) 여기는 늦은 저녁(夕), 또는 잘 보이지(礻) 않는 어두운 저녁(夕)이라는 데서 「밤. 어둡다」 뜻으로.

夜間(야:간) 夜學(야:학 - 밤에 배우는 공부) 夜勤(야:근) 夜行(야:행) 夜景(야:경) 不撤晝夜(불철주야)

★ 夜(밤/어두울 야)와 결합을 이룬 글자.　　　　　　　　　　　1000 별첨
液(진/액체 액)　☞ 水(1203) → 어두운 밤(夜)처럼 흐릿한 색상을 띠는 물(氵)의 일종이라는 데서 「진. 액체」
腋(겨드랑이 액)　☞ 肉(2422) → 어두운 밤(夜)처럼 언제나 어둠침침한 신체(月) 부위라는 데서 「겨드랑이」

夕 부수(자원과 쓰임 → 0997 참조)

夢 꿈 몽. 상상할/희미할 몽.
1001-32

- {艹(→ 卝(쌍상투 관) + 罒(눈 목) = 苜(눈바르지못할 멸)} + 冖(덮을 멱) + 夕 = 夢
※ 夢은 艸(艹) 부수이나 본래 자형(字形)은 卝(쌍상투 관)이며, 일반적으로 艹로 씀.
- 눈이 바르지 못한(苜) 상태로 덮여(冖) 있는, 곧 눈을 감고 눈동자를 이리저리 움직이면서 저녁(夕)에 잠잔다는 것은 꿈을 꾸는 상태이라는 데서 「꿈」 뜻으로.
※ 꿈을 꿀 때에는 눈동자가 이리저리 움직임.
※ 쌍상투 → 옛날에 결혼할 때에 머리를 두 갈래지게 틀어 올린 상투.

夢幻(몽환 - 꿈과 환상. 덧없음) 夢寐(몽매 - 꿈을 꿈) 夢精(몽정) 夢想(몽상) 同床異夢(동상이몽)

夙 이를/일찍 숙. 공경 숙.
1002-10

- 凡(무릇/대강 범) + 夕 = 夙 (0287 참조)
- 무릇(凡) 밤(夕)이라고 할 정도로 제법 어두운 새벽 시간이라는 데서 「일찍. 이르다. (일찍 일어나서 부모님을 보살펴 드린다는 데서)공경」 뜻으로.

夙興溫凊(숙흥온정 - 일찍 일어나 부모님을 보살펴 드림) 夙成(숙성) 夙昔(숙석) 夙興夜寐(숙흥야매)

| 부수 3획 | 夕 저녁 석 | 彐(彑) 돼지머리 계 | 彡 터럭 삼 | |

彐 돼지머리 계. 고슴도치머리/터진가로왈밑 계. 1003-00

- **자원** 彐 → 털이 쭈뼛하게 돋아나 있는 돼지(고슴도치)머리 모양을 표현.
- **쓰임** 「돼지머리. 고슴도치 머리. 쭈뼛하게 돋은 털 모양」과 의미로 쓰임.
  ※ ⲉ → 「손」 모양을 표현한 글자, 주로 손과 관련되는 의미로 쓰임.

彗 살별/비 혜: 혜성/밝을 혜 | 살별/혜성/비/극히밝을 세. 1004-10

- ⊙ {丰(예쁠/풀성할 봉) + 丰 = 丰丰} + ⲉ(= 又「오른손 우」 → 「손」을 의미) = 彗
- ☞ (수숫대 같은) 풀을 성하게(丰) 엮어 놓은 빗자루 모양(丰丰), 곧 빗자루(丰丰)를 손(ⲉ)에 쥐고 있는 모양에서 「비(빗자루). (빗자루로 마당을 쓸어나가는 것처럼 하늘을 스치며 지나가는 별이라는 데서)꼬리별. 살별. (살별이)밝다」 뜻으로.

彗掃(혜:소 - 비로 쓸어 깨끗하게 함) 彗星(혜:성 - 빛나는 긴 꼬리를 끌고 빠르게 이동하는 별)

★ 彗(살별/비 혜 | 살별/극히밝을 세)와 결합을 이룬 글자. 1004 별첨

慧(슬기로울 혜) ☞ 心(1882) → 극히 밝은 살별(彗)처럼 지극히 밝은 마음(생각)(心)을 자아낸다는 데서 「슬기롭다」

彙 무리 휘. 고슴도치/모을 휘. 1005-10

고슴도치(彙)

- ⊙ 彑 + 冖(덮을 멱) + 果(과실 과) = 彙
- ☞ 고슴도치 머리(彑)에, 가시로 뒤덮여(冖) 있는 과일(果)인 밤송이처럼 가시가 돋친 몸뚱이를 동그랗게 오므리는 동물이라는 데서 「고슴도치. (고슴도치가 몸을)모으다. (한데 모인)무리」 뜻으로.

彙報(휘보 - 여러 가지를 모은 보고나 잡지) 語彙(어:휘 - 낱말의 수효. 낱말 또는 낱말의 총체)

彝 떳떳할 이. 종묘제기/법 이. 1006-00

彜 떳떳할 이. 종묘제기/법 이. 1007-00

- ⊙ 彝 = 彑 + 米(쌀 미) + 糸(실 사) + 廾(손맞잡을 공)   ※ 彜는 彝의 속자.
- ⊙ 彜 = 彐 + 米(쌀 미) + 分(→ 盆「동이 분」의 획 줄임) + 廾(손맞잡을 공)
- ☞ 彝 → 돼지머리(彑)와 쌀(米)과 실(糸)을 진설하여 놓고 두 손을 맞잡아(廾) 경배(敬拜)하는, 곧 제물을 제기에 차려 놓고 종묘 제례에 임하는 떳떳한 모습이라는 데서 「떳떳하다. (제물을 차리는) 종묘 제기. (종묘 제례는 법도에 따라 치르는 의식이라는 데서)법」 뜻으로.
- ☞ 彜 → 彝에서 실(糸)이 술동이(分 → 盆 동이 분)로 대체된 속자(俗字)임.

彝器(이기 - 종묘 의식 때 쓰는 제기) 彝倫(이륜 - 사람이 지켜야 할 떳떳한 도리)

夕	彐 (ㅋㅌ)	彡	
저녁 석	돼지머리 계	터럭 삼	

부수 3획

彡 터럭 삼. 털자랄/털무늬/터럭그림/털길/삐침석 삼. 1008-00

자원 彡 → 가지런하게 드리워져 있는 털 모양을 표현.

쓰임 「터럭. 털 자라나다. 무늬. 문채. 꾸미는 모양」과 의미로 쓰임.

形 모양 형. 형상 형. 1009-60

◉ 开(= 幵 평평할 견) + 彡 = 形

☞ 평평한(开 = 幵) 물체(암반이나 목판)에 여러 가지 무늬(彡)를 새겨 놓은 모양(형상)이라는 데서 「모양. 형상」 뜻으로.

形成(형성 - 모양을 이룸) 形聲(형성) 形態(형태) 形質(형질) 形式(형식) 形勢(형세) 形容詞(형용사)

★ 开(=幵 평평할 견)과 결합을 이룬 글자. 1009 별첨

刑(형벌 형) ☞ 刀(0239) → 평평한 형틀(开)에 죄인을 결박하고 칼(刂)로 목을 베는 형벌을 내린다는 데서 「형벌. 목 베다」 刑罰(형벌)

邢(나라이름 형) ☞ 邑(2937) → 평평한(开) 평원으로 이루어진 고을(阝)이라는 의미가 부여되어 「나라 이름」

彩 채색 채: 무늬/빛날/모양 채. 1010-32

◉ 采(풍채/캘/가릴/채색 채) + 彡 = 彩 (2986 참조)

※ 채색(采色) → 풍채(風采 겉으로 드러나 보이는 인상)와 안색(顔色).

☞ 캐어(채굴하여)(采) 놓은 보석 같은 광물질에서 발산되는 아름다운 무늬(彡)이라는 데서 「무늬. 채색. 빛나다」 뜻으로.

彩雲(채:운 - 여러 빛깔로 아롱진 구름) 彩色(채:색) 色彩(색채) 光彩(광채 - 눈부신 빛) 水彩畵(수채화)

影 그림자 영: 모습/화상 영. 1011-32

◉ 景(볕/햇볕 경) + 彡 = 影 (1024 참조)

☞ 햇볕(景)의 뒷면에 나타나는(햇볕이 가리어져 생기는) 무늬(彡)이라는 데서 「그림자. (그림자처럼 비치는)화상. 모습」 뜻으로.

影像(영:상 - 영정) 影幀(영:정 - 화상을 그린 족자) 影響(영:향) 撮影(촬영) 投影(투영) 陰影(음영)

彭 성(姓) 팽. 북소리 팽 | 성할/불룩할 방. 1012-20

◉ 豈(진나라풍류/곧게설 수) + 彡 = 彭

☞ 풍류(豈) 소리가 무늬(彡)를 이루듯이 퍼져 나가는, 곧 여음(餘音)이 파장(波長)을 일으키며 성하게 퍼져 나가는 소리이라는 데서 「북소리. 성하다」 뜻으로.

彭湃=澎湃(팽배 - 물결이 맞부딪쳐 솟구침)

> ★ 彭(북소리 팽 | 성할/불룩할 방)과 결합을 이룬 글자. 1012 별첨
>
> 澎(물소리 팽) ☞ 水(1367) → 물(氵)이 (바위에 부딪쳐어) 복소리(彭)처럼 철썩거리는 소리를 내면서 세차게 흘러 내리는 모양이라는 데서 「물소리. 물결 부딪치다」 澎湃(팽배)
>
> 膨(부풀 팽) ☞ 肉(2431) → 몸(月)이 불룩하게(彭) 부풀어 있다는 데서 「부풀다」 膨脹(팽창)

彫 새길 조. 조각할 조. 1013-20

◉ 周(두루/합당할/주밀할/빽빽할 주) + 彡 = 彫 (0816 참조)

☞ 주밀하게(周) 무늬(彡)를 새겨 넣는다는 데서 「새기다. 조각하다」 뜻으로.

彫像(조상 - 조각한 상) 彫刻(조각) 彫塑(조소 - 조각과 소조) 彫刻家(조각가)

彬 빛날 빈. 성(姓) 빈 | 곱고밝을 반. 1014-20

◉ 林(수풀 림) + 彡 = 彬 (1592 참조)

☞ 수풀(林)이 햇볕을 받아 무늬(彡)가 곱게 빛나 보인다는 데서 「빛나다. 곱고 밝다」 뜻으로.

彬彬(빈빈하다 - 문물이 성하여 빛나다)

彦 선비 언: 아름다운선비/클 언. 1015-20

◉ 亠(= 文「글월 문」의 변형) + 厂(굴바위집 엄) + 彡 = 彥 ※ 彥은 彦의 속자.

☞ 글(亠 → 文)을 많이 배워서 굴바위 집(厂)이 문채가 나는(彡), 곧 공부를 많이 하여 가난한 가문 을 크게 빛낸 사람이라는 데서 「아름다운 선비. 선비. (학덕이)크다」 뜻으로.

彦士(언:사 - 재주와 덕이 뛰어난 남자) 李彦迪(이:언적 - 명종 때의 성리학자. 회재집이 있음)

> ★ 彥(선비/아름다운선비/클 언)과 결합을 이룬 글자. 1015 별첨
>
> 諺(언문/상말 언) ☞ 言(3264) → 선비(彦) 사회에서 두루 쓰이는 말씀(言)이라는 데서 「큰말. (선비가 고자세로 일컫는다는 데서)뻐득뻐득하다. (뻐득뻐득한 말이라는 데서)상말. 언문」 諺文(언문)
>
> 顔(얼굴 안) ☞ 頁(3507) → 아름다운 선비(彦)의 모습, 곧 이목구비가 가지런하게 갖추어져 있는 머리(頁) 부위이라는 데서 「얼굴」 顔面(안면)

彰 드러날 창(:) 밝을/표창 창. 1016-20

◉ 章(글월/문장/밝을 장) + 彡 = 彰 (2256 참조)

☞ 글(문장)(章)이 썩 잘 쓰이어 문채(彡)가 나는 것처럼 크게 드러나 보인다는 데서 「드러나다. 밝다. (드러내어 밝힌다는 데서)표창」 뜻으로.

彰明(창:명 - 드러내서 밝힘) 彰顯(창:현 - 널리 알려 나타냄) 表彰(표창)

彪 표범 표. 무늬 표. 1017-00

◉ 虎(범 호) + 彡 = 彪

☞ 털가죽에 얼룩진 무늬(彡)가 들어 있는 범(虎)이라는 데서 「표범」 뜻으로.

彪皮(표피 - 표범의 가죽) ※ 表皮(표피 - 겉가죽)

日	月	火(灬)	水(氵氺)
날 일	달 월	불 화	물 수

日 | 날 일. 해/하루/찰/밝을/때/날짜/낮 일.   1018-08

자원 日 → 둥근 해 모양과 빛을 표현.

쓰임 「해(태양). 날짜. 햇빛. 해처럼 둥근 모양」과 의미로 쓰임.

日氣(일기 - 날씨) 日記(일기) 日照(일조) 日出(일출) 日沒(일몰) 日常(일상) 日就月將(일취월장)

春 | 봄 춘. 화할/나이/젊은이 춘.   1019-70

◉ 三(석 삼 → 3겹은「많음」을 의미) + 人(사람 인) + 日 = 春

☞ 많은(三) 사람(人)이 햇빛(日)을 쬐며 나들이하는 화창한 계절이라는 데서「봄. 화하다. (봄철의 풋것처럼 싱싱한)젊은이. (봄철처럼 도래하는)나이」뜻으로.

春氣(춘기 - 봄기운) 春期(춘기 - 봄의 시기) 春風(춘풍) 春夢(춘몽) 春季(춘계) 春秋(춘추) 春心(춘심)

★ 春(봄 춘)과 결합을 이룬 글자.   1019 별첨

椿(참죽나무 춘)	☞ 木(1676) → 봄(春)에 (식용으로) 어린 새순을 채취하는 나무(木)이라는 데서「참죽나무」
蠢(꿈틀거릴 준)	☞ 虫(2641) → 봄(春)이 오면 벌레들(蚰)이 겨울잠에서 깨어나 이리저리 움직인다는 데서「꿈틀거리다」蠢動(준동)

時 | 때 시.   1020-70

◉ 日 + {土(흙 토) + 寸(마디 촌) = 寺(절 사 | 내시/관청 시)} = 時 (0565 참조)

※ 寸(마디 촌) →「헤아리다. 잡다. 규칙. 법도」의미로 쓰임.

☞ 해(日)의 그림자가 땅(土)에 드리우는 길이를 헤아려(표시하여)(寸) 놓은 시각, 또는 관청(寺)에서 해(日)의 운행 주기를 기록하여 놓은 책력상의 절기라는 데서「때」뜻으로.

時期(시기 - 때) 時機(시기 - 알맞은 때) 時刻(시각) 時間(시간) 時差(시차) 時計(시계) 時節(시절)

明 | 밝을 명. 비칠 명.   1021-60

◉ 日 + 月(달 월) = 明

☞ 해(日)와 달(月)이 낮과 밤을 밝게 비춘다는 데서「밝다. 비치다」뜻으로.

明若觀火(명약관화 - 불을 보듯 분명함) 明暗(명암) 明白(명백) 明朗(명랑) 明確(명확) 明晳(명석)

★ 明(밝을/비칠 명)과 결합을 이룬 글자.   1021 별첨

盟(맹세 맹)	☞ 皿(2239) → 천자와 제후가 그릇(皿)에 담긴 희생의 피를 나누어 마시면서 죽는 날까지 뜻을 함께할 것을 신명에게 밝힌다(明)는 데서「맹세하다」盟誓(맹서)
萌(싹/움 맹)	☞ 艸(2801) → 밝은(明) 대지에 처음으로 형체를 드러내는 풀(艹)이라는 데서「싹. 움」

日 부수(자원과 쓰임) → 1018 참조

昨 어제 작. 옛 작.　　　　　　　　　　　　　　　1022-60

- 日 + 乍(잠깐/언뜻 사 | 지을 작) = 昨
- ☞ 잠깐(乍) 사이에 지나간 날(日), 또는 이미 지어(이루어)(乍)진 날(日)이라는 데서 「어제. 옛날」 뜻으로.

昨日(작일 - 어제) 昨今(작금 - 어제와 오늘) 昨年(작년) 再昨年(재:작년 - 저:지난해)

★ 乍(잠깐/언뜻 사 | 지을 작)와 결합을 이룬 글자.		1022 별첨
作(지을 작)	☞ 人(0051) → 사람(亻)이 글이나 작물 같은 것을 짓는다(乍)는 데서 「짓다」 作文(작문)	
炸(터질 작)	☞ 火(1156) → 불(火)이 잠깐(乍) 사이에 지어진다(순간적으로 발화한다)는 데서 「터지다」	
祚(복 조)	☞ 示(2361) → 신(示)이 인간에게 지어(乍) 주는 길한 운수이라는 데서 「복」 福祚(복조)	
詐(속일 사)	☞ 言(3246) → 언뜻(乍) 듣기에는 사실인 것처럼(그럴듯하게) 말한다(言)는 데서 「속이다」	
窄(좁을 착)	☞ 穴(2174) → 몸뚱이가 겨우(乍) 빠져나갈 정도로 구멍(穴)이 매우 비좁다는 데서 「좁다」	

晝 낮 주.　　　　　　　　　　　　　　　　　1023-60

- 聿(→ 聿「붓 율」의 획 줄임) + 日 + 一 = 晝 (2666 참조)
- ☞ 꼿꼿하게 세워 놓은 붓(聿 = 聿)처럼 햇빛(日)이 지면(一)에 곧게 드리우는(비추는) 한낮의 시간대이라는 데서 「낮」 뜻으로.

晝間(주간 - 낮. 낮 동안) 晝夜(주야) 晝耕夜讀(주경야독) 晝夜長川(주야장천) 白晝(백주 - 대낮)

景 볕 경(:) 햇볕/경치 경.　　　　　　　　　　　　1024-50

- 日 + 京(서울/높은언덕 경) = 景 (0201 참조)
- ☞ 해(日)가 높은 언덕(京) 위로 떠올라 지상에 내리쬐이는 뜨거운 기운이라는 데서 「햇볕. 볕. (햇볕에 드러나는 밝은 풍광인)경치」 뜻으로.

景觀(경관 - 경치) 景致(경치 - 자연계의 아름다운 현상) 景物(경물) 景氣(경기) 景仰(경:앙) 景慕(경:모)

★ 景(볕/햇볕/경치 경)과 결합을 이룬 글자.		1024 별첨
璟(옥빛 경)	☞ 玉(2056) → 옥(玉)이 햇볕(景)에 반사되어 드러나는 고운 빛깔이라는 데서 「옥빛」	
憬(깨달을 경)	☞ 心(1961) → 마음(忄)에 햇볕(景)이 드는 것처럼 생각이 밝게 트인다는 데서 「깨닫다」	
影(그림자 영)	☞ 彡(1011) → 햇볕(景)의 뒷면에 나타나는 무늬(彡)이라는 데서 「그림자」 暗影(암영)	

曜 빛날 요. 칠요일 요.　　　　　　　　　　　　1025-50

- 日 + 翟(꿩/꿩깃 적) = 曜
- ☞ 햇빛(日)에 꿩깃(翟)이 매우 반짝거려(빛나) 보인다는 데서 「빛나다. (빛나는 일곱 천체의 날이라는 데서)칠요일」 뜻으로.

曜日(요일 - 일·월의 양요에서 화·수·목·금·토의 오성을 더한 칠요의 각 칭) 日曜日(일요일)

日 부수(자원과 쓰임 → 1018 참조)

★ 翟(꿩/꿩깃 적)과 결합을 이룬 글자.		1025 별첨
躍(뛸 약)	☞ 足(3008) → 꿩(翟)이 (날아오르기 위하여) 발(足)을 껑충거리면서 잽싸게 뛰쳐나간다는 데서 「뛰다. 나아가다」 躍進(약진)	
耀(빛날 요)	☞ 羽(2914) → 꿩 깃(翟)이 햇빛에 반사되어 매우 밝게 빛난다(光)는 데서 「빛나다」	
濯(씻을 탁)	☞ 水(1264) → 꿩(翟)이 깃을 물(氵)에 적시어 퍼덕이는 것처럼 빨래를 물에 집어넣어 퍼덕이면서 씻는다는 데서 「씻다」 洗濯(세탁)	
擢(뽑을 탁)	☞ 手(1528) → 손(扌)으로 꿩 깃(翟)을 뽑는다는 데서 「뽑다」 拔擢(발탁)	

早 일찍/이를 조: 새벽 조.
1026-42

◉ 日 + 一(한 일) + ｜(위아래통할 신 ｜뚫을 곤) = 早

☞ 해(日)가 지평선(一) 아래에서 위로 통과하는(｜), 곧 해가 떠오르는 이른 시간대이라는 데서 「일찍. 이르다. 새벽」 뜻으로.

早期(조:기 - 이른 시기) 早起(조:기 - 아침 일찍 일어남) 早出(조:출) 早速(조:속) 早晚(조:만) 早退(조:퇴)

★ 早(일찍/이를 조)와 결합을 이룬 글자.		1026 별첨
草(풀 초)	☞ 艸(2720) → 풀(艹)이, 지면(一) 위로 솟아오르는(｜) 해(日)처럼 지면을 뚫고 처음으로 돋아 오른다는 데서 「풀. 처음. 시작」 草木(초목)	

星 별 성. 희뜩희뜩할 성.
1027-42

◉ 日 + 生(날 생) = 星

☞ 해(日)가 낳은(生), 곧 해에서 떨어져 나온 천체이라는 데서 「별. (별빛이)희뜩희뜩하다」 뜻으로.

星座(성좌 - 별자리) 星霜(성상 - 세월. 년) 星雲(성운) 占星術(점성술) 人工衛星(인공위성) 彗星(혜:성)

★ 星(별/희뜩희뜩할 성)과 결합을 이룬 글자.		1027 별첨
醒(깰 성)	☞ 酉(2972) → 술(酉)을 마신 취기가 별빛이 희뜩희뜩한(星) 것처럼 엷어진다는 데서 「깨다」	

暴 사나울 폭 ｜모질 포. 쬘 폭.
1028-42

◉ 日 + 共(한가지/함께 공) + 氺(= 水 물 수) = 暴

☞ 햇빛(日)이, 함께(共) 쏟아지는 물(氺)처럼 매우 세차게 내리쬔다는 데서 「(햇빛이 매우)사납다. 쬐다. (매우 사납게 대한다는 데서)모질다」 뜻으로.

暴炎(폭염 - 불볕더위) 暴暑(폭서) 暴言(폭언) 暴露(폭로) 暴雨(폭우) 暴惡(포악) 暴虐無道(포학무도)

★ 暴(사나울/쬘 폭 ｜모질 포)과 결합을 이룬 글자.		1028 별첨
爆(불터질 폭)	☞ 火(1110) → 물체가 불(火)을 사납게(暴) 뿜으면서 폭발한다는 데서 「불 터지다」	
曝(쪼일 폭)	☞ 日(1081) → 햇빛(日)이 사납게(暴) 내리쬔다는 데서 「쪼이다」 曝書(폭서)	
瀑(폭포 폭)	☞ 水(1322) → 사납게(暴) 쏟아지는 물(氵)이라는 데서 「폭포. 소나기」 瀑布(폭포)	

日 부수(자원과 쓰임) → 1018 참조

是 이/옳을 시: 곧을/바를 시.　　　1029-42

◉ 日 + 疋(= 正 바를 정│바를 아) = 是

☞ 해(日)가 하늘 한가운데에 바르게(疋 = 正) 떠 있다는 데서 「바르다. (바르다는 데서)곧다. 옳다. (바르게 지적하는)이」 뜻으로.

是正(시:정 - 잘못된 것을 바로잡음) 是認(시:인 - 옳다고 인정함) 是非(시:비) 是是非非(시:시비비)

★ 是(이/옳을/곧을/바를 시)와 결합을 이룬 글자.		1029 별첨
匙(숟가락 시)	☞ 匕(0222) →	둥근 해(日) 모양처럼 밥을 둥그렇게 담아 바르게(疋 = 正) 떠 올리는 숟가락(匕)이라는 데서 「숟가락」 匙箸(시저)
湜(물맑을 식)	☞ 水(1290) →	바른(是) 성질을 지니고 있는 물(氵), 곧 불순물이 조금도 섞여 있지 않은 본연의 색상인 투명한 빛깔을 띠는 물이라는 데서 「물 맑다」
題(제목 제)	☞ 頁(3499) →	둥근 해(日)처럼 바른(疋), 곧 원만하고 반듯한(是) 머리(頁) 부위이라는 데서 「이마. (책의 이마 부위에 써넣은 글이라는 데서)제목」 題目(제목)
提(들 제)	☞ 手(1429) →	손(扌)으로 물건을 잡고서 위쪽으로 바르게(是) 들어 올린다는 데서 「들다」
堤(둑/방죽 제)	☞ 土(0676) →	흙(土)을 곧게(위로 반듯하게)(是) 쌓아 올려 물길을 막아 놓은 축조물이라는 데서 「방죽. 둑」 堤防(제방)

暗 어두울 암: 햇빛이없을 암.　　　1030-42

◉ 日 + 音(소리/그늘 음) = 暗

☞ 해(日)가 가리어져 있는 그늘(音)이라는 데서 「햇빛이 없다. 어둡다」 뜻으로.

暗記(암:기 - 외워 잊지 않음) 暗算(암:산) 暗行(암:행) 暗示(암:시) 暗誦(암:송) 暗黑(암:흑) 暗澹(암:담)

暖 따뜻할 난:　　　1031-42

◉ 日 + 爰(이에/이끌/당길 원) = 暖 (1451 참조)

☞ 해(日)를 가까이 끌어당겨(爰) 놓은 것처럼 기온이 높다는 데서 「따뜻하다」 뜻으로.

暖帶(난:대 - 열대와 온대의 중간 지대) 暖流(난:류) 暖房=煖房(난:방) 暖冬(난:동) 寒暖(한난) 溫暖(온난)

映 비칠 영(:) 밝을 영.　　　1032-40

◉ 日 + 央(가운데 앙) = 映 (0737 참조)

☞ 해(日)가 하늘 가운데(央)에 떠 있어 햇빛이 만물을 밝게 비추는, 또는 해(日)의 가운데(央) 지점은 햇빛이 매우 밝게 비친다는 데서 「비치다. 밝다」 뜻으로.

映窓(영:창 - 방을 밝게 하기 위한 창) 映彩(영:채) 映像(영상) 映畫館(영화관) 映寫機(영사기)

智 지혜/슬기 지.　　　1033-40

◉ 知(알 지) + 日 = 智 (2184 참조)

☞ 아는(지적인)(知) 능력이 밝은 해(日)처럼 매우 명석하다는 데서 「슬기. 지혜」 뜻으로.

智慧(지혜 - 슬기) 智略(지략 - 슬기로운 계략) 智德體(지덕체) 機智(기지) 衆智(중:지) 叡智(예:지)

日 부수(자원과 쓰임 → 1018 참조)

暇 겨를 가: 한가할 가. 　　　　　　　　　　　　　　　　　　　1034-40

- 日 + 叚(빌릴/허물 가) = 暇 (0070 참조)
- ☞ 날(날짜)(日)을 빌려(叚) 놓은, 곧 자신이 쉴 수 있는 짬을 내어 놓은 여유로운 시간이라는 데서「겨를. 한가하다」뜻으로.

休暇(휴가) 餘暇(여가 - 겨를. 틈) 閑暇(한가 - 겨를이 있음)

普 넓을 보: 널리/널리미칠/두루/보통 보. 　　　　　　　　　　　1035-40

- 並(= 竝 아우를 병) + 日 = 普
- ☞ 모두를 아우르는(並) 것처럼 (밝은 빛을 비추어 주는) 해(日)의 혜택이 온 세상에 널리(두루) 미친다는 데서「넓다. 널리. 널리 미치다. 두루. 보통」뜻으로.

普通(보:통) 普及(보:급 - 세상에 널리 퍼지게 함) 普遍妥當(보:편타당) 普信閣(보:신각) 普施(보:시)

★ 普(넓을/널리미칠/두루 보)와 결합을 이룬 글자.		1035 별첨
譜(족보/계보 보)	☞ 言(3253) → 조상이나 윗분의 말씀(言)이 두루(널리)(普) 미치는(전달되는) 직속 계열이라는 데서「계보. (계보를 적은)족보」譜牒(보첩)	
潽(물이름 보)	☞ 水(1304) → 물(氵)이 넓게(普) 퍼져 있는 호수나 늪이라는 의미가 부여되어「물 이름」	

易 바꿀 역│쉬울 이: 변할 역. 　　　　　　　　　　　　　　　1036-40

- 日 + 勿(말/없을 물) = 易
- ☞ 해(日)가 돋아 오르면서 이내 달빛이 사그라져 없어지는(勿), 곧 밤낮이 쉽게 바뀐다는 데서「바꾸다. 쉽다. 변하다」뜻으로.

易學(역학 - 주역을 연구하는 학문) 易地思之(역지사지) 交易(교역) 容易(용이) 難易(난이) 簡易(간:이)

★ 易(바꿀 역│쉬울 이)와 결합을 이룬 글자.		1036 별첨
賜(줄 사)	☞ 貝(3068) → 재물(貝)로 바꾸어(易) 주는, 곧 공훈이나 업적을 보답(보상)하는 차원으로 재물을 내려 준다는 데서「주다. 하사하다」賜額(사액)	
錫(주석 석)	☞ 金(3441) → 형체가 쉽게 바뀌어(易)지는 (전연성이 뛰어난) 금속(金)이라는 데서「주석」	

旬 열흘 순. 두루/고를/가득할 순. 　　　　　　　　　　　　　　1037-32

- 勹(쌀 포) + 日 = 旬
- ☞ 날짜(日)를 감싸(勹) 놓은, 곧 한 달 동안의 일수를 천간(天干 → 갑·을…임·계) 수효인 10일씩 묶음(상순·중순·하순)하여 놓은 일수이라는 데서「열흘. (열흘씩 묶어 고르게 채워 놓은 데서) 두루. 고르다. 가득하다」뜻으로.

旬報(순보 - 열흘에 한 번씩 발간하는 신문이나 보도) 旬刊(순간 - 순보) 中旬(중순) 上旬(상:순)

★ 旬(열흘/두루/고를/가득할 순)과 결합을 이룬 글자.		1037 별첨
殉(따라죽을 순)	☞ 歹(1581) → 죽은(歹) 사람(시신) 곁으로 살아 있는 사람이 두루(旬) 묻히어 죽는다는 데서「따라 죽다」殉葬(순장)	

> 日 부수(자원과 쓰임 → 1018 참조)

珣(옥이름 순)	☞ 玉(2048) →	해(日)를 감싸(勹) 놓은 모양처럼 매우 밝고 둥근 옥(구슬)(玉)이라는 의미가 부여되어 「옥 이름」
洵(참으로 순)	☞ 水(1292) →	물(氵)이, 둥근 해(日)를 감싸(勹) 놓은 모양처럼 맑은 덩어리 형태를 이루어 괴어 있는 곳이라는 데서 「웅덩이. (웅덩이 물처럼 맑고 순수하다는 데서)참으로」
筍(죽순 순)	☞ 竹(2711) →	붉은 해(日)를 감싸(勹) 놓은 모양처럼 불그스레한 떡잎에 감싸여 도톰하게 돋아나는 대나무(竹) 싹이라는 데서 「죽순」 竹筍(죽순)
荀(풀이름 순)	☞ 艹(2832) →	붉은 해(日)를 감싸(勹) 놓은 모양처럼 붉은 열매가 열리는 풀(艹)이라는 의미가 부여되어 「풀 이름」 荀子(순자)
絢(무늬 현)	☞ 糸(2539) →	여러 가지 색상의 실(糸)로 떠 놓은 수(繡) 무늬가, 붉고 둥근 해(日)를 감싸(勹) 놓은 모양처럼 찬란하여 보인다는 데서 「무늬. 아름답게 비치어 눈부시다」 絢爛(현란)

旦 아침 단. 일찍/밝을 단. 　　　　　　　　　　　　　　　　1038-32

◉ 日 + 一(한 일 → 여기에서는 수평선이나 지평선을 표현) = 旦

☞ 해(日)가 지평선(一) 위로 떠오르는 이른 시간대이라는 데서 「아침. 일찍. (해가 돋아나 날이) 밝다」 뜻으로.

旦夕(단석 - 아침과 저녁) 旦暮(단모 - 아침과 저녁) 元旦(원단 - 설날 아침) 一旦(일단 - 우선 먼저)

★ 旦(아침/일찍/밝을 단)과 결합을 이룬 글자.　　　　　　　　　　　1038 별첨

但(다만 단)	☞ 人(0101) →	지평선(一) 위로 덩그렇게 떠오르는 해(日)처럼 외톨이로 서 있는 사람(亻)이라는 데서 「홀로. (오직 혼자이라는 데서)오직. 다만」 但只(단지)
疸(황달 달)	☞ 疒(2329) →	이른 아침(旦)에 드러나는 엷은 햇살처럼 살갗이 누르스름한 빛을 띠는 병(疒)의 일종이라는 데서 「황달」 黃疸(황달)
坦(평탄할 탄)	☞ 土(0705) →	아침(旦) 햇살을 고르게 받는 평평한 땅(土)이라는 데서 「평탄하다」

昇 오를 승. 해오를 승. 　　　　　　　　　　　　　　　　1039-32

◉ 日 + 升(되/오를 승) = 昇 (0341 참조)

☞ 해(日)가 돋아 오른다(升)는 데서 「해 오르다. 오르다」 뜻으로.

昇格(승격 - 어떤 표준으로 격이 오름) 昇進(승진) 昇級(승급) 昇降(승강) 昇遐(승하) 昇天(승천)

昌 창성할 창. 성할/아름다운말씀/당할/나타날/부를 창. 　　　1040-32

◉ 日 + 曰(가로/말할 왈) = 昌

☞ 세상을 밝게 비추는 둥근 해(日)처럼 밝고 원만한 말씀(曰)이라는 데서 「아름다운 말씀. 당(當)하다」 뜻을, 임금이나 성인의 아름답고 당한 말씀으로 백성이 교화되고 문물이 번성하여 진다는 데서 「창성하다. 성하다. (성하게)나타나다」 뜻으로.

昌盛(창성 - 성하여 잘 되어감) 昌言(창언 - 사리에 맞고 훌륭한 말) 繁昌(번창) 昌原市(창원시)

★ 昌(창성할/성할/아름다운말씀/당할/나타날/부를 창)과 결합을 이룬 글자.		1040 별첨
唱(부를 창)	☞ 口(0801) → 소리(口)를 성하게(昌) 지른다(부른다)는 데서 「부르다. 노래」 唱歌(창가)	
倡(광대 창)	☞ 人(0178) → 성하게(昌) 소리를 내는 사람(亻), 곧 소리나 재담을 썩 잘하는 사람이라는 데서 「광대. 놀이. 창성하다」 倡夫(창부)	
娼(창녀 창)	☞ 女(0505) → 소리를 성하게(昌) 부르는 여자(女)라는 데서 「계집 광대. (몸을 파는 계집 광대라는 데서)창녀」 娼女(창녀)	
猖(미쳐날뛸 창)	☞ 犬(1407) → 개(犭)가 창성하게(昌) 나타나는, 곧 개가 여기저기 아무데서나 마구잡이로 뛰어 다닌다는 데서 「미쳐 날뛰다」 猖獗(창궐)	
菖(창포 창)	☞ 艸(2826) → 향내를 매우 성하게(昌) 풍기는 풀(식물)(艹)이라는 데서 「창포」 菖蒲(창포)	

暫 잠깐 잠(:) 잠시 잠.   1041-32

◉ {車(수레 거) + 斤 (도끼 근) = 斬(벨/끊을 참)} + 日 = 暫 (1788 참조)

☞ 칼로 베어(斬) 버린 햇빛(日)이 다시 이어지는 지극히 짧은 시간(찰라)이라는 데서 「잠시. 잠깐」 뜻으로.

暫時(잠:시 - 짧은 시간) 暫定(잠정) 暫間(잠간) 暫見(잠견) 暫許(잠허) 暫留(잠류) 暫定的(잠정적)

曆 책력 력.   1042-32

◉ 厤(책력/세월 력) + 日 = 曆 (1999 참조)

☞ 해(日)의 운행 주기에 따른 계절의 변화 관계를 기록하여 놓은 책력(厤)이라는 데서 「책력」 뜻으로.

册曆(책력 - 해와 달의 운행과 절기 따위를 적은 책) 曆法(역법) 曆學(역학) 陽曆(양력) 陰曆(음력)

曉 새벽/깨달을 효: 1043-30

◉ 日 + 堯(요임금/높을/멀 요) = 曉 (0689 참조)

☞ 해(日)가 먼(堯) 곳으로부터 떠오르는 이른 시간대라는 데서 「새벽. (머리에 떠오르는 생각이 새벽처럼 밝아진다는 데서)깨닫다」 뜻으로.

曉鐘(효:종 - 새벽에 치는 종) 曉悟(효:오 - 깨달음) 曉月(효:월) 曉習(효:습) 曉星(효:성) 曉解(효:해)

旱 가물 한: 1044-30

◉ 日 + 干(방패 간) = 旱

☞ 해(日)가 세워 놓은 방패(干)처럼 계속 떠 있는, 곧 해만 줄곧 떠 있고 비는 조금도 내리지 않는 다는 데서 「가물다」 뜻으로.

旱災(한:재 - 가뭄으로 인한 재해) 旱害(한:해 - 가뭄으로 인한 피해) 旱魃(한:발 - 가뭄) 旱天(한:천)

★ 旱(가물 한)과 결합을 이룬 글자.		1044 별첨
悍(사나울 한)	☞ 心(1951) → 마음(忄)이 가물어(旱) 있는, 곧 가뭄에 생명체가 메말라 있는 것처럼 감정이 메말 라서 성격이 매우 거칠다는 데서 「사납다. 모질다」 悍婦(한 부)	

昏 어두울 혼. 저녁때 혼.   1045-30

◉ 氐(성 씨 → 「밑동. 밑바닥」 뜻으로 쓰임) + 日 = 昏

☞ 지평선 바닥(氏)으로 해(日)가 가라앉는 늦은 시간대이라는 데서 「어둡다. 저녁때」 뜻으로.
昏迷(혼미 - 마음이 흐리고 사리에 어두움) 昏絶(혼절) 昏沈(혼침) 昏睡(혼수) 昏定晨省(혼정신성)

★ 昏(어두울/저녁때 혼)과 결합을 이룬 글자.　　　　　　　　　　　　　　　1045 별첨

| 婚(혼인 혼) | ☞ 女(0469) → 남자가 여자(女)와 어두운 저녁(昏) 무렵에 혼례식을 치른다는 데서 「혼인」 |

昔 예(古) 석. 옛날/오랠 석 | 섞일 착. 1046-30

● 共(= 井「우물 정」의 획 줄임) + 日 = 昔
☞ 우물(共 = 井) 언저리에 나무토막을 얼기설기 쌓아 놓은 것처럼 수많은 일수(날짜)(日)가 차곡차곡 쌓이어진 오래된 세월이라는 데서 「옛. 옛날. 오래다. (날짜가)섞이다」 뜻으로.
昔日(석일 - 옛날) 昔時(석시 - 옛적) 昔人(석인) 昔年(석년) 昔歲(석세) 今昔(금석) 今昔之感(금석지감)

★ 昔(옛/옛날/오랠 석 | 섞일 착)과 결합을 이룬 글자.　　　　　　　　　　　1046 별첨

惜(아낄 석)	☞ 心(1888) → 마음(忄)에 옛날(昔)의 아쉬움이 남아 있는, 곧 마음속으로 지난날에 이루지 못한 것을 매우 애틋하게 여긴다는 데서 「아깝다. 아끼다」 哀惜(애석)
鵲(까치 작)	☞ 鳥(3703) → 아주 먼 옛날(昔)부터 있었던 새(鳥), 곧 아득한 옛날 칠석날에 견우와 직녀가 서로 만나도록 은하수에 다리를 놓았다는 새이라는 데서 「까치」 烏鵲(오작)
措(둘 조)	☞ 手(1488) → 손(扌)으로, 일수가 차곡차곡 쌓여진 석(昔) 글자 형상처럼 물건을 차곡차곡 쌓아 둔다는 데서 「두다」 措置(조치)
借(빌릴 차)	☞ 人(0121) → 다른 사람(亻)으로부터 금전적인 신세를 오래(昔)도록 진다는 데서 「빌리다」
錯(섞일 착)	☞ 金(3438) → 여러 가지 성질의 쇠(金)가 섞이어(昔) 있다는 데서 「섞이다」
醋(식초 초)	☞ 酉(2970) → 술(酉)이 오래(昔)되어 시어진 것이라는 데서 「초. 식초」 醋酸(초산)

晨 새벽 신. 1047-30

● 日 + 辰(별/일진/삼월 진 | 때 신) = 晨 (2993 별첨)
☞ 해(日)가 돋아 오르는 때(辰)이라는 데서 「새벽」 뜻으로.
晨星(신성 - 샛별) 晨省(신성 - 새벽에 부모님의 안부를 살핌) 晨鐘(신종 - 새벽에 치는 종) 晨光(신광)

暮 저물 모: 늦을 모. 1048-30

● 莫(말/없을 막 | 저물 모) + 日 = 暮 (2731 참조)
☞ 날이 저물어(莫) 해(日)가 가라앉는 늦은 시간대이라는 데서 「저물다. 늦다」 뜻으로.
暮景(모:경 - 저녁때의 경치) 暮色(모:색) 歲暮(세:모 - 세밑) 朝令暮改(조령모개) 朝三暮四(조삼모사)

昭 밝을 소. 나타날 소. 1049-30

● 日 + 召(부를 소) = 昭 (0833 참조)
☞ 해(日)를 불러(끌어)(召)들이어 놓은 것처럼 어두운 공간이 밝게 드러나 보인다는 데서 「밝다. 나타나다」 뜻으로.
昭明(소명 - 사물에 밝음) 昭光(소광 - 밝게 반짝이는 빛)

日 부수(자원과 쓰임 → 1018 참조)

| 暑　더울 서: | 1050-30 |

- 日 + 者(사람/것/곳 자) = 暑 (2858 참조)
☞ 해(日)가 사람(者) 위에 떠 있는 여름철의 한낮은 무척 덥다는 데서 「덥다」 뜻으로.
暑氣(서:기 - 더운 기운) 暑濕(서:습 - 덥고 습한 기운) 暴暑(폭서) 酷暑(혹서) 處暑(처:서) 避暑(피:서)

| 暢　화창할 창: 펼 창. | 1051-30 |

- 申(납/펼 신) + 昜(빛/열을/날아오를/길 양) = 暢 (3326 참조)
☞ 햇빛(昜)이 사방으로 펼쳐져(申) 있어서 (구름이 햇빛을 가리지 않아) 날씨가 매우 맑고 온화하다는 데서 「화창하다. (햇빛이 사방으로)펴다」 뜻으로.
暢達(창:달 - 뻗어 자람) 流暢(유창 - 말이나 글이 그침이 없음) 和暢(화창 - 날씨가 맑음)

| 晚　늦을 만: 저물/저녁 만. | 1052-30 |

- 日 + 免(면할 면) = 晚 (0193 참조)
☞ 해(日)가 하늘에 떠 있는 낮 동안을 면하는(免) 저녁 시간대이라는 데서 「늦다. 저녁」 뜻으로.
晚秋(만:추 - 늦가을) 晚餐(만:찬 - 저녁 식사) 晚鐘(만:종) 晚學(만:학) 晚成(만:성) 晚時之歎(만:시지탄)

| 晴　갤 청. 맑은날씨 청. | 1053-30 |

- 日 + 靑(푸를 청) = 晴 (3369 참조)
☞ 해(日)가 푸른(靑) 하늘에 드러나 있는(비구름이 말끔하게 걷히어 있는) 맑은 날씨이라는 데서 「개다. 맑은 날씨」 뜻으로.
晴天(청천 - 맑게 갠 하늘) 晴曇(청담 - 날씨의 맑음과 흐림) 快晴(쾌청 - 하늘이 시원하게 갬)

| 暎　비칠 영: 밝을 영. | 1054-20 |

- 日 + 英(꽃부리/꽃다울 영) = 暎 (2724 참조)
☞ 해(日)가, 높이 솟아오른 꽃부리(英)처럼 하늘 높이 솟아올라 온 세상을 밝게 비춘다는 데서 「비치다. 밝다」 뜻으로.

| 晉　성(姓)/진나라 진: 나아갈 진. | 1055-20 |

| 晋　성(姓)/진나라 진: 나아갈 진. | 1056-20 |

- 亚(= 臸「이를 지 | 나아갈 진」의 변형) + 日 = 晋 ※ 晋은 晉의 속자.
- 𠀎(= 臸「이를지 | 나아갈 진」의 획 줄임) + 日 = 晉
☞ 해(日)가 떠올라 하늘 위로 나아간다(亚 = 𠀎)는 데서 「나아가다」 뜻을. 晉이 진나라 국명으로 쓰였기에 「진나라」 음훈으로.
晉秩(진:질 - 품계가 오름) 晉州市(진:주시 - 경남도에 있는 지명) 晉(진: - 춘추시대 12열국의 하나)

日 부수(자원과 쓰임 → 1018 참조)

晧 밝을 호: 해돋을 호 | 밝을 고. 1057-20

- 日 + 告(고할/알릴 고 | 청할 곡) = 晧 (0800 참조)
- ☞ 해(日)가 돋아 오름을 앞서(미리) 알리기(告)라도 하는 것처럼 동녘 하늘이 서서히 밝아져 온다는 데서 「해 돋다. 밝다」뜻으로.

晟 밝을 성. 성할 성. 1058-20

- 日 + 成(이룰/마칠/성할 성) = 晟 (1758 참조)
- ☞ 햇빛(日)이 성하게(成) 비춘다는 데서 「밝다. 성하다」뜻으로.

昶 해길 창: 밝을/통할 창. 1059-20

- 永(길 영) + 日 = 昶 (1175 참조)
- ☞ 길게(永) 해(日)가 드리워져 있는(해가 하늘 한가운데에 떠 있는) 밝은 한낮이라는 데서 「해 길다. 밝다. (햇빛이 밝게)통하다」뜻으로.

晶 맑을/수정 정. 밝을 정. 1060-20

- 日 × 3(→「많음」을 의미) = 晶
- ☞ 밝은 해(日)가 많이(3) 쌓여 있는 모양처럼 밝고 맑은 육각형의 결정체가 포개어져 있는 광물이라는 「수정. 맑다. 밝다」뜻으로.

水晶(수정 - 석영의 한 가지. 장식물이나 광학기계 등에 쓰임) 晶光(정광 - 투명한 빛) 結晶(결정)

晳 밝을 석. 1061-20

- 析(가를/쪼갤 석) + 日 = 晳 (1640 참조)
- ☞ 갈라(쪼개어)(析) 놓은 해(日)의 단면처럼 더없이 밝다는 데서 「밝다」뜻으로.

明晳(명석 - 분명하고 똑똑함)

旭 아침해 욱. 빛날 욱. 1062-20

- 九(아홉/모을 구 →「구불구불한 모양」을 의미) + 日 = 旭
- ☞ 구(九) 글자 형상처럼 굽은 모양을 이루어 갓 돋아 오르는 해(日)이라는 데서 「아침 해. (아침 해가) 빛나다」뜻으로.

旭日(욱일 - 아침 해) 旭光(욱광 - 솟아오르는 햇빛) 旭日昇天(욱일승천 - 아침 해가 하늘에 떠오름)

旻 하늘 민. 가을하늘 민. 1063-20

- 日 + 文(글월/무늬/문채날 문) = 旻 (1824 참조)
- ☞ 하늘에 떠 있는 해(日)에서 문채가 나는(文), 곧 햇빛이 밝고 맑게 비치어 풍광이 아름답게 드러나는 계절의 하늘이라는 데서 「가을하늘. 하늘」뜻으로.

旻天(민천 - 가을하늘. 하늘)

昊 하늘 호: 여름하늘/넓을 호.　　　　　　　　　　　　　　　1064-20

◉ 日 + 一 + 大(큰 대) = 昊
☞ 해(日)가 하늘(一)에 크게(大) 원을 그리는(지구의 중심을 통과하는) 계절의 하늘이라는 데서 「여름 하늘. 하늘. 넓다」 뜻으로.

昊天(호:천 - 넓고 큰 천공. 여름 하늘) 昊天罔極(호:천망극 - 부모님의 은혜가 하늘처럼 다함이 없음)

旨 뜻 지. 맛/맛있을/조서 지.　　　　　　　　　　　　　　　1065-20

◉ 匕(비수/숟가락 비) + 日 = 旨
☞ 숟가락(匕)에 밥을, 둥근 해(日) 모양처럼 둥그렇게 담아 맛있게 먹는다는 데서 「맛있다. 맛. (맛나서 구미가 당기듯이 하고픈 마음을 품은)뜻. (임금의 뜻이 담긴)조서」 뜻으로.

要旨(요지 - 중요한 뜻) 本旨(본지 - 근본이 되는 취지) 旨酒(지주) 趣旨(취:지 - 근본이 되는 뜻)

★ 旨(뜻/맛/맛있을/조서 지)와 결합을 이룬 글자.　　　　　　　　1065 별첨

指(손가락 지)　☞ 手(1431) → 맛(旨)을 보기 위하여 (꿀이나 간장 같은) 음식물을 찍어 내어 혀끝에 대는 손(扌)의 부위라는 데서 「손가락」 食指(식지)

脂(기름 지)　☞ 肉(2404) → (구운) 고기(月)에서 배어 나오는 맛있는(旨) 물질이라는 데서 「기름」

詣(이를 예)　☞ 言(3298) → 임금의 말씀(言)을 적은 조서(旨), 곧 윤지(綸旨 → 임금이 신하나 백성에게 내리는 말)가 백성에게 하달된다는 데서 「(조서가 백성에게)이르다. 도달하다」

旺 왕성할 왕: 성할 왕.　　　　　　　　　　　　　　　　　1066-20

◉ 日 + 王(임금/클/왕성할 왕) = 旺 (2026 참조)
☞ 햇빛(日)이 왕성하게(王) 내리쪼인다는 데서 「왕성하다. 성하다」 뜻으로.

旺盛(왕:성 - 한창 성함) 旺氣(왕:기 - 왕성한 기운) 興旺(흥왕) 儀旺市(의왕시 - 경기도에 있는 지명)

昱 햇빛밝을 욱. 햇빛 욱.　　　　　　　　　　　　　　　　1067-20

◉ 日 + 立(설 립) = 昱
☞ (하늘 한가운데에 떠 있는) 해(日)에서 빛줄기가 서(立) 있는 형상을 이루어 강렬하게 내리쪼이는 모양이라는 데서 「햇빛 밝다. 햇빛」 뜻으로.

昱昱(욱욱하다 - 매우 밝다) 昱耀(욱요 - 밝게 빛남)

★ 昱(햇빛밝을/햇빛 욱)과 결합을 이룬 글자.　　　　　　　　　1067 별첨

煜(빛날 욱)　☞ 火(1126) → 불(火)이 햇빛(昱)처럼 밝게 빛난다는 데서 「빛나다」 煜煜(욱욱)

暹 해돋을 섬. 나아갈 섬.　　　　　　　　　　　　　　　　1068-20

◉ 日 + 進(나아갈 진) = 暹
☞ 해(日)가 나아가는(進), 곧 해가 지면으로 떠오른다는 데서 「해 돋다. 나아가다」 뜻으로.

暹羅(섬라 - 태국. 타이의 예전 이름인 시암Siam의 한자음 표기)

日 부수(자원과 쓰임) → 1018 참조

昞 밝을 병: 　　　　　　　　　　　　　　　　　　　　　　　　　　　1069-20

昺 밝을 병: 　　　　　　　　　　　　　　　　　　　　　　　　　　　1070-20

◉ 日 + 丙(남녘/밝을 병) = 昞. 昺. (0010 참조)
☞ 해(日)가 지구와 가까이 떠 있는 남녘(丙)은 매우 밝다는 데서「밝다」뜻으로.
※ 昞과 昺은 동자(同字)이며 인명에 주로 쓰임.

旼 화할 민. 　　　　　　　　　　　　　　　　　　　　　　　　　　　1071-20

◉ 日 + 文(글월/무늬/문채날 문) = 旼 (1824 참조)
☞ 해(日)에서 문채(文)가 나는, 곧 온 누리에 햇빛이 밝고 맑게 비치어 날씨가 무척 온화하다는 데서「화하다」뜻으로.

昴 별이름 묘. 　　　　　　　　　　　　　　　　　　　　　　　　　　1072-20

◉ 日 + 卯(토끼/무성할 묘 →「부절을 드리우는 모양」) = 昴 (0350 참조)
☞ 해(日)처럼 밝은 빛을 띠면서 서녘 하늘에 드리워져(卯) 있는 별이라는 데서「(묘성을 지칭하는)별 이름」뜻으로.
昴星(묘성 - 이십팔수의 열여덟째 별자리의 하나로 서쪽에 뜨는 별)

晙 밝을 준: 이른아침 준. 　　　　　　　　　　　　　　　　　　　　　1073-20

◉ 日 + 夋(천천히걷는모양/갈 준) = 晙 (0120 참조)
☞ 해(日)가 천천히 걸어가는(夋) 것처럼 동녘으로 서서히 다가가는 동틀(밝을) 무렵이라는 데서「밝다. 이른 아침」뜻으로.

晃 밝을 황. 햇빛 황. 　　　　　　　　　　　　　　　　　　　　　　　1074-20

◉ 日 + 光(빛/빛날/비칠 광) = 晃 (0185 참조)
☞ 해(日)가 빛(光)을 발산하여 날씨가 매우 밝다는 데서「밝다」뜻으로.

★ 晃(밝을/햇빛 황)과 결합을 이룬 글자. 　　　　　　　　　　　　　1074 별첨
滉(깊을 황) 　☞ 水(1300) → 물(氵)이, (넓고 멀리 퍼져 나가는) 햇빛(晃)처럼 넓고 깊게 괴어 있다는 데서「물 깊고 넓다. 깊다」

昆 맏/많을 곤. 형/뒤/후손/같을 곤 | 덩어리 혼. 　　　　　　　　　　　1075-10

◉ 日 + 比(견줄/아우를/무리 비) = 昆
☞ 해(日)가 아울러(比) 있는, 곧 (높이 솟아 만물을 두루 비추는 해에 비견하는) 임금을 계승할 왕자들이 많이 태어나 있다는 데서「많다. (앞서 태어난)맏이. 형. (왕위를 잇는)후손. 뒤. (아울러 있다는 데서)같다. 덩어리」뜻으로.
昆季(곤계 - 형제) 昆弟(곤제 - 형제) 昆孫(곤손 - 육대손) 昆蟲(곤충 - 벌레의 속칭)

> ★ 昆(맏/많을/뒤/후손/같을 곤 | 덩어리 혼)과 결합을 이룬 글자.　　　　　　　　　　1075 별첨
> 棍(몽둥이 곤)　☞ 木(1740) → 덩어리진(昆) 모양처럼 볼록하게 다듬어 놓은 나무(木)이라는 데서「몽둥이」
> 混(섞일 혼)　☞ 水(1205) → 물(氵)이 덩어리진(昆) 형태를 이루어 흐르는, 곧 여러 골짜기의 냇물이 합수되어
> 　　　　　　　　　　　　　　　(섞이어) 무척 많이 흐른다는 데서「섞이다. 덩어리지다」混合(혼합)

晦　그믐 회. 어두울/희미할 회.　　　　　　　　　　　　　　　　　　　　　1076-10

● 日 + 每(매양/늘/풀더부룩할 매) = 晦 (2021 참조)

☞ 해(日)가 풀 더부룩한(每) 곳에 가리어져 있는 것처럼 날이 어두컴컴하다는 데서「어둡다. 희미하다. (어두운 밤이라는 데서)그믐」뜻으로.

晦明(회명 - 어둠과 밝음) 晦冥(회명 - 캄캄함) 晦朔(회삭 - 그믐과 초하루) 晦塞(회색 - 깜깜하게 막힘)

昧　어두울 매. 새벽 매.　　　　　　　　　　　　　　　　　　　　　　　　1077-10

● 日 + 未(아닐/아직 미) = 昧 (1611 참조)

☞ 해(日)가 아직 뜨지 아니한(未) 이른 시간대이라는 데서「어둡다. 새벽」뜻으로.

昧旦(매단 - 먼동이 틀 무렵) 昧爽(매상 - 매단) 蒙昧(몽매 - 어리석고 어두움) 愚昧(우매) 三昧(삼매)

曠　빌/휑할 광: 밝을/멀/넓을 광.　　　　　　　　　　　　　　　　　　　　1078-10

● 日 + 廣(넓을 광) = 曠 (0760 참조)

☞ 햇빛(日)이 넓게(廣) 퍼져 나가는 거대한 우주 공간이라는 데서「휑하다. 비다. 넓다」뜻으로.

曠茫(광:망 - 너르고 너름) 曠古(광:고 - 전례가 없음) 曠野(광:야 - 아득하게 너른 들판)

曙　새벽 서:　　　　　　　　　　　　　　　　　　　　　　　　　　　　　1079-10

● 日 + {罒(그물 망) + 者(사람/것/곳 자) = 署(관청 서)} = 曙 (2655 참조)

☞ 해(日)가 그물(罒)에 씌워져 있는 것(者)처럼 동녘 하늘이 희미하게 드러나 보이는 이른 시간대이라는 데서「새벽」뜻으로.

曙天(서:천 - 새벽하늘) 曙光(서:광 - 동틀 때 비치는 빛) ※ 瑞光(서:광 - 상스러운 빛)

昂　높을/오를 앙:　　　　　　　　　　　　　　　　　　　　　　　　　　　1080-10

● 日 + 卬(나/오를/향할 앙) = 昂 (0099 참조)

☞ 해(日)가 높이 (솟아)오른다(卬)는 데서「오르다. 높다」뜻으로.

昂貴(앙:귀 - 물건 값이 뛰어오름) 昂騰=仰騰(앙:등 - 앙귀) 昂奮(앙:분 - 매우 흥분함) 激昂(격앙)

曝　쪼일 폭 | 쪼일 포.　　　　　　　　　　　　　　　　　　　　　　　　1081-10

● 日 + 暴(사나울/쬘 폭 | 모질 포) = 曝 (1028 참조)　　※ 曝은 暴(사나울 폭)의 속자.

☞ 햇빛(日)이 사납게(暴) 내리쬔다는 데서「쪼이다」뜻으로.

曝書(폭서 - 서책을 햇볕에 쬐는 일) 曝陽(폭양 - 뜨겁게 내리쬐는 햇볕) 曝白(포백) 曝曬(포쇄)

日 부수(자원과 쓰임) → 1018 참조

暈 무리 훈 | 무리 운. 1082-10

- 日 + 軍(군사/진칠/싸울 군) = 暈 (3159 참조)
- ☞ 해(日) 주위로 군사들(軍)이 진을 치는 형상을 이루어 빛이 둥그렇게 둘리어(무리지어) 있는 모양이라는 데서 「햇무리. (햇무리와 유사한)달무리」 뜻으로.

暈圍(운위 - 해 또는 달의 언저리에 보이는 둥근 무리) 暈色(훈색) 暈影(훈영) 暈輪(훈륜)

暝 저물 명. 어두울/캄캄할/밤 명. 1083-10

- 日 + 冥(어두울 명) = 暝 (0312 참조)
- ☞ 해(日)가 가라앉아 날이 어둡다(冥)는 데서 「어둡다. 저물다. 캄캄하다. 밤」 뜻으로.

暝途=冥途(명도 - 어두운 길. 사람이 죽은 뒤에 그 영혼이 간다고 하는 암흑의 세계)

曇 흐릴 담. 구름낄/부처님 담. 1084-10

- 日 + 雲(구름 운) = 曇 (3396 참조)
- ☞ 해(日)가 구름(雲)에 가리어져 날씨가 흐리다는 데서 「흐리다. 구름 끼다」 뜻으로.

曇天(담천 - 구름이 끼어 흐린 하늘) 曇華(담화 - 칸나과의 다년생 풀) 晴曇(청담 - 날씨의 맑음과 흐림)

昉 밝을/마침 방. 비로소/밝을 방. 1085-10

- 日 + 方(모/방위/방향/연결할 방) = 昉
- ☞ 해(日)가 동녘 방향(方)에 떠오름으로써 마침내(비로소) 밝은 하루가 시작된다는 데서 「마침. 마침내. 비로소. 밝다」 뜻으로.

衆昉同疑(중방동의 - 여럿이 마침내 함께 의문을 품다)

晏 늦을 안: 편안할 안. 1086-10

- 日 + 安(편안할/안온할/안정할 안) = 晏 (0580 참조)
- ☞ 해(日)가 편안하여(安)지는. 곧 한낮에 강렬하게 비치던 햇빛이 수그러드는 늦은 시간대이라는 데서 「늦다. 편안하다」 뜻으로.

晏駕(안:가 - 붕어. 천자가 세상을 떠남) 晏起(안:기 - 아침 늦게 일어남) 晏眠(안:면 - 안기)

曖 희미할/가릴 애: 어두울 애. 1087-10

- 日 + 愛(사랑/친할/아낄 애) = 曖 (1832 참조)
- ☞ 해(日)가 사랑(愛)에 빠져들어 눈이 먼 것처럼 구름이나 안개 따위에 가리어져 햇볕이 희미하다는 데서 「가리다. 희미하다. 어둡다」 뜻으로.
- ※ 사랑에 깊이 빠져들면 눈이 먼다고 함.

曖昧(애:매 - 희미하여 분명치 않음) 曖昧模糊(애:매모호 - 분명치 않고 희미함) 曖昧說(애:매설)

|  | 日
날 일 | 月
달 월 | 火(灬)
삐침 별 | 水(氵氺)
물 수 |

| 月 | 달 월. 달빛/한달/세월 월. | 1088-80 |

자원 月 → 반달 모양을 표현.

쓰임 「달. 배(舟)」 의미로 쓰임.

月의 종류.
1. 月(달 월) : 달을 뜻하며, =가 왼쪽에는 붙고 오른쪽은 띄워진 모양. 朗(랑) 期(기) 등
2. 月(주달 월) : 배(舟)를 뜻하며, =가 양쪽 모두 띄워져서 기운 모양. 朋(붕) 前(전) 등
3. 月(육달 월) : 고기 육(肉) 부수이며, =가 양쪽에 붙어 있는 모양. 胃(위) 肝(간) 등
   ※ 月은 위와 같이 뜻과 자형(字形)이 3가지로 구분되어 있으나, 오늘날에 와서 자형은 모두 月로 쓰이며,
   月는 月(달 월) 부수에 속하여 자형과 뜻이 혼용되어 있음.

月光(월광 - 달빛) 月色(월색) 月刊(월간) 月貰(월세) 月給(월급) 月次(월차) 月蝕(월식) 月出(월출)

| 有 | 있을 유: 가질 유. | 1089-70 |

◉ 𠂇(= 左「왼쪽 좌」의 고자로 「왼쪽. 있다」 의미로 쓰임) + 月 = 有

☞ 달(月)이 하늘에 떠 있다(𠂇)는 데서 「있다. (수중에 있다는 데서)가지다」 뜻으로.

有給(유:급 - 급료가 있음) 有效(유:효) 有識(유:식) 有無(유:무) 有力(유:력) 有備無患(유:비무환)

★ 有(있을/가질 유)와 결합을 이룬 글자.	1089 별첨
宥(너그러울 유)	☞ 宀(0616) → 죄를 지은 사람(식구)을 집 밖으로 내치지 않고 집(宀)에 있도록(有) 한다는 데서 「용서하다. 너그럽다」 宥和政策(유화정책)
郁(성할 욱)	☞ 邑(2932) → 여유가 있는(有) 고을(阝), 곧 곡물이나 물자가 매우 번성한 고을이라는 데서 「성하다. 빛나다」 郁郁(욱욱)
賄(뇌물 회)	☞ 貝(3077) → 돈(재물)(貝)을 다른 사람이 소유하게(有)끔 건네준다는 데서 「선사. 뇌물」

| 服 | 옷 복. 입을/복종할/쓸 복. | 1090-60 |

◉ 月(= 舟 주달 월) + {卩(병부 절) + 又(또/오른손 우) = 𠬝(다스릴/일할 복)} = 服

☞ (노예나 일꾼으로 하여금) 배(月)를 만들거나 노 젓는 일을 하도록(𠬝) 한다는 데서 「(일꾼으로) 쓰다.
(노예가)복종하다. (일하면서 입는)옷. (옷을)입다」 뜻으로.

服務(복무 - 직무를 맡아 일함) 服裝(복장) 服從(복종) 服用(복용) 服藥(복약) 服役(복역) 服飾(복식)

| 朝 | 아침 조. 이를/조정/조회할/나라이름 조. | 1091-60 |

◉ 𠦝(→ 倝「해돋을 간」의 획 줄임)} + 月(= 舟 주달 월) = 朝 ※ 朝의 본래 글자는 朝.

☞ 해가 돋아 오르고(𠦝 = 倝) 배(月 = 舟)가 바다로 나아가는 이른 시간대라는 데서 「아침. 이르다.
(이른 아침에 배가 바다로 나아가는 것처럼 대신들이 조정에 나아가 조회에 참석한다는 데서) 조정.
조회하다」 뜻으로.

月 부수(자원과 쓰임 → 1088 참조)

朝夕(조석) 朝餐(조찬) 朝會(조회) 朝廷(조정) 朝鮮(조선) 朝三暮四(조삼모사) 朝令暮改(조령모개)

★ 朝(아침/이를/조정/조회할 조)와 결합을 이룬 글자.		1091 별첨
潮(조수 조)	☞ 水(1204) → 조회하는(朝) 물(氵), 곧 대신들이 조회에 참석하고 퇴장하는 것처럼 바닷물이 해안으로 밀려왔다가 빠져나가기를 반복하는 것이라는 데서 「밀물. 조수」 潮水(조수)	
廟(사당 묘)	☞ 广(0772) → 아침(朝)마다 참배하는 큰 집(广)이라는 데서 「사당. 종묘」 宗廟(종묘)	
嘲(비웃을 조)	☞ 口(0881) → 아침(朝)에 갓 떠오르는 해처럼 (말은 하지 않고) 입(口)만 삐죽하게 내민다는 데서 「비웃다. 조소하다」 嘲笑(조소)	

朗 밝을 랑: 1092-50

◉ 良(어질/착할/바를 량) + 月 = 朗 (2906 참조)

☞ 바르게(良) 떠 있는 달(月), 곧 달이 구름에 가려지거나 이지러짐이 없이 밝게 떠 있다는 데서 「밝다」 뜻으로.

朗報(낭:보 - 명랑한 보도. 반가운 소식) 朗讀(낭:독 - 소리 내어 읽음) 朗誦(낭:송) 朗朗(낭:랑) 明朗(명랑)

期 기약할 기. 시기/기한 기. 1093-50

◉ 其(그 기) + 月 = 期 (0327 참조)

☞ 그(其) 달(月)이 뜨는, 곧 초승달이나 보름달 등이 뜨는 시기나 시각에 맞추어 서로가 약속한다는 데서 「기약하다. 시기. 기한」 뜻으로.

期約(기약 - 때를 정하여 약속함) 期間(기간) 期限(기한) 期待(기대) 時期(시기) 滿期(만기) 學期(학기)

望 바랄 망: 우러러볼/보름달 망. 1094-50

◉ {亡(= 亾 없을 망) + 月 = 朢(= 朚 보름달 망)} + 𡈼(땅에서 꿰져날/줄기/착할 정) = 望

☞ 보름달(朚)이 땅에서 꿰져 나오기(돋기)(𡈼)를 발돋움하고 바라다본다는 데서 「우러러보다. 바라다. 보름달」 뜻으로.

※ 보름날(정월 15일)에는 높은 언덕에 올라가서 보름달이 뜨는지를 발돋움하고 바라보며, 떠오르는 달을 향하여 소원 성취를 비는 풍속이 있음.

望鄕(망:향 - 고향을 바라봄) 望月(망:월) 望樓(망:루) 望臺(망:대) 望夫石(망:부석) 望雲之情(망:운지정)

朋 벗 붕. 무리 붕. 1095-30

◉ 月(= 舟 주달 월) × 2 = 朋

☞ 배(月 = 舟) 두 척이 나란히 나아가는 것처럼 서로가 함께(사이좋게) 지내는 사람이라는 데서 「벗. (벗을 이루는)무리」 뜻으로.

朋黨(붕당 - 뜻을 같이하는 사람끼리 모인 단체) 朋友(붕우) 朋友有信(붕우유신)

★ 朋(벗/무리 붕)과 결합을 이룬 글자.		1095 별첨
崩(무너질 붕)	☞ 山(0537) → 산(山) 아래로 토석이 무리(朋)를 이루어 허물어져 내린다는 데서 「무너지다」	
鵬(붕새 붕)	☞ 鳥(3697) → 수많은 벗(朋)을 거느리고 다닌다고 하는 상상의 새(鳥)라는 데서 「붕새」	

月 부수(자원과 쓰임 → 1088 참조)

棚(사다리 붕)	☞ 木(1702) → 나무(木)를, 나란히 놓인 두 척의 배(朋 = 舟舟) 모양처럼 평행이 되게끔 잇대어(걸쳐) 놓은 구조물이라는 데서「사다리. 선반」大陸棚(대륙붕)
硼(붕산 붕)	☞ 石(2157) → 무리지어 있는 벗(朋)처럼 동일한 성질의 물질이 한데 어우러져(결정체로 이루어져) 있는 돌(石)의 일종이라는 데서「붕산. 붕사」硼酸(붕산)

朔 초하루 삭. 처음/비로소/북방 삭.   1096-30

- 屰(거슬릴/거스를 역) + 月 = 朔
- ☞ 그믐이 지나고 거슬러(屰) 새로운 달(초승달)(月)이 떠오르는 날이라는 데서「초하루. 처음. 비로소」뜻을. 한편 (남쪽으로 치우쳐져 있는) 달(月)의 거스른(屰) 방향이라는 데서「북쪽」뜻으로.

朔望(삭망 - 음력 초하루와 보름날) 朔風(삭풍 - 북풍) 朔晦(삭회) 朔月貰(삭월세 - 사글세)

★ 朔(초하루/처음/비로소/북방 삭)과 결합을 이룬 글자.		1096 별첨
塑(흙빚을 소)	☞ 土(0722) → (작아졌다가 커지는) 거스르는(屰) 달(月) 모양처럼 흙(土)을 덧대어서 키우고 깎아내리는 작업 과정을 반복하여 가면서 물상을 만든다는 데서「흙 빗다. 토우」	
遡(거스를 소)	☞ 辵(3154) → 처음(朔) 출발한 지점으로(역행하여) 간다(辶)는 데서「거스르다」遡及(소급)	

朕 나 짐: 짐(황제자칭)/조짐 짐.   1097-10

- 月(= 舟 주달 월) + {八(여덟/나눌 팔) + 天(하늘 천) = 关(웃음 소)} = 朕 (3094 참조)
- ☞ 선장이 배(月 = 舟)를 저어 나아가는 것처럼 하늘(天)을 헤치며(八) 나아가는, 곧 온 천하를 다스려나가는 사람이라는 데서「(황제 자칭)짐. 나」뜻으로.

※ 朕은 진시황제 이래로 천자(天子) 자신을 칭하는 낱말임.

朕(짐: - 천자의 자칭) 兆朕(조짐 - 길흉이 일어날 징조가 보임)

朞 돌 기.   1098-10

- 其(그/그것 기) + 月 = 朞 (0327 참조)
- ☞ 그(其) 시기에 떴던 달(月)에 이르는, 곧 지난해의 떴던 달과 같은 시기에 이른다는 데서「돌」뜻으로.

朞年祭(기년제 - 사망한 지 1년 만에 지내는 제사. 소상) 朞年服(기년복 - 일 년 동안 입는 상복)

日	月	火(灬)	水(氵氺)
날 일	달 월	불 화	물 수

火 불 화(:) 불날/붉을/빛날/급할/탈/화날 화. 1099-80

자원 火 → 타오르는 불꽃 모양을 표현.

쓰임 「불. 불꽃 모양」과 의미로 쓰임.

火災(화:재) 火氣(화:기) 火力(화:력) 火焰(화:염) 火藥(화:약) 火爐(화:로) 火傷(화:상) 火曜日(화요일)

然 그러할/그럴 연. 사를/태울 연. 1100-70

● {夕(= 月 = 肉 고기 육) + 犬(개 견) = 肰(= 肰(개고기 연)} + 灬 = 然

☞ 개고기(肰)를 불(灬)에 올려놓고 사른다는 데서 「사르다. 태우다」 뜻을, 개고기를 불에 사르면 털이 제거되고 고기 또한 자연스럽게 익는다는 데서 「그러하다」 뜻으로.

然(연이나 - 그러나) 然則(연즉 - 그런즉) 然後(연후) 當然(당연) 自然(자연) 天然(천연) 忽然(홀연)

★ 然(그러할/그럴/사를/태울 연)과 결합을 이룬 글자. **1100 별첨**

撚(비틀 연)	☞ 手(1558) → 손(扌)으로 물걸레를 잡고서 불에 비틀어진 개고기 모양(然)처럼 비튼다는 데서 「비틀다. 잡다」 撚斷(연단)
燃(불사를 연)	☞ 火(1107) → 아래 1107 참조

災 재앙 재. 천벌 재. 1101-50

● 巛(= 川 내 천) + 火 = 災　※ 災와 灾(재앙 재)는 동자.

☞ 냇물(巛)이 범람하여 수해(水害)를 입고, 불(火)이 나서 화재(火災)를 당하는 것은 하늘이 내리는 재앙이라는 데서 「재앙. 천벌」 뜻으로.

災殃(재앙 - 천재지변으로 인한 불행한 사고) 災害(재해) 災難(재난) 災禍(재화) 災厄(재액) 天災(천재)

炭 숯 탄: 석탄 탄. 1102-50

● 山(뫼 산) + 厂(굴바위집/언덕 엄) + 火 = 炭

☞ 산(山) 아래의 굴바위 집(厂)에서, 나무에 불(火)을 지펴 구워내는 것이라는 데서 「숯. (숯의 일종인)석탄」 뜻으로.

炭鑛(탄:광 - 석탄을 캐내는 광산) 炭化(탄:화) 炭酸飮料(탄:산음료) 炭肺(탄:폐) 石炭(석탄) 塗炭(도탄)

熱 더울 열. 뜨거울/열 열. 1103-50

● 埶(심을 예 | 심을 세) + 火 = 熱

☞ 방바닥에 불(火)을 심어(埶) 놓은 것처럼 방안이 매우 덥다(뜨겁다)는 데서 「덥다. 뜨겁다. 열」 뜻으로.

熱情(열정) 熱望(열망 - 열렬히 바람) 熱火(열화) 熱氣(열기) 熱烈(열렬) 熱狂(열광) 熱風(열풍)

火 부수(자원과 쓰임 → 1099 참조)

★ 埶(심을 예 | 심을 세)와 결합을 이룬 글자.		1103 별첨
藝(재주 예)	☞ 艸(2727) → 풀(식물)(艹)을 능숙하게 심는(埶) 솜씨를 일러(云) 재주가 있다(좋다)고 하는 데서 「재주. 심다」藝能(예능)	
褻(더러울 설)	☞ 衣(2579) → 심어(埶) 놓은 옷(衣), 곧 겉옷 안쪽에 붙박이로 입는 옷이라는 데서 「속옷. (속옷은 체액이 묻어 있어)더럽다」猥褻(외설)	
勢(형세 세)	☞ 力(0368) → 심어(埶) 놓은 작물이 힘(力)이 있게 자라나는 모양이라는 데서 「세력」	

無 없을 무. 빌/공허/아닐 무. 1104-50

◉ 無(→ 𣎵 「무성한풀 무」의 획 줄임) + 灬 = 無

☞ 무성한(無) 초목이 불(灬)에 모두 타버리고 남아 있는 것이라고는 아무것도 없다는 데서 「없다. 비다. 공허. (무성한 초목이)아니다」뜻으로.

無限(무한 - 한이 없음) 無期(무기) 無料(무료) 無聊(무료) 無職(무직) 無敵(무적) 無缺(무결)

★ 無(없을/빌/공허/아닐 무)와 결합을 이룬 글자.		1104 별첨
撫(어루만질 무)	☞ 手(1513) → 손(扌)으로 통증이나 맺혀 있는 감정 같은 것을 없애(無) 주기 위하여 어루만져 주거나 쓰다듬어 준다는 데서 「어루만지다. 쓰다듬다」撫摩(무마)	
憮(어루만질 무)	☞ 心(1958) → 마음(忄)이 빌(비어질)(無) 정도로 무한하게 애정을 쏟아붓는다는 데서 「사랑하다. 어루만지다」憮然(무연)	
蕪(거칠 무)	☞ 艸(2786) → 초목(艹)이, 아무것도 없는(無) 황무지에 새롭게 드문드문 돋아 있는 모양이라는 데서 「초목 떨기로 나다. 거칠다」 荒蕪地(황무지)	

煙 연기 연. 안개 연. 1105-42

◉ 火 + 垔(막을 인) = 煙

☞ (아궁이에 지핀) 불(火)이 타면서(연소되면서) 테두리가 막혀(垔) 있는 굴뚝으로 배출되는 연소 물질이라는 데서 「연기. (연기처럼 뿌연 색상의 기체인)안개」뜻으로.

煙氣(연기 - 물질이 타면서 발생하는 기체) 煙草(연초 - 담배) 煙幕(연막 - 인공 연기) 無煙炭(무연탄)

★ 垔(막을 인)과 결합을 이룬 글자.		1105 별첨
甄(질그릇 견)	☞ 瓦(2089) → 주위를 둘러막아(垔) 놓은 모양처럼 테두리가 오목하게 둘리어 있는 질그릇(瓦)이라는 데서 「질그릇」甄萱(견훤)	
湮(잠길 인)	☞ 水(1332) → 물체가 물(氵)에 막히어(둘리어)(垔) 있다는 데서 「잠기다. 묻히다」湮滅(인멸)	

燈 등불/등 등. 등잔 등. 1106-42

◉ 火 + 登(오를/나갈/높을 등) = 燈 (2266 참조)

등잔(燈)

☞ 등잔대에 올려(登)놓은 불(火)이라는 데서 「등불. 등. 등잔」뜻으로.

燈火(등화 - 등잔불) 燈油(등유) 燈盞(등잔) 燈臺(등대) 燈下不明(등하불명) 燈火可親(등화가친)

火 부수(자원과 쓰임 → 1099 참조)

燃 불사를/탈 연.   1107-40

◉ 火 + 然(불사를/그러할 연) = 燃

☞ 然이 본래 「불사르다」 뜻을 지녔으나 「그러하다」 뜻으로만 쓰임에 따라, 燃은 새로이 탄생된 글자임. 종이 같은 데에 불(火)을 지펴 사른다(然)는 데서 「불사르다」 뜻으로.

燃燒(연소 - 불이 붙어 탐) 燃比(연비 - 연료 소모의 비율) 燃料(연료) 燃燈(연등) 燃燈會(연등회)

烈 매울 렬. 세찰 렬.   1108-40

◉ 列(벌릴/펼/베풀 렬) + 灬(火) = 烈 (0232 참조)

☞ 벌어(펼쳐)(列)지는 형상을 이루어 불(灬)이 사방으로 매섭게 번져 나간다는 데서 「맵다. 세차다」 뜻으로.

烈女(열녀 - 절개가 곧은 여자) 烈火(열화 - 맹렬히 타는 불) 烈士(열사) 先烈(선열) 激烈(격렬)

灰 재 회.   1109-40

◉ ナ(→ 左 「왼쪽 좌」의 고자 → 「왼쪽. 있다」 의미로 쓰임) + 火 = 灰

☞ 불(火)이 타고난 자리에 남아 있는(ナ) 연소 물질(찌꺼기)이라는 데서 「재」 뜻으로.

灰色(회색 - 잿빛. 분명치 않음을 비유) 灰燼(회신) 灰色分子(회색분자) 洋灰(양회) 石灰(석회)

★ 灰(재 회)와 결합을 이룬 글자.   1109 별첨

| 恢(넓을 회) | ☞ 心(1953) → 불을 모두 태우고 재(灰)만 남기는 것처럼 모든 정열을 남김없이 불사르는(쏟아 붓는) 크고 넓은 마음(忄)씀씀이라는 데서 「넓다. 크다」 恢弘(회홍) |

爆 불터질 폭.   1110-40

◉ 火 + 暴(사나울 폭 | 모질 포) = 爆 (1028 참조)

☞ 물체가 불(火)을 사납게(暴) 뿜으면서 폭발한다는 데서 「불 터지다」 뜻으로.

爆發(폭발 - 불이 나면서 갑작스럽게 터짐) 爆笑(폭소) 爆彈(폭탄) 爆擊(폭격) 爆竹(폭죽) 爆藥(폭약)

營 경영 영. 영업집 영.   1111-40

◉ {火 + 火 = 炏(불성할 개)} + 冖(덮을 멱) + 呂(음률 려) = 營 (1614 참조)

☞ 불이 성하게(炏) 덮여(冖) 있고(불이 환하게 켜져 있고) 음률(노랫가락)(呂)이 밖으로 흘러 나오는 유흥 집이라는 데서 「영업집. (업소를)경영하다. 경영」 뜻으로.

營爲(영위 - 일을 경영함) 營農(영농) 營養(영양) 營內(영내) 營倉(영창) 營業(영업) 營利(영리)

爐 화로 로.   1112-32

◉ 火 + 盧(밥그릇/화로 로) = 爐 (2241 참조)

화로(火爐)

☞ 불(숯불)(火)을 담아 두는 그릇(화로)(盧)이라는 데서 「화로」 뜻으로.

火爐(화:로 - 숯불을 담아 놓는 그릇) 爐邊(노변 - 화롯가) 香爐(향로) 鎔鑛爐(용광로)

火 부수(자원과 쓰임 → 1099 참조)

烏 까마귀 오. 1113-32

◉ 鳥(새 조) - 一(한 일) = 烏
☞ 까마귀는 눈과 털빛이 모두 검은색이어서 눈을 분간하기가 어려운 새이기에 鳥(새 조) 글자에서 눈동자에 해당하는 一획을 제외시켜「까마귀」뜻으로.
※ 까마귀는 태양신(太陽神 → 불)과의 매개 역할을 하는 전설이 깃든 새이기에 鳥 부수가 아닌 火 부수에 배속시켜 놓은 것으로 봄.
烏鵲(오작 - 까마귀와 까치) 烏竹(오죽) 烏竹軒(오죽헌) 烏飛梨落(오비이락) 烏合之卒(오합지졸)

★ 烏(까마귀 오)와 결합을 이룬 글자.	1113 별첨
嗚(슬플 오) ☞ 口(0841) → 까마귀(烏)가 아~아~ 하고 우는 소리처럼 구슬픈 소리(口)를 낸다는 데서「탄식 소리. 슬프다」嗚呼(오호)	

熟 익을 숙. 익힐/이룰 숙. 1114-32

◉ 孰(누구/어느/익을 숙) + 灬 = 熟 (0423 참조)
☞ 불(灬) 위에 올려놓은 날것(음식물)이 익는다(孰)는 데서「익다. 익히다. (익은 음식물을)이루다」뜻으로.
熟達(숙달) 熟考(숙고 - 깊이 고려함) 熟知(숙지) 熟練(숙련) 熟成(숙성) 熟眠(숙면) 熟語(숙어)

燥 마를 조. 1115-32

◉ 火 + {品 + 木 = 喿(새떼지어울/삽 조)} = 燥 (1427 참조)
☞ 불(火)이 타면서 새가 떼지어 우는(喿) 소리처럼 타닥거리는 소리가 나는 것은 땔감이 뒤틀리면서 마르는 현상이라는 데서「마르다」뜻으로.
燥渴(조갈 - 목이 마름) 乾燥(건조 - 마름) 焦燥(초조 - 애를 태워서 마음을 졸이는 모양)

照 비칠 조: 비출/밝을 조. 1116-32

◉ 昭(밝을/나타날 소) + 灬 = 照
☞ 불(灬)이 타오르면서 주변을 밝게(昭) 비춘다는 데서「비치다. 비추다. 밝다」뜻으로
照明(조:명 - 밝게 비춤) 照度(조:도) 照準(조:준) 照鑑(조:감) 照會(조:회) 照明燈(조:명등) 對照(대:조)

爛 빛날 란: 찬란할/문드러질/익을 란. 1117-30

◉ 火 + 闌(막을/난간/한창/절정 란) = 爛 (1629 참조)
☞ 불길(火)이 난간(闌)을 이루어(절정으로 피어올라) 매우 번쩍이는 모양이라는 데서「빛나다. 찬란하다. (불이 절정에 이르면 솥에 들어 있는 음식물이)문드러지다. 익다」뜻으로.
爛發(난:발 - 꽃이 흐드러지게 핌) 爛漫(난:만) 爛熟(난:숙) 爛商討論(난:상토론) 燦爛(찬:란) 能爛(능란)

炎 불꽃 염. 아름다울 염. 1118-30

◉ 火 + 火 = 炎

☞ 불(火) 위에 불(火)이 겹겹으로 피어올라 아름다운 불꽃을 이룬 모양이라는 데서 「불꽃. 아름답다」 뜻으로.

炎天(염천 - 몹시 더운 여름철) 炎夏(염하 - 더운 여름) 炎症(염증) 炎凉(염량) 炎暑(염서) 肝炎(간:염)

★ 炎(불꽃/아름다울 염)과 결합을 이룬 글자.		1118 별첨
談(말 담)	☞ 言(3207) →	활활 피어나는 밝은 불꽃(炎)처럼 속내를 밝히면서 진지하고 화기애애하게 이어나가는 말씀(言)이라는 데서 「말씀. 이야기」 談笑(담소)
淡(맑을 담)	☞ 水(1234) →	밝게 피어오르는 불꽃(炎)처럼 티 없이 맑은 물(氵)이라는 데서 「맑다」
痰(가래 담)	☞ 疒(2326) →	병(疒)으로 인하여, 불(火) 위에 불(火)이 연이어져 피어오르는 불꽃(炎)처럼 기관지를 통하여 연이어져 나오는 끈적끈적한 분비물이라는 데서 「가래」

焉 어조사 언. 어찌/노란봉황 언. 1119-30

◉ 正(바를 정) + 烏(→ 鳥「새 조」의 획 줄임) = 焉

☞ 바른(正) 성군이 세상에 태어나는 시기에 때맞추어 출현한다고 하는 상상의 새(烏)이라는 데서 「노란 봉황. (봉황이 어찌 함부로 출현하겠는가라고 반문하는 데서)어찌. (어찌 의미의)어조사」 뜻으로.

焉敢生心(언감생심 - 어찌 감히 그런 마음을 품을 수 있겠는가) 於焉間(어언간) 終焉(종언 - 마지막)

燭 촛불 촉. 1120-30

◉ 火 + 蜀(촉나라/나비애벌레 촉) = 燭 (2621 참조)

☞ 나비 애벌레(蜀) 모양처럼 생긴 둥글고 길쭉한 촛대에 켜 놓은 불(火)이라는 데서 「촛불」 뜻으로.

燭臺(촉대 - 촛대) 燭光(촉광 - 촛불의 빛. 광도의 단위) 華燭(화촉 - 혼례를 일컬음)

煩 번거로울 번. 괴로워할/번열증날 번. 1121-30

◉ 火 + 頁(머리 혈) = 煩

☞ 불(火)을 지펴 놓은 것처럼 머리(頁)가 뜨겁게 달아오르는 병적인 증상이라는 데서 「번열증나다. (번열증으로)괴롭다. (괴로울 정도로 머리가 복잡하다는 데서)번거롭다」 뜻으로.

煩惱(번뇌 - 마음이 시달려 괴로움) 煩雜(번잡) 煩悶(번민) 煩擾(번요) 百八煩惱(백팔번뇌)

燒 사를 소(:). 불사를 소. 1122-30

◉ 火 + 堯(요임금/높을/멀 요) = 燒 (0689 참조)

☞ 지방(紙榜)이나 축문에 불(火)을 붙여 높이(堯) 날려 보낸다는 데서 「불사르다」 뜻으로.

燒却(소각 - 불에 태워 없앰) 燒失(소실) 燒紙(소:지 - 종이를 불사름) 燒酒(소주) 燒香(소향)

燕 제비 연. 잔치 연. 1123-30

◉ 廿(스물 입) + 北(북녘 북 ǀ 달아날 배) + 口 + 灬 = 燕

☞ 燕 → 벌레를 물고 있는 입(廿), 서로 등진 날갯죽지(北) 자그마한 몸집(口), 갈래진 꼬리(灬) 모양에서 「제비. (지절대는 제비처럼 수다를 떨며 즐기는)잔치」 뜻으로.

火 부수(자원과 쓰임 → 1099 참조)

燕雀(연작 - 제비와 참새. 도량이 좁은 사람. 소인의 비유)

熙 빛날 희. 일어날 희 | 길/장대할 이.   1124-30

- 㶳(넓은턱/길 이) + 灬 = 熙
- ☞ 넓고 긴(㶳) 모양새를 이루어 불(灬)이 매우 성하게 타오르는 모양이라는 데서 「(불길이)일어나다. 길다. 장대하다. (불길이 장대하여 밝게)빛나다」 뜻으로.

燦 빛날 찬: 밝고맑은모양/환할 찬.   1125-20

- 火 + 粲(정미/정한쌀밥 찬) = 燦
- ※ 정미(精米) → 정백미(精白米). 깨끗하게 쓿은 아주 정한 흰 쌀.
- ☞ 불(火)이 깨끗하게 쓿은 정미(粲)처럼 티 없이 맑고 밝게 빛나는 모양이라는 데서 「밝고 맑은 모양. 빛나다. 환하다」 뜻으로.

燦爛(찬:란 - 산뜻하게 빛나고 현란함) 燦然(찬:연 - 번쩍거리어 빛나는 모양)

★ 粲(정미/정한쌀밥 찬)과 결합을 이룬 글자.   1125 별첨

| 璨(옥빛 찬) | ☞ 玉(2059) → 잘 쓿은 정미(粲)처럼 티 없이 맑은 빛깔을 띠는 옥(玉)이라는 데서 「아름다운 옥. 옥빛」 |

煜 빛날 욱.   1126-20

- 火 + 昱(햇빛/햇빛밝을 욱) = 煜 (1067 참조)
- ☞ 불(火)이 햇빛(昱)처럼 밝게 빛난다는 데서 「빛나다」 뜻으로.

煜煜(욱욱 - 빛나서 환함)

煥 빛날 환: 불빛/불꽃/밝을 환.   1127-20

- 火 + 奐(클/빛날/성할 환) = 煥 (1465 참조).
- ☞ 불(火)이 크게 빛난다(奐)는 데서 「빛나다. 불빛. 밝다」 뜻으로.

煥爛(환:란 - 번쩍번쩍 빛나는 모양) ※ 患亂(환:란 - 재앙. 병란)

熊 곰 웅.   1128-20

- 能(능할/재능/곰 능) + 灬 = 熊 (2378 참조)

곰(熊)

☞ 能이 본래 「곰」을 뜻하였으나 「능하다」 뜻으로 전용(轉用)됨에 따라 熊은 새로 탄생된 글자임. 점점(灬)이 발자국을 남기는 곰(能)이라는 데서 「곰」 뜻으로.

熊膽(웅담 - 곰의 쓸개) 熊女(웅녀 - 단군신화에 나오는 단군의 어머니) 熊津(웅진 - 공주시의 옛 이름)

焦 탈/그을릴 초. 구울/그슬릴/델 초.   1129-20

- 隹(새 추) + 灬 = 焦

☞ 새(隹)를 불(灬)에 얹어 그슨다(굽는다)는 데서 「그슬리다. 타다. 굽다. 데다」 뜻으로.
焦燥(초조 - 애를 태워 마음을 졸임) 焦思(초사) 焦土(초토) 焦點(초점) 焦眉之急(초미지급)

★ 焦(탈/그을릴/델 초)와 결합을 이룬 글자.		1129 별첨
樵(땔나무 초)	☞ 木(1691) → 태우는(焦) 용도로(땔감용으로) 베어 낸 나무(木)이라는 데서 「땔나무」	
憔(파리할 초)	☞ 心(1919) → 마음(忄)이 타는(焦), 곧 애간장이 타서 안색이 푸르스름하다는 데서 「파리하다」	
礁(암초 초)	☞ 石(2161) → 새(隹)가 점점(灬)이 앉아 있는 형상을 이루어 물속에 무수하게 널리어 있는 돌(암석)(石)이라는 데서 「암초」 暗礁(암초)	
蕉(파초 초)	☞ 艸(2827) → 새(隹)가 점점(灬)이 앉아 있는 모양처럼 원기둥 형태의 열매가 촘촘하게 달리어 (열려) 있는 풀(초목)(艹)이라는 데서 「파초」 芭蕉(파초)	
鷦(뱁새 초)	☞ 鳥(3713) → 불에 덴(데인)(焦) 것처럼 앉자마자 꼬리를 까딱이며 다급하게 날아가는 습성을 지니고 있는 새(鳥)이라는 데서 「뱁새」	

烋 아름다울 휴. 경사로울 휴.   1130-20

◉ 休(쉴/아름다울 휴) + 灬 = 烋 (0046 참조)
☞ 불(모닥불)(灬)을 지펴 놓고 여러 사람들이 한데 어울려 쉬고(休) 있는 아름답고 정겨운 모습이라는 데서 「아름답다. 경사롭다」 뜻으로.

煉 달굴 련: 불릴 련.   1131-20

◉ 火 + 柬(분변할/가릴 간) = 煉 (1508 참조)
☞ 품질이 좋은 쇠를 가려(뽑아)(柬)내기 위하여 쇠를 불(火)에 달구어 두드린다는 데서 「달구다. 불리다」 뜻으로.
煉瓦(연:와 - 구운 벽돌) 煉乳(연:유 - 달여서 만든 우유) 煉炭(연:탄) 煉獄(연:옥) 煉肉(연:육)

熏 불길 훈. 불길오를/불길성할/연기낄/취할 훈.   1132-20

◉ 千(일천 천) + 黑(검을 흑) = 熏
☞ 천(千) 길(척)이나 뻗칠 정도로 높이 솟아오르는 검은(黑) 불기둥(연기)이라는 데서 「불길. 불길 오르다. 불길 성하다. 연기 끼다. (연기에)취하다」 뜻으로.

★ 熏(불길/불길오를/불길성할/연기낄/취할 훈)과 결합을 이룬 글자.		1132 별첨
勳(공 훈)	☞ 力(0375) → 불길(熏)이 성하게 피어오르는 것처럼 뜨거운 열정으로 힘들여(力) 이룩하여 놓은 업적이라는 데서 「공」 勳功(훈공)	
壎(질나팔 훈)	☞ 土(0687) → 흙(土)으로, 불길(熏)이 통하는 연돌 모양처럼 빚어 놓은 악기이라는 「질나팔」	
薰(향풀 훈)	☞ 艸(2775) → 사람이 취할(熏) 정도로 향내를 물씬하게 풍기는 풀(艹)이라는 데서 「향풀」	

熔 녹을 용.   1133-20

◉ 火 + 容(얼굴/모양/받아들일 용) = 熔 (0591 참조) ※ 熔은 鎔(쇠녹일 용)의 속자.
☞ 쇠붙이 같은 물질이 불(火)의 열기를 받아들이어(容) 녹는다는 데서 「녹다」 뜻으로.
熔融(용융 - 고체가 열에 녹아서 액체가 됨)

火 부수(자원과 쓰임 → 1099 참조)

熹 빛날/성할 희. 1134-20

- 喜(기쁠/즐거울 희) + 灬 = 熹 (0815 참조)
- ☞ 불(灬)이 기쁜(喜) 표정을 짓는 것처럼 밝은 빛을 띠며 성하게 피어오른다는 데서 「성하다. 빛나다」 뜻으로.

朱熹(주희 - 성리학을 대성한 남송의 대유학자. 주자 朱子)

燁 빛날 엽. 1135-20

- 火 + 華(꽃/빛날 화) = 燁 (2729 별첨)
- ☞ 불(火)이 화사한 꽃(華)처럼 밝게 피어오른다(빛난다)는 데서 「빛나다」 뜻으로.

炊 불땔 취: 1136-20

- 火 + 欠(하품 흠) = 炊
- ☞ 하품(欠)하는 입 모양처럼 벌어진 아궁이에 불(火)을 지핀다는 데서 「불 때다」 뜻으로.

炊事(취:사 - 밥 짓는 일) 炊飯(취:반 - 밥을 지음) 炊事兵(취:사병) 自炊(자취)

炳 불꽃 병: 밝을 병. 1137-20

- 火 + 丙(남녘/밝을 병) = 炳 (0010 참조)
- ☞ 불(火)이, 남녘(丙)의 밝은 햇빛처럼 밝게 피어오르는 모양이라는 데서 「불꽃. 밝다」 뜻으로.

炳映(병:영 - 빛나서 환히 비침)

炯 빛날 형. 1138-20

- 火 + 冏(들 경 | 들 형) = 炯
- ☞ 불(火)이 온 들판(冏)에 붙어 활활 타오르는(환하게 비치는) 모양이라는 데서 「빛나다」 뜻으로.

炯炯(형형 - 빛나는 모양. 눈빛이 날카로운 모양) 炯眼(형안 - 빛나는 눈. 또는 날카로운 눈매)

炅 빛날 경. 1139-20

- 日 + 火 = 炅
- ☞ 햇빛(日)처럼 불(火)이 밝게 빛나는 모양이라는 데서 「빛나다」 뜻으로.

燉 불빛 돈. 불이글이글할 돈. 1140-20

- 火 + 敦(도타울/성할 돈) = 燉 (1809 참조)
- ☞ 불(火)이 도타운(敦) 층을 이루어 이글거리며(성하게) 타오르는 모양이라는 데서 「불이 이글이글하다. (이글거리며 타오르는)불빛」 뜻으로.

燮 불꽃 섭. 화할(和) 섭. 1141-20

- {火 + 火 = 炏(불성할 개)} + 言(말씀 언) + 又(또/거듭 우) = 燮
- ☞ 불이 성하게(炏) 피어오르는 가운데 말(言)을 거듭(又)나게 이어 나가는, 곧 모닥불을 피워

놓고 이야기를 주고받는 화기애애한 분위기이라는 데서 「불꽃. 화하다」 뜻으로.

爀 불빛/붉을 혁. 1142-20

- 火 + 赫(빛날/붉을/성할 혁) = 爀 (2990 참조)
- ☞ (성하게 타오르는) 불(火)에서 비치는 붉은(赫) 빛깔이라는 데서 「불빛. 붉다」 뜻으로.

炫 밝을/빛날 현: 1143-20

- 火 + 玄(검을/하늘/아득할 현) = 炫 (2094 참조)
- ☞ 불(火)이 까마득하게(玄) 높이 타올라 불빛이 매우 밝게 비친다는 데서 「밝다. 빛나다」 뜻으로.

燾 비칠 도. 널리덮어비칠/덮일 도 | 드러날 주. 1144-20

- 壽(목숨 수) + 灬(火) = 燾 (0405 참조)
- ☞ 목숨(壽)이 붙어 있는 불(灬), 곧 (잿더미에 묻어 놓은) 살아 있는 불씨(숯불)에서 불빛이 희미하게 비친다는 데서 「비치다. (잿더미에 숯불이)덮이다. (불빛이)드러나다」 뜻으로.

燾育(도육 - 덮어 보호하여 기름)

灼 불사를/사를 작. 1145-10

- 火 + {勹(쌀 포) + 一(한/같을/함께 일) = 勺(구기 작)} = 灼 (0267 참조)
- ☞ 땔감과 불쏘시개를 함께(一) 감싸서(勹) 불(火)을 지핀다는 데서 「불사르다」 뜻으로.

灼熱(작열 - 찌는 듯이 몹시 더움을 형용한 말) 灼灼(작작 - 눈부시게 빛나는 모양)

灸 뜸 구: 뜸질할 구. 1146-10

- 久(오랠 구) + 火 = 灸 (0021 참조)
- ☞ 약쑥에 불(火)을 붙여 살갗에 오래(久)도록 올려놓고 뜸질한다는 데서 「뜸. 뜸질하다」 뜻으로.

灸治(구:치 - 뜸으로 병을 고치는 일) 鍼灸術(침구술 - 침질과 뜸질로 병을 고치는 의술)

炙 구울 자 | 구울 적. 친근할 자. 1147-10

- 夕(= 月 = 肉「고기 육」 → 고기가 불에 그슬려 뒤틀려진 모양) + 火 = 炙
- ☞ 고기(夕 = 月)를 불(火) 위에 올려놓고 굽는다는 데서 「굽다. (고기를 함께 구워 먹으면서 어울려 지내는 친한 사이이라는 데서)친근하다」 뜻으로.

膾炙(회:자 - 회와 구운 고기, 곧 사람의 입에 오르내리는 일을 일컬음) 炙鐵(적철 - 석쇠) 散炙(산:적)

焚 불사를 분. 1148-10

- {木(나무 목) + 木 = 林(수풀 림)} + 火 = 焚 (1592 참조)
- ☞ 수풀(林), 또는 나무 더미(林)에 불(火)을 지핀다는 데서 「불사르다」 뜻으로.

焚香(분향 - 향료를 불에 태움) 焚身自殺(분신자살) 焚書坑儒(분서갱유)

火 부수(자원과 쓰임 → 1099 참조)

烙 지질 락. 1149-10
- 火 + 各(각각/제각기 각) = 烙 (0796 참조)
- ☞ 불(火)에 달군 인두를 각각(各) 다른 신체부위에 닿게 한다는 데서 「지지다」 뜻으로.

烙印(낙인 - 불에 달구어 찍는 쇠로 된 도장) 烙刑(낙형 - 단근질하는 형벌)

煎 달일 전. 전 전. 1150-10
- 前(앞 전) + 灬 = 煎 (0224 참조)
- ☞ 약탕관이나 솥뚜껑을 앞(前)에 놓아두고 불(灬)을 지피어 약제를 달이거나 전을 부친다는 데서 「달이다. 전」 뜻으로.

煎餠(전병 - 부꾸미) 煎茶(전다 - 차를 달임) 花煎(화전) 酒煎子(주전자)

煌 빛날 황. 1151-10
- 火 + 皇(임금/클 황) = 煌 (2082 참조)
- ☞ 불(火)이 크게(皇) 피어올라 밝게 빛나는 모양이라는 데서 「빛나다」 뜻으로.

輝煌燦爛(휘황찬란 - 광채가 빛나서 눈이 부시게 번쩍임)

焰 불꽃 염. 1152-10
- 火 + 臽(함정/구덩이 함) = 焰 (3346 참조)
- ☞ 불(火)이, 우묵하게 파인 구덩이(臽) 모양처럼 속이 우묵한 꽃봉오리 형상을 이루어 활기차게 피어오르는 모양이라는 데서 「불꽃」 뜻으로.

火焰(화:염 - 불꽃) 氣焰(기염 - 불꽃처럼 대단한 기세. 굉장한 호기)

熄 불꺼질 식. 1153-10
- 火 + 息(숨쉴/쉴 식) = 熄 (1845 참조)
- ☞ 불(火)이 쉬는(息), 곧 타던 불이 멈춘다는 데서 「꺼지다」 뜻으로.

熄滅(식멸 - 불이 꺼져 없어짐. 흔적도 없이 없애버림) 終熄(종식 - 일이 끝나거나 없어짐)

煤 그을음 매. 1154-10
- 火 + 某(아무 모 | 매화 매) = 煤 (1647 참조)
- ☞ 불길(火)이 지나가는(통과하는) 연돌 언저리에 매화(某) 꽃망울처럼 다닥다닥 붙어 있는 물질이라는 데서 「그을음」 뜻으로.

煤煙(매연 - 그을음이 섞인 연기) 煤氣(매기 - 그을음이 섞여 있는 공기)

煖 더울 난: 따뜻할 난. 1155-10
- 火 + 爰(이에/이끌/당길 원) = 煖 (1451 참조)
- ☞ 불(火)을 가까이 끌어당겨(爰) 놓은 것처럼 기온이 높다는 데서 「덥다. 따뜻하다」 뜻으로.

煖房=暖房(난:방 - 따뜻한 방) 煖爐(난:로 - 방안을 덥게 하기 위하여 방안에 놓는 기구나 장치)

火 부수(자원과 쓰임) → 1099 참조

炸 터질 작. 　　　　　　　　　　　　　　　　　　　　1156-10

◉ 火 + 乍(잠깐/언뜻 사 | 지을 작) = 炸 (1022 참조)
☞ 불(火)이 잠깐(乍) 사이에 지어진다(순간적으로 발화한다)는 데서 「터지다」 뜻으로.
炸發(작발 - 화약이 폭발함) 炸裂(작렬 - 폭발물이 터져서 산산이 흩어짐)

烽 봉화 봉. 　　　　　　　　　　　　　　　　　　　　1157-10

◉ 火 + 夆((만날/봉우리 봉) = 烽 (0527 참조)
☞ 난리를 알리기 위하여 산봉우리(夆)에 피우는 불(火)이라는 데서 「봉화」 뜻으로.
烽火(봉화 - 난리를 알리는 불) 烽燧(봉수 - 봉화) 烽火臺(봉화대) 烽燧軍(봉수군) ※ 燧(봉화 수)

熾 성할 치. 불활활붙을 치. 　　　　　　　　　　　　　1158-10

◉ 火 + {音(소리 음) + 戈(창 과) = 戠(찰흙 치 | 00 직)} = 熾 (3203 참조)
☞ 불(火)이, 차진 찰흙(戠)처럼 한데 달라붙어(엉기어서) 이글거리며 타오르는 모양이라는 데서 「(불)성하다. 불 활활 붙다」 뜻으로.
熾烈(치열 - 세력이 불길같이 맹렬함)

煽 부채질할(부칠) 선. 부추길/선동할 선. 　　　　　　　1159-10

◉ 火 + 扇(부채/부채질할 선) = 煽 (1755 참조)
☞ 불(火)이 잘 타도록 부채(扇)로 부친다는 데서 「부채질하다. 부치다. (부채질하는 것처럼 다른 사람을 꾀어서 권한다는 데서)부추기다」 뜻으로.
煽動(선동 - 남을 꾀어서 부추김) 煽惑(선혹 - 선동하여 현혹케 함) 煽情的(선정적 - 감정을 북돋는 일)

燎 횃불 료. 불놓을/밝을 료. 　　　　　　　　　　　　1160-10

◉ 火 + 尞(횃불/불놓을/밝을/비칠 료) = 燎 (2309 참조)
☞ 불(火)을 지펴 횃불(尞)을 놓는다는 데서 「불 놓다. 횃불. (횃불이)밝다」 뜻으로.
燎火(요화 - 횃불) 燎原(요원 - 불이 난 들판) 燎原之火(요원지화 - 세력이 대단함을 비유)

燐 도깨비불 린. 반딧불 린. 　　　　　　　　　　　　1161-10

◉ 火 + 㷠(도깨비불/불일어날/개똥벌레불 린) = 燐 (3349 참조)
☞ 불(火)의 일종인 도깨비불(개똥벌레 불)(㷠)이라는 데서 「도깨비불. 반딧불」 뜻으로.
燐火(인화 - 도깨비불) 燐肥(인비 - 인산비료) 燐酸肥料(인산비료 - 인산 화합물이 함유된 비료)

燼 깜부기불/불탄끝 신. 불똥/나머지 신. 　　　　　　　1162-10

◉ 火 + 盡(다할 진) = 燼 (2238 참조)
☞ 불(火)이 다한(盡), 곧 불이 다 타버리고 남아 있는 잿불이라는 데서 「깜부기불. 불탄 끝. 불똥. (불탄)나머지」 뜻으로.
燼滅(신멸 - 모두 멸망함) 燼餘(신여 - 타고 남은 불기운) 餘燼(여신 - 신여) 灰燼(회신 - 불탄 잔재)

火 부수(자원과 쓰임 → 1099 참조)

煮 삶을 자. 지질 자.   1163-10

- 者(사람/것/곳 자) + 灬 = 煮 (2858 참조)
- ☞ 음식물 같은 것(者)을 불(灬)에 올려놓고서 익힌다는 데서 「삶다. 지지다」뜻으로.

煮沸(자비 - 펄펄 끓음) 煮醬(자장 - 장조림)

煞 죽일 살.   1164-10

- 刍(= 及 「미칠/이를 급」의 변형) + 攵(칠/똑똑두드릴 복) + 灬 = 煞
- ☞ 적군에게 미치게끔(이르도록)(刍) 무기로 치고(攵) 불(灬)을 지피는, 곧 적군을 무기로 공격하고 화공(火攻)을 펼쳐 잔적들을 소탕한다는 데서 「죽이다」뜻으로.

急煞(급살 - 별안간 죽음) 凶煞(흉살 - 아주 불길한 운수) 驛馬煞(역마살 - 늘 떠돌아다니는 액운)

炒 볶을 초.   1165-10

- 火 + 少(적을 소) = 炒 (0575 참조)
- ☞ 여기에서 少는 주걱을 휘젓는 모양을 표현. (곡식을 넣은) 솥에 불(火)을 지피어 주걱을 소(少) 글자 형상처럼 이리저리 휘저어 곡식을 볶아 내는 모양에서 「볶다」뜻으로.

炒麵(초면 - 기름에 볶은 밀국수) 炒黑(초흑 - 한약재를 불에 볶아 검게 만듦)

烝 김오를 증. 찔 증.   1166-00

- 丞(도울 승 | 나아갈 증) + 灬 = 烝
- ☞ 불(灬)을 지펴 놓은 솥에 수증기가 위로 나아간다(오른다)(丞)는 데서 「김 오르다. (김을 오르게 하여 음식물을)찌다」뜻으로.
- ※ 烝과 蒸(찔 증)은 동자(同字)이나 蒸이 주로 쓰임.

烝嘗(증상 - 조상의 제사. 「烝」은 겨울제사 「嘗」은 가을제사를 일컬음)

★ 烝(김오를/찔 증)과 결합을 이룬 글자.	1166 별첨
蒸(찔 증) ☞ 艸(2739) → 풀(나물)(艹)을 솥에 넣어 김이 오를(烝) 때까지 불을 지핀다는 데서 「찌다」	

烹 삶을 팽.   1167-00

- 亨(형통할 형) + 灬 = 烹 (0206 참조)
- ☞ 음식물이 형통하여(亨)지도록(충분히 익도록) 솥에 불(火)을 지핀다는 데서 「삶다」뜻으로.

烹煎(팽전 - 삶음과 볶음) 烹頭耳熟(팽두이숙 - 하는 일이 잘됨을 이름) 免死狗烹(토사구팽)

日	月	火(灬)	水(氵氺)
날 일	달 월	삐침 별	물 수

水 | 물 수. 내/홍수/고를 수. 　　　　　　　　　　　　　　　1168-80

자원 水 → 흐르는 물줄기 모양을 표현.

쓰임 「물. 빗물. 냇물. 강물」 의미로 쓰임. (水 부수가 글자 왼편에 놓일 때에는 氵, 글자 밑에 놓일 때에는 氺(아랫물 수), 상단에 놓일 때에는 ⺡ 모양으로 됨)

水面(수면 - 물의 표면) 水位(수위) 水平(수평) 水泳(수영) 水質(수질) 水門(수문) 水量(수량)

江 | 강 강. 물이름/큰내 강. 　　　　　　　　　　　　　　　1169-70

● 氵 + 工(지을/장인 공) = 江

☞ 江은 본래 양자강(揚子江) 이름 글자임. 물(氵)이 공(工) 글자 형상처럼 이루어진 둑(제방) 사이로 흘러내리는 큰 내라는 의미에서 「강. 물 이름. 큰 내」 뜻으로.

江村(강촌 - 강가의 마을) 江山(강산) 江邊(강변) 江湖(강호) 江幅(강폭) 江南(강남) 江陵(강릉)

★ 江(강/큰내 강)과 결합을 이룬 글자. 　　　　　　　　　　　1169 별첨

| 鴻(기러기 홍) | ☞ 鳥(3695) → 강(강변)(江)의 늪지에 무리지어 서식하는 새(鳥)라는 데서 「기러기」 |

海 | 바다 해: 넓을 해. 　　　　　　　　　　　　　　　　　1170-70

● 氵 + {人(사람 인) + 母(어머니 모) = 每(매양/늘 매)} = 海 (2021 참조)

☞ 물(氵)이 (불거나 줄지 않고) 매양(每) 일정한 수량으로 채워져 있는 매우 너른 곳, 또는 물(氵)을 뭍(육지) 가까이에서 매양(每) 대하는 곳이라는 데서 「바다」 뜻으로.

海洋(해:양) 海風(해:풍) 海軍(해:군) 海東(해:동) 海流(해:류) 海拔(해:발) 海岸(해:안) 海邊(해:변)

洞 | 골/마을 동: ㅣ통할/밝을 통: 굴 동. 　　　　　　　　　　1171-70

● 氵 + 同(한가지/함께 동) = 洞 (0792 참조)

☞ 우물물(氵)을 함께(同) 길으며 서로가 이웃하여 지내는 마을(골)이라는 데서 「골. 마을. (마을 사람들이 서로)통하다. (빛이 통하여)밝다. (내부로 통하는)굴」 뜻으로.

洞里(동:리 - 마을. 동과 이) 洞民(동:민) 洞窟(동:굴) 空洞(공동) 洞觀(통:관) 洞察(통:찰) 洞燭(통:촉)

漢 | 한수/한나라 한: 은하수/놈 한. 　　　　　　　　　　　1172-70

● 氵 + {革(가죽 혁) + 大(큰 대) = 𦰩(→ 가죽띠를 크게 둘러놓은 모양)} = 漢

☞ 漢은 양자강의 지류인 한수(漢水)라는 강 이름 글자. 물(氵)이, 가죽끈(革)을 크게(大) 둘러(𦰩) 놓은 모양처럼 굽이져 흐르는 큰 강이라는 의미가 부여되어 「한수. (강물처럼 둘리어 있는 별무리에서)은하수」 뜻을. 漢이 한(漢)나라 국명으로 쓰였기에 「한나라」 훈으로.

漢文(한:문 - 한나라 때의 문장. 한자로 된 글) 漢城(한:성) 漢陽(한:양) 漢江投石(한:강투석) 銀漢(은한)

301

水 부수(자원과 쓰임) → 1168 참조

★ 茣〈의음(義音)은 미상(未詳)과 결합을 이룬 글자.	1172 별첨
難(어려울 난)	☞ 隹(3482) → 가죽끈(革)을 크게(大) 둘러(茣) 새(隹)를 얽어매어 놓은, 곧 새가 가죽끈에 얽매어져 매우 어려운 처지라는 데서 「어렵다. 근심하다」 難處(난처)
歎(탄식할 탄)	☞ 欠(2009) → 가죽끈(革)을 크게(大) 둘러(茣)놓은 모양처럼 입을 크게 벌리고(欠) 아!아! 하며 한숨 섞인 소리를 낸다는 데서 「탄식하다」 歎息(탄식)
嘆(한숨쉴 탄)	☞ 口(0904) → 가죽끈(革)을 크게(大) 둘러(茣)놓은 모양처럼 입(口)을 크게 벌리고 아!아! 하며 한숨 섞인 소리를 낸다는 데서 「한숨 쉬다」 嘆息(탄식)
灘(여울 탄)	☞ 水(1280) → 물(氵)이 어렵게(難 → 어려울 난) 흐르는, 곧 냇물이 가파르고 험난한 지형을 따라 소용돌이치면서 흘러내리는 모양이라는 데서 「여울」 玄海灘(현해탄)
艱(어려울 간)	☞ 艮(2907) → 몸이 가죽끈(革)에 크게(大) 둘리어져(茣) 움직이지 못하고 제자리에 그쳐(艮) 있는 매우 어려운 처지라는 데서 「어렵다」 艱難(간난)
儺(역귀쫓을 나)	☞ 人(0173) → 가죽끈(革)을 크게(大) 둘러(茣) 새(隹)를 묶어 놓듯이 사람(亻)을 움직이지 못하도록 묶어 놓고서 역귀를 쫓는다(굿한다)는 데서 「역귀 쫓다. 굿하다」 儺禮(나례)

活 살 활.
1173-70

◉ 氵 + 舌(혀 설) = 活

☞ 물(氵)이 혓바닥(舌)에 고여 있는, 곧 혓바닥에 물기가(침이) 고여 있다는 것은 살아 있는 상태이라는 데서 「살다」 뜻으로. ※ 임종이 가까우면 혓바닥의 침이 마름.

活氣(활기) 活動(활동) 活況(활황) 活力(활력) 活用(활용) 活躍(활약) 活潑(활발) 活魚(활어)

★ 活(살 활)과 결합을 이룬 글자.	1173 별첨
闊(넓을 활)	☞ 門(3386) → (바깥출입을 하지 않고) 문(門) 안에서 살아(活)간다(은둔 생활을 한다)는 데서 「(지인을)오래 만나지 아니하다. (만나지 아니하여)성기다. (성기어서)트이다. 넓다」

溫 따뜻할 온.
1174-60

◉ 氵 + 𥁕(따뜻할 온) = 溫

☞ 물(氵)이 따뜻하다(𥁕)는 데서 「따뜻하다」 뜻으로.

溫暖(온난 - 날씨가 따뜻함) 溫冷(온랭) 溫度(온도) 溫情(온정) 溫氣(온기) 溫故知新(온고지신)

永 길 영: 읊을 영.
1175-60

◉ 丶(불똥/점 주) + 一(한/같을 일) + 水 = 永

☞ 점(丶) 모양의 작은 물방울이 한데(一) 이어져 기다란 물줄기(水)를 이루어 흘러내리는 모양에서 「길다. (길게 소리 내어)읊다」 뜻으로.

永久(영:구 - 길고 오램) 永生(영:생 - 영원히 생존함) 永訣(영:결) 永劫(영:겁) 永遠(영:원) 永住(영:주)

★ 永(길/읊을 영)과 결합을 이룬 글자.	1175 별첨
泳(헤엄칠 영)	☞ 水(1251) → 사람이 물속(氵)으로 길게(永) 나아간다는 데서 「헤엄치다」 水泳(수영)
詠(읊을 영)	☞ 言(3245) → 소리를 길게(永) 빼어내어 말한다(言)는 데서 「읊다」 詠歌(영가)
昶(해길 창)	☞ 日(1059) → 길게(永) 해(日)가 드리워져 있는(해가 하늘 한가운데에 떠 있는) 밝은 낮이라는 데서 「해 길다. 밝다」

水 부수(자원과 쓰임 → 1168 참조)

消 사라질 소.   1176-60

- 氵 + 肖(닮을/같을/작을 초 | 쇠약할/흩어질 소) = 消 (2391 참조)
- ☞ 물(氵)이 흩어져서(肖) 없어진다는 데서 「사라지다」 뜻으로.

消滅(소멸 - 없어짐) 消失(소실) 消費(소비) 消却(소각) 消息(소식) 消防署(소방서) 消耗品(소모품)

油 기름 유.   1177-60

- 氵 + 由(말미암을/인할 유 → 밭에 새싹이 돋아나는 모양) = 油 (2108 참조)
- ☞ 유(由) 글자 형상처럼 안에서 밖으로 빠져나오는 물(氵), 곧 기름 주머니에서 삐어져 나오는 물 유형의 액체이라는 데서 「기름」 뜻으로.

油田(유전 - 석유를 산출하는 곳) 油價(유가) 油類(유류) 油菜(유채) 油畵(유화) 石油(석유) 輕油(경유)

注 부을/물댈 주: 1178-60

- 氵 + 主(임금/주인/지킬/맡을 주) = 注 (0029 참조)
- ☞ 농지의 주인(主)이 논밭에 물(氵)을 끌어들인다는 데서 「물대다. (물을)붓다」 뜻으로.

注入(주:입 - 액체를 부어 넣음) 注意(주:의) 注文(주:문) 注射(주:사) 注油(주:유) 注目(주:목) 注視(주:시)

洋 큰바다 양. 바다/넓을/클/서양 양.   1179-60

- 氵 + 羊(양 양) = 洋
- ☞ 물(氵)이, 가물거리는 양 떼(羊)처럼 까마득하게 펼쳐져 있는 너른 곳이라는 데서 「바다. 큰 바다. 넓다. 크다. (먼 바다 건너편에 위치한)서양」 뜻으로.
- ※ 海는 가까운 바다, 洋은 먼 바다를 의미.

洋服(양복) 洋食(양식 - 서양식 음식) 洋式(양식 - 서양식) 洋裝(양장) 洋酒(양주) 海洋(해:양)

淸 맑을 청.   1180-60

- 氵 + 靑(푸를 청) = 淸 (3369 참조)
- ☞ 푸른(靑) 빛깔을 띠는 (불순물이 전혀 섞여 있지 않은) 물(氵)이라는 데서 「맑다」 뜻으로.

淸潔(청결 - 맑고 깨끗함) 淸凉(청량) 淸淨(청정) 淸純(청순) 淸廉(청렴) 淸泉(청천) 淸白吏(청백리)

湖 호수 호.   1181-50

- 氵 + 胡(오랑캐/목/멀/클 호) = 湖 (2390 참조)
- ☞ 물(氵)이 크게(널리)(胡) 괴어(채워져) 있는 곳이라는 데서 「호수」 뜻으로.

湖水(호수 - 사면이 육지로 둘린 지형에 물이 크고 깊게 괸 곳) 湖畔(호반) 湖西(호서) 湖南(호남)

河 물 하. 강이름/내/은하 하.   1182-50

- 氵 + 可(옳을/허가할 가) = 河 (0802 참조)
- ☞ 河는 황하(黃河)이라는 강 이름 글자임. 모든 물(氵)을 수용이 가능(可)할 정도로 매우 큰 강이라는 의미가 부여되어 「강 이름. 물」 뜻으로.

水 부수(자원과 쓰임 → 1168 참조)

河海(하해 - 강과 바다. 광대함의 비유) 河川(하천) 河口(하구) 河床(하상) 黃河(황하) 銀河(은하)

氷 얼음 빙. 엉길 빙. 1183-50

- ⦿ 丶(→ 冫「얼음 빙」이 水와 겹쳐진 모양) + 水 = 氷   ※ 氷은 冰(얼음 빙)의 속자.
- ☞ 물(水)이 엉기어 있는 얼음(丶 = 冫)이라는 데서 「얼음. 엉기다」 뜻으로.

氷雪(빙설 - 얼음과 눈) 氷河(빙하) 氷水(빙수) 氷菓(빙과) 氷板(빙판) 氷上(빙상) 氷壁(빙벽)

法 법 법. 제도/본받을 법. 1184-50

- ⦿ 氵 + 去(갈 거) = 法 (0395 참조)
- ☞ 높은 곳에서 낮은 곳으로 (거스르지 않고) 흘러가서(去) 항상 수평을 유지하는 물(氵)처럼 사람이 순리에 따라 평등하게 지켜야 할 본보기이라는 데서 「법. 제도. 본받다」 뜻으로.

法令(법령 - 법률과 명령) 法律(법률) 法規(법규) 法官(법관) 法院(법원) 法廷(법정) 法典(법전)

汽 물끓는김/김 기. 1185-50

- ⦿ 氵 + 气(기운 기) = 汽 (1970 참조)
- ☞ 물(氵)이 끓으면서, 솟구치는 기운(气)처럼 솟아나는 증기라는 데서 「물 끓는 김. 김」 뜻으로.

汽笛(기적 - 증기의 힘으로 울리는 고동) 汽船(기선) 汽車(기차) 汽艇(기정) 汽筒=氣筒(기통)

浴 목욕할/씻을 욕. 1186-50

- ⦿ 氵 + 谷(골짜기 곡) = 浴 (2959 참조)
- ☞ 물(氵)이 골짜기(谷)를 타고 흘러내리는 것처럼 굴곡을 이룬 몸뚱이를 타고 때를 씻어 내리는, 또는 물(氵)이 흐르는 골짜기(谷)에서 흔히들 목욕한다는 데서 「목욕하다. 씻다」 뜻으로.

浴室(욕실) 浴槽(욕조 - 목욕물을 담는 통) 沐浴湯(목욕탕) 海水浴(해:수욕) 日光浴(일광욕)

決 결단할 결. 터질/끊을/물골터놓을 결. 1187-50

- ⦿ 氵 + {ユ(→ 彐 얽힐 구) + 人 = 夬(터놓을/결단할 쾌)} = 決
- ※ 夬 → 얽혀(ユ = 彐) 있는 물체를 인(人) 글자 형상처럼 갈라지게 한다는 데서 「터놓다」 뜻으로.
- ☞ 제방에 갇혀 있는 물(물길)(氵)을 터놓는다(결단한다)(夬)는 데서 「결단하다. 터지다. (둑을) 끊다. 물골 터놓다」 뜻으로.

決心(결심 - 마음을 굳게 정함) 決斷(결단) 決勝(결승) 決算(결산) 決定(결정) 決裁(결재) 決裂(결렬)

★ 夬(터놓을/결단할 쾌)와 결합을 이룬 글자. 1187 별첨

快(쾌할 쾌)	☞ 心(1844) →	울적한(답답한) 마음(忄)이 트여져(夬) 속이 후련하다는 데서 「쾌하다」
缺(이지러질 결)	☞ 缶(2610) →	장군(오지그릇)(缶)이 부딪치어 결단된다(터진다)(夬)는 데서 「이지러지다」
訣(이별할 결)	☞ 言(3293) →	서로 간에 주고받는 말씀(言)이 결단(단절)된다(夬)는 데서 「이별하다」
袂(소매 메)	☞ 衣(2563) →	옷(衤)이 트여져(결단되어)(夬) 손목이 (옷 바깥으로) 삐어져 나오는 소맷자락 이라는 데서 「소매」 袂別(몌별)

水 부수(자원과 쓰임) → 1168 참조)

流 흐를 류. 내릴 류.   1188-50

- ◉ 氵 + 㐬(깃발 류 | 거칠 황) = 流
- ☞ 물(氵)이, 펄럭이는 깃발(㐬)처럼 굽이치며 흘러내린다는 데서 「흐르다. 내리다」 뜻으로.

流水(유수 - 흐르는 물) 流出(유출 - 흘러 나감) 流行(유행) 流失(유실) 流通(유통) 流言蜚語(유언비어)

★ 㐬(깃발 류 | 거칠 황)와 결합을 이룬 글자.		1188 별첨
硫(유황 류)	☞ 石(2142) → 돌(암석)(石)에서 (열기로 인하여) 흘러내린 액체가 굳어져서 생성된 표면이 거칠한(㐬) 물질이라는 데서 「유황」 硫黃(유황)	
琉(유리 류)	☞ 玉(2070) → 펄럭거리는 깃발(㐬)처럼 이리저리 움직이는 물체가 표면에 되비치는 옥(玉) 유형의 물질이라는 데서 「유리」 琉璃(유리)	
疏(트일 소)	☞ 疋(2249) → 발(疋)을 거칠게(㐬) 내딛는, 곧 발걸음을 멀리 내딛는다는 데서 「트이다」	
梳(얼레빗 소)	☞ 木(1720) → 여기에서 류(㐬)는 빗 모양을 표현. 류(㐬) 글자 형상처럼 성글게 골이 나 있는 나무(木)로 된 빗 모양이라는 데서 「얼레빗. 빗」 梳洗(소세)	

洗 씻을 세: 1189-50

- ◉ 氵 + 先(먼저/앞서나아갈 선) = 洗 (0183 참조)
- ☞ 물(氵) 앞으로 나아가(先) 세수를 하거나 빨래를 한다는 데서 「씻다」 뜻으로.

洗手(세:수) 洗淨(세:정 - 씻어서 깨끗이 함) 洗車(세:차) 洗劑(세:제) 洗濯(세:탁) 洗禮(세:례) 洗腦(세:뇌)

漁 고기잡을 어.   1190-50

- ◉ 氵 + 魚(고기 어) = 漁
- ☞ 물(氵)에 들어가서 고기(魚)를 잡는다는 데서 「고기 잡다」 뜻으로.

漁業(어업) 漁民(어민) 漁夫(어부) 漁村(어촌) 漁網=魚網(어망) 漁具(어구) 漁父之利(어부지리)

求 구할 구. 찾을/구걸할/갖옷 구.   1191-42

- ◉ 十(열/충분할 십) + 氺(아랫물 수) + 丶(불똥/점 주) = 求
- ☞ (가뭄으로 인하여) 여러(많은)(十) 사람들이 물(氺)이 있는 지점(곳)(丶)을 찾아 나선다는 데서 「찾다. 구하다. (구하기 위하여)구걸하다」 뜻으로.

求道(구도 - 길을 찾음. 진리를 물어 찾음) 求人(구인) 求職(구직) 求乞(구걸) 求愛(구애) 求刑(구형)

★ 求(구할/찾을/구걸할/갖옷 구)와 결합을 이룬 글자.		1191 별첨
救(구원할 구)	☞ 攴(1797) → 약자를 구하기(求) 위하여 강자를 물리치는(攵), 곧 강자를 물리쳐서 약자를 구제한다는 데서 「구원하다. 돕다」 救援(구원)	
球(공 구)	☞ 玉(2030) → 갖옷(가죽옷)(求)에 공기를 불어넣어 둥근 구슬(王)처럼 동그랗게 부풀려 놓은 물건이라는 「공」 球技(구기)	

港 항구 항: 1192-42

- ◉ 氵 + 巷(거리 항) = 港 (0948 참조)
- ☞ 물(氵)에 잇닿아 있는 거리(巷), 곧 물가(해변)에 배를 정박시키기 위하여 조성하여 놓은 거리

水 부수(자원과 쓰임 → 1168 참조)

(곳)이라는 데서 「항구」 뜻으로.
港口(항:구 - 바닷가에 배를 정박할 수 있도록 설비한 곳) 港都(항:도) 港灣(항:만) 歸港(귀:항)

測 헤아릴 측. 잴 측.   1193-42

- 氵 + 則(법칙 칙 | 곧 즉) = 測 (0230 참조)
- ☞ 항상 수평을 유지하는 물(氵)의 법칙(則)을 이용하여 만들어 놓은 우량계(雨量計)나 수준기(水準器)로 수량(水量)이나 수평을 헤아린다(잰다)는 데서 「헤아리다. 재다」 뜻으로.

測定(측정 - 헤아려 정함) 測量(측량) 測地(측지) 測雨器(측우기) 推測(추측) 計測(계:측) 豫測(예:측)

治 다스릴 치.   1194-42

- 氵 + 台(나/기를 이 | 별/삼정승 태) = 治 (0847 참조)
- ☞ 물(氵)을 기르는(台), 곧 홍수나 가뭄 피해를 방비하기 위하여 물길을 내거나 물을 저장하는 등의 관리를 꾀한다는 데서 「다스리다」 뜻으로.
- ※ 먼 옛날에는 물을 잘 관리하는 사람이 나라를 다스렸다고 함.

治國(치국 - 나라를 다스림) 治積(치적) 治安(치안) 治水(치수) 治粧(치장) 治療(치료) 治癒(치유)

準 준할/법 준: 수준기/평평할/수평 준.   1195-42

- 氵 + 隼(송골매 준) = 準
- ☞ 물(수면)(氵)을 따라 송골매(隼)가 날개를 펴고 수평으로 날아가는 모양에서 「평평하다. 수평. (수평을 재는)수준기」 뜻을, 수평을 이루듯이 치우침이 없는 공명정대한 규범이라는 데서 「법. (법에)준하다」 뜻으로.

準則(준:칙 - 표준이 되는 규칙) 準備(준:비) 準例(준:례) 準據(준:거) 準優勝(준:우승) 水準器(수준기)

滿 찰 만(:)   1196-42

- 氵 + 㒼(평평할 만) = 滿
- ☞ 물(氵)이 용기의 윗면과 평평하게(㒼) 채워져 있다는 데서 「차다」 뜻으로.

滿足(만족 - 흡족함) 滿期(만기) 滿員(만원) 滿堂(만:당) 滿醉(만:취) 滿場一致(만:장일치) 滿了(만료)

★ 㒼(평평할 만)과 결합을 이룬 글자.   1196 별첨

瞞(속일 만)   ☞ 目(2297) → 눈(눈꺼풀)(目)을 평평하게(㒼) 뜨는, 곧 눈을 거의 감고 있는(눈가림하는) 상태로 바라보는 모양이라는 데서 「눈 게슴츠레하다. (눈가림하여)속이다」 欺瞞(기만)

減 덜 감: 감할/뺄 감.   1197-42

- 氵 + 咸(다/모두 함 | 덜 감} = 減 (0830 참조)
- ☞ 물(氵)을 덜어(咸) 낸다(수량을 줄어들게 한다)는 데서 「덜다. 감하다. (물을)빼다」 뜻으로.

減量(감:량 - 양을 줄임) 減點(감:점) 減縮(감:축) 減産(감:산) 減算(감:산) 減額(감:액) 減價(감:가)

水 부수(자원과 쓰임 → 1168 참조)

演 펼 연: 멀리흐를/넓힐 연. 1198-42

● 氵 + 寅(범/넓힐/나아갈 인) = 演 (0611 참조)
☞ 물(氵)이 넓게 퍼져 나아간다(寅)는 데서 「펴다. 멀리 흐르다. 넓히다」 뜻으로.

演習(연:습 - 되풀이하여 익힘) 演技(연:기) 演士(연:사) 演說(연:설) 演劇(연:극) 演藝界(연:예계)

波 물결 파. 1199-42

● 氵 + 皮(가죽/껍질/거죽/살갗 피) = 波 (2190 참조)
☞ 물(氵)이, 쭈글쭈글한 가죽(皮)처럼 굴곡을 이루는 것이라는 데서 「물결」 뜻으로.

波濤(파도 - 센 물결) 波紋(파문 - 잔잔한 물결) 波高(파고) 波長(파장) 波及(파급) 波瀾萬丈(파란만장)

★ 波(물결 파)와 결합을 이룬 글자. 1199 별첨

| 婆(할미 파) | ☞ 女(0503) → 수면이 굴곡을 이루는 물결(波) 모양처럼 피부에 주름이 잡혀 있는 늙은 여자(女)이라는 데서 「할미」 老婆(노파) |

潔 깨끗할 결. 1200-42

● 氵 + 絜(고요할/맑을 결) = 潔
☞ 물(氵)이 맑다(絜)는 데서 「깨끗하다」 뜻으로.

潔白(결백 - 깨끗하고 흼. 더럽힘이 없이 깨끗함) 潔癖(결벽) 簡潔(간결) 淸潔(청결) 不潔(불결)

深 깊을 심(:). 1201-42

● 氵 + 罙(깊이들어갈/두루 미) = 深
☞ 물(氵)이 수면으로부터 깊이 들어가(罙) 있다는 데서 「깊다」 뜻으로.

深謝(심:사 - 깊이 사례함) 深思(심:사 - 깊이 생각함) 深夜(심:야) 深刻(심:각) 深醉(심:취) 甚深(심:심)

★ 罙(깊이들어갈/두루 미)와 결합을 이룬 글자. 1201 별첨

| 探(찾을 탐) | ☞ 手(1450) → 손(扌)을 사물함 같은 데에 깊숙하게 넣어(罙) 물건을 찾는다는 데서 「찾다」 |

濟 건널 제: 이룰/건질/강이름 제. 1202-42

● 氵 + 齊(가지런할/다스릴 제) = 濟 (3719 참조)
☞ 배가 물(수면)(氵)에 가지런하게(齊) 떠서 강을 건너는, 또는 물(氵)에 가라앉은 물체를 수면과 가지런하여(齊)지게끔 건져 올린다는 데서 「건너다. 건지다. 이루다」 뜻으로.

濟度(제:도 - 중생을 고해에서 건지어 인도함) 濟州道(제:주도) 經濟(경제) 決濟(결제) 救濟(구:제)

液 진액. 즙 액. 1203-42

● 氵 + 夜(밤 야) = 液 (1000 참조)
☞ 어두운 밤(夜)처럼 흐릿한(탁한) 색상을 띠는 물(氵)의 일종이라는 데서 「진. 즙」 뜻으로.

液體(액체 - 모양이 유동적인 물질) 液化(액화) 液晶(액정) 體液(체액) 樹液(수액) 津液(진액)

307

水 부수(자원과 쓰임 → 1168 참조)

潮　조수/밀물 조. 풍조 조. 1204-40

- 氵 + 朝(아침/이를/조회할 조) = 潮 (1091 참조)
- ☞ 조회하는(朝) 물(氵), 곧 대신들이 조회에 참석하고 퇴장하는 것처럼 바닷물이 해안으로 밀려왔다가 빠져나가기를 반복하는 것이라는 데서 「밀물. 조수」 뜻으로.

潮水(조수 - 해면이 오르내리는 현상을 이루는 바닷물) 潮流(조류) 潮力發電(조력발전) 滿潮(만:조)

混　섞을 혼: 섞일/섞이어흐를/덩어리질/합할 혼. 1205-40

- 氵 + 昆(맏/많을/형/같을 곤 | 덩어리 혼) = 混 (1075 참조)
- ☞ 물(氵)이 덩어리진(昆) 형태를 이루어 흐르는, 곧 여러 골짜기의 냇물이 합수되어(섞이어) 무척 많이 흐른다는 데서 「섞이다. 섞다. 섞이어 흐르다. 덩어리지다. 합하다」 뜻으로.

混合(혼:합 - 뒤섞어서 한데 합함) 混聲(혼:성) 混雜(혼:잡) 混線(혼:선) 混沌(혼:돈) 混濁(혼:탁) 混色(혼:색)

激　격할 격. 물결부딪쳐흐를/부딪칠 격. 1206-40

- 氵 + {白(흰/맏 백) + 放(놓을 방) = 敫(칠(擊)/노래할 교 | 공경할 격)} = 激
- ☞ 냇물(氵)이 (계곡 사이의) 바위 같은 데에 부딪치어(敫) 매우 세차게(격하게) 흘러내린다는 데서 「물결 부딪쳐 흐르다. 부딪치다. 격하다」 뜻으로.

激烈(격렬 - 매우 맹렬함) 激突(격돌) 激論(격론) 激動(격동) 激甚(격심) 激勵(격려) 激讚(격찬)

★ 敫(칠/노래할 교 | 공경할 격)와 결합을 이룬 글자.		1206 별첨
檄(격문 격)	☞ 木(1698) → 나무(木)를 쳐서(두드려서)(敫) 신호를 보내는 것처럼 고지할 사항을 글로 써서 대중에게 널리 알리는 문장이라는 데서 「격문」 檄文(격문)	
邀(맞을 요)	☞ 辵(3133) → (침략자를) 물리치기(敫) 위하여 적군을 맞이하러 간다(辶)는 데서 「맞다」	

況　하물며/상황 황: 불어날/더할 황. 1207-40

- 氵 + 兄(맏/형/어른 형 | 클 황) = 況 (0184 참조)
- ☞ 물(氵)이 크게(兄) 불어나 있는 상황이라는 데서 「불어나다. 더하다. 상황. (강물이 크게 불어나 범람하면 하찮은 것들은 생각할 겨를조차 없다는 데서)하물며」 뜻으로.

狀況(상황 - 일이 되어가는 형편) 實況(실황) 不況(불황) 作況(작황) 好況(호:황) 盛況(성:황) 近況(근:황)

派　갈래 파. 물갈래 파. 1208-40

- 氵 + 辰(갈라질/갈래질 파) = 派
- ☞ 갈래져서(辰) 흘러내리는 물(氵)이라는 데서 「물갈래. 갈래」 뜻으로.

派兵(파병 - 군대를 파견함) 派遣(파견) 派送(파송) 派閥(파벌) 派出婦(파출부) 派出所(파출소)

★ 辰(갈래/물갈래 파)와 결합을 이룬 글자.		1208 별첨
脈(줄기 맥)	☞ 肉(2379) → 몸속(月)에 (여러 가닥으로) 갈래져(辰) 있는 핏줄기라는 데서 「줄기」	

水 부수(자원과 쓰임 → 1168 참조)

源 근원 원.   1209-40

- 氵 + 原(언덕/근원/들판 원) = 源 (0291 참조)
- ☞ 물(시냇물)(氵)이 흘러내리기 시작하는(발원하는) 언덕(原)이라는 데서 「근원」 뜻으로.

源流(원류 - 물이 흐르는 원천) 源泉(원천) 語源(어:원) 資源(자원) 字源(자원) 根源(근원) 發源(발원)

泉 샘 천.   1210-40

- 白(흰 백) + 水 = 泉
- ☞ 흰(白) 물(물방울)(水)이 땅에서 솟아 나오는 곳이라는 데서 「샘」 뜻으로.

溫泉(온천 - 25℃ 이상으로 데워져서 솟는 지하수) 源泉(원천) 黃泉(황천) 鑛泉(광:천) 硫黃泉(유황천)

★ 泉(샘 천)과 결합을 이룬 글자.		1210 별첨
線(줄 선)	☞ 糸(2451) → (끊임없이 솟아 나오는) 샘(샘물)(泉)처럼 끊어짐이 없이 기다랗게 이어져 있는 실(糸)이라는 데서 「줄. 실」 線路(선로)	
腺(샘 선)	☞ 肉(2423) → (지면으로 솟아 나오는) 샘(샘물)(泉)처럼 몸속(月)의 수분을 바깥으로 배출시키는 분비선이라는 데서 「샘」 甲狀腺(갑상선)	

沙 모래 사.   1211-32

- 氵 + 少(적을 소) = 沙 (0575 참조)
- ☞ 물(氵)이 적은(얕은)(少) 강이나 바닷가에 드러나는 것이라는 데서 「모래」 뜻으로.

沙土(사토 - 모래땅) 沙丘=砂丘(사구 - 모래로 이루어진 언덕) 沙漠=砂漠(사막)

★ 沙(모래 사)와 결합을 이룬 글자.		1211 별첨
娑(춤출 사)	☞ 女(0516) → 모래(沙)가 바람에 흩날리듯이 여인(女)이 옷을 너풀거리며 춤추는 모습이라는 데서 「춤추다. 옷 너풀거리다」	
裟(가사 사)	☞ 衣(2568) → 모래(沙)가 들어갈 정도로 올이 매우 성근 옷(衣)이라는 데서 「가사」	

池 못 지.   1212-32

- 氵 + 也(어조사/잇기/또 야 | 잇닿을 이) = 池 (0041 참조)
- ☞ 물(氵)이 서로 잇닿아(也) 있는, 곧 물이 한데 괴어 있는 곳이라는 데서 「못」 뜻으로.

池塘(지당 - 못) 池沼(지소 - 못과 늪) 天池(천지 - 백두산 정상에 있는 큰 못)

沒 빠질 몰. 가라앉을 몰.   1213-32

- 氵 + 殳(빠질 몰) = 沒
- ☞ 물(氵)에 사람이나 물체가 빠진다(殳)는 데서 「빠지다. 가라앉다」 뜻으로.

沒落(몰락 - 멸망하여 없어짐) 沒入(몰입) 沒頭(몰두) 沒收(몰수) 沒殺(몰살) 沒廉恥(몰염치)

★ 殳(빠질 몰)과 결합을 이룬 글자.		1213 별첨
歿(죽을 몰)	☞ 歹(1584) → 죽음(歹)의 늪에 빠진다(殳)는 데서 「죽다」 戰歿(전몰)	

水 부수(자원과 쓰임 → 1168 참조)

沈 잠길 침 | 성(姓) 심: 가라앉을 침. 1214-32

● 氵 + 冘(머뭇거릴 유 | 다닐 음) = 沈
☞ 물속(氵)으로 머뭇거리며(冘) 들어가는, 곧 물체가 물의 부력으로 말미암아 머뭇거리며 물속으로 가라앉는다는 데서 「잠기다. 가라앉다」 뜻으로.

沈沒(침몰 - 물속에 가라앉음) 沈默(침묵) 沈滯(침체) 沈痛(침통) 沈鬱(침울) 沈淸傳(심:청전)

★ 冘(머뭇거릴 유 | 다닐 음)과 결합을 이룬 글자. 1214 별첨

枕(베개 침)	☞ 木(1642) → 머뭇거리는(冘) 나무(木), 곧 머리 밑에 놓이어 머리를 움직일 때마다 이리저리 머뭇거리는(움직이는) 나무로 된 물건이라는 데서 「베개」 木枕(목침)
耽(즐길 탐)	☞ 耳(2879) → 귀(耳)가 머뭇거리고(冘) 있는, 곧 들리는 말이나 소리가 너무나 솔깃하여(흥미로워) 귀를 선불리 떼지 못하고 그 즐거움에 빠져든다는 데서 「즐기다」 耽讀(탐독)
眈(노려볼 탐)	☞ 目(2292) → 눈(目)이 머뭇거리고(冘) 있는, 곧 (눈을 다른 곳으로 떼지 않고) 어느 한곳만을 유심히 바라본다는 데서 「노려보다」 虎視眈眈(호시탐탐)

沿 따를/물따라갈 연(:) 물가 연. 1215-32

● 氵 + 㕣(산속의늪 연) = 沿
☞ 물(氵)이 산속의 늪(㕣)을 따라 흘러내린다는 데서 「물 따라가다. 따르다. 물가」 뜻으로.

沿岸(연안 - 육지와 접한 호수나 바다 등의 물가) 沿邊(연변) 沿道(연도) 沿近海(연근해) 沿革(연:혁)

★ 㕣(산속의늪 연)과 결합을 이룬 글자. 1215 별첨

| 鉛(납 연) | ☞ 金(3426) → 산속의 늪(㕣)에 깔려 있는 회색의 물렁한 진흙처럼 회색을 띤 무른 성질의 쇠(金)라는 데서 「납」 鉛筆(연필) |
| 船(배 선) | ☞ 舟(2885) → 늪(㕣)에 떠다니는 배(舟)이라는 데서 「배」 船舶(선박) |

漸 점점 점: 적실 점. 1216-32

● 氵 + 斬(벨/끊을 참) = 漸 (1788 참조)
☞ 물(氵)이 베인(斬) 곳에서 흘러나오는, 곧 칼날에 베인 살갗이나 나무에서 혈액 또는 수액이 서서히(점점이) 스미어 나와 주변을 적셔 나간다는 데서 「점점. 적시다」 뜻으로.

漸增(점:증 - 점점 증가함) 漸進(점:진) 漸次(점:차) 漸悟(점:오) 漸漸(점:점) 漸入佳境(점:입가경)

潤 불을/윤택할 윤: 더할/젖을 윤. 1217-32

● 氵 + 閏(윤달/잉여 윤) = 潤 (3378 참조)
☞ 물(氵)이, (평년보다 한 달이 많은) 윤달(閏)처럼 여분으로 더하여져(불어나) 있다는 데서 「붇다. 더하다. (농사에 물이 더하여져 넉넉하면 풍작을 이루어 식생활이)윤택하다」 뜻으로.

潤澤(윤:택 - 살림이 넉넉함) 潤氣(윤:기) 潤筆(윤:필) 潤濕(윤:습) 潤色(윤:색) 潤滑油(윤:활유)

泰 클/편안할 태. 1218-32

● {大(큰 대) × 3 또는 三 + 人 = 夫(→ 「크거나 많음」을 의미)} + 氺 = 泰

水 부수(자원과 쓰임 → 1168 참조)

☞ 큰(夨) 물(氵)이 흘러내린다는 데서 「크다. (큰물이 흘러내리는, 곧 수량이 풍부하면 풍작을 이루어 의식주에 걱정이 없다는 데서)편안하다」 뜻으로.
泰山峻嶺(태산준령 - 큰 산과 험한 고개) 泰斗(태두) 泰然自若(태연자약) 國泰民安(국태민안)

洲 물가 주. 섬 주. 1219-32
◉ 氵 + 州(고을/섬/모래톱 주) = 洲 (0558 참조)
☞ 주위가 물(氵)에 둘러싸여 있는 섬(州)이라는 데서 「물가. 섬」 뜻으로.
三角洲(삼각주 - 삼각형을 이룬 섬을 일컬음) 亞洲(아주 - 아세아주) 濠洲(호주 - 오스트레일리아)

洪 넓을 홍. 큰물/홍수/클/성(姓) 홍. 1220-32
◉ 氵 + 共(한가지/함께/무리/모을 공) = 洪 (0323 참조)
☞ 물(氵)이 (여러 방면으로부터) 한데 모여(共)들어 수량(水量)이 크게 불어나 있다는 데서 「큰물. 홍수. 넓다. 크다」 뜻으로.
洪水(홍수 - 큰물) 洪業 (홍업 - 건국의 대업) 洪福(홍복) 洪吉童傳(홍길동전) 洪蘭坡(홍난파 - 작곡가)

浪 물결 랑: 떠돌아다닐 랑. 1221-32
◉ 氵 + 良(어질/좋을 량) = 浪 (2906 참조)
☞ 물(氵)이 좋아하는(良) 것처럼 이리저리 일렁이는 모양을 취하는 것이라는 데서 「물결. (일렁이는 물결처럼 이리저리 오간다는 데서)떠돌아다니다」 뜻으로.
浪說(낭:설 - 터무니없는 소문) 浪人(낭:인) 浪費(낭:비) 浪漫(낭:만) 放浪(방:랑) 風浪(풍랑) 激浪(격랑)

浮 뜰 부. 1222-32
◉ 氵 + 孚(새알/알깔/기를 부) = 浮 (0038 참조)
☞ 물(氵)에, 곧 수초(水草) 위에 새알(孚)이 떠 있는 모양이라는 데서 「뜨다」 뜻으로.
浮雲(부운 - 뜬구름) 浮沈(부침) 浮力(부력) 浮標(부표) 浮揚(부양) 浮刻(부각) 浮石寺(부석사)

浦 개(水邊)/물가 포. 1223-32
◉ 氵 + 甫(클/도울 보ㅣ남새밭 포) = 浦 (2192 참조)
※ 개 → 강이나 내에 조수(潮水)가 드나드는 곳.
☞ 남새밭(甫)에 사람이 들락거리는 것처럼 물(氵)이 항상 들락날락하는 곳이라는 데서 「개. 물가」 뜻으로. ※ 남새밭(채마밭)에는 사람이 수시로 들락거림.
浦口(포구 - 개의 어귀) 浦項(포항 - 경북 동해안에 있는 철강 도시) 麻浦區(마포구 - 서울에 있는 지명)

★ 浦(개/물가 포)와 결합을 이룬 글자.	1223 별첨
蒲(부들 포)　☞ 艹(2809) → 물가(浦)에 군락을 이루어 자라나는 풀(식물)(艹)이라는 데서 「부들. 창포」	

311

水 부수(자원과 쓰임 → 1168 참조)

涼 서늘할 량. 1224-32

- 氵 + 京(서울/높은언덕 경) = 涼 (0201 참조)   ※ 凉(서늘할 량)은 涼의 속자.
- ☞ 높은 언덕(京)에서 흘러내리는 물(氵)은 서늘하다는 데서「서늘하다」뜻으로.

涼風(양풍 - 서늘한 바람) 納凉(납량 - 더위를 피하여 서늘함을 느낌) 溫涼=溫凉(온량) 凄涼(처량)

淑 맑을 숙. 착할 숙. 1225-32

- 氵 + 叔(아재비/아이/콩 숙) = 淑 (0388 참조)
- ☞ 물(냇물)(氵)에서 물장구를 치며 노는 어린아이(叔)의 티 없이 맑은(천진난만한) 모습에서「맑다. 착하다」뜻으로.

淑女(숙녀 - 정숙한 여자. 다 자란 여자를 아름답게 이르는 말) 貞淑(정숙) 窈窕淑女(요:조숙녀)

漠 넓을 막. 아득할/사막 막. 1226-32

- 氵 + 莫(없을/말 막ㅣ저물 모) = 漠 (2731 참조)
- ☞ 물(氵)이 없는(莫) 광활한 모래땅이라는 데서「사막. 넓다. 아득하다」뜻으로.

漠漠(막막하다 - 너르고 멀어서 아득하다) 漠然=邈然(막연) 沙漠=砂漠(사막) 茫漠(망막)

溪 시내 계. 산골짜기 계. 1227-32

- 氵 + {爫(손톱 조) + 幺(작을 요) + 大 = 奚(어찌/종/배(腹) 해)} = 溪 (0743 참조)
- ☞ 조(爫) 글자 형상을 이루어 바위틈에 맺힌 물방울이 떨어져 작은(幺) 실개천을 이루고 이들이 크게(大) 불어나 골짜기를 따라 흘러내리는 물(氵)이라는 데서「시내」뜻으로.

溪谷(계곡 - 물이 흐르는 골짜기) 溪川(계천) 碧溪水(벽계수) 淸溪川(청계천 - 서울에 있는 하천)

淨 깨끗할 정. 1228-32

- 氵 + 爭(다툴/이끌/다스릴 쟁) = 淨 (1569 참조)
- ☞ 다스려(爭) 놓은 물(氵), 곧 불순물을 가라앉혀(여과시켜) 놓은 깨끗한 물이라는 데서「깨끗하다」뜻으로.

淨化(정화 - 불순한 것을 없애고 깨끗하게 함) 淨潔(정결) 淨土(정토) 淨水器(정수기) 淨化槽(정화조)

淺 얕을 천: 물얕을/고루할/들고봄이적을 천. 1229-32

- 氵 + 戔(상할 잔ㅣ쌓일/얕고작을/적을/좁을 전) = 淺 (1578 참조)
- ☞ 물(氵)이 얕고 작게(戔) 흐른다는 데서「물 얕다. 얕다」뜻으로.

淺薄(천:박 - 생각이나 학문이 얕음) 淺才(천:재 - 얕은 재주) 淺學(천:학) 淺近(천:근) 淺見薄識(천:견박식)

澤 못 택. 윤택할/은택 택. 1230-32

- 氵 + 睪(엿볼/기찰할/끌 역) = 澤 (3231 참조)
- ☞ 물(氵)을 끌어(睪)들이어 가두어 놓은 곳이라는 데서「못. (못물을 이용하여 농사를 지으면 풍작을 이루어 식생활이 풍요로워진다는 데서)윤택하다. 은택」뜻으로.

澤雨(택우 - 생육에 알맞게 오는 비) 沼澤(소택) 恩澤(은택) 德澤(덕택) 惠澤(혜:택) 潤澤(윤:택)

潛 잠길 잠. 자맥질할 잠. 1231-32

● 氵 + 朁(일찍/참여할 참 | 거짓 점) = 潛   ※ 朁은 參(참여할 참)의 古字이기도 함.
☞ 물속(氵)에 참여하는(朁), 곧 물속으로 들어간다는 데서「잠기다. 자맥질하다」뜻으로.
潛水(잠수 - 물속에 잠겨 들어감) 潛入(잠입 - 모르게 들어감) 潛伏(잠복) 潛跡(잠적) 潛水艦(잠수함)

★ 朁(일찍/참여할 참 | 거짓 점)과 결합을 이룬 글자. 1231 별첨

僭(참람할 참)	☞ 人(0177) →	다른 사람(亻)에게 실없이(주제넘게) 참여한다(朁)는 데서「참람하다」
簪(비녀 잠)	☞ 竹(2704) →	대나무(竹)로 된 비녀(旡旡)를 머리채에 가로질러 놓은 모양(日)에서「비녀」
蠶(누에 잠)	☞ 虫(2619) →	몸뚱이가 비녀(朁 ← 簪) 모양처럼 생긴 벌레(虫虫)이라는 데서「누에」

滅 멸할/꺼질 멸. 멸망할 멸. 1232-32

● 氵 + 烕(불꺼질 멸) = 滅
☞ 물(氵)을 끼얹어 불을 꺼지게(烕) 한다는 데서「멸(멸망)하다. 꺼지다」뜻으로.
滅亡(멸망 - 망하여 없어짐) 滅裂(멸렬 - 찢어져 흩어짐) 滅菌(멸균) 滅共(멸공) 消滅(소멸) 撲滅(박멸)

浩 넓을 호: 넉넉할/물질펀한모양 호. 1233-32

● 氵 + 告(고할 고 | 쉴 호) = 浩 (0800 참조)
☞ 물(氵)이 쉬어(告) 가는, 곧 강물이 일시적으로 멈추어 있는 광활한 늪지이라는 데서「넓다. 물이 질펀한 모양. (물이)넉넉하다」뜻으로.
浩蕩(호:탕 - 아주 넓어서 끝이 없음) 浩氣(호:기) 浩然(호:연) 浩然之氣(호:연지기)

淡 맑을 담. 물맑은모양 담. 1234-32

● 氵 + 炎(불꽃 염) = 淡 (1118 참조)
☞ 밝게 피어오르는 불꽃(炎)처럼 티 없이 맑은 물(氵)이라는 데서「맑다」뜻으로.
淡水(담수 - 짠맛이 없는 맑은 물) 淡墨(담묵 - 진하지 않은 먹물) 淡淡(담담) 淡白(담백) 淡泊(담박)

汎 넓을 범: 뜰 범. 1235-30

● 氵 + 凡(무릇/대강 범 →「돛 모양」을 표현) = 汎 (0287 참조)
☞ 물(氵)에, 범(凡) 글자 형상을 이루어 돛이 드리워져 있는, 곧 물에 돛단배가 떠 있는 모양에서 「뜨다. (돛단배는 널리 떠다닌다는 데서)넓다」뜻으로.
汎愛(범:애 - 널리 사랑함) 汎濫=氾濫(범:람) 汎美(범:미 - 남미와 북미) 汎國民的(범:국민적)

汚 더러울 오: 1236-30

● 氵 + 亐(= 亏 = 于 어조사/갈할 우) = 汚
☞ 물속(氵)으로 이리저리 걸어가면(亐) 앙금이 떠서 물이 더러워진다는 데서「더럽다」뜻으로.
汚物(오:물 - 더러운 물건) 汚水(오:수) 汚名(오:명) 汚染(오:염) 汚損(오:손) 貪官汚吏(탐관오리)

水 부수(자원과 쓰임 → 1168 참조)

汗 땀 한:　　　1237-30

- 氵 + 干(방패/막을 간) = 汗
- 앞을 가리는 방패(干)처럼 피부를 가리는 물(氵), 곧 몸속에서 배어 나와 피부를 가리는 물의 일종(진액)이라는 데서「땀」뜻으로.

汗腺(한:선 - 땀샘) 汗蒸(한:증) 汗馬之勞(한:마지로) 汗牛充棟(한:우충동) 虛汗(허한) 不汗黨(불한당)

汝 너 여:　　　1238-30

- 氵 + 女(계집/여자/너 녀) = 汝　※ 女는 汝의 본자(本字).
- 수평을 유지하는 물(氵)처럼 대등한 위치에 있는 너(女)이라는 데서「너」뜻으로.

汝等=余等(여:등 - 너희들) 汝輩(여:배 - 너희들) 汝矣島(여:의도 - 한강의 하중도河中島 '너섬'이라고 함)

沐 머리감을 목. 목욕 목.　　　1239-30

- 氵 + 木(나무 목) = 沐
- 늘어뜨린 나뭇가지(木)처럼 기다란 머리카락을 물(氵)에 늘어뜨려 감는다는 데서「머리 감다. 목욕」뜻으로.

沐浴(목욕 - 몸을 씻음) 沐雨(목우 - 비를 흠신 맞음) 沐間(목간 - 목욕간에서 목욕함)

泊 머무를/배댈 박.　　　1240-30

- 氵 + 白(흰 백) = 泊
- 물(氵)이 희게(白) 보이는, 곧 물이 하얗게 보일 정도로 부두에 흰 돛단배들이 무수하게 머물러(정박하고) 있다는 데서「배 대다. (배가)머무르다」뜻으로.

碇泊(정박 - 배가 닻을 내리고 머무름) 宿泊(숙박) 民泊(민박) 淡泊(담박) 漂泊(표박)

> ★ 泊(머무를/배댈 박)과 결합을 이룬 글자.　　　1240 별첨
> 箔(발/금박 박)　☞　竹(2697) → 머물러(泊) 있는 대나무(竹), 곧 창문에 드리워 놓은 대나무로 된 물건이라는 데서「발. (발의 빛깔처럼 금빛을 띠는)금박」蠶箔(잠박)

泥 진흙 니.　　　1241-30

- 氵 + 尼(화할/여승 니 ｜ 가까울 닐) = 泥 (0967 참조)
- 물(氵)과 가까이(尼) 접하고 있는 흙이라는 데서「진흙」뜻으로.

泥水(이수 - 흙탕물) 泥田鬪狗(이전투구 - 몰골사납게 싸움을 이르는 말) 汚泥(오:니 - 더러운 흙)

泣 울 읍.　　　1242-30

- 氵 + 立(설 립) = 泣
- 물(氵)이 서(세워져)(立) 있는 형상을 이루어 흘러내리는, 곧 눈물이 두 뺨을 타고 줄줄 흘러내리는 모양이라는 데서「울다」뜻으로.

泣諫(읍간 - 울면서 간함) 泣訴(읍소) 泣斬馬謖(읍참마속 - 아끼는 사람을 버리거나 벌함을 비유한 말)

水 부수(자원과 쓰임 → 1168 참조)

涙 눈물 루: 1243-30

- 氵 + 戾(어그러질/이를 려) = 涙 (1754 참조)
- ☞ 물(氵)이 어그러진(戾) 형태를 이루어 퍼져 있는, 곧 눈(눈언저리)에 이리저리 퍼져 있는 눈물 모양이라는 데서 「눈물」 뜻으로.

涙液(누:액 - 눈물) 涙水(누:수 - 눈물) 涙眼(누:안) 涙誦(누:송) 落涙(낙루) 血涙(혈루) 催涙彈(최:루탄)

洛 낙수/물이름 락. 잇닿을/물떨어지는모양 락. 1244-30

- 氵 + 各(각각 각) = 洛 (0796 참조)
- ☞ 洛은 낙수(洛水)라는 강 이름 글자임. 강물(氵)이 각각(各) 다른 방면으로부터 모여드는 강이라는 의미가 부여되어 「낙수. 물 이름」 뜻을, 한편 물(물방울)(氵)이 각각(各)으로 떨어지는 모양이라는 데서 「물 떨어지는 모양. (물방울이 서로)잇닿다」 뜻으로.

洛書(낙서 - 낙수洛水에서 나온 거북의 등에 있었다고 하는 45개의 점) 洛東江(낙동강)

★ 洛(낙수/잇닿을/물떨어지는모양 락)과 결합을 이룬 글자. 1244 별첨

落(떨어질 락) ☞ 艹(2726) → 풀잎(나뭇잎)(艹)이 물 떨어지는 모양(洛)처럼 떨어진다는 데서 「떨어지다」

涉 건널 섭. 1245-30

- 氵 + 步(걸음/걸을 보) = 涉 (2001 참조)
- ☞ 물(시냇물)(氵)을 가로질러 걸어(步)간다는 데서 「건너다」 뜻으로.

涉外(섭외 - 외부와 교섭하는 일) 涉歷(섭력 - 많은 경험을 이름) 涉獵(섭렵) 交涉(교섭) 干涉(간섭)

浸 잠길/젖을 침: 담글 침. 1246-30

- 氵 + 彐(→ 帚「비 추」의 획 줄임) + 又(또/오른손 우) = 浸
- ☞ 빗자루(彐 → 帚)를 손(又)에 쥐고 마당을 차츰차츰 쓸어 나가는 것처럼 물(氵)이 점진적으로 젖어 나간다(잠긴다)는 데서 「젖다. 잠기다. 담그다」 뜻으로.

浸水(침:수 - 물에 젖음) 浸透(침:투 - 젖어서 속속들이 뱀) 浸蝕(침:식) 浸出水(침:출수) 浸禮敎(침:례교)

添 더할 첨. 맛더할 첨. 1247-30

- 氵 + 忝(욕될 첨) = 添
- ☞ 물(氵)로 인하여 욕됨(忝)을 당하는, 곧 손님으로부터 욕을 얻어먹는 것은 주량을 늘리기 위하여 술(막걸리)에 물을 더하였기 때문이라는 데서 「더하다. 맛 더하다」 뜻으로.

添加(첨가 - 덧붙임) 添削(첨삭 - 더하고 삭제하는 일) 添附(첨부) 添酌(첨작) 添言(첨언) 別添(별첨)

淫 음란할 음. 적실 음. 1248-30

- 氵 + 㸒(가까이하여구할/탐할 임) = 淫
- ☞ 물(氵)을 가까이하여 구하는(탐하는)(㸒), 곧 물에 젖어드는 것처럼 여색에 빠져든다는 데서 「적시다. 음란하다」 뜻으로.

淫亂(음란 - 음탕하고 난잡함) 淫貪(음탐) 淫蕩(음탕) 淫畵(음화) 淫談悖說(음담패설) 姦淫(간:음)

渡 건널 도. 1249-30

◉ 氵 + 度(법도/지날/건널 도ㅣ헤아릴 탁) = 渡 (0757 참조)
☞ 물(氵)을 건넌다(度)는 데서 「건너다」 뜻으로.

渡河(도하 - 강을 건너는 일) 渡江(도강) 渡美(도미) 引渡(인도) 不渡(부도) 讓渡(양:도) 過渡期(과:도기)

湯 끓을 탕: 끓일/끓인물 탕. 1250-30

◉ 氵 + 昜(볕/열을/날아오를/길 양) = 湯 (3326 참조)
☞ 물(氵)이 날아오르는(昜), 곧 김이 나면서 물이 끓어오른다는 데서 「끓다. (물을)끓이다. 끓인 물」 뜻으로.

湯藥(탕:약 - 달이어서 먹는 한약) 湯液(탕:액 - 한약을 달여 짠 물) 湯劑(탕:제 - 탕약) 湯罐(탕:관)

★ 湯(끓을/끓일 탕)과 결합을 이룬 글자. 1250 별첨

蕩(방탕할 탕) ☞ 艸(2787) → 풀(나물)(艹)을 끓이어(데쳐서)(湯) 꼿꼿한 성질을 허물어지게 한다는 데서 「꼿꼿한 성질을)쓸어버리다. (곧은 성질이 흐트러져)방탕하다」 蕩盡(탕진)

泳 헤엄칠 영: 무자맥질할 영. 1251-30

◉ 氵 + 永(길 영) = 泳 (1175 참조)
☞ 사람이 물속(氵)으로 길게(永) 나아간다는 데서 「헤엄치다. 무자맥질하다」 뜻으로.

泳法(영:법 - 수영하는 방법) 背泳(배:영 - 송장헤엄) 蝶泳(접영 - 나비헤엄) 水泳(수영)

涯 물가 애. 1252-30

◉ 氵 + 厓(언덕 애) = 涯
☞ 물(氵)이 잇닿아 있는 언덕(厓)의 가장자리이라는 데서 「물가」 뜻으로.

涯岸(애안 - 물가) 生涯(생애 - 살아 있는 동안) 天涯(천애) 天涯地角(천애지각 - 아득히 먼 곳)

滄 바다 창. 큰바다/찰 창. 1253-30

◉ 氵 + 倉(곳집 창) = 滄 (0111 참조)
☞ 물(氵)이 채워져 있는 곳집(倉), 곧 곡식이 채워져 있는 곳집처럼 물이 가득하게 들어차 있는 깊고 너른 곳이라는 데서 「큰 바다. 바다. (바닷물이 가득하게)차다」 뜻으로.

滄海(창해 - 넓고 푸른 바다) 滄浪(창랑 - 푸른 물결) 滄波(창파) 滄茫=蒼茫(창망) 滄海一粟(창해일속)

漏 샐 루: 1254-30

◉ 氵 + {尸(주검 시 → 지붕 모양) + 雨(비 우) = 屚(집샐 루)} = 漏
☞ 물(빗물)(氵)이 지붕에서 샌다(屚)는 데서 「새다」 뜻으로.

漏水(누:수 - 새는 물) 漏落(누:락 - 빠뜨림) 漏電(누:전 - 전기가 새는 일) 漏泄(누:설) 脫漏(탈루)

水 부수(자원과 쓰임 → 1168 참조)

漫 흩어질 만: 퍼질/질편할 만. 1255-30

- ⱱ + 曼(이끌/길/멀/넓을/퍼질 만) = 漫 (1898 참조)
- ☞ 물(ⱱ)이 넓게 퍼져(曼) 있다는 데서 「퍼지다. 흩어지다. 질편하다」 뜻으로.

漫談(만:담 - 세상과 인정을 풍자하는 이야기) 漫畵(만:화) 漫評(만:평) 漫然(만:연) 浪漫(낭:만) 散漫(산:만)

渴 목마를 갈. 마를 갈. 1256-30

- ⱱ + 曷(그칠 갈) = 渴 (1996 참조)
- ☞ (체내에서 요구되는) 물(수분)(ⱱ)이 그치어(바닥나)(曷) 갈증을 느낀다는 데서 「목마르다. 마르다」 뜻으로.

渴症(갈증 - 목마름) 渴水(갈수 - 하천의 물이 마름) 渴求(갈구) 渴望(갈망) 枯渴(고갈) 解渴(해:갈)

滴 물방울 적. 1257-30

- ⱱ + 啇(밑동/나무뿌리/과일꼭지 적) = 滴 (1803 참조)
- ☞ 과일 꼭지(啇)에 달려 있는 과일처럼 나뭇가지나 처마 끝에 매달려 있는 물(ⱱ)이라는 데서 「물방울」 뜻으로.

滴水(적수 - 물방울) 滴露(적로 - 방울지어 떨어지는 이슬) 硯滴(연:적 - 벼룻물을 담는 그릇)

漂 떠다닐/뜰 표. 씻을 표. 1258-30

- ⱱ + 票(문서/쪽지 표) = 漂 (2351 참조)
- ☞ 물(ⱱ)에 (종이)쪽지(票)가 이리저리 떠다닌다는 데서 「뜨다. 떠다니다. (빨래거리를 물에 띄워 이리저리 흔들어 가면서 씻는다는 데서)씻다」 뜻으로.

漂流(표류 - 정처 없이 흘러감) 漂泊(표박 - 표류) 漂失(표실) 漂白(표백 - 희게 함) 漂女(표녀)

潭 못(池) 담. 깊을 담. 1259-30

- ⱱ + 覃(미칠/뻗을/깊고넓을 담) = 潭
- ☞ 물(ⱱ)이 깊고 넓게 뻗어(覃) 있는 곳이라는 데서 「못. 깊다」 뜻으로.

潭思(담사 - 깊이 생각함 또는 그 생각) 白鹿潭(백록담 - 한라산 정상의 못)

★ 覃(미칠/뻗을/깊고넓을 담)과 결합을 이룬 글자. 1259 별첨
譚(클/말씀 담) ☞ 言(3299) → 깊고 넓게 뻗어(覃) 나가는 말씀(言), 곧 방방곡곡으로 깊고 넓게 퍼져 나가는 말씀(이야기)이라는 데서 「말씀. 크다」 民譚(민담)

濃 짙을 농. 1260-30

- ⱱ + 農(농사/갈/심을/힘쓸/짙을 농) = 濃 (2992 참조)
- ☞ 물(ⱱ) 색상이 짙은(農) 빛깔이라는 데서 「짙다」 뜻으로.

濃厚(농후 - 빛깔이 짙음. 액체가 진함. 가망성이 다분히 있음) 濃度(농도) 濃縮(농축) 濃霧(농무)

水 부수(자원과 쓰임 → 1168 참조)

濁 흐릴 탁.
1261-30
- 氵 + {罒(그물 망) + 勹(쌀 포) + 虫(벌레 충) = 蜀(나비애벌레 촉)} = 濁 (2621 참조)
- ☞ 거미줄(망)에 둘러싸이어 흐릿하게 보이는 나비 애벌레(蜀)처럼 물(물빛)(氵)이 매우 흐릿하여 보인다는 데서「흐리다」뜻으로.

濁水(탁수 - 흐린 물) 濁流(탁류 - 흘러가는 흐린 물) 濁色(탁색) 清濁(청탁) 混濁(혼:탁)

濫 넘칠 람: 퍼질 람.
1262-30
- 氵 + {臥(엎드릴 와) + 一 + 皿(그릇 명) = 監(볼/살필 감)} = 濫 (2236 참조)
- ☞ 監은 엎드린(臥) 자세로 그릇(皿)에 물이 수평(一)을 이루는지를 살펴보는, 곧 물이 차 있다는 의미. 가득하게 차 있는 그릇(監) 언저리로 물(氵)이 넘쳐 나는 모양에서「넘치다」뜻으로.

濫用(남:용 - 함부로 씀) 濫伐(남:벌) 濫獲(남:획) 濫發(남:발) 濫觴(남:상) 氾濫(범:람) 猥濫(외:람)

濕 젖을 습. 축축할 습.
1263-30
- 氵 + 㬎(미묘할/나타날/밝을 현) = 濕
- ☞ 물(氵)이 미묘하게 나타나는(㬎), 곧 물이(물기가) 미미하게 스미어 나온다(젖어든다)는 데서「젖다. 축축하다」뜻으로.

濕氣(습기 - 축축한 기운) 濕度(습도) 濕地(습지) 濕疹(습진) 濕式(습식) 高溫多濕(고온다습)

濯 씻을 탁.
1264-30
- 氵 + 翟(꿩/꿩깃 적) = 濯 (1025 참조)
- ☞ 꿩(翟)이 깃을 물(氵)에 적시어 퍼덕이는 것처럼 빨래거리를 물에 집어넣어 퍼덕이면서 씻는다는 데서「씻다」뜻으로.

濯足(탁족 - 발을 씻음. 세속을 초탈함) 濯枝雨(탁지우 - 음력 6월경에 오는 큰비) 洗濯(세:탁 - 빨래)

漆 옻 칠.
1265-30
- 氵 + {木 + 佘(= 㐬 떠나려밀/헤엄칠 탄) = 柒(옻나무 칠)} = 漆
- ☞ 옻나무(柒)로부터 채취한 물(수액)(氵)이라는 데서「옻」뜻으로.

漆器(칠기 - 옻칠을 한 나무 그릇) 漆木(칠목) 漆黑(칠흑) 漆板(칠판) 黑漆(흑칠) 金漆(금칠)

★ 柒(옻나무 칠)과 결합을 이룬 글자.	1265 별첨
膝(무릎 슬) ☞ 肉(2429) → 나무(木)처럼 꼿꼿하게 서 있는 다리를 떠나려 미는(佘), 곧 세워져 있는 다리를 걸어 나가게 하는 신체(月) 부위이라는 데서「무릎」膝下(슬하)	

濠 해자/호주 호.
1266-20
- 氵 + 豪(호걸/돼지갈기 호) = 濠 (2997 참조)
- ※ 해자(垓字) → ①성(城) 밖으로 둘러 판 못 ②능(陵)·원(園)·묘(墓) 등의 경계.
- ☞ 물(氵)이, (목덜미에 갈기가 뻗치어 있는) 돼지 갈기(豪) 모양처럼 성벽(城壁) 테두리에 둘리어

水 부수(자원과 쓰임 → 1168 참조)

(채워져) 있는 못이라는 데서 「해자. (해자처럼 물에 둘리어 있는 나라인)호주」 음훈으로.
外濠(외:호 - 성城 밖으로 돌려 판 호濠) 濠洲(호주 - 오스트레일리아의 한자음 표기)

渤 바다이름 발. 1267-20

- 氵 + 勃(우쩍일어날 발) = 渤 (0377 참조)
- ☞ 渤은 요동반도와 산동반도 사이의 바다 이름 글자. 바닷물(氵)이 우쩍 일어나(勃) 있는 모양처럼 내륙 쪽으로 깊숙하게 들어가 있는 바다라는 의미에서 「바다 이름」 뜻으로.

渤海(발해 - 대조영이 세운 나라. 고구려의 옛 영토를 확보하여 국세를 떨치었으나 요遼에 망함)

淵 못 연. 깊을/조용할 연. 1268-20

- 氵 + 開(→ 淵의 古字) = 淵 (1748 참조)
- ※ 開 → 제방(片)과 제방(爿) 사이에 물(一)이 괴어(채워져) 있는 곳이라는 데서 「못」 뜻으로.
- ☞ 물(氵)이 괴어(채워져) 있는 못(開)이라는 데서 「못. (못물은 수심이)깊다」 뜻으로.

淵潭(연담 - 못) 淵源(연원 - 사물의 근본. 본원) 淵蓋蘇文(연개소문 - 고구려의 명장) 深淵(심:연)

溶 녹을 용. 질펀히흐를/물성할 용. 1269-20

- 氵 + 容(얼굴/모양/받아들일 용) = 溶 (0591 참조)
- ☞ 고체가 뜨거운 열기를 받아들이어(容) 물(氵)처럼 묽어진다는 데서 「녹다」, 물(氵)이 용용(容容)거리는 소리를 내며 세차게 흘러내리는 모양이라는 데서 「물 성하다. 질펀히 흐르다」 뜻으로.

溶媒(용매 - 액체에 물질을 녹여 용액을 만들었을 때의 그 액체) 溶液(용액) 溶解(용해) 溶溶(용용)

滑 미끄러울 활 | 익살스러울 골. 1270-20

- 氵 + 骨(뼈 골) = 滑
- ☞ 물(氵)이 묻어 있는 뼈(骨), 또는 물기(氵)가 많은 물렁뼈(骨)는 매우 미끌미끌하다는 데서 「미끄럽다. (매끄럽게 이어 가는 말이나 몸짓이라는 데서)익살스럽다」 뜻으로.

滑降(활강 - 미끄러져 내려옴) 滑空(활공) 滑走路(활주로) 滑稽劇(골계극) 圓滑(원활) 潤滑油(윤:활유)

滯 막힐 체. 머무를/엉길 체. 1271-20

- 氵 + 帶(띠 대) = 滯 (0974 참조)
- ☞ 물(氵)이, 기다란 띠(帶) 모양처럼 둘리어진 제방에 갇히어 흘러내리지 못하고(정체되어) 있는 데서 「막히다. 머무르다. 엉기다」 뜻으로.

滯留(체류 - 일정한 곳에 머물러 있음) 滯納(체납) 滯拂(체불) 延滯(연체) 積滯(적체) 停滯(정체)

溺 빠질 닉. 물에빠져죽을 닉. 1272-20

- 氵 + 弱(약할 약) = 溺 (0912 참조)
- ☞ (수영을 하다가) 힘이 약하여(弱)지면 물속(氵)으로 빠져들어 간다는 데서 「(물에)빠지다. 물에 빠져 죽다」 뜻으로.

319

水 부수(자원과 쓰임 → 1168 참조)

溺死(익사 - 물에 빠져 죽음) 溺沒(익몰 - 물에 빠져 가라앉음) 耽溺(탐닉 - 몹시 즐겨서 거기에 빠짐)

淮 강(물)이름 회. 1273-20

- 氵 + 隹(새 추 | 높을 최) = 淮
- ☞ 淮는 회수(淮水)라는 강 이름 글자임. 물(氵)이 높은(隹) 곳으로부터 발원하여 흐르는 강이라는 의미가 부여되어「강 이름」뜻으로.

淮陽郡(회양군 - 강원도에 있는 지명) 淮河(회하 - 회수淮水. 중국에 있는 큰 강)

沃 기름질 옥. 물댈/윤택할 옥. 1274-20

- 氵 + 夭(어릴/예쁠/일찍죽을/굽을 요) = 沃 (0750 참조)
- ☞ 물길(氵)을 이리저리 굽히어(夭) 논에 물을 끌어들인다는 데서「물대다. (물을 넉넉하게 대면 농토가 기름지고 식생활이 풍요로워진다는 데서)기름지다. 윤택하다」뜻으로.

沃土(옥토 - 기름진 땅) 肥沃(비:옥 - 땅이 기름짐) 門前沃畓(문전옥답) 沃川(옥천 - 충북에 있는 지명)

沖 화할/빌(空) 충. 1275-20

- 氵 + 中(가운데/바를/반 중) = 沖 (0018 참조) ※ 冲(빌 충)은 沖의 속자.
- ☞ 물(氵)이 용기의 가운데(中)까지만 차 있고 절반은 비어 있다는 데서「(절반이)비다. (비어 있는 용기는 더욱더 채울 수 있는 여유로움이 있다는 데서)화하다」뜻으로.

沖年(충년 - 열 살 안팎의 어린 나이) 沖氣(충기 - 천지간에 잘 조화된 기운) 沖積土(충적토)

泓 물깊을 홍. 1276-20

- 氵 + 弘(클/넓을 홍) = 泓 (0920 참조)
- ☞ 물(氵)이 크게(弘) 채워져 있어 수심이 깊다는 데서「물 깊다」뜻으로.

澔 넓을 호: 클 호. 1277-20

- 氵 + 皓(흴/밝을/하늘 호) = 澔 (2085 참조) ※ 澔는 浩(넓을 호)와 동자.
- ☞ 물(氵)이, 끝없이 펼쳐진 하늘(皓)처럼 방대하게 펼쳐져 있다는 데서「넓다. 크다」뜻으로.

澈 맑을 철. 물맑을 철. 1278-20

- 氵 + {育(기를 육) + 攵(칠 복) = 㪤(거둘/통할 철)} = 澈 (0441 참조)
- ☞ 빛이 통과하는(㪤) 맑은 물(氵), 또는 불순물을 거두어들여(걸러)(㪤) 놓은 맑은 물(氵)이라는 데서「물 맑다. 맑다」뜻으로.

鄭澈(정:철 - 조선 선조 때의 문신. 송강가사·관동별곡 등을 지음)

潘 성(姓)/뜨물 반. 물소용돌이칠 반. 1279-20

- 氵 + 番(차례/갈릴/갈마들 번) = 潘 (2110 참조)
- ☞ 갈마들은(番) 물(氵), 곧 곡식을 번갈아 가며 치대어 놓은 물이라는 데서「뜨물」뜻으로.

潘沐(반목 - 뜨물로 머리를 감음)

水 부수(자원과 쓰임 → 1168 참조)

灘 여울 탄. 물빨리흐르는모양 난. 1280-20

- 氵 + 難(어려울 난) = 灘 (1172 참조)
- ☞ 물(氵)이 어렵게(難) 흐르는, 곧 냇물이 가파르고 험난한 지형을 따라 소용돌이치면서 흘러내리는 모양이라는 데서 「여울. 물 빨리 흐르는 모양」 뜻으로.

玄海灘(현해탄 - 대한해협과 일본 후꾸오까 서북쪽에 위치한 바다) 新灘津(신탄진) 漢灘江(한:탄강)

灣 물굽이 만. 1281-20

- 氵 + 彎(굽을 만) = 灣 (0928 참조)
- ☞ 물(氵)이 굽은(彎) 형상으로 둘리어 있는, 곧 바닷물이 내륙 쪽으로 깊숙하게 굽이져 있는 지대이라는 데서 「물굽이」 뜻으로.

灣岸(만안 - 물굽이를 이룬 연안) 港灣(항:만) 迎日灣(영일만) 牙山灣(아산만) 臺灣(대만)

沮 막을 저: 1282-20

- 氵 + 且(또 차 | 수두룩할 저) = 沮 (0011 참조)
- ☞ 토석을 수두룩하게(且) 쌓아 물(물길)(氵)을 막는다는 데서 「막다」 뜻으로.

沮止(저:지 - 막아서 그치게 함) 沮害(저:해 - 막아서 못하게 해침) 沮喪(저:상 - 기운을 잃음)

沼 못(池) 소. 늪 소. 1283-20

- 氵 + 召(부를 소) = 沼 (0833 참조)
- ☞ 물(氵)을 불러(끌어)(召)들이어 저장하여 놓은 곳이라는 데서 「못. 늪」 뜻으로.

沼池(소지 - 늪. 못) 沼湖(소호 - 늪과 호수) 湖沼(호소 - 호수와 늪)

洙 물가 수. 강이름 수. 1284-20

- 氵 + 朱(붉을/줄기/그루터기 주) = 洙 (1622 참조)
- ☞ 洙는 사수(泗水)로 흘러드는 강 이름 글자임. 물(氵)이 나무줄기(朱) 형상을 이루어 흘러내리는 강이라는 의미가 부여되어 「강 이름」 뜻으로.

洙泗學(수사학 - 공자와 맹자의 학문. 유학을 일컬음) 洙泗章(수사장 - 악장의 이름)

泌 스며흐를 필 | 분비할 비: 1285-20

- 氵 + {心 + 丿(삐침 별) = 必(반드시 필)} = 泌 (1840 참조)
- ☞ 물(氵)이, 심장(心)에서 삐쳐져 내리는(丿), 곧 땀과 같은 노폐물이 몸속(체내)에서 체외로 스미어 나온다는 데서 「스미어 흐르다. 분비하다」 뜻으로.
- ※ 泌이 인명에 쓰일 때는 「필」로 음훈(音訓)함.

泌尿器(비:뇨기 - 오줌의 분비와 배설을 맡은 기관) 分泌(분비 - 샘세포에서 액즙을 만들어 배출함)

漣 잔물결 련. 물놀이칠 련. 1286-20

- 氵 + {車(수레 거) + 辶(쉬엄쉬엄갈 착) = 連(이을/잇닿을 련)} = 漣 (3097 참조)

☞ 수레바퀴가 잇닿아(連) 굴러가는 것처럼 물(氵)이 잔잔하게 일렁거리는 모양이라는 데서「잔물결. (잔물결을 일으키며)물놀이 치다」뜻으로.

漣川郡(연천군 - 경기도 동북부에 있는 지명)

濂 물이름 렴. 엷을 렴 | 물질척질척할 첰.   1287-20

● 氵 + 廉(청렴할/값쌀/거둘 렴) = 濂 (0770 참조)

☞ 물(氵)이 청렴한(廉) 모양새를 이루고 있는, 곧 물이 풍부하지 않은 수량(水量)을 이루어 흐르거나 고여 있는 늪지이라는 의미에서「물 이름. (물 깊이가)엷다. 물이 질척하다」뜻으로.

濂溪(염계 - 중국 북송의 주돈이周敦頤의 호)

濊 종족이름 예: 물넘치는모양/넉넉할 예.   1288-20

● 氵 + 歲(해/세월/절후 세) = 濊 (2000 참조)

☞ 물(氵)이, 흘러가는 세월(歲)처럼 쉼 없이 흘러내리는 모양이라는 데서「물 넘치는 모양. 넉넉하다. (물이 넉넉한 지역에 거주하는 종족이라는 의미가 부여되어)종족 이름」뜻으로.

濊貊(예:맥 - 고구려의 전신인 부족 국가의 이름)

汪 넓을 왕: 깊고넓을/클/못 왕.   1289-20

● 氵 + 王(임금/클 왕) = 汪 (2026 참조)

☞ 물(氵)이 크게(王) 채워져(괴어) 있다는 데서「깊고 넓다. 넓다. 크다. 못」뜻으로.

汪汪(왕:왕하다 - 물이 끝없이 넓고 깊다) 汪洋(왕:양 - 바다가 끝없이 넓음) 汪然(왕:연 - 깊고 넓음)

湜 물맑을 식.   1290-20

● 氵 + 是(이/옳을/바를 시) = 湜 (1029 참조)

☞ 바른(是) 성질을 지니고 있는 물(氵), 곧 불순물이 조금도 섞여 있지 않은 (물 본연의 색상인) 투명한 빛깔을 띠는 물이라는 데서「물 맑다」뜻으로.

瀋 즙낼/물이름 심: 즙 심.   1291-20

● 氵 + 審(살필/자세할 심)} = 瀋 (0608 참조)

☞ 물(氵)이 자세하게(촘촘하게)(審) 배어져 나오는, 곧 갈거나 찧은 과채를 주머니에 넣어 즙을 짜내는 모양이라는 데서「즙. 즙 내다. (즙이 짜여지는 것처럼 여러 방면으로부터 모여드는 강물이라는 의미가 부여되어)물 이름」뜻으로.

瀋陽(심:양 - 중국 동북부 지방의 지명)

洵 참으로 순. 진실로/웅덩이 순.   1292-20

● 氵 + {勹(쌀 포) + 日(날/해 일) = 旬(열흘/두루 순)} = 洵 (1037 참조)

☞ 물(氵)이, 둥근 해(日)를 감싸(勹) 놓은 모양처럼 맑은 덩어리 형태를 이루어 괴어 있는 곳이라는 데서「웅덩이. (웅덩이 물처럼 맑고 순수하다는 데서)참으로. 진실로」뜻으로.

水 부수(자원과 쓰임 → 1168 참조)

泗 물이름 사:　　　　　　　　　　　　　　　　　　　　　1293-20

- ● 氵 + 四(넉 사) = 泗 (0635 참조)
- ☞ 물(氵)이 네(四) 방면으로부터 모여 들거나 흘러 나가는 강물이라는 의미가 부여되어 「물 이름」 뜻으로.

泗川市(사:천시 - 경남에 있는 지명) 泗沘城(사:비성 - 부여의 옛 이름) 泗水(사:수) 泗上弟子(사:상제자)

沂 물이름 기.　　　　　　　　　　　　　　　　　　　　　1294-20

- ● 氵 + 斤(도끼 근) = 沂
- ☞ 도끼(斤)처럼 생긴 지형을 따라 흐르는 물(氵)이라는 의미가 부여되어 「물 이름」 뜻으로.

沂水(기수 - 중국 산동성으로 흐르는 강 이름)

淇 물이름 기.　　　　　　　　　　　　　　　　　　　　　1295-20

- ● 氵 + 其(그/그것/키 기) = 淇 (0327 참조)
- ☞ (가로세로로 줄이 나 있는) 키(其) 모양처럼 가로와 세로 방면으로 모여들거나 흘러 나가는 물(강물)(氵)이라는 의미가 부여되어 「물 이름」 뜻으로.

淇水(기수 - 중국 하남성으로 흐르는 강 이름)

沔 물이름/빠질 면: 강어귀 면.　　　　　　　　　　　　　　　1296-20

- ● 氵 + 丏(보이지않을/가릴 면) = 沔
- ☞ 물(氵)이, (협곡이나 수초 등으로 인하여) 가리어진(丏) 상태로 흐르는 강이나 지형이라는 의미가 부여되어 「물 이름. 강어귀. (물에 가리어져)빠지다」 뜻으로.

沔川(면:천 - 충청남도 당진시에 있는 지명)

★ 丏(보이지않을/가릴 면)과 결합을 이룬 글자.		1296 별첨
眄(곁눈질 면)	☞ 目(2293) → 눈(目)이 어느 정도 가리어진(丏) 상태로 본다는 데서 「곁눈질. 애꾸눈」	
麵(국수 면)	☞ 麥(3637) → 밀(小麥)의 형체가 보이지 않도록(丏) 분쇄하여 놓은 것이라는 데서 「밀가루. (밀가루로 만든)국수」 麵子(면자)	

汶 물이름 문. 강이름 민.　　　　　　　　　　　　　　　　1297-20

- ● 氵 + 文(글월/무늬/문채날 문) = 汶 (1824 참조)
- ☞ 문채(文)가 나는 물(氵), 곧 맑고 고운 빛깔을 띠는 물(강물)이라는 의미가 부여되어 「물 이름. 강 이름」 뜻으로.

汶山邑(문산읍 - 경기도 파주시에 있는 지명)

沆 넓을 항. 큰물/진펄이넓고큰모양 항.　　　　　　　　　　1298-20

- ● 氵 + 亢(목/오를 항) = 沆 (0208 참조)
- ☞ 홍수로 인하여 물(氵)이 목(亢)에 차오를 정도로 크게 불어나 들판이 질펀하게 잠겨 있는 모양이라는 데서 「큰물. (큰물로 범람한 면적이)넓다. 진펄이 넓고 큰 모양」 뜻으로.

水 부수(자원과 쓰임 → 1168 참조)

瀅 물맑을 형: 물맑을 영.   1299-20

- ⓞ 氵 + 瑩(옥돌/옥빛 영 | 밝을 형) = 瀅 (2049 참조)
- ☞ 물(氵)이 옥빛(瑩)처럼 티 없이 밝고 맑다는 데서 「물 맑다」 뜻으로.

滉 깊을 황. 물깊고넓을 황.   1300-20

- ⓞ 氵 + {日(날 일) + 光(빛 광) = 晃(밝을/햇빛 황)} = 滉 (1074 참조)
- ☞ 물(氵)이, (넓고 멀리 퍼져 나가는) 햇빛(晃)처럼 넓고 깊게 괴어 있다는 데서 「물이 깊고 넓다. 깊다」 뜻으로.

李滉(이:황 - 호는 퇴계退溪. 조선 중기의 대유학자로 문묘에 배향됨)

滋 불을 자. 더할/자랄 자.   1301-20

- ⓞ 氵 + 兹(이/검을/더할 자) = 滋 (2094 참조)
- ☞ 물(氵)이 점점 더하여(兹)진다는 데서 「불어나다. 더하다. (체적이)자라다」 뜻으로.

滋甚(자심 - 점점 더 심함) 滋雨(자우 - 생육에 알맞게 오는 비) 滋養劑(자양제) 滋養分(자양분)

汀 물가 정. 파도가밀려닿는곳 정.   1302-20

- ⓞ 氵 + 丁(장정/성할/고무래 정)} = 汀 (0008 참조)
- ☞ 물(바닷물)(氵)이 정(丁) 글자 형상처럼 구부정하게 둘리어 있는 해안 지대이라는 데서 「물가. 파도가 밀려 닿는 곳」 뜻으로.

渭 물이름 위. 강이름 위.   1303-20

- ⓞ 氵 + 胃(밥통 위) = 渭 (2394 참조)
- ☞ 물(강물)(氵)이 (위아래는 비좁고 가운데는 불룩하게 굽은) 밥통(胃) 모양처럼 굽이져 흐르는 강이라는 의미가 부여되어 「물 이름. 강 이름」 뜻으로.

渭水(위수 - 황하의 지류)

潽 물이름 보: 1304-20

- ⓞ 氵 + 普(넓을/널리/두루 보) = 潽 (1035 참조)
- ☞ 물(氵)이 넓게(普) 퍼져 있는 호수나 늪이라는 의미가 부여되어 「물 이름」 뜻으로.

尹潽善(윤:보선 - 우리나라 전직 대통령)

浚 깊게할 준: 깊을/퍼낼 준.   1305-20

- ⓞ 氵 + 夋(천천히걷는모양/갈 준) = 浚 (0120 참조)
- ☞ 물(氵)이 천천히 걸어가는(夋) 모양새를 이루는, 곧 수심이 얕은 지대의 흙을 파내어 물이 서서히 깊어지도록 한다는 데서 「깊게 하다. 깊다. (흙을)퍼내다」 뜻으로.

浚渫(준:설 - 물속 바닥을 파내어 깊게 함) 浚井(준:정 - 우물을 깨끗이 쳐냄)

水 부수(자원과 쓰임 → 1168 참조)

濬 깊을 준: 개천깊이팔/고상하고의미가깊을 준.　　　　　　　　　　　　1306-20

- 氵 + 睿(슬기/밝을/깊고밝을 예) = 濬 (2285 참조)
- ☞ 물(氵)이 깊고 밝다(睿)는 데서 「깊다」. 또한 물(氵)이 깊고 밝아(睿)지도록 개천 바닥의 썩은 흙을 파내려 간다는 데서 「개천 깊이 파다」 뜻으로.

濬川(준:천 - 물이 잘 흐르도록 개천을 쳐냄) 濬潭(준:담 - 깊은 늪) 濬池(준:지) 濬哲(준:철 - 깊은 지혜)

湍 여울 단. 급류/소용돌이 단.　　　　　　　　　　　　　　　　　　　1307-20

- 氵 + {山(메 산) + 而(말이을 이) + 耑(처음날/끝/실마리 단)} = 湍 (2258 참조)
- ☞ 물(氵)이 산(山)으로부터 이어져(而) 흘러내리는, 곧 깊은 산골짜기를 따라 소용돌이치며 매우 급하게 흘러내리는 물이라는 데서 「여울. 급류. 소용돌이」 뜻으로.

長湍郡(장단군 - 임진강 상류 북한 지역에 있는 지명)

津 나루 진(:) 젖을 진.　　　　　　　　　　　　　　　　　　　　　　1308-20

- 氵 + 聿(붓 율) = 津 (2666 참조)

※ 나루 → 강이나 좁은 바닷목에서 배가 건너다니는 곳.

나루(津)

- ☞ (배를 정박시켜 놓기 위하여) 물(氵) 가장자리에, 벼루에 걸쳐 놓은 붓(聿) 모양처럼 길쭉하게 토석을 쌓아 놓은 축대이라는 데서 「나루. (나루가 물에)젖다」 뜻으로.

津液(진액 - 생물체에서 생겨나는 액체) 津渡(진도 - 나루) 津氣(진:기 - 진액의 끈끈한 기운)

淳 순박할 순.　　　　　　　　　　　　　　　　　　　　　　　　　　1309-20

- 氵 + 享(누릴/먹일/드릴/대접할/제사 향) = 淳 (0207 참조)
- ☞ (가난하여 제사상에 고기 같은 제물을 올리지 못하고) 한 그릇의 물(氵)을 제사상에 차려 드리는(享) 소박한 정성을 쏟는다는 데서 「순박하다」 뜻으로.

淳朴=醇朴(순박 - 꾸밈이 없고 소박함) 淳厚=醇厚(순후 - 인정이 두터움) 淳風(순풍) 淳俗(순속)

溢 넘칠 일.　　　　　　　　　　　　　　　　　　　　　　　　　　　1310-10

- 氵 + 益(더할/넘칠 익) = 溢 (2235 참조)
- ☞ 물(氵)이 그릇에 더하여져 넘친다(益)는 데서 「넘치다」 뜻으로.

溢血(일혈 - 체내에서 일어나는 출혈) 海溢(해:일 - 지진 등으로 바닷물이 육지로 넘쳐 오르는 일)

溝 도랑 구. 봇도랑 구.　　　　　　　　　　　　　　　　　　　　　　1311-10

- 氵 + 冓(재목어긋매겨쌓을/짤/얽을 구) = 溝 (1616 참조)
- ☞ 물(물길)(氵)이, 재목 어긋 매겨 쌓아(冓) 놓은 모양처럼 가로세로로 연결되어 있는 작은 수로이라는 데서 「봇도랑. 도랑」 뜻으로.

溝渠(구거 - 개골창) 溝池(구지 - 도랑과 못. 성城 밑에 파 놓은 못) 下水溝(하:수구)

水 부수(자원과 쓰임 → 1168 참조)

洩 샐 설. 1312-10

● 氵 + 曳(끌/끌릴 예) = 洩 (1995 참조)
☞ 물(氵)이 끌리어(曳) 나가는 것처럼 용기 밖으로 빠져나간다는 데서 「새다」 뜻으로.
漏洩=漏泄(누:설 - 기체나 액체 따위가 밖으로 샘. 비밀이 밖으로 새어 나감)

潰 무너질 궤: 흩어질 궤. 1313-10

● 氵 + 貴(귀할 귀) = 潰 (3038 참조)
☞ 물(홍수)(氵)에 휩쓸리어 귀한(貴) 농토와 재물이 무너져 내리거나 떠내려간다는 데서 「무너지다. 흩어지다」 뜻으로.
潰滅(궤:멸 - 무너져 멸망함) 潰瘍(궤:양 - 짓무르고 허는 현상) 潰傷(궤:상 - 짓무르고 상함)

渫 파낼 설. 치울/없앨 설. 1314-10

● {氵 + 世(인간 세 | 날 생) = 泄(셀 설 | 떠날 예)} + 木 = 渫
☞ 나무(木)를 떠나(泄)보내는, 곧 벌목한 나무를 물에 띄워(뗏목으로 만들어) 떠내려 보낸다는 데서 「치우다. 없애다. (흙을 치운다는 데서)파내다」 뜻으로.
浚渫(준:설 - 바닥에 쌓인 흙을 쳐내어 깊게 함) 浚渫工事(준:설공사 - 강이나 바다의 흙을 파내는 공사)

漑 물댈 개. 씻을 개. 1315-10

● 氵 + 既(이미/다할 기) = 漑 (1972 참조)
☞ 물(氵)이 다한(바닥난)(既) 마른 논밭에 물을 끌어들인다는 데서 「물대다. (물을 묻히어)씻다」 뜻으로.
灌漑施設(관:개시설 - 논밭에 필요한 물을 대고 빼는 시설)

滔 물넘칠 도. 1316-10

● 氵 + 舀(절구확긁어낼/쓸 요) = 滔 (2210 참조)
☞ 물(氵)이, (절구에 곡식을 찧은 후에) 절구 확 긁어내는(舀) 모양처럼 안에서 밖으로 울컥 쏟아져 나온다는 데서 「물 넘치다」 뜻으로.
滔滔(도도 - 물이 그득하게 퍼져 흐르는 모양)

游 헤엄칠 유. 1317-10

● 氵 + 斿(깃발 유) = 游 (3107 참조)
☞ 물(氵)에 들어가(입수하여), 바람에 펄럭이는 깃발(斿)처럼 팔다리를 펄럭거리며 나아가는 동작을 취한다는 데서 「헤엄치다」 뜻으로.
游泳(유영 - 물속에서 헤엄치며 놂) 游泳動物(유영동물 - 헤엄쳐 다니는 동물)

涵 젖을 함. 잠길 함. 1318-10

● 氵 + 函(함 함) = 涵 (0279 참조)

☞ 물(氵)이 함(函)으로 스며들어 내용물이 젖거나 잠긴다는 데서 「젖다. 잠기다」 뜻으로.
涵養(함양 - 서서히 양성함) 涵育(함육 - 함양) 涵泳(함영 - 무자맥질)

涌 샘솟을/물솟을 용: 1319-10

● 氵 + 甬(솟아오를 용) = 涌 (0361 참조) ※ 湧(샘솟을 용)은 涌의 속자.
☞ 물(氵)이 지상으로 솟아오른다(甬)는 데서 「샘솟다. 물 솟다」 뜻으로.
涌出=湧出(용:출 - 물이 솟아 나옴) 涌泉=湧泉(용:천 - 물이 솟아 나오는 샘)

★ 涌(샘솟을/물솟을 용)과 결합을 이룬 글자. 1319 별첨

慂(권할 용)   ☞ 心(1966) → 샘물이 솟아오르는(涌) 것처럼 상대방의 마음(心)이 내키도록(우러나도록) 말한다는 데서「권하다」慫慂(종용)

瀉 쏟을 사. 게울 사. 1320-10

● 氵 + 寫(베낄/옮겨놓을 사) = 瀉 (0589 참조)
☞ 용기에 들어 있는 물(氵)을 용기 바깥으로 옮겨 놓는다(寫)는 데서 「쏟다. (뱃속의 음식물을 쏟아 낸다는 데서)게우다」뜻으로.
泄瀉(설사 - 자주 나오는 썩 묽은 똥) 吐瀉(토사 - 위로는 토하고 아래는 설사함) 一瀉千里(일사천리)

濤 물결 도. 큰물결 도. 1321-10

● 氵 + 壽(목숨 수) = 濤 (0405 참조)
☞ 물(氵)이, 목숨(壽)이 붙어 있어 꿈틀거리는 것처럼 반복적으로 크게 일렁이는 모양(운동)을 일으키는 것이라는 데서 「물결. 큰 물결」 뜻으로.
波濤(파도 - 큰 물결) 疾風怒濤(질풍노도 - 몹시 빠르게 부는 바람과 성난 파도)

瀑 폭포 폭ㅣ소나기 포. 1322-10

● 氵 + 暴(사나울 폭ㅣ모질 포) = 瀑 (1028 참조)
☞ 사납게(暴) 쏟아지는 물(氵)이라는 데서 「폭포. 소나기」 뜻으로.
瀑布水(폭포수 - 낭떠러지에서 흘러 떨어지는 물) 瀑布線都市(폭포선도시 - 수력이 발달한 공업 도시)

澄 맑을 징. 1323-10

● 氵 + 登(오를/나갈/높을 등) = 澄 (2266 참조)
☞ 높은(登) 지대에서 흐르는 물(氵)은 (낮은 지대에 비하여) 맑다는 데서 「맑다」 뜻으로.
澄水(징수 - 맑은 물) 澄明(징명 - 맑고 밝음) 澄淵(징연 - 맑고 깨끗한 소沼란 뜻으로, 총명함을 비유)

泡 거품/물거품 포. 1324-10

● 氵 + 包(쌀 포) = 泡 (0264 참조)
☞ 물(氵)이, 감싸(包) 놓은 꾸러미처럼 동그랗게 방울져 있는 모양이라는 데서 「물거품. 거품」 뜻으로.
泡沫(포말 - 물거품) 泡影(포영 - 물거품과 그림자) 水泡(수포 - 물거품. 헛된 결과의 비유)

水 부수(자원과 쓰임 → 1168 참조)

沫 물거품/거품 말.   1325-10

- 氵 + 末(끝/다할/가루 말) = 沫 (1605 참조)
- ☞ 물(氵)이 (바위 같은 데에 부딪치어) 하얀 가루(末) 형태를 이루어 부풀어 오른 것이라는 데서 「물거품. 거품」뜻으로.

泡沫(포말 - 물거품. 덧없는 것의 비유)

涕 눈물 체.   1326-10

- 氵 + 弟(아우/차례 제) = 涕 (0911 참조)
- ☞ 차례(弟)를 이루어(줄지어) 눈에서 줄줄 흘러내리는 물(氵)이라는 데서 「눈물」뜻으로.

涕泣(체읍 - 눈물을 흘리면서 슬피 욺) 涕淚(체루 - 슬피 울어서 흐르는 눈물)

洽 흡족할 흡. 윤택하게할 흡.   1327-10

- 氵 + 合(합할/모일 합) = 洽 (0795 참조)
- ☞ 물(氵)이 여러 방면으로부터 합하여(合)지는(모여드는) 지역(수량이 풍부한 들판)은 풍작을 이루어 식생활이 넉넉하다는 데서 「흡족하다. (흡족하여)윤택하게 하다」뜻으로.

洽足(흡족 - 아주 넉넉함) 洽覽(흡람 - 여러 사물을 두루두루 봄) 洽然(흡연) 未洽(미:흡)

滌 씻을 척.   1328-10

- 氵 + 條(가지 조) = 滌 (1623 참조)
- ☞ 물(빗물)(氵)이 나뭇가지(條)를 적시어 늘어뜨리는 것처럼 물속에 옷가지를 늘어뜨렸다가 건져 올리는, 곧 빨래하는 모양이라는 데서 「씻다」뜻으로.

滌暑(척서 - 더운 기운을 씻어 몸을 시원하게 함) 滌除(척제 - 씻어 없앰) 洗滌(세:척 - 깨끗이 씻음)

潑 물뿌릴 발.   1329-10

- 氵 + 發(필/쏠/일어날 발) = 潑 (2267 참조)
- ☞ 물총 같은 기구에 물(氵)을 넣어서 쏜다(發)는 데서 「물 뿌리다」뜻으로.

潑剌(발랄 - 활발하게 약동하는 모양) 活潑(활발 - 생기가 있어 원기가 좋음)

澱 앙금 전.   1330-10

- 氵 + 殿(대궐/전각/뒤 전) = 澱 (1778 참조)
- ☞ 물(氵)이 흘러내린 뒤(殿)에 바닥에 가라앉은 보드라운 물질이라는 데서 「앙금」뜻으로.

澱粉(전분 - 백색 가루 형태의 탄수화물. 녹말) 沈澱(침전 - 앙금 등이 밑바닥에 가라앉음)

淪 빠질 륜.   1331-10

- 氵 + 侖(뭉치/둥글 륜) = 淪 (3217 참조)
- ☞ 물체가 물(氵)과 한 뭉치(侖)를 이루어 물속으로 빠져 들어간다는 데서 「빠지다」뜻으로.

淪沒(윤몰 - 물에 빠져 들어감. 죄에 빠짐) 淪落(윤락 - 여자가 타락하여 몸을 파는 처지에 빠짐)

水 부수(자원과 쓰임 → 1168 참조)

湮 잠길/묻힐 인. 1332-10

- 氵 + 垔(막을 인) = 湮 (1105 참조)
- ☞ 물체가 물(氵)에 막히어(둘리어)(垔) 있다는 데서 「잠기다. 묻히다」뜻으로.

湮滅(인멸 - 자취도 없이 죄다 없어짐) 湮沒(인몰 - 흔적도 없이 없어짐)

瀆 도랑/더럽힐 독. 개천/흐릴 독. 1333-10

- 氵 + 賣(팔 매) = 瀆 (3039 참조)
- ☞ 물(냇물)(氵)이 여러 방면으로 팔려(賣) 나가는 것처럼 이리저리 나뉘어져서 흘러내리는 작은 수로이라는 데서 「도랑. 개천. (하수가 도랑물을)더럽히다. 흐리다」뜻으로.

瀆職(독직 - 직무를 남용하여 비행을 저지름) 冒瀆(모:독 - 더럽히어 욕되게 함)

濾 거를 려: 1334-10

- 氵 + 慮(생각할/걱정할 려) = 濾 (1859 참조)
- ☞ 물(氵)에 섞여 있는 이물질을 걱정(염려)하여(慮) 여과시킨다는 데서 「거르다」뜻으로.

濾過(여:과 - 걸러 냄) 濾過紙(여:과지 - 거름종이) 濾紙(여:지 - 여과지)

灌 물댈 관:. 손씻을 관. 1335-10

- 氵 + 雚(황새 관) = 灌 (2950 참조)
- ☞ 황새(雚)의 길쭉한 목구멍처럼 생긴 긴 홈통을 이용하여 논밭에 물(氵)을 끌어들인다는 데서 「물대다. (물을 대어)손 씻다」뜻으로.

灌漑用水(관:개용수 - 논밭에 필요한 물) 灌木(관:목 - 키가 작은 나무) 灌頂(관:정) 灌腸(관:장)

汁 즙 즙. 1336-10

- 氵 + 十(열 십) = 汁
- ☞ 나무에 십자(十) 형태로 칼자국을 내어 채취하는 물(수액)(水)이라는 데서 「즙」뜻으로.

汁液(즙액 - 즙을 짜내서 된 액) 生汁(생즙) 果汁(과:즙 - 과실을 짜낸 즙) 膽汁(담:즙 - 쓸개즙)

瀾 물결 란. 큰물결 란. 1337-10

- 氵 + 闌(막을/난간/한창/절정 란) = 瀾 (1629 참조)
- ☞ 물(수면)(氵)이 난간(闌)을 이루는 것처럼 높이 솟아올랐다가 가라앉는(위아래로 크게 일렁이는) 모양이라는 데서 「큰 물결. 물결」뜻으로.

波瀾(파란 - 작은 물결과 큰 물결. 우여곡절의 비유) 波瀾萬丈(파란만장 - 파란이 매우 많음을 이름)

汰 씻을/일 태. 사태/미끄러질/넘칠 태. 1338-10

- 氵 + {大(큰 대) + 丶(불똥/점 주) = 太(클 태)} = 汰 (0732 참조)
- ☞ 물(氵)이 크게(大) 흘러내리면서 점(丶) 형태의 미세한 토사나 찌끼 같은 것들이 씻기어져 내린다는 데서 「사태. 씻다. (씻어서)일다」뜻으로.

沙汰(사태 - 비로 말미암아 언덕이나 산이 무너져 내리는 일) 自然淘汰(자연도태)

沸 끓을 비: ǀ 용솟음할 불. 샘솟는모양 불.   1339-10

- ⊙ 氵 + 弗(아니/말/바르지못할/어그러질 불) = 沸 (0919 참조)
- ☞ 물(氵)이 이리저리 어그러지는(弗) 형상을 이루어 (부글거리면서) 끓어오르는 모양이라는 데서 「(물이)끓다. 용솟음하다. 샘솟는 모양」 뜻으로.

沸騰(비:등 - 물이 샘솟음. 물이 끓어오름) 沸點(비:점 - 액체가 비등하는 온도) 沸泉(불천 - 온천)

泄 샐 설. 떠날 예.   1340-10

- ⊙ 氵 + 世(인간/세상 세 ǀ 날 생) = 泄 (0007 참조)
- ☞ 물(氵)이 (안에서 바깥으로) 스미어 나온다(世)는 데서 「새다. 떠나다」 뜻으로.

泄瀉(설사 - 배탈에 의한 썩 묽은 똥) 排泄(배설 - 찌꺼기를 몸 밖으로 보내는 일) 漏泄(누:설)

湃 물결칠 배.   1341-10

- ⊙ 氵 + 拜(절 배) = 湃 (1433 참조)
- ☞ 물(氵)이, (허리를 굽혔다가 일으키며) 절하는(拜) 동작을 취하는 것처럼 높이 솟아오르고 수그러들기를 반복적으로 일으키는 모양이라는 데서 「물결치다」 뜻으로.

澎湃=彭排(팽배 - 물결이 맞부딪쳐 솟구침. 사물이 맹렬한 기세로 일어남)

泛 뜰 범: 흐를 범.   1342-10

- ⊙ 氵 + 乏(가난할/떨어질/다할 핍) = 泛 (0026 참조)
- ☞ 물(氵)보다 비중이(무게가) 떨어지는(乏) 물체가 물에 뜨는, 또는 물(氵)이 수면보다 떨어지는(乏) 낮은 곳으로 흘러내린다는 데서 「뜨다. 흐르다」 뜻으로.

泛舟(범:주 - 배를 띄움) 泛讀(범:독) 泛論(범:론) 泛然(범:연) 大泛(대:범 - 잘게 굴거나 까다롭지 않음)

氾 넘칠 범: 넓을/뜰 범.   1343-10

- ⊙ 氵 + 㔾(병부/몸기 절) = 氾
- ☞ 물(氵)이 절(㔾) 글자 형상처럼 형체가 굽어져서 흘러내리는(강물이 제방을 타고 넘치는) 모양이라는 데서 「넘치다. (넘친 면적이)넓다. (물이 넘치어 물체가)뜨다」 뜻으로.

氾濫=汎濫(범:람 - 물이 넘쳐흐름) 汎濫原(범:람원 - 홍수 때 물에 잠기는 낮은 땅)

★ 氾(넘칠/넓을/뜰 범)과 결합을 이룬 글자.   1343 별첨
范(성/풀이름 범) ☞ 艸(2774) → 물에 떠서(氾) 자라는 풀(艹)이라는 데서 「(부평초 유형의)풀 이름」

溟 바다 명. 푸른바다/어두울 명.   1344-10

- ⊙ 氵 + 冥(어두울 명) = 溟 (0312 참조)
- ☞ 물(氵)이 어두운(冥) 색상을 띠는 아주 깊은 바다라는 데서 「푸른 바다. 바다. (바닷물 빛깔이)어둡다」 뜻으로.

溟洲(명주 - 큰 바다 가운데에 있는 섬) 溟池(명지 - 북쪽의 큰 바다. 북해)

渺 아득할/물질펀할 묘. 1345-10

- ⓞ 氵 + 眇(작을/가늘/아득할 묘) = 渺
- ☞ 물(氵)이 아득하게(眇) 보일 정도로 매우 멀리까지 펼쳐져(괴어) 있다는 데서 「아득하다. 물질펀하다」 뜻으로.

渺然(묘연 - 넓고 멀어서 아득함) 渺茫(묘망 - 넓고 멀어서 아물아물한 것)

淋 축일/임질 림(:). 물지적지적할 림. 1346-10

- ⓞ 氵 + 林(수풀 림) = 淋 (1592 참조)
- ☞ 물(빗물)(氵)이 수풀(林)을 적시어(축이어) 물기가 지적지적하다는 데서 「축이다. 지적지적하다. (물기가 지적지적한 병이라는 데서)임질」 뜻으로.

淋巴線(임파선 - 림프선) 淋汗(임한 - 땀) 淋疾(임:질 - 임균에 의한 요도 점막의 염증) 淋菌(임:균)

溜 처마물 류. 낙숫물/물방울/증류수 류. 1347-10

- ⓞ 氵 + {卯(토끼 묘) + 田(밭 전) = 留(머무를/그칠 류)} = 溜 (2112 참조)
- ☞ 물(빗물)(氵)이 처마 끝에 머물러(留) 있다가 떨어지는 것이라는 데서 「처마 물. 낙숫물. 물방울」 뜻으로.

溜槽(유조 - 빗물을 받는 통) 蒸溜水(증류수 - 증류하여 얻는 물)

汨 골몰할 골 | 물이름 멱. 빠질/잠겼다떴다할 골. 1348-10

- ⓞ 氵 + 日(날 일) = 汨
- ☞ 흐르는 물(氵)에 비쳐진 해(日)가 물에 잠겼다가 뜨기를 반복하는 것처럼 보인다는 데서 「빠지다. 잠겼다 떴다 하다. (한 생각에 깊이 빠진다는 데서)골몰하다」 뜻으로.

汨汨(골골 - 파도소리의 형용) 汨沒(골몰 - 어떤 일에 파묻힘) 汨羅之鬼(멱라지귀 - 물에 빠져 죽음)

澗 산골물 간. 1349-10

- ⓞ 氵 + 間(사이/틈/빌 간) = 澗 (3371 참조)
- ☞ 산골짜기 사이(間)로 흘러내리는 물(氵)이라는 데서 「산골 물」 뜻으로.

澗泉(간천 - 산골 물이 솟는 샘) 澗谿(간계 - 산골에 흐르는 물) 澗谷(간곡) 澗壑(간학) 澗聲(간성)

渠 개천 거(:) 도랑 거. 1350-10

- ⓞ {氵 + 巨(클 거) = 洰(물속에물건많을 거)} + 木 = 渠
- ☞ 물(氵)이 제법 크게(巨) 흘러내리어 나무(나무다리)(木)를 걸쳐 놓고 건너다니는 개천이라는 데서 「개천. 도랑」 뜻으로.

渠水(거수 - 개천 물) 渠輩(거:배 - 그 사람들) 溝渠(구거 - 개골창)

水 부수(자원과 쓰임 → 1168 참조)

汲 물길을 급. 당길 급.　　　　　　　　　　　　　　　　　　　1351-10

● 氵 + 及(미칠/이를 급) = 汲 (0389 참조)
☞ 우물에 두레박을 미치게(이르게)(及) 하여 물(氵)을 긷는다(두레박줄을 끌어당긴다)는 데서 「물 긷다. (두레박줄을)당기다」 뜻으로.

汲水(급수 - 물을 길음) 汲汲(급급하다 - 한 가지 일에 마음이 쏠려 다른 일을 할 여유가 없다)

灑 뿌릴 쇄: 나눌/불 쇄 | 떨어질 사.　　　　　　　　　　　　1352-10

● 氵 + 麗(고울/빛날 려) = 灑 (3667 참조)
☞ 물(氵)이 고운(麗) 물보라를 일으키며 뿜어져 나오는, 곧 입김을 불어서 물을 뿜어내는 모양이라는 데서 「(물을)불다. 뿌리다. (물이)나뉘다. 떨어지다」 뜻으로.

灑掃(쇄:소 - 물을 뿌리고 비로 쓰는 일) 灑落(쇄:락 - 기분이 시원하고 깨끗함)

沌 엉길 돈. 덩어리/뭉킬 돈 | 순수할 순.　　　　　　　　　　1353-10

● 氵 + 屯(진칠/모일/둔전 둔 | 어려울/두터울 준) = 沌 (0573 참조)
☞ 물(수분)(氵)이 두텁게 모이어(屯) 있는, 곧 수분으로 뭉치어져 있는 구름 덩어리이라는 데서 「덩어리. (덩어리로)엉기다. 뭉키다. (불순물이 전혀 없는 구름 덩어리에서)순수하다」 뜻으로.

混沌=渾沌(혼:돈 - 하늘과 땅이 나뉘지 않은 태초의 상태. 사물의 구별이 확연치 않은 상태)

淘 일어낼/쌀일 도. 물흐를/씻어깨끗하게할 도.　　　　　　1354-10

● 氵 + 匋(질그릇 도) = 淘 (3343 참조)
☞ 곡식이나 사금(砂金)을 담아 놓은 질그릇(匋)에 물(氵)을 흘러내리게 하여 쌀겨나 모래 같은 것을 띄워 보낸다(걸러 낸다)는 데서 「일어 내다. 일다. 쌀 일다. 물 흐르다」 뜻으로.

淘金(도금 - 사금砂金을 일어서 금을 골라냄) 淘汰(도태 - 여럿 중에서 불필요한 부분이 없어짐)

澹 맑을/담박할 담. 고요할/평탄할 담.　　　　　　　　　　　1355-10

● 氵 + 詹(이를/수다할 첨 | 넉넉할 담) = 澹 (1428 참조)
☞ 물(氵)이 넉넉하게(詹) 채워져 있는 담수호는 수면이 평탄(잔잔)하고 맑아 보인다는 데서 「맑다. 담박하다. 평탄하다. 고요하다」 뜻으로.

澹泊=淡泊(담박 - 욕심이 없고 마음이 깨끗함. 맛이나 빛이 산뜻함) 憯憺=憯澹(참담) 暗澹(암:담)

涅 앙금흙/열반 녈. 개흙/죽을 녈.　　　　　　　　　　　　　1356-10

● 氵 + 㘿(막을/막힐 녈) = 涅
☞ 땅속으로 새어 나가는 물(氵)을 막고(㘿) 있는(개천 바닥에 가라앉아 있는) 매우 보드라운 흙이라는 데서 「앙금흙. 개흙. (사람이 앙금흙처럼 변모한다는 데서)죽다. 열반」 뜻으로.

涅槃(열반 - 덕이 높은 스님의 죽음) 涅槃會(열반회 - 음력 2월 15일에 석가의 죽음을 추도하는 법회)

水 부수(자원과 쓰임 → 1168 참조)

> ★ 뢷(마을/막힐 녈)과 결합을 이룬 글자.   1356 별첨
>
> 捏(만들/꾸밀 날) ☞ 手(1563) → 손(扌)으로, 갈라진 틈이나 구멍을 진흙 같은 것으로 채워 꾹꾹 눌러 가면서 막는다(뢷)는 데서 「꼭 찍다. 만들다. 꾸미다」捏造(날조)

漲 넘칠/불을 창. 물많은모양 창.   1357-10

● 氵 + 張(베풀/벌릴 장) = 漲 (0916 참조)

☞ 물(氵)이 널리 베풀어져(張) 있는, 곧 강물이 범람하여(넘치어) 들판이 물에 잠겨 있는 모양이라는 데서 「넘치다. 불어나다. 물 많은 모양」 뜻으로.

漲滿(창만 - 물이 넘칠 만큼 가득함) 漲水(창수 - 강물이 불어서 넘침) 漲溢(창일 - 물이 범람하여 넘침)

沛 비쏟아질/늪 패: 1358-10

● 氵 + 市(슬갑/앞치마 불) = 沛 (2384 참조)

☞ 물(빗물)(水)이, 땅바닥에 앞치마(市)를 펼쳐 놓은 모양처럼 질펀하게 쏟아져 내린다는 데서 「비 쏟아지다. (물이 질펀한)늪」 뜻으로.

沛然(패:연하다 - 비나 물이 쏟아지는 모양이 세차다) 沛澤(패:택 - 비의 은택. 죄수를 사면하는 은전)

瀝 스밀 력. 거를 력.   1359-10

● 氵 + 歷(지낼/격을 력) = 瀝 (1999 참조)

☞ 물(氵)이 다른 물질 속으로 지나(歷)간다는 데서 「(물이)스미다. 거르다」 뜻으로.

瀝靑(역청 - 천연산 탄화수소 화합물의 총칭. 천연 아스팔트·콜타르·피치 따위를 일컬음)

漕 노저을/배로실어나를 조. 성(姓) 조.   1360-10

● 氵 + 曹(마을/관청 조) = 漕 (1993 참조)

☞ 물(물길)(氵)을 이용하여 관청(曹)에 보낼 공물(貢物)을 배로 실어 나른다는 데서 「배로 실어 나르다. (배가 나아가도록)노 젓다」 뜻으로.

漕船(조선 - 물건을 실어 나르는 배) 漕運(조운 - 조선漕船) 漕倉(조창) 漕艇競技(조정경기)

滓 찌꺼기 재. 앙금 재.   1361-10

● 氵 + 宰(재상/다스릴/제재할 재) = 滓 (0614 참조)

☞ 물(氵)이 다스려(宰)지면서(정제되면서) 바닥에 가라앉은 불순물(찌끼)이라는 데서 「찌끼. 앙금」 뜻으로.

殘滓(잔재 - 남은 찌끼. 지난날의 낡은 의식이나 생활 방식) 日帝殘滓(일제잔재)

渦 소용돌이 와. 시끄러울 와.   1362-10

● 氵 + 咼(입비뚤어질 괘 | 입비뚤어질 화) = 渦 (3093 참조)

☞ 물(氵)이 입 비뚤어진(咼) 모양처럼 굽이지면서(이리저리 돌면서) 흘러내리는 모양이라는 데서 「소용돌이. (소용돌이 소리가)시끄럽다」 뜻으로.

渦流(와류 - 소용돌이치며 흐르는 물) 渦紋(와문) 渦旋(와선) 渦形(와형) 渦狀(와상) 渦中(와중)

漿 미음/즙 장. 초(酢) 장. 1363-10

- 將(장수/거느릴/장차 장) + 水 = 漿 (0566 참조)
- ☞ (끓이거나 삭히어) 장차(將) 물(水)처럼 묽어지는 음식이라는 데서 「미음. 즙. 초」뜻으로.

漿水(장수 - 오래 끓인 좁쌀 미음) 漿疱(장포 - 진물이 곪은 부스럼) 漿果(장과 - 살과 물이 많은 과실)

洶 물솟을/물살세찰 흉. 1364-10

- 氵 + 匈(오랑캐/가슴/요란할 흉) = 洶 (0266 참조)
- ☞ 물(氵)이 요란하게(匈) 소용돌이치면서 솟구친다는 데서 「물 솟다. 물살 세차다」뜻으로.

洶湧(흉용 - 물결이 세차게 일어남) 洶洶(흉흉 - 인심이 몹시 사나움. 술렁이어 험악한 모양)

渾 합수/흐릴 혼: 1365-10

- 氵 + 軍(군사/진칠/싸울 군) = 渾 (3159 참조)
- ☞ 물(氵)이, 많은 군사들(軍)이 진(陣)치는 모양을 이루는 것처럼 여러 방면으로부터 흘러들어 (유입되어) 빙 둘리어 있다는 데서 「합수. (여러 곳의 물이 합수되어서)흐리다」뜻으로.

渾融(혼:융 - 섞이어 융화됨) 渾身(혼:신 - 온몸) 渾眷(혼:권 - 온 식구) 渾家(혼:가) 渾然一體(혼:연일체)

澣 빨래할/열흘(旬) 한. 1366-10

- 氵 + 幹(줄기/등마루뼈 간) = 澣 (0933 참조)
- ☞ 물(氵)이 줄기(幹)를 이루어 흘러내리는, 곧 빨래거리를 물에 흔들어서 건져 올리는(빨래하는) 모양이라는 데서 「빨래하다. (빨래하는 주기를 이루는)열흘」뜻으로.

澣滌(한척 - 옷과 그릇을 빨고 씻음) 三澣(삼한 - 삼순三旬. 상순·중순·하순을 일컬음)

澎 물소리/물결부딪칠 팽. 물성한모양 팽. 1367-10

- 氵 + 彭(북소리 팽 | 성할/불룩할 방) = 澎 (1012 참조)
- ☞ 물(氵)이 (바위에 부딪치어) 북소리(彭)처럼 철썩거리는 소리를 내면서 세차게 흘러내리는 모양 이라는 데서 「물소리. 물결 부딪치다. 물 성한 모양」뜻으로.

澎湃=彭湃(팽배 - 물결이 부딪쳐 솟구침. 사물이 맹렬한 기세로 일어남)

濱 물가 빈. 물에가까운땅/가까울 빈. 1368-10

- 氵 + 賓(손/손님 빈) = 濱 (3066 참조)
- ☞ 물(氵)이 (주막집에 드나드는) 손님(賓)처럼 항상 들락날락하는 곳(해변 지역)이라는 데서 「물가. 물에 가까운 땅. 가깝다」뜻으로.

濱涯(빈애 - 물가) 東濱港(동빈항 - 경북도 포항시의 내항)

瀕 물가/가까울 빈. 임박할 빈. 1369-10

- 氵 + 頻(자주 빈) = 瀕 (3512 참조)

☞ 물(바닷물)(氵)이, 곧 조수가 자주(頻) 들락날락하는 지대이라는 데서 「물가. (물과 뭍이)가깝다. 임박하다」 뜻으로.
瀕海(빈해 - 바다에 가까움) 瀕死(빈사 - 거의 죽게 된 지경에 이름)

澁 떫을 삽. 깔깔할/껄끄러울 삽. 1370-10

● 氵 + {止(그칠 지) × 3 = 歮(깔깔할 삽)} = 澁
☞ 물(물맛)(氵)이 부드럽지 못하고 깔깔하다(歮)는 데서 「떫다. 깔깔하다. 껄끄럽다」 뜻으로.
澁味(삽미 - 떫은 맛) 澁劑(삽제 - 맛이 떫은 약제) 澁語(삽어 - 떠듬거리는 말) 澁滯(삽체)

滲 스밀 삼. 적실 침. 1371-10

● 氵 + 參(참여할 참 | 석 삼) = 滲 (0396 참조)
☞ 물(氵)이 참여하는(參), 곧 물이 수면보다 낮은 곳이나 농도가 높은 다른 물질 속으로 스며든다는 데서 「스미다. 적시다」 뜻으로.
滲出(삼출 - 액체가 밖으로 스며서 나옴) 滲入(삼입) 滲漏(삼루) 滲水(삼수) 滲透作用(삼투작용)

潟 개펄 석. 염밭 석. 1372-10

● 氵 + 舄(= 鳥 신/겹창의신/소금기가있는토지 석) = 潟 (0589 참조)
☞ 물(氵)이, 곧 조수가 드나드는 소금기가 있는 토지(舄)이라는 데서 「개펄. 염밭」 뜻으로.
干潟地(간석지 - 조수가 드나드는 개펄)

洑 보 보 | 스며흐를 복. 1373-10

● 氵 + 伏(엎드릴/숨을 복) = 洑 (0085 참조)
※ 보(洑) → 논에 물을 대기 위하여 둑을 쌓아 흐르는 냇물을 막아서 그 물을 담아 두는 곳.
☞ 물(氵)이 엎드리는(伏) 자세를 취하는 것처럼 낮게 깔리어 흐르거나 괴어 있는 곳이라는 데서 「스미어 흐르다. 보」 뜻으로.
洑稅(보세 - 봇물을 이용하는 값으로 내는 돈이나 곡식)

渲 바림 선. 물지적지적할 선. 1374-00

● 氵 + 宣(베풀/펼/두루 선) = 渲 (0602 참조)
※ 바림 → 색칠을 할 때에 한쪽을 진하게 하고 다른 쪽은 차츰 엷고 흐리게 하는 일.
☞ (땅바닥에) 물(氵)이 두루 퍼져(宣) 있다는 데서 「물 지적지적하다. (종이에 물을 지적지적하게 바른 다음에 색칠하는 화법이라는 데서)바림」 뜻으로.
渲染法(선염법 - 화면에 물을 축여 마르기 전에 물감을 칠해 몽롱한 효과를 내는 채색 기법)

| 부수 4획 | 牛(牜) 소 우 | 犬(犭) 개 견 | 毛 털 모 | 牙 어금니 아 |

牛 소 우. 사리(事理)/건(件)/물건/한벌/별이름 우. 1375-50

소(牛)

- 자원 牛 → 쇠뿔(ノ)과 어깻죽지(一)와 넓적한 볼기(一), 머리에서 이어지는 등줄기와 꼬리(丨), 곧 위에서 내려다본 소 모양을 표현.
- 쓰임 「소. 소와 유사한 동물」 의미로 쓰임.

牛乳(우유) 牛脂(우지 - 소의 지방) 牛舍(우사) 牛黃(우황) 牛步(우보) 牛耳讀經(우이독경) 牽牛(견우)

物 물건 물. 만물/일 물. 1376-70

- ◉ 牛 + 勿(말/없을/아닐 물) = 物 (0265 참조)
- ※ 소는 힘이 무척 세면서도 온순하여 아무리 힘든 일을 시켜도 마다하지(꾀부리지) 않으며, 죽어서도 고기와 가죽을 남기는 버릴 것이 없는 가축임.
- ☞ 소(牛)는 주인이 시키는 일을 마다(勿)하지 아니하고 모든 힘든 일을 능히 해낸다는 데서「일. 만물. (만물에서)물건」뜻으로.

物件(물건) 物品(물품) 物資(물자) 物質(물질) 物體(물체) 物流(물류) 物價(물가) 物證(물증)

特 특별할 특. 수소/뛰어날 특. 1377-60

- ◉ 牛 + 寺(절 사 | 관청/내관/내시 시) = 特 (0565 참조)
- ☞ 높이 솟은 관청(寺) 건물처럼 덩치가 매우 우람찬 소(牛)이라는 데서「수소. (수소는 암소에 비하여 위세가 넘쳐나 보인다는 데서)뛰어나다. 특별하다」뜻으로.

特別(특별) 特異(특이) 特出(특출) 特採(특채) 特殊(특수) 特級(특급) 特急(특급) 特技(특기)

牧 기를/칠(養) 목. 목장/다스릴 목. 1378-42

- ◉ 牛 + 攵(칠/똑똑두드릴 복) = 牧
- ☞ 소(牛)의 볼기를 회초리로 쳐서(攵) 목장에 몰아넣어 기른다는 데서「기르다. 치다. 목장. (소를)다스리다」뜻으로.
- ※ 소는 걸어가는 도중에 풀을 뜯어먹으려고 자주 멈추어 서며 엇길로 가기에 볼기짝을 많이 맞는 동물임.

牧畜(목축 - 가축을 치는 일) 牧場(목장) 牧歌(목가) 牧童(목동) 牧師(목사) 牧者(목자) 放牧(방:목)

牽 이끌/끌 견. 1379-20

- ◉ 玄(검을 현 →「높이 매달아 놓은 실 모양」) + 冖(덮을 멱) + 牛 = 牽 (2094 참조)
- ☞ 여기에서 玄은 멍에 모양을 표현. 현(玄) 글자 형상처럼 끈을 매달아 놓은 멍에를 목덜미에 덮어(冖)쓰고 소(牛)가 쟁기나 수레를 끈다는 데서「끌다. 이끌다」뜻으로.

牛 부수(자원과 쓰임 → 1375 참조)

牽引(견인 - 끌어당김) 牽牛(견우 - 별 이름. 이십팔수 중의 하나) 牽制(견제) 牽强附會(견강부회)

牟 성(姓)/보리 모. 투구 모. 1380-20

- 厶(사사로울 사│갑옷 모) + 牛 = 牟
- 갑옷(厶)을 뾰족한 쇠뿔(牛)에 씌워 놓은 모양(가죽으로 된 원추형)처럼 생긴 쓰개이라는 데서 「투구. (뾰족한 투구처럼 까끄라기가 쭈뼛하게 돋아 있는)보리」 뜻으로.

牟麥(모맥 - 밀과 보리) 牟利=謀利(모리 - 부정한 이익만을 꾀함) 釋迦牟尼(석가모니 - 불교의 교조)

牢 우리 뢰. 1381-10

- 宀(움집 면) + 牛 = 牢
- 소(牛)를 키우는 움집(宀)이라는 데서 「우리」 뜻으로.

牢獄(뇌옥 - 감옥) 牢籠(뇌롱 - 농락. 놀리거나 이용함) 牲牢(생뢰) 堅牢(견뢰) 亡羊補牢(망양보뢰)

牲 희생 생. 1382-10

- 牛 + 生(날/날것 생) = 牲
- 천지신명에게 제물로 바치는 날것(살아 있는)(生) 소(牛)이라는 데서 「희생」 뜻으로.

牲犢(생독 - 제물로 쓰이는 송아지) 犧牲者(희생자 - 희생을 당한 사람)

犧 희생 희. 1383-10

- 牛 + 羲(황제이름/기운 희) = 犧 (2372 참조)
- 천지신명에게 제물로 바치는 기운(羲)이 있는(살아 있는) 소(牛)이라는 데서 「희생」 뜻으로.

犧牲(희생 - 천지신명에게 바치는 산 짐승) 犧牲者(희생자) 犧牲打(희생타) 犧牲羊(희생양)

牡 수컷 모. 모란 모. 1384-10

- 牛 + 土(흙/땅 토) = 牡
- 두툼한 흙더미(土)처럼 덩치가 매우 우람찬 소(牛)이라는 데서 「수컷. (우람찬 수소처럼 꽃봉오리가 매우 우람한 꽃이기에 牡 글자를 차용하여)모란」 뜻으로.

牡牛(모우 - 수소) 牡牝(모빈 - 수컷과 암컷) ※ 牝(암컷 빈) 牡瓦(모와) 牡痔(모치) 牡丹(모단-모란)

犀 무소 서: 코에뿔난소 서. 1385-10

- 尸(= 尾 꼬리 미) + 牛 = 犀

무소(犀)

- 꼬리(尸)처럼 생긴 길쭉한 뿔이 콧등에 돋아 있는 소(牛)의 일종이라는 데서 「코에 뿔난 소. 무소」 뜻으로.

犀角(서:각 - 무소의 뿔) 犀利(서:리하다 - 단단하고 날카롭다)

| 부수 4획 | 牛(牜) 소 우 | 犬(犭) 개 견 | 毛 털 모 | 牙 어금니 아 |

犬 | 개 견. 큰개 견.   1386-40

개(犬)

자원 犬 → 네 다리를 크게(大) 벌리고 꼬리(丶)를 감아올린 개 모양을 표현.
쓰임 「개. 개와 유사한 동물. 짐승」 의미로 쓰임.

犬公(견공 - 개를 의인화한 말) 犬馬之勞(견마지로) 犬猿之間(견원지간) 忠犬(충견) 愛犬(애:견)

獨 | 홀로 독. 외로울 독.   1387-50

- 犭 + {罒(그물 망) + 勹(쌀 포) + 虫(벌레 충) = 蜀(나비애벌레 촉)} = 獨 (2621 참조)
- ☞ 개(犭)가, 망(그물)에 둘러싸여 있는 나비 애벌레(蜀)처럼 우리 속에 갇혀 있어 무척 외로워 보인다는 데서 「홀로. 외롭다」 뜻으로.

獨立(독립) 獨學(독학) 獨創(독창) 獨裁(독재) 獨特(독특) 獨斷(독단) 獨逸(독일) 獨寡占(독과점)

狀 | 형상 상 | 문서 장: 모양 상.   1388-42

- 爿(조각널 장 | 걸상 상) + 犬 = 狀 (1748 참조)
- ☞ 네 다리를 벌리고 서 있는 개(犬) 형상처럼 네 개의 다리가 딸려 있는 걸상(爿) 모양이라는 데서 「형상. 모양. (일정한 형식을 갖춘)문서」 뜻으로.

狀態(상태 - 현재 있는 모양이나 형편) 狀況(상황) 形狀(형상) 症狀(증상) 狀啓(장:계) 賞狀(상장)

犯 | 범할 범: 죄 범.   1389-40

- 犭 + 㔾(= 卩 병부/몸기 절) = 犯
- ☞ 개(犭)가 병부(㔾)를 물어뜯어 훼손시키는, 곧 병부를 훼손시키면 이를 소지한 자는 법을 어기게 (죄를 범하게) 된다는 데서 「범하다. 죄」 뜻으로.

犯罪(범:죄 - 죄를 범함) 犯法(범:법 - 법을 어김) 犯行(범:행) 犯人(범:인) 侵犯(침범) 誘拐犯(유괴범)

猛 | 사나울 맹: 1390-32

- 犭 + 孟(맏 맹) = 猛 (0422 참조)
- ☞ 짐승(犭)의 맏이(孟), 곧 뭇 짐승들의 우두머리로 일컫는 사자나 범 같은 맹수는 성질이 매우 사납다는 데서 「사납다」 뜻으로.

猛獸(맹:수 - 사나운 짐승) 猛攻(맹:공) 猛威(맹:위) 猛將(맹:장) 猛烈(맹:렬) 猛虎(맹:호) 勇猛(용:맹)

獸 | 짐승 수.   1391-32

- 嘼(산짐승 휴) + 犬 = 獸

犬 부수(자원과 쓰임 → 1386 참조)

☞ 개(犬) 유형의 산 짐승(嘼)이라는 데서 「짐승」 뜻으로.
禽獸(금수 - 날짐승과 길짐승, 곧 모든 짐승) 獸醫(수의) 獸慾(수욕) 獸醫師(수의사) 鳥獸(조수)

猶 오히려 유. 도모할/가히/같을 유.   1392-32

● 犭 + 酋(두목 추) = 猶
☞ 개(짐승)(犭)처럼 분별력이 없이 무모하게 일을 도모하는 두목(酋)은 없는 것이 오히려 낫다는 데서 「오히려. 가히. 도모하다. (두목이 짐승과)같다」 뜻으로.
猶豫(유예 - 시일을 미룸) 猶不足(유부족) 猶太人(유태인) 猶父猶子(유부유자) 猶魚有水(유어유수)

獻 드릴 헌: 바칠/음식 헌.   1393-32

● {虍(범 호) + 鬲(오지병 격 l 솥 력) = 鬳(솥 관)} + 犬 = 獻 (3615 참조)
☞ 솥(鬳)에 개(짐승)(犬)를 삶아서 웃어른께 바친다는 데서 「드리다. 바치다. 음식」 뜻으로.
獻納(헌:납 - 금품을 바침) 獻金(헌:금) 獻血(헌:혈) 獻身(헌:신) 獻堂(헌:당) 獻花(헌:화) 獻呈(헌:정)

獲 얻을 획. 실심할 확.   1394-32

● 犭 + {萑 풀우거진모양 추) + 又 = 蒦(풀이름 확 l 자(尺)/잴/헤아릴 약)} = 獲
※ 蒦 → {卝(쌍상투 관) + 隹(새 추) = 萑(억새 환 l 풀우거진모양 추)} + 又(또/오른손 우)
☞ 개(犭)가, (화살에 맞아 풀숲에 떨어진) 새를 헤아려(찾아내어)(蒦) 물어 오면 사냥꾼 입장에서는 포획물을 얻는다는 데서 「얻다. (개 입장에서는 새를 빼앗기어)실심하다」 뜻으로.
獲得(획득 - 얻어 가짐) 漁獲(어획) 捕獲(포획) 擄獲(노획) 濫獲(남:획) 外貨獲得(외:화획득)

★ 蒦(풀이름 확 l 자(尺)/잴/헤아릴 약)과 결합을 이룬 글자.   1394 별첨

| 穫(거둘 확) | ☞ 禾(2211) → 벼(벼이삭)(禾)가 풀 우거진 모양(萑 풀우거진모양 추)처럼 드리워져(영글어) 있는 것을 손(又)으로 움키어 거두어들인다(베어 낸다)는 데서 「거두다」 收穫(수확) |
| 護(도울 호) | ☞ 言(3215) → 어느 쪽이 옳고 그른지를 정확하게 헤아려(蒦) 보고, 바른 자(약자) 편을 옹호하여 말한다(言)는 데서 「약자를 돕다」 護衛(호위) |

獄 옥/감옥 옥.   1395-32

● {犭 + 犬 = 狱(개가서로물 은)} + 言(말씀 언) = 獄
☞ 개가 서로 물고(狱) 싸우는 것처럼 심하게 싸우면(죄를 범하면) 언도(言渡 → 판결)를 내려 죄인을 가두어 두는 곳이라는 데서 「감옥. 옥」 뜻으로.
獄舍(옥사 - 감옥) 獄死(옥사 - 옥에서 죽음) 獄事(옥사 - 죄인을 다스림) 獄苦(옥고) 獄中(옥중) 監獄(감옥)

★ 獄(옥/감옥 옥)과 결합을 이룬 글자.   1395 별첨

| 嶽(큰산 악) | ☞ 山(0555) → 높은 벽면에 둘러싸인 감옥(獄)처럼 무척 높은 산(山)이라는 데서 「큰 산」 |

狗 개 구. 강아지 구.   1396-30

● 犭 + {勹(쌀 포) + 口(입 구) = 句(글귀/굽을 구)} = 狗 (0808 참조)
☞ 입(口)을 감싸고(勹) 있는 개(犭), 곧 입을 어미 품에 파묻고 젖을 빨거나 사타구니 사이에

犬 부수(자원과 쓰임 → 1386 참조)

주둥이를 파묻고 잠자는 습성을 지닌 어린 개이라는 데서 「강아지. 개」 뜻으로.
海狗(해:구 - 바다 물개) 黃狗(황구) 走狗(주구 - 남의 앞잡이) 喪家之狗(상가지구) 泥田鬪狗(이전투구)

狂 미칠 광. 거만할/추악할 광. 1397-20

- 犭 + 王(임금/클 왕) = 狂 (2026 참조)
- 개(犭)가 크게(王) 날뛰며 마구 덤벼든다는 데서 「미치다. 거만하다. 추악하다」 뜻으로.

狂氣(광기 - 미친 증세) 狂亂(광란) 狂風(광풍) 狂奔(광분) 狂犬病(광견병) 狂信徒(광신도) 熱狂(열광)

獵 사냥 렵. 1398-20

- 犭 + 巤(말갈기/밑 렵) = 獵
- 개(犭)가 짐승의 갈기(巤) 부위(목덜미)를 물어뜯어 사냥한다는 데서 「사냥」 뜻으로.

獵犬(엽견 - 사냥개) 獵師(엽사 - 사냥꾼) 獵銃(엽총) 獵期(엽기) 獵奇小說(엽기소설) 狩獵(수렵)

★ 巤(말갈기/밑 렵)과 결합을 이룬 글자.   1398 별첨

蠟(밀 랍)	☞ 虫(2630) → 벌레(虫), 곧 꿀벌이 (촘촘하고 가지런히 드리워져 있는) 말갈기(巤) 모양처럼 겹겹으로 가지런하게 지어 놓은 먹이 저장고(벌집)이라는 데서 「밀」 蜜蠟(밀랍)
臘(섣달 랍)	☞ 肉(2437) → 고기(月)를 차려 놓고 세밑(연말)(巤)에 지내는 제사이라는 데서 「섣달. 납향」

猜 시기할 시. 샘낼 시. 1399-10

- 犭 + 靑(푸를/봄 청) = 猜 (3369 참조)
- 개(犭)가 청년기(靑年期)에 이르면, 곧 짐승들이 발정기(짝짓는 시기)에 이르면 서로가 힘을 과시하고 동료들(같은 무리들)을 시샘한다는 데서 「시기하다. 샘내다」 뜻으로.

猜忌(시기 - 샘하여 미워함) 猜疑(시의 - 남을 시기하고 의심함)

狄 (북녘)오랑캐 적. 1400-10

- 犭 + 火(불 화) = 狄
- 불(火)이 붙어 날뛰는 개(犭)처럼 경거망동하는 종족이라는 데서 「(북녘)오랑캐」 뜻으로.

北狄(북적 - 중국 북방의 족속을 이르는 말) 狄人(적인 - 북적. 옛날 우리나라 북쪽에 살던 여진족)

狐 여우 호. 1401-10

- 犭 + 瓜(오이/참외 과) = 狐 (2100 참조)

여우(狐)

- 오이(瓜) 모양처럼 길쭉하고 토실토실한 꼬리를 늘어뜨린 개(犭)와 유사한 짐승이라는 데서 「여우」 뜻으로.

狐死首丘(호사수구) 狐死兎泣(호사토읍) 狐假虎威(호가호위) 九尾狐(구미호 - 교활한 사람을 비유)

狡 교활할 교. 1402-10

- 犭 + 交(사귈/벗할 교) = 狡 (0200 참조)

犬 부수(자원과 쓰임 → 1386 참조)

☞ 개(犭)가 서로 사귀는(交) 것처럼 매우 간사스럽고 이기적이라는 데서「교활하다」뜻으로.
狡猾(교활 - 간사한 꾀가 많음) 狡智(교지 - 간사한 재주와 꾀) 狡免三穴(교토삼혈)

狙 원숭이/엿볼 저: 1403-10

● 犭 + 且(또 차 | 수두룩할 저) = 狙 (0011 참조)
☞ 나뭇가지를 수두룩하게(且) 쌓아 하룻밤을 지낼 잠자리를 마련하는 개(犭)와 유사한 짐승이라는 데서「원숭이. (원숭이의 잠자리는 성기어서 바깥이 엿보인다는 데서)엿보다」뜻으로.
※ 원숭이는 나뭇가지를 얽어 하룻밤을 지낼 잠자리를 마련하는 동물임.
狙擊(저:격 - 노려서 쏨) 狙擊手(저:격수 - 저격하는 소총수) 狙擊兵(저:격병 - 적군을 저격하는 소총수)

狩 사냥 수. 1404-10

● 犭 + 守(지킬 수) = 狩 (0594 참조)
☞ 포수가 개(犭)로 하여금 짐승을 몰이하게 하고서 짐승이 달아나는 길목을 지키고(守) 서서 사냥한다는 데서「사냥」뜻으로.
狩獵(수렵 - 사냥) 巡狩(순수 - 임금이 나라 안을 순행하는 일) 巡狩碑(순수비)

狹 좁을 협. 1405-10

● 犭 + 夾(낄 협) = 狹 (0754 참조)
☞ 개(犭)가 지나가면 끼일(夾) 정도로 폭이 매우 비좁다는 데서「좁다」뜻으로.
狹小(협소 - 좁고 작음) 狹心(협심 - 좁은 마음) 狹薄(협박) 狹窄(협착) 狹義(협의) 狹隘(협애)

狼 이리 랑: 낭자할/왁자할/어수선할 랑. 1406-10

● 犭 + 良(어질/능할 량) = 狼 (2906 참조)
☞ 집단생활에 능한(良) 개(犭)와 유사한 짐승이라는 데서「이리. (이리는 먹잇감을 찾으려 이리 저리 몰려다니며 시끄럽게 군다는 데서)왁자하다. 어수선하다. 낭자하다」뜻으로.
狼狽(낭:패 - 일이 실패로 돌아가 매우 딱하게 됨) 狼藉(낭:자 - 어지럽게 여기저기에 흩어져 있음)

猖 미쳐날뛸 창. 1407-10

● 犭 + 昌(창성할/성할/나타날 창) = 猖 (1040 참조)
☞ 개(犭)가 창성하게(昌) 나타나는, 곧 개가 여기저기 아무데서나 마구잡이로 뛰어다닌다는 데서「미쳐 날뛰다」뜻으로.
猖獗(창궐 - 못된 병이나 세력 따위가 걷잡을 수 없이 일어남) 猖披(창피 - 체면이 깎이어 부끄러움)

獅 사자 사. 1408-10

● 犭 + 師(스승/어른 사) = 獅 (0976 참조)
☞ 짐승들 가운데 어른(師)으로(우두머리로) 일컫는 짐승(犭)이라는 데서「사자」뜻으로.

사자(獅子)

犭 부수(자원과 쓰임 → 1386 참조)

獅子(사자) 獅子吼(사자후 - 사자가 짖는 일. 크게 부르짖어 열변을 토하는 연설의 비유)

猪 (산)돼지 저.   1409-10

- 犭 + 者(사람/것/곳 자) = 猪 (2858 참조)   ※ 猪는 豬(돼지 저)의 속자.
- ☞ 猪의 본래 글자인 豬 → 돼지(豕 돼지 시)이라는 것(者)에서 「돼지」 뜻을 취한 豬의 豕 부수 보다 획수가 간략하고 같은 동물을 뜻하는 犭 부수로 대체되어 「돼지」 뜻으로.

猪突=豬突(저돌 - 멧돼지처럼 앞뒤를 헤아리지 않고 돌진함. 앞일을 생각하지 않고 일을 처리함)

猝 갑자기 졸. 별안간 졸.   1410-10

- 犭 + 卒(군사/마칠/다할 졸) = 猝 (0336 별첨)
- ☞ 개(犭)가, 빠르게 돌진하는 군사들(卒)처럼 갑작스럽게 뛰쳐나가는 모양이라는 데서 「별안간. 갑자기」 뜻으로.

猝地(졸지 - 느닷없고 갑작스러운 판국) 猝死(졸사 - 졸지에 죽음) 猝難變通(졸난변통)

猾 교활할 활.   1411-10

- 犭 + 骨(뼈 골) = 猾
- ☞ 개(짐승)(犭)의 매끄러운 뼈다귀(骨)처럼 언행이 빤지르르하다는 데서 「교활하다」 뜻으로.

狡猾(교활 - 간사한 꾀가 많음) 猾吏(활리 - 교활한 관리)

猿 원숭이 원.   1412-10

- 犭 + 袁(옷이길어치렁치렁한모양/옷길 원) = 猿 (2559 참조)

원숭이(猿)

- ☞ 옷이 길어 치렁치렁한 모양(袁)을 이루듯이 나뭇가지에 길쭉한 팔다리와 꼬리를 드리우고 생활하는 개(犭)와 유사한 짐승이라는 데서 「원숭이」 뜻으로.

猿臂(원비 - 원숭이와 같은 긴 팔. 곧 활을 쏘기에 적합한 팔) 犬猿之間(견원지간)
類人猿(유:인원)

猥 외람할/함부로 외: 더러울 외.   1413-10

- 犭 + 畏(두려울 외) = 猥 (2120 참조)
- ☞ 개(犭)가 (집으로 찾아오는) 손님이 두려워(畏)할 정도로 마구(함부로) 짖어 대며 무례하게 군다는 데서 「함부로. 외람하다. 더럽다」 뜻으로.

猥濫(외:람 - 분수에 넘침) 猥褻(외:설 - 이성 간에 추잡하고 민망스러움) 猥雜(외:잡) 猥言(외:언)

獐 노루 장.   1414-10

- 犭 + {立(설 립) + 日(날 일) + 十(열 십) = 章(글월/밝을 장)} = 獐 (2256 참조)

노루(獐)

※ 노루는 달아나는 도중에 우두커니 서서 뒤돌아보는 습성을 지닌 짐승임.
- ☞ 장(章) → 지평선 아래에서 위(十)로 붉은 해(日)가 서(걸쳐)(立) 있는 모양처럼 고갯마루에 우두커니 서서 뒤돌아보는 습성을 지닌 불그스레한 짐승(犭)이라는

데서「노루」뜻으로

獐鹿(장록 - 노루와 사슴) 獐茸(장용 - 노루의 어린 뿔)

猫 고양이 묘:

1415-10

- ◉ 犭 + {艹(풀 초) + 田(밭 전) = 苗(싹 묘)} = 猫 (2748 참조)
- ☞ 돋아나는 풀(새싹)(艹)처럼 쫑긋하게 솟은 귀, 밭이랑(田)처럼 줄무늬가 들어 있는 표피, 곧 묘(苗) 글자 형상처럼 생긴 짐승(犭)이라는 데서「고양이」뜻으로.

猫睛(묘:정 - 고양이 눈동자, 때에 따라 변함을 일컬음) 猫鼠同處(묘:서동처) 猫項懸鈴(묘:항현령)

자투리 마당

他山之石(타산지석)으로 삼자

○ 他山之石이란 他山之石 可以攻玉(타산지석 가이공옥)에서 나온 말로「다른 산에 있는 하찮은 돌이라도 자신의 산에 나는 옥돌을 가는 데에 쓸모가 있다」는 뜻으로, 대수롭지 않은 남의 말이나 행동도 자신의 지식과 인격을 수양하는 데에 도움이 될 수 있음을 비유적으로 이르는 말이다. 다른 사람의 과오나 실수를 교훈으로 삼아서 자기 자신을 성찰(省察)하자는 의미가 곁들여 있음이다

- 詩經에서 -

| 부수 4획 | 牛(牜) 소 우 | 犬(犭) 개 견 | 毛 털 모 | 牙 어금니 아 |

| 毛 | 터럭 모. 털/풀(草)/양(羊)/나이차례/없을 모. | 1416-42 |

- 자원 毛 → 구부렁한(乚 새/굽을 을) 꼬리에 돋아 있는 털(彡 터럭 삼) 모양을 표현.
- 쓰임 「털(터럭)」 의미로 쓰임.

毛髮(모발 - 머리털) 毛皮(모피 - 털가죽) 毛根(모근) 毛織(모직) 毛羽(모우) 毛細血管(모세혈관)

| 毫 | 터럭 호. 털/가늘고긴털/붓 호. | 1417-30 |

- ◉ 亯(→ 高「높을 고」의 획 줄임) + 毛 = 毫
- ☞ 높이(亯) 자라난 털(毛)이라는 데서 「가늘고 긴 털. 터럭. (가는 털로 만든)붓」 뜻으로.

毫髮(호발 - 잔털. 아주 작음의 비유) 毫末(호말 - 털끝) 毫端(호단) 揮毫(휘호) 秋毫(추호)

| 氈 | 모전/담(담요) 전. | 1418-10 |

- ◉ {靣(쌀곳간 름) + 旦(아침 단) = 亶(클/많을/도타울 단)} + 毛 = 氈 (0655 참조)
- ☞ 많은(亶) 분량의 털(毛)로 도톰하게 짜 놓은 직물이라는 데서 「모전. 담요」 뜻으로.

毛氈(모전 - 짐승의 털로 두툼하게 짠 요. 융단) 氈帽(전모 - 모직으로 짠 모자)

| 毳 | 솜털 취: 짐승의가는털 취. | 1419-00 |

- ◉ 毛 × 3 = 毳
- ☞ 털(毛)이 매우 많이(× 3 →「많은 수효」를 의미) 돋아 있는, 곧 매우 촘촘하고 가느다랗게 돋아 있는 털이라는 데서 「솜털. 짐승의 가는 털」 뜻으로.

毳毛(취:모 - 부드러운 짐승의 털. 또는 새의 배에 난 보드라운 털)

★ 毛(터럭/털/풀/없을 모)와 결합을 이룬 글자.   1419 별첨

尾(꼬리 미)	☞ 尸(0961) → 시(尸) 글자 형상처럼 구부렁한 부위에 털(毛)이 돋아 있는 동물의 꼬리 모양이라는 데서 「꼬리」 尾行(미행)
耗(줄/소모할 모)	☞ 耒(2602) → 쟁기(耒)가 (오래도록 사용하여) 가느다란 털(毛)처럼 가늘어져 있다(닳아서 크기가 많이 줄어들었다)는 데서 「줄다. (크기가 줄어지도록)소모하다」 消耗(소모)
麾(대장기 휘)	☞ 麻(3661) → 삼베(麻)에 털(깃털)(毛)을 촘촘하게 꽂아 깃대에 드리워 놓은 깃발이라는 데서 「대장기」 麾旗(휘기)

牛(牜)	犬(犭)	毛	牙
소 우	개 견	털 모	어금니 아

牙 어금니 아. 물을/대장기/싹틀 아. 1420-30

자원 牙 → 한데 얽히어(⊏ = 니 얽힐 구) 있는 이빨과 갈고리(亅) 형상의 뿌리를 내린(丿) 어금니 모양을 표현.

쓰임 「어금니. 아기(牙旗). 아~아 하는 소리. 싹튼 모양」과 의미로 쓰임.

牙旗(아기 - 임금이나 대장의 거소에 세우던 큰 기) 牙城(아성) 牙彫(아조) 齒牙(치아) 西班牙(서반아)

牚 버팀목 탱. 1421-00

● 尙(오히려/높일 상) + 牙 = 牚 ※ 牚은 撐·撑(버틸 탱)과 동자(同字).

☞ 높은(尙) 곳에 놓인 물체의 밑동에 (튼튼하게 뿌리를 내린) 어금니(牙)처럼 받쳐(고여) 놓은 나무이라는 데서 「버팀목」 뜻으로.

牚拒(탱거 - 버팀)

★ 牚(버팀목 탱)과 결합을 이룬 글자. 1421 별첨

| 撐(버틸 탱) | ☞ 手(1520) → 손(扌)으로, (물체를 떠받치는) 버팀목(牚)처럼 물체를 떠받치어 가라앉지 않도록 버틴다는 데서 「버티다」 支撐(지탱) |

★ 牙(어금니/싹틀/대장기 아)와 결합을 이룬 글자. 1421 별첨

雅(맑을 아)	☞ 隹(3485) → 여기에서 牙는 까마귀 소리를 표현. 아~아~(牙)하며 우는 새(隹)이라는 데서 「메까마귀. (메까마귀 소리는 맑고 우아하다는 데서)맑다」 優雅(우아)
芽(싹 아)	☞ 艸(2749) → 풀(艹)이 싹튼(牙) 것이라는 데서 「싹」 發芽(발아)
訝(맞을 아)	☞ 言(3302) → 아기(牙旗)를 세워 놓은 처소에 그 지방의 수령이 찾아와서 인사 치례로 말한다(言)는 데서 「맞다. 영접하다」 訝賓(아빈)
邪(간사할 사)	☞ 邑(2925) → 아기(牙旗)를 세워 놓은 고을(阝), 곧 일개 고을이 임금이나 대장이 거처하는 것처럼 아기를 세워 놓는다는 것은 간교한 계책을 부리는 처사이라는 데서 「간사하다」

手(扌)	爪(爫)	比	歹(歺)
손 수	손톱 조	견줄 비	뼈 앙상할 알

부수 4획

手 손 수(:) 잡을/손수할/칠/가질/능할 수.   1422-70

자원 手 → 손가락(丿)과 손바닥(一), 팔목(一)과 팔뚝(亅)으로 이루어진 손 모양을 표현.

쓰임 「손. 손가락. 손길」 의미로 쓰임.

手足(수족 - 손과 발) 手術(수술) 手匣(수갑) 手腕(수완) 手帖(수첩) 手荷物(수하물) 手巾(수:건)

才 재주 재. 처음/바탕 재.   1423-60

● 亅(→ 手의 획 줄임으로 봄) + 丿(삐침 별) = 才

☞ (무엇인가를 만든다는 것은) 손(亅)에서 빚어지는(丿) 재간이라는 데서 「재주. (기술이나 기능은 손재주에서 비롯한다는 데서)처음. 바탕」 뜻으로.

才能(재능 - 재주의 능력) 才談(재담) 才致(재치) 才媛(재원) 才德(재덕) 天才(천재) 秀才(수재)

★ 才(재주/처음/바탕 재)와 결합을 이룬 글자.			1423 별첨
材(재목 재)	☞ 木(1606) → (집을 짓는 데 있어서) 바탕(才)이 되는 나무(木)이라는 데서 「재목」		
財(재물 재)	☞ 貝(3041) → 돈(貝)이 되는 바탕(밑천)(才)이라는 데서 「재물. 재화」 財物(재물)		
閉(닫을 폐)	☞ 門(3375) → 문(門)을, 닫혀 있는 처음(본래)(才)의 상태대로 둔다(닫는다)는 데서 「닫다」		

打 칠 타: 1424-50

● 扌 + 丁(장정/고무래/말뚝박는소리 정) = 打 (0008 참조)

☞ 손(扌)으로 정정(쩡쩡)(丁)거리는 소리가 나도록 말뚝을 내려친다는 데서 「치다」 뜻으로.

打擊(타:격) 打作(타:작 - 곡식알을 떨어뜨리는 일) 打倒(타:도) 打鐘(타:종) 打者(타:자) 打率(타:율)

技 재주 기. 공교할/능할 기.   1425-50

● 扌 + 支(지탱할/가지/여럿 지) = 技 (2024 참조)

☞ 손(扌)으로 여러 가지(支) 일을 능수능란하게 처리하는 솜씨를 지니고 있다는 데서 「재주. 공교하다. 능하다」 뜻으로.

技術(기술 - 공예의 재주) 技巧(기교 - 솜씨가 아주 묘함) 技士(기사) 技師(기사) 技能(기능) 技法(기법)

擧 들 거: 일으킬 거.   1426-50

● 與(더불/줄/참여할 여) + 手 = 擧 (2606 참조)

☞ 여럿이 더불어(참여하여)(與) 무거운 물건을 손(手)으로 들어 올린다(일으킨다)는 데서 「들다. 일으키다」 뜻으로.

擧手(거:수 - 손을 들음) 擧論(거:론 - 이야기의 주제를 삼음) 擧動(거:동) 擧名(거:명) 擧行(거:행)

手 부수(자원과 쓰임 → 1422 참조)

操 잡을 조(:) 절개 조.   1427-50

◉ 扌 + 喿(새떼지어울/삽 조) = 操
☞ 손(扌)으로 삽(喿)을 잡고(쥐고) 있는 모양에서 「잡다. (꼿꼿한 삽자루를 잡고 있는 것처럼 꼿꼿하게 지키는 마음가짐이라는 데서)절개」 뜻으로.

操心(조:심 - 마음을 삼가서 경계함) 操作(조작) 操行(조행 - 품행) 操縱(조종) 志操(지조) 節操(절조)

★ 喿(새떼지어울/삽 조)와 결합을 이룬 글자.		1427 별첨
燥(마를 조)	☞ 火(1115) → 불(火)이 타면서 새가 떼지어 우는(喿) 소리처럼 타닥거리는 소리가 나는 것은 땔감이 뒤틀리면서 마르는 현상이라는 데서 「마르다」 乾燥(건조)	
躁(조급할 조)	☞ 足(3022) → 발(발걸음)(⻊)이, 새가 떼지어 우는(喿) 소리처럼 왁자지껄한 소리를 내면서 성급하게 뛰쳐나간다는 데서 「뛰다. 조급하다」 躁急(조급)	
繰(고치켤 조)	☞ 糸(2534) → 여기에서 喿는 고치(品)와 고치를 켜는 나무(木)로 된 틀(물레) 모양을 표현. 조(喿) 글자 형상처럼 생긴 물레로부터 실(糸)을 뽑는다는 데서 「고치 켜다」	
藻(마름 조)	☞ 艸(2824) → 물(수면)(氵)에 촘촘하게 돋아난 둥근 잎(品)과 나무(木) 형태의 줄기와 뿌리를 수면 아래로 드리우는, 곧 조(澡) 글자 형상처럼 생긴 풀(艹)이라는 데서 「마름. 조류」	

擔 멜 담. 짐/맡을 담.   1428-42

◉ 扌 + 詹(이를/수다할 첨 ǀ 넉넉할 담) = 擔
☞ 손(扌)으로 처리해야 할 일거리가 넉넉하게 이르러(쥐어져)(詹) 있다는 데서 「(일거리를)맡다. (맡은)짐. (짐을)메다」 뜻으로.

擔保(담보 - 맡아서 보증함) 擔當(담당) 擔任(담임) 加擔(가담) 分擔(분담) 專擔(전담) 負擔(부:담)

★ 詹(이를/수다할 첨 ǀ 넉넉할 담)과 결합을 이룬 글자.		1428 별첨
膽(쓸개 담)	☞ 肉(2406) → 담즙을 넉넉하게(詹) 공급하여 주는 몸속(月)의 장기(臟器)이라는 데서 「쓸개」	
澹(담박할 담)	☞ 水(1355) → 물(氵)이 넉넉하게(詹) 채워져 있는 담수호는 수면이 평탄(잔잔)하고 맑아 보인다는 데서 「맑다. 담박하다. 평탄하다」 澹泊(담박)	
憺(참담할 담)	☞ 心(1947) → 마음(忄)이 매우 수다한(복잡한)(詹) 심경에 처하여 있다는 데서 「참담하다」	
蟾(두꺼비 섬)	☞ 虫(2623) → (몸집이 뚱뚱하고 느릿하여) 매우 넉넉하여(여유로워)(詹) 보이는 벌레(虫)의 일종이라는 데서 「두꺼비」 蟾津江(섬진강)	
瞻(볼 첨)	☞ 目(2286) → 눈(目)이 보려고 하는 사물에 이른다(닿는다)(詹)는 데서 「보다」 瞻仰(첨앙)	

提 끌 제. 들 제 ǀ 보리수 리.   1429-42

◉ 扌 + 是(이/옳을/바를 시) = 提 (1029 참조)
☞ 손(扌)으로 물건을 잡고서 위쪽으로 바르게(是) 들어 올린다는 데서 「들다. 끌다」 뜻으로.

提起(제기 - 의논할 것을 내놓음) 提議(제의) 提案(제안) 提言(제언) 提供(제공) 提出(제출) 提示(제시)

掃 쓸 소(:)   1430-42

◉ 扌 + 帚(비/소제할 추) = 掃
☞ 빗자루(帚)를 손(扌)에 쥐고 방이나 마당을 쓴다는 데서 「쓸다」 뜻으로.

掃除(소:제 - 쓸어서 치움) 掃地(소:지) 掃滅(소멸) 掃蕩(소탕 - 쓸 듯이 모조리 없앰) 淸掃(청소)

★ 帚(비/소제할 추)와 결합을 이룬 글자.		1430 별첨
婦(부인 부)	☞ 女(0459) → 빗자루(帚)를 손에 쥐고 소제하는 여자(女), 곧 살림살이를 하는 여인이라는 데서 「부인. 지어미」 婦人(부인)	
歸(돌아갈 귀)	☞ 止(2003) → 흙무더기(自)를 이루어 한데 머물러(止) 있는 것을 비(帚)로 쓸어 내는 것처럼 함께 모여 있는 사람들을 제각기 흩어지게 한다는 데서 「돌아가다」 歸家(귀가)	

指 가리킬 지. 손가락 지. 　　　　　　　　　　　　　　　　　1431-42

◉ 扌 + 旨(뜻/맛 지) = 指 (1065 참조)

☞ 맛(旨)을 보기 위하여 (간장이나 꿀 같은) 음식을 찍어 내어 혀끝에 대는 손(扌)의 부위 이라는 데서「손가락. (손가락으로 지적한다는 데서)가리키다」뜻으로.

指摘(지적) 指名(지명) 指定(지정) 指壓(지압) 指稱(지칭) 指紋(지문) 食指(식지 - 집게손가락)

承 이을 승. 받들 승 | 건질 증. 　　　　　　　　　　　　　　　1432-42

◉ 了(마칠 료) + 手(손 수) + 水(물 수) = 承

☞ 물(水), 곧 양수(羊水)가 이어져서 산모가 출산을 마치면(了) 산파가 손(手)으로 아기를 받아 낸다는 데서「잇다. 받들다. 건지다」뜻으로.

承繼(승계 - 뒤를 이어 받음) 承服(승복 - 이해하여 복종함) 承諾(승낙) 承認(승인) 承旨(승지)

拜 절 배: 　　　　　　　　　　　　　　　　　　　　　　　　1433-42

◉ 手 + 𡴂(→ 干(방패 간) + 干) = 拜

☞ 방패 두 자루를 잇대어 놓은 모양(𡴂)처럼 두 손(手)을 서로 잇닿게 하여 읍(절)하는 모양이라는 데서「절」뜻으로.

拜禮(배:례 - 절하는 예) 拜謁(배:알 - 높은 어른을 만나 뵘) 拜上(배:상) 拜賀(배:하) 拜伏(배:복)

★ 拜(절 배)와 결합을 이룬 글자.		1433 별첨
湃(물결칠 배)	☞ 水(1341) → 물(氵)이, (허리를 굽혔다가 일으키며) 절하는(拜) 동작을 취하는 것처럼 높이 솟아 오르고 수그러들기를 반복적으로 일으키는 모양이라는 데서「물결치다」澎湃(팽배)	

授 줄 수. 　　　　　　　　　　　　　　　　　　　　　　　　1434-42

◉ 扌 + 受(받을 수) = 授 (0386 참조)

☞ 손(扌)에 든 물건을 상대방이 받도록(受) 건네준다는 데서「주다」뜻으로.

授受(수수 - 주고받음) 授業(수업 - 학문을 가르쳐 줌) 授與(수여) 授乳(수유) 授權(수권) 授賞(수상)

接 이을 접. 잇닿을/합할/사귈 접. 　　　　　　　　　　　　　1435-42

◉ 扌 + 妾(첩 첩) = 接 (0477 참조)

☞ 손(손길)(扌)이 첩(妾)에게 미친다는 데서「잇닿다. 잇다. 합하다. 사귀다」뜻으로.

接續(접속) 接待(접대) 接着(접착) 接近(접근) 接合(접합) 接受(접수) 接收(접수) 接觸(접촉)

手 부수(자원과 쓰임 → 1422 참조)

擊 칠 격. 두드릴 격. 1436-40

- {車(수레 거) + 山 = 軎 + 殳(날없는창 수) = 毄(칠 격|맬 계)} + 手 = 擊
- 손(手)으로 (사람이나 물체를) 친다(毄)는 데서 「치다. 두드리다」 뜻으로.

擊退(격퇴 - 쳐서 물리침) 擊破(격파 - 쳐부숨) 擊滅(격멸) 擊沈(격침) 擊墜(격추) 擊追(격추) 追擊(추격)

★ 毄(칠 격|맬 계)과 결합을 이룬 글자.	1436 별첨
繫(맬 계) ☞ 糸(2501) → 실(끈)(糸)로 물건을 동여맨다(毄)는 데서 「매다. 묶다」 繫留(계류)	

折 꺾을 절. 결단할/굽힐 절. 1437-40

- 扌 + 斤(도끼 근) = 折
- 손(扌)으로 도끼(斤)를 들어 올려 나무를 내려친다(가르거나 꺾는다)는 데서 「꺾다. 결단하다. (나무를 꺾어)굽히다」 뜻으로.

折曲(절곡 - 부러져서 굽어짐) 折骨(절골) 折枝(절지) 折衷(절충) 折半(절반) 屈折(굴절) 挫折(좌:절)

★ 折(꺾을/결단할/굽힐 절)과 결합을 이룬 글자.	1437 별첨
哲(밝을 철) ☞ 口(0823) → 나무를 결단하여(折) 속살을 드러나게 하는 것처럼 숨겨져 있는 이치를 규명하여 말하는(口) 혜안을 지니고 있다는 데서 「밝다」 哲學(철학)	
誓(맹서할 서) ☞ 言(3260) → 결단하여(折) 말하는(言), 곧 어떠한 어려움에 부딪치더라도 변하지 않겠다고 다짐하여 말한다는 데서 「맹세하다. 약속하다」 誓約(서약)	
逝(갈 서) ☞ 辵(3141) → 나뭇가지가 꺾어지는(折) 것처럼 갑작스럽게 저세상으로 간다(辶)는 데서 「가다. 죽다」 逝去(서거)	

批 비평할 비: 1438-40

- 扌 + 比(견줄/비할/아우를 비) = 批 (1575 참조)
- 손(손가락)(扌)으로 여러 가지 사물을 지적하여 가면서 우열(優劣)을 비교하여(比) 말한다는 데서 「비평하다」 뜻으로.

批評(비:평 - 평가하여 논하는 일) 批判(비:판) 批准(비:준 - 체결된 조약을 최종적으로 동의하는 절차)

投 던질 투. 머무를 투. 1439-40

- 扌 + 殳(날없는창 수 → 주로 「밀어붙이다」는 의미로 쓰임) = 投
- 손(扌)으로 창(殳)을 던진다는 데서 「던지다」 뜻을. 한편 손(扌)으로 손님을 집 안쪽으로 밀어 부쳐(殳) 밖으로 나가지 못하게(머무르게) 한다는 데서 「머무르다」 뜻으로.

投宿(투숙) 投手(투수) 投資(투자) 投棄(투기) 投機(투기) 投藥(투약) 投稿(투고) 投書(투서) 投擲(투척)

揮 휘두를 휘. 지휘할/떨칠 휘. 1440-40

- 扌 + 軍(군사/진칠/싸울 군) = 揮 (3159 참조)
- 지휘관이 손(扌)으로 지휘봉을 휘두르면서 수많은 군사들(軍)을 지휘한다는 데서 「지휘하다 (지휘봉을)휘두르다. (지휘봉을 휘둘러 위세를)떨치다」 뜻으로.

揮毫(휘호 - 붓을 휘둘러 글씨를 씀) 揮發油(휘발유) 揮筆(휘필) 一筆揮之(일필휘지) 指揮(지휘)

損 덜 손: 상할/잃을 손.
1441-40

- {扌 + 口(입 구) = 扣(칠/두드릴 구)} + 貝(조개/재물 패) = 損 (0812 참조)
- ☞ 재물(貝)을 (망치 같은 것으로) 두드려(扣) 손상시킨다는 데서 「(재물이)상하다. (상하여 원형을) 잃다. (상하여 가치가)덜하다」뜻으로.

損益(손:익 - 손실과 이익) 損失(손:실) 損害(손:해) 損壞(손:괴) 損傷(손:상) 損人利己(손:인이기)

據 근거/의지할 거: 짚을 거 | 움킬 극.
1442-40

- 扌 + {虍(범 호) + 豖(돼지 시) = 豦(범두발들/서로잡고어울려싸울/큰돼지 거)} = 據
- ※ 豦 → 범(虍)이 앞발로 돼지(豖)를 움켜잡고 뒷발로 서 있는 모양을 표현.
- ☞ (범과 돼지가) 서로 잡고 어울려 싸우는(豦) 것처럼 손(扌)으로 물건을 단단하게 움켜쥐고 있다는 데서「움키다. 짚다. (손에)의지하다. 근거하다」뜻으로.

據點(거:점 - 활동의 근거가 되는 지점) 依據(의거 - 증거에 의함) 根據(근거 - 근본이 되는 터전)

★ 豦(범두발들/서로잡고어울려싸울/큰돼지 거)와 결합을 이룬 글자.
1442 별첨

醵(추렴할 거.갹)	☞ 酉(2976) → 술(酉)을 마련하고 큰 돼지(豦)를 잡아서 잔치를 벌인다는 데서 「술잔치. (잔치를 마련하기 위하여 돈을 거둔다는 데서)추렴하다」 醵出(거출→갹출)
遽(급할 거)	☞ 辵(3155) → 범이 두발을 들고(豦) (먹잇감을 덮치기 위하여) 재빨리 뛰쳐나간다(辶)는 데서 「갑자기. 급하다」 急遽(급거)
劇(심할 극)	☞ 刀(0240) → 범(虍)이 돼지(豖)를 두 발로 움켜잡고 싸우는(豦) 것처럼 칼(刂)을 서로 부딪쳐 가며 심하게 싸운다는 데서 「심하다」 劇場(극장)

擇 가릴 택.
1443-40

- 扌 + 睪(엿볼/기찰할/끌 역) = 擇 (3231 참조)
- ☞ 손(扌)으로 필요한 것만을 끌어(睪)내어 고른다는 데서 「가리다」뜻으로.

擇一(택일 - 하나를 고름) 擇日(택일 - 좋은 날짜를 고름) 擇交(택교 - 벗을 가리어 사귐) 選擇(선:택)

抗 겨룰 항: 막을/항거할 항.
1444-40

- 扌 + 亢(목/가릴/겨룰 항) = 抗 (0208 참조)
- ☞ 손(扌)으로 상대방의 목(亢)을 겨룬다(밀친다)는 데서「겨루다. 막다. 항거하다」뜻으로.

抗爭(항:쟁 - 항거하여 투쟁함) 抗拒(항:거 - 대항함) 抗議(항:의) 抗命(항:명) 抗辯(항:변) 抗訴(항:소)

拒 막을 거:
1445-40

- 扌 + 巨(클 거) = 拒 (0941 참조)
- ※ 巨 → 공구(工具)가 상자(匚) 속에 들어가지 못할 정도로 너무 크다는 데서 「크다」뜻으로.
- ☞ 손(扌)을 크게(巨) 벌려 안으로 들어오지 못하도록 차단한다는 데서 「막다」뜻으로.

拒否(거:부 - 승낙하지 않고 물리침) 拒逆(거:역 - 명령이나 뜻을 어겨 거스름) 拒絕(거:절)

手 **부수**(자원과 쓰임 → 1422 참조)

拍 칠 박. 박자 박.   1446-40

- 扌 + 白(흰/아뢸/고할 백) = 拍
- 손(扌)으로 무엇인가를 아뢰는(白) 것처럼 손뼉을 치거나 박자를 맞춘다는 데서「치다. 박자」뜻으로.

拍子(박자 - 곡조의 진행 시간을 헤아리는 단위) 拍車(박차) 拍手喝采(박수갈채) 拍掌大笑(박장대소)

持 가질 지. 쥘/잡을 지.   1447-40

- 扌 + 寺(절 사 | 관청/내시 시)} = 持 (0565 참조)
- 내시(寺)가 시중을 들기 위하여 손(扌)에 무엇인가를 거머쥐고 있다는 데서「잡다. 쥐다. 가지다」뜻으로.

持參(지참) 持論(지론 - 늘 주장하는 의견) 持病(지병) 持久力(지구력) 持續的(지속적) 維持(유지)

推 밀 추. 밀 퇴.   1448-40

- 扌 + 隹(새 추) = 推
- 손(扌)에 쥐어져 있는 새(隹)가 달아나기 위하여 (날개를 퍼덕이어) 손을 밀친다는 데서「밀다」뜻으로.

推進(추진 - 일거리를 밀고 나감) 推測(추측) 推究(추구) 推理(추리) 推薦(추천) 推戴(추대) 推敲(퇴고)

採 캘 채: 딸/잡을/취할 채.   1449-40

- 扌 + 采(풍채/캘/가릴 채) = 採 (2986 참조)
- 손(扌)으로 나물 같은 것을 가리어 캔다(采)는 데서「캐다. 따다. 잡다. 취하다」뜻으로.

採取(채:취 - 풀·나무 등을 베거나 캐어 냄) 採用(채:용) 採擇(채:택) 採根(채:근) 採伐(채:벌) 伐採(벌채)

探 찾을 탐.   1450-40

- 扌 + 罙(깊이들어갈/두루 미) = 探 (1201 참조)
- 손(扌)을 사물함 같은 데에 깊숙하게 넣어(罙) 물건을 찾는다는 데서「찾다」뜻으로.

探索(탐색 - 살피어 찾음) 探究(탐구 - 더듬어 연구함) 探問(탐문) 探險(탐험) 探訪(탐방) 探偵(탐정)

援 도울 원: 건질 원.   1451-40

- 扌 + 爰(이에/이끌/당길 원) = 援
- 손(손길)(扌)을 뻗쳐 물에 빠진 사람을 끌어(爰)내어 준다는 데서「건지다. 돕다」뜻으로.

援護(원:호 - 돕고 보살펴 줌) 援助(원:조 - 도와 줌) 援兵(원:병) 援軍(원:군) 救援(구:원) 支援(지원)

★ 爰(이에/이끌/당길 원)과 결합을 이룬 글자.   1451 별첨

媛(계집 원)   ☞ 女(0491) → 사람들의 이목을 이끄는(爰) 여자(女)라는 데서「계집. 예쁘다」才媛(재원)
瑗(구슬 원)   ☞ 玉(2061) → 사람들의 이목을 이끄는(爰) 품질이 썩 좋은 구슬(玉)이라는 데서「구슬」

手 부수(자원과 쓰임 → 1422 참조)

緩(느릴 완)	☞ 糸(2491) → 실(糸)을 이끌어(爰) 놓은, 곧 감아 놓은 실을 기다랗게 풀어(늘어뜨려) 놓은 모양이라는 데서 「늘어지다. (말이나 행동을 늘어지게 한다는 데서)느리다」 緩急(완급)
暖(따뜻할 난)	☞ 日(1031) → 해(日)를 가까이 끌어당겨(爰) 놓은 것처럼 기온이 높다는 데서 「따뜻하다」
煖(더울 난)	☞ 火(1155) → 불(火)을 가까이 끌어당겨(爰) 놓은 것처럼 기온이 매우 높다는 데서 「덥다」

招 부를 초. 손짓할/손을높이들 초. 　　　　　　　　　　　　　　　1452-40

◉ 扌 + 召(부를 소) = 招 (0833 참조)
☞ 손(손짓)(扌)으로 신호를 보내어 상대방을 부른다(召)데서 「부르다. 손짓하다」 뜻으로.
招待(초대 - 사람을 불러서 대접함) 招請(초청) 招來(초래) 招聘(초빙) 招人鐘(초인종) 招魂祭(초혼제)

拾 주울 습 | 열 십. 　　　　　　　　　　　　　　　　　　　　1453-32

◉ 扌 + 合(합할/모을 합) = 拾 (0795 참조)
☞ 두 손(扌)을 한데 모아(合) 물건을 줍는다는 데서 「줍다」 뜻으로, 한편 두 손(扌)을 합한(合) 손가락의 수효라는 데서 「열」 뜻으로.
拾得(습득 - 물건을 주움) 收拾(수습 - 어지러운 마음이나 사태 따위를 가라앉힘) 拾萬(십만)

扶 도울/붙들 부. 　　　　　　　　　　　　　　　　　　　　　　1454-32

◉ 扌 + 夫(남편/사내/지아비 부) = 扶 (0731 참조)
☞ 손(扌)을 뻗쳐 지아비(夫)를 부축하여(붙들어) 준다는 데서 「붙들다. 돕다」 뜻으로.
扶助(부조 - 길흉사에 돈이나 물건으로 도와줌) 相扶相助(상부상조 - 서로서로 도움) 扶養(부양)

抑 누를 억. 막을/억울할 억. 　　　　　　　　　　　　　　　　　1455-32

◉ 扌 + 卬(나/오를/향할 앙) = 抑 (0099 참조)
※ 卬 → 두 손(厂)으로 부절(卩)을 떠받쳐 올리는 모양을 표현한 글자.
☞ 손(扌)으로 상대방을 위로 오르지(卬) 못하도록 누른다는 데서 「누르다. 막다. (강압적인 눌림을 당하여)억울하다」 뜻으로.
抑制(억제 - 억눌러서 제어함) 抑留(억류) 抑壓(억압) 抑忿=抑憤(억분) 抑鬱(억울) 抑強扶弱(억강부약)

拘 잡을 구. 껴안을/막을/그칠/거리낄 구. 　　　　　　　　　　　1456-32

◉ 扌 + {勹 + 口 = 句(글귀/굽을 구)} = 拘 (0808 참조)
☞ 손(扌)을 굽히어(句) 사람이나 물건을 잡거나 끌어안는다는 데서 「잡다. 껴안다」 뜻으로.
拘置(구치 - 구속하여 유치留置함) 拘束(구속) 拘留(구류) 拘禁(구금) 拘礙(구애) 拘引狀(구인장)

抵 막을 저: 밀칠/거스를/다다를/대저 저 | 칠 지. 　　　　　　　1457-32

◉ 扌 + 氐(근본/이를/뿌리 저) = 抵 (1984 참조)
☞ 손(扌)으로 뿌리(밑동)(氐) 부위를 밀치거나 제거하여 장애물을 원천적으로 차단한다는 데서 「막다. 밀치다. 치다. 거스르다. (밑바닥에)다다르다」 뜻으로.

手 부수(자원과 쓰임 → 1422 참조)

抵抗(저:항 - 힘이나 압력에 굴하지 않고 맞서서 버팀) 抵觸(저:촉) 抵當權(저:당권) 大抵(대:저)

拳 주먹 권: 1458-32

◉ 𢍏(밥뭉칠 권) + 手 = 拳 (0348 참조)
☞ 밥을 뭉쳐(𢍏) 놓은 것처럼 손(手)을 동그랗게 오므린 모양이라는 데서 「주먹」 뜻으로.
拳法(권:법 - 주먹을 쓰는 기법) 拳銃(권:총) 拳鬪(권:투) 鐵拳(철권) 跆拳道(태권도) 赤手空拳(적수공권)

排 밀칠/물리칠 배. 1459-32

◉ 扌 + 非(아닐/어긋날 비) = 排 (3414 참조)
☞ 손(扌)으로, 필요하지 아니한(非) 것을 옆으로 밀쳐 내는, 또는 손(扌)으로, 두 갈래진 비(非) 글자 형상처럼 물체를 양측으로 제친다는 데서 「밀치다. 물리치다」 뜻으로.
排出(배출 - 밀어 내보냄) 排除(배제) 排他(배타) 排斥(배척) 排泄(배설) 排擊(배격) 排球(배구)

掌 손바닥 장: 맡을 장. 1460-32

◉ {小(작을 소) + 冋(들 경) = 尙(오히려/높일 상)} + 手 = 掌 (0576 참조)
☞ 작은(小) 들판(冋)처럼 평평한, 손(手)의 안쪽 부위이라는 데서 「손바닥」 뜻으로.
掌骨(장:골 - 손바닥뼈) 掌握(장:악 - 손안에 쥠) 掌匣(장:갑) 車掌(차장) 合掌(합장) 如反掌(여반장)

拓 넓힐 척 | 박을 탁 주울/밀칠 척 | 물리칠/열 탁. 1461-32

◉ 扌 + 石(돌 석) = 拓
☞ 손(扌)으로 돌(石)을 주워 내거나 밀쳐 내어 새로운 농토를 일궈 나간다는 데서 「(돌을)줍다. 밀치다. (개간지를)넓히다. 열다. (밀어서)박다」 뜻으로.
拓土(척토 - 땅을 개척함) 拓地(척지 - 척토) 開拓(개척) 干拓地(간척지) 拓本(탁본)

揚 날릴 양. 오를 양. 1462-32

◉ 扌 + 昜(빛/열을/날아오를/길 양) = 揚 (3326 참조)
☞ 손(扌)으로 연(鳶)이나 종이비행기 같은 것을 공중으로 던져 날아오르게(昜) 한다는 데서 「날리다. 오르다」 뜻으로.
揚陸(양륙 - 짐을 뭍으로 들어 올림) 揚名(양명) 止揚(지양) 宣揚(선양) 昂揚(앙:양) 讚揚(찬:양)

摘 딸 적. 지적할 적. 1463-32

◉ 扌 + 啇(밑동/나무뿌리/과일꼭지 적) = 摘 (1803 참조)
☞ 손(扌)으로 과일 꼭지(啇)를 잡고서 과일을 딴다는 데서 「따다. (손이 과일 꼭지에 닿는 것처럼 핵심 부위를 가리킨다는 데서)지적하다」 뜻으로.
摘發(적발 - 숨겨진 사물을 들추어냄) 摘示(적시) 摘要(적요) 摘載(적재) 摘出(적출) 指摘(지적)

振 떨칠 진: 움직일 진. 1464-32

◉ 扌 + 辰(별/일진/삼월 진) = 振 (2993 별첨)

手 부수(자원과 쓰임 → 1422 참조)

☞ 손(扌)으로 일진(日辰 → 갑자·을축··)을 꼽기(날짜와 일진을 맞추기) 위하여 오므린 손가락을 하나하나씩 펼쳐(떨쳐) 낸다는 데서「떨치다. (손가락을)움직이다」뜻으로.
振作(진:작 - 떨쳐 일어남) 振興(진:흥 - 떨쳐 일으킴) 振動(진:동) 振幅(진:폭) 振天(진:천) 不振(부진)

換 바꿀 환: 　　1465-32

● 扌 + 奐(클/빛날/성할/흩을 환) = 換
☞ 손(扌)을 크게(奐) 휘저어 오염된 공기나 물을 바깥으로 내어보내고 맑고 깨끗한 공기나 물을 끌어들인다(대체한다)는 데서「바꾸다」뜻으로.
換氣(환:기 - 공기를 바꾸어 놓음) 換金(환:금) 換率(환:율) 換言(환:언) 換錢(환:전) 換骨奪胎(환:골탈태)

★ 奐(클/빛날/성할/흩을 환)과 결합을 이룬 글자. 　　1465 별첨

| 煥(빛날 환) | ☞ 火(1127) → 불(火)이 크게 빛난다(奐)는 데서「빛나다」煥爛(환란) |
| 喚(부를 환) | ☞ 口(0867) → 소리(口)를 크게(奐) 지른다는 데서「부르다. 큰소리」喚聲(환성) |

托 맡길 탁. 부탁할 탁. 　　1466-30

● 扌 + 乇(붙일/부탁할 탁) = 托 (0587 참조)
☞ 손(扌)에 쥔 물건을 상대방에게 건네주면서 제삼자에게 전하여 달라고 부탁한다(부친다)(乇)는 데서「상대방에게 물건을 맡기다. 부탁하다」뜻으로.
托鉢僧(탁발승 - 동냥을 다니는 중) 依托=依託(의탁 - 남에게 의존함) 無依無托(무의무탁)

抄 뽑을 초. 가릴/베낄 초. 　　1467-30

● 扌 + {小(작을 소) + 丿(삐침 별) = 少(적을 소)} = 抄 (0575 참조)
☞ 손(扌)으로 작은(小) 것을 끌어내리는(丿), 곧 작물 가운데 연약하게 자란 것을 가려내어 뽑는다(솎아낸다)는 데서「뽑다. 가리다. (가려내어 취한다는 데서)베끼다」뜻으로.
抄本(초본 - 원본의 일부 내용만 뽑아서 베낀 문서) 抄錄(초록) 抄譯(초역) 拔抄(발초)

拔 뽑을 발. 뺄/빠를 발. 　　1468-30

● 扌 + 犮(개달아나는모양 발) = 拔 (3607 참조)
☞ 손(扌)을, 개 달아나는 모양(犮)처럼 재빠르게 뽑아(빼어)낸다는 데서「(손을)뽑다. 빼다. 빠르다」뜻으로.
拔萃(발췌 - 중요한 것을 뽑아냄) 拔群(발군) 拔擢(발탁) 拔齒(발치) 拔抄(발초) 拔本塞源(발본색원)

拂 떨칠/떨 불. 털어낼 불. 　　1469-30

● 扌 + 弗(아닐/말/바르지못할/어그러질 불) = 拂 (0919 참조)
☞ (먼지떨이를 쥔) 손(扌)으로 먼지를 어그러지게(弗) 한다(떨쳐 낸다)는 데서「떨치다. 떨다. 털어내다」뜻으로.
拂拭(불식 - 털고 훔친 것처럼 치워 없앰) 拂下(불하 - 공공 재산을 매도함) 支拂(지불 - 돈을 치름)

手 부수(자원과 쓰임 → 1422 참조)

拙 졸할/못날 졸. 못생길 졸. 1470-30

- ⊙ 扌 + 出(날 출) = 拙 (0275 참조)
- ☞ 손(扌)이 먼저 나가는(出), 곧 타이르기에 앞서 손으로 먼저 때리는 것은 못난 사람의 짓거리(졸렬한 행동)이라는 데서 「졸하다. 못나다. 못생기다」 뜻으로.

拙劣(졸렬 - 못나고 졸렬함) 拙筆(졸필) 拙戰(졸전) 拙著(졸저) 拙速(졸속) 拙作(졸작) 拙丈夫(졸장부)

抽 뽑을 추. 뺄 추. 1471-30

- ⊙ 扌 + {田(밭 전) + ㅣ = 由(말미암을/지날 유)} = 抽 (2108 참조)
- ☞ 손(扌)으로 밭(田)에 돋아난 잡초를 뽑아 올리는 모양(ㅣ)에서 「뽑다. 빼다」 뜻으로.

抽出(추출 - 뽑아냄) 抽籤(추첨 - 제비를 뽑음) 抽拔(추발) 抽稅(추세) 抽身(추신) 抽象的(추상적)

挑 돋을 도. 긁을/돋울 도(조). 1472-30

- ⊙ 扌 + 兆{조짐/거북점 조 →「거북 껍질의 금간 모양」을 표현) = 挑 (0190 참조)
- ☞ 손(扌)으로, (거북 껍질의 금간 모양을 표현한) 조(兆) 글자 형상처럼 이리저리 갈래지게끔 긁는다는 데서 「긁다. (호롱불 찌꺼기를 긁어내어 심지를 돋운다는 데서)돋우다」 뜻으로.

挑戰(도전 - 싸움을 걸거나 돋움) 挑發(도발) 挑出(도출) 挑燈(도등 - 등불을 돋움)

抱 안을 포: 품을 포. 1473-30

- ⊙ 扌 + 包(쌀 포) = 抱 (0264 참조)
- ☞ 손(扌)으로 사람이나 물건을 감싸(包) 안는다는 데서 「안다. 품다」 뜻으로.

抱擁(포:옹 - 품에 껴안음) 抱卵(포:란 - 부화시키기 위하여 알을 품음) 抱負(포:부 - 앞날에 대한 기대)

捕 잡을 포: 사로잡을 포. 1474-30

- ⊙ 扌 + 甫(클/도울 보ㅣ남새밭 포) = 捕 (2192 참조)
- ☞ 손(扌)을 크게(甫) 벌려 사람이나 짐승을 붙잡는다는 데서 「사로잡다. 잡다」 뜻으로.

捕縛(포:박 - 잡아서 묶음) 捕虜(포:로) 捕捉(포:착) 捕獲(포:획) 捕繩(포:승) 捕盜廳(포:도청)

捉 잡을 착. 1475-30

- ⊙ 扌 + 足(발 족) = 捉
- ☞ 손(扌)으로 (달아나지 못하도록) 상대방의 발목(足)을 잡는다는 데서 「잡다」 뜻으로.

捉來(착래 - 사람을 붙잡아 옴) 捉囚(착수 - 죄인을 잡아 가둠) 捉送(착송 - 잡아서 보냄)

掠 노략질할 략. 빼앗을 략. 1476-30

- ⊙ 扌 + 京(서울/높은언덕 경) = 掠 (0201 참조)
- ☞ 손(扌)이 높은 언덕(京)에서 뻗치는, 곧 흔히들 높은 언덕에 본거지를 둔 소굴(巢窟)에서 산적들이 민가에 손을 뻗쳐 재물을 약탈한다는 데서 「빼앗다. 노략질하다」 뜻으로.

掠奪(약탈 - 폭력을 써서 빼앗음) 侵掠(침략 - 침노하여 약탈함) 擄掠(노략)

掛　걸 괘. 나눌/손사이에시초낄 괘. 　　　　　　　　　　　1477-30

◉ 扌 + 卦(점괘 괘) = 掛 (0401 참조)
☞ 손(손가락)(扌) 사이에 점괘(卦)를 얻는 서죽(筮竹 → 점칠 때 쓰는 산가지)을 순서대로 나누어 끼운다(건다)는 데서 「걸다. 나누다. 손 사이에 시초(蓍草)를 끼우다」뜻으로.
※ 주역 점괘를 얻기 위하여 서죽이나 시초(톱풀)를 손가락 사이에 순서대로 끼움(걺).
掛圖(괘도 - 벽에 걸게 된 그림) 掛鐘時計(괘종시계) 掛念(괘념 - 마음에 둠) 掛意(괘의) 掛心(괘심)

捨　버릴 사: 　　　　　　　　　　　　　　　　　　　　1478-30

◉ 扌 + 舍(집/놓을/둘 사) = 捨 (2850 참조)
☞ 손(扌)에 쥔 물건을 놓아(舍) 버린다는 데서 「버리다」뜻으로.
捨生取義(사:생취의 - 목숨 대신 옳은 일을 취함) 捨四五入(사:사오입) 捨身成道(사:신성도) 取捨(취:사)

搜　찾을 수. 　　　　　　　　　　　　　　　　　　　　1479-30

◉ 扌 + 叟(늙은이/어른/움직일 수) = 搜
☞ (어두운 곳에서) 손(扌)을 이리저리 움직여(叟) 물건을 찾는다는 데서 「찾다」뜻으로.
搜索(수색 - 더듬어서 찾음. 물건·가택을 탐사하는 일) 搜査(수사) 搜索隊(수색대) 搜所聞(수소문)

★ 叟(늙은이/어른/움직일 수)와 결합을 이룬 글자. 　　　　　1479 별첨

嫂(형수 수)　☞ 女(0507) → 거처를 움직여(이동하여)(叟) 형님에게 시집온 여자(女)라는 데서 「형수」
瘦(파리할 수)　☞ 疒(2333) → 병(疒)으로 인하여 늙은이(叟) 모습처럼 여위고 핏기가 없어 보인다는 데서 「파리하다. 여위다」瘦瘠(수척)

搖　흔들 요. 흔들릴/움직일 요. 　　　　　　　　　　　1480-30

◉ 扌 + 䍃(질그릇/독 요) = 搖 (3222 참조)
☞ 손(扌)으로 질그릇(䍃)을 씻기 위하여 물을 넣어 흔든다는 데서 「흔들다. 흔들리다. 움직이다」뜻으로.
搖動(요동 - 흔들림) 搖之不動(요지부동 - 흔들어도 꼼짝하지 않음) 搖籃(요람) 搖鈴(요령)

携　이끌/끌 휴. 　　　　　　　　　　　　　　　　　　1481-30

◉ 扌 + {隹(새 추) + 乃(이에 내 → 배가 불룩한 모양) = 雟(살찐고기 전)} = 携
☞ 수저를 든 손(扌)이 살찐 고기(雟) 쪽으로 이끌린다는 데서 「이끌다. 끌다」뜻으로.
携帶(휴대 - 손에 들거나 몸에 지님) 提携(제휴 - 서로 붙들어 도와줌)

播　뿌릴 파. 심을 파. 　　　　　　　　　　　　　　　1482-30

◉ 扌 + {釆(분별할 변) + 田(밭 전) = 番(차례 번)} = 播 (2110 참조)
☞ 손(扌)으로 씨앗을 논밭에 차례(番)대로 뿌린다(심는다) 데서 「뿌리다. 심다」뜻으로.
播種(파종 - 씨앗을 뿌리어 심음) 播多(파다) 播說(파설) 播植(파식) 播遷(파천) 傳播(전파) 直播(직파)

手 부수(자원과 쓰임 → 1422 참조)

擴 넓힐 확. 늘일 확. 1483-30

- 扌 + 廣(넓을 광) = 擴 (0760 참조)
- 손(扌)을 써서 (개척하지 않은) 땅을 넓게(廣) 일구어(개간하거나 확장하여) 나간다는 데서 「넓히다. 늘이다」 뜻으로.

擴張(확장 - 늘이어 넓힘) 擴大(확대) 擴散(확산) 擴充(확충) 擴戰(확전) 擴聲器(확성기)

掘 팔 굴. 뚫을 굴. 1484-20

- 扌 + {尸(주검 시 → 「구부린 모양」을 의미) + 出 = 屈(굽힐 굴)} = 掘 (0956 참조)
- 손(扌)을 시(尸) 글자 형상처럼 구푸리어 땅속의 토석을 바깥으로 들어내는(出), 또는 손(扌)을 굽히어(屈) 흙을 파낸다는 데서 「파다. 뚫다」 뜻으로.

掘鑿(굴착 - 땅을 파서 뚫음) 掘穴(굴혈 - 구덩이를 팜) 發掘(발굴) 採掘(채:굴)

拉 끌/끌어갈 랍. 꺾을 랍. 1485-20

- 扌 + 立(설 립) = 拉
- 손(扌)을 세우게(立) 하여(팔을 머리위로 들게 하여) 죄인이나 포로를 끌고 간다는 데서 「꺾다. 끌어가다」 뜻으로.

拉致(납치 - 강제 수단을 써서 데리고 감) 拉北(납북 - 북한으로 강제로 데리고 감) 被拉(피:랍 - 납치됨)

抛 던질 포: 버릴/돌쇠뇌 포. 1486-20

- 扌 + {尢(절름발이 왕) + 力 = 尥(걸을때종아리엇갈릴 력)} = 抛
- (물건을 잡은) 손(扌)을 절름발이(尢) 모양처럼 구부렸다가 힘주어(力) 뻗친다(내어던진다)는 데서 「던지다. 버리다」 뜻으로.

抛棄(포:기 - 하던 일을 중도에 그만둠. 권리를 내버려 쓰지 않음) 抛物線(포:물선 - 원추곡선의 하나)

搬 옮길/운반할 반. 1487-20

- 扌 + 般(일반/되돌아올/옮길/나를 반)} = 搬 (2887 참조)
- 손(扌)으로 물건을 다른 장소로 옮긴다(般)는 데서 「옮기다. 운반하다」 뜻으로.

搬出(반출 - 운반하여 냄) 搬送(반송 - 운반하여 보냄) 運搬(운:반 - 물건을 옮겨 나름)

措 둘 조. 1488-20

- 扌 + 昔(옛/오랠 석 | 섞일 착 → 「일수가 쌓여진 모양」) = 措 (1046 참조)
- 손(扌)으로, 일수가 차곡차곡 쌓여진 석(昔) 글자 형상처럼 물건을 차곡차곡 쌓아 둔다는 데서 「두다」 뜻으로.

措處(조처 - 일을 정돈하여 처치함) 措置(조치 - 대책을 세움) 措辭(조사 - 글의 마디를 얽어서 만듦)

揭 높이들/걸 게: 높이들/멜 갈. 1489-20

- 扌 + 曷(어찌/쫓을/미칠/그칠 갈) = 揭 (1996 참조)

357

手 부수(자원과 쓰임 → 1422 참조)

☞ 바닥에 놓여 있는 물건을 손(扌)에 미치게(曷) 하여 위로 들어 올린다는 데서 「높이 들다. (높이 들어서)걸다」 뜻으로.
揭揚(게:양 - 높이 걺) 揭示(게:시 - 걸거나 붙이어 보게 함) 揭載(게:재 - 글 같은 것을 신문 등에 실음)

握 쥘 악. 잡을 옥. 1490-20

- 扌 + 屋(집/지붕 옥) = 握 (0952 참조)
- ☞ 손(扌)을, 둥그스름하게 덮여 있는 지붕(屋)처럼 구푸리어(덮어씌워) 물건 따위를 움켜쥔다는 데서 「쥐다. 잡다」 뜻으로.

握力(악력 - 손아귀로 물건을 쥐는 일) 握手(악수) 掌握(장:악 - 권세 등을 온통 잡음을 일컬음)

把 잡을 파. 1491-20

- 扌 + 巴(뱀/꼬리/파초 파) = 把 (0949 참조)
- ☞ 몸뚱이를 움츠리는 뱀(巴)처럼 손(扌)을 오므리어 물건을 잡는다는 데서 「잡다」 뜻으로.

把守(파수 - 경계하여 지킴) 把筆(파필 - 붓대를 잡음) 把握(파악) 把守兵(파수병)

插 꽂을/끼울 삽. 1492-20

- 扌 + 臿(= 舀 꽂을/삽 삽) = 插
- ☞ 손(扌)으로 땅에 삽을 꽂는(臿), 또는 손가락(扌) 사이에 연필 같은 것을 꽂는다(臿)는 데서 「꽂다. 끼우다」 뜻으로.

插入(삽입 - 끼워 넣음) 插木(삽목 - 꺾꽂이) 插花(삽화 - 꽃꽂이) 插話(삽화 - 에피소드) 插畵(삽화)

摩 문지를 마. 1493-20

- 麻(삼 마) + 手 = 摩 (3662 참조)
- ☞ (삼 오라기를 잇기 위하여) 삼(麻)을 손(手)으로 문지른다는 데서 「문지르다」 뜻으로.
- ※ 삼은 두 가닥의 오라기를 손에 올려놓고 문질러서 잇기 작업을 함.

摩擦(마찰 - 물건이 서로 닿아서 비빔. 의견이 충돌되는 일) 摩天樓(마천루 - 높이 솟은 건물을 비유)

擁 낄/안을 옹: 1494-20

- 扌 + 雍(화할/모일/막을 옹·) = 擁 (3493 참조)
- ☞ 두 손(扌)을 한데 모아(雍) 사람을 껴안거나 물건을 옆구리에 낀다는 데서 「끼다. 안다」 뜻으로.

擁護(옹:호 - 부축하여 보호함) 擁衛(옹:위 - 부축하여 호위함) 擁壁(옹:벽) 擁立(옹:립) 抱擁(포:옹)

攝 잡을/다스릴 섭. 당길/낄 섭. 1495-20

- 扌 + {耳(귀 이) × 3 = 聶(소곤거릴 섭)} = 攝
- ☞ 손(手)으로 상대방의 귀를 잡아끌어 입 가까이에 대고 소곤거린다(聶)는 데서 「당기다. 잡다. 끼다. (임금 사이에 끼어 정사를 잡는다는 데서)다스리다」 뜻으로.

攝政(섭정 - 임금을 대신하여 정치를 함) 攝理(섭리 - 자연계를 지배하고 있는 원리) 攝取(섭취) 攝氏(섭씨)

手 부수(자원과 쓰임 → 1422 참조)

揆 헤아릴 규. 1496-20
- ⼿ + 癸(북방/천간/열번째천간 계) = 揆 (2268 참조)
- ☞ 손(손가락)(⼿)으로, 마지막 천간(天干 → 갑·을··임·계)에 해당하는 계(癸)까지 꼽아 나간다 (수효를 헤아린다)는 데서「헤아리다」뜻으로.

揆度(규탁 - 헤아려 생각함)

撤 거둘 철. 1497-20
- ⼿ + {育(기를 육) + 攵(칠 복) = 散(거둘/통할 철)} = 撤 (0441 참조)
- ☞ 손(⼿)으로 곡식 같은 것을 거두어(散)들인다는 데서「거두다」뜻으로.

撤收(철수 - 거두어들임. 걷어치움) 撤去(철거) 撤回(철회) 撤軍(철군) 撤市(철시) 不撤晝夜(불철주야)

押 누를 압. 찍을/압수할 압. 1498-20
- ⼿ + 甲(갑옷/손톱/친압할 갑) = 押 (2114 참조)
- ☞ 갑자(甲子 → 갑자·을축··)를 꼽아 나가기(헤아리기) 위하여 두 손가락(⼿)을 차례대로 짚어 (눌러) 나간다는 데서「누르다. 찍다」뜻으로.

押釘(압정 - 눌러서 박는 쇠못) 押送(압송) 押收(압수) 押留(압류) 押印(압인) 押韻(압운) 差押(차압)

捲 거둘/말 권: 1499-10
- ⼿ + 卷(책/말 권) = 捲 (0348 참조)
- ☞ 손(⼿)으로 종이나 멍석 같은 것을 돌돌 만다(卷)는 데서「말다. (말아서)거두다」뜻으로.

捲土重來(권:토중래 - 한번 패하였다가 세력을 회복하여 다시 쳐들어옴) 捲簾(권:렴 - 발을 말아 올림)

搏 두드릴 박. 잡을/칠 박|잡을 부|잡을 포. 1500-10
- ⼿ + 尃(펼 부) = 搏 (0131 참조)
- ☞ 손(⼿)을 크게 펼쳐서(尃) 상대방의 멱살을 잡거나 친다는 데서「잡다. 치다. 두드리다」뜻으로.

搏擊(박격 - 몹시 후려침) 搏殺(박살 - 손으로 쳐서 죽임) 搏動(박동 - 맥이 뜀) 相搏(상박 - 마주 때림)

括 묶을 괄. 쌀/맺을 괄. 1501-10
- {⼿ + 千(일천 천) = 扦(꽂을 천)} + 口 = 括
- ☞ 꽂아(扦) 놓은 말(口), 곧 특정한 구절을 구분하여 두기 위하여 괄호로 묶음 표시를 한다는 데서「묶다. 싸다. 맺다」뜻으로.

括約(괄약 - 벌어진 것을 오므리게 함) 括弧(괄호) 括線(괄선) 包括(포:괄) 槪括(개:괄) 總括(총:괄)

拷 칠 고. 1502-10
- ⼿ + 考(생각할/상고할/칠 고) = 拷 (2859 참조)
- ☞ 손(⼿)으로, 옛일을 상고(詳考)하기 위하여 머리를 툭툭 친다는 데서「치다」뜻으로.

拷打(고타 - 고문하여 때림) 拷問(고문 - 피의자에게 고통을 주어 자백을 강요하는 일)

捐 버릴 연: 1503-10

- 扌 + 肙(작은벌레/빌(空) 연) = 捐 (2490 참조)
- ☞ 손(扌)에 쥐고 있는 것을 비워(肙) 버린다는 데서 「버리다」 뜻으로.

捐補(연:보 - 자기 재물을 내어 남을 도와줌) 捐世(연:세 - 사망의 존칭) 義捐金(의:연금) 出捐(출연)

挽 당길 만. 이끌/상여꾼노래 만. 1504-10

- 扌 + {兔(토끼 토) ― 丶(불똥/점 주) = 免(면할 면)} = 挽 (0193 참조)
- ☞ 손(扌)으로, 덫에 걸려들거나 수렁에 빠진 물체를 그곳으로부터 면하게(免) 하기 위하여 끌어당긴다는 데서 「당기다. 이끌다」 뜻으로.

挽引(만인 - 끌어당김) 挽回(만회 - 바로잡아 회복함) 挽留(만류) 挽止(만지) 挽歌=輓歌(만가)

搗 찧을 도. 1505-10

- 扌 + {鳥(→ 鳥 새 조) + 山 = 島(섬 도)} = 搗 (0529 참조)

디딜방아(搗)

- ※ 여기에서 島는 「디딜방앗간」 모양을 표현. 새(鳥 = 鳥)의 부리와 날개는 디딜방아의 공이와 디딤판, 산(山)은 방아를 떠받치고 있는 쌀개 모양.
- ☞ 도(島) 글자 형상처럼 생긴 디딜방아에 손(扌)으로 곡식을 뒤집어 가면서 방아를 찧는다는 데서 「찧다」 뜻으로.

搗精(도정 - 벼를 찧어 희고 깨끗한 쌀을 만드는 일)

搭 탈 탑. 실을 탑. 1506-10

- 扌 + {艹 + 合(합할/모을 합) = 荅(우두컨한모양 답)} = 搭 (0673 참조)
- ☞ 손(扌)으로, 풀(艹)을 한데 모아서(合) 우두커니 서 있는 모양(荅)을 이루게 하듯이 수레에 덩그렇게 싣는다는 데서 「싣다. (수레에 몸을 싣는다는 데서)타다」 뜻으로.

搭載(탑재 - 배나 비행기 등에 물건을 실음) 搭乘客(탑승객 - 배나 비행기 등에 탄 손님)

描 그릴 묘: 1507-10

- 扌 + {艹(풀 초) + 田(밭 전) = 苗(싹 묘)} = 描 (2748 참조)
- ☞ 손(扌)으로, (빈 땅에) 씨앗이 싹(苗)을 틔우는 것처럼 (빈 도화지에) 사물의 형상을 하나하나씩 그려 나간다는 데서 「그리다」 뜻으로.

描寫(묘:사 - 사물을 있는 그대로 그려 냄) 描畵(묘:화 - 본뜬 그림) 素描(소:묘 - 명암 위주로 그린 그림)

揀 가릴 간: 1508-10

- 扌 + 柬(분별할/가릴 간) = 揀
- ☞ 손(扌)으로 (필요한 것을) 가린다(골라낸다)(柬)는 데서 「가리다」 뜻으로.

揀擇(간:택 - 왕이나 왕자·공주의 배우자를 고르는 일) 揀選(간:선 - 가려서 뽑음) 分揀(분간)

手 부수(자원과 쓰임 → 1422 참조)

| ★ 柬(분별할/가릴 간)과 결합을 이룬 글자. | 1508 별첨 |

諫(간할 간) ☞ 言(3276) → 옳고 그름을 분별하여(가려내어)(柬) 주도록 임금에게 말씀(言) 드린다는 데서「간하다. (간하여)바로잡다」諫言(간언)

練(익힐 련) ☞ 糸(2458) → (좋은 품질의) 실(糸)을 가려(뽑아)(柬)내기 위하여 삶거나 씻는 여러 단계의 작업 과정을 거친다는 데서「마전하다. (마전하듯이 학예를 익힌다는 데서)익히다」

鍊(단련할 련) ☞ 金(3433) → 품질이 좋은 쇠(金)를 가려(뽑아)(柬)내기 위하여 쇠를 불에 달구어서 두드리고 식히는 작업 과정을 수없이 반복한다는 데서「단련하다」鍊武(연무)

煉(달굴 련) ☞ 火(1131) → 품질이 좋은 쇠를 가려(뽑아)(柬)내기 위하여 쇠를 불(火)에 달구어 두드린다는 데서「달구다. 불리다」煉瓦(연와)

揖 읍할 읍. 이룰 집.   1509-10

◉ 扌 + {口 + 耳 = 咠(귓속말할 집)} = 揖 (3176 참조)
☞ 입(口)을 상대방의 귀(耳)에 대고서 귓속말하는(咠) 것처럼 두 손(扌)을 귀 언저리에 들어 올려 절(揖)하는 모양이라는 데서「읍하다. (손을)합하다」뜻으로.
揖禮(읍례 - 두 손을 맞잡아 얼굴 앞으로 들고 허리를 굽혔다 펴면서 손을 내리는 인사) 揖讓(읍양)

摸 더듬을 모. 규모 모 | 더듬을/잡을 막.   1510-10

◉ 扌 + 莫(말/없을 막 | 저물 모) = 摸 (2731 참조)
☞ 날이 저물어(莫) 어두워지면 손(扌)을 더듬거리어(어림짐작하여) 물건을 잡는다는 데서「더듬다. 잡다. (어림잡은)규모」뜻으로.
摸索(모색 - 더듬어 찾음) 摸倣=模倣(모방 - 본떠서 함. 흉내를 냄)

搾 짤 착.   1511-10

◉ 扌 + 窄(좁을/낄 착) = 搾 (2174 참조)
☞ 손(扌)을 좁게(窄) 오므리어 나물이나 물걸레 같은 것을 쥐어짠다는 데서「짜다」뜻으로.
搾乳(착유 - 젖을 짬) 搾油(착유 - 기름을 짬) 搾取(착취 - 대가를 치르지 않고 잉여 가치를 독점하는 일)

撞 칠 당. 두드릴 당.   1512-10

◉ 扌 + {立(설 립) + 里(마을 리) = 童(아이 동)} = 撞 (2255 참조)
☞ 여기서 童은 동동거리는 소리를 표현한 의성어(擬聲語)로 봄. 손(扌)으로 동동(童)거리는 소리가 나도록 북이나 종 같은 것을 친다(두드린다)는 데서「치다. 두드리다」뜻으로.
撞着(당착 - 앞뒤가 서로 맞지 않음. 모순됨) 撞球(당구) 自家撞着(자가당착 - 자기모순)

撫 어루만질 무(:). 쓰다듬을 무.   1513-10

◉ 扌 + 無(없을/빌 무) = 撫 (1104 참조)
☞ 손(扌)으로 통증이나 맺혀 있는 감정 같은 것을 없애(無)주기 위하여 어루만져 주거나 쓰다듬어 준다는 데서「어루만지다. 쓰다듬다」뜻으로.
撫摩(무마 - 손으로 어루만짐) 愛撫(애:무 - 사랑하여 어루만짐)

撒 뿌릴 살. 1514-10

◉ 扌 + 散(흩을 산) = 撒 (1806 참조)
☞ 손(扌)으로 물이나 씨앗 같은 것을 흩어지게(散) 한다는 데서 「뿌리다」 뜻으로.
撒布(살포 - 뿌림) 撒水(살수 - 물을 흩어서 뿌림)

挾 낄 협. 1515-10

◉ 扌 + 夾(낄 협) = 挾 (0754 참조)
☞ 손(扌)으로 사람이나 물건을 옆구리에 낀다(夾)는 데서 「끼다」 뜻으로.
挾攻(협공 - 양쪽으로 끼고 들이침) 挾雜(협잡 - 그릇되게 남을 속이는 짓) 挾勢(협세) 挾殺(협살)

挫 꺾을 좌: 꺾어질/잡을 좌. 1516-10

◉ 扌 + 坐(앉을/꿇을 좌) = 挫 (0668 참조)
☞ 손(扌)으로 나뭇가지 같은 것을 휘어잡아 땅바닥에 가라앉게(꿇어지게끔)(坐) 한다는 데서 「꺾다. 꺾이다. 잡다」 뜻으로.
挫折(좌:절 - 마음과 기운이 꺾임) 挫氣(좌:기 - 기세가 꺾임) 挫傷(좌:상 - 기운이 꺾이고 마음이 상함)

摯 잡을 지. 1517-10

◉ 執(잡을/가질/지킬 집) + 手 = 摯 (0672 참조)
☞ 손(手)으로 사람이나 물건을 잡는다(執)는 데서 「잡다」 뜻으로.
眞摯(진지 - 진실하게 일에 당하며 흔들리지 아니함)

撥 다스릴/퉁길 발. 1518-10

◉ 扌 + 發(필/쏠/일어날 발) = 撥 (2267 참조)
☞ 손(扌)을 써서 문물을 피어나게(發) 하는, 또는 술대를 잡은 손(扌)으로 거문고 같은 악기의 현을 일으킨다(發)는 데서 「다스리다. (현을)퉁기다」 뜻으로.
撥絃(발현 - 술대로 현을 굵음) 撥亂(발란 - 어지러운 세상을 평정함) 反撥(반:발 - 되받아서 퉁겨짐)

撲 칠/때릴 박. 1519-10

◉ 扌 + 業(번거로울 복) = 撲 (0166 참조)
☞ 손(扌)을 번거롭게(業) 내민다는 데서 「치다. 때리다」 뜻으로.
撲殺=搏殺(박살 - 때려죽임) 撲滅(박멸 - 모조리 잡아 없앰) 打撲傷(타:박상 - 부딪쳐서 난 상처)

撐 버틸 탱. 1520-10

撑 버틸 탱. 1521-00

◉ 扌 + 牚(버팀목 탱) = 撐 (1421 참조)
◉ 扌 + 掌(손바닥 장) = 撑 ※ 撑은 撐의 속자.

☞ 撑 → 손(扌)으로, (물체를 떠받치는) 버팀목(牚)처럼 물체를 떠받치어 가라앉지 않도록 버틴다는 데서「버티다」뜻으로.
☞ 撐 → 撑 글자의 탱(牚)이 장(掌)으로 대체되어 속자화(俗字化)된 글자.
撑柱(탱주 - 버티는 기둥) 支撑=支撐(지탱 - 버티어 유지함) 撑中=撐中(탱중 - 화나 욕심이 가득함)

擦 문지를 찰.   1522-10

◉ 扌 + 察(살필 찰) = 擦 (0592 참조)
☞ 손(扌)이 여기저기를 두루 살피는(察) 것처럼 살갗을 골고루 문지른다는 데서「문지르다」뜻으로.
擦過傷(찰과상 - 스치거나 문질려서 살갗이 벗어진 상처) 擦傷(찰상 - 찰과상) 按擦(안:찰)

撈 건질/건져낼 로. 잡을 로.   1523-10

◉ 扌 + {炏(불성할 개) + 冖 + 力 = 勞(일할/수고로울 로)} = 撈 (0362 참조)
☞ 손(扌)으로, 불이 성하게(炏) 덮여(冖) 있는 불씨를 힘들여(力) 끄집어낸다는 데서「건지다. 건져 내다. 잡다」뜻으로.
※ 예전에는 불씨를 매우 소중하게 다루었음.
漁撈(어로 - 물고기나 해산물을 포획, 채취하는 일)

擄 노략질할 로.   1524-10

◉ 扌 + {虍(범 호) + 毌(꿸 관) + 力(힘 력) = 虜(사로잡을/포로 로)} = 擄 (2848 참조)
☞ 손(扌)으로 남의 가축이나 아녀자를 사로잡아(虜) 끌고 간다는 데서「노략질하다」뜻으로.
擄掠(노략 - 떼를 지어 다니면서 사람이나 재물을 빼앗아 감)

撻 매질할/때릴 달.   1525-10

◉ 扌 + 達(통할/다다를/이를 달) = 撻 (3099 참조)
☞ 회초리를 쥔 손(扌)이 상대방의 종아리나 볼기에 다다른다(이른다)(達)는 데서「매질하다. 때리다」뜻으로.
撻楚(달초 - 훈계하느라고 볼기나 종아리를 때림) 鞭撻(편달 - 종아리나 볼기를 침. 타이르고 격려함)

擒 사로잡을 금.   1526-10

◉ 扌 + 禽(날짐승 금) = 擒 (2252 참조)
☞ 손(扌)으로 날짐승(禽)을 잡는다(생포한다)는 데서「사로잡다」뜻으로.
生擒(생금 - 산채로 잡음. 생포) 七縱七擒(칠종칠금 - 상대를 마음대로 함을 비유하여 이르는 말)

擬 비길 의. 비슷할/흡사할 의.   1527-10

◉ 扌 + 疑(의심할/그럴듯할/비길 의) = 擬 (2248 참조)
☞ 손(扌)으로 그럴듯하게(疑) 만든다(실물과 비슷하게 모조품을 만든다)는 데서「비슷하다. 비기다. 흡사하다」뜻으로.
擬死(의사 - 동물이나 곤충이 죽은 체하는 일) 擬作(의작) 擬聲語(의성어) 擬似症(의사증) 模擬(모의)

手 부수(자원과 쓰임 → 1422 참조)

擢 뽑을 탁.
1528-10

◉ 扌 + 翟(꿩/꿩깃 적) = 擢 (1025 참조)
☞ 손(扌)으로 꿩 깃(翟)을 뽑는다는 데서 「뽑다」 뜻으로.
※ 옛날에는 화살 재료와 장식용으로 꿩 깃이 많이 쓰였기에 이를 채취하였음.
擢用(탁용 - 많은 사람 가운데 뽑아서 씀) 拔擢(발탁 - 많은 사람 중에서 쓸 만한 사람을 추려서 씀)

擾 어지러울/시끄러울 요. 번거로울/요란할 요.
1529-10

◉ 扌 + {頁(머리 혈) + 夊(걸어가는모양 애) = 憂(근심할 우)} = 擾
☞ 손(扌)으로 머리(頁)를 감싸고 걸어갈(夊) 정도로 근심할 거리가 수없이 많다는 데서 「어지럽다. 번거롭다. 요란하다. 시끄럽다」 뜻으로.
擾亂=搖亂(요란 - 시끄럽고 어지러움) 擾民(요민 - 백성을 성가시게 함) 騷擾(소요 - 떠들썩한 사태)

擲 던질 척. 떨칠 척.
1530-10

◉ 扌 + 鄭(나라/점잖고묵직할 정) = 擲 (2934 참조)
☞ 나라(鄭)를 손아귀(扌)에 쥐고 좌지우지하는 것처럼 위세를 크게 떨친다는 데서 「떨치다. (떨치어서)던지다」 뜻으로.
擲柶(척사 - 윷. 윷놀이) 擲錢(척전 - 동전을 던짐) 擲殺(척살 - 던지어서 죽임) 投擲(투척 - 던짐)

攀 더위잡을/잡을 반.
1531-10

◉ 樊(울타리/말뱃대끈 번) + 手 = 攀
※ 더위잡다 → 높은 데에 오르려고 무엇인가를 끌어 잡다.
☞ (승마하기 위하여) 말뱃대끈(樊)을 손(扌)으로 잡는다는 데서 「더위잡다. 잡다」 뜻으로.
攀緣(반연 - 기어 올라감) 攀緣植物(반연식물 - 덩굴식물) 登攀(등반 - 높은 곳에 오름)

★ 樊(울타리/말뱃대끈 번)과 결합을 이룬 글자.	1531 별첨
礬(백반 반) ☞ 石(2156) → 울타리(樊)를 둘러놓은 모양처럼 태두리가 팔면체로 둘리어 있는 돌(石)의 일종이라는 데서 「백반」 白礬(백반)	

拗 꺾을/우길 요. 분지를/비뚤/어길 요.
1532-10

◉ 扌 + {幺(작을 요) + 力(힘 력) = 幼(어릴 유)} = 拗 (0906 참조)
☞ 손(扌)으로, 나뭇가지를 요(幺) 글자 형상처럼 굴곡지게끔 힘주어(力) 비틀어 꺾는다는 데서 「꺾다. 비뚤다. (비뚤게 주장한다는 데서)어기다. 우기다」 뜻으로.
拗矢(요시 - 화살을 꺾음) 執拗(집요하다 - 고집스럽고 끈질기다)

抹 지울 말. 바를 말.
1533-10

◉ 扌 + 末(끝/다할/가루 말) = 抹 (1605 참조)
☞ 손(扌)으로 가루(末)를 바른다는 데서 「바르다. (발라서)지우다」 뜻으로.

手 부수(자원과 쓰임) → 1422 참조

抹消(말소 - 있는 사실을 지워 없애 버림) 抹去(말거 - 지워 없앰) 抹殺(말살) 塗抹(도말) 一抹(일말)

拐 후릴/속일 괴. 유인할/꾈 괴. 1534-10

- 扌 + {口 + 刀(칼 도) = 另(살바를 과)} = 拐
- 손(扌)으로 뼈에 붙어 있는 살점을 발라(도려)(另)낸다는 데서 「후리다. (살을 후려내듯이 교묘하게 끌어낸다는 데서)유인하다. 속이다. 꾀다」 뜻으로.

拐騙(괴편 - 꾀어서 속임) 誘拐(유괴 - 꾀어내는 일) 誘拐犯(유괴범)

拿 잡을 나: 붙잡을 나. 1535-10

- 合(합할/모을 합) + 手 = 拿 (0795 참조) ※ 拿는 拏(붙잡을 나)의 속자.
- 두 손(手)을 합하여(모아서)(合) 사람이나 물건을 잡는다는 데서 「붙잡다. 잡다」 뜻으로.

拿捕(나:포 - 죄인을 붙잡음. 침범한 적선 같은 것을 붙잡음) 拿獲(나:획 - 나포)

拏 잡을 나. 붙잡을/이끌 나. 1536-10

- 奴(노예 노) + 手 = 拏 (0473 참조)
- (도망친) 노예(奴)를 붙잡아 손(手)에 밧줄을 묶어 이끌어 간다는 데서 「(노예를)붙잡다. 잡다. 이끌다」 뜻으로.

漢拏山(한:라산 - 제주도에 위치한 산 이름. 산정에는 백록담白鹿潭이 있음. 높이는 1950m)

按 누를 안(:) 어루만질/상고할 안. 1537-10

- 扌 + 安(편안할/안온할/안정할 안) = 按 (0580 참조)
- 손(扌)으로 몸이 편안하여(安)지도록 지압을 하거나 어루만져 준다는 데서 「누르다. 어루만지다」 뜻으로.

按摩(안:마 - 몸을 두드리거나 주무르는 일) 按配(안:배) 按撫(안:무) 按舞(안:무) 按察(안:찰) 按酒(안주)

拭 닦을/씻을 식. 청소할 식. 1538-10

- 扌 + 式(법/제도/의식 식) = 拭 (0936 참조)
- ※ 여기에서 式(식)은 식식거리는 소리를 표현한 의성어(擬聲語)로 봄.
- 걸레를 쥔 손(扌)으로 마루나 방바닥을 식식(式)거리며 문지른다(닦는다)는 데서 「닦다. 씻다. 청소하다」 뜻으로.

拭目(식목 - 눈을 씻고 자세히 봄) 拭拂(식불 - 깨끗이 쓸고 닦음)

拇 엄지손가락 무: 1539-10

- 扌 + 母(어머니 모) = 拇 (2020 참조)
- 손(손가락)(扌) 가운데 어머니(母) 구실을 하는 손가락이라는 데서 「엄지손가락」 뜻으로.

拇指(무:지 - 엄지손가락) 拇印(무:인 - 엄지손가락으로 찍는 도장)

365

披 펼칠/헤칠 피. 나눌 피. 1540-10

- 扌 + 皮(가죽/껍질/거죽/살갗 피) = 披 (2190 참조)
- ☞ 손(扌)으로 짐승의 가죽(皮)을 벗겨 내어 펼친다는 데서 「펼치다. 헤치다. 나누다」 뜻으로.

披瀝(피력 - 속마음을 숨기지 않고 털어놓음) 披露宴(피로연 - 알리는 뜻으로 여는 연회) 猖披(창피)

扮 꾸밀 분. 잡을 분. 1541-10

- 扌 + 分(나눌/분별할 분) = 扮 (0227 참조)
- ☞ 각자의 손(扌)에 나누어(分) 주는, 곧 연극 같은 역할을 각자에게 분담시켜 함께 꾸려(꾸며) 나간다는 데서 「(연극을)꾸미다. (배역을)잡다」 뜻으로.

扮裝(분장 - 출연 배우가 등장인물로 꾸밈) 扮飾(분식 - 몸치장)

扱 거둘(收) 급 | 꽂을 삽. 다룰/미칠 급 | 거둘/취할 삽. 1542-10

- 扌 + 及(미칠/이를 급) = 扱 (0389 참조)
- ☞ 손(扌)이 미치는(及), 곧 손으로 농기구를 다루거나 추수한 벼를 거두어들인다는 데서 「(곡식을) 거두다. (농기구를)다루다. (손길이)미치다. (지면에 미치어)꽂다」 뜻으로.

扱匙正箸(삽시정저 - 제사상에 숟가락을 젯밥에 꽂고 젓가락을 바르게 놓음) 取扱(취:급 - 사물을 다룸)

撰 지을 찬: 갖출 찬 | 가릴 선 | 가질 전. 1543-10

- 扌 + 巽(사양할/부드러울 손)} = 撰 (0950 참조)
- ☞ 손(扌)으로, 직책을 사양하고(巽) 물러난 자리에 적임자를 가리어(뽑아서) 새로운 진용을 갖춘다는 데서 「가리다. 갖추다. 가지다. (문맥을 갖추어 글을)짓다」 뜻으로.

撰述(찬:술 - 글을 지음) 撰文(찬:문) 撰進(찬:진 - 임금께 글을 지어올림) 撰定(찬:정) 撰集(찬:집)

撮 취할/모을 촬. 집을/사진찍을 촬. 1544-10

- 扌 + 最(가장 최) = 撮 (1988 참조)
- ☞ 손(扌)으로 가장(最) 좋은 것을 취한다(고른다)는 데서 「취하다. 모으다. 집다」 뜻으로.

撮要(촬요 - 요점만 골라서 취함) 撮影(촬영 - 형상을 사진이나 영화로 찍음)

捺 누를 날. 손가락으로무겁게누를 날. 1545-10

- 扌 + {大(큰 대) + 示(보일 시) = 奈(어찌 내)} = 捺 (0742 참조)
- ☞ 손(扌)을 크게(大) 벌려 보이는(示) 것처럼 손가락을 펼치어 힘껏 누른다는 데서 「누르다. 손가락으로 무겁게 누르다」 뜻으로.

捺印(날인 - 도장을 찍음)

捷 빠를/이길 첩. 꽂을 삽. 1546-10

- 扌 + 疌(베틀디딜 섭) = 捷
- ☞ 손(扌)에 북(베틀의 실을 나르는 기구)을 쥐고 베틀 디디는(疌) 속도보다 빠르게 바디(실을

쳐주는 기구) 사이에 꽂는다는 데서 「빠르다. 꽂다. (빠르다는 데서)이기다」 뜻으로.
捷報(첩보 - 싸움에 이겼다는 보고) 捷徑(첩경 - 지름길) 敏捷(민첩) 閑山島大捷(한산도대첩)

擅 멋대로할 천: 오로지할/의지할 천. 1547-10

- ⓞ 扌 + 亶(클/많을/믿을 단) = 擅 (0655 참조)
- ☞ 손(扌)을 크게 믿는(亶), 곧 타협하거나 순리대로 하지 않고 오로지 완력에만 의지하여 제멋대로 행동한다는 데서 「멋대로 하다. 오로지하다. (완력에)의지하다」 뜻으로.

擅斷(천:단 - 제멋대로 처단함) 擅橫(천:횡 - 제멋대로 횡포를 부림) 擅名(천:명 - 드러내서 밝힘)

攄 펼 터: 베풀 터. 1548-10

- ⓞ 扌 + 慮(생각할/걱정할 려) = 攄 (1859 참조)
- ☞ 손(扌)으로 머리를 긁적이면서 생각할(慮) 거리를 펼쳐 낸다는 데서 「펴다. 베풀다」 뜻으로.

攄得(터:득 - 깨달아 알아냄) 攄懷(터:회 - 생각을 터놓음) 攄抱(터:포 - 터회) 攄破(터:파 - 의혹을 풀어 줌)

揄 야유할/끌 유. 희롱할/칭찬할 유. 1549-10

- ⓞ 扌 + 俞(점점/나을/인월도 유) = 揄 (0357 참조)
- ☞ 손(扌)으로 물건이나 신체 부위를 잡고서 앞으로 나아간다(俞)는 데서 「끌다. (민감한 신체 부위를 끈다는 데서)야유하다. 희롱하다」 뜻으로.

揄揚(유양 - 칭찬하여 치켜세움) 揶揄(야:유 - 남을 빈정거리며 놀리는 말이나 몸짓)

揶 야유할/희롱할 야: 희롱지거리할 야. 1550-10

- ⓞ 扌 + 耶(어조사/그런가/의문사/움푹파진곳 야) = 揶 (2876 참조)
- ☞ 손(扌)을 움푹 파진 곳(耶)에 갖다 대는, 곧 손으로 겨드랑이 같은 민감한 신체 부위를 만지거나 간질인다는 데서 「희롱하다. 야유하다」 뜻으로.

揶揄(야:유 - 남을 빈정거리며 놀리는 말이나 몸짓)

撓 구부러질/휠 뇨: 휘어질/흔들 뇨. 1551-10

- ⓞ 扌 + {垚(높은모양 요) + 兀(우뚝할 올) = 堯(요임금/높을 요)} = 撓 (0689 참조)
- ☞ 손(扌)으로, (열매를 따기 위하여) 높게(堯) 자란 나뭇가지를 휘어잡아 흔든다는 데서 「(나뭇가지가)구부러지다. 휘어지다. 휘다. (가지를)흔들다」 뜻으로.

撓改(요:개 - 휘어서 고침) 撓折(요:절 - 꺾음) 撓屈(요:굴) 撓改不得(요:개부득) 不撓不屈(불요불굴)

攘 물리칠 양: 1552-10

- ⓞ 扌 + 襄(도울/옷벗고밭갈/오를/이룰/옮길 양) = 攘 (2560 참조)
- ☞ 손(扌)을 써서 적군을 옮겨가게(물러나게)(襄) 한다는 데서 「물리치다」 뜻으로.

攘夷(양:이 - 오랑캐를 물리침) 攘斥(양:척 - 물리침) 攘奪(양:탈 - 힘으로 빼앗아 가짐)

手 부수(자원과 쓰임 → 1422 참조)

拌 버릴 반. 나눌 반.   1553-10

◉ 扌 + 半(반/절반/가운데 반) = 拌 (0335 참조)

☞ 손(扌)으로 전체 분량의 절반(半)이 되도록 떼어 내어 버린다는 데서「버리다. (절반으로)나누다」뜻으로.

攪拌(교반 - 휘저어 섞음) 攪拌機(교반기 - 뒤섞는 기계)

搔 긁을 소. 잡을 소.   1554-10

◉ 扌 + 蚤(벼룩 조) = 搔

☞ 벼룩(蚤)에게 물리어 가려운 곳을 손(扌)으로 긁는, 또는 손(扌)으로 벼룩(蚤)을 잡는다는 데서 「(가려운 데를)긁다. (벼룩을)잡다」뜻으로.

搔癢(소양 - 가려운 데를 긁음) 搔爬手術(소파수술 - 인체 내부의 조직을 긁어내는 수술)

★ 蚤(벼룩 조)와 결합을 이룬 글자.		1554 별첨
騷(떠들 소)	☞ 馬(3583) →	말(馬)이, 뛰어오르는 벼룩(蚤)처럼 매우 사납게 날뛴다는 데서「떠들다」
瘙(피부병 소)	☞ 疒(2334) →	벼룩(蚤)에게 물린 것처럼 피부가 헐고 가려움증을 수반하는 병(疒)이라는 데서「종기. 피부병」瘙部(소부)

挺 빼어날 정. 뽑을 정.   1555-10

◉ 扌 + 廷(조정/바를/머무를 정) = 挺 (0411 참조)

☞ 조정(廷)에서 손(손길)(扌)을 뻗치어 학문이나 기예가 남달리 뛰어난 인재들을 발탁하여 쓴다는 데서 「(인재가)빼어나다. (인재를)뽑다」뜻으로.

挺出(정출 - 남달리 뛰어남) 挺傑(정걸 - 아주 월등하게 뛰어남) 挺戰(정전) 挺秀(정수) 挺身隊(정신대)

拱 팔짱낄 공: 1556-10

◉ 扌 + 共(한가지/모을 공) = 拱 (0323 참조)

☞ 두 손(扌)을 함께 모으는(共) 자세를 취한다는 데서 「팔짱끼다」뜻으로.

拱手(공:수 - 예를 표하기 위하여 두 손을 마주 잡음. 아무것도 하지 않고 있음) 拱揖(공:읍 - 읍하는 예)

攪 흔들/어지러울 교. 손놀릴 교ㅣ어지러울/흔들 효.   1557-10

◉ 扌 + 覺(깨달을 각) = 攪 (2952 참조)

☞ (무엇인가를 모르고 있다가) 깨달음(覺)에 이르렀을 때에 머리를 끄덕이는 것처럼 손(扌)을 끄덕인다는 데서 「손 놀리다. 흔들다. (흔들어서)어지럽다」뜻으로.

攪亂(교란 - 뒤흔들어 어지럽게 함) 攪拌機(교반기 - 재료를 뒤섞는 기구) 攪亂作戰(교란작전)

撚 비틀/비빌 년. 잡을 년.   1558-10

◉ 扌 + {夕(= 月 고기 육) + 犬(개 견) + 灬(불 화) = 然(그러할 연)} = 撚 (1100 참조)

☞ 然은 개(犬) 고기(夕)가 불(灬)에 그을리어 비틀어진 모양. 손(扌)으로 물걸레를 잡고서 불에 비틀

手 부수(자원과 쓰임 → 1422 참조)

어진 개고기 모양(然)처럼 비튼다는 데서 「비틀다. (비틀어서)비비다. 잡다」 뜻으로.
撚斷(연단 - 손끝으로 비틀어 끊음) 撚絲(연사 - 여러 가닥의 실을 꼬아 만든 실)

扼 누를/잡을 액. 움킬 액.   1559-10

- ⊙ 扌 + {厂(언덕 엄) + 巳(병부/몸기 절) = 厄(재앙 액)} = 扼 (0293 참조)
- ☞ 손(扌)으로, 언덕(厂) 아래로 굴러 떨어진 구부정한 병부(몸)(巳) 모양처럼 물체가 굽어질 정도로 힘껏 누르거나 움켜잡는다는 데서 「누르다. 잡다. 움키다」 뜻으로.

扼喉(액후 - 목을 누름) 扼腕(액완 - 분격하여 팔짓을 함)

抒 풀 서: 물자아올릴/꺼낼/당길 서.   1560-10

- ⊙ 扌 + 予(나/줄/취할 여) = 抒 (0035 참조)
- ☞ 손(扌)으로 바닥에 놓인 물체를 취한다(끌어올린다)(予)는 데서 「당기다. 꺼내다. 물 자아올리다. (실마리를 자아내어)풀다」 뜻으로.

抒情=敍情(서:정 - 자기의 감정을 펴서 나타냄) 抒情的=敍情的(서:정적) 抒情詩(서:정시)

捧 받들 봉: 움큼 봉.   1561-10

- ⊙ 扌 + 奉(받들/봉양할/높일/공물 봉) = 捧 (0734 참조)
- ☞ 두 손(扌)을 한데 모아 물건을 받들어(奉) 올린다는 데서 「받들다. 움큼」 뜻으로.

捧納=奉納(봉:납 - 물건을 바침 또는 거두어들임) 捧入(봉:입) 捧上(봉:상) 捧招(봉:초) 加捧女(가봉녀)

拮 일할 길. 열심히일할/바를 길.   1562-10

- ⊙ 扌 + 吉(길할/이로울/착할 길) = 拮 (0805 참조)
- ☞ 길한(이로운)(吉) 삶을 영위하기 위하여 손(扌)으로 부지런하게 일한다는 데서 「열심히 일하다. 일하다. (열심히 일하여 생활 방도가)바르다」 뜻으로.

拮抗(길항 - 서로 버티어 대항함) 拮抗作用(길항작용 - 한쪽이 줄면 다른 쪽이 늘어나는 한 쌍의 근육)

捏 만들/꾸밀 날. 꼭찍을/꽉누를 날.   1563-10

- ⊙ 扌 + 㞷(막을/막힐 녈) = 捏 (1356 참조)
- ☞ 손(扌)으로, 갈라진 틈이나 구멍을 진흙 같은 것으로 채워 꾹꾹 눌러 가면서 막는다(㞷)는 데서 「꼭 찍다. 꽉 누르다. 만들다. 꾸미다」 뜻으로.

捏造(날조 - 사실이 아닌 것을 사실인 것처럼 꾸밈)

擘 엄지손가락 벽.   1564-10

- ⊙ 辟(임금/편벽될/기울 벽 | 피할 피) + 手 = 擘 (3317 참조)
- ☞ 임금(辟)에 비유하는, 곧 으뜸가는 손(손가락)(手)이라는 데서 「엄지손가락」 뜻으로.

擘指(벽지 - 엄지손가락) 巨擘(거:벽 - 학식이 뛰어난 사람)

手 부수(자원과 쓰임 → 1422 참조)

擡   들(擧) 대. 움직일 대.　　　　　　　　　　　　　　　　　1565-10

● 扌 + 臺(대/집/높을 대) = 擡 (2867 참조)
☞ 손(扌)으로 대(받침대)(臺)를 들어 올린다(옮긴다)는 데서 「들다. (대가)움직이다」 뜻으로.
擡頭(대두 - 어떤 현상이 일어나거나 고개를 듦)

掉   흔들 도. 떨칠 도.　　　　　　　　　　　　　　　　　　1566-10

● 扌 + 卓(높을/우뚝할/책상 탁) = 掉 (0337 참조)
☞ 손(扌)을 높이(卓) 쳐들어 크게 휘젓는다(흔든다)는 데서 「흔들다. 떨치다」 뜻으로.
掉尾(도미 - 꼬리를 흔듦. 끝판에 더욱 활약함) 掉說(도설 - 변론함) 掉頭(도두 - 머리를 흔듦).

掩   가릴 엄:　　　　　　　　　　　　　　　　　　　　　　1567-10

● 扌 + 奄(문득/덮을/가릴 엄) = 掩 (0751 참조)
☞ 손(扌)으로 얼굴 같은 부위를 가린다(奄)는 데서 「가리다」 뜻으로.
掩蔽(엄:폐 - 가리어 숨김) 掩襲(엄:습 - 불의에 습격함) 掩迹(엄:적) 掩殺(엄:살) 掩護射擊(엄:호사격)

手(扌)	爪(爫)	比	歹(歺)
손 수	손톱 조	견줄 비	뼈 앙상할 알

부수 4획

爪 손톱 조. 손톱발톱/긁을/할퀼 조.   1568-10

- **자원** 爪 → 손톱 모양, 또는 손톱으로 긁어내리는 모양을 표현.
- **쓰임** 「손톱. 손가락. 손. 손으로 덮은 모양」과 의미로 쓰임.

爪甲(조갑 - 손톱이나 발톱) 爪痕(조흔 - 손톱으로 할퀸 흔적)

爭 다툴 쟁. 이끌/다스릴 쟁.   1569-50

- ◉ 爫 + 彐(→ 又(손 우) + 亅(갈고리 궐) = 爭
- ☞ 손톱(爫)과 손(彐)을 갈고리(亅)처럼 꼬부리어 상대방의 멱살을 끌어당기거나 할퀴면서 싸운다는 데서 「다투다. 이끌다. (바르게 이끌어 나간다는 데서)다스리다」 뜻으로.

爭取(쟁취 - 다투어서 취함) 爭奪(쟁탈 - 다투어 빼앗음) 爭點(쟁점) 爭訟(쟁송) 爭議(쟁의) 鬪爭(투쟁)

> ★ 爭(다툴/이끌 쟁)과 결합을 이룬 글자.   1569 별첨
>
> 靜(고요할 정) ☞ 靑(3368) → 하늘이 푸른빛(靑)으로 다스려져(爭) 있는, 곧 구름이 걷히고 바람마저 멎어 있어 풍광이 더없이 맑고 고요하다는 데서 「고요하다」 靜寂(정적)
>
> 淨(깨끗할 정) ☞ 氵(1228) → 다스려(爭) 놓은 물(氵), 곧 불순물을 가라앉혀(여과시켜) 놓은 깨끗한 물이라는 데서 「깨끗하다」 淨水(정수)
>
> 錚(쇳소리 쟁) ☞ 金(3458) → 다투는(爭) 소리처럼 쇠(金)가 부딪치는 소리라는 데서 「쇳소리」

爲 할 위(:). 될/위할/만들/지을/다스릴 위.   1570-42

- ◉ 爫 + 丹(→ 勹 쌀 포 × 3) + 灬(불 화) = 爲
- ☞ 손(爫)으로 불(灬)이 붙어 있는 숯을 잿더미에 겹겹이 감싸서(파묻어)(丹) 불씨를 만든다는 데서 「만들다. (불씨로)하다. 되다. (불씨를)다스리다」 뜻으로.
- ※ 불씨 → 불이 붙은 숯을 잿더미에 여러 겹으로 파묻어 두면 불이 쉽게 꺼지지 않고 오래 가는데, 이 숯덩이가 불씨임. 조선 시대에는 정초가 되면 화티(불씨 보관고)에 보관하던 불씨를 관리들에게 나누어 주었으며 백성들은 불씨를 매우 소중하게 다루었음.

爲國(위국 - 나라를 위함) 爲主(위주 - 주인이 됨. 주로 함) 爲始(위시) 爲政者(위정자) 爲人(위인)

> ★ 爲(할/될/위할 위)와 결합을 이룬 글자.   1570 별첨
>
> 僞(거짓 위) ☞ 人(0127) → 자연은 거짓이 없는 반면에 사람(亻)이 꾸며서 하는(爲), 곧 인위(人爲)에는 꾸밈(거짓)이 있다는 데서 「거짓」 僞造(위조)

爵 벼슬 작. 봉할 작.   1571-30

- ◉ {爫 + 罒(눈 목) = 㓁(= 㬜 보이지않을 밀)} + 㝵(벼슬 작) = 爵
- ※ 봉(封)하다 → ①작위나 품계를 내려 주다. ②봉투의 부리를 붙이다. ③입을 다물다.

爪 부수(자원과 쓰임 → 1568 참조)

☞ 보이지 않는(䀠) 곳에 거주하는(조회에 참석하지 않거나 지방에 거주하는) 왕족이나 공신들에게 봉하여 주는 벼슬(寸)이라는 데서 「벼슬. 봉하다」 뜻으로.

爵位(작위 - 벼슬의 지위) 爵(작 - 공작·후작·백작·자작·남작의 벼슬) 侯爵(후작) 伯爵(백작)

★ 爵(벼슬/봉할 작)과 결합을 이룬 글자.		1571 별첨
嚼(씹을 작)	☞ 口(0886) → 입(口)에 음식물을 봉하여(爵) 주는, 곧 음식물을 입에 넣어서 씹도록(음미하도록) 한다는 데서 「씹다. 맛보다」 咀嚼(저작)	

爬 긁을 파. 기어갈 파.	1572-10

● 爪 + 巴(뱀/꼬리/파초 파) = 爬 (0949 참조)

☞ 손톱(손가락)(爪)을, (몸뚱이를 구푸리어 기어 나가는) 뱀(巴)처럼 구부리어 살갗을 긁거나 기어 나간다는 데서 「긁다. 기어가다」 뜻으로.

爬蟲(파충 - 파충류에 속하는 동물의 총칭) 搔爬(소파 - 조직의 일부를 긁어내는 일)

| 부수 4획 | 手(扌) 손 수 | 爪(爫) 손톱 조 | 比 견줄 비 | 歹(歺) 뼈 앙상할 알 |

| 比 | 견줄 비: 비할/같을/화할/아우를/가지런할/차례/자주/미칠/다스릴 비. | 1573-50 |

자원 比 → 비수(匕 비수/숟가락 비) 두 개가 나란히 꽂혀 있는 모양. 또는 숟가락(匕) 두 개가 나란히 놓여 있는 모양을 표현.

쓰임 「비하다. 아우르다. 같다. 나란히 놓여 있는 모양」과 의미로 쓰임.

比較(비교 - 서로 견줌) 比例(비:례) 比喩(비:유) 比率(비:율) 比重(비:중) 比肩(비:견) 比丘尼(비:구니)

| 毗 | 도울 비. 밝을 비. | 1574-20 |

◉ 田(밭 전) + 比 = 毗 ※ 毗와 毘(도울 비)는 동자(同字).

☞ 논밭(田)에 이웃한 주민들이 나란히(比) 모여 서로가 도와 가며 일하는 밝은 모습이라는 데서 「돕다. 밝다」 뜻으로.

毘盧峯(비로봉 - 금강산의 최고봉) 毘盧遮那佛(비로자나불 - 연화장세계에서 산다고 하는 부처)

| 毖 | 삼갈 비. | 1575-20 |

◉ 比 + 必(반드시 필) = 毖

☞ 다른 사람과 아울러(더불어)(比) 지내기 위하여 마음에 반드시(必) 새겨야 할 조심성과 신중함이라는 데서 「삼가다」 뜻으로.

懲毖錄(징비록 - 조선 선조 때, 도체찰사 류성룡이 지은 임진왜란의 야사. 국보 제132호)

★ 比(견줄/비할/같을/화할/아우를/가지런할 비)와 결합을 이룬 글자.	1575 별첨
批(비평할 비)	☞ 手(1438) → 손(손가락)(扌)으로 여러 가지 사물을 지적하여 가면서 우열(優劣)을 비교하여(比) 말한다는 데서 「비평하다」 批評(비평)
庇(덮을 비)	☞ 广(0780) → 집(지붕)(广)에 이엉을 가지런하게 아울러(덮어)(比) 놓은 모양에서 「덮다」
秕(쭉정이 비)	☞ 禾(2228) → 벼(禾)와 아울러(比) 있는, 곧 잘 영근 벼와 뒤섞여 있는 잘 영글지 못한 벼라는 데서 「쭉정이」 秕政(비정)
砒(비상 비)	☞ 石(2158) → 돌(石)에 아울러(나란히)(比) 섞여(혼합되어) 있는 결정체이라는 데서 「비상」
妣(죽은어미 비)	☞ 女(0499) → 돌아가신 아버지 위패와 아울러(나란히)(比) 모시는 고인으로 된 여자(女)이라는 데서 「죽은 어미」 妣位(비위)
琵(비파 비)	☞ 玉(2064) → 여기에서 王王은 비파의 현 모양, 비파(比巴)는 비파 소리를 표현. 현(王王)을 긁으면 비파(삐빠)(比巴)거리는 소리가 나는 악기이라는 데서 「비파」
皆(다 개)	☞ 白(2083) → 아울러(比) 아뢰는(白), 곧 여러 신하들이 임금에게 일치된 의견으로 모두가 함께 아뢴다는 데서 「다. 모두. 함께」 皆勤(개근)

| 부수 4획 | 手(扌) 손 수 | 爪(爫) 손톱 조 | 比 견줄 비 | 歹(歺) 뼈 앙상할 알 |

| 歹 | 뼈앙상할 알. 죽을사 변. | 1576-00 |

자원 歹 → 一과 夕의 결합. 夕 → 月(= 肉 고기 육) 글자 획이 줄어들고 비틀어진 모양으로, 뼈대(一)와 줄어들은 살점(夕), 곧 뼈가 앙상하게 드러난 모양을 표현.

쓰임 「죽음. 앙상한 뼈 모양」과 의미로 쓰임.

| 死 | 죽을 사: 죽일/끊일/마칠/다할/위태할 사. | 1577-60 |

◉ 歹 + 匕(→ 化「될 화」의 획 줄임으로 봄) = 死

☞ 뼈가 앙상하여(歹) 죽음에 이르게 된다(匕)는 데서 「죽다. (생을)마치다. 다하다」 뜻으로.

死亡(사:망) 死生(사:생) 死活(사:활) 死別(사:별) 死力(사:력) 死鬪(사:투) 死後(사:후) 死生決斷(사:생결단)

★ 死(죽을/마칠 사)와 결합을 이룬 글자. 1577 별첨

| 屍(주검 시) | ☞ 尸(0964) → 주검(尸)에 이르러 있는 죽은(死) 시체라는 데서 「주검. 송장」 屍身(시신) |

| 殘 | 남을 잔. 쇠잔할/나머지/해칠 잔. | 1578-40 |

◉ 歹 + 戔(상할 잔 | 쌓일/얕고작을/적을/좁을 전) = 殘

☞ 뼈가 앙상하게(歹) 드러날 정도로 몸이 상하여(戔) 있는, 곧 뼈만 남아 있을 정도로 무척 쇠약하다는 데서 「쇠잔하다. (뼈만)남다. 나머지. (쇠잔하여 건강을)해치다」 뜻으로.

殘在(잔재 - 남아 있음) 殘滓(잔재 - 남은 찌꺼기) 殘額(잔액) 殘留(잔류) 殘忍(잔인) 殘虐(잔학)

★ 戔(상할 잔 | 쌓일/얕고작을/적을/좁을 전)과 결합을 이룬 글자. 1578 별첨

棧(잔도 잔)	☞ 木(1689) → 창을 쌓아(戔) 놓은 모양처럼 암벽에 나무(木)를 차곡차곡 꽂아서 사다리처럼 만들어 놓은 길이라는 데서 「잔도. 사다리」 棧道(잔도)
盞(잔 잔)	☞ 皿(2243) → 얕고 작은(戔) 그릇(皿)이라는 데서 「잔」 盞臺(잔대)
錢(돈 전)	☞ 金(3425) → 쇠(金)를 얕고 작은(戔) 모형으로 만들어 놓은 주화이라는 데서 「돈」
箋(쪽지 전)	☞ 竹(2696) → 대나무(竹)를 얕고 작은(戔) 모형으로 다듬어서 글씨를 써넣은 죽편(竹片)이라는 데서 「쪽지. 부전」 附箋紙(부전지)
餞(전별할 전)	☞ 食(3566) → 밥(食)을 그릇에 수북하게 쌓아(담아)(戔)서 길을 떠나는 손님을 배불리 먹이어 (접대하여) 보낸다는 데서 「전별하다. 보내다」 餞別(전별)
淺(얕을 천)	☞ 水(1229) → 물(氵)이 얕고 작게(戔) 흐른다는 데서 「물 얕다. 얕다」 淺薄(천박)
賤(천할 천)	☞ 貝(3058) → 재물(貝)의 분량이나 값어치가 적은(戔), 곧 재물로서의 값어치가 미미하여 대수롭지 않게 여긴다는 데서 「천하다. 경시하다」 賤視(천시)
踐(밟을 천)	☞ 足(3006) → 발(발걸음)(𧾷)이 쌓여(戔) 나가는, 곧 발로 차곡차곡 밟아 나간다는 데서 「밟다」

歹 부수(자원과 쓰임 → 1576 참조)

殆 위태할/거의 태. 1579-32
- 歹 + 台(나/기를 이 | 별/삼정승/심히늙을 태) = 殆 (0847 참조)
- ☞ 뼈가 앙상하게(歹) 나오고 심히 늙어서(台) 죽음을 거의 목전에 두고 있다는 데서 「위태하다. 거의」 뜻으로.

危殆(위태 - 형세가 매우 어려움) 殆半(태반 - 거의 절반)

殊 다를 수. 특히 수. 1580-32
- 歹 + 朱(붉을/줄기/그루터기 주) = 殊 (1622 참조)
- ☞ 뼈가 앙상하게(歹) 드러난 것처럼 (잎과 가지는 떨어지고) 줄기와 밑동만 남아 있는 붉은 빛깔의 그루터기(朱)는 유별나게 드러나(다르게) 보인다는 데서 「다르다. 특히」 뜻으로.

殊勳(수훈 - 뛰어난 공훈) 特殊(특수 - 특별히 다름)

殉 따라죽을 순. 1581-30
- 歹 + {日(날 일) + 勹(쌀 포) = 旬(열흘/두루 순)} = 殉 (1037 참조)
- ☞ 죽은(歹) 사람 곁으로 살아 있는 사람이 두루(旬) 묻히어 죽는다는 데서 「따라 죽다」 뜻으로.

殉國(순국 - 나라를 위하여 목숨을 바침) 殉職(순직) 殉敎(순교) 殉節(순절) 殉葬(순장) 殉愛(순애)

殃 재앙 앙. 벌내릴 앙. 1582-30
- 歹 + 央(가운데 앙) = 殃 (0737 참조)
- ☞ 죽음(歹)의 가운데(央)에 놓여 있는, 곧 천재지변 등으로 인하여 도저히 피할 수가 없는 죽음(불행한) 운명에 처하여 있다는 데서 「재앙. 벌 내리다」 뜻으로.

殃禍(앙화 - 재앙) 殃慶(앙경 - 재앙과 경사) 災殃(재앙 - 천재지변으로 말미암은 불행한 일)

殖 불릴 식. 번식할 식. 1583-20
- 歹 + 直(곧을 직) = 殖 (2270 참조)
- ☞ 초식 동물의 새끼가 뼈 앙상한(삐쩍 마른)(歹) 상태로 태어나서 곧게(곧장)(直) 일어서는, 곧 동물이 태어나는 즉시 개체 수가 불어난다는 데서 「불리다. 번식하다」 뜻으로.

殖産(식산 - 생산물을 불림) 增殖(증식 - 더하여 늘림) 繁殖(번식) 生殖(생식 - 낳아서 불림. 낳는 현상)

歿 죽을 몰. 1584-10
- 歹 + 歿(빠질 몰) = 歿 (1213 참조)
- ☞ 죽음(歹)의 늪에 빠진다(歿)는 데서 「죽다」 뜻으로.

戰歿(전:몰 - 전쟁터에서 싸우다 죽음. 전사)

殞 죽을 운: 1585-10
- 歹 + 員(인원/수효/둥글 원) = 殞 (0812 참조)
- ☞ 죽은(歹) 시신의 일원(員)으로 된다는 데서 「죽다」 뜻으로.

375

殞命(운:명 - 사람의 명이 끊어짐) 殞絶(운:절 - 운명) 殞感(운:감 - 제사 음식을 귀신이 맛봄)

| 殯 빈소 빈. | 1586-10 |

◉ 歹 + 賓(손/손님 빈) = 殯 (3066 참조)
☞ 죽은(歹) 사람을 애도(조문)하는 손님(賓)을 맞이하는 처소이라는 데서「빈소」뜻으로.
殯所(빈소 - 상이 끝날 때까지 예를 드리는 장소) 殯殿(빈전 - 왕·왕비의 관을 모시던 자리) 殯宮(빈궁)

| 殮 염할 렴: | 1587-10 |

◉ 歹 + 僉(다/여러 첨) = 殮 (0176 참조)
☞ 죽은(歹) 시신에 대하여 여러(僉) 가지(몸을 씻기고 수의를 갈아입혀 염포로 묶는 일 등의) 입관(入棺) 준비를 한다는 데서「염하다」뜻으로.
殮襲(염:습 - 죽은 사람의 몸을 씻긴 뒤에 옷을 입히고 염포로 묶는 일) 殮布(염:포 - 시체를 묶는 베)

| 殲 다죽일 섬. 다할/없앨 섬. | 1588-10 |

◉ 歹 + {从 + 戈 + 韭(부추 구) = 韱(산부추/가늘 섬)} = 殲 (3576 참조)
☞ 죽은(歹) 시신이, 촘촘하게 돋아난 산부추(韱)처럼 즐비하게 널리어 있다는 데서「다 죽이다. 다하다. 없애다」뜻으로.
※ 부추나 산부추는 가느다란 줄기가 무더기를 이루어 촘촘하게 자라나는 식물임.
殲滅(섬멸 - 남김없이 무찔러 멸망시킴) 殲撲(섬박 - 때려 부숨) 殲敵(섬적 - 적군을 섬멸시킴)

| 부수 4획 | 木 나무 목 | 片 조각 편 | 爿 조각 널 장 | 戶 지게문 호 |

木 나무 목. 질박할/강할/곧을/무명 목ㅣ모과 모.　　1589-80

- **자원** 木 → 가지(一)와 줄기(ㅣ)와 뿌리(八)로 이루어진 나무 모양을 표현.
- **쓰임** 「나무. 나뭇가지」 의미로 쓰임.

木材(목재 - 나무로 된 재료) 木製(목제 - 나무로 만든 물건) 木手(목수) 木枕(목침) 木板(목판) 木瓜(모과)

東 동녘 동. 동으로향할 동.　　1590-80

- 木 + 日(날 일) = 東
- 나무(木) 사이로 해(日)가 떠오르는 방향, 또는 오행(五行)에서 목(木)은 해(日)가 떠오르는 동쪽을 의미하는 데서 「동녘. 동으로 향하다」 뜻으로.

※ 扶桑(부상)과 東 글자. 扶桑(부상 → 동쪽) ↔ 咸池(함지 → 서쪽).
부상 → 해가 돋는 동쪽 바다 속에 있다고 하는 상상의 신성한 나무. 또는 그 나무가 있다는 곳(동쪽).
扶桑(부상)이라는 의미 「해를 도와서(부축하여)(扶 도울 부) 떠오르게 하는 뽕나무(桑 뽕나무 상)가 있는 곳을 동쪽이라고 여겼던」의 아득하게 먼 옛이야기서 착안하여 東 글자가 창제된 것으로 추리하여 봄.
東海(동해) 東問西答(동문서답 - 엉뚱한 대답을 일컬음) 東洋(동양) 東向(동향) 東醫寶鑑(동의보감)

★ 東(동녘/동으로향할 동)과 결합을 이룬 글자.　　1590 별첨

凍(얼 동)	☞ 冫(0298) → 얼음(冫)이 나무(木)에 둥근 해(日) 모양처럼 동그랗게 맺혀 있는, 곧 빗방울이 나뭇가지에 얼어붙어 있는 모양에서 「얼다」 凍結(동결)
棟(마룻대 동)	☞ 木(1660) → 집은 대개 남향으로 짓는 바, 동녘(東)에서 서녘을 향하도록 걸쳐 놓은 나무(木)는 마룻대나 용마루라는 데서 「마룻대」 棟梁之材(동량지재)
陳(베풀 진)	☞ 阜(3347) → (천신에게 제사를 지내기 위하여) 동녘(東)의 높은 언덕(阝)에 제단을 차리어 제물을 진설한다는 데서 「(제물을)늘어놓다. 베풀다」 陳設(진설)

校 학교 교: 바로잡을 교.　　1591-80

- 木 + 交(사귈/벗할/서로 교) = 校 (0200 참조)
- 나무(木)를 서로(交) 교차시켜 놓은, 또는 서로가 사귀며(交) 가르침을 받는 나무(木)로 된 건물이라는 데서 「학교. (학교는 학생들의 인성을 바로잡는다는 데서)바로잡다」 뜻으로.

校庭(교:정 - 학교의 마당) 校友(교:우) 校長(교:장) 校舍(교:사) 校正(교:정) 校訂(교:정) 校閱(교:열)

林 수풀 림. 야외/성(姓) 림.　　1592-70

- 木 + 木 = 林
- 나무(木)와 나무(木)가 우거져 있는 곳이라는 데서 「수풀. (수풀이 있는)야외」 뜻으로.

林野(임야 - 숲과 들) 林産物(임산물) 林業(임업) 密林(밀림) 林慶業(임경업 - 조선 인조 때의 무장)

木 부수(자원과 쓰임 → 1589 참조)

★ 林(수풀/야외 림)과 결합을 이룬 글자.		1592 별첨
淋(축일 림)	☞ 水(1346) → 빗물(氵)이 수풀(林)을 적시어(축이어) 물기가 지적지적하다는 데서 「축이다. 지적지적하다」淋疾(임질)	
焚(불사를 분)	☞ 火(1148) → 수풀(林)에 불(火)을 지른다는 데서 「불사르다」焚香(분향)	
彬(빛날 빈)	☞ 彡(1014) → 수풀(林)이 햇볕을 받아 무늬(彡)가 곱게 빛나 보인다는 데서 「빛나다」	
森(수풀 삼)	☞ 木(1630) → 나무(木)가 수없이 많이(× 3 → 매우 많음을 의미) 우거져 있는 곳이라는 데서 「수풀. 나무 빽빽하다」森林(삼림)	

村 마을 촌: 농막 촌. 1593-70

◉ 木 + 寸(마디/헤아릴 촌 → 「법도·규칙·잡다」의미로 쓰임) = 村
☞ 나무(木)가 규칙적(寸)으로(질서 정연하게) 심어져 있는 농촌(마을)의 풍광이라는 데서 「마을. 농막」뜻으로.

村落(촌:락 - 촌에 이루어진 부락) 村長(촌:장) 村老(촌:로) 漁村(어촌) 農村(농촌) 貧村(빈촌) 僻村(벽촌)

植 심을 식. 1594-70

◉ 木 + 直(곧을/바로볼 직) = 植 (2270 참조)
☞ 나무(木)를 흙구덩이에 곧게(直) 세워서 식목한다(심는다)는 데서 「심다」뜻으로.

植樹(식수 - 나무를 심음) 植栽(식재 - 초목을 심어 재배함) 植物(식물) 植木日(식목일) 植民地(식민지)

樹 나무 수. 1595-60

◉ 木 + 尌(세울 주) = 樹
☞ 세워져(尌) 있는 나무(木), 곧 서 있는(살아 있는) 나무이라는 데서 「나무」뜻으로.

樹木(수목 - 살아 있는 나무) 樹林(수림) 樹立(수립) 樹種(수종) 樹脂(수지) 樹液(수액) 樹齡(수령)

★ 尌(세울 주)와 결합을 이룬 글자.		1595 별첨
廚(부엌 주)	☞ 广(0781) → 물동이 같은 기물들을 가지런하게 세워(尌) 놓은 집(广)이라는 데서 「부엌」	

本 근본 본. 밑 본. 1596-60

◉ 木 + 一 = 本
☞ 나무(木) 아래쪽의 밑동(一) 부분을 표시하여 「밑. 근본」뜻으로.

本質(본질 - 사물의 본바탕) 本性(본성) 本分(본분) 本論(본론) 本體(본체) 本館(본관) 本貫(본관)

★ 本(근본/밑 본)과 결합을 이룬 글자.		1596 별첨
鉢(바리때 발)	☞ 金(3448) → 바리때는 범어 Patra를 발다라(鉢多羅)로 음역한 글자. 금빛(金)처럼 누른 빛깔을 띠는 의식주의 근본(本)이 되는 나무 그릇이라는 의미가 부여되어 「바리때」	

李 오얏/성(姓) 리: 1597-60

◉ 木 + 子(아들/열매/씨 자) = 李   ※ 오얏 → 자도나무 열매.

木 부수(자원과 쓰임 → 1589 참조)

☞ 나무(木)에 열려(맺혀) 있는 열매(子), 곧 옛날 사람들은 오얏을 진귀한 과실로 여겼기에 열매를 맺는 모든 나무를 대표(망라)하여「오얏」뜻으로.

果珍李柰(과:진이내 - 과실 중에 오얏과 벗을 보배로 여김 千字文에서) ※ 柰(벗 내)
李下不整冠(이:하부정관) 李成桂(이:성계 - 조선의 건국 왕) 李承晚(이:승만 - 우리나라 초대 대통령)

朴 성(姓) 박. 소박할/후박나무/나무껍질 박.   1598-60

◉ 木 + 卜(점 복 →「거북 껍질의 금간 모양」을 표현) = 朴
☞ 금간 모양을 표현한 복(卜) 글자 형상처럼 껍질이 매우 자잘하게 갈라져 있는 나무(木)이라는 데서「후박나무. 나무껍질. (드러난 나무껍질처럼 숨김이 없다는 데서)소박하다」뜻으로.

淳朴(순박 - 꾸밈이 없고 소박함) 素朴(소박 - 꾸밈이나 거짓이 없고 순수함) 質朴(질박) 厚朴(후:박)
朴赫居世(박혁거세 - 신라의 시조) 朴正熙(박정희 - 우리나라 3공화국 대통령)

果 실과 과: 열매/결과 과.   1599-60

◉ 日(날 일) + 木 = 果
☞ (붉고 둥근) 해(日) 모양처럼 나무(木)에 열려 있는 둥근 열매이라는 데서「열매. 실과. (열매를 맺는)결과」뜻으로.

果實(과:실 - 과수에 생기는 열매) 果樹(과:수) 果汁(과:즙) 果然(과:연) 果敢(과:감) 果斷(과:단) 結果(결과)

★ 果(실과/열매/결과 과)와 결합을 이룬 글자.   1599 별첨

課(과정 과)	☞ 言(3209) →	말씀(言)으로 일러 준(가르친) 사항이 열매(果)를 맺는 것처럼 결과물로 이어진다는 데서「가르치는과정. (과정을 공부하다)」課程(과정)
菓(과자 과)	☞ 艸(2763) →	풀(艹)에서 열리는 실과(果)이라는 데서「실과. (곡식으로 실과처럼 만든)과자」
顆(낟알 과)	☞ 頁(3522) →	열매(果)의 머리(頁) 부위에 해당하는 알갱이이라는 데서「낟알」顆粒(과립)
裸(벗을 라)	☞ 衣(2555) →	껍질이 맨드리하게 드러난 과일(果)처럼 옷(衤)을 벗는다(알몸을 드러낸다)는 데서「벌거벗다. 벗다」裸體(나체)

根 뿌리 근.   1600-60

◉ 木 + 艮(그칠/한정할 간) = 根 (2907 참조)
☞ 나무(木)의 줄기가 지면에 그쳐(닿아)(艮) 있는 부위이라는 데서「뿌리」뜻으로.

根據(근거 - 근본이 되는 터전) 根源(근원) 根本(근본) 根幹(근간) 根性(근성) 根絕(근절) 木根(목근)

樂 즐길 락 | 풍류 악 | 좋아할 요. 악기 악.   1601-60

◉ 幺(작을 요) + 白(흰/아뢸 백) 幺 + 木 = 樂
※ 여기에서 幺는 실오리(糸 실 사)로 이루어진 현(絃)을 표현.
☞ 가느다란 현(幺)과 현(幺)이 무엇인가를 아뢰는(白) 듯한 소리를 내는 나무(木)로 된 악기이라는 데서「악기. (악기로 풍류를 즐기는 데서)풍류. 즐기다. 좋아하다」뜻으로.

樂觀(낙관 - 사물을 희망적으로 봄) 樂園(낙원) 樂器(악기) 樂譜(악보) 樂山樂水(요산요수) 音樂(음악)

木 부수(자원과 쓰임 → 1589 참조)

★ 樂(즐길 락)과 결합을 이룬 글자.		1601 별첨
藥(약 약)	☞ 艹(2723) → 병을 낫게 하여 즐거운(樂) 삶을 누리게 하는 풀(초근목피)(艹)이라는 데서 「약」	
礫(조약돌 력)	☞ 石(2152) → 노리개로 즐기는(樂) 작고 동글동글한 돌(石)이라는 데서 「조약돌」	

業 업 업. 일 업. 1602-60

◉ 丵(풀성할 착) + 木 = 業

☞ 풀 성한(丵) 모양을 이루어 나무(木)에 가지와 잎사귀가 무성하게 얽히어 있는 것처럼 세상살이에 무수하게 얽히어 있는 관계나 일거리이라는 데서 「업. 일」 뜻으로.

業務(업무 - 직업으로 하는 일) 業種(업종) 業體(업체) 業者(업자) 業報(업보) 業績(업적) 職業(직업)

案 책상 안: 안석/밥상/생각할 안. 1603-50

◉ 安(편안할/안온할/안정할 안) + 木 = 案 (0580 참조)

☞ (물체나 몸을) 편안(안전)하게(安) 받쳐 주는 나무(木)로 된 기구이라는 데서 「책상. 안석. 밥상」 뜻을. 책상 앞에 앉아서 골똘하게 생각에 젖어든다는 데서 「생각하다」 뜻으로.

案席(안:석 - 몸을 기대는 방석) 案內(안:내) 案件(안:건) 提案(제안) 議案(의안) 酒案(주안 - 술상)

橋 다리 교. 시렁 교. 1604-50

◉ 木 + 喬(나뭇가지위굽을/높을 교) = 橋 (0902 참조)

☞ 나뭇가지 위 굽은(喬) 모양처럼 동그스름하게 휘어진 나무(木)로 된 구조물이라는 데서 「다리. (다리처럼 걸쳐 놓은)시렁」 뜻으로.

橋梁(교량 - 다리) 橋脚(교각 - 교량을 받치는 기둥) 橋頭堡(교두보) 鐵橋(철교) 石橋(석교) 木橋(목교)

末 끝 말. 나무끝/다할/약할/가루 말. 1605-50

◉ 一 + 木 = 末

☞ 나무(木)가 다 자라났음을 나타내기 위하여 본래의 나뭇가지보다 넓이가 넓은 가지(一)를 표기하여 놓은, 곧 나무의 성장이 끝난 부위이라는 데서 「나무 끝. 끝. (나무의 끝자락인 우듬지가) 약하다. (연약하여져서 부서진)가루」 뜻으로.

末尾(말미 - 맨 끄트머리. 말단) 末端(말단) 末期(말기) 末年(말년) 末世(말세) 末伏(말복) 末葉(말엽)

★ 末(끝/나무끝/다할/약할/가루 말)과 결합을 이룬 글자.		1605 별첨
沫(물거품 말)	☞ 水(1325) → 물(氵)이 바위 같은 데에 부딪치어 하얀 가루(末) 형태를 이루어 부풀어 오른 것이라는 데서 「물거품. 거품」 泡沫(포말)	
抹(지울 말)	☞ 手(1533) → 손(扌)으로 가루(末)를 바른다는 데서 「바르다. (발라서)지우다」 抹消(말소)	
靺(말갈족 말)	☞ 革(3530) → 북녘의 끝(末)자락에 거주하면서, 질긴 가죽끈(革)처럼 끈질기게 노략질을 하는 종족이라는 의미가 부여되어 「말갈족. 북녘 오랑캐 이름」 靺鞨(말갈)	

材 재목 재. 1606-50

◉ 木 + 才(재주/바탕 재) = 材 (1423 참조)

380

木 부수(자원과 쓰임 → 1589 참조)

☞ (집을 짓는 데 있어서) 바탕(才)이 되는 나무(木)라는 데서 「재목」 뜻으로.
材木(재목 - 재료로 쓰는 나무) 材料(재료) 材質(재질) 製材(제재) 藥材(약재) 素材(소재) 取材(취:재)

板 널 판. 널빤지/판자 판. 1607-50

◉ 木 + {厂(언덕 엄) + 又(또/오른손 우) = 反(돌이킬 반)} = 板 (0384 참조)
☞ 비탈진 언덕(厂)처럼 단면(斷面)을 이루고 넓적한 손바닥(又)처럼 판판한 나무(木), 또는 돌이켜(뒤집어)(反) 놓아도 모양이 같은 나무(木)이라는 데서 「널. 널빤지. 판자」 뜻으로.
板子(판자 - 널빤지. 목판) 板材(판재) 板木(판목) 板紙(판지) 黑板(흑판) 漆板(칠판) 木板(목판)

格 격식 격. 이를/바로잡을 격 | 나뭇가지 각. 1608-50

◉ 木 + 各(각각 각) = 格 (0796 참조)
☞ 나무(木)에 각각(各)으로 뻗어 있는 가지이라는 데서 「나뭇가지. (가지가 적절하게 뻗어나서 나무의 균형을 바로잡는 데서)바로잡다. (균형이 바르게 잡혀 있는)격식」 뜻으로.
格式(격식) 格物(격물 - 사물의 이치를 궁구함) 格外(격외) 格調(격조) 格鬪技(격투기) 格納庫(격납고)

束 묶을 속. 1609-50

◉ 木 + 口(입 구, 또는 에울 위) = 束
☞ 나무(木)의 줄기(가운데) 부위를 에워(동이어)(口) 놓은 모양에서 「묶다」 뜻으로.
束縛(속박 - 얽어매어서 구속함) 束手無策(속수무책) 結束(결속) 拘束(구속 - 체포하여 신체를 속박함)

★ 束(묶을 속)과 결합을 이룬 글자.		1609 별첨
速(빠를 속)	☞ 辶(3089) →	바짓가랑이를 묶어(동여)(束) 매고서 재빠르게 나아간다(辶)는 데서 「빠르다」
疎(성길 소)	☞ 疋(2250) →	바짓가랑이를 묶어(동여)(束) 매고서 발(疋)을 성큼성큼 내딛는다는 데서 「성기다. (다리 사이가)멀다」 疎外=疏外(소외)
悚(두려울 송)	☞ 心(1939) →	마음(忄)이 묶여(束) 있는 것처럼 (겁에 질리어서) 옴짝달싹 못하고 두려움에 떨고 있다는 데서 「두렵다」 悚懼(송구)
剌(어그러질 랄)	☞ 刀(0259) →	묶어(束) 놓은 다발을 칼(刂)로 자르면 내용물이 이리저리 어그러진다는 데서 「어그러지다」 潑剌(발랄)
辣(매울 랄)	☞ 辛(3314) →	죄(辛)를 저지른 자를 묶어(束) 놓고서 매섭게 문초한다는 데서 「맵다」
勅(조서 칙)	☞ 力(0378) →	조정에서 백성에게 알리고자 할 조목들을 한데 묶어(모아)(束) 권력의 힘(力)으로 하달하는 문서이라는 데서 「조서. 칙서」 勅書(칙서)

査 조사할 사. 뗏목/살필/고찰할 사. 1610-50

◉ 木 + 且(또 차 | 수두룩할 저) = 査 (0011 참조)
☞ 나무(木)를 수두룩하게(且) 포개어(엮어) 강물에 띄워 놓은 것이라는 데서 「뗏목. (뗏목을 타고 내려가면서 물길과 지형을 자세하게 살핀다는 데서)살피다. 조사하다」 뜻으로.
査定(사정 - 조사하여 결정함) 査察(사찰 - 조사하여 살핌) 査閱(사열) 査證(사증) 調査(조사)

未 아닐 미(:) 아직/여덟째지지/양 미.

1611-42

◉ 一 + 木 = 未

☞ 나무(木)가 아직 덜 자라났음을 나타내기 위하여 본래 나뭇가지보다 넓이가 좁은 가지(一)를 표기하여 「(성숙한 나무가)아니다. 아직」뜻을. 작물의 이삭이 아직 덜 피어난 절기(음력 6월)에 해당하는 지지이라는 데서 「여덟째 지지. (여덟째 지지에 배속되어 있는)양」뜻으로.

未來(미:래 - 장래) 未定(미:정) 未開(미:개) 未收(미:수) 未熟(미:숙) 未滿(미:만) 未達(미:달) 未安(미안)

★ 未(아닐/아직 미)와 결합을 이룬 글자.		1611 별첨
味(맛 미)	☞ 口(0810) → 입(口)에 맞지 아니한(未)지를 미리 알아본다는 데서 「맛보다」味覺(미각)	
妹(누이 매)	☞ 女(0460) → (자기보다 성장이) 미성숙한(未) 여자(女) 형제이라는 데서 「누이」	
魅(매혹할 매)	☞ 鬼(3624) → 귀신(鬼)이 아닌(未), 곧 귀신에는 미치지 못하지만 귀신처럼 신출귀몰하고 요사스러운 짓거리를 하는 괴물이라는 데서 「도깨비. 요괴. (요괴가 정신을)호리다. 매혹하다」	
昧(어두울 매)	☞ 日(1077) → 해(日)가 아직 뜨지 아니한(未) 이른 시간대이라는 데서 「어둡다」	

檢 검사할 검: 봉할/금제할 검.

1612-42

◉ 木 + 僉(다/모두/여러 첨) = 檢 (0176 참조)

☞ 재목으로 사용할 나무(木)의 규격이나 재질 등에 관한 모두(僉)를 미리 점검한다는 데서 「검사하다. (검사 품목은 봉하여 두고 출입을 규제하는 데서)봉하다. 금제하다」뜻으로.

檢査(검:사 - 조사하여 판단함) 檢束(검:속) 檢閱(검:열) 檢證(검:증) 檢索(검:색) 檢察(검:찰) 檢事(검:사)

檀 박달나무 단.

1613-42

◉ 木 + 亶(클/많을/믿을 단) = 檀 (0655 참조)

☞ (재질이 매우 단단하여 수레의 축으로 쓰이는) 믿음직한(亶) 나무(木), 또는 신령(神靈)이 깃들어 있다고 믿는(여기는)(亶) 나무(木)이라는 데서 「박달나무」뜻으로.

檀木(단목 - 박달나무. 재질이 단단하여 바퀴·기계 등을 만드는 재료로 씀) 檀君(단군) 檀紀(단기)

榮 영화 영. 불꽃/빛날 영.

1614-42

◉ 炏(불성할 개) + 冖(덮을 멱) + 木 = 榮

☞ 나무(木)에 불이 성하게(炏) 덮여(冖) 있는, 곧 나무에 불이 성하게 피어올라 불꽃을 이룬(빛나는) 모양이라는 데서 「불꽃. 빛나다. (빛나도록 드러난다는 데서)영화」뜻으로.

榮華(영화 - 귀하게 되어 세상에 드러나고 이름이 빛남) 榮光(영광) 榮譽(영예) 榮枯盛衰(영고성쇠)

★ 炏(불성할 개)와 결합을 이룬 글자.		1614 별첨
營(경영할 영)	☞ 火(1111) → 불이 성하게(炏) 덮여(冖) 있고(불이 환하게 켜져 있고) 음률(노랫가락)(呂)이 바깥으로 흘러나오는 유흥 집이라는 데서 「영업집. (업소를)경영하다」營業(영업)	
瑩(옥돌 영)	☞ 玉(2049) → 불이 성하게(炏) 덮여(冖) 있는 모양처럼 매우 밝은 빛깔의 옥(玉)으로 덮여 있는 돌이라는 데서 「아름다운 옥돌. 옥돌」瑩徹(영철)	

木 부수(자원과 쓰임 → 1589 참조)

塋(무덤 영)	☞ 土(0709) → 불이 성하게(炏) 덮여(冖) 있는 불덩이처럼 둥그렇게 조성하여 놓은 흙무더기(土)이라는 데서 「무덤」 先塋(선영)
鶯(꾀꼬리 앵)	☞ 鳥(3706) → 불이 성하게(炏) 덮여(冖) 있는 것처럼 붉은 꽃들이 온 산천에 만발하게 피어나는 봄철에 유난스럽게 울어 대는 새(鳥)라는 데서 「꾀꼬리」 鶯春(앵춘)
螢(반딧불 형)	☞ 虫(2617) → 불이 성하게(炏) 덮여(冖) 있는 모양을 이루어 불빛을 반짝이는 벌레(虫)이라는 데서 「반딧불. 개똥벌레」 螢光燈(형광등)

極 다할/극진할 극. 멀/매우 극.   1615-42

◉ 木 + 亟(빠를/다할 극) = 極
☞ 나무(木)가 성장을 다하여(亟) 줄기와 가지가 매우 멀리 뻗어나 있다는 데서 「(성장을)다하다. 매우. 멀다. (마음과 힘을 다한다는 데서)극진하다」 뜻으로.
極盡(극진 - 마음과 힘을 다함) 極端(극단) 極讚(극찬) 極大(극대) 極小(극소) 極盛(극성) 極東(극동)

構 얽을 구.   1616-40

◉ 木 + {井(우물 정) + 再(거듭/두 재) = 冓(재목어긋매겨쌓을/짤/얽을 구)} = 構
※ 冓 → 나무를 정(井) 글자 형상처럼 가로세로로 걸쳐서 이들을 거듭(再)나게 포개어(얽어) 놓은 모양에서 「재목 어긋 매겨 쌓다. 짜다. 얽다」 뜻으로.
☞ 나무(木)를 가로세로로 얽는다(冓)는 데서 「얽다」 뜻으로.
構成(구성 - 얽어 만듦) 構文(구문 - 글의 짜임) 構造(구조) 構想(구상) 構圖(구도) 構築(구축)

★ 冓(재목어긋매겨쌓을/짤/얽을 구)와 결합을 이룬 글자.		1616 별첨
講(강론할 강)	☞ 言(3224) → 재목을 어긋 매겨 쌓아(冓) 틀을 짜는 것처럼 서론에서 결론에 이르기까지 짜임새 있게(논리가 정연하도록) 말씀(言)한다는 데서 「강론하다」 講師(강사)	
購(살 구)	☞ 貝(3073) → 돈(貝)으로, 예산을 짜서(冓) 적정량의 물품을 구입한다는 데서 「사다」	
溝(도랑 구)	☞ 水(1311) → 물(물길)(氵)이, 재목 어긋 매겨 쌓아(冓) 놓은 모양처럼 가로세로 연결지어져 있는 작은 수로이라는 데서 「봇도랑. 도랑」 下水溝(하수구)	

模 본뜰/모범 모. 본보기/형상/주공묘에난나무 모.   1617-40

◉ 木 + 莫(없을/말 막 | 저물 모) = 模 (2731 참조)
※ 模 → 주공(周公 : 중국 주나라의 훌륭한 정치가)의 무덤 위에 자라난 나뭇잎이, 봄에는 푸르고(春靑춘청) 여름에는 붉으며(夏赤하적) 가을에는 희고(秋白추백) 겨울에는 검은(冬黑동흑) 빛깔을 띠어 항상 계절을 바르게 나타내었다고 전해지는 나무에 붙여진 이름 글자였다고 함.
☞ 나뭇잎의 빛깔이 사철 내내 어긋남이 없이(莫) 절기를 바르게 나타내어 다른 나무의 본보기가 된 나무(木)이라는 데서 「주공 묘에 난 나무. 본보기. 모범. 본뜨다」 뜻으로.
模範(모범 - 본받아 배울 만함) 模型(모형) 模樣(모양) 模倣(모방) 模寫(모사) 模糊(모호) 模擬(모의)

樣 모양 양. 상수리나무 상.   1618-40

◉ 木 + {羊 + 永 = 羕(길 양)} = 樣
☞ 줄기가 길게(羕) 자라는 나무(木)이라는 데서 「상수리나무. (나무가 길게 자라서 돋보이는

木 부수(자원과 쓰임 → 1589 참조)

모양이라는 데서)모양」 뜻으로.
樣式(양식 - 일정한 형식) 樣態(양태 - 상태) 多樣(다양 - 여러 가지 모양) 各樣各色(각양각색)

機 틀 기. 베틀 기. 1619-40

◉ 木 + {糸(작을 유) + 戍(수자리 수) = 幾(몇/기미 기)} = 機 (0908 참조)
※ 幾는 베틀을 표현. 糸 → 베틀에 걸린 여러 가닥의 실오리, 戍 → 베틀의 잉아(戈)와 받침대(ㅅ) 모양.
☞ 나무(木)로 된 기(幾) 글자 형상처럼 생긴 베틀 모양에서 「베틀. 틀」 뜻으로.
機械(기계 - 작업하는 장치) 機種(기종) 機密(기밀) 機關(기관) 機能(기능) 機會(기회) 機器(기기)

標 표할 표. 우듬지/끝 표. 1620-40

◉ 木 + 票(쪽지/불날릴/훌쩍날/문서 표) = 標 (2351 참조)
☞ 나무(木)의 우듬지(맨 꼭대기)에 표(쪽지)(票)를 매달아 방향이나 위치 등을 표시하여 놓은 모양이라는 데서 「표하다. 우듬지. 끝」 뜻으로.
標識(표지 - 어떤 사물을 표하기 위한 표시) 標示(표시) 標本(표본) 標語(표어) 標準(표준) 標札(표찰)

權 권세 권. 저울대/성(姓) 권. 1621-40

◉ 木 + 藋(황새 관) = 權 (2950 참조).
☞ 황새(藋)가 앉으면 나뭇가지(木)가 기울기를 거듭하는 것처럼 저울질을 할 때에 기울기를 거듭하는 막대이라는 데서 「저울대」, 저울대처럼 세력에 따라 부침(浮沈 → 뜨고 가라앉음)을 거듭하는 것이 권세이라는 데서 「권세」 뜻으로.
權勢(권세 - 권력과 세력) 權利(권리) 權力(권력) 權限(권한) 權益(권익) 權座(권좌) 權謀(권모)

朱 붉을 주. 줄기/그루터기/난쟁이 주. 1622-40

◉ ノ(삐침 별 → 아래로 끌어내리는 모양) + 一 + 木 = 朱
☞ 나무(木)의 가지가 아래로 꺾이어(ノ)지고 줄기가 잘리어져(一) 나간, 곧 가지가 꺾어지고 줄기가 잘리어져서 말라죽은 붉은 빛깔의 작달막한 줄기(밑동)이라는 데서 「그루터기. 줄기. 붉다. (그루터기처럼 키가 작달막한)난쟁이」 뜻으로.
朱紅(주홍 - 주홍빛) 朱黃(주황) 朱丹(주단 - 곱고 붉은 색) 朱顔(주안) 朱記(주기) 朱子學(주자학)

★ 朱(붉을/줄기/그루터기/난쟁이 주)와 결합을 이룬 글자.		1622 별첨
株(그루 주)	☞ 木(1653) → 나무(木)의 그루터기(줄기)(朱)이라는 데서 「그루. 줄기」 株主(주주)	
珠(구슬 주)	☞ 玉(2037) → (말라죽은 작달막한 나무줄기인) 붉은 그루터기(朱) 형상을 이루어 진주조개 속에서 생성되는 구슬(王)이라는 데서 「진주. 구슬」 珠玉(주옥)	
誅(벨 주)	☞ 言(3284) → (죄인의) 얼굴이 붉어(朱)지도록 심하게 꾸짖어 말한다(言)는 데서 「꾸짖다. 벌주다. (벌을 내려 목을)베다」 誅殺(주살)	
殊(다를 수)	☞ 歹(1580) → 뼈가 앙상하게(歹) 드러난 것처럼 (잎과 가지는 떨어지고) 줄기와 밑동만 남아 있는 붉은 빛깔의 그루터기(朱)는 유별나게 드러나(다르게) 보인다는 데서 「다르다」	
洙(강이름 수)	☞ 水(1284) → 洙는 사수(泗水)로 흘르드는 강 이름 글자임. 물(氵)이 나무줄기(朱) 형상을 이루어 흘러내리는 강이라는 의미가 부여되어 「강 이름」 洙泗學(수사학)	

| 銖(저울눈 수) | ☞ 金(3456) → 붉은 그루터기(朱) 모양의 저울대에 가지런하게 박아 놓은 쇠(金)로 된 눈금이라는 데서 「저울눈」 銖量(수량) |

條 가지 조. 조목조목들 조. 1623-40

◉ 攸(바/곳/가득할/빨리물흘러가는모양 유) + 木 = 條 (0078 참조)

☞ 나무(木)에 가득하게(攸) 돋아나 있는 가지이라는 데서 「가지. (낱낱의 가지를 꺾어 드는 것처럼) 조목조목 들다」 뜻으로.

條目(조목 - 낱낱의 항목) 條項(조항 - 조목) 條約(조약) 條理(조리) 條件(조건) 條文(조문) 條例(조례)

★ 條(가지 조)와 결합을 이룬 글자. 1623 별첨

| 滌(씻을 척) | ☞ 水(1328) → 물(빗물)(氵)이 나뭇가지(條)를 적시어 늘어뜨리는 것처럼 물속에 옷가지를 늘어뜨렸다가 건져 올리는, 곧 빨래하는 모양이라는 데서 「씻다」 洗滌(세척) |

核 씨 핵. 1624-40

◉ 木 + 亥(돼지/열두째지지/시월 해) = 核 (0205 참조)

☞ 해월(亥月 → 10월)에 이르러 나무(木)에서 떨어지는 열매(씨)이라는 데서 「씨」 뜻으로.

核果(핵과 - 씨가 핵으로 싸여 있는 열매) 核心(핵심) 核家族(핵가족) 核武器(핵무기) 核燃料(핵연료)

松 소나무 송. 솔 송. 1625-40

◉ 木 + 公(공평할/바를/공작/제후 공) = 松 (0322 참조)

소나무(松)

☞ (나무 가운데) 제후(公)에 비견할 정도로 무척 당당하고 품위가 있는 나무(木), 또는 공(公) 글자 형상처럼 가지를 삼각형으로 드리우는 나무(木)이라는 데서 「소나무. 솔」 뜻으로.

※ 예로부터 나무 가운데 송백(松柏 → 소나무와 잣나무)을 으뜸으로 여겼음.

松林(송림 - 소나무 숲) 松花(송화 - 소나무의 꽃가루) 松板(송판) 松蟲(송충) 松津(송진) 松柏(송백)

柳 버들 류(:) 성(姓) 류. 1626-40

◉ 木 + 卯(토끼/무성할 묘 → 「드리우는 모양」을 의미) = 柳 (0350 참조)

수양버들(柳)

☞ 가지와 잎사귀를 무성하게 드리우는(卯) 나무(木)이라는 데서 「버들」 뜻으로.

柳眉(유:미 - 미인의 눈썹을 가리키는 말) 柳綠花紅(유:록화홍) 柳成龍(류성룡 - 조선 선조 때의 명상)

楓 단풍/단풍나무 풍. 1627-32

◉ 木 + 風(바람 풍) = 楓

☞ (가을) 바람(風)에, 붉고 누른 빛깔의 잎사귀가 유난스럽게 나부끼는(돋보이는) 나무(木)이라는 데서 「단풍나무」 뜻으로.

丹楓(단풍 - 늦은 가을에 붉고 누르게 변해진 나뭇잎) 楓嶽山(풍악산 - 금강산의 가을 이름)

樓 다락 루. 1628-32

◉ 木 + 婁(여러 루) = 樓

※ 다락 → 부엌 천장 위에 이층처럼 만들어 물건을 두게 된 곳.

☞ 나무(木)를 여러(婁) 겹으로 덧대어서 방처럼 꾸며 놓은 공간이라는 데서 「다락」 뜻으로.

樓閣(누각 - 높게 지은 다락집) 樓臺(누대) 城樓(성루) 望樓(망루) 戍樓(수루) 慶會樓(경:회루)

★ 婁(여러/자주 루)와 결합을 이룬 글자.		1628 별첨
屢(여러 루)	☞ 尸(0963) → 시(尸) 글자 형상처럼 이루어진 계단(층계)이 여러(婁) 겹으로 연이어져 있다는 데서「여러」屢次(누차)	
數(셈 수)	☞ 攴(1792) → 여러(婁) 차례로 거듭하여 치는(攵), 곧 치는 횟수가 자주 반복된다는 데서「자주. 촘촘하다. (자주 반복되는 횟수를)세다. 셈」數次(수차)	

欄 난간 란. 테 란. 1629-32

◉ 木 + 闌(막을/난간/한창/절정 란) = 欄

☞ 나무(木)로 테두리를 둘러놓은 난간(闌)이라는 데서 「난간. (난간을 둘러놓은)테」 뜻으로.

欄干=欄杆(난간 - 층계 등의 가장자리에 종횡으로 나무 따위를 건너 세워 놓은 살) 空欄(공란)

★ 闌(막을/난간/한창/절정 란)과 결합을 이룬 글자.		1629 별첨
蘭(난초 란)	☞ 艹(2734) → 난간(闌) 형상을 이루어 잎줄기와 꽃대가 길쭉하고 가지런하게 피어나는 풀(艹)이라는 데서「난초」蘭草(난초)	
爛(찬란할 란)	☞ 火(1117) → 불길(火)이 난간(闌)을 이루어(절정으로 피어올라) 매우 번쩍이는 모양이라는 데서「빛나다. 찬란하다」爛熟(난숙)	
瀾(물결 란)	☞ 水(1337) → 물(수면)(氵)이 난간(闌)을 이루는 것처럼 높이 솟아올랐다가 가라앉는(위아래로 크게 일렁이는) 모양이라는 데서「큰 물결. 물결」波瀾(파란)	

森 수풀 삼. 나무빽빽할/성할 삼. 1630-32

◉ 木 × 3 = 森 (1592 참조)

☞ 나무(木)가 수없이 많이(3겹 → 「매우 많음」을 의미) 우거져 있는 곳이라는 데서 「수풀. 나무 빽빽하다. 성하다」 뜻으로.

森林(삼림 - 나무가 울창한 곳) 森嚴(삼엄 - 질서가 바로 서고 매우 엄숙함) 森羅萬象(삼라만상)

橫 가로 횡. 빗장/비낄/방자할 횡. 1631-32

◉ 木 + 黃(누를 황) = 橫 (3634 참조)

※ 빗장(문빗장) → 문을 닫고, 가로질러 잠그는 나무막대.

☞ 외양간이나 부엌문을 가로질러 놓은 (때가 끼어서) 누른(黃) 빛깔을 띠는 나무(木)이라는 데서 「빗장. (가로질러 놓은 빗장에서)가로. 비끼다」 뜻으로.

木 부수(자원과 쓰임 → 1589 참조)

橫木(횡목 - 가로질러 놓은 나무) 橫隊(횡대) 橫財(횡재) 橫領(횡령) 橫斷(횡단) 橫說竪說(횡설수설)

槪 대개 개: 평미레 개. 1632-32

◉ 木 + 旣(이미/다할 기) = 槪 (1972 참조)

※ 평미레 → 되나 말에 곡식을 담고, 그 위를 밀어서 고르게 하는 데 쓰는 방망이.

☞ (되나 말 같은) 용기의 위쪽에 쌓인 곡식을 죄다(旣) 밀쳐 내는 (용기의 윗면과 곡식을 수평이 되게끔 하는) 나무(木)로 된 방망이라는 데서「평미레. (평미레로 밀면 대체적으로 수평을 이룬다는 데서)대개」뜻으로.

槪要(개:요 - 대강의 요점) 槪論(개:론) 槪略(개:략) 槪念(개:념) 槪觀(개:관) 槪括(개:괄) 大槪(대:개)

染 물들/물들일 염: 젖을/전염할 염. 1633-32

◉ { 氵 + 九 = 氿(곁에서나오는샘/물이옆으로흐를 궤)} + 木 = 染

☞ (나무줄기에서) 물(수액)이 옆으로 흘러(氿)나와 나무(木)를 적신다는 데서「젖다. 물들다. (물이 젖어 나가듯이 병이 번져 나간다는 데서)전염하다」뜻으로.

染色(염:색 - 물을 들임) 染織(염:직 - 피륙에 물을 들임) 染料(염:료) 感染(감:염) 汚染(오:염) 傳染(전염)

柔 부드러울 유. 1634-32

◉ 矛(창 모) + 木 = 柔 (2181 참조)

☞ 나무(木) 꼭대기에, (끝이 뾰족한) 창(矛) 모양처럼 쭈뼛하게 돋아 있는 우듬지(가느다란 줄기)는 매우 유연하다는 데서「부드럽다」뜻으로.

柔弱(유약 - 부드럽고 약함) 柔軟(유연) 柔順(유순) 柔道(유도) 優柔不斷(우유부단) 外柔內剛(외:유내강)

★ 柔(부드러울 유)와 결합을 이룬 글자. 1634 별첨
蹂(짓밟을 유) ☞ 足(3019) → 발(⻊)로 부드러운(柔) 물체를 밟는다(짓누른다)는 데서「밟다. 짓밟다」

柱 기둥 주. 1635-32

◉ 木 + 主(임금/주인/지킬/맡을 주) = 柱 (0029 참조)

☞ 지붕을 떠받치는 주된(主) 구실을 하는 나무(木)이라는 데서「기둥」뜻으로.

柱石(주석 - 기둥과 주추) 柱心(주심 - 기둥의 중심) 柱礎(주초) 柱聯(주련) 柱石之臣(주석지신)

梅 매화 매. 매화나무 매. 1636-32

◉ 木 + 每(매양/늘 매) = 梅 (2021 참조)

☞ 정원수로 심어 놓고 매양(每) 대하는 나무(木)이라는 데서「매화나무. 매화」뜻으로.

梅花(매화) 梅實(매실 - 매화나무의 열매) 梅香(매향) 梅雨(매우) 梅毒(매독) 梅蘭菊竹(매란국죽)

栗 밤 률. 밤나무 률. 1637-32

밤나무(栗)

◉ 覀(= 襾덮을 아) + 木 = 栗

☞ 무수하게 많은 밤송이로 덮여(覀 = 襾) 있는 나무(木)이라는 데서「밤. 밤나

木 부수(자원과 쓰임 → 1589 참조)

무」뜻으로.

栗石(율석 - 밤자갈) 栗鼠科(율서과 - 다람쥣과 포유류) 生栗(생률 - 날밤) 棗東栗西(조동율서)

★ 栗(밤 률)과 결합을 이룬 글자. 1637 별첨

慄(떨릴 률) ☞ 心(1922) → 마음(忄)이 밤송이(栗)에 찔린 것처럼 오싹함을 느낀다는 데서「두려워하다. (두려워서 몸이)떨리다」戰慄(전율)

栽 심을 재: 1638-32

◉ 𢦒(= 𢦒다칠/상할 재 → 많은(十) 창(戈)이 꽂혀 있는 모양) + 木 = 栽
☞ 많은(十) 창(戈)을 꽂아 놓은 모양(𢦒)처럼 나무(木)를 땅에 꼿꼿하게 세워서 심는다는 데서「심다」뜻으로.

栽培(재:배 - 초목을 심고 북돋아 가꾸는 일) 植栽(식재 - 초목을 심어 재배함) 盆栽(분재)

★ 𢦒(다칠/상할 재)와 결합을 이룬 글자. 1638 별첨

載(실을 재) ☞ 車(3166) → 다친(𢦒) 병사를 수레(車)에 태워(실어) 후송시킨다는 데서「싣다. 타다」
裁(마를 재) ☞ 衣(2549) → 다치게(𢦒) 하는 것처럼 천(베)을 여러 조각이 나게끔 자르고 접어서 옷(衣)을 마름질 한다는 데서「옷 마르다. 마르다」裁縫(재봉)
哉(어조사 재) ☞ 口(0831) → 다치게(𢦒) 하는(상처를 입히는) 것처럼 의문스러운 부분을 짚어 내어 말한다(口)는 데서「그러한가. (그러할 것이라는 의미의)어조사」快哉(쾌재)
截(끊을 절) ☞ 戈(1772) → 창을 꽂아(𢦒) 새(隹)의 숨통을 끊는다는 데서「끊다」截斷(절단)

械 기계 계. 형틀/수갑/기구 계. 1639-32

◉ 木 + 戒(경계할 계) = 械
☞ 나무(木)로, 죄인을 경계할(戒) 목적(가두어서 차단시킬 수단)으로 짜 놓은 틀이라는 데서「형틀. 수갑. (형틀 형태의)기구. 기계」뜻으로.

機械(기계 - 동력을 써서 작업을 하는 장치) 器械(기계 - 그릇·연장·기구 등의 통칭) 農機械(농기계)

析 쪼갤 석. 가를 석. 1640-30

◉ 木 + 斤(도끼 근) = 析
☞ 나무(木)를 도끼(斤)로 쪼갠다는 데서「쪼개다. 가르다」뜻으로.

析出(석출 - 화합물을 분석하여 어떤 물질을 분리함) 分析(분석) 解析(해:석 - 사물을 풀어냄)

★ 析(쪼갤/가를 석)과 결합을 이룬 글자. 1640 별첨

晳(밝을 석) ☞ 日(1061) → 갈라(쪼개어)(析) 놓은 해(日)의 단면처럼 더없이 밝다는 데서「밝다」

枝 가지 지. 1641-30

◉ 木 + 支(지탱할/가지 지) = 枝 (2024 참조)
☞ 나무(木)에 뻗어 있는 가지(支)라는 데서「가지」뜻으로.

枝葉(지엽 - 가지와 잎. 중요하지 아니한 부분) 枝肉(지육) 金枝玉葉(금지옥엽) 剪枝(전:지)

枕 베개 침: 말뚝 침. 1642-30

- 木 + 冘(머뭇거릴 유 | 다닐 음) = 枕 (1214 참조)
- ☞ 머뭇거리는(冘) 나무(木), 곧 머리 밑에 놓이어 머리를 움직일 때마다 이리저리 머뭇거리는 (움직이는) 나무로 된 물건이라는 데서 「베개. (베개처럼 고이는 나무인)말뚝」 뜻으로.

枕上(침:상) 枕席(침:석) 枕木(침:목) 枕腕法(침:완법) 木枕(목침 - 나무로 만든 베개) 高枕短命(고침단명)

杯 잔 배. 1643-30

- 木 + 不(아니 불) = 杯 (0006 참조)
- ☞ 불(不) 글자 형상처럼 돌출된 손잡이가 달린 나무(木)로 된 기물이라는 데서 「잔」 뜻으로.

祝杯(축배 - 축하하기 위하여 마시는 술) 乾杯(건배) 苦杯(고배) 優勝杯(우승배)

架 시렁 가: 1644-30

- 加(더할 가) + 木 = 架 (0364 참조)
- ※ 시렁 → 물건을 얹어 놓기 위하여 방이나 마루 벽에 건너지른 두 개의 긴 나무막대.
- ☞ 빈 공간에 덧대어(加) 걸쳐 놓은 나무(木)이라는 데서 「시렁」 뜻으로.

架橋(가:교 - 다리를 놓음) 架設(가:설 - 줄 따위를 공중에 설치함) 架空(가:공) 書架(서가) 高架(고가)

枯 마를 고. 쇠잔할 고. 1645-30

- 木 + 古(예/오랠 고) = 枯 (0797 참조)
- ☞ 나무(木)가 무척 오래(古)되어 쇠잔하고 마른 모양이라는 데서 「마르다. 쇠잔하다」 뜻으로.

枯木(고목 - 말라죽은 나무) 枯死(고사) 枯渴(고갈) 枯葉劑(고엽제) 榮枯盛衰(영고성쇠)

楊 버들 양. 성(姓) 양. 1646-30

- 木 + 昜(빛/열을/날아오를/길 양) = 楊 (3326 참조)

버드나무(楊)

- ※ 柳는 가지가 늘어진 수양버들을, 楊은 하늘 높이 자라나는 양버들을 의미.
- ☞ 하늘 위로 날아오르는(昜) 것처럼 무척 높이 자라나 있는 나무(木)이라는 데서 「(양)버들」 뜻으로.

楊柳(양류 - 버드나무) 楊士彦(양사언 - 조선 중기의 서예가)

某 아무 모: 누구 모 | 매화나무 매. 1647-30

- 甘(달 감) + 木 = 某 (2097 참조) ※ 某는 梅(매화 매)의 고자(古字).
- ☞ 달콤한(甘) 꽃향내를 풍기는 나무(木)이라는 데서 「매화. (매화는 누구나 다 좋아한다는 데서) 아무. 누구」 뜻으로.

某氏(모:씨 - 아무 양반. 아무개의 존칭) 某某(모:모 - 아무아무) 某處(모:처) 某月某日(모:월모:일)

木 부수(자원과 쓰임 → 1589 참조)

| ★ 某(아무/누구 모 ㅣ 매화나무 매)와 결합을 이룬 글자. | 1647 별첨 |

謀(꾀할 모) ☞ 言(3240) → 아무개(某)와 더불어 진지하게 말한다(言)는 데서「꾀하다. 의논하다」
媒(중매 매) ☞ 女(0482) → 여자(노파)(女)가 아무개(某)의 총각과 처녀 집을 오가며 혼인을 주선한다는 데서
　　　　　　　　　　「중매하다. 중매」仲媒(중매)
煤(그을음 매) ☞ 火(1154) → 불길(火)이 지나가는(통과하는) 연돌 언저리에 매화(某) 꽃망울처럼 다닥다닥
　　　　　　　　　　붙어 있는 물질이라는 데서「그을음」煤煙(매연)

桂　계수나무 계: 　　　　　　　　　　　　　　　　　　　　　　　　1648-30

◉ 木 + 圭(홀/일영표 규) = 桂
☞ (위는 둥글고 아래는 네모난) 홀(圭) 모양처럼 생긴 나무(木), 또는 해그림자(圭 → 日影表)가
　 달 표면에 드리워져서 생겨난 상상(想像)의 나무(木)이라는 데서「계수나무」뜻으로.
桂樹(계:수 - 달 속에 있다고 상상하던 나무) 桂林(계:림) 桂冠詩人(계:관시인) 月桂冠(월계관)

梧　오동나무 오. 　　　　　　　　　　　　　　　　　　　　　　　　1649-30

桐　오동나무 동. 　　　　　　　　　　　　　　　　　　　　　　　　1650-30

◉ 木 + 吾(나/우리 오) = 梧 (0789 참조)
◉ 木 + 同(한가지/같을 동) = 桐 (0792 참조)
☞ 梧 → 나(우리)(吾)와 함께하는 나무(木)이라는 데서「오동나무」뜻으로.
　 桐 → 우리와 함께(同)하는 나무(木), 곧 장롱이나 거문고 같은 가구나 악기로 만들어져 일상
　　　　생활에서 우리와 함께하는 나무이라는 데서「오동나무」뜻으로.
梧桐(오동 - 장롱·나막신·악기·관 등을 만드는데 쓰이는 나무) 碧梧桐(벽오동) 梧月(오월 - 음력 7월)

桃　복숭아 도. 복숭아나무 도. 　　　　　　　　　　　　　　　　　　1651-30

◉ 木 + 兆(조짐/거북점/억조 조) = 桃 (0190 참조)
☞ 길흉성쇠의 조짐(兆)을 예지하여 주는 나무(木 → 옛날에는 복숭아꽃을 보고 점을 쳤음)이라는
　 데서「복숭아나무. 복숭아」뜻으로. 한편 兆는 나뭇가지에 다닥다닥 붙어 있는 복숭아나무의
　 꽃망울 모양을 표현한 글자이기도 함.
桃花(도화 - 복숭아꽃) 桃源(도원 - 무릉도원의 준말) 桃園結義(도원결의) 黃桃(황도) 扁桃腺(편도선)

桑　뽕나무 상. 　　　　　　　　　　　　　　　　　　　　　　　　　1652-30

◉ {又(또/오른손 우) × 3 = 叒(동방신나무「東方自然之神木」약)} + 木 = 桑
☞ (누에를 기르는) 신령스러운(叒) 나무(木), 또는 손바닥(又)처럼 넓적한 뽕잎이 많이(又 × 3 →
　 많은 수효를 의미) 돋아 있는 나무(木)이라는 데서「뽕나무」뜻으로.
桑梓(상재 - 고향을 일컬음) ※ 梓(가래나무 재) 桑田碧海(상전벽해) 滄桑之變(창상지변) 扶桑(부상)

株　그루 주. 줄기/뿌리 주. 　　　　　　　　　　　　　　　　　　　1653-30

木 부수(자원과 쓰임 → 1589 참조)

- ◉ 木 + 朱(붉을/그루터기/줄기 주) = 株 (1622 참조)
- ※ 그루터기 → 초목을 베어 내고 남은 뿌리와 그 부분.
- ☞ 나무(木)의 그루터기(줄기)(朱)이라는 데서 「그루. 줄기. 뿌리」 뜻으로.

株主(주주 - 주식의 소유인) 株價(주가) 株式(주식) 株券(주권) 守株待兎(수주대토)

梁 들보/다리 량. 나무다리/대들보/물이름/성(姓) 량.   1654-30

- ◉ 氵(물 수) + 刅(다칠/상할 창) + 木 = 梁
- ※ 들보 → 간과 간 사이의 기둥을 가로질러서 도리와는 「ㄱ」, 마룻대와는 「十」 모양을 이루는 나무.
- ☞ 물(氵)에 빠져 다칠(刅) 우려가 있는 강이나 도랑에 가로질러(걸쳐) 놓은 나무(木)이라는 데서 「나무다리. 다리. (마룻대를 다리처럼 가로질러 받쳐 놓은)들보. 대들보」 뜻으로.

橋梁(교량 - 다리) 棟梁(동량 - 마룻대와 들보) 棟梁之材(동량지재) 梁上君子(양상군자) 上梁式(상:량식)

梨 배 리. 배나무 리.   1655-30

- ◉ 利(이로울 리) + 木 = 梨 (0226 참조)
- ☞ 인체(人體)에 이로운(利) 과일이 열리는 나무(木)이라는 데서 「배나무. 배」 뜻으로.
- ※ 배 → 대소변을 순하게 하고 열을 내리게 하며 해수와 빈혈·갈증에 좋은 과일임.

梨花(이화 - 배나무 꽃) 梨園(이원 - 배나무를 심은 정원. 배우들이 연기를 익히던 곳)

棄 버릴 기.   1656-30

- ◉ 厶(아이돌아나올 돌) + {丗(= 丗 「키 기」의 획 줄임) + 木} = 棄
- ※ 丗 → 箕(키 기)의 고자(古字).
- ☞ 나무(木)로 된 키(丗)에 곡식을 넣고서 이를 까불러(바람을 일으키어) 쭉정이 같은 것을 돌아 나오게(厶) 한다(날려 버린다)는 데서 「버리다」 뜻으로.

棄權(기권 - 권리를 행사하지 않음) 棄却(기각 - 버리고 쓰지 아니함) 棄兒(기아) 廢棄(폐:기)

桓 굳셀 환. 클 환.   1657-20

- ◉ 木 + 亘(뻗칠 긍|베풀 선|씩씩할 환) = 桓 (0217 참조)
- ☞ 나무(木)가 크게 뻗치어(亘) 있다는 데서 「크다. 굳세다」 뜻으로.

桓雄(환웅 - 환인의 아들. 웅녀와 결혼하여 단군을 낳았다는 우리나라 건국 신화)

柴 섶(薪) 시. 나무/성(姓) 시.   1658-20

- ◉ {止(그칠 지) + 匕(비수/숟가락 비) = 此(이 차)} + 木 = 柴 (2004 별첨)
- ※ 섶 → 산야(山野)에 절로 자라나 있는 왜소한 잡목.
- ☞ 그쳐(止) 있는 비수(匕 → 길이가 짧고 날카로운 칼), 곧 꽂혀 있는 비수처럼 키가 작달막한 나무(木)이라는 데서 「섶. (땔감용)나무」 뜻으로.

柴扉(시비 - 사립문) 薪柴(신시 - 땔나무) 臥薪嘗膽(와:신상담 - 괴롭고 어려움을 참고 견딤을 일컬음)

木 부수(자원과 쓰임 → 1589 참조)

| 桀　홰/하왕이름 걸. | 1659-20 |

- {夕(저녁 석) + 牛(걸을 과) = 舛(어그러질 천)} + 木 = 桀
- ※ 홰 → 헛간이나 닭장에 닭이 올라가서 잠을 자도록 가로지른 나무 막대.
- ☞ 닭이 <u>저녁</u>(夕)에 <u>걸어</u>(牛) 올라가서 잠을 자도록 가로질러 놓은 <u>나무</u>(木)이라는 데서 「홰」 뜻을. 桀이 하(夏)나라 임금 이름 글자로 쓰였기에 「하왕 이름」 음훈으로.

桀紂(걸주 - 하夏나라의 걸桀왕과 은殷나라의 주紂왕으로 폭군을 일컬음)

| ★ 桀(홰 걸)과 결합을 이룬 글자. | 1659 별첨 |

傑(뛰어날 걸)　☞ 人(0083) → (높은 곳에 걸쳐 놓은) <u>횃대</u>(桀)에 올라가 있는 <u>사람</u>(亻), 곧 평지에서 살아가는 일반 사람들보다 매우 우러러보이는 사람이라는 데서 「뛰어나다」 豪傑(호걸)

| 棟　마룻대 동. 용마루/집 동. | 1660-20 |

- 木 + 東(동녘 동) = 棟 (1590 참조)
- ※ 마룻대 → 용마루 밑에 서까래가 걸리게 된 도리.
- ☞ 집은 대개 남향으로 짓는 바, <u>동녘</u>(東)에서 서녘을 향하도록 걸쳐 놓은 <u>나무</u>(木)는 마룻대나 용마루이라는 데서 「마룻대. 용마루. (용마루가 한 채의 집을 이루는 데서)집」 뜻으로.

棟梁之材(동량지재 - 한 집이나 한 나라를 맡아 다스릴 만한 큰 인재) 病棟(병:동 - 병실로 된 건물)

| 槿　무궁화 근: | 1661-20 |

- 木 + 堇(진흙/찰흙 근) = 槿 (0369 참조)
- ☞ 끈기가 있는 차진 <u>찰흙</u>(堇)처럼 끈질기게 꽃이 피었다가 지기를 반복하는 <u>나무</u>(木)이라는 데서 「무궁화」 뜻으로.

槿花(근:화 - 무궁화) 槿域(근:역 - 우리나라를 달리 이르는 말)

| 柏　잣나무/측백 백. | 1662-20 |

| 栢　잣나무/측백 백. | 1663-00 |

잣나무(柏)

잣(柏)

- 木 + 白(흰/맏/고할 백) = 柏
- 木 + 百(일백/많을 백) = 栢　※ 栢은 柏의 속자.
- ☞ 柏 → <u>나무</u>(木) 가운데 <u>맏이</u>(白)로 일컫는 으뜸가는 나무, 또는 <u>백</u>(白) 글자 형상처럼 생긴 흰 잣이 열리는 <u>나무</u>(木)이라는 데서 「잣나무. (잣나무와 유사한)측백나무」 뜻으로.
- ☞ 栢 → 위의 柏에서 白과 자형이 비슷하고 동음(同音)인 百으로 대체된 속자(俗字)임.

松柏=松栢(송백 - 소나무와 잣나무) 冬柏(동백 - 동백나무의 열매) 側柏(측백 - 측백나무)

| 杏　살구 행: 살구나무/은행 행. | 1664-20 |

- 木 + 口(입/어귀 구) = 杏

木 부수(자원과 쓰임 → 1589 참조)

☞ 입(口) 모양처럼 동그란 열매가 열리는 나무(木), 또는 마을 어귀(口)에 흔하게 심어져 있는 나무(木)이라는 데서 「살구나무. 살구. (살구나무와 유사한)은행나무」 뜻으로.
杏花(행:화 - 살구꽃) 杏仁(행:인 - 살구 속의 알맹이) 杏林(행:림 - 의원의 미칭) 杏亶(행:단) 銀杏(은행)

杆 몽둥이 간. 1665-20

- 木 + 干(방패 간) = 杆
☞ 방패(干) 자루처럼 작달막한 나무(木)이라는 데서 「몽둥이」 뜻으로.
槓杆(공간 - 지레. 물건을 움직이는 데 쓰는 막대) ※ 槓(지렛대 공) 杆城邑(간성읍 - 고성군에 속한 읍)

桿 몽둥이 간. 막대 간. 1666-00

- {木 + 干(방패 간) = 杆(몽둥이 간)} + 日(날 일) = 桿 ※ 桿은 杆의 속자.
☞ 둥근 해(日) 모양처럼 몸통을 둥글게 깎아 만든 짤막한 몽둥이(杆)이라는 데서 「몽둥이. 막대」 뜻으로.
操縱桿(조종간 - 조종사가 비행기를 조종하는 장치. 또는 그 손잡이)

枚 낱 매. 줄기/말채찍 매. 1667-20

- 木 + 攵(칠/똑똑두드릴 복) = 枚
☞ 치는(攵) 용도로 쓰는 나무(木), 곧 회초리 용도로 쓰는 가느다란 나무줄기(낱 가지)이라는 데서 「줄기. 낱. (가느다란 낱 가지를 묶어 놓은)말채찍」 뜻으로.
枚數(매수 - 장수) 枚擧(매거 - 낱낱이 들어 말함) 銜枚(함매 - 군사들의 입에 나무 막대를 물리던 일)

楚 초나라 초. 모형/가시나무 초. 1668-20

- 林(수풀 림) + 疋(발 소) = 楚
※ 모형(牡荊) → 낙엽관목으로 더부룩하게 자라나며 잎은 피침형으로 가장자리에 톱니가 있음.
☞ 수풀(林)을 이루듯이 잎줄기가 더부룩하고 발(疋)이 붙어 있는 것처럼 가시가 돋아나 있는 나무이라는 데서 「모형. 가시나무」. 楚는 초나라 국명으로 쓰였기에 「초나라」 음훈으로.
楚漢(초한) 苦楚(고초 - 괴로움과 어려움) 四面楚歌(사:면초가 - 고립된 경우를 이르는 말)

★ 楚(모형/가시나무 초)와 결합을 이룬 글자. 1668 별첨

| 礎(주춧돌 초) | ☞ 石(2137) → 나무(木)와 나무(木)를 세워 놓은 기둥의 발(밑바닥)(疋)에 받쳐 놓은 돌(石)이라는 데서 「주춧돌. 기초」 礎石(초석) |

柄 자루 병: 1669-20

- 木 + 丙(남녘/밝을 병) = 柄 (0010 참조)
☞ 남녘(丙)으로 길게 자라난 나뭇가지(木)는 연장의 자루로 쓰이는 데서 「자루」 뜻으로.
權柄(권병 - 권력을 가지고 마음대로 할 수 있는 힘) 斗柄(두병 - 북두칠성의 자루가 되는 세 개의 별)

木 부수(자원과 쓰임 → 1589 참조)

柯　가지 가. 도끼자루/창자루 가.　　　1670-20

- 木 + {丁(고무래/장정/당할 정) + 口(입 구) = 可(옳을 가)} = 柯 (0802 참조)
- ☞ 고무래(丁)의 구멍(口)에 끼울 정도의 크기로 자라난 나뭇가지(木)이라는 데서 「가지. (나뭇가지로 된)도끼 자루. 창 자루」 뜻으로.

南柯一夢(남가일몽 - 소설 남가기南柯記에서 유래한 말. 꿈처럼 헛된 한 때의 부귀와 영화를 일컬음)

札　편지 찰. 패/조각 찰.　　　1671-20

- 木 + 乚(숨을 은) = 札
- ☞ 허리춤에 숨기어서(乚) 차고 다니는 (글씨를 쓴 작고 납작한) 나무(木) 조각이라는 데서 「패. 조각. (나무 조각에 글씨를 써서 서로가 주고받는)편지」 뜻으로.

名札(명찰 - 이름표) 書札(서찰 - 편지) 改札(개찰) 入札(입찰) 落札(낙찰) 流札(유찰) 現札(현:찰)

杓　북두자루 표. 구기 작.　　　1672-20

- 木 + 勺(구기 작) = 杓 (0267 참조)
- ☞ 나무(木)로 된 구기(勺)이라는 데서 「구기. (구기 자루 형상의)북두 자루」 뜻으로.

杓雲(표운 - 가로로 길게 뻗어 있는 구름)

杜　막을 두. 팥배나무/성(姓) 두.　　　1673-20

- 木 + 土(흙 토) = 杜
- ☞ 나무(木)로 기둥을 세우고 흙(土)으로 벽을 발라 비바람을 막는다는 데서 「막다」 뜻을. 한편 껍질이 흙(土) 빛깔(흑갈색)을 띠는 나무(木)이라는 데서 「팥배나무」 뜻으로.

杜絶(두절 - 막혀 끊어짐) 杜鵑(두견 - 두견이) 杜門不出(두문불출) 杜詩諺解(두시언해) 杜甫(두보)

棋　바둑/장기 기.　　　1674-20

- 木 + 其(그/키 기)= 棋 (0327 참조)
- ☞ (가로세로로 줄이 나 있는 직사각형의) 키(其) 모양처럼 가로와 세로줄이 그어져 있고 받침이 딸려 있는 나무(木)로 된 판이라는 데서 「바둑. 장기」 뜻으로.

棋士(기사 - 바둑이나 장기를 잘 두는 사람) 將棋(장:기 - 서로가 장군을 공격하는 오락의 하나)

楸　가래나무 추. 노나무 추.　　　1675-20

- 木 + {(禾(벼 화) + 火(불 화) = 秋(가을 추)} = 楸 (2194 참조)
- ※ 가래나무 → 활엽교목. 주로 산 밑이나 골자기에 나며 자화는 붉고 웅화는 벼 이삭처럼 늘어져 핌.
- ☞ 여기에서 秋는 가래나무 꽃 모양을 표현. 불빛(火)을 띠는 붉은 꽃대가 길쭉한 벼 이삭(禾)처럼 드리우는(피어나는) 나무(木)이라는 데서 「가래나무」 뜻으로.

楸哥嶺(추가령 - 강원도 북녘에 있는 지명)

椿　참죽나무 춘.　　　1676-20

木 부수(자원과 쓰임 → 1589 참조)

◉ 木 + 春(봄 춘) = 椿 (1019 참조)
※ 참죽나무 → 가죽나무. 낙엽활엽교목으로 여름에 다갈색의 삭과가 익으며 어린잎은 식용함.
☞ 봄(春)에 (식용으로) 어린 새순을 채취하는 나무(木)라는 데서 「참죽나무」 뜻으로.
椿堂(춘당 - 춘부장椿府丈·춘장椿丈. 남의 아버지에 대한 존칭) 椿萱(춘훤 - 춘당과 훤당. 부모)

槐 회화나무/느티나무 괴. 1677-20

◉ 木 + 鬼(귀신 귀) = 槐
※ 회화나무→ 서당이나 서원 등지에 주로 심는 나무로, 살충제와 신경병 치료제로 쓰임.
☞ 귀신(잡귀)(鬼)을 물리치는 나무(木)라는 의미에서 「회화나무. (회화나무와 유사한)느티나무」 뜻으로.
槐木(괴목 - 회화나무. 홰나무) 槐實(괴실) 槐膠(괴교) 槐門棘路(괴문극로) 槐山郡(괴산군)

杰 뛰어날 걸. 사람이름 걸. 1678-20

◉ 木 + 灬(불 화) = 杰 ※ 杰은 傑(뛰어날 걸)의 속자.
☞ 나무(木)에 붙은 불(灬)이 이글거리며 높이 솟구쳐 오르는 것처럼 인물 됨됨이가 예사롭지가 않다(비범하다)는 데서 「뛰어나다」 뜻으로.

楨 광나무 정. 쥐똥나무/단단한나무 정. 1679-20

◉ 木 + 貞(곧을/점칠 정) = 楨 (3060 참조)
※ 광나무 → 상록활엽교목. 가을에 쥐똥 비슷한 핵과가 익음. 재질이 단단하여 장난감 새총을 만듦.
☞ 곧게(貞) 정절을 지키는 것처럼 매서운 겨울 추위에도 푸른빛을 잃지 않는 늘 푸른 나무(木), 곧 여정목(女貞木)으로 불리는 나무라는 데서 「광나무. 쥐똥나무」 뜻으로.
楨幹(정간 - 담의 양쪽 끝에 세우는 나무 기둥. 중추적 역할을 하는 골간)

楞 네모질(四角) 릉. 중의글 릉. 1680-20

◉ 木 + 四(녁 사) + 方(모/방위 방) = 楞
☞ 네(四) 곳으로 모(方)가 나 있는(사각으로 이루어진) 나무(木)라는 데서 「네모지다. (네모난 나무인 주련 같은 데에 중이 쓴 글이라는 데서)중의 글」 뜻으로.
楞嚴經(능엄경 - 불경의 이름)

樑 들보 량. 성(姓) 량. 1681-20

◉ 木 + 梁(들보 량) = 樑
☞ 나무(木)로 된 들보(梁)라는 데서 「들보」 뜻으로.

檜 전나무 회: 노송나무 회. 1682-20

◉ 木 + 會(모일/모을 회) = 檜 (1987 참조)
☞ 한곳에 모이어(會) 있는(군락을 이루어 자라는) 나무(木), 또는 나뭇잎이 매우 촘촘하게 모이어

(會) 있는 나무(木)이라는 데서「전나무. 노송나무」뜻으로.
檜木(회:목 - 노송나무. 소나뭇과의 상록교목으로 작은 침상엽이 가지에 빽빽이 돋아나 있음)

榆 느릅나무 유.   1683-20

- 木 + 俞(성(姓)/점점/나을 유) = 榆 (0357 참조)
※ 느릅나무 → 낙엽활엽교목. 골짜기나 개울가의 습한 지대에 자라나며, 껍질·잎·뿌리·열매는 항균·소염·이뇨·항암 작용 등 다양한 약재로 쓰이고 어린잎은 식용함.
☞ 병을 나아지게(낫게)(俞) 하는 (약재로 쓰이는) 나무(木)이라는 데서「느릅나무」뜻으로.
榆岾寺(유점사 - 금강산에 있는 절 이름) 榆理木(유리목 - 오리나무)

樟 녹나무 장.   1684-00

- 木 + 章(글월/문장/밝을 장) = 樟 (2256 참조)
※ 녹나무 → 상록활엽교목. 산기슭의 양지에 자라며, 장뇌(樟腦)의 원료. 가구재·완구재 등에 쓰임.
☞ 볕이 많이 드는 밝은(章) 산기슭에 자라는 나무(木), 또는 무색의 반투명한 밝은(章) 빛깔의 장뇌가 추출되는 나무(木)이라는 데서「녹나무」뜻으로.
樟腦(장뇌 - 녹나무를 증류시킨 무색의 반투명한 결정체. 무연화약·필름 등과 방취제 제조에 씀)

樺 자작나무 화. 벚나무 화.   1685-20

- 木 + 華(빛날/꽃/풀무성할 화) = 樺 (2729 별첨)

자작나무(樺)

※ 자작나무 → 높은 산 양지바른 곳에서 자라며 껍질은 흰 빛깔이며, 목재는 기구, 껍질은 약용에 쓰임. 옛날에는 자작나무 껍질을 태워 화촉(華燭)을 밝혔다고 함. 백화(白樺).
☞ 화촉(華燭)을 밝히는 용도로 쓰는 나무(木), 또는 껍질이 유난히 하얗게 빛나는 (華) 나무(木)이라는 데서「자작나무. (자작나무와 유사한)벚나무」뜻으로.
樺燭(화촉 - 자작나무 껍질로 밀랍을 말아서 켜는 촛불. 혼례) 樺太(화태 - 사할린) 樺木(화목 - 벚나무)

棉 목화 면.   1686-10

- 木 + {白(흰 백) + 巾(수건/천/피륙 건) = 帛(비단 백)} = 棉 (0986 참조)
※ 목화(木花) → 무궁화과에 속한 일년초와 목본(木本)이 있으며, 주로 1년생을 재배하며, 가을에 담황색이나 흰색의 꽃이 피며 익은 목화다래는 실의 원료가 됨.
☞ 흰(白) 천(巾)의 원료가 되는 목화다래가 열리는 나무(木)이라는 데서「목화」뜻으로.
棉花(면화 - 목화) 木棉(목면 - 여러해살이 목본木本의 목화. 일년생 목화. 무명)

棲 깃들일 서: 살 서.   1687-10

- 木 + 妻(아내 처) = 棲 (0471 참조)
☞ 나무(木)가 울창한 수풀을 아내(妻)처럼 여기고 온갖 길짐승과 날짐승들이 깃들이고(살아가고) 있다는 데서「깃들이다. 살다」뜻으로.

棲息(서:식 - 동물이 어떤 곳에 삶) 棲宿(서:숙) 同棲(동서 - 한 집에서 같이 삶) 兩棲類(양:서류)

榜　방붙일 방: 게시판 방.　　　　　　　　　　　　　　　　　　　1688-10

- 木 + 旁(곁/기댈/두루 방) = 榜 (1980 참조)
- ☞ 나무(판자)(木)에 글씨를 써서 여러 사람들이 두루(旁) 읽어볼 수 있게끔 벽면이나 기둥 같은 곳에 붙인다는 데서 「방 붙이다. (방을 붙이는)게시판」 뜻으로.

榜=榜文(방:·방:문 - 여러 사람에게 알리기 위하여 써 붙이는 글) 紙榜(지방) 落榜(낙방) 標榜(표방)

棧　사다리/잔도 잔. 다리 잔.　　　　　　　　　　　　　　　　　1689-10

- 木 + 戔(상할 잔 ǀ 쌓일/얕고작을/적을/좁을 전) = 棧 (1578 참조)

잔도(棧)

- ☞ 창을 쌓아(戔) 놓은 모양처럼 암벽에 나무(木)를 차곡차곡 꽂아서 사다리 형태로 만들어 놓은 길이라는 데서 「잔도. 사다리. 다리」 뜻으로.

棧道(잔도 - 절벽 사이에 나무를 걸쳐 놓은 사다리 길) 棧橋(잔교 - 계곡을 가로질러 걸쳐 놓은 다리)

槨　외관 곽. 덧널 곽.　　　　　　　　　　　　　　　　　　　　1690-10

- 木 + 郭(성곽/외성/둘레 곽) = 槨 (2931 참조)
- ※ 덧널 → 관(棺)을 담는 궤. 외관(外棺).
- ☞ 성곽(郭)을 두르듯이 속 널을 에워 놓은 나무(木)로 된 널이라는 데서 「덧널. 외관」 뜻으로.

棺槨(관곽 - 시체를 넣는 속 널과 겉 널) 木槨(목곽 - 나무로 만든 네모난 광실壙室)

樵　땔나무/나무할 초.　　　　　　　　　　　　　　　　　　　　1691-10

- 木 + 焦(탈/그을릴/델 초) = 樵 (1129 참조)
- ☞ 태우는(焦) 용도로(땔감용으로) 베어 낸 나무(木)이라는 데서 「땔나무. 나무하다」 뜻으로.

樵夫(초부 - 나무꾼) 樵童(초동 - 땔나무하는 아이) 樵歌(초가 - 나무꾼들이 부르는 노래)

樞　지도리 추. 근본 추.　　　　　　　　　　　　　　　　　　　1692-10

- 木 + 區(구분할/지경 구) = 樞 (0271 참조)
- ※ 지도리 → 돌쩌귀. 문짝을 여닫게 하기 위하여 문설주와 문짝에 박아서 서로 맞추어 꽂는 쇠붙이.
- ☞ 나무(木)로 된 문짝과 문설주의 지경(경계 지점)(區)에 꽂아 놓은 쇠붙이이라는 데서 「지도리. (지도리는 문을 지탱하고 여닫게 하는 바탕 구실을 한다는 데서)근본」 뜻으로.
- ※ 區는 홈(品)을 뚫어 연결 고리(匸)를 부착하여 놓은 지도리 모양을 표현한 글자이기도 함.

樞密(추밀 - 정치상의 기밀을 처리하는 곳) 樞機(추기) 樞機卿(추기경) 中樞(중추) 中樞神經(중추신경)

楷　본보기 해. 법식/해서/나무이름 해.　　　　　　　　　　　　1693-10

- 木 + 皆(다/모두/함께 개) = 楷 (2083 참조)
- ※ 楷 → 곡부(曲阜)에 있는 공자의 무덤에 자공(子貢 → 공자의 제자)이 심었다고 하는 나무(孔木 공목) 이름 글자로, 나뭇가지가 모두 반듯하게 자라났다고 전하는 나무임.

☞ 나뭇가지가 모두(皆) 반듯하게 자라나서 다른 나무의 본보기가 되었다고 전하는(공자 무덤에 자라났다고 하는) 나무(木)이라는 데서 「나무 이름(孔木). 본보기. 법식. (본보기가 되는 반듯한 글씨체이라는 데서)해서」 뜻으로.

楷書(해서 - 한자 서체의 한 가지. 예서에서 변한 것으로서 자형이 가장 방정한 글씨체)

棗 대추 조. 대추나무 조. 1694-10

◉ {木 + 冖(덮을 멱) = 朿(나무가시 자)} × 2 = 棗 (2683 참조)

☞ 나무 가시(朿)를 위아래로 포개어 놓은 모양(棗), 곧 가시가 돋아 있고 열매가 주렁주렁 열려 있는 대추나무 모양에서 「대추나무. 대추」 뜻으로.

棗栗(조율 - 대추와 밤) 棗栗梨柿(조율이시 - 제사에 쓰이는 밤·대추·배·감을 아울러 이르는 말)

棒 막대 봉. 몽둥이 봉. 1695-10

◉ 木 + 奉(받들/봉양할/높일/공물 봉) = 棒 (0734 참조)

☞ 높이 받들어(奉) 올렸다가 내려치는 나무(木)이라는 데서 「몽둥이. 막대」 뜻으로.

棒高跳(봉고도 - 장대높이뛰기) 棍棒(곤봉 - 손가락 사이에 끼고 체조를 하는 방망이) 鐵棒(철봉)

槃 쟁반/소반 반. 죽을 반. 1696-10

◉ 般(일반/되돌아올/옮길/나를 반) + 木 = 槃 (2887 참조)

※ 소반(小盤) → 밥·반찬 그 밖의 음식물을 차려 놓고 먹는 작은 밥상.

☞ 음식물을 옮기는(나르는)(般) 나무(木)로 된 기물이라는 데서 「소반. 쟁반」 뜻을, 범어 nirvana를 열반(涅槃)으로 음역하여 「(해탈한 의미의)죽다」 뜻으로.

槃盂(반우 - 소반과 바리때. 소반) 涅槃(열반 - 모든 괴로움과 번뇌에서 해탈한 상태)

梵 불경 범: 범어/부처 범. 1697-10

◉ 林(수풀 림) + 凡(무릇/다/모두 범) = 梵 (0287 참조)

☞ 범어 Brama 음역을 범(凡)으로 한 글자. 수풀(林), 곧 숲속 보리수 아래에서 무릇(대저)(凡) 진리를 깨우친 분이라는 의미에서 「부처. (부처의 설법을 기록한)범어. 불경」 뜻으로.

梵語(범:어 - 인도 말. 산스크리트어) 梵鐘(범:종 - 절에 걸어 둔 종) 梵刹(범:찰 - 절) 梵唄(범:패)

檄 격문 격. 1698-10

◉ 木 + 敫(칠/노래할 교 | 공경할 격) = 檄 (1206 참조)

☞ 나무(木)를 쳐서(두드려서)(敫) 신호를 보내는 것처럼 고지할 사항을 글로 써서 대중에게 널리 알리는 문장이라는 데서 「격문」 뜻으로.

檄文(격문 - 군병을 모집하거나 적군을 깨닫도록 일러 주기 위해 발표하는 글) 檄書(격서 - 격문)

桶 통 통. 되(말) 통. 1699-10

◉ 木 + 甬(물솟아오를 용 | 대통 통) = 桶 (0361 참조)

木 부수(자원과 쓰임 → 1589 참조)

☞ 나무(木)로 된 통(甬)이라는 데서 「통. 되(말)」 뜻으로.
休紙桶(휴지통 - 휴지를 넣는 통) 沐浴桶(목욕통 - 목욕을 하는 통)

梢 나무끝 초. 1700-10

- 木 + 肖((닮을/같을/작을 초 | 쇠약할/흩어질 소) = 梢 (2391 참조)
- ☞ 나무(木)의 줄기가 작아(가늘어)(肖)진 끄트머리 부위이라는 데서 「나무 끝」 뜻으로.
梢頭(초두 - 나무의 잔가지 끝) 末梢(말초 - 나무의 잔가지. 사물의 말단) 末梢神經(말초신경)

椎 몽치/등뼈 추. 칠/등골 추. 1701-10

- 木 + 隹(새 추 → 주로 꼬리가 짧은 새를 의미) = 椎
- ※ 몽치 → 짧고 단단한 몽둥이. 옛날에 무기로 썼음.
- ☞ 도톰한 새(隹) 형상처럼 가운데 부위를 도톰하게 다듬어 놓은 나무(木)이라는 데서 「몽치. (몽치로)치다. (몽치처럼 볼록하게 튀어나온 뼈이라는 데서)등골. 등뼈」 뜻으로.
鐵椎(철추 - 쇠몽둥이) 脊椎(척추 - 등골뼈로 이루어진 등마루) 脊椎動物(척추동물)

棚 사다리/선반 붕. 시렁 붕. 1702-10

- 木 + {月(= 舟 주달 월) × 2 = 朋(벗/무리 붕)} = 棚 (1095 참조)
- ☞ 나무(木)를, 나란히 놓인 두 척의 배(朋 = 舟舟) 모양처럼 평행이 되게끔 잇대어(걸쳐) 놓은 구조물이라는 데서 「선반. 시렁. 사다리」 뜻으로.
大陸棚(대:륙붕 - 육지 주위의 바다 깊이가 약 200m 되는 곳까지의 느린 경사면)

朽 썩을 후. 쇠할 후. 1703-10

- 木 + 丂(→ 巧「교할/괴이하고교하게꾸민재주 교」의 古字) = 朽
- ☞ 나무(木)가 무척 오래되어 괴이하고 교하게(丂) 변모되어(쇠락하여) 있다는 데서 「썩다. 쇠하다」 뜻으로.
朽木(후목 - 썩은 나무) 不朽(불후 - 썩어 없어지지 않음) 老朽(노:후 - 늙거나 오래되어 쓸모가 없음)

杖 지팡이 장(:). 1704-10

- 木 + 丈(어른/열자/길/지팡이 장) = 杖 (0009 별첨)
- ☞ 나무(木)로 된 지팡이(丈)이라는 데서 「지팡이」 뜻으로.
杖刑(장:형 - 곤장으로 볼기를 치는 형벌) 杖朞(장:기 - 상장을 짚고 1년간 입는 상복) 喪杖(상장)

杳 아득할 묘: 어두울 묘. 1705-10

- 木 + 日(날/해 일) = 杳
- ☞ 나무(木) 아래로 해(日)가 가라앉는 어둑한 시간대이라는 데서 「어둡다. (어둑하게 보일 정도로 멀리 떨어져 있어서)아득하다」 뜻으로.
杳然(묘:연 - 그윽하고 멀어서 눈에 아물아물함. 소식이 없어 행방을 알 수 없음)

木 부수(자원과 쓰임 → 1589 참조)

枉 굽을 왕: 1706-10

◉ 木 + 王(임금/할아버지/할머니 왕) = 枉 (2026 참조)

☞ 나무(木)가 할머니(王) 등허리처럼 구부정하다는 데서「굽다」뜻으로.

枉臨(왕:림 - 다른 사람이 자기 처소에 오는 일의 경칭) 枉法(왕:법 - 법을 굽히어 악용함)

柵 울타리 책. 1707-10

◉ 木 + 冊(책/세울 책) = 柵 (0316 참조)

☞ 나무(木)를 (죽편을 노끈에 꿰어 엮어 놓은) 책(冊)처럼 엮어서 집 주위에 둘러쳐 놓은 구조물이라는 데서「울타리」뜻으로.

木柵(목책 - 나무로 된 울타리. 울짱) 鐵柵(철책 - 쇠로 만든 울타리)

棺 널 관. 1708-10

◉ 木 + 官(벼슬/관가/집 관) = 棺 (0595 참조)

☞ 시신을 안치하여 두는 나무(木)로 짜 놓은 일종의 집(官)이라는 데서「널」뜻으로.

棺柩(관구 - 시체를 담는 궤) 棺槨(관곽 - 시체를 넣는 속 널과 겉 널) 木棺(목관) 入棺(입관)

柩 널/관 구. 1709-10

◉ 木 + {匚(상자 방) + 久(오랠 구) = 匛(널 구)} = 柩 (0021 참조)

※ 匛 → 시신을 오래도록(久) 안치하여 두는 나무로 된 상자(匚)이라는 데서「널」뜻으로.

☞ 나무(木)로 된 널(匛)이라는 데서「널. 관」뜻으로.

柩衣(구의 - 관 위에 덮는 긴 베) 靈柩(영구 - 시체를 넣은 관) 靈柩車(영구차) 棺柩(관구) 運柩(운:구)

檻 우리/난간 함: 죄인이타는수레 함. 1710-10

◉ 木 + 監(볼/살필 감) = 檻 (2236 참조)

☞ 짐승이나 죄인을 살필(감시할)(監) 목적으로(도주하지 못하도록) 나무(木)로 둘러놓은 장치이라는 데서「우리. 난간. 죄인이 타는 수레」뜻으로.

檻車(함:거 - 죄인을 실어 나르던 수레) 檻輿(함:여 - 죄인 호송용 가마) 檻致(함:치) 檻倉(함:창 - 감옥)

檣 돛대 장. 1711-10

◉ 木 + {㇒(= 來올 래) + 回(돌 회) = 嗇(아낄/인색할 색)} = 檣 (0876 참조)

☞ 배를 오게(㇒) 하고 돌게(回) 하는(오가도록 하고 방향을 트는) 돛을 매달아 놓은 나무(木)이라는 데서「돛대」뜻으로.

檣竿(장간 - 돛대) 檣樓(장루 - 군함의 돛대 위에 꾸며 놓은 대)

椅 의자 의. 교의 의. 1712-10

◉ 木 + {大(큰 대) + 可(옳을/좋을 가) = 奇(기이할/기특할 기)} = 椅 (0736 참조)

☞ 큰 사람(어른)(大)이 걸터앉아도 좋을(가능할)(可) 정도로 견고하게 만들어 놓은 나무(木)로

된 기구이라는 데서 「의자. 교의」 뜻으로.
椅子(의자 - 사람이 걸터앉을 수 있게 만든 기구) 交椅(교의 - 의자. 신주를 모시는 다리가 긴 의자)

楕 길고둥글 타.   1713-10

- 木 + {左(왼 좌) + 月(= 肉 고기 육) = 惰(→「힘이 덜한, 무기력함」을 의미)} = 楕
- 나무(木)가, 왼쪽(左)의 신체(月) 부위처럼 힘이 덜한(무기력한)(惰), 곧 나무(나뭇가지)가 길쭉하고 연약하게 자라나 있는 모양이라는 데서 「길고 둥글다」 뜻으로.

楕圓形(타원형 - 길쭉하고 둥근 모양) 楕圓(타원 - 원추곡선의 한 가지)

槌 방망이 퇴│칠 추. 던질 퇴│망치 추.   1714-10

- 木 + 追(따를/쫓을/미칠/뒤미칠 추) = 槌 (3117 참조)
- 맞히고자 하는 물체를 따라(追)가서 그 물체와 부딪치는 나무(木)이라는 데서 「방망이. 망치. (망치로)치다. (방망이를)던지다」 뜻으로.

鐵槌(철퇴 - 쇠몽둥이. 옛날 병기의 하나로 끝이 둥글고 울퉁불퉁한 쇠몽둥이) ※ 鐵鎚(철추 - 쇠망치)

栓 마개/나무못 전. 말뚝 전.   1715-10

- 木 + 全(온전/온통 전) = 栓 (0354 참조)
- 온전한(全) 상태를 유지토록 하는(물체를 고정시키거나 액체가 새어 나가지 않도록 하는) 나무(木)로 된 물건이라는 데서 「나무못. 마개. 말뚝」 뜻으로.

給水栓(급수전 - 수도꼭지)

柚 유자 유.   1716-10

- 木 + 由(말미암을/인할 유) = 柚 (2108 참조)

유자나무(柚)

- 여기에서 由는 꼭지에 달려(열려) 있는 유자 모양을 표현. 나무(木)에 유(由) 글자 형상을 이루어 매달려(열려) 있는 유자 모양에서 「유자」 뜻으로.

柚子(유자 - 운향과의 작은 상록관목. 잎은 달걀꼴이며 둥글고 누른빛의 장과가 열림)

橙 귤/걸상 등. 등자나무/궤(几) 등│귤 증.   1717-10

- 木 + 登(오를/나갈/높을 등) = 橙 (2266 참조)
- ※ 등자나무 → 상록활엽교목. 나무 높이는 3m 정도이며 가시가 있고 등자색의 장과(漿果)가 열림.
- 궤짝 같은 디딤판 위에 올라(登)서서 열매를 따는 키가 나지막한 나무(木)이라는 데서 「등자나무. 귤. (등자를 따기 위하여 딛고 올라서는)걸상. 궤」 뜻으로.

橙子(등자 - 등자나무의 열매. 발한제·향료 따위로 씀) 橙色(등색 - 익은 귤빛과 비슷한 빛깔. 등자색)

椽 서까래 연.   1718-10

- 木 + 彖(돼지달아날 단) = 椽 (2475 참조)

木 부수(자원과 쓰임 → 1589 참조)

☞ 떼를 지어 돼지가 달아나는(彖) 모양을 이루어 처마에 줄지어 늘어서(걸쳐져) 있는 나무(木)이라는 데서 「서까래」 뜻으로.

椽木(연목 - 서까래. 도리에서 처마 끝까지 건너지른 나무) 椽蓋板(연개판 - 서까래 위에 까는 널빤지)

柿 감나무/감 시. 1719-10

● 木 + 市(슬갑/앞치마 불) = 柿 (2384 참조) ※ 柿는 枾(감나무/감 시)의 속자(俗字).

※ 옛이야기에, 어전에서 베푼 연회 자리에 한 신하가 철이 지났음에도 홍시가 반상에 차려져 있는 것을 보고는 부모님이 매우 좋아하시는 것을 자기만이 차마 먹을 수가 없어서 이를 몰래 슬갑(市) 자락에 넣어 나오다가 그만 떨어뜨리고 말았는데, 이를 임금이 보았는지라, 민망스럽게 여긴 신하가 이를 슬갑 자락에 넣은 사연을 말씀 드렸더니, 임금께서 말씀하기를 '과연 효자'라고 하시고는 여분의 홍시를 더 싸드리게 하였다는 고사에서, 감을 뜻하는 속자(俗字)가 탄생된 것으로 추리함.

☞ 앞치마(슬갑)(市)에 싸서 집으로 가져갈 만한 맛있는 과실이 열리는 나무(木)이라는 데서 「감나무. 감」 뜻으로.

柿雪(시설 - 곶감에 돋은 흰 가루) 紅柿(홍시 - 붉고 말랑한 감) 乾柿(건시 - 곶감) 軟柿(연:시 - 홍시)

梳 얼레빗 소. 빗/빗질할 소. 1720-10

● 木 + 充(깃발 류ㅣ거칠 황) = 梳 (1188 참조)

얼레빗(梳)

☞ 여기에서 류(充)는 빗 모양을 표현. 류(充) 글자 형상처럼 성글게 골이 나 있는 나무(木)로 된 빗 모양이라는 데서 「얼레빗. 빗. 빗질하다」 뜻으로.

梳洗(소세 - 얼굴을 빗고 낯을 씻는 일) 梳髮(소발 - 머리를 빗질함)

櫻 앵두나무/앵두 앵. 1721-10

● 木 + {賏(목걸이 영) + 女 = 嬰(갓난아이/둘릴 영)} = 櫻 (0509 참조)

☞ 조개 목걸이(賏)가 여아(女)의 목에 둘리어(嬰) 있는 것처럼 작고 동글동글한 열매가 조롱조롱 맺히는 나무(木)이라는 데서 「앵두나무. 앵두」 뜻으로.

櫻桃(앵도 - 앵두의 본딧말) 櫻脣(앵순 - 앵두 같은 붉은 입술)

樸 통나무/순박할 박. 나무등치/떡갈나무/바탕 박. 1722-10

● 木 + {丵(풀무성할 착) + 大(큰 대) = 菐(번거로울 복)} = 樸 (0166 참조)

☞ 잎이 무성하고(丵) 체적이 큰(大) 나무(木)이라는 데서 「통나무. 나무등치. 떡갈나무. (통나무는 가공하지 않은 순수성이 있다는 데서)순박하다」 뜻으로.

樸直(박직하다 - 순박하고 정직하다) 樸頭(박두 - 나무 촉으로 된 화살의 하나)

橘 귤 귤. 귤나무 귤. 1723-10

● 木 + {矛(창 모) + 冏(빛날/밝을 경) = 矞(송곳질할 율)} = 橘

☞ 끝이 뾰족한 창(矛)처럼 쭈뼛한 가시가 돋아 있고 밝은(冏) 등황 빛깔의 열매가 열리는 나무(木)이라는 데서 「귤나무. 귤」 뜻으로.

橘皮(귤피 - 귤껍질. 한약재로서 소화·해소에 약효가 있음) 橘餠(귤병 - 꿀에 조린 귤) 橘顆(귤과)

机 책상 궤: 1724-10

◉ 木 + 几(책상/안석 궤) = 机
☞ 나무(木)로 된 책상(几)이라는 데서 「책상」 뜻으로.
机下(궤:하 - 책상 아래. 편지 겉봉의 상대편 이름 아래에 쓰는 높임말) 机上空論(궤:상공론 - 탁상공론)

柑 귤 감. 감귤나무/감자나무 감.   1725-10

◉ 木 + 甘(달 감) = 柑 (2097 참조)
☞ 단맛(甘)이 나는 열매가 열리는 나무(木)라는 데서 「감자나무. 감귤나무. 귤」 뜻으로.
柑子(감자 - 귤의 일종) 柑果(감과 - 귤의 열매) 柑皮(감피 - 귤의 껍질) 蜜柑(밀감 - 귤)

枸 구기자 구.   1726-10

◉ 木 + 句(글귀/굽을 구) = 枸 (0808 참조)
☞ 줄기가 굽은(句) 형상을 이루어 자라는 나무(木)라는 데서 「구기자」 뜻으로.
枸杞子(구기자 - 구기자나무. 구기자나무 열매. 줄기는 가늘고 가시가 있으며 열매는 약재로 쓰임)

櫃 궤짝 궤: 함 궤.   1727-10

◉ 木 + {匚(상자 방) + 貴(귀할 귀) + 匱(함 궤)} = 櫃 (3038 참조)
☞ 나무(木)로 된 함(匱)이라는 데서 「함」 뜻으로.
櫃짝(궤:짝 - 나무 등으로 상자처럼 만든 그릇) 櫃封(궤:봉 - 물건을 궤에 넣고 봉함) 金櫃(금궤)

棘 가시 극. 가시나무/가시거철고길/멧대추나무 극.   1728-10

◉ 木 + 一 = 朿(나무가시 자) × 2 = 棘 (2683 참조)
☞ 나무 가시(朿)를 옆으로 나열하여 놓은 모양(棘), 곧 길쭉한 가시가 많이 돋아 있는 나무이라는 데서 「가시나무. 가시 거칠고 길다. 가시. 멧대추나무」 뜻으로.
棘矢(극시 - 가시나무로 만든 화살) 棘針(극침) 棘皮(극피) 荊棘(형극 - 나무의 온갖 가시. 고난)

杞 구기자 기. 구기자나무 기.   1729-10

◉ 木 + 己(몸 기) = 杞
☞ 기(己) 글자 형상처럼 줄기가 구불구불한 형상을 이루어 자라나는 나무(木)라는 데서 「구기자나무. 구기자」 뜻으로.
杞憂(기우 - 쓸데없는 걱정을 이르는 말)

棠 아가위 당.   1730-10

◉ 尙(오히려/숭상/높일 상) + 木 = 棠 (0576 참조)
※ 아가위 → 산사나무의 열매. 둥글고 맛이 시며 껍질이 단단한 열매로 식용 또는 약용함.
  산사나무 → 장미과의 작은 낙엽활엽교목으로 5월에 흰 꽃이 피며 정원수로 심음.

木 부수(자원과 쓰임) → 1589 참조

☞ (관상용과 약재로써) 높이(귀하게)(尙) 여기는 나무(木)이라는 데서 「아가위」 뜻으로.
棠梨(당리 - 팥배. 산사나무)

枋 다목 방. 1731-10

● 木 + 方(모/방위/방향/연결할 방) = 枋
※ 다목 → 단목(丹木). 상록교목으로, 목재는 활을 만드는 재료와 한약재로, 뿌리는 황색 염료로 사용.
☞ 여러 방면(方)으로 쓰이는(용도가 무척 다양한) 나무(木)이라는 데서 「다목」 뜻으로.
枋底(방저 - 방밑) 引枋(인방 - 기둥과 기둥 사이에 가로지른 나무) 中枋(중방 - 중인방) 中引枋(중인방)

樽 술통 준. 1732-10

● 木 + 尊(높을 존 | 술통 준) = 樽 (0563 참조)
☞ 나무(木)로 된 술통(尊)이라는 데서 「술통」 뜻으로.
樽酒(준주 - 동이 술. 병술을 이름) 金樽(금준 - 금으로 만든 술통)

槍 창 창. 나무창/막을 창. 1733-10

● 木 + 倉(곳집/창고 창) = 槍 (0111 참조)
☞ 뾰족하게 솟은 곳집(倉)처럼 끝머리를 뾰족하게 다듬어 놓은 나무(木)로 된 무기이라는 데서 「창. 나무창. (창으로 적군을)막다」 뜻으로.
槍劍(창검 - 창과 검. 무기나 무력의 비유) 竹槍(죽창 - 대나무로 만든 창)

槽 구유 조. 통 조. 1734-10

● 木 + 曹(마을/관청 조) = 槽 (1993 참조)
※ 구유 → 마소의 먹이를 담아 주는 그릇.
☞ 관청(曹) 건물 곁에 설치하여 놓은 나무(木)로 된 먹이통이라는 데서 「구유. 통」 뜻으로.
浴槽(욕조 - 목욕통) 淨化槽(정화조) 油槽車(유조차 - 석유 같은 기름을 담아 나르는 차)

櫛 빗 즐. 머리빗을 즐. 1735-10

● 木 + 節(마디/절개 절) = 櫛 (0349 참조)
☞ 여러 개의 마디(節)를 내어놓은(골을 지어 놓은) 나무(木)로 만든 물건이라는 데서 「빗. 머리 빗다」 뜻으로.
櫛齒(즐치 - 빗살) 櫛文土器(즐문토기 - 빗살무늬 토기) 櫛比(즐비) 櫛麟(즐린) 櫛風沐雨(즐풍목우)

梯 사다리 제. 층 제. 1736-10

● 木 + 弟(아우/차례 제) = 梯 (0911 참조)
☞ 아우(弟)가 층층으로 태어나 있는 것처럼 나무(木)로 된 디딤판을 층층이(차례지어) 걸쳐 놓은 물건이라는 데서 「사다리. 층」 뜻으로.
梯田(제전 - 비탈진 곳에 사닥다리 모양으로 된 논밭) 階梯(계제 - 일이 진행되는 순서나 절차)

木 부수(자원과 쓰임 → 1589 참조)

枳   탱자 지. 탱자나무 지.　　　　1737-10

- 木 + 只(다만/오로지 지) = 枳 (0834 참조)
- ☞ 여기에서 只는 탱자 모양을 표현. 둥근 열매(口)와 쭈뼛한 가시(八)가 돋아 있는 나무(木)이라는 데서「탱자나무. 탱자」뜻으로.

南橘北枳(남귤북지 - 남쪽의 귤이 북쪽에서는 탱자가 된다는 말로, 처한 상황에 따라 변함을 의미함)

桎   차꼬 질. 족쇄 질.　　　　1738-10

- 木 + 至(이를/미칠/모일 지) = 桎 (2867 참조)
- ※ 차꼬(족쇄) → 옛날 형구(刑具)의 하나. 나무 구멍에 발목을 넣고 자물쇠를 채우는 기구.
- ☞ 죄인의 발목에 이르게(至) 하여 채우는 나무(木)로 된 형구이라는 데서「차꼬」뜻으로.

桎梏(질곡 - 차꼬와 수갑. 몹시 속박하여 자유를 가질 수 없게 하는 일)

梏   수갑 곡.　　　　1739-10

- 木 + 告(고할/알릴 고ㅣ청할 곡) = 梏 (0800 참조)
- ☞ (범죄 행위에 대한) 고백(告)을 받아 내기 위하여 죄인을 결박하는 나무(木)로 된 형구(刑具)이라는 데서「수갑」뜻으로.

桎梏(질곡 - 차꼬와 수갑. 몹시 속박하여 자유를 가질 수 없게 하는 일)

棍   몽둥이 곤.　　　　1740-10

- 木 + 昆(맏/많을/형/같을 곤ㅣ덩어리 혼) = 棍 (1075 참조)
- ☞ 덩어리진(昆) 모양처럼 볼록하게 다듬어 놓은 나무(木)이라는 데서「몽둥이」뜻으로.

棍棒(곤봉 - 나무로 만든 체조 용구의 하나) 棍杖(곤장 - 볼기를 치던 형구의 하나)

梗   막힐/줄기 경. 대개/곧을 경.　　　　1741-10

- 木 + 更(다시 갱ㅣ고칠/바꿀 경) = 梗 (1990 참조)
- ☞ 휘어진 나무(木)를 불에 쬐어서 고쳐(更) 놓으면 대체적으로 곧은 모양으로 된다는 데서「대개. 곧다. (곧은)줄기. (곧아서 융통성이 없다는 데서)막히다」뜻으로.

梗塞(경색 - 소통되지 못하고 막힘) 梗直=勁直(경직 - 뜻이 굳고 곧음) 梗槪(경개 - 추린 줄거리)

부수 4획	木	片	爿	戶
	나무 목	조각 편	조각 널 장	지게문 호

片　조각 편(:) 쪽/쪼갤/한쪽/꽃잎 편.　　　　　　　　　　　　　1742-32

자원 片 → 나무판자를 세로로 쪼갠 그 오른편 조각을 표현.

쓰임 「나뭇조각. 나무판자. 널판. 세워 놓은 판자 모양」과 의미로 쓰임.

片舟(편주 - 조각배) 片道(편도) 片片(편편) 片紙(편:지) 斷片(단:편) 一片丹心(일편단심)

版　판목/조각 판. 널/책 판.　　　　　　　　　　　　　　　　　1743-32

● 片 + {厂(언덕/굴바위 엄) + 又(또/오른손 우) = 反(돌이킬 반)} = 版 (0384 참조)

☞ 비탈진 언덕(厂)처럼 단면(斷面)을 이루고 넓적한 손바닥(又)처럼 판판한 나뭇조각(片)이라는 데서 「조각. 판목. 널. (얇은 조각에 글씨를 쓴)책」 뜻으로.

※ 版과 板(널 판)은 동자(同字)이나 板은 주로 「널빤지(판자)」 뜻으로 쓰임.

版圖(판도 - 어떤 세력이 미치는 역역) 版畵(판화) 版權(판권) 出版(출판) 再版(재:판)

牌　패 패.　　　　　　　　　　　　　　　　　　　　　　　　　1744-10

● 片 + 卑(낮을 비) = 牌 (0340 참조)

☞ 글씨를 새겨 넣은 나지막한(卑) 나뭇조각(片)이라는 데서 「패」 뜻으로.

牌札(패찰 - 성명을 등을 써서 몸에 차는 조그마한 딱지) 名牌(명패) 門牌(문패) 賞牌(상패)

牒　편지 첩. 문서/장부/명부 첩.　　　　　　　　　　　　　　　1745-10

● 片 + 枼(얇을/모진나무/들창 엽) = 牒 (2725 참조)

☞ 얇은(枼) 나뭇조각(죽편)(片)에 글씨를 써넣은 것이라는 데서 「편지. 문서. 장부」 뜻으로.

牒報(첩보 - 서면으로 상관에게 보고함. 또는 그 보고) 通牒(통첩) 家牒(가첩) 請牒狀(청첩장)

木	片	爿	戶
나무 목	조각 편	조각 널 장	지게문 호

부수 4획

爿 조각널 장. 장수장 변 | 널조각/걸상 상.   1746-00

자원 爿 → 나무판자를 세로로 쪼갠 그 왼편 조각을 표현.

쓰임 「널판자. 걸상. 세워 놓은 판자 모양」과 의미로 쓰임.

牀 평상 상. 걸상 상.   1747-00

● 爿 + 木(나무 목) = 牀 ※ 床(평상 상)은 牀의 속자.
☞ 널판자(爿)를 나무(木)로 받쳐 놓은 기구이라는 데서 「평상. 걸상」 뜻으로.

平牀=平床(평상 - 나무로 만든 침상의 하나) 牀席=床席(상석 - 마루. 잠자리)

牆 담 장. 둘러막을 장.   1748-00

● 爿 + {來(올 래) + 回(돌아올 회) = 嗇(아낄/인색할 색)} = 牆 (0876 참조)
☞ 널판자(爿)를 집 주위에 둘러막아 (외부에서) 집으로 들어오는(來) 길목(출입구)을 돌려(回)놓은 구조물이라는 데서 「담. 둘러막다」 뜻으로.

垣牆=垣墻(원장 - 담장) 牆壁=墻壁(장벽 - 담과 벽)

★ 爿(조각널/걸상/널조각 장)과 결합을 이룬 글자.		1748 별첨
將(장수 장)	☞ 寸(0566) → 걸상(爿 → 牀)에 팔꿈치(肘)를 고임하고서 전쟁에 대비할 작전 계획을 구상하는 사람이라는 데서「장수」將帥(장수)	
壯(씩씩할 장)	☞ 士(0403) → 단단하고 꼿꼿한 조각널(널판자)(爿)처럼 선비(士)의 기상(기백)이 매우 꼿꼿하다는 데서「씩씩하다. 굳세다」壯士(장사)	
狀(형상 상)	☞ 犬(1388) → 네 다리를 벌리고 서 있는 개(犬) 형상처럼 네 개의 다리가 딸려 있는 걸상(爿) 모양이라는 데서「형상. 모양」狀態(상태)	
淵(못 연)	☞ 水(1268) → 물(氵)이 괴어(채워져) 있는 못(開 못 연)이라는 데서「못」淵潭(연담)	

|  부수 4획 | 木 나무 목 | 片 조각 편 | 爿 조각 널 장 | 戶 지게문 호 |

| 戶 | 지게문 호: 문/집/지킬 호. | 1749-42 |

- 자원 戶 → (기둥이나 천장에 매달아 놓은) 지게문 모양을 표현.
- 쓰임 「지게문. 집」 의미로 쓰임.
- ※ 지게문 → 마루에서 방으로 드나드는 곳이나 대청에 달아 놓은 외짝 문.

戶主(호:주 - 한 집안의 주장이 되는 사람) 戶口(호:구) 戶數(호:수) 戶籍(호:적) 家家戶戶(가가호호)

| 所 | 바 소: 것/곳/처소 소. | 1750-70 |

- ● 戶 + 斤(도끼 근) = 所
- ※ 바 → 다른 말 아래에 붙어서 방법 또는 일이라는 뜻으로 쓰이는 말.
- ☞ 戶와 斤은 글자 형상이 비슷한 바, 지게문(戶) 옆에 놓여 있는 지게문 글자처럼 생긴 도끼(斤), 곧 상대방에게 도끼의 생김새와 놓여 있는 위치(곳) 등을 지칭한다는 데서 「바. 것. 곳. 처소」 뜻으로.

所在(소:재 - 있는 곳) 所行(소:행) 所屬(소:속) 所見(소:견) 所有(소:유) 所以(소:이) 所得(소:득) 所望(소:망)

| 房 | 방 방. 별이름/성(姓) 방. | 1751-42 |

- ● 戶 + 方(모/방위/연결할 방) = 房
- ☞ 지게문(戶) 아래쪽에 모난(方) 모양(사각)으로 이루어져 있는 방이라는 데서 「방」 뜻으로.

房門(방문 - 방으로 드나드는 문) 獨房(독방) 茶房(다방) 冊房(책방) 廚房(주방) 畵房(화:방)

| 扁 | 작을 편. 넓적할/현판/두루 편. | 1752-20 |

- ● 戶 + 冊(= 册 책 책) = 扁
- ☞ 천장에 매달아 놓은 지게문(戶)처럼 생긴 책(冊), 곧 여러 사람들이 두루 읽어 볼 수 있게끔 벽면에 걸어 놓은 책 형태의 작은 판자라는 데서 「현판. 작다. 넓적하다. 두루」 뜻으로.

扁額(편액 - 널빤지에 글씨를 써서 걸어 놓은 액자) 扁平(편평) 扁鵲(편작 - 전국 시대의 명의)

★ 扁(작을/넓적할/현판/두루 편)과 결합을 이룬 글자.	1752 별첨
篇(책 편)	☞ 竹(2679) → 글씨를 써넣은 대나무 조각(죽편)(竹)을 현판(扁)처럼 넓적하게 펼쳐 놓은 (옛날의) 책이라는 데서 「책. 글」 玉篇(옥편)
編(엮을 편)	☞ 糸(2492) → 현판(扁) 모양처럼 납작하고 작은 조각(글씨를 써넣은 죽편)을 한데 모아 실(끈)(糸)로 책을 엮는다는 데서 「엮다. 맺다」 編輯(편집)
遍(두루 편)	☞ 辵(3122) → 두루(扁) 걸어가는(辶), 또는 현판(扁)이 걸려 있는 이름난 서원이나 정자가 있는 곳을 두루 찾아간다(辶)는 데서 「두루」 遍歷(편력)
偏(치우칠 편)	☞ 人(0136) → 사람(亻)이 (볼거리가 있는) 현판(扁) 쪽으로 죄다 모여 있다는 데서 「치우치다. 한쪽」 偏重(편중)

戶 부수(자원과 쓰임 → 1749 참조)

騙(속일 편) ☞ 馬(3605) → 말(馬)의 등에 씌워 놓은 작고 넓적한(扁) 안장에 올라탄다는 데서 「말에 뛰어 오르다. (騙이 誆(속일 광) 뜻을 빌려서)속이다」 騙取(편취)

扈 따를 호: 뒤따를/발호할/나라이름/성(姓) 호. 1753-20

◉ 戶 + 邑(고을 읍) = 扈
☞ 고을(邑)을 자신의 집(戶)으로(자신의 영토로) 여기고 제후들이 나라를 세우는 일이 여러 곳에서 뒤따라 일어난다는 데서 「뒤따르다. 발호하다」 뜻으로.
※ 춘추 전국 시대에는 제후들이 고을을 차지하여 나라를 세우는 일이 잦았음.
跋扈(발호 - 권세나 세력을 마음대로 휘두르며 함부로 날뜀) 扈衛(호:위 - 궁궐을 지킴) 扈從(호:종)

戾 어그러질 려. 휘어질/사나울 려. 1754-10

◉ 戶 + 犬(개 견) = 戾
☞ 지게문(戶)에 개(犬)가 끼여(눌리어) 등줄기가 휘어져 있다는 데서 「휘어지다. (휘어져서)어그러지다. (문틈에 끼인 개는 매우 사납게 군다는 데서)사납다」 뜻으로.
返戾(반:려 - 반환. 도로 돌려줌) 悖戾(패:려 - 성질이 순직하지 못하고 비꼬임)

★ 戾(어그러질/휘어질 려)와 결합을 이룬 글자. 1754 별첨

| 淚(눈물 루) | ☞ 水(1243) → 물(氵)이 어그러진(戾) 형태를 이루어 퍼져 있는, 곧 눈(눈언저리)에 이리저리 퍼져 있는 눈물 모양이라는 데서 「눈물」 淚眼(누안) |

扇 부채 선. 부채질할 선. 1755-10

◉ 戶 + 羽(깃 우) = 扇
☞ 넓적한 지게문(戶) 모양처럼 깃(羽)을 판판하게 펼치어 자루를 달아 놓은 물건이라는 데서 「부채. (부채로)부채질하다」 뜻으로.
扇子(선자 - 부채) 扇形(선형) 扇風機(선풍기) 扇狀地(선상지) 太極扇(태극선) 夏爐冬扇(하:로동선)

★ 扇(부채 선)과 결합을 이룬 글자. 1755 별첨

| 煽(부채질할 선) | ☞ 火(1159) → 불(火)이 잘 타도록 부채(扇)로 부친다는 데서 「부채질하다」 煽動(선동) |

扉 사립문 비. 문짝 비. 1756-10

◉ 戶 + 非(아닐/어긋날 비) = 扉 (3414 참조)

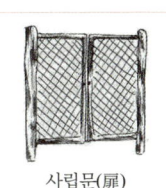
사립문(扉)

※ 사립문 → 잡목의 가지로 엮어서 만든 문짝.
☞ 싸리나무 같은 잡목을 비(非) 글자 형상처럼 엮어서 달아 놓은 지게문(戶) 형태의 문짝이라는 데서 「문짝. 사립문」 뜻으로.
扉鐶(비환 - 문고리) 柴扉(시비 - 사립문)

부수 4획	戈	殳	斤	攴(攵)
	창 과	날없는창 수	도끼 근	똑똑 두드릴 복

戈 | 창 과. 병장기/전쟁 과.   1757-30

창(戈)

- 자원 戈 → 끝이 갈래진 창 모양을 표현.
- 쓰임 「창. 무기. 쟁기. 잉아 모양」과 의미로 쓰임.

戈劍(과검 - 창과 칼) 戈鋒(과봉 - 창의 끝) 干戈(간과 - 방패와 창. 전쟁) 止戈(지과 - 전쟁을 종식시킴)

成 | 이룰 성. 될/마칠/성할/성(姓) 성.   1758-60

◉ {丿(삐침 별) + 戈 = 戊(무성할 무)} + 丁(구무래/장정 정) = 成

☞ 창(무기)(戈)을 장정(丁)이 땅바닥에 끌어내려(丿) 놓은. 곧 병사들이 전쟁을 종식시켜 태평한 세상을 이룩하여 놓았다는 데서 「이루다. 되다. (전쟁을)마치다. 성하다」 뜻으로.

成立(성립) 成就(성취) 成人(성인) 成熟(성숙) 成功(성공) 成績(성적) 成果(성과) 成均館(성균관)

★ 成(이룰/될/마칠/성할 성)과 결합을 이룬 글자.		1758 별첨
城(재/성 성)	☞ 土(0658) → 흙(土)을 이루어(쌓아)(成) 놓은 축조물이라는 데서 「재. 성」 土城(토성)	
盛(성할 성)	☞ 皿(2234) → 그릇(皿)에 음식물이 성하게(풍성하게)(成) 담겨 있다는 데서 「성하다」	
誠(정성 성)	☞ 言(3210) → (윗분이) 말씀한(言) 사항을 바라는 바를 이루기(成) 위하여 부단하게 정성을 쏟는다는 데서 「정성. 참」 精誠(정성)	
晟(밝을 성)	☞ 日(1058) → 햇빛(日)이 성하게(成) 비춘다는 데서 「밝다. 성하다」	

戰 | 싸움 전: 두려워할 전.   1759-60

◉ {吅(부르는소리 훤) + 甲(갑옷 갑) + 一 = 單(홑 단 | 클 선)} + 戈 = 戰 (0813 참조)

※ 單 → 매미(蟬 매미 선) 또는 매미처럼 생긴 뇌석거(檑石車 → 돌을 얹어 대포처럼 쏘는 수레) 모양.

☞ 단(單) 글자 형상처럼 생긴 뇌석거와 창(戈)으로 전쟁을 치르는, 또는 부르짖는(吅) 소리를 내며 갑옷(甲)을 입은 병사들이 일렬(一)로 늘어서서 창(무기)(戈)으로 치고받는다는 데서 「싸움. (싸움을)두려워하다」 뜻으로.

戰爭(전:쟁 - 싸움. 전투) 戰鬪(전:투) 戰死(전:사) 戰士(전:사) 戰艦(전:함) 戰略(전:략) 戰慄(전:율)

或 | 혹/혹시 혹. 나라 역.   1760-40

◉ 戈 + 口(입/어귀 구) + 一(한/하나 일) = 或   ※ 或은 國(나라 국)의 고자.

☞ 병사들이 창(무기)(戈)을 지니고 국경의 어귀(口)에 일렬(一)로 늘어서서 혹시나 있을지 모를 적군의 침입을 경계한다(나라를 지킨다)는 데서 「혹시. 혹. 나라」 뜻으로.

※ 或 → 고문(古文)에서는「나라」뜻으로 쓰였으나, 현재는「혹시」뜻으로만 쓰임.
或是(혹시 - 만일에. 행여나) 或時(혹시 - 어쩌다가) 或如(혹여) 或者(혹자) 設或(설혹) 間或(간:혹)

★ 或(혹시 혹 | 나라 역)과 결합을 이룬 글자.　　　　　　　　　　　　　　　　1760 별첨

國(나라 국)	☞ 囗(0634) →	국경으로 에워(둘리어)(囗) 있는 나라(或)이라는 데서「나라」國土(국토)
域(지경 역)	☞ 土(0667) →	나라(或)에 편입되어 있는 땅(土)이라는 데서「지경. 나라」域內(역내)
惑(미혹할 혹)	☞ 心(1883) →	혹시나(或) 하는(반신반의하는) 마음(心)이 든다는 데서「미혹하다」

戒　경계할 계: 방비할 계.　　　　　　　　　　　　　　　　　　　　　　1761-40

◉ 戈 + 廾(손 맞잡을 공) = 戒　※ 戒와 誡(경계할 계)는 통자(通字).
☞ 창(戈)을 두 손으로 마주 잡고(廾) 방어 태세를 취한다는 데서「경계하다. 방비하다」뜻으로.
戒嚴(계:엄 - 경계를 엄중히 함) 戒律(계:율 - 반드시 지켜야 할 율법) 警戒(경:계) 訓戒(훈:계) 齋戒(재계)

戚　친척/겨레 척.　　　　　　　　　　　　　　　　　　　　　　　　　　1762-32

◉ {丿 + 戈 = 戊(무성할 무)} + {上(위 상) + 小(→ 갈래진 모양) = 尗(아재비 숙)} = 戚
☞ 무성하게(戊) 위(上)에서 갈래져서(小) 내려오는, 곧 선조로부터 수많은 후손들이 끊임없이 태어나 갈래져서 내려오는(분파되어 있는) 겨레붙이이라는 데서「겨레. 친척」뜻으로.
戚分(척분 - 성이 다른 일가붙이) 戚屬(척속 - 척분) 戚姪(척질) 親戚(친척) 姻戚(인척) 外戚(외:척)

我　나 아: 우리 아.　　　　　　　　　　　　　　　　　　　　　　　　　1763-32

◉ 手(손 수) + 戈 = 我
☞ 손(手)에 창(戈)을 거머쥐고 (국경을) 방어하는 편이 우리이라는 데서「우리. 나」뜻으로.
我軍(아:군) 我國(아:국) 我執(아:집 - 자신만의 고집) 我田引水(아:전인수) 彼我(피:아) 自我(자아)

★ 我(나/우리 아)와 결합을 이룬 글자.　　　　　　　　　　　　　　　　　1763 별첨

餓(주릴 아)	☞ 食(3561) →	손(扌)에 창(戈)을 거머쥐고 적군을 방어하는 것처럼 밥(食)을 먹지 못하도록 차단시킨다는 데서「굶기다. 주리다」餓死(아사)
俄(갑자기 아)	☞ 人(0172) →	다른 사람(亻)이 예기치 않게 나(我)를 밀치면 몸뚱이가 삽시간에 기울어진다는 데서「기울어지다. 갑자기」俄然失色(아연실색)
蛾(누에나방 아)	☞ 虫(2644) →	나(우리)(我)와 함께 거처하는(방에서 키우는) 벌래(虫)이라는 데서「누에나방」
鵝(거위 아)	☞ 鳥(3712) →	자기 자신(我)을 방어하는 새(鳥)이라는 데서「거위」鵝黃(아황)

戱　희롱할/놀이 희. 놀/탄식할/병사 희 | 서러울 호.　　　　　　　　　　1764-00

戲　희롱할/놀이 희. 놀/탄식할/병사 희 | 서러울 호.　　　　　　　　　　1765-32

◉ 䖒(옛날질그릇 희) + 戈 = 戲
◉ 虛(빌 허) + 戈 = 戱　※ 戱는 戲의 속자.
☞ 戲 → 옛날 질그릇(䖒)처럼 구식이고 단단하지 못한 창(무기)(戈)으로 전쟁을 치르도록 한다는 것은 병사들을 희롱하는 처사에 지나지 않는다는 데서「희롱하다. (희롱하는)놀이. (희롱당하는 병사 입장

에서)탄식하다. 서럽다. 병사」 뜻으로.
☞ 戯 → 속이 빈(虛) 허술한 창(무기)(戈)이라는 데서 위의 戯 뜻으로.
戲弄=戯弄(희롱 - 실없이 놀리는 짓) 戲劇=戯劇(희극) 戲曲(희곡) 戲畵(희화) 戲謔(희학) 於戲(어희)

戊   천간(다섯째천간) 무: 무성할/별 무. 1766-30

◉ ノ(삐침 별 → 「끌어내리다」는 의미로 쓰임) + 戈 = 戊
☞ 창(무기)(戈)을 끌어내려(ノ) 놓은, 곧 전쟁이 종식되어서 태평성대하다는 데서 「무성하다」. 식물의 성장 과정을 순차적(10등분)으로 열거하여 놓은 천간(天干)에서 식물이 무성하게(戊) 자라나는 순차에 해당하는 천간이라는 데서 「다섯째 천간」 뜻으로.
戊子(무:자 - 육십갑자의 스물다섯째) 戊午士禍(무:오사화 - 연산군 때, 사림파를 죽이고 귀양 보낸 사화)

★ 戊(다섯재천간/무성할 무)와 결합을 이룬 글자.	1766 별첨
茂(무성할 무) ☞ 艸(2737) → 풀(艹)이 무성하다(戊)는 데서 「풀 우거지다. 무성하다」 茂盛(무성)	

戌   개/열한번째지지 술. 때려부술 술. 1767-30

◉ { ノ(삐침 별) + 戈 = 戊(무성할 무)} + 一 = 戌
☞ 무성한(힘찬)(戊) 기세로 앞으로 나아가서(一) 적진을 쳐부순다는 데서 「때려 부수다」. 한편 작물의 성장 순환 과정을 절기(12개월)에 대입하여 이를 순차적으로 배열하여 놓은 지지(地支)에서 때려 부수는(戌) 것처럼 곡식을 두드려 탈곡하는 절기(음력 9월)에 해당하는 지지이라는 데서 「11째 지지. (11째 지지에 배속되어 있는 동물인)개」 뜻으로.
戌時(술시 - 오후 7시부터 9시 사이의 시간대)

★ 戌(개/때려부술 술)과 결합을 이룬 글자.	1767 별첨
威(위엄 위)	☞ 女(0467) → 때려 부수며(戌) 전진하는 것처럼 기세가 매우 당당한 여자(女), 곧 며느리에게 위세를 당당하게 부리는 시어머니의 엄한 모습이라는 데서 「위엄. 엄하다」 威勢(위세)
咸(다 함)	☞ 口(0830) → 병사들이 무기를 들고 때려 부수는(戌) 기세로 입구(口) 쪽으로 죄다 모여 들거나 빠져나간다는 데서 「다. 모두. 차다. 덜다」 咸告(함고)

戴   일(首荷) 대: 받들 대. 1768-20

◉ 𢦏(→ 𢦒 다칠/상할 재) + 異 = 戴 (2116 참조)
☞ 다친(𢦏) 병사를 받쳐 들고 다른(異) 곳으로 옮긴다는 데서 「이다. 받들다」 뜻으로.
戴冠式(대:관식 - 왕의 추대식) 推戴(추대 - 윗사람으로 떠받듦) 不俱戴天(불구대천) 男負女戴(남부여대)

戎   병장기/오랑캐 융. 무장할 융. 1769-10

◉ 戈 + 十(열/충분할 십 → 「여러. 많은 수량」을 의미) = 戎
☞ 많은(十) 창(무기)(戈)을 지니고 있다는 데서 「무장하다. 병장기. (병장기로 무장하여 약탈을 일삼는 서쪽에 거주하는 종족이라는 의미에서)오랑캐」 뜻으로.
戎場(융장 - 싸움터) 戎夷(융이 - 서쪽과 동쪽 오랑캐) 戎狄(융적) 戎服(융복) 戎衣(융의) 西戎(서융)

戈 부수(자원과 쓰임) → 1757 참조

★ 戎(병기/오랑캐/무장할 융)과 결합을 이룬 글자.		1769 별첨
絨(가는베 융)	☞ 糸(2535) → 창(戈)을 많이(十) 꽂아 놓은 모양처럼 실(糸)을 촘촘하게(보풀리게) 짜 놓은 베(천)이라는 데서 「가는베. 융」 絨緞(융단)	
賊(도적 적)	☞ 貝(3052) → 남의 재물(貝)을 약탈하는 오랑캐(戎) 같은 무리라는 데서 「도적」	

戍 수자리(守邊) 수. 막을 수.   1770-10

◉ {丿 + 戈 = 戊(무성할 무)} + 丶 = 戍

☞ 창을 든 병사들이 무성하게(戊) 늘어서서 전방을 가로막고(丶) 있는, 곧 수많은 초병들이 창을 들고 국경을 지키고(방어하고) 있다는 데서 「막다. (국경을 지키는)수자리」 뜻으로.

戍樓(수루 - 성城 위에 지은 누각) 衛戍(위수 - 국경에 나가 지키는 일) 衛戍兵(위수병)

★ 戍(지킬/막을/수자리 수)와 결합을 이룬 글자.		1770 별첨
幾(기미/몇 기)	☞ 幺(0908) → 변방을 지키는 수자리(戍) 병사들이 매우 작다(적다)(玆 작을 유)는 데서 「몇. 기미. 작다」 幾微(기미)	
蔑(업신여길 멸)	☞ 艹(2769) → 눈을 바르게 뜨지 못한(보이지 않는)(苜) 상태로 변방을 지킨다(戍)는 것은 적군을 업신여기는 처사에 지나지 않는다는 데서 「업신여기다」 蔑視(멸시)	

戟 창 극. 두갈래진창/찌를 극.   1771-10

◉ 卓(→ 倝「해돋을 간」의 획 줄임) + 戈 = 戟

☞ 해 돋을(卓) 때의 갈래진 빛줄기처럼 끄트머리가 갈래져 있는 창(戈)이라는 데서 「두 갈래진 창. 창. (창으로)찌르다」 뜻으로.

劍戟(검:극 - 칼과 창) 刺戟(자:극 - 정신을 흥분시키는 일)

截 끊을 절.   1772-10

◉ 𢦏(= 㦲 다칠/상할 재 → 많은(十) 창(戈)을 꽂아 놓은 모양) + 隹(새 추) = 截 (1638 참조)

☞ 창을 꽂아(𢦏) 새(隹)의 숨통을 끊는다는 데서 「끊다」 뜻으로.

截斷=切斷(절단 - 자름) 截取(절취 - 잘라 냄) 截片(절편) 截長補短(절장보단) 去頭截尾(거:두절미)

戮 죽일 륙. 형벌 륙.   1773-10

◉ 翏(높이날 류 | 휙휙불어대는바람소리 료) + 戈 = 戮 (3259 참조)

☞ 창(戈)이 휙휙 불어 대는 바람 소리(翏)를 내면서(공기를 세차게 가르면서) 적군이나 죄인을 처단한다는 데서 「죽이다. 형벌」 뜻으로.

戮辱(육욕 - 큰 치욕) 殺戮(살육 - 무엇을 빙자하고 사람을 마구 죽임)

戈	殳	斤	攴(攵)
창 과	날없는창 수	도끼 근	똑똑 두드릴 복

부수 4획

殳 날없는창 수. 창/나무지팡이/칠 수. 1774-00

- **자원** 殳 → 책상(几 책상 궤) 모양처럼 윗면이 뭉툭한(날이 없는) 창을 손(又 또/오른손 우)에 쥐고 있는 모양을 표현.
- **쓰임** 「창. 밀치다. 밀어붙이다. 뭉툭한 모양」과 의미로 쓰임.

戈殳(과수 - 사람을 찌르는 데에 쓰는 창과 사람을 내쫓는 데에 쓰는 창. 병기)

殺 죽일 살 | 감할/빠를 쇄: 1775-42

- 杀(나무로칠/죽일 찰) + 殳 = 殺
- ☞ 적군을 나무로 쳐서 죽이고(杀) 날 없는 창으로 밀치어(殳) 무찌른다는 데서 「죽이다. (적군을 모두 무찌르면 적의 수효가 급격히 줄어든다는 데서)감하다. 빠르다」 뜻으로.

殺生(살생) 殺傷(살상 - 죽이고 상하게 함) 殺害(살해) 殺菌(살균) 殺蟲(살충) 殺到(쇄:도) 減殺(감:쇄)

段 층계 단. 계단/조각/구분/단련할 단. 1776-40

- 𠂤(→ 𠂤 = 丘「언덕 구」의 변형으로, 단면을 이룬 모양) + 殳 = 段
- ☞ 언덕(𠂤)의 비탈진 면을 날 없는 창으로 밀어붙여(殳) 단면(계단)을 지어 놓은 모양(𠂤)에서 「층계. 계단. 조각. (계단을 오르내리듯이 반복적으로 익힌다는 데서)단련하다」 뜻으로.

段階(단계) 段落(단락) 段數(단수) 階段(계단 - 층층대. 단계. 밟아야 할 순서) 手段(수단)

★ 段(층계/계단/조각/구분/단련할 단)과 결합을 이룬 글자.		1776 별첨
鍛(쇠불릴 단)	☞ 金(3440) → 쇠(金)를 단련(段)시키는, 곧 쇠를 불에 달구어 두드리고 식히는 작업(단조) 과정을 반복한다는 데서 「쇠 불리다. 두드리다」 鍛造(단조)	
緞(비단 단)	☞ 糸(2526) → 실(糸)이 단련되어(段) 있는 것처럼 매우 부드럽고 조밀하게 직조되어 있는 천(베)이라는 데서 「비단」 紬緞(주단)	

毁 헐 훼: 무너질/이지러질/비방할 훼. 1777-30

- 臼(절구 구) + 土(흙 토) + 殳 = 毁 ※ 毁 → 臼 + 工 + 殳는 위자(僞字)이며 속자.
- ☞ 땅(지면)(土)에 세워 놓은 절구(臼)를 밀치어(무너뜨리어)(殳) 절구통에 들어 있는 내용물을 이리저리 흩어지게 한다는 데서 「헐다. 무너지다. 이지러지다」 뜻으로.

毁損(훼:손) 毁傷(훼:상 - 몸에 상처를 냄) 毁謗(훼:방) 毁慕(훼:모) 毁瘠骨立(훼:척골립)

殿 대궐/전각 전: 큰집/전하/뒤 전. 1778-20

- {尸(주검 시 → 「계단·지붕」을 의미) + 共(한가지 공) = 展(넓적다리 돈)} + 殳 = 殿
- ☞ 지붕(尸) 아래에서 임금과 대신들이 함께(共) 정사를 펼치고 근위병들이 창(殳)을 들고 호위하는 큰 집이라는 데서 「대궐. 전각. 큰 집. (대궐 아래에서 집무하는)전하. 뒤」 뜻으로.

414

殿閣(전:각 - 임금이 거처하는 궁전) 殿下(전:하 - 왕에 대한 존칭) 正殿(정:전) 宮殿(궁전)

★ 殿(대궐/전각/뒤 전)과 결합을 이룬 글자.	1778 별첨
澱(앙금 전)	☞ 水(1330) → 물(氵)이 흘러내린(머무른) 뒤(殿)에 바닥에 가라앉은 보드라운 물질이라는 데서 「앙금」 沈澱(침전)
臀(볼기 둔)	☞ 肉(2446) → 넓고 큼직한 대궐(殿)처럼 넓적하고 두툼한 살점(月)으로 이루어진 신체 부위라는 데서 「볼기」 臀部(둔부)

殷 은나라/성할 은. 바로잡을 은. 1779-20

◉ 月(몸이구를/돌아갈 은 → 身「몸 신」을 돌려놓은 모양) + 殳 = 殷

☞ 침략자가 돌아가도록(月) 창으로 밀쳐(殳) 내는, 곧 침략자를 무기로 무찔러 발길을 되돌리게 한다(전쟁을 종식시켜 태평성대를 이룬다)는 데서 「(난리를)바로잡다. 성하다」 뜻을. 殷이 은나라 국명으로 쓰였기에 「은나라」 음훈으로.

殷盛(은성 - 번화하고 성함) 殷奠(은전 - 넉넉한 제물祭物) 殷鑑(은감 - 거울로 삼아야 할 전례)

★ 殷(은나라/성할/바로잡을 은)과 결합을 이룬 글자.	1779 별첨
慇(은근할 은)	☞ 心(1967) → 성하게(殷) 짓누르는 부담스러운 마음(心)이라는 데서 「은근하다」 慇懃(은근)

毅 굳셀 의. 성발끈낼 의. 1780-10

◉ {立(설 립) + 豕(돼지 시) = 豙(돼지성나털일어날 의)} + 殳 = 毅

☞ 성이 나서 털을 일으켜 세운 돼지(豙)가 날 없는 창(殳)으로 밀어붙이듯이 매우 세차게 돌진한다는 데서 「굳세다. 성 발끈 내다」 뜻으로.

毅勇(의용 - 굳세고 용맹스러움) 毅然(의연 - 태도가 엄한 모양) 剛毅(강의 - 성격이 강직하고 꿋꿋함)

殼 껍질 각. 1781-10

◉ 壳(= 殼 껍질 각) + 殳 = 殼

☞ 날 없는 창(殳)처럼 밋밋하게 둘리어 있는 껍질(壳)이라는 데서 「껍질」 뜻으로.

貝殼(패:각 - 조개껍질) 甲殼(갑각 - 딱딱한 등딱지) 地殼(지각 - 지구의 외각) 龜殼(귀각 - 거북 등껍질)

★ 壳(= 殼 껍질 각)과 결합을 이룬 글자.	1781 별첨
穀(곡식 곡)	☞ 禾(2201) → 껍질(殼)에 둘리어 있는 벼(禾) 종류의 겉곡식이라는 데서 「곡식」 穀食(곡식)

毆 때릴 구. 몽둥이로칠 구. 1782-10

◉ 區(구역/지경/구분할 구) + 殳 = 毆 (0271 참조)

☞ 일정한 구역(區)을 표적물로 삼아, 창(殳)으로 친다는 데서 「치다. 때리다」 뜻으로.

毆打(구타 - 사람이나 짐승을 때리고 침) 毆殺(구살 - 때려죽임)

| 부수 4획 | 戈 창 과 | 殳 날없는창 수 | 斤 도끼 근 | 攴(攵) 똑똑 두드릴 복 |

斤 도끼 근. 근/대패/날/밝게살필 근 | 어질 흔. 1783-30

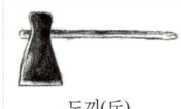
도끼(斤)

- 자원 斤 → 도끼날(厂)과 도끼 자루(亅) 모양을 표현.
- 쓰임 「도끼. 도끼 모양」과 의미로 쓰임.

斤斧(근부 - 도끼) 斤兩(근량 - 무게의 근과 냥) 斤量(근량 - 저울로 단 무게) 斤數(근수)

新 새 신. 새로울/처음 신. 1784-60

- 立(설 립) + 木(나무 목) + 斤 = 新
- 서(살아)(立) 있는 나무(나뭇가지)(木)를 도끼(斤)로 자르면(가지치기를 하면) 새순이 새롭게 돋아난다는 데서「새. 새롭다. 처음」뜻으로.

新生(신생 - 새로 태어남) 新規(신규) 新聞(신문) 新刊(신간) 新設(신설) 新曲(신곡) 新裝(신장)

★ 新(새/새로울/처음 신)과 결합을 이룬 글자. 1784 별첨

薪(섶 신) ☞ 艸(2785) → 새로(新) 돋아난 키가 작달막한 초목(艹)이라는 데서「섶나무. 섶」

斷 끊을 단: 절단할 단. 1785-42

- 䌇(이을 계) + 斤 = 斷 (2467 참조)
- 이어진(䌇) 매듭을 도끼(斤)로 자른다는 데서「끊다. 절단하다」뜻으로.

斷絶(단:절 - 관계를 끊음) 斷切(단:절 - 끊어짐) 斷念(단:념) 斷定(단:정) 斷續(단:속) 斷機之戒(단:기지계)

斥 물리칠 척. 쫓을/내칠/가리킬 척. 1786-30

- 斤 + 丶(불똥 주) = 斥
- 도끼(斤)로 점(丶)을 찍듯이 내려치는, 곧 도끼로 적군이나 맹수를 겨냥하여 물리친다는 데서「물리치다. 쫓다. 내치다. (겨냥하여)가리키다」뜻으로.

斥退(척퇴 - 물리쳐 쫓음) 斥黜(척출 - 벼슬을 떼어서 내쫓음) 斥和(척화) 斥邪(척사) 斥候兵(척후병)

★ 斥(물리칠/쫓을/내칠 척)과 결합을 이룬 글자. 1786 별첨

訴(호소할 소) ☞ 言(3230) → (피해를 입힌) 가해자를 물리쳐(내치어)(斥) 달라고 상급 관청에 말한다(言)는 데서「호소하다. 아뢰다」訴訟(소송)

斯 이(이것) 사. 쪼갤/어조사 사. 1787-30

- 其(그 기) + 斤 = 斯 (0327 참조)
- 그(其) 부분을 도끼(斤)로 쪼개어 놓은 것이 바로 이것이라는 데서「이. 쪼개다. (지적하는 의미의)

斤 부수(자원과 쓰임 → 1783 참조)

어조사」뜻으로.
斯界(사계 - 이 세계. 해당되는 분야) 斯文(사문 - 유교에서, 유교의 문화를 이르는 말. 유학자의 경칭)

| 斬 벨 참(:) 목벨/끊을/죽일/매우 참. | 1788-20 |

● 車(수레 거) + 斤 = 斬
☞ (옛날에) 흉악한 죄인을 수레(車)에 매달아 사지를 찢고 도끼(斤)로 목을 베는, 곧 중죄인의 목을 베는 매우 가혹한 형벌을 내린다는 데서「목 베다. 베다. 끊다. 죽이다. 매우」뜻으로.
斬刑(참:형 - 목을 베는 형벌) 斬首(참:수) 斬新(참:신 - 아주 새로움) 處斬(처:참) 泣斬馬謖(읍참마속)

| ★ 斬(벨/목벨/끊을/죽일/매우 참)과 결합을 이룬 글자. | 1788 별첨 |

暫(잠시 잠)　☞ 日(1041) → 칼로 베어(斬) 버린 햇빛(日)이 다시 이어지는 매우 짧은 순간(찰라)이라는 데서「잠시. 잠깐」暫間(잠간)

漸(점점 점)　☞ 水(1216) → 물(氵)이 베인(斬) 곳에서 흘러나오는, 곧 칼날에 베인 살갗이나 나무에서 혈액 또는 수액이 서서히(점점이) 스미어 나와 주변을 적셔 나간다는 데서「점점. 적시다」

慙(부끄러울 참)　☞ 心(1905) → (중죄를 지어) 목이 베이는(斬) 것처럼 마음(心)에 수치스러움(부끄러움)을 느낀다는 데서「부끄럽다」慙愧(참괴)

塹(구덩이 참)　☞ 土(0718) → 베어(도려)(斬) 내어 놓은 것처럼 흙(土)이 움푹하게 들어가(파여) 있는 곳이라는 데서「구덩이」塹壕(참호)

| 斧 도끼 부. 쪼갤/병장기 부. | 1789-10 |

● 父(아버지 부) + 斤 = 斧
☞ 여기에서 父는 도끼를 들었다가 내려치는 모양을 표현. 부(父) 글자 형상처럼 들어 올렸다가 내려치는(나무를 쪼개는) 도끼(斤) 모양이라는 데서「도끼. (도끼로)쪼개다」뜻으로.
※ 斤은 주로 무게 단위인「근」뜻으로 쓰이고, 斧가「도끼」뜻으로 쓰임.
斧柯(부가 - 도끼 자루. 정권을 비유한 말) 斧鉞(부월 - 왕이 출정 대장에게 주던 작은 도끼와 큰 도끼)

戈	殳	斤	攴(攵)
창 과	날없는창 수	도끼 근	똑똑두드릴 복

攴 똑똑두드릴/칠 복. 1790-00

자원 攴 → 점(卜 점 복)을 치기 위하여 송곳 같은 연장을 손(又 또/손 우)에 쥐고 거북 껍질을 툭툭 치는, 또는 손(又)에 회초리(망치)(卜)를 쥐고 매질하는(두드리는) 모양을 표현하여 「치다. 두드리다」는 의미를 지님.

쓰임 「두드리다. 치다. 물리치다. 채찍질하다」는 의미로 쓰임.

敎 가르칠 교: 줄/훈계할/본받을/학문 교. 1791-80

◉ {爻(사귈/본받을 효) + 子 = 孝(인도할 교)} + 攵 = 敎

☞ 자식(子)에게 좋은 점을 본받게(爻) 하기 위하여, 또는 올바른 길로 인도하기(孝) 위하여 사랑의 매를 쳐서(攵) 훈육한다는 데서 「가르치다. (벌을)주다. 훈계하다. 본받다」 뜻으로.

敎師(교:사) 敎育(교:육) 敎訓(교:훈) 敎科(교:과) 敎職(교:직) 敎室(교:실) 敎養(교:양) 敎鞭(교:편)

數 셈 수: |자주 삭|촘촘할 촉. 셀/수 수. 1792-70

◉ 婁(여러 루) + 攵 = 數 (1628 참조)

☞ 여러(婁) 차례로 거듭하여 치는(攵), 곧 치는 횟수가 자주 반복된다는 데서 「자주. 촘촘하다. (자주 반복되는 횟수를)세다. 셈. 수」 뜻으로.

數理(수:리) 數次(수:차) 數年(수:년) 數回(수:회) 數學(수:학) 數數(삭삭) 數尿症(삭뇨증) 數罟(촉고)

放 놓을 방(:) 늘어놓을/내칠/쫓을 방. 1793-60

◉ 方(모/방위/연결할 방) + 攵 = 放

☞ 한데 연결되어(方) 있는 것을 회초리로 치는(攵), 곧 한 곳에 모여 있는 가축을 회초리로 쳐서 이리저리 흩어지게 한다는 데서 「놓다. 늘어놓다. 내치다. 쫓다」 뜻으로.

放牧(방:목 - 가축을 목장에 놓아서 기름) 放送(방:송) 放置(방:치) 放浪(방:랑) 放蕩(방:탕) 放學(방학)

> ★ 放(놓을/내칠/쫓을 방)과 결합을 이룬 글자. 1793 별첨
>
> 倣(본뜰 방)　☞ 人(0123) → 다른 사람(亻)을 쫓아(放)가는, 곧 다른 사람이 하는 방식을 그대로 따른다는 데서 「모방하다. 본뜨다」 模倣=摸倣(모방)

改 고칠 개: 바꿀/새롭게할 개. 1794-50

◉ 己(몸/몸소 기) + 攵 = 改

☞ 자신의 몸(己)을 치는(攵), 곧 자신을 채찍질하여 잘못을 반성(개과천선)한다는 데서 「고치다. 바꾸다. 새롭게 하다」 뜻으로.

改正(개:정 - 고쳐 바르게 함) 改訂(개:정 - 고쳐 바로잡음) 改善(개:선) 改革(개:혁) 改過遷善(개:과천선)

攵 부수(자원과 쓰임 → 1790 참조)

敗　패할 패: 깨어질/무너질 패.　　1795-50

◉ 貝(조개 패) + 攵 = 敗
☞ <u>조개</u>(貝)를 <u>두드려</u>(攵) 깨뜨린다(망가지게 한다)는 데서 「깨어지다. 무너지다. (무너져서)패하다」 뜻으로.

敗亡(패:망 - 싸움에 져서 망함) 敗北(패:배) 敗色(패:색) 敗着(패:착) 敗訴(패:소) 敗戰(패:전) 敗走(패:주)

效　본받을 효:　　1796-50

◉ 交(사귈/서로 교) + 攵 = 效
☞ <u>서로</u>(交) <u>두드려</u>(攵) 주는, 곧 친구 사이에 서로가 나쁜 점은 타일러 주고 좋은 점은 다독이어 본이 되도록 이끌어 준다는 데서 「본받다」 뜻으로.

效驗(효:험 - 일이나 작용의 보람) 效力(효:력) 效果(효:과) 效能(효:능) 效率(효:율) 藥效(약효) 時效(시효)

救　구원할 구: 건질/도울 구.　　1797-50

◉ 求(구할/찾을 구) + 攵 = 救 (1191 참조)
☞ 약자를 <u>구하기</u>(求) 위하여 강자를 <u>물리치는</u>(攵), 곧 강자를 물리쳐서 약자를 구제한다는 데서 「구원하다. 건지다. 돕다」 뜻으로.

救援(구:원 - 도와 건져 줌) 救命(구:명) 救助(구:조) 救濟(구:제) 救國(구:국) 救急車(구:급차)

敬　공경 경: 엄숙할/훈계할/자숙할/삼갈 경.　　1798-50

◉ 苟(진실로 구) + 攵 = 敬
☞ 스승이 제자의 잘못을 <u>진실한</u>(苟) 마음으로 엄하게 꾸짖으며 <u>회초리로 친다(매질한다)</u>(攵)는 데서 「(스승이)엄숙하다. 훈계하다. (제자가)자숙하다. 삼가다. (자숙하면서 성장한 제자는 스승을 우러러본다는 데서)공경하다」 뜻으로.

敬意(경:의 - 존경하는 뜻) 敬老(경:로) 敬禮(경:례) 敬畏(경:외) 敬虔(경:건) 敬天愛人(경:천애인)

★ 敬(공경/엄숙할/훈계할/자숙/삼갈 경)과 결합을 이룬 글자.　　1798 별첨

警(깨우칠 경)	☞ 言(3213) → <u>훈계하는</u>(敬) <u>말씀</u>(言)으로 주의를 환기시킨다(자각토록 한다)는 데서 「경계하다. 깨우치다」 警戒(경계)
儆(경계할 경)	☞ 人(0140) → <u>사람</u>(亻)이 (신분이 지극히 높은) <u>공경하는</u>(敬) 분의 신변을 보호한다는 데서 「경계하다」 儆戒=警戒(경계)
驚(놀랄 경)	☞ 馬(3581) → <u>진실로(참으로)</u>(苟 진실로 구) 매우 아프도록 채찍으로 <u>쳐서(매질하여)</u>(攵) <u>말</u>(馬)을 다루면 말이 놀라며 사람을 두려워한다는 데서 「놀라다. 두려워하다」 驚愕(경악)

攻　칠 공: 다스릴/책할 공.　　1799-42

◉ 工(장인/만들 공) + 攵 = 攻
☞ 어떠한 구실을 <u>만들어</u>(工) 상대국을 <u>친다</u>(攵)는 데서 「치다. (쳐서)다스리다」 뜻으로.

攻守(공:수 - 공격과 수비) 攻防(공:방 - 공격과 방어) 攻略(공:략) 攻勢(공:세) 攻擊(공:격) 攻駁(공:박)

攵 부수(자원과 쓰임 → 1790 참조)

故　연고 고(:) 고로/죽을 고. 　　　　　　　　　　　　　　1800-42

- 古(예 고) + 攵 = 故 (0797 참조)
- 옛날(古)을 두드리는(攵), 곧 지나간(잊혀진) 옛일이나 추억 같은 것을 들추어(되새겨) 본다는 데서 「연고. 고로. (추억하는 사람으로 되다는 데서)죽다」 뜻으로.

故人(고:인 - 죽은 사람) 故友(고:우) 故障(고:장) 故事成語(고:사성어) 故鄕(고향) 緣故(연고)

★ 故(연고/고로/죽을 고)와 결합을 이룬 글자. 　　　　　　　　1800 별첨

| 做(지을 주) | ☞ 人(0157) → 사람(亻)이 겪어 온 것을 연고(故)로 하여(옛것을 참고로 하여) 새로운 것을 창출하여 낸다(새롭게 지어낸다)는 데서 「짓다」 看做(간주) |

政　정사 정. 다스릴/바르게할 정. 　　　　　　　　　　　　1801-42

- 正(바를 정) + 攵 = 政 (1998 참조)
- 위정자가 백성을 바른(正) 길로 나아가도록 채찍질하여(攵) 다스린다(지도 편달한다)는 데서 「바르게 하다. 다스리다. 정사」 뜻으로.

政事(정사 - 정치상의 일) 政治(정치) 政府(정부) 政黨(정당) 政權(정권) 政局(정국) 政見(정견)

收　거둘 수. 　　　　　　　　　　　　　　　　　　　　1802-42

- 丩(넝쿨뻗을/감을/얽힐 구) + 攵 = 收
- 한데 얽히어(丩) 있는 것을 치는(두드리는)(攵), 곧 이삭에 다닥다닥 붙어 있는 곡식 알갱이를 두드려(탈곡하여) 거두어들인다는 데서 「거두다」 뜻으로.

收穫(수확) 收拾(수습 - 얽힌 일들을 바로잡음) 收金(수금) 收入(수입) 收益(수익) 收納(수납)

敵　대적할 적. 원수 적. 　　　　　　　　　　　　　　　　1803-42

- 啇(밑동/나무뿌리/과일꼭지 적) + 攵 = 敵
- 적진의 밑동(본거지)(啇)을 친다(무찌른다)(攵)는 데서 「대적하다. (서로 대적 관계에 놓여 있는)원수」 뜻으로.

敵對(적대 - 적으로 대함) 敵軍(적군) 敵陣(적진) 敵手(적수) 敵機(적기) 仁者無敵(인자무적)

★ 啇(밑동/나무뿌리/과일꼭지 적)과 결합을 이룬 글자. 　　　　1803 별첨

適(맞을 적)	☞ 辵(3108) → 밑동(啇)에 가는(辶), 곧 목표로 하는 시간과 장소에 꼭 들어맞게 다가간다는 데서 「맞다. 가다. 이르다」 適當(적당)
摘(딸 적)	☞ 手(1463) → 손(扌)으로 과일 꼭지(啇)를 잡고서 과일을 딴다는 데서 「따다」 摘發(적발)
滴(물방울 적)	☞ 水(1257) → 과일 꼭지(啇)에 달려 있는 과일처럼 나뭇가지나 처마 끝에 매달려 있는 물(氵)이라는 데서 「물방울」 滴水(적수)
嫡(정실 적)	☞ 女(0508) → 밑동(본바탕)(啇)이 되는 여자(女), 곧 집안에서 처음부터 정식으로 결혼한 본래 부인이라는 데서 「정실. 본마누라」 嫡統(적통)
謫(귀양갈 적)	☞ 言(3271) → 밑동(啇)에 닿게 말하는(言), 곧 마음속으로 깊이 뉘우치도록 심하게 꾸짖어서 말한다는 데서 「꾸짖다. 견책하다. (견책 받은 죄인이)귀양 가다」 謫居(적거)

攵 부수(자원과 쓰임 → 1790 참조)

整 가지런할 정: 정돈할 정. 1804-40

◉ 束(묶을 속) + 攵 + 正(바를 정) = 整 (1998 참조)
☞ 묶어(束) 놓은 다발의 가장자리를 톡톡 두드려(攵) 밖으로 삐어져 나온 것을 안쪽으로 들어가게끔 바르게(正) 간추린다는 데서「가지런하다. 정돈하다」뜻으로.

整頓(정:돈 - 가지런히 정리함) 整列(정:렬) 整理(정:리) 整備(정:비) 整然(정:연) 整地(정:지) 整形(정:형)

敢 감히/구태여 감: 결단성있을/무릅쓸 감. 1805-40

◉ {工(장인/만들 공) + 攵 = 攻(칠 공)} + 耳(귀/어조사/뿐 이) = 敢
☞ (다른 방도는 없고) 오직 적군을 무력으로 치는(공격하는)(攻) 방도만 있을 뿐(耳)이라는 데서「결단성 있다. 무릅쓰다. (위험을 무릅쓴다는 데서)감히. 구태여」뜻으로.

敢行(감:행 - 과감하게 실행함) 敢不生心(감:불생심) 敢鬪精神(감:투정신) 果敢(과:감) 勇敢(-용감)

★ 敢(감히/구태여/무릅쓸 감)과 결합을 이룬 글자.	1805 별첨
瞰(굽어볼 감) ☞ 目(2296) → 두려움을 무릅쓰고(과감하게)(敢) 눈(目)으로 보는, 곧 의기양양한 자세로 위아래를 훑어(굽어)본다는 데서「굽어보다. 내려다보다」鳥瞰圖(조감도)	

散 흩을 산: 흩어질/내칠 산. 1806-40

◉ 丱(→ 井「우물 정」의 획 줄임) + 月(= 肉고기 육) + 攵 = 散
☞ 우물(丱 = 井)에 얼기설기 얽어 놓은 나무토막처럼 뼈 사이에 얽혀 있는 살점(月 = 肉)을 칼로 내려친다(攵)는 데서「내치다. (고기가)흩어지다. 흩다」뜻으로.

散在(산:재 - 흩어져 있음) 散步(산:보) 散策(산:책) 散文(산:문) 散亂(산:란) 散漫(산:만) 散發(산:발)

★ 散(흩을/내칠 산)과 결합을 이룬 글자.	1806 별첨
撒(뿌릴 살) ☞ 手 (1514) → 손(扌)으로 물이나 씨앗 같은 것을 흩어지게(散) 한다는 데서「뿌리다」	

敏 민첩할 민. 재빠를 민. 1807-30

◉ 每(매양/늘 매) + 攵 = 敏 (2021 참조)
☞ 매양(每) 회초리로 치는(攵), 곧 달리는 말(馬)에게 줄곧 채찍질을 하면 더욱더 재빠르게 나아간다는 데서「재빠르다. 민첩하다」뜻으로.

敏捷(민첩 - 빠르고 능란함) 敏感(민감 - 예민한 감각) 過敏(과:민 - 지나치게 예민함) 銳敏(예:민)

★ 敏(민첩할/재빠를 민)과 결합을 이룬 글자.	1807 별첨
繁(번성할 번) ☞ 糸(2478) → 민첩하게(敏) 작업하여 실(糸)을 많이 생산하면 물동량이 늘어나서 상거래가 매우 번성하여진다는 데서「번성하다」繁盛(번성)	

敍 펼 서: 베풀/차례 서. 1808-30

◉ 余(나/나머지 여) + 攵 = 敍 (0118 참조)
☞ 나(余)를 두드리는(攵), 곧 나 자신을 채찍질하여 지니고 있는 재능이나 포부를 하나하나씩 펼쳐

攴 부수(자원과 쓰임 → 1790 참조)

나간다는 데서「펴다. 베풀다. (펼치는)차례」뜻으로.
敍述(서:술 - 차례를 좇아 말함) 敍事(서:사 - 사실을 그대로 펼침) 敍情(서:정) 敍品(서:품) 敍勳(서:훈)

敦 도타울 돈. 성낼/성할 돈.   1809-30

◉ 享(누릴/먹일/대접할 향) + 攵 = 敦 (0207 참조)
☞ 아이가 배고프면 먹이고(享) 잘못을 저지르면 회초리로 쳐서(攵) 키우면 미운정 고운정이 쌓이어 부모와 자식 간에 정분이 도타워진다는 데서「도탑다. (매를 들거나 매를 맞을 당시에는 성이 난다는 데서)성내다」뜻으로.
敦篤(돈독 - 인정이 두터움) 敦厚(돈후 - 돈독) 敦睦(돈목 - 정이 두텁고 화목함) 敦化門(돈화문)

★ 敦(도타울/성할 돈)과 결합을 이룬 글자.   1809 별첨

燉(불빛 돈)   ☞ 火(1140) → 불(火)이 도타운(敦) 층을 이루어 이글거리며(성하게) 타오르는 모양이라는 데서「불 이글이글하다. (이글거리며 타오르는)불빛」

敷 펼 부(:) 베풀 부.   1810-20

◉ 甫(클 보ㅣ남새밭 포) + {方(모 방) + 攵 = 放(놓을 방)} = 敷 (2192 참조)
☞ (천 같은 것을) 크게(甫) 펼쳐 놓는다(放)는 데서「펴다. 베풀다」뜻으로.
敷設(부:설 - 철도 같은 것을 설치함) 敷衍(부:연 - 덧붙여 설명함) 敷地(부지 - 건축물에 쓰이는 땅)

敞 시원할/높을 창: 넓을 창.   1811-20

◉ 尙(오히려/숭상할/높일 상) + 攵 = 敞 (0576 참조)
☞ 지대가 높은(尙) 곳에서 주변의 장애물을 물리쳐(제거하여)(攵) 놓으면 시야가 더욱더 넓게 트여져 무척 시원함을 느낀다는 데서「높다. 시원하다. (시야가)넓다」뜻으로.
高敞(고창 - 지세가 높고 평평하여 앞이 탁 트임) 高敞(고창 - 전라북도에 있는 지명)

★ 敞(시원할/높을/넓을 창)과 결합을 이룬 글자.   1811 별첨

廠(공장 창)   ☞ 广(0783) → (내벽이 없이) 시원하게(敞) 지어 놓은 트인 집(广)이라는 데서「헛간. 공장」

斂 거둘 렴. 모을/취할 렴.   1812-10

◉ 僉(다/여러 첨) + 攵 = 斂 (0176 참조)
☞ 이삭에 붙어 있는 곡식 알갱이를 모두(僉) 두드려(탈곡하여)(攵) 거두어들인다는 데서「거두다. 모으다. 취하다」뜻으로.
斂膝端坐(염:슬단좌) 苛斂誅求(가:렴주구) 出斂(출렴 - 추렴. 회식비 등으로 각자의 금품을 얼마씩 거둠)

敲 두드릴 고.   1813-10

◉ 高(높을/위/클 고) + 攴 = 敲 (3578 참조)
☞ 높은(高) 곳에 매달아 놓은 종(鐘)이나 북을 친다(攴)는 데서「두드리다」뜻으로.
推敲(퇴고 - 당나라의 시인 가도賈島가 시문에서 민다(推)를 두드리다(敲)로 바꾸었다는 데서 유래된 말. 시문

支 부수(자원과 쓰임 → 1790 참조)

詩文의 자구字句를 여러 번 고침을 일컬음)

斃 죽을 폐: 엎드려질/자빠질 폐. 1814-10

- 敝(옷해어질/무너질/패할 폐) + 死(죽을/마칠/다할 사) = 斃 (0994 참조)
- ☞ 옷이 해어져(敝) 수명을 다하는 것처럼 동식물이 죽음(死)에 이른다는 데서「죽다. 엎드려지다. 자빠지다」뜻으로.

斃死(폐:사 - 쓰러져 죽음) 斃鼠(폐:서 - 죽은 쥐)

자투리 마당

「교편(敎鞭)은 공경(恭敬)의 대상」

「교편(敎鞭)을 잡는다」는 것은「가르치는 채찍을 잡는다」는 뜻으로, 이 말은 곧「선생 노릇을 한다」는 의미로, 이들 글자의 자원(字源)을 보면

○ 敎(가르칠 교) → 좋은 점을 본받게(爻 본받을 효) 하기 위하여 자식(아이들)(子)에게 사랑의 매를 쳐서(매질하여)(攵 칠 복) 훈육한다는 데서「가르치다」뜻으로.

○ 鞭(채찍 편) → 사람(亻)의 나쁜 버릇을 고치는(更 고칠 경) 방편으로 쓰는 가죽끈(革 가죽 혁)이라는 데서「채찍」뜻으로.

이들 글자를 볼 때, 교편을 잡은 선생은 훈육의 벌을 내리는 사람이라는 것을 알 수가 있다.
「공경(恭敬)의 대상」도 선생이라는 것이 자원(字源)에 나타나 있는데,

○ 恭(공손할 공) → 두 손을 함께 모아(共 모을/한가지 공) 공경하는 마음(㣺)을 낸다는 데서「공손하다」뜻으로.

○ 敬(공경할 경) → 선생이 진실한(苟 진실로 구) 마음에서 제자가 잘되라고 매를 쳐서(攵) 훈육하면 자숙한 제자는 선생을 우러러본다는 데서「공경하다」뜻으로.

이와 같이 회초리를 잡고서 가르친 선생이, 매를 맞으면서 교육을 받은 제자로부터 공경의 대상으로 된다는 것이 이들 글자 속에 배어 있음을 볼 수가 있다.

오늘날에 와서 선생은 잘못을 저지른 제자에게 진실한 마음이 담긴 매를 들어서 가르치지 못하는 처지에 놓여 있어 교편(敎鞭)을 잡기가 무척 힘들게 되었으며, 매를 맞고서 공부한 제자들이 없으니 공경할 대상마저도 없어진다고 보아야 할 것인지?

옛날의 교육 방식을 고쳤다는 제도에서 학생들은 선생을 두려워하지도 공경하지도 않으며 급우 간에 폭력이 잦으니 오늘날의 교육 방식을 한 번 쯤은 짚어볼 일이다. 내 자식을 잘 가르치고 잘 자라기를 기대한다면 선생에게 모든 권한을 부여하고 선생 또한 지성(知性)에 앞서서 덕성(德性)을 갖춘 선생님다운 선생으로 교단에 서야 할 것이다.

父	爻	文	斗
아비 부	사귈 효	글월 문	말 두

父 | 아비 부. 아버지/늙으신네 부 | 사내 보. 　　　　　　　　　　1815-80

- **자원** 父 → 사리를 바르게 분별(八 여덟/나눌 팔)하여 가정을 다스리는(乂 다스릴 예) 사람이라는 데서 「아버지. 아비」 의미를 지님.
- **쓰임** 「아버지. 父 모양」과 의미로 쓰임.

父親(부친 - 아버지) 父母(부모) 父傳子傳(부전자전) 父子有親(부자유친) 祖父母(조부모) 伯父(백부)

爺 | 아비 야. 노인의존칭/늙으신네 야. 　　　　　　　　　　　　　1816-10

- ◉ 父 + 耶(어조사/그런가/의문사 야) = 爺 (2876 참조)
- ☞ (누구누구의) 아버지(父) 되시는 분이야(耶)라고 상대방에게 일러주거나 호칭하는 의미가 부여되어 「아비. 늙으신네. 노인의 존칭」 뜻으로.

爺爺(야야 - 아버지나 연장자에 대한 존칭. 할아버지의 속칭) 爺孃(야양 - 부모님에 대한 속칭)

爸 | 아비 파. 　　　　　　　　　　　　　　　　　　　　　　　　1817-00

- ◉ 父 + 巴(뱀/꼬리/파초 파 → 여기에서는 「파파」이라는 의성어) = 爸 (0949 참조)
- ☞ 아버지(父)이라는 뜻(訓)과 자식이 아버지를 「파파」라고 호칭하는 파(巴) 소리(音)를 결합하여 「아비」 뜻으로.

※ 어린이가 아버지를 부를 때 중어와 영어에서 「파파(Papa)」라고 발음함.

爸爸(파파 - 아빠. 아버지의 속칭. 노인에 대한 존칭)

※ 父와 결합을 이룬 글자는 斧(도끼 부 → 斤 부수) 釜(가마 부 → 金 부수) 등이 있음.

| 부수 4획 | 父 아비 부 | 爻 사귈 효 | 文 글월 문 | 斗 말 두 |

爻 | 사귈 효. 효/본받을/형상/점괘/괘이름 효. 1818-10

자원 爻 → 반복적으로 교차(교류)(乂)하여 나가는 모양을 표현.

쓰임 「사귀다. 본받다. 점괘. 효. 爻 모양」과 의미로 쓰임.

爻辭(효사 - 주역에서 한 괘의 각 효를 풀이한 글) 六爻(육효 - 점괘의 여섯 가지 획수) 爻象(효상)

★ 爻(사귈/효/본받을/형상 효)와 결합을 이룬 글자. 1818 별첨

| 希(바랄 희) | ☞ 巾(0977) → 여러 가지 형상(爻)을 새겨 놓은(수놓은) 천(피륙)(巾)은 흔하지 않으며(드물며) 이는 모든 사람들이 갖기를 바란다는 데서「드물다. 바라다」 希望(희망) |
| 駁(논박할 박) | ☞ 馬(3599) → 말(馬)의 털빛이 여러 가지 형상(爻)으로 뒤섞이어 있는 얼룩빼기이라는 데서「털빛이)섞이다. 얼룩말. (뒤섞이어서 부딪치듯이 토론한다는 데서)논박하다」 反駁(반박) |

爽 | 시원할 상. 밝을 상. 1819-10

◉ 大 + {爻 × 2 = 爻爻(밝을/사귈 리)} = 爽

※ 爻爻 → (주역의 점괘 풀이에서) 효(爻)와 효(爻)가 서로 상응하는 관계에 놓여 있어서 점괘가 매우 길다는 데서「밝다」뜻으로.

☞ 점괘가 크게(大) 밝다(爻爻)는 데서「밝다. (기분이 밝아서)시원하다」뜻으로.

爽快(상쾌 - 마음이 시원하고 거뜬함) 爽闊(상활하다 - 상쾌하다) 昧爽(매상 - 먼동이 틀 무렵)

爾 | 너 이: 가까울/어조사 이. 1820-10

◉ 平((평평할 평) + 冂(멀 경 | 빌 형) + {爻 × 2 = 爻爻(밝을/사귈 리)} = 爾

☞ 평평한(평등한)(平) 위치와 동일한 공간(冂)에서 서로가 사귀는(爻爻), 곧 대등한 지위와 같은 장소에서 가깝게 지내는 상대자이라는 데서「너. 가깝다」뜻으로.

爾汝(이:여 - 너. 너희들) 爾時(이:시 - 그때) 爾餘(이:여 - 그 나머지. 그 밖)

★ 爾(너/가까울 이)와 결합을 이룬 글자. 1820 별첨

邇(가까울 이)	☞ 辵(3157) → 가까운(爾) 곳으로 간다(辶)는 데서「가깝다」 邇來(이래)
彌(오랠 미)	☞ 弓(0924) → 활(弓)을 표적물과 가까운(爾) 곳에서 쏘면 두루 맞힐 수 있을 뿐만 아니라 더욱더 위력적이라는 데서「두루. (고금에 두루 미친다는 데서)오래다」 彌勒(미륵)
壐(옥새 새)	☞ 玉(2074) → 임금이 항상 가까운(爾) 곳에 놓아두고 사용하는 옥(玉), 또는 평평한(平) 공간(冂)에 여러 가지 문양(爻爻)을 새겨 넣은 옥(玉)으로 된 물건이라는 데서「옥새」

父	爻	文	斗
아비 부	사귈 효	글월 문	말 두

文 글월 문. 글자/무늬/문채날/빛날/아름다울/편지 문. 1821-70

자원 文 → 머리(亠 머리 두)를 기점으로 하여 자획이나 문양이 서로 교차되어(乂 벨 예) 나가는 글자나 무늬 모양을 표현.

쓰임 「무늬. 문채나다. 글월. 文 모양」과 의미로 쓰임.

文書(문서) 文具(문구) 文學(문예) 文法(문법) 文武(문무) 文章(문장) 文獻(문헌) 文彩(문채)

斑 아롱질 반. 얼룩 반. 1822-10

- 王(玉) + 文 + 王(玉) = 斑
- 구슬(王)과 구슬(王) 사이에 빛이 반사되어 무늬(文)가 알록달록하게 어리는 모양이라는 데서 「아롱지다. 얼룩」 뜻으로.

斑點(반점 - 얼룩진 점) 斑白(반백 - 희끗희끗한 머리털) 斑紋(반문) 斑疹(반진) 斑駁之嘆(반박지탄)

斐 아롱질 비. 아름다울/문채날 비. 1823-00

- 非(아닐/어긋날/등질 비) + 文 = 斐 (3414 참조)
- 이리저리 어긋난(非) 형상의 갖가지 무늬(文)가 들어(새겨져) 있어 무척 아롱져(아름다워) 보인다는 데서 「아롱지다. 아름답다. 문채나다」 뜻으로.

斐然(비연 - 문채가 있어서 아름다운 모양) 斐然成章(비연성장 - 학문과 수양이 성취되어 훌륭함)

斌 빛날 빈. 아롱질 빈. 1824-00

- 文 + 武(호반/무사/군셀/이을 무) = 斌 (2002 참조)
- 문장(文)과 무예(武)가 출중하여 이름과 가문이 빛나는, 또는 조회 때에 문관(文)과 무관(武)의 붉고 푸른 예복이 뒤섞이어 매우 빛나 보인다는 데서 「빛나다. 아롱지다」 뜻으로.

斌斌(빈빈 - 외양과 내용이 어우러져 조화를 이룬 모양)

※ 文과 결합을 이룬 글자는 다음과 같음

★ 文(글월/무늬/빛날/문채날/아름다울 문)과 결합을 이룬 글자. 1824 별첨

紊(어지러울 문)	☞ 糸(2505) → (글자 획이 서로 교차되어 있는) 문(文) 글자 형상처럼 실(糸)이 서로 얽혀 있는 모양이라는 데서 「어지럽다. 문란하다」 紊亂(문란)
紋(무늬 문)	☞ 糸(2520) → 실(색실)(糸)로 수(繡)를 놓은 무늬(文)이라는 데서 「무늬」 紋樣(문양)
汶(물이름 문)	☞ 水(1297) → 문채(文)가 나는 물(氵), 곧 맑고 고운 빛깔을 띠는 물(강물)이라는 의미가 부여되어 「물 이름. 강 이름」 汶山(문산)
蚊(모기 문)	☞ 虫(2642) → 여기에서 文은 모기 모양을 표현. 머리와 뾰족한 주둥이(亠), 겹쳐져 있는 다리(乂) 모양, 곧 문(文) 글자 형상처럼 생긴 벌레(虫)이라는 데서 「모기」

文 부수(자원과 쓰임 → 1821 참조)

旻(하늘 민)   ☞ 日(1063) → 하늘에 떠 있는 해(日)에서 문채(文)가 나는, 곧 햇빛이 밝고 맑게 비치어 풍광이 아름답게 드러나는 계절의 하늘이라는 데서「가을하늘. 하늘」旻天(민천)

旼(화할 민)   ☞ 日(1071) → 해(日)에서 문채(文)가 나는, 곧 온 누리에 햇빛이 밝고 맑게 비치어 날씨가 무척 온화하다는 데서「화하다」

玟(아름다운돌 민) ☞ 玉(2042) → 옥(王) 무늬(文)가 들어 있는(옥 성분으로 이루어져 있는) 아름다운 돌이라는 데서「아름다운 돌. 옥돌」

閔(성 민)   ☞ 門(3381) → 문(가문)(門)에 문채(文)가 나는, 곧 가문(家門)이 빛나도록 부단하게 힘을 쏟아붓는다는 데서「힘쓰다」

자투리 마당

배움의 때를 놓치지 말자

● 朱文公(주문공)이 曰(왈), 勿謂今日不學而有來日(물위금일불학이유내일)하며 — 주문공이 말하기를, 오늘 배우지 아니하고 내일이 있다고 말하지 말며,

○ 勿謂今年不學而有來年(물위금년불학이유내년)하라 — 올해에 배우지 아니하고 내년이 있다고 말하지 말라.

○ 日月逝矣(일월서의)나 歲不我延(세불아연)이니 — 세월은 가지만, 나이는 나와 같이 늘어나지 않나니,

○ 嗚呼老矣(오호노의)라, 是誰之愆(시수지건)고 — 아! 늙었노라, 이 누구의 허물인고. ※ 愆(허물 건)

● 陶淵明詩(도연명시)에 云(운), 盛年(성년)은 不重來(부중래)하고 — 도연명의 시에 이르기를, 젊음은 두 번 거듭 오지 아니하고,

○ 一日(일일)은 難再晨(난재신)이니, 及時 當勉勵(급시 당면려)하라 — 하루에는 두번이나 새벽녘이 있지 않으니, 젊었을 때에 모름지기 학문에 힘을 쏟을 지어다.

○ 歲月(세월)은 不待人(부대인)이니라 — 세월은 사람을 기다리지 않고 흘러가느니라.

- 明心寶鑑에서 -

父	爻	文	斗
아비 부	사귈 효	글월 문	말 두

부수 4획

斗 말 두. 열되들이/구기/글씨/별이름 두.   1825-42

말(斗)

자원 斗 → 冫(→ 곡식 알갱이 모양)와 十(열 십)의 결합으로, 곡식(冫) 열 (十) 되의 분량을 헤아리는 용기이라는 데서 「말」. 한편 자루가 붙어 있는 말 (斗)처럼 생긴 구기나 북두칠성 모양이라는 데서 「구기. 북두칠성」 의미를 지님.

쓰임 「말. 헤아리다. 구기. 두성(斗星)」 모양과 의미로 쓰임.

一斗(일두 - 한 말. 10되) 斗星(두성 - 북두칠성의 준말) 斗量(두량) 泰斗(태두) 斗酒不辭(두주불사)

料 헤아릴 료(:) 재료 료.   1826-50

◉ 米(쌀 미) + 斗 = 料

☞ 쌀(米)을 말(斗)에 담아 분량을 헤아린다는 데서 「헤아리다. (분량을 헤아리어 사용하는)재료」 뜻으로.

料率(요:율 - 요금의 정도·비율) 料金(요:금) 料理(요리) 料量(요량) 料食業(요식업) 材料(재료)

斜 비낄 사. 기울/흩어질 사.   1827-30

◉ 余(나/나머지/남을 여) + 斗 = 斜 (0118 참조)

☞ 말(斗)에 곡식을 수북하게 채워, 말의 윗면을 초과한 나머지(여분의)(余) 곡식을 잣대로 비낀다 (용기 윗면과 곡식이 수평이 되게끔 한다)는 데서 「비끼다. (곡식이)기울다. 흩어지다」 뜻으로.

斜面(사면 - 경사진 면) 斜線(사선 - 비끼어 그은 줄) 斜角(사각) 斜塔(사탑) 斜視(사시) 斜陽(사양)

斟 헤아릴/짐작할 짐. 잔질할 짐 | 술따를 침(짐).   1828-10

◉ 甚(심할 심) + 斗 = 斟 (2096 참조)

☞ 상태가 어느 정도로 심한(甚) 지를 헤아려(斗) 본다는 데서 「헤아리다. 짐작하다」 뜻을. 한편 정분이 두터운(甚) 사람과 구기(술잔)(斗)를 주고받는다는 데서 「잔질하다」 뜻으로.

斟酌(짐작 - 사정이나 형편을 어림쳐서 헤아림)

斡 돌 알. 구를/알선할/주선할 알.   1829-10

◉ 倝(해돋을 간) + 斗 = 斡 (0040 참조)

☞ 해가 돋는(倝) 장소는 두성(斗星)의 위치에 따라 돌아간다는 데서 「돌다. 구르다. (이리저리 돌아다니면서 남의 일을 주선한다는 데서)알선하다」 뜻으로.

斡旋(알선 - 돎. 또는 돌림. 남의 일을 잘 되도록 마련하여 줌. 주선) 就業斡旋(취:업알선)

心(忄㣺)	气	无	方
마음 심	기운 기	없을 무	모 방

心 | 마음 심. 염통/가운데/속/생각/가슴/근본/별이름 심.   1830-70

- 자원: 心 → 핏방울(丶)이 맺혀 있는 둥그스름한 심장(乚 굽을 을) 모양을 표현.
- 쓰임: 「마음. 정신. 생각. 심장」 의미로 쓰임.

心性(심성 - 마음과 성품) 心理(심리) 心氣(심기) 心情(심정) 心境(심경) 心身(심신) 心臟(심장)

急 | 급할 급.   1831-60

- {⺈(= 人 사람 인) + ⺕(→ 又 또/오른손 우) = 刍(= 及 미칠 급)} + 心 = 急
- ☞ 앞서가는 사람에게 미치려고(刍 = 及) 하는(앞서가는 사람을 따라잡으려고 하는) 조급한 마음(心)을 낸다는 데서 「급하다」 뜻으로.

急速(급속 - 몹시 빠름) 急流(급류) 急行(급행) 急賣(급매) 急所(급소) 急迫(급박) 急性(급성)

愛 | 사랑 애: 친할/아낄/사모할 애.   1832-60

- 爫(손톱 조) + 冖(덮을 멱) + {心 + 夊(천천히걸을 쇠) = 㤅(가는모양 애)} = 愛
- ☞ 손(爫)으로 덮어(冖) 주면서 걸어가는 모양(㤅), 곧 어머니가 아기를 손으로 감싸 주면서 다정스럽게 걸어가는 모습에서 「사랑하다. 친하다. 아끼다」 뜻으로.

愛國(애:국 - 나라를 사랑함) 愛唱(애:창) 愛人(애:인) 愛情(애:정) 愛憎(애:증) 愛誦(애:송) 愛慕(애:모)

★ 愛(사랑/친할 애)와 결합을 이룬 글자.   1832 별첨

曖(희미할 애)	☞ 日(1087) → 해(日)가 사랑(愛)에 빠져들어 눈이 먼 것처럼 구름이나 안개 따위에 가리어져서 햇볕이 희미하다는 데서 「가리다. 희미하다」 曖昧(애매)

意 | 뜻 의: 뜻할/생각할/아아 의.   1833-60

- 音(소리/그늘 음) + 心 = 意
- ☞ 그늘(音)에 가려져 있는 마음(心), 곧 밖으로 드러내지 않고 마음에 품고 있는 생각이라는 데서 「뜻. 뜻하다. 생각하다. (뜻하는 바가 너무나도 많다는 데서)아아」 뜻으로.

意思(의:사 - 뜻) 意識(의:식) 意見(의:견) 意志(의:지) 意圖(의:도) 意慾(의:욕) 意義(의:의) 意氣(의:기)

★ 意(뜻/뜻할/생각할/아아 의)와 결합을 이룬 글자.   1833 별첨

億(억 억)	☞ 人(0058) → 사람(亻)이 품고(간직하고) 있는 뜻(생각)(意)은 헤아릴 수 없을 정도로 수없이 많다는 데서 「억. 많다」 億兆(억조)
憶(생각할 억)	☞ 心(1875) → 마음속(忄)으로 생각한다(생각하여 둔다)(意)는 데서 「생각하다. 기억하다」
臆(가슴 억)	☞ 肉(2435) → 뜻(생각)(意)을 자아낸다고 하는(심장을 둘러싸고 있는) 신체(月) 부위이라는 데서 「가슴」 臆測(억측)
噫(한숨쉴 희)	☞ 口(0840) → 아아(意)! 하고 개탄(탄식)하는 소리(口)를 낸다는 데서 「한숨 쉬다」

心 부수(자원과 쓰임 → 1830 참조)

感 느낄 감: 한할 감. 1834-60
- 咸(다/모두/두루 함) + 心 = 感 (0830 참조)
- ☞ 모두가 다(咸) 마음(心)에 와 닿는, 곧 지나간 모든 일들이 뉘우침(회한)으로 떠오른다는 데서 「느끼다. 한하다」 뜻으로.

感覺(감:각 - 깨달음이나 느낌) 感謝(감:사) 感情(감:정) 感銘(감:명) 感想(감:상) 感激(감:격) 感應(감:응)

情 뜻 정. 1835-50
- 忄 + 靑(푸를 청) = 情 (3369 참조)
- ☞ 마음속(忄)에 간직하고 있는 푸른(靑) 꿈이나 풋풋한 애정이라는 데서 「뜻」 뜻으로.

情誼(정의 - 인정) 情感(정감) 情談(정담) 情熱(정열) 情緖(정서) 情勢(정세) 情欲(정욕) 情慾(정욕)

患 근심 환: 병들/괴로울 환. 1836-50
- 串(꿸 관 | 꿸 천) + 心 = 患
- ☞ 꿰어져(串) 있는 마음(心), 곧 (훌훌 떨쳐버리지 못하고) 가슴속에 첩첩이 응어리져 있는 괴로운 마음이라는 데서 「근심하다. 병들다. 괴롭다」 뜻으로.

患苦(환:고 - 근심으로 인한 고통) 患者(환:자) 患部(환:부) 患難相恤(환:난상휼) 憂患(우환) 宿患(숙환)

惡 악할 악 | 미워할 오, 모질 악 | 어찌 오. 1837-50
- 亞(버금/다음 아 | 누를 압) + 心 = 惡 (0213 참조)
- ☞ 윗사람과 버금(亞)가려고 하는, 또는 다른 사람을 누르려고(亞) 하는 부도덕한 마음(心)을 품고 있다는 데서 「악하다. (악한을)미워하다」 뜻으로.

惡漢(악한 - 악독한 사람) 惡夢(악몽) 惡緣(악연) 惡臭(악취) 惡戰苦鬪(악전고투) 惡寒(오한)

思 생각 사(:) 생각할 사. 1838-50
- 田(밭 전) + 心 = 思 ※ 囟(정수리 신) + 心 = 恖 → 思의 고자.
- ☞ 밭이랑(田) 모양처럼 구불구불하게 굴곡져 있는 뇌수로부터 마음(생각)(心)을 자아낸다는 데서 「생각. 생각하다」 뜻으로.

思考(사고 - 생각하고 궁리함) 思索(사색) 思慕(사모) 思惟(사유) 思春期(사춘기) 思想(사:상)

★ 思(생각/생각할 사)와 결합을 이룬 글자. 1838 별첨

| 媤(시집 시) | ☞ 女(0506) → 여러 가지를 생각하며(思) 살아가는 여인(女), 곧 친정 부모를 그리워하고 시부모와 남편과 자식들을 생각하며 살아가는 여인내의 시댁 생활이라는 데서 「시집」 |

性 성품 성: 1839-50
- 忄 + 生(날 생) = 性
- ☞ 세상에 태어나면서(生)부터 형성되어 있는 마음(忄), 곧 타고난 본연의 품성(천성)이라는 데서 「성품」 뜻으로.

性品(성:품 - 성질과 됨됨이) 性格(성:격) 性質(성:질) 性急(성:급) 性別(성:별) 性慾(성:욕) 性善說(성:선설)

心 부수(자원과 쓰임 → 1830 참조)

必 반드시 필. 오로지/기어이 필. 1840-50

- 心 + 丿(삐침 별 → 「끌어당기다. 끌어내리다」 뜻으로 쓰임) = 必
- 마음(心)을 끌어내려(丿) 고정시켜 두는 것처럼 바라는 바를 반드시 이룩하고야 말겠다는 결심을 확고하게 굳힌다는 데서 「반드시. 오로지. 기어이」 뜻으로.

必需(필수 - 반드시 쓰임) 必修(필수) 必須(필수) 必要(필요) 必勝(필승) 必然(필연) 必死的(필사적)

★ 必(반드시/오로지/기어이 필)과 결합을 이룬 글자.		1840 별첨
泌(분비할 비)	☞ 水(1285) → 물(氵)이 심장(心)에서 삐쳐져 내리는(丿), 곧 땀과 같은 노폐물이 몸속(체내)에서 체외로 스미어 나온다는 데서 「스미어 흐르다. 분비하다」 分泌(분비)	
秘(숨길 비)	☞ 禾(2204) → 벼(禾)로 지은 쌀밥으로부터 향기가 필(必) 글자 형상처럼 안에서 밖으로 배어져 나온다는 데서 「향기롭다. (배어 있는 향기로움처럼 내부로)숨기다」 秘密(비밀)	
祕(숨길 비)	☞ 示(2352) → 신(귀신)(示)만이 반드시(必) 알 수 있는 (숨겨 놓은) 비밀스러운 사항이라는 데서 「비밀히 하다. 숨기다. 귀신」 祕法(비법)	

念 생각할 념: 1841-50

- 今(이제/이에/곧 금) + 心 = 念 (0050 참조)
- 지금(今) 이 순간에 마음(心)에 와 닿는 의견이나 감정 같은 것들을 머릿속에 떠올린다는 데서 「생각하다」 뜻으로.

念願(염:원 - 생각하고 원함) 念慮(염:려) 念頭(염:두) 念佛(염:불) 理念(이:념) 信念(신:념) 記念(기념)

忠 충성 충. 충심 충. 1842-42

- 中(가운데/바를 중) + 心 = 忠 (0018 참조)
- 가운데(中)에 자리하고 있는 마음(心), 곧 (다른 쪽으로는 기울지 않고) 오직 한 사람만을 섬기는 마음가짐이라는 데서 「충성. 충심」 뜻으로.

忠誠(충성 - 진정에서 우러나오는 마음) 忠心(충심) 忠臣(충신) 忠告(충고) 忠義(충의) 忠節(충절)

志 뜻 지. 뜻할 지. 1843-42

- 士(선비 사) + 心 = 志
- 선비(士)의 마음(心)에는 언제나 이상(理想)을 실현하고자 하는 원대한 뜻을 품고 있다는 데서 「뜻. 뜻하다」 뜻으로.

志望(지망 - 뜻하여 바람) 志願(지원 - 스스로 뜻하여 바람) 志士(지사) 志向(지향) 志操(지조)

★ 志(뜻/뜻할 지)와 결합을 이룬 글자.		1843 별첨
誌(기록할 지)	☞ 言(3226) → 마음속에 품고 있는 뜻(志)을 말씀(言)으로 남겨 놓는다(글자로 표기한다)는 데서 「기록하다. 표기하다」 日誌(일지)	

快 쾌할 쾌. 상쾌할 쾌. 1844-42

- 忄 + 夬(터놓을/결단할 쾌) = 快 (1187 참조)
- 울적한(답답한) 마음(忄)이 트여져(夬) 속이 후련하다는 데서 「쾌하다. 상쾌하다」 뜻으로.

431

心 부수(자원과 쓰임 → 1830 참조)

快感(쾌감 - 상쾌한 느낌) 快活(쾌활) 快晴(쾌청) 快差(쾌차) 快癒(쾌유) 快擧(쾌거) 快哉(쾌재)

息 쉴 식. 숨쉴/자식 식. 1845-42

◉ 自(스스로/저절로 자 | 코 비) + 心 = 息

☞ 스스로(자연스럽게)(自) 지내는 마음(心)이라는 데서「쉬다」뜻을. 한편 코(自)로 공기를 호흡하여 심장(心)을 박동시킨다는 데서「숨 쉬다」뜻으로.

休息(휴식 - 잠깐 쉼) 消息(소식) 子息(자식) 安息(안식) 令息(영식) 歎息(탄:식 - 한숨을 쉬며 한탄함)

★ 息(쉴/숨쉴/자식 식)과 결합을 이룬 글자. 1845 별첨

熄(꺼질 식)　☞ 火(1153) → 불(火)이 쉬는(息), 곧 타던 불이 멈춘다는 데서「꺼지다」. 終熄(종식)
憩(쉴 게)　☞ 心(1902) → 혀(舌)가 쉬는(息), 곧 혀로 말조차 하지 않고 조용하게 쉰다는 데서「쉬다」

恩 은혜 은. 사랑할/덕택 은. 1846-42

◉ {囗(에울 위) + 大(큰 대) = 因(인할/말미암을/인연 인)} + 心 = 恩 (0639 참조)

☞ 부모와 자식 간 또는 스승과 제자 사이에 맺어진 인연(因)으로 말미암아 사랑과 훈육을 받은 한없이 고마운 마음(心)이라는 데서「은혜. 사랑하다. 덕택」뜻으로.

恩惠(은혜 - 베풀어 주는 혜택) 恩人(은인) 恩師(은사) 恩功(은공) 恩德(은덕) 恩寵(은총) 恩澤(은택)

應 응할 응: 대답할 응. 1847-42

◉ {广(돌집 엄) + 亻 + 隹(새 추) + 雁(= 鷹 매 응)} + 心 = 應

※ 雁 → 돌집(广) 아래에서 사람(亻)이 사냥용으로 키우는 새(隹)라는 데서「보라매. 매」뜻으로.

☞ 매(보라매)(雁)가 사냥을 하여 주인에게 갚음을 하는 것처럼 보답하는(순응하는) 마음(心)을 낸다는 데서「응하다. (응하여)대답하다」뜻으로.

應答(응:답) 應援(응:원) 應用(응:용) 應對(응:대) 應募(응:모) 應試(응:시) 應當(응:당) 應急(응:급)

★ 雁(응할/대답할 응)과 결합을 이룬 글자. 1847 별첨

膺(가슴 응)　☞ 肉(2436) → 매(보라매)(雁)를 품고(껴안고) 다니는 신체(月) 부위라는 데서「가슴」
鷹(매 응)　☞ 鳥(3700) → 매(雁)를 의미하는 글자를 새(鳥) 부수에 결합시켜「매」鷹視(응시)

慶 경사 경: 하례할 경. 1848-42

◉ 严(→ 鹿「사슴 록」의 줄임) + 一(굽힐 을) + {心 + 夊 = 㥯(걸어가는모양 애)} = 慶

☞ 사슴(严)을 끌어안고(一) 걸어가는 모양(㥯), 곧 사슴(사슴 가죽)을 예물로 지참하고 경사스러운 행사에 축하 인사(하례)를 드리러 간다는 데서「경사. 하례하다」뜻으로.

※ 먼 옛날에는 사슴 새끼나 사슴 가죽은 좋은 선물이었음.

慶事(경:사 - 축하할 만한 기쁜 일) 慶賀(경:하) 慶祝(경:축) 慶弔事(경:조사) 慶會樓(경:회루) 慶尙道(경:상도)

怒 성낼 노: 짜증낼 노. 1849-42

◉ 奴(종 노) + 心 = 怒 (0473 참조)

心 부수(자원과 쓰임 → 1830 참조)

☞ 노예(奴)로 취급당하는 노엽고 지겨운 마음(心)이라는 데서 「성내다. 짜증내다」 뜻으로.
怒氣(노:기 - 노여운 기세) 怒濤(노:도) 怒號(노:호) 怒聲(노:성) 怒發大發(노:발대발) 憤怒=忿怒(분:노)

態 모습/태도 태: 모양낼/뜻 태. 1850-42

◉ 能(능할/재능/곰 능ㅣ견딜 내) + 心 = 態 (2378 참조)
☞ (무엇이든지) 능하게(能) 할 수 있다는 마음(心)가짐, 곧 모든 일에 자신감이(의지가) 넘치는 모습이라는 데서 「모습. 태도. 모양내다」 뜻으로.
態度(태:도 - 몸을 가지는 모양) 態勢(태:세) 事態(사:태) 形態(형태) 狀態(상태) 生態(생태) 姿態(자태)

悲 슬플 비: 1851-42

◉ 非(아닐/어긋날 비) + 心 = 悲 (3414 참조)
☞ 사랑하는 사람과 서로 어긋나서(非) 만나지 못하는(서로가 헤어져야만 하는) 애처로운 마음(心)이라는 데서 「슬프다」 뜻으로.
悲痛(비:통 - 슬퍼서 마음이 아픔) 悲哀(비:애) 悲劇(비:극) 悲歌(비:가) 悲觀(비:관) 悲憤(비:분) 悲慘(비:참)

惠 은혜 혜: 어질/순종할 혜. 1852-42

◉ 叀(오로지 전) + 心 = 惠
☞ 오로지(叀) 어느 한 사람만을 위하여 정성스러운 마음(心)을 베푼다는 데서 「순종하다. 어질다. 은혜」 뜻으로.
恩惠(은혜 - 베풀어주는 혜택) 惠澤(혜:택 - 은혜와 덕택) 惠存(혜:존) 互惠(호:혜) 天惠(천혜) 特惠(특혜)

★ 惠(은혜 혜)와 결합을 이룬 글자. 1852 별첨

蕙(난초/혜초 혜)	☞ 艹(2830) → 은혜(惠)를 베풀어 주는 것처럼 (가꾸어 주거나 구경하는 사람에게) 청초한 모양과 그윽한 향기로 보답하여 주는 풀(식물)(艹)이라는 데서 「난초. 혜초」 蕙草(혜초)
穗(이삭 수)	☞ 禾(2227) → 벼(禾)에서, 오로지(叀) 심장(心)이라고 할 수 있는 가장 핵심적인 부위이라는 데서 「이삭」 出穗期(출수기)

想 생각 상: 생각할 상. 1853-42

◉ 相(서로/볼 상) + 心 = 想 (2272 참조)
☞ 서로 바라보는(相) 것처럼 (보이지 않는 사람이나 사물을) 항상 마음속(心)으로 그린다(떠올린다)는 데서 「생각하다. 생각」 뜻으로.
想念(상:념 - 생각) 想起(상:기 - 지난 일을 생각하여 냄) 想像(상:상) 感想(감:상) 構想(구상) 回想(회상)

恨 한/한할 한: 뉘우칠/억울할/유감되게여길 한. 1854-40

◉ 忄 + 艮(그칠/한정할 간) = 恨 (2907 참조)
☞ 마음(心)에 그쳐(남아)(艮) 있는, 곧 아쉬움이나 후회스러운 생각이 지워지지 않고 마음 한 구석에 남아 있다는 데서 「한하다. 한. 뉘우치다. 억울하다」 뜻으로.
恨歎(한:탄 - 한숨짓는 탄식) 痛恨(통:한) 怨恨(원:한) 悔恨(회:한) 徹天之恨(철천지한) 千秋遺恨(천추유한)

心 부수(자원과 쓰임 → 1830 참조)

慰 위로할 위.   1855-40

- 尉(벼슬 위 | 다릴/다리미 울) + 心 = 慰 (0571 참조)
- 구겨진 옷을 다리미로 다리어(尉) 가지런하게 펴는 것처럼 슬프거나 괴로운 마음(心)을 펴지게 한다는 데서 「위로하다」 뜻으로.

慰勞(위로 - 고뇌·슬픔을 어루만져 위안함) 慰安(위안) 慰問(위문) 慰安婦(위안부) 慰靈祭(위령제)

憲 법 헌: 고시(告示)할 헌.   1856-40

- 宔(→ 害「해할 해」의 획 줄임) + 罒(= 目 눈 목) + 心 = 憲
- (법을 어김으로써) 피해(宔 = 害)를 당하는 일이 없도록, 백성들이 눈(罒)으로 보고 마음(心)에 새겨 두어야 할 조목들을 고시(告示)하여(국민에게 알릴 사항을 글로 써서 게시하여) 놓은 법조문이라는 데서 「법. 고시하다」 뜻으로.

憲法(헌:법 - 근본이 되는 법규) 憲章(헌:장) 憲政(헌:정) 憲裁(헌:재) 憲兵(헌:병) 制憲(제:헌) 立憲(입헌)

怨 원망할 원(:) 원수 원.   1857-40

- {夕 + 㔾(병부/몸기 절) = 夗(누워서뒹굴 원)} + 心 = 怨
- 누워서 뒹구는(夗) 마음(心), 곧 잠을 이루지 못하고 뒤척일 정도로 누군가를 탓하거나 미워하는 마음(감정)을 품고 있다는 데서 「원망하다. 원수」 뜻으로.

怨望(원:망 - 탓하거나 미워함) 怨恨(원:한) 怨聲(원:성) 怨讐(원:수) 舊怨(구:원) 宿怨(숙원)

★ 夗(누워서뒹굴 원)과 결합을 이룬 글자.		1857 별첨
苑(나라동산 원)	☞ 艸(2766) →	풀(초목)(艹)이 누워서 뒹구는(夗) 형상을 이루어 무성하게 드리워져 있는(초목이 잘 가꾸어져 있는) 곳이라는 데서 「나라 동산」 苑池(원지)
鴛(원앙새 원)	☞ 鳥(3704) →	누워서 뒹구는(夗) 습성을 지니고 있는 새(鳥)라는 데서 「(수)원앙새」
宛(완연할 완)	☞ 宀(0623) →	집(宀)이, 어두운 저녁(夕)에는 구푸린 몸뚱이(㔾)처럼 어렴풋하게 보인다는 데서 「어슴푸레하다. 흡사하다. (흡사하여)완연하다」 宛然(완연)
婉(순할 완)	☞ 女(0514) →	자세를 구부린(宛 완연할/굽을 완) 여자(女), 곧 다소곳이 고개를 수그리고 앉아 있는 여인의 모습에서 「순하다. 아름답다」 婉順(완순)
腕(팔 완)	☞ 肉(2418) →	굽은(宛 완연할/굽을 완) 팔꿈치와 연하여 있는 신체(月) 부위이라는 데서 「팔」

憤 분할 분: 성낼 분.   1858-40

- 忄 + 賁(클/노할/결낼 분 | 꾸밀 비) = 憤
- 마음(忄)이 크게 노엽다(賁)는 데서 「분하다. 성내다」 뜻으로.

憤怒(분:노 - 분하여 성냄) 憤痛(분:통) 憤敗(분:패) 憤慨(분:개) 悲憤慷慨(비:분강개) 鬱憤(울분)

★ 賁(클/결낼/노할 분 | 꾸밀 비)과 결합을 이룬 글자.		1858 별첨
墳(무덤 분)	☞ 土(0678) →	흙(土)을 크게(賁) 쌓아 놓은 구조물(봉분 모양)이라는 데서 「무덤. 봉분」
噴(뿜을 분)	☞ 口(0871)→	입(口)에 머금은 물을 결이 나게끔(賁) 뿜는다는 데서 「물 뿜다. 뿜다」

心 부수(자원과 쓰임 → 1830 참조)

慮 생각할 려. 걱정할/꾀할 려. 1859-40

- 虍(범 호) + {田(밭 전) + 心 = 思(생각/생각할 사)} = 慮
- ☞ 범(虍)이 밭(田)에 내려올까 봐 마음(心)이 쓰이는, 또는 범(虍)이 나타나면 어쩌나 하고 걱정스럽게 생각한다(思)는 데서 「걱정하다. 생각하다. 꾀하다」 뜻으로.
- ※ 옛날에는 범이 산밭(山田)에 출몰하여 사람을 해치는 일이 자주 있었음.

念慮(염:려 - 마음을 써서 걱정함) 配慮(배:려) 心慮(심려) 憂慮(우려) 考慮(고려) 千慮一失(천려일실)

★ 慮(생각할/걱정할/꾀할 려)와 결합을 이룬 글자. 1859 별첨

| 濾(거를 려) | ☞ 水(1334) → 물(氵)에 섞여 있는 이물질을 걱정(염려)하여(慮) 거른다는 데서 「거르다」 |
| 攄(펼 터) | ☞ 手(1548) → 손(扌)으로 머리를 긁적이면서 생각할(慮) 거리를 펼쳐낸다는 데서 「펴다」 |

忽 갑자기/문득 홀. 소홀히 홀. 1860-32

- 勿(말/없을/아닐 물) + 心 = 忽 (0265 참조)
- ☞ 깊이 생각할 겨를이 없이(勿) 갑작스럽게 마음(心)이 내킨다는 데서 「문득. 갑자기. 소홀히」 뜻으로.

忽然(홀연 - 뜻밖에) 忽待(홀대 - 소홀이 대접함) 忽往忽來(홀왕홀래) 忽顯忽沒(홀현홀몰) 疎忽(소홀)

★ 忽(문득/갑자기/소홀히 홀)과 결합을 이룬 글자. 1860 별첨

| 惚(황홀할 홀) | ☞ 心(1928) → 마음(忄)이, 없는(勿) 마음(心)으로 되는, 곧 (너무나도 좋아서) 나를 잊어버릴 정도로 무아지경에 이르는 느낌이라는 데서 「황홀하다」 恍惚境(황홀경) |

忍 참을 인. 마지못해할 인. 1861-32

- 刃(칼날/찌를 인) + 心 = 忍 (0247 참조)
- ☞ 칼날(刃)에 짓눌려 있는 마음(心), 곧 무력에 짓밟혀 억울함을 하소연하지 못하고 억지로 견디는 마음이라는 데서 「참다. 마지못해하다」 뜻으로.

忍耐(인내 - 참고 견딤) 忍辱(인욕 - 욕되는 일을 참음) 忍苦(인고) 忍之爲德(인지위덕) 强忍(강:인)

怪 괴이할 괴(:) 기이할/의심할 괴. 1862-32

- 忄 + 죬(힘을다하였으되남길공없을 굴) = 怪
- ☞ 힘을 다하였으나 남은 공이 없는(죬) 마음(忄), 곧 정성을 모두 쏟아 부었으나 공로가 전혀 나타나지 않아 의아스럽게 여긴다는 데서 「괴이하다. 기이하다. 의심하다」 뜻으로.

怪力(괴:력 - 뛰어나게 센 힘) 怪談(괴:담) 怪物(괴:물) 怪變(괴:변) 怪奇(괴:기) 怪常(괴상) 怪異(괴이)

戀 그리워할/그릴 련: 사모할 련. 1863-32

- {糸(실 사) + 言(말씀 언) + 糸 = 䜌(끊이지않을/맬 련)} + 心 = 戀 (0928 참조)
- ☞ 끊이지 않고(䜌) 마음(心)에 이어지는, 곧 상대방을 생각하는 마음이 잊히지가 아니하고 끊임없이 떠오른다는 데서 「그리워하다. 그리다. 사모하다」 뜻으로.

戀愛(연:애) 戀人(연:인) 戀情(연:정) 戀慕(연:모) 戀書(연:서) 戀歌(연:가) 悲戀(비:련) 失戀(실연)

心 부수(자원과 쓰임 → 1830 참조)

懸 달/매달 현: 마음에걸릴 현. 1864-32

◉ 縣(고을/매달 현) + 心 = 懸 (2494 참조)
☞ 매달아(縣) 놓은 마음(心), 곧 잊지 아니하고 항상 마음에 새겨 두고(염두에 두고) 있다는 데서 「마음에 걸리다. (마음에)매달다. 달다」 뜻으로.

懸案(현:안 - 남아 있는 의안) 懸板(현:판) 懸隔(현:격) 懸欄(현:란) 懸賞金(현:상금) 懸垂幕(현:수막)

懷 품을 회. 1865-32

◉ 忄 + {衣(옷 의) + 眔(= 眾 눈서로미칠 답) = 裹(품을/낄 회)} = 懷
☞ (어떠한 생각이나 뜻하는 바를) 마음(忄)에 품고(裹) 있다는 데서 「품다」 뜻으로.

懷抱(회포 - 품은 생각) 懷妊(회임 - 임신) 懷疑(회의) 述懷(술회) 感懷(감:회) 虛心坦懷(허심탄회)

★ 裹(품을/낄 회)와 결합을 이룬 글자. 1865 별첨

壞(무너질 괴) ☞ 土(0669) → 흙덩이(土)를 가슴에 품으면(裹) 어그러진다는 데서 「무너지다」 崩壞(붕괴)

恐 두려울 공: 1866-32

◉ 巩(안을 공) + 心 = 恐
☞ (심장이 심하게 뛰어서) 가슴을 부둥켜안고(巩) 떨고 있는 마음(心)이라는 데서 「두려워하다」 뜻으로.

恐怖(공:포 - 두려움) 恐喝(공:갈 - 거짓말) 恐動(공:동) 恐龍(공:룡) 恐惶(공:황) 恐慌(공:황) 恐妻家(공:처가)

★ 巩(안을 공)과 결합을 이룬 글자. 1866 별첨

鞏(묶을/굳을 공) ☞ 革(3532) → (두 팔로) 껴안는(巩) 형태를 이루어 물건을 가죽끈(革)으로 단단하게 묶는다는 데서 「묶다. (건초 따위가 단단하게 묶이어져서)굳다」 鞏固(공고)

恭 공손할 공. 1867-32

◉ 共(한가지/함께/모을/공경할 공) + 小(心) = 恭 (0323 참조)
☞ 두 손을 함께 모아(共) 공경하는 마음(小)을 표한다는 데서 「공손하다」 뜻으로.

恭遜(공손 - 공경하고 겸손함) 恭敬(공경 - 공손히 섬김) 恭待(공대 - 공손하게 대함)

恕 용서할 서: 용서/어질 서. 1868-32

◉ 如(같을 여) + 心 = 恕 (0458 참조)
☞ 같은(如) 마음(心)을 내는, 곧 상대방이 저지른 잘못을 내가 저지른 것처럼 여기어 책망(벌)하지 않는다는 데서 「용서하다. 용서. 어질다」 뜻으로.

容恕(용서 - 꾸짖지 아니함. 죄를 면하여 줌) 恕容(서:용) 恕宥(서:유) 恕免(서:면) 寬恕(관서)

恥 부끄러울 치. 욕될 치. 1869-32

◉ 耳(귀 이) + 心 = 恥

436

☞ 귀(耳)가 발갛게 달아오르는 부끄러운 마음(心)이라는 데서 「부끄럽다. 욕되다」 뜻으로.
恥心(치심 - 부끄러운 마음) 恥辱(치욕) 恥事(치사) 恥部(치부) 羞恥(수치) 破廉恥(파:렴치)

恒 항상 항. 뻗칠 긍. 1870-32

- ⊙ 忄 + {一 + 日 + 一 = 亘(뻗칠 긍ㅣ베풀 선ㅣ씩씩할 훤)} = 恒 (0217 참조)
- ☞ (하늘과 땅 사이에) 햇빛이 두루 뻗치는(亘) 것처럼 언제나 변치 않는 마음(忄)으로 모든 사람에게 골고루 온정을 베푼다는 데서 「항상. 뻗치다」 뜻으로.

恒時(항시 - 늘. 언제나) 恒常(항상 - 항시) 恒久(항구) 恒溫(항온) 恒心(항심) 恒茶飯事(항다반사)

悟 깨달을 오: 1871-32

- ⊙ 忄 + 吾(나/우리 오) = 悟 (0789 참조)
- ☞ (미궁에서 헤매던) 암울한 마음(생각)(忄)에서 벗어나(깨어나) 나(吾)의 참된 모습(자아)을 발견한다는 데서 「깨닫다」 뜻으로.

悟道(오:도 - 번뇌를 해탈하고 묘리를 깨침) 大悟覺醒(대:오각성 - 진실을 깊이 깨닫고 정신을 가다듬음)

悠 멀 유. 아득할/한가한모양 유. 1872-32

- ⊙ 攸(바/곳/가득할/아득할 유) + 心 = 悠 (0078 참조)
- ☞ 아득하게(攸) 먼 곳으로 마음(心)이 가 있는, 곧 아득하게 먼 옛날을 생각(회상)한다는 데서 「멀다. 아득하다. (아득한 옛날을 회상하는)한가한 모양」 뜻으로.

悠久(유구 - 연대가 길고 오램) 悠然(유연) 悠遠(유원) 悠悠蒼天(유유창천) 悠悠自適(유유자적)

悔 뉘우칠 회: 한할/고칠 회. 1873-32

- ⊙ 忄 + 每(매양/늘 매) = 悔 (2021 참조)
- ☞ 마음(忄)을 매양(每) 반성하는, 곧 하루에 세 번씩 반성(一日三省일일삼성)하여 잘못한 점을 뉘우친다(고쳐 나간다)는 데서 「뉘우치다. 한하다. 고치다」 뜻으로.

悔心(회:심 - 뉘우치는 마음) 悔改(회:개 - 잘못을 뉘우치고 고침) 悔恨(회:한) 後悔(후:회) 懺悔(참회)

悅 기쁠 열. 즐거울 열. 1874-32

- ⊙ 忄 + 兌(바꿀/기쁠 태ㅣ날카로울 예) = 悅 (0195 참조)
- ☞ 마음(忄)이 기쁘다(兌)는 데서 「기쁘다. 즐겁다」 뜻으로.

悅樂(열락 - 기뻐하고 즐김) 喜悅(희열 - 기쁨) 法悅(법열) 不亦悅乎(불역열호 - 또한 기쁘지 않으리오)

憶 생각할 억. 기억할 억. 1875-32

- ⊙ 忄 + 意(뜻/생각할 의) = 憶 (1833 참조)
- ☞ 마음속(忄)으로 생각한다(생각하여 둔다)(意)는 데서 「생각하다. 기억하다」 뜻으로.

憶念(억념 - 기억하여 잊지 않음) 憶昔當年(억석당년 - 오래 전의 일을 생각함) 追憶(추억) 記憶(기억)

懇 간절할 간: 정성 간. 1876-32

心 부수(자원과 쓰임 → 1830 참조)

◉ {豸(발없는벌레/해태 치) + 艮(그칠 간) = 貇(간절할 간 | 물 곤)} + 心 = 懇
※ 貇 → 맹수(豸 : 맹수를 의미)의 출몰이 그치기(艮)를 바란다는 데서「간절하다. (맹수가)물다」.
☞ (이루어지기를) 간절하게(貇) 바라는 마음(心)을 낸다는 데서「간절하다. 정성」뜻으로.
懇切(간:절 - 지성스럽고 절실함) 懇請(간:청) 懇求(간:구) 懇曲(간:곡) 懇誠(간:성) 懇願(간:원) 懇談(간:담)

★ 貇(간절할 간 | 물 곤)과 결합을 이룬 글자.   1876 별첨
| 墾(개간할 간) | ☞ 土(0717) → 물어서(貇) 뜯어내는 것처럼 돌이나 나무뿌리 같은 것을 캐어 내어 땅(土)을 새로이 일군다는 데서「개간하다」開墾(개간) |

愁 근심 수. 괴로워할 수.   1877-32

◉ {禾(벼 화) + 火 = 秋(가을 추)} + 心 = 愁 (2194 참조)
☞ 산적한 가을걷이(추수)(秋)를 서둘러서 마쳐야 하는 애타는 마음(心)이라는 데서「근심. 괴로워하다」뜻으로.
愁心(수심 - 근심스러운 마음) 愁色(수색 - 근심스러운 기색) 哀愁(애수) 憂愁(우수) 鄕愁(향수)

憎 미울 증. 미워할/싫을 증.   1878-32

◉ 忄 + 曾(일찍/더할/깊을 증) = 憎 (1991 참조)
☞ 마음(감정)(忄)이 깊어(曾)지는, 곧 감정의 골이 깊어져 원망스러움이 쌓여 나간다는 데서「미워하다. 밉다. 싫다」뜻으로.
憎惡(증오 - 몹시 미워함) 憎怨(증원 - 미워하고 원망함) 可憎(가:증 - 얄미움) 愛憎(애:증 - 사랑과 미움)

愼 삼갈 신: 진심/정성스러울/성(姓) 신.   1879-32

◉ 忄 + 眞(참/진실/바를 진) = 愼 (2274 참조)
※ 삼가다 → 조심하다. 경계하다.
☞ 마음(忄)을 언제나 참되게(바르게)(眞) 쓴다는 데서「진심. 정성스럽다. 삼가다」뜻으로.
愼重(신:중 - 삼가고 조심스러움) 愼擇(신:택 - 신중하게 택함) 愼思(신:사 - 신중히 생각함) 謹愼(근:신)

慈 사랑 자. 사랑할/어질 자.   1880-32

◉ 玆(이/검을/더할 자) + 心 = 慈 (2094 참조)
☞ 검게(玆) 보일 정도로 그윽하게 마음(心)을 쏟아붓는다는 데서「사랑. 어질다」뜻으로.
慈母(자모 - 애정이 깊은 어머니) 慈堂(자당 - 남의 어머니의 존칭) 慈悲(자비) 慈愛(자애) 慈善(자선)

慾 욕심 욕.   1881-32

◉ 欲(하고자할/탐낼/바랄 욕) + 心 = 慾 (2011 참조)
☞ (터무니없이) 탐내는(바라는)(欲) 마음(心)을 낸다는 데서「욕심」뜻으로.
慾心(욕심 - 탐내는 마음) 慾望(욕망) 慾求=欲求(욕구) 貪慾(탐욕) 私利私慾(사리사욕)

心 부수(자원과 쓰임 → 1830 참조)

慧 슬기로울/지혜 혜: 1882-32

◉ 彗(살별/비 혜 | 밝을/극히밝을 세) + 心 = 慧 (1004 참조)
☞ 극히 밝은 살별(彗)처럼 지극히 밝은 마음(생각)(心)을 자아낸다는 데서 「슬기롭다. 지혜」 뜻으로.
慧智(혜:지 - 총명한 슬기) 慧眼(혜:안 - 총명한 기운이 서린 눈) 慧敏(혜:민) 慧性(혜:성) 智慧(지혜)

惑 미혹할 혹. 의심낼 혹. 1883-32

◉ 或(혹시 혹) + 心 = 惑 (1760 참조)
☞ 혹시나(或) 하는(반신반의하는) 마음(心)이 든다는 데서 「미혹하다. 의심 내다」 뜻으로.
惑世誣民(혹세무민 - 세상을 어지럽히고 백성을 속임) 迷惑(미혹) 不惑(불혹) 疑惑(의혹) 魅惑(매혹)

愚 어리석을 우. 1884-32

◉ 禺(원숭이/해지는곳/갈피 우) + 心 = 愚 (3102 참조)
☞ 원숭이(禺)가 생각하는 마음(心), 곧 원숭이가 생각하는 것처럼 사물을 판단하는 능력이 모자란다는 데서 「어리석다」 뜻으로.
※ 조삼모사(朝三暮四) → 옛날 중국 송나라 저공(狙公)이란 사람이 집에 키우는 원숭이를 불러 놓고 이제부터 너희들에게 열매를 아침에 세 개, 저녁에 네 개씩 주겠노라고 한 즉, 원숭이들이 적게 주는 것에 대하여 화를 내는지라, 곧 말을 고치어 그러면 아침에 넷, 저녁에 셋씩 주면 되겠느냐고 하니, 여러 원숭이들이 좋아하였다는 우화(寓話)에서 나온 성어(成語)로, 원숭이는 愚 의미와 상통함.
愚鈍(우둔 - 어리석고 둔함) 愚直(우직 - 어리석고 고지식함) 愚弄(우롱) 愚問(우문) 愚公移山(우공이산)

憂 근심할 우. 생각할/앓을/머리늘어뜨릴 우. 1885-32

◉ 頁(= 頁 머리 혈) + {心 + 夂(천천히걸을 쇠) = 夋(걸어가는모양 애)} = 憂
☞ 머리(頁)를 늘어뜨리고 걸어갈(夋) 정도로 몹시 아프거나 고민스럽게 생각한다는 데서 「근심하다. 생각하다. 앓다. 머리 늘어뜨리다」 뜻으로.
憂愁(우수 - 근심. 우울과 수심) 憂慮(우려 - 근심과 걱정) 憂鬱症(우울증 - 명랑하지 못한 현상. 우울병)

★ 憂(근심할/생각할/앓을/머리늘어뜨릴 우)와 결합을 이룬 글자. 1885 별첨

優(넉넉할 우)	☞ 人(0086) → 다른 사람(亻)을 근심하는(憂) 마음, 곧 불우한 사람을 걱정하여 주는 무척 여유롭고 자애로운 마음씨를 지니고 있다는 데서 「넉넉하다. 부드럽다」 優秀(우수)
擾(어지러울 요)	☞ 手(1529) → 손(扌)으로 머리(頁)를 감싸고 걸어갈(夋) 정도로 근심할(憂) 거리가 수없이 많다는 데서 「어지럽다. 번거롭다」 擾亂=搖亂(요란)

慣 익숙할 관. 버릇 관. 1886-32

◉ 忄 + 貫(꿸/꿰뚫을 관) = 慣 (3054 참조)
☞ 마음(忄)에 꿰어져(貫) 있는, 곧 마음속에 깊숙하게 자리매김하고 있는 습성(버릇)이라는 데서 「버릇. 익숙하다」 뜻으로.
慣習(관습 - 습관화되어 온 규범·생활 방식) 慣行(관행) 慣例(관례) 慣用(관용) 慣性(관성) 習慣(습관)

慕 그릴/그리워할 모: 사모할 모.   1887-32

- 莫(없을/말 막|저물 모) + 小 = 慕 (2731 참조)
- 날이 저물면(莫) 출타한 식구가 어서 빨리 돌아오기를 애틋한 마음(忄)으로 기다린다는 데서 「그리워하다. (그리움이 사무친다는 데서)사모하다」 뜻으로.

慕情(모:정 - 그리워하는 심정) 愛慕(애:모) 敬慕(경:모) 戀慕(연:모) 崇慕(숭모) 思慕(사모) 欽慕(흠모)

惜 아낄 석. 아까울/애처롭게여길 석.   1888-32

- 忄 + 昔(예/오랠 석|섞일 착) = 惜 (1046 참조)
- 마음(忄)에 옛날(昔)의 아쉬움이 남아 있는, 곧 마음속으로 지난날의 허송세월이나 이루지 못한 것을 매우 애틋하게 여긴다는 데서 「아깝다. 아끼다. 애처롭게 여기다」 뜻으로.

惜別(석별 - 헤어지기를 애틋하게 여김) 惜敗(석패 - 아깝게 지는 일) 哀惜(애석 - 슬프고 아까움)

忌 꺼릴 기. 미워할 기.   1889-30

- 己(몸/자기 기) + 心 = 忌
- 자기(己) 자신만을 위하는 마음(心)을 내면(이기적이면) 다른 사람들은 이를 미워하거나 가까이 대면하기를 싫어한다는 데서 「미워하다. 꺼리다」 뜻으로.

忌避(기피 - 꺼려서 피함) 忌憚(기탄 - 어렵게 여기어 꺼림) 忌日(기일) 忌中(기중) 忌祭祀(기제사)

忙 바쁠 망.   1890-30

- 忄 + 亡(망할/잃을 망|없을 무) = 忙 (0202 참조)
- 마음(정신)(心)을 잃을(亡) 정도로 겨를(틈)이 없다는 데서 「바쁘다」 뜻으로.

忙中閑(망중한) 忙中有閑(망중유한) 多忙(다망 - 매우 바쁨) 奔忙(분망) 公私多忙(공사다망)

忘 잊을 망. 기억없을 망.   1891-30

- 亡(망할/잃을 망|없을 무) + 心 = 忘 (0202 참조)
- 잃어(亡)버린 마음(心), 곧 과거의 생각(기억)이 전혀 떠오르지 않는다는 데서 「잊다. 기억 없다」 뜻으로.

忘却(망각 - 잊어버림) 忘年會(망년회) 勿忘草(물망초) 白骨難忘(백골난망) 背恩忘德(배:은망덕)

怠 게으를 태.   1892-30

- 台(나/기를/기쁠 이|별/삼정승/심히늙을 태) + 心 = 怠 (0847 참조)
- 심히 늙은(台) 마음(心)처럼 매사에 의욕이 없고 행동이 굼뜨다는 데서 「게으르다」 뜻으로.

怠慢(태만 - 게으르고 느림) 怠業(태업) 倦怠(권:태) 懶怠(나:태) 倦怠期(권:태기) 過怠料(과:태료)

恣 방자할/마음대로 자(:)   1893-30

- 次(버금/다음 차) + 心 = 恣 (2008 참조)
- 윗사람과 버금(次)가려고 하는 교만한 마음(心)을 낸다는 데서 「방자하다. 마음대로」 뜻으로.

心 부수(자원과 쓰임 → 1830 참조)

恣意(자의 - 방자한 마음) ※ 自意(자의 - 스스로의 생각) 恣樂(자락) 恣行(자행) 放恣(방:자)

悽 슬퍼할 처: 1894-30

- 忄 + 妻(아내/시집보낼 처) = 悽 (0471 참조)
- ☞ 사랑스럽게 키운 딸자식을 다른 곳(타향)으로 시집보내는(妻) 부모의 애처로운 마음(忄)이라는 데서「슬퍼하다」뜻으로.

悽慘(처:참 - 슬프고 참혹함) 悽悽(처:처하다 - 마음이 매우 구슬프다) 悽絕(처:절) 悽然(처:연)

惱 번뇌할 뇌. 괴로워할 뇌. 1895-30

- 忄 + {巛(내 천) + 囟(정수리 신) = 𡿺(→「뇌 모양」을 표현)} = 惱 (2387 참조)
- ※ 𡿺 → 정수리(囟)에 냇물(巛)이 굽이쳐 흐르는 모양처럼 주름진 형체로 이루어진「뇌수」를 표현.
- ☞ 쉽게 잊어(지워)지지 아니하고 뇌수(뇌리)(𡿺)에서 맴도는 무척 괴로운 마음(忄)이라는 데서「괴로워하다. 번뇌하다」뜻으로.

煩惱(번뇌 - 번거롭고 괴로움) 惱殺(뇌쇄 - 애가 타도록 몹시 괴롭힘) 苦惱(고뇌) 百八煩惱(백팔번뇌)

慨 슬퍼할 개: 분격할/강개할/한숨쉴 개. 1896-30

- 忄 + {皀(밥고수할 흡) + 旡(막힐 기) = 旣(이미/다할 기)} = 慨 (1972 참조)
- ☞ 먹을 양식이 이미 다하여(바닥이 나서)(旣) 탄식하는 마음(忄)이라는 데서「한숨 쉬다. 슬퍼하다. (슬퍼서)분격하다」뜻으로.

慨嘆(개:탄 - 분하게 여기어 탄식함) 慨然(개:연 - 분개하는 모양) 憤慨(분:개 - 격분하여 개탄함)

愈 나을 유. 1897-30

- 俞(성(姓)/점점/나을 유) + 忄 = 愈 (0357 참조)
- ☞ (지난번보다) 점점 나아지는(俞) 마음(생각)(忄)이 든다는 데서「(종전보다)낫다」뜻으로.

快愈=快癒(쾌유 - 병이 완전히 나음)

慢 거만할 만: 게으를/느릴 만. 1898-30

- 忄 + {日(가로 왈) + 罒(거물 망) + 又(또 우) = 曼(이끌/길/넓을/퍼질 만)} = 慢
- ☞ 마음(忄)이 퍼져(曼) 있는, 곧 조심성이 없이 무례하게 대하거나 언행이 느슨하다는 데서「거만하다. 느리다. 게으르다」뜻으로.

慢性(만:성 - 버릇이 되어 고치기 힘든 상태) 慢侮(만:모) 傲慢(오:만) 倨慢(거:만) 怠慢(태만) 自慢(자만)

★ 曼(이끌/길/멀/넓을/퍼질 만)과 결합을 이룬 글자. 1898 별첨

漫(퍼질 만)	☞ 水(1255) → 물(氵)이 넓게 퍼져(曼) 있다는 데서「퍼지다. 질펀하다」	漫評(만평)
蔓(덩굴 만)	☞ 艸(2791) → 줄기(뿌리)가 길게(曼) 뻗어 나가는 식물(艹)이라는 데서「덩굴」	蔓草(만초)
饅(만두 만)	☞ 食(3572) → 밀가루 반죽을 편편하게 넓혀(曼) 놓은 반대기에 갖가지 소를 넣어서 빚은 음식(食)이라는 데서「만두」饅頭(만두)	
鰻(뱀장어 만)	☞ 魚(3652) → 몸뚱이가 긴(길쭉한)(曼) 고기(魚)이라는 데서「뱀장어」鰻鱺(만리)	

心 부수(자원과 쓰임 → 1830 참조)

惟　생각할 유. 오직 유.　　　　　　　　　　　　　　　1899-30

● 忄 + 隹(새 추) = 惟

☞ 마음(忄)에 떠오르는 생각이 새(隹)처럼 매우 단순한, 곧 단순하게 생각하는 새처럼 오직 한 가지만을 생각한다는 데서 「오직. 생각하다」 뜻으로.

※ 마음이 비좁고 얕은, 곧 단순하게 생각하는 사람을 흔히들 「새가슴」에 비유함.

惟獨(유독 - 많은 가운데 홀로) 惟情惟一(유정유일 - 오직 하나의 일에 마음을 쏟음) 思惟(사유 - 생각)

★ 惟(생각할/오직 유)와 결합을 이룬 글자.　　　　　　1899 별첨

罹(걸릴 리)　☞ 网(2660) → 그물(罒)을 덮어씌워 놓은 것처럼 후회스러운 생각(惟)이 떠나지(잊어지지) 않고 마음 한구석에 자리 잡고 있다는 데서 「(마음에)걸리다」 罹災民(이재민)

愧　부끄러울 괴:　　　　　　　　　　　　　　　　　1900-30

● 忄 + 鬼(귀신 귀) = 愧

☞ 마음(忄)이, (어두운 곳에서 숨어 지낸다고 하는) 귀신(鬼)처럼 어디인가에 숨어 들어가고 싶은, 곧 창피스러운 감정을 느낀다는 데서 「부끄럽다」 뜻으로.

愧色(괴:색 - 부끄러워하는 얼굴빛) 慙愧(참괴 - 부끄럽게 여김) 自愧之心(자괴지심)

慘　참혹할 참. 비통할 참.　　　　　　　　　　　　　1901-30

● 忄 + 參(참여할/관여할/층날 참 | 석 삼) = 慘 (0396 참조)

☞ 마음(忄)이 층나는(參), 곧 마음이 층층으로 갈라지는(가슴이 갈가리 찢어지는) 것처럼 슬픔이 극도에 이른다는 데서 「참혹하다. 비통하다」 뜻으로.

慘酷(참혹 - 비참하고 끔찍함) 慘劇(참극) 慘敗(참패) 慘刑(참형) 慘變(참변) 慘憺(참담) 悲慘(비:참)

憩　쉴 게:　　　　　　　　　　　　　　　　　　　1902-30

● 舌(혀 설) + {自(스스로 자) + 心 = 息(쉴 식)} = 憩 (1845 참조)

☞ 혀(舌)가 쉬는(息), 곧 혀로 말조차 하지 않고 조용하게 쉰다는 데서 「쉬다」 뜻으로.

憩息(게:식 - 잠깐 쉬어 숨을 돌림) 休憩(휴게 - 일을 하거나 길을 걷는 도중에 잠깐 쉬는 일)

懼　두려워할 구.　　　　　　　　　　　　　　　　　1903-30

● 忄 + {目(눈 목) + 目 + 隹(새 추) = 瞿(노려볼/놀라볼 구)} = 懼

※ 瞿 → 새(隹)가 두 눈(目目)을 휘동거리며 바라다본다는 데서 「놀라보다. 노려보다」 뜻으로.

☞ 놀라보는(瞿) 것처럼 마음(忄)에 두려움을 크게 느낀다는 데서 「두려워하다」 뜻으로.

恐懼(공:구 - 몹시 두려워함) 悚懼(송:구 - 두렵고 거북함) 疑懼(의구 - 의심하고 두려워함) 危懼(위구)

★ 瞿(노려볼/놀라볼 구)와 결합을 이룬 글자.　　　　1903 별첨

衢(네거리 구)　☞ 行(2903) → 노려볼(瞿) 수 있는 길(거리)(行), 곧 사방을 훤하게 바라다볼 수 있는(시야가 사방으로 트여 있는) 거리라는 데서 「네거리」 衢街(구가)

心 부수(자원과 쓰임 → 1830 참조)

憐 불쌍히여길 련. 가엾을/어여삐여길 련. 1904-30

- 忄 + 粦(도깨비불 린) = 憐 (3349 참조)
- ☞ 마음속(忄)으로 도깨비불(粦)을 가련하게(가엾게) 여긴다는 데서「불쌍히 여기다. 가엾다. (가엽게 여기어 돌봐 준다는 데서)어여삐 여기다」뜻으로.
- ※ 도깨비불은 묘지 같은 데서 발생하는 파란 불빛으로, 전쟁터에서 죽은 인마(人馬)의 뼈에 들어 있는 인(燐)이 산화하면서 생기는 불로서, 옛날에는 이를 원혼(冤魂)이 떠돌아다니는 것으로 여기었음.

憐憫(연민 - 불상하고 가련함) 憐情(연정 - 가엾게 여기는 마음) 可憐(가:련하다 - 신세가 딱하고 가엾다)

慙 부끄러울 참. 1905-30

- 斬(벨/목벨 참) + 心 = 慙 (1788 참조)
- ☞ (중죄를 지어) 목이 베이는(斬) 것처럼 마음(心)에 수치스러움(부끄러움)을 느낀다는 데서「부끄럽다」뜻으로.

慙愧(참괴 - 부끄럽게 여김) 慙悔(참회 - 부끄럽게 여겨 뉘우침)

憫 민망할 민. 1906-30

- 忄 + 閔(힘쓸/우환 민) = 憫
- ☞ 우환(閔)이 있는 사람을 대하면 마음(忄)이 딱하게 느껴진다는 데서「민망하다」뜻으로.

憫憫(민망 - 딱하여 걱정스러움) 憫迫(민박 - 걱정이 아주 절박함) 憐憫(연민 - 불쌍하고 가련함)

懲 징계할 징. 혼날 징. 1907-30

- 徵(부를/물을 징) + 心 = 懲 (0445 참조)
- ☞ 상급자가 하급자의 잘못을 물어서(지적하여)(徵) 마음(心)에 새기도록 나무란다(문초하여 벌을 내린다)는 데서「징계하다. (징계를 당하여)혼나다」뜻으로.

懲罰(징벌 - 벌을 과함) 懲戒(징계 - 벌을 줌) 懲役(징역) 懲惡(징악) 膺懲(응:징) 勸善懲惡(권:선징악)

悳 큰/덕 덕. 1908-20

- 直(곧을 직) + 心 = 悳
- ☞ 곧은(直) 마음(心), 곧 어느 쪽으로도 치우치거나 흐트러짐이 없이 중용을 지키는 올바른 마음가짐이라는 데서「덕. (덕은 교화하는 바가 크다는 데서)크다」뜻으로.
- ※ 悳은 德(큰/덕 덕)의 고자(古字)로서 인명(人名)에 주로 쓰임.

惹 이끌 야: 끌/속일 야. 1909-20

- 若(같을 약) + 心 = 惹 (2736 참조)
- ☞ 상대방과 같은(若) 마음(心)을 내는, 곧 동정심이나 공감대를 불러일으킨다(끌어낸다)는 데서「이끌다. 끌다. (환심을 끌어내어)속이다」뜻으로.

惹起(야:기 - 끌어 일으킴) 惹端(야:단 - 소리를 높여 꾸짖는 일) 惹鬧(야:료 - 트집을 잡아 떠들어 댐)

心 부수(자원과 쓰임 → 1830 참조)

憙 기뻐할 희. 1910-20
- 喜(기쁠/즐거울 희) + 心 = 憙 (0815 참조)
- ☞ 기쁜(喜) 마음(心)이 우러난다는 데서 「기뻐하다」 뜻으로.

怡 기쁠 이. 1911-20
- 忄 + 台(나/기를/기쁠 이 | 별/삼정승 태) = 怡 (0847 참조)
- ☞ 마음(忄)이 기쁘다(台)는 데서 「기쁘다」 뜻으로.

悼 슬퍼할 도. 1912-20
- 忄 + 卓(높을/우뚝할/책상 탁) = 悼 (0337 참조)
- ☞ 마음(감정)(忄)이 높이(卓) 솟아오르는, 곧 애달픈 마음이 북받쳐 오른다는 데서 「슬퍼하다」 뜻으로.
- 哀悼(애도 - 사람의 죽음을 슬퍼함) 追悼(추도 - 죽은 사람을 생각하여 슬퍼함)

怖 두려워할 포: 1913-20
- 忄 + 布(베/펼/분산할 포) = 怖 (0973 참조)
- ☞ 마음(忄)이 분산하는(布), 곧 마음이 흐트러질(혼비백산할) 정도로 크게 두려움을 느낀다는 데서 「두려워하다」 뜻으로.
- 恐怖心(공:포심 - 무서워하는 마음) 恐怖症(공:포증) 畏怖(외:포 - 두려워 함)

憾 섭섭할 감: 한할 감. 1914-20
- 忄 + 感(느낄 감) = 憾 (0830 참조)
- ☞ 마음(忄)에, 쉽사리 잊어지지 않는 서운함이나 아쉬움을 느낀다(感)는 데서 「섭섭하다」 뜻으로.
- 憾情(감:정 - 언짢게 여기어 원망하는 마음) 遺憾(유감 - 섭섭한 느낌) ※ 有感(유감 - 느끼는 바가 있음)

惇 도타울 돈. 진실할/두터울 순. 1915-20
- 忄 + 享(누릴/먹일/드릴/대접할 향) = 惇 (0207 참조)
- ☞ 마음(忄)을 드리는(享), 곧 진솔하고 다정하게 마음을 쏟을 정도로 정분이 매우 도탑다는 데서 「도탑다. 두텁다. 진실하다」 뜻으로.
- 惇德(돈덕 - 도타운 덕행)

憧 동경할/그리워할 동: 1916-10
- 忄 + 童(아이 동) = 憧 (2255 참조)
- ☞ 마음(忄)에, 천진난만하게 뛰어놀던 어린아이(童) 시절을 떠올린다(그리워한다)는 데서 「동경하다. 그리워하다」 뜻으로.
- 憧憬(동:경 - 마음에 두고 애틋하게 생각하며 그리워함) 憧憧(동:동 - 걱정스러워 마음이 안정되지 못함)

憑 기댈/비길 빙. 1917-10

◉ 馮(탈/의지할 빙 | 성 풍) + 心 = 憑 (3592 참조)
※ 비기다 → 의지하다. 비유하다. 빙자하다.
☞ 남에게 의지하려는(馮) 마음(心)을 낸다는 데서 「기대다. 비기다」 뜻으로.
憑藉(빙자 - 핑계함) 憑考(빙고 - 상세히 검토함) 憑文(빙문 - 여행 허가증) 憑票(빙표) 證憑(증빙)

憚 꺼릴 탄. 어려울/두려울 탄 | 깔볼 천. 1918-10

◉ 忄 + 單(홀/외짝 단) = 憚 (0813 참조)
☞ 마음(忄)이, 과부처럼 홀(홀몸)(單)으로 되면 (의지할 데가 없어서) 매사가 어렵게 느껴지고 나서기를 꺼려한다는 데서 「어렵다. 두렵다. 꺼리다. (홀로 사는 사람을)깔보다」 뜻으로.
憚服(탄복 - 두려워서 복종함) ※ 歎服(탄:복 - 감탄하여 마음으로 따름) 忌憚(기탄 - 어렵게 여기어 꺼림)

憔 파리할 초. 1919-10

◉ 忄 + 焦(탈/그을릴/델 초) = 憔 (1129 참조)
☞ 마음(忄)이 타는(焦), 곧 애간장이 타서 안색이 푸르스름하다는 데서 「파리하다」 뜻으로.
憔悴(초췌 - 고생이나 병으로 인하여 몸이 마르고 파리함)

悴 파리할 췌: 1920-10

◉ 忄 + 卒(군사/마칠/다할/죽을 졸) = 悴 (0336 별첨)
☞ 마음(忄)이 다하는(卒), 곧 기진맥진하여 안색이 푸르스름하다는 데서 「파리하다」 뜻으로.
悴顔(췌:안 - 파리한 얼굴) 悴容(췌:용 - 췌안)

愴 슬플 창. 실의할 창. 1921-10

◉ 忄 + 倉(곳집/초상날 창) = 愴 (0111 참조)
☞ 초상(倉)을 당한 마음(忄), 곧 사랑하는 사람을 여의어서 슬픔과 허무함을 느낀다는 데서 「슬프다. 실의하다」 뜻으로.
悲愴(비:창 - 슬프고 서운함)

慄 떨릴 률. 두려워할/오싹할 률. 1922-10

◉ 忄 + 栗(밤/밤나무 률) = 慄 (1637 참조)
☞ 마음(忄)이 밤송이(栗)에 찔린 것처럼 오싹함을 느낀다는 데서 「오싹하다. 두려워하다. (두려워서 몸이)떨리다」 뜻으로.
慄然(율연 - 두려워 떠는 모양) 戰慄(전:율 - 두려워서 몸이 벌벌 떨림)

愾 성낼 개: 1923-10

◉ 忄 + 氣(기운/성질 기) = 愾 (1970 참조)
☞ 마음(忄)이, 솟구치는 기운(氣)처럼 솟아오르는, 곧 감정(성질)이 북받쳐 오른다는 데서 「성 내다」

心 부수(자원과 쓰임 → 1830 참조)

뜻으로.
愾憤(개:분 - 성이 나고 분함) 敵愾心(적개심 - 적에 대한 의분과 성낸 마음)

懈 게으를 해: 1924-10

◉ 忄 + 解(풀/가를/느즈러질 해) = 懈 (3319 참조)
☞ 마음(忄)이 풀리어(느즈러져)(解) 매사에 의욕적이지 못하다는 데서 「게으르다」 뜻으로.
懈怠(해:태 - 게으름. 태만함) 懈惰(해:타 - 게으름. 해태)

恰 흡사할 흡. 마치 흡.   1925-10

◉ 忄 + 合(합할 합) = 恰 (0795 참조)
☞ 마음(忄)이 합하여(合)지는, 곧 합하여질 수 없는 마음이 마치 합하여지는 것처럼 서로 간의 생각(의견)이 완전하게 일치한다는 데서 「마치. 흡사하다」 뜻으로.
恰似(흡사 - 거의 같음. 그럴듯하게 비슷함)

懶 게으를 라: 1926-10

◉ 忄 + 賴(의지할/힘입을 뢰) = 懶 (3059 참조)
☞ 의지(의뢰)하려는(賴) 마음(忄), 곧 손수 일하려 들지 않고 남에게 기대려고 하는 안일한 마음가짐이라는 데서 「게으르다」 뜻으로.
懶怠(나:태 - 게으르고 느림. 태만) 懶性(나:성 - 게으른 성품)

恍 황홀할 황.   1927-10

◉ 忄 + 光(빛/빛날 광) = 恍 (0185 참조)
☞ 마음(忄)이 빛나는(光) 것처럼 휘황찬란하다(야릇하고 묘한 기분을 느낀다)는 데서 「황홀하다」 뜻으로.
恍惚(황홀 - 눈이 부실만큼 찬란하고 화려함. 미묘하여 헤아려 알기 어려움)

惚 황홀할 홀.   1928-10

◉ 忄 + {勿(말/아니할 물) + 心 = 忽(문득/갑자기/소홀히 홀)} = 惚 (1860 참조)
☞ 마음(忄)이, 없는(勿) 마음(心)으로 되는, 곧 (너무나 좋아서) 나를 잊어버릴 정도로 무아지경에 이르는 느낌이라는 데서 「황홀하다」 뜻으로.
恍惚境(황홀경 - 황홀한 경지나 지경)

恤 불쌍할 휼. 근심할/불쌍히여길/서로사랑해줄 휼.   1929-10

◉ 忄 + 血(피 혈) = 恤 (2854 참조)
☞ 마음(忄)을 (따뜻하고 진한) 피(血)처럼 따뜻하고 진하게 쏟는다(온정의 손길을 펼친다)는 데서 「서로 사랑하다. 불쌍히 여기다. 근심하다」 뜻으로.
恤民(휼민 - 빈민을 구휼함) 救恤(구:휼 - 빈민에게 금품을 주어 구조함) 矜恤(긍:휼 - 가엽게 여겨 돌봄)

惶 두려울/두려워할 황.　　　　　　　　　　　　　　　　　　　　　　1930-10

- ⺖ + 皇(임금 황) = 惶 (2082 참조)
- ☞ 마음(⺖)이, 임금(皇)을 대면(마주)하는 것처럼 매우 조심스럽고 두려움을 느낀다는 데서 「두렵다. 두려워하다」 뜻으로.

惶恐(황공 - 높은 자리에 눌리어서 두려움) 惶感(황감 - 황송하고 감격함) 惶怯(황겁) 惶悚(황송)

悶 답답할 민. 번민할/깨닫지못할 민.　　　　　　　　　　　　　　　　1931-10

- ● 門(문 문) + 心 = 悶
- ☞ 문(門) 안에 갇혀 있는 마음(⺖), 곧 바깥으로 들어낼 수 없는 고민이나 쉽사리 풀리지 않는 답답한 마음(생각)이라는 데서 「번민하다. 답답하다. 깨닫지 못하다」 뜻으로.

煩悶(번민 - 마음이 번거로워 답답해짐) 苦悶(고민 - 괴로워하고 번민함)

惘 멍할 망.　　　　　　　　　　　　　　　　　　　　　　　　　　　1932-10

- ● ⺖ + 罔(없을/그물 망) = 惘 (2656 참조)
- ☞ 마음(⺖)이 그물(罔)에 씌워져(갇히어) 있는 것처럼 생각이 분명하게 떠오르지 않는(멍한) 상태이라는 데서 「멍하다」 뜻으로.

惘然(망연 - 실심이 되어 멍청한 모양) ※ 茫然(망연 - 넓고 멀어서 아득한 모양)

愕 놀랄 악.　　　　　　　　　　　　　　　　　　　　　　　　　　　1933-10

- ● ⺖ + {吅(부르는소리/지껄일 훤) + 亏(= 于갈 우) = 咢(깜짝놀랄 악)} = 愕
- ※ 咢 → 소리를 지르며(吅) 달려 나간다(亏 = 于)는 데서 「놀라다」 뜻으로.
- ☞ 마음(⺖)이 (뜻밖의 일을 당하거나 무서움으로) 깜짝 놀란다(咢)는 데서 「놀라다」 뜻으로.

愕然(악연 - 너무 놀라워서 어안이 벙벙함) 愕視(악시 - 깜짝 놀라서 봄) 驚愕(경악 - 깜짝 놀람)

★ 咢(깜짝놀랄 악)과 결합을 이룬 글자.　　　　　　　　　　　　　　1933 별첨

| 顎(턱 악) | ☞ 頁(3524) → 깜짝 놀라서(咢) 악! 하는 소리를 지를 때 벌어지는 머리(頁) 부위의 기관이라는 데서 「턱」 顎骨(악골) |
| 鰐(악어 악) | ☞ 魚(3656) → (마주치면) 깜짝 놀랄(咢) 정도로 매우 흉측스럽게 생긴 고기(魚) 유형의 파충류이라는 데서 「악어」 鰐魚(악어) |

悌 공손할 제:　　　　　　　　　　　　　　　　　　　　　　　　　　1934-10

- ● ⺖ + 弟(아우/제자/공손할 제) = 悌 (0911 참조)
- ☞ (아우가 형에게) 공손한(弟) 마음(⺖)으로 대한다는 데서 「공손하다」 뜻으로.

悌友(제:우 - 형에게는 공손하고 벗에게는 친밀함) 孝悌(효:제 - 부모에 대한 효도와 형제에 대한 우애)

悖 거스를/어그러질 패: 어지러울 발.　　　　　　　　　　　　　　　1935-10

- ● ⺖ + 孛(혜성 패 ∥ 요사스러울 발) = 悖 (0377 참조)
- ☞ 별안간에 나타났다가 사그라지는 혜성(孛)처럼 방금 내키었던 마음(心)이 이내 시들어 든다(변덕

心 부수(자원과 쓰임 → 1830 참조)

이 무척 심하다)는 데서 「어그러지다. 거스르다. 어지럽다」 뜻으로.
悖談(패:담 - 사리에 어그러지게 말함) 悖說(패:설 - 패담) 悖倫(패:륜) 行悖(행패) 淫談悖說(음담패설)

悛 고칠 전: 1936-10

- ⊙ 忄 + {允(진실로 윤) + 夂(천천히걸을 쇠) = 夋(천천히걷는모양 준)} = 悛 (0120 참조)
- ☞ 마음(忄)이 진실하게 천천히 걸어가는(夋), 곧 지난날의 잘못에 대하여 참된 마음으로 서서히 고쳐 나간다(개과천선한다)는 데서 「고치다」 뜻으로.

悛容(전:용 - 잘못을 뉘우친 모양) 改悛(개:전 - 과거의 잘못을 뉘우쳐 마음을 바르게 고침)

慌 어리둥절할/다급할 황. 1937-10

- ⊙ 忄 + {艹(풀 초) + 亡(망할 망) + 川(내천) = 荒(거칠 황)} = 慌 (2752 참조)
- ☞ 마음(忄)이, 거칠게(荒) 흘러내리는 냇물처럼 매우 다급하다는 데서 「다급하다. 어리둥절하다」 뜻으로.

慌忙(황망 - 급하고 당황하여 어리둥절함) 唐慌(당황 - 놀라 정신이 어리둥절해짐)

惻 슬플/슬퍼할 측. 불쌍할 측. 1938-10

- ⊙ 忄 + {貝(조개 패 →「재물」의미로 쓰임) + 刂(칼 도) = 則(법칙 칙)} = 惻 (0230 참조)
- ☞ 마음(심)(忄)적으로, 재물(貝)이 칼(刂)에 잘리어 훼손되는 것처럼 애석함(슬프고 아까움)을 느낀다는 데서 「슬프다. 슬퍼하다. 불쌍하다」 뜻으로.

惻隱(측은 - 가엾고 애처로움) 惻然(측연 - 가엾게 여기는 모양)

悚 두려울/두려워할 송: 1939-10

- ⊙ 忄 + 束(묶을 속) = 悚 (1609 참조)
- ☞ 마음(忄)이 묶여(束) 있는 것처럼 (겁에 질리어서) 옴짝달싹 못하고 두려움에 떨고 있다는 데서 「두렵다. 두려워하다」 뜻으로.

悚懼(송:구 - 마음에 두렵고 거북함) 罪悚(죄:송) 惶悚(황송 - 높은 자리에 눌리어서 두려움)

惰 게으를 타: 1940-10

- ⊙ 忄 + {左(왼 좌) + 月(= 肉 고기 육) = 肯(→「힘이 덜한, 무기력함」을 의미)} = 惰
- ※ 肯 → 왼쪽(左)의 신체(月 = 肉) 부위는 오른쪽에 비하여 상대적으로 「힘이 덜하다」는 의미를 지님
- ☞ 마음(忄)이, 왼쪽(左)의 신체(月) 부위처럼 힘이 덜한(무기력한)(肯), 곧 하고자 하는 의욕이 뒤져 있다(적극적이지 못하다)는 데서 「게으르다」 뜻으로.

惰氣(타:기 - 게으른 마음) 惰性(타:성 - 오래되어 굳어진 버릇) 怠惰(태타 - 게으름)

愉 즐거울 유. 1941-10

- ⊙ 忄 + 兪(성(姓)/점점/나을 유) = 愉 (0357 참조)
- ☞ 마음(기분)(忄)이 점점 나아진다(兪)는 데서 「즐겁다」 뜻으로.

愉快(유쾌 - 즐겁고 기분이 좋음) 愉愉(유유 - 좋아하는 모양)

心 부수(자원과 쓰임 → 1830 참조)

忖 헤아릴 촌: 1942-10

- 士(선비 사) + 寸(마디 촌 →「헤아리다. 잡다」의미로 쓰임) = 忖
- (어떻게 대처하면 좋을 것인지를) 마음속(忄)으로 헤아린다(寸)는 데서「헤아리다」뜻으로.

忖度(촌:탁 - 남의 마음을 미루어 헤아림)

忿 성낼 분: 분할 분.   1943-10

- 分(나눌/분별할/쪼갤 분) + 心 = 忿 (0227 참조)
- 서로 나뉘어(갈라)(分) 서려는(관계를 절교하려는) 분한 마음(心)을 낸다는 데서「성내다. 분하다」뜻으로.

忿怒=憤怒(분:노 - 분하여 성냄) 忿爭(분:쟁 - 성을 내며 다툼) 激忿(격분 - 격렬하게 노함)

怯 겁낼 겁. 무서워할 겁.   1944-10

- 忄 + 去(갈/버릴 거) = 怯 (0395 참조)
- 마음(忄)이 가버리는(去), 곧 적군과 대적할 용기가 사라져 버린다는 데서「겁내다. 무서워하다」뜻으로.

怯心(겁심 - 겁나는 마음) 怯夫(겁부 - 겁이 많은 남자) 怯聲(겁성) 怯懦(겁나) 卑怯(비:겁)

怏 원망할 앙.   1945-10

- 忄 + 央(가운데 앙) = 怏 (0737 참조)
- 미워하거나 탓하는 마음(忄)이 가슴 한가운데(央)에 맺혀(응어리져) 있다는 데서「원망하다」뜻으로.

怏心(앙심 - 원한을 앙갚음하기를 벼르는 마음) 怏宿(앙숙) 怏忿(앙분) 怏然(앙연) 怏怏不樂(앙앙불락)

懺 뉘우칠 참.   1946-10

- 忄 + 韱(산부추/가늘/섬세할 섬) = 懺 (3576 참조)
- 마음(忄)을 섬세하게(韱) 가다듬어 지난날의 잘못을 반성한다는 데서「뉘우치다」뜻으로.

懺悔(참회 - 잘못을 깊이 뉘우쳐 마음을 고침)

憺 참담할 담.   1947-10

- 忄 + 詹(이를/수다할 첨 ǀ 넉넉할 담) = 憺 (1428 참조)
- 마음(忄)이 매우 수다한(복잡한)(詹) 심경에 처하여 있다는 데서「참담하다」뜻으로.

憺畏(담외 - 두려워함) 慘憺(참담 - 참혹하고 암담함)

慝 사특할 특. 간악할 특.   1948-10

- 匿(숨을/숨길 닉) + 心 = 慝 (0273 참조)
- 본심을 숨기는(匿) 의롭지 못한 마음(心) 씀씀이라는 데서「사특하다. 간악하다」뜻으로.

邪慝(사특하다 - 요사스럽고 간특하다) 奸慝(간특하다 - 간사하고 사특하다)

心 부수(자원과 쓰임 → 1830 참조)

愎　괴팍할/강퍅할 퍅. 고집할 퍅.　1949-10

- 忄 + 复(= 夏(옛길을갈/돌아올/되풀이할 복) = 愎 (0435 참조)
- ☞ 마음(생각)(忄)이 옛길을 가는(复) 것처럼 (시대의 흐름에 따르지 않고) 낡고 고리타분한 옛날 방식만을 굳게 지킨다는 데서 「고집하다. (고집불통으로)괴팍하다. 강퍅하다」 뜻으로.

乖愎(괴팍 - 성미가 까다롭고 별남) 剛愎(강퍅 - 성미가 까다롭고 고집이 셈)

慟　애통할/서러워할 통.　1950-10

- 忄 + {重(무거울/거듭 중) + 力(힘 력) = 動(움직일 동)} = 慟 (0359 참조)
- ☞ 마음(忄)이 매우 무겁고(重) 힘겨운(力) 감정에 싸여 있다는 데서 「애통하다. 서러워하다」 뜻으로.

慟哭=痛哭(통곡 - 소리 내어 슬피 욺) 慟泣(통읍 - 매우 슬피 욺) 慟切(통절 - 너무 서러워서 혼절함)

悍　사나울 한: 모질 한.　1951-10

- 忄 + 旱(가물 한) = 悍 (1044 참조)
- ☞ 마음(忄)이 가물어(旱) 있는, 곧 가뭄에 생명체가 메말라 있는 것처럼 감정이 메말라서 성격이 매우 거칠다는 데서 「사납다. 모질다」 뜻으로.

悍婦(한:부 - 사나운 여자) 悍勇(한:용하다 - 사납고 용맹하다)

慓　급할 표.　1952-10

- 忄 + 票(표/쪽지/날릴/빠를 표) = 慓 (2351 참조)
- ☞ 바람결에 표(쪽지)(票)가 재빠르게 날아가는 것처럼 마음(忄)이 아주 다급하다는 데서 「급하다」 뜻으로.

慓毒(표독 - 사납고 독살스러움) 慓悍(표한하다 - 재빠르고 사나우며 억세다) 慓疾(표질 - 날쌤)

恢　넓을 회. 클 회.　1953-10

- 忄 + 灰(재 회) = 恢 (1109 참조)
- ☞ 불을 모두 태우고 재(灰)만 남기는 것처럼 모든 정열을 남김없이 불사르는(쏟아붓는) 크고 넓은 마음(忄) 씀씀이라는 데서 「넓다. 크다」 뜻으로.

恢恢(회회 - 무한하게 넓음) 恢弘(회홍 - 넓고도 큼) 恢宏(회굉 - 회홍) 恢遠(회원 - 넓고 멂)

恙　근심할 양: 탈/병 양.　1954-10

- 羊(= 羊 양 양) + 心 = 恙
- ☞ 늑대 같은 짐승이 나타나면 어쩌나 하고 불안해하는 (나약한) 양(羊)처럼 마음속(心)으로 걱정한다는 데서 「근심하다. (근심스러운)탈. 병」 뜻으로.

恙憂(양:우 - 근심 걱정거리) 無恙(무양 - 몸에 탈이 없음)

憊　고단할 비: 고달플/괴로울/노곤할 비.　1955-10

- 備(갖출 비) + 心 = 憊 (0079 참조)

心 부수(자원과 쓰임 → 1830 참조)

☞ 갖추는(備) 마음(心), 곧 행사 같은 것을 치르기 위하여 빠뜨림이 없이 철저하게 준비하는 데는 심신의 고단함이 따른다는 데서 「고단하다. 고달프다. 괴롭다. 노곤하다」 뜻으로.
憊色(비:색 - 피곤한 기색) 困憊(곤:비 - 곤궁하고 고달픔)

懊 한할 오: 번뇌할 오. 1956-10

- 忄 + 奧(속/그윽할 오ㅣ모퉁이 욱) = 懊 (0749 참조)
☞ (가슴)속(奧)에 묻어 두고 번민(후회)하는 마음(忄)이라는 데서 「한하다. 번뇌하다」 뜻으로.
懊恨(오:한 - 뉘우치고 한탄함) 懊惱(오:뇌 - 한탄하고 번뇌함) 懊悔(오:회 - 뉘우침) 懊嘆(오:탄)

悧 영리할 리. 1957-10

- 忄 + 利(이할/이로울/날카로울 리) = 悧 (0226 참조)
☞ 마음(忄)에서 자아내는 생각(사고력)이 매우 예리하다(利)는 데서 「영리하다」 뜻으로.
怜悧(영리하다 - 똑똑하고 민첩하다)

憮 어루만질 무: 사랑할/빌 무. 1958-10

- 忄 + 無(없을/빌 무) = 憮 (1104 참조)
☞ 마음(忄)이 빌(비어질)(無) 정도로 무한하게 애정을 쏟아붓는다는 데서 「사랑하다. 어루만지다. (마음이)비다」 뜻으로.
憮然(무:연 - 크게 낙심하여 허탈함) 懷憮(회무 - 달래어 어루만짐)

悉 다 실. 다할/궁구할/알 실. 1959-10

- 釆(분별할 변) + 心 = 悉
☞ 사물의 모든 이치를 분별(판별)하여(釆) 내는 (박식한) 마음(사고력)(心)을 지니고 있다는 데서 「다. 다하다. 궁구하다. 알다」 뜻으로.
悉皆(실개 - 모두. 다) 悉知(실지 - 죄다 앎) 悉心(실심 - 마음을 다함) 知悉(지실 - 죄다 앎)

懦 나약할 나: 부드러울 나ㅣ약할 유. 1960-10

- 忄 + 需(쓰일/구할 수ㅣ부드러울 유) = 懦 (3397 참조)
☞ 마음(忄)을 부드럽게 쓰는(需), 곧 마음이 강건하지(굳세지) 못하고 유약하다(여리다)는 데서 「나약하다. 부드럽다. 약하다」 뜻으로.
懦弱(나:약 - 의지가 굳세지 못함) 懦怯(나:겁 - 겁이 많음. 비겁함)

憬 깨달을 경: 잠깰/동경할 경. 1961-10

- 忄 + 景(볕/햇볕 경) = 憬 (1024 참조)
☞ 마음(忄)에 햇볕(景)이 드는 것처럼 어두웠던(몽매하였던) 생각이 밝게 트인다(깨친다)는 데서 「깨닫다. 잠깨다」 뜻으로.
憬悟(경:오 - 깨달음) 憧憬(동:경 - 그리워하며 애틋하게 생각함)

恪 조심할/삼갈 각. 1962-10

- 忄 + 各(각각 각) = 恪 (0796 참조)
- 각각(各)의 사람, 곧 윗사람이나 아랫사람을 모시거나 대함에 있어서 예의나 예우에 어긋나지 않도록 세심하게 마음(忄)을 쓴다는 데서 「조심하다. 삼가다」 뜻으로.

恪謹(각근 - 조심함) 恪勤(각근 - 정성을 다하여 부지런히 함) 恪勤勉勵(각근면려 - 부지런히 힘써 일함)

慷 슬플/강개할 강: 1963-10

- 忄 + 康(편안할/화할/성할 강) = 慷 (0763 참조)
- 마음(忄)이 성한(康) 상태에 놓여 있는, 곧 마음이 매우 격앙되어(북받쳐) 있는 상태라는 데서 「슬프다. 강개하다」 뜻으로.

慷慨(강:개 - 의기가 복받치어 원통하고 슬픔) 悲憤慷慨(비:분강개 - 슬프고 분해 마음이 북받침)

悸 두근거릴 계. 1964-10

- 忄 + 季(계절/끝 계) = 悸 (0418 참조)
- 마음(심장)(忄)이, 계절(季)이 바뀌는 것처럼 건너뛰는 것 같은 현상을 일으킨다는 데서 「두근거리다」 뜻으로.

動悸(동:계 - 가슴이 두근거리는 일) 心悸亢進(심계항진 - 심장박동이 빠르고 세어지는 일)

慫 권할 종. 곁들여말할 종. 1965-10

- 從(좇을/따를 종) + 心 = 慫 (0437 참조)
- 좇아(따라)(從)오도록 상대편의 마음(心)을 내키게 한다(구슬린다)는 데서 「권하다. 곁들여 말하다」 뜻으로.

慫慂(종용 - 잘 설명하고 달래어 권함)

慂 권할 용. 거들어말할 용. 1966-00

- 涌(샘솟을 용) + 心 = 慂 (1319 참조)
- 샘이 솟아오르는(涌) 것처럼 상대방의 마음(心)이 우러나도록(내키도록) 말한다는 데서 「권하다. 거들어 말하다」 뜻으로.

慫慂(종용 - 잘 설명하고 달래어 권함)

慇 은근할 은. 괴로워할 은. 1967-00

- 殷(성할/은나라 은) + 心 = 慇 (1779 참조)
- 성하게(殷) 짓누르는 부담스러운 마음(心)이라는 데서 「은근하다. 괴로워하다」 뜻으로.

慇懃(은근 - 겸손하고 정중함. 은밀하게 정이 깊음. 언행이 은밀함)

懃 은근할 근. 수고로울 근. 1968-00

- 勤(부지런할 근) + 心 = 懃 (0369 참조)

☞ 부지런하게(勤) 힘쓰는(끊임없이 정성을 쏟아붓는) 마음(心)을 다분히 간직하고 있다는 데서 「은근하다. 수고롭다」 뜻으로.
慇懃(은근 - 겸손하고 정중함. 은밀하게 정이 깊음. 언행이 은밀함)

자투리 마당

管鮑之交(관포지교)

○ 관중(管仲)과 포숙(鮑叔)의 사귐이라는 뜻으로, 「우정이 아주 돈독한 친구 관계를 이르는 말」이다. 관중과 포숙은 춘추시대(春秋時代) 제(齊)나라 사람으로 어릴 때부터 친구였다. 함께 장사를 하면서 관중이 이익을 많이 취하였어도 포숙은 관중이 가난하기에 그럴 수 있다고 여기었고, 관중이 한 때는 전쟁터에 나갔으나 도망쳐 왔음에도 노모(老母)의 부양(扶養) 때문이라 여기고 관중을 이해하고 감쌌다. 나이가 들어 이들 둘이 정계(政界)로 진출하였는데 공교롭게도 관중은 양공(襄公)의 아들 규(糾)의 측근이 되고, 포숙은 규의 아우인 소백(小白)의 측근이 되어 서로가 맞서게 되었다. 결국 소백이 승리하여 제(齊)나라의 환공(桓公)이 됨으로써 규(糾)의 참모였던 관중이 체포 되었으며, 이전에 소백(小白)에게 화살을 겨냥하였던 관중을 처형(處刑)하려고 하였다. 이에 포숙이 만류하기를 「관중이 전하를 죽이려 하였던 것은 자기의 주군에게 충직하였을 따름입니다. 전하께서 천하를 제패(制霸)할 뜻이 있다면 저로서는 부족하고 관중이 도와주지 않으면 아니 됩니다」라고 간청(懇請)하여, 환공이 관중을 용서하고 대부(大夫)로 임명하여 국정을 보필하게 하였는 바, 이에 두 사람이 합심하여 환공을 잘 보필하였기에 齊나라가 열국의 맹주(盟主)가 되었다. 포숙과 관중은 환공보다 먼저 죽었으며, 관중이 죽음에 이르러 환공에게 건의하기를 전하의 언로(言路)를 가로막고 있는 역아·개방·수조 이 세 사람을 멀리하시라고 하였다. 그러나 환공은 「이들은 나를 기쁘게 해 주는 사람들인데 어찌 물리칠 수 있겠는가?」 라면서 관중의 유언(遺言)을 듣지 않고 이들을 계속 측근으로 두었는데, 훗날 환공이 노쇠하고 병이 깊었을 때, 이 세 사람의 간신배(奸臣輩)들에게 둘리어 약과 음식이 차단되어 굶어 죽는 비극을 맞이하였다고 한다. 이 이야기에서, 포숙은 넓은 아량(雅量)과 안목(眼目)을, 관중은 혜안(慧眼)을 지닌 인물이었으며, 이들 두 사람의 두터운 정의(情誼)를 엿볼 수 있음이다.

이와 유사한 고사성어는 水魚之交(수어지교) 金蘭之交(금난지교) 竹馬故友(죽마고우) 知己之友(지기지우) 刎頸之交(문경지교) 등이 있다.

心(忄㣺)	气	无	方
마음 심	기운 기	없을 무	모 방

气 기운 기. 숨/구름기운 기ㅣ빌/구걸할 걸.   1969-00

자원 气 → 수증기가 피어오르는 형상을 표현한 글자로 봄

쓰임 「기운. 수증기」 의미로 쓰임.

※ 기운(氣運)이란
- 힘.
- 하늘과 땅 사이에 가득하게 차서 만물이 나고 자라는 힘.
- 생물이 살아 움직이는 힘. 원기 등.
- 눈에는 보이지 않으나 오관(五官 → 눈·귀·코·혀·피부 또는 마음)에는 느껴지는 현상.
- 평교(平交) 간에 안부를 묻는 말.
- 약이나 술 따위로 생기는 힘이나 영향력.

氣 기운 기. 숨/정기/기체/기/절후 기.   1970-70

● 气 + 米(쌀 미) = 氣 ※ 气는 氣의 약자(略字)이기도 함.

☞ (만물을 생육하게 하는) 우주의 기운(气)과 쌀(곡물)(米)에서 생성되는 자양분에 의하여 생명체가 정기를 받고 기운을 얻어서 숨을 쉬며 살아간다는 데서 「기운. 정기. 숨」 뜻으로.

氣運(기운) 氣力(기력) 氣絶(기절) 氣象(기상) 氣像(기상) 氣候(기후) 氣質(기질) 氣溫(기온)

★ 气(기운 기)와 결합을 이룬 글자.   1970 별첨

汽(김 기)	☞ 水(1185) → 물(氵)이 끓으면서, 솟구치는 기운(气)처럼 솟아나는 증기이라는 데서 「김」
愾(성낼 개)	☞ 心(1923) → 마음(忄)이, 솟구치는 기운(气)처럼 솟아오르는, 곧 감정(성질)이 북받쳐 오른다는 데서 「성내다」 愾憤(개분)

心(忄㣺)	气	无	方
마음 심	기운 기	없을 무	모 방

无 | 없을 무. 이미기몸/아닐/빌 무.   1971-00

- **자원** 无 → 天(하늘 천) 자형에서 ㇏(파임 불)이 乚(숨을 은)으로 대체된 글자. 하늘(天) 속으로 깊숙이 숨어(乚) 들어가서 형체가 드러나지 않는(없어진) 모양에서 「없다. 비다」는 의미를 지님.

- **쓰임** 「없다」는 의미로 쓰임.

无垢=無垢(무구 - 세속적인 때가 없이 깨끗함) 无妄之災(무망지재 - 까닭 없이 당하는 재앙)

※ 无 → 無(없을 무)의 고자(古字)이나, 중어(中語)에서는 無의 간자(簡字)로서 무척 많이 쓰임.

旣 | 이미 기. 다할/적게먹을 기.   1972-30

- ◉ 皀(밥고수할 흡) + 旡(막힐 기) = 旣
- ☞ 밥 고수한(皀) 향기가 막히어(旡) 있는. 곧 먹을 밥(양식)이 이미 바닥난 상태라는 데서 「이미. 다하다. (밥이 다하여)적게 먹다」 뜻으로.

旣成(기성 - 이미 이루어짐) 旣決(기결) 旣存(기존) 旣述(기술) 旣婚(기혼) 旣得權(기득권) 旣定(기정)

★ 旣(이미/다할/적게먹을 기)와 결합을 이룬 글자.		1972 별첨
槪(대개 개)	☞ 木(1632) → (되나 말 같은) 용기 위쪽에 쌓인 곡식을 죄다(旣) 밀쳐 내는(용기의 윗면과 곡식을 수평이 되게끔 하는) 나무(木)로 된 방망이이라는 데서 「평미레. (평미레로 밀면 대체적으로 수평을 이룬다는 데서)대개」 大槪(대개)	
慨(슬퍼할 개)	☞ 心(1896) → 양식이 이미 다하여(바닥나서)(旣) 탄식하는 마음(忄)이라는 데서 「한숨 쉬다. 슬퍼하다」 慨嘆(개탄)	
漑(물댈 개)	☞ 水(1315) → 물(氵)이 다한(바닥난)(旣) 마른 논밭에 물을 끌어들인다는 데서 「물대다」	

※ 旡와 결합을 이룬 글자는 潛(잠길 잠 → 水 부수) 蠶(누에 잠 → 虫 부수) 簪(비녀 잠 → 竹 부수) 등이 있음.

心(忄㣺)	气	无	方
마음 심	기운 기	없을 무	모 방

方	모 방. 방위/방소/방향/연결할/이제/방법/바야흐로/붙일/처방할/성(姓) 방. 1973-70

자원 方 → 亠(머리 두)와 勹(쌀 포)의 결합. 머리(亠) 부위인 깃대 끄트머리에 감싸여(勹) 있는 네모난 깃발 모양에서 「(네모난 깃발에서)모. (깃발로 방위를 표시하는 데서)방위. (깃발을 깃대에)연결하다. 붙이다」는 의미를 지님.

쓰임 「깃발. 방위(방향). 연결하다. 네모난 모양」과 의미로 쓰임.

方位(방위) 方向(방향) 方法(방법) 方案(방안) 方針(방침) 方今(방금) 方定煥(방정환 - 어린이 운동가)

方 글자의 자원(字源)에 대하여

方 글자의 자원에 대하여는 여러 가지 설(說)이 있는데. 예를 들면 「두 척의 배를 나란히 묶어 놓은 모양」, 농기구의 일종인 「가래나 쟁기 모양」, 「먼 곳에 사람이 서 있는 모양」, 「사람이 동서(東西)를 잡고 남쪽을 향하고 있는 모양」 등 학자들 마다 무척 다양한 설(說)을 낳고 있다.

이와 같이 다양한 이설(異說)을 낳고 있는 것은 문자라고 일컫기보다는 부호(符號)와 그림에 가까운 갑골문(甲骨文)이나 금문(金文) 등에 실려 있는 초기의 문자를 풀이하였거나, 문자의 변혁이 이루어지기 이전의 대전(大篆 → 주나라 때 만들어진 주문籒文) 등을 끌어들이어 학자들마다 자기 주관에 따라 추측하였기 때문일 것이다.

한자(漢字)의 자형(字形)은 위에서 열거한 바와 같이 시대적인 변천을 거듭하여 오다가 진(秦)의 진시황이 천하 통일을 이룬 연후에, 당시에 흡수 병합된 각 나라에서 쓰이던 문자 대부분을 없애고 대전(大篆)의 글자 모양을 줄이거나 고쳐서 소전(小篆)을 만듦으로써 일차적으로 문자 통일을 이룩하였다고 하며, 또한 소전(小篆)에서 예서체(隷書體)로, 예서(隷書)에서 오늘날 우리가 쓰고 있는 반듯한 글씨체인 해서(楷書)로 변천하였으며, 해서는 후한(後漢 25~220) 때에 만들어져 당나라(唐 618~907) 초기에 완성된 글자로 봄에도, 자원(字源)을 해서(楷書) 이전의 글자에 꿰어 맞추다 보면 대부분의 글자는 자형(字形)과 자의(字意)가 일치하지 않으며 이러한 해설은 고어(古語)를 익히는 데는 필요하겠으나 현재의 글자를 익히는 데 있어서는 오히려 혼선만 일으킬 뿐 아무런 도움이 되지 않는다.

현재 우리가 쓰고 있는 楷書는 뜻글자로서의 과학적인 체계화(體系化)가 이루어진 최적(最適)의 글자로 보아야 하기에 方 글자의 자형(字形)을 이루는 亠(머리 두)와 勹(쌀 포)의 모양과 이에 내포되어 있는 의미를 유추(類推)하여 뜻풀이하는 것이 타당하며, 나아가 方과 결합되어 있는 모든 글자들도 올바르게 풀이할 수 있을 것이다.

方 부수(자원과 쓰임 → 1973 참조)

旗 기/깃발 기. 대장기/표할 기.　　1974-70

기(旗)

- {方 + 人 = 㫃(깃발날릴 언)} + 其(그/키 기) = 旗 (0327 참조)
- ※ 㫃 → 깃발(方)을 좌우로 흔드는 모양(人), 또는 사람(人)이 깃발(方)을 흔들며 춤추는 모습에서「깃발 날리다. 춤추며 노래하다」뜻으로.
- ☞ 키(其) 모양처럼 생긴 직사각형의 천(베)에 장목(꿩 깃을 깃대에 꽂아 놓은 꾸밈새)을 늘어뜨려 놓은 깃발(㫃)이라는 데서「대장기. 깃발. 기」뜻으로.

旗手(기수 - 대열 앞에서 기를 든 사람) 旗幅(기폭) 旗幟(기치) 國旗(국기) 太極旗(태극기)

族 겨레 족. 일가/동류 족.　　1975-60

- 㫃(깃발날릴/춤추며노래할 언) + 矢(화살 시) = 族
- ☞ 부족을 상징하는 깃발(㫃) 아래에 (부족 고유의) 화살(矢)을 꽂아 놓은 것은 특정 부족이 집단으로 거주하고 있음이라는 데서「겨레. 일가. 동류」뜻으로.

族親(족친 - 같은 성의 일가) 族閥(족벌) 族屬(족속) 族譜(족보) 族長(족장) 民族(민족) 親族(친족)

★ 族(겨레/일가/동류 족)과 결합을 이룬 글자.　　1975 별첩

| 簇(조릿대 족) | ☞ 竹(2713) → 깃발(㫃)을 매다는 깃대와 화살(矢)의 재료로 쓰이는 가는 대나무(竹)라는 데서「가는대. 조릿대」簇子(족자) |
| 嗾(부추길 주) | ☞ 口(0890) → 소리(口)를 질러 동류(族)에게 알리는, 곧 개(犬)가 같은 무리와 행동을 함께하기 위하여 부르짖는 소리라는 데서「개 부리는 소리. (동류를)부추기다」 |

旅 나그네 려. 손님/군사/무리 려.　　1976-50

- 㫃(깃발날릴 언) + 氏(→ 辰「갈라질/갈래질 파」의 획 줄임) = 旅
- ☞ (병영의) 깃발(㫃)을 따라 여러 갈래(氏)로 줄지어 서 있거나 이동하는 많은 군사들이라는 데서「군사. 무리. (이동하는 군사들처럼 거처를 옮기는)나그네. 손님」뜻으로.

旅客(여객 - 여행하는 사람) 旅行(여행) 旅券(여권) 旅程(여정) 旅路(여로) 旅館(여관) 旅團(여단)

施 베풀 시: 펼/더할 시 | 뻗을/미칠 이.　　1977-42

- 㫃(깃발날릴 언) + 也(어조사/잇기/또 야 | 잇닿을 이) = 施 (0041 참조)
- ☞ 깃발(㫃)을 서로 잇닿게(也) 하여(잇대어) 길게 펼쳐 놓는다는 데서「펴다. 베풀다. 더하다. 뻗다. 미치다」뜻으로.

施行(시:행) 施設(시:설) 施工(시:공) 施策(시:책) 施賞(시:상) 施肥(시:비) 施政(시:정) 施主(시:주)

旋 돌 선. 돌릴/알선할 선.　　1978-32

- 㫃(깃발날릴/춤추며노래할 언) + 疋(발 소) = 旋
- ☞ 깃발(㫃)을 따라 발(疋)을 옮기는, 곧 깃발 신호에 따라 병사들이 이리저리 옮겨 다닌다는 데서「돌다. 돌리다. (돌아다니면서 일을 주선한다는 데서)알선하다」뜻으로.

旋回(선회 - 빙빙 돎) 旋盤(선반) 旋機(선기) 旋風的(선풍적) 周旋(주선) 斡旋(알선)

方 부수(자원과 쓰임 → 1973 참조)

★ 旋(돌/돌릴 선)과 결합을 이룬 글자.　　　　　　　　　　　　　　　　　　　　　　　　　1978 별첨

璇(옥 선)　　☞ 玉(2045) → 빙글빙글 도는(구르는)(旋) 옥(玉), 곧 둥근 옥이라는 데서 「옥. 옥 이름」

於　어조사 어. 살/여기 어 | 탄식할 오.　　　　　　　　　　　　　　　　　　　　　　1979-30

◉ {方 + 人= 㫃(깃발날릴 언)} + ㇏ + ㇏ = 於
☞ (특정한 부족을 표시한) 깃발(㫃) 아래에, 집들이 점점(㇏㇏)이 모이어 사람이 살고 있다는 데서
「살다. (사는 곳을 가리키는)여기. (위치를 의미하는)어조사」 뜻으로.

於焉間(어언간 - 어느덧) 於此彼(어차피) 於是乎(어시호) 日出於東方(일출어동방) 甚至於(심:지어)

★ 於(어조사/살/여기 어)와 결합을 이룬 글자.　　　　　　　　　　　　　　　　　　　　1979 별첨

瘀(어혈질/병 어)　☞ 疒(2337) → 사람이 일정한 지역을 근거지로 정하여 살고(於) 있는 것처럼 죽은피가 오래
　　　　　　　　　　　　도록 한자리에 머물러 있는 병(疒)이라는 데서 「어혈질. 병」 瘀血(어혈)
閼(막을 알)　　　 ☞ 門(3385) → (하인이) 대문(門)에 딸려 있는 문간방에 살면서(於) 도적이나 잡인의 출입을 막는
　　　　　　　　　　　　다는 데서 「막다. 틀어막다」 金閼智(김알지)

旁　곁 방: 기댈/두루/덩어리/성(姓) 방.　　　　　　　　　　　　　　　　　　　　　　1980-20

◉ ㅗ(→「좌대 모양」을 표현) + 冖(덮을 멱) + 方 = 旁
☞ 좌대(ㅗ)에 덮여(冖) 있는 깃발(方), 곧 깃발이 휘날리지 않고 좌대(깃대) 곁에 붙어 있는 모양에
서 「곁. 기대다. 두루」 뜻으로.

旁觀=傍觀(방:관 - 곁에서 봄) 旁求(방:구 - 널리 찾아서 구함) 旁題(방:제 - 제사를 받드는 사람의 이름)

★ 旁(곁/기댈/두루/덩어리 방)과 결합을 이룬 글자.　　　　　　　　　　　　　　　　　1980 별첨

傍(곁 방)　　　 ☞ 人(0122) → 다른 사람(亻)의 곁(旁)에 기대어 있다는 데서 「곁. 기대다」 傍觀(방관)
榜(방붙일 방)　 ☞ 木(1688) → 나무(판자)(木)에 글씨를 써서 여러 사람들이 두루(旁) 읽어볼 수 있게끔 벽면 같은
　　　　　　　　　　　　곳에 붙인다는 데서 「방. 붙이다」 榜=榜文(방·방문)
膀(오줌통 방)　 ☞ 肉(2416) → 덩어리(旁) 형상의 불룩한 주머니처럼 생긴 몸속(月)의 장기(臟器)이라는 데서
　　　　　　　　　　　　「오줌통」 膀胱(방광)
謗(헐뜯을 방)　 ☞ 言(3281) → 참된 내면을 제쳐 두고 곁(외면적)(旁)으로 드러난 결점만을 말한다(言)는 데서
　　　　　　　　　　　　「헐뜯다. 비방하다」 誹謗(비방)

旌　기/표할 정.　　　　　　　　　　　　　　　　　　　　　　　　　　　　　　　1981-20

◉ {方 + 人= 㫃(깃발날릴 언)} + 生(날/살릴 생) = 旌
※ 旌 → 오색의 깃털을 깃대 끝에 드리워 꾸민 깃발로 천자가 병사들의 사기를 고무시킬 때 쓰던 기.
☞ 병사들의 사기를 살리기(고무시키기)(生) 위하여 천자(天子)가 손수 흔드는 깃발(㫃)이라는 데서
「기. (사기를)표하다」 뜻으로.

旌旗(정기 - 정과 기) 旌表(정표 - 어진 행실을 칭송하고 알림) 旌閭(정려) 旌門(정문) 旌善郡(정선군)

氏	曰	止	欠
성 씨	가로 왈	그칠 지	하품 흠

氏 성(姓) 씨. 각시 씨. 1982-40

자원 氏 → 두 손(厂)으로, 짐승을 창애(⎯ 새잡는창애 궐)에 꿰어(一) 떠받들고 있는 수렵인, 곧 수렵인(원시인)으로부터 각각의 씨족이 형성되고 나아가 성씨가 비롯되었다는 데서 「성」 의미를 지닌 것으로 봄.

쓰임 「성. 성씨. 씨족. 밑동. 밑바닥」 의미로 쓰임.

氏族(씨족 - 같은 조상으로 이어져 내려오는 혈연집단) 氏名(씨명 - 성씨와 이름) 姓氏(성:씨)

民 백성 민. 별이름 민. 1983-80

● 𠃌(덮을 멱) + 氏 = 民

☞ 덮어(𠃌) 놓은 씨족(氏), 곧 모든 씨족들을 망라하여 연합체로 구성하여 놓은 전체 국민이라는 데서 「백성」 뜻으로.

民意(민의 - 백성의 마음) 民主(민주) 民家(민가) 民俗(민속) 民謠(민요) 民願(민원) 民泊(민박)

★ 民(백성 민)과 결합을 이룬 글자.		1983 별첨
珉(옥돌 민)	☞ 玉(2043) → 옥(王)이, 무리를 이룬 백성(民)처럼 무리지어 있는 돌이라는 데서 「옥돌」	
眠(잠잘 면)	☞ 目(2280) → 눈(目)이, 몽매무지한 백성(民)처럼 캄캄한 상태로 된다는 데서 「잠자다」	

氐 근본 저. 대저/이를/뿌리/집/머리숙일/별이름 저. 1984-00

● 氏 + 一(하나/같을 일) = 氐

☞ 씨족(氏)을 형성하고 있는 밑동(본바탕)(一)이라는 데서 「근본. 대저. 이르다. (밑동을 이루는) 뿌리. (주거의 밑동이 되는)집」 뜻으로.

氐星(저성 - 이십팔수二十八宿 중의 셋째 별) 氐星旗(저성기 - 의장기儀仗旗의 하나)

★ 氐(근본/대저/이를/뿌리/집/머리숙일 저)와 결합을 이룬 글자.		1984 별첨
低(낮을 저)	☞ 人(0074) → 다른 사람(亻)에게 머리를 숙이는(氐), 곧 낮은 자세를 취한다는 데서 「낮다」	
底(밑 저)	☞ 广(0767) → 집(广)의 뿌리(氐), 곧 집을 이루는 밑동이라는 데서 「밑」 底邊(저변)	
抵(막을 저)	☞ 手(1457) → 손(扌)으로 뿌리(밑동)(氐) 부위를 제거하여 장애물을 차단한다는 데서 「막다」	
邸(집 저)	☞ 邑(2939) → 고을(阝)에 딸리어 있는 규모가 큰 집(氐)이라는 데서 「집. 관저」 官邸(관저)	
觝(찌를 저)	☞ 角(3322) → 뿔(角)을 낮게 숙이어(氐) 상대자를 들이받는다(찌른다)는 데서 「찌르다. 받다」	

| 부수 4획 | 氏 성 씨 | 曰 가로 왈 | 止 그칠 지 | 欠 하품 흠 |

曰 가로 왈. 이를/말할/에(於)/어(之) 왈. 1985-30

자원 曰 → 舌(一 → 혀 모양)를 움직여 말한다(口 입/말할 구)는 데서 「말하다. 이르다. 가로되(말하기를)」 의미를 지님.

쓰임 「말씀. 말하다. 曰 모양」과 의미로 쓰임.

曰可曰否(왈가왈부 - 사안을 좋거니 좋지 않거니 말함) 曰字(왈자 - 왈짜) 曰牌(왈패) 孔子曰(공:자왈)

書 글 서. 편지 서. 1986-60

◉ 聿(= 聿 붓 율) + 曰 = 書 (2666 참조)

☞ 붓(聿)으로 말씀한(曰) 사항을 기록하여 놓은 것이라는 데서 「글. 편지」 뜻으로.

書册(서책 - 책. 서적) 書簡(서간 - 편지) 書堂(서당) 書店(서점) 書類(서류) 書體(서체) 書藝(서예)

會 모일 회: 모을/조회할/만날/회계할 회. 1987-60

◉ 亼(모을/모일 집) + 囧(→ 窓「창 창」의 본 글자) + 曰 = 會

☞ 창문(囧) 앞에 사람들을 모아(亼) 놓고 말씀하는(曰), 곧 임금이 대신들을 어전에 모아 놓고 조회하는 모습에서 「모이다. 조회하다. 만나다」 뜻으로.

會議(회:의 - 여럿이 모여 의논함) 會話(회:화) 會見(회:견) 會社(회:사) 會同(회:동) 會談(회:담) 會計(회:계)

★ 會(모을/모일/조회할/만날 회)와 결합을 이룬 글자. 1987 별첨

檜(전나무 회)	☞ 木(1682) → 한곳에 모이어(會) 있는(군락을 이루어 자라는) 나무(木)이라는 데서 「전나무」
膾(어회 회)	☞ 肉(2434) → 고기(月)를 잘게 썰어서 한데 모아(會) 놓은 음식이라는 데서 「회」 肉膾(육회)
繪(그림 회)	☞ 糸(2517) → 여러 가지 색상의 실(糸)을 한데 모아(會) 천(피륙)에 수(繡)를 놓는다는 데서 「수놓다. (수를 놓는 것처럼 화폭에 그려 놓은)그림」 繪畵(회화)

最 가장 최: 첫째/뛰어날 최. 1988-50

◉ 曰 + 取(취할 취) = 最

☞ 윗사람이 하신 말씀(曰)을 가장 먼저(우선적으로) 취한다(받아들인다)(取)는 데서 「가장. 첫째. (가장 좋다는 데서)뛰어나다」 뜻으로.

最善(최:선 - 가장 좋음) 最先(최:선 - 맨 먼저) 最新(최:신) 最後(최:후) 最小(최:소) 最少(최:소) 最高(최:고)

★ 最(가장/뛰어날 최)와 결합을 이룬 글자. 1988 별첨

| 撮(취할/모을 촬) | ☞ 手(1544) → 손(扌)으로 가장(最) 좋은 것을 취한다(고른다)는 데서 「취하다. 모으다」 |

曲 굽을 곡. 가락/자세할 곡. 1989-50

◉ 曰 + {丨(위아래통할 신) × 2} = 曲

☞ 말하는(曰) 음정(音程)이 장단(長短)과 고저(高低)를 이루어 반복적으로 이어져 나오는 모양(‖)을 표현하여 「가락. (가락이 높낮이를 이루는 데서)굽다. (가락이)자세하다」 뜻으로.
曲線(곡선 - 굽은 선) 曲直(곡직) 曲調(곡조) 曲節(곡절) 曲藝(곡예) 曲解(곡해) 樂曲(악곡) 作曲(작곡)

更 다시 갱: | 고칠 경. 바꿀 경. 1990-40

◉ 一 + 曰 + 攵(다스릴/벨 예) = 更
☞ 한번(一) 말씀한(曰) 사항을 베어(攵) 버리는, 곧 앞서 말씀한 내용 가운데 잘못된 부분을 지워 버리거나 다시 고친다는 데서 「다시. 고치다. 바꾸다」 뜻으로.
更生(갱:생 - 다시 살아남) 更紙(갱:지) 更年期(갱:년기) 更新(경신) 更迭(경질) 更張(경장) 更正(경정)

★ 更(다시 갱 | 고칠/바꿀 경)과 결합을 이룬 글자. 1990 별첨

硬(굳을 경)	☞ 石(2140) → 돌(石)로 바뀌어(更)지는, 곧 부드러운 성질의 물체(액체)가 돌처럼 단단하게 굳어진다는 데서 「굳다. 단단하다」 硬直(경직)
梗(줄기 경)	☞ 木(1741) → 휘어진 나무(木)를 불에 쬐어서 고쳐(更) 놓으면 대체적으로 곧은 모양으로 된다는 데서 「대개. 곧다. (곧은)줄기」 梗塞(경색)
便(편할 편)	☞ 人(0047) → 사람(亻)이 일상생활에서 불편하거나 복잡한 것을 고치면(更) 한결 편리하여진다는 데서 「편하다. 편리하다」 便利(편리)

曾 일찍 증. 곧/더할/깊을/거듭 증. 1991-32

◉ 八(여덟/나눌 팔) + 囧(→ 窓「창 창」의 본래 글자) + 曰 = 曾
☞ (노인이 아침 일찍 일어나서) 열어젖힌(八) 창문(囧)으로(창문을 열어젖히고) 말씀(曰)을 꺼내시는 이른 시간이라는 데서 「일찍. 곧」. 한편 열어젖힌(八) 창문(囧)을 통하여 서로가 말씀(曰)을 나누는 (가깝게 지내는) 사이라는 데서 「(정이)더하다. 거듭. 깊다」 뜻으로.
曾祖(증조 - 아버지의 할아버지) 曾孫(증손) 曾前(증전) 曾往(증왕) 曾子(증자 - 사상가) 未曾有(미:증유)

★ 曾(일찍/곧/더할/깊을/거듭 증)과 결합을 이룬 글자. 1991 별첨

增(더할 증)	☞ 土(0662) → 땅(土)이 더하여(曾)지는, 곧 농토(국토)가 불어난다는 데서 「더하다. 붇다」
憎(미워할 증)	☞ 心(1878) → 마음(감정)(忄)이 깊어(曾)지는, 곧 감정의 골이 깊어져 원망스러움이 쌓여 나간다는 데서 「미워하다. 밉다」 憎惡(증오)
贈(줄 증)	☞ 貝(3069) → 재물(貝)을 더하여(曾) 주는, 곧 길흉사에 인사와 더불어 재물(축의금이나 부의금)을 준다는 데서 「주다. 보내다」 贈與(증여)
僧(중 승)	☞ 人(0110) → 일찍(曾)이 출가(出家)하여 수도하는 사람(亻)이라는 데서 「중」 僧侶(승려)
層(층 층)	☞ 尸(0957) → 여기에서 尸는 계단 모양을 표현. 시(尸) 글자 형상처럼 이루어진 판판하고 비탈진 계단을 층층으로 더하여(거듭하여)(曾) 놓은 설비라는 데서 「층」 層階(층계)

替 바꿀 체. 대신할 체. 1992-30

◉ {夫(지아비 부) × 2 = 夫夫(짝/갈 반)} + 曰 = 替
☞ (두 사람이) 짝을 이루어 걸어가면서(夫夫) 말씀(曰)을 나누는, 곧 서로가 번갈아 가면서(교대로) 말씀을 나눈다는 데서 「바꾸다. 대신하다」 뜻으로.
替換(체환 - 대신하여 갈아서 바꿈) 替費地(체비지) 交替(교체) 代替(대:체 - 다른 것으로 바꿈)

曰 부수(자원과 쓰임) → 1985 참조

★ 犾(짝/갈 반)과 결합을 이룬 글자. 　　　　　　　　　　　　　　　　　　　　　　　1992 별첨

輦(손수레 련)　☞ 車(3180) → 두 사람이 짝(犾)을 이루어 어깨에 메거나 손으로 끌고 가는 수레(車)라는 데서 「손수레. 가마」 輦輿(연여)

曹　마을(官署)/무리 조. 관청/성(姓) 조.　　　　　　　　　　　　　　　　1993-10

◉ 曲(= 棘「밤샐 조」의 획 줄임) + 曰 = 曹　※ 豐는 曹의 본래 글자.

☞ 밤새워(曲 = 棘) 말하는(曰), 곧 밤새도록 죄인을 심문하는(치죄하는) 말소리가 흘러나오는 관아(동헌이나 포도청)라는 데서 「마을. 관청. (치죄를 당하는)무리」 뜻으로.

※ 동헌(東軒) → 지방의 고을 원이나 수령들이 공사(公事)를 처리하는 대청이나 집.

法曹人(법조인 - 법률 사무에 종사하는 사람) 六曹(육조) 吏曹(이:조) 戶曹(호:조) 曹操(조조 - 위나라 왕)

★ 曹(마을/관청/무리 조)와 결합을 이룬 글자.　　　　　　　　　　　　　　　1993 별첨

漕(노저을 조)　☞ 水(1360) → 물(물길)(氵)을 이용하여 관청(曹)에 보낼 공물(貢物)을 배로 실어 나른다는 데서 「배로 실어 나르다. (배가 나아가도록)노 젓다」 漕船(조선)

糟(지게미 조)　☞ 米(2593) → 쌀(쌀밥)(米)로 빚은 술을 채로 걸러 놓은 누룩 찌끼와 쌀밥의 껍질이 무리(曹)지어 있는 것이라는 데서 「지게미」 糟糠(조강)

槽(구유 조)　☞ 木(1734) → 관청(曹) 건물 곁에 설치하여 놓은 나무(木)로 된 먹이통이라는 데서 「구유」

遭(만날 조)　☞ 辶(3136) → 무리(曹)를 이루어 지나가면(辶) 우연하게 다른 사람들과 마주치게 된다는 데서 「우연히 만나다. 만나다. 마주 치다」 遭遇(조우)

曺　성(姓) 조. 마을(官署)/관청 조.　　　　　　　　　　　　　　　　　　1994-20

◉ 曺 → 曹의 획 줄임으로 曹와 동자(同字)

☞ 曹(1993) 뜻풀이 참조.　※ 曺는 曹와 같은 뜻을 지녔으나 「성씨」로만 쓰임.

曺植(조식 - 조선 명종 때의 학자. 호는 남명南溟. 성리학을 연구하여 명망이 높았음)

曳　끌 예: 끌릴 예.　　　　　　　　　　　　　　　　　　　　　　　　　1995-10

◉ 曰 + ㇄(새잡는창애 궐) + 丿(삐침 별 →「끌어당기다. 끌어내리다」 뜻으로 쓰임) = 曳

※ 창애 → 짐승을 꿰어서 잡는 틀의 하나.

☞ 말씀(曰)을 창애(㇄)에 꿰어 끌어내리는(丿) 것처럼 발음을 길게 끌면서 말씀한다는 데서 「끌다. 끌리다」 뜻으로.

曳引(예:인 - 배가 다른 배를 끎) 曳引船(예:인선) 曳光彈(예:광탄) 曳履聲(예:리성 - 신 끄는 소리)

★ 曳(끌/끌릴 예)와 결합을 이룬 글자.　　　　　　　　　　　　　　　　　1995 별첨

洩(샐 설)　☞ 水 (1312) → 물(氵)이 끌리어(曳) 나가는 것처럼 용기 밖으로 빠져나간다는 데서 「새다」

曷　어찌 갈. 쫓을/미칠/그칠 갈.　　　　　　　　　　　　　　　　　　　1996-00

◉ 曰 + 匃(빌/다니며청할 갈) = 曷

☞ 어려운(딱한) 사정을 말씀(曰) 드리고 따라다니면서 청하면(빌면)(匃) 어찌 들어주지 않을 수가 있겠

462

는가? 라고 반문(反問)한다는 데서 「어찌. 쫓다. (요구사항이)미치다」 뜻으로.
曷不爲孝(갈불위효 - 어찌 효도를 하지 않겠는가?)

★ 曷(어찌/쫓을/미칠/그칠 갈)과 결합을 이룬 글자.		1996 별첨
渴(목마를 갈)	☞ 水(1256) → (체내에서 요구되는) 물(수분)(氵)이 그치어(바닥나)(曷) 갈증을 느낀다는 데서 「목마르다」 渴症(갈증)	
葛(칡 갈)	☞ 艸(2760) → 손길이 미치는(曷) 것처럼 다른 나무를 휘감으면서 위로 솟아오르는 풀(식물)(艹) 이라는 데서 「칡」 葛布(갈포)	
褐(굵은베 갈)	☞ 衣(2575) → 曷은 葛(칡 갈)의 줄임 글자로 봄. 칡(曷 → 葛) 껍질로 베를 짜서 만든 (올이 굵고 거친) 옷(衤)이라는 데서 「굵은 베. 거친 베옷. (칡 색상의)갈색」 褐色(갈색)	
鞨(오랑캐이름 갈)	☞ 革(3531) → 끈질긴 가죽끈(革)처럼 집요하게 양민을 쫓아(曷)다니며 노략질을 일삼는 종족이 라는 의미가 부여되어 「말갈. 오랑캐 이름」 靺鞨(말갈)	
竭(다할 갈)	☞ 立(2262) → 일으켜 세우는(立) 작업을 모두 그친다(마친다)(曷)는 데서 「다하다」	
喝(꾸짖을 갈)	☞ 口(0865) → 소리(口)를 크게 지르면서 어찌(曷) 그러할 수가 있느냐며 나무란다(호통친다)는 데서 「꾸짖다. 외치다」 喝破(갈파)	
揭(높이들 게)	☞ 手(1489) → 바닥에 놓여 있는 물건을 손(扌)에 미치게(曷) 하여 위로 들어 올린다는 데서 「높이 들다. (들어서)걸다」 揭揚(게양)	
偈(불교글귀 게)	☞ 人(0167) → 사람(亻)의 심성에 미치는(曷) 성스러운 글이라는 의미에서 「불교 글귀」	
謁(뵐 알)	☞ 言(3250) → 어찌(曷)하면 좋을 지를 찾아뵙고 말씀(言) 드린다는 데서 「아뢰다. 뵙다」	
歇(쉴 헐)	☞ 欠(2018) → 일을 그치고(曷) 하품하는(欠), 곧 하던 일을 모두 마치고 기지개를 켜면서 휴식을 취한다는 데서 「쉬다. (일을)다하다」 歇價(헐가)	

氏	曰	止	欠
성 씨	가로 왈	그칠 지	하품 흠

止 그칠 지. 머무를/터/발/근본/살/쉴/고요할/이를/겨우/오직/어조사 지. 1997-50

자원 止 → 발(발가락)(止)이 지면(一)에 닿아 있는 모양을 표현.

쓰임 「그치다. 머무르다. 닿다. 발 모양」과 의미로 쓰임.

止血(지혈 - 나오는 피를 그치게 함) 止揚(지양) 防止(방지) 停止(정지) 禁止(금:지) 沮止(저:지)

正 바를 정(:) 곧을/갖출/옳을 정. 1998-70

◉ 一 + 止 = 正

☞ 일직선(一)으로 머물러(발을 딛고)(止) 있는, 곧 일직선을 이루어 바른 자세로 도열하여 있는 모양에서 「바르다. 곧다. (바른 모양새를)갖추다. (바르다는 데서)옳다」 뜻으로.

正道(정:도 - 올바른 길) 正義(정:의) 正直(정:직) 正答(정:답) 正誤(정:오) 正常(정:상) 正月(정월)

★ 正(바를/곧을/갖출/옳을 정)과 결합을 이룬 글자.		1998 별첨
政(정사 정)	☞ 攵(1801) → 위정자가 백성을 바른(正) 길로 나아가도록 채찍질하여(攵) 다스린다(지도 편달한다)는 데서 「다스리다. 정사」 政事(정사)	
征(칠 정)	☞ 彳(0443) → 버릇이 없는 다른 나라의 정사를 바로(正)잡기 위하여 응징하러 간다(彳)는 데서 「치다. 가다」 征伐(정벌)	
整(가지런할 정)	☞ 攵(1804) → 묶어(束) 놓은 다발의 가장자리를 톡톡 두드려(攵) 밖으로 삐어져 나온 것을 안쪽으로 들어가게끔 바르게(正) 간추린다는 데서 「가지런하다」 整頓(정돈)	
症(증세 증)	☞ 疒(2304) → 병(疒)을 앓게 된 원인이나 진행 상태를 바르게(正) 진단하여(규명하여) 놓은 모양이라는 데서 「증세」 症勢(증세)	

歷 지날 력. 지낼/겪을 력. 1999-50

◉ 厤(책력/세월 력) + 止 = 歷

☞ 세월(厤)이 흐르는 가운데 사람들의 발길이 머물러(止) 있었던 흔적이라는 데서 「지내다. 지나다. 겪다」 뜻으로.

歷史(역사 - 인류사의 흥망과 변천의 과정. 또는 그 기록) 歷任(역임) 歷代(역대) 歷程(역정) 經歷(경력)

★ 厤(책력/세월 력)과 결합을 이룬 글자.		1999 별첨
曆(책력 력)	☞ 日(1042) → 해(日)의 운행 주기에 따른 계절의 변화 관계를 기록하여 놓은 책력(厤)이라는 데서 「책력」 册曆(책력)	
瀝(스밀 력)	☞ 水(1359) → 물(氵)이 다른 물질 속으로 지나(歷 지날 력)간다는 데서 「(물이)스미다」	

歲 해(年) 세: 세월/절후/나이 세. 2000-50

◉ {止(그칠 지) + 戈(창 과)} + 戌(개/때려부실 술) + 少(밟을 달) = 歲

☞ 지과(止戈), 곧 전쟁을 멈추는 평화와 창으로 때려 부수면서(戌) 싸우는 전쟁이 밟아(少) 나가는 것

464

止 부수(자원과 쓰임 → 1997 참조)

처럼 답습되는(평화와 전쟁이 끊임없이 반복되는) 가운데 흘러가는 것이 세월이라는 데서 「세월. 절후. (절후가 도래되는)해. 나이」뜻으로.

歲月(세:월 - 흘러가는 시간) 歲旦(세:단) 歲暮(세:모) 歲拜(세:배) 歲序(세:서) 歲次(세:차) 歲費(세:비)

★ 歲(해/세월/절후 세)와 결합을 이룬 글자.		2000 별첨
濊(종족이름 예)	☞ 水(1288) → 물(氵)이, 흘러가는 세월(歲)처럼 쉼 없이 흘러내리는 모양이라는 데서 「물이 넉넉하다. (물이 넉넉한 지역에 거주하는 종족이라는 의미가 부여되어)종족 이름」	
穢(더러울 예)	☞ 禾(2231) → 벼(禾), 곧 볏짚이 세월(歲)이 지남에 따라 빛깔이 바래고 썩어져서 매우 지저분하고 거칠다는 데서 「더럽다. 거칠다」 穢土(예토)	

步 걸음 보: 걸을/다닐 보. 2001-42

◉ 止 + 少(밟을 달) = 步

☞ 머무르고(止) 밟아(少) 나가는, 곧 일시적으로 머물렀다가 밟아 나가는 동작을 반복한다는 데서 「걸음. 걷다. 다니다」뜻으로.

步行(보:행 - 걸어감) 步道(보:도) 步幅(보:폭) 步兵(보:병) 步調(보:조) 散步(산:보) 徒步(도보)

★ 步(걸음/걸을/다닐 보)와 결합을 이룬 글자.		2001 별첨
頻(자주 빈)	☞ 頁(3512) → 걸음걸이(步)에 맞추어 머리(頁)가 빈번하게 끄덕여진다는 데서 「자주」	
涉(건널 섭)	☞ 水(1245) → 물(시냇물)(氵)을 가로질러 걸어(步)간다는 데서 「건너다」 涉外(섭외)	
陟(오를 척)	☞ 阜(3350) → 높은 언덕(阝)을 걸어서(步) 올라간다는 데서 「오르다. 나아가다」	

武 호반 무: 무사/위엄스러울/날랠/이을 무. 2002-42

◉ 一 + 弋(주살 익) + 止 = 武

☞ 하나(一)의 주살(弋)을 쏘아서 목표물에 그치게(닿게)(止) 하는, 곧 매우 뛰어난 무술 솜씨를 지니고 있다는 데서 「호반. 무사. 위엄스럽다. 날래다. (주살이 목표물에)잇다」뜻으로.

※ 호반(虎班) → 무반(武班)·무관(武官)의 반열(班列) ↔ 학반(鶴班)

武班(무:반) 武術(무:술) 武士(무:사) 武力(무:력) 武道(무:도) 武官(무:관) 武藝(무:예) 武器(무:기)

★ 武(호반/무사/위엄스러울/날낼/이을 무)와 결합을 이룬 글자.		2002 별첨
鵡(앵무새 무)	☞ 鳥(3715) → 말소리를 흉내 내어 이어(武) 가는 새(鳥)라는 데서 「앵무새」	
賦(부세 부)	☞ 貝(3067) → 재물(貝)을 무력(武)으로 거두어들이는, 곧 국가가 강제성을 띠어 국민으로부터 거두어들이는 재물(조세)이라는 데서 「부세. 조세. 거두다」 賦稅(부세)	
斌(빛날 빈)	☞ 文(1824) → 조회 때에 문관(文)과 무관(武)의 붉고 푸른 예복이 뒤섞이어 화려하여(빛나) 보인다는 데서 「빛나다. 아롱지다」 斌斌(빈빈)	

歸 돌아갈 귀: 돌아올/시집갈 귀. 2003-40

◉ 自(흙무더기/모일 퇴) + 止 + 帚(비 추) = 歸 (1430 참조)

☞ 흙무더기(自)를 이루어 한데 머물러(止) 있는 것을 비(帚)로 쓸어 내는 것처럼 함께 모여 있는 사람들을 제각기 흩어지게 한다는 데서 「돌아가다. 돌아오다. (딸자식이 시댁으로 돌아간다는

데서)시집가다」뜻으로.
歸家(귀:가) 歸國(귀:국) 歸還(귀:환) 歸鄕(귀:향) 歸省(귀:성) 歸隊(귀:대) 歸農(귀:농) 之子于歸(지자우귀)

此 이 차. 그칠 차. 2004-32

◉ 止 + 匕(비수/숟가락 비) = 此

☞ 그쳐(止) 있는 비수(匕), 곧 비수가 꽂혀 있는 곳(지점)이 바로 이곳이라고 일러 준다는 데서 「이(곳). (비수가)그치다」뜻으로.

此後(차후 - 이 뒤) 此際(차제 - 이 기회에) 此期(차기) 此日彼日(차일피일) 如此(여차) 於此彼(어차피)

★ 此(이/그칠 차)와 결합을 이룬 글자. 2004 별첨

雌(암컷 자)	☞ 隹(3487) → (꼬리를 구푸리어 교미하는 수컷 새에 반하여) 꼬리를 제자리에 그친(멈춘)(此) 상태로 교미에 응하는 새(隹)이라는 데서 「암컷」雌雄(자웅)
疵(허물 자)	☞ 疒(2320) → 병(疒)이 그친(此) 흔적, 곧 병을 앓았던 자국이라는 데서 「흠. 허물」
紫(자주빛 자)	☞ 糸(2488) → (오래도록) 머물러(꽂혀)(止) 있는 비수(匕)에 검붉은 녹이 슮은 것처럼 실(糸) 빛깔이 검붉은 색상이라는 데서 「검붉다. (검붉은 빛깔과 유사한)자줏빛」紫朱(자주)
些(적을 사)	☞ 二(0218) → 이(此)는 둘(二)에 지나지 않는 매우 적은 수효이라는 데서 「적다」
柴(섶 시)	☞ 木(1658) → 그쳐(止) 있는 비수(匕), 곧 꽂혀 있는 비수처럼 키가 작달막한 나무(木)이라는 데서 「섶. (땔감용)나무」薪柴(신시)

歪 비뚤/기울 왜. 기울 외. 2005-20

◉ 不(아닐 불) + {一 + 止 = 正(바를 정)} = 歪 (0006 참조)

☞ 바르게(正) 서 있는 모양이(자세가) 아니다(不)는 데서 「비뚤다」뜻으로.

歪曲(왜곡 - 비뚤어서 구부러지게 함)

| 부수 4획 | 氏 성 씨 | 曰 가로 왈 | 止 그칠 지 | 欠 하품 흠 |

| 欠 | 하품/모자랄 흠: 부족할/기지개켤/빚/구부릴/빠질 흠. | 2006-10 |

- **자원** 欠 → 勹(쌀 포)와 人(사람 인)의 결합으로, 감싸여(닫혀)(勹) 있는 입술을 인(人) 글자 형상처럼 크게 벌리는, 곧 하품하는 모양을 표현.
- **쓰임** 「하품. 결함. 모자람. 입김을 불다. 입을 크게 벌린 모양」과 의미로 쓰임.

欠伸(흠:신 - 하품과 기지개) 欠節(흠:절 - 잘못된 점) 欠事(흠:사 - 결점이 있는 일) 欠缺(흠:결)

| 歌 | 노래 가. 읊조릴/장단맞출 가. | 2007-70 |

- ◉ {可(옳을 가) + 可 = 哥(노래할/소리 가)} + 欠 = 歌 (0802 참조)
- ☞ 입을 크게 벌리고(欠) 노래하는(哥), 또는 입을 크게 벌리고(欠) 가가(可可)거리며 흥겨운 소리를 낸다는 데서 「노래. 장단 맞추다. 읊조리다」 뜻으로.

歌曲(가곡 - 노래) 歌手(가수) 歌謠(가요) 歌唱(가창) 歌詞(가사) 歌辭(가사 - 시가의 말) 歌舞(가무)

| 次 | 버금 차. 다음/차례/이를/행차/머리꾸밀 차. | 2008-42 |

- ◉ 二(두 이) + 欠 = 次
- ☞ 두(二) 번째로 입을 벌리는(欠), 곧 상급자가 말씀하고 난 다음에 두 번째로 입을 여는(말하는) 차기 서열이라는 데서 「다음. 버금. 차례. 이르다」 뜻으로.

次例(차례) 次席(차석 - 수석의 다음자리) 次期(차기) 次官(차관) 次男(차남) 次善(차선) 年次(연차)

★ 次(버금/다음/차례/행차/머리꾸밀 차)와 결합을 이룬 글자. **2008 별첨**

資(재물 자)	☞ 貝(3051) → 버금(次)가는 재물(돈)(貝), 곧 돈과 대등한 제반 물자라는 데서 「재물」
姿(모양 자)	☞ 女(0468) → 행차하기(次) 위하여 화장을 한 여인(女)의 얼굴 모양이라는 데서 「모양」
恣(방자할 자)	☞ 心(1893) → 윗사람과 버금(次)가려고 하는 교만한 마음(心)을 낸다는 데서 「방자하다」
瓷(사기그릇 자)	☞ 瓦(2090) → (품질이 저급한) 초기의 질그릇 다음(次)으로 등장한 (품질이 향상된) 도자기(瓦)이라는 데서 「사기그릇」 瓷器(자기)

| 歎 | 탄식할 탄: 읊을/아름답다할 탄. | 2009-40 |

- ◉ {革(가죽 혁) + 大 = 䔿(→ 가죽끈을 크게 둘러놓은 모양)} + 欠 = 歎(1172 참조)
- ☞ 가죽끈(革)을 크게(大) 둘러(䔿)놓은 모양처럼 입을 크게 벌리고(欠), 아~아~하며 한숨 섞인 소리를 낸다는 데서 「탄식하다. 읊다. (감탄하여)아름답다 하다」 뜻으로.

歎息(탄:식 - 한숨을 쉬며 한탄함) 歎聲(탄:성) 歎願(탄:원) 歎服(탄:복) 感歎(감:탄) 敬歎(경:탄) 驚歎(경탄)

| 歡 | 기쁠 환. | 2010-40 |

- ◉ 雚(황새 관) + 欠 = 歡 (2950 참조)
- ☞ 황새(雚)가 목을 길게 치켜세우고 입을 크게 벌리는(欠) 것은 기쁜 표정을 짓는 모양이라는

데서 「기쁘다」 뜻으로.
歡喜(환희 - 대단히 기뻐함) 歡樂(환락) 歡心(환심) 歡送(환송) 歡待(환대) 歡迎(환영) 歡聲(환성)

欲 하고자할 욕. 탐낼/바랄 욕.   2011-32

- 谷(골 곡) + 欠 = 欲 (2959 참조)
- 움푹하게 파인 골짜기(谷)처럼 입을 크게 벌리고(欠) 음식을 많이 집어삼키려 한다는 데서 「탐내다. 하고자 하다. 바라다」 뜻으로.

欲求(욕구 - 바라고 구함) 欲望(욕망) 欲心(욕심) 欲速之心(욕속지심) 欲巧反拙(욕교반졸)

★ 欲(하고자할/탐낼 욕)과 결합을 이룬 글자.   2011 별첨

慾(욕심 욕)   ☞ 心(1881) → 탐내는(바라는)(欲) 마음(心)을 낸다는 데서 「욕심」 慾心(욕심)

欺 속일 기. 업신여길 기.   2012-30

- 其(그/그곳/키 기) + 欠 = 欺 (0327 참조)
- 키(챙이)(其)로 곡식을 까불러서 날려 보내는 쭉정이(빈 껍질)처럼 입을 크게 벌리어(欠) 실없이 (하찮게) 말한다는 데서 「속이다. 업신여기다」 뜻으로.

欺瞞(기만 - 남을 속임) 欺罔(기망 - 기만) 詐欺(사기 - 이익을 취하기 위하여 못된 꾀로 남을 속임)

歐 구라파/칠 구. 토할 구.   2013-20

- 區(구역/지경/구분할 구) + 欠 = 歐 (0271 참조)
- 입을 크게 벌리고(欠), 몫을 구분하여(區) 놓는 것처럼 배 속의 음식물을 무더기지게끔 토해 낸다는 데서 「토하다. (토하기 위하여 등을)치다」. 유럽(Europe)을 구라파(歐羅巴)로 음역하였기에 「구라파」 음훈으로.

※ 歐 → 「토하다. 치다」 뜻을 지녔으나 「토하다」는 嘔(토할 구), 「치다」는 毆(때릴 구)가 주루 쓰임.
歐美(구미 - 구라파와 미국) 歐洲(구주 - 유럽) 歐羅巴(구라파 - 유럽의 한자 말) 西歐(서구)

款 항목/정성 관. 이를 관.   2014-20

- 士(선비 사) + 示(보일 시 | 귀신 기) + 欠 = 款
- 선비(士)가 제시(열거)(示)하여 놓은 결함(欠) 사항, 곧 선비가 위정자들의 바르지 못한 정책이나 비리 사항들을 조목조목 들추어내어 백성에게 일러 준다는 데서 「이르다. (일러 주는)항목. (심혈을 기울이어 일러 주는)정성」 뜻으로.

款誠(관성 - 관곡한 정성) 款曲(관곡 - 정답고 친절함) 款談(관담) 約款(약관) 落款(낙관) 定款(정:관)

欽 공경할 흠.   2015-20

- 金(쇠/금 금) + 欠 = 欽
- 금전(돈)(金)에 하품(欠)하는, 곧 금전(金錢)의 유혹이나 금력(金力)을 대수롭지 않게 생각하는 고매한 인품에 대하여 세상 사람들이 우러러본다는 데서 「공경하다」 뜻으로.

欽仰(흠앙 - 공경하여 우러러 사모함) 欽慕(흠모) 欽命(흠명) 欽服(흠복) 欽羨(흠선) 欽敬閣(흠경각)

欠 **부수**(자원과 쓰임 → 2006 참조)

歆 흠향할 흠. 먹일 흠. 2016-10

◉ 音(소리/그늘 음) + 欠 = 歆
☞ 소리(音)를 듣고 입을 벌리는(欠), 곧 제사를 고하는(알리는) 축문 소리를 듣고 신령(조상의 혼령)이 제물(祭物 → 제사 음식물)을 받는다는 데서 「흠향하다. 먹이다」 뜻으로.

歆饗(흠향 - 신神이 제사의 예禮를 받음)

欣 기뻐할/기쁠 흔. 2017-10

◉ 斤(도끼 근) + 欠 = 欣
☞ 도끼(斤)로 나무를 갈라놓은 모양처럼 입을 활짝 벌리고(欠) 크게 웃어대는 모습이라는 데서 「기뻐하다. 기쁘다」 뜻으로.

欣快(흔쾌 - 마음이 기쁘고도 통쾌함) 欣感(흔감 - 기쁘게 감동함) 欣然(흔연 - 매우 기뻐하는 모양)

歇 쉴 헐. 다할 헐. 2018-10

◉ 曷(어찌/쫓을/그칠 갈) + 欠 = 歇 (1996 참조)
☞ 일을 그치고(曷) 하품하는(欠), 곧 하던 일을 모두 마치고 기지개를 켜면서 휴식을 취한다는 데서 「쉬다. (일을)다하다」 뜻으로.

歇價(헐가 - 헐값) 間歇泉(간:헐천 - 주기적으로 분출하는 온천) 間歇的(간:헐적 - 간격을 두고 되풀이됨)

毋	支		
말 무	지탱할 지		

毋 | 말 무. 없을 무.　　　　　　　　　　　　　　　　　　2019-10

자원 毋 → 여자(女)의 가슴이 방패(干)에 가리어져 있는, 이는 곧 처녀가 가슴을 가리어 다른 사람들이 엿보지 못하도록 한다는 데서 「없다. 말다」 의미를 지님.

쓰임 「말다. 없다. 毋 모양」과 의미로 쓰임.

毋論=無論(무론 - 말할 것도 없음) 毋望之福(무망지복 - 뜻밖에 얻는 행복) 毋望之禍(무망지화)

母 | 어미 모: 어머니/암컷 모.　　　　　　　　　　　　　2020-80

◉ 毋 - 干(방패 간) + 丶 + 丶 = 母

☞ 여자(女)의 가슴이 방패(干)에 가리어져 있는 모양(毋)에서 방패(가림막)(干)가 제거되고 젖(유방)(⼷)이 드러나 있는 모양, 곧 가슴을 열어젖히고 젖을 먹이는 어미(어머니)이라는 데서 「어미. 어머니. (어미 역할의)암컷」 뜻으로.

母性(모:성 - 어머니로서의 본능) 母親(모:친) 母子(모:자) 母女(모:녀) 母情(모:정) 母體(모:체) 母國(모:국)

★ 母(어미/어머니 모)와 결합을 이룬 글자.	2020 별첨
拇(엄지손가락 무) ☞ 手(1539) → 어머니(母) 구실을 하는 손(손가락)(扌)이라는 데서 「엄지손가락」	

每 | 매양 매: 늘/무릇/비록/마다/각각/풀더부룩할 매.　　2021-70

◉ 𠂉(= 人(사람 인) + 母 = 每

☞ 사람(𠂉 = 人)은 (귀천을 막론하고) 어느 누구나 할 것 없이 어머니(母)로부터 세상에 태어남은 매일반이라는 데서, 또는 어머니(母)가 된 사람(人)은 자식들을 보살피고 걱정하는 마음은 한결같다는 데서 「매양. 늘. 무릇. 마다」 뜻으로.

每日(매:일 - 날마다) 每事(매:사 - 일마다) 每週(매:주) 每年(매:년) 每番(매:번) 每回(매:회) 每樣(매:양)

★ 每(매양/늘/풀더부룩할 매)와 결합을 이룬 글자.	2021 별첨
梅(매화 매)	☞ 木(1636) → 정원수로 심어 놓고 매양(每) 대하는 나무(木)이라는 데서 「매화나무. 매화」
侮(업신여길 모)	☞ 人(0150) → 사람(亻)이 (예전보다 나아짐이 없이) 매양(每) 똑같으면(구태의연하면) 다른 사람들이 얕잡아 본다는 데서 「업신여기다」 侮辱(모욕)
敏(민첩할 민)	☞ 攴(1807) → 매양(每) 회초리로 치는(攵), 곧 달리는 말(馬)에게 줄곧 채찍질을 하면 더욱더 재빠르게 나아간다는 데서 「재빠르다. 민첩하다」 敏捷(민첩)
海(바다 해)	☞ 水(1170) → 물(氵)이 (불거나 줄지 않고) 매양(每) 일정한 수량으로 채워져 있는 매우 너른 곳이라는 데서 「바다」 海洋(해양)
悔(뉘우칠 회)	☞ 心(1873) → 마음(忄)을 매양(每) 반성하는, 곧 하루에 세 번씩 반성(一日三省일일삼성)하여 잘못한 점을 뉘우친다(고쳐 나간다)는 데서 「뉘우치다. 고치다」 悔改(회개)
誨(가르칠 회)	☞ 言(3272) → 매양(每) 되풀이하여 말씀(言)하는, 곧 같은 말씀을 여러 차례 반복하여 상대방의 뇌리에 지식을 주입시킨다는 데서 「가르치다. 깨우치다」 誨諭(회유)

毋 부수(자원과 쓰임 → 2019 참조)

晦(그믐 회) ☞ 日(1076) → 해(日)가 풀 더부룩한(每) 곳에 가리어져 있는 것처럼 날이 어두컴컴하다는 데서 「어둡다. (어두운 밤이라는 데서)그믐」 晦明(회명)

毒 독/독할 독. 해로울 독.

2022-42

◉ 㞢(→ 生「날 생」의 획 줄임) + 毋 = 毒 ※ 毐(독할 독)은 毒의 본래 글자.

☞ 식물이 돋아나지(㞢 = 生) 못하는(毋), 곧 식물이 돋아날 수 없을 정도로 토질이나 환경이 매우 열악(유독)하다는 데서 「해롭다. 독하다」 뜻으로.

毒性(독성 - 독한 성질) 毒藥(독약) 毒舌(독설) 毒素(독소) 毒草(독초) 毒蟲(독충) 旅毒(여독)

자투리 마당

친구는 가려서 사귀자

○ 水隨方圓器 人從善惡友(수수방원기 인종선악우)

- 「물은 그릇에 따라 모나게도 되고 둥글게도 되며, 사람은 사귀는 친구에 따라 선하게도 되고 악하게도 된다」는 뜻으로, 친구를 잘 사귀라는 의미임.

                                                  - 韓非子 -

- 사람은 살아가면서 때와 장소에 따라 이러저러한 친구를 사귀게 마련이다. 친구의 좋은 점은 본받고 좋지 못한 점은 타산지석(他山之石)으로 삼는다면 그 사람은 나의 익우(益友)가 될 것이며, 친구에게서 옳지 않음이 있을 때에 따뜻한 충고로 바르게 이끌어 준다면 그 친구의 익우가 될 것이다. 손우(損友)를 멀리하고 또한 자신은 損友가 되지 않도록 노력하여야 할 것이다.

- 익우(益友)란 익자삼우(益者三友) 또는 삼익우(三益友)의 준말로, 심성이 곧고 정직한 사람(友直우직), 믿음직한 사람(友諒우량), 견문(見聞)이 많은 사람을, 손우(損友)란 한쪽으로만 치우치며(便辟편벽), 번지르르하게 말만 잘 하는 사람(便佞편녕)을 이르는 말이다.

| 부수 4획 | 毋 말 무 | 支 지탱할 지 | | |

支 　 지탱할 지. 가지/뭇/여럿/팔다리/버틸/갈릴/나눌/지급/지지(地支) 지. 　　2023-42

자원　支 → 나뭇가지(十)를 손(又 또/오른손 우)에 쥐고 있는 모양에서「가지. (가지로 인하여 나무가)지탱하다. 버티다. (가지처럼 갈라진)팔다리. 갈리다」는 의미를 지님.

쓰임　「지탱하다. 나뭇가지. 여러 가지. 갈리다」는 의미로 쓰임.

支撑(지탱 - 오래 버티어 유지함) 支流(지류) 支給(지급) 支拂(지불) 支援(지원) 支障(지장) 支店(지점)
支局(지국) 支持(지지) 支線(지선) 支配人(지배인) 支離滅裂(지리멸렬) 地支(지지) 干支(간지)

攲 　 기울 기. 　　　　　　　　　　　　　　　　　　　　　　　　　　　　2024-00

● 奇(기이할/기특할 기) + 支 = 攲 (0736 참조)

☞ 물체가 기이한(奇) 형상으로 지탱하고(支) 있는, 곧 물체가 곧바르게 세워져 있는 모양새가 아니다는 데서「기울다」뜻으로.

攲器(기기 - 기울어지는 그릇. 물을 가득이 담으면 엎어지고, 전혀 담지 않으면 한쪽으로 기울고, 8할 정도로 담으면 똑바로 서는 그릇으로, 사람의 영만盈滿을 경계하였다는 그릇을 일컬음)

★ 支(지탱할/가지/여럿 지)와 결합을 이룬 글자.	2024 별첨
枝(가지 지)	☞ 木(1641) → 나무(木)에 뻗어 있는 가지(支)이라는 데서「가지」枝葉(지엽)
肢(팔다리 지)	☞ 肉(2412) → 나뭇가지(支)처럼 갈래져(나뉘어져) 있는 신체(月) 부위이라는 데서「팔다리」
技(재주 기)	☞ 手(1425) → 손(扌)으로 여러 가지(支) 일을 능수능란하게 처리하는 솜씨를 지니고 있다는 데서「재주」技術(기술)
岐(갈림길 기)	☞ 山(0542) → 산(山)에, 나뭇가지(支)처럼 이리저리 갈래져 있는 길이라는 데서「갈림길」
伎(재간 기)	☞ 人(0175) → 사람(亻)이, 여러 갈래로 뻗어 있는 가지(支)처럼 여러 방면에 걸쳐 솜씨를 지니고 있다(다재다능하다)는 데서「재주. 재간」技倆(기량)
妓(기생 기)	☞ 女(0496) → 여자(女)가 나뭇가지(支)를 쥐고 있는 모양, 곧 장구채를 거머쥐고 춤추며 노래하는 여자이라는 데서「기생」妓生(기생)

부수 5획	玉 구슬 옥	白 흰 백	瓦 기와 와	玄 검을 현

玉 구슬 옥. 옥/예쁠/사랑할/이룰 옥. 2025-42

구슬(玉)

- 자원 玉 → 구슬(丶)을 꿰어 놓은 모양(王)을 표현.
- 쓰임 「구슬. 옥. 옥 모양」과 의미로 쓰임.
- ※ 玉이 부수로 쓰일 때에는 주로 점(丶)이 생략된 王으로 됨.

玉石(옥석 - 옥과 돌) 玉手(옥수 - 아름다운 여자의 손) 玉璽(옥새) 玉篇(옥편) 玉石俱焚(옥석구분)

王 임금 왕. 클/왕성할/할아버지/할머니 왕. 2026-80

◉ 一 + 一 + 一 + ㅣ(위아래통할 신ㅣ뚫을 곤) = 王

※ 玉은 구슬을 꿰어 놓은 모양. 王은 천지신명과 통하는 사람을 표현한 것으로 봄.
☞ 하늘(一)과 땅(一), 곧 천지신명(天地神明)과 위아래로 통하는(ㅣ) 유일한 사람(一)이라는 의미가 부여되어 「임금. (임금의 책무가)크다. (크게)왕성하다. (큰 어른인)할아버지. 할머니」 뜻으로.

王侯(왕후 - 임금과 제후) 王后(왕후 - 왕비) 王國(왕국) 王子(왕자) 王冠(왕관) 王陵(왕릉) 王氣(왕기)

★ 王(임금/클/왕성할/할아버지/할머니 왕)과 결합을 이룬 글자. 2026 별첨

旺(왕성할 왕)	☞ 日(1066) → 햇빛(日)이 왕성하게(王) 내리쪼인다는 데서 「왕성하다」 旺盛(왕성)
汪(넓을 왕)	☞ 水(1289) → 물(氵)이 크게(王) 채워져(괴어) 있다는 데서 「깊고 넓다. 넓다」
枉(굽을 왕)	☞ 木(1706) → 나무(木)가 할머니(王) 등허리처럼 구부정하다는 데서 「굽다」 枉臨(왕림)
皇(임금 황)	☞ 白(2082) → (여러 왕들 가운데) 맏이(白) 서열에 해당하는(서열이 가장 높은) 임금(王)이라는 데서 「임금. 크다」 皇帝(황제)
狂(미칠 광)	☞ 犬(1397) → 개(犭)가 크게(王) 날뛰며 마구 덤벼든다는 데서 「미치다」 狂亂(광란)
匡(바로잡을 광)	☞ 匚(0284) → 임금(王)이, 네모반듯한 상자(匚)처럼 정사를 반듯하게 펼친다(잘못된 국정을 바른다)는 데서 「바로잡다」 匡諫(광간)

理 다스릴 리: 옥다듬을/옥다룰/바를/도리/사리/요리할 리. 2027-60

◉ 王(玉) + 里(마을 리) = 理

☞ 광산에서 채굴한 옥(王)을 마을(里)에서 손질한다는 데서 「옥 다듬다. 옥 다루다. (옥을 다루듯이 백성을 바르게 다스린다는 데서)다스리다. 바르다. (바른)도리. 사리」 뜻으로.

理致(이:치 - 사물에 대한 합리성) 理論(이:론) 理解(이:해) 理髮(이:발) 理工(이:공) 理學(이:학) 理事(이:사)

現 나타날 현: 옥빛/지금 현. 2028-60

◉ 王(玉) + 見(볼 견ㅣ보일 현) = 現

☞ 옥(옥빛)(王)이 드러나 보인다(見)는 데서 「나타나다. 옥빛. (나타나는 시점인)지금」 뜻으로.

現代(현:대) 現在(현:재) 現存(현:존) 現實(현:실) 現狀(현:상) 現象(현:상) 現金(현:금) 現夢(현:몽)

玉 부수(자원과 쓰임 → 2025 참조)

班 나눌 반. 차례/계급 반.   2029-60

● 王(玉) + 刂(칼 도) + 王(玉) = 班
☞ 하나의 구슬을 두 개의 구슬(王 王)이 되게끔 칼(刂)로 쪼갠다(나눈다)는 데서 「나누다. (규격과 등급별로 나누어 놓은)차례. 계급」뜻으로.

班常(반상 - 양반과 상사람) 班列(반열) 班長(반장) 班員(반원) 班常會(반상회) 文班(문반) 兩班(양:반)

球 공 구.   2030-60

● 王(玉) + 求(구할/찾을/갖옷 구) = 球 (1191 참조)
※ 갖옷 → 모피로 안을 댄 옷. 가죽옷.
☞ 갖옷(가죽옷)(求)에 공기를 불어넣어 둥근 구슬(王)처럼 동그랗게 부풀려 놓은 물건이라는 데서 「공」뜻으로.

球技(구기 - 공을 사용하는 운동경기) 球場(구장) 球面(구면) 球狀(구상) 地球(지구) 蹴球(축구)

珍 보배 진. 귀중할 진.   2031-40

● 王(玉) + 㐱(머리숱많고검을 진) = 珍
☞ 머리숱 많고 검은(㐱) 모양처럼 결이 매우 고운(윤기가 흐르는) 구슬(王)이라는 데서 「보배. 귀중하다」뜻으로.

珍貴(진귀 - 보배롭고 귀중함) 珍品(진품) 珍味(진미) 珍珠(진주) 珍羞盛饌(진수성찬) 珍島(진도)

> ★ 㐱(머리숱많고검을 진)과 결합을 이룬 글자.   2031 별첨
>
> 診(진찰할 진) ☞ 言(3261) → 머리숱 많고 검은(㐱), 곧 수많은 머리카락을 샅샅이 헤집어 보는 것처럼 발병의 원인이나 진행 상태 등을 속속들이 들추어내어 말한다(言)는 데서 「진찰하다」診察(진찰)
>
> 疹(마마/홍역 진) ☞ 疒(2310) → 머리숱 많고 검은(㐱) 모양처럼 온몸에 수많은 종기가(부스럼이) 돋아나는 병(疒)이라는 데서 「마마. 홍역」發疹(발진)

環 고리 환. 돌 환.   2032-40

● 王(玉) + 睘(눈휘둥그럴/놀라서볼 경|돌아올 선) = 環
☞ 눈이 휘둥그러지는(睘) 모양처럼 이리저리 움직이는(빙글빙글 도는) 옥(王)으로 된 둥근 물건이라는 데서 「고리. (고리가)돌다」뜻으로.

環狀(환상 - 고리처럼 둥글게 생긴 형상) 環形(환형 - 환상) 環境(환경) 循環(순환) 花環(화환)

> ★ 睘(눈휘둥그럴 경|돌아올 선)과 결합을 이룬 글자.   2032 별첨
>
> 還(돌아올 환) ☞ 辵(3109) → 돌아오는(睘) 방향으로 가는(辶), 곧 제자리로 다시 돌아온다는 데서 「돌다. 돌아오다. 다시」還國(환국)

琴 거문고 금.   2033-32

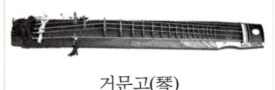
거문고(琴)

● 王(玉) + 王(玉) + 今(이제/이에/곧 금) = 琴 (0050 참조)
☞ 여기에서 王王은 거문고의 현(絃) 모양, 今은 현이 울리는 소리를 표현. 현(王

474

玉 부수(자원과 쓰임 → 2025 참조)

王)을 퉁기면 <u>금금</u>(今)거리는 소리가 나는 악기이라는 데서「거문고」뜻으로.
琴瑟(금슬 - 거문고와 비파) 琴瑟(금실 - 부부간의 화목을 이름) 風琴(풍금) 心琴(심금) 伽倻琴(가야금)

琢 다듬을/쪼을 탁. 2034-30

- 王(玉) + 豖(발얽힌돼지걸음 축) = 琢
- <u>옥</u>(옥석)(王)을 <u>발 얽힌 돼지 걸음</u>(豖) 모양처럼 생긴 틀에 끼워(고정시켜) 놓고서 끌 같은 연장으로 쫀다(다듬는다)는 데서「쪼다. 다듬다」뜻으로.

琢磨(탁마 - 옥석을 세공하는 일. 학문·도덕을 닦고 가는 일) 切磋琢磨(절차탁마 - 학덕을 갈고 닦음)

珏 쌍옥 각. 2035-20

- 王(玉) + 玉 = 珏
- <u>옥</u>(王)과 <u>옥</u>(玉)이 한 쌍을 이룬 모양에서「쌍옥」뜻으로.

玲 옥소리 령. 선명할 령. 2036-20

- 王(玉) + 令(하여금/영 령) = 玲 (0060 참조)
- 윗사람이 엄하게 <u>영(명령)</u>(令)을 내리는 쩌렁쩌렁한 소리처럼 <u>옥</u>(王)이 서로 부딪치어 울리는 쩌렁거리는 소리이라는 데서「옥 소리. (옥 소리가)선명하다」뜻으로.

玲瓏(영롱하다 - 광채가 찬란하다. 금옥이 울리는 소리가 맑고 산뜻하다)

珠 구슬 주. 진주 주. 2037-20

- 王(玉) + 朱(붉을/줄기/그루터기 주) = 珠 (1622 참조)
- (말라죽은 작달막한 나무줄기인) <u>붉은 그루터기</u>(朱) 형상을 이루어 진주조개 속에서 생성되는 <u>구슬</u>(王)이라는 데서「진주. 구슬」뜻으로.

珠玉(주옥 - 구슬과 옥) 珠簾(주렴 - 구슬을 꿰어 만든 발) 珠算(주산) 眞珠=珍珠(진주) 念珠(염:주)

珥 귀고리 이: 2038-20

- 王(玉) + 耳(귀 이) = 珥
- <u>귀</u>(耳)에 (장식용으로) 달아 놓은 구슬(王)이라는 데서「귀고리」뜻으로.

李珥(이:이 - 조선 선조 때의 유현儒賢. 호는 율곡栗谷. 격몽요결 등을 저술)

瑟 큰거문고 슬. 비파/바람소리 슬. 2039-20

- 王(玉) + 王(玉) + 必(반드시 필) = 瑟
- 여기에서 王王은 거문고의 현(絃) 모양, 必은 현이 울리는 소리를 표현. <u>현</u>(王王)을 퉁기면 <u>필필</u>(必)거리는 소리가 나는 악기이라는 데서「큰 거문고. 비파」뜻으로.

琴瑟(금슬-금실 - 부부 사이의 화목한 즐거움) 瑟瑟(슬슬) 琴瑟之樂(금슬지락-금실지락 - 금실)

瑛 옥빛 영. 2040-20

- 王(玉) + 英(꽃부리/꽃다울 영) = 瑛 (2724 참조)

玉 부수(자원과 쓰임 → 2025 참조)

☞ 옥(王)에서 (빛이 반사되어) 드러나는 꽃다운(英) 빛깔이라는 데서 「옥빛」 뜻으로.

瑞 상서/상서로울 서: 2041-20

● 王(玉) + {山 + 而(말이을 이) = 耑(처음날/끝/실마리 단)} = 瑞 (2258 참조)
☞ 옥(王)이 산더미(山)처럼 이어져(而) 나오는 매우 길한 징조라는 데서 「상서롭다」 뜻으로.
瑞氣(서:기 - 상서로운 기운) 瑞玉(서:옥 - 옥으로 만든 홀) 祥瑞(상서 - 복되고 길한 일이 일어날 징조)

玟 아름다운돌 민. 옥돌 민 | 옥무늬 문. 2042-20

● 王(玉) + 文(글월/무늬/문채날 문) = 玟 (1824 참조)
☞ 옥(王) 무늬(文)가 들어 있는(옥 성분으로 이루어져 있는) 아름다운 돌이라는 데서 「아름다운 돌. 옥돌. 옥 무늬」 뜻으로.

珉 옥돌 민. 아름다울 민. 2043-20

● 王(玉) + 民(백성 민) = 珉 (1983 참조)
※ 民은 중맹야(衆萌也) 맹이무식야(萌而無識也)로써 백성은 무리를 이룬 싹처럼 무식하다는 의미.
☞ 옥(王)이, 무리를 이룬 백성(民)처럼 무리지어 있는 돌이라는 데서 「옥돌」 뜻으로.

瑾 아름다운옥 근: 2044-20

● 王(玉) + 堇(찰흙/진흙 근) = 瑾 (0369 참조)
☞ 차진 찰흙(堇)처럼 빤지르르하게 윤기가 흐르는 옥(王)이라는 데서 「아름다운 옥」 뜻으로.

璇 옥 선. 옥이름 선. 2045-20

● 王(玉) + 旋(돌 선) = 璇 (1978 참조)
☞ (빙글빙글) 도는(구르는)(旋) 옥(王), 곧 둥근 옥이라는 의미에서 「옥. 옥 이름」 뜻으로.

瓊 구슬 경: 붉은옥/아름다운옥/아름다울 경. 2046-20

● 王(玉) + 夐(멀/길/볼 형) = 瓊
☞ 멀리(夐)까지 광채가 나는 아름다운 구슬(옥)(王)이라는 데서 「구슬. 붉은 옥. 아름다운 옥. 아름답다」 뜻으로.
瓊玉(경:옥 - 아름다운 구슬) 瓊團(경:단 - 수수나 찹쌀가루로 밤톨만한 크기로 뭉쳐 고물을 입힌 떡)

璿 구슬 선. 아름다운옥/선기옥(혼천의) 선. 2047-20

● 王(玉) + 睿(슬기/깊고밝을 예) = 璿
☞ 깊고 밝은(睿) 옥(王), 곧 은은하게 밝은 빛깔을 띠는 옥(구슬)이라는 데서 「아름다운 옥. 선기옥. 구슬」 뜻으로.
璿璣玉衡(선기옥형 - 혼천의渾天儀. 천체의 운행을 관측하던 장비)

玉 부수(자원과 쓰임) → 2025 참조

珣　옥이름 순. 2048-20

- 王(玉) + {勹(쌀 포) + 日(날/해 일) = 旬(열흘/두루 순)} = 珣 (1037 참조)
- ☞ 해(日)를 감싸(勹) 놓은 모양처럼 매우 밝고 둥근 옥(王)이라는 의미에서「옥 이름」뜻으로.

瑩　옥돌 영 | 밝을 형. 아름다운옥돌 영 | 맑을 형. 2049-20

- 炏(불성할 개) + 冖(덮을 멱) + 玉 = 瑩 (1614 참조)
- ☞ 불이 성하게(炏) 덮여(冖) 있는 모양처럼 매우 밝은 빛깔의 옥(玉)으로 덮여 있는 돌이라는 데서「아름다운 옥돌. 옥돌. 밝다. 맑다」뜻으로.

瑩鏡(영경 - 맑은 거울) 瑩徹(영철 - 밝게 비쳐 속까지 보임) 崔瑩(최영 - 고려 말의 장군. 팔도 도통사)

★ 瑩(옥돌 영 | 밝을 형)과 결합을 이룬 글자. 2049 별첨

瀅(물맑을 형)　　☞ 水(1299) → 물(氵)이 옥돌(瑩)처럼 티 없이 밝고 맑다는 데서「물 맑다」

璋　홀/반쪽홀 장. 반쪽서옥 장. 2050-20

- 王(玉) + 章(글월/문장/밝을/표할/인장 장) = 璋 (2256 참조)
- ☞ 사신이 상대국에 갈 때 신임(信任)을 표하기(章) 위하여 임금이 신표로 건네주던 옥(王)으로 된 (절반을 가른) 홀이라는 데서「반쪽 홀. 홀. 반쪽 서옥」뜻으로.

弄璋之慶(농:장지경 - 아들을 낳은 경사) 弄璋之喜(농:장지희 - 농장지경)

琮　옥홀 종. 서옥/갓이나머리에꽂는구슬/지신제에쓰는옥 종. 2051-20

- 王(玉) + 宗(마루/종묘/밑동/높일 종) = 琮 (0596 참조)
- ☞ 종묘(宗)의 제단에 바치는 옥(王), 또는 높은(宗) 벼슬아치가 머리에 꽂는 상서로운 옥(王)이라는 데서「옥홀. 서옥. 갓이나 머리에 꽂는 구슬. 지신제에 쓰는 옥」뜻으로.

琦　옥이름 기. 진기하고아름다운옥/진기할 기. 2052-20

- 王(玉) + 奇(기이할/기특할 기) = 琦 (0736 참조)
- ☞ 기이한(특이한)(奇) 옥(王), 곧 모양이나 빛깔이 특출하게 뛰어난 옥이라는 데서「진기하고 아름다운 옥. 진기하다. (진기한)옥 이름」뜻으로.

珪　홀 규. 2053-20

- 王(玉) + 圭(홀/서옥 규) = 珪 (0697 참조)　※ 珪는 圭(홀 규)의 고자.
- ☞ 옥(王)으로 된 홀(圭)이라는 데서「홀」뜻으로.

琪　아름다운옥 기. 2054-20

- 王(玉) + 其(그/그것 기) = 琪 (0327 참조)
- ☞ 여러 옥(王) 가운데 바로 그것(其)이라고 꼬집어서 일컬을 정도로 매우 돋보이는(뛰어난) 옥이라는 데서「아름다운 옥」뜻으로.

玉 부수(자원과 쓰임 → 2025 참조)

| 璣 별이름 기. 작은구슬/구슬 기. | 2055-20 |

- 王(玉) + 幾(몇/기미/작을/얼마못될 기) = 璣 (0908 참조)
- ☞ 크기가 작은(幾), 또는 수량이 얼마 못되는(幾) 희귀한 구슬(王)이라는 데서 「작은 구슬. 구슬. (작은 구슬 형상의)별 이름」 뜻으로.

璿璣玉衡(선기옥형 - 혼천의渾天儀. 천체의 운행과 위치를 관측하던 장치)

| 璟 옥빛 경: | 2056-20 |

- 王(玉) + 景(볕/햇볕 경) = 璟 (1024 참조)
- ☞ 옥(王)이 햇볕(景)에 반사되어 드러나는 고운 빛깔이라는 데서 「옥빛」 뜻으로.

| 玖 옥돌 구. | 2057-20 |

- 王(玉) + 久(오랠 구) = 玖 (0021 참조)

옥돌(玖)

- ☞ 오랜(久) 세월 동안 옥(王)의 성분을 그대로 지니고 있는 (가공하지 않은) 돌 (원석)이라는 데서 「옥돌」 뜻으로.

| 琯 옥피리 관. | 2058-20 |

- 王(玉) + {宀(움집 면) + 口 + 口 + ㅣ = 官(벼슬/집 관)} = 琯 (0595 참조)
- ☞ 집(宀)에 방(口)과 방(口)이 연이어져(ㅣ) 있는 관(官) 글자 형상처럼 여러 개의 구멍이 가지런하게 뚫리어 있는 옥(王)으로 된 악기라는 데서 「옥피리」 뜻으로.

| 璨 옥빛 찬: 옥광채/아름다운옥 찬. | 2059-20 |

- 王(玉) + 粲(정미/정한쌀밥 찬) = 璨 (1125 참조)
- ☞ 잘 쓿은 정미(粲)처럼 티 없이 맑은 빛깔을 띠는 옥(王)이라는 데서 「아름다운 옥. 옥빛. 옥 광채」 뜻으로.

| 珽 옥이름 정. 옥으로만든홀/큰홀 정. | 2060-20 |

- 王(玉) + 廷(조정/바를/머무를 정) = 珽 (0411 참조)
- ☞ 조정(廷)의 벼슬아치가 조현(朝見)할 때 조복(朝服)에 갖추어 손에 쥐는 옥(王)으로 된 홀(笏) 이라는 데서 「옥으로 만든 홀. 큰 홀. 옥 이름」 뜻으로.

| 瑗 구슬 원. 도리옥 원. | 2061-20 |

- 王(玉) + 爰(이에/이끌/당길 원) = 瑗 (1451 참조)
- ☞ 사람들의 이목을 이끄는(爰) 품질과 빛깔이 썩 좋은 구슬(王)이라는 데서 「구슬」 뜻으로.

| 瑢 패옥소리 용. | 2062-20 |

- 王(玉) + 容(얼굴 용 → 여기에서 「용」은 옥이 부딪치는 의성어로 봄) = 瑢 (0591 참조)
※ 패옥 → 왕과 왕비나 문무백관의 조복(朝服)의 좌우에 늘어어 차던 옥.
☞ 조복에 늘어뜨린 옥(王)이 용용(容容)거리며 부딪치는 소리이라는 데서 「패옥 소리」뜻으로.

瓚 옥잔 찬. 제기 찬. 2063-20

- 王(玉) + 贊(도울/밝을/기릴 찬) = 瓚 (3056 참조)
☞ 돕는(贊) 용도로 쓰이는 옥(王), 곧 (옥은 주로 노리개나 장식용으로 쓰이는데 비하여) 일상 생활에 도움을 주는 옥으로 된 기물이라는 데서 「옥잔. 제기」뜻으로.

琵 비파 비. 2064-10

琶 비파 파. 2065-10

- 王(玉) + 王(玉) + 比(견줄/비할/아우를 비) = 琵 (1575 참조)
- 王(玉) + 王(玉) + 巴(뱀/꼬리/파초 파) = 琶 (0949 참조)

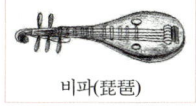
비파(琵琶)

☞ 여기에서 王王은 비파의 현(絃) 모양, 비파(比巴)는 비파 소리를 표현. 현(王王)을 긁으면 비파(삐빠)(比巴)거리는 소리가 나는 악기이라는 데서 「비파」뜻으로.
琵琶(비파 - 현악기의 한 가지. 둥글고 긴 타원형이며 4현 때로는 5현이 있음)

玩 즐길 완: 희롱할/구경/익힐/성(姓) 완. 2066-10

- 王(玉) + 元(으뜸/처음/근본/클 원) = 玩 (0187 참조)
☞ 으뜸(元)가는(아주 뛰어난) 구슬(王)은 좋은 구경거리로써 사람들이 패용하고 다니거나 노리개로 즐긴다는 데서 「즐기다. 희롱하다. 구경」뜻으로.
玩具(완:구 - 장난감) 玩讀(완:독 - 글 뜻을 깊이 생각하며 읽음) 愛玩(애:완 - 사랑하며 다루어 즐김)

瑕 허물/티 하. 옥티 하. 2067-10

- 王(玉) + 叚(허물/빌릴 가) = 瑕 (0070 참조)
☞ 옥(王)에 나 있는 허물(흠집)(叚)이라는 데서 「옥티. 허물. 티」뜻으로.
瑕疵(하자 - 흠. 결점) 瑕疵補修(하자보수 - 흠집 난 부위를 고침)

璧 구슬 벽. 둥근옥/도리옥 벽. 2068-10

- 辟(임금/하늘/편벽될 벽 | 피할 피) + 玉 = 璧 (3317 참조)
☞ 반원형의 하늘(辟)처럼 둥근 옥(玉)이라는 데서 「둥근 옥. 구슬. 도리 옥」뜻으로.
完璧(완벽 - 흠이 없는 구슬. 결점이 없음) 雙璧(쌍벽 - 두 개의 구슬. 우열이 없이 특별히 뛰어난 둘)

瓏 옥소리 롱. 2069-10

- 王(玉) + 龍(용 룡 → 여기에서 「룡」은 옥이 부딪치는 의성어로 봄) = 瓏 (3689 참조)

玉 부수(자원과 쓰임 → 2025 참조)

☞ 옥(王)이 (서로 부딪치어) 용용(龍龍)거리며 울리는 소리이라는 데서「옥 소리」뜻으로.
玲瓏(영롱 - 광채가 찬란함. 금옥이 울리는 소리)

琉 유리 류. 2070-10

● 王(玉) + 㐬(깃발 류ㅣ거칠 황) = 琉 (1188 참조)
☞ 펄럭거리는 깃발(㐬)처럼 이리저리 움직이는 물체가 표면에 되비치는 옥(王) 유형의 물질이라는 데서「유리」뜻으로.
琉璃(유리 - 석영·탄산나트륨·석회암을 원료로 하여 고온에서 융해시켜 식힌 물질) 琉璃瓶(유리병)

琓 옥돌/나라이름 완. 2071-10

● 王(玉) + 完(완전할/지을 완) = 琓 (0585 참조)
☞ 옥(王)이 집 모양처럼 지어져(完) 있는, 곧 옥으로 이루어진 덩어리 형태의 돌이라는 데서「옥돌」뜻으로.

頊 삼갈 욱. 믿을/진실로 욱. 2072-10

● 王(玉) + 頁(머리 혈) = 頊
☞ (변하지 않으며 언제나 고운 빛깔을 띠는) 옥(王)처럼 머리(頁)를 쓰는, 곧 변심하지 않고 한결같은 심성으로(진실하게) 마음을 쓴다는 데서「삼가다. 믿다. 진실로」뜻으로.

瑄 도리옥 선. 큰구슬/환옥 선. 2073-10

● 王(玉) + 宣(베풀/펼/두루 선) = 瑄 (0602 참조)
※ 도리옥 → 조선 때, 정일품 및 종일품 벼슬아치가 붙이던 옥관자(玉貫子).
☞ 베풀어(宣) 주는 옥(王), 곧 임금이 높은 벼슬아치에게 내려 주는 둥글고 큰 구슬이라는 데서「도리옥. 큰 구슬. 환옥」뜻으로.

璽 옥새 새. 2074-10

● {爾 + 冂(멀 경ㅣ빌 형) + 㸚(효 효) + 㸚 = 爾(너/가까울 이)} + 玉 = 璽 (1820 참조)
☞ 임금이 항상 가까운(爾) 곳에 놓아두고 사용하는 옥(玉), 또는 평평한(平) 공간(冂)에 여러 가지 문양(㸚)을 새겨 넣은 옥(玉)으로 된 물건이라는 데서「옥새」뜻으로.
玉璽(옥새 - 임금의 도장. 어새) 御璽(어:새 - 옥새) 國璽(국새 - 국가를 대표하는 도장)

珊 산호 산. 2075-10

● 王(玉) + 冊(= 册책 책) = 珊 (0316 참조)

산호(珊瑚)

☞ 옥(王)처럼 영롱한 빛깔을 띠고, 죽편을 엮어 놓은 책(冊 = 册)처럼 한데 엮이어(무리지어) 있는 동물이라는 데서「산호」뜻으로.
珊瑚(산호 - 산호과에 속하는 자포동물. 산호충이 모여서 나뭇가지 모양을 형성한 것으로, 겉은 무르고 속은 단단한 석회질로 되어 있음. 가공하여 장식품으로 씀)

玉 부수(자원과 쓰임 → 2025 참조)

瑚 산호 호.
2076-10

◉ 王(玉) + 胡(오랑캐/턱밑살/목 호) = 瑚 (2390 참조)
☞ 주름진 턱밑 살(胡)처럼 표피가 주름져 있고 옥(王)처럼 빛깔이 영롱한 동물이라는 데서「산호」뜻으로.

琥 호박 호:
2077-10

◉ 王(玉) + 虎(범 호) = 琥

호박(琥珀)

☞ 범(虎)의 얼룩진 털 무늬처럼 알록달록한 광택이 나는 옥(王) 유형의 광물이라는 데서「호박」뜻으로.
琥珀(호:박 - 수지 따위가 다른 물질과 화합하여 굳어진 광물. 황색으로 거의 투명하며 광택이 있음)

珀 호박 박.
2078-10

◉ (玉) + 白(흰/밝을/맏 백 →「흰 물방울」을 표현한 글자) = 珀
☞ 흰(白) 물방울처럼 투명하게 응어리져 있는 구슬(王) 유형의 광물이라는 데서「호박」뜻으로.
琥珀(호:박 - 수지 따위가 다른 물질과 화합하여 굳어진 광물. 황색으로 거의 투명하며 광택이 있음)

玉	白	瓦	玄
구슬 옥	흰 백	기와 와	검을 현

부수 5획

白 흰 백. 밝을/분명할/고할/아뢸/빌/맏/성(姓) 백.   2079-80

자원 白 → 드리워져(맺혀)(丿) 있는 하얀 물방울 모양(日)을 표현한 것으로 봄.
쓰임 「희다. 맏이. 으뜸. 아뢰다. 물방울 모양」과 의미로 쓰임.

白雪(백설 - 흰 눈) 白髮(백발 - 흰머리) 白米(백미) 白眉(백미) 白露(백로) 白壽(백수) 白日夢(백일몽)
白頭山(백두산) 潔白(결백) 餘白(여백) 告白(고:백) 白居易(백거이 - 중국 당나라 때의 저명한 시인)

百 일백 백. 많을/온갖 백.   2080-70

● 一(한/하나/같을/한결 일) + 白 = 百
☞ 물건을 헤아려 나가다가 하나(一)의 묶음을 이루는 수량(한 접 → 100)이 되면 큰소리로 아뢰는(白) 수효가 일백이라는 데서 「일백. 많다」 뜻으로.

百姓(백성 - 일반 국민) 百方(백방 - 온갖 방법) 百貨店(백화점) 百發百中(백발백중) 百戰老將(백전노장)

> ★ 百(일백/많을 백)과 결합을 이룬 글자.   2080 별첨
>
> 貊(나라이름 맥) ☞ 豸(3030) → 사나운 짐승(豸)처럼 성품이 매우 저돌적인 백성(百姓)이라는 의미가 부여되어 「오랑캐. 맥국. 나라 이름」 貊弓(맥궁)

的 과녁 적. 목표 적.   2081-50

● 白 + 勺(구기 작) = 的 (0267 참조)

과녁(的)

※ 구기 → 술·간장 등을 퍼 담을 때 쓰는 자루가 달려 있고 눈금이 새겨져 있는 기물.
☞ 흰(白) 바탕에, 눈금이 그어져 있고 오목하게 생긴 구기(勺)처럼 동그란 원과 눈썹 모양의 선을 그어 놓은 화살 표적물이라는 데서 「과녁. (과녁처럼 표적으로 삼는)목표」 뜻으로.

的中(적중 - 화살이 과녁에 맞음) 的確(적확 - 확실함) 的當(적당) 的實(적실) 目的(목적)
標的(표적)

皇 임금 황. 클 황.   2082-32

● 白 + 王(임금 왕) = 皇 (2026 참조)
☞ (여러 왕들 가운데) 맏이(白) 서열에 해당하는 (지위가 가장 높은) 임금(王)이라는 데서 「임금. 크다」 뜻으로.   ※ 진시황이 처음으로 황제(皇帝) 칭호를 썼음.

皇帝(황제 - 임금. 여러 왕들을 거느리고 있는 임금) 三皇(삼황 - 중국 고대 전설상의 세 임금)

> ★ 皇(임금/클 황)과 결합을 이룬 글자.   2082 별첨
>
> 凰(봉황새 황) ☞ 几(0289) → 궤짝(几) 모양처럼 두툼하게 솟은 날개를 펼치고 뭇 새들을 거느리는 황제(皇) 지위에 해당(비견)하는 상상의 새이라는 데서 「봉황새」 鳳凰(봉황)

白 부수(자원과 쓰임 → 2079 참조)

徨(노닐 황)	☞ 彳(0454) → 임금(皇)이 정원을 어슬렁거리며 걸어 다닌다(彳)는 데서 「노닐다」
煌(빛날 황)	☞ 火(1151) → 불(火)이 크게(皇) 피어올라 밝게 빛나는 모양이라는 데서 「빛나다」
惶(두려워할 황)	☞ 心(1930) → 마음(忄)이, 임금(皇)을 대면(마주)하는 것처럼 매우 조심스럽고 두려움을 느낀다는 데서 「두렵다. 두려워하다」 惶恐(황공)
遑(허둥거릴 황)	☞ 辵(3139) → 신하가 임금(皇) 곁으로 허겁지겁 달려간다(辶)는 데서 「허둥거리다. 급하다」

皆 다 개. 모두/함께/한가지 개. 2083-30

◉ 比(견줄/비할/아우를/같을 비) + 白 = 皆 (1575 참조)

☞ 아울러(比) 아뢰는(白), 곧 여러 신하들이 임금에게 일치된 의견으로 모두가 함께 아뢴다는 데서 「모두. 다. 함께. 한가지」 뜻으로.

皆勤(개근 - 빠짐없이 출석함) 皆兵(개병 - 전 국민이 병역의무를 갖는 일) 皆骨山(개골산) 皆旣(개기)

★ 皆(다/모두/함께/한가지 개)와 결합을 이룬 글자. 2083 별첨

階(섬돌 계)	☞ 阜(3340) → 비탈진 언덕(阝)처럼 다들(皆) 오르막 지게끔 토석(土石)을 겹겹으로 쌓아 놓은 축조물이라는 데서 「섬돌. 층계」 階段(계단)
偕(함께 해)	☞ 人(0159) → 사람(亻)이 함께(皆) 모여 있는, 곧 온 집안 식구들이 함께 모이어 단란하게 살아간다는 데서 「함께」 偕老(해로)
楷(본보기 해)	☞ 木(1693) → 나뭇가지가 모두(皆) 반듯하게 자라나서 다른 나무의 본보기가 되었다고 전하는 (공자의 무덤에 자라났다는) 나무(木)라는 데서 「공목(孔木). 본보기」 楷書(해서)
諧(화할 해)	☞ 言(3277) → 여러 사람이 함께(皆) 모여 화기애애하게 말한다(言)는 데서 「화하다」

皐 언덕 고. 늪 고. 2084-20

◉ 白 + 夲(= 𡗉 나아갈 토) = 皐

☞ 흰 물방울(白)이 나아가는(스미어 나오는)(夲) 근원지이라는 데서 「언덕. 늪」 뜻으로.

皐復(고복 - 사람이 죽은 뒤에 초혼招魂하고 발상發喪하는 의식) 皐蘭草(고란초) 皐蘭寺(고란사)

皓 흴 호. 밝을/하늘 호. 2085-20

◉ 白 + 告(고할/알릴 고 | 청할 곡) = 皓

☞ 희다(白)는 것을 고하는(告) 것처럼 온통 새하얀 빛깔이라는 데서 「희다. 밝다」 뜻으로.

皓皓白髮(호호백발 - 온통 하얗게 센머리) 丹脣皓齒(단순호치 - 썩 아름다운 여자의 용모를 일컬음)

★ 皓(흴/밝을/하늘 호)와 결합을 이룬 글자. 2085 별첨

| 澔(넓을 호) | ☞ 水(1277) → 물(氵)이, 끝없이 펼쳐진 하늘(皓)처럼 방대하게 펼쳐져 있다는 데서 「넓다」 |

皎 흴/달밝을 교. 달빛/밝을/깨끗할 교. 2086-10

◉ 白 + 交(사귈/서로 교) = 皎 (0200 참조)

☞ 흰(白) 빛깔이 서로 사귀는(交) 것처럼 모두가 하얗다는 데서 「희다. 달 밝다」 뜻으로.

皎月(교월 - 희고 밝게 비치는 달) 皎潔(교결 - 밝고 맑음) 皎皎月色(교교월색 - 밝고 맑은 달빛)

부수 5획	玉 구슬 옥	白 흰 백	瓦 기와 와	玄 검을 현

瓦 | 기와 와. 질그릇/실패 와. 2087-30

기와(瓦)

- 자원 瓦 → 암수 기와가 서로 맞물려 있는 모양을 표현한 글자로 봄.
- 쓰임 주로 「도자기」 의미로 쓰임.
- ※ 질그릇 → 잿물을 입히지 아니한 진흙으로 구워 만든 그릇.

瓦家(와가) 瓦器(와기) 瓦當(와당) 瓦解(와해) 瓦匠(와장) 瓦塼(와전) 瓦全(와전 - 헛된 삶을 이어감)

甕 | 독 옹: 항아리 옹. 2088-20

- 雍(화할/모일/막을 옹) + 瓦 = 甕 (3493 참조)

독(甕)

☞ 한데 모이어(雍) 있는 모양처럼 가운데(배) 부위가 불룩하게 튀어나온 도자기(瓦)이라는 데서 「독. 항아리」 뜻으로.

甕器(옹:기 - 질그릇·오지그릇을 이르는 말) 甕棺(옹:관 - 오지로 만든 널) 甕城(옹:성) 甕津郡(옹:진군)

甄 | 질그릇 견. 2089-20

- 垔(막을 인) + 瓦 = 甄(1105 참조)
- ☞ 주위를 둘러막아(垔) 놓은 모양처럼 태두리가 오목하게 둘리어 있는 도자기(瓦)이라는 데서 「질그릇」 뜻으로.

甄萱(견훤 - 후백제의 초대 왕) ※ 萱(원추리 훤)

瓷 | 사기그릇 자. 오지그릇 자. 2090-10

- 次(버금/다음 차) + 瓦 = 瓷 (2008 참조)

사기그릇(瓷)

- ※ 오지그릇 → 붉은 진흙으로 만들어 볕에 말리거나 오짓물을 입히어 다시 구운 질그릇.
- ☞ (품질이 저급한) 초기의 질그릇 다음(次)으로 등장한 (품질이 향상된) 도자기(瓦)이라는 데서 「사기그릇. 오지그릇」 뜻으로.

瓷器(자기 - 사기그릇) 靑瓷(청자) 陶瓷器(도자기 - 질그릇·오지그릇·사기그릇 따위의 총칭)

甁 | 병 병. 단지/물장군 병. 2091-10

- 幷(아우를 병) + 瓦 = 甁(0934 참조)
- ☞ 아우른(幷) 형상으로 이루어져 있는(위아래는 비좁으면서 배가 볼록하게 튀어나온) 도자기(瓦)이라는 데서 「병. 단지. 물장군」 뜻으로.

花甁(화병 - 꽃을 꽂아 두는 병) 藥甁(약병 - 약을 담는 병)

부수 5획	玉 구슬 옥	白 흰 백	瓦 기와 와	玄 검을 현

玄 | 검을 현. 아득할/까마득할/하늘/성(姓) 현.   2092-32

자원 玄 → 머리(상단)(亠 머리 두)에, 곧 높은 곳에 가느다란 실(幺 작을 요)이 매달리어(드리워져) 있어서 가물가물하게 보이는 모양이라는 데서 「검다. 아득하다. (아득하게 높은)하늘」 의미를 지님.

쓰임 「검다. 까마득하다. 아득하다. 매달아 놓은 실오리 모양」과 의미로 쓰임.

玄妙(현묘 - 심오하고 미묘함) 玄孫(현손 - 고손) 玄米(현미) 玄關(현관) 玄武(현무) 玄室(현실)

率 | 비율 률 | 거느릴 솔. 좇을/행할/ 솔 | 헤아릴/셈 률.   2093-32

◉ 玄 + 卆(= 𠦄 나아갈 토) = 率

☞ 검게(까마득하게)(玄) 보일 정도로 수많은 무리가 나아가는(卆), 곧 장수가 수많은 군사들을 거느리고 행군하는 모습에서 「(장수가 군사를)거느리다. (군사들이 장수를)좇다. (거느리는 군사들을)헤아리다. (헤아리는)셈. (비교하여 헤아린다는 데서)비율」 뜻으로.

率先(솔선 - 남보다 먼저 나섬) 率直(솔직) 能率(능률) 引率(인솔) 輕率(경솔) 比率(비:율) 統率(통:솔)

玆 | 이 자. 검을/흐릴/더할 자.   2094-30

◉ 玄 + 玄 = 玆

☞ 검고(玄) 검은(玄), 곧 이 모두가 검은 빛깔이라는 데서 「이. 검다. 흐리다. (검은 빛깔이)더하다」 뜻으로.

玆而(자이 - 이에)

★ 玆(이/검을/흐릴/더할 자)와 결합을 이룬 글자.		2094 별첨
慈(사랑할 자)	☞ 心(1880) → 검게(玆) 보일 정도로 그윽하게 마음(心)을 쏟아붓는다는 데서 「사랑하다」	
滋(불을 자)	☞ 水(1301) → 물(氵)이 점점 더하여(玆)진다는 데서 「불어나다. 더하다」 滋甚(자심)	
磁(자석 자)	☞ 石(2146) → 검은(玆) 돌(石), 곧 검붉은 빛깔을 띠는(자석 성분이 들어 있는) 자철석이라는 데서 「자석」 磁石(자석)	

★ 玄(검을/하늘/아득할/까마득할 현)과 결합을 이룬 글자.		2094 별첨
絃(줄 현)	☞ 糸(2489) → 현(玄) 글자 형상처럼 악기에 매달아 놓은 실(糸)이라는 데서 「줄. 악기 줄」	
弦(활시위 현)	☞ 弓(0921) → 활(弓)에 현(玄) 글자 형상처럼 매달아 놓은 실(끈)이라는 데서 「활시위」	
炫(밝을/빛날 현)	☞ 火(1143) → 불(火)이 까마득하게(玄) 높이 타올라 불빛이 매우 밝게 비친다는 데서 「빛나다. 밝다」	
鉉(솥귀 현)	☞ 金(3446) → 쇠(金)로 된 솥의 가장자리에, (매달려 있는 실을 표현한) 현(玄) 글자 형상처럼 매달리어(부착되어) 있는 솥귀 모양이라는 데서 「솥귀. 솥 귀고리」	

玄 부수(자원과 쓰임 → 2092 참조)

眩(어지러울 현) ☞ 目(2287) → 눈(目)에 물체가 까마득하게(玄) 보이는, 곧 현기증을 일으킬 정도로 (절벽이) 까마득하게 보인다는 데서 「어지럽다. 아찔하다」 眩惑(현혹)

牽(이끌 견) ☞ 牛(1379) → 여기에서 玄은 멍에 모양을 표현. 현(玄) 글자 형상처럼 끈을 매달아 놓은 멍에를 목덜미에 덮어(冖)쓰고 소(牛)가 수레를 이끈다는 데서 「이끌다」 牽引(견인)

畜(기를 축) ☞ 田(2121) → 까마득하게(玄) 보일 정도로 논밭(田)에 수많은 가축을 방목하고(기르고) 있다는 데서 「기르다. 가축」 畜産(축산)

자투리 마당

「바다」를 표현한 글자

○ 海(바다 해) → 물(氵)이 (불어나거나 줄지 않고) 매양(每) 일정한 수량으로 채워져 있는 매우 너른 곳. 海域(해역)

○ 洋(바다 양) → 물(氵)이 가물거리는 양 떼(羊)처럼 까마득하게 펼쳐져 있는 더없이 너른 곳. 海洋(해양)

○ 滄(바다 창) → 물(氵)이 채워져 있는 곳집(倉 곳집 창), 곧 곡식이 채워져 있는 곳집처럼 물이 가득하게 채워져 있는 깊고 너른 곳. 滄海(창해)

○ 溟(바다 명) → 물(氵)이 어두운(冥) 색상을 띠는 아주 깊고 너른 곳. 溟海(명해)

| 부수 5획 | 甘 달 감 | 瓜 오이 과 | 生 날 생 | 田 밭 전 |

甘 달 감. 맛/즐길/상쾌할/귤/팥배나무 감. 2095-40

자원 甘 → 음식물이 혀(一)에 닿았을 때에 입(凵 입벌릴 감)에 침(一)이 고이는 것은 맛이 달다는 데서「달다. 맛. (단맛을)즐기다」는 의미를 지님.

쓰임 「단맛. 귤」 의미로 쓰임.

甘味(감미 - 단맛) 甘苦(감고) 甘受(감수) 甘草(감초) 甘言利說(감언이설) 甘呑苦吐(감탄고토)

甚 심할 심: 매우/두터울 심. 2096-32

◉ 甘 + 匹(짝/배필 필) = 甚

☞ 단맛(甘)이 날 정도로 배필(부부)(匹) 사이의 애정(금실)이 지극히 좋다는 데서「(금실이)두텁다. 매우. 심하다」뜻으로.

甚大(심:대 - 심히 막대함) 甚深(심:심) 甚至於(심:지어 - 심하다 못해 나중에는) 極甚(극심) 激甚(격심)

★ 甚(심할/매우 심)과 결합을 이룬 글자.		2096 별첨
勘(헤아릴 감)	☞ 力(0380) → 심하게(甚) 힘(力)을 주는, 곧 있는 힘을 다하여 적군(상대방)을 당할 수가 있는지를 가늠하여(헤아려) 본다는 데서「헤아리다. 감당하다」勘當(감당)	
堪(견딜 감)	☞ 土(0708) → 땅(土)은 무거운 물체를 제아무리 심하게(甚) 실어도 가라앉지 않고 이를 견디어 낸다는 데서「견디다. 버티다. 싣다」堪耐(감내)	
斟(헤아릴 짐)	☞ 斗(1828) → 상태가 어느 정도로 심한(甚) 지를 헤아려(斗) 본다는 데서「헤아리다」	

甜 달 첨. 2097-00

◉ 甘 + 舌(혀 설) = 甜

☞ 단맛(甘)이 혀(舌)에 느껴지는, 곧 혀에 느껴지는 단맛이라는 데서「달다」뜻으로.

甜瓜(첨과 - 참외) 甜蜜(첨밀 - 달콤한 꿀)

★ 甘(달/맛/즐길 감)과 결합을 이룬 글자.		2097 별첨
柑(감귤 감)	☞ 木(1725) → 단맛(甘)이 나는 열매가 열리는 나무(木)라는 데서「감귤나무. 감귤」	
紺(감색 감)	☞ 糸(2524) → 실(糸)이 (감색을 띠는 설익은) 귤(甘) 색상이라는 데서「감색」紺色(감색)	
疳(감질 감)	☞ 疒(2328) → 단맛(甘)이 입에 당기는 병(疒)의 일종이라는 데서「감질」疳疾(감질)	
某(아무 모)	☞ 木(1647) → 달콤한(甘) 꽃향내를 풍기는 나무(木)라는 데서「매화나무. (매화는 누구나 다 좋아한다는 데서)아무. 누구」某氏(모씨)	

甘	瓜	生	田
달 감	오이 과	날 생	밭 전

부수 5획

瓜 오이 과. 외(참외)/모과/가지 과. 2098-30

자원 瓜 → 넝쿨(爪 → 넝쿨 모양) 사이에 열려 있는 오이나 참외·박 종류의 열매 모양(厶)을 표현한 글자로 봄.

쓰임 「오이. 참외. 박 종류의 넝쿨 열매」 의미로 쓰임.

瓜菜(과채 - 오이나물) 瓜期(과기 - 여자의 나이 15~16세 때) 瓜年(과년) 瓜田不納履(과전불납리)

瓠 박/표주박 호. 2099-00

◉ 夸(클/큰체할/자랑할 과) + 瓜 = 瓠 (3235 참조)

박(瓠)

☞ 큰 체하는(자랑하는)(夸) 것처럼 몸집을 맨드리하게 드러내고 (초가지붕 위에) 나뒹굴어 있는 오이(瓜) 종류의 넝쿨 열매이라는 데서 「표주박. 박」 뜻으로

瓠犀(호서 - 박씨. 박같이 희고 가지런하게 난 미인의 이빨을 가리키는 말)

瓢 표주박/박 표. 바가지 표. 2100-00

◉ 票(표/쪽지/불날릴/훌쩍날 표) + 瓜 = 瓢 (2351 참조)

☞ 쪽지가 훌쩍 날아(票) 높이 오른 것처럼 초가지붕을 타고 높이 솟아오른 넝쿨에 열려 있는 오이(瓜) 종류의 넝쿨 열매이라는 데서 「표주박. 박」 뜻으로.

瓢(표주박 - 박으로 만든 작은 바가지. 표자) 瓢子(표자) 瓢簞(표단) 簞食瓢飮(단사표음)

★ 瓜(오이/외 과)와 결합을 이룬 글자. 2100 별첨

孤(외로울 고)	☞ 子(0419) → 아이(子)가, 넝쿨에 덩그렇게 매달리어 있는 넝쿨 열매(조롱박)(瓜)처럼 외톨이이라는 데서 「외롭다. 홀로」 孤兒(고아)
呱(울 고)	☞ 口(0857) → 넝쿨에 매달려 있는 오이(瓜)처럼 갓난아기가 탯줄에 매달리어 소리(口)를 내어 운다는 데서 「울다」 呱呱(고고)
弧(나무활 호)	☞ 弓(0926) → (길쭉하게 굽은) 오이(瓜) 모양처럼 밋밋하게 굽은 나무로 된 활(弓)이라는 데서 「나무활. 활」 弧線(호선)
狐(여우 호)	☞ 犬(1401) → 오이(瓜) 모양처럼 길쭉하고 토실토실한 꼬리를 늘어뜨린 개(犭)와 유사한 짐승이라는 데서 「여우」 狐死首丘(호사수구)

| 부수 5획 | 甘 달 감 | 瓜 오이 과 | 生 날 생 | 田 밭 전 |

生 날 생. 낳을/해산할/살/살릴/자라날/날것/산것/목숨/어조사 생. 2101-80

자원 生 → 흙(土)에서 새싹이 돋아나는(丿 → 屮「싹날 철」의 획 줄임) 모양을 표현.
※ 生의 본자(本字)는 屮(싹날 철)과 土가 결합된 𡳿임.
쓰임 「태어나다. 나다」는 의미로 쓰임.

生日(생일) 生涯(생애 - 살아 있는 동안) 生命(생명) 生活(생활) 生産(생산) 生計(생계) 生育(생육)

産 낳을 산: 생산할 산. 2102-50

◉ 𠂉(→ 文「글월/문채날/무늬 문」의 변형) + 厂(굴바위/언덕 엄) + 生 = 産
※ 產이 본자(本字)이며 産은 속자.
☞ 문채나는(𠂉 = 文) 금기 줄(붉은 고추와 검은 숯을 달아 놓은 줄)을 굴바위 집(厂) 처마에 매달아 놓은 것은 아기를 낳았다(生)는 표식이라는 데서 「낳다. 생산하다」 뜻으로.

産母(산:모) 産兒(산:아 - 아이를 낳음) 産地(산:지) 産業(산:업) 産卵(산:란) 産學(산:학) 生産(생산)

甥 생질 생. 사위/외손자 생. 2103-10

◉ 生 + 男(사내 남) = 甥 (2106 참조)
☞ 새로 태어난(생긴)(生) 남자(男)이라는 데서 다음과 같은 뜻이 취해짐.
 - 누나 또는 누이동생이 결혼하여 낳은(生) 남자(男)아이 → 「생질」
 - 딸이 결혼함으로써 새롭게 생기는(生) 남자(男) → 「사위」
 - 딸이 결혼하여 낳은(生) 남자(男)아이 → 「외손자」

甥姪(생질 - 누나 또는 누이동생이 낳은 남자아이) 外甥(외:생 - 편지에서, 사위가 장인에게 쓰는 자칭)

甦 깨어날 소. 2104-10

◉ 更(다시 갱|고칠 경) + 生 = 甦 ※ 甦는 蘇(되살아날 소)의 속자.
☞ 다시(更) 태어나는(生), 곧 거의 죽은 상태에서 다시 살아난다는 데서 「깨어나다」 뜻으로.

甦生=蘇生(소생 - 다시 살아남) 甦息=蘇息(소식 - 끊어질 듯한 숨이 되살아남)

甘	瓜	生	田
달 감	오이 과	날 생	밭 전

부수 5획

田 밭 전. 땅/벌릴/메울/사냥할/성(姓)/귀신이름 전. 2105-42

자원 田 → 이랑으로 구분지어(갈라)(十) 놓은 밭 모양(口)을 표현.

쓰임 「밭. 밭이랑. 논밭. 전지. 농토. 들판. 田 모양」과 의미로 쓰임.

※ 우리나라에서는 논(畓 논 답)과 밭(田)을 구분하고 있으나 중국에서는 田 글자가 논밭을 통칭하는 의미로 쓰임.

※ 畓은 우리나라에서 만든 국자(國字).

田畓(전답 - 논과 밭) 田租(전조 - 논밭에 대한 조세) 田園(전원) 田作(전작) 田穀(전곡) 油田(유전)

男 사내 남. 남자/아들 남. 2106-70

● 田 + 力(힘 력) = 男

☞ 논밭(田)에서 힘들여(力) 일하는 사람이라는 데서 「남자. 사내」 뜻으로.

男子(남자) 男丁(남정 - 장년이 된 남자) 男妹(남매) 男兒(남아) 男便(남편) 男優(남우) 男根(남근)

★ 男(사내/남자 남)과 결합을 이룬 글자. 2106 별첨

| 甥(생질 생) | ☞ 生(2103) → 위의 2103 참조 |
| 舅(시아비 구) | ☞ 臼(2607) → 절구는 수명이 긴 기구로, 절구(臼)를 물려받는(생활권을 이어받는) 남자(男)로서, 본가는 시아버지, 외가는 외삼촌이 되는 데서 「시아버지. 외삼촌」 |

界 지경 계: 한정할/둘레 계. 2107-60

● 田 + 介(끼일 개) = 界 (0107 참조)

☞ 밭(田) 사이에 끼여(介) 있는 경계 지역이라는 데서 「지경. 한정하다. 둘레」 뜻으로.

境界(경계 - 지역이 구분되는 한계) 學界(학계) 分界線(분계선) 世界(세:계) 限界(한:계) 敎育界(교:육계)

由 말미암을 유. 인할/지날 유. 2108-60

● 田 + ㅣ(위아래통할 신ㅣ뚫을 곤) = 由

☞ 밭(田)에 새싹이 (흙을 뚫고) 돋아나는(ㅣ) 모양, 곧 논밭에서 돋아나는 농작물로 인하여(말미암아) 식생활을 영위하여 나간다는 데서 「말미암다. 인하다. (새싹이 흙덩이를 뚫고 위로)지나다」 뜻으로

由來(유래 - 사물의 내력) 由緖(유서 - 유래된 단서) 經由(경유) 緣由(연유) 事由(사:유) 理由(이:유)

★ 由(말미암을/인할/지날 유)와 결합을 이룬 글자. 2108 별첨

| 油(기름 유) | ☞ 水(1177) → 물(氵)이 유(由) 글자 형상처럼 안에서 밖으로 빠져나오는, 곧 기름 주머니에서 빼어져 나오는 물 유형의 액체라는 데서 「기름」 油田(유전) |
| 柚(유자 유) | ☞ 木(1716) → 여기에서 由는 꼭지에 매달려 있는 유자 모양을 표현. 나무(木)에 유(由) 글자 형상을 이루어 매달리어(열려) 있는 유자 모양에서 「유자」 柚子(유자) |

田 부수(자원과 쓰임 → 2105 참조)

釉(잿물 유)	☞ 采(2987) → 이를 사용함(옷감에 담그거나 도자기에 칠함)으로 인하여(由) 기존의 물체와 분별되어(采)지는(표백이 되거나 광택이 나는) 물질이라는 데서「잿물. 유약」
袖(소매 수)	☞ 衣(2564) → 여기에서 由는 소매에서 손이 삐어져 나오는 모양을 표현. 유(由) 글자 형상처럼 손이 안쪽에서 바깥으로 삐어져 나오는 옷(衤)의 부위이라는 데서「소매」
笛(피리 적)	☞ 竹(2682) → 입김을 지나게(由) 하여(입김을 불어서) 소리를 내는 대나무(竹)로 된 관악기이라는 데서「피리」玉笛(옥적)
宙(집 주)	☞ 宀(0604) → 움집(宀)이, 위쪽으로 지나가는(由) 형상, 곧 지상에서 하늘 쪽으로 끝없이 뻗어 있는 움집 형상의 공간이라는 데서「집. 하늘」宇宙(우주)
紬(명주 주)	☞ 糸(2532) → 여기에서 由는 고치에서 실이 뽑히어져 나오는 모양을 표현. 실(糸)을 고치에서 뽑아내는 모양(由)에서「고치에서실 뽑다. (고치실로 짠)명주」明紬(명주)
抽(뽑을 추)	☞ 手(1471) → 손(扌)으로 밭(田)에 돋아난 잡초를 뽑아 올리는 모양(丨)에서「뽑다」
軸(굴대 축)	☞ 車(3172) → 여기에서 由는 바퀴(田)가 꿰어져(丨) 있는 굴대 모양을 표현. 수레(車)에 유(由) 글자 형상을 이루어 바퀴가 꿰어져 있는 굴대(차축) 모양이라는 데서「굴대」車軸(차축)

畫 그림 화: 2109-60

◉ 聿(붓 율) + 田 + 凵(입벌릴/그릇 감) = 畫 (2666 참조)

☞ 붓(聿)으로, 밭(밭이랑)(田) 모양처럼 이리저리 선을 그어서 그릇(凵)에 담아 두는 것처럼 화폭에 담아(그려) 놓은 것이라는 데서「그림」뜻으로.

畫家(화:가) 畫像(화:상 - 얼굴을 그린 형상) 畫面(화:면) 畫筆(화:필) 畫廊(화:랑) 畫龍點睛(화:룡점정)

番 차례 번. 번수/갈릴/갈마들 번. 2110-60

◉ 采(분별할 변) + 田 = 番

☞ 쉽게 분별하기(采) 위하여 전(田) 글자 형상처럼 가로세로로 선을 그어서 차례대로 구분(나열)하여 놓은 모양에서「차례. 번수. 갈리다」뜻으로.

番地(번지 - 토지를 나누어서 매겨 놓은 번호) 番號(번호) 當番(당번) 缺番(결번) 局番(국번) 順番(순:번)

★ 番(차례/번수/갈릴/갈마들 번)과 결합을 이룬 글자. 2110 별첨

飜(뒤칠/번역할 번)	☞ 飛(3551) → 새가 두 날개를 갈마들게(番) 하여(교대로 뒤집어 가면서) 날아(飛)오른다는 데서「뒤치다. 뒤집다. (외래어를 뒤집어서 자국어로 바꾼다는 데서)번역하다」飜譯(번역)
蕃(불을 번)	☞ 艸(2788) → 여러 가지 풀(초목)(艹)이 갈마드는(番) 것처럼 번갈아 가면서 돋아나(무성하게 어우러져) 있다는 데서「우거지다. 붇다」蕃盛(번성)
藩(울타리 번)	☞ 艸(2795) → (싸리나무 같은) 초목(艹)을 엮어, 물 소용돌이치는(潘 뜨물/물소용돌이칠 반) 형상처럼 집 주위를 둘러놓은 구조물이라는 데서「울타리」번국(藩國)
磻(반계 반)	☞ 石(2147) → 돌(石)이 갈마들어(番) 있는, 곧 돌(암반)이 겹겹으로 둘리어 있는 지형(지대)이라는 의미가 부여되어「반계. 강 이름」磻溪(반계)
潘(성/뜨물 반)	☞ 水(1279) → 갈마들은(番) 물(氵), 곧 (밥을 짓기 위하여) 곡식을 번갈아 가며 치대어 놓은 물이라는 데서「뜨물」潘沐(반목)
蟠(서릴 반)	☞ 虫(2636) → 갈마드는(番) 것처럼 몸의 마디(흉절과 복절)를 번갈아 가며 오므리고 펴는 벌레(虫)이라는 데서「쥐며느리. (오므린 쥐며느리 모양처럼 끈을 포갠다는 데서)서리다」
審(살필 심)	☞ 宀(0608) → 논밭(田)에 심어 놓은 작물의 상태를 자세하게 살핀다(宷 살필 심)는 데서「살피다. 자세하다」審査(심사)

播(뿌릴 파) ☞ 手(1482) → 손(扌)으로 씨앗을 논밭에 차례(番)대로 뿌린다(심는다)는 데서 「뿌리다」

當 마땅 당. 당할 당.　　　　　　　　　　　　　　　　　　　　　　2111-50

- 尚(오히려/숭상할/높일 상) + 田 = 當 (0576 참조)
- ☞ (농경 사회에서) 논밭(田)에서 농작물을 생산하는 농업을 높이(尚) 떠받드는 것은 지극히 당연하다는 데서 「마땅하다. 당하다」 뜻으로.
- ※ 當은 농자천하지대본(農者天下之大本)과 같은 의미를 지닌 글자임.

當年(당년 - 그 해) 當面(당면) 當直(당직) 當番(당번) 當選(당선) 當然(당연) 當事國(당사국)

留 머무를 류. 그칠/오랠/더딜 류.　　　　　　　　　　　　　　　　2112-42

- 卯(토끼/무성할 묘) + 田 = 留
- ☞ 토끼(卯)가 밭(田)으로 내려와 곡식을 뜯어먹으면서 오래도록 머무른다는 데서 「머물다. 그치다. 오래다. 더디다」 뜻으로.

留宿(유숙 - 머물러서 먹고 잠) 留念(유념) 留意(유의) 留任(유임) 留保(유보) 留置(유치) 留學(유학)

★ 留(머무를 류)와 결합을 이룬 글자.　　　　　　　　　　　　　2112 별첨

溜(처마물 류)	☞ 水(1347) → 물(빗물)(氵)이 처마 끝에 머물러(留) 있다가 떨어지는 것이라는 데서 「처마물. 낙숫물」 溜槽(유조)	
瘤(혹 류)	☞ 疒(2332) → 굳은살이 한곳에 머물러(맺혀)(留) 있는 병(疒)의 일종이라는 데서 「혹」	

申 납(猿)/알릴 신. 펼/거듭/아홉째지지/원숭이 신.　　　　　　　2113-42

- 田 + ｜(위아래통할 신｜뚫을 곤) = 申
- ☞ 논밭(田)에 작물의 줄기와 뿌리가 위아래로 뻗어 나가는(｜) 모양에서 「(줄기와 뿌리를)펴다. (위아래로)거듭. (생각을 편다는 데서)알리다」. 한편 작물의 성장 순환 과정을 절기(12개월)에 대입하여 배열하여 놓은 지지(地支)에서 작물의 잎줄기가 멀리까지 뻗어나는 절기(음력 7월)에 해당하는 지지이라는 데서 「아홉째 지지. (아홉째 지지에 배속되어 있는)납」 뜻으로.

申請(신청) 申申當付(신신당부 - 간곡히 부탁함) 申告(신고) 甲申年(갑신년) 內申成績(내:신성적)

★ 申(납/펼/거듭/알릴 신)과 결합을 이룬 글자.　　　　　　　　2113 별첨

神(귀신 신)	☞ 示(2344) → (인간에게 길흉화복의) 계시를 펴는(일러 주는)(申) 신(신령)(示)이라는 데서 「천신. 귀신」 神靈(신령)
伸(펼 신)	☞ 人(0115) → 사람(亻)이 몸을 편다(申)는 데서 「펴다. 기지개 켜다」 伸張(신장)
紳(큰띠 신)	☞ 糸(2504) → 위아래로 펼쳐져(申) 있는 기다란 실(끈)(糸)이라는 데서 「큰 띠. 띠」
呻(끙끙거릴 신)	☞ 口(0856) → 소리(口)가 위아래로 펼쳐지는(申) 것처럼 높고 낮은 여음(餘音)이 길게 이어진다는 데서 「끙끙거리다. 읊다」 呻吟(신음)
坤(땅 곤)	☞ 土(0679) → 흙(土)이 위아래로 펼쳐져(申) 있는 너른 땅덩어리이라는 데서 「땅」 乾坤(건곤)

甲 갑옷 갑. 껍질/싹틀/손톱/첫째천간/친압할 갑.　　　　　　　　2114-40

田 부수(자원과 쓰임 → 2105 참조)

- 田 + ｜(위아래통할 신｜뚫을 곤) = 甲
- 여기에서 甲은 씨앗의 껍질(田)과 뿌리(｜) 모양. 씨앗이 껍질(田)을 두른 채 뿌리를 내리는(발아하는)(｜) 모양에서「껍질. 싹트다. (둘러싸인 껍질처럼 쇠가죽으로 둘러싸인)갑옷」뜻을. 한편 식물의 성장 과정을 순차적(10등분)으로 열거하여 놓은 천간(天干)에서 식물의 씨앗이 겉껍질을 덮어쓴 채 발아하는 첫 번째 순차에 해당하는 천간이라는 데서「첫째 천간」뜻으로.

甲冑(갑주 - 갑옷과 투구) 甲子(갑자) 甲殼類(갑각류) 甲狀腺(갑상선) 甲論乙駁(갑론을박) 甲骨(갑골)

★ 甲(갑옷/껍질/첫번째천간/친압할 갑)과 결합을 이룬 글자.　　　　　　　　　　　　　2114 별첨

鉀(갑옷 갑)	☞ 金(3454) → 판판하게 다듬은 쇳조각(金)을 옷에 덧씌워 놓은 갑옷(甲)이라는 데서「갑옷」
岬(곶 갑)	☞ 山(0541) → 산(山)의 껍질(甲), 곧 산의 언저리 지대라는 데서「곶. 산허리」
閘(갑 갑)	☞ 門(3392) → (창칼을 방어하는) 갑옷(甲)을 둘러놓은 것처럼 물이 밖으로 새어 나가는 것을 방비하는(물막이 용도로 설치하여 놓은) 문(門)이라는 데서「수문」閘門(갑문)
匣(갑 갑)	☞ 匚(0283) → 갑옷(가죽)(甲)으로 네모난 상자(匚) 모양처럼 만들어 놓은 물건이라는 데서「갑. 지갑」紙匣(지갑)
押(누를 압)	☞ 手(1498) → 갑자(甲子 → 갑자·을축‥)를 꼽기(헤아리기) 위하여 두 손가락(扌)을 차례대로 짚어 (눌러) 나간다는 데서「누르다」親押(친압)
鴨(오리 압)	☞ 鳥(3696) → (창칼을 방어하는) 갑옷(甲)을 거죽에 둘러놓은 것처럼 물속에 들어가도 속가죽에 물이 스며들지 않는 새(鳥)이라는 데서「오리」鴨綠江(압록강)

略　간략할/약할 략. 다스릴/계략/꾀/줄일/대강 략.　　　　　　　　　2115-40

- 田 + 各(각각 각) = 略 (0796 참조)
- ※ 略은 위의 음훈 외에「천하를경영하고사방을쳐빼앗을 략」이라는 긴 음훈이 있음.
- 세력가들이 계략을 부리어 남의 전지(농토)(田)를 제각각(各) 쟁탈하여 다스린다는 데서「천하를 경영하고 사방을 쳐 빼앗다. 다스리다. 계략. (농토를 빼앗아 이웃 나라의 영토를 줄인다는 데서) 줄이다. (줄이어서)간략하다. 약하다」뜻으로.

略式(약식 - 절차를 생략한 의식) 略圖(약도) 略字(약자) 略述(약술) 略取(약취) 略稱(약칭) 簡略(간략)

異　다를 이: 나눌 이.　　　　　　　　　　　　　　　　　　　　　2116-40

- 田 + 十 + 十 + 一 + 八(여덟/나눌 팔) = 異　※ 田 + 共(한가지 공) = 異는 속자.
- (옛날 농지 제도에서) 열 가구가 논밭(田)을 공동으로 경작하여, 그 수확물의 십분(十)의 일(一)은 국가에 세금으로 납부하고, 나머지의 십분(十)의 일(一) 씩을 각자가 나누어(八) 가진다는 데서「나누다. (수확물을 나누어서 다르게 가진다는 데서)다르다」뜻으로.
- ※ 異 글자에 담겨진 토지의 공동경작은 정전제(井田制 → 토지를 아홉 구획으로 나누고 여덟 가구가 공동으로 경작하여 한 구획을 세금으로 바치는 제도)에 비하여 보다 합리적인 제도로 여겨짐.

異見(이:견 - 다른 의견) 異說(이:설) 異論(이:론) 異意(이:의) 異議(이:의) 異國(이:국) 異口同聲(이:구동성)

田 부수(자원과 쓰임 → 2105 참조)

★ 異(다를/나눌 이)와 결합을 이룬 글자.   2116 별첨

翼(날개 익)   ☞ 羽(2910) → 서로 다른(異) 방향으로 (어긋나게) 펼쳐져 있는 날개(羽)라는 데서 「날개」
糞(똥 분)   ☞ 米(2587) → 쌀(米)이 소화 과정을 거치어 다른(異) 물질로 변모한 것이라는 데서 「똥」
冀(바랄 기)   ☞ 八(0330) → 달아나는(北) 것과는 다르게(異) 되기를 기대한다(헤어지지 않기를 바란다)는 데서
                       「바라다」 冀望(기망)
戴(일 대)   ☞ 戈(1768) → 다친(戈) 병사를 받쳐 들고 다른(異) 곳으로 옮긴다는 데서 「(머리에)이다」

畢 마칠 필. 드디어/다할 필.   2117-32

⊙ 田 + 芈(→ 華 「키 필」의 획 줄임) = 畢
※ 키(챙이) → 곡식 등을 까불어 쌀겨나 먼지·쭉정이를 날려 보내는 기구.
☞ 논밭(田)에서 추수한 곡식을 키(챙이)(芈)로 까불러(정결하게 손질하여) 갈무리함으로써 드디어 한 해의 농사일을 마무리한다(마친다)는 데서 「드디어. 마치다. 다하다」 뜻으로.

畢業(필업 - 수업을 마침) 畢納(필납) 畢竟(필경) 畢生(필생) 畢役(필역) 軍畢(군필) 未畢(미:필)

畿 경기(京畿) 기. 서울/지경 기.   2118-32

⊙ {幺 + 幺 = 絲(작을 유)} + {戈(창 과) + 田 = 畿(밭갈 지)} = 畿
※ 경기 → (옛날 중국에) 궁성을 중심으로 하여 500리 이내의 토지를 왕실에 예속시켜 관리하던 땅.
☞ (물체가) 작게(絲) 보일 정도로 까마득하게 펼쳐져 있는 논밭에 밭갈이(畿)하는, 곧 왕실에 예속되어 경작되고 있는 광활한 농경지(지역)이라는 데서 「경기. 지경. 서울」 뜻으로.

畿內(기내 - 서울을 중심으로 한 가까운 행정구역) 畿湖(기호) 畿甸(기전) 京畿道(경기도)

畓 논 답.   2119-30

⊙ 水(물 수) + 田 = 畓   ※ 畓은 우리나라에서 만든 국자(國字).
☞ 물(水)을 채워(끌어들여) 놓은 밭(田)이라는 데서 「논」 뜻으로.

畓穀(답곡 - 논에서 나는 곡식) 田畓(전답 - 논과 밭. 농토) 水畓(수답) 門前沃畓(문전옥답) 墓畓(묘:답)

畏 두려워할 외: 두려울 외.   2120-30

⊙ 田 + 𠔼(→ 衣 「옷 의」의 획 줄임으로 「옷자락」을 표현) = 畏
☞ 논밭(田)에 잡초가 옷자락(𠔼)처럼 길게 드리워져서 작물을 망칠까 봐 두려움을 느낀다는 데서 「두려워하다. 두렵다」 뜻으로.

畏懼(외:구 - 무서워하고 두려워함) 畏敬(외:경 - 경외) 畏怯(외:겁) 敬畏(경:외 - 공경하고 두려워함)

★ 畏(두려워할 외)와 결합을 이룬 글자.   2120 별첨

猥(외람할 외)   ☞ 犬(1413) → 개(犭)가 (집으로 찾아오는) 손님이 두려워(畏)할 정도로 마구(함부로) 짖어 대며 무례하게 군다는 데서 「함부로. 외람하다」 猥濫(외람)

畜 짐승/기를 축. 가축/쌓을 축 | 기를 휵.   2121-30

⊙ 玄(검을/아득할/까마득할 현) + 田 = 畜 (2094 참조)

田 부수(자원과 쓰임 → 2105 참조)

☞ 까마득하게(玄) 보일 정도로 논밭(田)에 수많은 가축을 방목하고 있는, 또는 까마득하게(玄) 보일 정도로 논밭(田)에 건초 더미가 많이 쌓여 있는 모양에서 「(가축을)기르다. 가축. (건초를)쌓다」 뜻으로.

畜養(축양 - 가축을 기름) 畜産(축산) 畜舍(축사) 畜生(축생) 家畜(가축) 養畜(양:축)

★ 畜(짐승/기를/쌓을 축)과 결합을 이룬 글자.   2121 별첨

| 蓄(모을 축) | ☞ 艹(2728) → 풀(건초)(艹)을 한데 모아 쌓는다(畜)는 데서 「모으다. 쌓다」 蓄積(축적) |

疆 지경 강.   2122-20

● 弓(활/자 궁) + 土(흙 토) + 畺(지경 강). 또는 彊(군셀/군을 강) + 土 = 疆 (0923 참조)
☞ 자(弓)로 땅(土)을 재어서 경계선을 그어 놓은 지경(畺), 또는 자국의 영토로 굳어진(彊) 경계(접경)를 이루고 있는 땅(土)이라는 데서 「지경」 뜻으로.

疆土(강토 - 지경을 이룬 땅) 疆界(강계 - 강토의 경계) 疆境(강경) 邊疆(변강) 三千里疆土(삼천리강토)

甸 경기 전. 교외/사냥할 전.   2123-20

● 勹(쌀 포) + 田(밭 전 → 논밭을 통칭함) = 甸
☞ 왕궁을 중심으로 한 그 일대를 둘러싸고(勹) 있는 논밭(田)이라는 데서 「경기. 교외」 뜻으로.

畿甸(기전 - 서울 부근) 甸役(전역 - 사냥을 함. 전렵)

疇 이랑 주. 밭두둑 주.   2124-20

● 田 + 壽(목숨/나이/오랠 수) = 疇 (0405 참조)
☞ 목숨(壽)이 붙어 있어서(살아서) 꿈틀거리는 것처럼 이리저리 일렁이는 형상을 이루어 굽이져 있는 밭(田)의 이랑(두둑) 모양이라는 데서 「이랑. 밭두둑」 뜻으로.

田疇(전주 - 밭두둑) 範疇(범:주 - 같은 성질을 가진 부류나 범위)

畔 밭두둑 반.   2125-10

● 田 + 半(반/절반/가운데 반) = 畔 (0335 참조)
☞ 밭(田)을 절반(半)씩 갈라놓은 경계 선상이라는 데서 「밭두둑」 뜻으로.

湖畔(호반 - 호수 가. 못 언저리)

町 밭두둑 정. 정보 정.   2126-10

● 田 + 丁(장정/고무래 정) = 町 (0008 참조)
☞ 밭(田)의 언저리에 정(丁) 글자 형상을 이루어 둘리어 있는(밭을 경계 지어 놓은) 밭두둑 모양이라는 데서 「밭두둑. (지경을 이루는 면적이라는 데서)정보」 뜻으로.

町步(정보 - 면적의 단위 3000평)

疊 거듭/겹쳐질 첩.   2127-10

● {田 × 3 = 畾(밭갈피 뢰)} + 冖(덮을 멱) + 且(또 차 | 수두룩할 저) = 疊 (0011 참조)

田 부수(자원과 쓰임) → 2105 참조)

☞ 밭 갈피(畕)가 덮어(冖) 놓은 형상을 이루어 (위아래가) 수두룩하게(且) 겹쳐져 있다는 데서 「겹쳐지다. 거듭」 뜻으로.

疊雲(첩운 - 첩첩이 쌓인 구름) 疊韻(첩운) 疊書(첩서) 疊語(첩어) 疊疊山中(첩첩산중) 重疊(중:첩)

★ 畕(밭갈피 뢰)와 결합을 이룬 글자.		2127 별첨
儡(꼭두각시 뢰)	☞ 人(0174) → 겹겹으로 겹쳐져(갈래져) 있는 밭 갈피(畕)를 넘나드는 것처럼 이리저리 휩쓸리는(줏대가 없는) 사람(亻)이라는 데서 「꼭두각시」 傀儡(괴뢰)	
壘(보루/진 루)	☞ 土(0714) → (밭이 겹겹으로 포개어져 있는) 밭갈피 뢰(畕) 글자 형상처럼 흙(土)을 높다랗게 쌓아 놓은 구축물이라는 데서 「보루. 진」 堡壘(보루)	

畸 떼기밭/불구(不具) 기. 다를 기.   2128-10

◉ 田 + 奇(기이할/기특할/외짝/홀수 기) = 畸 (0736 참조)
※ 떼기밭 → 조각처럼 생긴 규모가 아주 작은 밭.
☞ 홀(외짝)(奇)으로 일구어 놓은 (비좁은 땅에 개간한) 자그마한 밭(田)이라는 데서 「떼기밭. (떼기밭은 일반적인 밭과는)다르다. 불구」 뜻으로.

畸形(기형 - 정상적인 형태와 다른 생물의 형태) 畸形兒(기형아 - 비정상적인 모습으로 태어난 아기)

畝 밭이랑 무 ǀ 삼십평 묘. 밭넓이 무.   2129-10

◉ 亠(머리 두) + 田 + 久(오랠/기다릴 구) = 畝
☞ 머리(亠) 쪽(위쪽 지점)의 밭(田)에 도달하는 데는 오랜(久) 시간이 소요될 정도로 매우 길쭉하게 뻗어 있는 이랑이라는 데서 「밭이랑. (이랑으로 정하여 놓은)밭 넓이」 뜻으로.

畝(묘 - 우리나라에서 쓰였던 면적 단위. 삼십 평. 99.174㎡)

畫 그을 획 ǀ 그림 화: 가를/꾀할/획 획.   2130-00

◉ 聿(붓 율) + 田 + 一 = 畫 ※ 畫과 劃(그을 획)은 동자.
☞ 붓(聿)으로 전(田) 글자 형상처럼 가로세로로 선(一)을 긋는다는 데서 「긋다. 가르다. 획. (선으로 그어 놓은)그림」 뜻으로.

畫數=劃數(획수 - 글자에서 획의 수효) 畫順(획순 - 글씨를 쓸 때 획을 긋는 순서) 畫家=畵家(화:가)

石	穴	矛	矢
돌 석	구멍 혈	창 모	화살 시

| 石 | 돌 석. 굳을/단단할/경쇠/섬/성(姓) 석. | 2131-60 |

- 자원 石 → 굴 바위(厂 굴바위/언덕 엄)를 형성하고 있는 돌 모양(口)을 표현.
- 쓰임 「돌. 돌 모양」과 의미로 쓰임.

石造(석조 - 돌로 물건을 만드는 일) 石工(석공) 石塔(석탑) 石器(석기) 石窟庵(석굴암) 萬石君(만:석군)

| 砲 | 대포 포. 돌쇠뇌/포탄 포. | 2132-42 |

- ◉ 石 + 包(쌀 포) = 砲 (0264 참조)
- ☞ 돌(石)을 틀에 싸서(包) 던지는(발포하는) 무기이라는 데서「돌쇠뇌. (돌쇠뇌처럼 탄환을 쏘는 무기이라는 데서)대포. 포탄」뜻으로.

大砲(대:포 - 포탄을 쏘는 무기) 砲擊(포격) 砲兵(포병) 砲彈(포탄) 砲火(포화) 砲聲(포성) 發砲(발포)

| 破 | 깨뜨릴 파: 깨질/다할 파. | 2133-42 |

- ◉ 石 + 皮(가죽/껍질/거죽/살갗 피) = 破 (2190 참조)
- ☞ 돌(石)의 껍질(皮)을 벗겨지게 한다(부순다)는 데서「깨뜨리다. 깨지다」뜻으로.

破壞(파:괴) 破棄(파:기) 破産(파:산) 破鏡(파:경) 破綻(파:탄) 破廉恥(파:렴치) 破竹之勢(파:죽지세)

| 硏 | 갈 연: 연마할/궁구할/연구할 연. | 2134-42 |

- ◉ 石 + 幵(평평할 견) = 硏
- ☞ (평탄하지 못한) 물건을 돌(石)에 올려놓고 평평하게(幵) 갈거나 문지른다는 데서「갈다. 연마하다. (연마를 하듯이 끊임없이 생각을 자아낸다는 데서)궁구하다. 연구하다」뜻으로.

硏磨(연:마 - 여러 번 갈고 닦음) 硏修(연:수) 硏究(연:구) 硏武(연:무) 硏鑽(연:찬) 硏究所(연:구소)

★ 幵(평평할 견)과 결합을 이룬 글자.		2134 별첨
姸(고울 연)	☞ 女(0484) → 여자(女)의 이목구비(耳目口鼻)가 평평한(幵) 모양, 곧 여자의 이목구비가 반듯하여 아름다워 보인다는 데서「곱다. 예쁘다」姸麗(연려)	
幷(아우를 병)	☞ 干(0934) → 끌어내려(丿) 놓은 방패(干), 곧 방패 두 자루를 땅바닥에 나란하게 진열하여 놓은 모양(幷)에서「아우르다. 나란히 하다」幷合 = 并合(병합)	

| 確 | 굳을 확. 확실할 확. | 2135-42 |

- ◉ 石 + 隺(새높이날 학 | 마음이높을 각) = 確
- ☞ 돌(石)이 새 높이 날아오른(隺) 것처럼 높이 솟구쳐 (모진 비바람을 견디면서) 굳건하게 버티고 있는 모양이라는 데서「굳다. (굳건하여 사실과 다르지 않다는 데서)확실하다」뜻으로.

確固(확고 - 확실하고 견고함) 確信(확신) 確實(확실) 確約(확약) 確認(확인) 確答(확답) 確保(확보)

石 부수(자원과 쓰임 → 2131 참조)

★ 隺(새높이날 학 | 마음이높을 각)과 결합을 이룬 글자.   2135 별첨

鶴(학 학)   ☞ 鳥(3694) → (하늘 위로) 높이 날아오르는(隺) 새(鳥)이라는 데서 「학」 鶴舞(학무)

碑 비석 비.   2136-40

● 石 + 卑(낮을 비) = 碑 (0340 참조)
☞ 나지막하게(卑) 세워 놓은 돌(石)이라는 데서 「비석」 뜻으로.

碑石(비석 - 사적을 새겨서 무덤 앞에 세워 놓는 돌기둥) 碑文(비문) 碑銘(비명) 碑閣(비각) 碑碣(비갈)

礎 주춧돌 초. 기초/밑 초.   2137-32

● 石 + {木 + 木 + 疋(발 소) = 楚(모형/초나라 초)} = 礎 (1668 참조)
☞ 나무(木)와 나무(木)를 세워 놓은 기둥의 발(밑바닥)(疋)에 받쳐 놓은 돌(石)이라는 데서 「주춧돌. 기초. 밑」 뜻으로.

礎石(초석 - 주춧돌) 柱礎(주초 - 기둥과 주춧돌) 基礎(기초 - 사물의 밑자리)

碧 푸를 벽.   2138-32

● 王(玉) + 白 + 石 = 碧
☞ 옥(王) 성분으로 이루어진 흰(白) 돌(石), 곧 흰 옥석이 푸른 하늘빛을 받아 희다 못하여 푸른 빛이 감돈다는 데서 「푸르다」 뜻으로.

碧溪(벽계 - 푸른빛이 감도는 시내) 碧眼(벽안 - 푸른 눈동자) 碧空(벽공) 碧海(벽해) 碧昌牛(벽창우)

硯 벼루 연: 2139-30

● 石 + 見(볼 견 | 보일 현) = 硯
☞ 벼루는 문방사우(文房四友)의 하나로, 방안의 잘 보이는(見) 곳에 놓아두고 먹을 가는 돌(石)로 된 문방구이라는 데서 「벼루」 뜻으로.

硯池(연:지 - 벼루에 물이 담기는 부분) 硯滴(연:적 - 벼룻물을 담는 그릇) 紙筆硯墨(지필연묵)

硬 굳을 경. 단단할/강할 경.   2140-30

● 石 + 更(다시 갱 | 고칠/바꿀 경) = 硬 (1990 참조)
☞ 돌(石)로 바뀌어(更)지는, 곧 부드러운 성질의 물체(액체)가 돌처럼 단단하게 굳어진다는 데서 「굳다. 단단하다. 강하다」 뜻으로.

硬直(경직 - 굳어서 꼿꼿하게 됨) 硬質(경질) 硬度(경도) 硬性(경성) 硬水(경수) 硬貨(경화) 硬化(경화)

磨 갈 마. 문질러갈/맷돌 마.   2141-30

● 麻(삼 마) + 石 = 磨 (3662 참조)
☞ (삼 껍질을 벗기기 위하여) 삼(麻)을 돌(石)에 올려놓고 문지른다는 데서 「문질러 갈다. 갈다. (문질러서 가는)맷돌」 뜻으로.

磨崖(마애 - 암벽에 글자나 그림을 새김) 磨滅(마멸) 磨損(마손) 磨耗(마모) 磨崖佛(마애불) 研磨(연:마)

石 부수(자원과 쓰임 → 2131 참조)

硫 유황 류. 2142-20

◉ 石 + 㐬(깃발 류 | 거칠 황) = 硫 (1188 참조)
☞ 돌(암석)(石)에서 (지열로 인하여) 흘러내린 액체가 굳어져서 생성된 표면이 거칠한(㐬) 물질이라는 데서 「유황」 뜻으로.
硫黃(유황 - 황색·무취의 파삭파삭한 수지광택이 있는 결정. 화약·성냥의 원료로 쓰임) 硫酸(유산)

礙 거리낄 애. 막을/그칠/방해할 애. 2143-20

◉ 石 + 疑(의심할/그럴듯할/비길 의) = 礙 (2248 참조)
☞ 돌(석축)(石)을 쌓아서 외부인의 침입이 의심되는(疑) 길목을 막는다(출입을 원활하게 할 수 없도록 한다)는 데서 「막다. 거리끼다. 그치다. 방해하다」 뜻으로.
礙人耳目(애인이목 - 남의 눈에 뜨이는 것을 피함) 礙子(애자) 拘礙(구애 - 거리끼거나 얽매임)

碍 거리낄 애. 막을/방해할 애. 2144-00

◉ 石 + {旦(아침 단) + 寸(마디 촌) = 㝵(그칠/막을/거리낄 애)} = 碍 (0433 참조)
☞ 돌(石)이 길목을 막고(㝵) 있어서 보행에 거치적거린다는 데서 「거리끼다. 막다」 뜻으로.
碍子·礙子(애자 - 전선을 지탱하고 절연하기 위해 전주에 다는 기구) 障碍(장애 - 막아서 거치적거림)

碩 클 석. 충실할 석. 2145-20

◉ 石 + 頁(머리 혈) = 碩
☞ 돌(石)이 둥그런 머리(頁)처럼 커다랗다는 데서 「크다. (큰 돌처럼 단단하다는 데서)충실하다」 뜻으로.
※ 碩은 석두(石頭 → 돌머리 → 돌대가리)이라는 은어(隱語)와는 상반된 좋은 뜻을 지닌 글자임.
碩學(석학 - 학문이 깊음. 또는 그러한 사람) 碩士(석사) 碩座教授(석좌교수)

磁 자석 자: 사기그릇 자. 2146-20

◉ 石 + 兹(이/검을/더할 자) = 磁 (2094 참조)
☞ 검은(兹) 돌(石), 곧 검붉은 빛깔을 띠는 (자석 성분으로 이루어진) 자철석, 또는 돌(石)에 못 같은 쇠붙이가 다닥다닥 매달려 있는 모양(兹), 곧 자철 모양에서 「자석」 뜻으로.
磁石(자:석) 磁針(자:침 - 자석의 침. 지남침) 磁器=瓷器(자:기 - 사기그릇) 磁場(자:장) 磁鐵鑛(자:철광)

磻 반계 반 | 반계 번. 강이름 반. 2147-20

◉ 石 + 番(차례/갈릴/갈마들 번) = 磻 (2110 참조)
☞ 돌(石)이 갈마들어(番) 있는, 곧 돌(암반)이 겹겹으로 둘리어 있는 지대이라는 의미가 부여되어 「반계. 강 이름」 뜻으로.
磻溪(반계 - 강태공이 낚시하던 장소를 이름) 磻溪隧錄(반계수록) 碌磻洞(녹번동 - 서울에 있는 지명)

礪 숫돌 려: 갈/연마할/힘쓸 려. 2148-20

石 부수(자원과 쓰임 → 2131 참조)

◉ 石 + 厲(갈려) = 礪 (0372 참조)
☞ 칼 같은 연장을 가는(厲) 돌(石)이라는 데서 「숫돌. (연장을)갈다. 연마하다」 뜻으로.
礪山面(여:산면 - 전북 익산시에 있는 지명)

碎 부술 쇄: 부서질 쇄. 2149-10

◉ 石 + 卒(군사/마칠/다할 졸) = 碎 (0336 별첨)
☞ 돌(石)이 수명을 다하는(卒) 것처럼 형체가 없어진다(형체가 없어지도록 자잘하게 부순다)는 데서 「(돌을)부수다. (돌이)부서지다」 뜻으로.
碎石(쇄:석 - 깨뜨려 부순 돌) 碎身(쇄:신) 破碎(파:쇄) 粉碎=分碎(분쇄) 粉骨碎身(분골쇄신)

磬 경쇠 경: 2150-10

◉ 殸(소리 성ㅣ경쇠 경) + 石 = 磬 (2872 참조)
※ 경쇠(磬) → ①옥이나 돌로 만든 아악기(雅樂器)의 한 가지 ②부처 앞에 절할 때에 흔드는 작은 종
☞ 맑은 소리(殸)를 내는 (악기용으로 쓰이는) 돌(石)이라는 데서 「경쇠」 뜻으로.
磬石(경:석 - 검은색을 띤 안산암) 風磬(풍경 - 처마 끝에 달아 바람에 흔들려 소리가 나게 하는 경쇠)

碇 닻 정. 2151-10

◉ 石 + 定(정할/그칠/머무를 정) = 碇 (0582 참조)
☞ 배를 머무르게(定) 하는 (밧줄에 묶어 물속에 드리우는) 돌(石)이라는 데서 「닻」 뜻으로.
碇泊(정박 - 배가 닻을 내리고 머무름)

礫 조약돌 력. 2152-10

◉ 石 + 樂(즐길 락ㅣ풍류 악) = 礫 (1601 참조)
※ 조약돌 → 작고 동글동글한 돌
☞ 노리개로 즐기는(樂) 작고 동글동글한 돌(石)이라는 데서 「조약돌」 뜻으로.
礫岩(역암 - 자갈이 퇴적하여 점토·모래에 섞여 굳어진 돌) 瓦礫(와력 - 취할 점이 없는 사물을 비유)

硅 규소 규. 2153-10

◉ 石 + 圭(홀/서옥 규) = 硅 (0697 참조)
☞ 서옥(圭)처럼 표면이 반지르르하고 단단한 돌(石) 유형의 물질이라는 데서 「규소」 뜻으로.
硅酸(규산 - 규소·산소·수소의 화합물인 약한 산. 유리 등을 만드는데 씀) 硅素(규소 - 규산)

碌 푸른돌 록. 2154-10

◉ 石 + 彔(나무새길/근본 록) = 碌 (2453 참조)
☞ 푸른 나무를 새겨(彔) 놓은 색상처럼 푸른빛을 띠는 돌(石)이라는 데서 「푸른 돌」 뜻으로.
碌碌(녹록하다 - 변변하지 않다. 만만하고 호락호락하다)

石 부수(자원과 쓰임 → 2131 참조)

磊 돌무더기 뢰. 돌많은모양 뢰.   2155-10

◉ 石 × 3(→「많음」을 의미) = 磊
☞ 돌(石)이 아주 많이(3) 쌓여 있는 모양이라는 데서 「돌무더기. 돌 많은 모양」 뜻으로.
磊落(뇌락하다 - 활달하여 작은 일에 거리낌이 없고 씩씩하다) 磊落壯烈(뇌락장렬 - 지기가 씩씩함)

礬 백반 반 | 백반 번.   2156-10

◉ 樊(울타리/말뱃대끈 번) + 石 = 礬 (1531 참조) ※ 礬의 본음은 「번」.
☞ 울타리(樊)를 둘러놓은 모양처럼 태두리가 팔면체로 둘리어 있는 돌(石)의 일종이라는 데서 「백반」 뜻으로.
白礬(백반 - 황산알루미늄과 황산염으로 이루어진 정팔면체의 무색투명한 결정체) 明礬(명반 - 백반)

硼 붕사 붕. 붕산 붕.   2157-10

◉ 石 + 朋(벗/무리 붕) = 硼 (1095 참조)
☞ 무리지어 있는 벗(朋)처럼 동일한 성질의 물질이 한데 어우러져(결정체로 이루어져) 있는 돌(石)의 일종이라는 데서 「붕산. 붕사」 뜻으로.
硼酸(붕산 - 무색무취의 광택이 있는 비늘 모양의 결정체) 硼砂(붕사 - 붕소의 화합물로서 백색 결정체)

砒 비상 비: 2158-10

◉ 石 + 比(견줄/비할/아우를 비) = 砒 (1575 참조)
☞ 돌(石)에 아울러(나란히)(比) 섞여(혼합되어) 있는 결정체이라는 데서 「비상」 뜻으로.
砒霜(비:상 - 비석을 태워 승화시켜서 만든 결정체의 독약) 砒石(비:석) 砒素(비:소) 砒酸(비:산)

硝 초석/화약 초. 망초/유리 초.   2159-10

◉ 石 + {小(작을 소) + 月(= 肉 육달 월) = 肖(닮을/같을/작을 초)} = 硝 (2391 참조)
☞ 돌(石)과 닮은(肖), 또는 돌(石)보다 작은(肖) 결정체로 이루어진 물질이라는 데서 「초석. (초석으로 만든)화약. 망초」 뜻으로.
硝石(초석 - 유리광택의 결정체로 화약의 원료) 硝煙(초연 - 화약의 연기) 朴硝(박초) 芒硝(망초)

砧 다듬잇돌 침: 2160-10

◉ 石 + 占(점칠/점령할/차지할 점) = 砧 (0398 참조)

다듬잇돌(砧)

☞ 방 한구석을 차지하고(占) 있는 돌(石), 또는 다듬잇방망이(卜)와 다듬잇돌(口) 모양이라는 데서 「다듬잇돌」 뜻으로.
砧聲(침:성 - 다듬이질 소리) 砧杵(침:저 - 다듬잇방망이) ※ 杵 공이 저

礁 암초 초.　　　　　　　　　　　　　　　　　　　　　　2161-10

◉ 石 + {隹(새 추) + 灬(불 화) = 焦(탈/그을릴 초)} = 礁 (1129 참조)

☞ 새(隹)가 점점(灬)이 앉아 있는 형상을 이루어 물속에 무수하게 널리어 있는 돌(암석)(石)이라는 데서 「암초」 뜻으로.

暗礁(암:초 - 물에 잠기어 보이지 않는 바위) 珊瑚礁(산호초 - 죽은 산호 층이 퇴적하여 생긴 암초)

砂 모래 사.　　　　　　　　　　　　　　　　　　　　　　2162-00

◉ 石 + {小(작을 소) + ノ(삐침 별) = 少(적을 소)} = 砂 (0575 참조)

☞ 돌(石)이 작게(小) 갈라져서(파쇄되어) 땅바닥에 끌어내려져(ノ) 있는 돌 부스러기이라는 데서 「모래」 뜻으로.

砂金(사금 - 모래에 섞여 나오는 금) 砂丘(사구 - 모래 언덕)

| 부수 5획 | 石 돌 석 | 穴 구멍 혈 | 矛 창 모 | 矢 화살 시 |

穴 구멍/굴 혈. 움/틈/광중 혈.   2163-30

자원 穴 → 움집(宀 움집 면)을 열어젖히고(八 여덟/나눌 팔) 안으로 깊숙하게 들어가는 형태로 뚫리어 있는 컴컴한 동굴이라는 데서 「동굴. 구멍. 굴」 의미를 지님.

쓰임 「구멍. 동굴. 토굴. 굴. 굴 모양」과 의미로 쓰임.

穴居(혈거 - 동굴 속에서 삶) 穴處(혈처 - 혈거) 經穴(경혈) 墓穴(묘:혈) 孔穴(공:혈) 洞穴(동:혈)

空 빌 공. 하늘/없을/헛될 공.   2164-70

● 穴 + 工(장인/만들 공) = 空

☞ 구멍(穴)으로 만들어(이루어)져(工) 있는, 또는 땅과 하늘이 서로 이어져(工) 있는 큰 구멍(穴)이라는 데서 「(구멍의 내부가)비다. (빈)하늘. (비어 있다는 데서)없다. 헛되다」 뜻으로.

空間(공간 - 비어 있는 곳이나 자리) 空中(공중) 空氣(공기) 空席(공석) 空虛(공허) 空軍(공군) 空港(공항)

★ 空(빌/하늘/없을/헛될 공)과 결합을 이룬 글자.   2164 별첨

| 腔(속빌 강) | ☞ 肉(2421) → 몸속(月)의 위장이나 창자가 비어(空) 있다는 데서 「빈속. 속 비다」 |

窓 창/창문 창.   2165-60

● 穴 + 悤(→ 悤「바쁠/총총할 총」의 획 줄임) = 窓

☞ 벽면에 구멍(穴)을 뚫어 설치한 문짝에 칸살을 총총하게(悤) 내어놓은 창문 모양이라는 데서 「창. 창문」 뜻으로.

窓門(창문 - 벽에 내어놓은 작은 문) 窓戶紙(창호지) 窓口(창구) 同窓(동창) 東窓(동창) 鐵窓(철창)

究 연구할 구. 궁구할/헤아릴 구.   2166-42

● 穴 + 九(아홉 구 → 「구불구불한 모양」을 의미) = 究 (0037 참조)

☞ 동굴(穴) 속으로 들어가서, 구(九) 글자 형상처럼 구부렁한 구석을 죄다 살펴보는 것처럼 사물에 숨겨져 있는 이치에 대하여 빈틈없이 탐구한다는 데서 「연구하다. 궁구하다」 뜻으로.

究極(구극 - 궁극. 어떤 과정의 막바지) 探究(탐구 - 파고들어 깊이 연구함) 窮究(궁구) 硏究(연:구)

窮 궁할/다할 궁. 막힐/궁구할 궁.   2167-40

● 穴 + 躬(몸 궁) = 窮 (3035 참조)

☞ (막다른) 동굴(穴) 속으로 몸(躬)을 숨기는(피하는) 매우 궁색한 처지에 놓여 있다는 데서 「궁하다. (궁하여)막히다. (막히어서)다하다. 궁구하다」 뜻으로.

窮塞(궁색 - 아주 가난함) 窮究(궁구) 窮理(궁리) 窮迫(궁박) 窮極(궁극) 窮餘之策(궁여지책)

穴 부수(자원과 쓰임 → 2163 참조)

突 갑자기 돌. 부딪칠/굴뚝/우뚝할 돌.   2168-32

- 穴 + 犬(개 견) = 突
- 구멍(穴)에서 개(犬)가 느닷없이 뛰쳐나오는 모양이라는 데서 「갑자기. (갑자기)부딪치다. (개가 들어갈 정도의 크기로 뚫어 놓은)굴뚝. (굴뚝이)우뚝하다」 뜻으로.

突發(돌발 - 일이 뜻밖에 일어남) 突進(돌진) 突出(돌출) 突擊(돌격) 突破(돌파) 突風(돌풍) 煙突(연돌)

窟 굴 굴: 2169-20

- 穴 + 屈(굽힐/굽을 굴) = 窟 (0956 참조)
- 굽은(屈) 형상으로 이루어져 있는 굴(穴)이라는 데서 「굴」 뜻으로.

窟穴(굴:혈 - 굴속. 도둑의 소굴) 土窟(토굴 - 땅굴) 石窟(석굴) 巢窟(소굴) 洞窟(동:굴) 暗窟(암:굴)

窒 막힐 질. 막을/질소 질.   2170-20

- 穴 + 至(이를/미칠 지) = 窒 (2867 참조)
- 동굴(穴)의 끝자락에 이른다(다다른다)(至)는 데서 「막히다. 막다」 뜻으로.

窒息(질식 - 숨이 막힘) 窒急(질급 - 놀라거나 겁이 나서 숨이 막힘) 窒塞(질색) 窒酸(질산) 窒素(질소)

★ 窒(막힐 질)과 결합을 이룬 글자.   2170 별첨

膣(음도 질)   ☞ 肉(2448) → 구멍(穴)으로 이르는(다다르는)(至) 신체(月) 기관이라는 데서 「음도」

竊 훔칠 절. 좀도둑 절.   2171-20

- 穴 + 釆(분별할/나눌 변) + 卨(사람이름/벌레 설) = 竊
- 구멍(穴)이 뚫려 있는(틈이 있는) 곳을 분별하여(釆) 들어가서 (곡식을 갉아먹는) 벌레(卨)처럼 남의 집 곡식을 야금야금 긁어(훔쳐)낸다는 데서 「좀도둑. 훔치다」 뜻으로.

竊盜(절도 - 남의 물건을 훔침. 또는 그 사람) 竊取(절취) 剽竊(표절) 剽竊作品(표절작품)

穿 뚫을 천. 꿸/구멍 천.   2172-10

- 穴 + 牙(어금니 아) = 穿
- 어금니(牙)로 천(피륙) 같은 것을 물어뜯어 구멍(穴)을 낸다는 데서 「뚫다. 구멍. (구멍을 뚫어서 물건을)꿰다」 뜻으로.

穿孔(천공 - 구멍을 뚫음) 穿耳(천이 - 귀를 뚫는 것) 穿鑿(천착 - 구멍을 뚫음. 학문을 깊이 연구함)

穽 함정 정.   2173-10

- 穴 + 井(우물 정) = 穽 (0212 참조)
- 움푹하게 파 놓은 구멍(穴) 언저리에 정(井) 글자 형상처럼 나뭇가지를 얼기설기 걸치어(가리어) 놓은 덫이라는 데서 「함정」 뜻으로.

陷穽(함:정 - 짐승을 잡기 위하여 파 놓은 구덩이. 남을 어렵게 빠뜨리려는 계략)

穴 부수(자원과 쓰임) → 2163 참조)

窄 좁을 착. 낄 착. 2174-10

- 穴 + 乍(잠깐/겨우 사 | 지을 작) = 窄 (1022 참조)
- ☞ 몸뚱이가 겨우(乍) 빠져나갈 정도로 구멍(穴)이 비좁다는 데서 「좁다. 끼이다」 뜻으로.

窄迫(착박 - 답답할 정도로 몹시 좁음) 狹窄(협착 - 공간이 몹시 좁음) 狹窄症(협착증)

★ 窄(좁을/낄 착)과 결합을 이룬 글자. 2174 별첨
搾(짤 착)　　☞ 手(1511) → 손(扌)으로 물걸레 같은 것을 좁게(窄) 오므리어 쥐어짠다는 데서 「짜다」

窈 그윽할/고요할 요: 2175-10

- 穴 + 幼(어릴 유 | 심오할 요) = 窈 (0906 참조)
- ☞ 구멍(穴)이 심오하여(幼) 보이는, 곧 구멍이 매우 깊게 뚫리어져 있어서 그윽하여 보인다는 데서 「그윽하다. 고요하다」 뜻으로.

窈窕(요:조 - 부녀의 행동이 얌전하고 조용함) 窈窕淑女(요:조숙녀 - 품위 있고 정숙한 여자)

穹 하늘 궁. 높을/클 궁. 2176-10

- 穴 + 弓(활 궁) = 穹
- ☞ 반원형의 활(弓)처럼 휘어져 있는 구멍(穴), 곧 둥그스름하게 뚫리어 있는 거대한 공간이라는 데서 「하늘. 높다. 크다」 뜻으로.

穹蒼(궁창 - 높고 푸른 하늘) 穹窿(궁륭 - 성한 모양. 바위가 언덕처럼 솟은 모양) ※ 窿(하늘형세 륭)

窯 가마/기와가마 요. 2177-10

- 穴 + {羊(양 양) + 灬(불 화) = 羔(새끼양 고)} = 窯
- ☞ 토굴(穴)에, 구워 낼 도자기를 양(羊) 글자 형상처럼 상하좌우로 가지런하게 진열하여 놓고 불(灬)을 지피는, 곧 도기나 기와를 구워 내는 가마 모양에서 「가마. 기와 가마」 뜻으로.

窯業(요업 - 기와·벽돌·사기·질그릇 등을 만드는 업의 총칭) 陶窯(도요 - 도기를 굽는 가마) 官窯(관요)

窺 엿볼 규. 2178-10

- 穴 + 規(법/경계할 규) = 窺 (2949 참조)
- ☞ 구멍(穴)을 통하여 주변을 경계하여(規) 가면서(다른 사람에게 들키지 않도록) 바라본다는 데서 「엿보다」 뜻으로.

窺視(규시 - 엿봄. 규견) 窺見(규견 - 규시) 窺知(규지 - 엿보아 앎)

窘 군색할 군: 곤궁할 군. 2179-10

- 穴 + 君(임금 군) = 窘 (0817 참조)
- ☞ 구멍(穴), 곧 간신들의 소굴에 임금(君)이 갇히어 있는(언로가 막혀 있는) 처지이라는 데서 「곤궁하다. 군색하다」 뜻으로.

窘塞(군:색 - 생활이 딱하고 어려움) 窘乏(군:핍 - 몹시 군색함) 窘迫(군:박 - 일의 형세가 급박함)

石	穴	矛	矢
돌 석	구멍 혈	창 모	화살 시

矛 창 모. 세모진창 모. 2180-30

자원 矛 → 세 개의 갈퀴(⌐ ㄱ ㄴ)가 갈래져서 드리워져(뻗어)(丿) 있는 (세 갈래진) 창 모양을 표현.

쓰임 「창. 무기. 갈라진 창 모양」과 의미로 쓰임.

矛盾(모순 - 창과 방패. 말의 앞뒤가 서로 맞지 않음을 비유하여 일컫는 말) 自己矛盾(자기모순)

矜 자랑할 긍: 불쌍히여길 긍. 2181-10

● 矛 + 今(이제/이에/곧 금) = 矜 (0050 참조)

☞ 창(무기)(矛)을 이제(今)부터 소지하게 되어서 뽐낸다(기를 펴고 젠체한다)는 데서 「자랑하다. (자랑하여 뽐내면서 상대방을)불쌍히 여기다」 뜻으로.

矜誇(긍:과 - 자랑함) 矜恤(긍:휼) 矜持(긍:지) 矜憐(긍:련) 矜惻(긍:측) 自矜心(자긍심)

★ 矛(창 모)와 결합을 이룬 글자. 2181 별첨

茅(띠 모)	☞ 艸(2761) → 갈라진 창(矛)처럼 잎줄기가 쭈뼛하게 갈라져 있는 풀(++)이라는 데서 「띠」
務(힘쓸 무)	☞ 力(0365) → 창(矛)을 서로 부딪쳐(攵) 가며 힘(力)을 겨룬다(쓴다)는 데서 「힘쓰다」
柔(부드러울 유)	☞ 木(1634) → 나무(木) 꼭대기에, (끝이 뾰족한) 창(矛) 모양처럼 쭈뼛하게 돋아 있는 우듬지(가느다란 줄기)는 매우 유연하다는 데서 「부드럽다」 柔弱(유약)

자투리 마당

矛盾(모순)

○ 모순(矛盾)이란 「말이나 행동(言行언행)의 앞뒤, 또는 두 사실이 이치상 서로 맞지 않음을 이르는 말」이다

- 전국시대(戰國時代) 초(楚)나라의 한 상인(商人)이 창(矛 창 모)과 방패(盾 방패 순)를 팔면서 "이 창이 예리(銳利)하기로는 천하의 일품(逸品)입니다. 어떠한 방패라도 단번에 뚫어버립니다"라고 외치었다. 손님들이 방패(盾 방패 순)가 놓인 곳에 눈길을 돌리자 이번에는 방패를 들어 올리면서 "이 방패는 견고(堅固)하기가 그지없어 어떠한 창으로도 뚫지 못하는 명품(名品)이요"라고 외치는 것이었다. 이에 구경꾼 가운데 한 사람이 "그렇다면 천하일품인 그 창으로 어떠한 창으로도 뚫을 수가 없는 이 방패를 찌르면 어찌되는 것이오? 한 번 찔러 보시오"라고 하니 장사꾼은 말문이 막히어 슬그머니 그 자리를 피하였다는 이야기에서 유래한 고사성어(故事成語)이다.

- 韓非子 -

石	穴	矛	矢
돌 석	구멍 혈	창 모	화살 시

부수 5획

矢 | 화살 시: 곧을/맹세할/베풀/똥(糞) 시. 　　2182-30

화살(矢)

자원　矢 → 하늘(天 하늘 천)을 향하여 비스듬히 포물선을 그리며 날아가는 화살 모양(丿 삐침 별)을 표현.

쓰임　「화살. 화살 모양」과 의미로 쓰임.

矢心(시:심 - 마음속으로 맹세함) 弓矢(궁시 - 활과 화살) 嚆矢(효시 - 온갖 사물의 맨 처음을 비유한 말)

短 | 짧을 단(:) 난쟁이/잘못 단. 　　2183-60

◉ 矢 + 豆(콩/제기/콩같이작은것의형용 두) = 短 (3309 참조)

☞ 화살(矢)이 자그마한 콩(豆)을 뚫은 정도, 곧 화살이 살갗을 뚫고 들어간 상처 깊이가 매우 야트막하다(짧다)는 데서 「짧다. (신장이 짧은)난쟁이. (소견이 짧아서 저지르는)잘못」 뜻으로.

※ 흔히들 「콩알」만 하다는 것은 아주 작음을 빗대서 일컫는 말임.

短刀(단:도 - 짧고 예리한 칼) 短縮(단:축) 短命(단:명) 短點(단:점) 短期(단:기) 短篇(단:편) 短髮(단:발)

知 | 알지. 알릴/깨달을/슬기 지. 　　2184-50

◉ 矢 + 口(입/말할 구) = 知

☞ 화살(矢)이 과녁을 적중시키는 것처럼 이치를 꿰뚫어(사리에 꼭 들어맞게) 말한다(口)는 데서 「알다. 깨닫다. 슬기」 뜻으로.

知性(지성 - 인간의 지적 능력) 知識(지식) 知覺(지각) 知能(지능) 知行合一(지행합일) 親知(친지)

★ 知(알/깨달을/슬기 지)와 결합을 이룬 글자. 　　2184 별첨

| 智(슬기 지) | ☞ 日(1033) → 아는(지적인)(知) 능력이 밝은 해(日)처럼 매우 명석하다는 데서 「슬기」 |
| 痴(어리석을 치) | ☞ 疒(2319) → 앎(知)이 병들어(疒) 있는, 곧 알려고 하는 의욕이나 알려 주어도 깨치지 못하는 지각과 지능이 우둔한 병적인 증상이라는 데서 「어리석다. 미련하다」 痴呆(치매) |

矯 | 바로잡을 교: 　　2185-30

◉ 矢 + 喬(높을/나뭇가지위굽을 교) = 矯 (0902 참조)

☞ 나뭇가지 위 굽은(喬) 모양처럼 휘어진 화살(矢)을 불에 쬐어 곧게 바룬다는 데서 「바로잡다」 뜻으로.

※ 화살이 휘어지면 불에 쬐어(열을 가하여) 곧게 펴는(바루는) 작업을 함.

矯正(교:정 - 틀어진 것을 바로 잡음) 矯飾(교:식 - 그럴듯하게 꾸밈) 矯導所(교:도소) 矯角殺牛(교:각살우)

矣 | 어조사 의. 말그칠 의. 　　2186-30

◉ 厶(사사로울/나 사) + 矢 = 矣

☞ 나(厶)를 떠난 화살(矢)처럼 내가 하고자 하는 말은 이미 다 마쳤다는 데서 「말 그치다. (그친다는 의미의)어조사」 뜻으로.

萬事休矣(만:사휴의 - 모든 것이 끝났다는 말) 已矣勿論(이의물론 - 이미 지난 일은 다시 논하지 않음)

★ 矣(어조사/말그칠 의)와 결합을 이룬 글자.		2186 별첨
埃(티끌 애)	☞ 土(0690) → 흙(土)이 바람에 날아가서 그친(가라앉은)(矣) 흙먼지이라는 데서 「티끌」	

矮 키작을/난쟁이 왜. 2187-10

◉ 矢 + 委(맡길/붙일/따를 위) = 矮 (0466 참조)

☞ 화살(矢)을 줍고 나르는 일거리를 맡은(委) 어린 아동(矢童시동)처럼 키가 자그마하다는 데서 「키 작다. (키가 작은)난쟁이」 뜻으로.

矮小(왜소 - 키가 짧고 작음) 矮屋(왜옥 - 낮고 작은 집)

矩 곱자/법 구. 모날 구. 2188-10

◉ 矢 + {工(장인 공) + ⼅(→ ⼓ 상자 방) = 巨(클 거)} = 矩 (0941 참조)

☞ 화살(矢) 길이에 맞추어 공(工)과 방(⼓) 글자 형상처럼 모나게 만들어 놓은 곡척 모양에서 「곱자. 모나다. (곱자로 재듯이 질서유지에 맞게끔 제정하여 놓은 규칙이라는 데서)법」 뜻으로.

矩尺(구척 - 곱자) 矩度(구도 - 법도. 법칙) 規矩準繩(규구준승 - 그림쇠·자·수준기·먹줄. 법도를 이름)

| 부수 5획 | 皮 가죽 피 | 用 쓸 용 | 禾 벼 화 | 皿 그릇 명 |

| 皮 | 가죽 피. 껍질/거죽/살갗/과녁 피 | 사슴가죽 비. | | | 2189-32 |

자원 皮 → 덮여(冖 덮을 멱) 있는 물체의 가운데 부위(丨)를 손(又 또/오른손 우)으로 움켜잡아 아래로 끌어내리는(丿), 곧 가죽을 벗겨 내리는 모양을 표현.

쓰임 「가죽. 껍질. 거죽. 살갗. 쭈글쭈글한 모양」과 의미로 쓰임.

皮革(피혁 - 날가죽과 가죽) 皮膚(피부) 皮脂(피지) 皮骨(피골) 皮膜(피막) 表皮(표피) 鹿皮(녹비)

| 皺 | 주름질 추. 오그라들 추. | | | 2190-00 |

◉ 芻(꼴 추) + 皮 = 皺 (2806 참조)

※ 꼴 → 소나 말에게 먹이는 풀.

☞ 꼴(芻)이 뙤약볕에 시들어져 쭈글쭈글한 가죽(皮)처럼 주름이 잡혀(오그라들어) 있는 모양이라는 데서 「주름지다. 오그라들다」 뜻으로.

皺面(추면 - 주름이 잡힌 얼굴) 皺紋(추문 - 쭈글쭈글한 무늬)

★ 皮(가죽/껍질/거죽/살갗/과녁 피)와 결합을 이룬 글자. 2190 별첨

疲(피곤할 피)	☞ 疒(2302) → (몸속의 병이 아닌) 살갗(피부)(皮)이 나른하여지는 병(疒)의 일종이라는 데서 「피곤하다」 疲困(피곤)
彼(저 피)	☞ 彳(0439) → 거죽(皮)에 다가가는(彳), 곧 가장자리에 다다른다(이른다)는 데서 「저. 잇닿다」
被(입을 피)	☞ 衣(2551) → 옷(衤)으로, (바깥을 감싸고 있는) 거죽(皮)처럼 살갗을 두른다(껴입거나 덮어씌운다)는 데서 「입다. 씌우다」 被服(피복)
披(펼칠 피)	☞ 手(1540) → 손(扌)으로 짐승 가죽(皮)을 벗겨 내어 펼친다는 데서 「펼치다. 헤치다」
波(물결 파)	☞ 水(1199) → 물(氵)이, 쭈글쭈글한 가죽(皮)처럼 굴곡을 이루는 것이라는 데서 「물결」
破(깨뜨릴 파)	☞ 石(2133) → 돌(石)의 껍질(皮)을 벗겨지게 한다(부순다)는 데서 「깨뜨리다」 破壞(파괴)
坡(언덕 파)	☞ 土(0695) → 두툼한 가죽(皮)처럼 흙(土)이 두툼하게 솟아 있는 지형이라는 데서 「언덕」
跛(절름발이 파)	☞ 足(3012) → 발(발걸음)(足)을 쭈글쭈글한 가죽(皮)처럼 들쭉날쭉하게 내어 디딘다는 데서 「비틀거리다. 절름발이」 跛行(파행)
頗(자못 파)	☞ 頁(3511) → 겉으로 드러난 거죽(皮)처럼 머리(頁)에서 자아내는 생각이 외면(비합리)적으로 편중되어 있다는 데서 「치우치다. (깊숙이 치우쳐 있다는 데서)자못」

皮	用	禾	皿
가죽 피	쓸 용	벼 화	그릇 명

用 | 쓸 용: 쓰일/부릴 용. 2191-60

자원 用 → 빈(冂 멀 경 | 빌 형) 공간에 나무를 겹겹(二)으로 가로질러서 이들을 꿰어(丨) 놓은 모양, 곧 물건을 얹어 두거나 꽂아 두는 시렁 모양을 표현.

쓰임 「쓰다. 사용하다」는 의미로 쓰임.

用品(용:품 - 일용에 쓰는 물품) 用途(용:도) 用具(용:구) 用務(용:무) 用件(용:건) 用役(용:역) 用意(용:의)

甫 | 클 보. 도울/비로소/관/아름다운칭호 보 | 남새밭 포. 2192-20

◉ 十(열/충분할 십 → 「많다」는 의미로 쓰임) + 用 + 丶(불똥/점 주) = 甫

☞ 여러(十) 방면으로 쓰이는(用) 시점(丶)에 이르는, 곧 남자는 가정과 사회에 여러모로 쓰이는(활동하는) 시기(20세)에 이르면 비로소 성장을 마쳤다는 의미에서 관례를 올리고 별도의 이름을 가진다는 데서 「비로소. (여러 방면으로)돕다. (성인이 되어 쓰임이)크다. 관(冠). (별도로 지은 이름에서)아름다운 칭호」 뜻으로. 한편 여러(十) 용도(用途)로 쓰이는 지점(丶), 곧 여러 가지 채소를 가꾸는 조그마한 텃밭이라는 데서 「남새밭」 뜻으로.

※ 관례(冠禮) → 20세에 이른 남자를 어른으로 예우하는 의식. 자(字)를 짓고 갓을 씀.
※ 남새밭 → 배추나 상추 같은 여러 가지 채소를 심어서 가꾸는 조그마한 밭.

甫(보 - 평교간, 동년배나 손아래 사람을 부를 때에 성이나 이름 밑에 붙여 쓰는 말) 杜甫(두보 - 당나라의 시인. 시성으로 불림) 甫田=圃田(포전 - 남새밭. 채마밭)

★ 甫(클/도울 보 | 남새밭 포)와 결합을 이룬 글자.		2192 별첨
補(기울 보)	☞ 衣(2552) → 옷(衤)을 도와(甫)주는, 곧 해지거나 찢어진 옷을 천 조각으로 덧대어(꿰매어)준다는 데서 「깁다. 더하다」 補修(보수)	
輔(도울 보)	☞ 車(3174) → 수레(車)의 양쪽 가장자리에 남새밭(甫) 울타리처럼 둘러(덧대어)놓은 나무이라는 데서 「덧방나무. (덧방나무로 수레의 안전을)돕다」 輔弼(보필)	
黼(보불 보)	☞ 黹(3664) → 여러 가지 채소를 심어 놓은 남새밭(甫) 모양처럼 갖가지 문양을 넣어 바느질하여(黹) 놓은 베(천)이라는 데서 「수(繡)」 黼黻(보불)	
敷(펼 부)	☞ 攴(1810) → (천 같은 것을) 크게(甫) 늘어놓는다(放)는 데서 「펴다. 베풀다」 敷設(부설)	
浦(물가 포)	☞ 水(1223) → 남새밭(甫)에 사람이 들락거리는 것처럼 물(氵)이 항상 들락날락하는 곳이라는 데서 「물가. 개」 浦口(포구)	
捕(잡을 포)	☞ 手(1474) → 손(扌)을 크게(甫) 벌려 사람이나 짐승을 붙잡는다는 데서 「잡다」	
鋪(펼/가게 포)	☞ 金(3442) → 쇠(金)를 두드려, (규모가 작고 평평한) 남새밭(甫) 모양처럼 납작하게 펼친다는 데서 「펴다. 깔다. (상품을 펼쳐 놓은)가게」 店鋪(점포)	
匍(길 포)	☞ 勹(0269) → 넝쿨식물이 남새밭(甫)의 울타리를 감싸면서(휘감으면서)(勹) 기어오르는 모양이라는 데서 「기다. 엎드리다」 匍匐(포복)	
圃(남새밭 포)	☞ 囗(0649) → (짐승이 들어가지 못하도록) 울타리로 에워(둘러)(囗) 놓은 남새밭(甫)이라는 데서 「남새밭」 圃田(포전)	

用 부수(자원과 쓰임) → 2191 참조

哺(먹일 포)	☞ 口(0863) →	입(口)을 크게(甫) 벌리어 먹이를 받아먹는다(먹인다)는 데서 「먹다, 먹이다」
脯(포 포)	☞ 肉(2419) →	평평한 남새밭(甫)처럼 납작하게 저미어 말려 놓은 고기(月)라는 데서 「포」
逋(도망갈 포)	☞ 辶(3138) →	(여러 가지 채소를 심어 놓은) 남새밭(甫)으로 피신하여(숨어들어) 간다(辶)는 데서 「숨다, 도망가다」 逋脫(포탈)

자투리 마당

愚公移山(우공이산)

○ 愚公移山은 「우공이 산을 옮긴다는 뜻으로, 어떤 일이든지 끊임없이 노력하면 반드시 이루어짐을 이르는 말」이다.

- 옛날 중국 하양(河陽) 땅의 북쪽에 우공(愚公)이라는 90세에 달한 노인이 살고 있었다. 노인의 집 앞에는 둘레가 700리(里)나 되고 높이가 수만 척(尺)이나 되는 거대한 태행산(太行山)과 왕옥산(王屋山)이 가로놓여 있어서, 산 넘어 있는 고을에 볼 일이 있으면 이들 두 산을 빙 둘러 가야 했기에 여간 불편한 것이 아니었다. 이에 우공은 가족들을 모아 놓고 앞 산 때문에 불편하기 그지없으니 이 산을 옮기자고 하였고 가족이 이에 동조(同調)하였기에 산 흙을 지게에 짊어지고 멀리 떨어져 있는 발해(渤海)에다 버리고 돌아오곤 하였는데. 이를 본 지수(智叟)라는 노인이 "아니 이 큰 산을 어느 세월에 다 퍼다 옮긴다는 말씀이요?"라고 여쭈니 우공이 대답하기를 "내가 죽고 나면 내 아들이, 아들이 죽고 나면 손자들이 대(代)를 이어 옮긴다면 산이 깎이어져 줄어들고 줄어들어 결국에는 없어지겠지요"라는 것이었다. 이에 산을 지키던 산신(山神)이 산(山)이 없어질 것을 염려하여 상제(上帝)에게 나아가 산을 구해 줄 것을 요청하였더니, 상제가 신(神)에게 명하여 이들 두 산을, 하나는 동쪽으로 또 하나는 남쪽으로 옮기게 하였으며, 이에 우공의 집 앞은 한수(漢水)와 이어지는 큰 길이 뚫리었다고 하는 이야기에서 비롯한 고사성이이다. 한 번 마음먹은 일을 미련스러울 정도로 부지런하고 부단(不斷)하게 이행한다면, 지혜로운 늙은이라고 이름 지어진 智叟 노인보다 어리석은 노인이라 이름 지어진 愚公에게 지름길이 열린다고 보아야 할 것이다 .

- 열자(列子)에서 -

皮	用	禾	皿
가죽 피	쓸 용	벼 화	그릇 명

부수 5획

禾 벼 화. 곡식 화. 2193-30

벼(禾)

- 자원: 禾 → 드리워진 이삭(丿)과 잎줄기가 나무(木)처럼 생긴 벼 모양을 표현.
- 쓰임: 「벼. 벼 이삭. 볏짚. 곡식」 의미로 쓰임.

禾黍(화서 - 벼와 기장) 禾穗(화수 - 벼 이삭) 禾苗(화묘 - 벼의 싹) 禾穀(화곡 - 벼 종류의 곡식)

秋 가을 추. 세월 추. 2194-70

◉ 禾 + 火(불 화) = 秋

☞ 벼(禾)가 무르익어 온 들녘이 불빛(火)처럼 불그스레하여지는 계절이라는 데서「가을. (가을은 한 해의 농사를 마무리하는 계절의 도래함이라는 데서)세월」뜻으로.

秋季(추계 - 가을철) 秋穀(추곡) 秋夕(추석) 秋收(추수) 秋播(추파) 秋波(추파) 秋夜(추야) 春秋(춘추)

★ 秋(가을/세월 추)와 결합을 이룬 글자. 2194 별첨

楸(가래나무 추)	☞ 木(1675) → 불빛(火)을 띠는 붉은 꽃대가 길쭉한 벼이삭(禾)처럼 드리우는(피어나는) 나무(木)이라는 데서「가래나무」
鰍(미꾸라지 추)	☞ 魚(3650) → 가을(秋)에 추어탕으로 식단에 오르는 고기(魚)이라는 데서「미꾸라지」
愁(근심 수)	☞ 心(1877) → 산적한 가을걷이(추수)(秋)를 서둘러서 마쳐야 하는 애타는 마음(心)이라는 데서「근심. 괴로워하다」 愁心(수심)

科 과목 과. 한정/조목/과정 과. 2195-60

◉ 禾 + 斗(말 두 →「헤아리다」의미로 쓰임) = 科

☞ 벼(禾)를 말로 헤아려(斗) 일정한 몫(양곡·조세 등)을 정하여(구분하여) 놓은 모양이라는 데서「한정. 조목. (조목을 지어서 나누어 놓은)과목」뜻으로.

科目(과목 - 학문의 구분. 분류) 科程(과정 - 학과과정. 순서) 科學(과학) 科擧(과거) 武科(무:과)

種 씨 종(:) 종자/종류/심을 종. 2196-50

◉ 禾 + 重(무거울/거듭 중) = 種 (2943 참조)

☞ 벼(禾) 가운데 무거운(重) 것(충실한 벼)을 가리어서 종자용 볍씨로 파종한다(심는다)는 데서「씨. 종자. 심다. (구분지어 놓은 종자이라는 데서)종류」뜻으로.

※ 볍씨 → 벼를 그릇에 담아, 물을 채웠을 때 물에 뜨는 가벼운 벼(쭉정이)는 건져 내고 물 밑에 가라앉는 무거운(충실한) 벼를 볍씨로 사용함.

種子(종자) 種苗(종묘) 種豚(종돈) 種類(종:류) 種別(종:별) 種瓜得瓜·種豆得豆(종과득과·종두득두)

移 옮길 이. 모낼 이. 2197-42

- 禾 + 多(많을/더할 다) = 移 (0999 참조)
- ☞ 벼(禾)를 못자리에 많이(多) 파종하여 자라난 모를 논에 옮겨 심는다는 데서 「옮기다. 모내다」 뜻으로.

移秧(이앙 - 모내기) 移植(이식 - 옮겨 심음) 移住(이주) 移民(이민) 移動(이동) 移徙(이사) 移轉(이전)

稅 세금 세: 구실 세. 2198-42

- 禾 + 兌(바꿀/기쁠 태 | 날카로울 예) = 稅 (0195 참조)
- ☞ (조세 명목으로) 국민이 벼(禾)를 국가에 바치는 대신에 이를 돈으로 바꾸어(兌) 국가에 내는 세금(금전)이라는 데서 「세금. 구실」 뜻으로.
- ※ 租는 현물세(現物稅), 稅는 현금(現金)으로 내는 세(稅)이라는 의미가 글자 속에 배어 있음.

稅金(세:금 - 조세로 바치는 돈) 稅收(세:수) 稅率(세:율) 稅吏(세:리) 稅務署(세:무서) 課稅(과세)

程 한도/길 정. 단위/헤아릴/한도/법 정. 2199-42

- 禾 + 呈(드릴/들어낼/나타날 정) = 程 (0843 참조)
- ☞ 벼(禾)를 들어 내어(呈) 각각의 몫(조세나 양곡 등)으로 헤아려(지정하여) 놓는다는 데서 「헤아리다. 단위. 한도. (한도를 설정하여 놓은 장소나 규범이라는 데서)길. 법」 뜻으로.

程度(정도 - 얼마 가량의 분량) 規程(규정) 旅程(여정) 課程(과정) 科程(과정) 過程(과:정) 路程(노:정)

私 사사(私事)/사사로울 사. 홀로 사. 2200-40

- 禾 + ㅿ(사사로울/나 사) = 私
- ☞ 벼(禾)를 사사롭게(개인적으로)(ㅿ) 재배하여 독립된 삶을 꾸려 나가는 개개인(개체)이라는 데서 「사사롭다. 홀로」 뜻으로. ※ 아주 먼 옛날에는 벼를 공동으로 재배하였음.

私有(사유 - 개인의 소유) 私的(사적) 私立(사립) 私見(사견) 私心(사심) 私利(사리) 私慾(사욕)

穀 곡식 곡. 2201-40

- 殼(= 殼 껍질 각) + 禾 = 穀 (1781 참조)
- ☞ 껍질(殼)에 둘리어 있는 벼(禾) 종류의 겉곡식이라는 데서 「곡식」 뜻으로.

穀食(곡식 - 식량이 되는 쌀·보리 등의 총칭) 穀類(곡류) 穀物(곡물) 穀雨(곡우) 穀倉地帶(곡창지대)

積 쌓을 적. 모을/포갤 적. 2202-40

- 禾 + 責(꾸짖을/취할 책 | 빚 채) = 積 (3042 별첨)
- ☞ 벼(禾)를 취하여(責) 놓은, 곧 벼를 베어 내어(거두어들이어) 이들을 차곡차곡 쌓아(모아) 놓은 모양이라는 데서 「쌓다. 모으다. 포개다」 뜻으로.

積置(적치 - 쌓아 둠) 積載(적재) 積善(적선) 積立(적립) 積金(적금) 積滯(적체) 積極(적극) 積雪(적설)

禾 부수(자원과 쓰임 → 2193 참조)

秀 빼어날 수. 이삭/아름다울/수재 수.　　2203-40

◉ 禾 + 乃(이에 내 →「불룩한 모양」을 의미) = 秀 (0022 참조)

☞ 벼 이삭(禾)이 내(乃) 글자 형상처럼 불룩하게 피어(빼어)나는 모양이라는 데서「빼어나다. 이삭. (벼 이삭이 빼어나서)아름답다. (빼어난 재주이라는 데서)수재」뜻으로.

秀麗(수려 - 뛰어나게 아름다움) 秀作(수작) 秀才(수재) 優秀(우수) 麥秀之嘆(맥수지탄) 俊秀(준:수)

★ 秀(빼어날/이삭 수)와 결합을 이룬 글자.　　2203 별첨

誘(꾈 유)　　☞ 言(3238) → 빼어나게(秀) 말하여(言) 상대방을 달래거나 부추긴다는 데서「꾀다. 달래다」

透(사무칠 투)　☞ 辶(3118) → 벼 이삭이 (줄기를 뚫고) 빼어나는(秀) 것처럼 장애물을 뚫고 나아(지나)간다(辶)는 데서「꿰뚫고 지나가다. (꿰뚫고 지나가듯이 속속들이 파고든다는 데서)사무치다」

秘 숨길 비: 비밀히할 비 | 향기로울 별.　　2204-00

◉ 禾 + 必(반드시 필) = 秘 (1840 참조)　※ 秘와 祕(숨길 비)는 통자(通字).

※ 여기에서 必은 안에서 밖으로 삐쳐져(스미어) 나오는 모양을 표현.

☞ 벼(禾)로 지은 쌀밥으로부터 향기가 필(必) 글자 형상처럼 안에서 밖으로 배어져 나온다는 데서 「향기롭다. (배어 있는 향기로움처럼 내부로)숨기다. (숨기어)비밀히 하다」뜻으로.

秘密(비:밀 - 숨기어서 공개하지 아니하는 일) 秘境(비:경) 秘法(비:법) 秘方(비:방) 秘訣(비:결) 秘書(비:서)

稱 일컬을 칭.　　2205-40

◉ 禾 + {爫(손톱 조) + 冂(멀 경) + 二(두 이) + ㅣ = 爯(두가지를한꺼번에들 칭)} = 稱

☞ 벼(禾) 두 포기를 한꺼번에 들고(爯) 어느 쪽이 더욱더 충실한 것인지를 비교하여 말한다는 데서 「일컫다」뜻으로.

稱號(칭호 - 일컫는 이름) 稱頌(칭송 - 일컬어서 기림) 稱讚(칭찬) 略稱(약칭) 俗稱(속칭) 詐稱(사칭)

稚 어릴 치.　　2206-32

◉ 禾 + 隹(새 추 → 주로「꼬리가 짧은 새」를 의미) = 稚

☞ 꼬리가 짧은 새(隹)처럼 키가 작달막한 벼(禾)이라는 데서「어리다」뜻으로.

稚拙(치졸 - 유치하고 졸렬함) 稚魚(치어 - 어린 물고기) 稚氣(치기) 幼稚(유치) 幼稚園(유치원)

秩 차례 질. 질서/녹봉 질.　　2207-32

◉ 禾 + 失(잃을/놓을 실) = 秩 (0733 참조)

☞ 벼(禾)가 잃어(失) 나가는, 곧 손에 쥐고 있는 볏모를 잃어 나가듯이 차례대로(열을 맞추어 가며) 심어 나간다는 데서「차례. 질서」. 한편 벼슬아치에게 소실(消失)시켜 주는(모두 나누어 주는) 벼(禾)이라는 데서「녹봉」뜻으로.

秩序(질서 - 사물의 조리나 순서) 秩高(질고 - 관직·녹봉이 높음)

禾 부수(자원과 쓰임 → 2193 참조)

稀 드물 희. 2208-32

- 禾 + 希(바랄/드물 희) = 稀 (0977 참조)
- ☞ 벼(禾)가 드물게(希) 자라나(심어져) 있다는 데서 「드물다」 뜻으로.

稀少(희소 - 드물고 적음) 稀貴(희귀) 稀薄(희박) 稀釋(희석) 稀微(희미) 稀年(희년 - 70세)

稿 원고/볏짚 고. 2209-32

- 禾 + 高(높을/위/클 고) = 稿 (3578 참조)
- ☞ 높이(高) 자라난 벼(禾)의 잎줄기이라는 데서 「볏짚. (엉클어진 볏짚처럼 엉성하게 초안草案을 잡아 놓은 글이라는 데서)원고」 뜻으로.

稿料(고료 - 원고 집필에 대한 보수) 原稿(원고 - 인쇄를 위해 쓴 초벌의 글) 投稿(투고) 草稿(초고)

稻 벼 도. 2210-30

- 禾 + {爫(손톱 조) + 臼(절구 구) = 舀(절구확긁어낼/쓸 요)} = 稻
- ☞ 절구에 쓸어(舀) 넣어서 찧는 (탈곡한) 벼(禾)이라는 데서 「벼」 뜻으로.

稻作(도작 - 벼농사) 稻熱病(도열병 - 벼가 갈색으로 마르는 병) 水稻(수도 - 논벼) 陸稻(육도 - 밭벼)

★ 舀(절구확긁어낼/쓸 요)와 결합을 이룬 글자. 2210 별첨

| 滔(물넘칠 도) | ☞ 水(1316) → 물(氵)이, (절구에 곡식을 찧은 후에) 절구 확 긁어내는(舀) 모양처럼 안에서 밖으로 울컥 쏟아져 나온다는 데서 「물 넘치다」 滔滔(도도) |
| 蹈(밟을 도) | ☞ 足(3017) → 발(足)로, 땅바닥을 쓸어(舀)나가듯이 차곡차곡 밟아 나간다는 데서 「밟다」 |

穫 거둘 확. 벼벨/추수할 확. 2211-30

- 禾 + 蒦(풀이름 확 | 자(尺)/잴/헤아릴 약) = 穫 (1394 참조)
- ※ 蒦 → {艹(쌍상투 관) + 隹(새 추) = 萑(억새 환 | 풀우거진모양 추)} + 又(또/오른손 우)
- ☞ 벼(벼 이삭)(禾)가 풀 우거진 모양(萑)처럼 드리워져(영글어) 있는 것을 손(又)으로 움키어서 거두어들인다(베어 낸다)는 데서 「거두다. 벼 베다. 추수하다」 뜻으로.

收穫(수확 - 곡식을 거두어들임)

租 조세 조. 세금/구실/세낼/쌓을 조. 2212-30

- 禾 + 且(또 차 | 수두룩할 저) = 租 (0011 참조)
- ☞ 나라에서 농가로부터 조세 명목으로 벼(禾)를 거두어들이어 수두룩하게(且) 쌓아 놓은 모양에서 「(벼를)쌓다. 조세. 세금(구실). (벼를 국가에)세내다」 뜻으로.

租稅(조세 - 국가가 국민으로부터 징수하는 수입) 租界(조계) 租借(조차) 賭租(도조 - 도지 세)

秒 분초 초. 까끄라기/세미할/미묘할 묘. 2213-20

- 禾 + {小(작을 소) + 丿 = 少(적을 소)} = 秒 (0575 참조)
- ※ 까끄라기 → 벼·보리 등의 수염. 또는 그 도막난 동강.

禾 부수(자원과 쓰임 → 2193 참조)

☞ 벼(벼 이삭)(禾)에, 소(小) 글자 형상처럼 갈라져서 삐쳐져(⁄) 나온 까끄라기 모양에서 「까끄라기. (까끄라기는 매우 미세하다는 데서)세미하다. (세미한 시간인)분초」 뜻으로.

秒針(초침 - 시계의 초를 가리키는 바늘) 秒速(초속 - 초 단위에서의 빠르기) 秒忽(묘홀 - 극히 작은 것)

秉	잡을 병: 볏단/자루 병.	2214-20

◉ 禾 + ⺕(→ 又「오른손 우」로, 「손」을 의미) = 秉

☞ (낫으로 베어 낸) 벼(禾)를 손(⺕ = 又)으로 움켜잡고 있는 모양에서 「잡다. 볏단. (손으로 움켜잡는)자루」 뜻으로.

秉權(병:권 - 권력을 잡음) ※ 兵權(병권 - 군대를 지휘하는 권력) 秉燭(병:촉 - 촛불을 켬)

★ 秉(잡을/자루 병)과 결합을 이룬 글자.	2214 별첨
兼(겸할 겸) ☞ 八(0328) → 兼은 秉 글자를 겹쳐 놓은 모양. 벼(벼 이삭) 두 포기(禾禾)를 겸하여(아울러) 손(⺕)에 쥐고 있는 모양에서 「겸하다. 아우르다」 兼用(겸용)	

稷	피 직. 기장/사직/귀신이름 직.	2215-20

◉ 禾 + {田(밭 전) + 儿(어진사람 인) + 夂(천천히걸을 쇠) = 畟(나아갈 측)} = 稷

☞ 벼(禾)보다 앞에 나아가서(畟) 경작된(벼 이전에 경작하여 온) 벼의 일종이라는 데서 「피. 기장. (기장으로 빚은 술을 제물로 받는 곡신인)귀신 이름. 사직」 뜻으로.

稷神(직신 - 곡식을 맡은 신령) 社稷(사직 - 조정을 일컬음) 稷山邑(직산읍 - 충남도에 있는 지명)

秦	성(姓)/나라 진. 벼이름 진.	2216-20

◉ 𡗞(= 𡗝 → 泰「클 태」의 고자) + 禾 = 秦

☞ 크게(𡗞) 자라나는 (수확이 많이 나는) 벼(禾)라는 의미에서 「벼 이름. (秦이 진나라 이름 글자로 쓰였기에)나라」 음훈으로.

秦始皇帝(진시황제) → 중국 최초의 통일된 대제국(大帝國)을 세운 진(秦)나라의 제1대 황제. 장양왕의 아들로, 13세에 진왕이 되어 23세에 친정(親政), 이후 16년간에 걸쳐 열국(列國)을 멸하여 천하를 통일하고 스스로 시황제라 칭하였음. 군현제(郡縣制)를 채용하였으며, 도량형·통화·문자를 통일하는 등 중앙집권제를 확립, 분서갱유와 같은 폭정이 있으며, 만리장성·아방궁 건설 등의 업적이 있음(BC 259-210).

穆	화목할 목. 벼/아름다울 목.	2217-20

◉ 禾 + {白(흰 백) + 小(작을 소) + 彡(털자라날 삼) = 㣎(가는문채「細文」목)} = 穆

☞ 벼(禾)가 가는 문채(㣎)를 띠며 올망졸망하게 어우러져 피어나는 아름다운 모양이라는 데서 「벼. 아름답다. (한데 어우러져 있는 모양에서)화목하다」 뜻으로.

穩	편안할 온(:). 평온할 온 ǀ 곡식거둬모을 은.	2218-20

◉ 禾 + 㥯(삼갈/아낄 은) = 穩 (3338 참조)

☞ 벼(禾)를 추수하여 아끼는(㥯) 마음으로 갈무리한다는 데서 「곡식 거둬 모으다. (곡식을 거두어 저장하여 놓으면 식생활이 풍족하여 마음이 안온하다는 데서)편안하다」 뜻으로.

穩全(온:전 - 결점이 없고 완전함) 穩健(온:건) 穩當(온:당) 平穩(평온 - 고요하고 평안함)

稙 올벼 직. 일찍심은벼 직.　　　　　　　　　　　　　　　　2219-20

- 禾 + 直(곧을/바로볼 직) = 稙 (2270 참조)
- ☞ 곧게(直) 자라난 벼(禾), 곧 (늦게 심은) 늦벼는 키가 작은데 반하여 곧게 자라난(키가 큰) 벼는 일찍이 심은 올벼이라는 데서「일찍 심은 벼. 올벼」뜻으로.

稙禾(직화 - 일찍 심는 벼)

秤 저울 칭.　　　　　　　　　　　　　　　　　　　　　　　2220-10

- 禾 + 平(평평할 평) = 秤 (0931 참조)

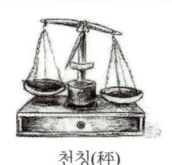
천칭(秤)

☞ 벼(禾)의 무게를 다는 (좌우 측이 공평하게 나뉘어져서 평형을 이룬) 평(平) 글자 형상처럼 생긴 천칭 모양에서「저울」뜻으로.

天秤(천칭 - 저울판을 수평이 되게끔 하여 무게를 다는 저울의 하나) 天平秤(천평칭 - 천칭) 秤錘(칭추 - 저울추)

稠 빽빽할 조. 여럿 조.　　　　　　　　　　　　　　　　　　2221-10

- 禾 + 周(두루/합당할/주밀할/빽빽할 주) = 稠　0816 참조)
- ☞ 벼(禾)가 주밀(빽빽)하게(周) 자라나 있다는 데서「빽빽하다. 여럿」뜻으로.

稠密(조밀 - 촘촘하고 빽빽함) 奧密稠密(오밀조밀 - 세밀하고 자상한 모양)

稟 여쭐/받을 품: 줄/녹 품.　　　　　　　　　　　　　　　　2222-10

- 㐭(쌀곳간 름) + 禾 = 稟　※ 禀(여쭐 품)은 稟의 속자.
- ☞ 곳간(㐭)에 벼(禾)를 채우는(백성으로부터 조세 명목으로 벼를 받아들이는), 또는 곳간(㐭)의 벼(禾)를 벼슬아치의 봉록으로 나누어 준다는 데서「받다. 주다. (윗사람의 의견을 받는다는 데서) 여쭙다. (봉록으로 주는)녹」뜻으로.

稟申(품:신 - 여쭘) 稟告(품:고 - 웃어른·상사에게 여쭘) 稟議(품:의) 稟性(품:성) 稟決(품:결) 稟賦(품:부)

★ 稟(여쭐/받을/줄 품)과 결합을 이룬 글자.	2222 별첨
凜(찰 름) ☞ 冫(0308) → 곳간(㐭)에 벼(禾)가 가득하게 채워져 있는 것처럼 세상이 온통 얼음(冫)으로 뒤덮이어 있어서 기온이 매우 차다는 데서「차다」凜烈(늠렬)	

稼 심을 가.　　　　　　　　　　　　　　　　　　　　　　　2223-10

- 禾 + 家(집 가) = 稼 (0581 참조)
- ☞ 벼(禾)에게 집(家)을 마련하여 주는, 곧 벼가 잘 자랄 수 있도록 모판에서 키운 볏모를 논에 옮겨 심는다(모내기한다)는 데서「심다」뜻으로.

稼穡(가색 - 곡식 농사) 稼得(가득 - 가동하여 결과를 얻음) 稼動(가동 - 기계 따위를 움직여 일함)

禾 부수(자원과 쓰임 → 2193 참조)

稍 │ 적을/점점 초. 조금/녹(녹봉) 초. 2224-10

- 禾 + {小(작을 소) + 月(= 肉 고기 육) = 肖(닮을/같을/작을 초)} = 稍 (2391 참조)
- ☞ (흉년이 들거나 재정이 궁핍하여) 녹봉으로 주는 벼(禾)의 분량이 점점 작아(肖)진다는 데서 「(녹봉이)적다. 조금. 점점. 녹」 뜻으로.

稍食(초식 - 녹봉으로 받는 쌀) 稍解文字(초해문자 - 겨우 글자를 뜯어 볼 정도)

稗 │ 피 패: 잘 패. 2225-10

- 禾 + 卑(낮을/천할 비) = 稗 (0340 참조)
- ☞ 벼(禾)보다 품질이 낮은(卑), 곧 잎줄기는 벼와 흡사하지만 알갱이가 매우 작아 식용 가치가 떨어지는 벼의 일종이라는 데서 「피. (알갱이가)잘다」 뜻으로.

稗飯(패:반 - 피밥) 稗販(패:판 - 조그마한 상인) 稗史(패:사) 稗官(패:관) 稗說(패:설) 稗官小說(패:관소설)

秧 │ 모 앙. 2226-10

- 禾 + {冂(멀 경 ∣ 빌 형) + 大(큰 대) = 央(가운데 앙)} = 秧 (0737 참조)
- ※ 모 → 벼의 싹. 옮겨 심기 위하여 가꾸어 놓은 어린 벼.
- ☞ 여기에서 央은 벼가 껍질(冂)을 덮어쓴 채 새싹이 돋고 뿌리를 내린 모양(大)을 표현. 앙(央) 글자 형상처럼 싹과 뿌리가 발아한 아주 어린 벼(禾)라는 데서 「모」 뜻으로.

秧苗(앙묘 - 벼의 싹. 볏모) 移秧期(이앙기 - 벼를 옮겨 심는 시기)

穗 │ 이삭 수. 2227-10

- 禾 + {叀(오로지 전) + 心(마음/염통/가운데 심) = 惠(은혜 혜)} = 穗 (1852 참조)
- ☞ 벼(禾)에서, 오로지(叀) 심장(心)이라고 할 수 있는 가장 핵심적인 부위이라는 데서 「이삭」 뜻으로.

穗狀(수상 - 이삭과 같은 모양) 發穗(발수 - 벼·보리 등 이삭이 핌) 拔穗(발수) 落穗(낙수) 出穗(출수)

秕 │ 쭉정이 비: 이름뿐이고 실지가 없을 비. 2228-10

- 禾 + 比(견줄/비할/아우를 비) = 秕 (1575 참조) ※ 粃(쭉정이 비)는 秕와 동자.
- ☞ 벼(禾)와 아울러(比) 있는, 곧 잘 영근 벼와 뒤섞여 있는 잘 영글지 못한 벼이라는 데서 「쭉정이. (속이 빈 쭉정이처럼)이름뿐이고 실지가 없다」 뜻으로.

秕政(비:정 - 나쁜 정치. 악정) 秕糠=粃糠(비:강 - 쭉정이와 겨. 변변치 못한 음식. 하찮은 물건을 일컬음)

稜 │ 모날 릉. 모서리/서슬/벼 릉. 2229-10

- 禾 + 夌(언덕/높을/넘을 릉) = 稜 (0521 참조)
- ☞ 벼(禾)가 언덕(夌) 형상처럼 가운데는 볼록하고 가장자리는 비탈져 있는(모난) 모양이라는 데서 「모나다. 모서리. 벼. (모서리를 이룬 것처럼 끝머리가 날카롭다는 데서)서슬」 뜻으로.

稜角(능각 - 모서리 각) 稜威(능위 - 존엄한 위세) 稜線(능선 - 산등성이를 따라 죽 이어진 선)

禾 **부수**(자원과 쓰임 → 2193 참조)

| 禿 | 대머리 독. 모지라질/두루미/민둥산 독. | 2230-10 |

- 禾 + 儿(어진사람 인) = 禿
- 벼(禾)의 껍질이 인(儿) 글자 형상처럼 벌어져서 알갱이가(쌀알이) 맨송맨송하게 드러나 있는 모양이라는 데서「(머리카락이 맨송맨송한)대머리. (대머리의 머리카락이)모지라지다. (대머리 형상의)두루미. 민둥산」뜻으로.

禿頭(독두 - 대머리) 禿山(독산 - 민둥산) 禿筆(독필 - 몽당붓) 禿山洞(독산동 - 서울에 있는 지명)

★ 禿(대머리/모지라질 독)과 결합을 이룬 글자.	2230 별첨
頹(무너질 퇴) ☞ 頁(3519) → 머리카락이 모지라진(禿) 머리(頁)이라는 데서「대머리. (머리카락이)무너지다」	

| 穢 | 더러울 예: 거칠 예. | 2231-10 |

- 禾 + 歲(해/세월/절후 세) = 穢 (2000 참조)
- 벼(禾), 곧 볏짚이 세월(歲)이 지남에 따라 빛깔이 바래고 썩어져서 지저분하고 거칠다는 데서「더럽다. 거칠다」뜻으로.

穢土(예:토 - 더러운 땅, 곧 이승을 이르는 말) 穢德(예:덕 - 임금의 좋지 아니한 행동)

| 稽 | 머무를 계: 생각할/상고할 계. | 2232-00 |

- 禾 + 尤(더욱/심할 우) + 旨(맛 지) = 稽
- 벼(禾)가 더욱(尤) 맛(旨)있는, 곧 벼로 지은 맛있는 쌀밥 곁에 손길이(수저가) 머문다는 데서「머무르다. (오랫동안 생각이 머무른다는 데서)생각하다. 상고하다」뜻으로.

稽留(계:류 - 머무름. 체류) 稽考(계:고 - 지나간 일을 상고함)

皮	用	禾	皿
가죽 피	쓸 용	벼 화	그릇 명

皿 그릇 명. 접시/그릇덮개 명. 2233-10

- 자원 皿 → 음식물이 채워져 있는 그릇 모양을 표현.
- 쓰임 「그릇」 의미로 쓰임.

器皿(기명 - 그릇. 기물) 器皿折枝(기명절지 - 여러 가지 그릇붙이와 화초의 가지를 섞어서 그린 그림)

盛 성할 성: 그릇/담을 성. 2234-42

- ◉ 成(이룰/마칠/성할 성) + 皿 = 盛 (1758 참조)
- ☞ 그릇(皿)에 음식물이 성하게(풍성하게)(成) 담겨 있다는 데서 「(그릇에 먹을거리가)성하다. 그릇. (그릇에 음식물을)담다」 뜻으로.

盛大(성:대 - 성하고 큼) 盛行(성:행) 盛業(성:업) 盛況(성:황) 盛饌(성:찬) 盛衰(성:쇠) 盛需期(성:수기)

益 더할 익. 넘칠/넉넉할 익. 2235-42

- ◉ 仌(= 水「물 수」를 눕혀 놓은 글자) + 皿 = 益
- ☞ 그릇(皿) 위로 물이 넘쳐흐르는 모양(仌 = 水)에서 「(물이)넘치다. (그릇이 넘치도록 물을)더하다. (물이)넉넉하다」 뜻으로.

益鳥(익조 - 사람에게 유익한 새) 益友(익우) 益蟲(익충) 益者三友(익자삼우) 便益(편익) 有益(유익)

★ 益(더할/넘칠/넉넉할 익)과 결합을 이룬 글자.		2235 별첨
溢(넘칠 일)	☞ 水(1310) → 물(氵)이 그릇에 더하여져 넘친다(益)는 데서 「넘치다」 海溢(해일)	
鎰(무게이름 일)	☞ 金(3471) → 쇠(金)로 된 저울추의 중량을 일정한 단위로 더하여(益) 차등화 시켜 놓은 무게 단위이라는 데서 「무게 이름. 무게의 단위」	
隘(좁을 애)	☞ 阜(3360) → 언덕(阝)이 겹겹으로 더하여져(益) 나아갈 길이 막혀 있다는 데서 「막다. (막히어서)좁다」 隘路(애로)	
縊(목맬 액)	☞ 糸(2529) → 실(끈)(糸)을 목덜미에 더하여(益) 매달린다는 데서 「목매다」 縊殺(액살)	

監 볼 감. 살필/헤아릴 감. 2236-42

- ◉ 臥(누울/쉴 와) + 一 + 皿 = 監
- ☞ 누운(臥) 자세, 곧 엎드린 자세로 그릇(皿)에 담겨 있는 내용물이 수평(一)을 이루는지를 눈여겨 들여다(살펴)본다는 데서 「보다. 살피다. 헤아리다」 뜻으로.

監視(감시 - 경계하여 살펴봄) 監督(감독) 監修(감수) 監査(감사) 監事(감사) 監禁(감금) 監獄(감옥)

★ 監(볼/살필/헤아릴 감)과 결합을 이룬 글자.		2236 별첨
鑑(거울 감)	☞ 金(3429) → (들여다) 보는(監) 용도로 쓰는 쇠(金)로 된 물건이라는 데서 「거울」	
覽(볼 람)	☞ 見(2953) → 자세하게 살펴(監) 본다(見)는 데서 「두루 보다. 보다」 閱覽(열람)	

皿 부수(자원과 쓰임 → 2233 참조)

濫(넘칠 람)	☞ 水(1262) →	監은 내용물이 가득하게 차 있는 그릇. 가득하게 차 있는 그릇(監) 언저리로 물(氵)이 넘쳐 나는 모양이라는 데서 「넘치다」濫用(남용)
藍(쪽 람)	☞ 艹(2759) →	(홍자색의 독특한 빛깔을 띠어) 많은 사람들이 관심 있게 들여다보는(監) 풀(艹)이라는 데서 「쪽. (쪽으로 물들인)남색」藍色(남색)
籃(대바구니 람)	☞ 竹(2708) →	아기를 돌보는(監) 용도로 쓰는 대나무(竹)로 된 물건이라는 데서 「대바구니」
艦(싸움배 함)	☞ 舟(2889) →	적함의 동태를 살피면서(감시하면서)(監) 유사시에 교전(交戰)하는 배(舟)라는 데서 「싸움배. 큰 배」艦隊(함대)
檻(우리 함)	☞ 木(1710) →	짐승이나 죄인을 살필(감시할)(監) 목적으로(도주하지 못하도록) 나무(木)로 둘러 놓은 장치라는 데서 「우리. 죄인이 타는 수레」檻車(함거)

盜 도둑 도. 도적/훔칠 도. 2237-40

● {氵 + 欠(하품 흠) = 次(침 연)} + 皿 = 盜
☞ 침(次)을 그릇(皿)에 흘리는, 곧 남의 그릇에 담겨 있는 재물에 군침을 흘리어(탐내어) 그 재물을 훔쳐 낸다는 데서 「도둑. 훔치다」뜻으로.

盜犯(도범 - 도둑질한 범인) 盜難(도난) 盜賊(도적) 盜用(도용) 盜聽(도청) 盜壘(도루) 盜癖(도벽)

盡 다할 진: 극진할 진. 2238-40

● 肀(= 聿 대 엽) + 灬(火 불 화) + 皿 = 盡
☞ 대(대나무)(肀)가 불(灬)에 모두 타버리고(소진하고) 재만 그릇(화로)(皿)에 남아 있는 모양에서 「(대나무가 화력을)다하다. (다하여)극진하다」뜻으로.

盡力(진:력 - 힘을 다함) 盡心(진:심) 盡人事待天命(진:인사대천명) 燒盡(소진) 極盡(극진)

★ 盡(다할/극진할 진)과 결합을 이룬 글자.		2238 별첨
燼(깜부기불 신)	☞ 火(1162) →	불(火)이 다한(盡), 곧 불이 다 타버리고 남아 있는 잿불이라는 데서 「깜부기 불. 불탄 끝」燼滅(신멸)

盟 맹세 맹. 약속할/믿을/신명에게고하여어김없음을약속할 맹. 2239-32

● 明(밝을 명) + 皿 = 盟 (1021 참조)
☞ 천자와 제후가 그릇(皿)에 담긴 희생의 피를 나누어 마시면서 죽는 날 까지 뜻을 함께할 것을 신명에게 밝힌다(明)는 데서 「신명에게 고하여 어김없음을 약속하다. 맹세」뜻으로.

盟邦(맹방 - 동맹을 맺은 나라) 盟約(맹약 - 굳은 약속) 盟誓(맹서) 同盟(동맹) 血盟(혈맹) 聯盟(연맹)

盤 소반 반. 쟁반/받침/큰돌 반. 2240-30

● 般(일반/되돌아올/옮길/나늘 반) + 皿 = 盤 (2887 참조)
☞ 반찬을 옮기는(나르는)(般) 그릇(皿), 또는 곡예사가 뱅글뱅글 돌리는(般) 둥글고 납작한 그릇(皿)이라는 데서 「소반. 쟁반. 받침. (쟁반처럼 납작한)큰 돌」뜻으로.

盤面(반면 - 판의 겉면) 盤石(반석) 錚盤(쟁반 - 운두가 낮고 동글납작한 그릇) 基盤(기반) 音盤(음반)

盧 성(姓)/밥그릇 로. 화로/검을/갈대 로. 2241-20

Ⅲ 부수(자원과 쓰임 → 2233 참조)

◉ {虍(범 호) + 田(밭 전) = 盧(밥그릇 로)} + 皿 = 盧 (2400 참조)
☞ 밥그릇(盧)으로 사용하는 그릇(皿)이라는 데서 「밥그릇. (밥그릇과 유사한)화로. (검은 화로에서) 검다. (밥그릇 모양처럼 소복하게 군락을 이루어 자라는)갈대」 뜻으로.
盧生之夢(노생지몽 - 노생의 꿈. 인생의 영고성쇠榮枯盛衰는 꿈과 같이 헛되고 덧없음을 일컬음)

★ 盧(밥그릇/화로/검을/갈대 로)와 결합을 이룬 글자.		2241 별첨
爐(화로 로)	☞ 火(1112) → 불(숯불)(火)을 담아 두는 그릇(화로)(盧)이라는 데서 「화로」火爐(화로)	
蘆(갈대 로)	☞ 艸(2778) → 갈대(盧) 풀(艹)이라는 데서 「갈대」蘆雁圖(노안도)	
廬(농막집 려)	☞ 广(0778) → (밥을 소복하게 담아 놓은) 밥그릇(盧) 모양처럼 도톰하고 조그마하게 지어 놓은 트인 집(广)이라는 데서 「농막 집. 오두막집」廬幕(여막)	

盈 찰 영. 남을 영. 2242-20

◉ {乃(이에 내 → 「불룩한 모양」을 의미) + 皿 = 盈(찰 영)} + 又(또 우) = 盈 (0022 참조)
☞ 차(盈) 있는 그릇에 내용물이 또(又) 더하여져 넘쳐 난다는 데서 「차다. 남다」 뜻으로.
盈溢(영일 - 가득 차 넘침) 盈虛(영허) 日月盈昃(일월영측) 盈德郡(영덕군 - 경북 동해안에 있는 지명)

盞 잔 잔. 2243-10

◉ 戔(상할 잔 | 쌓일/얕고작을/적을/좁을 전) + 皿 = 盞 (1578 참조)
☞ 얕고 작은(戔) 그릇(皿)이라는 데서 「잔」 뜻으로. 한편 戔은 술잔의 손잡이 모양이기도 함.
盞臺(잔대 - 잔을 받치는 그릇) 燈盞(등잔 - 등불을 켜는 그릇)

盆 동이 분. 분 분. 2244-10

◉ 分(나눌/분별할/쪼갤 분) + 皿 = 盆 (0227 참조)
☞ 여러 가지 식 재료(된장이나 고추장 같은 것)를 나누어(分) 담아 두는 그릇(皿)이라는 데서 「동이. 분」 뜻으로. 한편 分은 뚜껑이 덮여 있고 배가 불룩하게 나온 동이 모양이기도 함.
盆栽(분재 - 화초 등을 화분에 심어 가꿈) 盆地(분지) 盆花(분화) 花盆(화분) 盆塘區(분당구 - 지명)

盒 합/소반뚜껑 합. 2245-10

◉ 合(합할 합) + 皿 = 盒 (0795 참조)
☞ 합하여(合) 놓은 그릇(皿). 곧 마주 포개어 놓은 그릇처럼 이루어진 찬합(뚜껑) 모양이라는 데서 「합. 소반 뚜껑」 뜻으로.
盒子(합자 - 합. 음식을 담는 뚜껑이 있는 놋그릇의 하나) 香盒(향합 - 향을 담는 합) 饌盒(찬:합)

盃 잔 배. 2246-00

◉ 不(아니 불) + 皿 = 盃 (0006 참조)
※ 盃는 杯(잔 배)의 속자(俗字)이나 우승배(優勝盃)를 표기할 때에는 흔히들 盃로 씀
☞ 불(不) 글자 형상처럼 돌출된 손잡이가 달려 있는 그릇(皿)이라는 데서 「잔」 뜻으로.
優勝盃(우승배 - 운동경기의 우승자에게 주는 상배. 우승컵)

疋(疋)	内	立	癶
발 소	짐승발자국 유	설 립	걸을 발

疋 발 소. 바를 아ㅣ필(길이단위)/짝 필. 2247-00

- **자원** 疋 → 무릎(⼅)과 (앞으로 내딛는) 발(龰 = 止 그칠/발 지) 모양을 표현.
- **쓰임** 「발. 발을 내딛다」는 의미로 쓰임.

疋緞(필단 - 한 필의 비단) 疋木(필목 - 필로 된 무명·광목·당목 등의 총칭)

疑 의심할 의. 그럴듯할/비길 의ㅣ정할 응. 2248-40

- {匕 + 矢 = 矣(아직정해지지않는모양 의)} + 疋(→ 矛(창 모)와 疋가 겹쳐진 모양) = 疑
- ※ 矣 → (끝이 뾰족한) 비수(匕 비수 비)를 만들 것인지 화살촉(矢 화살 시)을 만들 것인지 모양새가 아직은 분명하지 않다는 데서 「아직 정해지지 않은 모양」 뜻으로.
- ☞ 아직 정해지지 않는 모양(矣)으로 이루어져 있는 모(矛)와 소(疋) 가운데 어느 쪽이 바른 글자인지 분간하기가 애매하다는 데서 「의심하다. 그럴듯하다. 비기다」 뜻으로.

疑心(의심 - 믿지 못하는 마음) 疑問(의문) 疑惑(의혹) 疑懼(의구) 疑念(의념) 疑慮(의려) 懷疑(회의)

★ 疑(의심할/머뭇거릴/그럴듯할/비길 의ㅣ정할 응)과 결합을 이룬 글자. **2248 별첨**

擬(비길 의)	☞ 手(1527) → 손(扌)으로 (실물처럼) 그럴듯하게(疑) 만든다는 데서 「비슷하다. 비기다」
礙(거리낄 애)	☞ 石(2143) → 돌(석축)(石)을 쌓아서 외부인의 침입이 의심되는(疑) 길목을 막는다(출입을 원활하게 할 수 없도록 한다)는 데서 「막다. 거리끼다」 拘礙(구애)
凝(엉길 응)	☞ 冫(0302) → 물이 고체 상태의 얼음(冫)으로 정하여(굳어)(疑)진다는 데서 「엉기다」
癡(어리석을 치)	☞ 疒(2318) → 의심하는(疑) 병(疒), 곧 사물의 분별이나 옳고 그름을 바르게 판단하지 못하고 의아스럽게 생각하는 (지능과 지각이 우둔한) 병적인 증상이라는 데서 「어리석다」

疏 트일/소통할 소. 멀/성길/거칠/상소할 소. 2249-32

- 疋(= 疋) + 㐬(깃발 류ㅣ거칠 황) = 疏 (1188 참조)
- ☞ 발(疋)을 거칠게(㐬) 내딛는, 곧 발걸음을 멀리 내딛는다는 데서 「멀다. 트이다. 성기다. 거칠다. 소통하다. (임금과 소통한다는 데서)상소하다」 뜻으로.

疏通(소통 - 막히지 아니하고 서로 통함) 疏外(소외) 疏遠(소원) 疏脫(소탈) 疏斥(소척) 上疏(상:소)

疎 성길 소. 멀 소. 2250-10

- 疋(= 疋) + 束(묶을 속) = 疎 (1609 참조)
- ☞ 바짓가랑이를 묶어(동여)(束) 매고서 발(疋)을 성큼성큼 내딛는다는 데서 「성기다. (다리 사이가) 멀다」 뜻으로. ※ 옛날에는 헐렁한 바짓가랑이를 동여매고서 달음박질하였음.

疎外(소외 - 주위에서 꺼리며 멀리함) 親疎(친소 - 친밀함과 소외됨) 疎遠=疏遠(소원) 疎忽=疏忽(소홀)

| 부수 5획 | 疋(𤴔) 발 소 | 禸 짐승발자국 유 | 立 설 립 | 癶 걸을 발 |

禸 | 짐승발자국 유. 2251-00

자원 禸 → 빈(冂 멀 경 | 빌 형) 지면에 굴곡을 이룬 사(厶 사사로울 사) 글자 형상처럼 찍혀 있는 짐승 발자국 모양을 표현.

쓰임 「발자국. 발자국 모양」과 의미로 쓰임.

禽 | 새 금. 날짐승 금. 2252-32

⦿ 今(이제 금) + 离(헤어질 리) → 今과 离이 겹쳐짐 = 禽
※ 离 → 발자국(禸) 무늬(文 글월/무늬 문)가 입 벌린(凵 입벌릴 감) 모양처럼 우묵하게 파여 있고 새는 어디론가 날아가고(헤어지고) 없다는 데서 「헤어지다」 뜻으로.
☞ 금방(今) 모여들었다가 헤어지는(날아가는)(离) 습성을 지니고 있는 날짐승이라는 데서 「새. 날짐승」 뜻으로.

禽鳥(금조 - 날짐승) 禽獸(금수 - 날짐승과 길짐승) 家禽(가금 - 집에서 기르는 날짐승) 猛禽(맹:금)

★ 禽(새/날짐승 금)과 결합을 이룬 글자. 2252 별첨
擒(사로잡을 금) ☞ 手(1526) → 손(扌)으로 날짐승(禽)을 잡는다(생포한다)는 데서 「사로잡다」

禹 | 성(姓) 우: 벌레/하우씨(우임금) 우. 2253-20

⦿ 虫(벌레 훼) + 禸(짐승발자국 유) → 虫와 禸 글자가 겹쳐짐 = 禹
☞ 발자국(禸)을 남기며 기어 다니는 벌레(虫)이라는 데서 「벌레」 뜻을, 禹는 성군(聖君)인 우임금의 이름 글자로 쓰였기에 「하우씨(우임금)」 음훈으로.

禹임금(우:임금 - 중국 하夏나라 시조. 성군으로 일컬음) 禹長春(우:장춘 - 육종학의 세계적 권위자)

◇ 창힐(蒼頡)이라는 사람이 짐승 발자국(禸)을 보고 한자(漢字)를 창제하였다는 설(說)이 있음.

※ 禸와 결합을 이룬 글자는 遇(만날 우 → 辶 부수) 偶(짝 우 → 人 부수) 愚(어리석을 우 → 心 부수) 隅(모퉁이 우 → 阜 부수) 寓(빗댈 우 → 宀 부수) 離(떠날 리 → 隹 부수) 籬(울타리 리 → 竹 부수) 등이 있음.

| 부수 5획 | 疋(⺪) 발 소 | 内 짐승발자국 유 | 立 설 립 | 癶 걸을 발 |

立 설 립. 세울/이룰/굳을/곧/정할/밝힐 립.   2254-70

자원 立 → 지면에 사람이 두 다리를 벌리고 서 있는 모습. 또는 지면에 세워 놓은 좌대(座臺) 모양을 표현.

쓰임 「서다. 세우다. 서 있는 모양. 좌대 모양」과 의미로 쓰임.

立身(입신 - 지반을 닦고 출세함) 立地(입지) 立志(입지) 立證(입증) 立春(입춘) 立冬(입동) 立法(입법)

童 아이 동: 우뚝우뚝할/삐죽삐죽할 동.   2255-60

◉ 立 + 里(마을 리) = 童

☞ 마을(里) 어귀에 서(立) 있는, 곧 마을 어귀에 서서 집을 나간(출타한) 부모를 기다리거나 놀고 있는 어린아이의 모습에서 「아이. 우뚝우뚝하다. 삐죽삐죽하다」 뜻으로.

童子(동:자 - 사내아이) 童心(동:심) 童話(동:화) 童謠(동:요) 童詩(동:시) 童顔(동:안) 兒童(아동)

★ 童(아이 동)과 결합을 이룬 글자.		2255 별첨
憧(그리워할 동)	☞ 心(1916) → 마음(忄)에, 천진난만하게 뛰어놀던 어린아이(童) 시절을 그리워한다는 데서 「그리워하다. 동경하다」憧憬(동경)	
瞳(눈동자 동)	☞ 目(2289) → 상대방의 눈(目)을 들여다보았을 때 자신의 얼굴이 아이(童)처럼 작은 모습으로 비치는 부위(동공)이라는 데서 「눈동자」 瞳子(동자)	
撞(칠 당)	☞ 手(1512) → 여기에서 童은 동동거리는 소리를 표현. 손(扌)으로 동동(童童)거리는 소리가 나도록 북이나 종 같은 것을 친다(두드린다)는 데서 「치다. 두드리다」 撞球(당구)	
鐘(쇠북 종)	☞ 金(3476) → 마을(里) 어귀에 서(立)서 우는 아이(童)처럼 울음소리를 내는 쇠(金)로 된 기구라는 데서 「쇠북. 종」 鐘閣(종각)	

章 글/글월 장. 문장/밝을/표할/악장/인장 장.   2256-60

◉ 立 + 早(이를 조) = 章

☞ 일으켜 세우는(이룩한)(立) 시일이 다른 사람에 비하여 이른(빠른)(早), 곧 다른 사람들보다 앞서서 이룩한 글(뛰어난 학문)이라는 데서 「글. 글월. (글월이)밝다. (밝게)표하다. (음표를 표시하여 놓은)악장. (표시하는 용도로 쓰는)인장」 뜻으로.

文章(문장 - 생각이나 느낌을 글자로 기록한 것) 樂章(악장) 印章(인장) 圖章(도장) 憲章(헌:장)

★ 章(글/글월/밝을/표할/인장 장)과 결합을 이룬 글자.		2256 별첨
障(막힐/장애 장)	☞ 阜(3331) → 높은 언덕(阝)이 앞을 가로막고 있는 것처럼 문장(章)이 쉽사리 풀리지 않는다(막힌다)는 데서 「막히다. 막다. 장애」障礙(장애)	
璋(반쪽홀 장)	☞ 玉(2050) → 사신이 상대국에 갈 때 신임(信任)을 표하기(章) 위하여 임금이 신표로 건네주던 옥(玉)으로 된 (절반을 가른) 홀이라는 데서 「반쪽 홀」 弄璋之慶(농장지경)	
樟(녹나무 장)	☞ 木(1684) → 볕이 잘 드는 밝은(章) 산기슭에 자라나는 나무(木)이라는 데서 「녹나무」	

立 부수(자원과 쓰임 → 2254 참조)

獐(노루 장)	☞ 犬(1414) → 지평선 아래에서 위로(十) 떠오르는 붉은 해(日)가 산마루에 서(걸쳐)(立) 있는 모양처럼 고갯마루에 우두커니 서서 뒤돌아보는 습성을 지닌 짐승(犭)이라는 데서「노루」
彰(드러날 창)	☞ 彡(1016) → 글(문장)(章)이 썩 잘 쓰이어 문채(彡)가 나는 것처럼 크게 드러나 보인다는 데서 「드러나다. 밝다」彰明(창명)

競 다툴/겨룰 경: 굳셀 경. 2257-50

◉ {立 + 立 = 竝(아우를/나란히/견줄 병)} + {兄 + 兄 = 兟(맏 곤)} = 競

☞ 나란히(竝) 서서 서로가 맏이(兟) 위치를 차지하려고 치열하게 겨룬다(경쟁한다)는 데서 「겨루다. 다투다. 굳세다」뜻으로.

競爭(경:쟁 - 서로 겨루어 다툼) 競馬(경:마) 競合(경:합) 競技(경:기) 競走(경:주) 競演(경:연) 競選(경:선)

端 끝 단. 단정할/비로소/실마리 단. 2258-42

◉ 立 + {山 + 而(말이을 이) = 耑(처음날/끝/비로소/실마리 단)} = 端

☞ 일으켜 세우는(立) 일이 비로소 끝(耑)을 맺는다는 데서「끝. 단정하다. 비로소」뜻으로.

端末(단말 - 끄트머리. 끝) 端緒(단서 - 일의 실마리) 端整(단정) 端裝(단장) 端午(단오) 端雅(단아)

★ 耑(처음날/끝/비로소/실마리 단)과 결합을 이룬 글자.		2258 별첨
湍(여울 단)	☞ 水(1307) → 물(氵)이 산(山)에서 이어져(而) 흘러내리는, 곧 깊은 산골짜기를 따라 소용돌이 치며 급하게 흘러내리는 물이라는 데서 「여울. 급류」長湍郡(장단군)	
瑞(상서로울 서)	☞ 玉(2041) → 옥(王)이 산더미(山)처럼 이어져(而) 나오는(출토되는) 매우 길한 징조라는 데서 「상서롭다」祥瑞(상서)	
喘(헐떡거릴 천)	☞ 口(0872) → 입(口)으로부터 뿜어져 나오는 숨결(기침)이 높은 산(山)처럼 높게 이어져(而) 나온다는 데서 「헐떡거리다. 기침」喘息(천식)	

竝 나란히 병: 아우를/견줄 병 | 짝할 반. 2259-30

◉ 立 + 立 = 竝   ※ 並(나란히 병)은 竝의 약자.

☞ 두 사람이 나란히 서 있는 모습(竝)에서「나란히. 아우르다. 견주다. 짝하다」뜻으로.

竝立(병:립 - 나란히 섬) 竝設(병:설 - 함께 베풀어 둠) 竝行(병:행) 竝用(병:용) 竝進(병:진) 竝列(병:렬)

竟 마침내 경: 다할/마칠/지경 경. 2260-30

◉ 立 + 日(날 일) + 儿(어진사람 인) = 竟

☞ 서(立) 있는 해(日)에서 빛이 인(儿) 글자 형상처럼 퍼져 나가는, 곧 해가 하늘 한가운데에 떠서 이윽고 밝기를 다하고 있다는 데서「마침내. 다하다. (다하는 지점인)지경」뜻으로.

竟夜(경:야 - 밤을 새움. 밤샘) 畢竟(필경 - 마침내. 결국에는) 究竟(구경 - 극도에 달함)

★ 竟(마침내/다할/마칠/지경 경)과 결합을 이룬 글자.		2260 별첨
境(지경 경)	☞ 土(0660) → (자국의) 땅(영토)(土)이 다하는(마치는)(竟) 곳이라는 「지경. 곳」境界(경계)	
鏡(거울 경)	☞ 金(3427) → 연마 작업을 마쳐(竟) 놓은, 곧 표면을 문질러서 곱게 닦아 놓은 쇠붙이(金)이라는 데서 「거울」鏡臺(경대)	

立 부수(자원과 쓰임) → 2254 참조

站 역마을 참. 우두커니설/역 참. 2261-10

◉ 立 + 占(점칠/점령할/차지할 점) = 站 (0398 참조)
☞ 서(立)서 점령(차지)하고(占) 있는, 곧 역무원이 말(馬)이 통과하는 길목에 대기하고 서서 말을 관리하는 장소라는 데서「역마을. 역. (역무원이)우두커니 서다」뜻으로.
驛站(역참 - 역말을 갈아타는 곳) 兵站(병참 - 보급·정비·교통·건설 등의 기능을 맡은 군대 조직)

竭 다할 갈. 2262-10

◉ 立 + 曷(어찌/미칠/그칠 갈) = 竭 (1996 참조)
☞ 일으켜 세우는(立) 작업이나 사업을 모두 그친다(마친다)(曷)는 데서「다하다」뜻으로.
竭力(갈력 - 모든 힘을 다함) 竭盡(갈진 - 다하여 없어짐) 竭忠報國(갈충보국 - 충성하여 나라에 보답함)

竣 마칠 준: 그칠 준. 2263-10

◉ 立 + 夋(천천히걷는모양/갈 준) = 竣 (0120 참조)
☞ 일으켜 세우는(立) 일(작업)이 마감되어 간다(夋)는 데서「마치다. 그치다」뜻으로.
竣工(준:공 - 공역·공사를 완성함) 竣事(준:사 - 사업을 끝마침)

竪 더벅머리/세울 수. 곧을/세로/아이종 수. 2264-10

◉ 臤(굳을 견 ǀ 어질 현) + 立 = 竪 (0664 참조) ※ 竪와 豎(세울 수)는 동자.
☞ 굳게(臤) 서(세워져)(立) 있는 아이들의 머리카락이라는 데서「더벅머리. (머리를)세우다. (더벅머리 심부름꾼인)아이종」뜻으로.
竪立(수립 - 똑바로 세움) 竪童(수동 - 심부름하는 더벅머리 아이)

疋(疋)	禸	立	癶
발 소	짐승발자국 유	설 립	걸을 발

부수 5획

癶 걸을 발. 어그러질/거슬릴/서로반대될 발. 2265-00

자원 癶 → 두 발을 교대로 굽혔다가 펼치는(펼쳐 나가는) 발걸음 모양을 표현.

쓰임 「걷다. 걸어가다. 나아가는 모양」과 의미로 쓰임.

登 오를 등. 나갈/이를/높을/익을 등. 2266-70

● 癶 + 豆(콩/제기 두) = 登

☞ 제기(豆)를 받쳐 들고 제단으로 걸어가는(癶), 또는 콩(豆)의 가지가 (좌우로 어긋나게) 걸어 나가는 (癶) 것처럼 위로 뻗어 오르는 모양에서 「오르다. 나가다. 높다. (콩이 높이 자라나서 열매가)익다」 뜻으로.

登頂(등정 - 정상에 오름) 登程(등정 - 길을 떠남) 登校(등교) 登錄(등록) 登場(등장) 登山(등산)

★ 登(오를/나갈/이를/높을/익을 등)과 결합을 이룬 글자.		2266 별첨
燈(등불 등)	☞ 火(1106) → 등잔대에 올려(登)놓은 불(火)이라는 데서 「등불. 등」 燈火(등화)	
鄧(나라이름 등)	☞ 邑(2935) → 오르막(높은)(登) 지대에 위치하고 있는 고을(阝)이라는 의미가 부여되어 「나라이름. 땅」 鄧小平(등소평)	
橙(등자나무 등)	☞ 木(1717) → 궤짝 같은 디딤판 위에 올라(登)서서 열매를 따는 키가 나지막한 나무(木)이라는 데서 「등자나무. 궤. 걸상」 橙子(등자)	
證(증거 증)	☞ 言(3225) → (실상을 뒷받침함) 근거 자료를 올려(제시하여)(登) 말한다(言)는 데서 「증거」	
澄(맑을 징)	☞ 水(1323) → 높은(登) 지대에서 흐르는 물(氵)은 대체적으로 맑다는 데서 「맑다」	

發 필 발. 활쏠/떠날/일어날/일으킬 발. 2267-60

● 癶 + 弓(활 궁) + 殳(날없는창 수 → 「밀치다. 밀어붙이다」 의미로 쓰임) = 發

☞ 활(활시위)(弓)이 화살을 밀치어(殳) 앞으로 나아가게(癶) 한다는 데서 「활 쏘다. (화살이 시위를) 떠나다. (활을 쏘아 전쟁을)일으키다. 일어나다. (꽃잎이 일어나서)피다」 뜻으로.

發砲(발포 - 총포를 쏨) 發射(발사) 發展(발전) 發電(발전) 發刊(발간) 發達(발달) 發祥地(발상지)

★ 發(필/활쏠/일어날/일으킬 발)과 결합을 이룬 글자.		2267 별첨
潑(물뿌릴 발)	☞ 水(1329) → 물총 같은 기구에 물(氵)을 넣어서 쏜다(發)는 데서 「물 뿌리다」 潑剌(발랄)	
撥(다스릴 발)	☞ 手(1518) → (술대를 잡은) 손(扌)으로 거문고 같은 악기의 현을 일으킨다(發)는 데서 「퉁기다. 다스리다」 撥絃(발현)	
醱(술괼 발)	☞ 酉(2971) → 술(막걸리)(酉)이 피어(發)나는 것처럼 술밥이 부글거리며 끓어오른다(발효된다)는 데서 「술 괴다. 술 빚다」 醱酵(발효)	
廢(폐할 폐)	☞ 广(0773) → 집(广)이 (한쪽 발을 먼저 내어 디디면서) 일어나는(發) 동작을 취하는 것처럼 기둥이 한쪽으로 쓸리는 모양이라는 데서 「집 쓸리다. 폐하다」 廢校(폐교)	

癸　북방/천간 계: 열번째천간/경도(婦人經水)/물 계.　　　2268-30

● 癶 + 天(하늘 천) = 癸

☞ 걸어가서(癶) 하늘(天)에 다다른다고 여기는 곳의 방위이라는 데서 「북방」. 한편 식물의 성장 과정을 순차적(10등분)으로 열거하여 놓은 천간(天干)에서 식물이 하늘에 닿는 것처럼 성장을 마감하는 순차에 해당하는 천간이라는 데서 「열째 천간. 천간. (열째 천간이 의미하는) 북방. 물. (일정한 주기를 두고 발생하는 물의 일종인)경도」 뜻으로.

癸酉(계:유 - 육십갑자의 열째 해)

★ 癸(북방/천간/열번째천간/물 계)와 결합을 이룬 글자.　　　2268 별첨

揆(헤아릴 규)　☞ 手(1496) → 손(손가락)(扌)으로, 마지막 천간(天干 → 갑·을··임·계)에 해당하는 계(癸)까지 꼽아 나간다(수효를 헤아린다)는 데서 「헤아리다」 揆度(규탁)

葵(해바라기 규)　☞ 艸(2819) → 첫째 천간인 갑(甲)에서 열째 천간인 계(癸)까지 차례대로(매번) 돌아가는 것처럼 꽃봉오리가 해를 따라 매번 돌아가는 풀(식물)(艹)이라는 데서 「해바라기」

자투리 마당

「가다. 나아가다」는 의미의 글자

○ 行(갈 행) → 行은 彳(자축거릴 척)과 亍(자축거릴 촉)의 결합으로, 왼발과 오른발을 자축거려 가며 옮겨 딛는다는 데서 「가다」 行步(행보)

○ 去(갈 거) → 땅(지면)(土)에 다리를 私(厶 사사로울 사) 글자 형상처럼 굽히고 펴면서 이리저리 걸어간다는 데서 「가다」 去來(거래)

○ 往(갈 왕) → (신하나 하인이) 임금(주인)(主 임금/주인 주) 곁으로 자축거리며(彳 자축거릴 척) 걸어 나간다는 데서 「가다」 枉臨(왕림)

○ 逝(갈 서) → 나뭇가지가 꺾어지는(折 꺾을 절) 것처럼 갑작스럽게(홀연히) 저세상으로 간다(辶 쉬엄쉬엄갈/갈 착)는 데서 「가다」 逝去(서거)

○ 邁(갈 매) → 일 만(萬 일만 만) 이수(里數)나 되는 머나먼 길을 힘들여 걸어간다(辶)는 데서 「가다」 邁進(매진)

○ 進(나아갈 진) → 새(隹 새 추)가 나아가는 것처럼 줄곧 앞으로만 나아간다(辶)는 데서 「나아가다」 進步(진보)

○ 就(나아갈 취) → 서울(京 서울/높은언덕 경)과 더욱(尤 더욱 우) 가까운 곳(서울 부근)으로 나아가는, 또는 높은 언덕(京)과 더욱(尤) 가까운 곳(정상 부근)으로 나아간다는 데서 「나아가다」 就航(취항)

부수 5획	目	疒	示(礻)	
	눈 목	병 녁	보일 시	

目   눈 목. 눈동자/볼/요점/조목/두목/제목 목.   2269-60

자원 目 → 둥근 눈(눈동자) 모양을 표현.

쓰임 「눈. 눈동자. 보다. 둥근 눈 모양」과 의미로 쓰임.

目擊(목격 - 직접 봄) 目測(목측) 目次(목차) 目的(목적) 目標(목표) 目錄(목록) 目不識丁(목불식정)

直   곧을 직. 바로볼/바를 직 | 값 치.   2270-70

● 十(열/충분할 십) + 目 + ㄴ(숨을 은) = 直

☞ 열(많은)(十) 사람의 눈(目)으로, 사물의 숨은(구석진)(ㄴ) 부분까지 빠짐없이 훑어본다는 데서「바로 보다. 바르다. (바르다는 데서)곧다. (물품을 바르게 보고서 매기는)값」뜻으로.

直行(직행 - 바로 감) 直視(직시) 直線(직선) 直選(직선) 直接(직접) 直結(직결) 直徑(직경) 直航(직항)

★ 直(곧을/바를 직 | 값 치)와 결합을 이룬 글자.   2270 별첨

植(심을 식)	☞ 木(1594) →	나무(木)를 흙구덩이에 곧게(直) 세워 식목한다(심는다)는 데서「심다」
殖(불릴 식)	☞ 歹(1583) →	초식 동물의 새끼가 뼈가 앙상한(삐쩍 마른)(歹) 상태로 태어나서 곧게(곧장)(直) 일어서는, 곧 동물이 태어나는 즉시 개체 수가 불어난다는 데서「불리다. 번식하다」
稙(올벼 직)	☞ 禾(2219) →	곧게(直) 자란 벼(禾), 곧 (늦게 심은) 늦벼는 키가 작은데 반하여 곧게 자란 (키가 큰) 벼는 일찍이 심은 올벼이라는 데서「일찍 심은 벼. 올벼」 稙禾(직화)
矗(우뚝솟을 촉)	☞ 目(2299) →	곧은(直) 물체가 많이(× 3) 쌓이어 치솟아 오른 모양이라는 데서「우뚝 솟다」
置(둘 치)	☞ 网(2654) →	그물(罒)을 곧게(直) 세워(설치하여) 둔 모양이라는 데서「두다. 세우다」
値(값 치)	☞ 人(0109) →	사람(亻)이 물품(상품)을 면밀하게 훑어보고 매기는 값(直)이라는 데서「값」

省   살필 성 | 덜 생. 볼/깨달을 성.   2271-60

● 少(적을 소) + 目 = 省 (0575 참조)

☞ 적은(사소한)(少) 것까지 눈(目)으로 살펴본다는 데서「보다. 살피다. (살피어서)깨닫다」뜻을. 한편 적게(少) 눈(目)에 뜨인다는 데서「덜하다」뜻으로.

省察(성찰 - 반성하여 살핌) 省墓(성묘) 省略(생략) 國防省(국방성) 一日三省(일일삼성) 反省(반:성)

相   서로 상. 볼 상.   2272-50

● 木(나무 목) + 目 = 相

☞ 나무(나뭇가지)(木)의 눈(싹눈)(目)이 양측으로 서로(마주하여) 바라보면서 돋아나 있는 모양이라는 데서「서로. 보다」뜻으로.

相見(상견 - 서로 봄) 相面(상면) 相談(상담) 相議(상의) 相對(상대) 相關(상관) 相扶相助(상부상조)

★ 相(서로/볼 상)과 결합을 이룬 글자.		2272 별첨
想(생각 상)	☞ 心(1853) → 서로 바라보는(相) 것처럼 (보이지 않는 사람이나 사물을) 언제나 마음속(心)으로 그린다(떠올린다)는 데서 「생각하다. 생각」 想念(상념)	
箱(상자 상)	☞ 竹(2687) → 대나무(竹)를 자잘하게 쪼개어, 이들을 서로(相) 얽어(엮어) 놓은 기물이라는 데서 「상자」 箱子(상자)	
霜(서리 상)	☞ 雨(3398) → 비(雨) 형태의 미세한 물방울이, 나무(木)에 마주 보고 돋아나(맺혀) 있는 싹눈(目) 처럼 결빙되어 풀잎이나 지면에 맺혀 있는 것이라는 데서 「서리」 星霜(성상)	

着 붙을/닿을 착. 입을/이를/신을/쓸 착.   2273-50

◉ 𦍌(→「羊(양 양)의 꼬리가 옆으로 젖혀진 모양」) + 目 = 着
☞ 앞에 있는 양 꼬리가 옆으로 젖혀지도록(𦍌) 뒤에 있는 양의 눈(目)이 바짝 붙어 있는 모양에서 「붙다. 닿다. 이르다. (옷·모자·신 따위를 신체 부위에 이르게 한다는 데서)입다. 쓰다. 신다」 뜻으로. ※ 양들은 바짝 붙어 다니는 습성이 있음.
※ 着은 著(입을/붙을 착 | 나타날 저)의 俗字이나「붙다. 입다. 닿다. 이르다」는 낱말에 주로 쓰임.
着席(착석 - 자리에 앉음) 着衣(착의) 着用(착용) 着工(착공) 着陸(착륙) 着地(착지) 着想(착상)

眞 참 진. 진실/바를/근본 진.   2274-42

◉ 匕(비수 비) + 目 + ㄴ(숨을 은) + 八(여덟/나눌 팔) = 眞
☞ 비수(匕)처럼 예리한 눈(目)으로 숨겨진(ㄴ) 부분까지 펼치어(파헤쳐)(八) 보는, 곧 예리한 눈으로 들어나지 않은 부분들을 속속들이 살피어 바르게 밝혀낸다는 데서 「참. 진실. 바르다. 근본」 뜻으로.
眞實(진실 - 참됨) 眞品(진품) 眞僞(진위) 眞正(진정) 眞價(진가) 眞理(진리) 眞率(진솔) 眞善美(진선미)

★ 眞(참/진실/바를/근본 진)과 결합을 이룬 글자.		2274 별첨
鎭(진압할 진)	☞ 金(3434) → 쇠(金)의 근본(본질)(眞)은 매우 강하고 무거워 다른 물질을 능히 제압한다(억누른다)는 데서 「누르다. 진압하다」 鎭壓(진압)	
嗔(성낼 진)	☞ 口(0878) → 바르게(眞) 처신하라고 거친 언성으로 말한다(口)는 데서 「성내다」 嗔言(진언)	
顚(엎드러질 전)	☞ 頁(3520) → 바르게(반듯하게)(眞) 드러나 보이는 머리(頁) 부위이라는 데서 「이마. 두상. (이마에 얹어 놓은 물건은 엎질려져 내린다는 데서)엎드러지다」 顚覆(전복)	
塡(메울 전)	☞ 土(0702) → 흙(土)으로 파인 곳을 바르게(평평하게)(眞) 메운다는 데서 「메우다」	
愼(삼갈 신)	☞ 心(1879) → 마음(忄)을 언제나 참되게(바르게)(眞) 쓴다는 데서 「삼가다」 愼重(신중)	

督 감독할/살펴볼 독. 거느릴 독.   2275-42

◉ 叔(아재비/아이/콩 숙) + 目 = 督 (0388 참조)
☞ 아이(叔)를 눈(目)으로 보는, 곧 아이들을 자세하게 보살핀다는 데서 「살펴보다. (아이를)거느리다. (보살피어 단속한다는 데서)감독하다」 뜻으로.
督促(독촉 - 몹시 재촉함) 督勵(독려 - 감독하여 격려함) 督察(독찰) 監督(감독) 提督(제독) 總督(총:독)

531

目 부수(자원과 쓰임 → 2269 참조)

眼 눈 안. 요점 안. 2276-42

◉ 目 + 艮(그칠/한정할 간) = 眼 (2907 참조)

☞ 눈(目)이 물체에 그치는(미치는)(艮), 곧 보고자 하는 물체(피사체)에 시력이 미치는 눈이라는 데서 「눈. (눈처럼 요긴한)요점」 뜻으로.

眼球(안:구 - 눈알) 眼目(안:목) 眼科(안:과) 眼疾(안:질) 眼鏡(안:경) 眼睛(안:정) 眼下無人(안:하무인)

看 볼 간. 바라볼/파수볼 간. 2277-40

◉ 手(손 수) + 目 = 看

☞ 손(手)을 눈(目)언저리에 얹어 햇빛을 가리면서 멀리 바라본다는 데서 「보다. (멀리)바라보다. 파수보다」 뜻으로.

看過(간과 - 대충 보아 넘김) 看板(간판) 看護(간호) 看病(간병) 看守(간수) 看破(간파) 看做(간주)

盲 눈멀/소경 맹. 어두울 맹. 2278-32

◉ 亡(망할 망 | 없을 무) + 目 = 盲

☞ 시력이 망가진(亡) 눈(目)이라는 데서 「눈멀다. 소경. 어둡다」 뜻으로.

盲啞(맹아 - 소경과 벙어리) 盲兒(맹아) 盲信(맹신) 盲目(맹목) 盲腸(맹장) 文盲(문맹) 色盲(색맹)

瞬 눈깜짝일/순간 순. 잠깐 순. 2279-32

◉ 目 + {爫(손톱 조) + 冖(덮을 멱) + 舛(어그러질 천) = 舜(무궁화 순)} = 瞬 (2649 참조)

☞ 조(爫) 글자 모양처럼 생긴 눈까풀이 덮이고(감기고)(冖) 어그러지는(뜨이는)(舛) 형상을 반복하여 가면서 눈(目)을 깜짝인다는 데서 「눈 깜짝이다. (깜짝이는)순간. 잠깐」 뜻으로.

瞬間(순간 - 잠깐 동안. 삽시간) 瞬息間(순식간 - 극히 짧은 동안) 一瞬間(일순간 - 눈 깜짝할 사이)

眠 잘 면. 잠잘/누워쉴 면. 2280-32

◉ 目 + 民(백성 민) = 眠 (1983 참조)

※ 民은 중맹야(衆萌也), 맹이무식야(萌而無識也)로서, 백성은 무리를 이룬 싹처럼 무식하다는 의미

☞ 눈(目)이, 몽매무지(蒙昧無知)한 백성(民)처럼 캄캄한(눈이 감겨진) 상태로 된다는 데서 「잠자다. 자다. (잠자리에)누워 쉬다」 뜻으로.

眠食(면식 - 잠자고 먹는 일) 睡眠(수면 - 잠자는 일) 休眠(휴면) 安眠(안면) 熟眠(숙면) 冬眠(동:면)

睦 화목할 목. 친목할/눈매고울/믿을/성(姓) 목. 2281-32

◉ 目 + 坴(언덕/흙덩이 륙) = 睦 (3327 참조)

☞ 눈(目)언저리가(눈꺼풀이) 두툼한 흙덩이(坴)처럼 도톰하게(복스럽게) 생긴 모양이라는 데서 「눈매 곱다. (고운 눈매로 대하는 데서)화목하다. 친목하다」 뜻으로.

和睦(화목 - 서로 뜻이 맞고 정다움) 親睦(친목 - 서로 친하여 화목함)

眉 눈썹 미. 2282-30

◉ {尸(주검 시 → 「굽은 모양」을 의미) + ㅣ = 𠃜(→ 눈썹 모양)} + 目 = 眉
☞ 𠃜는 굽은 모양(尸)과 검은 빛깔(ㅣ)의 눈썹을 표현. 눈(目) 위에 돋아 있는 구부정한 검은 눈썹 모양(𠃜)에서 「눈썹」 뜻으로.

眉間(미간 - 눈썹 사이) 眉月(미월 - 초승달) 眉壽(미수 - 장수를 축수하는 말) 蛾眉(아미) 白眉(백미)

★ 眉(눈썹 미)와 결합을 이룬 글자.	2282 별첨
媚(아첨할/예쁠 미) ☞ 女(0515) → 여자(女)가 눈썹(眉)을 살포시 움직이며 아양을 떠는(아첨하는) 예쁜 모습이라는 데서 「상긋거리다. 아첨하다. 예쁘다」 媚態(미태)	

盾 방패 순. 도망 순. 2283-30

◉ 厂(끌/밝을 예) + 十(열/충분할 십) + 目 = 盾
※ 盾 → 한신폐목(扞身蔽目 : 몸을 막고 눈을 가린다)의 의미를 지닌 글자. ※ 扞(막을 한)
☞ 쳐들어오는 창칼을 끌어내어(厂) 막고, 적군의 많은(十) 눈(目)을 가리는(눈길을 다른 곳으로 돌려놓는) 방어용 무기이라는 데서 「방패. (방패는 창칼을 피하면서 이리저리 도망 다닌다는 데서)도망」 뜻으로.

矛盾(모순 - 말이나 행동의 앞뒤가 서로 일치하지 아니함을 일컬음)

★ 盾(방패/도망 순)과 결합을 이룬 글자.	2283 별첨
循(좇을 순) ☞ 彳(0447) → 방패(盾)가 적의 창칼을 좇아 이리저리 돌아간다(彳)는 데서 「좇다. 돌다」	
遁(달아날 둔) ☞ 辶(3143) → (창칼을 피하기 위하여) 방패(盾)를 이리저리 돌리는 것처럼 재빠르게 돌아 나간다(辶)는 데서 「달아나다. 도망하다. 숨다」 遁世(둔세)	

睡 졸음 수. 졸/잠잘/잘 수. 2284-30

◉ 目 + 垂(드리울 수) = 睡 (0698 참조)
☞ 눈(눈꺼풀)(目)을 아래쪽으로 드리우고(垂) 졸거나 잠잔다는 데서 「졸음. 졸다. 자다」 뜻으로.

睡眠(수면 - 잠을 잠) 睡蓮(수련 - 수련과의 수초로 연의 일종) 昏睡狀態(혼수상태) 午睡(오:수 - 낮잠)

睿 슬기 예: 밝을/깊고밝을/임금 예. 2285-20

◉ 卜(점 복 → 금간 거북 껍질 모양을 의미) + 冖 + 一 + 八(여덟/나눌 팔) + 八 + 目 = 睿
☞ (점을 치는데 있어서) 금간 거북 껍질(卜)의 내면에 가리어져(冖) 있는 일체(一)의 징조를 분별하고(八) 분별하는(규명하여 내는)(八) 명석한 눈(혜안)(目)을 지니고 있다는 데서 「밝다. 깊고 밝다. 슬기. (밝은 슬기를 지닌)임금」 뜻으로.

睿哲(예:철 - 지혜가 깊고 사리에 밝음) 睿學(예:학 - 왕세자가 배우는 학문) 睿德(예:덕 - 왕세자의 덕망)

★ 睿(슬기/밝을/깊고밝을/임금 예)와 결합을 이룬 글자.	2285 별첨
叡(밝을 예) ☞ 又(0393) → 슬기(睿)가 또(又) 더하여져(슬기가 배가 이루어) 매우 지혜롭다는 데서 「밝다」	
濬(깊을 준) ☞ 水(1306) → 물(氵)이 깊고 밝다(睿)는 데서 「깊다」 濬川(준천)	

目 부수(자원과 쓰임 → 2269 참조)

瞻 볼 첨. 2286-20

◉ 目 + 詹(이를/수다할 첨 | 넉넉할 담) = 瞻 (1428 참조)
☞ 눈(目)이 보려고 하는 사물에 이른다(닿는다)(詹)는 데서 「보다」 뜻으로.
瞻仰(첨앙 - 우러러 사모함) 瞻望(첨망 - 높직한 곳을 바라다봄) 瞻星臺(첨성대 - 경주에 있는 유적)

眩 어지러울/아찔할 현: 2287-10

◉ 目 + 玄(검을/아득할/까마득할 현) = 眩 (2094 참조)
☞ 눈(目)에 물체가 까마득하게(玄) 보이는, 곧 현기증을 일으킬 정도로 (절벽이) 까마득하게 보인다는 데서 「어지럽다. 아찔하다」 뜻으로.
眩惑(현:혹 - 정신이 혼미하여 어지러움) 眩氣症(현:기증 - 현기가 나는 증세)

睛 눈동자 정. 2288-10

◉ 目 + 靑(푸를 청) = 睛 (3369 참조)
☞ 푸른빛(靑)으로 둘리어 있는 눈(目)의 가운데 부위이라는 데서 「눈동자」 뜻으로.
畵龍點睛(화:룡점정 - 용을 그린 뒤에 마지막으로 눈동자를 그려 넣었더니 그 용이 홀연히 구름을 타고 하늘로 날아 올라갔다는 고사故事에서, 사물의 가장 긴요한 곳이나 완성시킴을 이르는 말)

瞳 눈동자 동: 2289-10

◉ 目 + 童(아이 동) = 瞳 (2255 참조)
☞ 상대방의 눈(目)을 들여다보았을 때 자신의 얼굴이 아이(童)처럼 작은 모습으로 비치는 부위 (동공)이라는 데서 「눈동자」 뜻으로.
瞳子(동:자 - 눈동자) 瞳孔(동:공 - 눈동자) 瞳孔反射(동:공반사 - 빛에 의거 동공이 작아지고 커지는 현상)

眷 돌볼 권: 돌아볼/향할/돌봐줄 권. 2290-10

◉ 龹(밥뭉칠 권) + 目 = 眷 (0348 참조)
☞ 밥을 뭉쳐(龹) 놓은 것처럼, 눈(目)을 고정시키어 어느 한쪽 부분만을 집중적으로 바라본다는 데서 「(눈길이)향하다. 돌아보다. (가족을 돌아본다는 데서)돌봐주다. 돌보다」 뜻으로.
眷屬(권:속 - 한 집안의 식구) 眷率(권:솔 - 한 집에서 같이 사는 식구) 眷顧(권:고 - 돌봐줌) 眷愛(권:애)

眺 볼 조. 바라볼 조. 2291-10

◉ 目 + 兆(조짐/거북점 조) = 眺 (0190 참조)
※ 조짐(兆朕) → 길흉이 생길 동기가 미리 드러나 보이는 빌미.
☞ 눈(目)으로, 조짐(거북점)(兆)을 알아내기(예측하기) 위하여 유심히 바라본다는 데서 「바라보다. 보다」 뜻으로.
眺望(조망 - 먼 곳을 바라봄)

目 부수(자원과 쓰임 → 2269 참조)

眈 노려볼 탐. 2292-10

◉ 目 + 冘(머뭇거릴 유│다닐 음) = 眈 (1214 참조)   ※ 眈과 耽(즐길 탐)은 혼동하기 쉬움.
☞ 눈(目)이 머뭇거리고(冘) 있는, 곧 (눈을 다른 곳으로 떼지 않고) 어느 한곳만을 유심히 바라본다는 데서「노려보다」뜻으로.
眈眈(탐탐 - 야심을 품고 잔뜩 노리는 모양) 虎視眈眈(호:시탐탐 - 기회를 노림을 비유한 말)

眄 곁눈질 면: 애꾸눈 면. 2293-10

◉ 目 + 丏(보이지않을/가릴 면) = 眄 (1296 참조)
☞ 눈(目)이 어느 정도 가리어진(丏) 상태로 본다는 데서「곁눈질. 애꾸눈」뜻으로.
眄視(면:시 - 곁눈질을 함) 左右顧眄(좌:우고면 - 앞뒤를 재고 망설임을 일컬음)

瞭 밝을 료. 환할 료. 2294-10

◉ 目 + 尞(횃불/불놓을/밝을/비칠 료) = 瞭 (2309 참조)
☞ 눈(目) 앞에 횃불(尞)을 비추면 어두운 주변이 환하게 드러나 보인다는 데서「밝다. 환하다」뜻으로.
瞭然(요연하다 - 분명하고 명백하다) 明瞭(명료하다 - 뚜렷하고 분명하다) 一目瞭然(일목요연)

睹 볼 도. 2295-10

◉ 目 + 者(사람/놈/것/곳 자) = 睹 (2858 참조)   ※ 睹와 覩(볼 도)는 동자.
☞ 눈(目)으로 이러저러한 것(사물)(者)을 본다는 데서「보다」뜻으로.
目睹(목도 - 일이 벌어진 광경을 직접 봄) 逆睹(역도 - 앞일을 미리 내다봄. 선견)

瞰 굽어볼 감. 내려다볼 감. 2296-10

◉ 目 + 敢(감히/무릅쓸 감) = 瞰 (1805 참조)
☞ 두려움을 무릅쓰고(과감하게)(敢) 눈(目)으로 보는, 곧 의기양양한 자세로 위아래를 훑어(굽어)본다는 데서「굽어보다. 내려다보다」뜻으로.
瞰下(감하 - 내려다봄) 鳥瞰圖(조감도 - 부감도) 俯瞰圖(부:감도 - 위에서 내려다본 것처럼 그린 그림)

瞞 속일 만. 눈게슴츠레할 만. 2297-10

◉ 目 + 㒼(평평할 만) = 瞞 (1196 참조)
☞ 눈(눈꺼풀)(目)을 평평하게(㒼) 뜨는, 곧 눈을 거의 감고 있는(눈가림하는) 상태로 바라보는 모양이라는 데서「눈 게슴츠레하다. (눈가림하여)속이다」뜻으로.
瞞着(만착 - 사람의 눈을 속여 넘김) 瞞過(만과 - 속여서 넘김) 瞞官(만관) 瞞報(만보) 欺瞞(기만)

瞥 눈깜짝할/언뜻볼 별. 지나쳐볼/눈가릴 별. 2298-10

◉ 敝(옷해어질/무너질/패할 폐│가릴 별) + 目 = 瞥 (0994 참조)
☞ 옷이 해어진(敝) 틈 사이로 눈(目)을 갖다 대고 사물을 보는 것처럼 매우 비좁은 공간에서 짧게

目 부수(자원과 쓰임 → 2269 참조)

지나쳐 본다는 데서「언뜻 보다. 지나쳐 보다. 눈 깜짝하다」뜻으로.
瞥見(별견 - 흘끗 봄) 瞥觀(별관 - 별견) 瞥眼間(별안간 - 눈 깜짝할 동안. 갑자기. 난데없이)

矗 우뚝솟을 촉. 길고곧은모양 촉. 2299-00

◉ 直 × 3(→ 3승은「매우 많음」을 의미) = 矗 (2270 참조)
☞ 곧은(直) 물체가 많이(× 3) 쌓이어(겹겹으로 포개어져) 높다랗게 치솟아 오른 모양이라는 데서 「우뚝 솟다. 길고 곧은 모양」뜻으로.
矗石樓(촉석루 - 경남 진주시에 있는 누각)

자투리 마당

磨斧爲針(마부위침)

○ 마부위침(磨斧爲針) 또는 마부작침(磨斧作針)이란「도끼를 갈아서 침(바늘)을 만든다」는 뜻으로,

- 당나라의 시선(詩仙) 이백(李白)이 어렸을 때에 상의산(象宜山)에 들어가 수학(修學)하였는데, 어느 날 공부에 싫증이 나서 스승에게 말도 없이 산을 내려오고 말았다. 이백이 계곡을 따라 내려오는 도중에, 한 노파(老婆)가 냇가에서 커다란 쇠공이(鐵杵 철주)를 갈고 있기에, 너무나도 기이하여 "할머니 지금 뭘 하고 계십니까?"하고 물었더니, "바늘을 만들려고 도끼를 갈고 있다네"라고 대답하는 것이었다. 이에 이백이 "그렇게 큰 도끼를 간다고 어느 세월에 가느다란 바늘이 되겠습니까?"라고 다시 여쭈니, "쉬지 않고 열심히 갈면 바늘이 되지. 중도에 그만 두지만 않는다면 되고 말고"라고 대답하는 것이었다. 이에 이백은 크게 깨달은 바가 있어서 그 길로 다시 입산(入山)하여 그만 둘 뻔하였던 공부를 다시 이어 나갔다는 이야기임.

目	疒	示(礻)	
눈 목	병 녁	보일 시	

疒 병 녁. 병들어누울/의지할 녁. 2300-00

자원 疒 → 집(广 돌집 엄)의 벽면에 놓인 침상(爿 → 丬 → 뉘 조각널 장)에 드러누워 병을 앓고 있는 환자 모습에서 「병. 병들어 눕다. (침상에 몸을)의지하다」는 의미를 지님.

쓰임 「병(질병). 병들다」는 의미로 쓰임.

病 병 병: 병들/아플 병. 2301-60

◉ 疒 + 丙(남녘/밝을 병) = 病 (0010 참조)

☞ 무더운 남녘(丙)처럼 몸에 열이 오르면서 통증이 수반되는 병(疒)이라는 데서 「병들다. 병. 아프다」 뜻으로.

病苦(병:고 - 병으로 인한 괴로움) 病者(병:자) 病室(병:실) 病院(병:원) 病暇(병:가) 病原菌(병:원균)

疲 피곤할 피. 고달플/느른할 피. 2302-40

◉ 疒 + 皮(가죽/껍질/거죽/살갗 피) = 疲 (2190 참조)

☞ (몸속의 병이 아닌) 살갗(피부)(皮)이 나른하여지는 병(疒)의 일종이라는 데서 「피곤하다. 고달프다. 느른하다」 뜻으로.

疲困(피곤 - 몸이 지치어 고달픔) 疲弊(피폐 - 지치고 쇠약함) 疲斃(피폐 - 지쳐서 죽음) 疲勞(피로)

痛 아플 통: 괴로울/몹시 통. 2303-40

◉ 疒 + 甬(물솟아오를 용) = 痛 (0361 참조)

☞ 병(疒)으로 인한 통증이 물이 솟아오르는(甬) 것처럼 끊임없이 연이어진다는 데서 「아프다. 괴롭다. 몹시」 뜻으로.

痛症(통:증 - 아픈 증세) 痛哭(통:곡) 痛快(통:쾌) 痛歎(통:탄) 痛忿(통:분) 憤痛(분:통) 腹痛(복통)

症 증세 증. 2304-32

◉ 疒 + 正(바를/갖출 정) = 症 (1998 참조)

☞ 병(疒)을 앓게 된 원인이나 진행 상태를 바르게(正) 진단하여(규명하여) 놓은 모양이라는 데서 「증세」 뜻으로.

症勢(증세 - 병으로 앓는 여러 가지 모양) 症狀(증상) 症候群(증후군) 痛症(통:증) 後遺症(후:유증)

疾 병 질. 빠를/투기할 질. 2305-32

◉ 疒 + 矢(화살 시) = 疾

☞ 화살(矢)이 날아가는 것처럼 빠르게 번져 나가는 병(疒)이라는 데서 「병. 빠르다」. 화살(矢)처럼 쏘아붙이는 병(疒)의 일종이라는 데서 「투기하다」 뜻으로.

537

疾病(질병 - 모든 병) 疾患(질환 - 질병) 疾走(질주) 疾視(질시) 疾苦(질고) 疾風怒濤(질풍노도)

★ 疾(병/빠를/투기할 질)과 결합을 이룬 글자.		2305 별첨
嫉(미워할 질)	☞ 女(0513) → 여자(女)가 투기하는(疾), 곧 기존의 남녀 사이에 다른 여인이 끼어들면서 서로가 시샘(미워)한다는 데서 「시기하다. 미워하다」 嫉視(질시)	

疫 전염병 역. 염병 역.   2306-30

- 疒 + 殳(날없는창 수 → 「밀어붙이다」는 의미로 쓰임) = 疫
- ☞ 날 없는 창으로 밀어붙이며(殳) 돌진하는 것처럼 매우 빠르게 번져 나가는 병(疒)이라는 데서 「전염병. 염병(染病)」 뜻으로.

疫疾(역질 - 천연두) 疫病(역병 - 악성의 유행병) 防疫(방역) 紅疫(홍역) 免疫(면:역) 檢疫(검:역)

癌 암 암: 2307-20

- 疒 + 嵒(= 岩 바위 암) = 癌
- ☞ 바위(嵒) 모양의 종양이 돋아나는 병(疒)이라는 데서 「암」 뜻으로.

癌(암: - 상피성上皮性의 악성 종양) 癌腫(암:종 - 암) 肝癌(간:암) 肺癌(폐:암) 大腸癌(대:장암) 胃癌(위암)

痲 저릴 마.   2308-20

- 疒 + 麻(삼 마) → 疒과 麻 두 글자가 겹쳐진 모양 = 痲 (3662 참조)
- ☞ 삼(대마초)(麻)에 들어 있는 환각 성분으로 말미암아 신경계통이 마비되는 병(疒)의 일종이라는 데서 「저리다」 뜻으로.

痲醉劑(마취제 - 마취시키기 위하여 쓰는 약) 痲藥(마약) 痲痺(마비) 交通痲痺(교통마비)

療 병고칠 료.   2309-20

- 疒 + 尞(횃불/불놓을/밝을/비칠 료) = 療
- ☞ 병(疒)이 발생한 부위에 불을 놓는(尞), 곧 병들은 부위에 뜸을 떠서 병을 낫게 한다는 데서 「병 고치다」 뜻으로.

療法(요법 - 병을 고치는 방법) 療養(요양 - 병의 치료와 몸조리를 하는 일) 治療(치료) 診療(진:료)

★ 尞(횃불/불놓을/밝을/비칠 료)와 결합을 이룬 글자.		2309 별첨
僚(동료 료)	☞ 人(0130) → (어두운 길을 밝게 비춰 주는) 횃불(尞)이 되어 주는(안내자나 동반자 구실을 하는) 사람(亻)이라는 데서 「동료. 벗」 同僚(동료)	
遼(멀 료)	☞ 辶(3132) → 횃불(尞)이 멀리까지 비치어 나간다(辶)는 데서 「멀다」 遼遠=遙遠(요원)	
寮(동관 료)	☞ 宀(0628) → 집(관청)(宀)에 불을 밝혀(尞) 놓고 함께 사무를 보는 관리이라는 데서 「동관」	
燎(불놓을 료)	☞ 火(1160) → 불(火)을 지펴 횃불(尞)을 놓는다는 데서 「불 놓다. 횃불」 燎火(요화)	
瞭(밝을 료)	☞ 目(2294) → 눈(目) 앞에 횃불(尞)을 비추면 어두운 주변이 환하게 드러나 보인다는 데서 「밝다. 환하다」 明瞭(명료)	

疒 부수(자원과 쓰임 → 2300 참조)

疹 마마/홍역 진. 2310-10

- 疒 + 㐱(머리숱많고검을 진) = 疹 (2031 참조)
- ☞ 머리숱 많고 검은(㐱) 모양처럼 온몸에 수많은 종기가(부스럼이) 돋아나는 병(疒)이라는 데서 「마마. 홍역」 뜻으로.

發疹(발진 - 피부에 작은 종기가 생김. 또는 그 종기) 濕疹(습진 - 개선충으로 살갗에 생기는 염증)

痍 상처 이. 2311-10

- 疒 + 夷(오랑캐/큰활/상할 이) = 痍 (0741 참조)
- ☞ 활에 상한(夷) 병(疒), 곧 화살에 다친 상처이라는 데서 「상처」 뜻으로.

傷痍勇士(상이용사 - 군에서 부상을 입고 제대한 용사) 滿身瘡痍(만:신창이 - 온몸이 상처투성이가 됨)

痢 이질 리. 설사 리. 2312-10

- 疒 + {禾(벼 화) + 刂(칼 도) = 利(이할/날카로울 리)} = 痢 (0226 참조)
- ☞ 벼(禾)가 칼날(刂)에 날카롭게(利) 잘리어 나가는 것처럼 대변이 날카롭게(재빠르게) 쏟아져 내리는 병(疒)이라는 데서 「이질. 설사」 뜻으로.

痢疾(이질 - 곱똥이 나오고 설사가 나는 전염병)

痘 천연두/역질 두. 2313-10

- 疒 + 豆(콩/제기 두) = 痘 (3309 참조)
- ☞ 콩(豆)에 짓눌린 자국처럼 살갗에 파인 흔적을 남기는 병(疒)이라는 데서 「천연두. 역질」 뜻으로.

天然痘(천연두 - 높은 열을 내며 온 몸에 발진이 돋으며 나은 뒤에도 마맛자국이 남아 얽게 되는 병)

痺 저릴 비. 2314-10

- 疒 + 卑(낮을/천할 비) = 痺 (0340 참조)
- ☞ 신체 가운데 낮은(卑) 부위에 위치한 말초 신경이나 손발이 혈액 순환의 장애로 인하여 감각이 무디어지는 병(疒)의 일종이라는 데서 「저리다」 뜻으로.

痲痺=麻痺(마비 - 신경이나 근육이 형태적 변화가 없으면서 그 기능을 잃는 현상)

痕 흉터/흔적 흔. 자취 흔. 2315-10

- 疒 + 艮(그칠 간) = 痕 (2907 참조)
- ☞ 병(疒)이 그친(艮) 흔적. 곧 병을 앓았던 자국(흉터)이라는 데서 「흉터. 흔적. 자취」 뜻으로.

痕迹(흔적 - 뒤에 남은 자취나 자국) 傷痕(상흔 - 다친 흉터)

瘡 부스럼 창. 종기 창. 2316-10

- 疒 + 倉(곳집 창) = 瘡 (0111 참조)
- ☞ 높다랗게 솟아오른 곳집(倉) 모양처럼 살갗이 둥그렇게 솟아(부어)오르는 병(疒)이라는 데서 「부스럼. 종기」 뜻으로.

疒 부수(자원과 쓰임 → 2300 참조)

瘡腫(창종 - 온갖 부스럼) 瘡病(창병 - 매독) 痘瘡(두창 - 천연두) 頭瘡(두창 - 머리에 나는 종기의 총칭)

痼 고질 고. 고질병 고. 2317-10

- 疒 + 固(굳을/고집할/막힐 고) = 痼 (0640 참조)
- ☞ (차도가 없이) 오래도록 몸속에 굳어(固) 있는 불치의 병(疒)이라는 데서 「고질병」 뜻으로.

痼疾(고질 - 오래도록 낫지 않아 고치기 어려운 병. 나쁜 습관) 痼癖(고벽 - 고치기 어려운 버릇)

癡 어리석을 치. 미련할 치. 2318-10

- 疒 + 疑(의심할/그럴듯할/비길 의) = 癡 (2248 참조)
- ☞ 의심하는(疑) 병(疒), 곧 사물의 분별이나 옳고 그름을 바르게 판단하지 못하고 의아스럽게 생각하는 (지능과 지각이 우둔한) 병적인 증상이라는 데서 「어리석다. 미련하다」 뜻으로.

癡呆(치매 - 언어 동작과 정신 작용이 완전하지 못함) 癡愚(치우) 癡人夢說(치인몽설) 天癡=天痴(천치)

痴 어리석을 치. 미련할 치. 2319-00

- 疒 + 知(알 지) = 痴 (2184 참조) ※ 痴는 癡(어리석을 치)의 속자.
- ☞ 앎(知)이 병들어(疒) 있는, 곧 알려고 하는 의욕이나 알려 주어도 깨치지 못하는 지각과 지능이 우둔한 병적인 증상이라는 데서 「어리석다. 미련하다」 뜻으로.

痴呆=癡呆(치매 - 언어 동작이 느리고 정신 작용이 완전하지 못함) 痴愚=癡愚(치우) 白痴(백치)

疵 흠/허물 자. 병 자. 2320-10

- 疒 + 此(이/그칠 차) = 疵 (2004 참조)
- ☞ 병(疒)이 그친(此) 흔적, 곧 병을 앓았던 자국이라는 데서 「흠. 허물. 병」 뜻으로.

瑕疵(하자 - 흠. 결점. 내용상에 결여된 부분이 있음을 일컬음) 瑕疵補修(하자보수)

瘠 여윌 척. 메마를 척. 2321-10

- 疒 + 脊(등성마루/등뼈 척) = 瘠 (2410 참조)
- ☞ 병(疒)으로 인하여 등뼈(脊)가 앙상하게 드러날 정도로 무척 메말라 있다는 데서 「여위다. 메마르다」 뜻으로.

瘠薄(척박 - 흙이 몹시 메마르고 기름지지 못함) 瘠土(척토) 瘠地(척지) 瘠骨(척골) 毀瘠骨立(훼:척골립)

癖 버릇/적취 벽. 2322-10

- 疒 + 辟(임금/하늘/기울/편벽될 벽 | 피할 피) = 癖 (3317 참조)
- ※ 적취(積聚) → 오랜 체증으로 뱃속에 덩어리가 생기는 병. 쌓여서 모임.
- ☞ 어느 한쪽으로만 편벽되게(치우쳐)(辟) 생각하거나 행동하는 병(疒)적인 습성이라는 데서 「버릇. (한곳에 치우치어 덩어리져 있는)적취」 뜻으로.

癖積(벽적 - 뱃속에 뭉치 같은 물건이 생기는 병) 癖好(벽호 - 좋아하는 버릇) 潔癖(결벽) 性癖(성:벽)

癩 문둥이 라. 2323-10

- 疒 + 賴(의지할/힘입을 뢰) = 癩 (3059 참조)
- ☞ (민가와 격리되어) 환자들끼리 서로 의지하며(賴) 무척 외롭게 살아가는 병(疒)이라는 데서「문둥병」 뜻으로.

癩病(나병 - 한센병. 나균에 의해 생기는 만성전염병. 문둥병) 癩患者(나환자 - 나병에 걸린 사람)

癒 병나을 유. 2324-10

- 疒 + {俞(성(姓)/나을/점점 유) + 心(마음 심) = 愈(나을 유)} = 癒 (0357 참조)
- ☞ 병(疒)이 점점 나아진다(愈)는 데서「낫다」뜻으로.

癒合(유합 - 상처가 나아서 아물어 붙음) 癒着(유착 - 떨어지지 않게 결합되어 있음) 快癒=快愈(쾌유)

痙 경련 경. 목뻣뻣할 경. 2325-10

- 疒 + 巠(물줄기 경) = 痙 (3160 참조)
- ☞ 굽이져 흐르는 물줄기(巠)처럼 근육이 일렁거리면서 뻣뻣하여지는 병(疒)이라는 데서「경련. 목 뻣뻣하다」뜻으로.

痙攣(경련 - 근육이 의사에 반하여 발작적으로 수축하는 현상) ※ 攣(걸릴 련)

痰 가래 담: 2326-10

- 疒 + {火 + 火 = 炎(불꽃 염)} = 痰 (1118 참조)
- ☞ 병(疒)으로 인하여, 불이 연이어져 피어오르는 불꽃(炎)처럼 기관지를 통하여 연이어져 나오는 끈적끈적한 분비물이라는 데서「가래」뜻으로.

痰涎(담:연 - 가래와 침) 喀痰(객담 - 담을 뱉음)

癇 간질 간: 2327-10

- 疒 + 間(사이/틈/빌 간) = 癇 (3371 참조)
- ☞ 일정한 사이(간격)(間)를 두고 수시로 발작하는 병(疒)이라는 데서「간질」뜻으로.

癇疾(간:질 - 발작적으로 경련·의식 상실 등의 증상을 일으키는 질환) 癇症(간:증) 癇病(간:병) 癲癇(전간)

疳 감질 감. 2328-10

- 疒 + 甘(달 감) = 疳 (2097 참조)
- ☞ 단맛(甘)이 입에 당기는 것처럼 무엇인가를 먹고 싶어 안달이 나는 병(疒)의 일종이라는 데서 「감질」뜻으로.

疳疾(감질 - 먹고 싶어 안달이 나는 마음) 疳瘡(감창 - 피부나 음부에 헌데가 생기는 병) 疳瘻(감루)

疸 황달 달. 2329-10

- 疒 + 旦(아침 단) = 疸 (1038 참조)
- ☞ 이른 아침(旦)에 드러나는 엷은 햇살처럼 살갗이 누르스름한 빛을 띠는 병(疒)의 일종이라는

데서 「황달」 뜻으로.
黃疸(황달 - 간장의 이상으로, 쓸개즙이 혈액에 옮기어 살갗과 오줌이 누른빛으로 변하는 병)

疼 아플 동: 2330-10

- 疒 + 冬(겨울/마칠 동) = 疼 (0299 참조)
- ☞ 병(疒)으로 인하여, 추운 겨울(冬)에 살갗이 시리는 것처럼 심한 통증을 느낀다는 데서 「아프다」 뜻으로.

疼痛(동:통 - 몸이 쑤시고 아픔)

疝 산증(疝症) 산. 배아플 산. 2331-10

- 疒 + 山(뫼 산) = 疝
- ☞ 높은 산(山)처럼 배나 불알이 불룩하게 솟아오르는 병(疒)의 일종이라는 데서 「산증산. (배가 부어서)배 아프다」 뜻으로.

疝症(산증 - 아랫배와 불알에 탈이 생겨 붓고 아픈 병)

瘤 혹 류: 2332-10

- 疒 + 留(머무를/그칠/더딜 류) = 瘤 (2112 참조)
- ☞ 굳은살이 한곳에 머물러(맺혀)(留) 있는 병(疒)의 일종이라는 데서 「혹」 뜻으로.

瘤腫(유:종 - 혹. 병적으로 살가죽에 불거져 나온 군더더기의 살덩이)

瘦 파리할/여윌 수. 2333-10

- 疒 + 叟(늙은이/어른/움직일 수) = 瘦 (1479 참조)
- ☞ 병(疒)으로 인하여 늙은이(叟) 모습처럼 여위고 핏기가 없어 보인다는 데서 「파리하다. 여위다」 뜻으로.

瘦瘠(수척 - 몸이 마르고 파리함) 瘦軀(수구 - 수척한 몸) 瘦削(수삭) 瘦損(수손) 瘦客(수객)

瘙 피부병/종기 소. 헌데 소. 2334-10

- 疒 + 蚤(벼룩 조) = 瘙 (1554 참조)
- ☞ 벼룩(蚤)에게 물린 것처럼 피부가 헐고 가려움증을 수반하는 병(疒)이라는 데서 「종기. 피부병. 헌데」 뜻으로.

瘙部(소부 - 종기가 난 부위)

瘍 헐 양. 상할/피부병 양. 2335-10

- 疒 + 昜(빛/열을/날아오를/길 양) = 瘍 (3326 참조)
- ☞ 살갗이 열어(갈라)(昜)지면서 짓무르는 병(疒)이라는 데서 「헐다. 상하다. 피부병」 뜻으로.

腫瘍(종양 - 세포가 병적으로 증식한 쓸모없는 덩어리) 潰瘍(궤:양 - 피부·점막이 짓무르고 허는 증상)

癢 가려울 양.   2336-10

- 疒 + 養(기를/봉양할 양) = 癢 (3554 참조)
- ☞ 봉양하는 방법 가운데 하나가 늙으신 부모님의 등을 자주 긁어 드리는 것인 바, 긁는 봉양(養)을 받아야만 시원하여지는 병(疒)의 일종이라는 데서 「가렵다」 뜻으로.

搔癢(소양 - 가려운 곳을 긁음) 隔靴搔癢(격화소양 - 신을 신고 발을 긁음. 성이 차지 않음을 비유)

瘀 어혈질/병 어: 2337-10

- 疒 + 於(어조사/살/여기 어) = 瘀 (1979 참조)
- ☞ 사람이 일정한 지역을 근거지로 정하여 살고(於) 있는 것처럼 죽은피가 오래도록 한자리에 머물러 있는 병(疒)이라는 데서 「어혈질. 병」 뜻으로.

瘀血(어:혈 - 타박상 등으로 혈액 순환이 잘되지 못하여 피가 한곳에 맺혀 있는 병)

瘧 학질 학.   2338-10

- 疒 + 虐(혹독할/사나울 학) = 瘧 (2845 참조)
- ☞ 혹독한(虐) 열과 통증을 수반하는 병(疒)이라는 데서 「학질」 뜻으로.

瘧疾(학질 - 말라리아. 간헐적으로 고열이 나며, 빈혈과 황달을 수반하기도 하는 병)

癲 미칠 전.   2339-10

- 疒 + {眞(참 진) + 頁(머리 혈) = 顚(엎드러질/두상 전)} = 癲 (3520 참조)
- ☞ 두상(머리)(顚)에서 자아내는 사고력이 이상 증세를 일으키어 발작하는 병(疒)의 일종이라는 데서 「미치다」 뜻으로.

癲癎(전간 - 간질) 癲狂(전광 - 실없이 웃는 미친병)

痔 치질 치.   2340-10

- 疒 + 寺(절 사 | 관청/내관/내시 시) = 痔 (0565 참조)
- ☞ 내시(寺)의 근무처가 대궐 문의 안쪽 지점인 것처럼 항문 안쪽 부위에 발생하는 병(疒)의 일종이라는 데서 「치질」 뜻으로.

痔疾(치질 - 항문에 발생하는 질병) 痔漏(치루 - 항문 가에 작은 구멍이 생기는 치질의 하나)

疱 천연두/물집 포. 부르틀/여드름 포.   2341-10

- 疒 + 包(쌀 포) = 疱 (0264 참조)
- ☞ 감싸(包) 놓은 도톰한 꾸러미 모양처럼 살갗이 도톰하게 부풀어 오르면서 물집이 생기는 병(疒)의 일종이라는 데서 「천연두. 여드름. 부르트다. 물집」 뜻으로.

疱瘡(포창 - 마마. 천연두)

目	疒	示(礻)	
눈 목	병 녁	보일 시	

示 | 보일 시: 바칠/가르칠 시 | 귀신 기. 2342-50

자원 示 → 윗(하늘)(二 → 上「윗 상」의 고자)에서 일월성신의 빛줄기가 갈래져서(小) 펼쳐지는 것처럼 신(神)이 인간에게 계시(啓示)를 다양하게 펼쳐 보이는(암시하는) 형상이라는 데서 「보이다. (천신이 인간을)가르치다. 귀신」 의미를 지님.

쓰임 「신(神). 귀신. 신주. 신전. 계시(啓示). 보이다」는 의미로 쓰임.

示範(시:범 - 모법을 보임) 示唆(시:사) 示威(시:위) 示達(시:달) 訓示(훈:시) 敎示(교:시) 暗示(암:시) 揭示(게:시) 展示(전:시) 啓示(계:시 - 신비로운 일을 신이 가르쳐 알게 함) 提示(제시) 黙示(묵시)

祖 | 할아버지 조. 조상 조. 2343-70

◉ 示 + 且(또 차 | 수두룩할 저) = 祖 (0011 참조)

☞ 여기에서 且는 위패(位牌 → 신주를 적은 나무패) 모양을 표현. 차(且) 글자 형상의 위패에 모시는 신위(示 → 神位)이라는 데서 「조상. (조상의 반열에 이르실)할아버지」 뜻으로.

祖父(조부 - 할아버지) 祖母(조모) 祖考(조고) 祖上(조상) 祖國(조국) 元祖(원조) 王祖(왕조) 始祖(시:조)

神 | 귀신 신. 하느님/천신/정신 신. 2344-60

◉ 示 + 申(납/펼/거듭/알릴 신) = 神 (2113 참조)

☞ (인간에게 길흉화복의) 계시를 펴는(일러 주는)(申) 신(신령)(示)이라는 데서 「천신. 하느님. 귀신. (영적인)정신」 뜻으로.

神靈(신령 - 풍습으로 섬기는 신) 神仙(신선) 神父(신부) 神明(신명) 神經(신경) 神出鬼沒(신출귀몰)

社 | 모일 사. 토지의신/둘레/단체 사. 2345-60

◉ 示 + 土(흙 토) = 社

☞ 흙(땅)(土)을 관장하는 신(示)이라는 데서 「토지의 신. (토신에게 제사를 지내기 위하여 많은 사람들이 빙 둘러 모인다는 데서)모이다. 둘레. (모여 있는)단체」 뜻으로.

社會(사회) 社訓(사훈 - 사원이 지켜야 할 회사의 방침) 社長(사장) 社員(사원) 社團(사단) 社稷(사직)

禮 | 예도 례: 예절/치성드릴 례. 2346-60

◉ 示 + 豊(풍년 풍 | 제기/예도 례) = 禮 (3308 참조)

☞ 제기(豊)에 제물을 풍성하게 차려 놓고 신(示)에게 정성스레 예도를 표한다는 데서 「예도. 예절. 치성 드리다」 뜻으로.

禮度(예:도 - 예의와 법도) 禮節(예:절) 禮義(예:의) 禮法(예:법) 禮式(예:식) 禮訪(예:방) 禮物(예:물)

示 **부수**(자원과 쓰임 → 2342 참조)

祝 빌 축. 2347-50

- 示 + {口(입/말할 구) + 儿(어진사람 인 →「무릎을 꿇은 모양」) = 兄(형 형)} = 祝
- 신주(示 → 神主) 앞에서 무릎을 꿇고(儿) 무언가를 간절하게 말하는(고하는)(口) 모습에서 「빌다」 뜻으로.

祝福(축복 - 행복을 빎) 祝儀(축의) 祝賀(축하) 祝辭(축사) 祝願(축원) 祝歌(축가) 祝杯(축배)

福 복 복. 상서로울/음복할 복. 2348-50

- 示 + 畐(가득할/찰/폭 복) = 福
- 신(示)의 가호(加護 → 보살핌)를 가득하게(畐) 받는다는 데서 「복. 상서롭다」 뜻으로.

福祉(복지 - 행복과 이익) 福祿(복록 - 복과 녹) 福券(복권) 福音(복음) 福德房(복덕방) 飮福(음:복)

★ 畐(가득할/찰/폭 복)과 결합을 이룬 글자. 2348 별첨

匐(길 복)	☞ 勹(0268) →	내용물을 가득하게(畐) 채워서 감싸(勹) 놓은 모양처럼 몸뚱이를 도톰하게 구푸리는(엎드리는) 자세를 취한다는 데서「엎드리다. (엎드리어)기다」匍匐(포복)
富(부자 부)	☞ 宀(0598) →	집(宀)에 재물이 가득하다(畐)는 데서「부자」富者(부자)
副(버금 부)	☞ 刀(0235) →	물체를 폭(畐) 방향으로 칼(刂)로 가른다는 데서「쪼개다. (폭을 가르면 넓이는 줄어들지만 길이는 마찬가지라는 데서)버금」副將(부장)
輻(바퀴살 폭)	☞ 車(3183) →	수레바퀴(車)에 가득하게 채워져(畐) 있는 뼈대라는 데서「바퀴살」
幅(폭/너비 폭)	☞ 巾(0983) →	천(베)(巾)의 가로 폭(畐)이라는 데서「폭. 너비」廣幅(광폭)
逼(닥칠 핍)	☞ 辶(3135) →	한정되어 있는 폭(畐) 방향으로 나아가면(辶) 이내 막다른 가장자리(갓길)에 다다른다는 데서「닥치다」逼迫(핍박)

祭 제사 제: 사귈 제 | 성(姓) 채. 2349-42

- 夕(→ 月 = 肉 고기 육) + 又(또/오른손 우) + 示 = 祭
- 고기(夕)를 손(又)으로 받쳐 들고 신전(示 → 神殿)에 바치는(제사 지내는) 모습에서「제사. (제사를 통하여 사람과 사람, 신과 사람이)사귀다」뜻으로.

祭祀(제:사) 祭禮(제:례) 祭器(제:기) 祭壇(제:단) 祭物祭(제:물) 祭需(제:수 - 제사용 음식이나 재료)

★ 祭(제사/사귈 제)와 결합을 이룬 글자. 2349 별첨

際(즈음 제)	☞ 阜(3332) →	높은 언덕(阝)에 제단을 차리고 천신에게 제(祭)를 드리면 신과 인간 사이가 가까워지는 계기(기회)를 맞이하게 된다는 데서「사이. 기회. 즈음」國際(국제)
察(살필 찰)	☞ 宀(0592) →	집(宀)에서 제사(祭)를 모실 때에는 혹시라도 빠뜨린 제물이 없는지, 제기 같은 집기는 청결한지를 자세하게 살핀다는 데서「살피다. 자세하다」觀察(관찰)
蔡(성/나라 채)	☞ 艹(2768) →	제사(祭)에 반드시 올리는 풀(나물)(艹)이라는 데서「풀. (반드시 이행하는)법」

禁 금할 금: 제지할/경계할/삼갈 금. 2350-42

- 木(나무 목) + 木 + 示 = 禁
- 나무(木)와 나무(木) 사이에 금기 줄을 둘러쳐서 신(示)을 모시는 제단에 외부 사람의 출입을 금지시킨다는 데서「금하다. 제지하다. 경계하다」뜻으로.

545

示 부수(자원과 쓰임 → 2342 참조)

禁止(금:지 - 하지 못하게 함) 禁忌(금:기) 禁足(금:족) 禁煙(금:연) 禁酒(금:주) 禁慾(금:욕) 禁錮(금:고)

★ 禁(금할/제지할 금)과 결합을 이룬 글자.   2350 별첨

| 襟(옷깃 금) | ☞ 衣(2570) → 옷(衤)의 둘레가 금하여(매듭지어)(禁)지는 부위이라는 데서「옷깃」 |

票 표 표. 쪽지/불날릴/훌쩍날/빠를 표.   2351-42

◉ 覀(= 襾(덮을 아) + 示 = 票

☞ 신(示)에게 제사를 지낸 다음에 축문(지방)을 덮어(접어)(覀)서 불사르면 불붙은 축문이 공중으로 재빠르게 날아오른다는 데서「쪽지. 표. 불 날리다. 훌쩍 날다. 빠르다」뜻으로.

票決(표결 - 투표를 하여 결정함) 郵票(우표) 投票(투표) 記票(기표) 手票(수표) 暗票(암:표) 賣票(매:표)

★ 票(표/쪽지/불날릴/훌쩍날/빠를 표)와 결합을 이룬 글자.   2351 별첨

標(표할 표)	☞ 木(1620) → 나무(木)의 우듬지(맨 꼭대기)에 표(쪽지)(票)를 매달아 방향이나 위치 등을 표시하여 놓은 모양이라는 데서「표하다. 우듬지」標識(표지)
漂(뜰 표)	☞ 水(1258) → 물(氵)에 (종이)쪽지(票)가 이리저리 떠다닌다는 데서「뜨다. 떠다니다」
剽(겁박할 표)	☞ 刀(0262) → 표(쪽지)(票)를 칼(刂)로 자르는, 또는 (어음 같은) 표(쪽지)(票)를 칼(刂)로 위협하여 탈취한다는 데서「끊다. 겁박하다」剽竊(표절)
慓(급할 표)	☞ 心(1952) → 바람에 표(쪽지)(票)가 빠르게 날아가는 것처럼 마음(忄)이 아주 다급하다는 데서「급하다」慓疾(표질)
飄(나부낄 표)	☞ 風(3547) → 표(쪽지)(票)가 날릴 정도로 바람(風)이 제법 세게 분다는 데서「나부끼다」
瓢(표주박 표)	☞ 瓜(2100) → 쪽지가 훌쩍 날아오른(票) 모양처럼 초가지붕을 타고 높이 솟아오른 넝쿨에 열려 있는 오이(瓜) 종류의 넝쿨 열매이라는 데서「표주박. 박」瓢簞(표단)

祕 숨길 비: 비밀히할/귀신 비.   2352-40

◉ 示 + 必(반드시 필) = 祕 (1840 참조) ※ 祕와 秘(숨길 비)는 통자(通字).

☞ 신(귀신)(示)만이 반드시(必) 알 수 있는 (숨겨 놓은) 비밀스러운 사항이라는 데서「비밀히 하다. 숨기다. 귀신」뜻으로.

祕境(비:경 - 신비스러운 경지) 祕法(비:법) 祕訣(비:결) 祕寶(비:보) 祕報(비:보) 祕密(비:밀) 神祕(신비)

祈 빌 기.   2353-32

◉ 示 + 斤(도끼/밝게살필 근) = 祈

☞ 신(示)에게, 밝게 살펴(斤) 주도록 기원한다는 데서「빌다」뜻으로.

祈願(기원 - 바라는 일이 이루어지기를 빎) 祈禱(기도) 祈祝(기축) 祈望(기망) 祈求(기구) 祈雨(기우)

祀 제사 사.   2354-32

◉ 示 + 巳(여섯째지지/뱀/삼짇날 사) = 祀 (0947 참조)

☞ 임금이 신전(示 → 神殿)에서, 삼짇날(巳 → 음력 3월 3일)에 지내는 제사, 또는 신위(示 → 神位) 앞에서 사(巳) 글자 형상처럼 몸을 구푸리고 제사 지내는 모습에서「제사」뜻으로.

告祀(고:사 - 행운이 오도록 신령에게 비는 제사) 忌祭祀(기제사 - 매년 죽은 날에 지내는 제사. 기제)

示 부수(자원과 쓰임 → 2342 참조)

禍 재앙 화: 재화 화. 2355-32

- 示 + 咼(입비뚤어질 괘 | 입비뚤어질 화) = 禍 (3093 참조)
- ☞ 신(示)의 입이 비뚤어지는(咼), 곧 신이 시무룩하게 여김(거들떠보지 않음)으로 인하여 인간이 당하는 액운이라는 데서 「재앙. 재화」 뜻으로.

禍因(화:인 - 재화의 원인) 禍根(화:근) 禍難(화:난) 輪禍(윤화) 災禍(재화) 轉禍爲福(전:화위복)

禦 막을 어: 제사/지킬 어. 2356-32

- 御(모실/임금/막을 어) + 示 = 禦 (0440 참조)
- ☞ (제사상 뒷면에) 병풍을 막아(가리어)(御) 놓고 신(示)에게 제사를 지내는, 또는 신(示)을 모신다(御)는 데서 「(잡인의 출입을)막다. 제사. (막아서)지키다」 뜻으로.

禦寒(어:한 - 추위를 막음) 禦侮(어:모 - 모욕을 막아 냄) 禦戰(어:전 - 방어하여 싸움) 防禦(방어)

祥 상서 상. 상서로울/복(福)/조짐/제사 상. 2357-30

- 示 + 羊(양 양) = 祥
- ☞ 신(示)에게 양(羊)의 피와 고기를 제물로(희생물로) 바치면 신(神)이 이에 감복하여 인간에게 내리는 복과 계시(啓示)라는 데서 「제사. 상서. 조짐. 복」 뜻으로.

祥瑞(상서 - 경사와 길한 일이 일어날 조짐) 發祥地(발상지) 不祥事(불상사) 小祥(소:상) 大祥(대:상)

祿 녹 록. 복 록. 2358-30

- 示 + 彔(나무새길/근본 록) = 祿 (2453 참조)
- ☞ 신(示)이 돌보아 줄 명단을 나무에 새겨(彔) 놓고 그들에게 내리는 특별한 보살핌(가호)이라는 데서 「복. 녹」 뜻으로.

祿俸(녹봉 - 관원에게 내려 주던 곡식과 돈 따위의 총칭) 福祿(복록) 國祿(국록) 貫祿(관록) 俸祿(봉:록)

禪 참선/선 선. 고요할/봉선 선. 2359-30

- 示 + 單(홑/외짝 단) = 禪 (0813 참조)
- ☞ 신전(示 → 神殿)에 홀로(單) 앉아서 경건하고 조용하게 묵상한다는 데서 「참선. 선. 고요하다. 봉선」 뜻으로.

禪房(선방 - 참선하는 방) 禪室(선실) 禪院(선원) 禪宗(선종) 禪讓(선양) 禪位(선위) 封禪(봉선)

祐 복 우: 도울 우. 2360-20

- 示 + 右(오른쪽/도울 우) = 祐 (0791 참조) ※ 祐와 佑(도울 우)는 동자.
- ☞ 신(示)이 도와(右)주는 길한 운수라는 데서 「복. 돕다」 뜻으로.
- ※ 祐와 佑는 같은 뜻이나, 佑는 사람(亻)이, 祐는 신(神)이 사람을 도와준다는 의미가 됨.

祐助(우:조 - 하늘의 도움) 祐福(우:복 - 하늘이 주는 복)

祚 복 조. 2361-20

● 示 + 乍(잠깐/언뜻 사 | 지을 작) = 祚 (1022 참조)
☞ 신(示)이 인간에게 지어(조화를 일으켜)(乍) 주는 길한 운수(가호)라는 데서 「복」 뜻으로.
福祚(복조 - 복) 溫祚王(온조왕 - 백제의 제1대 왕. 위례성에 도읍을 정하여 나라를 세움)

禧 복 희. 2362-20

● 示 + 喜(기쁠/즐거울 희) = 禧 (0815 참조)
☞ 신(示)이 기쁘게(喜) 여기어 인간에게 내리는 길한 운수(가호)라는 데서 「복」 뜻으로.
禧年(희년 - 성년聖年의 딴 이름. 성년대사聖年大赦를 베푸는 해)

祜 복(福) 호. 2363-20

● 示 + 古(예/오래되었을 고) = 祜 (0797 참조)
☞ 오래(古)도록 신(示)으로부터 보살핌을 받는 길한 운수(가호)라는 데서 「복」 뜻으로.

禱 빌 도. 기도할 도. 2364-10

● 示 + 壽(목숨/오랠 수) = 禱 (0405 참조)
☞ 신(示)에게 목숨(壽)을 길게 이어(연명하여) 줄 것을 비는, 또는 신전(示 → 神殿) 앞에서 오래도록(壽) 소원을 빈다는 데서 「빌다. 기도하다」 뜻으로.
祈禱(기도 - 신명에게 빎. 또는 그런 의식) 黙禱(묵도 - 마음속으로 기도함) 祝禱(축도)

祉 복 지. 2365-10

● 示 + 止(그칠/머무를 지) = 祉
☞ 신(示)의 보살핌이(가호가) 항상 머물러(止) 있는 길한 운수라는 데서 「복」 뜻으로.
福祉(복지 - 행복과 이익. 복리)

祠 사당 사. 2366-10

● 示 + 司(맡을/주장할/벼슬 사) = 祠 (0820 참조)
☞ 신(示)을 맡아(받들어)(司) 모시는 곳이라는 데서 「사당」 뜻으로.
祠堂(사당 - 신주를 모셔 놓은 집) 神祠(신사 - 신령을 모신 사당) 忠烈祠(충렬사)

禎 상서로울 정. 아름다울/바를 정. 2367-10

● 示 + 貞(곧을/점칠 정) = 禎 (3060 참조)
☞ 신(示)이 인간에게 곧은(貞) 방편을 제시(인도)하여 주는 좋은 징조라는 데서 「상서롭다. 아름답다. 바르다」 뜻으로.
禎祥(정상 - 좋은 징조. 경사로운 징조) 禎瑞(정서 - 정상禎祥)

| 부수 6획 | 羊 양 양 | 肉(⺼) 고기 육 | 糸 실 사 | 衣(衤) 옷 의 |

羊 양 양. 염소/산양/상양새/노닐 양. 2368-42

산양(山羊)

- 자원 羊 → 위에서 내려다 본 양의 뿔과 머리(⺍), 어깻죽지(一)와 볼기(一), 등줄기와 꼬리(丨) 모양으로 산양을 표현.
- 쓰임 「양. 양 떼. 양고기. 가물가물한 모양」과 의미로 쓰임.

羊肉(양육) 羊毛(양모) 羊皮(양피) 羊頭狗肉(양두구육) 九折羊腸(구절양장) 多岐亡羊(다기망양)

美 아름다울 미(:) 맛날/맛있을 미. 2369-60

- ◉ 羊 + 大(큰 대) = 美
- ☞ 양(羊)이 크게(大) 자라나서 형체가 아름다워 보인다는 데서 「아름답다. (크게 자란 양은 맛있는 음식이 된다는 데서)맛나다. 맛있다」 뜻으로.

美貌(미:모 - 아름다운 얼굴) 美容(미:용) 美男(미:남) 美麗(미:려) 美術(미:술) 美國(미국) 美製(미제)

義 옳을 의: 의로울 의. 2370-42

- ◉ 羊 + 我(나/우리 아) = 義
- ☞ 양(羊)이 나(我)의 수중에 있음으로써(많은 양을 소유하고 있어서) 위풍당당(威風堂堂)하다는 데서, 또는 양(羊)이 나(우리)(我)의 희생물이 되어 천지신명에게 의로움을 바친다는 데서 「의롭다. 옳다」 뜻으로.
- ※ 옛날에는 소나 양 같은 가축을 많이 길러야 위의(威儀)가 있어서 좋은 신부를 맞이할 수 있었으며, 또한 소나 양은 천지신명에게 희생물로 바치었음.

義理(의:리 - 사람이 지켜야 할 바른 길) 義務(의:무) 義擧(의:거) 義士(의:사) 義足(의:족) 義捐金(의:연금)

★ 義(옳을/의로울 의)와 결합을 이룬 글자. 2370 별첨

| 議(의논할 의) | ☞ 言(3214) → 옳은(義) 방도를 모색하기 위하여 여러 사람들이 함께 모여 말한다(言)는 데서 「의논하다. 꾀하다」 議論(의논) |
| 儀(거동 의) | ☞ 人(0082) → 사람(亻)이 지켜야 할 올바른(義) 규범이나 행동거지이라는 데서 「거동」 |

群 무리 군. 모일/벗 군. 2371-40

양 무리(群)

- ◉ 君(임금 군) + 羊 = 群 (0817 참조) ※ 群은 羣(무리 군)의 속자.
- ☞ 임금(君)처럼 군림하는 우두머리를 따라, 많은 양(羊)이 무리지어 있다는 데서 「무리. 모이다」 뜻으로.

群衆(군중 - 무리를 이룬 많은 사람) 群落(군락) 群雄(군웅) 群舞(군무) 群島(군도) 群鷄一鶴(군계일학)

羊 부수(자원과 쓰임 → 2368 참조)

羲 황제이름/복희 희. 기운 희.   2372-20

◉ 羊 + 禾 + 丂(= 巧 교할/재주 교) + 戈(창 과) = 羲

☞ 양(가축)(羊)을 기르고 벼(곡식)(禾)를 심고 창(무기)(戈)을 만드는 재주(丂)를 백성에게 가르치어 삶의 의욕을 진작시킨 분이라는 의미가 부여되어「복희. 황제 이름. 기운」뜻으로.

伏羲(복희 - 복희씨. 중국 고대의 전설상의 제왕으로 삼황오제(三皇五帝)의 수위로, 팔괘(八卦)를 처음으로 만들고 그물을 발명하여 어렵(漁獵)의 방법을 가르쳤다고 전함)

★ 羲(황제이름/기운 희)와 결합을 이룬 글자.	2372 별첨
犧(희생 희) ☞ 牛(1383) → 제물로 바치는 기운(羲)이 있는(살아있는) 소(牛)이라는 데서「희생」	

羞 부끄러울 수. 반찬/음식/바칠/드릴 수.   2373-10

◉ 羊 + 丑(소 축 | 수갑 추) = 羞 (0012 참조)

☞ 수갑(丑)에 채워(갈고리에 꿰어) 놓은 양고기(羊)로 요리한 음식이라는 데서「반찬. 음식. (음식을)바치다. 드리다. (꿰어 놓은 살코기처럼 살갗이 드러나면 부끄러움을 느끼는 데서)부끄럽다」뜻으로.

羞恥(수치 - 부끄러움) 羞辱(수욕 - 부끄럽고 욕되는 일) 羞惡之心(수오지심) 珍羞盛饌(진수성찬)

羨 부러워할 선: | 무덤길(묘도) 연. 길(長) 선.   2374-10

◉ 羊 + 㳄(침 연) = 羨

☞ (푸줏간에 걸어 놓은) 양고기(羊)에 군침(㳄)을 흘린다는 데서「부러워하다. (길게 흐르는 침에서)길다. (흐르는 침처럼 길쭉하게 이어져 있는)무덤길」뜻으로.

羨望(선:망 - 부러워하고 바람) 羨慕(선:모 - 부러워하고 사모함) 羨道(연도 - 고분의 내부로 이르는 길)

羹 국 갱: 2375-10

◉ {羊 + 灬(불 화) = 羔(새끼양 고)} + 美(아름다울/맛날/맛있을 미) = 羹

☞ 양고기(羊)를 불(灬)에 끓여 놓은 맛있는(美) 음식이라는 데서「국」뜻으로.

羹粥(갱:죽 - 시래기 따위의 채소류를 넣고 멀겋게 끓인 죽) 羹飯(갱:반 - 국과 밥)

| 부수 6획 | 羊 양 양 | 肉(⺼) 고기 육 | 糸 실 사 | 衣(⻂) 옷 의 |

肉 | 고기 육. 육달월(月) 변. 살/몸 육. 2376-42

- 자원 肉 → 결(夊)이 나 있는 살점(고기)(冂) 모양을 표현.
- 쓰임 「살. 살점. 몸. 몸속. 몸집. 신체. 육체. 몸뚱이. 고기」의미로 쓰임.

肉類(육류 - 식용하는 짐승의 고기 종류) 肉食(육식) 肉體(육체) 肉身(육신) 肉親(육친) 肉眼(육안)
肉聲(육성) 肉彈(육탄) 肉質(육질) 肉脯(육포) 肉膾(육회) 牛肉(우육) 豚肉(돈육) 魚肉(어육)

育 | 기를 육. 2377-70

- ◉ 𠫓(해산할때아이돌아나올/갑자기 돌) + 月(肉) = 育
- ☞ 해산할 때 아이가 돌아 나온(아기가 태어난)(𠫓) 연후에 젖을 먹여 살점(月)을 붙어나게 한다 (키운다)는 데서 「기르다」뜻으로.

育兒(육아 - 아기를 기름) 育養(육양) 育成(육성) 育苗(육묘) 育種(육종) 育英事業(육영사업)

能 | 능할 능. 재능/곰 능 | 견딜 내. 2378-50

- ◉ 厶(사사로울/나 사) + 月(肉) + 匕(→ 比 견줄/다스릴 비) = 能
- ☞ 能은 곰 모양을 표현, 사(厶) 글자 형상처럼 생긴 삼각형의 머리와 몸뚱이(月), 가지런하게 치켜 세운 발(匕), 곧 곰의 특징적인 모양을 표현. 한편 자신(厶)의 몸뚱이(月)를 능숙하게 다스리는(比) 재능이 있는 동물이라는 데서 「곰. 능하다. 재능. (곰은 먹지 않고서 겨울을 견딘다는 데서)견디다」뜻으로. ※「곰」을 뜻하는 글자는 熊(곰 웅)으로 쓰임.

能熟(능숙하다 - 능하고 익숙하다) 能通(능통) 能力(능력) 能率(능률) 能動(능동) 能爛(능란)

| ★ 能(능할/재능/곰 능 | 견딜 내)과 결합을 이룬 글자. 2378 별첨 |

熊(곰 웅) ☞ 火(1128) → 점점(灬)이 발자국을 남기는 곰(能)이라는 데서「곰」熊膽(웅담)
態(태도 태) ☞ 心(1850) → (무엇이든지) 능하게(能) 할 수 있다는 마음(心)가짐, 곧 매사에 자신감이(의지가) 넘치는 모습이라는 데서「모습. 태도」態度(태도)
罷(파할 파) ☞ 网(2657) → 그물(罒)에 갇힌 (힘이 세고 임기응변이 능한) 곰(能)이 그물을 가르고(파하고) 탈출한다는 데서「파하다. 마치다」罷免(파면)

脈 | 줄기 맥. 맥 맥. 2379-42

- ◉ 月(肉) + 𠂢(갈라질/갈래질 파) = 脈 (1208 참조)
- ☞ 몸속(月)에 (여러 가닥으로) 갈래져(𠂢) 있는 핏줄기(혈관)이라는 데서「줄기. 맥」뜻으로.

脈診(맥진 - 맥박으로 병을 진단함) 脈搏(맥박) 脈絡(맥락) 診脈(진:맥) 命脈(명:맥) 氣盡脈盡(기진맥진)

背 | 등 배: 뒤/등질/배반할 배. 2380-42

- ◉ 北(북녘 북 | 달아날 배) + 月(肉) = 背 (0220 참조)

肉 부수(자원과 쓰임 → 2376 참조)

☞ (인체에서) 북녘(北)을 향하고 있는 신체(月) 부위는 등(뒤쪽)을 의미하는 데서 「등. 뒤. (등을 돌린다는 데서)등지다. 배반하다」뜻으로.
※ 사람은 주로 남향집을 지어 살기 때문에 등지는 쪽은 북녘을 의미함.
背面(배:면 - 뒤쪽) 背景(배:경) 背恩(배:은) 背囊(배:낭) 背書(배:서) 背水陣(배:수진) 背山臨水(배:산임수)

胞 세포/태 포. 동포 포.   2381-40

● 月(肉) + 包(쌀 포) = 胞 (0264 참조)
☞ 태아를 감싸고(包) 있는 (주머니처럼 생긴) 살점(月)이라는 데서 「태(태보). (태를 형성하고 있는) 세포. (혈맥이 같은 태보에서 태어난 종족이라는 데서)동포」뜻으로.
胞子(포자 - 균류나 식물의 생식 세포) 同胞(동포) 僑胞(교포) 細胞(세:포) 海外同胞(해:외동포)

脫 벗을 탈. 허물벗을 열.   2382-40

● 月(肉) + 兌(바꿀/기쁠 태 | 날카로울 예) = 脫 (0195 참조)
☞ 몸(月)을 바꾸는(兌) 것처럼 (도마뱀 같은) 파충류가 표피를 벗는다는 데서 「바꾸다. 허물 벗다」뜻으로.
脫帽(탈모) 脫毛(탈모) 脫出(탈출) 脫稅(탈세) 脫着(탈착) 脫皮(탈피) 脫漏(탈루) 脫稿(탈고)

腸 창자 장(:)   2383-40

● 月(肉) + 昜(빛/열을/날아오를/길 양) = 腸(3326 참조)
☞ 길게 열려(昜) 있는 신체(月) 부위, 곧 몸속으로 길쭉하게 뚫리어 있는 소화기관이라는 데서 「창자」뜻으로.
大腸(대:장 - 큰창자) 腸炎(장:염) 斷腸(단:장) 胃腸(위장) 盲腸(맹장) 十二指腸(십이지장 - 샘창자)

肺 허파 폐: 마음/펼 폐.   2384-32

● 月(肉) + 市(슬갑/앞치마 불) = 肺
☞ 몸속(月)에 앞치마(市) 모양처럼 넓적하게 펼쳐져 있는 장기(臟器)라는 데서 「폐. (폐부 속에 있다고 여기는)마음. (펼쳐진 폐처럼)펴다」뜻으로.
※ 肺에서 市(슬갑/앞치마 불) 대신 市(저자 시)로 쓰인 글자는 위자(僞字)이며 속자(俗字)임.
肺腑(폐:부 - 폐) 肺炎(폐:렴 - 폐에 생기는 염증) 肺癌(폐:암 - 폐에 생기는 암) 肺病(폐:병) 肺結核(폐:결핵)

> ★ 市(슬갑/앞치마 불)과 결합을 이룬 글자.   2384 별첨
> 柿(감나무/감 시) ☞ 木(1719) → 앞치마(슬갑)(市)에 싸서 집으로 가져갈 만한 맛있는 과일이 열리는 나무(木)이라는 데서 「감나무. 감」紅柿(홍시)
> 沛(비쏟아질 패) ☞ 水(1358) → 물(빗물)(水)이, 지면에 앞치마(市)를 펼쳐 놓은 모양처럼 질펀하게 쏟아져 내린다는 데서 「비 쏟아지다. (물이 질펀한)늪」沛然(패연)

腹 배 복. 껴안을 복.   2385-32

● 月(肉) + 复(옛길을갈/돌아올/되풀이할 복) = 腹 (0435 참조)

肉 부수(자원과 쓰임 → 2376 참조)

☞ 뱃가죽이 돌아오는(复) 모양을 이루어 창자를 빙 두르고 있는 신체(月) 부위이라는 데서 「배. (뱃가죽이 내장을)껴안다」 뜻으로.

腹痛(복통 - 배앓이) 腹背(복배 - 배와 등) 腹部(복부) 腹案(복안) 心腹(심복) 抱腹絶倒(포:복절도)

脚 다리 각. 밟을 각. 2386-32

- 月(肉) + 却(물리칠/물러날 각) = 脚 (0351 참조)
- ☞ 몸(月)을 물러가게(물러나게)(却) 하는, 곧 몸을 앞뒤로 움직이게 하는 신체 부위이라는 데서 「다리. (다리를 움직여)밟다」 뜻으로.

脚線美(각선미 - 다리의 곡선미) 脚光(각광) 脚色(각색) 脚本(각본) 脚氣症(각기증) 健脚(건:각)

腦 뇌수/골 뇌. 2387-32

- 月(肉) + {巛(내 천) + 囟(정수리 신) = 𡿺(「뇌수 모양」을 표현)} = 腦
- ※ 𡿺 → 정수리(囟)에 굽이져 흐르는 냇물(巛)처럼 주름진 형체로 이루어진 「뇌수」를 표현.
- ☞ 뇌수(𡿺)로 이루어져 있는 살점(月)이라는 데서 「뇌수. 골」 뜻으로.

腦髓(뇌수 - 뇌. 머릿골) 腦炎(뇌염) 腦裏(뇌리) 腦膜炎(뇌막염) 腦溢血(뇌일혈) 腦卒中(뇌졸중)

★ 𡿺(뇌수 모양)과 결합을 이룬 글자. 2387 별첨

惱(번뇌할 뇌) ☞ 心(1895) → 쉽게 잊어지지 아니하고 뇌수(뇌리)(𡿺)에서 맴도는 무척 괴로운 마음(忄)이라는 데서 「괴로워하다. 번뇌하다」 煩惱(번뇌)

脅 위협할 협. 옆구리/갈빗대 협. 2388-32

- 劦(힘합할/힘쓸 협 → 여기에서는 「갈빗대 모양」을 표현) + 月(肉) = 脅 (0338 참조)
- ☞ 협(劦) 글자 형상을 이루어 살점(月)에 감싸여 있는 여러 가닥의 갈빗대 모양에서 「갈빗대. (갈빗대 부위의)옆구리. (옆구리에 끼워 조이듯이 압력을 가한다는 데서)위협하다」 뜻으로.

脅奪(협탈 - 으르대어 빼앗음) 脅迫(협박) 脅勒(협륵) 脅制(협제) 脅約(협약) 威脅(위협)

臟 오장 장: 2389-32

- 月(肉) + 藏(감출/저장할 장) = 臟 (2864 참조)
- ☞ 몸속(月)에 감추어져(저장되어)(藏) 있는 기관(器官)이라는 데서 「오장」 뜻으로.

臟器(장:기 - 내장의 여러 기관) 內臟(내:장) 五臟六腑(오:장육부) 心臟(심장)

胡 오랑캐/되(狄) 호. 턱밑살/목/어찌/멀/클 호. 2390-32

- 古(예/오랠 고) + 月(肉) = 胡
- ☞ 오래(古) 묵은 살점(月), 곧 노인네의 피부처럼 주름이 잡혀 있는 신체 부위이라는 데서 「턱밑 살. 목. (턱밑까지 쳐들어와서 약탈을 일삼는 종족이라는 데서)오랑캐. 되. (오랑캐 나라는 사방으로 멀리 떨어져 있다는 데서)멀다. 크다」 뜻으로.

胡馬(호마 - 중국 동북방에서 나던 말) 胡亂(호란) 胡爲乎(호위호 - 어찌하여) 丙子胡亂(병:자호란)

肉 부수(자원과 쓰임 → 2376 참조)

★ 胡(오랑캐/되/턱밑살/목/멀/클 호)와 결합을 이룬 글자. 2390 별첨

湖(호수 호)	☞ 水(1181) →	물(氵)이 사방으로 크게(널리)(胡) 괴어(채워져) 있는 곳이라는 데서 「호수」
瑚(산호 호)	☞ 玉(2076) →	주름진 턱밑 살(胡)처럼 표피가 주름져 있고 옥(玉)처럼 빛깔이 영롱한 동물이라는 데서 「산호」珊瑚(산호)
糊(풀칠할 호)	☞ 米(2596) →	쌀(米)의 형체가 쭈글쭈글한 턱밑 살(胡)처럼 허물어져 있는 것(음식)이라는 데서 「풀. 죽. (폴로)풀칠하다」糊塗(호도)
蝴(나비 호)	☞ 虫(2646) →	(얇고 판판한 살점으로 이루어진 소 같은 짐승의) 턱밑 살(胡)처럼 얇고 판판한 날개가 붙어 있는 벌레(虫)이라는 데서 「나비」胡蝶(호접)

肖　닮을/같을 초. 작을/본받을 초 ǀ 쇠약할/흩어질 소. 2391-32

◉ 小(작을 소) + 月(肉) = 肖

☞ (부모님의 피와 살을 이어받아) 작은(小) 몸뚱이(月)로 태어난, 곧 부모님의 체형을 빼어 닮은 자식이라는 데서 「닮다. 같다. 본받다」 뜻을. 한편 작은(小) 몸집(月)으로 된다는 데서 「작다. 쇠약하다. (쇠약하여져서)흩어지다」 뜻으로.

肖像(초상 - 사람의 용모. 용모를 그린 화상 또는 조각상) 不肖(불초 - 부모의 덕망이나 유업을 대물림 받지 못함. 또는 그러한 사람. 편지글에서 부모에게 자기를 일컫는 말. 불초자不肖子)

★ 肖(닮을/같을/작을/본받을 초 ǀ 쇠약할/흩어질 소)와 결합을 이룬 글자. 2391 별첨

哨(망볼 초)	☞ 口(0844) →	작은(肖) 구멍(口)을 통하여 적군의 동태를 살핀다는 데서 「망보다」
梢(나무끝 초)	☞ 木(1700) →	나무(木)의 줄기가 작아(가늘어)(肖)진 끄트머리이라는 데서 「나무 끝」
稍(적을 초)	☞ 禾(2224) →	(재정이 궁핍하여) 녹봉으로 주는 벼(禾)의 분량이 점점 작아(肖)진다는 데서 「(녹봉이)적다. 조금. 점점」稍食(초식)
硝(초석 초)	☞ 石(2159) →	돌(石)과 닮은(肖), 또는 돌(石)보다 작은(肖) 결정체로 이루어진 물질이라는 데서 「초석. (초석으로 만든)화약」硝石(초석)
削(깎을 삭)	☞ 刀(0248) →	책(죽편)에 잘못 쓴 글자를 본래 글자와 같게(肖) 하기(고쳐 쓰기) 위하여 칼(刂)로 깎아 내어 지운다는 데서 「깎다. 지우다」削除(삭제)
消(사라질 소)	☞ 水(1176) →	물(氵)이 흩어져(肖) 없어진다는 데서 「사라지다」消失(소실)
宵(밤 소)	☞ 宀(0630) →	움집(宀)과 같은(肖), 곧 (창문이 없는) 어두컴컴한 움집 내부처럼 어두운 시간대이라는 데서 「밤」春宵(춘소)
逍(거닐 소)	☞ 辶(3142) →	(여러 방향으로) 흩어지는(肖) 것처럼 이리저리 걸어간다(辶)는 데서 「거닐다. 노닐다」逍風(소풍)
銷(쇠녹일 소)	☞ 金(3478) →	단단한 쇠(金)의 성질을 쇠약하게(肖) 만드는, 곧 쇠에 열을 가하여 단단한 성질을 물렁하게 만든다는 데서 「쇠 녹이다. 녹다」銷金(소금)
屑(가루 설)	☞ 尸(0969) →	주검(尸)에 이른 다음(먼 훗날)에 송장이 아주 작은(小) 살점(月)으로 변모한 분진(티끌)이라는 데서 「가루. 가늘다」屑塵(설진)
趙(나라/성 조)	☞ 走(3194) →	본받는(본이 되는)(肖) 자세로(예의를 갖춘 차림으로) 달려가서(走) 윗사람을 맞이한다는 데서 「추창하다. 섬기다. (趙가 나라 이름 글자로 쓰였기에)나라」

肥　살찔 비: 2392-32

◉ 月(肉) + 巴(파초/꼬리/뱀(食象蛇) 파) = 肥 (0949 참조)

※ 식상사(食象蛇) → 코끼리를 잡아먹는다고 하는 매우 큰 뱀.

肉 부수(자원과 쓰임 → 2376 참조)

☞ 살점(月)이 큰 뱀(巴 → 덩치가 매우 큰 식상사)처럼 토실토실하게 뭉치어져(불어나) 있다는 데서「살찌다」뜻으로.

肥滿(비:만 - 몸이 뚱뚱함) 肥沃(비:옥) 肥肉牛(비:육우) 肥料(비:료) 堆肥(퇴비) 天高馬肥(천고마비)

肝 간 간(:) 마음 간. 2393-30

● 月(肉) + 干(방패 간) = 肝
☞ 몸속(月)에 넓적한 방패(干) 모양처럼 생긴 장기(臟器)라는 데서「간」뜻으로.

肝膽(간:담 - 간과 쓸개) 肝臟(간:장 - 간) 肝癌(간:암) 肝炎(간:염) 肝膽相照(간:담상조) 肝腸(간장)

胃 밥통 위. 성(姓) 위. 2394-30

● 田(밭 전) + 月(肉) = 胃
☞ 농작물을 받아들이어 길러 내는 논밭(田)처럼 음식물을 받아들이어 소화시키는 신체(月) 기관이라는 데서「위」뜻으로. 한편 田은 밭이랑처럼 쭈글쭈글한 밥통 모양이기도 함.

胃腸(위장 - 위와 창자) 胃臟(위장 - 위) 胃炎(위염) 胃壁(위벽) 胃液(위액) 胃酸過多(위산과다)

★ 胃(밥통 위)와 결합을 이룬 글자. 2394 별첨

| 謂(이를 위) | ☞ 言(3234) → 밥통(위)(胃)에서 음식물을 소화시키는 것처럼 상대방이 충분히 소화(이해)할 수 있게끔 상세하게 말한다(言)는 데서「이르다. 설명하다」所謂(소위) |
| 渭(물이름 위) | ☞ 水(1303) → 물(강물)(氵)이 (위아래는 비좁고 가운데는 불룩하게 굽은) 밥통(胃) 모양처럼 굽이져 흐르는 강이라는 의미가 부여되어「물 이름. 강 이름」渭水(위수) |

胸 가슴 흉. 2395-30

● 月(肉) + {勹(쌀 포) + 凶(흉할 흉) = 匈(오랑캐/가슴/요란할 흉)} = 胸 (0266 참조)
☞ 신체(月) 앞면에 위치한 가슴(匈)이라는 데서「가슴」뜻으로.

胸部(흉부 - 가슴 부분) 胸襟(흉금 - 마음속에 품은 생각) 胸腹(흉복) 胸像(흉상) 胸圍(흉위) 胸廓(흉곽)

肩 어깨 견. 2396-30

● 戶(지게문 호) + 月(肉) = 肩
☞ 지게문(戶) 모양처럼 비스듬하면서 판판한 신체(月) 부위라는 데서「어깨」뜻으로.

肩部(견부 - 어깨 부분) 肩胛骨(견갑골 - 어깨뼈) 肩章(견장) 肩關節(견관절) 肩臂痛(견비통) 比肩(비:견)

肯 즐길 긍: 옳게여길 긍 | 뼈에붙은살 개. 2397-30

● 止(그칠/머무를 지) + 月(肉) = 肯
☞ 머물러(止) 있는 살점(月), 곧 뼈 사이에 붙어 있는 살점이라는 데서「뼈에 붙은 살. (뼈에 붙은 살점은 맛나서 즐겨든다는 데서)즐기다. (즐겁게 생각한다는 데서)옳게 여기다」뜻으로.

肯定(긍:정 - 그러하다고 인정함) 肯志(긍:지 - 찬성하는 뜻) 肯意(긍:의) 肯從(긍:종) 首肯(수긍)

脣 입술 순. 2398-30

● 辰(별/일진/삼월 진) + 月(肉) = 脣 (2993 별첨)

肉 부수(자원과 쓰임 → 2376 참조)

☞ (천간과 지지를 서로 짝지어) 일진(辰)을 꼽아 나가는 것처럼 위아래가 짝지어져 서로 부딪치고 떨어지기를 반복하는 살점(月)이라는 데서 「입술」 뜻으로.

脣音(순음 - 입술소리) 脣舌(순설 - 입술과 혀) 脣齒音(순치음) 脣亡齒寒(순망치한) 丹脣皓齒(단순호치)

腰 허리 요. 2399-30

◉ 月(肉) + 要(구할/감을 요) = 腰 (2837 참조)

☞ (부풀은) 물체를 끈으로 감아(要) 놓은 모양처럼 잘록하게 들어가(파여) 있는 신체(月) 부위이라는 데서 「허리」 뜻으로.

腰帶(요대 - 허리띠) 腰痛(요통 - 허리 통증) 腰椎(요추) 腰牌(요패) 腰折腹痛(요절복통)

膚 살갗 부. 2400-30

◉ 盧(밥그릇 로) + 月(肉) = 膚

☞ (밥을 담는) 밥그릇(盧)처럼 몸(月)을 담고(감싸고) 있는 표피이라는 데서 「살갗」 뜻으로.

膚淺(부천 - 말이 천박함) 皮膚(피부 - 몸의 겉을 싼 외피. 살갗) 雪膚(설부 - 눈처럼 아주 흰 살갗)

★ 盧(밥그릇 로)와 결합을 이룬 글자. 2400 별첨

盧(성/밥그릇 로) ☞ 皿(2241) → 밥그릇(盧)으로 사용하는 그릇(皿)이라는 데서 「밥그릇」 盧生之夢(노생지몽)

腐 썩을 부: 무를 부. 2401-30

◉ 府(관청/곳집 부) + 月(肉) = 腐 (0762 참조)

☞ (통풍이 잘 되지 않는) 곳집(府)에 넣어 놓은 고기(月)는 쉽게 변질된다(썩거나 무른다)는 데서 「썩다. 무르다」 뜻으로.

腐蝕(부:식 - 썩어서 문드러짐) 腐植(부:식 - 썩으면서 유기물을 만드는 일) 腐敗(부:패) 腐心(부:심)

胎 아이밸 태. 2402-20

◉ 月(肉) + 台(나/기를 이ㅣ삼태성 태) = 胎 (0847 참조)

☞ 몸속(月)에서 아이를 기르고(台) 있다(임신 중이다)는 데서 「아이 배다」 뜻으로.

胎兒(태아 - 모체 안에서 자라고 있는 아이) 胎夢(태몽) 胎敎(태교) 胎盤(태반) 胎葉(태엽) 胎動(태동)

胤 자손 윤: 이을/맏아들/씨 윤. 2403-20

◉ 儿(어진사람 인) + 幺(작을 요) + 月(肉) = 胤

☞ 어진 사람(儿), 곧 어버이로부터 작은(幺) 몸뚱이(月)를 이어(물려)받아 태어난 자손이라는 데서 「자손. 잇다. 맏아들. 씨」 뜻으로.

胤玉=允玉(윤:옥 - 남의 아들을 높여 일컫는 말) 胤裔(윤:예 - 혈통을 이어받은 자손)

脂 기름 지. 2404-20

◉ 月(肉) + 旨(뜻/맛/맛있을 지) = 脂 (1065 참조)

☞ (구운) 고기(月)에서 배어 나오는 맛있는(旨) 물질이라는 데서 「기름」 뜻으로.

脂肉(지육 - 기름진 고기. 고기) 脂肪質(지방질) 油脂(유지) 乳脂(유지) 乳脂肪(유지방)

腎 콩팥 신: 2405-20

◉ 臤(굳을 견ㅣ어질 현) + 月(肉) = 腎 (0664 참조)
☞ 딱딱하게 굳은(臤) 형체처럼 보이는 몸속(月)의 장기(臟器)라는 데서 「콩팥」 뜻으로.

腎臟(신:장 - 오줌의 배설을 맡는 기관) 腎經(신:경) 腎不全(신:부전) 腎藏結石(신:장결석) 海狗腎(해:구신)

膽 쓸개 담: 2406-20

◉ 月(肉) + 詹(이를/수다할 첨ㅣ넉넉할 담) = 膽 (1428 참조)
☞ 담즙(또는 기력)을 넉넉하게(詹) 공급하여(북돋아) 주는 몸속(月)의 장기(臟器)라는 데서 「쓸개」 뜻으로.

膽汁(담:즙 - 쓸개즙) 膽力(담:력 - 당찬 기력) 膽液(담:액) 膽大(담:대) 膽囊(담:낭) 膽石症(담:석증)

膜 꺼풀/막 막. 2407-20

◉ 月(肉) + {艹(풀 초) + 旲(햇빛 대) = 莫(없을/말/장막 막)} = 膜 (2731 참조)
☞ 풀(艹)이 햇빛(旲)을 가리는(莫) 것처럼 몸(살갗)(月)을 가리고 있는 겉가죽(표피)이라는 데서 「막. 꺼풀」 뜻으로.

皮膜(피막 - 겉껍질과 속껍질) 粘膜(점막 - 점액질의 막) 角膜(각막) 肋膜(늑막) 結膜(결막) 鼓膜(고막)

膠 아교 교. 붙을 교. 2408-20

◉ 月(肉) + {羽(깃 우) + 㐱(머리숱검고많을 진) = 翏(높이날 류)} = 膠 (3259 참조)
☞ 몸(月)에, 깃(깃털)(羽)처럼 보드라운 잔털이 머리숱 검고 많은(㐱) 모양을 이루어 매우 촘촘하게 붙어 있다는 데서 「붙다. (붙는 물질인)아교」 뜻으로.

阿膠(아교 - 가죽이나 힘줄 등을 고아서 응고시킨 물질) 膠着(교착) 膠狀(교상) 膠沙(교사)

胚 아이밸 배. 2409-10

◉ 月(肉) + {不(아니 불) + 一(한 일) = 丕(클/으뜸 비)} = 胚 (0014 참조)
☞ 몸(月)이 하나(一)가 아닌(不), 또는 (임신을 하여) 몸(月)이 크게(丕) 불어나 있는 모양이라는 데서 「아이 배다」 뜻으로.

胚胎(배태 - 아이나 새끼를 밴 초기. 사물의 원인) 胚芽(배아) 胚葉(배엽) 胚囊(배낭)

脊 등성마루/등마루 척. 등뼈 척. 2410-10

◉ {人 + 二 + 二 = 㐱(→ 사람의 「등뼈 모양」을 표현)} + 月(肉) = 脊
☞ 사람(인체)(人)의 등줄기에 층층이 쌓여 있는 등뼈(二二)와 이들을 감싸고 있는 살점(月), 곧 살점에 둘러싸여 있는 등뼈 모양에서 「등뼈. 등마루. 등성마루」 뜻으로.

脊椎(척추 - 등골뼈로 이루어진 등마루) 脊骨(척골) 脊强(척강) 脊髓神經(척수신경)

肉 부수(자원과 쓰임 → 2376 참조)

| ★ 脊(등성마루/등뼈 척)과 결합을 이룬 글자. | 2410 별첨 |

瘠(여윌 척)　　☞ 疒(2321) → 병(疒)으로 인하여 등뼈(脊)가 앙상하게 드러날 정도로 무척 메말라 있다는 데서 「메마르다. 여위다」 瘠薄(척박)

肪　기름 방. 살찔 방.　　　　　　　　　　　　　　　　　　　　2411-10

◉ 月(肉) + 方(모/방소/연결할 방) = 肪
☞ 몸(月)이 사방(方)으로 퍼져(몸뚱이가 뚱뚱하게 불어나) 있다는 데서 「살찌다. (살찌게 하는 물질인)기름」 뜻으로.

脂肪(지방 - 동식물에 포함되어 있는 불휘발성의 탄수화물. 에너지 공급의 원천임)

肢　팔다리/사지 지.　　　　　　　　　　　　　　　　　　　　2412-10

◉ 月(肉) + 支(지탱할/나눌/가지 지) = 肢 (2024 참조)
☞ 나뭇가지(支)처럼 갈래져(나뉘어져) 있는 신체(月) 부위이라는 데서 「팔다리. 사지」 뜻으로.

肢體(지체 - 팔다리와 몸) 肢骨(지골 - 팔다리뼈) 肢幹(지간 - 팔다리와 몸) 四肢(사:지)

肱　팔뚝 굉.　　　　　　　　　　　　　　　　　　　　　　　　2413-10

◉ 月(肉) + 厷(팔뚝/둥글 굉) = 肱 (0625 참조)
☞ 몸(신체)(月)의 한 부분을 이루고 있는 팔뚝(厷)이라는 데서 「팔뚝」 뜻으로.

股肱之臣(고굉지신 - 다리와 팔처럼 중요한 신하) 曲肱而枕之(곡굉이침지 - 가난한 생활을 비유한 말)

胴　몸통/큰창자 동.　　　　　　　　　　　　　　　　　　　　2414-10

◉ 月(肉) + 同(한가지/같을/함께/통할 동) = 胴(0792 참조)
☞ 한가지(同)로 이루어져 있는 몸(月), 곧 (팔다리를 제외한) 하나의 덩어리로 이루어져 있는 몸뚱이이라는 데서 「몸통」 뜻을. 몸(月)의 내부를 통과하는(同) 기관이라는 데서 「창자」 뜻으로.

胴體(동체 - 목·팔·다리를 제외한 부분의 몸. 몸통) 胴部(동부 - 몸통)

脆　연할/무를 취: 굳지못할 취.　　　　　　　　　　　　　　　2415-10

◉ 月(肉) + 危(위태할/두려울 위) = 脆 (0346 참조)
☞ 살점(月)이 위태하여(危) 보이는, 곧 살점이 단단하지 못하고 연약하여(물러) 보인다는 데서 「연하다. 무르다. 굳지 못하다」 뜻으로.

脆弱(취:약 - 무르고 약함. 가냘픔)

膀　오줌통 방.　　　　　　　　　　　　　　　　　　　　　　　2416-10

◉ 月(肉) + 旁(곁/기댈/두루/덩어리 방) = 膀 (1980 참조)
☞ 덩어리(旁) 형상의 불룩한 주머니처럼 생긴 몸속(月)의 장기이라는 데서 「오줌통」 뜻으로.

膀胱(방광 - 오줌통) 膀胱炎(방광염 - 방광 점막에 생기는 염증)

肉 부수(자원과 쓰임 → 2376 참조)

胱 오줌통 광. 방광 광. 2417-10

- 月(肉) + 光(빛/빛날/비칠 광) = 胱 (0185 참조)
- ☞ 빛(빛줄기)(光)처럼 오줌 줄기를 쏟아져 내리게 하는 몸속(月)의 장기(臟器)이라는 데서 「오줌통. 방광」 뜻으로.

膀胱(방광 - 오줌을 일정기간 저장하여 두는 신체 기관. 오줌통) 膀胱結石(방광결석)

腕 팔/팔뚝 완: 2418-10

- 月(肉) + 宛(완연할/굽을 완) = 腕 (1857 참조)
- ☞ 굽은(宛) 팔꿈치와 연하여 있는 신체(月) 부위이라는 데서 「팔」 뜻으로.

腕力(완:력 - 팔의 힘. 육체적으로 억누르는 힘) 腕章(완:장 - 팔에 두르는 표장) 左腕(좌:완) 右腕(우:완)

脯 포 포. 2419-10

- 月(肉) + 甫(클/도울 보 | 남새밭 포) = 脯 (2192 참조)
- ☞ 평평한 남새밭(甫)처럼 납작하게 저미어서 말려 놓은 고기(月)이라는 데서 「포」 뜻으로.

脯肉(포육 - 얇게 저미어서 양념하여 말린 고기) 脯醢(포해 - 포와 젓갈)

脹 배부를/부을 창: 큰창자와작은창자/창자 장. 2420-10

- 月(肉) + 長(긴/클/넉넉할 장) = 脹 (3324 참조)
- ☞ 몸(月)이 (뱃속에 음식물이 잔뜩 들어 있어) 크게(長) 불어나 있다는 데서 「배부르다. 붓다」. 한편 몸속(月)에 길게(長) 이어져 있는 내장이라는 데서 「큰창자와 작은창자. 창자」 뜻으로.

脹滿(창:만 - 복강 안에 액체가 괴어서 배가 몹시 팽창하는 일) 膨脹(팽창 - 부풀어서 띵띵하게 됨)

腔 속빌 강. 빈속 강. 2421-10

- 月(肉) + 空(빌 공) = 腔 (2164 참조)
- ☞ 몸속(月)의 위장이나 창자가 비어(空) 있다는 데서 「빈속. 속 비다」 뜻으로.

腔腸動物(강장동물 - 원시적인 다세포 동물의 하나) 腔腸(강장) 體腔(체강) 鼻腔(비:강) 口腔(구:강)

腋 겨드랑이 액. 2422-10

- 月(肉) + 夜(밤 야) = 腋 (1000 참조)
- ☞ 어두운 밤(夜)처럼 언제나 어둠침침한 신체(月) 부위이라는 데서 「겨드랑이」 뜻으로.

腋臭(액취 - 겨드랑이 냄새) 腋汗(액한 - 겨드랑이에 땀이 많은 병) 腋氣(액기 - 겨드랑이 냄새. 암내)

腺 샘 선. 2423-10

- 月(肉) + 泉(샘 천) = 腺 (1210 참조)
- ☞ (지면으로 솟아 나오는) 샘(샘물)(泉)처럼 몸속(月)의 수분을 바깥으로 배출시키는 분비선이라는 데서 「샘」 뜻으로.

腺毛(선모 - 식물이나 곤충의 몸에 나 있는 털의 한 가지) 乳腺(유선 - 젖샘) 甲狀腺(갑상선) 汗腺(한:선)

肉 부수(자원과 쓰임 → 2376 참조)

脾 지라 비: 비위 비. 2424-10

- 月(肉) + 卑(낮을 비) = 脾 (0340 참조)
- ☞ 몸속(月)의 오장 가운데 낮은(卑) 부위에 위치하고 있는 장기라는 데서 「지라. (음식물이 지라인 비와 위장인 위에 맞는지를 빗대어서 하는 말이라는 데서)비위」 뜻으로.

脾臟(비:장 - 백혈구의 생성과 노폐한 적혈구를 파괴하는 기능을 가진 장기. 지라) 脾胃(비:위)

股 넓적다리 고. 2425-10

- 月(肉) + 殳(날없는창 수) = 股
- ☞ 끝이 뭉텅한 날이 없는 창(殳) 모양처럼 넓적(평평)하게 이루어져 있는 신체(月) 부위라는 데서 「넓적다리」 뜻으로.

股肱(고굉 - 다리와 팔이라는 뜻으로, 온몸을 이르는 말) 股慄(고율) 股關節(고관절) 股肱之臣(고굉지신)

肋 갈비/갈빗대 륵. 힘줄 근. 2426-10

- 月(肉) + 力(힘 력) = 肋
- ☞ 힘(力)을 주면 불거져 나오는 신체(月) 부위라는 데서 「갈비. 힘줄」 뜻으로.

肋骨(늑골 - 갈비뼈) 肋膜炎(늑막염) 鷄肋(계륵 - 가치는 없으나 버리기는 아까운 사물을 일컬음)

★ 肋(갈비 륵ㅣ힘줄 근)과 결합을 이룬 글자.	2426 별첨
筋(힘줄 근) ☞ 竹(2676) → 길쭉한 대나무(竹)처럼 기다랗게 뻗어 있는 힘줄(肋)이라는 데서 「힘줄」	

肛 항문/똥구멍 항. 2427-10

- 月(肉) + 工(지을/장인 공) = 肛
- ☞ 공(工) 글자 형상처럼 안쪽으로는 뚫리어 있고 가장자리는 막혀(둘리어져) 있는 신체(月) 부위이라는 데서 「항문. 똥구멍」 뜻으로.

肛門(항문 - 포유동물의 소화기관의 말단. 똥구멍) 脫肛(탈항 - 직장直腸이 항문 밖으로 빠져서 쳐짐)

膊 팔뚝 박. 어깨 박. 2428-10

- 月(肉) + 尃(펼 부) = 膊 (0131 참조)
- ☞ 넓적하게 펼쳐져(尃) 있는 신체(月) 부위라는 데서 「어깨. (어깨에 드리워진)팔뚝」 뜻으로.

上膊(상:박 - 팔꿈치에서 어깨까지의 사이. 위팔) 二頭膊筋(이:두박근 - 상박의 내측에 있는 굴근)

膝 무릎 슬. 2429-10

- 月(肉) + {木 + 兆(= 㭉 떠나려밀/헤엄칠 탄) = 桼(옻나무 칠)} = 膝 (1265 참조)
- ☞ 나무(木)처럼 꼿꼿하게 서 있는 다리를 떠나려 미는(㭉), 곧 새워져 있는 다리를 걸어가게 하는 신체(月) 부위라는 데서 「무릎」 뜻으로.

膝下(슬하 - 무릎 아래. 곧 어버이의 곁. 어버이의 따뜻한 사랑 아래)

肉 부수(자원과 쓰임 → 2376 참조)

膈 흉격 격. 가슴 격. 2430-10

- 月(肉) + 鬲(오지병/막을 격 | 솥 력) = 膈 (3615 참조)
- ☞ 테두리에 둘러싸여 있는 오목한 솥(鬲) 모양처럼 몸속의 장기(臟器)를 둘러싸고 있는 신체(月) 부위이라는 데서「흉격. (흉부를 둘러싸고 있는)가슴」뜻으로.

膈痰(격담 - 가슴에 가래가 몰리는 증세) 胸膈(흉격 - 심장과 비장 사이의 흉부) 橫膈膜(횡격막)

膨 부풀/불을 팽. 2431-10

- 月(肉) + 彭(북소리 팽 | 성할/불룩할 방) = 膨 (1012 참조)
- ☞ 몸(月)이 불룩하게(彭) 부풀어 있다는 데서「부풀다. 붇다」뜻으로.

膨脹(팽창 - 부풀어 띵띵하게 됨) 澎潤(팽윤) 膨大(팽대) 膨滿(팽만) 膨脹率(팽창률)

膳 선물/반찬 선: 먹을/희생의고기 선. 2432-10

- 月(肉) + 善(착할/좋을/길할 선) = 膳 (0807 참조)
- ☞ 길한(善) 제사에 바치는 고기(月)이라는 데서「희생의 고기. (고기로 만든)반찬. (반찬을)먹다. (반찬을 마련하여 보내는)선물」뜻으로.

膳物(선:물 - 남에게 선사하는 물품) 膳賜(선:사 - 남에게 선물을 줌) 膳賜品(선:사품)

臂 팔 비: 2433-10

- 辟(임금/하늘/기울/편벽될 벽 | 피할 피 | 견줄 비) + 月(肉) = 臂 (3317 참조)
- ☞ 어깻죽지에 비스듬히 기울어(드리워져)(辟) 있는 신체(月) 부위이라는 데서「팔」뜻으로.

臂環(비:환 - 팔가락지) 臂力(비:력 - 팔 힘) 臂不外曲(비:불외곡) 攘臂對談(양:비대담) 攘臂大言(양:비대언)

膾 어회/회 회: 2434-10

- 月(肉) + 會(모을/모일 회) = 膾 (1987 참조)
- ☞ 고기(月)를 잘게 썰어서 한데 모아(會) 놓은 음식이라는 데서「회」뜻으로.

膾炙(회:자 - 화재거리로서 사람의 입에 오르내림을 일컬음) 肉膾(육회) 魚膾(어회) 生鮮膾(생선회)

臆 가슴 억. 2435-10

- 月(肉) + 意(뜻/생각할 의) = 臆 (1833 참조)
- ☞ 뜻(생각)(意)을 자아낸다고 하는(여기는) 심장을 둘러싸고 있는 신체(月) 부위이라는 데서「가슴」뜻으로.

臆測(억측 - 근거 없는 추측) 臆說(억설) 臆想(억상) 臆算(억산) 臆塞(억색) 臆斷(억단) 臆決(억결)

膺 가슴 응: 2436-10

- 雁(= 鷹 매 응) + 月(肉) = 膺 (1847 참조)
- ☞ 매(보라매)(雁)를 품고(껴안고) 다니는 신체(月) 부위이라는 데서「가슴」뜻으로.

膺受(응:수 - 선물 등을 받음. 의무나 책임 등을 짐) 膺懲(응:징 - 잘못을 회개하도록 징계함)

肉 부수(자원과 쓰임 → 2376 참조)

臘 섣달 랍. 납향/연말 랍.　2437-10
- 月(肉) + 巤(말갈기/밑 렵) = 臘 (1398 참조)
- ☞ 고기(月)를 차려 놓고 세밑(연말)(巤)에 지내는 제사이라는 데서 「납향. 섣달」 뜻으로.

臘享(납향 - 납일에 신에게 고하는 제사) 臘日(납일 - 동지 뒤의 셋째 미일未日) 臘月(납월) 舊臘(구:랍)

膵 췌장 췌:　2438-10
- 月 + 萃(모일/모을 췌) = 膵 (2793 참조)
- ☞ 소화액(췌액)이 모여(萃) 있는 신체(月) 기관이라는 데서 「췌장」 뜻으로.

膵臟(췌:장 - 위 및 간장 부근의 복막에 있는 길이 약 15㎝의 췌액을 분비하는 기관)

腱 힘줄 건:　2439-10
- 月(肉) + 建(세울 건) = 腱 (0409 참조)
- ☞ 힘을 쓰면(주면) 빳빳하게 세워지는(建) 희고 질긴 줄(끈)처럼 생긴 살점(月)이라는 데서 「힘줄」 뜻으로.

腱反射(건:반사 - 힘줄의 기계적 자극에 따라 근육이 반사적으로 수축하는 현상)

脛 정강이 경.　2440-10
- 月(肉) + 巠(물줄기 경) = 脛 (3160 참조)
- ☞ 굽이져 흘러내리는 물줄기(巠)처럼 다리를 굽어지게끔 하는 신체(月) 부위이라는 데서 「정강이」 뜻으로.

脛骨(경골 - 정강이뼈)

膿 고름 농. 종기터질/곪아터질 농.　2441-10
- 月 + 農(농사/갈/심을/힘쓸/짙을 농) = 膿 (2992 참조)
- ☞ (곪은) 살점(月)으로부터 나오는 짙은(農) 빛깔의 물질이라는 데서 「고름. (고름이)곪아 터지다. 종기 터지다」 뜻으로.

膿瘍(농양 - 고름이 몰려 있는 질환) 膿血(농혈 - 피고름) 化膿(화농 - 종기가 곪아서 고름이 생김)

肌 살/살갗 기.　2442-10
- 月 + 几(책상/안석 궤) = 肌
- ☞ 궤(几) 글자 형상처럼 몸뚱이를 두르고 있는 살점(月)이라는 데서 「살. 살갗」 뜻으로.

肌膚(기부 - 몸을 싸고 있는 살가죽이나 살) 雪肌(설기 - 눈처럼 흰 살갗. 미인의 살갗을 비유한 말)

腫 종기 종: 부스럼 종.　2443-10
- 月 + 重(무거울/거듭 중) = 腫 (2943 참조)
- ☞ 살점(月)이 거듭(重)지어져 있는(살갗 위에 또다시 살갗이 돋아 있는) 모양처럼 살갗이 도톰하게 부풀어 오른 부스럼이라는 데서 「부스럼. 종기」 뜻으로.

腫氣(종:기 - 피부에 생기는 큰 부스럼) 腫脹(종:창) 腫毒(종:독) 腫瘍(종:양) 浮腫(부종)

肉 부수(자원과 쓰임 → 2376 참조)

胥 서로 서: 도울 서. 2444-10

◉ 疋(발 소 | 짝 필) + 月 = 胥
☞ 짝(疋)으로 이루어져 있는 몸(月), 곧 몸이 한 쌍의 부부로 맺어져 서로가 의지하고 돕는 관계에 놓여 있다는 데서「서로. 돕다」뜻으로.
胥失(서:실 - 서로 잘못함) 胥吏(서:리 - 관아에 종사하던 관리) 胥動浮言(서:동부언 - 거짓말로 선동함)

★ 胥(서로/도울 서)와 결합을 이룬 글자.		2444 별첨
壻(사위 서)	☞ 士(0407) → 딸(딸자식)과 서로(胥) 인연을 맺은(결혼한) 선비(士)이라는 데서「사위」	
婿(사위 서)	☞ 女(0517) → 여식(딸)(女息)과 서로(胥) 인연을 맺은(결혼한) 사람이라는 데서「사위」	

腑 육부(六腑) 부. 장부 부. 2445-10

◉ 月 + 府(관청/곳집 부) = 腑 (0762 참조)
☞ 곡식을 받아들이어 저장하고 불출하는 곳집(府)처럼 음식물을 받아들이어 소화하고 배설시키는 신체(月) 기관이라는 데서「육부. 장부」뜻으로.
六腑(육부 - 여섯 기관인 대장·소장·위·담·방광·삼초) 臟腑(장:부 - 간장·심장·비장·폐장·신장과 육부)

臀 볼기 둔. 밑 둔. 2446-10

◉ 殿(대궐/큰집 전) + 月 = 臀 (1778 참조)
☞ 넓고 큼직한 대궐(殿)처럼 넓적하고 두툼한 살점(月)으로 이루어진 신체 부위이라는 데서「볼기. (볼기는 신체 아래쪽에 위치하는 데서)밑」뜻으로.
臀部(둔부 - 볼기. 엉덩이)

腿 넓적다리 퇴: 다리 퇴. 2447-10

◉ 月 + 退(물러갈/물러날 퇴) = 腿 (3096 참조)
☞ 물러나는(退) 쪽(뒤편)에 위치하고 있는 신체(月) 부위이라는 데서「넓적다리. 다리」뜻으로.
腿骨(퇴:골 - 다리뼈) 大腿(대:퇴 - 넓적다리)

膣 음도 질. 보지/새살날(肉生) 질. 2448-10

◉ 月 + {穴(구멍 혈) + 至(이를/다다를 지) = 窒(막힐 질)} = 膣 (2170 참조)
☞ 구멍(穴)으로 이르는(다다르는)(至) 신체(月) 기관이라는 데서「음도. 보지」뜻으로.
膣炎(질염 - 질에 생기는 병)

膏 기름/살찔 고.

◉ 高 + 月(= 肉고기 육) = 膏 → 3578-10 참조

胄 자손 주.

◉ 由(말미암을/인할/지날 유) + 月(= 肉고기 육) = 胄 → 319-10-2 참조

| 부수 6획 | 羊
양 양 | 肉(月)
고기 육 | 糸
실 사 | 衣(衤)
옷 의 |

糸 | 실 사. 극히적은수 사 | 가는실 멱. 2449-40

자원 糸 → 작고(幺 작을 요) 작은(小 작을 소), 곧 가느다랗게 갈래져 있는 실 모양을 표현.

쓰임 「실. 실오리. 끈. 가느다란 실 모양」과 의미로 쓰임.

紙 종이 지. 2450-70

◉ 糸 + 氏(성씨 씨 → 「뿌리·밑동」 의미로 쓰임) = 紙

☞ 실(糸)의 밑동(바탕)(氏)을 이루는 무척 가느다란 섬유질로 된 얇은 물건이라는 데서 「종이」 뜻으로.

紙筆硯墨(지필연묵 - 종이·붓·벼루·묵. 문방사우) 紙面(지면) 紙幣(지폐) 紙匣(지갑) 紙物鋪(지물포)

線 줄 선. 실/선 선. 2451-60

◉ 糸 + 泉(샘 천) = 線 (1210 참조)

☞ 끊임없이 솟아 나오는 샘(샘물)(泉)처럼 끊어짐이 없이 기다랗게 이어져 있는 실(糸)이라는 데서 「줄. 실. 선」 뜻으로.

線路(선로 - 바퀴가 굴러가는 궤도) 線上(선상) 斜線(사선) 射線(사선) 電線(전:선) 戰線(전:선)

級 등급 급. 계급 급. 2452-60

◉ 糸 + 及(미칠/이를 급) = 級 (0389 참조)

☞ 실(糸)이 옷감에 미치는(及) 품질상의 차등(등급)이라는 데서 「등급. 계급」 뜻으로.

級友(급우 - 같은 학급에서 배우는 벗) 級職(급직 - 직위와 소임) 級訓(급훈) 級數(급수) 學級(학급)

綠 푸를 록. 초록빛 록. 2453-60

◉ 糸 + 彔(나무새길 록) = 綠

☞ 실(糸)이, 푸른 나무를 새겨(彔) 놓은 색상처럼 푸른빛이라는 데서 「푸르다. 초록빛」 뜻으로.

綠葉(녹엽 - 푸른 나뭇잎) 綠色(녹색) 綠茶(녹차) 綠末(녹말) 綠化(녹화) 綠陰芳草(녹음방초)

★ 彔(나무새길/근본 록)과 결합을 이룬 글자. 2453 별첨

錄(기록할 록) ☞ 金(3422) → 쇠붙이(金)에 글씨나 문양 같은 것을 새긴다(彔)는 데서 「기록하다. 적다」

祿(복/녹 록) ☞ 示(2358) → 신(示)이 돌보아 줄 명단을 나무에 새겨(彔) 놓고 그들에게 내리는 특별한 보살핌(가호)이라는 데서 「복. 녹」 祿俸(녹봉)

碌(푸른돌 록) ☞ 石(2154) → 푸른 나무를 새겨(彔) 놓은 색상처럼 푸른빛을 띠는 돌(石)이라는 데서 「푸른 돌」

剝(벗길 박) ☞ 刀(0257) → 글자나 문양을 나무에 새기기(彔) 위하여 칼(刂)로 나무껍질을 벗겨 내거나 표면을 평평하게 깎는다는 데서 「벗기다. 깎다」 剝奪(박탈)

糸 부수(자원과 쓰임 → 2449 참조)

終 마칠 종. 마침/다할/마지막/끝/죽음 종.　　2454-50

- 糸 + 冬(겨울/마칠 동) = 終 (0299 참조)
- ☞ 실(糸)을 자아(뽑아)내는 작업을, 마지막 계절인 겨울(冬)에 이르는 것처럼 모두 마무리한다(마친다)는 데서「마치다. 다하다. 마지막. 끝」뜻으로.

終末(종말 - 끝판) 終了(종료) 終結(종결) 終業(종업) 終講(종강) 終映(종영) 終着(종착) 終點(종점)

約 맺을 약. 묶을/맹세할/약속할/절약할 약.　　2455-50

- 糸 + {勹(쌀 포) + 一(한/하나 일) = 勺(구기 작)} = 約
- ☞ 실(끈)(糸)로 물체를 감싸(勹)서 한데(一) 동인다(묶는다)는 데서「묶다. 맺다. (동여매는 것처럼 단단하게 다짐한다는 데서)맹세. 약속하다」뜻을. 묶음을 하여 부피를 줄이는 것처럼 소비를 줄인다는 데서「절약하다」뜻으로.

約定(약정 - 일을 약속하여 정함) 約束(약속) 約婚(약혼) 約條(약조) 約款(약관) 言約(언약) 契約(계:약)

★ 約(맺을/묶을 약)과 결합을 이룬 글자.　　2455 별첨

藥(꽃밥 약)　　☞ 艸(2814) → 풀(식물)(艹)에 실밥처럼 맺혀(約) 있는 꽃가루 주머니라는 데서「꽃밥」

結 맺을 결. 마칠 결.　　2456-50

- 糸 + 吉(길할/이로울/착할 길) = 結 (0805 참조)
- ☞ 길한(吉) 혼례 식장에 올려놓은 실(실타래)(糸)은 신랑과 신부를 부부로서의 인연을 맺게 하는 의미이라는 데서「맺다. (맺음을 하여)마치다」뜻으로.

結婚(결혼 - 혼인 관계를 맺음) 結成(결성) 結論(결론) 結末(결말) 結果(결과) 結實(결실) 結束(결속)

給 줄 급. 공급할 급.　　2457-50

- 糸 + 合(합할 합) = 給 (0795 참조)
- ☞ 실(糸)을 합하여(合) 주는, 곧 베틀의 바디 앞으로 북의 실을 끊이지 않게 연속적으로 넣어준다는 데서「주다. 공급하다」뜻으로.

給水(급수 - 물을 공급함) 給油(급유) 給與(급여) 給食(급식) 給使(급사) 俸給(봉:급) 供給(공:급)

練 익힐 련: 마전할/가릴/연습할 련.　　2458-50

- 糸 + 柬(분별할/가릴 간) = 練 (1508 참조)
- ※ 마전 → 피륙을 표백하는 일.
- ☞ (좋은 품질의) 실(糸)을 가려(뽑아)(柬)내기 위하여 여러 단계의 작업 과정(잿물에 삶아서 탈색시키고 씻어 내는 반복적인 작업)을 거친다는 데서「마전하다. 가리다. (마전하듯이 학업이나 무예를 반복하여 익힌다는 데서)연습하다. 익히다」뜻으로.

練習(연:습 - 학문·기예 등을 반복하여 익힘) 練修(연:수) 練磨=研磨(연:마) 訓練(훈:련) 修練=修鍊(수련)

絕 끊을 절. 기이할/뛰어날 절.　　2459-42

糸 부수(자원과 쓰임 → 2449 참조)

◉ 糸 + 刀(칼 도) + 巴(뱀/꼬리 파) = 絕
☞ 실(糸)을 칼(刀)로써 꼬리(끄터머리)(巴) 부위를 자른다는 데서 「끊다. (꼬리 부위가 잘리어져 형상이 기괴하다는 데서)기이하다. (기이할 정도로)뛰어나다」 뜻으로.
絕斷(절단 - 관계를 끊음) 絕景(절경) 絕色(절색) 絕交(절교) 絕緣(절연) 絕世佳人(절세가인)

統 거느릴 통: 벼리/실마리/이을 통. 2460-42

◉ 糸 + 充(가득할/채울 충) = 統 (0188 참조)
※ 벼리 → 그물의 위쪽 코를 꿰어 잡아당기게 된 줄. 일이나 글의 뼈대가 되는 줄거리.
☞ 실(糸)을 자아내어 용기에 채워(充) 나간다는 데서 「실을잇다. (이어 나가는 실의 머리라는 데서)벼리. 실마리. (벼리처럼 전체를 이끌어 나간다는 데서)거느리다」 뜻으로.
統率(통:솔 - 온통 몰아서 거느림) 統治(통:치) 統一(통:일) 統合(통:합) 統計(통:계) 統括(통:괄) 統領(통:령)

純 순수할 순. 순전할/도타울 순 | 묶을 돈. 2461-42

◉ 糸 + 屯(진칠/모일/둔전 둔) = 純 (0573 참조)
☞ 실(糸)이 한데 모여(屯) 있는, 곧 다른 잡것은 섞여 있지 않고 실만이 한곳에 모여 있다는 데서 「(섞임이 없어)순전하다. 순수하다. (실이)도탑다」 뜻으로.
純粹(순수 - 전혀 다른 것의 섞임이 없음) 純度(순도) 純情(순정) 純全(순전) 純潔(순결) 純種(순종)

細 가늘 세: 작을/세밀할 세. 2462-42

◉ 糸 + 田(밭 전) = 細
☞ 실(糸)이, 갈래진 밭이랑(田)처럼 여러 가닥으로 갈래져(나뉘어져)서 매우 작고 가느다랗다는 데서 「가늘다. 작다. 세밀하다」 뜻으로.
細絲(세:사 - 매우 가는 실) 細分(세:분) 細心(세:심) 細工(세:공) 細密(세:밀) 細胞(세:포) 細菌(세:균)

素 본디/흴 소(:). 흰빛깔의비단/바탕/소박할 소. 2463-42

◉ 主(→ 生「날 생」의 획 줄임) + 糸 = 素
☞ 생사(主糸 = 生糸), 곧 삶아서 익히지 않은 명주실로 짠 본바탕 그대로의 흰 비단이라는 데서 「흰 빛깔의 비단. 희다. 본디. 바탕」 뜻으로.
素朴(소박 - 꾸밈이 없고 순수함) 素材(소재) 素質(소질) 素養(소양) 素望(소망) 素服(소:복)

續 이을 속. 계속 속. 2464-42

◉ 糸 + 賣(팔 매) = 續 (3039 참조)
☞ 실(糸)이 팔려(賣) 나가는 것처럼 끊어지지 않고 계속 이어져 나간다는 데서 「잇다. 계속」 뜻으로.
續出(속출 - 잇달아 나옴) 續開(속개) 續編(속편) 續篇(속편) 續刊(속간) 連續(연속) 繼續(계:속)

總 다 총: 모두/거느릴/꿰맬/그물/모을 총. 2465-42

◉ 糸 + 悤(바쁠/총총할 총) = 總

糸 부수(자원과 쓰임 → 2449 참조)

☞ 실(糸)을 총총하게(悤) 꿰매어 놓은 모양에서「꿰매다. (실을 꿰어 놓은)그물. (그물을 쳐서 고기를 잡아들이듯이 죄다 끌어모은다는 데서)모으다. 모두. 다. (모두)거느리다」뜻으로.
總體(총:체 - 구성하는 전체) 總理(총:리) 總長(총:장) 總裁(총:재) 總會(총:회) 總務(총:무) 總括(총:괄)

★ 悤(바쁠/총총할 총)과 결합을 이룬 글자.   2465 별첨
聰(귀밝을 총)   ☞ 耳(2875) → 귀(耳)에 미세한 소리가 총총하게(빠짐없이)(悤) 들린다는 데서「귀 밝다」

經 지날/글 경. 다스릴/세로줄/짤/법/경서 경.   2466-42

◉ 糸 + 巠(물줄기 경) = 經 (3160 참조)
☞ 베틀의 북에서 공급되는 실(糸)이, 흘러내리는 물줄기(巠)처럼 세로 방향으로 짜여 나간다는 데서「짜다. 세로줄(날줄). 지나다. (베를 차곡차곡 짜 나가듯이 정사를 흐트러짐이 없도록 순리대로 펼쳐 나간다는 데서)다스리다. (다스리는)글. 법. 경서」뜻으로.
經國(경국 - 나라를 다스림) 經歷(경력) 經過(경과) 經濟(경제) 經營(경영) 經驗(경험) 經書(경서) 經典(경전)
經絡(경락) 經緯(경위) 經國濟世(경국제세) 經世濟民(경세제민) 四書三經(사:서삼경)

繼 이을 계: 맬/얽을 계.   2467-40

◉ 糸 + 㡭(이을 계) = 繼
☞ 실(糸)을 좌우상하로 한데 잇는다(㡭)는 데서「잇다. 매다. 얽다」뜻으로.
繼承(계:승 - 뒤를 이어받음) 繼續(계:속) 繼走(계:주) 繼母(계:모) 後繼(후:계) 中繼(중계) 承繼(승계)

★ 㡭(이을 계)와 결합을 이룬 글자.   2467 별첨
斷(끊을 단)   ☞ 斤(1785) → 이어진(㡭) 매듭을 도끼(斤)로 자른다는 데서「끊다. 절단하다」斷切(단절)

縮 줄일 축. 줄/오그라들/모자랄 축.   2468-40

◉ 糸 + 宿(잘 숙) = 縮 (0588 참조)
☞ (물레에서 자아낸) 실(糸)을 용기에 수북하게 담아 잠재워(宿) 놓으면 부피가 많이 줄어든다는 데서「줄다. 줄이다. 오그라들다. (줄어들어 체적이)모자라다」뜻으로.
縮約(축약 - 축소하여 간략하게 함) 縮小(축소) 縮圖(축도) 縮刷版(축쇄판) 緊縮(긴축) 減縮(감:축)

績 길쌈 적. 실낳을/업/일/공/이룰/이을 적.   2469-40

◉ 糸 + 責(꾸짖을/취할 책 | 빚 채) = 績 (3042 별첨)
☞ 실(糸)을 취하는(責), 곧 물레로부터 실을 자아낸다는 데서「실 낳다. (실을)잇다. 길쌈. (길쌈하는)일. 업. 공. (일을)이루다」뜻으로.
紡績(방적 - 섬유를 가공하여 실로 만드는 일) 成績(성적) 功績(공적) 業績(업적) 實績(실적)

系 이어맬 계: 이을/맬/연할/혈통/계보 계.   2470-40

◉ 丿(삐침 별 →「끌어내리다」는 의미로 쓰임) + 糸 = 系
☞ 위쪽의 실을 끌어내리어(丿) 아래쪽의 실(糸)에 잇닿게 한다(연결시킨다)는 데서「이어 매다. 잇

糸 부수(자원과 쓰임 → 2449 참조)

매다. 연하다. (위아래가 체계적으로 이어져 있는)계통. 계보」뜻으로.
系統(계:통 - 순서대로 연결되어 통일됨) 系派(계:파) 系列(계:열) 系譜(계:보) 系子(계:자 - 양아들)

★ 系(이어맬/맬/연할 계)와 결합을 이룬 글자.   2470 별첨

係(맬 계)	☞ 人(0075) → 다른 사람(亻)과 소속 부서나 직무 등으로 이어진(系) 관계에 놓여 있다는 데서 「걸리다. 매다. 관계」 係員(계원)
孫(손자 손)	☞ 子(0417) → 아들(子)에게 이어진(系) 자식이라는 데서 「손자」 孫子(손자)

紀 벼리 기. 실마리/질서/도리 기.   2471-40

◉ 糸 + 己(몸 기) = 紀
☞ 몸(己)을 이루는 실(糸), 곧 그물이나 베를 짜는 데 있어서 바탕이(기준이) 되는 실의 가닥이라는 데서 「벼리. 실마리. (사회생활의 벼리가 되는)질서. 도리」 뜻으로.
紀綱(기강 - 기율과 법도) 紀律(기율) 紀年(기년) 紀元(기원) 檀紀(단기) 西紀(서기)

絲 실 사. 명주/악기이름 사.   2472-40

◉ 糸 + 糸 = 絲
☞ 실(糸)과 실(糸), 곧 두 가닥의 실오리를 꼬아 놓은 것이라는 데서 「실」 뜻으로.
綿絲(면사 - 솜에서 자아낸 실) 絹絲(견사 - 누에고치에서 뽑은 명주실) 鐵絲(철사) 一絲不亂(일사불란)

組 짤 조. 끈/엮어만들 조.   2473-40

◉ 糸 + 且(또 차 | 수두룩할 저) = 組 (0011 참조)
☞ 실(糸)을 수두룩하게(많이)(且) 겹쳐지게끔 하여 베를 짜거나 끈을 꼰다는 데서 「짜다. 끈. (끈으로) 엮어 만들다」 뜻으로.
組成(조성 - 짜 맞추어 만듦) 組閣(조각 - 내각을 조직함) 組織(조직) 組立(조립) 組合(조합)

織 짤 직.   2474-40

◉ 糸 + {音(소리 음) + 戈(창 과) = 戠(찰흙 치 | 00 직)} = 織 (3203 참조)
※ 여기에서 戈는 베틀의 잉아(베틀의 날실을 끌어올리는 줄) 모양을 표현.
☞ 실(糸)이, (베틀에서 철거덕거리는) 잉아(戈) 소리(音)를 따라 베(천)로 짜여진다는 데서 「(베를)짜다」 뜻으로.
織機(직기 - 베를 짜는 기계) 織造(직조) 織物(직물) 組織(조직) 紡織(방직) 絹織(견직) 織女(직녀)

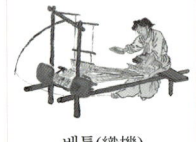
베틀(織機)

북(베틀 기구)

바디(베틀 기구)

물레(紡車)

緣 인연 연. 좇을/연줄 연.　　　　　　　　　　　　　　　　　　　　　　2475-40

◉ 糸 + 彖(돼지달아날 단) = 緣

☞ 실(糸)을 매달아 놓은 돼지가 달아나면(彖) 그 실은 항상 돼지를 좇아(뒤따라) 다닌다는 데서 「좇다. (좇아가는 관계에 놓여 있는)인연. 연줄」뜻으로.

緣分(연분 - 하늘에서 베푼 인연) 緣起(연기) 緣由(연유) 緣木求魚(연목구어) 因緣(인연) 血緣(혈연)

★ 彖(돼지달아날 단)과 결합을 이룬 글자.　　　　　　　　　　　　　　　　　2475 별첨

| 椽(서까래 연) | ☞ 木(1718) → 떼를 지어 돼지가 달아나는(彖) 모양을 이루어 처마에 줄지어 늘어서(걸쳐져) 있는 나무(木)이라는 데서 「서까래」椽木(연목) |

| 篆(전자 전) | ☞ 竹(2698) → 대나무 조각(죽편)(竹)에 돼지가 달아나는(彖) 형상처럼 구불구불하게 써넣은 글씨이라는 데서 「전자」篆字(전자) |

| 喙(부리 훼) | ☞ 口(0894) → 돼지가 달아나면서(彖) 앞쪽으로 내어 미는 주둥이처럼 길쭉하게 튀어나온 입(口)이라는 데서 「부리」喙長三尺(훼장삼척) |

紅 붉을 홍. 연지 홍.　　　　　　　　　　　　　　　　　　　　　　　2476-40

◉ 糸 + 工(장인/만들/지을 공) = 紅

☞ 실(糸)이 가공(工)되어 있는, 곧 (먼 옛날에) 실을 가공한다는 것은 물들인다는 의미이며, 물들이는 색상은 주로 붉은 색상이기에 「붉다. (붉은)연지」뜻으로.

※ 옛날에는 풀뿌리나 나무껍질(초근목피)을 이용하여 주로 연붉은 색상의 물을 들였음.

紅色(홍색) 紅柿(홍시) 紅疫(홍역) 紅一點(홍일점) 紅蔘(홍삼) 紅茶(홍차) 紅東白西(홍동백서)

絡 이을/얽을 락. 동일/묶을/엉킬/헌솜 락.　　　　　　　　　　　　　　　2477-32

◉ 糸 + 各(각각/제각기 각) = 絡 (0796 참조)

☞ 각각(各)으로 분리되어 있는 물체를 실(끈)(糸)로 얽어맨다는 데서 「잇다. 얽다. 동이다. 묶다. (물체가)엉키다」뜻으로.

連絡(연락 - 서로 관계를 맺음. 사정을 알림) 連絡處(연락처) 連絡船(연락선) 經絡(경락) 籠絡(농락)

繁 번성할 번. 많을/무성할 번.　　　　　　　　　　　　　　　　　　　　2478-32

◉ 敏(민첩할/힘쓸 민) + 糸 = 繁 (1807 참조)

☞ 민첩하게(敏) 작업하여 실(糸)을 많이 생산하면 물동량이 늘어나 상거래가 매우 번성하여진다는 데서 「많다. 번성하다. (상거래가)무성하다」뜻으로.

繁盛(번성 - 한창 잘되어 성함) 繁榮(번영) 繁昌(번창) 繁華(번화) 繁殖(번식) 農繁期(농번기)

維 벼리/얽을 유. 끈/이어맬/오직/바 유.　　　　　　　　　　　　　　　　2479-32

◉ 糸 + 隹(새 추) = 維

☞ 실(糸)로 새(隹)를 얽어맨다는 데서 「얽다. 매다. 끈. (새를 매어 놓은 끈을 끌어당기면 새는 딸려 오기 마련으로, 오직 실이 새를 좌우지한다는 데서)벼리. 오직. 바」뜻으로.

維持(유지 - 어떤 상태를 그대로 이어 나감) 維新(유신 - 묵은 제도를 새롭게 고침) 維持費(유지비)

糸 부수(자원과 쓰임 → 2449 참조)

緒 실마리 서: 실끝 서. 2480-32

● 糸 + 者(사람/것/곳 자) = 緒 (2858 참조)
※ 실마리 → ①감았거나 헝클어진 실의 첫머리. ②일·사건의 첫머리. 단서(端緒).
☞ 실(糸)이 이어져 나가는(이어져 있는) 것(者)이라는 데서「실마리. 실 끝」뜻으로.
緒言=序言(서:언 - 머리말) 緒論=序論(서:론) 緒戰(서:전) 頭緒(두서) 端緒(단서 - 일의 실마리)

綱 벼리 강. 그물얽어맬/동아줄/통괄할/대강 강. 2481-32

● 糸 + 岡(산등성이/언덕 강) = 綱 (0544 참조)
☞ 언덕(岡)에 매달아 놓은 실(糸), 곧 (새를 잡기 위하여) 언덕배기에 그물을 매달아 놓은 굵은 실이라는 데서「그물 얽어매다. 동아줄. (그물을 매달아 놓은 동아줄은 그물을 펴고 오므리는 벼리 구실을 한다는 데서)벼리. (벼리가 그물을)통괄하다」뜻으로.
綱領(강령 - 일의 으뜸 되는 줄거리. 취지·목적·규범 따위의 원칙) 紀綱(기강) 要綱(요강) 大綱(대:강)

綿 솜 면. 가늘/이어질 면. 2482-32

● 糸 + {白(흰 백) + 巾(수건/천 건) = 帛(비단 백)} = 綿 (0986 참조)
☞ 실(糸)이 얇은 비단(帛)처럼 매우 가늘게 이어져 있는 섬유질 뭉치라는 데서「솜. 가늘다. 이어지다」뜻으로.
綿絲(면사 - 솜에서 자아낸 실) 綿密(면밀) 綿延(면연) 綿綿(면면) 綿織物(면직물) 周到綿密(주도면밀)

縱 세로 종. 늘어질/놓을/종용할 종. 2483-32

● 糸 + 從(좇을/따를 종) = 縱 (0437 참조)
☞ 실(糸)이 좇아(따라)(從) 나가는 것처럼 실마리를 따라 길이 방향으로 풀리어(늘어져) 있다는 데서「세로. 늘어지다. (늘어)놓다」뜻으로.
縱隊(종대 - 세로줄로 늘어선 대형) 縱帶(종대 - 세로띠) 縱橫(종횡) 縱斷(종단) 縱橫無盡(종횡무진)

紛 어지러울 분. 섞일 분. 2484-32

● 糸 + 分(나눌/쪼갤 분) = 紛 (0227 참조)
☞ 실(糸)이 나누어져(分) 있는, 곧 실이(실오리가) 이리저리 흐트러져 있다는 데서「어지럽다. 섞이다」뜻으로.
紛亂(분란 - 어수선하고 떠들썩함) 紛糾(분규 - 뒤얽혀서 말썽이 많고 시끄러움) 紛紛(분분) 紛爭(분쟁)

索 찾을 색 | 노/쓸쓸할 삭. 새끼 삭. 2485-32

● 十(열/충분할 십) + 冖(덮을 멱) + 糸 = 索
☞ 열(여러)(十) 가닥으로 덮여(冖) 있는, 곧 여러 가닥으로 꼬여 있는 실(糸)이라는 데서「노(새끼줄). 동아줄」. 한편 여러(十) 가닥으로 덮여(꼬여)(冖) 있는 실(糸)의 가닥을 가려(찾아)낸다는 데서「찾다」뜻으로.
索道(삭도 - 공간에 건너질러 맨 철선) 索莫(삭막) 索然(삭연) 鐵索(철삭) 索出(색출) 索引(색인)

糸 부수(자원과 쓰임 → 2449 참조)

緊 긴할/요긴할 긴. 굳게얽을/굳을 긴.   2486-32

◉ 臤(굳을 견 | 어질 현) + 糸 = 緊 (0664 참조)
☞ 굳게(단단하게)(臤) 실(糸)로 동여맨다는 데서「굳게 얽다. 굳다. (굳게 동여매듯이 매우 소중하게 여긴다는 데서)긴하다. 요긴하다」뜻으로.

要緊(요긴 - 긴요) 緊要(긴요 - 꼭 필요함) 緊密(긴밀) 緊張(긴장) 緊急(긴급) 緊迫(긴박) 緊縮(긴축)

累 포갤/여러 루: 자주/쌓일 루.   2487-30

◉ 田(밭 전) + 糸 = 累
☞ 거듭 지어져 있는 밭(밭이랑)(田) 모양처럼 실(糸)이 겹겹으로 포개어져 있다는 데서「포개다. 여러. 자주. 쌓이다」뜻으로.

累計(누:계 - 소계를 더한 계산) 累加(누:가) 累積(누:적) 累代(누:대) 累進(누:진) 累卵之勢(누:란지세)

★ 累(포갤/여러 루)와 결합을 이룬 글자.   2487 별첨

| 螺(소라 라) | ☞ 虫(2634) → 여러 개의 물건을 포개어(累) 놓은 모양처럼 껍질이 둘둘 말리어(나선형으로 이루어져) 있는 벌레(조개류)(虫)이라는 데서「소라」螺絲(나사) |

紫 자줏빛 자(:) 검붉을 자.   2488-30

◉ {止(그칠/머무를 지) + 匕(비수 비) = 此(이 차)} + 糸 = 紫 (2004 별첨)
☞ (오래도록) 머물러(꽂혀)(止) 있는 비수(匕)에 검붉은 녹이 슳은 것처럼 실(糸) 빛깔이 검붉은 색상이라는 데서「검붉다. (검붉은 빛깔과 유사한)자줏빛」뜻으로.

紫朱(자주 - 자줏빛. 자색) 紫色(자:색) 紫雲(자:운) 紫微(자:미) 紫外線(자:외선) 紫水晶(자:수정)

絃 줄 현. 악기줄 현.   2489-30

◉ 糸 + 玄(검을 현 →「높이 매달려 있는 실 모양」) = 絃 (2094 참조)
☞ (매달려 있는 실을 표현한) 현(玄) 글자 형상처럼 악기에 매달아 놓은 실(줄)(糸)이라는 데서「줄. 악기 줄」뜻으로.

絃(弦)樂器(현악기 - 가야금·거문고 등과 같이 현을 켜서 소리를 내는 악기) 絃樂三重奏(현악삼중주)

絹 비단 견. 깁 견.   2490-30

◉ 糸 + 肙(작은벌레/요동할/빌(空) 연) = 絹
☞ 작은 벌레(肙), 곧 누에가 토해(뽑아) 낸 실(糸)로 짜 놓은 천이라는 데서「비단. 깁」뜻으로.

絹絲(견사 - 비단실. 명주실) 絹織物(견직물 - 명주실로 짠 피륙)

★ 肙(작은벌레/요동할/빌 연)과 결합을 이룬 글자.   2490 별첨

| 捐(버릴 연) | ☞ 手(1503) → 손(扌)에 쥐고 있는 것을 비원(肙) 버린다는 데서「버리다」出捐(출연) |
| 鵑(두견이 견) | ☞ 鳥(3707) → (봄날에) 요동치는(肙)듯한 애절한 울음소리를 내는 새(鳥)이라는 데서「두견이」|

糸 부수(자원과 쓰임) → 2449 참조

緩 느릴 완: 늘어질/늦을 완.   2491-30

◉ 糸 + 爰(이에/이끌/당길 원) = 緩 (1451 참조)

☞ 실(糸)을 이끌어(爰) 놓은, 곧 감아 놓은 실을 기다랗게 풀어(늘어뜨려) 놓은 모양이라는 데서 「늘어지다. (말이나 동작을 늘어지게 한다는 데서)느리다. 늦다」 뜻으로.

緩行(완:행 - 느리게 감) 緩急(완:급) 緩慢(완:만) 緩和(완:화) 緩着(완:착) 緩衝裝置(완:충장치)

編 엮을 편. 맺을/이을/모을 편.   2492-30

◉ 糸 + 扁(작을/넓적할/현판/두루 편) = 編 (1752 참조)

☞ 현판(扁) 모양처럼 납작하고 작은 조각(글씨를 써넣은 죽편)을 한데 모아 실(끈)(糸)로 책을 엮는다는 데서 「엮다. 맺다. 잇다. 모으다」 뜻으로.

編著(편저 - 편집하여 저술함) 編纂(편찬) 編輯(편집) 編成(편성) 編曲(편곡) 編隊飛行(편대비행)

緯 씨 위. 묶을 위.   2493-30

◉ 糸 + 韋(다룬가죽/어길/에울 위) = 緯 (3537 참조)

☞ 실(糸)을 (물체의) 가로 방향으로 에운다(두른다)(韋)는 데서 「묶다. 씨(씨줄)」 뜻으로.

緯度(위도 - 적도를 0°로 하여 남북으로 90°씩 나누어 측정한 좌표) 緯線(위선) 緯書(위서) 北緯(북위)

縣 고을 현: 매달/천자 현.   2494-30

◉ 県(달 현) + {丿 + 糸 = 系(이을 계)} = 縣

☞ 물체를 실(끈)로 이어(系) 높은 곳에 매단다(県)는 데서 「매달다. (백성들이 매달리어 의지하는 곳이나 윗사람이라는 데서)고을. 천자」 뜻으로.

縣監(현:감 - 고려·조선 때, 행정 단위인 현의 으뜸 벼슬. 현령) 縣令(현:령) 縣吏(현:리) 州縣(주현)

> ★ 縣(고을/매달 현)과 결합을 이룬 글자.   2494 별첨
>
> 懸(매달/달 현) ☞ 心(1864) → 매달아(縣) 놓은 마음(心), 곧 잊지 아니하고 항상 마음에 새겨 두고(염두에 두고) 있다는 데서 「마음에 걸리다. (마음에)매달다. 달다」 懸案(현안)

締 맺을 체.   2495-20

◉ 糸 + 帝(임금/황제/클 제) = 締 (0979 참조)

☞ 실(糸)이 임금(帝)과 이어져 있는, 곧 임금과 연줄을 맺고 있다는 데서 「맺다」 뜻으로.

締結(체결 - 얽어서 맴. 계약이나 조약 등을 맺음) 取締役(취:체역 - 주식회사 임원인 '이사'의 구칭)

繕 기울 선: 2496-20

◉ 糸 + 善(착할/좋을/다스릴 선) = 繕 (0807 참조)

☞ 실(糸)로 다스리는(善), 곧 실로 해진 옷을 바르게 기워 나간다는 데서 「깁다」 뜻을. 한편 善은 실을 가로세로로 촘촘하게 기워(꿰어) 나가는 모양을 표현한 글자이기도 함.

繕補(선:보 - 고치고 기움) 繕寫(선:사 - 잘못을 바로잡아 고쳐 베낌) 修繕(수선) 營繕(영선)

糸 부수(자원과 쓰임) → 2449 참조

網 그물 망. 법/온통 망. 2497-20

- 糸 + 罔(없을/그물 망) = 網 (2656 참조)
- ☞ 실(糸)로 짜 놓은 그물(罔)이라는 데서 「그물. (그물을 얽어 놓듯이 범법자를 죄다 얽어매는 법조문이라는 데서)법. 온통」 뜻으로.

網羅(망라 - 큰 그물과 작은 그물. 널리 모음) 網紗(망사) 漁網(어망) 法網(법망) 一網打盡(일망타진)

綜 모을 종. 잉아/짤/자세할 종. 2498-20

- 糸 + 宗(마루/종묘/밑동/높일 종) = 綜 (0596 참조)
- ※ 잉아 → 베틀의 날실을 끌어올리도록 맨 줄.
- ☞ 베틀의 실(날실)(糸)을 높이(宗) 끌어올리는 줄(노끈)이라는 데서 「잉아. (잉아가 날실을)모으다. (실을 모아서 베를)짜다」 뜻으로.

綜合(종합 - 개별적인 것을 함께 모으거나 구성함) 錯綜(착종 - 여러 가지가 섞이어 모임)

縫 꿰맬 봉. 바느질할 봉. 2499-20

- 糸 + 逢(만날 봉) = 縫 (3112 참조)
- ☞ 실(糸)을 서로 만나게(이어지게)(逢) 하여 해진 옷을 꿰맨다는 데서 「꿰매다」 뜻으로.

縫製(봉제 - 재봉틀 따위로 박아서 만듦) 縫針(봉침) 縫合(봉합) 裁縫(재봉) 彌縫策(미봉책)

纖 가늘 섬. 작을 섬. 2500-20

- 糸 + 韱(산부추/가늘/섬세할 섬) = 纖 (3576 참조)
- ☞ 실(糸)이 (줄기가 가느다란) 산부추(韱)처럼 매우 가늘다는 데서 「가늘다. 작다」 뜻으로.

纖細(섬세하다 - 가냘프고 가늘다. 아주 찬찬하고 미묘하다) 纖維(섬유) 纖纖玉手(섬섬옥수)

繫 맬 계: 묶을/이을/머무를 계. 2501-20

- {車(수레 거) + 山 + 殳(날없는창 수) = 毄(칠 격 | 맬 계)} + 糸 = 繫 (1436 참조)
- ☞ 실(끈)(糸)로 물건을 동여맨다(毄)는 데서 「매다. 묶다. 잇다. (얽매이어)머무르다」 뜻으로.

繫留(계:류 - 붙잡아 매어 놓음) ※ 稽留(계:류 - 머무름) 繫船(계:선) 繫屬(계:속) 繫縛(계:박) 繫辭(계:사)

絞 목맬 교. 얽을/묶을 교. 2502-20

- 糸 + 交(사귈/서로 교) = 絞 (0200 참조)
- ☞ 실(끈)(糸)을 목덜미에 서로(交) 교차시켜 얽어 묶는다는 데서 「목매다. 얽다. 묶다」 뜻으로.

絞殺(교살 - 목을 졸라 죽임) 絞死(교사 - 목을 매어 죽음) 絞首刑(교수형 - 목을 옭아매어 죽이는 사형)

紹 이을 소. 얽을/소개할 소. 2503-20

- 糸 + 召(부를 소) = 紹 (0833 참조)
- ☞ 실(糸)을 불러(끌어)(召)들이어 한데 이어지게 한다는 데서 「잇다. 얽다. (서로를 이어지게끔 한다는 데서)소개하다」 뜻으로.

紹介(소개 - 두 사람 사이에 들어서 어떤 일을 어울리게 함) 紹介狀(소개장) 紹介所(소개소)

紳 띠(帶)/큰띠 신: 묶을/벼슬아치/점잖은사람 신. 2504-20

◉ 糸 + 申(납/펼/거듭/알릴 신) = 紳 (2113 참조)
☞ 위아래로 펼쳐져(申) 있는 기다란 실(끈)(糸)이라는 데서 「큰 띠. 띠. (띠로)묶다. (큰 띠를 예복에 두른 높은 관리이라는 데서)벼슬아치. 점잖은 사람」 뜻으로.
紳士(신:사 - 교양이 있고 덕망이 있는 점잖은 남자. 남자의 미칭) 紳士服(신:사복)

紊 어지러울/문란할 문: 얽힐 문. 2505-20

◉ 文(글월/무늬/문채날 문) +糸 = 紊 (1824 참조)
☞ (글자 획이 서로 교차되어 있는) 문(文) 글자 형상처럼 실(糸)이 서로 얽혀 있는 모양이라는 데서 「어지럽다. 문란하다. 얽히다」 뜻으로.
紊亂(문:란 - 도덕이나 질서·규칙 등이 어지러움)

紡 길쌈 방. (실을 물레에)자을 방. 2506-20

◉ 糸 + 方(모/방위/연결할 방) = 紡
☞ 실(糸)을 물레에 연결하여(方) 잣는다는 데서 「잣다. (실을 자아내는)길쌈」 뜻으로.
紡織(방직 - 실을 뽑고 피륙을 짜는 일) 紡績(방적 - 실을 만드는 일) 紡絲(방사) 紡錘(방추)

繩 노끈/줄 승. 먹줄 승. 2507-20

◉ 糸 + 黽(맹꽁이 맹 | 힘쓸 민) = 繩
☞ 배가 불룩한 맹꽁이(黽)처럼 생긴 먹통에 담아 놓은 실(끈)(糸)이라는 데서 「먹줄. 줄. 노끈」 뜻으로.
※ 먹통 → 목수가 선을 긋는 데 사용하는 먹줄을 담아 두는 용기로 맹꽁이와 닮은 모양임.
繩墨(승묵 - 먹줄) 捕繩(포:승 - 죄인을 잡아 묶는 노끈) 火繩(화:승) 紙繩(지승) 自繩自縛(자승자박)

糾 얽힐 규. 얽을 규. 2508-20

◉ 糸 + 丩(넝쿨뻗을/휘감을 구) = 糾 (0837 참조)
☞ 실(糸)이 서로 휘감기어(얽히어)(丩) 있다는 데서 「얽히다. 얽다」 뜻으로.
糾合(규합 - 일을 꾸미려고 사람을 모음) 糾明(규명) 糾彈(규탄) 勞使紛糾(노사분규)

緘 봉할 함. 2509-10

◉ 糸 + 咸(다/모두/두루 함) = 緘 (0830 참조)
☞ 실(糸)이 다(두루)(咸) 미치도록 빈틈없이 꿰맨다는 데서 「봉하다」 뜻으로.
緘封(함봉 - 편지를 봉함) 緘口無言(함구무언 - 입을 닫고 말이 없음) 封緘(봉함 - 봉투의 부리를 붙임)

紗 비단 사(:) 깁 사. 2510-10

◉ 糸 + 少(적을 소) = 紗 (0575 참조)
※ 깁 → 명주실로 바탕을 좀 거칠게 짠 비단.

☞ 실(糸)을 조금 적게(少) 넣어 성글게 짜 놓은 천(베)이라는 데서 「깁. 비단」 뜻으로.
紗帽冠帶(사:모관대 - 사모와 관대) 甲紗(갑사 - 품질이 좋은 비단실) 羅紗(나사 - 두껍고 쫀쫀한 모직물)

綺 비단 기. 2511-10

◉ 糸 + {大 + 可(옳을/좋을 가) = 奇(기이할/기특할 기)} = 綺 (0736 참조)
☞ 실(糸)이 크게(大) 좋은(可), 곧 품질이 썩 뛰어난 실로 직조하여 놓은 천(베)이라는 데서 「비단」 뜻으로.
綺羅星(기라성 - 밤하늘의 수많은 별이란 뜻으로, 신분이 높은 사람들이 많이 모여 있음을 비유한 말)

綾 비단 릉. 가는비단 릉. 2512-10

◉ 糸 + 夌(언덕/넘을/높을 릉) = 綾 (0521 참조)
☞ 매우 가늘고 가벼운 실(糸)로 직조되어(짜여져) 언덕을 넘어가는(夌) 것처럼 너울거리는 천(베)이라는 데서 「가는 비단. 비단」 뜻으로.
綾紗(능사 - 명주실로 짠 얇고 상깃한 비단) 綾羅(능라 - 두꺼운 비단과 얇은 비단) 綾扇(능선)

繃 묶을 붕. 2513-10

◉ 糸 + 崩(무너질 붕) = 繃 (0537 참조)
☞ 무너진(해진)(崩) 부위를 실(糸)로 묶는다는 데서 「묶다」 뜻으로.
繃帶(붕대 - 종기나 상처에 감는 소독된 면포) 壓迫繃帶(압박붕대 - 단단하게 조여 묶는 붕대)

綸 다스릴/벼리 륜. 실줄기/낚싯줄 륜. 2514-10

◉ 糸 + 侖(뭉치/둥글 륜) = 綸 (3217 참조)
☞ 둥근 뭉치(侖)를 이루어 많이 감기어 있는 실(糸)이라는 데서 「낚싯줄. 실 줄기. (실의 줄기를 이루는 첫머리이라는 데서)벼리. (이끌어 나가는 벼리처럼 전체를 통솔하여 나간다는 데서) 다스리다」 뜻으로.
綸旨(윤지 - 임금의 말씀) 綸音(윤음 - 임금의 말씀. 윤지) 經綸(경륜 - 일을 조직적으로 잘 계획함)

繡 수놓을 수: 얇은비단 수. 2515-10

◉ 糸 + 肅(엄숙할/가지런할 숙) = 繡 (2664 참조)
☞ 실(糸)을 가지런하게(肅) 누빈다는 데서 「수놓다」. 한편 실(糸)을 가지런하게(肅) 짜 놓은 결이 고운 천(베)이라는 데서 「얇은 비단」 뜻으로.
繡屛(수:병 - 수놓은 병풍) 繡帳(수:장 - 수놓은 휘장) 繡衣夜行(수:의야행) 錦繡江山(금수강산)

纂 모을 찬: 이을/책을엮을 찬. 2516-10

◉ {竹(대 죽) + 舁(갖출 구) = 算(셈할/대그릇 산)} + 糸 = 纂 (2669 참조)
☞ 대그릇(算)에 (물레에서 자아낸) 실(糸)을 한데 모은다는 데서 「모으다」 뜻을. 한편 글씨를 써넣은 죽편(竹片)을 갖추어(모아서)(舁) 실(糸)로 엮는다는 데서 「책 엮다. 잇다」 뜻으로.

糸 부수(자원과 쓰임 → 2449 참조)

纂輯(찬:집 - 자료를 모아 책을 엮음) 纂集(찬:집 - 글을 모아 책을 엮음) 纂修(찬:수) 編纂(편찬)

繪 그림 회: 수놓을 회.   2517-10

- ◉ 糸 + 會(모을/모일 회) = 繪 (1987 참조)
- ☞ 여러 가지 색상의 실(糸)을 한데 모아(會) 천(피륙)에 수(繡)를 놓는다는 데서 「수놓다. (수를 놓는 것처럼 화폭에 그려 놓은)그림」 뜻으로.

繪畵(회:화 - 조형미술의 한 가지. 여러 가지 그림) 繪具(회:구 - 그림을 그리는 데 쓰는 붓·물감 따위)

紐 맺을 뉴. 끈/맬 뉴.   2518-10

- ◉ 糸 + 丑(소 축 | 수갑 추) = 紐 (0012 참조)
- ☞ 수갑(丑)을 채우듯이 실(끈)(糸)로 물건을 동여맨다는 데서 「매다. 맺다. 끈」 뜻으로.

紐帶(유대 - 띠로 묶듯이 단단하게 결속되어 있는 상태를 의미) 結紐(결뉴 - 끈을 맴. 얽어 맺음)

納 드릴 납. 보낼/바칠 납.   2519-10

- ◉ 糸 + 內(안 내) = 納 (0355 참조)
- ☞ 실(糸)을 안(內)으로 들여보내는, 곧 신랑 집에서 푸른 실과 붉은 실로 짠 청단홍단(靑緞紅緞)을 신부 집에 폐백(幣帛)으로 들여보낸다는 데서 「드리다. 보내다. 바치다」 뜻으로.

納付(납부 - 세금 따위를 냄) 納稅(납세) 納品(납품) 納期(납기) 納得(납득) 納幣(납폐) 納凉(납량)

紋 무늬 문. 능직무늬 문.   2520-10

- ◉ 糸 + 文(글월/무늬/문채날 문) = 紋 (1824 참조)
- ☞ 실(색실)(糸)로 수(繡)를 놓은 무늬(文)이라는 데서 「무늬. 능직 무늬」 뜻으로.

紋樣(문양 - 무늬의 모양) 波紋=波文(파문 - 수면에 이는 잔물결) 指紋(지문 - 손가락무늬)

綻 터질/옷터질 탄. 나타날 탄.   2521-10

- ◉ 糸 + 定(정할/그칠/머무를 정) = 綻 (0582 참조)
- ☞ 실(糸)이 그치어(定) 있는, 곧 실이 이어져 있지 않고 끊어진다(실밥이 터진다)는 데서 「옷 터지다. 터지다. (옷이 터지면 속살이 드러나 보인다는 데서)나타나다」 뜻으로.

綻露(탄로 - 비밀이 드러남) 破綻(파:탄 - 찢어지고 터짐. 일이 중도에서 그릇됨)

綴 엮을/묶을 철. 꿰맬/이을/맞춤법 철 | 연할 체. 2522-10

- ◉ 糸 + {又(또 우) × 4 = 叕(연할/연결 철)} = 綴
- ☞ 실(끈)(糸)을 상하좌우로 연결(叕)시켜 짐짝 같은 물건을 묶거나 해진 옷을 꿰맨다는 데서 「묶다. 엮다. 꿰매다. 잇다. 연하다. (글자를 일정한 규칙에 맞게 엮어 나가는)맞춤법」 뜻으로.

綴字(철자 - 자음과 모음을 맞추어 한 글자를 만듦) 點綴(점철 - 서로 이어짐) 書類綴(서류철)

縛 얽을 박. 묶을 박.   2523-10

- ◉ 糸 + 専(펼 부) = 縛 (0131 참조)

糸 부수(자원과 쓰임) → 2449 참조

☞ 실(끈)(糸)을 펼치어(専) 물건을 동인다는 데서 「묶다. 얽다」 뜻으로.
結縛(결박 - 몸이나 손 따위를 묶음) 束縛(속박 - 얽어매어 자유를 구속함)

紺 감색 감.   2524-10

● 糸 + 甘(달/굴/감초 감) = 紺 (2097 참조)
☞ 실(糸)이 (감색을 띠는 설익은) 굴(甘) 색상이라는 데서 「감색」 뜻으로.
紺色(감색 - 검은 빛을 띤 남빛) 紺靑(감청 - 짙고 산뜻한 남빛) 紺碧(감벽 - 짙은 청색)

繭 고치 견.   2525-10

● ⺾(풀 초) + 冂(멀 경 | 빌 형) + 糸 + 丨(위아래통할 신) + 虫(벌레 충) = 繭
☞ 풀잎(뽕잎)(⺾) 아래쪽의 빈 공간(冂)에 실(糸)을 토하여 칸막이(丨)를 쳐 놓고 벌레(누에)(虫)가 들어 있는, 곧 실을 토하여 지어 놓은 누에 집이라는 데서 「고치」 뜻으로.
繭絲(견사 - 누에고치와 실) 繭蠶(견잠 - 고치를 지은 누에)

緞 비단 단. 주단 단.   2526-10

● 糸 + 段(층계/계단/단련할 단) = 緞 (1776 참조)
☞ 실(糸)이 단련되어(段) 있는 것처럼 매우 부드럽고 조밀하게 직조되어 있는 천(베)이라는 데서 「비단. 주단」 뜻으로.
紬緞(주단 - 명주와 비단 등의 총칭) 綵緞(채:단 - 온갖 비단의 총칭) 采緞(채:단 - 청색·홍색의 비단)

緬 멀 면. 아득할/가는실 면.   2527-10

● 糸 + 面(낯 면) = 緬 (3574 참조)
☞ 가느다란 실(糸)을 면(대면)(面)하고 있는 것처럼 바라다보이는 곳이 아주 멀리 떨어져 있다는 데서 「멀다. 아득하다. 가는 실」 뜻으로.
緬羊=綿羊(면양 - 양)

繹 풀어낼/풀 역. 실뽑을 역.   2528-10

● 糸 + 睪(엿볼/기찰할/끌 역) = 繹 (3231 참조)
☞ 실(糸)을 끌어(睪)내는, 곧 누에고치나 솜으로부터 실오리를 풀어(뽑아)낸다는 데서 「풀어내다. 풀다. 실 뽑다」 뜻으로.
繹騷(역소 - 끊임없이 소란함) 絡繹不絕(낙역부절 - 연락부절. 끊이지 않음) 演繹法(연:역법)

縊 목맬 액. 목맬 의.   2529-10

● 糸 + 益(더할/넘칠/넉넉할 익) = 縊 (2235 참조)
☞ 실(끈)(糸)을 목덜미에 더하여(益) 매달린다는 데서 「목매다」 뜻으로.
縊殺(의살-액살 - 목을 매어 죽임) ※ 「의살」이 본딧말임.

緋　비단 비(:)　　　　　　　　　　　　　　　　　　　　　　　　2530-10

- 糸 + 非(아닐/어긋날 비 →「날개 모양」을 표현한 글자) = 緋 (3414 참조)
- ☞ (날개 모양을 표현한) 비(非) 글자 형상, 곧 날개(깃털)처럼 보드라운 실(糸)로 짜 놓은 천(피륙)이라는 데서「비단」뜻으로.

緋緞(비:단 - 명주실로 짠 피륙의 총칭) 緋玉(비옥 - 비단옷과 옥관자란 뜻으로 당상관의 관복)

絆　얽어맬 반.　　　　　　　　　　　　　　　　　　　　　　　　2531-10

- 糸 + 半(반/절반/가운데 반) = 絆 (0335 참조)
- ☞ 물체의 절반(半)이 되는 가운데 부위를 실(糸)로 얽어맨다는 데서「얽어매다」뜻으로.

絆緣(반연 - 뒤얽힌 인연) 絆瘡膏(반창고) 脚絆(각반 - 아랫다리에 감은 헝겊 띠)

紬　명주 주. 실뽑을 주.　　　　　　　　　　　　　　　　　　　　2532-10

- 糸 + 由(말미암을/인할/지날 유) = 紬 (2108 참조)
- ☞ 여기에서 由는 고치에서 실이 뽑히어져 나오는 모양을 표현. 실(糸)을 고치에서 뽑아내는 모양(由)에서「(고치에서)실 뽑다. (고치실로 짠)명주」뜻으로.

紬緞(주단 - 명주와 비단 등의 총칭) 紬繹(주역 - 단서를 찾아냄) 明紬(명주 - 명주실로 짠 피륙)

紂　주임금/임금이름 주. 말고삐 주.　　　　　　　　　　　　　　　2533-10

- 糸 + 寸(마디/헤아릴 촌 →「손·맥박·법도·잡다」는 의미로 쓰임) = 紂
- ☞ 말(馬)의 재갈에 얽어매어 손으로 잡아(寸) 이끄는 실(끈)(糸)이라는 데서「말고삐. (紂가 은나라 임금 이름 글자였기에)주임금. 임금 이름」음훈으로.

紂王(주왕 - 잔인 포학한 은나라 마지막 임금) 桀紂(걸주 - 하나라 걸왕과 은나라 주왕. 폭군의 대명사)

繰　고치켤 조.　　　　　　　　　　　　　　　　　　　　　　　　2534-10

- 糸 + 喿(새떼지어울/삽 조) = 繰 (1427 참조)
- ☞ 여기에서 喿는 고치(品)와 고치를 켜는 나무(木)로 된 틀(물레) 모양을 표현. 조(喿) 글자 형상처럼 생긴 물레에서 실(糸)을 뽑는다(고치실을 잣는다)는 데서「고치 켜다」뜻으로.

繰綿機(조면기 - 목화의 씨를 빼거나 솜을 트는 기계)

絨　가는베 융.　　　　　　　　　　　　　　　　　　　　　　　　2535-10

- 糸 + {戈(창 과) + 十(열 십 →「많은 수량」을 의미) = 戎(병기 융)} = 絨 (1769 참조)
- ☞ 창(戈)을 많이(十) 꽂아 놓은 모양처럼 실(糸)을 촘촘하게(보풀리게) 짜 놓은 천(베)이라는 데서「가는베. 융」뜻으로.

絨緞(융단 - 염색한 털로 표면에 보풀이 일게 짠 천. 양탄자) 絨毛(융모 - 융털) 絨緞爆擊(융단폭격)

綽　너그러울 작. 느즈러질/가냘픈모양 작.　　　　　　　　　　　　2536-10

- 糸 + 卓(높을/우뚝할/뛰어날/책상 탁) = 綽 (0337 참조)

☞ 실(糸)이 높이(卓) 드리워져 가느다랗게 보이는 모양이라는 데서「가냘픈 모양. 느즈러지다. (느즈러진, 곧 여유로움이 있다는 데서)너그럽다」뜻으로.

綽約(작약하다 - 맵시가 가냘프고 아리땁다) 綽綽(작작하다 - 여유가 있다. 모자라지 않고 넉넉하다)

纏 얽을 전(:) 묶을/둘릴 전.   2537-10

◉ 糸 + 廛(가게/터전 전) = 纏 (0784 참조)

☞ 가게(廛)에서 사고파는 물품을 실(끈)(糸)로 얽어 묶는다는 데서「얽다. 묶다. (물품이 끈에)둘리다」뜻으로.

纏結(전:결 - 얽어 맺음) 纏帶(전:대 - 허리에 두르는 자루) 纏着(전:착) 纏綿(전:면) 纏足(전:족)

緻 빽빽할/밸 치. 헌옷기울 치.   2538-10

◉ 糸 + 致(이를/다할/미칠 치) = 緻 (2866 참조)

☞ 실(糸)이 한곳에 빼곡하게 이르러(배어)(致) 있다는 데서「빽빽하다. 배다」뜻으로.

緻密(치밀 - 자세하고 꼼꼼함. 피륙 같은 것이 배고 톡톡함) 緻巧(치교하다 - 치밀하고 교묘하다)

絢 무늬 현: 아름답게비치어눈부실 현.   2539-10

◉ 糸 + {勹(쌀 포) + 日(날 일) = 旬(열흘/두루 순)} = 絢 (1037 참조)

☞ 여러 가지 색상의 실(糸)로 떠 놓은 수(繡) 무늬가, 붉고 둥근 해(日)를 감싸(勹) 놓은 모양처럼 찬란하여 보인다는 데서「무늬. 아름답게 비치어 눈부시다」뜻으로.

絢爛(현:란하다 - 눈부시게 빛나고 아름답다)

羊	肉(月)	糸	衣(衤)
양 양	고기 육	실 사	옷 의

衣 | 옷 의. 저고리/상의/입을 의. 2540-60

저고리(衣)

자원 衣 → 옷깃(亠)과 옷섶(丿), 옷자락(丨)과 옷고름(𠤎)으로 이루어진 저고리 모양을 표현.

쓰임 「옷. 웃옷(상의). 옷 모양」과 의미로 쓰임.

衣服(의복 - 옷) 衣裳(의상 - 저고리와 치마. 의복) 衣類(의류) 衣冠(의관) 衣食住(의식주) 着衣(착의)

表 | 겉 표. 바깥/웃옷/표할/밝을 표. 2541-60

● 士(선비 사 → 「선비·위쪽·덮개·뚜껑 모양」과 의미로 쓰임) + 衣 = 表

☞ 위쪽(바깥쪽)(士)에 걸치는(덧대어 입는) 옷(衣)이라는 데서 「웃옷. 겉. 바깥. (바깥은 밝은 데서) 밝다. (밝게)표하다」 뜻으로.

表面(표면 - 겉쪽) 表皮(표피 - 겉가죽) 表示(표시) 表現(표현) 表出(표출) 表音(표음) 表裏(표리)

複 | 겹칠 복. 겹옷/핫옷/거듭할 복 | 겹칠 부. 2542-42

● 衤 + 复(= 夏 옛길을감/돌아올/되풀이할 복) = 複 (0435 참조)

☞ 되풀이하여(复) 지어 놓은 옷(衣), 곧 옷감을 겹(이중)으로 지어 놓은 옷이라는 데서 「겹옷. 핫옷. (옷감이)겹치다. 거듭하다」 뜻으로.

複數(복수 - 둘 이상의 수) 複合(복합) 複雜(복잡) 複式(복식) 複製(복제) 複寫(복사) 複利(복리)

製 | 지을 제: 마를/만들 제. 2543-42

● 制(마를/절제할/제도 제) + 衣 = 製 (0233 참조)

☞ 천(베)을 마름질(制)하여 옷(衣)을 만든다는 데서 「만들다. 짓다. 마르다」 뜻으로.

製作(제:작) 製造(제:조) 製品(제:품) 製菓(제:과) 製藥(제:약) 製鐵(제:철) 製圖(제:도) 製材(제:재)

裝 | 꾸밀 장. 차릴/화장할 장. 2544-40

● 壯(씩씩할/성할 장) + 衣 = 裝 (0403 참조)

☞ 성하게(壯) 옷(衣)을 차려 입고 치장한다는 데서 「차리다. 꾸미다. 화장하다」 뜻으로.

裝飾(장식 - 치장하여 꾸밈) 裝具(장구 - 단장하는 기구) 裝着(장착) 裝備(장비) 裝置(장치) 行裝(행장)

裏 | 속 리: 옷속/옷안 리. 2545-32

裡 | 속 리: 옷속/옷안 리. 2546-10

● 衣 + 里(마을/거할 리) = 裏   ● 衤 + 里 = 裡   ※ 裏와 裡는 동자.

☞ 옷(衣 衤) 안(속)에 사람이 거하는(살고 있는)(里), 곧 사람이 몸담고 있는 곳은 (가깝게 볼 때에는)

衣 부수(자원과 쓰임 → 2540 참조)

옷 속이라는 데서 「옷 속. 옷 안. 속」 뜻으로.
裏面(이:면 - 속. 내막) 裏書(이:서) 暗暗裡(암:암리 - 남이 모르는 사이) 表裏不同(표리부동)

襲 엄습할 습. 옷을껴입을/포갤/거듭 습. 2547-32

◉ 龍(용 룡) + 衣 = 襲 (3689 참조)

☞ 임금이 용(용무늬)(龍)을 수놓은 옷(衣)을 걸쳐 입는다는 데서 「옷을 껴입다. (껴입어서)포개다. 거듭. (용포를 입은 임금의 풍모에서 위엄스러움이)엄습하다」 뜻으로.

襲擊(습격 - 갑자기 공격함) 空襲(공습) 急襲(급습) 奇襲(기습) 逆襲(역습) 踏襲(답습) 掩襲(엄:습)

裕 넉넉할 유: 너그러울 유. 2548-32

◉ 衤 + 谷(골 곡) = 裕 (2959 참조)

☞ 옷(衤)의 품과 기장이 깊게 파인 골짜기(谷)처럼 큼지막하다는 데서 「넉넉하다. (마음 씀씀이가 넉넉하다는 데서)너그럽다」 뜻으로.

裕寬(유:관 - 너그럽고 관대함) 裕福(유:복 - 복이 많음) 裕餘(유:여) 裕足(유:족) 富裕(부:유) 餘裕(여유)

裁 옷마를/마를 재. 결단할/판결할 재. 2549-32

◉ 𢦏(= 𢦏 다칠/상할 재 → 많은(十) 창(戈)이 꽂혀 있는 모양) + 衣 = 裁 (1638 참조)

☞ 다치게(𢦏) 하는 것처럼 천(베)을 여러 조각이 나게끔 자르고 접어서 옷(衣)을 마름질한다는 데서 「옷 마르다. 마르다. 결단하다. (결단을 내리어)판결하다」 뜻으로.

裁縫(재봉 - 옷감을 말라서 바느질함) 裁斷(재단) 裁可(재가) 裁判(재판) 裁量(재량) 決裁(결재)

衰 쇠할 쇠. 줄어질/쇠잔할 쇠ㅣ상복 최. 2550-32

◉ 衣 + 口(ㄷ → 丩「얽힐 구」를 서로 포개어 놓은 모양) + 一 = 衰

☞ 옷(衣)이 서로 얽혀(口) 있는, 곧 옷을 서로 부딪쳐 가면서 함께 살던 식구가 절반(一)으로 줄어들은 모양이라는 데서 「줄어지다. 쇠하다. 쇠잔하다. (기장과 품을 줄이어 단출하게 지어 놓은)상복」 뜻으로.

衰態(쇠태 - 쇠약한 모습) 衰退(쇠퇴) 衰弱(쇠약) 衰殘(쇠잔) 衰亡(쇠망) 老衰(노:쇠) 斬衰(참최)

被 입을 피: 씌울/이불/받을 피. 2551-32

◉ 衤 + 皮(가죽/껍질/거죽/살갗 피) = 被 (2190 참조)

☞ 옷(衤)으로, (바깥을 감싸고 있는) 거죽(皮)처럼 살갗을 두른다(껴입거나 씌운다)는 데서 「입다. 씌우다. (씌우는)이불. (씌움을)받다」 뜻으로.

被服(피:복 - 옷) 被擊(피:격 - 사격을 받음) 被告(피:고) 被害(피:해) 被殺(피:살) 被爆(피:폭) 被選(피:선)

補 기울 보: 도울/더할 보. 2552-32

◉ 衤 + 甫(클/도울 보ㅣ남새밭 포) = 補 (2192 참조)

☞ 옷(衤)을 도와(甫)주는, 곧 해지거나 찢어진 옷을 천 조각으로 덧대어(꿰매어) 준다는 데서 「깁다.

衣 부수(자원과 쓰임 → 2540 참조)

더하다. 돕다」뜻으로.
補修(보:수 - 보충하여 수선함) 補助(보:조) 補完(보:완) 補習(보:습) 補充(보:충) 補强(보:강) 補闕(보:궐)

裳　치마 상.　2553-32

● {小(작을 소) + 冂(멀 경ㅣ빌 형) + 口(입 구) = 尙(오히려 상)} + 衣 = 裳 (0576 참조)

치마(裳)

☞ 여기에서 尙은 치마 모양을 표현. 소(小) 글자 형상처럼 주름이 잡혀 있고 빈 공간(冂)으로 이루어진 치마폭에 출입구(口)가 뚫리어 있는, 곧 상(尙) 글자 형상처럼 이루어진 옷(衣)이라는 데서 「치마」뜻으로.

衣裳(의상 - 저고리와 치마. 의복) 綠衣紅裳(녹의홍상) 同價紅裳(동가홍상 - 같은 값이면 다홍치마)

裂　찢을/찢어질 렬. 옷터질 렬.　2554-30

● {歹(뼈앙상할 알) + 刂(칼 도) = 列(벌일/펼 렬)} + 衣 = 裂 (0232 참조)

☞ 뼈가 앙상하게(歹) 드러나도록 칼(刂)로 살점을 벌리는(펼치는)(列) 것처럼 옷(衣)을 갈기갈기 찢는다는 데서 「찢다. 찢어지다. 옷 터지다」뜻으로.

裂傷(열상 - 피부가 찢어진 상처) 分裂(분열) 決裂(결렬) 滅裂(멸렬) 龜裂(균열) 破裂(파:열)

裸　벗을 라: 벌거벗을 라.　2555-20

● 衤 + 果(실과/열매 과) = 裸 (1599 참조)

☞ 껍질이 맨드리하게 드러난 과일(果)처럼 옷(衤)을 벗는다(알몸을 드러낸다)는 데서 「벌거벗다. 벗다」뜻으로.

裸體(나:체 - 알몸) 裸身(나:신 - 나체) 裸木(나:목) 裸婦(나:부) 赤裸裸(적나라 - 발가벗음. 숨김이 없음)

衷　속마음 충. 속/가운데/속옷/정성 충.　2556-20

● 衣 + 中(가운데/바를 중) = 衷 (0018 참조)

☞ 가운데(속)(中)에 입는 옷(衣), 곧 겉옷 속(안쪽)에 입는 옷이라는 데서 「속옷. 속. 가운데. (가슴 속에 있다고 여기는)속마음」뜻으로.

衷情(충정 - 참된 정) 衷心(충심 - 진정으로 쏟는 마음) 衷懷(충회) 衷曲(충곡) 苦衷(고충) 折衷(절충)

裵　성(姓) 배. 옷치렁치렁한모양/배회할 배.　2557-20

裴　성(姓) 배. 옷치렁치렁한모양/배회할 배.　2558-00

● 衣 + 非(아닐/어긋날 비) → 「날개 모양」을 표현한 글자) = 裵 (3414 참조)
● 非(아닐/어긋날 비) + 衣 = 裴　※ 裴와 裵는 동자.

☞ (날개 모양을 표현한) 비(非) 글자 형상을 이루어 옷(옷자락)(衣)이 기다랗게 드리워져 있는(늘어뜨린) 모양이라는 데서 「옷 치렁치렁한 모양. (옷을 늘어뜨리고)배회하다」뜻으로.

裵克廉(배극렴 - 조선의 개국 공신. 문하시중의 벼슬에 오름)

衣 부수(자원과 쓰임 → 2540 참조)

袁 성(姓) 원. 옷이길어치렁치렁한모양/옷길 원.   2559-20

◉ 十(열/충분할 십) + 囗(에울 위) + 衣 = 袁

☞ 충분하게(十) 몸을 에워쌀(囗) 정도로 품(폭)이 넓고 기장이 길쭉한 옷(衣)이라는 데서 「옷이 길어 치렁치렁한 모양. 옷 길다」 뜻으로.

袁世凱(원세개 - 중국 청나라 말기의 정치가)

| ★ 袁(옷이길어치렁치렁한모양/옷길 원)과 결합을 이룬 글자. | | 2559 별첨 |

遠(멀 원) ☞ 辵(3086) → 옷이 길어 치렁치렁한 모양(袁)을 이루듯이 기다란 대열을 이루어 걸어가는(辶), 곧 병사들의 행군이 멀리까지 뻗어 있는 모양이라는 데서 「멀다. 멀리하다」 遠行(원행)

園(동산 원) ☞ 囗(0636) → 옷이 길어 치렁치렁한 모양(袁)을 이루듯이 나뭇가지와 잎사귀가 무성하게 드리워진 (늘어뜨린) 초목에 에워싸여(囗) 있는 곳이라는 데서 「동산」 田園(전원)

猿(원숭이 원) ☞ 犬(1412) → 옷이 길어 치렁치렁한 모양(袁)을 이루듯이 나뭇가지에 길쭉한 팔다리와 꼬리를 드리우고 생활하는 개(犭)와 유사한 짐승이라는 데서 「원숭이」 類人猿(유인원)

襄 도울 양. 옷벗고밭갈/오를/이룰/옮길 양.   2560-20

◉ 衣 + {口(입 구) + 口 = 吅(부르는소리/지껄일 훤)} + 井(우물 정) = 襄

☞ 농부가 웃옷(衣)을 벗어 놓고 부르는 소리(吅)를 내면서(이랴! 이랴! 하면서) 소를 몰아 정(井) 글자 형상처럼 이랑을 낸다(밭갈이한다)는 데서 「옷 벗고 밭 갈다. (밭갈이하여 이랑을)이루다. 도우다. (이랑에 흙이)오르다. (이랑으로 흙을)옮기다」 뜻으로.

※ 논밭을 갈 때에는 흔히들 웃옷을 벗어 놓고 작업을 함.

襄陽郡(양양군 - 강원도 동북단에 있는 지명)

| ★ 襄(도울/옷벗고밭갈/오를/이룰/옮길 양)과 결합을 이룬 글자. | | 2560 별첨 |

壤(흙덩이 양) ☞ 土(0670) → 순수한 흙(土)으로 이루어져(襄) 있는 땅이라는 데서 「흙덩이」 土壤(토양)

讓(사양할 양) ☞ 言(3232) → 윗분(임금)에게 말씀하여(言) 자신이 맡고 있는 자리(직책)에서 옮겨(襄) 간다(물러난다)는 데서 「사양하다. 넘겨주다」 辭讓(사양)

孃(계집애 양) ☞ 女(0492) → 여성(女)으로서의 자태를 이룬(襄), 곧 여성스러운 면모를 갖춘 처녀이라는 데서 「계집애. 아가씨」 金孃(김양)

攘(물리칠 양) ☞ 手(1552) → 손(扌)을 써서 적군을 옮겨가게(물러나게)(襄) 한다는 데서 「물리치다」

釀(술빚을 양) ☞ 酉(2977) → 술(酉)이 이루어진다(발효된다)(襄)는 데서 「술 빚다. 술」 釀造(양조)

裔 후손 예. 옷자락/끝/맏아들 예.   2561-10

◉ 衣 + {冂(멀 경 | 빌 형) + 儿 + 口(입/말할/어귀 구) = 冏(밝을/빛날 경)} = 裔

☞ 옷(衣) 아래쪽으로 밝게(冏) 트여져 있는 부위이라는 데서 「옷자락. (옷자락은 옷의 끝머리이라는 데서)끝. (옷자락처럼 이어진 자손이라는 데서)맏아들. 후손」 뜻으로. 한편 冏은 옷의 품(冂)과 벌어진(儿) 입(口) 모양처럼 우묵하게 트여 있는 치맛자락 모양이기도 함.

裔孫(예손 - 대수代數가 먼 자손) 後裔(후:예 - 대수代數가 먼 후손)

袋 자루 대. 전대 대.   2562-10

衣 부수(자원과 쓰임 → 2540 참조)

- 代(대신할/시대/바꿀 대) + 衣 = 袋 (0049 참조)
☞ 대신하는(代) 옷(衣), 곧 곡식이나 물건 같은 것을 넣어 두거나 싸 두는 일종의 옷 구실을 하는 물건이라는 데서 「자루. 전대」뜻으로.

包袋(포대 - 종이·천·가죽 등으로 만든 자루) 麻袋(마대 - 삼실로 짠 큰 자루)

袂 소매 몌. 2563-10

- 衤 + 夬(터놓을/결단할 쾌) = 袂 (1187 참조)
☞ 옷(衤)이 트여져(결단되어)(夬) 손목이 (옷 바깥으로) 삐어져 나오는 소맷자락이라는 데서 「소매」 뜻으로.

袂別(몌별 - 이별) 分袂(분몌 - 섭섭하게 작별함) 風吹仙袂(풍취선몌 - 바람이 선녀의 소매에 불어)

袖 소매 수. 2564-10

- 衤 + 由(말미암을/지날 유) = 袖 (2108 참조)
☞ 여기에서 由는 소매에서 손이 삐어져 나오는 모양을 표현. 유(由) 글자 형상처럼 손이 안쪽에서 바깥으로 삐어져 나오는 옷(衤)의 부위이라는 데서 「소매」 뜻으로.

袖手傍觀(수수방관 - 팔짱을 끼고 곁에서 보고만 있음) 領袖會談(영수회담 - 최고 권력자 간의 회담)

衾 이불 금. 2565-10

- {亼(모일 집) + ㄱ(→ 及 「미칠 급」의 고자) = 今(이제 금)} + 衣 = 衾 (0050 참조)
☞ 모여(亼) 있는 여러 사람에게 미치는(ㄱ), 곧 여러 사람들이 함께 덮고 자는 옷(衣)의 일종이라는 데서 「이불」뜻으로.

衾枕(금침 - 이부자리와 베개) 鴛鴦衾(원앙금 - 원앙을 수놓은 이불)

褒 기릴 포. 도포/넓고큰옷자락 포. 2566-10

- 衣 + 保(지킬/보전할/도울 보) = 褒 (0076 참조)
☞ 속옷을 보전하여(保) 주는 큼지막한 옷(衣)이라는 데서 「도포. (도포 자락이 바람에 날리는 것처럼 칭찬거리를 드날리게 한다(추어서 말한다)는 데서)기리다」 뜻으로.

褒賞(포상 - 칭찬하고 기림) 褒章(포장 - 포상으로 주는 휘장) 褒獎(포장 - 칭찬하고 장려함) 褒貶(포폄)

袈 가사 가. 2567-10

裟 가사 사. 2568-00

가사(袈裟)

- 加(더할 가) + 衣 = 袈 (0364 참조)
- 沙(모래 사) + 衣 = 裟 (1211 참조)
☞ 가사(袈裟)는 범어(梵語) kasaya를 가사(加沙)로 음역(音譯)한 글자로서.
袈 → 덧대어(加) 입는(걸쳐 입는) 옷(衣), 裟 → 모래(沙)가 들어갈 정도로 올이 매우 성근 옷(衣)이라는 의미가 부여되어 「가사」 뜻으로.

袈裟(가사 - 스님들이 장삼 위에 걸쳐 입는 옷)

衣 부수(자원과 쓰임 → 2540 참조)

袍 도포/두루마기 포. 2569-10

◉ 衤 + 包(쌀 포) = 袍 (0264 참조)
☞ 보자기로 감싸는(包) 것처럼 겉옷 위에 껴입는 옷(衤)이라는 데서 「두루마기. 도포」뜻으로.
道袍(도:포 - 통상 예복으로 입는 겉옷. 소매가 넓고 등 뒤에는 딴 폭을 대었음) 靑袍(청포 - 푸른 도포)

襟 옷깃 금. 옷섶/가슴 금. 2570-10

◉ 衤 + 禁(금할/제지할 금) = 襟 (2350 참조)
☞ 옷(衤)의 둘레가 금하여(매듭지어)(禁)지는 부위라는 데서 「옷깃. 옷섶. (옷섶 속의)가슴」뜻으로.
襟帶(금대 - 옷깃과 띠. 산천이 꼬불꼬불 함을 비유한 말) 胸襟(흉금 - 마음속에 품은 생각)

衲 기울 납. 장삼/승복 납. 2571-10

◉ 衤 + 內(안 내) = 衲 (0355 참조)
※ 장삼 → 길이가 길고 소매를 넓게 만든 옷.
☞ 옷(衤) 안(속)(內)으로 바늘 실을 집어넣어 해진 부위를 꿰맨다는 데서 「깁다」. 안(속)(內)으로 사람이 들어갈 정도로 넓고 긴 옷(衤)이라는 데서 「장삼. (장삼 형태의)승복」뜻으로.
衲衣(납의 - 중이 입는 검정 옷) 衲子(납자 - 납의를 입고 있는 중)

褪 바랠 퇴: 떨어질 퇴. 2572-10

◉ 衣 + 退(물러갈/물러날 퇴) = 褪 (3096 참조)
☞ 물러간(退) 옷(衤), 곧 한물가서(낡아빠져서) 너덜거리고 색상이 무척 엷어진(빛깔이 바랜) 옷이라는 데서 「바래다. 떨어지다」뜻으로.
褪色=退色(퇴:색 - 빛이 바램. 존재가 희미해지거나 볼품없이 됨의 비유)

袴 바지 고. 2573-10

◉ 衤 + {大 + 亏(갈 우) = 夸(클/큰체할/자랑할 과)} = 袴 (3235 참조)

바지(袴)

☞ 아랫도리(바짓가랑이)가 크게(夸) 벌어져 있는 옷(衤)이라는 데서 「바지」뜻으로
袴衣(고의 - 바지) 袴下(고하 - 바지 밑. 가랑이 사이)

袞 곤룡포 곤. 2574-10

◉ 衣 + 㕣(늪 연) = 袞
☞ 질펀하게 펼쳐져 있는 늪(㕣)처럼 기장과 폭이 길고 넓적한 (임금이 입는) 옷(衣)이라는 데서 「곤룡포」뜻으로.
袞龍袍(곤룡포 - 비단으로 만든 임금의 정복) 袞服(곤복) 袞龍(곤룡) 袞衣(곤의) 袞冕(곤면) 袞職(곤직)

衣 부수(자원과 쓰임 → 2540 참조)

褐 굵은베옷/갈색 갈. 거친베옷 갈. 2575-10

- 衤 + 曷(어찌/쫓을/미칠 갈) = 褐 (1996 참조) ※ 褐과 褐(굵은베옷 갈)은 동자.
- 여기에서 曷은 葛(칡 갈)의 획 줄임으로 봄. 칡(曷 → 葛) 껍질로 베를 짜서 만든 (올이 굵고 거친) 옷(衤)이라는 데서 「굵은 베옷. 거친 베옷. (칡 색상의)갈색」 뜻으로.

褐夫(갈부 - 너절한 옷을 입은 천한 사람) 褐色(갈색 - 검은 빛을 띤 주황색)

襪 버선 말. 2576-10

- 衤 + {苜(눈바르지못할 멸) + 戍(수자리 수) = 蔑(업신여길 멸)} = 襪 (2769 참조)

버선(襪)

- 업신여김(蔑)을 받는 것처럼 언제나 발바닥에 밟히기만 하는 옷(衤)의 일종이라는 데서 「버선」 뜻으로.

洋襪(양말 - 실로 짠 서양식의 버선)

裨 도울 비(:) 더할/보텔/줄 비. 2577-10

- 衤 + 卑(낮을/천할 비) = 裨 (0340 참조)
- 생활 형편이 낮은(卑) 가난한 사람에게 구호품으로 옷(衤)을 준다(의복으로 가난한 사람을 도와준다)는 데서 「주다. 도우다. 보태다」 뜻으로.

裨益(비:익 - 보충하여 도움이 되게 함) 裨將(비장 - 조선 때 무관의 하나) 補裨(보:비 - 보충하여 도움)

衫 적삼 삼. 홑속옷/옷 삼. 2578-00

- 衤 + 彡(터럭/털무늬 삼) = 衫
※ 적삼 → 윗도리에 입는 홑옷.
- 가늘고 보드라운 터럭(彡)처럼 얇고 가벼운 옷(衤)이라는 데서 「적삼. 홑 속옷. 옷」 뜻으로.

衫子(삼자 - 여자의 옷으로, 저고리와 치마의 구별이 없이 이어진 옷)

褻 더러울/무람없을 설. 속옷 설. 2579-00

- 衣 + 埶(심을 예 | 심을 세) = 褻 (1103 참조)
- 심어(埶) 놓은 옷(衣), 곧 겉옷 안쪽에 붙박이로 입는 옷이라는 데서 「속옷. (속옷은 체액이 묻어 있어)더럽다. (속옷을 보인다는 데서)무람없다」 뜻으로.

褻語(설어 - 외설한 말) 褻瀆(설독) 猥褻(외:설 - 육체적 욕망의 행위에 관한 추잡하고 예의가 없는 일)

| 부수 6획 | 米 쌀 미 | 耒 쟁기 뢰 | 臼 절구 구 | 缶(缶) 장군 부 |

米 | 쌀 미. 낱알/미터 미. 2580-60

자원 米 → 사방(十)으로 널리어 있는 쌀알 모양(╳)을 표현.

쓰임 「쌀. 곡식」 의미로 쓰임.

米穀(미곡 - 쌀. 쌀 종류의 곡식) 米壽(미수 - 88세) 白米(백미) 玄米(현미) 精米(정미) 供養米(공:양미)

精 | 정할 정. 깨끗할/세밀할/정기/밝을 정. 2581-42

● 米 + 靑(푸를 청) = 精 (3369 참조)

☞ 쌀(米)이 잘 쓿어져(도정이 썩 잘되어) 희다 못하여 푸른빛(靑)이 감돌 정도로 티 없이 맑다(정갈하다)는 데서 「정하다. 깨끗하다. 밝다」 뜻으로.

精(정하다 - 거칠지 않고 매우 곱다) 精潔(정결) 精誠(정성) 精神(정신) 精氣(정기) 精密(정밀)

糧 | 양식 량. 곡식 량. 2582-40

● 米 + 量(헤아릴 량) = 糧 (2945 참조)

☞ 쌀(米)의 분량을 헤아려(量) 갈무리하여 놓은 것이라는 데서 「양식. 곡식」 뜻으로.

糧食(양식 - 먹을거리. 식량) 糧穀(양곡 - 양식으로 사용하는 곡식) 糧政(양정) 糧米(양미) 食糧(식량)

粉 | 가루 분(:) 분 분. 2583-40

● 米 + 分(나눌/쪼갤 분) = 粉 (0227 참조)

☞ 쌀(米)을 아주 잘게 나누어(분쇄하여)(分) 놓은 것이라는 데서 「가루」 뜻으로.

粉末(분말 - 가루) 粉食(분식 - 가루음식) 粉乳(분유) 粉碎(분쇄) 粉骨碎身(분골쇄신) 粉紅(분:홍)

粧 | 단장할 장. 2584-32

● 米 + 庄(농막 장 | 평평할 팽) = 粧 (0775 참조)

☞ 쌀가루(米)처럼 하얀 분을 얼굴에 평평하게(庄) 바른다는 데서 「단장하다」 뜻으로.

丹粧(단장 - 화장. 건물 등을 손질하여 꾸밈) 粧飾(장식) 化粧(화장) 化粧室(화장실) 美粧院(미:장원)

粟 | 조 속. 겉곡식 속. 2585-30

● 襾(= 两 덮을 아) + 米 = 粟

☞ 껍질이 덮여(襾 = 两) 있는 쌀(米) 유형의 겉곡식이라는 데서 「겉곡식. 조」 뜻으로.

粟米(속미 - 좁쌀) 粟粒(속립 - 좁쌀의 낱알) 滄海一粟(창해일속 - 지극히 작고 하찮음을 일컬음)

조(粟)

※ 부수(자원과 쓰임 → 2580 참조)

糖 엿 당｜사탕 탕. 2586-30

- 米 + 唐(당나라/허풍 당) = 糖 (0822 참조)
- ☞ 쌀(米)이 허풍(唐)을 이루는 것처럼 빈 껍질만을 남기면서(발효 과정을 거치면서) 빚어진 감주를 달이어(졸이어) 만든 것이라는 데서 「엿. (엿의 일종인)사탕. 설탕」 뜻으로.
- ※ 쌀밥에 엿기름을 넣어 삭히면 밥알이 허풍을 이루듯이 빈 껍질만을 남기면서 생성되는 것이 감주.

糖分(당분 - 단맛이 나는 탄수화물) 糖度(당도) 糖類(당류) 糖質(당질) 糖尿(당뇨) 雪糖(설탕)

糞 똥 분. 2587-10

- 米 + 異(다를 이) = 糞 (2116 참조)
- ☞ 쌀(쌀밥)(米)이 소화 과정을 거치어 다른(異) 물질로 변모한 것이라는 데서 「똥」 뜻으로.

糞尿(분뇨 - 똥과 오줌) 糞土(분토 - 더러운 흙) 人糞(인분) 鷄糞(계분) 牛糞(우분) 馬糞(마:분)

粒 낟알 립. 알갱이/쌀알 립. 2588-10

- 米 + 立(설/세울 립) = 粒
- ☞ 외톨이로 서(세워져)(立) 있는 (낱개의) 쌀(米)이라는 데서 「낟알. 쌀알. 알갱이」 뜻으로.

粒子(입자 - 물질을 이루는 매우 작은 낱낱의 알갱이) 顆粒(과립 - 둥글고 잔 알갱이) ※ 顆(낟알 과)

粘 붙을/끈끈할 점. 2589-10

- 米 + 占(점칠/점령할/자리에붙어있을 점) = 粘 (0398 참조)
- ☞ 쌀(米)로 지은 쌀밥은 끈끈하여 자리에 달라붙는다(占)는 데서 「붙다. 끈끈하다」 뜻으로.

粘液(점액 - 끈끈한 액체) 粘土(점토 - 진흙) 粘性(점성) 粘力(점력) 粘膜(점막) 粘質(점질)

粗 거칠 조. 클 조｜거칠/클 추. 2590-10

- 米 + 且(또 차｜수두룩할 저) = 粗 (0011 참조)
- ☞ 쌀(米)에 쌀겨가 수두룩하게(且) 붙어 있어 낟알이 굵고 거칠어 보인다는 데서 「크다. 거칠다」 뜻으로.

粗雜(조잡 - 거칠고 잡스러움) 粗惡(조악 - 거칠고 나쁨) 粗飯(조반) 粗服(조복) 粗略(조략) 粗鑛(조광)

粱 기장 량. 2591-10

- {氵(물 수) + 刃(칼날 인) = 㓁(물/젖어맞붙을 연)} + 丶(불똥/점 주) + 米 = 粱
- ※ 기장 → 조보다 낟알이 굵으며 밥을 지으면 차지고 맛있는 곡식임.
- ☞ 물에 젖어 맞붙어(㓁) 있는 밥알 모양(丶), 곧 (매우 차지어서) 밥알이 서로 달라붙어 있는 쌀(米) 종류의 곡식이라는 데서 「기장」 뜻으로.

粱米(양미 - 기장과 쌀) 膏粱珍味(고량진미 - 기름진 고기와 좋은 곡식으로 만든 맛있는 음식)

粹 순수할 수. 순전할/오로지 수. 2592-10

- 米 + 卒(군사/마칠/다할 졸) = 粹 (0336 별첨)

米 부수(자원과 쓰임 → 2580 참조)

☞ (절구에 찧은) 쌀(米)이 쓿기를 마치어(卒) 쌀겨 같은 불순물이 조금도 섞여 있지 않다는 데서 「순수하다. 순전하다」 뜻으로.

純粹(순수 - 조금도 잡것이 섞이지 아니함. 사념이나 사욕이 없음) 粹美(수미) 粹然(수연) 精粹(정수)

糟 지게미 조. 2593-10

◉ 米 + 曹(마을/무리 조) = 糟 (1993 참조)
※ 지게미 → 술을 거르고 남은 찌꺼기.
☞ 쌀(쌀밥)(米)로 빚은 술을 채로 걸러 놓은 누룩 찌끼와 쌀밥의 껍질이 무리(曹)지어 있는 것이라는 데서 「지게미」 뜻으로.

糟糠之妻(조강지처 - 지게미를 같이 먹고 어렵게 살던 아내. 고생을 함께한 아내) 糟粕(조박 - 재강)

糠 겨 강. 쌀겨 강. 2594-10

◉ 米 + 康(편안할/화할/빌 강) = 糠 (0763 참조)
☞ 쌀(米)이 비어(康) 있는 벼의 겉껍질이라는 데서 「쌀겨. 겨」 뜻으로.

粕 지게미 박. 2595-10

◉ 米 + 白(흰/밝을 백) = 粕
☞ 쌀(米)로 빚은 술밥을 채로 걸러 내어놓은 흰(白) 껍질이라는 데서 「지게미」 뜻으로.

酒粕(주박 - 지게미) 糟粕(조박 - 재강. 술을 거르고 남은 찌끼) 大豆粕(대:두박 - 콩깻묵)

糊 풀/풀칠할 호. 모호할/죽 호. 2596-10

◉ 米 + 胡(오랑캐/턱밑살/목 호) = 糊 (2390 참조)
☞ 쌀(米)의 형체가 쭈글쭈글한 턱밑 살(胡)처럼 허물어져 있는 것(음식)이라는 데서 「풀. 죽. (풀로) 풀칠하다. (허물어진 풀은 낱알을 분간하기가 어렵다는 데서)모호하다」 뜻으로.

糊塗(호도 - 명확하게 밝히지 않고 덮어 버림을 일컬음) 糊口(호구) 模糊(모호) 曖昧模糊(애:매모호)

糢 모호할 모. 모범/흐릴/법 모. 2597-10

◉ 米 + 莫(없을/말 막 | 저물 모) = 糢 (2731 참조) ※ 糢는 模(모범 모)의 속자.
☞ 모범을 의미하는 模에서 나무(木)보다 의식주에서 더욱 귀하게 여기는 쌀(米)을 대체하여 속자인 糢가 탄생된 것으로 봄. 木 부수에서 米 부수로 변경된(옮겨진) 사유가 분명하지가 않다는 데서 「흐리다. 모호하다」 뜻으로. (模 → 1617 뜻풀이 참조)

模湖=糢湖(모호하다 - 말이나 태도가 흐리터분하여 분명하지 못하다)

粥 죽 죽. 미음 죽 | 팔 육. 2598-00

◉ 米 + {弓(활 궁) + 弓 = 弜(굳셀 강)} = 粥
☞ 쌀(米)이 굽은 활(弓)처럼 굳세게(弜) 굴곡져(짓눌려) 있는, 곧 쌀알이 허물어져 있는 미음이나 죽 모양이라는 데서 「죽. 미음. (장터에서 흔히들 팥죽을 쑤어 판다는 데서)팔다」 뜻으로.

粥飯僧(죽반승 - 죽과 밥 간에 먹기만 하는 중이란 뜻으로, 무능한 사람을 욕하는 말)

589

米	耒	臼	缶(缶)
쌀 미	쟁기 뢰	절구 구	장군 부

부수 6획

耒 쟁기 뢰: 따비/굽정이/훌정이 뢰. 2599-00

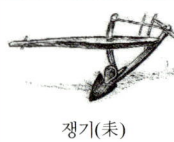
쟁기(耒)

- **자원** 耒 → 끝이 쭈뼛한 삽 모양의 보습(➡ → 보습 모양)을 나무(木)에 끼워 놓은 쟁기를 표현.
- **쓰임** 「쟁기」 의미로 쓰임.
- ※ 쟁기 → 논밭을 가는 데 쓰는 농기구의 한 가지.

耒耜(뢰:사 - 가래. 농기구의 일종) ※ 耜(보습 사 → 쟁기에 끼우는 삽 모양의 쇳조각)

耕 밭갈 경. 2600-32

- ◉ 耒 + 井(우물 정) = 耕 (0212 참조)
- ☞ 쟁기(耒)로, (우물 언저리에 나무를 상하좌우로 걸쳐 놓은) 정(井) 글자 형상처럼 밭에 이랑(골)을 낸다는 데서 「밭 갈다」 뜻으로.

耕地(경지 - 농사를 짓는 땅) 耕田(경전 - 논밭을 갊. 논밭) 耕作(경작) 耕耘機(경운기) 水耕(수경)

耘 김맬 운. 2601-10

- ◉ 耒 + 云(이를/일어날/움직일 운) = 耘 (0214 참조)
- ☞ 쟁기(耒)로 흙을 일어나게(云)하여(일으키어) 잡초를 제거한다는 데서 「김매다」 뜻으로.

耘鋤(운서 - 잡초를 베어 내고 논밭을 갊) ※ 鋤(호미 서) 耕耘機(경운기 - 논밭을 가는 기계)

耗 소모할/줄 모. 축날/해질/없을 모. 2602-10

- ◉ 耒 + 毛(털 모) = 耗 (1419 참조)
- ☞ 쟁기(耒)가 (오래도록 사용하여) 가느다란 털(毛)처럼 가늘어져 있다(닳아서 크기가 많이 줄어들었다)는 데서 「줄다. 축나다. 해지다. (크기가 줄도록)소모하다」 뜻으로.

消耗(소모 - 써서 닳아 없어짐) 消耗戰(소모전) 損耗(손:모 - 씀으로써 닳아 손실됨)

| 부수 6획 | 米 쌀 미 | 耒 쟁기 뢰 | 臼 절구 구 | 缶(缶) 장군 부 |

臼 절구 구. 2603-10

절구(臼)

- 자원 臼 → 속이 우묵하게 파인 절구 모양을 표현.
- 쓰임 「절구. 절구 모양」과 의미로 쓰임.
- ※ 절구 → 곡식을 찧거나 빻는 데 쓰는 기구. 통나무나 돌의 속을 파내어 그 속에 곡식 같은 것을 넣고 절굿공이로 찧게 되어 있음.

臼狀(구상 - 절구처럼 가운데가 우묵하게 파인 형상) 臼杵(구저 - 절구와 공이) 臼齒(구치 - 어금니)

舊 예 구: 오랠/늙은이/친구 구. 2604-50

- 萑(갈대 환) + 臼 = 舊

갈대(萑)

☞ (바람에 하늘거리는) 갈대(萑)처럼 가느다란 절구(臼), 곧 통통한 절구가 닳아서 갈대처럼 가늘어질 정도로 무척이나 오랜 세월이 흘렀다는 데서 「예. 오래다. (오래도록 살아온)늙은이. (오래된)친구」 뜻으로.

舊習(구·습 - 옛날 풍습과 습관) 舊式(구:식) 舊正(구:정) 舊面(구:면) 舊派(구:파) 舊弊(구:폐) 親舊(친구)

興 일 흥(:) 일어날/일으킬/성할/기쁠 흥. 2605-42

- {臼 + 廾(손맞잡을 공) = 舁(= 舁 마주들/들것 여)} + 同(한가지/함께 동) = 興
- ☞ 여러 사람들이 함께(同) 힘을 합하여 물건을 들어(舁) 올린다(일으켜 세운다)는 데서 「일으키다. 일다. 일어나다. (일어나서)성하다」 뜻으로.

興盛(흥성 - 매우 왕성하게 일어남) 興亡(흥망) 興業(흥업) 興奮(흥분) 興盡悲來(흥진비래) 興味(흥:미)

★ 舁(=舁 마주들/들것 여)와 결합을 이룬 글자. 2605 별첨

| 轝(수레 여) | ☞ 車(3170) → 두 사람이 마주 들어(舁) 어깨에 메고 가는 수레(車)이라는 데서 「(손)수레」 |

與 더불/줄 여: 참여할/미칠/무리 여. 2606-40

- {臼 + 廾(손맞잡을 공) = 舁(= 舁 마주들/들것 여)} + 与(줄 여) = 與
- ☞ 물건을 두 손으로 마주 들어(舁) 상대방에게 건네준다(与)는 데서 「주다. (서로가 주고받는 관계이라는 데서)더불어. 참여하다. 미치다. (참여한)무리」 뜻으로.

與件(여:건 - 주어진 조건) 與信(여:신) 與圈(여:권) 與黨(여:당) 與奪(여:탈) 與否(여:부) 賦與(부:여)

臼 부수(자원과 쓰임 → 2603 참조)

★ 與(더불/줄/참여할/미칠/무리 여)와 결합을 이룬 글자.　　　　　　　　　　　2606 별첨

擧(들 거)　　☞ 手(1426) → 여럿이 더불어(참여하여)(與) 무거운 물건을 손(手)으로 들어 올린다는 데서「들다. 일으키다」擧手(거수)
譽(기릴 예)　☞ 言(3233) → 다른 사람을 높이 받들어 주는(與) 말씀(言)을 한다는 데서「기리다」
嶼(섬 서)　　☞ 山(0550) → 산(山)이 더불어(무리지어)(與) 있는 형상을 이루어 바다에 즐비하게 늘어서 있는 작은 섬이라는 데서「작은 섬. 섬」島嶼(도서)

舅　시아비/외삼촌 구. 장인 구.　　2607-10

◉ 臼 + 男(사내 남) = 舅 (2106 참조)

☞ 절구는 수명이 긴 기구로, 절구(臼)를 물려받는(생활권을 이어받는) 남자(男)로서, 본가에서는 시아버지, 외가는 외삼촌, 처가는 장인이 되는 데서「시아버지. 외삼촌. 장인」뜻으로.

舅姑(구고 - 시부모) 內舅(내:구 - 외숙. 외삼촌) 外舅(외:구 - 장인丈人을 편지에서 일컫는 말).

舂　찧을 용. 절구질할 용.　　2608-00

◉ {二(두 이) + 大(큰 대) = 夫(클 태)} + 臼 = 舂

☞ 두(二) 사람이 다리를 크게(大) 벌리고 서서 절구(臼)에 공이질하는 모습에서「절구질하다. 찧다」뜻으로.

舂杵(용저 - 절굿공이)

米	耒	臼	缶(𦈢)
쌀 미	쟁기 뢰	절구 구	장군 부

부수 6획

缶 | 장군 부. 질장구 부. 2609-00

장군(缶)

자원 缶 → 비스듬하게 기울어진 주둥이(ノ 삐침 별)와 방패(干 방패 간) 모양처럼 둥글넓적한 그릇(凵 그릇 감), 곧 장군 모양을 표현.

쓰임 「장군. 오지그릇」 의미로 쓰임.

※ 장군 → 주둥이는 비좁고 비스듬하며 배가 불룩한 타원형으로, 나무와 오지그릇으로 된 두 종류가 있으며, 나무로 된 것은 주로 분뇨를 담아 나르는 용기(똥장군)로 쓰이고, 오지그릇으로 된 장군은 물·간장·술 따위를 담는 용기로 쓰임.

缶器(부기 - 배가 넓고 주둥이를 좁게 만든 그릇)

缺 | 이지러질 결. 깨질 결. 2610-42

● 缶 + {⊐(= 凵 얽힐 구) + 人 = 夬(터놓을/결단할 쾌)} = 缺 (1187 참조)

☞ 장군(오지그릇)(缶)이 부딪치어 결단된다(터진다)(夬)는 데서 「이지러지다. 깨지다」 뜻으로

缺點(결점 - 잘못되거나 모자라는 점) 缺席(결석) 缺損(결손) 缺格(결격) 缺乏(결핍) 缺航(결항)

缸 | 항아리 항. 2611-10

● 缶 + 工(장인/만들 공) = 缸

항아리(缸)

☞ 여기에서 공(工)은 세워 놓은 항아리 모양을 표현. 공(工) 글자 형상처럼 생긴 오지그릇(缶)이라는 데서 「항아리」 뜻으로.

缸胎(항태 - 오지그릇의 한 가지. 거칠고 두꺼우며 썩 무거움)

※ 缶와 결합을 이룬 글자 → 謠(노래 요 → 言 부수) 陶(질그릇 도 → 阜 부수) 搖(흔들릴 요 → 手 부수) 遙 (멀 요 → 辵 부수) 등이 있음.

虫	舛	网 (冈冈冈冗)	聿
벌레 충	어그러질 천	그물 망	붓 율

부수 6획

虫 벌레 충. 버러지/인충과 개충의 전체를 일컫는 말/어류와 패류 훼. 2612-00

자원 虫 → 몸뚱이(口)를 ᆺ(厶 사사로울 사 → 「팔꿈치 모양」을 표현한 글자) 글자 형상처럼 오므렸다가 펴는 지렁이 유형의 벌레 모양을 표현.

쓰임 「벌레. 조개(어패)류」 의미로 쓰임.

※ 虫은 蟲(벌레 충)의 약자(略字)로 쓰임.

蟲 벌레 충. 2613-42

◉ 虫 × 3 = 蟲 또는 虫 + 䖝(벌레 곤) = 蟲

☞ 동일한 글자를 삼중으로 겹쳐 놓은 것은 많은 수효를 의미함. 벌레(虫)가 많이(× 3) 모여 있는, 또는 벌레(虫)와 벌레들(䖝)이 많이 모여 있는 모양에서 「벌레」 뜻으로.

蟲魚(충어 - 벌레와 물고기) 蟲齒(충치) 蟲蝕(충식) 昆蟲(곤충) 幼蟲(유충) 益蟲(익충) 害蟲(해:충)

蛇 뱀 사. 2614-30

◉ 虫 + 它(다를/짊어질/더할 타 | 뱀 사) = 蛇

☞ 벌레(虫)의 일종인 뱀(它)이라는 데서 「뱀」 뜻으로.

毒蛇(독사 - 독을 가진 뱀의 총칭) 蛇足(사족) 長蛇陳(장사진) 龍蛇飛騰(용사비등) 畵蛇添足(화:사첨족)

★ 它(다를/짊어질/더할 타 | 뱀 사)와 결합을 이룬 글자. 2614 별첨

舵(키 타) ☞ 舟(2892) → 배(舟)를 다른(它) 방향으로 전환시키는(방향을 조종하는) 장치이라는 데서 「키」

陀(비탈질 타) ☞ 阜(3364) → 언덕(阝)이 더하여(它) 있는, 곧 언덕과 언덕이 덧대어져(겹쳐져) 있어서 지세가 매우 가파르고 험하다는 데서 「비탈지다. 험하다」 佛陀(불타)

駝(낙타 타) ☞ 馬(3603) → 등에 짐을 짊어지고(它) 있는 모양처럼 큰 혹이 붙어 있는 말(馬)과 유사한 동물이라는 데서 「낙타」 駱駝(낙타)

蜂 벌 봉. 2615-30

◉ 虫 + 夆(만날/봉우리 봉) = 蜂 (0527 참조)

☞ 봉우리(夆) 형상을 이루어 분봉(分蜂 → 새로 태어난 여왕벌이 다른 곳에 봉우리 형상의 집을 지어 옮겨감)하는 벌레(虫)이라는 데서 「벌」 뜻으로.

蜂蜜(봉밀 - 꿀) 蜂針(봉침 - 모양을 한 벌의 산란관) 蜂起(봉기) 蜂群(봉군) 分蜂(분봉) 養蜂(양:봉)

벌(蜂)

벌집(蜂房)

虫 부수(자원과 쓰임 → 2612 참조)

蜜 꿀 밀.   2616-30

◉ {宀(움집 면) + 必(반드시 필) = 宓(편안할/조용할/몰래 밀)} + 虫 = 蜜 (0599 참조)
☞ 집을 지어 몰래(宓) 저장하여 놓은 벌레(꿀벌)(虫)의 먹이이라는 데서 「꿀」뜻으로.

蜜柑(밀감 - 귤. 귤나무) 蜜語(밀어 - 달콤한 말. 정담) 蜜蠟(밀랍) 蜜月旅行(밀월여행) 蜂蜜(봉밀)

螢 반딧불 형. 개똥벌레 형.   2617-30

◉ {火 + 火 = 炏(불성할 개)} + 冖(덮을 멱) + 虫 = 螢 (1614 참조)

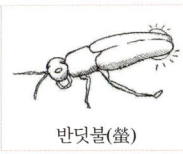
반딧불(螢)

☞ 불이 성하게(炏) 덮여(冖) 있는 모양을 이루어 불빛을 반짝이는 벌레(虫)이라는 데서 「반딧불. 개똥벌레」뜻으로.

螢雪(형설 - 고학으로 애써 공부함을 일컬음) 螢石(형석) 螢光燈(형광등)

蠻 (남녘)오랑캐 만.   2618-30

◉ {糸(실 사) + 言(말씀 언) + 糸 = 䜌(끊이지않을/맬 련)} + 虫 = 蠻 (0928 참조)
☞ 끊이지 않는(䜌) 벌레(虫), 곧 끊임없이 사람에게 귀찮게 굴어대는 파리나 모기떼 같은 종족이라는 의미가 부여되어 「(남녘)오랑캐」뜻으로.

蠻族(만족 - 야만족) 蠻狄(만적 - 오랑캐) 蠻行(만행) 蠻勇(만용) 蠻地(만지) 南蠻(남만) 野蠻(야:만)

蠶 누에 잠. 누에칠 잠.   2619-30

◉ 朁(참여할 참 → 簪「비녀 잠」의 비녀 모양) + 蚰(벌레 곤) = 蠶 (1231 참조)
☞ 몸뚱이가 비녀(朁 → 簪) 모양처럼 생긴 벌레(蚰)이라는 데서 「누에」뜻으로.

蠶絲(잠사 - 고치실) 蠶桑(잠상 - 누에를 치고 뽕나무를 기름) 蠶室(잠실 - 누에를 치는 방) 養蠶(양:잠)

蝶 나비 접.   2620-30

◉ 虫 + 枼(얇을/모진나무/들창 엽) = 蝶 (2725 참조)

나비(蝶)

☞ (얄팍한 나뭇잎처럼) 얇은(枼) 날개가 붙어 있는 벌레(虫)이라는 데서 「나비」뜻으로.

蝶泳(접영 - 수영법의 하나) 蝶舞(접무) 蝶夢(접몽) 胡蝶(호접 - 나비)

蜀 나라이름 촉. 나비애벌레 촉.   2621-20

◉ 罒(그물 망) + 勹(쌀 포) + 虫 = 蜀
☞ 그물(罒)처럼 이루어진 망(거미줄)에 둘러싸여(勹) 있는 벌레(虫)이라는 데서 「나비 애벌레. (蜀이 촉나라 국명으로 쓰였기에)나라 이름」음훈으로.

蜀漢(촉한 - 중국 삼국 시대에 유비劉備가 세운 나라)

虫 부수(자원과 쓰임 → 2612 참조)

> ★ 蜀(나라이름/나비애벌레 촉)과 결합을 이룬 글자.　　　　　　　　　　　　　2621 별첨
>
> 觸(닿을 촉)　☞ 角(3320) → 나비 애벌레(蜀)의 뿔(촉각)(角)이 더듬거리어 물체에 닿는다는 데서「닿다」
>
> 燭(촛불 촉)　☞ 火(1120) → 나비 애벌레(蜀) 모양처럼 생긴 둥글고 길쭉한 촛대에 켜 놓은 불(火)이라는 데서 「촛불」燭臺(촉대)
>
> 獨(홀로 독)　☞ 犬(1387) → 개(犭)가, 망(그물)에 둘러싸여 있는 나비 애벌레(蜀)처럼 우리 속에 갇혀 있어 무척 외로워 보인다는 데서「홀로. 외롭다」獨孤(독고)
>
> 濁(흐릴 탁)　☞ 水(1261) → 거미줄(망)에 둘러싸이어 흐릿하게 보이는 나비 애벌레(蜀)처럼 물(물빛)(氵)이 매우 흐릿하여 보인다는 데서「흐리다」濁流(탁류)

融　녹을 융. 녹일/화합할/통할 융.　　　　　　　　　　　　　　　　　　　2622-20

⊙ 鬲(오지병 격 ǀ 솥 력) + 虫 = 融

☞ 쇠붙이를 솥(용광로)(鬲)에 넣어서 높은 열을 가하면 허물거리는 벌레(虫)처럼 물렁하게 녹아 내린다는 데서「녹다. 녹이다. (대립된 감정이 녹아내리어)화합하다. 통하다」뜻으로.

融和(융화 - 서로 어울려 갈등이 없어짐) 融合(융합) 融資(융자) 融通(융통) 金融(금융)

蟾　두꺼비 섬.　　　　　　　　　　　　　　　　　　　　　　　　　　　　2623-20

⊙ 虫 + 詹(이를/수다할 첨 ǀ 넉넉할 담) = 蟾 (1428 참조)

☞ (몸집이 뚱뚱하고 느릿하여) 매우 넉넉하여(여유로워)(詹) 보이는 벌레(虫)의 일종이라는 데서 「두꺼비」뜻으로.

蟾蛇酒(섬사주 - 두꺼비를 삼키는 살모사를 잡아 빚은 술) 蟾津江(섬진강 - 남해로 흘러 들어가는 강)

蛔　회충 회.　　　　　　　　　　　　　　　　　　　　　　　　　　　　　2624-10

⊙ 虫 × 回(돌아올/돌 회) = 蛔 (0641 참조)

☞ 몸 안과 몸 밖, 또는 뱃속에서 돌아(回)다니는 벌레(虫)이라는 데서「회충」뜻으로.

※ 회충 → 체내에서 낳은 알이 체외로 배출되어 부화한 유충이 체내에 들어와서 돌아다니는 벌레임.

蛔蟲(회충 - 회충과에 속하는 인체 기생충. 몸길이가 15㎝~40㎝이고 지렁이와 비슷함)

蝕　좀먹을 식. 벌레먹을/일식/월식 식.　　　　　　　　　　　　　　　　　2625-10

⊙ 食(밥/먹을 식 ǀ 밥/먹이 사) + 虫 = 蝕

☞ 먹이(食)를 벌레(虫)가 갉아먹는다는 데서「좀먹다. 벌레 먹다. (좀이 해와 달을 갉아먹는 모양새를 이루는 현상이라는 데서)일식. 월식」뜻으로.

日蝕(일식 - 태양의 일부 또는 전부가 달에 숨겨지는 현상) 皆旣月蝕(개기월식) 浸蝕(침:식) 腐蝕(부:식)

虹　무지개 홍.　　　　　　　　　　　　　　　　　　　　　　　　　　　　2626-10

⊙ 虫 + 工(장인/만들 공) = 虹

☞ 위아래가 이어져 있는 공(工) 글자 형상 → 하늘(一)과 지면(一)에 이어져(잇닿아)(丨) 있는 구부정한 벌레(虫)처럼 생긴 무지개 모양이라는 데서「무지개」뜻으로.

虹橋(홍교 - 무지개다리) 虹霓(홍예 - 무지개) ※ 霓(무지개 예) 虹霓門(홍예문 - 무지개 모양의 문)

虫 부수(자원과 쓰임 → 2612 참조)

蝸 달팽이 와. 2627-10

● 虫 + 咼(입비뚤어질 괘 | 입비뚤어질 화) = 蝸 (3093 참조)

달팽이(蝸)

☞ 입이 비뚤어진(咼), 곧 주둥이를 껍질 바깥으로 비스듬하게 내어 밀고 먹이를 갉아 먹거나 이동하는 벌레(虫)라는 데서「달팽이」뜻으로.

蝸牛(와우 - 달팽이) 蝸瘡(와창) 蝸牛角上(와우각상 - 세상이 좁음을 비유한 말) 蝸角之爭(와각지쟁)

蜚 날(飛)/바퀴 비. 벼메뚜기 비. 2628-10

● 非(아닐/어긋날 비 →「날개 모양」을 표현한 글자) + 虫 = 蜚 (3414 참조)

메뚜기(蜚)

☞ (날개 모양을 표현한) 비(非) 글자 형상의 두 날개로 날아다니는 벌레(虫)이라는 데서「날다. 바퀴. 벼메뚜기」뜻으로.

流言蜚語(유언비어 - 아무런 근거 없이 널리 퍼진 소문)

蟄 숨을 칩. 움츠릴 칩. 2629-10

● 執(잡을/지킬 집) + 虫 = 蟄 (0672 참조)

☞ 집을 지키는(執) 벌레(虫), 곧 벌레가 겨울 동안에 비좁은 집(틈)으로 숨어들어 가서 움츠리고 있다는 데서「숨다. 움츠리다」뜻으로.

蟄居(칩거 - 활동하지 않고 집에만 죽치고 있음) 驚蟄(경칩 - 24절후의 셋째. 양력 3월 5일경)

蠟 밀 랍. 2630-10

● 虫 + 巤(말갈기/밑 렵) = 蠟 (1398 참조)

☞ 벌레(虫), 곧 꿀벌이 (촘촘하고 가지런하게 드리워져 있는) 말갈기(巤) 모양처럼 겹겹으로 가지런하게 지어 놓은 먹이 저장고(벌집)이라는 데서「밀」뜻으로.

蠟燭(납촉 - 밀초) 白蠟(백랍) 蜜蠟(밀랍 - 꿀벌의 집을 만드는 주성분) 蜜蠟人形(밀랍인형)

蛋 새알 단. 2631-10

● 疋(발 소 | 짝 필) + 虫 = 蛋

☞ 발(疋) 아래에 놓여 있는 벌레(虫), 곧 새가 깃으로 품고 발아래에 놓아두고서 이리저리 굴리는 (새끼로 부화시킬 벌레 상태의) 알이라는 데서「새알」뜻으로.

蛋白(단백 - 알의 흰자위. 단백질로 된 물질) 蛋白質(단백질) 蛋白尿(단백뇨)

蛟 이무기/교룡 교. 2632-10

● 虫 + 交(사귈/서로 교) = 蛟 (0200 참조)

※ 이무기 → 용이 되지 못하고 물속에 산다고 하는 큰 구렁이로, 천년을 더 기다려야 용이 될 수 있는 기회를 얻는다고 하는 전설상의 동물.

597

☞ 서로(交) 교체되는 벌레(虫), 곧 몸뚱이가 탈바꿈하여 장차 용으로 변모한다는 벌레(虫) 유형의 (전설상의) 동물이라는 데서 「이무기」 뜻으로.
蛟龍(교룡 - 전설상의 용의 하나. 때를 만나지 못해 뜻을 못 이룬 영웅호걸을 비유한 말)

螳 사마귀 당.   2633-10

◉ 虫 + 堂(집/정당할 당) = 螳 (0653 참조)

사마귀(螳)

※ 사마귀 → 몸이 길며 머리는 삼각형으로, 녹색 또는 황갈색을 띠고 다른 곤충을 잡아먹는 벌레임.
☞ (위세가 매우) 당당한(堂) 벌레(虫), 곧 덩치가 매우 큰 상대와 마주쳐도 물러섬이 없이 고개를 쳐들고 당당하게 버티는 벌레라는 데서 「사마귀」 뜻으로.
螳螂拒轍(당랑거철 - 사마귀가 수레를 가로막았다는 고사. 분수도 모르고 반항함을 일컬음) 螳螂在後(당랑재후 - 눈앞의 욕심에만 눈이 어두워 그 뒤에 올 재화를 알지 못한다는 뜻)

螺 소라 라.   2634-10

◉ 虫 + 累(포갤/여러 루) = 螺 (2487 참조)
☞ 여러 개의 물건을 포개어(累) 놓은 모양처럼 껍데기가 둘둘 말리어(나선형으로 이루어져) 있는 벌레(조개류)(虫)이라는 데서 「소라」 뜻으로.
螺絲(나사 - 소라처럼 빙빙 비틀리어 고랑이 진 물건) 螺鈿漆器(나전칠기) 螺醢(나해 - 소라젓)

螟 멸구 명. 마디충 명.   2635-10

◉ 虫 + 冥(어두울 명) = 螟 (0312 참조)
※ 마디충 → 식물의 줄기 속을 파먹는 곤충의 총칭.
☞ 어두운(冥) 곳(식물의 줄기 속)에서 서식하는 벌레(虫)이라는 데서 「멸구」 뜻으로.
螟蟲(명충 - 명나방의 애벌레. 마디충) 螟蛾(명아 - 명나방)

蟠 서릴 반. 쥐며느리 번.   2636-10

◉ 虫 + 番(차례/갈릴/갈마들 번) = 蟠 (2110 참조)
※ 쥐며느리 → 타원형의 접지동물로 13개의 흉절과 복절로 되어 있으며 자극을 주면 몸을 움츠려서 죽는 시늉을 하는 곤충으로, 대청마루 밑 같은 곳에서 흔히 서식함.
☞ 갈마드는(番) 것처럼 몸의 마디(흉절과 복절)를 번갈아 가며 오므리고 펴는 벌레(虫)이라는 데서 「쥐며느리. (오므리는 쥐며느리처럼 노끈을 포갠다는 데서)서리다」 뜻으로.
蟠龍(반룡 - 아직 하늘에 오르지 못하고 땅에 서리고 있는 용)

蜃 무명조개/큰조개 신: 대합조개/신기루 신.   2637-10

◉ {厂(굴바위 엄) + 一 + 衣(→ 옷자락 모양) = 辰(별/일진 진)} + 虫 = 蜃 (2993 별첨)
☞ 辰 → 두 짝으로 벌어진 조가비(厂)와 살점(一), 옷자락 모양의 촉수(衣), 곧 진(辰) 글자 형상처럼 생긴 벌레(어패류)(虫)이라는 데서 「무명조개. 대합조개. 큰 조개」 뜻으로.
蜃氣樓(신:기루 - 빛의 이상 굴절로 인하여 하늘에 물상물상이 나타나는 현상)

虫 부수(자원과 쓰임 → 2612 참조)

蛤 대합조개/조개 합. 무명조개 합.　2638-10

● 虫 + 合(합할/모을 합) = 蛤 (0795 참조)

☞ (두 짝으로 나뉘어져 있는) 조가비가 한데 합하여(合)지는 벌레(조개류)(虫)라는 데서 「대합조개. 조개. 무명조개」 뜻으로.

大蛤(대:합 - 백합과의 조개) 蛤子(합자 - 말린 조개) 蛤魚(합어 - 개구리·두꺼비의 별칭) 紅蛤(홍합)

蝦 새우 하. 두꺼비 하.　2639-10

● 虫 + 叚(빌/빌릴 가 → 여기에서는 「새우 모양」을 표현) = 蝦 (0070 참조)

새우(蝦)

☞ 새우의 눈과 더듬이(卪), 엎어 놓은 상자(冂 → 匚 상자 방)처럼 갑각(甲殼)으로 둘러 있는 표피, 꼬여 있는 발(又), 곧 가(叚) 글자 형상처럼 생긴 어패류(虫)라는 데서 「새우」 뜻으로.

大蝦(대:하 - 왕새우) 蝦蟆(하마 - 청개구리) ※ 蟆(개구리 마) 蝦醢(하해 - 새우젓)

蚓 지렁이 인.　2640-10

● 虫 + 引(끌/이끌/활당길 인) = 蚓 (0915 참조)

☞ 길쭉한 몸뚱이를 끌어(引)당기면서 이동하는 벌레(虫)라는 데서 「지렁이」 뜻으로.

蚯蚓(구인 - 지렁이) ※ 蚯(지렁이 구)

蠢 꿈틀거릴/꾸물거릴 준: 무례한모양 준.　2641-10

● 春 + {虫 × 2 = 蚰(벌레 곤)} = 蠢 (1019 참조)

☞ 봄(春)이 오면 벌레들(蚰)이 겨울잠에서 깨어나 이리저리 움직인다는 데서 「꿈틀거리다. 꿈실거리다. (꿈실거리는 언행을 보인다는 데서)무례한 모양」 뜻으로.

蠢動(준:동 - 벌레가 꿈적거린다는 뜻으로, 불순한 무리가 소동을 벌임) 蠢然(준:연) 蠢愚(준:우)

蚊 모기 문.　2642-10

● 虫 + 文(글월/무늬/문채날 문) = 蚊 (1824 참조)

☞ 여기에서 文은 모기 모양을 표현. 머리와 뾰족한 주둥이(亠), 겹쳐져 있는 다리(乂) 모양, 곧 문(文) 글자 형상처럼 생긴 벌레(虫)라는 데서 「모기」 뜻으로.

蚊陣(문진 - 모기떼) 見蚊拔劍(견:문발검 - 모기를 보고 칼을 빼든다는 뜻으로, 과잉 대응을 이르는 말)

蟬 매미 선.　2643-00

● 虫 + {吅 + 甲(갑옷 갑) + 一 = 單(홀/외짝 단)} = 蟬 (0813 참조)

매미(蟬)

☞ 單은 매미 모양을 표현. 매미의 도드라진 두 눈(吅), 갑옷(甲) 형상의 각질에 둘러싸인 몸, 펼쳐진 날개(一), 곧 단(單) 글자 형상처럼 생긴 벌레(虫)라는 데서 「매미」 뜻으로.

蟬翼(선익 - 매미의 날개. 가볍고 섬세하거나 아름다움을 비유하여 이르는 말)

虫 부수(자원과 쓰임 → 2612 참조)

蛾 누에나방 아. 누에나비/나비눈썹/나방 아.   2644-00

◉ 虫 + 我(나/우리 아) = 蛾 (1763 참조)

☞ 나(우리)(我)와 함께 거처하는(방에서 키우는) 벌레(虫)라는 데서「누에나방. 누에나비. (누에나비처럼 생긴)나비 눈썹」뜻으로.

蛾眉(아미 - 미인의 눈썹. 미인) 誘蛾燈(유아등 - 나방이나 벌레를 유인하여 잡을 수 있게 만든 등)

蛙 개구리 와. 음란할 와.   2645-00

◉ 虫 + 圭(홀/서 옥 규) = 蛙 (0697 참조)

개구리(蛙)

☞ 규규(圭)거리는 울음소리를 내는 벌레(虫)라는 데서「개구리. (개구리 소리는 음란하게 들린다는 데서)음란하다」뜻으로.

蛙聲(와성 - 개구리 우는 소리) 井底之蛙(정저지와 - 우물 안 개구리. 견문이 얕은 사람을 비유한 말)

蝴 나비 호.   2646-00

◉ 虫 + 胡(오랑캐/목/턱밑살 호) = 蝴 (2390 참조)

☞ (얇고 판판한 살점으로 이루어진 소 같은 짐승의) 턱밑 살(胡)처럼 얇고 판판한 날개가 붙어 있는 벌레(虫)라는 데서「나비」뜻으로.

蝴蝶(호접 - 나비) 蝴蝶夢(호접몽 - 장자가 꿈에 나비가 되어 놀았다는 고사. 덧없음을 이르는 말)

虫	舛	网(罒𦉰𦉪㓁)	聿
벌레 충	어그러질 천	그물 망	붓 율

舛 어그러질 천. 어수선할 천.   2647-00

자원 舛 → 어두운 저녁(夕 저녁 석)에 걷는(걸어가는)(㐄 걸을 과) 걸음걸이는 비뚤하다(똑바르지 않다)는 데서 「어그러지다」는 의미를 지님.

쓰임 「어그러지다. 어긋나다. 어긋난 모양」과 의미로 쓰임.

舛駁(천박 - 뒤섞여서 바르지 아니함) 舛訛(천와 - 글자나 말의 잘못됨)

舞 춤출 무: 춤 무.   2648-40

● 無(→ 𣍲 「무성한풀 무」의 변형) + 舛 = 舞

☞ 무성한 풀잎(無)이 바람에 흩날리는(나부끼는) 것처럼 소맷자락을 너울거리며, 발걸음을 이리 저리 어긋나게(舛) 옮겨 딛는 동작을 취한다는 데서 「춤. 춤추다」뜻으로.

舞踊(무:용 - 춤) 舞蹈會(무:도회) 舞曲(무:곡) 舞臺(무:대) 舞姬(무:희) 亂舞(난:무) 劍舞(검:무)

舜 순임금 순. 무궁화 순.   2649-20

● 爫(손톱 조 →「손. 손가락」 의미로 쓰임) + 冖(덮을 멱) + 舛 = 舜

☞ 손가락(爫)을 덮어(오므려)(冖) 놓은 형상을 이루어 꽃잎이 오목하게 둘리어 있고(피어나고), 꽃봉오리가 통째로 어그러져서(舛) 떨어지는 꽃이라는 데서 「무궁화. (舜이 순임금의 이름 글자로 쓰였기에)순임금」 음훈으로.

堯舜(요순 - 요임금과 순임금) 李舜臣(이:순신 - 임진왜란을 평정하는 공훈을 세움. 시호는 충무)

★ 舜(무궁화 순)과 결합을 이룬 글자.   2649 별첨

瞬(눈깜짝일 순) ☞ 目(2279) → 조(爫) 글자 모양처럼 생긴 눈까풀이 덮이고(감기고)(冖) 어그러지는(뜨이는)(舛) 형상을 반복하여 가면서 눈(目)을 깜짝인다는 데서 「눈 깜짝이다. (깜짝이는)순간」

| 부수 6획 | 虫
벌레 충 | 舛
어그러질 천 | 网(㓁冈𠔿罓)
그물 망 | 聿
붓 율 |

| 网 | 그물 망. | | 2650-00 |

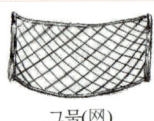
그물(网)

자원 网 → 실을 총총하게 매듭지어(얽어)(爻爻) 놓은 그물(冂) 모양을 표현.
쓰임 「그물. 감옥. 법망. 가두다」는 의미로 쓰임.

| 罪 | 허물 죄: 죄 죄. | 2651-50 |

◉ 㓁 + 非(아닐/어긋날 비) = 罪 (3414 참조)
☞ 감옥(㓁)에 가두어야 할 어긋난(非) 행위(비리)이라는 데서 「허물. 죄」 뜻으로.
罪人(죄:인 - 죄를 지은 사람) 罪囚(죄:수) 罪名(죄:명) 罪過(죄:과) 罪惡(죄:악) 罪責(죄:책) 罪悚(죄:송)

| 罰 | 벌할 벌. 벌줄/벌 벌. | 2652-42 |

◉ {㓁 + 言(말씀 언) = 詈(꾸짖을 리)} + 刂(칼 도) = 罰
☞ (범법자를) 감옥(㓁)에 가두어 말씀(言)으로 꾸짖고(詈), 칼(刂) 같은 형구(刑具)로 형벌을 내린다는 데서 「벌주다. 벌하다. 벌」 뜻으로.
罰則(벌칙 - 범죄자를 처벌하는 규칙) 罰金(벌금) 罰點(벌점) 賞罰(상벌) 一罰百戒(일벌백계)

| 羅 | 벌릴 라. 새그물/두를/비단 라. | 2653-42 |

◉ 㓁 + {糸(실 사) + 隹(새 추) = 維(맬 유)} = 羅
☞ (새를 잡기 위하여) 그물(㓁)을 막대기에 매달아(維) 넓게 벌려(펼쳐) 놓은 모양이라는 데서 「새그물. (그물을)벌리다. 두르다」 뜻으로.
羅列(나열 - 죽 벌여 놓음) 羅針(나침) 羅城(나성) 羅紗(나사) 羅州(나주) 新羅(신라) 徐羅伐(서라벌)

| ★ 羅(벌릴/새그물/두를 라)와 결합을 이룬 글자. | | 2653 별첨 |
| 邏(돌/순라 라) | ☞ 辶(3152) → 새 그물을 둘러(羅) 놓은 모양처럼 원을 그리며 걸어간다(辶)는 데서 「돌다. (경계 지역을 돌아다니는)순라」 巡邏(순라) |

| 置 | 둘 치: 세울 치. | 2654-42 |

◉ 㓁 + 直(곧을/바를 직) = 置 (2270 참조)
☞ 그물(㓁)을 곧게(바르게)(直) 세워(설치하여) 둔 모양이라는 데서 「두다. 세우다」 뜻으로.
置重(치:중 - 어떤 곳에 중점을 둠) 置簿(치:부 - 금전의 출납을 기록함) 置中(치:중) 設置(설치)

| 署 | 관청 서: 맡길/둘/쓸(적을) 서. | 2655-32 |

◉ 㓁 + 者(사람/것/곳 자) = 署 (2858 참조)
☞ 그물(법망)(㓁), 곧 법을 집행하는 곳(者)이라는 데서 「관청. (법 집행을 관청에)맡기다. 두다.

网 부수(자원과 쓰임 → 2650 참조)

(관청에서 문서를)쓰다」뜻으로.
署名(서:명 - 자기의 성명을 써넣음) 署理(서:리 - 직무 대리자) 署長(서:장) 警察(경:찰) 官署(관서)

★ 署(관청/맡길/둘 서)와 결합을 이룬 글자.		2655 별첨
曙(새벽 서)	☞ 日(1079) → 해(日)가 그물(罒)에 씌워져 있는 것(者)처럼 동녘 하늘이 희미하게 드러나 보이는 이른 시간대라는 데서「새벽」曙天(서천)	
薯(마/감자 서)	☞ 艸(2812) → 그물(罒)을 덮어씌워 놓은 것(者)처럼 덩굴에 뒤덮여 있는 풀(식물)(艹)이라는 데서「마. 고구마. (고구마와 유사한)감자」薯童謠(서동요)	

罔 없을 망. 말/속일 망.
2656-30

- 罔(= 网) + 亡(망할/도망할 망) = 罔 (0202 참조)
- ☞ 그물(감옥)(罔)에 가두어 놓은 죄인이 파수꾼 몰래 도망하여(亡) 버리고 없다는 데서「없다. 말다. 속이다」뜻으로.

罔極(망극 - 어버이의 은혜가 한이 없음) 罔測(망측) 罔民(망민) 昊天罔極(호:천망극)

★ 罔(없을/말/속일/그물 망)과 결합을 이룬 글자.		2656 별첨
網(그물 망)	☞ 糸(2497) → 실(糸)로 짜 놓은 그물(罔)이라는 데서「그물」漁網(어망)	
惘(멍할 망)	☞ 心(1932) → 마음(忄)이 그물(罔)에 씌워져(갇히어) 있는 것처럼 생각이 분명하게 떠오르지 않는 (멍한) 상태라는 데서「멍하다」惘然(망연)	

罷 마칠/파할 파: 방면할/그만둘 파.
2657-30

- 罒 + 能(능할/재능/곰 능 | 견딜 내) = 罷 (2378 참조)
- ☞ 그물(罒)에 갇힌 (힘이 세고 임기응변이 능한) 곰(能)이 그물을 가르고(파하고) 탈출하는, 또는 감옥(罒)에 갇힌 죄수 가운데 임기응변이 능한(能) 자가 감옥을 빠져나온다는 데서「파하다. 마치다. 방면하다. 그만두다」뜻으로.

罷免(파:면 - 직무를 그만두게 함) 罷職(파:직) 罷業(파:업) 罷市(파:시) 罷場(파:장) 封庫罷職(봉고파직)

罫 줄 괘: 바둑판 괘.
2658-10

- 罒 + 卦(점괘 괘) = 罫 (0401 참조)
- ☞ 실을 사각으로 매듭지어 놓은 그물(罒) 모양처럼 선을 그어 놓은 반상(盤床)에 점괘(卦)를 나열하듯이 바둑돌을 놓는 바둑판 모양에서「바둑판. 줄」뜻으로.

罫線(괘:선 - 편지지 따위에 가로나 세로로 일정하게 그은 줄) 罫中(괘:중) 兩面罫紙(양:면괘지)

羈 굴레 기. 말고삐 기.
2659-10

- 罒 + 革(가죽 혁) + 馬(말 마) = 羈

굴레(羈)

※ 굴레 → 마소의 목에서 고삐에 걸쳐 얽어매는 줄.
☞ 그물(罒)을 씌우는 것처럼 가죽끈(革)으로 말(馬)의 고삐에서 목덜미에 걸치어 얽어매는 줄이라는 데서「굴레. 말고삐」뜻으로.

羈絆(기반 - 굴레. 굴레를 씌우듯 자유를 구속하는 일) 羈束處分(기속처분)

网 부수(자원과 쓰임) → 2650 참조)

罹　걸릴 리. 2660-10

◉ 罒 + 惟(생각할 유) = 罹 (1899 참조)

☞ 그물(罒)을 덮어씌워 놓은 것처럼 후회스러운 생각(惟)이 떠나지(잊어지지) 않고 마음 한구석에 항상 자리 잡고 있다는 데서 「(마음에)걸리다」뜻으로.

罹病(이병 - 병에 걸림) 罹災民(이재민 - 재해를 입음. 재앙을 당함)

罵　꾸짖을 매: 2661-10

◉ 罒 + 馬(말 마) = 罵

☞ 그물(罒) 모양의 마개를 말(馬)의 입에 채워서 (남의 논밭에) 곡식을 뜯어먹지 못하도록 훈계를 내린다는(근신시킨다) 데서 「꾸짖다」뜻으로.

罵倒(매:도 - 몹시 욕하거나 꾸짖음) 罵辱(매:욕 - 꾸짖고 욕하여 창피하게 함)

罕　드물 한: 새그물 한. 2662-10

◉ 罓(= 网) + 干(방패 간) = 罕

☞ (새를 잡기위하여) 방패(干) 모양처럼 세워 놓은 그물(罓)이라는 데서 「새 그물. (세워 놓은 그물은 둘러놓은 그물에 비하여 사냥감이 드물게 잡힌다는 데서)드물다」뜻으로.

罕例(한:례 - 드문 예) 稀罕(희한하다 - 매우 드물다)

虫	舛	网 (罒冈㓁ㄇㄨ)	聿
벌레 충	어그러질 천	삐침 별	붓 율

부수 6획

聿 붓 율. 마침내/지을/오직/스스로/좇을/소리낼 율.   2663-00

- **자원** 聿 → 대나무(聿 대 녑) 자루에 짐승의 털(一)을 끼워 놓은 붓 모양을 표현.
- **쓰임** 「붓. 붓대 모양」과 의미로 쓰임.

聿修(율수 - 조상의 덕을 이어받아 닦음) 聿遵(율준 - 좇음. 준수遵守함)

肅 엄숙할 숙. 공손할/경계할/나아갈/가지런할 숙ㅣ맑을 소.   2664-40

- 聿(대 녑) + 片(조각 편) + 爿(조각널 장) = 肅
- 대나무(聿)로 된 만장(輓章)을 받쳐 들고, 조문객이 (좌우로 마주한) 판자 조각(片)과 널판자(爿)처럼 줄지어 늘어서서 상여를 호위하며 따라가는 엄숙한 모습에서 「엄숙하다. 공손/경계하다. 나아가다. 가지런하다. (조종소리가)맑다」 뜻으로.

※ 만장(輓章) → 죽은 사람을 슬퍼하여 지은 글. 장사 때 비단·종이에 적어서 기를 만들어 상여를 따름.

肅然(숙연 - 삼가는 모양. 공경하는 모양) 肅正(숙정) 肅淸(숙청) 肅拜(숙배) 嚴肅(엄숙) 靜肅(정숙)

★ 肅(엄숙/공손할/경계할/나아갈/가지런할 숙ㅣ맑을 소)과 결합을 이룬 글자.   2664 별첨

蕭(대쑥 소)	☞ 艸(2813) → 길쭉하고 가지런하게(肅) 자라난 대숲처럼 길쭉하게 무더기 지어 자라나는 풀(艹)이라는 데서 「대쑥. (대쑥이 가을바람에 스치는 소리가)쓸쓸하다」 蕭寂(소적)
簫(퉁소 소)	☞ 竹(2693) → 맑은(肅) 소리를 내는 대나무(竹)로 된 악기이라는 데서 「퉁소」
繡(수놓을 수)	☞ 糸(2515) → 실(糸)을 가지런하게(肅) 누빈다는 데서 「수놓다」 錦繡(금수)

肇 비롯할/비로소 조: 칠/가지런할 조.   2665-10

- {戶(지개문 호) + 攵(칠/똑똑두드릴 복) = 啟(열 계)} + 聿 = 肇 (0828 참조)
- 지게문(戶)을 똑똑 두드리는(攵) 것처럼 먹물을 묻인 붓(聿)을 벼루에 톡톡 쳐서 붓끝을 가지런하게 고른 연후에 비로소 글씨를 쓰기 시작한다는 데서 「비로소. 비롯하다. (붓끝이)가지런하다. (붓을 벼루에)치다」 뜻으로.

肇業(조:업 - 사업을 시작함) 肇國(조:국 - 나라를 비로소 세움) 肇始(조:시) 肇秋(조:추) 肇冬(조:동)

肆 방자할/베풀 사: 늘어놓을/펼/가게 사.   2666-00

- 镸(긴/멀/클/넉넉할 장) + 聿 = 肆 (3324 참조)
- 길게(镸) 붓(聿)을 늘어(펼쳐)놓고 판매하는 노점상이라는 데서 「늘어놓다. 펴다. 베풀다. 가게. (상품을 늘어놓듯이 말을 함부로 늘어놓는다는 데서)방자하다」 뜻으로.

肆虐(사:학 - 잔학한 짓을 함) 肆筵設席(사:연설석 - 돗자리를 펼치어 자리를 만듦) 冊肆(책사 - 책가게)

聿 부수(자원과 쓰임 → 2663 참조)

★ 聿(붓 율)과 결합을 이룬 글자.   2666 별첨

建(세울 건)	☞ 廴(0409) → 붓(聿)을 길게 이끌어 나가는(廴), 곧 획을 길게 긋기 위하여 붓을 일으켜 세운다는 데서「세우다. 일으키다」建國(건국)
律(법칙 률)	☞ 彳(0434) → 붓(聿)으로 글씨를 써 나가는(彳) 필법(筆法)처럼 사람이 지키고 이행하여야 할 규범이나 계율이라는 데서「법칙. 계율」律法(율법)
書(글 서)	☞ 曰(1986) → 붓(聿)으로 말씀한(曰) 사항을 기록하여 놓은 것이라는 데서「글. 편지」
晝(낮 주)	☞ 日(1023) → 꼿꼿이 세운 붓(聿)처럼 햇빛(日)이 지면(一)에 곧게 드리우는(비추는) 한낮의 시간대이라는 데서「낮」晝間(주간)
津(나루 진)	☞ 水(1308) → (배를 정박시켜 놓기 위하여) 물(氵) 가장저리에, 벼루에 걸쳐 놓은 붓(聿) 모양처럼 길쭉하게 토석을 쌓아 놓은 축대이라는 데서「나루」津液(진액)
筆(붓 필)	☞ 竹(2673) → 대나무(竹) 자루로 된 붓(聿)이라는 데서「붓」筆體(필체)
畵(그림 화)	☞ 田(2109) → 붓(聿)으로, 밭(밭이랑)(田) 모양처럼 이리저리 선을 그어서 그릇(凵)에 담아 두는 것처럼 화폭에 담아(그려) 놓은 것이라는 데서「그림」畵家(화가)
畫(그을 획)	☞ 田(2130) → 붓(聿)으로 전(田) 글자 형상처럼 가로세로로 선(一)을 긋는다는 데서「긋다」

| 부수 6획 | 竹 대 죽 | 艸(艹) 풀 초 | 而 말이을 이 | 襾(西) 덮을 아 |

竹 | 대 죽. 대나무/피리/대쪽 죽. 2667-42

대나무(竹)

자원 竹 → 벌어진 잎사귀(宀)와 줄기(丿)를 길게 뻗은 두 그루의 대나무 모양을 표현.

쓰임 「대. 대나무. 죽편. 갈라진 모양」과 의미로 쓰임.

竹片(죽편 - 얇게 다듬은 댓조각) 竹簡(죽간) 竹杖(죽장) 竹刀(죽도) 竹矢(죽시) 竹馬故友(죽마고우)

答 | 대답 답. 합당할/갚을 답. 2668-70

◉ 竹 + 合(합할/만날/모을 합) = 答 (0795 참조)

☞ (두 그루의) 대나무(竹)가 서로 마주하고 있는 것처럼 물음에 합치되게(合) 말한다(응대한다)는 데서 「합당하다. 대답. (응답하여)갚다」 뜻으로.

答案(답안) 答狀(답장) 答辯(답변) 答辭(답사) 答禮(답례) 答訪(답방) 答信(답신) 對答(대:답)

算 | 셈/셈할 산: 헤아릴/물건의수 산. 2669-70

◉ 竹 + 筭(= 具「갖출 구」의 본래 글자) = 算

☞ (길고 짧은 여러 개의) 대나무(竹) 꼬챙이를 갖추어(筭) 놓고 물건의 수량을 헤아린다는 데서 「셈하다. 셈. 헤아리다. 물건의 수」 뜻으로.

※ 옛날 사람들은 길고 짧은 여러 개의 대꼬챙이를 이용하여 수효를 헤아리는 도구로 삼았음.

算數(산:수 - 셈법) 算術(산:술 - 셈법 등을 다룸) 算定(산:정) 算出(산:출) 算式(산:식) 算筒(산:통)

★ 算(셈할/셈/헤아릴/대그릇 산)과 결합을 이룬 글자. 2669 별첨

| 纂(모을 찬) | ☞ 糸(2516) → 대그릇(算)에 (물레에서 자아낸) 실(糸)을 한데 모은다는 데서 「모으다」 |
| 篡(빼앗을 찬) | ☞ 竹(2702) → 이해나 득실을 헤아려(계산하여)(算) 이익이 되는 것만을 끌어내리어(丿) 사사롭게 (厶) 취한다는 데서 「빼앗다. 취하다」 篡奪(찬탈) |

第 | 차례 제: 등급 제. 2670-60

◉ 竹 + 弔(→ 弟「아우 제」의 획 줄임) = 第

☞ 대나무(죽순)(竹) 마디가, 차례대로 태어나는 아우(弔 = 弟)처럼 차례(구분)를 이루어 돋아나는 모양에서 「차례. (차례대로 구분지어 놓은)등급」 뜻으로.

第一(제:일 - 첫째. 가장) 第三國(제:삼국) 及第(급제) 登第(등제) 落第(낙제) 科擧及第(과거급제)

等 | 무리 등: 같을/가지런할/등급 등. 2671-60

◉ 竹 + 寺(절 사 | 관청/내시 시) = 等 (0565 참조)

607

竹 부수(자원과 쓰임 → 2667 참조)

☞ 대나무(竹)가 (한곳에 여러 채의 건물을 높다랗게 지어 놓은) 관청(寺) 건물처럼 높고 가지런하게 무더기 지어 돋아 있는 모양에서「무리. 가지런하다. 같다. (같은 무리로 구분지어 놓은)등급」뜻으로. ※ 대나무는 한곳에 밀집하여 자라나는 식물임.
等級(등:급) 等數(등:수) 等身像(등:신상 - 실물과 같은 조각상) 等高線(등:고선) 下等(하:등)

節 마디 절. 절개/규칙/법도/예절/때 절. 2672-50

◉ 竹 + 卽(곧/바로/나아갈 즉) = 節 (0349 참조)
☞ 대나무(竹)가 커면서(죽순이 자라나면서) 위로 뻗어 나가는(卽) 마디이라는 데서「마디」뜻을. 늘 푸른 빛깔을 띠며 일정한 간격을 유지하여 곧게 자라나는 대마디처럼 절도와 질서가 서 있다는 데서「절개. 규칙. (규칙적으로 도래하는)때」뜻으로.
節槪(절개 - 꿋꿋한 태도) 節減(절감) 節約(절약) 節氣(절기) 節侯(절후) 節制(절제) 節電(절전) 節次(절차)

筆 붓 필. 2673-50

◉ 竹 + 聿(붓 율) = 筆 (2666 참조)
☞ 대나무(竹) 자루로 된 붓(聿)이라는 데서「붓」뜻으로.
筆體(필체 - 글씨체) 筆法(필법) 筆記(필기) 筆談(필담) 筆舌(필설) 筆禍(필화) 筆跡(필적) 筆筒(필통)

笑 웃음 소: 웃을 소. 2674-42

◉ 竹 + 夭(어릴/예쁠/일찍죽을/굽을 요) = 笑 (0750 참조)
☞ 옆으로 벌어진 대나무(竹) 잎사귀처럼 입을 활짝 벌리고 허리를 굽혀(夭) 가며 크게 웃어 대는 모습이라는 데서「웃음. 웃다」뜻으로.
笑顔(소:안 - 웃음 띤 얼굴) 笑門萬福來(소:문만복래) 微笑(미소) 嘲笑(조소) 一笑(일소 - 경시하는 웃음)

築 쌓을 축. 축조물/다질 축. 2675-42

◉ {竹 + 巩(안을 공) = 筑(비파 축)} + 木 = 築
☞ 대나무(竹)가, 껴안는(巩) 형상을 이루어 나무(나무 기둥)(木) 위에 겹겹으로 쌓여(이엉으로 덮이어) 있는 모양에서「쌓다. (쌓아 놓은)축조물. (겹겹이 쌓아서)다지다」뜻으로.
築城(축성 - 성을 쌓음) 築造(축조 - 다지고 쌓아서 만듦) 築堤(축제) 築臺(축대) 築港(축항)

筋 힘줄 근. 2676-40

◉ 竹 + 肋(갈비 륵 | 힘줄 근) = 筋 (2426 참조)
☞ 길쭉한 대나무(竹)처럼 기다랗게 뻗어 있는 힘줄(肋)이라는 데서「힘줄」뜻으로.
筋肉(근육 - 힘줄로 형성된 살갗) 筋力(근력 - 근육의 힘) 筋骨(근골) 筋腫(근종) 鐵筋(철근)

管 대롱/주관할 관. 피리/다스릴 관. 2677-40

◉ 竹 + {宀(움집 면) + 口 + 口 + ㅣ = 官(벼슬/관가/집 관)} = 管 (0595 참조)
☞ 방과 방이 연이어져 있는 관(官) 글자 형상처럼 마디가 뚫리어 있는 대나무(竹)이라는 데서「대롱.

竹 부수(자원과 쓰임 → 2667 참조)

피리. (대롱 속으로 공기나 물을 제어하듯이 백성을 제어하여 다스린다는 데서)다스리다. (다스리는 일을)주관하다」뜻으로.
管掌(관장 - 맡아서 주관함) 管轄(관할) 管理(관리) 管樂器(관악기) 管鮑之交(관포지교) 主管(주관)

範 법 범: 모범/본보기 범. 2678-40

◉ 竹 + 軋(수레앞턱나무 범) = 範
☞ 대나무(竹) 회초리로 수레 앞턱 나무(軋)를 두드려 소나 말(牛馬)이 수레를 똑바르게 몰고 가도록 본때를 보인다는 데서「본보기. 모범. (본보기 사례를 제시하여 놓은)법」뜻으로.
範圍(범:위 - 한정된 구역) 範疇(범:주) 示範(시:범) 規範(규범) 模範(모범) 垂範(수범)

篇 책 편. 글 편. 2679-40

◉ 竹 + 扁(작을/넓적할/현판 편) = 篇 (1752 참조)
☞ 글씨를 써넣은 대나무 조각(죽편)(竹)을 현판(扁)처럼 넓적하게 펼쳐 놓은 (먼 옛날의) 책이라는 데서 「책. 글」뜻으로.
篇首(편수 - 책 편의 첫머리) 長篇(장편) 詩篇(시편) 玉篇(옥편) 千篇一律(천편일률)

簡 대쪽/간략할 간(:) 문서/편지/쉬울 간. 2680-40

◉ 竹 + 間(사이/틈/빌 간) = 簡 (3371 참조)
☞ 대나무(竹) 사이(間)에 글씨를 써넣은 죽편이라는 데서「대쪽. 문서. 편지. (대쪽은 종이에 비하여 구하기가 쉬우며 글씨를 단출하게 쓸 수 있다는 데서)쉽다. 간략하다」뜻으로.
簡略(간략) 簡潔(간결) 簡單(간단) 簡便(간편) 簡易(간:이) 簡擇(간:택) 簡策(간:책 - 글씨를 쓰던 대쪽)

籍 문서 적. 장부/서적/기록할/호적 적. 2681-40

◉ 竹 + 耤(적전/빌릴 적) = 籍
※ 적전(耤田) → 임금이 친히 경작하는 논밭.
☞ (얇게 다듬은) 대나무 조각(죽편)(竹)에 적전(耤)의 명세를 적어 놓은 것이라는 데서「장부. 문서. 서적. (장부에)기록하다」뜻으로.
書籍(서적 - 문자로 표현하여 놓은 책) 國籍(국적) 本籍(본적) 兵籍(병적) 學籍(학적) 戶籍(호:적)

★ 耤(적전/빌릴 적)과 결합을 이룬 글자. 2681 별첨

藉 깔개/깔 자 ☞ 艸(2794) → 넓적한 적전(耤)처럼 짚 같은 마른 풀(艹)을 엮어서 넓적하게 펼쳐 놓은 깔개이라는 데서「깔개. 깔다」憑藉(빙자)

笛 피리 적. 저/날라리 적. 2682-32

◉ 竹 + 由(말미암을/인할/지날 유) = 笛 (2108 참조)
☞ 입김을 지나게(由) 하여(입김을 불어서) 소리를 내는 대나무(竹)로 된 관악기이라는 데서「피리」뜻으로.
玉笛(옥적 - 옥으로 만든 피리) 竹笛(죽적) 汽笛(기적) 號笛(호:적 - 신호로 부는 피리) 警笛(경:적)

竹 부수(자원과 쓰임 → 2667 참조)

策 꾀 책. 채찍/계책 책. 2683-32

● 竹 + 朿(나무가시 자) = 策
☞ 대나무(竹)를 (쭈뻣한) 가시(朿)처럼 잘게 쪼개어 놓은 오리(채찍으로 쓰이는 가느다란 댓조각)이라는 데서 「채찍. (채찍은 소나 말을 다루는 하나의 방책이라는 데서)계책. 꾀」 뜻으로.
策勵(책려 - 채찍질 하듯 격려함) 策略(책략) 策定(책정) 策動(책동) 策士(책사) 方策(방책) 計策(계:책)

★ 朿(나무가시 자)와 결합을 이룬 글자. **2683 별첨**

刺(찌를 자)	☞ 刀(0249) → (살갗을 찌르는) 나무 가시(朿)처럼 칼(刂)로 찌른다는 데서 「찌르다」
棗(대추 조)	☞ 木(1694) → 나무 가시(朿)를 위아래로 포개어 놓은 모양(棗), 곧 가시가 돋아 있고 열매가 주렁주렁 열려 있는 대추나무 모양에서 「대추. 대추나무」 棗栗(조율)
棘(가시 극)	☞ 木(1728) → 나무 가시(朿)를 옆으로 나열하여 놓은 모양(棘), 곧 길쭉한 가시가 많이 돋아 있는 나무라는 데서 「가시가 거칠고 길다. 가시. 멧대추나무」 荊棘(형극)

符 부호 부(:) 부신(符信)/부절/맞을 부. 2684-32

● 竹 + 付(줄/붙일/부탁할 부) = 符 (0108 참조)
☞ 대나무(竹)로 된 손잡이가 붙어(부착되어)(付) 있는 부절이라는 데서 「부절. (부절은 두 짝이 일치하는 데서)맞다. (맞추어 놓은 기호라는 데서)부호」 뜻으로.
符號(부:호 - 뜻을 나타내는 기호) 符合(부:합) 符籍(부:적) 符信(부:신) 符節(부절)

簿 문서 부: 장부 부. 2685-32

● 竹 + 溥(펼 부 | 넓을 보) = 簿 (0131 참조)
☞ 대나무(죽편)(竹)에 글씨를 써서 둘둘 말아 놓은 둥근 책 뭉치를 열람할 수 있도록 펼쳐(溥) 놓은 것이라는 데서 「문서. 장부」 뜻으로.
簿記(부:기 - 재산의 출납·변동 등을 밝히는 기장) 簿錄(부:록) 名簿(명부) 原簿(원부) 帳簿(장부)

篤 도타울 독. 순진할 독. 2686-30

● 竹 + 馬(말 마) = 篤
☞ 어린 시절에 죽마(竹馬 → 대나무로 만든 놀이용 말)를 함께 타고 놀던 친구사이의 우정은 순진하고도 도탑다는 데서 「(정분이)도탑다. 순진하다」 뜻으로.
篤實(독실 - 인정이 두텁고 성실함) 篤信(독신) 篤志(독지) 篤志家(독지가) 篤敬(독경) 敦篤(돈독)

箱 상자 상. 2687-20

● 竹 + 相(서로/볼 상) = 箱 (2272 참조)
☞ 대나무(竹)를 자잘하게 쪼개어, 이들을 서로(相) 얽어(엮어) 놓은 기물이라는 데서 「상자」 뜻으로.
箱子(상자 - 나무·대·종이 같은 것으로 만든 그릇) 箱房(상방 - 궁궐·사찰 등의 좌우에 지은 줄행랑)

箕 키(챙이) 기. 2688-20

● 竹 + 其(그/키 기) = 箕 (0327 참조).

竹 부수(자원과 쓰임 → 2667 참조)

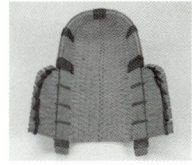
키(箕)

☞ 其는 본래「키」를 뜻하였으나「그」뜻으로 전용되었기에, 키를 만드는 재료인 대나무(竹)에 키(其)를 결합하여「키」뜻으로.
箕子(기자 - 중국 고대 은나라의 성인) 箕子朝鮮(기자조선 - 기자가 다스렸던 시대의 국호)

筏　뗏목 벌. 2689-20

● 竹 + {亻 + 戈(창 과) = 伐(칠/벨/방패 벌)} = 筏 (0072 참조)
☞ 대나무(竹)를 넓적한 방패(伐) 모양처럼 평평하게 엮어서 물에 띄워 놓은 것이라는 데서「뗏목」뜻으로.
筏夫(벌부 - 뗏목을 타는 뱃사공) 筏橋(벌교 - 전라남도 보성군에 있는 지명)

籠　대바구니 롱. 얽을/삼태기 롱. 2690-20

● 竹 + 龍(용 룡) = 籠 (3689 참조)

대바구니(籠)

☞ 대나무(竹)를 잘게 쪼개어, 용(龍)이 똬리를 트는(용트림하는) 형상처럼 굽이지게 엮어(얽어) 놓은 그릇이라는 데서「대바구니. 삼태기. (대바구니를)얽다」뜻으로.
籠絡(농락 - 남을 제 마음대로 놀리거나 이용함) 籠城(농성) 籠球(농구) 籠中鳥(농중조)

笞　볼기칠 태. 매칠/태장 태. 2691-10

● 竹 + 台(나/기를 이ㅣ삼태성 태) = 笞 (0847 참조)
☞ 아이를 기르면서(台) (잘못을 저지르면) 대나무(竹) 회초리로 매질을 한다(볼기를 친다)는 데서「볼기 치다. 매를 치다. 태장」뜻으로.
笞杖(태장 - 매와 곤장으로 볼기를 치던 형벌) 笞刑(태형 - 태장)

筵　대자리 연. 2692-10

● 竹 + 延(늘일/펼/뻗칠 연) = 筵 (0410 참조)
☞ 대나무(竹)를 엮어서, 길쭉하게 늘이어(펼쳐)(延) 놓은 깔개이라는 데서「대자리」뜻으로.
筵席(연석 - 대자리. 임금과 신하가 자문하던 자리) 經筵(경연) 酒筵(주연) 講筵(강:연) 慶筵(경:연)

箇　낱 개(:) 2693-10

● 竹 + 固(굳을 고) = 箇 (0640 참조)　※ 箇와 個(낱 개)는 동자.
☞ 대나무(竹)가 성장을 다하여 굳어진(固) (곁가지가 돋아나지 않은) 외줄기 그 자체이라는 데서「낱」뜻으로.
※ 대나무는 한번 자라나면 더 이상의 키도 크지 않고 곁가지도 돋아나지 않는 외줄기 그대로임.
箇箇=個個(개:개 - 하나하나.) 箇體(개:체) 箇中(개:중 - 여럿 있는 가운데) 箇數(개:수)

竹 부수(자원과 쓰임 → 2667 참조)

簫 퉁소 소.　　　　　　　　　　　　　　　　　　　　　2694-10

- 竹 + 肅(엄숙할/나아갈 숙ㅣ맑을 소) = 簫 (2664 참조)
- ☞ 맑은(肅) 소리를 내는 대나무(竹)로 된 악기이라는 데서 「퉁소」 뜻으로.

洞簫(통소-퉁소 - 관악기의 한 가지. 대나무로 만들며 앞뒤에 여섯 구멍이 있음) 短簫(단:소)

笏 홀 홀.　　　　　　　　　　　　　　　　　　　　　2695-10

- 竹 + {勹(쌀 포) + 丿 + 丿 = 勿(말/없을/아닐 물)} = 笏 (0265 참조)
- ※ 勿 → 싸여(勹) 있는 내용물을 끌어내리고(丿) 끌어내리어(丿) 비워 버린다는 데서 「없다. 말다」 뜻으로.
- ☞ 여기에서 勿은 대나무 속의 마디를 틔워 놓은 모양을 표현. 대나무(竹) 속의 마디를 물(勿) 글자 형상처럼 틔워서 납작하게 다듬어 놓은 물건이라는 데서 「홀」 뜻으로.

笏(홀 - 벼슬아치가 조현朝見할 때 손에 쥐던 패) 笏記(홀기 - 혼례나 제사 때 진행 순서를 적은 글)

箋 쪽지/기록할 전:·부전/쓸 전.　　　　　　　　　　　　　2696-10

- 竹 + 戔(상할 잔ㅣ쌓일/얕고작을/적을/좁을 전) = 箋 (1578 참조)
- ☞ 대나무(竹)를 얕고 작은(戔) 모형으로 다듬어서 글씨를 써넣은 죽편(竹片)이라는 데서 「쪽지. 부전. (쪽지에 글자를)쓰다. 기록하다」 뜻으로.

箋註(전:주 - 본문의 뜻을 설명한 주해) 處方箋(처:방전 - 약재의 처방을 적은 종이) 附箋紙(부:전지)

箔 발/금박 박.　　　　　　　　　　　　　　　　　　　2697-10

- 竹 + 泊(머무를 박) = 箔 (1240 참조)
- ☞ 머물러(泊) 있는 대나무(竹), 곧 창문에 드리워 놓은 대나무로 된 물건이라는 데서 「발. (발의 빛깔처럼 금빛을 띠는)금박」 뜻으로.

蠶箔(잠박 - 대나무 등을 걸어서 짠, 누에를 키우는 기구) 金箔(금박) 銀箔紙(은박지)

篆 전자 전:　　　　　　　　　　　　　　　　　　　　2698-10

- 竹 + 彖(돼지달아날 단) = 篆 (2475 참조)
- ☞ 대나무 조각(죽편)(竹)에 돼지가 달아나는(彖) 형상처럼 구불구불하게 써넣은 글씨이라는 데서 「전자」 뜻으로.

篆字(전:자 - 한자의 한 서체. 대전과 소전이 있음) 篆刻(전:각 - 나무나 돌 등에 인장을 새김)

箸 젓가락 저.　　　　　　　　　　　　　　　　　　　2699-10

- 竹 + 者(사람/것/곳 자) = 箸 (2858 참조)
- ☞ 음식물 같은 것(者)을 집는 용도로 쓰는 대나무(竹)로 된 기물이라는 데서 「젓가락」 뜻으로.

箸筒(저통 - 수저를 꽂아 두는 통) 匙箸(시:저 - 숟가락과 젓가락. 수저)

箴 경계/바늘 잠.　　　　　　　　　　　　　　　　　　2700-10

- 竹 + {戌(개/때려부실 술) + 口(입/어귀 구) = 咸(다 함)} = 箴 (0830 참조)

竹 부수(자원과 쓰임 → 2667 참조)

☞ 다(咸) 들어가는 대나무(竹), 곧 옷 속에 통째로 집어넣어서 옷을 깁는 대꼬챙이라는 데서 「바늘. (바늘로 살갗을 찔러 가면서 잊지 않도록 마음에 새긴다는 데서)경계」 뜻으로.
箴言(잠언 - 훈계나 경계가 되는 짧은 말) 箴諫(잠간 - 훈계하여 간함) 箴戒(잠계 - 깨우쳐 타이름)

簾 발 렴.   2701-10

◉ 竹 + 廉(청렴할/거둘 렴) = 簾 (0770 참조)
☞ 거두어(廉)들이는 대나무(竹), 곧 창문에 드리웠다가 거두어들이는(말아 올리는) 대나무로 된 물건이라는 데서 「발」 뜻으로.
竹簾(죽렴 - 대나무 발) 珠簾(주렴) 垂簾聽政(수렴청정 - 왕을 대신하여 정사를 돌보던 일)

篡 빼앗을 찬: 취할 찬.   2702-10

簒 빼앗을 찬: 취할 찬.   2703-10

◉ {竹 + 昇(= 具 갖출 구) = 算(헤아릴 산)} + ノ + ㄙ(사사로울 사) = 篡 (2669 참조)
◉ {竹 + 昇(= 具 갖출 구) = 算)} + ㄙ = 簒 ※ 簒은 篡의 속자.
☞ 篡 → 이해나 득실을 헤아려(계산하여)(算) 이익이 되는 것만을 끌어내리어(ノ) 사사롭게(ㄙ) 취한다는 데서 「빼앗다. 취하다」 뜻으로.
☞ 簒 → 이해나 득실을 헤아려(계산하여)(算) 남(공용)의 물건을 사사롭게(ㄙ) 취한다는 데서 「빼앗다. 취하다」 뜻으로.
篡奪(찬:탈 - 신하가 임금의 자리를 빼앗음) 篡位(찬:위 - 찬탈)

簪 비녀 잠.   2704-10

◉ 竹 + 朁(일찍/참여할 참 | 거짓 점)} = 簪 (1231 참조)
※ 先(비녀 잠)은 簪의 고자. 旡旡 → 두 개의 비녀, 日 → 비녀를 머리채에 꽂아 놓은 모양을 표현.
☞ 대나무(竹)로 된 비녀(旡旡)를 머리채에 가로질러 놓은 모양(日)에서 「비녀」 뜻으로.
簪纓(잠영 - 관원이 쓰던 비녀와 갓끈. 양반) 簪笏(잠홀 - 잠과 홀) 玉簪(옥잠) 翡翠簪(비:취잠)

竿 낚싯대/장대 간. 대줄기 간.   2705-10

◉ 竹 + 干(방패/난간 간) = 竿
☞ 난간(干) 모양처럼 길쭉하게 뻗은 대나무(竹)이라는 데서 「장대. 대줄기」 뜻으로.
百尺竿頭(백척간두 - 높은 장대 끝. 막다른 위험을 이르는 말) 幢竿支柱(당간지주 - 당간을 다는 기둥)

笠 삿갓 립. 갓 립.   2706-10

◉ 竹 + 立(설 립 → 여기에서 立은 삿갓 모양을 표현) = 笠

삿갓(笠)

☞ 대나무(竹)를 입(立) 글자 형상처럼 엮어 놓은 삿갓(갓) 모양에서 「삿갓. 갓」 뜻으로.
笠帽(입모 - 갓 위에 덮어쓰는 기름종이로 만든 우비) 蓑笠(사립 - 도롱이와 삿갓) 草笠童(초립동)

竹 부수(자원과 쓰임 → 2667 참조)

籬 울타리 리. 2707-10

● 竹 + 離(떠날/이별할/나란히 리) = 籬 (3484 참조)
☞ 대나무(竹)를 엮어, 집 주위에 나란히(離) 둘러놓은 시설물이라는 데서 「울타리」 뜻으로.
籬垣(이원 - 울타리) 採菊東籬下悠然見南山(채국동리하 유연견남산 - 도연명의 시 음주 중에서)

籃 대바구니 람. 바구니 람. 2708-10

● 竹 + 監(볼/살필 감) = 籃 (2236 참조)
☞ 아기를 돌보는(監) 용도로 쓰는 대나무(竹)로 된 물건이라는 데서 「대바구니」 뜻으로.
籃輿(남여 - 위를 덮지 아니한 작은 가마) 搖籃(요람 - 아기를 눕히거나 앉히어서 흔들어 놀게 하거나 잠을 재우는 채롱. 사업이 발전하는 실마리. 고향 또는 어린 시절. 사물이 발달하는 처음)

籤 제비 첨. 날카로울/꿰뚫을 첨. 2709-10

● 竹 + 韱(산부추/가늘/섬세할 섬) = 籤 (3576 참조)
※ 제비 → 여럿 가운데 어느 하나를 골라잡게 하는(추첨하는) 데 쓰는 물건.
☞ 가느다란 산부추(韱)처럼 가늘고 쭈뼛한 대나무(대꼬챙이)(竹)이라는 데서 「날카롭다. (쭈뼛한 꼬챙이로 물체를)꿰뚫다. (꿰뚫어 맞추는)제비」 뜻으로.
籤紙(첨지 - 책 같은 데에 어떤 것을 표하느라고 붙이는 쪽지) 抽籤(추첨 - 제비를 뽑음) 當籤(당첨)

簞 소쿠리 단. 표주박/대밥그릇 단. 2710-10

● 竹 + 單(홑/외짝 단) = 簞 (0813 참조)
☞ 여기서 單은 매미(蟬 → 매미 선)처럼 생긴 소쿠리 모양을 표현. 매미(單)처럼 생긴 대나무(竹)로 된 그릇이라는 데서 「소쿠리. (소쿠리처럼 생긴)표주박. 대 밥그릇」 뜻으로.
簞食(단사 - 도시락밥) 簞食瓢飮(단사표음 - 도시락밥과 표주박 물. 변변찮은 음식을 이르는 말)

筍 죽순 순. 대순 순. 2711-10

● 竹 + {勹(쌀 포) + 日(날/해 일) = 旬(열흘/두루 순)} = 筍 (1037 참조)
☞ 붉은 해(日)를 감싸(勹) 놓은 모양처럼 불그스레한 떡잎에 감싸여 도톰하게 돋아나는 대나무(竹) 싹이라는 데서 「죽순」 뜻으로.
竹筍(죽순 - 대의 땅속줄기에서 돋아나는 어리고 연한 싹)

箭 화살/살(矢) 전. 2712-10

● 竹 + 前(앞 전) = 箭 (0224 참조)
☞ 활을 쏘면 앞(前)으로 날아가는 대나무(竹)로 된 물건이라는 데서 「화살. 살」 뜻으로.
竹箭(죽전 - 대나무 화살) 箭鏃(전촉 - 화살촉) ※ 鏃(살촉 촉) 箭窓(전창) 箭筒(전통) 火箭(화:전)

簇 가는대(조릿대) 족. 모일 족 | 살촉 촉. 2713-10

● 竹 + {㫃(깃발 언) + 矢(화살 시) = 族(계례 족)} = 簇 (1975 참조)

竹 부수(자원과 쓰임 → 2667 참조)

※ 가는대(조릿대) → 산허리에 무더기지어 자라며 조리·화살촉의 재료와 약재로 쓰임. 신우대.
☞ 깃발(㫃)을 매다는 깃대와 화살(矢)의 재료로 쓰이는 가느다란 대나무(竹)라는 데서 「가는대(小竹). 조릿대. (조릿대가 무리지어)모이다. (조릿대로 만든)살촉」 뜻으로.

簇子(족자 - 글씨 등을 꾸며서 벽에 걸게 만든 두루마리) 簇生(족생 - 수풀의 떨기가 더부룩하게 남)

筒 대통/통 통. 퉁소 통.   2714-10

◉ 竹 + {冂(멀 경 | 빌 형) + 一 + 口 = 同(한가지 동)} = 筒 (0792 참조)
☞ 同 글자 형상처럼 빈(冂) 공간에 일렬(一)로 구멍(口)을 뚫어 놓은 대나무(竹)라는 데서 「대통. 통. 퉁소」 뜻으로.

筆筒(필통 - 필기구를 넣는 통) 郵遞筒(우체통) 汽筒(기통) 煙筒(연통) 圓筒(원통) 火筒(화:통)

筮 점대 서. 시초점 서.   2715-00

◉ 竹 + 巫(무당 무) = 筮 (0944 참조)
☞ 무당(巫)이 점치는 용구로 사용하는 대나무(대꼬챙이)(竹)라는 데서 「점대」 뜻으로.

占筮(점서 - 복서. 길흉을 점침) 卜筮(복서 - 점서. 길흉을 점침)

笙 생황 생.   2716-00

◉ 竹 + 生(날 생 → 「새싹이 땅에서 꿰져 나오는 모양」을 표현한 글자) = 笙
☞ (길고 짧은) 여러 개의 대나무(竹)를, 새싹이 땅에서 꿰져 나오는(生) 모양처럼 배열하여 놓은 악기이라는 데서 「생황」 뜻으로.

笙簧(생황 - 관악기의 하나. 길고 짧은 17개의 죽관(竹管)을 돌려 세우고 부리에 입김을 넣어 부는 악기)

簑 도롱이 사. 덮을 사.   2717-00

◉ 竹 + 衰(쇠할/줄어질 쇠 | 상복 최) = 簑   ※ 蓑와 簑(도롱이 사)는 동자.
※ 도롱이 → 우장(雨裝)의 하나, 짚이나 대 같은 것을 엮어 비가 올 때 어깨에 걸쳐 두르는 장비.
☞ (자잘하게 쪼갠) 대나무(竹)를 엮어서 (단출하게 걸치는) 상복(衰)처럼 만든 비옷이라는 데서 「도롱이. (도롱이로 몸을)덮다」 뜻으로.

簑笠=蓑笠(사립 - 도롱이와 삿갓) 蓑衣=簑衣(사의 - 도롱이)

竹	艸(⺿)	而	襾(西)
대 죽	풀 초	말이을 이	덮을 아

艸 풀 초. 풀파릇파릇날 초. 2718-00

자원 艸 → 屮(싹날 철)을 중복시켜 놓은 글자. 싹(屮)과 싹(屮)이 어우러져서 돋아나는 풀 모양에서 「풀. 풀 파릇파릇 나다」는 의미를 지님.

쓰임 「풀. 풀잎. 잎. 잎사귀. 나뭇잎. 초목. 나물」 의미로 쓰임.

萬 일만 만: 많을/벌/전갈 만. 2719-80

◉ ⺿ + {田(밭 전) + 禸(짐승발자국 유) = 禺(원숭이/구역/갈피 우)} = 萬

☞ (산과 들에) 풀(⺿)이 수없이 많은 갈피(禺)를 이루어 돋아 있는, 또는 밭(田)에 무수하게 찍혀 있는 짐승 발자국(禸)처럼 풀(⺿)이 수없이 많이 돋아 있다는 데서 「일만. 많다」 뜻을. 한편 萬은 벌(전갈) 모양을 표현. 더듬이(⺿)와 몸통(田), 발과 꼬리(禸)로 이루어진 전갈이나 벌 모양이라는 데서 「전갈. 벌」 뜻으로.

萬事(만:사 - 모든 일) 萬歲(만:세) 萬邦(만:방) 萬方(만:방) 萬感(만:감) 萬古(만:고) 萬壽無疆(만:수무강)

★ 萬(일만/많을 만)과 결합을 이룬 글자. 2719 별첨

邁(갈 매) ☞ 辵(3137) → 만(萬) 이수(里數)나 되는 머나먼 길을 힘들여 걸어간다(辶)는 데서 「가다」

草 풀 초. 시작할/처음/거칠/초서 초. 2720-70

◉ ⺿ + {日(날 일) + 一 + ㅣ = 早(이를 조)} = 草 (1026 참조)

☞ 풀(⺿)이, 지면(一) 위로 솟아오르는(ㅣ) 해(日)처럼 지면을 뚫고 처음으로 돋아 오른다는 데서 「풀. 처음. 시작. (풀의 성질이)거칠다. (거칠게 쓴 글씨체인)초서」 뜻으로.

草木(초목) 草原(초원) 草地(초지) 草野(초야) 草案(초안) 草稿(초고) 草書(초서) 草創期(초창기)

花 꽃 화. 꽃필 화. 2721-70

◉ ⺿ + 化(될/변화할 화) = 花 (0221 참조)

☞ 풀(⺿)이 변화하여(化), 곧 풀이 생식의 조화(造化)를 일으켜 피어나는 것이라는 데서 「꽃. 꽃 피다」 뜻으로.

花草(화초 - 꽃이 피는 풀) 花環(화환) 花盆(화분) 花壇(화단) 花園(화원) 花甁(화병) 花中王(화중왕)

苦 쓸 고. 괴로울/씀바귀 고. 2722-60

◉ ⺿ + 古(옛/오랠 고) = 苦 (0797 참조)

☞ 풀(나물)(⺿)이 돋아나 오래(古) 지나면(다 자라나면) 대체로 쓴맛이 난다는 데서 「쓰다. (쓴맛을 느낀다는 데서)괴롭다. (쓴맛이 많이 나는)씀바귀」 뜻으로.

苦痛(고통) 苦悶(고민) 苦心(고심) 苦生(고생) 苦學(고학) 苦盡甘來(고진감래) 苦肉之策(고육지책)

艹 부수(자원과 쓰임) → 2718 참조

藥 약 약. 2723-60

● 艹 + 樂(즐거울 락 | 좋아할 요 | 풍류 악) = 藥 (1601)
☞ 병을 낫게 하여 즐거운(樂) 삶을 누리게 하는 풀(초근목피)(艹)이라는 데서 「약」 뜻으로.
藥局(약국) 藥效(약효 - 약의 효험) 藥師(약사) 藥方文(약방문) 藥房甘草(약방감초) 韓藥(한:약)

英 꽃부리 영. 꽃다울/아름다울/영걸 영. 2724-60

● 艹 + 央(가운데/중앙 앙 | 선명한모양 영) = 英 (0737 참조)
☞ 풀(艹)의 가운데 부위에 선명한 모양(央)을 이루어 솟아(피어)나는 화관(花冠)이라는 데서 「꽃부리. 꽃답다. 아름답다. (꽃부리처럼 빼어난 인재인)영걸」 뜻으로.
英才(영재 - 영민한 재주) 英敏(영민 - 영특하고 민첩함) 英傑(영걸) 英國(영국) 英雄豪傑(영웅호걸)

★ 英(꽃부리/꽃다울/아름다울/영걸 영)과 결합을 이룬 글자.		2724 별첨
瑛(옥빛 영)	☞ 玉(2040) → 옥(玉)에서 (빛이 반사되어) 드러나는 꽃다운(英) 빛깔이라는 데서 「옥빛」	
暎(비칠 영)	☞ 日(1054) → 해(日)가, 높이 솟아오른 꽃부리(英)처럼 하늘 높이 솟아올라 온 세상을 밝게 비춘다는 데서 「(햇빛이)비치다. 밝다」	

葉 잎 엽. 잎사귀/시대 엽 | 땅이름/성(姓) 섭. 2725-50

● 艹 + 枼(얇을/모진나무/들창 엽) = 葉
☞ 풀(초목)(艹)에 돋아 있는 얇은(枼) 조각 형태의 잎이라는 데서 「잎. 잎사귀. (잎이 피고 짐으로 인하여 하나의 세월을 이루는 데서)시대」 뜻으로.
葉書(엽서) 葉錢(엽전 - 놋으로 만든 옛날의 돈) 葉茶(엽차) 針葉(침엽) 闊葉(활엽) 末葉(말엽)

★ 枼(얇을/모진나무/들창 엽)과 결합을 이룬 글자.		2725 별첨
蝶(나비 접)	☞ 虫(2620) → (얄팍한 나뭇잎처럼) 얇은(枼) 날개가 붙어 있는 벌레(虫)이라는 데서 「나비」	
諜(염탐할 첩)	☞ 言(3254) → 들창(枼)으로 새어 나오는 말소리(言)를 남몰래 엿듣는다는 데서 「염탐하다」	
牒(편지 첩)	☞ 片(1745) → 얇은(枼) 나뭇조각(죽편)(片)에 글씨를 써넣은 것이라는 데서 「편지. 문서」	

落 떨어질 락. 뒤떨어질 락. 2726-50

● 艹 + 洛(물이름/물떨어지는모양 락) = 落 (1244 참조)
☞ 풀잎(나뭇잎)(艹)이 물 떨어지는 모양(洛)처럼 떨어진다는 데서 「떨어지다」 뜻으로.
落葉(낙엽 - 떨어진 나뭇잎) 落水(낙수) 落下(낙하) 落書(낙서) 落第(낙제) 落選(낙선) 落榜(낙방)

藝 재주 예: 심을 예. 2727-42

● {艹 + 埶(심을 예) = 蓺(심을/재주 예)} + 云(이를 운) = 藝 (1103 참조)
☞ 풀(식물)(艹)을 능숙하게 심는(埶) 솜씨를 일러(云) 재주가 있다(좋다)고 하는 데서 「재주. 심다」 뜻으로.
藝能(예:능 - 재주와 기능) 藝術(예:술) 藝人(예:인) 藝林(예:림) 技藝(기예) 書藝(서예)

艸 부수(자원과 쓰임 → 2718 참조)

蓄 모을 축. 쌓을 축. 2728-42

◉ ⺾ + 畜(가축/쌓을 축 | 기를 휵) = 蓄 (2121 참조)
☞ 풀(건초)(⺾)을 한데 모아 쌓는다(畜)는 데서 「모으다. 쌓다」 뜻으로.
蓄積(축적 - 많이 모아서 쌓음) 蓄財(축재) 蓄電池(축전지) 蓄音機(축음기) 蓄膿症(축농증) 貯蓄(저:축)

華 빛날 화. 꽃/풀무성할 화. 2729-40

◉ ⺾ + ⺾(→ 꽃 모양) + 十(열/충분할 십 → 「많은 수량」을 의미) + 干(방패 간) = 華
☞ 풀(⺾)에, 꽃송이(⺾)가 수없이 많이(十) 피어나서 방패(干)처럼 둘리어(무성하게 맺혀) 있는 모양에서 「꽃. 풀 무성하다. (꽃이 화사하게)빛나다」 뜻으로.
華奢(화사 - 화려하고 사치스러움) 華燭(화촉 - 혼례) 華麗(화려) 華僑(화교) 中華(중화)

★ 華(빛날/꽃/풀무성할 화)와 결합을 이룬 글자.		2729 별첨
嬅(탐스러울 화)	☞ 女(0493) →	여자(女)의 모습이 꽃(꽃봉오리)(華)처럼 탐스러워 보인다는 데서 「탐스럽다」
樺(자작나무 화)	☞ 木(1685) →	껍질이 유난히 하얗게 빛나는(華) 나무(木)이라는 데서 「자작나무」
燁(빛날 엽)	☞ 火(1135) →	불(火)이 화사한 꽃(華)처럼 밝게 피어오른다(빛난다)는 데서 「빛나다」

菊 국화 국. 2730-32

◉ ⺾ + {米(쌀 미) + 勹(쌀 포) = 匊(움킬/줌 국)} = 菊
☞ 쌀(米)을 감싸서(勹) 움켜쥔 줌(움큼)(匊) 모양처럼 하얀 꽃봉오리가 소담스럽게 맺히는 풀(⺾)이라는 데서 「국화」 뜻으로.
菊花(국화 - 국화속에 속하는 식물. 수국·산국·울릉국화 등의 10여 종이 있으며, 늦가을에 꽃을 피움. 관상용·약용·차·양조용·향료로 씀. 은군자隱君子로 불림) 菊月(국월 - 음력 9월) 菊版(국판)

★ 匊(움킬/줌 국)과 결합을 이룬 글자.		2730 별첨
鞠(공/국문할 국)	☞ 革(3529) →	가죽(革)을, 도톰한 줌(匊) 모양처럼 동그랗게 뭉쳐 놓은 물건이라는 데서 「공. 공을 이리저리 굴리듯이 아기나 죄인을 다룬다는 데서)기르다. 국문하다」 鞠養(국양)
麴(누룩 국)	☞ 麥(3638) →	밀(小麥)을, 도톰한 줌(匊) 모양처럼 동그랗게 뭉쳐서, 이를 띄워(발효시켜) 놓은 것이라는 데서 「누룩」 麴菌(국균)

莫 없을/말 막. 장막 막 | 저물/꾀할 모. 2731-32

◉ ⺾ + {日 + 大 = 㚇(햇빛/날빛 대)} = 莫
☞ 풀(초목)(⺾)이 햇빛(㚇)을 가리어 어두워 보인다는 데서 「(햇빛이)없다. 저물다. (없애게 한다는 데서)말다. (햇빛을 가리는)장막. (날이 저물도록 묘책을)꾀하다」 뜻으로.
莫重(막중 - 아주 귀중함) 莫大(막대) 莫論(막론) 莫及(막급) 莫無可奈(막무가내) 莫上莫下(막상막하)

★ 莫(없을/말/장막 막 | 저물/꾀할 모)과 결합을 이룬 글자.		2731 별첨
幕(장막 막)	☞ 巾(0980) →	눈비나 햇빛을 막는(가리는)(莫) 천(巾)이라는 데서 「장막」 天幕(천막)
漠(넓을 막)	☞ 水(1226) →	물(氵)이 없는(莫) 광활한 모래땅이라는 데서 「사막. 넓다. 아득하다」

膜(꺼풀 막)	☞	肉(2407) → 풀(艹)이 햇빛(莫)을 가리는(莫) 것처럼 몸(살갗)(月)을 가리고 있는 겉가죽(표피)이라는 데서 「꺼풀. 막」 皮膜(피막)
寞(쓸쓸할 막)	☞	宀(0617) → 집(宀)에 더불어 살아가는 사람이 없어(莫) 집안이 매우 적막하다는 데서 「쓸쓸하다. 고요하다」 寂寞(적막)
墓(무덤 묘)	☞	土(0665) → 풀(잔디)(艹)이 돋아 있고, 둥근 해(日) 모양처럼 둥그렇게 조성하여 놓은 큰(大) 흙 무더기(土)이라는 데서 「무덤」 墓所(묘소)
模(본뜰 모)	☞	木(1617) → 나뭇잎의 빛깔이 사철 내내 어긋남이 없이(莫) 절기를 바르게 나타내어 다른 나무들의 본보기가 된 나무(木)이라는 데서 「주공 묘에 난 나무. 본보기」 模範(모범)
慕(그리워할 모)	☞	心(1887) → 날이 저물면(莫) 출타한 식구가 어서 빨리 돌아오기를 애틋한 마음(㣺)으로 기다린다는 데서 「그리워하다」 慕情(모정)
暮(저물 모)	☞	日(1048) → 날이 저물어(莫) 해(日)가 가라앉는 늦은 시간대이라는 데서 「저물다. 늦다」
募(뽑을 모)	☞	力(0374) → 큰 사업을 꾀하기(획책하기)(莫) 위하여 힘(능력)(力)이 있는 인재를 끌어들인다(발탁한다)는 데서 「모으다. 뽑다」 募集(모집)
謨(꾀할 모)	☞	言(3257) → 묘책을 꾀하여(莫) 말한다(言)는 데서 「꾀. 꾀하다」 謨訓(모훈)
摸(더듬을 모)	☞	手(1510) → 날이 저물어(莫) 어두워지면 손(扌)으로 더듬어 가며(어림짐작하여) 물건을 잡는다는 데서 「더듬다. 잡다」 摸索(모색)
糢(모범 모)	☞	米(2597) → 모범을 의미하는 模에서 나무(木)보다 의식주에서 더욱 귀하게 여기는 쌀(米)을 대체하여 속자인 糢가 탄생된 것으로 봄. 위의 模 참조. 糢湖(모호)

薄 엷을 박. 얇을 박.

2732-32

● 艹 + 溥(펼 부 | 넓을 보) = 薄 (0131 참조)

☞ 풀(艹)을 (건조용으로) 말리기 위하여 땅바닥에 넓적하게(엷게) 펼쳐(溥) 놓은 모양이라는 데서 「엷다. 얇다」 뜻으로.

薄命(박명 - 목숨이 짧음) 薄弱(박약) 薄福(박복) 薄俸(박봉) 薄待(박대) 薄氷(박빙) 薄利(박리)

藏 감출 장. 저장할 장.

2733-32

● 艹 + 臧(착할/곳간/곳집 장) = 藏 (2864 참조)

☞ (사료용으로 말려 놓은) 풀(건초)(艹)을 곳집(臧)에 넣어 갈무리한다는 데서 「저장하다. (드러나지 않게 저장한다는 데서)감추다」 뜻으로.

藏書(장서 - 책을 간직해 둠) 藏經(장경 - 대장경의 준말) 藏置(장치) 藏匿罪(장닉죄) 貯藏(저:장)

蘭 난초 란.

2734-32

● 艹 + 闌(막을/난간/한창 란) = 蘭 (1629 참조)

난초(蘭)

☞ 난간(闌) 형상을 이루어 잎줄기와 꽃대가 길쭉하고 가지런하게 피어나는 풀(艹)이라는 데서 「난초」 뜻으로.

蘭草(난초) 蘭香(난향) 蘭交(난교 - 친밀하게 사귐) 和蘭(화란) 佛蘭西(불란서) 金蘭之交(금란지교)

艸 부수(자원과 쓰임 → 2718 참조)

★ 蘭(난초 란)과 결합을 이룬 글자.   2734 별첨

蹸(짓밟을 린) ☞ 足(3020) → 연약한 난초(蘭)를 발(足)로 밟는다(짓누른다)는 데서 「짓밟다」 蹂蹸(유린)

菜 나물 채: 반찬 채.   2735-32

- ⧿ + 采(풍채/캘/가릴/취할 채) = 菜 (2986 참조)
- ☞ 식용하기 위하여 캐어(采) 놓은 풀(⧿)이라는 데서 「나물. (나물로 만든)반찬」 뜻으로.

菜蔬(채:소) 菜食(채:식 - 채소 반찬만 먹음) 菜麻(채:마) 菜色(채:색) 菜根(채:근) 菜松花(채:송화)

若 같을 약 | 반야 야: 나물가릴 약.   2736-32

- ⧿ + 右(오른쪽 우) = 若 (0791 참조)
- ☞ (나물은 대개 오른손으로 캐고 왼손으로 거머쥐므로) 왼손에 거머쥐고 있는 것과 같은 풀(나물)(⧿) 을 골라내어 오른손(右)으로 캔다는 데서 「(왼손의 것과)같다. 나물을 가리다」 뜻으로. 범어(梵語) Prajna(지혜)를 반야(般若)로 음역(音譯)하였기에 「반야」 음훈으로.

若干(약간) 若是若是(약시약시 - 이러이러함) 明若觀火(명약관화) 泰然自若(태연자약) 般若(반야)

★ 若(같을/나물가릴 약)과 결합을 이룬 글자.   2736 별첨

惹(이끌 야) ☞ 心(1909) → 상대방과 같은(若) 마음(心)을 내는, 곧 동정심이나 공감대를 불러일으킨다(끌어 낸다)는 데서 「이끌다. 끌다」 惹起(야기)

諾(허락할 낙) ☞ 言(3239) → 상대방의 의중과 같게(若) 말하는(言), 곧 상대방이 문의하거나 요청한 내용을 그대로 받아들인다는 데서 「허락하다」 許諾(허락)

匿(숨을 닉) ☞ 匚(0273) → 감추어(匚) 놓은 것과 같은(若), 곧 감추어 놓은 것처럼(밖으로 전혀 드러나지 않도 록) 몸이나 물건을 숨긴다는 데서 「숨기다. 숨다」 匿名(익명)

茂 무성할 무: 풀우거질 무.   2737-32

- ⧿ + 戊(무성할/다섯째천간 무) = 茂 (1766 참조)
- ☞ 풀(⧿)이 무성하다(戊)는 데서 「풀 우거지다. 무성하다」 뜻으로.

茂盛(무:성 - 초목이 우거짐) 茂林(무:림 - 무성하게 우거진 숲) 茂陰(무:음 - 나무의 짙은 그늘)

茶 차 다 | 차 차. 차나무 다.   2738-32

- ⧿ + 人(사람 인) + 木(나무 목) = 茶
- ☞ (음용하기 위하여) 사람(人)이 나무(木)에서 채취하는 잎(⧿)이라는 데서 「차」 뜻으로.

茶禮(다례-차례 - 음력 매달 초하루·보름·명절 등에 지내는 제사) 茶房(다방) 茶室(다실) 茶菓(다과)

蒸 찔 증. 김오를/무리/백성 증.   2739-32

- ⧿ + 烝(김오를 증) = 蒸 (1166 참조)
- ☞ 풀(나물)(⧿)을 솥에 넣어 김이 오를(烝) 때까지 불을 지핀다는 데서 「찌다. 김 오르다. (한데 얽힌 찐 나물처럼 무리지어 있다는 데서)무리. (무리지어 사는)백성」 뜻으로.

蒸民(증민 - 모든 백성. 서민) 蒸氣(증기) 蒸發(증발) 蒸散(증산) 蒸濕(증습) 蒸溜水(증류수)

艸 부수(자원과 쓰임) → 2718 참조

蒼 푸를 창. 무성할 창. 2740-32

- ⧠ ⧠⧠ + 倉(곳집 창) = 蒼 (0111 참조)
- ☞ 풀(초목)(⧠⧠)이, 덩그렇게 솟은 곳집(倉)처럼 무성하게 자라나서 온 산야가 푸른빛으로 뒤덮여 있는 모양이라는 데서 「무성하다. 푸르다」 뜻으로.

蒼空(창공 - 푸른 하늘) 蒼白(창백 - 해쓱함) 蒼天(창천 - 새파란 하늘) 蒼茫(창망) 蒼蒼(창창하다)

蘇 되살아날 소. 깨어날/차조기/성(姓) 소. 2741-32

- ⧠ ⧠⧠ + 穌(긁어모을/다시살아날 소) = 蘇
- ☞ (죽었다고 여기었던) 풀(⧠⧠)이 다시 살아난다(穌)는 데서 「되살아나다. 깨어나다」 뜻으로.

蘇生(소생 - 다시 살아 남) 蘇鐵(소철 - 식물 명) 蘇聯(소련) 蘇定方(소정방 - 나당 연합군의 장수)

葬 장사지낼 장: 장사/묻을 장. 2742-32

- ⧠ ⧠⧠ + 死(죽을 사) + 廾(손맞잡을 공) = 葬
- ☞ 죽은(死) 사람, 곧 시신을 여러 사람들이 손으로 마주 잡아(廾) 장지에 옮기어 매장하고 그 위에 풀(잔디)(⧠⧠)을 심어 장례를 치르는 모습에서 「장사 지내다. 묻다」 뜻으로.

葬禮(장:례 - 사자를 장사 지내는 의식) 葬儀(장:의) 葬事(장:사) 葬地(장:지) 葬送曲(장:송곡) 埋葬(매장)

著 나타날 저: 지을/둘 저 | 입을/둘/붙을 착. 2743-32

- ⧠ ⧠⧠ + 者(사람/것/곳 자) = 著 (2858 참조)
- ☞ 풀(초목)(⧠⧠)이라는 것(者)은 씨를 뿌리거나 가꾸지 않아도 저절로 돋아나서 온 산야에 널리어(뒤덮여) 있다는 데서 「(풀이)나타나다. (풀이 지면에)붙다. 입다. (나타나게 한다는 데서)짓다」 뜻으로.

著名(저:명 - 이름이 널리 드러남) 著明(저:명 - 뚜렷함) 著書(저:서) 著述(저:술) 著者(저:자) 著眼(착안)

★ 著(나타날/지을 저 | 입을/붙을 착)와 결합을 이룬 글자. 2743 별첨

躇(머뭇거릴 저) ☞ 足(3024) → 발(발걸음)(⻊)이 지면에 붙어(著) 있는 것처럼 옮겨 딛는 동작이 오래도록 지체 된다는 데서 「머뭇거리다」 躊躇(주저)

蒙 어두울/어릴 몽. 어리석을/몽고 몽. 2744-32

- ⧠ ⧠⧠ + {冖(덮을 멱) + 一 + 豕(돼지 시) = 冡(덮을 몽)} = 蒙
- ☞ 씨앗이 껍질을 덮어(冡)쓰고 싹을 틔운(발아한) 매우 어린 풀(⧠⧠)이라는 데서 「어리다. (어려서 사고력이 밝지 못하다는 데서)어둡다. 어리석다」 뜻으로.

蒙昧(몽매 - 어리석고 어두움) 蒙利(몽리 - 이익을 입음) 蒙古(몽고) 啓蒙(계:몽) 訓蒙(훈:몽)

莊 씩씩할/장엄할 장. 풀무성한모양/농막/별장 장. 2745-32

- ⧠ ⧠⧠ + 壯(씩씩할/성할 장) = 莊 (0403 참조)
- ☞ 풀(초목)(⧠⧠)이 성하게(壯) 자라나 있는(초원으로 뒤덮여 있는) 모양이라는 데서 「풀 무성한 모양.

씩씩하다. 장엄하다. (풍치가 장엄한 곳에 지어 놓은)별장. 농막」뜻으로.
莊嚴(장엄 - 규모가 크고 엄숙함) 莊重(장중) 莊園(장원) 別莊(별장) 農莊(농장)

荷 멜 하(:)/연(蓮) 하. 짊어질 하. 2746-32

◉ ⺿ + {亻 + 可(옳을/가히 가) = 何(어찌/짐 하)} = 荷 (0095 참조)

☞ 풀(⺿)을 짐(何)으로 지고(메고) 있다는 데서「짊어지다. 메다」뜻을. 한편 사람(亻)이 가히(可) 좋아할 만한 풀(식물)(⺿)이라는 데서「연」뜻으로.

荷物(하물 - 짐) 荷役(하역) 荷主(하주) 荷重(하중) 荷花(하화 - 연꽃) 蓮荷(연하)

芳 꽃다울 방. 2747-30

◉ ⺿ + 方(모/방위/연결할/바야흐로 방) = 芳

☞ 풀(⺿)에서 사방(方)으로 퍼져 나가는 싱그러운 풀 냄새는 꽃향기에 버금간다는 데서「꽃답다」뜻으로.

芳香(방향 - 꽃다운 향기) 芳年(방년 - 꽃다운 나이) 芳草(방초) 芳名錄(방명록) 流芳百世(유방백세)

苗 싹 묘: 2748-30

◉ ⺿ + 田(밭 전) = 苗

☞ 논밭(田)에 갓 돋아난 풀(⺿)이라는 데서「싹」뜻으로.

苗木(묘:목) 苗圃(묘:포 - 묘목을 심어 기르는 밭) 苗床(묘:상) 苗脈(묘:맥) 苗板(묘:판) 種苗(종묘)

★ 苗(싹/무리 묘)와 결합을 이룬 글자. 2748 별첨
描(그릴 묘)　☞ 手(1507) → 손(扌)으로, (빈 땅에) 씨앗이 싹(苗)을 틔우는 것처럼 (빈 도화지에) 사물의 형상을 하나하나씩 그려 나간다는 데서「그리다」描寫(묘사)
猫(고양이 묘)　☞ 犬(1415) → 돋아나는 풀(새싹)(⺿)처럼 쫑긋하게 솟은 귀, 밭이랑(田)처럼 줄무늬가 들어 있는 표피, 곧 묘(苗) 글자 형상처럼 생긴 짐승(犭)이라는 데서「고양이」猫睛(묘정)

芽 싹 아. 2749-30

◉ ⺿ + 牙(어금니/싹틀 아) = 芽 (1421 참조)

☞ 풀(⺿)이 싹튼(牙) 것이라는 데서「싹」뜻으로.

芽椄(아접 - 눈접) ※ 椄(접붙일 접) 發芽(발아 - 씨앗에서 싹이 나옴) 麥芽(맥아 - 보리 싹. 엿기름)

蓋 덮을 개: 가릴/이엉/어찌 개 ǀ 어찌아니할 합. 2750-30

◉ ⺿ + {去(갈 거) + 皿(그릇 명) = 盍(덮을 합)} = 蓋

☞ 풀(⺿)을 엮어 지붕을 덮는다(盍)는 데서「덮다. 가리다. 이엉」뜻으로.

蓋世(개:세 - 세상을 압도할 만한 큰 위세) 蓋然(개:연) 蓋瓦(개:와) 蓋草(개:초) 蓋石(개:석) 覆蓋(복개)

苟 진실로/구차할 구. 다만/적어도 구. 2751-30

◉ ⺿ + {勹(쌀 포) + 口(입 구) = 句(글귀/굽을 구)} = 苟 (0808 참조)

艸 부수(자원과 쓰임 → 2718 참조)

☞ 풀(나물)(艹)만을 싸서(勹) 입(口)에 넣을 정도로 살림살이가 매우 궁색하다는 데서 「구차하다. (구차하면서도 진실하게 삶을 꾸려 나간다는 데서)진실로. 다만. 적어도」 뜻으로.
苟且(구차 - 군색스럽고 구구함) 苟免(구면 - 구차하게 면함) 苟安(구안) 阿諛苟容(아유구용)

荒 거칠 황. 잡초가우거진땅/넓을/흉년들 황. 2752-30

◉ 艹 + {亡(망할 망) + 川(내천) = 巟(물넓을 황)} = 荒
☞ 풀(艹)이 넓게(巟) 펼쳐져 있는, 곧 풀만이 무성하게 자라나 있는 땅(황무지)이라는 데서 「잡초가 우거진 땅. 거칠다. 넓다」 뜻으로.
荒弊(황폐 - 거칠고 피폐함) 荒廢(황폐) 荒野(황야) 荒凉(황량) 荒蕪地(황무지) 荒唐無稽(황당무계)

★ 荒(거칠 황)과 결합을 이룬 글자. 2752 별첨

慌(다급할 황) ☞ 心(1937) → 마음(忄)이, 거칠게(荒) 흘러내리는 냇물처럼 매우 다급하다는 데서 「다급하다」

茫 아득할 망. 물질편한모양/넓고넓을 망. 2753-30

◉ 艹 + 汒(큰물 망) = 茫
☞ (초원의) 풀(艹)이 큰물(汒)에 잠기어 물바다를 이룬 모양이라는 데서 「물 질펀한 모양. 넓고 넓다. 아득하다」 뜻으로.
茫漠(망막 - 넓고 멂. 뚜렷한 구별이 없음) 茫茫大海(망망대해) 茫然自失(망연자실)

菌 버섯 균. 균/곰팡이 균. 2754-30

◉ 艹 + 囷(둥근곳집 균) = 菌
☞ 둥근 곳집(囷) 형상을 이루어 자라나는 풀(艹)의 일종이라는 데서 「버섯. 균」 뜻으로.
菌類(균류 - 엽록소가 없는 하등 식물의 총칭) 菌絲(균사) 殺菌(살균) 無菌(무균) 種菌(종균) 細菌(세:균)

蓮 연꽃 련. 연/연밥 련. 2755-30

◉ 艹 + {車(수레 거) + 辶(쉬엄쉬엄갈 착) = 連(이을/잇닿을 련)} = 蓮 (3097 참조)

연(蓮)

☞ 수레바퀴 형상의 둥근 잎사귀가 서로 잇닿은(이어진)(連) 모양을 이루어 피어나는 풀(艹)이라는 데서 「연. (연에서 피어나는)연꽃. 연밥」 뜻으로.
蓮花=蓮華(연화 - 연꽃) 蓮根(연근) 蓮葉(연엽) 蓮實(연실) 蓮座(연좌) 蓮池(연지 - 연을 심은 연못)

蔬 나물 소. 푸성귀/소채 소. 2756-30

◉ 艹 + 疏(트일/성길/나눌/드물 소) = 蔬
☞ 산과 들판 여기저기에 드물게(疏) 돋아 있는 식용 가능한 풀(艹)이라는 데서 「나물. 소채. 푸성귀」 뜻으로.
蔬菜(소채 - 소채류의 나물. 채소) 蔬飯(소반 - 변변치 못한 음식) 菜蔬(채:소 - 온갖 푸성귀)

艹 부수(자원과 쓰임 → 2718 참조)

蔽   덮을/가릴 폐: 숨길 폐.   2757-30

◉ 艹 + 敝(옷해어질/무너질 폐) = 蔽 (0994 참조)
☞ 풀(초목)(艹)이 돋아나, (산사태로) 흙더미가 무너진(해진)(敝) 부위를 가리고(덮고) 있다는 데서 「가리다. 덮다. (덮어서)숨기다」 뜻으로.
蔽遮(폐:차 - 가려서 막음) 蔽月羞花(폐:월수화) 掩蔽(엄:폐) 建蔽率(건:폐율) 隱蔽(은폐 - 가리어 숨김)

薦   천거할 천: 드릴/올릴 천.   2758-30

◉ 艹 + 廌(해태/외뿔달린양 치) = 薦
※ 해태(廌) → 시비(是非)와 선악을 판단한다고 하는(법정에서 범죄자를 가려내어 뿔로 들이받는다는) 상상의 신령한 동물. 사자와 비슷하나 머리에 하나의 뿔이 있다고 함. 석상(石像)으로 새겨 궁전의 좌우에 세웠으며, 고대 중국에서는 이 짐승을 본떠서 법관의 관을 만들었음. 일명 해타(海駝).
☞ 해태(廌)가 죄인을 가려내는 것처럼 (병을 고치는) 풀(약초)(艹)을 가려내어(구하여) 윗사람에게 바친다는 데서 「드리다. 올리다. (인재를 발굴하여 올린다는 데서)천거하다」 뜻으로.
薦擧(천:거 - 인재를 추천하는 일) 薦度(천:도) 推薦(추천) 公薦(공천) 毛遂自薦(모수자천)

藍   쪽(풀) 람. 남색 람.   2759-30

◉ 艹 + 監(볼/살필 감) = 藍 (2236 참조)
※ 쪽 → 마디풀과에 속하며 홍자색으로, 잎은 남색 색소가 들어 있어 염료로 씀.
☞ (홍자색의 독특한 빛깔을 띠어) 많은 사람들이 관심 있게 들여다보는(監) 풀(艹)이라는 데서 「쪽. (쪽으로 물들인)남색」 뜻으로.
藍色(남색 - 남빛) 靑出於藍(청출어람 - 제자가 스승보다 뛰어남을 일컬음) 出藍(출람) 伽藍(가람)

葛   칡 갈.   2760-20

◉ 艹 + 曷(어찌/쫓을/미칠 갈) = 葛 (1996 참조)
※ 칡 → 다른 나무를 휘감고 오르는 덩굴 식물. 뿌리는 식용하며 줄기는 끈이나 갈포 재료로 씀.
☞ 손길이 미치는(曷) 것처럼 다른 나무를 휘감고 위로 솟아오르는 풀(식물)(艹)이라는 데서 「칡」 뜻으로.
葛布(갈포 - 칡 섬유로 짠 베) 葛粉(갈분 - 칡뿌리 가루) 葛根(갈근) 葛藤(갈등) 葛巾野服(갈건야복)

茅   띠 모.   2761-20

◉ 艹 + 矛(창 모 → 「세 갈래진 창 모양」을 표현) = 茅 (2181 참조)
※ 띠 → 볏과의 여러해살이풀로, 잎은 뿌리에서 나며, 초여름에 백색이나 흑자색의 꽃이 핌.
☞ 갈라진 창(矛) 모양처럼 잎줄기가 쭈뼛하게 갈라져 있는 풀(艹)이라는 데서 「띠」 뜻으로.
茅草(모초 - 띠) 茅屋(모옥 - 띠로 지붕을 이은 자그마한 집. 자기 집을 낮추어 일컫는 말)

萊   명아주 래.   2762-20

◉ 艹 + {木 + 从(좇을 종) = 來(올 래)} = 萊 (0048 참조)

艹 부수(자원과 쓰임 → 2718 참조)

※ 명아주 → 명아줏과의 한해살이풀. 키는 1.5m 가량이며 어린잎은 식용하며 줄기는 매우 가볍고 단단하여 지팡이 재료로 쓰임. 명아줏대로 만든 지팡이를 청려장(靑藜杖)이라고 함.
☞ 사람이 좇아(뒤따라)(从) 다니는, 곧 짚고서 따라다니는 (지팡이 재료로 쓰이는) 나무(木)처럼 생긴 길쭉한 풀(식물)(艹)이라는 데서 「명아주」 뜻으로.
東萊區(동래구 - 부산에 있는 지명) 蓬萊山(봉래산 - 여름철 금강산의 별칭)

菓 과자/실과 과. 2763-20

- 艹 + 果(실과/열매 과) = 菓 (1599 참조)
☞ 풀(艹)에서 열리는 실과(果)이라는 데서 「실과. (곡식으로 실과처럼 만든)과자」 뜻으로.
菓子(과자) 氷菓(빙과 - 얼음으로 된 과자) 茶菓(다과 - 차와 과자)

董 바를(正) 동: 굳을/성(姓) 동. 2764-20

- 艹 + 重(무거울/거듭 중) = 董 (2943 참조)
☞ (베어 낸) 풀(艹)을 거듭(重)나게 쌓으면(많이 축적하여 놓으면) 자중(자체 무게)에 의하여 굳어 진다(바른 모양으로 펼쳐진다)는 데서 「굳다. 바르다」 뜻으로.
董督(동:독 - 감시하며 독촉함) 董狐之筆(동:호지필 - 사실을 직필함을 일컬음) 骨董品(골동품)

蔣 성(姓)/줄(줄풀) 장(:). 2765-20

- 艹 + 將(장수/거느릴/장차/길 장) = 蔣 (0566 참조)
※ 줄(줄폴) → 볏과의 여러해살이풀. 못가나 물가에 자생하고 줄기가 1m~2m 정도로 길쭉하며 잎줄기를 이용하여 도롱이(우장)나 돗자리를 만듦.
☞ 잎줄기가 길게(將) 자라나는 풀(艹)이라는 데서 「줄(줄풀)」 뜻으로.
蔣席(장석 - 줄로 엮은 자리) 蔣介石(장:개석 - 중국의 정치 지도자. 대만 정부의 초대 총통)

苑 나라동산 원. 성(姓) 원 | 답답할 울. 2766-20

- 艹 + 夗(누워서뒹굴 원) = 苑 (1857 참조)
☞ 풀(초목)(艹)이 누워서 뒹구는(夗) 형상을 이루어 무성하게 드리워져 있는(초목이 잘 가꾸어져 있는) 곳이라는 데서 「나라 동산. (초목이 많이 우거져서)답답하다」 뜻으로.
苑池(원지 - 동산에 있는 못) 秘苑(비:원 - 창덕궁에 있는 궁원) 宮苑(궁원) 文苑(문원) 藝苑(예:원)

芸 향풀(香草) 운. 성한모양/성(姓) 운. 2767-20

- 艹 + 云(이를/일어날/성한모양 운) = 芸 (0214 참조) ※ 芸 → 藝(재주 예)의 약자로 쓰임.
☞ 향내를 일으키는(云) 풀(艹), 또는 풀(艹)이 성한 모양(云)을 이루어 자라나 있다는 데서 「향풀(香草). 성한 모양」 뜻으로.

蔡 성(姓)/나라 채: 풀/법 채. 2768-20

- 艹 + 祭(제사 제 | 성 채) = 蔡 (2349 참조)
☞ 제사(祭)에 반드시 올리는 풀(나물)(艹)이라는 의미가 부여되어 「풀(초명은 미지). (반드시 이행하는

艹 부수(자원과 쓰임 → 2718 참조)

법」 뜻으로.
蔡濟恭(채:제공 - 조선 정조 때의 명상. 문집에 번암집樊巖集 등이 있음)

蔑 업신여길 멸. 어두울 멸.   2769-20

◉ 苜(눈바르지못할 멸) + 戍(수자리/지킬 수) = 蔑 (1770 참조)

※ 苜(눈바르지못할 멸) → ⺾(→ 卝 쌍쌍투 관) + 罒(= 目 눈 목)

☞ 눈을 바르게 뜨지 못한(보이지 않는)(苜) 상태로 변방을 지킨다(戍)는 것은 적군을 업신여기는 처사에 지나지 않는다는 데서 「업신여기다. (눈이)어둡다」 뜻으로.

蔑視(멸시 - 업신여김. 몹시 낮추어 봄) 輕蔑(경멸 - 멸시) 凌蔑=陵蔑(능멸 - 업신여겨 깔봄)

★ 蔑(업신여길 멸)과 결합을 이룬 글자.	2769 별첨
襪(버선 말) ☞ 衣(2576) → 업신여김(蔑)을 받는 것처럼 언제나 발바닥에 밟히기만 하는 옷(衤)의 일종이라는 데서 「버선」 洋襪(양말)	

蓬 쑥 봉. 다북쑥 봉.   2770-20

◉ ⺾ + 逢(만날 봉) = 蓬 (3112 참조)

☞ 여러 가닥의 잎줄기가 한데 만나는(逢) 것처럼 매우 촘촘하게 자라는(총생하는) 풀(⺾)이라는 데서 「쑥. 다북쑥」 뜻으로.

蓬髮(봉발 - 쑥처럼 흐트러진 머리털) 蓬萊山(봉래산) 蓬生麻中不扶自直(봉생마중 불부자직)

蔘 삼 삼. 인삼 삼.   2771-20

◉ ⺾ + {厽(담벽 류) + 人 + 彡(터럭/털자라날 삼) = 參(석 삼)} = 蔘 (0396 참조)

인삼(蔘)

☞ 參은 인삼 모양을 표현. 담벽(厽)처럼 층계를 이룬 머리, 사람(人) 형상의 몸통과 다리, 터럭(彡) 모양의 잔뿌리가 돋아 있는 식물(⺾)이라는 데서 「삼(인삼)」 뜻으로.

人蔘(인삼 - 사람 형상을 닮은 여러해살이풀. 약재로 중히 여김) 蔘圃(삼포) 蔘鷄湯(삼계탕) 山蔘(산삼)

芮 성(姓) 예. 풀뾰족뾰족날 예.   2772-20

◉ ⺾ + {冂(멀 경 | 빌 형) + 入(들 입) = 内(안 내)} = 芮

☞ 풀(⺾)이, 빈(冂) 공간(지면)에 입(入) 자 형상처럼 뿌리를 내리고 잎줄기가 뾰족하게 솟아나는 모양이라는 데서 「풀 뾰족뾰족 나다」 뜻으로.

芮芮(예예 - 풀이 뾰족뾰족 자라나는 모양) 芮承錫(예승석 - 세조·예종 실록을 편찬. 동지중추부사. 청백리)

蔚 고을이름 울. 초목무성한모양/숲/제비쑥 위.   2773-20

◉ ⺾ + 尉(벼슬/누를 위 | 다릴/다리미 울) = 蔚 (0571 참조)

☞ 초목(⺾)이 위에서 누르고(尉) 있는 것처럼 울창하게 뒤덮여 있는 모양이라는 데서 「초목 무성

艹 부수(자원과 쓰임 → 2718 참조)

한 모양. 숲. (우거진)제비쑥. (蔚이 고을 이름자로 쓰였기에)고을 이름」 뜻으로.
蔚然(울연하다 - 초목이 무성하게 우거짐) 蔚山直轄市(울산직할시 - 경남 동해안에 있는 공업 도시)

范 성(姓) 범: 풀이름 범.   2774-20

- ⊙ 艹 + 氾(넘칠/넓을/뜰 범) = 范 (1343 참조)
- ☞ 물에 떠서(氾) 자라는 풀(艹)이라는 데서「(부평초 유형의)풀 이름」뜻으로.
范成大(범:성대 - 중국 남송의 정치가이며 시인. 저서로는 석호거사 시집이 있음)

薰 향풀 훈. 향내 훈.   2775-20

- ⊙ 艹 + 熏(불길/불길오를/연기낄/취할 훈) = 薰 (1132 참조)
- ☞ 사람이 취할(熏) 정도로 향내를 물씬하게 풍기는 풀(艹)이라는 데서「향풀」뜻으로.
薰氣(훈기 - 훈훈한 기운) 薰陶(훈도 - 덕으로 사람을 감화 함) 薰風(훈풍) 薰藥(훈약) 薰薰(훈훈)

薛 성(姓) 설. 맑은대쑥 설.   2776-20

- ⊙ 艹 + 𠂤(작은산/흙무더기 퇴) + 辛(매울/괴로울 신) = 薛
- ☞ 둥그스름한 흙무더기(𠂤)처럼 무더기 지어 자라나고, 기다란 잎줄기에 겨울바람이 스치면 매서운(辛) 소리를 내는 풀(艹)이라는 데서「맑은대쑥」뜻으로.
薛聰(설총 - 원효대사의 아들로서 이두吏讀를 집대성한 신라 때의 학자)

藤 등나무 등.   2777-20

- ⊙ 艹 + 滕(물용솟음칠/물끓어오를 등) = 藤
- ☞ 물이 용솟음치며(滕) 솟구쳐 오르는 것처럼 다른 나무를 휘감고 위로 솟아오르는 초목(艹)이라는 데서「등나무」뜻으로.
藤家具(등가구 - 등나무로 만든 가구) 葛藤(갈등 - 서로 불화하여 다툼)

蘆 갈대 로.   2778-20

- ⊙ 艹 + 盧(밥그릇/화로/갈대 로) = 蘆 (2241 참조)
- ☞ 갈대(盧) 풀(艹)이라는 데서「갈대」뜻으로.
蘆岸(노안 - 갈대가 덮인 언덕) 蘆雁圖(노안도 - 민화의 하나) 蘆原區(노원구 - 서울에 있는 지명)

芝 지초 지.   2779-20

- ⊙ 艹 + 之(갈/어조사 지) = 芝 (0023 참조)
- ☞ 갈 지(之) 글자 형상처럼 뿌리가 이리저리 비틀린 나선형을 이루어 뻗어 나가는 식물(艹)이라는 데서「지초」뜻으로.
芝草(지초 - 지치. 뿌리가 땅속을 나사처럼 파고들면서 자람. 한약재) 芝蘭之交(지란지교) 靈芝(영지)

芬 향기로울/향기 분.   2780-20

- ⊙ 艹 + 分(나눌/쪼갤 분) = 芬 (0227 참조)

☞ 풀(艹)에서 나뉘어져(分) 나오는(사방으로 흩어지는) 향긋한 냄새이라는 데서 「향기롭다. 향기」 뜻으로.

芬芬(분분하다 - 매우 향기롭다) 芬黃寺(분황사 - 경주에 있는 신라 때의 고찰) 芬蘭(분란 - 핀란드)

艾 쑥 애. 늙을/성(姓) 애.   2781-20

◉ 艹 + 乂(벨/다스릴/풀벨 예) = 艾

☞ 예(乂) 글자 형상처럼 길쭉한 뿌리가 서로 얽혀 있는 풀(艹)이라는 데서 「쑥. (쑥 빛깔처럼 머리카락이 희끗한 50대에 접어든 사람이라는 데서)늙은이」 뜻으로.

艾年(애년 - 머리털이 약쑥처럼 희어진다는 뜻으로, 나이 쉰 살을 이르는 말)

莞 왕골 완(환) | 빙그레할 완. 부들 완(환).   2782-20

◉ 艹 + 完(완전할/지을 완) + 莞 (0585 참조)

왕골(莞)

☞ 집을 지어(完) 놓은 모양처럼 잎줄기가 둥그스름한 형상을 이루어 빼곡하게 돋아나는 풀(艹)이라는 데서 「왕골. 부들. (둥그스름한 부들처럼 입언저리가) 빙그레하다」 뜻으로.

莞爾(완이 - 빙그레 웃는 모양) 莞島(완도 - 전라남도 남해안에 있는 지명)

葡 포도 포. 포도나무 포.   2783-20

◉ 艹 + {(勹쌀 포) + 甫(클 보 | 남새밭 포) = 匍(길 포)} = 葡 (0269 참조)

☞ (다른 물체를 타고) 기어(匍)오르는 풀(식물)(艹)이라는 데서 「포도나무. 포도」 뜻으로.

葡萄(포도 - 포도나무의 열매) 葡萄牙(포도아 - 「포르투갈」의 한자음 표기)

萄 포도 도. 포도나무 도.   2784-10

◉ 艹 + {(勹쌀 포) + 缶(장군 부) = 匋(질그릇 도)} = 萄 (3343 참조)

☞ (장독대에) 옹기종기 놓여 있는 질그릇(匋) 모양처럼 올망졸망하게 열매 송이가 맺히는 풀(식물)(艹)이라는 데서 「포도나무. 포도」 뜻으로.

葡萄糖(포도당 - 포도 같은 열매나 꿀 등에 들어있는 단당류單糖類의 한 가지) 葡萄汁(포도즙)

薪 섶나무/섶 신.   2785-10

◉ 艹 + 新(새 신) = 薪 (1784 참조)

※ 섶나무 → 잎나무나 풋나무. 키가 작은 땔감용의 나무.

☞ 새로(新) 돋아난, 키가 작달막한 초목(艹)이라는 데서 「섶나무. 섶」 뜻으로.

薪柴(신시 - 장작과 섶나무. 땔감용 나무) 薪炭(신탄 - 땔나무와 숯) 臥薪嘗膽(와:신상담)

蕪 거칠 무. 초목떨기로날 무.   2786-10

◉ 艹 + 無(없을 무) = 蕪 (1104 참조)

☞ 초목(艹)이, 아무것도 없는(無) 황무지에 새롭게 드문드문 돋아나 있는 모양이라는 데서 「초목

떨기로 나다. 거칠다」뜻으로.
荒蕪地(황무지 - 손을 대어 거두지 아니하여 거칠어진 땅)

蕩 방탕할/쓸어버릴 탕: 쓸어없앨 탕. 2787-10

- ⊙ ⺿ + 湯(끓일/끓인물 탕) = 蕩 (1250 참조)
- ☞ 풀(나물)(⺿)을 끓이어(데쳐서)(湯) 꼿꼿한 성질을 허물어지게 한다는 데서 「꼿꼿한 성질을)쓸어없애다. 쓸어버리다. (곧은 성질이 흐트러져서)방탕하다」뜻으로.

蕩盡(탕:진 - 재물을 다 써서 없앰) 蕩減(탕:감) 蕩兒(탕:아) 蕩平(탕:평) 放蕩(방:탕) 掃蕩(소탕)

蕃 불을 번. 우거질/번성할 번. 2788-10

- ⊙ ⺿ + 番(차례/갈릴/갈마들 번) = 蕃 (2110 참조)
- ☞ 여러 가지 풀(초목)(⺿)이 갈마드는(番) 것처럼 번갈아 가면서 돋아나(무성하게 어우러져) 있다는 데서 「우거지다. 번성하다. 붇다」뜻으로.

蕃盛(번성 - 자손이 많이 퍼짐. 초목이 무성함) 蕃茂(번무) 蕃國(번국 - 오랑캐의 나라)

蔭 그늘/도움 음. 나무그늘/가릴 음. 2789-10

- ⊙ ⺿ + 陰(그늘/가릴 음) = 蔭 (3329 참조) ※ 蔭과 陰(그늘 음)은 통자(通字).
- ☞ 햇볕이 풀(초목)(⺿)에 가리어져서 생겨난 그늘(陰)이라는 데서 「나무 그늘. 그늘. (초목이 햇빛을)가리다. (조상이나 높은 사람의 가림, 즉 보호를 받는다는 데서)도움」뜻으로.
- ※ 蔭은 주로 「도움」의미로 쓰이고, 「그늘」을 표현할 때에는 陰이 쓰임.

蔭補(음보 - 조상의 덕으로 벼슬을 얻음) 蔭德(음덕 - 조상의 덕) 蔭官(음관) 蔭道(음도) 蔭職(음직)

蒐 모을 수. 꼭두서니 수. 2790-10

- ⊙ ⺿ + 鬼(귀신/도깨비 귀) = 蒐
- ☞ 쭈뼛하게 솟은 도깨비(鬼) 뿔처럼 (쌍떡잎 사이로) 기다란 꽃대가 피어나는 풀(⺿)이라는 데서 「꼭두서니. (꼭두서니는 흔히들 식용·물감용으로 채집하는 데서)모으다」뜻으로.
- ※ 꼭두서니 → 다년생 덩굴식물. 쌍떡잎으로 잔가시가 있으며, 7~8월경에 기다란 꽃대에 연노란 꽃이 피고 검은 씨가 열림. 뿌리는 염료나 진통제로 쓰이고 어린잎은 식용함.

蒐集(수집 - 여러 재료를 찾아 모음) 蒐輯(수집 - 여러 재료를 찾아 모아서 편집함)

蔓 덩굴 만. 순무 만. 2791-10

- ⊙ ⺿ + 曼(이끌/길/멀/넓을/퍼질 만) = 蔓 (1898 참조)
- ☞ 줄기(뿌리가)가 길게(曼) 뻗어 나가는 식물(⺿)이라는 데서 「덩굴. 순무」뜻으로.

蔓草(만초 - 덩굴풀) 蔓生(만생) 蔓延(만연) 蔓性植物(만성식물) 蔓草猶不可除(만초유불가제)

萎 시들/마를 위. 병들 위. 2792-10

- ⊙ ⺿ + 委(맡길/버릴/이삭고개숙일 위)} = 萎 (0466 참조)
- ☞ 풀(풀잎)(⺿)이, 벼이삭 고개 숙인(委) 모양처럼 아래로 처져(시들어져) 있다는 데서 「시들다. (시들

어져서)마르다. 병들다」뜻으로.
萎縮(위축 - 마르거나 시들어서 쪼그라듦) 萎靡(위미 - 시들고 느른해짐)

萃 모을/모일 췌: 2793-10

- ⧫ ⺾ + 卒(군사/무리/마칠 졸) = 萃 (0336 별첨)
- ☞ 풀(⺾)이, (한곳에 집결하여 있는) 군사들(卒)처럼 무리지어 있는, 곧 (사료용) 건초를 한곳에 모아 놓은 모양이라는 데서「모으다. 모이다」뜻으로.

萃卦(췌:괘 - 주역에서 육십사괘의 하나) 拔萃(발췌 - 여럿 속에서 중요한 것을 뽑아냄)

★ 萃(모을/모일 췌)와 결합을 이룬 글자. 2793 별첨

| 膵(췌장 췌) | ☞ 肉(2438) → 소화액(췌액)이 모여(萃) 있는 신체(月) 기관이라는 데서「췌장」膵臟(췌장) |

藉 핑계할/깔 자. 깔개/빌릴/빙자할 자. 2794-10

- ⧫ ⺾ + 耤(적전/빌릴 적) = 藉 (2681 참조)
- ※ 적전(耤田) → 임금이 친히 경작하는 논밭.
- ☞ 넓적한 적전(耤)처럼 짚 같은 마른 풀(⺾)을 엮어서 넓적하게 펼쳐 놓은 깔개라는 데서「깔개. 깔다. (여럿이 앉도록 깔개를)빌리다. (예시를 빌리어)빙자하다. 핑계하다」뜻으로.

藉藉(자자하다 - 뭇사람의 입에 오르내리다) 慰藉料(위자료) 憑藉(빙자) 狼藉(낭:자 - 흩어져 어지러움)

藩 울타리 번. 덮을/제후국 번. 2795-10

- ⧫ ⺾ + 潘(쌀뜨물/물소용돌이칠 반) = 藩 (2110 참조)
- ☞ (싸리나무 같은) 초목(⺾)을 엮어, 물 소용돌이치는(潘) 형상처럼 집 주위를 둘러놓은 구조물이라는 데서「울타리. (울타리로)덮다. (울타리 구실을 하는 나라인)제후국」뜻으로.

藩籬=樊籬(번리 - 울타리) 藩邦(번방 - 번국) 藩國(번국 - 제후의 나라) 藩臣(번신) 藩屛(번병)

苔 이끼 태. 2796-10

- ⧫ ⺾ + {厶(사사로울/나 사) + 口 = 台(나/기를 이)} = 苔 (0847 참조)
- ☞ 여기에서 台는 이끼 모양을 표현. 형체가 굽은 사(厶) 글자 형상을 이루어 바위(口)에 달라붙어 있는 풀(⺾)의 일종이라는 데서「이끼」뜻으로.

靑苔(청태 - 푸른 이끼. 파래 김) 海苔(해:태 - 김)

苛 가혹할/매울 가: 잔풀 가. 2797-10

- ⧫ ⺾ + 可(옳을/가히/겨우자랄 가) = 苛 (0802 참조)
- ☞ 풀(⺾)이 겨우 자라날(可) 정도로 생육 환경이 매우 열악하여 매서운 고초를 겪는다는 데서「맵다. 가혹하다. (가혹한 환경에서 자라난)잔풀」뜻으로.

苛酷(가:혹 - 각박하고 혹독함) 苛嚴(가:엄) 苛虐(가:학) 苛責(가:책) 苛斂誅求(가:렴주구)

艹 부수(자원과 쓰임 → 2718 참조)

荊 가시/가시나무 형.　　2798-10

- ++ + 刑(형벌/목벨 형) = 荊 (0239 참조)
- ☞ 형벌(刑)을 내리는(고통을 주는) 것처럼 살갗을 찌르면 심한 통증을 느끼게 하는 가시가 돋아 있는 초목(++)이라는 데서 「가시나무. 가시」 뜻으로.

荊棘(형극 - 나무의 온갖 가시. 고난) 荊冠(형관 - 가시 면류관. 그리스도의 머리에 씌워진 가시 관)

茸 풀날 용│버섯 이. 풀뾰족뾰족날 용.　　2799-10

- ++ + 耳(귀 이) = 茸
- ☞ 풀(++)이, 쭈뼛하게 솟은 귀(耳) 형상을 이루어 지면을 뚫고 뾰족하게 돋아나는 모양이라는 데서 「풀 뾰족뾰족 나다. 풀 나다」 뜻으로.

鹿茸(녹용 - 사슴의 새로 돋은 연한 뿔)

莖 줄기 경.　　2800-10

- ++ + 巠(물줄기 경) = 莖 (3160 참조)
- ☞ 흐르는 물줄기(巠)처럼 길쭉하게 뻗은 풀(초목)(++)의 줄기이라는 데서 「줄기」 뜻으로.

莖葉(경엽 - 줄기에서 나는 잎) 根莖(근경 - 뿌리줄기) 陰莖(음경) 男莖(남경) 包莖(포:경)

萌 싹/움 맹. 싹틀 맹.　　2801-10

- ++ + 明(밝을 명) = 萌 (1021 참조)
- ☞ 밝은(明) 대지(大地)에 처음으로 형체를 드러내는(돋아나는) 풀(++)이라는 데서 「싹. 움. 싹트다」 뜻으로.

萌芽(맹아 - 식물에 새로 트는 싹) 萌動(맹동 - 생각이나 일이 일어나기 시작함)

菽 콩 숙.　　2802-10

- ++ + {上(위 상) + 小(작을 소) + 又(또 우) = 叔(아재비/콩 숙)} = 菽 (0388 참조)
- ☞ 풀(식물)(++)에 맺혀(열려) 있는 콩(叔)이라는 데서 「콩」 뜻으로.

菽麥(숙맥 - 어리석은 사람을 비유한 말) 菽粟之文(숙속지문 - 쉬운 글) 菽水之歡(숙수지환)

芒 까끄라기 망.　　2803-10

- ++ + 亡(망할/잃을/죽을 망) = 芒 (0202 참조)
- ※ 까끄라기 → 벼·보리 등의 수염. 또는 그 도막난 동강.
- ☞ 풀(++)이 망하여(말라죽어)(亡) 까칠하게 꼬여 있는 동강이이라는 데서 「까끄라기」 뜻으로.

竹杖芒鞋(죽장망혜 - 대지팡이와 짚신이란 뜻으로, 길을 떠날 때 아주 간편한 차림새)

도롱이(蓑)

蓑 도롱이 사. 덮을 사.　　2804-10

- ++ + 衰(쇠할/줄어질 쇠│상복 최) = 蓑　※ 蓑와 簑(도롱이 사)는 동자.
- ※ 도롱이 → 우장(雨裝)의 하나, 짚 같은 것을 엮어 비가 올 때 어깨에 걸쳐 두르는 장비.

艹 부수(자원과 쓰임 → 2718 참조)

☞ 풀(볏짚)(艹)을 엮어서, (단출하게 걸치는) 상복(衰)처럼 만든 비옷이라는 데서 「도롱이. (도롱이로 몸을)덮다」뜻으로.

蓑笠=簑笠(사립 - 도롱이와 삿갓) 蓑衣=簑衣(사의 - 도롱이)

薩 보살 살. 건질/나타날 살. 2805-10

◉ 艹 + 阝(언덕 부) + 産(낳을 산) = 薩

☞ 풀(艹)이 (이른 봄에) 양지바른 언덕(阝)에 처음으로 돋아난다(産)는 데서 「(풀이)나타나다. (새 풀이 돋아나는 것처럼 백성을 구제하기 위하여 이 세상에 새로이 나타나는 분이라는 의미가 부여되어)보살. (보살이 중생을)건지다」 뜻으로.

彌勒菩薩(미륵보살 - 도솔천에 살며, 먼 훗날 성불하여 중생을 제도한다는 보살) 薩水大捷(살수대첩)

芻 꼴 추. 풀벨/짐승먹이 추. 2806-10

◉ {屮(싹날 철) + 屮 = 艸(풀 초)} + 勹(쌀 포) + 勹 = 芻

※ 꼴 → 소나 말에게 먹이는 풀.

☞ 풀(艸)을 위아래로 감싸(勹/勹) 놓은 모양, 곧 마소(馬牛)의 먹이용으로 풀을 베어 이들을 차곡차곡 쌓아 놓은 것이라는 데서 「꼴. 짐승 먹이. 풀 베다」 뜻으로.

芻米(추미 - 소 먹이와 사람의 양식) 芻言(추언 - 비천한 말) 反芻(반:추) 反芻動物(반:추동물)

★ 芻(꼴/풀벨/짐승먹이 추)와 결합을 이룬 글자.		2806 별첨
趨(달아날 추)	☞ 走(3195) → 꼴(芻)을 뜯어먹이려고 양 떼나 소를 다그치며 달려간다(走)는 데서 「달리다. 재촉하다. (소나 양 떼가)달아나다」 趨勢(추세)	
鄒(추나라 추)	☞ 邑(2941) → 가축 먹이용 꼴(芻)을 많이 쌓아 놓은, 곧 축산업이 매우 발달한 고을(阝)이라는 의미가 부여되어 「추나라」 鄒魯(추로)	
皺(주름질 추)	☞ 皮(2190) → 꼴(芻)이 햇볕에 시들어져 쭈글쭈글한 가죽(皮)처럼 주름이 잡혀(오그라들어) 있는 모양이라는 데서 「주름지다. 오그라들다」 皺紋(추문)	

芙 연꽃 부. 2807-10

蓉 연꽃 용. 2808-10

◉ 艹 + 夫(지아비/사나이/배필 부) = 芙 (0731 참조)

◉ 艹 + 容(얼굴/모양 용) = 蓉 (0591 참조)

☞ 부용은 연꽃을 뜻하며, 芙蓉에서 艹를 제하면 夫容(부용 : 배필의 얼굴)이 되는 고로, 芙 → 배필(夫)처럼 사랑스러운 식물(艹), 蓉 → 배필의 얼굴(容)처럼 아름다운 식물(艹)이라는 의미가 부여되어 「연꽃」 뜻으로.

芙蓉(부용 - 연꽃. 목부용) 芙蓉姿(부용자 - 젊은 여자의 아름다운 용모와 자태)

蒲 부들 포. 창포/냇버들 포. 2809-10

◉ 艹 + 浦(개/물가 포) = 蒲 또는 氵 + 莆(창포 포) = 蒲 (1223 참조)

부들(蒲)

艸 부수(자원과 쓰임 → 2718 참조)

☞ 물가(浦)에 군락을 이루어 자라나는 풀(식물)(艹), 또는 물(氵)이 질펀한 늪지에 자라나는 창포(莆)이라는 데서「부들. 창포. 냇버들」뜻으로.
菖蒲(창포 - 늪지에 자라는 다년생 풀. 뿌리와 잎에는 짙은 향기가 남. 단오에 창포물로 머리를 감음)

芭 파초 파.   2810-10

● 艹 + 巴(파초/꼬리/뱀(食象蛇) 파) = 芭 (0949 참조)

파초(芭蕉)

　　☞ 파초(巴) 풀(식물)(艹)이라는 데서「파초」뜻으로.
　　芭蕉(파초 - 아열대 식물로, 잎은 긴 타원형이며 열매는 원기둥 모양임. 줄기·잎·뿌리는 약재로 쓰임)

萍 부평초 평. 개구리밥 평.   2811-10

● 艹 + {氵(물 수) + 平(평평할 평) = 泙(골 평)} = 萍 (0931 참조)
☞ 물(수면)(氵)에 평평하게(平) 떠 있는 풀(식물)(艹)이라는 데서「부평초. 개구리밥」뜻으로.
水萍(수평 - 물 위에 떠 있는 개구리밥) 浮萍草(부평초 - 물 위에 떠서 자라는 다년생 수초)

薯 감자 서. 마/고구마 서.   2812-10

● 艹 + {罒(그물 망) + 者(놈/사람/것 자) = 署(관청 서)} = 薯 (2655 참조)
※ 마 → 맛과의 여러해살이 덩굴풀. 긴 원기둥꼴의 뿌리는 식용 또는 약용함.
☞ 그물(罒)을 덮어씌워 놓은 것(者)처럼 덩굴에 뒤덮여 있는 풀(식물)(艹)이라는 데서「고구마. 마. (고구마와 유사한)감자」뜻으로.
薯蕷(서여 - 마) ※ 蕷(참마 여) 薯童謠(서동요 - 백제 시대 서동이 불렀다고 하는 4구체의 향가)

蕭 쓸쓸할 소. 대쑥 소.   2813-10

● 艹 + {聿(대 녑) + 片 + 爿 = 肅(엄숙할/가지런할 숙 | 맑을 소)} = 蕭 (2664 참조)
☞ 길쭉하고 가지런하게(肅) 자라난 대숲처럼 길쭉하게 무더기 지어 자라나는 풀(艹)이라는 데서「대쑥. (대쑥이 가을바람에 스치는 소리가)쓸쓸하다」뜻으로.
蕭寂(소적 - 쓸쓸하고 호젓함) 蕭墻之變(소장지변 - 내부 반란) 蕭森(소삼 - 가을바람이 불어 쓸쓸함)

葯 꽃밥 약.   2814-10

● 艹 + {糸(실 사) + 勺(구기 작) = 約(맺을/묶을 약)} = 葯 (2455 참조)
☞ 풀(식물)(艹)에 실밥처럼 맺혀(約) 있는 꽃가루주머니이라는 데서「꽃밥」뜻으로.
葯胞(약포 - 꽃밥)

蘊 쌓을 온. 쌓일/모을/모일 온.   2815-10

● 艹 + {糸(실 사) + 昷(따뜻할 온) = 縕(상엿줄/성할/헌솜 온)} = 蘊

艸 부수(자원과 쓰임 → 2718 참조)

☞ 풀(艹)이, 곧 사료용 건초가 두툼한 헌솜(縕) 뭉치처럼 수북하게 쌓여 있다는 데서 「쌓이다. 쌓다. 모으다. 모이다」 뜻으로.

蘊蓄(온축 - 물건 따위를 쌓아 둠. 지식이나 학문을 깊이 쌓음)

菩 보살/보리수 보. 부처꽃(풀) 배 | 향풀 부.   2816-10

◉ 艹 + 咅(침뱉을 부) = 菩 (2921 참조)

※ 보리수 → 석가가 그 아래에서 정각을 이루었다는 나무. 잎은 심장형이고 과실은 무화과와 비슷함.

※ 부처꽃 → 여름에 홍자색의 육판화(六瓣花)가 피며, 잎은 피침형이며 과실은 삭과(蒴果)임.

☞ 침을 뱉어(咅) 놓은 모양처럼 둥근 잎(꽃)이 다닥다닥 붙어 있는 풀(식물)(艹)이라는 데서 「부처꽃(풀). 보리수」. 범어 Bodhi Sattva(上士)를 보살(菩薩)로 음역하였기에 「보살」 뜻으로.

菩薩(보살 - 부처의 다음가는 지위에 있는 성인. 여자 불교 신도를 대접해 부르는 말) 菩提(보리 - 불교에서, 최상의 이상인 불타정각佛陀正覺의 지혜. 불과佛果에 도달하는 길)

薑 생강 강.   2817-10

◉ 艹 + {一 + 田(밭 전) + 一 + 田 + 一 = 畺(지경 강)} = 薑 (0923 참조)

☞ 밭(田)과 밭(田)을 구분(경계)(三)지어 놓은 강(畺) 글자 형상처럼 뿌리가 울룩불룩하게 구분지어진 모양을 이루어 맺혀 있는 식물(艹)이라는 데서 「생강」 뜻으로.

生薑(생강 - 생강과의 여러해살이풀. 양념·향신료로 씀) 薑汁(강즙 - 생강즙) 薑桂之性(강계지성)

芥 겨자 개.   2818-10

◉ 艹 + 介(끼일 개) = 芥 (0107 참조)

☞ 이빨 틈에 끼일(介) 정도로 아주 작은 식물(艹)의 씨앗이라는 데서 「겨자」 뜻으로.

※ 겨자씨나 담배씨 같은 아주 작은 것을 빗대어서 이빨 틈에 끼일 정도라고 함.

芥子(개자 - 겨자씨와 갓 씨의 통칭) 草芥(초개 - 하찮은 것을 비유하여 이르는 말)

葵 해바라기/아욱 규. 성(姓) 규.   2819-10

◉ 艹 + 癸(북방/천간/열번째천간 계) = 葵 (2268 참조)

☞ 첫째 천간인 갑(甲)에서 열째 천간인 계(癸)까지 차례대로(매번) 돌아가는 것처럼 꽃봉오리가 해를 따라 매번 돌아가는 풀(식물)(艹)이라는 데서 「해바라기」 뜻으로.

葵傾(규경 - 해바라기)

薇 장미 미. 고비 미.   2820-10

◉ 艹 + 微(작을/미묘할 미) = 薇 (0444 참조)

고비(薇)

※ 고비 → 잎줄기가 돌돌말린 형체(나선형)를 이루어 돋아남. 새순은 나물로 식용하며 뿌리는 약용함.

☞ (잎줄기가 돌돌 말려 있는) 나선형의 미묘한(微) 형체를 이루어 돋아나는 풀(식물)(艹)이라는 데서 「고비. (고비처럼 꽃잎이 나선형으로 맺혀 있는)장미」 뜻으로.

薇蕨(미궐 - 고비와 고사리) ※ 蕨(고사리 궐) 薔薇(장미 - 장미과의 낙엽관목)

藿 콩잎/미역 곽.　　　　　　　　　　　　　　　　　　　　　　　　　2821-10

- ⊙ ⺿ + {雨(비 우) + 隹(새 추) = 霍(빠를/소산(消散)하는모양 곽)} = 藿
- ☞ 잎이 소산하는(흩어지는) 모양(霍)을 이루는 풀(⺿), 곧 바람이나 물결에 따라 이리저리 흩어(기울어)지는 형상을 이루는 잎이나 식물이라는 데서 「콩잎. 미역」뜻으로.

藿羹(곽갱 - 콩잎을 넣고 끓인 국. 검소한 음식) 藿耳(곽이 - 미역귀) 藿田(곽전 - 미역을 따는 곳)

菱 마름 릉.　　　　　　　　　　　　　　　　　　　　　　　　　　2822-10

- ⊙ ⺿ + 夌(높을/넘을 릉) = 菱 (0521 참조)

마름(菱)

- ※ 마름 → 연못 등에 나며 뿌리는 물 밑에 내리나 잎은 물 위에 뜨고 흰 꽃이 피며 열매는 식용함.
- ☞ (물 밑에 뿌리를 내리고) 잎줄기가 깊은 물을 넘어(夌) 수면에 잎과 꽃을 피우는 풀(식물)(⺿)이라는 데서 「마름」뜻으로.

菱形(능형 - 마름모꼴) 菱狀(능상 - 마름모 형상)

葺 기울 즙|기울 집. 수선할/지붕일 집.　　　　　　　　　　　　　　2823-10

- ⊙ ⺿ + {口(입 구) + 耳(귀 이) = 咠(귓속말할 집)} = 葺 (3176 참조)
- ☞ 입(口)을 상대방의 귀(耳)에 대고 귓속말하는(咠) 것처럼 풀(볏짚)(⺿)을 지붕 위에 잇닿게 한다는 데서 「지붕 이다. (이엉으로 지붕을)깁다. 수선하다」뜻으로.

葺茅(즙모-집모 - 띠풀로 지붕을 임) 葺繕(즙선-집선 - 낡거나 헌 것을 고침)

藻 마름 조. 조류(수초)/글 조.　　　　　　　　　　　　　　　　　　2824-10

- ⊙ ⺿ + {氵 + 喿(새떼지어울/삽 조) = 澡(씻을/마름무늬같을 조)} = 藻 (1427 참조)
- ☞ 물(수면)(氵)에 촘촘하게 돋아난 둥근 잎(品)과 나무(木) 형태의 줄기와 뿌리를 수면 아래로 드리우는, 곧 조(澡) 글자 형상처럼 생긴 풀(⺿)이라는 데서 「마름. (마름 유형의)조류」뜻으로.

藻類(조류 - 수초) 藻雅(조아 - 시문에 풍치가 있고 아담함) 藻翰(조한) 海藻類(해:조류)

薔 장미 장.　　　　　　　　　　　　　　　　　　　　　　　　　　2825-10

- ⊙ ⺿ + {來(= 來올 래) + 回(돌아올 회) = 嗇(아낄/인색할 색)} = 薔 (0876 참조)
- ☞ 줄기가 뻗어 나와(來) 담장을 타고 돌아(回) 나가는 식물(⺿)이라는 데서 「장미」뜻으로.

薔薇(장미 - 장미과의 낙엽관목. 줄기에 가시가 많으며, 오뉴월에 여러 빛깔의 고운 꽃이 핌)

菖 창포 창.　　　　　　　　　　　　　　　　　　　　　　　　　　2826-10

- ⊙ ⺿ + 昌(창성할/성할 창) = 菖 (1040 참조)
- ☞ 향내를 매우 성하게(昌) 풍기는 풀(식물)(⺿)이라는 데서 「창포」뜻으로.

菖蒲(창포 - 늪지에 자라는 다년생 풀. 향기가 짙어 단오에 창포물로 머리를 감음)

艹 부수(자원과 쓰임 → 2718 참조)

蕉 파초 초. 땔나무 초.   2827-10

- ⧈ ⧉ ＋ {隹(새 추) ＋ 灬(불 화) ＝ 焦(탈/그을릴 초)} ＝ 蕉 (1129 참조)
- ☞ 새(隹)가 점점(灬)이 앉아 있는 모양처럼 원기둥 형태의 열매가 촘촘하게 드리워져(열리어) 있는 풀(초목)(艹)이라는 데서 「파초」 뜻으로. 한편 태우는(焦) 용도로 베어낸 초목(艹)이라는 데서 「땔나무」 뜻으로.

芭蕉(파초 - 아열대 식물로 잎은 타원형이며 열매는 원기둥 모양) 芭蕉扇(파초선 - 파초 모양의 부채)

蔗 사탕수수 자.   2828-10

- ⧉ ＋ 庶(무리/여러/가까울 서) ＝ 蔗 (0774 참조)
- ☞ (한곳에) 무리지어(庶) 자라나는(총생하는) 식물(艹)이라는 데서 「사탕수수」 뜻으로.

蔗糖(자당 - 사탕수수 등에 들어 있는 설탕이 되는 원료) 甘蔗(감자 - 사탕수수)

芍 함박꽃 작. 작약 작.   2829-10

- ⧉ ＋ 勺(구기/잔질할 작) ＝ 芍 (0267 참조)
- ☞ 풀잎(艹) 사이로, 눈금이 그어진 둥글고 오목한 구기(勺) 모양처럼 꽃봉오리가 선명하고 탐스럽게 맺히는 꽃이라는 데서 「함박꽃. 작약」 뜻으로.

芍藥花(작약화 - 작약의 꽃. 함박꽃)

蕙 난초/혜초 혜: 2830-00

- ⧉ ＋ 惠(은혜 혜) ＝ 蕙 (1852 참조)
- ☞ 은혜(惠)를 베풀어 주는 것처럼 (가꾸어 주거나 구경하는 사람에게) 청초한 모양과 그윽한 향기로 보답하여 주는 풀(식물)(艹)이라는 데서 「난초. 혜초」 뜻으로.

蕙氣(혜:기 - 향기) 蕙蘭(혜:란 - 향초. 난초의 하나) 蕙房(혜:방 - 향기가 그윽한 방)

薨 죽을 훙. 훙서할/빠를 훙.   2831-00

- ⧉ {艹 ＋ 罒(눈 목) ＋ 冖 ＝ 薨(→ 夢「꿈 몽」의 획 줄임)} ＋ 死(죽을 사) ＝ 薨
- ☞ 꿈결(薨 → 夢)처럼 홀연히 죽음(死)에 이른다는 데서 「죽다. 훙서하다. 빠르다」 뜻으로.

薨逝(훙서 - 왕이나 제후·귀인의 죽음에 대한 존칭) 薨去(훙거 - 훙서)

荀 풀이름 순. 풀/사람이름/성(姓) 순.   2832-10

- ⧉ ＋ {勹(쌀 포) ＋ 日(날 일) ＝ 旬(열흘/두루 순)} ＝ 荀 (1037 참조)
- ☞ 荀은 산해경에 황화적실(黃華赤實) → 누른 꽃과 붉은 열매가 열리는 풀이라고 하였으나 초명은 미지임. 붉은 해(日)를 감싸(勹) 놓은 모양처럼 붉은 열매가 열리는 풀(艹)이라는 의미가 부여되어 「풀이름. 풀. (荀은 순자의 이름 글자이기에)사람 이름」 음훈으로.

荀子(순자 - 전국 시대의 학자인 순황荀況의 존칭. 성악설을 주창함)

結草報恩(결초보은)

춘추(春秋) 시대 진(晉)나라의 위무자(魏武子)가 병이 들어 아들 위과(魏顆)에게 이르기를 「내가 죽거든 너의 서모(庶母)를 개가(改嫁) 시켜라」라고 말씀하였는데, 그 이후 「위무자」가 병이 더욱 깊어졌을 때 앞서 이야기한 내용을 번복하여 「내가 죽거든 너의 서모를 내 곁에 묻어라」라고 말씀하시고는 얼마 지나지 않아 돌아가시었다. 아들 「위과」는 아버지가 생전에 먼저 말씀하신 대로 서모를 개가토록 할 것인지, 아니면 나중에 말씀하신 대로 아버지 무덤에 서모를 순장(殉葬)할 것인지에 대하여 고민하다가, 아마도 나중에 말씀하신 것은 병환이 위독하여 정신이 혼미한 가운데 잘못 말씀하신 것으로 여기고, 서모를 순장시키지 않고 나중에 개가(改嫁)토록 하였다.

그로부터 세월이 흐른 후에 「위과」가 전쟁터에서 진(秦)나라의 두회(杜回)와 생사를 걸고 치열하게 싸우는 도중에 백발(白髮)이 성성한 노인 한 분이 홀연히 나타나서 앞에 있는 풀을 서로 얽어매어 놓고는 어디론가 사라져 버리는 것이었다. 바로 그때 「위과」에게 달려오던 「두회」의 말(馬)이 노인이 묶어 놓은 풀에 걸리어 넘어지는 바람에 「위과」가 죽을 고비를 넘겼는데, 그날 밤 「위과」의 꿈에 서모의 죽은 아버지가(혼령이) 나타나서 「어제 낮에 풀을 묶은 사람은 바로 나 일새. 내 딸을 순장시키지 않고 살려준 은혜에 보답하고자 하였다네」라는 말씀을 남겼다는 꿈 이야기에서 「結草報恩」이라는 사자성어가 생겨났다고 함. 이 글자는 「풀을 묶어 은혜를 갚는다」는 직역에서 「죽어서라도 은혜를 잊지 않고 반드시 갚는다」는 의미로 풀이되는 것은 위의 이야기에 근원(根源)하기 때문이다.

竹	艸(⺿)	而	襾(覀)
대 죽	풀 초	말이을 이	덮을 아

而 말이을 이. 이을/또/그리하여/너/같을/이에/어조사 이. 2833-30

자원 而 → 하나(一)의 실마리를 끌어내리어(/ 삐침 별) 그물(皿 그물 망)에 이어 나가는 것처럼 말을 끊어지지 않게 이어 나간다는 데서 「잇다. 말 잇다」 의미를 지님. 한편 而는 턱(顄)에 드리워진 수염 모양을 표현한 글자이기도 함.

쓰임 「잇다. 수염. 구레나룻. 이어진 모양」과 의미로 쓰임.

而今以後(이금이후 - 지금 이후) 而已(이이 - 할 따름) 然而(연이) 博而不精(박이부정) 似而非(사:이비)

耐 견딜 내: 구레나룻깎는형벌/참을 내. 2834-32

◉ 而 + 寸(마디 촌 → 「규칙. 법도. 헤아리다. 잡다」 의미로 쓰임) = 耐

☞ 여기에서 而는 구레나룻 모양을 표현. 구레나룻(而)을 손으로 잡아(寸)당기거나 자르는 형벌을 내린다는 데서 「구레나룻 깎는 형벌. (구레나룻을 깎이는 치욕을)견디다. 참다」 뜻으로.

耐久(내:구 - 오래 견딤) 耐火(내:화 - 불에 견디어 냄) 耐震(내:진 - 지진에 견디어 냄) 耐乏(내:핍 - 궁핍을 참고 견디어 냄) 耐久性(내:구성) 耐用年數(내:용연수) 忍耐(인내) 堪耐(감내)

※ 而와 결합을 이룬 글자는 需(구할 수 → 雨 부수) 端(단정할 단 → 立 부수) 瑞(상스러울 서 → 玉 부수) 儒(선비 유 → 人 부수) 孺(젖먹이 유 → 子 부수) 등이 있음.

竹	艸(艹)	而	襾(覀)
대 죽	풀 초	말이을 이	덮을 아

襾 덮을 아. 2835-00

- 자원 襾 → 병이나 항아리 같은 용기(冂)에 뚜껑(丅)을 덮어 놓은 모양을 표현.
- 쓰임 「덮다. 덮은 모양」과 의미로 쓰임.

西 서녘 서. 서양/수박 서. 2836-80

- (西 → 襾의 변형으로 내부가 벌어진 모양) 一 + 儿 + 口 = 西
- ☞ 하늘(一)에서 내리쬐이는 햇빛(儿 → 「光 빛 광」의 빛이 퍼져 나가는 모양)이 용기(바다)(口) 속으로 가라앉는(함몰되는), 곧 해가 수평선 아래로 가라앉는 방위이라는 데서 「서녘」 뜻으로.
- ※ 咸池(함지)와 西 글자.
- 함지 → 해가 지는 서쪽에 있다고 하는 전설상의 큰 못. 咸池(함지 → 서쪽) ↔ 扶桑(부상 → 동쪽)
- 咸池(함지)이라는 아득하게 먼 옛이야기 「햇볕이 모두(咸 다/모두 함) 잠기는 큰 못(池 못 지)이 있다는 곳을 서쪽으로 여기였던」에서 착안하여 西 글자가 창제된 것으로 봄.
- 西向(서향 - 서쪽 방향) 西海(서해) 西紀(서기) 西洋(서양) 西歐(서구) 西域(서역) 西方極樂(서방극락)

要 요긴할 요. 구할/살필/요구할/기다릴/감을 요. 2837-50

- 覀(= 襾) + 女(계집 녀) = 要
- ☞ 덮여(覀) 있는 여자(女), 곧 가리어져 있는 곳(규방)에서 지내는 처녀를 수소문하여 신부로 맞이하고자 한다는 데서 「구하다. 살피다. 요구하다. (구하기 위하여)기다리다. (오래도록 기다리어 어렵사리 구한다는 데서)요긴하다」 뜻으로.
- 要求(요구) 要緊(요긴 - 중요하고 긴요함) 要綱(요강) 要點(요점) 要約(요약) 要請(요청) 要望(요망)

★ 要(요긴할/구할/감을 요)와 결합을 이룬 글자.	2837 별첨
腰(허리 요) ☞ 肉(2399) → (부풀은) 물체를 끈으로 감아(要) 놓은 모양처럼 잘록하게 들어가(파여) 있는 신체(月) 부위이라는 데서 「허리」 腰帶(요대)	

覆 다시 복 | 덮을 부. 뒤집힐/엎을/도리어 복. 2838-20

- 覀(= 襾) + 復(돌아올/되풀이할 복 | 다시 부) = 覆 (0435 참조)
- ☞ 덮어(覀) 놓은 모양이 되도록 물체의 밑면을 위쪽으로 돌아오게(뒤집히게)(復) 한다는 데서 「덮다. 엎다. 뒤집히다. 다시」 뜻으로.
- 覆蓋(복개 - 뒤덮음) 覆審(복심 - 다시 심사함) 覆面(복면) 覆育(부육) 顚覆(전복) 反覆(반:복)

覇 으뜸 패: 우두머리/두목 패. 2839-00

- 覀(= 襾) + {革(가죽/변혁할 혁) + 月(달 월) = 䩗(00파 → 뜻 미상)} = 覇 (3404 참조)
- ※ 䩗 → 바뀐(革) 달(月), 곧 다시 떠오르는 초승달을 의미한 글자로 봄.

襾 부수(자원과 쓰임 → 2835 참조)

※ 覇는 霸의 속자.
☞ 덮여(襾) 있는 초승달(朝), 곧 가리어져서 온전하지 않는 (둥글고 밝은 보름달처럼 원만하지 않고 밝기도 덜한) 초승달처럼 아직은 원만하지 않는(덕망이 부족한) 신출내기 우두머리이라는 데서 「으뜸. 우두머리. 두목」 뜻으로.
覇者(패:자 - 패도로 천하를 다스리는 사람. 운동 경기의 승자) 覇權(패:권) 覇氣(패:기) 覇道(패:도)

孝心(효심)에 感應(감응)한 호랑이

○ 조선(朝鮮) 철종(哲宗) 때에 예천(醴泉)에 성은 도(都) 씨이고 이름은 시복(始復)이라는 사람이 살았는데. 都 씨는 집이 무척 가난하였으나 효도가 지극(至極)하였다. 숯을 팔아 고기를 사서 어머니에게 반찬을 빠짐없이 하였는데, 하루는 시장에서 늦게 서둘러 돌아오는 도중에 솔개(鳶)가 고기를 채어 가거늘 都 씨가 슬피 울며 집에 돌아와 보니 솔개가 이미 고기를 집안 뜰에 떨어뜨려 놓았다고 한다. 어느 날 어머니가 병이 나서 때 아닌 (철이 지난) 홍시를 찾거늘 都 씨가 감나무 숲에 가서 방황하다가 날이 저무는 것도 모르고 있으려니 호랑이가 앞길을 가로 막으며 타라고 하는 뜻(시늉)을 나타내는지라, 이에 호랑이를 타고 백여 이수나 되는 산동네에 이르렀기에, 사람이 사는 집을 찾아서 잠을 자려고 하는데 얼마 지나지 않아, 주인이 제삿밥을 차려 주는 반상에 홍시가 있었다. 이에 都 씨가 기뻐하며 감(柿)의 내력을 묻고는 또한 자기의 뜻을 말하니, 주인이 대답하여 이르기를, "돌아가신 아버지가 감을 즐겨하셨기에 해마다 가을에 감을 이백 개를 가려서 모두 굴속에 감추어 두고 이듬해 오월에 이르면 상하지 않은 것이 칠팔 개에 지나지 아니하였으나, 이번에는 쉰 개나 상하지 아니한 것을 얻어서 마음속으로 이상하게 여기었더니 이것은 하늘이 그대의 어버이를 섬기는 마음에 감동한 것이라"고 하고는, 스무 개를 내어 주거늘 都 씨가 고마운 뜻을 말하고 문밖으로 나오자 호랑이는 아직도 누워서 기다리고 있었다. 이에 호랑이를 타고 집에 돌아오니 새벽닭이 울었다.는 줄거리로 지극한 효심(孝心)에 솔개와 호랑이는 물론 무생물인 홍시까지 감응하였다는 이야기임.

- 明心寶鑑 孝行篇 -

부수 6획	虍	舌	血	色
	범 호	혀 설	피 혈	빛 색

虍 범 호. 범의문채/범의가죽무늬 호. 2840-00

범(虎)

자원 虍 → 얼룩진 털 무늬에 입을 크게 벌린 범 모양을 표현.
쓰임 「범. 범 모양」과 의미로 쓰임.

號 이름 호: 부르짖을/크게울/부를 호. 2841-60

● 号(부르짖을 호) + 虎(범 호) = 號
☞ 범(虎)이 우렁찬 소리를 내어 부르짖는다(号)는 데서 「부르짖다. 크게 울다. (부르짖어서 이름을 부른다는 데서)부르다. 이름」 뜻으로.

號(호: - 본명 이외에 쓰는 아명雅名. 차례를 나타내는 말) 號俸(호:봉) 號外(호:외) 號令(호:령) 號數(호:수) 稱號(칭호) 別號(별호) 堂號(당호) 番號(번호) 雅號(아:호 - 풍아한 호) 暗號(암:호)

處 곳 처: 살/거처할/정할 처. 2842-42

● 虍 + 処(살/정할 처) = 處
☞ 범(虎)이 일정한 영역을 정하여 살아가는(処) 곳이라는 데서 「곳. 살다. 정하다」 뜻으로.

處所(처:소 - 사람이 사는 곳) 處理(처:리) 處分(처:분) 處方(처:방) 處斷(처:단) 處女(처:녀) 居處(거처)

虛 빌 허. 헛될/다할/틈/거짓 허. 2843-42

● 虍 + 吅(→ 「넝쿨뻗을/감을 구」가 서로 등진 모양) + 一 = 虛
☞ 범(虎)을 감아(옭아)(吅) 놓은 올가미가 반대 방향으로 젖혀져서(吅) 바닥(一)에 펼쳐져 있는 모양, 곧 범이 덫을 밀치어 달아나고 그 자리가 텅 비어 있다는 데서 「비다. (덫을 놓은 수고가)헛되다. (범이 탈출하기 위하여 힘을)다하다」 뜻으로.

虛空(허공) 虛費(허비 - 헛되이 씀) 虛送(허송) 虛點(허점) 虛實(허실) 虛禮虛飾(허례허식)

> ★ 虛(빌/헛될/다할/틈/거짓 허)와 결합을 이룬 글자. 2843 별첨
>
> 墟(빈터 허) ☞ 土(0711) → (건축물이 없는) 비어(虛) 있는 땅(土)이라는 데서 「빈터」 廢墟(폐허)
> 噓(불 허) ☞ 口(0897) → 입(口)으로, 허파 속의 공기가 죄다 비어(虛)지도록 입김을 길게 불어 낸다는 데서 「불다」 吹噓(취허)

虎 범 호(:) 호랑이 호. 2844-32

● 虍 + 儿(어진사람 인 → 「다리를 벌리고 서 있는 모양」을 표현) = 虎
☞ 다리를 벌리고(儿) 서 있는 범(虍) 모양에서 「범」 뜻으로.

虍 부수(자원과 쓰임 → 2840 참조)

虎穴(호:혈 - 범이 사는 굴) 虎狼(호:랑) 虎口(호:구) 虎患(호:환) 虎死留皮(호:사유피) 虎班(호:반)

| 虐 | 모질/사나울 학. 혹독할/몹시굴 학. | 2845-20 |

◉ 虍 + ⺕(→ ⺕) = 又(또/손 우) → 「손」을 바깥으로 돌려놓은 모양) = 虐
☞ 범(虍)이 바깥으로 돌려세운 발톱(⺕)으로 먹잇감을 덮치는(사납게 돌진하는) 모양이라는 데서 「사납다. (사납게 군다는 데서)몹시 굴다. 혹독하다. 모질다」 뜻으로.

虐待(학대 - 가혹하게 대우함) 虐政(학정 - 포학한 정치) 虐殺(학살) 殘虐(잔학) 暴虐無道(포학무도)

★ 虐(사나울/모질/혹독할/몹시굴 학)과 결합을 이룬 글자.   2845 별첨

| 瘧(학질 학) | ☞ 疒(2338) → 혹독한(虐) 열과 통증을 수반하는 병(疒)이라는 데서 「학질」 瘧疾(학질) |
| 謔(희롱할 학) | ☞ 言(3278) → 몹시 구는(虐), 곧 짓궂게 굴면서 말한다(言)는 데서 「희롱하다」 |

| 虔 | 공경할/정성 건. 범이가는모양 건. | 2846-10 |

◉ 虍 + 文(글월/문채/무늬 문) = 虔
☞ (줄무늬가 들어 있는) 범(虍)이 문채(文)를 드러내면서 어슬렁거리며 걸어가는 모양이라는 데서 「범이 가는 모양. (범이 소리 없이 천천히 걸어가는 것처럼 차분하고 조심스러운 언행을 보인다는 데서)공경하다. 정성」 뜻으로.

虔虔(건건 - 조심하고 삼가는 모양) 虔恪(건각 - 공경하고 조심스러움) 虔肅(건숙 - 경건)

| 虞 | 염려할/헤아릴 우. 경계/우제(虞祭)/나라이름 우. | 2847-10 |

◉ 虍 + 吳(나라이름/떠들썩할/크게말할/시끄러울 오) = 虞 (0842 참조)
☞ 범(虍)이 시끄럽게(吳) 굴어(으르렁거리어), 덤벼들면 어쩌나 하고 염려(경계)한다는 데서 「염려하다. 헤아리다. 경계」 뜻으로.

虞唐(우당 - 유우와 도당. 순임금과 요임금) 虞祭(우제) 虞犯地域(우범지역) 三虞(삼우) 再虞(재:우)

| 虜 | 사로잡을 로. 포로 로. | 2848-10 |

◉ 虍 + 毌(꿸 관) + 力(힘 력) = 虜
☞ 범(虍)을 막대기에 꿰어(毌) 힘들여(力) 메고 가는, 곧 범을 사로잡아 메고 가는 모양이라는 데서 「사로잡다. (사로잡힌)포로」 뜻으로.

虜獲(노획 - 적을 생포하거나 적의 목을 베는 일) 捕虜(포:로 - 전투에서 사로잡힌 적의 군사)

★ 虜(사로잡을 로)와 결합을 이룬 글자.   2848 별첨

| 擄(노략질할 로) | ☞ 手(1524) → 손(扌)으로 남의 가축이나 아녀자를 사로잡아(虜) 끌고 간다는 데서 「노략질 하다」 擄掠(노략) |

虍	舌	血	色
범 호	혀 설	피 혈	빛 색

부수 6획

舌 혀 설. 말씀/변론 설. 2849-40

자원 舌 → 여러(十) 가지 말(口 입/말할 구)을 구사하는 혓바닥 모양(丿). 또는 혀(丿)와 목젖(十)과 목구멍(口) 모양에서 「혀. (혀로 구사하는)말씀. 변론」 의미를 지님.

쓰임 「혀. 혀 모양」과 의미로 쓰임.

舌音(설음 - 혀를 움직여 내는 소리) 舌戰(설전) 舌禍(설화) 舌骨(설골) 舌端音(설단음) 口舌數(구:설수)

舍 집 사. 놓을/둘/쉴 사. 2850-42

◉ 人(사람 인) + 舌 = 舍

☞ 혀(舌)가 들락날락하는 입안처럼 사람(人)이 항상 들락거리는(드나드는) 곳이라는 데서 「집. (집은 여러 가지 집기를 놓아두고 몸을 편히 쉬는 곳이라는 데서)놓다. 두다. 쉬다」 뜻으로. 한편 舍는 지붕(人)과 벽체(千 → 干)와 방(口)으로 이루어진 집 모양의 표현이기도 함.

舍監(사감 - 기숙생을 감독하는 사람) 舍宅(사택) 舍廊(사랑) 官舍(관사) 廳舍(청사) 校舍(교:사)

★ 舍(집/놓을 사)와 결합을 이룬 글자. 2850 별첨

捨(버릴 사) ☞ 手 (1478) → 손(扌)에 쥔 물건을 놓아(舍) 버린다는 데서 「버리다」 取捨(취사)

舒 펼 서: 한가할 서. 2851-20

◉ {人 + 舌 = 舍(집 사)} + 予(나/줄/취할 여) = 舒 (0035 참조)

☞ 집(舍)에 머물러 있는 나(予), 곧 집(보금자리)에 머물러 고단한 몸을 펴고(쉬고) 있는 한가한 시간이라는 데서 「(몸을)펴다. 한가하다」 뜻으로.

舒眉(서:미 - 눈썹을 폄) 舒遲(서:지) 舒川(서:천 - 충남에 있는 지명) 振舒(진:서 - 떨쳐서 폄)

舘 집 관. 객사/학교 관. 2852-00

◉ {人 + 舌 = 舍(집 사)} + 官(벼슬/관가/기관/집 관) = 舘 (0595 참조)

※ 舘은 館(집 관)의 속자이면서 약자. 획수가 간편하여 필기체로 많이 씀.

☞ 기관(官)이 이용하는 규모가 큰 집(舍)이라는 데서 「집. 객사. 학교」 뜻으로.

舘舍=館舍(관사) 公舘=公館(공관 - 공공용으로 쓰이는 건물) 本舘=本館(본관) 別舘=別館(별관)

부수 6획	虍	舌	血	色
	범 호	혀 설	피 혈	빛 색

血 | 피 혈. 물들일/종족/혈통/씩씩할 혈. 2853-42

자원 血 → 그릇(皿 그릇 명)에 삐쳐져 내리는(비치는) 피(ノ 삐침 별) 모양을 표현.

쓰임 「피」 의미로 쓰임.

血氣(혈기 - 피와 기운. 체력) 血肉(혈육) 血族(혈족) 血脈(혈맥) 血統(혈통) 血色(혈색) 血眼(혈안) 血管(혈관) 血液(혈액) 血壓(혈압) 血盟(혈맹) 血糖(혈당) 血栓(혈전) 血戰(혈전) 血書(혈서)

衆 | 무리 중: 뭇/많을 중. 2854-42

◉ 血 + 乑(나란히설/모여설 음) = 衆

☞ (조상으로부터) 같은 피(血)를 이어받은 자손(종족)이 한곳에 나란히 모여(乑) 있다는 데서 「무리. 뭇. 많다」 뜻으로.

衆智(중:지 - 뭇사람의 지혜) 衆生(중:생) 衆論(중:론) 衆議(중:의) 衆寡(중:과) 衆寡不敵(중:과부적)

★ 血(피 혈)과 결합을 이룬 글자. 2854 별첨

恤(불쌍할 휼)	☞ 心(1929) → 마음(忄)을 따뜻하고 진한 피(血)처럼 따뜻하고 진하게 쏟는다(온정의 손길을 펼친다)는 데서 「서로 사랑하다. 불쌍히 여기다. 근심하다」 恤民(휼민)

虍	舌	血	色
범 호	혀 설	피 혈	빛 색

부수 6획

色 | 빛 색. 낯/기색/예쁜계집 색.　　　　　　　　　　　　　　　　2855-70

- **자원** 色 → 모양과 빛깔이 일치를 이루는 옥 병부(巴 = 卩 옥병부 절)처럼 사람(⺈ = 人 사람 인)의 얼굴에 마음이 드러나는 안색(기색)이라는 데서 「낯. 기색. (여러 가지의 기색을 드러내는)빛」 의미를 지님.
- **쓰임** 「빛(빛깔). 안색」 의미로 쓰임.

色彩(색채 - 빛깔과 문채. 빛깔) 色調(색조) 色相(색상) 色盲(색맹) 色慾(색욕) 色貪(색탐) 顔色(안색)

艶 | 고울 염: 탐스러울 염.　　　　　　　　　　　　　　　　　　2856-10

◉ 豐(예도/제기 례 | 풍년 풍) + 色 = 艶 (3308 참조)

☞ 풍년(豐)이 깃들어 있는 것처럼 안색(色)이 풍요로워 보인다는 데서 「곱다. 탐스럽다」 뜻으로.

艶氣(염:기 - 요염한 기운) 艶妓(염:기 - 요염한 기생) 艶聞(염:문) 艶文(염:문) 艶書(염:서) 妖艶(요염)

자투리 마당

善(선)을 행하고 惡(악)을 멀리하자

- 子曰(자왈), 爲善者(위선자) 天報之以福(천보지이복)하고, 爲不善者(위불선자)는 天報之以禍(천보지이화)니라.
- 공자께서 말씀하시기를, 착한 일을 하는 사람에게는 하늘이 복을 주시고, 악한 일을 하는 사람에게는 하늘이 화를 주시느니라.

- 漢昭烈(한소열)이 將終(장종)에 勅後主曰(칙후주왈), 勿以惡小而爲之(물이악소이위지)하고, 勿以善小而不爲(물이선소이불위)하라.
- 한나라 소열(유비)이 죽음에 다다라서 후주(아들 유선)에게 조칙으로 이르기를, 악한 것을 적다고 하지 말고, 착한 것이 적다고 하지 아니하지 말라.

　　　　　　　　　　　　　　　　　　　　　　　- 明心寶鑑에서 -

| 부수 6획 | 老(耂) 늙을 로 | 臣 신하 신 | 至 이를 지 | 耳 귀 이 |

| 老 | 늙을 로: 어른/익숙할/노련할/고달플/오랠 로. | 2857-70 |

자원 老 → 땅(지면)(土 흙/땅 토)에 지팡이를 드리우고(ノ 삐침 별) 허리가 구부정하게 된 (匕 될 화) 노인의 모습에서 「늙다. 오래다」는 의미를 지님.

쓰임 「노인. 늙다」는 의미로 쓰임.

老人(노:인) 老衰(노:쇠) 老齡(노:령) 老壯(노:장) 老將(노:장) 老鍊(노:련) 老熟(노:숙) 老弱者(노:약자)

| 者 | 놈/사람 자. 것/곳/어조사 자. | 2858-60 |

◉ 耂 + 丶(불똥/점 주) + 曰(가로/이를 왈) = 者

☞ 노인(耂)이 점(丶)을 찍어 가면서(이것저것을 지적하여 가면서) 아랫사람에게 일러(曰) 주는 대상 (사람·사물·장소 등)이라는 데서 「놈. 사람. 것. 곳」 뜻으로.

筆者(필자 - 글을 쓴 사람) 讀者(독자) 者歟(자여 - …일까?) ※ 歟(= 與 어조사 여)

★ 者(놈/사람/것/곳/어조사 자)와 결합을 이룬 글자. 2858 별첨

煮(삶을 자)	☞ 火(1163) → 음식물 같은 것(者)을 불(灬)에 올려놓고서 익힌다는 데서 「삶다. 지지다」
著(나타날 저)	☞ 艸(2743) → 풀(초목)(艹)이라는 것(者)은 씨를 뿌리거나 가꾸지 않아도 저절로 돋아나서 온 산야에 널리어(뒤덮여) 있다는 데서 「(풀이)나타나다」 著名(저명)
箸(젓가락 저)	☞ 竹(2699) → 음식물 같은 것(者)을 집는 용도로 쓰는 대나무(竹)로 된 기물이라는 데서 「젓가락」 匙箸(시저)
猪(산돼지 저)	☞ 犬(1409) → 猪의 본래 글자인 豬 → 돼지(豕 돼지 시)라는 것(者)에서 「돼지」 뜻을 취한 豬의 豕 부수보다 획수가 간략하고 같은 동물을 뜻하는 犭 부수로 대체되어 「돼지」 猪突(저돌)
諸(모두 제)	☞ 言(3241) → 말씀(言)으로 일러 주는 (사람·사물·장소 같은) 모든 것(者)이라는 데서 「모든. 모두」 諸般(제반)
都(도읍 도)	☞ 邑(2922) → 사람과 물자(者)의 왕래(교류)가 빈번하게(성하게) 이루어지는 규모가 매우 큰 고을 (阝)이라는 데서 「도읍. 모두. 성하다」 都邑(도읍)
堵(담 도)	☞ 土(0721) → 흙(土)으로 사람(者)의 주거지 주위에 둘러쳐 놓은 구조물이라는 데서 「담」
屠(잡을 도)	☞ 尸(0968) → 닭 같은 짐승을 주검(尸)에 이르게 하는 것(者)이라는 데서 「잡다」
睹(볼 도)	☞ 目(2295) → 눈(目)으로 이러저러한 것(사물)(者)을 본다는 데서 「보다」 目睹(목도)
賭(도박 도)	☞ 貝(3076) → 돈(재화)(貝)을 사람(者) 앞에 놓아두고 내기를 건다(노름한다)는 데서 「도박」
奢(사치할 사)	☞ 大(0748) → 크게(大) 과시하는(뽐내는) 사람(者)이라는 데서 「분에 넘치다. 사치하다」
緒(실마리 서)	☞ 糸(2480) → 실(糸)이 이어져 나가는(이어져 있는) 것(者)이라는 데서 「실마리. 실 끝」
暑(더울 서)	☞ 日(1050) → 해(日)가 사람(者) 위에 떠 있는 여름철의 한낮은 무척 덥다는 데서 「덥다」
署(관청 서)	☞ 网(2655) → 그물(법망)(罒), 곧 법을 집행하는 곳(者)이라는 데서 「관청」 官署(관서)

| 考 | 생각할 고(:) 오랠/늙을/상고할/죽은아비/칠 고. | 2859-50 |

◉ 耂 + 丂(교할/교묘할 교) = 考

646

老 부수(자원과 쓰임 → 2857 참조)

☞ 늙어서(耂) 교묘하게(기이하고 이상야릇하게)(丂) 변모한 모습에서「늙다. 오래다. (오래된 일을) 생각·상고하다. (생각나는)죽은 아비. (생각하기 위하여 머리를 툭툭)치다」뜻으로.

考察(고찰 - 상고하여 살펴봄) 考慮(고려) 考證(고증) 考案(고안) 考試(고:시) 考査(고:사) 考課(고:과) 考古(고:고 - 고대의 사실을 연구 고찰함) 詳考(상고 - 상세히 참고하거나 검토함)

★ 考(생각할/오랠/상고할/칠 고)와 결합을 이룬 글자.		2859 별첨
拷(칠 고)	☞ 手(1502) → 손(扌)으로, 옛일을 상고(詳考)하기 위하여 머리를 툭툭 친다는 데서「치다」	

耆 늙을/늙은이 기. 어른/즐길 기.　　2860-20

● 耂 + 旨(맛 지) = 耆

☞ 노인(耂)이 맛(旨)있는 고기반찬을 즐겨 드신다는 데서「늙다. 늙은이. 즐기다」뜻으로.

※ 먼 옛날에는 60세를 넘긴 노인이어야 육류(肉類)를 드실 수 있는 제도가 있었다고 함.

耆老(기로 - 예순 살 이상의 노인. 耆는 60세, 老는 70세) 耆舊(기구 - 기로와 고구. 노인과 옛 친구)

★ 耆(늙을/어른 기)와 결합을 이룬 글자.		2860 별첨
嗜(즐길 기)	☞ 口(0869) → (노인에게) 입(입맛)(口)에 맞는 음식을 대접하면 노인(耆)은 이를 즐겨 드시고 좋아한다는 데서「즐기다. 좋아하다」嗜好(기호)	

老(耂)	臣	至	耳
늙을 로	신하 신	이를 지	귀 이

臣 　신하 신. 두려울 신.　2861-50

자원 臣 → 큰 상자(匚 상자 방) 속에 작은 상자(㇆ ← 匚)를 마주 보도록 포개어 놓고, 이를 위아래로 연결시켜(ㅣㅣ) 놓은 모양. 여기에서 큰 상자는 임금, 작은 상자는 임금에게 예속되어 있는 신하 관계를, 이를 위아래로 연결시켜 놓은 것은 임금과 백성 사이에서 상의하달(上意下達)과 하의상달(下意上達)의 직분임을 표현하여 「신하」 의미를 지님.

쓰임 「신하. 엎드린 자세」와 의미로 쓰임.

臣下(신하 - 임금을 섬기어 벼슬하는 사람) 君臣(군신) 忠臣(충신) 功臣(공신) 奸臣(간신) 大臣(대:신)

臨 　임할 림. 다다를/볼 림.　2862-32

◉ {臣 + 人 = 臥(누울 와)} + 品(물건/성품 품) = 臨

☞ 누운(엎드린)(臥) 자세로 물건(品)이 바닥에 잇닿는지를 들여다본다는 데서 「임하다. 다다르다. 보다」 뜻으로.

臨迫(임박) 臨時(임시) 臨席(임석) 臨床(임상) 臨終(임종) 臨戰無退(임전무퇴) 臨機應變(임기응변)

臥 　누울 와: 쉴 와.　2863-30

◉ 臣 + 人(사람 인) = 臥

☞ 신하(臣)가 (임금에게 고하기 위하여) 허리를 굽히는 것처럼 사람(人)이 몸을 굽히어 드러눕는 자세를 취한다는 데서 「눕다. (누워서)쉬다」 뜻으로.

臥狀(와:상 - 누워 있는 모양) 臥床(와:상 - 침상) 臥形(와:형) 臥病(와:병) 臥龍(와:룡) 臥薪嘗膽(와:신상담)

臧 　착할 장. 선할/곳집/곳간 장.　2864-00

◉ 戕(창 장) + 臣 = 臧

☞ 창(戕)을 소지하고 주위를 돌며 충직하게 호위(護衛)하는 신하(臣)이라는 데서 「착하다. 선하다. (주위를 호위하여 놓은)곳집. 곳간」 뜻으로.

臧否(장부 - 좋음과 좋지 않음. 선악의 양부良否를 검토하여 그 가치와 타당성을 판정함)

★ 臧(착할/선할/곳집/곳간 장)과 결합을 이룬 글자.　2864 별첨

藏(감출 장)　☞ 艹(2733) → 풀(건초)(艹)을 곳집(臧)에 넣어 갈무리한다는 데서 「저장하다. 감추다」
臟(오장 장)　☞ 肉(2389) → 몸속(月)에 저장되어(藏 감출/저장할 장) 있는 기관이라는 데서 「오장」
贓(장물 장)　☞ 貝(3083) → 곳간(臧)에 몰래 숨겨 놓은 다른 사람의 재물(貝)이라는 데서 「장물」

| 부수 6획 | 老(耂) 늙을 로 | 臣 신하 신 | 至 이를 지 | 耳 귀 이 |

至 이를 지. 미칠/머무를/모일/지극할/클/절기 지. 2865-42

자원 至 → 팔뚝(乙 팔뚝 굉)이 지면(土 흙/땅/곳 토)에 이른다(닿는다)는 데서 「이르다. 미치다. (이르러)머무르다」는 의미를 지님.

쓰임 「이르다. 다다르다. 미치다. 머무르다」는 의미로 쓰임.

至極(지극 - 더없이 극진함) 至今(지금) 至誠(지성) 至大(지대) 至當(지당) 至急(지급) 至毒(지독)

致 이를 치: 미칠/다할/극진할 치. 2866-50

◉ 至 + 夊(뒤져올 치) = 致 ※ 至 + 攵(칠 복) = 致 → 위자(僞字)로서 속자임.

☞ 이르는(至) 시점이 남들보다 뒤지는(夊), 곧 뒤늦게 와서 목적한 곳에 이른다는 데서 「이르다. 미치다. (있는 힘을 다하여 목적지에 이른다는 데서)다하다. 극진하다」 뜻으로.

致誠(치:성 - 있는 정성을 다함) 致賀(치:하) 致富(치:부) 致謝(치:사) 致辭(치:사) 致死(치:사) 致命(치:명)

★ 致(이를/미칠 치)와 결합을 이룬 글자. 2866 별첨

緻(빽빽할/밸 치) ☞ 糸(2538) → 실(糸)이 한곳에 빼곡하게 이르러(배어)(致) 있다는 데서 「빽빽하다. 배다」

臺 대/집 대. 높을/관청/돈대 대. 2867-32

◉ {士 + 冖(덮을 멱) + 至 = 臺(집 옥)} + 口(입/말할/어귀 구) = 臺

☞ (바깥을 관망할 수 있는) 창구(口)가 뚫리어 있는 집(臺), 곧 전망이 좋은 곳에 높다랗게 지어 놓은 건물이라는 데서 「집. (높다랗게 지은)관청. 높다. (높이 쌓은)대」 뜻으로.

臺本(대본 - 연극·영화의 각본) 臺灣(대만) 墩臺(돈대 - 조금 높직한 평지) ※ 墩(돈대 돈) 土臺(토대)

★ 臺(대/집/높을 대)와 결합을 이룬 글자. 2867 별첨

擡(들 대) ☞ 手(1565) → 손(扌)으로 대(받침대)(臺)를 들어 올린다는 데서 「들다」擡頭(대두)

★ 至(이를/미칠/머무를 지)와 결합을 이룬 글자. 2867 별첨

到(이를 도)	☞ 刀(0229) → 칼(刀)이 베려고 하는 물체에 이른다(至)는 데서 「이르다」到達(도달)
室(집 실)	☞ 宀(0579) → 사람이 머물러(至) 있는(거처하고 있는) 집(宀)이라는 데서 「집. 방」
屋(집 옥)	☞ 尸(0952) → 사람이 이르러(至) 있는 집(지붕)(尸 → 집. 지붕 모양)이라는 데서 「집. 지붕」
姪(조카 질)	☞ 女(0483) → 여자(女)인 형수나 제수로부터 이른(태어난)(至) 아이이라는 데서 「조카」
窒(막힐 질)	☞ 穴(2170) → 막다른 구멍(穴)에 이른다(다다른다)(至)는 데서 「막히다」窒息(질식)
桎(차꼬 질)	☞ 木(1738) → 죄인의 발목에 이르게(至) 하여 채우는 나무(木)로 된 형구이라는 데서 「차꼬」

| 부수 6획 | 老(耂) 늙을 로 | 臣 신하 신 | 至 이를 지 | 耳 귀 이 |

耳 귀 이: 말끝날/뿐/성할/어조사 이. 2868-50

- 자원 耳 → 귓바퀴와 귓밥으로 이루어진 귀 모양을 표현.
- 쓰임 「귀. 듣다. …뿐. 귀 모양」과 의미로 쓰임.

耳目(이:목 - 귀와 눈. 남들의 주의나 관심) 耳順(이:순 - 예순의 나이) 耳鳴(이:명) 耳鼻咽喉(이:비인후)

聞 들을 문(:) 소문 문. 2869-60

- ◉ 門(문 문) + 耳 = 聞
- ☞ 문(문틈)(門) 사이로 새어 나오는 소리를 귀(耳)로 듣는다는 데서「듣다」뜻으로.

聞一知十(문:일지십 - 한 가지를 들으면 열을 앎) 聞見(문:견) 見聞(견:문) 所聞(소:문) 風聞(풍문)

聖 성인 성: 성스러울/통할/임금 성. 2870-42

- ◉ 耳 + {口(입 구) + 生(착할/땅에서꿰져날 정) = 呈(드릴/나타날 정)} = 聖
- ☞ 귀(耳)로 듣고 입(口)으로 말하는 견문과 구변이 땅에서 꿰져 나오는(生) 것처럼 막힘이 없이 특출하게 뛰어난 사람이라는 데서「성인. 성스럽다. (성인의 식견이 두루)통하다. (성인과 버금가는)임금」뜻으로.

聖人(성:인) 聖恩(성:은 - 임금이 베푸는 은혜) 聖誕(성:탄) 聖地(성:지) 聖經(성:경) 聖堂(성:당) 聖靈(성:령)

職 직분/벼슬 직. 맡을 직. 2871-42

- ◉ 耳 + {音(소리 음) + 戈(창 과) = 䜶(찰흙 치 | 00 직)} = 職 (3203 참조)
- ※ 여기서 戈는 베틀의 잉아(→ 베틀의 날실을 끌어올리는 줄) 모양을 표현.
- ☞ 귀(耳)로 베틀의 잉아(戈) 소리(音 → 잉아가 위아래로 오르내리면서 철거덕거리는 소리)를 듣는, 곧 항상 베를 짜는 소리를 듣는 직업에 종사하고 있다는 데서「(일거리를)맡다. (일거리를 맡은)직분. (직분을 맡은)벼슬」뜻으로.

職務(직무 - 담당하여 맡은 사무) 職責(직책) 職場(직장) 職業(직업) 職位(직위) 職分(직분) 職員(직원)

聲 소리 성. 울릴 성. 2872-42

- ◉ 殸(소리 성 | 경쇠 경) + 耳 = 聲
- ※ 경쇠(磬) → 옥이나 돌로 만든 아악기. 석경(石磬).
- ☞ 귀(耳)에 울리는(들리는) 경쇠 소리(殸)이라는 데서「소리. 울리다」뜻으로.

聲量(성량 - 목소리의 크기와 양) 聲帶(성대) 聲樂(성악) 聲援(성원) 聲明(성명) 聲討(성토) 聲優(성우)

耳 부수(자원과 쓰임 → 2868 참조)

★ 殸(소리 성 l 경쇠 경)과 결합을 이룬 글자.		2872 별첨
磬(경쇠 경)	☞ 石(2150) → 맑은 소리(殸)를 내는 (악기용으로 쓰이는) 돌(石)이라는 데서 「경쇠」	
馨(꽃다울 형)	☞ 香(3543) → 사방으로 울려 퍼지는 경쇠 소리(殸)처럼 멀리까지 퍼져 나가는 꽃다운 향기(香)이라는 데서 「향기. 향내 멀리 나다. 꽃답다」 馨氣(형기)	

聽 들을 청. 받을/기다릴 청.   2873-40

◉ 耳 + 𡈼(착할/땅에서꿰져날 정) + {直(곧을 직) + 心(마음 심) = 悳(큰 덕)} = 聽

☞ 귀(耳)에서 꿰져 나와(𡈼) 곧바로(直) 마음(心)에 닿는, 곧 귀로 들은 것이 곧바로 마음에 새겨진다는 데서 「듣다. (들은 것을 마음으로)받다. (받아서)기다리다」 뜻으로.

※ 聞은 문을 통하여 들리는 소리를 「듣다」. 廳은 소리를 마음으로 새겨 「듣다」는 의미가 됨.

聽力(청력 - 소리를 듣는 힘) 聽取(청취) 聽衆(청중) 聽覺(청각) 聽診器(청진기) 聽而不聞(청이불문)

★ 聽들을 청)과 결합을 이룬 글자.		2873 별첨
廳(관청 청)	☞ 广(0765) → 백성의 건의나 고충 사항을 듣는(聽) 큰 집(广)이라는 데서 「관청」	

聯 연이을 련. 잇닿을/합할 련.   2874-32

◉ 耳 + 䜌(북에실꿸 관) = 聯 (3374 참조)

☞ (베틀의) 북의 귀(耳)에 꿰어 놓은 실(䜌)이 바디 앞쪽으로 연이어져 베로 짜여진다(이미 짜 놓은 베와 합하여진다)는 데서 「연이어지다. 잇닿다. 합하다」 뜻으로.

聯合(연합 - 두 가지 이상의 사물이 합함) 聯盟(연맹) 聯立(연립) 聯想(연상) 聯關(연관) 聯邦(연방)

聰 귀밝을 총. 들을 총.   2875-30

◉ 耳 + 悤(바쁠/총총할 총) = 聰 (2465 참조)

☞ 귀(耳)에 미세한 소리가 총총하게(빠짐없이)(悤) 들린다는 데서 「귀 밝다. 듣다」 뜻으로.

聰明(총명 - 슬기롭고 밝음. 눈·귀가 예민함) 聰氣(총기) 聰叡(총예) 聰敏(총민) 聰智(총지) 聰悟(총오)

耶 어조사 야(:) 그런가/의문사/움푹파진곳 야.   2876-30

◉ 耳 + 阝(= 邑 고을 읍) = 耶

☞ (우묵하게 뚫려 있는) 귀(耳) 모양처럼 지형이 우묵하게 파인 고을(阝)이라는 데서 「움푹 파진 곳. (움푹한 곳에서는 말소리의 분간이 애매하다는 데서)그런가. (의문을 나타내는)어조사」 뜻으로.

耶蘇(야:소 - 「예수」의 한자음) 千耶萬耶(천야만야 - 천 길이나 만 길이나 되는 듯하다)

★ 耶(어조사/그런가/의문사/움푹파진곳 야)와 결합을 이룬 글자.		2876 별첨
倻(나라이름 야)	☞ 人(0132) → 사람(亻)의 귀 모양처럼 지형이 움푹하게 파여(耶) 있는 고을이라는 의미가 부여되어 「나라 이름. 가야」 伽倻國(가야국)	
揶(희롱할 야)	☞ 手(1550) → 손(扌)을 움푹 파진 곳(耶)에 갖다 대는, 곧 손으로 겨드랑이 같은 민감한 신체 부위를 만지거나 간질인다는 데서 「희롱하다. 야유하다」 揶揄(야유)	
爺(아비 야)	☞ 父(1816) → (누구누구의) 아버지(父) 되시는 분이야(耶)라고 상대방에게 일러주거나 호칭하는 의미가 부여되어 「아비. 늙으신네」 爺爺(야야)	

耳 부수(자원과 쓰임 → 2868 참조)

聘 부를 빙. 물을/청할/찾아갈/사신보낼/장가들 빙.   2877-30

◉ 耳 + 甹(이끌 병) = 聘
☞ (상대방의 말씀이나 의견 같은 것을) 귀(耳)에 이끌어(甹) 들이는, 곧 자청하여 묻는다는 데서「묻다. 청하다. (상대방을 청하여 들인다는 데서)부르다. (여자를 청하여)장가들다. (상대국에 도움을 청하러 보낸다는 데서)사신 보내다」뜻으로.

聘問(빙문 - 예를 갖추어서 방문함) 聘納(빙납 - 아내를 맞음) 聘父(빙부) 聘丈(빙장) 招聘(초빙)

聚 모을 취: 모일/거둘 취.   2878-20

◉ {耳 + 又 = 取(가질/취할/잡을 취)} + 乑(나란히설/모여설 음) = 聚 (0387 참조)
☞ 여러 가지를 취하여(取) 한자리에 나란히 모아(乑) 놓는다는 데서「모으다. 거두다」뜻으로.

聚合(취:합 - 모아서 합침) 聚斂(취:렴 - 재물을 함부로 거둠) 聚落(취:락 - 부락) 聚散(취:산)

耽 즐길 탐. 빠질 탐.   2879-20

◉ 耳 + 冘(머뭇거릴 유 | 다닐 음) = 耽 (1214 참조)
☞ 귀(耳)가 머뭇거리고(冘) 있는, 곧 들리는 말이나 소리가 너무나도 솔깃하여(흥미로워) 귀를 선불리 떼지 못하고 그 즐거움에 빠져든다는 데서「즐기다. 빠지다」뜻으로.

耽讀(탐독 - 정성을 쏟아 읽음) 耽溺(탐닉 - 즐거움에 빠져듦) 耽美(탐미) 耽羅(탐나 - 제주도의 구명)

聾 귀먹을 롱. 어두울 롱.   2880-10

◉ 龍(용 룡) + 耳 = 聾 (3689 참조)
☞ 용(龍)이 귓속(耳)으로 들어가서 똬리를 틀고(몸뚱이를 동그랗게 뭉쳐서 귀를 막고) 있는 것처럼 소리가 잘 들리지 않는다는 데서「귀먹다. (귀가)어둡다」뜻으로.

聾兒(농아 - 귀먹은 아이) 聾啞(농아 - 귀머거리와 벙어리)

聊 귀울/애오라지 료. 어조사/즐길 료.   2881-10

◉ 耳 + 卯(토끼/무성할 묘 →「부절을 아래로 드리운 모양」을 표현) = 聊 (0350 참조)
☞ 귀(耳)를 낮게 드리워(卯) 작은 울림이나 흥겨운 소리에 깊이 빠져든다(즐겨 듣는다)는 데서「귀 울다. 즐기다. (오르지 듣는 즐거움에만 빠져든다는 데서)애오라지」뜻으로.

無聊(무료 - 탐탁하게 어울리는 맛이 없음. 지루하고 심심함) 聊賴(요뢰 - 안심하고 의지함)

聳 솟을 용: 높을/귀먹을 용.   2882-10

◉ 從(좇을/모실 종) + 耳 = 聳 (0437 참조)
☞ 좇아(따라)(從) 나가는 귀(耳), 곧 (소리가 잘 들리지 않아서) 소리가 나는 곳(방향)으로 귀를 쫑긋하게 세운다는 데서「솟다. (솟아나서)높다. (잘 들리지 않아서)귀먹다」뜻으로.

聳出(용:출 - 우뚝 솟아남) 聳立(용:립) 聳聽(용:청 - 열중하여 들음) 聳動(용:동) 聳然(용:연)

耳 부수(자원과 쓰임 → 2868 참조)

| 耿 | 빛날 경. 반짝거릴/밝을/근심할 경. | 2883-00 |

● 耳 + 火(불 화) = 耿
☞ 귀(耳)에 뜨겁고 밝은 불(火)이 닿는 것처럼 귀가 번쩍 뜨인다는 데서 「반짝거리다. 빛나다. 밝다. (귀에 반짝거리어, 잠을 이루지 못할 정도로 염려한다는 데서)근심하다」뜻으로.
耿潔(경결 - 밝고 깨끗함) 耿耿(경경 - 불빛이 깜박깜박함. 잊히지가 않고 염려됨)

자투리 마당

聽而不聞(청이불문)

○ 心不在焉(심부재언) 視而不見(시이불견) 聽而不聞(청이불문)

- 「마음에 없으면, 보아도 보이지 아니하고 들어도 들리지 않는다」는 뜻으로, 이를 다시 새겨보면 관심이 없으면 보아도 보는 것이 아니며, 들어도 들은 것이 아니라는 의미로, 공부를 하거나 매사(每事)를 대하고 처리함에 있어서 마음을 일으키게 하는 동기(動機) 유발(誘發)과 의욕(意慾)이 앞서 있어야 함을 일깨워 주는 글귀이다.

- 明心寶鑑에서 -

| 부수 6획 | 舟 배 주 | 自 스스로 자 | 行 갈 행 | 艮 그칠 간 |

舟 배 주. 잔대/띠(帶) 주. 2884-30

배(舟)

자원 舟 → 뱃머리(丿)와 선체(刀), 두 사람(丶丶)이 마주 앉아 노(一)를 저어 나가는 배 모양을 표현.
※ 舟는 月(달 월) 부수에 배속되어 月(주달 월)로 쓰이기도 함. 朋(벗 붕) 服(옷 복) 등.
쓰임 「배」 의미로 쓰임.

舟艦(주함) 舟遊(주유 - 뱃놀이) 舟艇(주정) 方舟(방주) 一葉片舟(일엽편주) 刻舟求劍(각주구검)

船 배 선. 선박 선. 2885-50

◉ 舟 + 㕣(늪 연) = 船 (1205 참조)
☞ 늪(㕣)에 떠다니는 배(舟)이라는 데서 「배. 선박」 뜻으로.

船舶(선박 - 배. 배의 총칭) 船員(선원) 船室(선실) 船長(선장) 船積(선적) 船艙(선창) 乘船(승선)

航 배 항: 배떠날/건널/날 항. 2886-42

◉ 舟 + 亢(목 항) = 航 (0208 참조)
☞ 배(舟)가 목(길목)(亢)을 떠나는, 곧 항구를 떠나는 배이라는 데서 「배. 배 떠나다. (배가 물을) 건너다. (육지를 떠나서)날다」 뜻으로.

航海(항:해 - 배가 바다 위로 항행함) 航路(항:로) 航速(항:속) 航空機(항:공기) 航法士(항:법사)

般 일반 반. 돌/돌이킬/되돌아올/옮길/나를 반. 2887-30

◉ 舟 + 殳(날없는창 수 → 「밀어붙이다」는 의미로 쓰임) = 般
☞ 배(舟)를 밀어붙이는(殳), 곧 (방향키를 잡지 않고서) 배를 밀치면 배는 대체(일반)적으로 제자리에서 맴 돈다는 데서 「일반. (배가)돌다. 돌이키다. 되돌아오다. (배가 위치를)옮기다. (옮긴다는 데서)나르다」 뜻으로.

一般(일반 - 보통의 상태) 全般(전반 - 통틀어 모두) 諸般(제반 - 모든 것. 여러 가지)

★ 般(일반/돌/돌이킬/되돌아올/옮길/나를 반)과 결합을 이룬 글자. 2887 별첨

盤(쟁반 반) ☞ 皿(2240) → 반찬을 옮기는(나르는)(般) 그릇(皿)이라는 데서 「쟁반」 盤石(반석)
搬(옮길 반) ☞ 手(1487) → 손(扌)으로 물건을 다른 장소로 옮긴다(般)는 데서 「옮기다」 運搬(운반)
槃(소반 반) ☞ 木(1696) → 음식물을 옮기는(나르는)(般) 나무(木)로 된 기물이라는 데서 「소반」

舶 배 박. 큰배 박. 2888-20

◉ 舟 + 白(흰/맏/고할 백) = 舶

☞ 배(舟) 가운데 맏이(白)라고 일컬을 정도로 규모가 큰 배이라는 데서 「큰 배. 배」 뜻으로.
舶來品(박래품 - 외국으로부터 배에 실려 온 물품) 漕舶(조박 - 물건을 실어 나르는 배) 船舶(선박)

艦 큰배/싸움배 함: 군함 함. 2889-20

- 舟 + 監(볼/살필 감) = 艦 (2236 참조)
- ☞ 적함의 동태를 살피면서(감시하면서)(監) 유사시에 교전(交戰)하는 배(舟)이라는 데서 「싸움배. 큰 배. 군함」 뜻으로.

艦隊(함:대 - 군함으로 편성된 부대) 艦長(함:장) 艦上(함:상) 艦砲(함:포) 艦艇(함:정) 母艦(모:함)

艇 배 정. 거룻배/작은배 정. 2890-20

- 舟 + 廷(조정/바를/머무를 정) = 艇 (0411 참조)
- ☞ 조정(廷)에서 순찰이나 유람용으로 이용하는 규모가 작은 배(舟)이라는 데서 「작은 배. 거룻배. 배」 뜻으로.

小艇(소:정 - 작은 배) 艦艇(함:정) 救命艇(구:명정) 快速艇(쾌속정) 哨戒艇(초계정) 漕艇競技(조정경기)

艙 부두/선창 창. 2891-10

- 舟 + 倉(곳집 창) = 艙 (0111 참조)

선창(艙)

☞ 배(舟)를 정박시켜 두는 일종의 곳집(倉) 구실을 하는 곳이라는 데서 「선창. 부두」 뜻으로.
船艙(선창 - 물가에 다리처럼 만들어 배를 댈 수 있게 마련한 곳)

舵 키 타. 2892-10

- 舟 + 它(다를/짊어질/더할 타ㅣ뱀 사) = 舵 (2614 참조)
- ☞ 배(舟)를 다른(它) 방향으로 전환시키는(방향을 조종하는) 장치이라는 데서 「키」 뜻으로.

舵機(타기 - 배의 키. 조타기) 操舵手(조타수 - 키잡이) 操舵機(조타기 - 선박의 키를 조종하는 장치)

舟	自	行	艮
배 주	스스로 자	갈 행	그칠 간

부수 6획

自 　 스스로 자. 저절로/몸/몸소/좇을/~부터 자 | 코 비.　　　　　　　　　　2893-70

자원　自 → 코 모양을 표현. 코를 통하여 숨이 저절로 쉬어진다는 데서 「~부터. 저절로. 스스로」 의미를 지님. 自는 鼻(코 비)의 고자(古字).

쓰임　「코. 스스로. 저절로. 코 모양」과 의미로 쓰임.

自身(자신 - 제 몸) 自律(자율) 自然(자연) 自習(자습) 自家(자가) 自動(자동) 自手成家(자수성가)

臭 　 냄새 취: 썩은냄새 취 | 냄새맡을 후.　　　　　　　　　　　　　　　2894-30

◉ 自 + 犬(개 견) = 臭

☞ (후각이 매우 발달한) 개(犬)가 코(自)를 내밀어 냄새를 맡는다는 데서 「냄새. 냄새 맡다. (냄새를 많이 풍기는)썩은 냄새」 뜻으로.

臭氣(취:기 - 좋지 못한 냄새) 口臭(구:취) 香臭(향취) 惡臭(악취) 體臭(체취) 脫臭劑(탈취제)

★ 臭(냄새 취 | 냄새맡을 후)와 결합을 이룬 글자.	2894 별첨
嗅(맡을 후)　　☞ 口(0877) → 음식물을 입(口)언저리에 대고서 냄새를 맡는다(臭)는 데서 「맡다」	

※ 自와 결합을 이룬 글자는 鼻(코 비 → 鼻 부수) 息(쉴 식 → 心 부수) 嗅(맡을 후 → 口 부수) 憩(쉴 게 → 心 부수) 面(낯 면 → 面 부수) 首(머리 수 → 首 부수) 頁(머리 혈 → 頁 부수) 등이 있음.

| 부수 6획 | 舟 배 주 | 自 스스로 자 | 行 갈 행 | 艮 그칠 간 |

行 갈 행. 다닐/길/쓸/행실/행서 행 | 항렬 항.　　　2895-60

자원 行 → 彳(자축거릴 척)과 亍(자축거릴 촉)의 결합으로, 왼발과 오른발을 자축거려 가며 옮겨 딛는다는 데서 「가다. 다니다. (다니는)길」 의미를 지님.

쓰임 「가다. 다니다. 길(거리)」 의미로 쓰임.

行進(행진 - 대오를 지어서 걸어 나감) 行軍(행군) 行步(행보) 行人(행인) 行動(행동) 行實(행실) 行爲(행위) 行脚(행각) 行商(행상) 行態(행태) 行列(행렬·항렬) 行伍(항오) 行列字(항렬자)

術 꾀/재주 술. 방법 술.　　　2896-60

● 行 + 朮(삽주 출 | 찰기장 술) = 術
※ 삽주(朮 → 백출 또는 창출이라 함. 뿌리는 여러 갈래로 나뉘어져 마디가 있으며 한약재로 쓰임.
☞ 삽주(朮) 뿌리처럼 수없이 갈래져 있는 길을 찾아 가는(行), 곧 찾아 가기가 매우 어려운 길을 교묘하게 찾아가는 재주(방법)를 지니고 있다는 데서 「꾀. 재주. 방법」 뜻으로.

術策(술책 - 일을 꾀하는 방술과 계책) 術數(술수) 技術(기술) 魔術(마술) 馬術(마:술) 武術(무:술)

街 거리 가(:) 한길 가.　　　2897-42

● 行 + {土 + 土 = 圭(홀/서옥 규)} = 街 (0697 참조)
☞ 길고 납작한 홀(圭) 모양처럼 길쭉하고 평평한 길(行)이라는 데서 「거리. 한길」 뜻으로.

街頭(가:두 - 길거리) 街道(가:도) 街販(가:판) 街路燈(가로등) 街路樹(가로수) 市街地(시:가지)

衛 지킬 위. 호위할/막을 위.　　　2898-42

● 行 + 韋(다룬가죽/어길/에울 위) = 衛 (3537 참조)
☞ 신분이 지극히 높은 분이 지나가는 길(行) 주변을 에워싸고(韋) 그분의 신변을 호위한다는 데서 「지키다. 호위하다. (호위하여 잡인의 출입을)막다」 뜻으로.

衛兵(위병 - 호위하는 군졸) 衛戍(위수) 衛生(위생) 衛星(위성) 守衛(수위) 護衛(호:위) 近衛兵(근:위병)

衝 찌를 충. 마주칠/충돌할/요처 충.　　　2899-32

● 行 + 重(무거울/거듭 중) = 衝 (2943 참조)
☞ 다니는 길(行)에 많은 사람들이 거듭(重)하여 지나가면, 오가는 사람들끼리 마주 부딪친다는 데서 「마주치다. 충돌하다. (마주치게 한다는 데서)찌르다」 뜻을. 한편 (전술상의) 중요한(重) 길목(行) 이라는 데서 「요처」 뜻으로.

衝天(충천 - 하늘을 찌를 듯이 높이 솟아오름) 衝突(충돌) 衝擊(충격) 衝動(충동) 要衝地(요충지)

衡 저울대 형. 균형 형 | 가로 횡.　　　2900-20

◉ 行 + 奐(→ 魚「고기 어」의 약자) = 衡

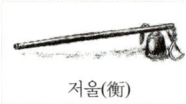
저울(衡)

☞ 고기(奐 = 魚) 모형의 저울추가 가로질러 다니는(行) 막대라는 데서「저울대. (저울추가 무게의 균형을 잡으면서 가로질러 다닌다는 데서)균형. 가로」뜻으로.

衡平(형평 - 균형을 이룸) 均衡(균형 - 치우침이 없이 고름) 平衡(평형 - 사물이 기울지 않고 안정됨)

衍 넓을 연: 흐를/물넘칠 연. 2901-20

◉ 行 + 氵(물 수) = 衍

☞ 걸어 다니는 길(行) 위로 물(氵)이 넘쳐흐른다는 데서「흐르다. 물 넘치다. (물이 넘쳐난 면적이) 넓다」뜻으로.

衍義(연:의 - 뜻을 넓혀서 설명함) 敷衍說明(부:연설명 - 덧붙인 설명) 蔓衍=蔓延(만연 - 뻗어서 퍼짐)

衙 마을/관청 아. 갈 어. 2902-10

◉ 行 + 吾(나/우리 오) = 衙 (0789 참조)

☞ 내(우리)(吾)가 항시 다니는(출입하는)(行) 곳이라는 데서「마을. 관청. (마을에)가다」뜻으로.

衙前(아전 - 지방 관청에 딸린 벼슬아치) 衙門(아문 - 관청의 문. 관청의 총칭) 官衙(관아 - 마을)

衢 네거리 구. 2903-10

◉ 行 + 瞿(노려볼/놀라볼 구) = 衢 (1903 참조)

☞ 노려볼(瞿) 수 있는 길(거리)(行), 곧 사방을 훤하게 바라다볼 수 있는(시야가 사방으로 트여 있는) 거리라는 데서「네거리」뜻으로.

衢街(구가 - 큰 길거리) 衢巷(구항 - 길거리) 康衢煙月(강구연월 - 태평시대 큰 길거리의 평화로운 풍경)

衒 자랑할 현: 자긍할/스스로팔 현. 2904-10

◉ 行 + 玄(검을/하늘/아득할 현) = 衒

☞ 길거리를 다니면서(行) 자기 스스로 현학(玄學 → 노자와 장자의 학문, 이론이 깊고 무척이나 어려워 깨닫기가 힘든 학문)에 조예가 깊다고 자랑한다는 데서「자랑하다. 스스로를 팔다. 자긍하다」뜻으로.

衒學(현:학 - 학식이 있음을 자랑하여 뽐냄) 衒女(현:녀 - 용모를 스스로 자랑하는 여자)

| 부수 6획 | 舟 배 주 | 自 스스로 자 | 行 갈 행 | 艮 그칠 간 |

艮 그칠 간. 괘이름/한정할/어긋날/간방 간 ┃ 끝 흔. 2905-20

자원 艮 → 해(日 날 일)가 창애(乚 새잡는창애 궐)에 꿰어져 멈추게 되는(七 될 화), 곧 해가 순간적으로 멈춘다고 여기는(일 년의 주기를 마감하고 새로이 출발하는) 시점과 교차하는 방위라는 데서 「그치다. 어긋나다. 간방」 의미를 지님.

※ 간방(艮方) → 해가 1년간의 주행을 그치고 새로이 운행하는 지점의 방위. 동북방.

쓰임 「그치다. 멈추다. 한정하다」 는 의미로 쓰임.

艮方(간방 - 이십사방위의 하나. 동북방) 艮卦(간괘 - 팔괘八卦의 하나) 艮坐坤向(간좌곤향)

良 어질 량. 좋을/훌륭할/바를/능할/착할/낭군/사내 량. 2906-50

- 丶(불똥/점/구절(句節)찍을 주) + 艮 = 良
- ☞ 점(丶)이 그쳐(찍혀)(艮) 있는 부분, 곧 문장에서 방점이 찍혀 있는 부분은 표현이 썩 잘된(훌륭하게 표현된) 구절(句節)이라는 데서 「훌륭하다. 좋다. 바르다. 능하다. (인품이 훌륭하다는 데서) 어질다. 착하다. 낭군」 뜻으로.

良書(양서 - 좋은 책) 良質(양질) 良好(양호) 良心(양심) 良民(양민) 良識(양식) 良藥苦口(양약고구)

★ 良(어질/좋을/훌륭할/바를/능할/착할/낭군/사내 량)과 결합을 이룬 글자.		2906 별첨
朗(밝을 랑)	☞ 月(1092) → 바르게(良) 떠 있는 달(月), 곧 달이 구름에 가려지거나 이지러짐이 없이 밝게 떠 있다는 데서 「밝다」 朗報(낭보)	
郞(사내 랑)	☞ 邑(2926) → (남편으로 맞이한 또는 맞이하려고 하는) 고을(阝)에 사는 어질고 착한(良) 사람이라는 데서 「사내. 남편」 新郞(신랑)	
廊(행랑 랑)	☞ 广(0768) → 사내(郞 사내 랑)가 거처하는 집(广)이라는 데서 「행랑. 사랑채」 行廊(행랑)	
浪(물결 랑)	☞ 水(1221) → 물(氵)이 좋아하는(良) 것처럼 이리저리 일렁이는 모양을 취하는 것이라는 데서 「물결」 浪人(낭인)	
狼(이리 랑)	☞ 犬(1406) → 집단생활에 능한(良) 개(犭)와 유사한 짐승이라는 데서 「이리」 狼藉(낭자)	
娘(아가씨 낭)	☞ 女(0476) → 어질고 착한(良) 여자(女)라는 데서 「아가씨. 처녀」 娘子(낭자)	

艱 어려울 간. 가난할/근심할 간. 2907-10

- {革(가죽 혁) + 大 = 莫(→ 가죽 띠를 크게 둘러놓은 모양)} + 艮 = 艱 (1172 참조)
- ☞ 몸이 가죽끈(革)에 크게(大) 둘리어져(莫), 움직이지 못하고 제자리에 그쳐(艮) 있는 매우 어려운 처지 이라는 데서 「어렵다. (생계가 어렵다는 데서)가난하다. 근심」 뜻으로.

艱難(간난 - 괴롭고 고생스러움) 艱辛(간신) 艱苦(간고) 艱苟(간구) 艱難辛苦(간난신고)

★ 艮(그칠/한정할 간 ┃ 끝 흔)과 결합을 이룬 글자.		2907 별첨
根(뿌리 근)	☞ 木(1600) → 나무(木)의 줄기가 지면에 그쳐(닿아)(艮) 있는 부위이라는 데서 「뿌리」	

艮 부수(자원과 쓰임 → 2905 참조)

銀(은 은)	☞ 金(3418) → 출토가 한정되어(艮) 있는 금(金)과 유사한 금속, 또는 금(金)에서 끌어(艮)내린(금 성분을 이어받은) 금과 유사한 금속이라는 데서 「은」 銀錢(은전)
垠(땅끝 은)	☞ 土(0688) → 땅(土)이 그치는(끝나는)(艮) 곳, 곧 영토가 끝나는 지대라는 데서 「땅끝」
眼(눈 안)	☞ 目(2276) → 눈(目)이 물체에 그치는(미치는)(艮), 곧 보고자하는 물체(피사체)에 시력이 미치는 눈이라는 데서 「눈」 眼目(안목)
退(물러갈 퇴)	☞ 辵(3096) → 진격을 그치고(艮) 제자리(출발지)로 간다(辶)는 데서 「물러가다」 退却(퇴각)
限(막을 한)	☞ 阜(3330) → 언덕(阝)이 그치어(멈추어)(艮) 있는, 곧 전면이 언덕으로 가로막혀 있다(나아갈 길이 막혀 있다)는 데서 「막히다. 막다」 限定(한정)
恨(한할 한)	☞ 心(1854) → 마음(心)에 그쳐(남아)(艮) 있는, 곧 아쉬움이나 후회스러운 생각이 지워지지 않고 마음 한 구석에 남아 있다는 데서 「한하다. 뉘우치다」 恨歎(한탄)
痕(흉터 흔)	☞ 疒(2315) → 병(疒)이 그친(艮) 흔적, 곧 병을 앓았던 자국(흉터)이라는 데서 「흉터. 흔적」

자투리 마당

葛藤(갈등)이라는 어원(語源)

○ 갈등(葛藤)이란 「개인이나 집단 사이에 목표나 이해관계가 달라서 서로가 대립하거나 적대시하는 상태」를 뜻하는 바, 葛藤은 칡(葛 칡 갈)과 등나무(藤 등나무 등)의 조합으로 이루어진 낱말이다.

- 칡과 등나무는 다른 나무에 의지하여(기대어) 매우 길쭉하게 자라나는 나무로써, 칡은 다른 나무를 왼쪽으로, 등나무는 다른 나무를 오른쪽으로 휘감으면서 자라나기 때문에 이 두 나무가 한 곳에서 동시에 자랄 때에는 서로가 어긋나게 얽히고설키어서 도저히 분리할 수가 없는 고로, 이 두 식물을 자세히 관찰(觀察)하고서 갈등이라는 낱말을 탄생시킨 것으로 봄. 이들 두 나무가 같은 장소에서 동시에 자랄 때에는 갈등(葛藤)을 빚는 고로, 인간사에서 갈등의 조짐이 엿보인다면 될 수 있는 한 일정한 거리를 두거나 함께하지 않는 것이 최선의 방책이 아닐까하는 생각이 듦이다.

부수 6획	羽 깃 우			

羽 깃 우: 날개/날개모양/펼/새/도울/오성 우 | 느즈러질 호.   2908-30

자원 羽 → 드리워진 새의 깃(양 날개) 모양을 표현.

쓰임 「깃. 깃털. 날개」 의미로 쓰임.

羽毛(우:모 - 깃과 털. 깃털) 羽扇(우:선 - 깃으로 만든 부채) 羽翼(우:익) 宮商角徵羽(궁상각치우 - 오음)
※ 국악(國樂)의 오음은 황(黃)·태(太)·중(中)·임(林)·남(南)

習 익힐 습. 거듭/풍습 습.   2909-60

◉ 羽 + 白(흰/아뢸/고할 백) = 習

☞ (둥지를 떠나려고 하는) 어린 새가 날개(羽)로 무엇인가를 아뢰는(白) 것처럼 반복적으로 퍼덕이며 비행(날기) 연습을 한다는 데서 「익히다. 거듭」 뜻으로.

習性(습성 - 버릇이 된 성질) 習得(습득) 習作(습작) 習慣(습관) 習俗(습속) 學習(학습) 風習(풍습)

翼 날개 익. 나래/호위할 익.   2910-32

◉ 羽 + 異(다를/나눌 이) = 翼 (2116 참조)

☞ 서로 다른(異) 방향으로(어긋나게) 펼쳐져 있는 날개(羽)이라는 데서 「날개. (두 날개를 펼쳐 새끼를 보호하는 것처럼 좌우로 늘어서서 신변을 호위한다는 데서)호위하다」 뜻으로.

翼贊(익찬 - 도와 줌) 輔翼(보:익 - 도와서 좋은 데로 인도함) 羽翼(우:익) 右翼(우:익) 左翼(좌:익)

翁 늙은이 옹. 아비 옹.   2911-30

◉ 公(공평할/어른/제후 공) + 羽 = 翁 (0322 참조)

☞ 하얀 깃털(羽) 모양의 흰 수염이 길게 드리워져 있는 연세가 높으신 어른(공)(公)이라는 데서 「늙은이. 아비」 뜻으로.

翁(옹 - 남자 노인을 높여 부르는 말) 翁姑(옹고) 翁媼(옹온) 翁壻(옹서) 翁主(옹주) 塞翁之馬(새옹지마)

翊 도울 익. 나는모양 익.   2912-20

◉ 立(설/세울 립) + 羽 = 翊

☞ 날개(羽)를 일으켜 세워(立) 주는 것처럼 옆에서 부축하여(도와) 주는, 또는 일으켜 세운(立) 날개 (羽)로 날아가는 모양이라는 데서 「돕다. 나는 모양」 뜻으로.

翊戴(익대 - 받들어 정성스럽게 추대함) 翊贊=翼贊(익찬 - 도와서 잘 인도함)

翰 편지 한: 날개/깃/날을/붓/글 한.   2913-20

◉ 倝(해돋을 간) + 羽 = 翰 (0040 참조)

☞ 해가 돋아(倝) 오르는 것처럼 새가 날개(羽)를 저어 하늘 위로 날아오른다는 데서 「날다. 날개.

깃. (깃으로 만든)붓. (붓으로 쓴)편지」 뜻으로.
翰飛(한:비 - 높이 날아오름) 翰林院(한:림원 - 고려 때 문서 작성을 맡은 관아) 書翰(서한 - 편지)

耀 빛날 요. 2914-20

◉ 光(빛 광) + {羽 + 隹(새 추) = 翟(꿩/꿩깃 적)} = 耀 (1025 참조)

☞ 꿩 깃(翟)이 햇빛에 반사되어 매우 밝게 빛난다(光)는 데서 「빛나다」 뜻으로.

耀耀(요요 - 빛나는 모양) 耀德(요덕 - 덕을 빛나게 함)

翌 다음날 익. 이튿날 익. 2915-10

◉ 羽 + 立(설/세울 립) = 翌

☞ 닭이 새벽에 깃(羽)을 세우고(立) 우는 것은 새날이 밝았음(다음날이 도래되었음)을 알리는 것이라는 데서 「다음날. 이튿날」 뜻으로.

翌日(익일 - 다음날) 翌朝(익조 - 다음날 아침) 翌年(익년 - 다음 해) 翌月(익월 - 다음 달)

翔 (높이)날 상. 뺑글뺑글돌아날 상. 2916-10

◉ 羊(양/노닐 양) + 羽 = 翔

☞ 양 떼(羊)가 원을 그리며 노니는 것처럼 새가 날개(羽)를 저어 창공을 배회하는 모양이라는 데서 「뺑글뺑글 돌아 날다. 높이 날다. 날다」 뜻으로.

翔集(상집 - 날아와서 모임) 翔貴(상귀 - 물건 값이 뛰어오름) 飛翔(비상 - 하늘을 날아다님)

翠 물총새/푸를 취: 비취색 취. 2917-10

◉ 羽 + 卒(군사/마칠 졸) = 翠 (0336 별첨)

☞ 깃(羽)이, 군사들(卒)이 입는 푸른 제복처럼 푸른빛을 띠는 새이라는 데서 「물총새. 비취 빛. 푸르다」 뜻으로. ※ 옛날 군사들의 복장은 주로 푸른 빛깔이었음.

翠浪(취:랑 - 푸른 물결) 翠簾(취:렴) 翠屛(취:병) 翠微(취:미 - 푸른 빛깔의 기운)

翡 물총새 비: 2918-10

◉ 非(아닐/어긋날/등질 비) + 羽 = 翡 (3414 참조)

물총새(翡翠)

☞ 등진(非) 형상을 이루어 날개(羽)를 저어 가는 새, 곧 (물고기를 낚아채기 위하여) 날개를 거꾸로 세워 수면으로 하강하는 새이라는 데서 「물총새」 뜻으로.

翡翠(비:취 - 물총새. 물총새의 깃이나 푸른 날개) 翡玉(비:옥) 翡翠玉(비:취옥) 翡翠衾(비:취금)

邑(⻖)	里	見	谷
고을 읍	마을 리	볼 견	골 곡

邑 고을 읍. 영지(領地)/답답할/우울할 읍 | 흐느낄 압.   2919-70

자원 邑 → 일정한 구역(지역)(口)을 제후가 다스리도록 천자가 징표로 부절(巴 = ⻏ 옥병부 절)을 내려준(통치권을 부여한) 영지이라는 데서 「고을. 영지」 의미를 지님.

쓰임 「고을」 의미로 쓰임. ※ ⻏(고을 읍)을 흔히 「우부방(右阜傍)」이라고도 함.

邑內(읍내) 邑民(읍민) 邑城(읍성) 邑長(읍장) 邑誌(읍지 - 고을의 연혁 등을 기록한 책) 都邑(도읍)

郡 고을 군: 2920-60

◉ 君(임금 군) + ⻏ = 郡 (0817 참조)

☞ 임금(君)이 통치하는 고을(⻏)이라는 데서 「고을」 뜻으로.

郡民(군:민) 郡廳(군:청) 郡守(군:수) 郡政(군:정) 淸道郡(청도군 - 경상북도 남부에 있는 지명)

部 떼 부. 나눌/마을/거느릴 부.   2921-60

◉ {立(설 립) + 口(입/말할 구) = 音(침뱉을 부)} + ⻏ = 部

☞ 침을 뱉어(音) 놓은 모양처럼 여기저기에 흩어져(산재하여) 있는 많은 마을을 고을(⻏)에서 거느린다는 데서 「거느리다. (많은)마을. 떼. (마을로)나누다」 뜻으로.

部落(부락 - 민가들이 모여 사는 마을) 部族(부족) 部分(부분) 部品(부품) 部處(부처) 部隊(부대)

★ 音(침뱉을 부)와 결합을 이룬 글자.   2921 별첨

剖(쪼갤 부)	☞ 刀(0258) → 침을 뱉어(音) 놓은 모양처럼 물체를 여러 조각이 나게끔 칼(刂)로 가른다는 데서 「쪼개다」 剖檢(부검)
倍(곱 배)	☞ 人(0056) → 다른 사람(亻)에게 침을 뱉으면(해를 끼치면)(音) 그 앙갚음이 곱절로 되돌아오게 되고 서로가 등지는 사이가 된다는 데서 「곱. 등지다」 倍數(배수)
培(북돋울 배)	☞ 土(0671) → 흙(土)을 작물의 뿌리 주변에 침을 뱉어(音) 놓은 모양처럼 볼록하게 돋우어(덧대어) 준다는 데서 「북돋우다」 培養(배양)
賠(물어줄 배)	☞ 貝(3072) → 남의 재물(貝)에 침을 뱉어(音) 더럽히면(못쓰게 하면) 이를 변상하여 주어야 한다는 데서 「물어 주다」 賠償(배상)
陪(모실/도울 배)	☞ 阜(3361) → 높은 언덕(⻖) 아래쪽으로 침을 뱉어(音) 놓은 모양처럼 작은 언덕이 즐비하게 덧대어져 마치 큰 언덕을 보좌하고(모시고) 있는 모양이라는 데서 「더하다. 모시다」
菩(보리수 보)	☞ 艸(2816) → 침을 뱉어(音) 놓은 모양처럼 둥근 잎(꽃)이 다닥다닥 붙어 있는 풀(식물)(++)이라는 데서 「부처꽃(풀). 보리수」 菩薩(보살)

都 도읍 도. 모두/거할/성할 도.   2922-50

◉ 者(사람/놈/것/곳 자) + ⻏ = 都 (2858 참조)

☞ 사람과 물자(者)의 왕래(교류)가 빈번하게(성하게) 이루어지는 규모가 매우 큰 고을(⻏)이라는 데서 「도읍. 모두. 성하다. (도읍지에 사람이)거하다」 뜻으로.

663

邑 부수(자원과 쓰임 → 2919 참조)

都邑(도읍 - 서울. 나라의 수도) 都市(도시) 都心(도심) 都賣(도매) 都給(도급) 都農(도농) 首都(수도)

鄕 시골 향. 고향/향/대접할 향.　　2923-42

● {凵(감을 구) × 2 = 乡 + 阝 = 邹(거리 항)} + 皀(밥고수할 흡) = 鄕
☞ 거리(邹)에 밥 고수한(皀) 냄새가 나는, 곧 (집들이 옹기종기 모여 있어서) 밥 짓는 냄새가 골목길에 풍기는 시골 마을의 풍광이라는 데서「시골. 고향. (시골이 모여 있는)향. (고향 음식을)대접하다」뜻으로.

鄕(향 - 옛날 행정 구역상에서 12,500호수를 일컬음) 鄕里(향리) 鄕土(향토) 鄕村(향촌) 鄕愁(향수) 鄕俗(향속) 鄕校(향교) 鄕樂(향악) 鄕約(향약) 鄕黨(향당) 故鄕(고향) 京鄕(경향)

★ 鄕(시골/고향/대접할 향)과 결합을 이룬 글자.　　2923 별첨

響(울릴 향)　☞ 音(3539) → 시골(鄕)에서 울려 퍼지는 풍악이나 메아리 소리(音)이라는 데서「풍류. 소리 울리다. 울리다」音響(음향).
饗(잔치할 향)　☞ 食(3569) → 대접하기(鄕) 위하여 밥(음식)(食)을 차리는, 곧 여러 가지 음식을 차리어 잔치를 베풀거나 제사상에 올린다는 데서「잔치하다. 대접하다. 제사」
嚮(향할 향)　☞ 口(0883) → 시골(鄕)로 향하는(向), 곧 자기가 태어나고 자라난 고향으로 생각이나 발길이 향한다는 데서「향하다」嚮導(향도).

郵 우편 우. 역말 우.　　2924-40

● {千(일천 천) + ⺾(풀 초) + 土 = 垂(변방/드리울 수)} + 阝 = 郵 (0698 참조)
☞ 말을 타고 역참(驛站)을 지나면서 고을(阝)에 드리우는(배달하는)(垂) 공문서나 서찰 같은 우편물이라는 데서「역말. 우편」뜻으로.

郵政(우정 - 우편에 관한 행정) 郵便(우편) 郵送(우송) 郵票(우표) 郵遞局(우체국) 郵遞筒(우체통)

邪 간사할 사. 땅이름/그런가/의문사 야.　　2925-32

● 牙(어금니 아) + 阝 = 邪 (1421 참조)
※ 아기(牙旗 → 출정한 임금이나 대장의 거소(병영)에 세우던 큰 기(깃발).
☞ 아기(牙旗)를 세워 놓은 고을(阝), 곧 일개 고을이 임금이나 대장이 거소(거처)하는 것처럼 아기를 세워 놓는다는 것은 간교한 계책을 부리는 처사이라는 데서「간사하다」뜻으로.

奸邪(간사 - 간교하고 행실이 바르지 못함) 邪惡(사악) 邪道(사도) 邪心(사심) 邪慾(사욕) 邪敎(사교)

郎 사내 랑. 남편/아들/벼슬이름 랑.　　2926-32

● 良(어질/착할/남편 량) + 阝 = 郎 (2906 참조)
☞ (남편으로 맞이한 또는 맞이하려고 하는) 고을(阝)에 사는 어질고 착한(良) 사람이라는 데서「사내. 남편」뜻으로.

郎子(낭자 - 젊은 남자를 친밀하게 일컫는 말) ※ 娘子(낭자 - 처녀) 郎徒(낭도) 郎官(낭관) 新郎(신랑)

邦 나라 방.　　2927-30

● 丰(예쁠/성할 봉) + 阝 = 邦

☞ 성하게(丰) 꿰어져 있는 고을(阝), 곧 수많은 고을과 고을을 결속시켜 놓은 하나의 연합체이라는 데서 「나라」 뜻으로.

邦土(방토 - 나라 땅) 邦畵(방화 - 국산 영화) 合邦(합방) 聯邦(연방) 萬邦(만:방) 異邦(이:방) 友邦(우:방)

邪 어찌 나: 무엇 나 | 어조사 내.   2928-30

◉ 冄(= 冉 다팔머리/약할 염) + 阝 = 邪

☞ 하늘거리는 다팔머리(冉)처럼 나약한 고을(阝)을 어찌하면 좋을지를(부흥시킬 것인지에 대하여) 궁리한다는 데서 「어찌. 무엇. (어찌 의미의)어조사」 뜻으로.

邪邊(나:변 - 어느 곳. 어디) 邪何(나:하 - 어떻게) 刹邪(찰나 - 지극히 짧은 시간. 순간)

郊 들(野) 교. 성밖/시외 교.   2929-30

◉ 交(사귈/서로/오고갈 교) + 阝 = 郊 (0200 참조)

☞ 서로가 사귀는(오고 가는)(交) 가까운 고을(阝), 곧 성내(시내) 사람들과 서로 왕래하는 가까운(근린) 지역이라는 데서 「들. 성 밖. 시외」 뜻으로.

郊外(교외 - 도시 주위의 들판) 郊祀(교사 - 교외에서 지내던 제사) 近郊(근:교 - 도시 가까운 주변)

邱 언덕 구. 땅이름 구.   2930-20

◉ 丘(언덕 구) + 阝 = 邱 (0013 참조)

☞ 지형이 언덕(丘)으로 이루어져 있는 고을(阝)이라는 데서 「언덕. 땅 이름」 뜻으로.

大邱(대구 - 대구 직할시)

郭 둘레/외성 곽. 성곽/성(姓) 곽.   2931-30

◉ 享(누릴 향) + 阝 = 郭 (0207 참조)

☞ (외침을 방비하여) 평화로운 삶을 누리기(享) 위하여 고을(阝) 주변에 토석을 높다랗게 쌓아 놓은 축조물이라는 데서 「성곽. 외성. 둘레」 뜻으로.

城郭(성곽 - 내성과 외성. 성의 둘레) 郭再祐(곽재우 - 임란 때 의병을 일으켜 큰 공을 세운 의병장)

> ★ 郭(성곽/외성/둘레 곽)과 결합을 이룬 글자.   2931 별첨
>
> 廓(둘레 곽)   ☞ 广(0782) → 집(궁궐)(广) 주변이 성곽(외성)(郭)으로 크게 둘리어 있다는 데서 「둘레」
>
> 槨(외관 곽)   ☞ 木(1690) → 성곽(郭)을 두르듯이 속 널을 에워 놓은 나무(木)로 된 널이라는 데서 「외관」

郁 성할 욱. 빛날 욱.   2932-20

◉ 有(있을/가질 유) + 阝 = 郁 (1089 참조)

☞ 여유가 있는(有) 고을(阝), 곧 곡물이나 물자가 매우 번성한 고을이라는 데서 「성하다. (문물이 성하여 고을이)빛나다」 뜻으로.

郁郁(욱욱 - 문물이 성한 모양. 무늬가 찬란한 모양. 향기가 나는 모양. 삼가는 모양)

邯 조(趙)나라서울 한 | 사람이름 감. 현(縣)이름 한.   2933-20

⊙ 甘(달 감) + 阝 = 邯
☞ 달콤한(甘) 고을(阝), 곧 행복한 삶을 누릴 만한 좋은 고을이라는 의미가 부여되어 「조(趙)나라 서울. 현(縣)이름」 뜻으로.

邯鄲之夢(한단지몽 - 인생과 영화의 덧없음을 비유한 말) 邯鄲之步(한단지보)

鄭 나라 정: 점잖고묵직할/성(姓) 정. 2934-20

⊙ {酋(두목/묵은술 추) + 大(큰 대) = 奠(전올릴 전)} + 阝 = 鄭 (0752 참조)
☞ 종묘와 사직에 전을 올리는(제사를 지내는)(奠) 규모가 매우 큰 고을(阝)이라는 데서 「나라. (나라에서 지내는 제사는 성대하고 엄숙하다는 데서)점잖고 묵직하다」 뜻으로.

鄭重(정:중 - 점잖고 무게가 있음) 鄭夢周(정:몽주 - 고려 말의 충신. 포은圃隱. 성리학의 기반을 세움)

★ 鄭(나라/점잖고묵직할 정)과 결합을 이룬 글자.   2934 별첨

擲(던질 척)   ☞ 手(1530) → 나라(鄭)를 손아귀(扌)에 쥐고 좌우지하는 것처럼 위세를 크게 떨친다는 데서 「떨치다. (떨치어서)던지다」 投擲(투척)

鄧 나라이름 등. 땅이름/성(姓) 등. 2935-20

⊙ 登(오를/나갈/높을 등) + 阝 = 鄧 (2266 참조)
☞ 오르막(높은)(登) 지대에 위치하고 있는 고을(阝)이라는 의미가 부여되어 「나라 이름. 땅」 뜻으로.

鄧小平(등소평 - 중국의 전 국가주석) 鄧麗君(등려군 - 대만이 낳은 세계적인 가수. 첨밀밀이 유명함)

邵 땅이름/성(姓) 소. 2936-20

⊙ 召(부를 소) + 阝 = 邵 (0833 참조)
☞ 고을(阝)이라고 부를(召) 정도로 규모가 제법 큰 땅이라는 의미가 부여되어 「땅 이름」 뜻으로.

邢 성(姓)/나라이름 형. 2937-20

⊙ 开(= 幵 평평할 견) + 阝 = 邢 (1009 참조)
☞ 평평한(开) 평원으로 이루어진 고을(阝)이라는 의미가 부여되어 「나라 이름」 뜻으로.

邕 막힐/화할 옹. 막을/화락할 옹. 2938-20

⊙ 巛(= 川 내 천) + 邑 = 邕
☞ 냇물(巛)이 고을(邑)을 에워싸고 있어서 진입로가 막혀 있다는 데서 「막히다. 막다. (주위가 막히어, 곧 외침이 방비되어 주거가 안온하다는 데서)화하다. 화락하다」 뜻으로.

邕穆(옹목 - 화목한 분위기)

邸 집 저: 큰집/관저 저. 2939-10

⊙ 氐(근본/이를/집 저) + 阝 = 邸 (1984 참조)
☞ 고을(阝)에 딸리어 있는 (관리들이 관사로 이용하는) 규모가 큰 집(氐)이라는 데서 「큰 집. 집. 관저」 뜻으로.

邸宅(저:택 - 구조가 큰 집) 官邸(관저 - 고위 공직자의 관사) 私邸(사저 - 개인의 저택)

| 鄙 | 더러울 비: 인색할/마을/궁벽한곳 비. | 2940-10 |

◉ 啚(인색할/고을 비) + 阝 = 鄙 (0637 참조)
☞ 인색한(啚) 고을(阝), 곧 인심이 매우 박하여 살아갈 만한 곳이 못되는 궁벽한 고을이라는 데서 「인색하다. 더럽다. 마을. 궁벽한 곳」 뜻으로.

鄙陋(비:루 - 고상하지 못하고 더러움) 鄙見(비:견 - 자기 소견의 겸칭) 鄙劣(비:열) 野鄙=野卑(야:비)

| 鄒 | 추나라 추. | 2941-10 |

◉ 芻(꼴 추) + 阝 = 鄒 (2806 참조)
☞ 가축 먹이용 꼴(芻)을 많이 쌓아 놓은, 곧 축산업이 매우 발달한 고을(阝)이라는 의미가 부여되어 「추나라」 뜻으로.

鄒魯之鄕(추로지향 - 공자와 맹자의 고향이라는 뜻으로, 학자를 많이 배출한 지역을 이르는 말)

자투리 마당

守株(수주)

○ 守株는 守株待兎(수주대토)의 준말로 「그루터기에서 토끼를 기다린다」는 뜻으로, 「한 가지 일에만 얽매여 발전을 모르는 어리석은 사람을 비유적으로 이르는 말」이다.

- 중국 송(宋)나라 때에 한 농부가 밭에 일을 하러 나갔는데 때마침 토끼가 놀라서 달아나다가 그루터기에 부딪치어 죽는 것을 보았는지라, 이에 죽은 토끼를 손쉽게 줍고부터는 이와 같이 토끼를 손쉽게 주울 것이라는 기대(期待)를 하면서 농사짓는 일은 팽개쳐 버리고 그루터기만 지키고 있었다는 황당(荒唐)한 이야기에서 유래한 고사성어(故事成語)로, 요행(僥倖)만을 바라는 마음가짐을 비유적으로 이르는 말이기도 하다.

- 韓非子 -

邑(⻏)	里	見	谷
고을 읍	마을 리	볼 견	골 곡

里 마을 리: 거(居)할/근심할/이수 리. 2942-70

자원 里 → 논밭(田 밭 전)에서 농사를 지으며 여러 사람들이 집단을 이루어 살아가는 곳(土 흙/땅/곳 토)이라는 데서 「마을. 거하다」 의미를 지님.

쓰임 「마을. 거(居)하다. 이수」 의미로 쓰임.

里長(이:장) 里數(이:수 - 거리 단위) 里程標(이:정표) 洞里(동:리) 村里(촌:리) 千里眼(천리안)

重 무거울 중: 거듭/겹칠/두터울/삼갈/중요할 중. 2943-70

● 千(일천 천) + 里 = 重 (0332 참조)

☞ 일천(千), 곧 수없이 많은 마을(里)을 다스리는 위정자의 책임은 매우 무거우며, 삼가는 자세로 민심을 두텁게 쌓아 나가야 한다는 데서 「무겁다. 중요하다. 삼가다. 두텁다」 뜻을. 한편 천(千) 리(이수)(里)나 되는 먼 길을 걸으면 다리에 매우 무거움을 느낀다는 데서 「무겁다. 거듭. 겹치다」 뜻으로.

重量(중:량) 重複(중:복 - 겹침) 重大(중:대) 重要(중:요) 重用(중:용) 重視(중:시) 重態(중:태) 重點(중:점)

★ 重(무거울/거듭/겹칠/두터울/삼갈/중요할 중)과 결합을 이룬 글자. 2943 별첨
動(움직일 동) ☞ 力(0361) → 무거운(重) 물체는 자체적인 힘(力), 곧 중력(重力)으로 인하여 높은 곳에서 낮은 곳으로 구른다(움직인다)는 데서 「움직이다」 動力(동력)
董(바를 동) ☞ 艸(2764) → (베어 낸) 풀(艹)을 거듭(重)나게 쌓으면(많이 축적하여 놓으면) 자중에 의하여 굳어진다(바른 모양으로 펼쳐진다)는 데서 「굳다. 바르다」 骨董品(골동품)
種(씨 종) ☞ 禾(2196) → 벼(禾) 가운데 무거운(重) 것(충실한 벼)을 가리어서 종자용 볍씨로 파종한다(심는다)는 데서 「씨. 종자. 심다」 種子(종자)
鍾(쇠북 종) ☞ 金(3428) → 쇠(金)를 거듭(重)지어(겹쳐) 놓은 모양, 곧 쇠를 높다랗게 겹쳐서 오므려 놓은 기물(쇠북이나 술병) 모양이라는 「쇠북. 술병. 종발」 鐘鉢(종발)
腫(종기 종) ☞ 肉(2443) → 살점(月)이 거듭(重)지어져 있는(살갗 위에 또다시 살갗이 돋아 있는) 모양처럼 도톰하게 부풀어 오른 부스럼이라는 데서 「부스럼. 종기」 腫氣(종기)
踵(발꿈치 종) ☞ 足(3016) → 무거운(重) 체중이 실리는 발(⻊)의 부위라는 데서 「발꿈치」 接踵(접종)
衝(찌를 충) ☞ 行(2899) → 다니는 길(行)에 많은 사람들이 거듭(重)하여 지나가면, 오가는 사람들끼리 마주 부딪친다는 데서 「마주치다. 충돌하다. (마주치게 한다는 데서)찌르다」 衝突(충돌)

野 들 야: 넓은밭/백성/야만/촌스러울 야. 2944-60

● 里 + 予(나/줄/취할 여) = 野 (0035 참조)

☞ 마을(里)에서 농산물을 취하는(予) 곳이라는 데서 「들. 넓은 밭. (들판에서 농사를 짓는 사람이라는 데서)백성. 촌스럽다」 뜻으로.

野外(야:외 - 교외의 들판) 野山(야:산) 野生(야:생) 野遊(야:유) 野戰(야:전) 野黨(야:당) 野球(야:구)

里 부수(자원과 쓰임 → 2942 참조)

量 헤아릴 량. 되/분량/셀/부피 량.   2945-50

- 曰(가로 왈 → 말씀하기를. 일컫기를) + 一(하나 일) + 里 = 量
- 나라에 바칠 조세(공물)를 상부에 일러(曰) 주기 위하여 표본으로 하나(一)의 마을(里)에서 수확한 곡식의 분량을 헤아린다는 데서「헤아리다. 세다. 되. 부피. 수량」뜻으로.

量産(양산 - 많이 생산함) 量的(양적) 質量(질량) 裁量(재량) 測量(측량) 數量(수:량) 減量(감:량)

★ 量(헤아릴 량)과 결합을 이룬 글자	2945 별첨
糧(양식 량)　　☞ 米(2582) → 쌀(米)의 분량을 헤아려(量) 갈무리하여 놓은 것이라는 데서「양식. 곡식」	

釐 다스릴 리.   2946-10

- {未(아닐 미) + 攵(칠 복) + 厂(언덕 엄) = 𣂶(쪼갤/벌일/터질 리)} + 里 = 釐
- 여럿으로 쪼개어(𣂶) 놓은 마을(里), 곧 (행정상의 편의를 위하여) 마을 단위로 쪼개어서 지방 행정을 펼쳐 나간다는 데서「다스리다」뜻으로.

釐正(이정 - 다스리어 바룸) 釐定(이정 - 바르게 개정함) 釐革(이혁 - 이정) 釐降(이강)

자투리 마당

「죽음」에 대한 여러 가지 표현

- 死(사) 死亡(사망) 死去(사거) 絶命(절명) → 일반인의 죽음.
- 別世(별세) 捐世(연세) 運命(운명) → 사망의 높임말.
- 卒(졸) 卒去(졸거) 卒逝(졸서) 永眠(영면) 長眠(장면) → 사망의 높임말.
- 逝去(서거) 薨逝(훙서) 薨去(훙거) 薨御(훙어) → 왕이나 귀족 등의 죽음.
- 崩(붕) 崩御(붕어) 崩逝(붕서) 天崩(천붕) 晏駕(안가) 上賓(상빈) → 임금의 죽음.
- 원인별로 본 죽음 → 病死(병사) 戰死(전사) 義死(의사) 溺死(익사) 餓死(아사) 客死(객사) 獄死(옥사) 刑死(형사) 斬死(참사) 凍死(동사) 急死(급사) 交通死(교통사) 飮毒死(음독사) 墜落死(추락사) 등등.

邑(阝)	里	見	谷
고을 읍	마을 리	볼 견	골 곡

부수 7획

見 | 볼 견: | 뵈올 현: 드러날/나타날/보일 현. 2947-50

자원 見 → 사람(儿 어진사람 인)이 눈(目 눈 목)으로 물체를 바라보는 모양. 또는 눈(目)으로부터 안광이 펴져 나가는 형상(儿)을 표현하여 「보다. 뵙다」 의미를 지님.

쓰임 「보다. 바라보다」는 의미로 쓰임.

見聞(견:문 - 보고 들음) 見學(견:학) 見本(견:본) 見習(견:습) 見積(견:적) 見物生心(견:물생심) 見利思義(견:리사의 - 눈앞에 이익이 보일 때, 의리를 생각함) 謁見(알현 - 지체 높은 사람을 찾아 뵘)

親 | 친할 친. 사랑할/몸소/어버이/친척/겨레 친. 2948-60

◉ 立(설 립) + 木(나무 목) + 見 = 親

☞ 서(立) 있는 나무(木)가 서로 바라보는(見) 것처럼 항상 마주 대하는 친근한 사이(관계)이라는 데서 「친하다. 사랑하다. 가깝다. (가까운)어버이」 뜻으로.

親切(친절) 親近(친근) 親善(친선) 親交(친교) 親舊(친구) 親密(친밀) 親睦(친목) 兩親(양:친 - 부모)

規 | 법 규. 바로잡을/경계할 규. 2949-50

◉ 夫(지아비 부) + 見 = 規

☞ 지아비(夫)가 보는(見) 관점, 곧 가장(家長)이 바라보는 올바른 관점(견지)에 따라 가정을 바르게 꾸려 나간다는 데서 「바로잡다. (바로잡아 나가는 규범이나 규칙이라는 데서)법. (법에 저촉되지 않도록) 경계하다」 뜻으로.

法規(법규 - 법률이나 규정) 規則(규칙) 規程(규정) 規約(규약) 規格(규격) 規範(규범) 規律(규율)

★ 規(법/경계할 규)와 결합을 이룬 글자.		2949 별첨
窺(엿볼 규)	☞ 穴(2178) → 구멍(穴)을 통하여 주변을 경계하여(規) 가면서 바라본다는 데서 「엿보다」	

觀 | 볼 관. 구경/생각 관. 2950-50

◉ 雚(황새/억새 관 | 박주가리 환) + 見 = 觀

☞ 황새(雚)가 물속 먹이를 낚아채기 위하여 (물고기의 동태를 살피면서 미동도 없이) 자세하게 바라본다(見)는 데서 「보다. 구경. (살펴보면서 자아내는)생각」 뜻으로.

觀察(관찰 - 자세히 살펴봄) 觀覽(관람) 觀光(관광) 觀衆(관중) 觀客(관객) 觀望(관망) 靜觀(정관)

★ 雚(황새 관)과 결합을 이룬 글자.		2950 별첨
灌(물댈 관)	☞ 水(1335) → 황새(雚)의 길쭉한 목구멍처럼 생긴 긴 홈통을 이용하여 논밭에 물(氵)을 끌어 들인다는 데서 「물대다」 灌漑用水(관개용수)	
顴(광대뼈 관)	☞ 頁(3523) → 황새(雚)의 도톰한 목뼈처럼 얼굴(頁)에 불거져 나온 뼈대이라는 데서 「광대뼈」	

見 부수(자원과 쓰임 → 2947 참조)

勸(권할 권)	☞ 力(0371) → 황새(雚)가 힘들여(力) 먹이를 낚아채거나 새끼들을 돌본다는 데서「힘쓰다. (먹이를) 권하다」勸勉(권면)
權(권세 권)	☞ 木(1621) → 황새(雚)가 앉으면 나뭇가지(木)가 기울기를 거듭하는 것처럼 저울질을 할 때에 기울기를 거듭하는 막대라는 데서「저울대. (저울대처럼 부침하는)권세」權勢(권세)
歡(기쁠 환)	☞ 欠(2010) → 황새(雚)가 목을 길게 치켜세우고 입을 크게 벌리는(欠) 것은 기쁜 표정을 짓는 모양이라는 데서「기뻐다」歡喜(환희)
驩(기뻐할 환)	☞ 馬(3601) → 황새(雚)의 기다란 목처럼 말(馬)이 목을 길쭉하게 뻗어 머리를 치켜드는 것은 기쁜 표정을 짓는 모양이라는 데서「기뻐하다」驩然(환연)

視 볼 시: 견줄/본받을 시.   2951-42

◉ 示(보일 시 | 땅귀신 기) + 見 = 視
☞ 보이는(示), 곧 시야에 들어오는 여러 가지 사물을 본다(見)는 데서「보다. (여러 가지 사물을 보면서 서로를)견주다. (견주어서)본받다」뜻으로.
視覺(시:각 - 보는 감각) 視角(시:각 - 보는 자세) 視力(시:력) 視野(시:야) 視察(시:찰) 視聽(시:청)

覺 깨달을 각. 깨우칠 각.   2952-40

◉ 爻(효/사귈 효 → 얽혀 있는 모양) + 臼(깍지낄/움킬 국) + 冖(덮을 멱) + 見 = 覺
☞ 복잡하게 얽히어(爻) 깍지에 끼여(臼) 있고 덮여(가리어져)(冖) 있는, 곧 미혹(迷惑)하고 몽매(蒙昧)한 분야를 눈으로 보고(見) 밝혀낸다(깨친다)는 데서「깨닫다. 깨우치다」뜻으로.
覺醒(각성 - 주의를 환기시킴. 잘못을 깨달음) 覺悟(각오) 覺書(각서) 自覺(자각) 感覺(감:각)

★ 覺(깨달을 각)과 결합을 이룬 글자.   2952 별첨

| 攪(흔들 교) | ☞ 手(1557) → (무엇인가를 모르고 있다가) 깨달음(覺)에 이르렀을 때에 머리를 끄덕이는 것처럼 손(扌)을 끄덕인다는 데서「흔들다. (흔들어서)어지럽다」攪亂(교란) |

覽 볼 람. 두루볼 람.   2953-40

◉ {臥(누울/쉴 와) + 一 + 皿 = 監(볼/살필 감)} + 見 = 覽 (2236 참조)
☞ 자세하게 살펴(監) 본다(見)는 데서「두루 보다. 보다」뜻으로.
觀覽(관람 - 연극·영화 따위를 구경함) 閱覽(열람) 要覽(요람) 便覽(편람) 回覽(회람) 展覽(전:람)

覓 찾을 멱. 구할 멱.   2954-20

◉ 爫(손톱 조) + 見 = 覓
☞ 손톱(爫)으로 파헤쳐 가면서 들여다보는(見), 곧 뒤섞이어 있는 자그마한 물건을 손가락으로 헤집어 가면서 골라(찾아)낸다는 데서「찾다. 구하다」뜻으로.
覓求(멱구 - 작문에 좋은 글귀를 찾음) 覓來(멱래 - 찾아옴) 木覓山(목멱산 - 서울 남산의 옛 이름)

覡 박수/남자무당 격.   2955-10

◉ 巫(무당 무) + 見 = 覡 (0944 참조)
☞ 여자 무당(巫)을 바라보면서(見) 북을 치는 무당이라는 데서「남자 무당. 박수」뜻으로.

見 부수(자원과 쓰임 → 2947 참조)

巫覡(무:격 - 무당과 박수)

覲 뵐 근. 2956-10

● 堇(진흙/찰흙 근) + 見 = 覲 (0369 참조)
☞ 차진 찰흙(堇)처럼 끈끈한(정감어린) 표정으로 윗사람을 본다(見)는 데서 「뵈다」 뜻으로.
覲親(근친 - 시집간 딸이 친정 어버이를 뵘. 출가한 승려가 속가俗家의 어버이를 뵘)

자투리 마당

易地思之(역지사지)와 我田引水(아전인수)

○ 易地思之란 「다른 사람(상대방)의 처지(입장)에서 생각하라」는 뜻으로 맹자(孟子)의 이루편에 易地則皆然(역지즉개연 → 처지가 바뀌면 모두 그러했을 것이다)에서 비롯한 성어(成語)로, "다른 사람을 공경하여도 답례가 없으면 자기의 태도를 돌아보고, 다른 사람을 사랑하여도 친하여지지 않으면 자기의 인자함을 돌아보고, 다른 사람을 다스려도 다스려지지 않으면 자기의 지혜를 돌아보라"는 구절이 나오는데 이는 상대편의 마음에서 자신을 헤아려 보라는 의미인 바, 일상생활에서 易地思之하는 마음이 충만(充滿)한다면 이 세상은 참으로 화기애애(和氣靄靄)할 것이다.

○ 아전인수(我田引水)란 「자기 논밭에 물을 끌어들인다」는 뜻으로 「자기에게만 이롭게 생각하거나 행동한다」는 의미의 성어(成語)이다. 세상살이에서 아전인수 격의 말이나 행동을 삼간다면 다툼이 없는 세상이 될 것이다.

邑(⻏)	里	見	谷
고을 읍	마을 리	볼 견	골 곡

谷 | 골 곡. 궁할/기를 곡 | 성(姓) 욕.   2957-32

자원 谷 → 겹겹으로 갈래져(八(여덟/나눌 팔) × 2 = 六) 있는 산등성이 아래로 우묵한 입(口 입/어귀 구) 모양처럼 깊숙하게 파여 있는 골(골짜기) 모양을 표현.

쓰임 「골. 골짜기 모양」과 의미로 쓰임.

谷泉(곡천 - 골짜기에 흐르는 샘) 谷風(곡풍 - 골바람) 溪谷(계곡) 深山幽谷(심:산유곡) 道谷洞(도:곡동)

谿 | 시내 계.   2958-00

◉ {爫(손톱 조) + 幺(작을 요) + 大 = 奚(어찌/종/배(腹) 해)} + 谷 = 谿 (0743 참조)

☞ 조(爫) 글자 형상을 이루어 바위틈에 맺혀 있는 물방울이 떨어져 작은(幺) 실개천을 이루고 이들이 크게(大) 불어나 골짜기(谷)를 따라 흘러내리는 시냇물이라는 데서 「시내」 뜻으로.

溪川=谿川(계천 - 시내)

豁 | 넓을 활. 뚫린골/공허할/빌 활.   2959-00

◉ 害(해할/해칠/상처입힐 해) + 谷 = 豁 (0583 참조)

☞ 해침(害)을 당하여 골짜기(谷)가 허물어져 버린 것처럼 골이 넓적하게 트여(뚫리어) 있다는 데서 「넓다. 뚫린 골. 공허하다. 비다」 뜻으로.

豁達(활달 - 트이고 시원스러움) 豁然大悟(활연대오 - 크게 깨침을 얻는 일) 空豁(공활 - 매우 넓음)

★ 谷(골/궁할 곡)과 결합을 이룬 글자.   2959 별첨

浴(목욕할 욕) ☞ 水(1186) → 물(氵)이 흐르는 골짜기(谷)에서 흔히들 목욕을 한다는 데서 「목욕하다」

欲(하고자할 욕) ☞ 欠(2011) → 움푹하게 파인 골짜기(谷)처럼 입을 크게 벌리고(欠) 음식을 많이 집어삼키려 한다는 데서 「탐내다. 하고자 하다. 바라다」 欲求(욕구)

容(얼굴 용) ☞ 宀(0591) → 집(宀)이 깊숙한 골짜기(谷)처럼 큼지막하여 많은 식솔과 가재도구며 곡식 등을 받아들인다는 데서 「받아들이다. 담다. (온갖 표정을 담고 있는)얼굴. 모양」 容貌(용모)

裕(넉넉할 유) ☞ 衣(2548) → 옷(衤)의 품이 깊게 파인 골짜기(谷)처럼 큼지막하다는 데서 「넉넉하다」

酉	釆	赤	辰
닭 유	분별할 변	붉을 적	별 진

酉 닭 유. 열번째지지/팔월/배부를/익을/별 유. 2960-30

자원 酉 → 뚜껑이 덮여(兀) 있는 항아리(口)에 액체(술)(一)가 담겨 있는 모양으로, 술 항아리(술병)를 표현. 배가 불룩하게 나온 항아리처럼 곡식이 불룩하게 여물어 가는 계절이라는 데서 「팔월. 배부르다. 익다. (팔월에 배속되어 있는)열째 지지地支. (열째 지지에 배속되어 있는 동물인)닭」의미를 지님.

쓰임 주로 「술. 막걸리. 발효 식품」의미로 쓰임.

酉方(유방 - 서쪽) 酉時(유시 - 오후 5시부터 7시 사이) 乙酉年(을유년) 癸酉靖難(계:유정난)

醫 의원 의. 병고칠/의술 의. 2961-60

◉ {匸(감출 혜) + 矢 = 医(활집 예)} + 殳(날없는창 수 → 「밀치다」의미) + 酉 = 醫

☞ 활집(医)에 들어 있는 화살촉으로(해부용 칼로) 환부를 밀치어(펼치어)(殳) 수술을 하고서 술(알코올)(酉)로 소독한다(환부를 치료한다)는 데서 「병 고치다. 의원. 의술」뜻으로.

※ 옛날에는 상처를 수술한 다음에 소독용으로 술을 발랐음.

醫院(의원) 醫療(의료 - 의술로 병을 고치는 일) 醫術(의술) 醫師(의사) 醫藥(의약) 韓醫(한:의)

配 짝/나눌 배: 대할/부부 배. 2962-42

◉ 酉 + 己(몸 기) = 配

☞ 술(酉)을 몸소(己) 따라 주며 마주 대하는(함께하는) 사람이라는 데서 「(술잔을 마주)대하다. (마주 대하는)짝. 부부. (술잔을)나누다」뜻으로.

配匹(배:필 - 부부의 짝) 配置(배:치) 配給(배:급) 配慮(배:려) 配達(배:달) 配列=排列(배:열) 交配(교배)

酒 술 주(:) 2963-40

◉ 氵(물 수) + 酉 = 酒

☞ 물(氵) 형체로 이루어진 술(酉)이라는 데서 「술」뜻으로.

酒類(주류) 酒量(주량) 酒店(주점) 酒幕(주막) 酒案床(주안상) 酒精(주정) 酒池肉林(주지육림) 酒酊(주:정)

醉 (술)취할 취: 제정신을차리지못할 취. 2964-32

◉ 酉 + 卒(군사/마칠/다할 졸) = 醉 (0336 별첨)

☞ 술(酉)이 다하도록(卒) 마시는, 곧 술 항아리의 술이 모두 비도록 흠뻑 마신다는 데서 「취하다. (술이 너무 취하여)제정신을 차리지 못하다」뜻으로.

醉客(취:객 - 술에 취한 사람) 醉氣(취:기) 醉中(취:중) 醉興(취:흥) 醉生夢死(취:생몽사) 滿醉(만:취)

酉 부수(자원과 쓰임 → 2960 참조)

酌 술부을/잔질할 작. 따를/술/짐작할 작. 2965-30
- 酉 + 勺(구기 작) = 酌 (0267 참조)
- ☞ 술(酉)을 구기(勺)로 퍼거나 술잔에 따른다는 데서 「술 붓다. 잔질하다. 따르다. (구기에 새겨진 눈금을 가늠하여 가면서 술을 붓는다는 데서)짐작하다」 뜻으로.

酌定(작정 - 짐작하여 결정) 酌婦(작부) 斟酌(짐작) 參酌(참작) 添酌(첨작) 對酌(대:작)

酸 실 산. 신맛/초 산. 2966-30
- 酉 + 夋(천천히걷는모양/갈 준) = 酸 (0120 참조)
- ☞ 술(막걸리)(酉)이, 천천히 걸어가는(夋) 것처럼 서서히 발효 과정을 거치면서 시어진 물질이라는 데서 「초. 시다. 신맛」 뜻으로.

酸味(산미 - 신맛) 酸性(산성) 酸素(산소) 酸化(산화) 炭酸飮料(탄:산음료)

醜 추할 추. 흉할/더러울/부끄러울 추. 2967-30
- 酉 + 鬼(귀신 귀) = 醜
- ☞ 술(酉)에 흠뻑 취하여 귀신(鬼)에게 홀린 것처럼 허우적거리는 (흉측한) 모습을 보인다는 데서 「추하다. 흉하다. 더럽다. 부끄럽다」 뜻으로.
- ※ 주정뱅이를 술(酉) 귀신(鬼)이라고 하는데, 예나 지금이나 술 귀신을 추하게 보는 것은 마찬가지임.

醜聞(추문 - 아름답지 못한 소문) 醜行(추행) 醜雜(추잡) 醜態(추태) 醜惡(추악) 醜男(추남) 美醜(미:추)

醴 단술(甘酒) 례: 계명주 례. 2968-20
- 酉 + 豊(풍년 풍 | 제기/예도 례) = 醴 (3308 참조)
- ☞ 제기(제사)(豊)에 올리는 단맛이 나는 술(酉)의 일종이라는 데서 「단술. 계명주」 뜻으로.

醴酒(예:주 - 감주) 醴泉(예:천 - 단맛이 나는 샘) 醴泉郡(예:천군 - 경상북도 북부에 있는 지명)

酷 심할 혹. 술맛이독할/독할 혹. 2969-20
- 酉 + 告(고할/알릴 고 | 청할 곡) = 酷 (0800 참조)
- ☞ 술(酉)이라는 것을 알리기(告)라도 하는 것처럼 술기운을 심하게 느낀다는 데서 「심하다. 술맛이 독하다. 독하다」 뜻으로.

酷毒(혹독 - 성질 따위가 매우 나쁨) 酷寒(혹한) 酷暑(혹서) 酷使(혹사) 酷似(혹사) 酷評(혹평)

醋 초 초. 식초 초. 2970-10
- 酉 + 昔(옛/오랠 석 | 섞일 착) = 醋 (1046 참조)
- ☞ 술(酉)이 오래(昔)되어 시어진 것이라는 데서 「초. 식초」 뜻으로.

醋酸(초산 - 무색투명의 액체로서 식초의 주성분) 食醋(식초 - 식용으로 쓰는 액체 조미료)

醱 술괼 발. 술빚을 발. 2971-10
- 酉 + 發(필/쏠/일어날 발) = 醱 (2267 참조)

酉 부수(자원과 쓰임 → 2960 참조)

☞ 술(막걸리)(酉)이 피어(發)나는 것처럼 술밥이 부글거리며 끓어오른다(발효된다)는 데서 「술 괴다. 술 빚다」 뜻으로.

醱酵(발효 - 박테리아 같은 미생물에 의해 유기물이 분해되어 주정류·탄산가스 등이 생기는 작용)

醒 깰 성. 술깰/꿈깰/깨달을 성. 2972-10

◉ 酉 + 星(별/희뜩희뜩할 성) = 醒 (1027 참조)

☞ 술(酉) 기운이(취기가) 별빛이 희뜩희뜩한(星) 것처럼 엷어진다는 데서 「술 깨다. 깨다. (혼미한 상태에서 깨어난다는 데서)꿈 깨다. 깨닫다」 뜻으로.

醒酒湯(성주탕 - 해장국) 覺醒(각성 - 깨달아서 정신을 차림)

酵 술밑/삭힐 효: 술괼/발효할 효. 2973-10

◉ 酉 + 孝(효도/초상 효) = 酵 (0415 참조)

※ 술밑 → 술을 만드는 원료. 주모(酒母).

☞ 초상집(孝)에서 울부짖는 소리가 나는 것처럼 술(막걸리)(酉)이 부글거리며 끓어오르는(발효되는) 소리를 낸다는 데서 「술 괴다. 발효하다. 삭히다. (발효 물질인)술밑」 뜻으로.

酵素(효:소 - 생체 내에서 이루어지는 화학 반응의 촉매로 작용하는 고분자 물질)

酪 쇠젖 락. 유즙(젖) 락. 2974-10

◉ 酉 + 各(각각 각) = 酪 (0796 참조)

☞ 술(막걸리)(酉)처럼 뿌연 빛깔이 각각(各)의 젖꼭지로부터 나오는 젖소의 젖(우유)이라는 데서 「유즙. 쇠젖」 뜻으로.

酪農(낙농 - 젖소·양 등을 길러 젖을 짜거나 그 젖으로 치즈 같은 식품을 만드는 농업) 酪酸(낙산)

醬 장/육장 장: 된장/간장 장. 2975-10

◉ 將(장수/거느릴/장차 장) + 酉 = 醬 (0566 참조)

※ 육장(肉醬) → 육포(肉脯)를 잘게 썰어 누룩 및 소금을 섞어서 술에 담근 음식.

☞ 장래(將)에 술(酉)처럼 발효되는 음식물, 곧 메주나 육포 같은 것을 소금에 절이어(발효시켜) 놓은 음식물이라는 데서 「장. 간장. 육장」 뜻으로.

醬肉(장:육 - 장조림 고기) 醬滓(장:재 - 된장) ※ 滓(앙금 재) 醬油(장:유 - 간장) 醬太(장:태 - 메주콩)

醵 추렴할 거 | 추렴할 갹. 술잔치 거(갹). 2976-10

◉ 酉 + {虍(범 호) + 豖(돼지 시) = 豦(범두발들/큰돼지 거)} = 醵 (1442 참조)

☞ 술(酉)을 마련하고 큰 돼지(豦)를 잡아서 잔치를 벌인다는 데서 「술잔치. (술잔치를 마련하기 위하여 각자에게 돈을 거둔다는 데서)추렴하다」 뜻으로.

醵出(갹출 - 한 목적에 대하여 여러 사람이 제각기 금품을 냄) 醵金(갹금 - 돈을 얼마씩 냄)

釀 술빚을 양: 술 양. 2977-10

◉ 酉 + 襄(도울/옷벗고밭갈/오를/이룰 양) = 釀 (2560 참조)

酉 부수(자원과 쓰임 → 2960 참조)

☞ 술(酉)이 이루어진다(발효된다)(襄)는 데서「술 빚다. 술」뜻으로.
釀造(양:조 - 술·간장·식초 등을 담가서 만드는 일)

酬 갚을 수. 술권할/잔돌릴/보낼 수 | 보답할 주.   2978-10

◉ 酉 + {川(내 천) + 丶 丶 丶 = 州(고을/섬/모래톱 주)} = 酬 (0558 참조)
※ 여기에서 州는 술잔을 서로에게 건네주는 모양을 표현.
☞ 냇물(川) 사이에 끼여 있는 모래톱(丶丶丶)을 넘나들 듯이 술잔을 이쪽저쪽으로 건네 가며 술(酉)을 마신다는 데서「잔 돌리다. (잔을)보내다. (받은 잔을 되돌려)갚다」뜻으로.
酬酌(수작 - 술잔을 주고받음. 남의 언행 따위를 낮잡아 하는 말) 報酬(보:수) 應酬(응:수)

酩 술취할 명. 단술 명.   2979-10

◉ 酉 + 名(이름/이름날 명) = 酩 (0790 참조)
☞ 이름(名)이 난(명성이 자자한) 좋은 술(酉)처럼 단맛이 나는 술 유형의 음식이라는 데서「단술. (술맛이 단술처럼 달싹하면 이는 흠뻑 취한 상태이라는 데서)술 취하다」뜻으로.
酩酊(명정 - 정신을 못 차릴 정도로 술에 몹시 취함)

醇 진한술/전국술 순. 오로지/도타울 순.   2980-10

◉ 酉 + 享(누릴/먹일/드릴 향) = 醇 (0207 참조)
☞ 누릴(享) 수 있는 술(酉), 곧 술맛을 제대로 느낄 수 있는 진액의 술이라는 데서「진한 술. 전국술. (진한 술은 진액 그대로이라는 데서)오로지. 도탑다」뜻으로.
醇化(순화 - 정성어린 가르침으로 감화함. 잡스러움을 없애고 순수한 것으로 만듦)

酊 술취할 정. 술몹시취할 정.   2981-10

◉ 酉 + 丁(장정/성할/고무래 정) = 酊 (0008 참조)
☞ 술(酉)을 성하게(丁) 마신 상태이라는 데서「술 몹시 취하다. 술 취하다」뜻으로.
酩酊(명정 - 정신을 못 차릴 정도로 술에 취함) 酒酊(주:정 - 술에 취하여 정신없이 말하거나 행동함)

酋 두목/우두머리 추. 묵은(오래된)술 추.   2982-10

◉ 八(여덟/나눌 팔 →「분리하여(펼쳐) 놓은 모양」을 표현한 글자) + 酉 = 酋
☞ 술(酉)을 펼쳐(진설하여)(八) 놓고 천지신명에게 제사(祭祀)를 지내는 부족장이라는 데서「두목. 우두머리」뜻을. 한편 펼쳐(八) 놓은 술(酉), 곧 발효가 완료되어 덮개를 펼쳐(벗겨) 놓은 익은 술이라는 데서「묵은 술」뜻으로.
酋長(추장 - 옛날 부족 국가 시대의 우두머리)

★ 酋(두목/우두머리/묵은술 추)와 결합을 이룬 글자.   2982 별첨

奠(정할/제사 전) ☞ 大(0752) → 두목(酋)이 팔다리를 크게(大) 벌리고 제물을 바치는(제사 지내는) 모습에서「바치다. 제사. (제를 드리는 기일을)정하다」奠雁(전안)

酉 부수(자원과 쓰임 → 2960 참조)

醯 초/식혜 혜. 2983-10

◉ 酉 + 㐬(깃발 류 | 거칠 황) + 皿 = 醯

☞ 나부끼는 깃발(㐬)처럼, 삭은(발효된) 밥알이 그릇(皿)에 동동 떠다니는 술(酉) 유형의 발효 식품이라는 데서 「식혜. (식혜를 발효시켜놓은)식초」 뜻으로.

醯醬(혜장 - 식초와 된장) 醯醢(혜해 - 식초와 젓) 食醯(식혜 - 감주) 魚醯(어혜 - 생선젓)

자투리 마당

飮酒(음주)

○ 結廬在人境(결려재인경) 而無車馬喧(이무거마훤)
　問君何能爾(문군하능이) 心遠地自偏(심원지자편)
　採菊東籬下(채국동리하) 悠然見南山(유연견남산)
　山氣日夕佳(산기일석가) 飛鳥相與還(비조상여환)
　此中有眞意(차중유진의) 欲辨已忘言(욕변이망언)

- 초막을 지어 인가 근처에 사니, 수레와 말 울음소리도 시끄럽지 않네
　그대에게 묻노니 어째서 그러한가? 마음이 멀어지면 사는 곳이 외지다네
　동쪽 울타리 아래에서 국화를 꺾어 들고, 멀리 남산을 바라다보니
　산 기운은 해 저물어 아름답고, 나는 새 짝지어 돌아오누나
　이 가운데에 참뜻이 있으니, 말하려 해도 이미 할 말을 잊었노라
　　　　　　　　　　　　　- 작가 陶淵明(도연명 - 중국 東晉의 시인) -

酉	釆	赤	辰
닭 유	분별할 변	붉을 적	별 진

釆 분별할 변. 2984-00

자원 釆 → 쌀(米)에 섞이어 있는 이물질을 끌어내리는(丿), 곧 쌀에 들어 있는 돌이나 쌀겨 같은 것을 가리어(분별하여) 낸다는 데서 「분별하다」는 의미를 지님.

쓰임 「분별하다」는 의미로 쓰임. ※ 釆은 辨(분별할 변)의 본래 글자.

釋 풀 석. 해석할/주낼(註解)/벗을 석. 2985-32

◉ 釆 + 睪(엿볼/기찰할/끌 역) = 釋 (3231 참조)

☞ 글을 읽는 사람이(독자가) 이를 엿보고(睪) 쉽게 이해할 수 있게끔 분별하여(釆) 놓은, 곧 어려운 문맥을 풀이하여 놓은 문구이라는 데서 「주내다. 풀다. 해석하다」 뜻으로.

釋放(석방 - 풀어 놓음) 釋然(석연) 釋尊(석존) 釋迦(석가) 保釋(보:석) 解釋(해:석 - 풀어서 설명함)

采 풍채 채: 캘/가릴/취할/채색/채읍 채. 2986-20

◉ 爫(손톱 조) + 釆 (→ 爫와 釆이 겹쳐진 글자) = 采

☞ 손톱(손)(爫)으로 풀에 섞이어 있는 나물을 분별하여(가리어)(釆) 캐어 낸다는 데서 「캐다. 가리다. 취하다. (벼슬아치가 공로를 인정받아 취하는)채읍. (캐어 내어 형체가 드러난 모양이라는 데서)풍채. 채색」 뜻으로.

采色(채:색 - 풍채와 안색) 采地(채:지 - 봉읍封邑) 風采(풍채 - 사람의 겉모양) 喝采(갈채)

★ 采(풍채/캘/가릴/취할/채색/채읍 채)와 결합을 이룬 글자.		2986 별첨
採(캘 채)	☞ 手(1449) → 손(扌)으로 나물 같은 것을 가리어 캔다(采)는 데서 「캐다」 採取(채취)	
菜(나물 채)	☞ 艸(2735) → 식용하기 위하여 캐어(采) 놓은 풀(艹)이라는 데서 「나물. 반찬」 菜蔬(채소)	
彩(채색 채)	☞ 彡(1010) → 캐어(采) 놓은 광물질에서 발산되는 아름다운 무늬(彡)이라는 데서 「채색」	
埰(사패지 채)	☞ 土(0686) → 나라에서 채읍(采邑)으로 내려준 땅(지역)(土)이라는 데서 「사패지」	

釉 잿물/유약 유. 광택 유. 2987-00

◉ 釆 + 由(말미암을/인할/지날 유) = 釉 (2108 참조)

※ 잿물 → 짚 같은 것을 태운 재를 우려낸 알칼리성의 양잿물. 세제·표백제·염색 등에 사용함.

☞ 이를 사용함(옷감에 담그거나 도자기에 칠함)으로 인하여(由) 기존의 물체와 분별되어(釆)지는 (표백이 되거나 광택이 나는) 물질이라는 데서 「잿물. 유약. 광택」 뜻으로.

釉藥(유약 - 도자기를 구울 때, 표면에 색과 광이 나는 유리막이 생기도록 바르는 잿물)

酉	酉	赤	辰
닭 유	분별할 변	붉을 적	별 진

赤 붉을 적. 빨갈/빌/과격할/숨김없을 적. 2988-50

자원 赤 → 흙(土 흙/땅 토)이 또(亦 또 역) 연이어져 있는, 곧 (초목은 전혀 돋아 있지 않고) 흙만이 드러나 있는 붉은 빛깔의 불모지이라는 데서 「붉다. 빨갛다. (땅이)비다. (비어져서)숨김이 없다」는 의미를 지님.

※ 赤의 본래 글자는 大와 火가 결합된 炎(붉을 적), 土와 火가 결합된 烾(붉을 적) 글자임.

쓰임 「붉다」는 의미로 쓰임.

赤貧(적빈 - 아주 가난함. 아무 것도 없음) 赤色(적색) 赤字(적자) 赤潮(적조) 赤旗(적기) 赤道(적도) 赤血球(적혈구) 赤裸裸(적나라하다 - 그대로 드러내어 숨김이 없다) 赤手空拳(적수공권)

赦 용서할 사: 죄사할 사. 2989-20

● 赤 + 攵(똑똑두드릴/칠 복) = 赦

☞ 볼기가 붉어(赤)지도록 회초리로 치는(攵), 곧 가벼운 죄인에 대하여 볼기가 붉어지도록 매를 친 다음에 (구금시키지 않고) 방면한다는 데서 「용서하다. 죄 사하다」 뜻으로.

赦免(사:면 - 죄를 용서하여 벌을 면제함) 赦罪(사:죄 - 죄를 용서함) 赦免復權(사:면복권) 放赦(방:사)

赫 빛날/붉을 혁. 밝을/성할/나타날/성낼 혁. 2990-20

● 赤 × 2 = 赫

☞ 붉고(赤) 붉은(赤), 곧 온통 붉은 빛깔로 뒤덮여 있어 밝게 빛나는 모양이라는 데서 「붉다. 빛나다. 밝다. (밝게)나타나다. (불빛이)성하다. (얼굴을 붉히어서)성내다」 뜻으로.

赫赫(혁혁 - 빛나는 모양) 赫怒(혁노 - 버럭 성을 냄)

★ 赫(빛날/붉을 혁)과 결합을 이룬 글자. 2990 별첨

爀(불빛/붉을 혁) ☞ 火(1142) → 불(火)에서 발산하는(비치는) 붉은(赫) 빛이라는 데서 「불빛. 붉다」

| 부수 7획 | 酉 닭 유 | 酋 분별할 변 | 赤 붉을 적 | 辰 별 진 |

辰 별 진. 다섯째지지/일진/용/동남방/삼월 진 | 일월성신/날/때 신. 2991-32

자원 辰 → 厂(언덕 엄), 一(한/온통 일), 㲼(→ 衣「옷 의」의 획 줄임)의 결합. 언덕바지(厂)에 초목이 일제히(一) 돋아나 옷자락(㲼)처럼 드리워지는(뒤덮이는) 절기이라는 데서 「삼월. (삼월에 해당하는)다섯째 지지. (다섯째 지지가 의미하는)용. 동남방. (드리워진 초목처럼 하늘에 총총하게 드리워져 있는)일월성신. 별. (일월성신이 운행하는)때」 의미를 지님. 한편 辰은 조개(蜃 큰조개 신) 모양을 표현한 글자이기도 함.

쓰임 「별. 때. 일진. 용. 삼월. 조개 모양. 드리워진 모양」과 의미로 쓰임.

辰月(진월 - 음력 삼월) 辰方(진방 - 동남동) 辰韓(진한) 日辰(일진) 星辰(성신) 生辰(생신)

農 농사 농. 갈/심을/힘쓸/짙을/무르익을 농. 2992-70

◉ 曲(굽을/자세할 곡) + 辰 = 農

☞ 자세하게(曲) 때(辰)에 맞추어 논밭을 갈고 씨를 뿌리어 작물을 가꾸는 힘든 작업이라는 데서 「농사. (논밭을)갈다. 심다. 힘쓰다. (힘써 가꾼 작물이 잘 자라서)짙다. 무르익다」 뜻으로.

農事(농사) 農村(농촌) 農業(농업) 農民(농민) 農園(농원) 農者天下之大本(농자천하지대본)

★ 農(농사/갈/심을/힘쓸/짙을 농)과 결합을 이룬 글자.		2992 별첨
濃(짙을 농)	☞ 水(1260) → 물(氵) 색상이 짙은(農) 빛깔이라는 데서 「짙다」 濃厚(농후)	
膿(고름 농)	☞ 肉(2441) → (곪은) 살점(月)으로부터 나오는 짙은(農) 빛깔의 물질이라는 데서 「고름」	

辱 욕될 욕. 더럽힐 욕. 2993-32

◉ 辰 + 寸(마디 촌 → 「법도·규칙·헤아리다·잡다」 의미로 쓰임) = 辱

☞ 초목이 드리워진 진(辰) 글자 형상처럼 안면에 드리운 수염이나 구레나룻을 손으로 잡아(寸) 당기는 치욕을 보인다는 데서 「더럽히다. 욕되다」 뜻으로.

辱說(욕설) 屈辱(굴욕 - 업신여김을 받음) 恥辱(치욕) 困辱(곤욕) 榮辱(영욕) 侮辱(모:욕)

★ 辰(별/일진/용/삼월 진 | 때 신)과 결합을 이룬 글자.		2993 별첨
振(떨칠 진)	☞ 手(1464) → 손(扌)으로 일진(日辰 → 갑자·을축··)을 꼽기(날짜와 일진을 맞추기) 위하여 오므린 손가락을 하나하나씩 펼쳐(떨쳐) 낸다는 데서 「떨치다」 振動(진동)	
震(우뢰 진)	☞ 雨(3405) → 비(雨)가 내리는 삼월(辰)에 이르면 비로소 벼락이 치며 천둥소리가 울려 퍼진다는 데서 「우레. 천둥소리. 벼락 치다」 震怒(진노)	
晨(새벽 신)	☞ 日(1047) → 해(日)가 돋아 오르는 때(辰)이라는 데서 「새벽」 晨光(신광)	
娠(아이밸 신)	☞ 女(0497) → 여자(女)의 배가, 식물이 삼월(辰)에 이르러 피어나는 볼록한 꽃망울처럼 볼록하게 불어 있다는 데서 「아이 배다」 姙娠(임신)	
宸(대궐 신)	☞ 宀(0624) → 집(지붕)(宀)에 용(辰)을 새겨 놓은 큰 집이라는 데서 「대궐. 집. 지붕」	

辰 부수(자원과 쓰임 → 2991 참조)

蜃(무명조개 신) ☞ 虫(2637) → 辰 → 두 짝으로 벌어진 조가비(厂)와 살점(一), 옷자락 모양의 촉수(IX), 곧 진(辰) 글자 형상처럼 생긴 벌레(어패류)(虫)이라는 데서 「무명조개」 蜃氣樓(신기루)

脣(입술 순) ☞ 肉(2398) → (천간과 지지를 서로 짝지어) 일진(辰)을 꼽아 나가는 것처럼 위아래가 짝지어져 서로 부딪치고 떨어지기를 반복하는 살점(月)이라는 데서 「입술」 脣齒(순치)

자투리 마당

눈을 감지 못하는 환어(鰥魚)에서 홀아비 뜻으로

○ 환어(鰥魚)란「늘 눈을 감지 못한다는 전설상의 큰 민물고기」이다. 여기에서 鰥이 왜 「홀아비」라는 의미로도 쓰일까?

- 鰥은 魚(고기 어) 부수에 眔(= 眾 눈서로미칠 답)이 결합되어 있으며,
- 眔은 罒(= 目 눈 목)과 亻(사람 인)의 결합으로, 사람이 좌측에 둘, 우측에 둘이 겹쳐져 있는 모양이다. 고로 사람이 좌측(亻亻)과 우측(亻亻)으로 늘어서서 눈(罒)으로 바라보는 모양이기에 「눈이 서로 미치다」는 의미를 취하였다고 볼 수 있다.
- ☞ 鰥 → 눈이 서로 미치는(眔) 고기(魚), 곧 눈을 감지 아니하고 언제나 상대방을 바라다 보고만 있다고 하는 (전설상의) 고기이라는 데서 「환어. (눈을 감지 못하여)잠이 오지 않는 모양」 의미를 취하였고. 잠이 오지 않는 모양에서 부인이 그리워서 밤을 지새우는 「홀아비」 뜻도 취한 것으로 추리할 수가 있다.
- ※ 위의 眔 글자를 익히면 遝(모일 답) → 눈이 서로 미치는(眔), 곧 눈이 서로 부딪칠 정도로 많은 사람들이 뒤섞이어(한데 모이어) 지나간다(辶)는 데서 「뒤섞이다. 모이다. 뒤미처 따르다」는 의미를 취한 것을 알 수 있으며, 나아가 懷(품을 회)와 壞(무너질 괴)에서 襄(품을/낄 회) 글자에서도 衣(옷 의)와 眔(= 眾)이 결합되어 있음을 알 수가 있다.
- 전설(傳說)에서 환어(鰥魚)이라는 글자가 만들어지고 「홀아비」이라는 뜻을 취하게 된 연유를 새기고, 나아가 쓰고 익히기가 어려워 보이는 遝 懷 壞 글자까지도 익힐 수 있으니 漢字란 그렇게 어려운 글자가 아닌 참으로 묘하고 흥미로운 뜻글자이다.

| 부수 7획 | 豕 돼지 시 | 足(⻊) 발 족 | 豸 발없는벌레 치 | 身 몸 신 |

豕 돼지 시. 돝 시.　　　　　　　　　　　　　　2994-00

산돼지(豕)

자원 豕 → 목덜미에 갈기가 돋은 산돼지 모양을 표현한 글자로 봄.
쓰임 「돼지. 돼지 유형의 짐승」 의미로 쓰임.

豕突(시돌 - 저돌猪突) 豕交獸畜(시교수축 - 돼지처럼 대하고 짐승처럼 기른다는 뜻)

象 코끼리 상. 모양/형상/본받을/상아 상.　　　　　　2995-40

◉ {⺈(쌀 포) + 口(입 구) + ㅣ(위아래통할 신ㅣ뚫을 곤)} + 豕 = 象

코끼리(象)

☞ (물건을) 감싸는(⺈) 보자기처럼 넓적하고 우묵하게 생긴 귀, 입(口) 앞으로 드리워져 있는 코(ㅣ), 돼지(豕)처럼 몸집이 뚱뚱한 코끼리 모양(형상)을 표현하여 「코끼리. 모양. 형상. (코끼리의 이빨인)상아」 뜻으로.

象牙(상아 - 코끼리의 어금니) 象徵(상징) 象嵌(상감) 象牙塔(상아탑) 象形文字(상형문자) 形象(형상)

★ 象(코끼리/모양/형상 상)과 결합을 이룬 글자.　　　　　2995 별첨

| 像(모양/형상 상) | ☞ 人(0105) → 사람(亻)의 모양(형상)(象)이라는 데서 「모양. 형상」 銅像(동상) |

豫 미리 예: 참여할/먼저/머뭇거릴 예.　　　　　　　2996-40

◉ 予(나/줄/취할 여) + 象(코끼리 상) = 豫

☞ 먹이를 취하기(予) 위하여 코끼리(象)가 코를 머뭇거리며 미리 먹잇감을 움켜잡는 동작을 취한다는 데서 「미리. 먼저. 머뭇거리다. (먹이 섭취를 위하여 코가)참여하다」 뜻으로.

豫見(예:견) 豫感(예:감) 豫備(예:비) 豫告(예:고) 豫防(예:방) 豫約(예:약) 豫定(예:정) 豫測(예:측)

豪 호걸 호. 뛰어날/돼지갈기 호.　　　　　　　　　2997-32

◉ 亠(→ 高「높을 고」의 획 줄임) + 豕 = 豪

☞ 높이(亠) 돋아 오른 돼지(豕)의 털이라는 데서 「돼지 갈기. (높이 돋은 갈기처럼 용모가)뛰어나다. (뛰어난 사람이라는 데서)호걸」 뜻으로.

豪傑(호걸 - 도량이 넓고 기개가 있는 사람) 豪氣(호기) 豪奢(호사) 豪雨(호우) 豪言壯談(호언장담)

★ 豪(호걸/뛰어날/돼지갈기 호)와 결합을 이룬 글자.　　　　2997 별첨

| 壕(해자 호) | ☞ 土(0701) → 흙(土)으로, (목덜미에 갈기가 뻗치어 있는) 돼지 갈기(豪) 모양처럼 성벽 테두리에 물길을 내어 둘러놓은 구조물이라는 데서 「해자」 |

豕 부수(자원과 쓰임 → 2994 참조)

濠(해자/호주 호) ☞ 水(1266) → 물(氵)이, (목덜미에 갈기가 뻗치어 있는) 돼지 갈기(豪) 모양처럼 성벽 테두리에 둘리어(채워져) 있는 못이라는 데서 「해자. (해자처럼 물에 둘리어 있는 나라인)호주」

豚 돼지 돈. 돼지새끼 돈.   2998-30

● 月(= 肉고기 육) + 豕 = 豚

돼지(豚)

☞ 살점(月)이 토실토실한 돼지(豕)이라는 데서 「돼지 새끼. 돼지」 뜻으로.
豚肉(돈육 - 돼지고기) 豚舍(돈사) 豚脂(돈지) 豚皮(돈피) 種豚(종돈 - 씨돼지) 養豚(양·돈)

★ 豚(돼지 돈)과 결합을 이룬 글자.   2998 별첨

遯(달아날 둔) ☞ 辶(3156) → 돼지(豚)가 덫 같은 장애물을 피하여 달려 나간다(辶)는 데서 「달아나다」

자투리 마당

丹心歌(단심가)

○ 此身死了死了(차신사료사료) 一百番更死了(일백번갱사료)
　白骨爲塵土(백골위진토) 魂魄有也無(혼백유야무)
　向主一片丹心(향주일편단심) 寧有改理也歟(영유개리야여) ※ 歟 = 與

- 이 몸이 죽고 죽어 일백 번 고쳐 죽어, 백골이 진토되어 넋이라도 있고 없고
　임 향한 일편단심이야 가실 줄이 있으랴.

　　　　　　　　　　　　　　　- 작가 정몽주(鄭夢周 - 고려 말의 충신) -

豕	足(⻊)	豸	身
돼지 시	발 족	발없는벌레 치	몸 신

足 발 족. 걸을/흡족할/넉넉할/그칠 족. 2999-70

자원 足 → 장딴지(口)와 발을 내어 딛는 모양(止 = 止 「그칠/발 지」의 변형)을 표현하여 「발. 걷다」는 의미를 지님.

쓰임 「발. 발걸음」 의미로 쓰임.

足跡(족적 - 발자국) 足部(족부) 足掌(족장) 足指(족지) 足下(족하) 洽足(흡족) 充足(충족) 滿足(만족)

路 길 로: 고달플 로. 3000-60

◉ ⻊(足) + 各(각각 각) = 路 (0796 참조)

☞ 발(⻊)을 제각각(各) 옮겨 딛는 곳이라는 데서 「길. (길을 걷는 여정은)고달프다」 뜻으로.

路面(노:면) 路上(노:상) 路資(노:자 - 여행에 드는 돈) 路程(노:정) 路線(노:선) 道路(도:로) 險路(험:로)

★ 路(길/고달플 로)와 결합을 이룬 글자. 3000 별첨

露(이슬 로)　☞ 雨(3399) → 비(빗물)(雨) 형태를 이루어 길(路) 위의 풀잎에 맺히는 물방울이라는 데서 「이슬」
鷺(해오라기 로)　☞ 鳥(3699) → 논둑길(路)을 다니면서 먹이 사냥을 하는 새(鳥)라는 데서 「해오라기」

距 떨어질/상거할 거: 이를 거. 3001-32

◉ ⻊(足) + 巨(클 거) = 距 (0941 참조)

☞ 발(⻊)을 크게(巨) 벌려 멀리 내어 딛는다는 데서 「상거하다. 떨어지다. 이르다」 뜻으로.

距離(거:리 - 두 곳 사이의 길이) 距骨(거:골 - 복사뼈) 距今(거:금) 相距(상거 - 서로 떨어져 있음)

跡 발자취 적. 자취 적. 3002-32

◉ ⻊(足) + 亦(또/다 역) = 跡 (0203 참조)

☞ 발(⻊)을 디딘 흔적이 또(亦) 있는, 곧 앞서간 사람들이 지면 여기저기에 발을 디뎠던 많은 흔적(발자취)이라는 데서 「발자취. 자취」 뜻으로.

人跡=人迹(인적 - 사람의 발자취) 筆跡(필적) 追跡(추적) 形跡(형적) 遺跡(유적) 軌跡=軌迹(궤:적)

蹟 자취 적. 사적 적. 3003-32

◉ ⻊(足) + 責(꾸짖을/취할 책|빚 채) = 蹟 (3042 별첨)

☞ 발(⻊)을 밟고 다녔던 흔적이 빚더미(責)처럼 많이 쌓여 있는, 곧 선인들이 남겨 놓은 행적(많은 발자취)이라는 데서 「자취. 사적」 뜻으로.

古蹟=古跡=古迹(고:적 - 남아 있는 옛적 물건이나 건물. 옛 물건이 있던 자리) 遺蹟(유적) 史蹟(사적)

踏 밟을 답. 3004-32

足 부수(자원과 쓰임 → 2999 참조)

- ⓞ ⻊(足) + {水(물 수) + 曰(가로 왈) = 沓(말많을/거듭 답)} = 踏
- ☞ 발(발걸음)(⻊)을 (제자리에서) 거듭(沓)되게 밟는다는 데서「밟다」뜻으로.

踏步(답보 - 제자리걸음. 일의 진전이 없음을 비유) 踏査(답사) 踏襲(답습) 踏歌(답가) 踏橋(답교)

跳 뛸 도. 건널/달아날 도. 3005-30

- ⓞ ⻊(足) + 兆(조짐/거북점 조) = 跳 (0190 참조)
- ☞ 발(발걸음)(⻊)을 (거북 껍질이 금간 모양을 표현한) 조(兆) 글자 형상처럼 벌어지게 하여 멀리 내어 딛는다는 데서「뛰다. 건너다. 달아나다」뜻으로.

跳躍(도약 - 뛰어 오름) 跳梁(도량 - 함부로 날뛰어 다님) 棒高跳(봉고도 - 장대높이뛰기)

踐 밟을 천: 실천하여이행할 천. 3006-30

- ⓞ ⻊(足) + 戔(상할 잔 | 쌓일/얕고작을/적을/좁을 전) = 踐 (1578 참조)
- ☞ 발(발걸음)(⻊)이 쌓여(戔) 나가는, 곧 발로 차곡차곡 밟아 나간다는 데서「밟다」뜻으로.

踐踏(천:답 - 짓밟음) 踐行(천:행 - 실지로 행함) 踐約(천:약) 踐祚(천:조) 踐歷(천:력) 實踐(실천)

蹴 찰 축. 3007-20

- ⓞ ⻊(足) + 就(나아갈 취) = 蹴 (0523 참조)
- ☞ 발(⻊)을 앞으로 나아가게(就) 하여 공 같은 물건을 걷어찬다는 데서「차다」뜻으로.

蹴球(축구 - 공차기) 一蹴(일축 - 한번 참. 단번에 물리침)

躍 뛸 약. 나아갈 약 | 빠를 적. 3008-20

- ⓞ ⻊(足) + 翟(꿩 적) = 躍 (1025 참조)
- ☞ 꿩(翟)이 (날아오르기 위하여) 발(⻊)을 껑충거리면서 잽싸게 뛰쳐나간다는 데서「뛰다. 나아가다. 빠르다」뜻으로. ※ 꿩은 껑충거리며 뛰쳐나가다가 날아오르는 습성을 지니고 있음.

躍動(약동 - 활발하게 움직임) 躍進(약진) 活躍(활약 - 눈부시게 활동함) 飛躍(비약) 跳躍(도약)

踰 넘을 유. 통과할/지날 유. 3009-20

- ⓞ ⻊(足) + 俞(점점/나을 유 →「점점 나아간다」는 의미로 쓰임) = 踰 (0357 참조)
- ☞ 발(발걸음)(⻊)이 (장애물을 헤쳐 가며) 점점 나아간다(俞)는 데서「넘다. 통과하다」뜻으로.

踰墻(유장 - 담을 넘음. 남녀가 밀회를 하는 일) 踰月=逾月(유월 - 달을 넘김) 水踰洞(수유동)

跌 거꾸러질/넘어질 질. 쓰러질/지나칠/넘을 질. 3010-10

- ⓞ ⻊(足) + 失(잃을/놓을 실) = 跌 (0733 참조)
- ☞ 발(⻊)을 내어 딛는 자리를 잃는다(헛디딘다)(失)는 데서「넘어지다. 거꾸러지다」뜻으로.

蹉跌=差跌(차질 - 발을 헛디디어 넘어짐. 일이 실패함. 또는 일이 난관에 부딪침)

跆 밟을 태. 3011-10

- ⓞ ⻊(足) + 台(나/기를 이 | 별/삼정승 태) = 跆 (0847 참조)

足 **부수**(자원과 쓰임 → 2999 참조)

☞ 발(발걸음)(𧾷)이 길러지는(台) 것처럼 점진적으로 밟아 나간다는 데서 「밟다」 뜻으로.
跆拳道(태권도 - 발과 손을 이용하는 무술의 하나)

跛 절름발이 파 | 비스듬히설 피. 비틀거릴 파. 3012-10

◉ 𧾷(足) + 皮(가죽/껍질/거죽/살갗 피) = 跛 (2190 참조)
☞ 발(발걸음)(𧾷)을, 쭈글쭈글한 가죽(皮)처럼 들쭉날쭉하게 내어 디딘다는 데서 「비틀거리다. 절름발이. 비스듬히 서다」 뜻으로.
跛行(파행 - 절뚝거리며 걸어감. 일이 순조롭게 진행되지 않음) 跛立(피립 - 한 다리로만 섬)

踊 뛸 용. 3013-10

◉ 𧾷(足) + 甬(물솟아오를 용) = 踊 (0361 참조)
☞ 발(발걸음)(𧾷)이 물 솟아오르는(甬) 모양처럼 솟구쳐 오른다는 데서 「뛰다」 뜻으로.
踊躍(용약 - 좋아서 뜀) 舞踊(무:용 - 춤)

跋 밟을 발. 가는모양 발. 3014-10

◉ 𧾷(足) + 犮(개달아나는모양 발) = 跋 (3607 참조)
☞ 발(발걸음)(𧾷)을, 개 달아나는 모양(犮)처럼 보폭을 넓히어 빠르게 옮겨 딛는다는 데서 「밟다. 가는 모양」 뜻으로.
跋文(발문 - 책의 내력을 말미에 간략하게 적은 글) 跋辭(발사) 跋尾(발미) 跋涉(발섭) 跋扈(발호)

踪 자취 종. 행방/좇을 종. 3015-10

◉ 𧾷(足) + 宗(마루/종묘/밑동/높일 종) = 踪 (0596 참조)
☞ 발(𧾷)이 밑동(바닥)(宗)에 닿았던(땅바닥을 밟고 지나갔던) 자취(행적)이라는 데서 「자취. 행방」 뜻으로.
踪迹(종적 - 사람이 지나간 자취) 失踪(실종 - 종적을 잃음. 사람의 소재 및 생사를 알 수 없게 됨)

踵 발꿈치 종. 3016-10

◉ 𧾷(足) + 重(무거울/거듭 중) = 踵 (2943 참조)
☞ 무거운(重) 체중이 실리는 발(𧾷)의 부위이라는 데서 「발꿈치」 뜻으로.
踵接(종접 - 접종) 接踵(접종 - 발꿈치에 뒷사람의 발끝이 닿는다는 뜻으로, 일이 잇달아 일어남)

蹈 밟을 도. 짓밟을 도. 3017-10

◉ 𧾷(足) + 舀(절구확긁어낼/쓸 요)} = 蹈 (2210 참조)
☞ 발(𧾷)로, 땅바닥을 쓸어(舀) 나가는 것처럼 빈틈없이 차곡차곡 밟아 나간다는 데서 「밟다. 짓밟다」 뜻으로.
蹈襲(도습 - 옛것을 좇아서 그대로 함) 舞蹈(무:도 - 춤을 춤)

蹉 넘어질 차. 실패할/때를놓칠 차. 3018-10

足 부수(자원과 쓰임 → 2999 참조)

- ◉ ⻊(足) + 差(어긋날/다를 차ㅣ층질 치) = 蹉 (0942 참조)
- ☞ 발(발걸음)(⻊)이 어긋나서(꼬여져)(差) 헛디딘다는 데서「넘어지다. 실패하다. (넘어져서)때를 놓치다」뜻으로.

蹉跌=差跌(차질 - 발을 헛디디어 넘어짐. 일이 실패함. 또는 일이 난관에 부딪침)

蹂 밟을/짓밟을 유. 3019-10

- ◉ ⻊(足) + 柔(부드러울 유) = 蹂 (1634 참조)
- ☞ 발(⻊)로 부드러운(柔) 물체를 밟는다(짓누른다)는 데서「밟다. 짓밟다」뜻으로.

蹂躪(유린 - 짓밟음. 폭력으로 타인의 권리를 침해함) 人權蹂躪(인권유린)

躪 짓밟을 린. 3020-10

- ◉ ⻊(足) + 蘭(난초 란) = 躪 (2734 참조)
- ☞ 연약한 난초(蘭)를 발(⻊)로 밟는다(짓누른다)는 데서「짓밟다」뜻으로.

人權蹂躪(인권유린 - 타인의 자유를 속박하고 인권을 무시하는 행위)

蹶 일어설/넘어질 궐. 쓰러질 궐. 3021-10

- ◉ ⻊(足) + 厥(그/조아릴 궐) = 蹶 (0294 참조)
- ☞ 발(⻊)이 조아려(굽어)(厥)지면서 넘어지는, 또는 발(⻊)을 조아리어(굽히어)(厥) 일어서는 동작을 취한다는 데서「넘어지다. 쓰러지다. 일어서다」뜻으로.

蹶起(궐기 - 벌떡 일어섬. 발분하여 일어남)

躁 조급할/성급할 조. 뛸/시끄럽게지껄일 조. 3022-10

- ◉ ⻊(足) + 喿(새떼지어울/삽 조) = 躁 (1427 참조)
- ☞ 발(발걸음)(⻊)이, 새가 떼지어 우는(喿) 소리처럼 와자지껄한 소리를 내면서 성급하게 뛰쳐나간다는 데서「뛰다. 성급하다. 조급하다」뜻으로.

躁急(조급하다 - 참을성이 없이 급하다) 躁急症(조급증 - 조급해하는 버릇이나 마음)

躊 머뭇거릴 주. 3023-10

- ◉ ⻊(足) + 壽(목숨/오랠 수) = 躊 (0405 참조)
- ☞ 발(발걸음)(⻊)을 내딛는 동작이 오래(壽)도록 지체된다는 데서「머뭇거리다」뜻으로.

躊躇(주저 - 머뭇거림. 나아가지 못하고 망설임)

躇 머뭇거릴 저. 망설일 주. 3024-10

- ◉ ⻊(足) + 著(나타날/둘 저ㅣ입을/붙을 착) = 躇 (2743 참조)
- ☞ 발(발걸음)(⻊)이 지면에 붙어(著) 있는 것처럼 옮겨 딛는 동작이 오래도록 지체된다는 데서「머뭇거리다. 망설이다」뜻으로.

躊躇(주저 - 머뭇거림. 나아가지 못하고 망설임)

足 **부수**(자원과 쓰임 → 2999 참조)

蹄　발굽/굽 제. 짐승의발 제.　　　　　　　　　　　　　3025-10

◉ ⻊ + {⺛(→「좌대 모양」을 표현) + 冖(덮을 멱) + 巾 = 帝(임금 제)} = 蹄 (0979 참조)
☞ 제(帝) 글자 형상, 곧 천(베)(巾)을 덮어(冖) 놓은 두툼한 좌대(⺛)처럼 두툼하게 생긴 소나 말 같은 짐승의 발(발굽)(⻊) 모양이라는 데서「발굽. 굽. 짐승의 발」뜻으로.

蹄鐵(제철 - 편자. 말발굽에 붙이는 쇳조각)　口蹄疫(구:제역)　麟蹄郡(인제군 - 강원도에 있는 지명)

趾　발 지. 그칠/터지.　　　　　　　　　　　　　　　　3026-00

◉ ⻊(足) + 止(그칠/발 지) = 趾
☞ 지면에 그쳐(닿아)(止) 있는 발(⻊)이라는 데서「발. 그치다. (발이 머무르는)터」뜻으로.

趾骨(지골 - 발가락뼈)

踊　뛸 용.　　　　　　　　　　　　　　　　　　　　　3027-00

◉ ⻊(足) + {甬(물솟아오를 용) + 力(힘 력) = 勇(날랠 용)} = 踊　※ 踴과 踊은 동자.
☞ 발(⻊)이 물 솟아오르는(甬) 모양처럼 힘차게(力) 뛰어오른다는 데서「뛰다」뜻으로.

踊躍=踴躍(용약 - 좋아서 뜀)

부수 7획	豕	足(⻊)	豸	身
	돼지 시	발 족	발없는벌레 치	몸 신

豸 　발없는벌레 치. 갖은돼지시 변. 풀(解)/해치 치. 　　　3028-00

- **자원** 豸 → 웅크리고 있는 짐승 모양을 표현한 글자로 봄.
- **쓰임** 「짐승. 사나운(날쌘) 짐승」 의미로 쓰임.

獬豸(해:치 - 해태. 시비是非와 선악을 판단하여 안다고 하는 상상의 동물) ※ 獬(해태 해)

貌 　모양 모. 얼굴/꼴 모 | 본뜰 막. 　　　3029-32

- ● 豸 + 皃(모양 모 | 얼굴 막) = 貌
- ☞ 짐승(豸) 모양(얼굴)(皃)이라는 데서 「모양. 얼굴. 꼴」 뜻으로.

貌樣(모양 - 됨됨이. 형상) 容貌(용모 - 사람의 얼굴 모양) 風貌(풍모) 美貌(미:모) 外貌(외:모)

貊 　맥국 맥. 나라이름/오랑캐 맥. 　　　3030-20

- ● 豸 + 百(일백/많을/온갖 백) = 貊 (2080 참조)
- ☞ 사나운 짐승(豸)처럼 성품이 매우 저돌적인 백성(百姓)이라는 의미가 부여되어 「오랑캐. 맥국. 나라 이름」 뜻으로.

貊弓(맥궁 - 고구려의 소수맥에서 나던 품질이 썩 좋은 활) 蠻貊(만맥) 濊貊(예:맥) 小水貊(소:수맥)

豹 　표범 표. 아롱질 표. 　　　3031-10

- ● 豸 + 勺(구기 작) = 豹 (0267 참조)
  - ☞ 눈금이 그어져 있는 구기(勺) 모양처럼 표피에 줄무늬가 들어 있는 사나운 짐승(豸)이라는 데서 「표범. (표피가)아롱지다」 뜻으로.
  - 豹皮(표피 - 표범 가죽) 豹變(표변 - 마음이나 행동이 돌변함) 豹死留皮(표사유피)

표범(豹)

豺 　승냥이 시. 　　　3032-10

- ● 豸 + 才(재주 재) = 豺
- ☞ 재주(꽤)(才)가 많은 매우 날쌘 짐승(豸)이라는 데서 「승냥이」 뜻으로.

豺狼(시랑 - 승냥이와 이리) 豺虎(시호 - 승냥이와 호랑이. 사납고 악독한 사람을 비유)

貂 　담비 초. 　　　3033-10

- ● 豸 + {刀(칼 도) + 口(입 구) = 召(부를 소)} = 貂 (0833 참조)
- ☞ (나뭇가지 같은 데에) 높이(召) 뛰어오르는 매우 날쌘 짐승(豸)이라는 데서 「담비」 뜻으로.

狗尾續貂(구미속초 - 하찮은 것으로 뒤를 이음을 이르는 말)

豕	足(⻊)	豸	身
돼지 시	발 족	발없는벌레 치	몸 신

身 | 몸 신. 나/아이밸/착지/교지 신. 3034-60

자원 身 → 自(스스로/몸 자 ㅣ코 비)와 才(재주/바탕 재)의 결합으로, 몸(自)의 바탕(才), 곧 자신의 근간을 이루는 몸(몸뚱이)이라는 데서 「몸. 나」의미를 지님.

쓰임 「몸」의미로 쓰임.

身體(신체 - 사람의 몸) 身邊(신변 - 몸과 주위) 身檢(신검 - 신체검사의 준말) 身病(신병) 身長(신장) 身分(신분) 身上(신상) 身元(신원 - 개인 형편에 관계되는 자료) 身土不二(신토불이)

躬 | 몸 궁. 몸소 궁. 3035-10

● 身 + 弓(활 궁) = 躬

☞ 몸(身)을 구부정한 활(弓)처럼 구푸리는, 곧 (다른 사람 앞에서) 낮은 자세를 취하는(겸양하는) 자기 자신이라는 데서 「몸. 몸소」뜻으로.

躬行(궁행 - 몸소 행함. 실천함) 躬進(궁진 - 자신이 몸소 감)

★ 躬(몸/몸소 궁)과 결합을 이룬 글자. 3035 별첨

窮(궁할/다할 궁) ☞ 穴(2167) → (막다른) 동굴(穴) 속으로 몸(躬)을 숨기는(피하는) 매우 궁색한 처지에 놓여 있다는 데서 「궁하다. (궁하여)막히다. (막히어서)다하다」 窮塞(궁색)

軀 | 몸 구. 몸뚱이 구. 3036-10

● 身 + 區(지경/나눌/감출/구분할 구) = 軀 (0271 참조)

☞ 구분(區) 지어져 있는 몸(身), 곧 머리와 팔다리 등의 제반 신체 부위와 심장과 위장 등의 오장(五臟)과 육부(六腑)로 구분 지어져 있는 몸뚱이라는 데서 「몸뚱이. 몸」뜻으로.

軀命(구명 - 몸과 목숨) 軀幹(구간 - 포유동물의 몸통) 體軀(체구) 病軀(병:구 - 병든 몸)

※ 身과 결합을 이룬 글자는 射(쏠 사 → 寸 부수) 謝(사례할 사 → 言 부수) 窮(다할 궁→ 穴 부수) 등이 있음.

貝	辵(辶)	車	走
조개 패	쉬엄쉬엄 갈 착	수레 거	달아날 주

貝 조개 패: 자개/재물/비단이름 패. 3037-60

자원 貝 → 줄무늬가 들어 있는 조가비(目)와 촉각(八)을 드러낸 조개 모양을 표현. (옛날에는) 조가비를 다듬어 화폐로 사용하였기에 「조개. 재물(돈)」 의미를 지님.

쓰임 「재물. 재화. 돈. 조개. 조가비」 의미로 쓰임.

貝塚(패:총 - 조개 무덤) 貝殼(패:각 - 조가비. 조개껍질) 魚貝類(어패류 - 생선과 조개 종류의 총칭)

貴 귀할 귀: 바랄/값이비쌀 귀. 3038-50

◉ 中(가운데 중) + 一(한 일) + 貝 = 貴

☞ 궤짝 같은 용기의 가운데(中) 지점의 아래쪽 바닥(一)에 보관하여 놓은 귀중한 재물(貝)이라는 데서 「귀하다. (귀한 재물은 대부분의 사람들이 갖기를 바라며 값이 비싸다는 데서)바라다. 값이 비싸다」 뜻으로.

貴賤(귀:천 - 귀하고 천함) 貴人(귀:인) 貴態(귀:태) 貴族(귀:족) 貴重(귀:중) 貴下(귀:하) 貴金屬(귀:금속)

★ 貴(귀할/바랄/값이비쌀 귀)와 결합을 이룬 글자.		3038 별첨
匱(함 궤)	☞ 匚(0285) → 귀한(貴) 물건을 넣어 두는 상자(匚)이라는 데서 「함. 갑」 匱乏(궤핍)	
櫃(함 궤)	☞ 木(1727) → 나무(木)로 된 함(匱 함 궤)이라는 데서 「함」 金櫃(금궤)	
潰(무너질 궤)	☞ 水(1313) → 물(홍수)(氵)에 휩쓸리어 귀한(貴) 농토와 재물이 무너져 내리거나 떠내려간다는 데서 「무너지다. 흩어지다」 潰滅(궤멸)	
遺(남길 유)	☞ 辵(3104) → 귀한(貴) 유언이나 유산 같은 것을 남기고 저세상으로 떠나간다(辶)는 데서 「남기다. (후손에게 영향을)끼치다」 遺言(유언)	

賣 팔 매(:) 3039-50

◉ 士(선비 사) + 買(살 매) = 賣

☞ 사농공상(士農工商)으로 이루어진 백성 가운데 농·공·상인이 (생산이나 장사를 하지 않는) 선비(士)에게 물건을 사도록(買) 하는, 곧 상인이 농산품이나 공산품 같은 것을 선비에게 판매한다는 데서 「팔다」 뜻으로.

賣渡(매:도) 賣出(매:출) 賣却(매:각) 賣票(매:표) 賣盡(매:진) 賣官賣職(매:관매직) 賣買(매매)

★ 賣(팔 매)와 결합을 이룬 글자.		3039 별첨
讀(읽을 독)	☞ 言(3202) → 책에 쓰인 글자를 마치 파는(판매하는)(賣) 것처럼 말소리(言)로 전환시킨다(바꾼다)는 데서 「읽다」 讀書(독서)	
瀆(도랑 독)	☞ 水(1333) → 물(냇물)(氵)이 여러 방면으로 팔려(賣) 나가는 것처럼 이리저리 나뉘어져서 흘러내리는 작은 수로이라는 데서 「도랑」 瀆職(독직)	
續(이을 속)	☞ 糸(2464) → 실(糸)이 팔려(賣) 나가는 것처럼 끊어지지 않고 계속 이어져 나간다는 데서 「잇다. 계속」 續出(속출)	

貝 부수(자원과 쓰임 → 3037 참조)

| 贖(속죄할 속) | ☞ 貝(3080) → 재물(돈)(貝)을 받고 죄인의 구속을 판매하는(賣), 곧 형을 집행하는 자가 죄인으로부터 죄 값으로 재물을 받고 구속을 면죄시켜 준다는 데서「속죄하다」贖罪(속죄) |

買 살 매: 3040-50

◉ 罒(그물 망) + 貝 = 買

☞ 그물(罒)을 쳐서 물고기나 짐승을 잡아들이는 것처럼 돈(화폐)(貝)을 지불하고 상품을 거두어들인다(사들인다)는 데서「사다」뜻으로.

買入(매:입 - 사들임) 買票(매:표) 買收(매:수) 買氣(매:기) 買食(매:식) 買辦(매:판) 買占賣惜(매:점매석)

財 재물 재. 보배/재화 재. 3041-50

◉ 貝 + 才(재주/바탕 재) = 財 (1423 참조)

☞ 돈(貝)이 되는 바탕(밑천)(才)이라는 데서「재물. 보배. 재화」뜻으로.

財物(재물 - 돈이나 값이 나가는 물건) 財貨(재화) 財産(재산) 財政(재정) 財源(재원) 財閥(재벌)

責 꾸짖을 책. 요구할/구할/취할 책 | 빚 채. 3042-50

◉ 丰(→ 生「날/날것 생」의 획 줄임) + 貝 = 責

☞ (밑천 없이) 생(생잡이)(丰 = 生)으로 돈(貝)을 끌어들인다는 데서「취하다. 구하다. 빚. (상환 일자를 넘긴 빚에 대하여 독촉한다는 데서)꾸짖다. 요구하다」뜻으로.

責望(책망 - 나무람) 責任(책임) 責務(책무) 職責(직책) 叱責(질책) 問責(문:책) 罪責(죄:책)

★ 責(꾸짖을/요구할/구할/취할 책 | 빚 채)과 결합을 이룬 글자. 3042 별첨

債(빚 채)	☞ 人(0126) → 다른 사람(亻)으로부터 빚(責)을 지고 있다는 데서「빚. 빚지다」債務(채무)
積(쌓을 적)	☞ 禾(2202) → 벼(禾)를 취하여(責) 놓은, 곧 벼를 베어내어(거두어들이어) 이들을 차곡차곡 쌓아(모아) 놓은 모양이라는 데서「쌓다. 모으다」積置(적치)
績(길쌈 적)	☞ 糸(2469) → 실(糸)을 취하는(責), 곧 물레로부터 실을 자아낸다는 데서「실 낳다. 길쌈」
蹟(자취 적)	☞ 足(3003) → 발(𧾷)을 밟고 다녔던 흔적이 빚더미(責)처럼 많이 쌓여 있는, 곧 선인들이 남겨 놓은 행적(많은 발자취)이라는 데서「자취 사적」古蹟(고적)

費 쓸 비: 소모할/허비할 비. 3043-50

◉ 弗(아니/말/어그러질/버릴 불) + 貝 = 費 (0919 참조)

☞ 재물(돈)(貝)을 어그러지게(弗) 하는, 곧 가지고 있는 돈을 이리저리 허비(소비)한다는 데서「허비하다. 소모하다. 쓰다」뜻으로.

費用(비:용 - 어떤 일을 하는 데 드는 돈) 會費(회:비) 浪費(낭:비) 經費(경비) 虛費(허비) 消費(소비)

貯 쌓을 저: 저축할/감출 저. 3044-50

◉ 貝 + 宁(멈출 저) = 貯

☞ 재물(돈)(貝)이 멈추어(宁) 있는, 곧 돈을 소비하지 않고 보관하여(쌓아) 두거나 금융 기관 같은 곳에 맡겨 둔다는 데서「쌓다. 저축하다. 감추다」뜻으로.

貯金(저:금 - 돈을 금융 기관에 저축함) 貯蓄(저:축) 貯藏(저:장) 貯油(저:유) 貯水池(저:수지)

賞　상줄 상. 권할 상. 3045-50

◉ 尙(오히려/숭상할/높일/귀히여길 상) + 貝 = 賞 (0576 참조)

☞ 공훈이나 업적을 높이(尙) 기리고(치하하고) 권면하기 위하여 재물(貝)을 곁들여 준다는 데서 「상주다. 권하다」 뜻으로.

賞金(상금 - 상으로 주는 돈) 賞品(상품) 賞罰(상벌) 賞狀(상장) 賞牌(상패) 賞春客(상춘객) 褒賞(포상)

★ 賞(상줄 상)과 결합을 이룬 글자.		3045 별첨
償(값을 상)	☞ 人(0112) → 다른 사람(亻)에게 상(賞)을 내려 공로를 보답하여 준다는 데서 「갚다」	

質　바탕 질. 물건의본체/소질/질박할/대답할 질. 3046-50

◉ {斤(도끼 근) × 2 = 所(방치돌/모탕 은)} + 貝 = 質

※ 방치돌 → 다듬잇돌. ※ 모탕 → 물건을 괴는 나무.

☞ 방치돌(所)에 올려놓은 (돈으로 다듬기 이전의) 본래 형체(본바탕)의 조개(貝)라는 데서 「바탕. 물건의 본체. (본래의 바탕이라는 데서)소질. 질박하다」 뜻으로.

質問(질문 - 의문을 캐어물음) 質量(질량) 質疑(질의) 質議(질의) 質朴(질박) 質權(질권) 素質(소질)

賢　어질 현. 덕행이있고재지가많을/좋을 현. 3047-42

◉ 臤(굳을 견｜어질 현) + 貝 = 賢 (0664 참조)

☞ 어진(臤) 마음으로 좋은 일에 재물(貝)을 쓰는(선용하는) 인품이라는 데서 「어질다. 덕행이 있고 재지(才智)가 많다. 좋다」 뜻으로.

賢明(현명) 賢淑(현숙) 賢人(현인) 賢者(현자) 賢哲(현철) 賢母良妻(현모양처) 先賢(선현) 聖賢(성:현)

貧　가난할 빈. 구차할 빈. 3048-42

◉ 分(나눌/쪼갤 분) + 貝 = 貧 (0227 참조)

☞ 재물(貝)이 이리저리 나뉘어져(분산되어)(分) 남아 있는 것이 미미하다는 데서 「가난하다. 구차하다」 뜻으로.

貧困(빈곤) 貧弱(빈약 - 보잘 것 없음) 貧富(빈부) 貧村(빈촌) 貧民(빈민) 貧國(빈국) 貧窮(빈궁)

貨　재물 화: 재화/금전 화. 3049-42

◉ 化(될/변화될/바꿀 화) + 貝 = 貨 (0221 참조)

☞ 돈(貝)으로 되는(化) 여러 가지 물자(재물이나 재화)이라는 데서 「재물. 재화. 금전」 뜻으로.

貨幣(화:폐 - 돈) 貨物(화:물) 外貨(외:화) 韓貨(한:화) 美貨(미화) 財貨(재화) 通貨(통화) 金貨(금화)

負　질(荷) 부: 짐질/빚질 부. 3050-40

◉ 勹(= 人「사람 인」의 변형) + 貝 = 負

☞ 사람(勹 = 人)이 재물(貝)을 짊어지고 있다는 데서 「지다. 짐 지다. (짐을 지고 있는 것처럼 부채

貝 부수(자원과 쓰임 → 3037 참조)

를 떠안고 있다는 데서)빚지다」뜻으로.
負擔(부:담) 負債(부:채 - 빚) 負荷(부:하) 負傷(부:상) 勝負(승부) 男負女戴(남부여대)

資 재물 자. 밑천/자료 자. 3051-40

- 次(다음/버금/차례 차) + 貝 = 資 (2008 참조)
- ☞ 버금(次)가는 재물(貝), 곧 돈과 대등한 제반 물자이라는 데서「재물. 밑천」뜻으로.

資本(자본) 資金(자금) 資格(자격) 資質(자질) 資料(자료) 資産(자산) 資力(자력) 資源(자원)

賊 도둑 적. 도적/해칠/상할 적. 3052-40

- 貝 + 戎(오랑캐 융) = 賊 (1769 참조)
- ☞ 남의 재물(貝)을 약탈하는 오랑캐(戎) 같은 무리이라는 데서「도적. (도적이 남의 재물을)해치다. 상하다」뜻으로.

賊盜(적도 - 도적) 賊徒(적도 - 도적의 무리) 賊黨(적당) 賊反荷杖(적반하장) 盜賊(도적) 逆賊(역적)

貢 바칠 공: 공물/세바칠 공. 3053-32

- 工(장인/만들 공) + 貝 = 貢
- ☞ 만들어(工) 놓은 재물(貝), 곧 곡식이나 피륙·특산물 같은 재물을 별도로 장만하여 국가에 세금으로 바친다는 데서「바치다. 공물. 세 바치다」뜻으로.

貢物(공:물 - 조정에 바치는 물건) 貢獻(공:헌 - 이바지함) 朝貢(조공 - 상국에 공물을 바침)

貫 꿸 관(:) 달할/관향 관. 3054-32

- 毌(꿸 관) + 貝 = 貫
- ☞ 꿰어(毌) 놓은 조개(貝), 곧 조가비(돈)를 노끈에 꿰어 놓은 모양이라는 데서「꿰다. (특정 지역이나 가문에 꿰어 있다는 데서)달하다. 관향」뜻으로.

貫通(관:통) 貫鄕(관:향 - 시조가 난 땅) 貫徹(관:철) 貫珠(관:주) 貫祿(관:록) 貫革(관:혁) 本貫(본관)

★ 貫(꿸/달할 관)과 결합을 이룬 글자. 3054 별첨

| 慣(익숙할 관) | ☞ 心(1886) → 마음(忄)에 꿰어져(貫) 있는, 곧 마음속에 깊숙하게 자리매김하고 있는 습성(버릇)이라는 데서「버릇. 익숙하다」慣例(관례) |

貿 무역할 무: 장사할 무. 3055-32

- 卯(토끼/무성할 묘) + 貝 = 貿 (0350 참조)
- ☞ 무성하게(卯) 재화(貝)의 거래가 이루어지는, 곧 많은 재화가 빈번하게 거래된다는 데서「무역하다. 장사하다」뜻으로.

貿易(무:역 - 나라 사이에 서로 물품을 사고팔아 수출입하는 일) 密貿易(밀무역 - 몰래하는 무역)

贊 도울 찬: 밝을/기릴 찬. 3056-32

- {先(먼저 선) + 先 = 兟(나아갈 신)} + 貝 = 贊

貝 부수(자원과 쓰임 → 3037 참조)

☞ 먼저 나아가서(兟), 곧 솔선수범하여 돈(재물)(貝)으로 어려움에 처한 사람들을 돕는다는 데서 「돕다. (서로 돕는 사회는 밝다는 데서)밝다. (밝히어서)기리다」 뜻으로.

贊助(찬:조 - 찬성하여 도와줌) 贊成(찬:성) 贊意(찬:의) 贊同(찬:동) 贊反(찬:반) 贊否(찬:부) 贊票(찬:표)

★ 贊(도울/밝을/기릴 찬)과 결합을 이룬 글자.		3056 별첨
讚(기릴 찬)	☞ 言(3227) → (다른 사람의) 업적·선행 같은 것을 기리어(贊) 말한다(言)는 데서 「기리다」	
瓚(옥잔 찬)	☞ 玉(2063) → 돕는(贊) 용도로 쓰이는 옥(玉), 곧 일상생활에 도움을 주는 옥으로 된 기물이라는 데서 「옥잔. 제기」	
鑽(뚫을 찬)	☞ 金(3452) → (조가비로 돈을 만들기 위하여) 쇠(金)로 된 끌 같은 연장이 앞으로 나아가(兟) 조가비(貝)를 뚫는다는 데서 「뚫다」 研鑽(연찬)	

賀 하례할 하: 경사/위로할 하. 3057-32

◉ 加(더할 가) + 貝 = 賀 (0364 참조)

☞ 축하 인사에 더하여(加) 돈(축의금)(貝)을 곁들여 준다는 데서 「하례하다. 경사」 뜻으로.

賀禮(하:례 - 축하하는 예절) 賀客(하:객) 慶賀(경:하) 敬賀(경:하) 祝賀(축하) 年賀狀(연하장)

賤 천할 천: 경시할/흔할 천. 3058-32

◉ 貝 + 戔(상할 잔 | 쌓일/얕고작을/적을/좁을 전) = 賤 (1578 참조)

☞ 재물(貝)의 분량이나 값어치가 적은(戔), 곧 재물로서의 값어치가 하잘것없어 대수롭지 않게 여긴다는 데서 「천하다. 경시하다」 뜻으로.

賤待(천:대 - 업신여기어 푸대접함) 賤視(천:시) 賤臣(천:신) 賤職(천:직) 賤民(천:민) 賤稱(천:칭)

賴 의뢰할 뢰. 힘입을/이득 뢰. 3059-32

◉ {束(묶을 속) + 刀(= 刂 칼 도) = 剌(어그러질 랄)} + 貝 = 賴

☞ 묶어(束) 놓은 곡식 가마니를 칼(刀)로 어그러지게(剌) 하여(헐어서) 재물(貝)을 가난한 백성에게 나누어 준다는 데서 「(구휼미로 백성이)힘입다. (극빈자가 국가에)의뢰하다」 뜻으로.

依賴(의뢰 - 남에게 의지함. 남에게 부탁함) 無賴漢(무뢰한 - 불량한 짓을 하는 사람) 信賴(신:뢰)

★ 賴(의뢰할/힘입을/이득 뢰)와 결합을 이룬 글자.		3059 별첨
懶(게으를 라)	☞ 心(1926) → 의지(의뢰)하려는(賴) 마음(忄), 곧 손수 일하려 들지 않고 남에게 기대려고 하는 안일한 마음가짐이라는 데서 「게으르다」 懶怠(나태)	
癩(문둥이 라)	☞ 疒(2323) → (민가와 격리되어) 환자들끼리 서로 의지하며(賴) 무척 외롭게 살아가는 병(疒)이라는 데서 「문둥병」 癩病(나병)	

貞 곧을 정. 점칠 정. 3060-32

◉ 卜(점/점칠 복) + 貝 = 貞

☞ 점괘(卜)를 얻는 거북 껍질이 (두 조각으로 나뉘어져 있는) 조가비(貝)처럼 절반으로 곧게 갈라지는 좋은 점괘를 얻는다는 데서 「곧다. 점치다」 뜻으로.

貞淑(정숙 - 여자의 지조가 굳고 마음씨가 얌전함) 貞潔(정결) 貞節(정절) 貞操(정조) 不貞(부정)

貝 부수(자원과 쓰임 → 3037 참조)

★ 貞(곧을/점칠 정)과 결합을 이룬 글자.		3060 별첨
偵(염탐할 정)	☞ 人(0129) → 다른 사람(亻)에게 점칠(貞) 내용을 물어보는 것처럼 넌지시 묻는다는 데서 「염탐하다. 묻다」 偵探(정탐)	
楨(광나무 정)	☞ 木(1679) → 곧게(貞) 정절을 지키는 것처럼 매서운 겨울 추위에도 푸른빛을 잃지 않는 (늘푸른) 나무(木), 곧 여정목(女貞木)으로 불리는 나무라는 데서 「광나무」 楨幹(정간)	
禎(상서로울 정)	☞ 示(2367) → 신(示)이 인간에게 곧은(貞) 방편을 제시(인도)하여 주는 좋은 징조이라는 데서 「상서롭다. 바르다」 禎祥(정상)	
幀(그림족자 정)	☞ 巾(0987) → 천(巾)에 그림을 그리거나 수를 놓아서 곧게(貞) 드리워 놓은 족자이라는 데서 「그림 족자. 불상 그림」 影幀(영정)	

貪 탐할/탐낼 탐. 재물을탐할/탐욕 탐.   3061-30

- 今(이제/이에/곧 금) + 貝 = 貪 (0050 참조)
- ☞ 지금(今) 이 순간에 값진 재물(貝)이 앞에 놓여 있다면 대부분의 사람들은 이를 갖고 싶어 하는 마음을 낸다(견물생심이다)는 데서 「탐하다. 탐내다. 재물을 탐하다」 뜻으로.

貪慾(탐욕 - 탐내는 욕심) 貪好(탐호) 貪財(탐재) 貪虐(탐학) 貪橫(탐횡) 貪官汚吏(탐관오리)

販 팔 판. 장사할 판.   3062-30

- 貝 + 反(돌이킬/되돌릴 반) = 販 (0384 참조)
- ☞ 상품을 건네주는 대가로 돈(貝)을 되돌려(反) 받는 행위이라는 데서 「팔다. 장사하다」 뜻으로.

販賣(판매 - 상품을 팖) 販路(판로) 販促(판촉) 販禁(판금) 自販機(자판기) 總販(총:판)

賃 품삯 임: 품팔이/세낼 임.   3063-30

- 任(맡길/맡을 임) + 貝 = 賃 (0404 참조)
- ☞ 다른 사람이 시키는 일거리나 남의 재산을 일정한 기간 동안 사용 수익할 수 있는 권리를 맡는(任) 대가로 주고받는 돈(貝)이라는 데서 「품삯. 품팔이. 세내다」 뜻으로.

賃金(임:금 - 노동자가 노동하여 받는 보수) 賃借(임:차 - 돈을 주고 물건을 빌리는 일) 賃貸(임:대)

貸 빌릴/뀔 대: 빌려줄 대.   3064-30

- 代(대신할/시대/바꿀 대) + 貝 = 貸 (0049 참조)
- ☞ 소유자(임자)를 대신하여(代) 재물(貝)을 사용하거나 사용하게끔 한다는 데서 「빌리다. 뀌다. 빌려주다」 뜻으로.

貸借(대:차 - 빌려 줌과 빌림. 대변과 차변) 貸與(대:여) 貸切(대:절) 貸付(대:부) 賃貸料(임:대료)

貳 두 이: 3065-30

- 弍(두 이) + 貝 = 貳
- ☞ 돈(貝)의 액수가 둘(弍)이라는 데서 「두(2)」 뜻으로.

金貳萬원(금이:만원 - 돈 2만 원)

貝 부수(자원과 쓰임 → 3037 참조)

賓 손 빈. 공경할 빈. 　　　　　　　　　　　　　　　　　　　　　　3066-30

● 宀(움집 면) + 一(한 일) + 少(밟을 달) + 貝 = 賓
☞ 집(宀)에 일시(一時)적으로 발걸음(少)을 하는, 곧 집(주막집)에 일시적으로 찾아오는(머무르는) 재물(貝)처럼 귀중한 사람이라는 데서「손. (손님을 받들어)공경하다」뜻으로.

賓客(빈객 - 귀한 손님) 接賓(접빈) 迎賓(영빈) 國賓(국빈) 來賓(내:빈 - 찾아온 손님) 貴賓(귀:빈)

★ 賓(손 빈)과 결합을 이룬 글자.　　　　　　　　　　　　　　　3066 별첨

嬪(궁녀 빈)　☞ 女(0511) → 귀한 손님(賓)을 맞이하는 것처럼 언제나 왕과 왕비를 귀하게 모시는 여인(女)이라는 데서「궁녀. 아내」嬪宮(빈궁)

濱(물가 빈)　☞ 水(1368) → 물(氵)이 (주막집에 드나드는) 손님(賓)처럼 항상 들락날락하는 곳(해변 지역)이라는 데서「물가. 물에 가까운 땅」濱涯(빈애)

殯(빈소 빈)　☞ 歹(1586) → 죽은(歹) 사람을 애도(조문)하는 손님(賓)을 맞이하는 처소이라는 데서「빈소」

賦 부세 부: 구실/조세/거둘/지을 부. 　　　　　　　　　　　　　　3067-30

● 貝 + 武(호반/무사/군셀 무) = 賦 (2002 참조)
☞ 재물(貝)을 무력(武)으로 거두어들이는, 곧 국가가 강제성을 띠어 국민으로부터 거두어들이는 재물(조세)이라는 데서「부세. 조세. 구실. 거두다. (조세를 메긴다는 데서)짓다」뜻으로.

賦稅(부:세 - 부과한 조세) 賦課(부:과 - 부담하게 함) 賦金(부:금) 賦與(부:여) 賦役(부:역) 天賦(천부)

賜 줄 사: 하사할 사. 　　　　　　　　　　　　　　　　　　　　　3068-30

● 貝 + 易(쉬울 이｜바꿀 역) = 賜 (1036 참조)
☞ 재물(貝)로 바꾸어(易) 주는, 곧 공훈이나 업적을 보답(보상)하는 차원으로 재물을 내려 준다는 데서「주다. 하사하다」뜻으로.

賜額(사:액 - 임금이 사원 등에 이름을 지어 줌) 賜姓(사:성) 賜饌(사:찬) 賜藥(사:약) 下賜(하:사)

贈 줄(送) 증. 보낼/선물/벼슬을내릴 증. 　　　　　　　　　　　　3069-30

● 貝 + 曾(일찍/더할/깊을 증) = 贈 (1991 참조)
☞ 재물(貝)을 더하여(曾) 주는, 곧 길흉사에 인사와 더불어 재물(축의금이나 부의금)을 준다는 데서「주다. 보내다. 선물」뜻으로.

贈與(증여 - 재산을 무상으로 주는 일) 贈呈(증정) 贈賂(증뢰) 贈賄(증회) 贈遺(증유) 寄贈(기증)

賈 성(姓) 가｜장사 고. 값 가. 　　　　　　　　　　　　　　　　3070-20

● 襾(= 兩덮을 아) + 貝 = 賈
☞ 보자기 같은 것을 덮어(씌워)(襾 = 兩) 놓고 재물(상품)(貝)을 사고판다는 데서「장사」뜻으로.
※ 賈는 보자기를 덮어씌워 놓고 파는 장사, 商은 좌대에 얹어 놓고 파는 장사이라는 의미가 배어 있음.

賈人(고인 - 상인) 商賈船(상고선 - 상품을 싣고 다니는 배) 賈島(가도 - 당나라 시인. 鳥宿池邊樹 僧敲月下門 조숙지변수 승고월하문이라는 작시에서 기인된 퇴고推敲에 관한 일화가 있음)

> 貝 부수(자원과 쓰임 → 3037 참조)

★ 賈(장사 고 I 값 가)와 결합을 이룬 글자.	3070 별첨
價(값 가) ☞ 人(0069) → 다른 사람(亻)과 거래를 하는 가운데 이루어(매겨)지는 상품의 값(賈)이라는 데서 「값」 價格(가격)	

貰 세놓을 세: 세낼/빌릴 세.   3071-20

◉ 世(인간/세대/세상 세) + 貝 = 貰 (0007 참조)

☞ 세대(世)를 구분 짓는 것처럼 일정한 기한을 설정하여 두고 물건(재산)을 사용(수익)토록 하는 대가로 돈(貝)을 주고받는 행위라는 데서 「세놓다. 세내다. 빌리다」 뜻으로.

貰家(세:가 - 셋집) 貰房(세:방-셋방 - 세를 주고 빌려 쓰는 방) 傳貰(전세) 朔月貰(삭월세-사글세)

賠 물어줄 배.   3072-20

◉ 貝 + 咅(침뱉을 부) = 賠 (2921 참조)

☞ 남의 재물(貝)에 침을 뱉어(咅) 더럽히면(못쓰게 하면) 이를 변상하여(물어) 주어야 한다는 데서 「물어 주다」 뜻으로.

賠償(배상 - 남에게 입힌 손해를 갚아 줌) 損害賠償(손:해배상 - 남에게 끼친 손해를 메워 줌)

購 살 구. 현상을걸고구할 구.   3073-20

◉ 貝 + 冓(짤/쌓을 구) = 購 (1616 참조)

☞ 돈(貝)으로, 예산을 짜서(冓) 적정량의 물품을 적기에 구입한다는 데서 「사다」 뜻으로.

購買(구매 - 물건을 사들임. 구입) 購入(구입) 購讀(구독 - 신문 등을 사서 읽음) 購販場(구판장)

賻 부의 부: 3074-10

◉ 貝 + 尃(펼 부) = 賻 (0131 참조)

☞ 초상집에 펼쳐(베풀어)(尃) 주는 돈(재물)(貝)이라는 데서 「부의」 뜻으로.

賻儀(부:의 - 초상집에 부조로 보내는 돈이나 물건) 賻儀金(부:의금 - 부의로 보내는 돈)

賂 뇌물 뢰. 줄 뢰.   3075-10

◉ 貝 + 各(각각 각) = 賂 (0796 참조)

☞ 재물(돈)(貝)을 각각(各)의 사람에게 나누어 준다는 데서 「주다. (청탁을 들어주는 대가로 재물을 준다는 데서)뇌물」 뜻으로.

賂物(뇌물 - 청탁하는 대가로 비밀히 주는 부정한 재물) 受賂罪(수뢰죄 - 뇌물을 받아먹은 죄)

賭 내기/도박 도. 걸/노름 도.   3076-10

◉ 貝 + 者(사람/놈/것/곳 자) = 賭 (2858 참조)

☞ 돈(재물)(貝)을 사람(者) 앞에 놓아두고 내기를 건다(노름한다)는 데서 「도박. 내기. 노름. (내기를) 걸다」 뜻으로.

賭博(도박 - 돈을 걸고 따먹는 내기) 賭租(도조 - 논밭을 빌린 대가로 내는 세금) 賭地(도지)

貝 부수(자원과 쓰임 → 3037 참조)

賄 뇌물/재물 회: 선사할/재화 회. 3077-10

● 貝 + 有(있을/가질 유) = 賄 (1089 참조)
☞ 돈(재물)(貝)을 다른 사람이 소유(有)하게끔 건네준다는 데서 「선사하다. 뇌물」. 한편 가지고 있는 (有) 재물(貝)이라는 데서 「재물. 재화」 뜻으로.

賄賂(회:뢰 - 뇌물. 사리私利를 꾀하여 몰래 보내는 재물) 贈賄(증회 - 뇌물을 줌. 증뢰)

貶 낮출/떨어질 폄. 3078-10

● 貝 + 乏(가난할/떨어질/다할/없을 핍) = 貶 (0026 참조)
☞ 돈(재물)(貝)이 떨어진(乏) 상태라는 데서 「떨어지다. (돈이 떨어져 생활 수준을)낮추다」 뜻으로.

貶毁(폄훼 - 남을 깎아 내리고 헐뜯음) 貶下(폄하 - 깎아 내림) 貶降(폄강) 貶職(폄직) 貶謫(폄적)

貼 붙일 첩. 붙을/전당잡힐 첩. 3079-10

● 貝 + 占(점칠/점령할/자리에붙어있을 점) = 貼 (0398 참조)
☞ 재물(貝)을 점령하는(占), 곧 전당포 주인이 돈을 빌려주면서 돈에 상응하는 다른 재물을 맡는다는 데서 「(물품이)전당 잡히다. (전당품은 붉은 딱지를 붙이는 데서)붙이다. 붙다」 뜻으로.

貼付(첩부 - 착 달라붙게 함) 貼藥(첩약 - 여러 약재를 섞어 봉지에 싼 약)

贖 속죄할 속. 재물바칠/금품을내고죄를면할/바꿀 속. 3080-10

● 貝 + 賣(팔 매) = 贖 (3039 참조)
☞ 재물(돈)(貝)을 받고 죄인의 구속을 판매하는(賣), 곧 형을 집행하는 자가 죄인으로부터 죄 값으로 재물을 받고 구속을 면죄시켜 준다는 데서 「(죄인이)재물을 바치다. (재물로써)속죄하다. (구속을 돈으로)바꾸다」 뜻으로.

贖良(속량 - 몸값을 받고 종을 양민이 되게 하던 일) 贖罪(속죄) 贖身(속신) 贖錢(속전) 贖刑(속형)

贅 혹 췌: 군더더기/데릴사위 췌. 3081-10

● 敖(거만할/놀 오) + 貝 = 贅 (0125 참조)
☞ (하는 일이 없이) 놀면서(敖) 재물(貝)을 축내는 혹과 같은 존재이라는 데서 「군더더기. 혹. (처갓집에서 혹처럼 붙어 지내는)데릴사위」 뜻으로.

贅肉(췌:육 - 궂은살. 군살) 贅居(췌:거 - 처가살이) 贅言(췌:언 - 군더더기 말) 贅談(췌:담) 贅辭(췌:사)

貽 줄 이. 끼칠 이. 3082-00

● 貝 + 台(나/기를/줄 이) = 貽 (0847 참조)
☞ 재물(貝)을 다른 사람에게 준다(台)는 데서 「주다. (도움을 주어 영향을)끼치다」 뜻으로.

貽訓(이훈 - 아버지와 할아버지가 자손을 위하여 남긴 교훈. 유훈遺訓)

贓 장물 장. 3083-00

● 貝 + 臧(착할/곳간/곳집 장) = 贓 (2864 참조)

700

☞ 곳간(臧)에 몰래 숨겨 놓은 다른 사람의 재물(貝)이라는 데서 「장물」 뜻으로.
贓物(장물 - 범죄 행위로 얻은 재물) 贓法(장법 - 장물에 관한 법) 贓罪(장죄 - 뇌물죄)

자투리 마당

邯鄲之夢(한단지몽)

○ 「한단지몽이란 인생(人生)과 영화(榮華)의 덧없음을 이르는 말」이다

- 당나라 때 노생(盧生)이라는 시골 청년이 저녁 무렵에 한단(邯鄲)의 여인숙에 들러 여장을 풀면서 출세하지 못한 자신의 삶에 대하여 주변 사람들에게 신세타령을 하고는 노독(路毒)으로 인하여 꾸벅꾸벅 졸고 있었는데. 옆에서 이 청년의 이야기를 듣고 있었던 여옹(呂翁)이라는 도사(道士)가 자신의 도자기 베개를 끄집어내어 노생에게 베도록 하였는데, 이에 노생이 그 베개를 베고서 이내 잠이 들고 말았다. 노생이 꿈결에 보아하니 베개 양쪽으로 뚫려 있는 구멍이 점점 커지므로 그 속으로 들어갔더니만 어리어리한 기와집이 나타나서 안으로 들어가니, 그 집은 최(崔)씨 성을 가진 명문대가였으며, 주인이 자기를 반겨 주면서 그 집에 머물러 있게 하였으며, 얼마 후에는 주인집 딸과 결혼까지 하게 되었다. 그로부터 공부를 열심히 하여 과거(科擧)에 합격하고, 벼슬길에 나아가서는 높은 관직에 이르렀다. 어쩌다가 좌천(左遷)을 당하는 아픔도 겪게 되었으나 몇 해 지나지 않아 다시 복권이 되었고, 수년 뒤에는 재상(宰相)의 지위에 올라 10년간이나 황제를 보필하면서 권세를 누리고 있던 차에, 노생을 시기(猜忌)하는 자가 노생이 변방의 장수와 반역(叛逆)을 꾀하였다고 무고(誣告)를 하는 바람에, 역적(逆賊)으로 몰리어 중형(重刑)을 받을 처지에 놓이게 되었다. 이에 너무나도 억울한 나머지 하소연하기를 "내가 산동에서 가난한 농사꾼으로 살았다면 이러한 누명을 쓰고 죽지는 않을 터인데 벼슬길에 오른 것이 참으로 후회스럽다. 비록 굶주리며 헐벗게 살았지만 마음만은 편안하였던 그때가 그립다"며 탄식하고는, 자살을 시도하였으나 처자식의 만류로 미수에 그치었다. 이러한 가운데 역적의 죄명을 쓴 다른 관료들은 참살(斬殺)을 당하였으나, 노생은 자기를 알아주던 환관(宦官)의 도움으로 유배를 가게 되었다. 다행히 얼마 지나지 않아서 반역의 누명(陋名)이 벗기어져 다시 벼슬길에 나아가게 되었고, 마지막에는 연국공(燕國公)이라는 공신(功臣)으로 책봉되었다. 자녀들도 모두 출세하여 높은 관직에 나아가고 세도가와 혼인을 맺었으며, 손자 또한 10여명이나 둔 유복한 가정이었다. 만년(晩年)까지 부귀영화를 누리다가 80세에 이르러 노환으로 이제야 일생을 마친다고 여기는 순간에 꿈에서 깨어나게 되었다. 옆자리에는 여전히 도사 여옹이 앉아 있었고, 잠들기 전에 솥에 안친 매조 밥은 아직도 짓고 있는 중이었다. 여옹이 빙그레 웃으면서 "인생은 다 그렇고 그런 것이요"라고 말하는 것이었다. 이에 노생은 그 짧은 시간을 통하여 80년간의 부귀영화를 누렸던 것도 결국 허무한 것이라는 것을 크게 깨닫고는 여옹에게 하직 인사를 하고서 한단을 떠났다는 소설에서 유래한 성어(成語)로, 노생지몽(老生之夢) 황량일취몽(黃粱一炊夢) 여옹침(呂翁枕)이라고도 함.

- 심기제(沈旣濟)의 침중기(枕中記)에서 -

貝	辶(辶)	車	走
조개 패	쉬엄쉬엄 갈 착	수레 거	달아날 주

辶 쉬엄쉬엄갈 착. 달릴/책받침 착. 3084-00

자원 辶의 본뜻이 乍行乍止(사행자지 → 잠깐 가고 잠깐 머무름)임. 뒤쪽으로 처져서(丿 삐침 별) 자축거리며 걸어가고(彳 자축거릴 척) 또한 머무르기(止 = 止 그칠/발 지)를 반복한다는 데서 「쉬엄쉬엄 가다. 가다」는 의미를 지님.

쓰임 「걸어가다. 가다. 나아가다. 돌아가다. 뛰쳐나가다. 움직이는 동작」과 의미로 쓰임.

※ 辶은 책받침 모양이기에 흔히 「책받침」이라고 하나, 내포되어 있는 의미와는 무관함.

道 길 도: 도리/이치/덕/방법/말할/행정단위 도. 3085-70

◉ 首(머리 수) + 辶 = 道

☞ 머리(首)에서 생각하는 바와 같이 올바르게 나아가는(행하는)(辶) 길(방향이나 방법·도리·언행 같은 것)이라는 데서 「길. 이치. 도리. 덕. 방법. 말하다」 뜻으로.

道理(도:리 - 사람이 지켜야 할 바른 길) 道義(도:의) 道路(도:로) 道德(도:덕) 道議員(도:의원) 道廳(도:청)

★ 道(길/이치/도리 도)와 결합을 이룬 글자. 3085 별첨

導(인도할 도)	☞ 寸(0564) → (상대방을) 바른 길(道)로 나아가도록 손으로 잡아(寸) 이끈다(안내한다)는 데서 「이끌다. 인도하다」 引導(인도)

遠 멀 원: 멀리할 원. 3086-60

◉ 袁(옷이길어치렁치렁한모양/옷길 원) + 辶 = 遠 (2559 참조)

☞ 옷이 길어 치렁치렁한 모양(袁)을 이루듯이 기다란 대열을 이루어 걸어가는(辶), 곧 병사들의 행군이 멀리까지 뻗어 있는 모양이라는 데서 「멀다. 멀리하다」 뜻으로.

遠行(원:행 - 먼 길을 감) 遠洋(원:양) 遠大(원:대) 遠近(원:근) 遠征(원:정) 遠禍召福(원:화소복)

運 옮길 운: 회전시킬/돌릴/돌/움직일/운세 운. 3087-60

◉ 軍(군사/진칠/싸울 군) + 辶 = 運 (3159 참조)

☞ 군사들(軍)이 진을 치기 위하여 수레를 몰고 간다(辶)는 데서 「(수레를)옮기다. (수레바퀴를) 회전시키다. 돌리다. 돌다. (수레가)움직이다」 뜻으로.

運搬(운:반) 運轉(운:전) 運動(운:동) 運送(운:송) 運輸(운:수) 運數(운:수) 運行(운:행) 運航(운:항)

通 통할 통. 뚫을 통. 3088-60

◉ 甬(물솟아오를 용) + 辶 = 通 (0361 참조)

☞ (땅을 뚫고 끊임없이) 물이 솟아오르는(甬) 모양처럼 장애물을 뚫고(헤쳐 가면서) 거침없이 나아간다(辶)는 데서 「(장애물을)뚫다. (뚫리어서)통하다」 뜻으로.

通過(통과 - 통하여 나감) 通行(통행) 通路(통로) 通貨(통화) 通話(통화) 通達(통달) 通帳(통장)

速 빠를 속. 3089-60

◉ 束(묶을 속) + 辶 = 速 (1609 참조)
☞ 바짓가랑이를 묶어(동여)(束) 매고서 재빠르게 나아간다(辶)는 데서 「빠르다」 뜻으로.
※ 옛날 사람들은 헐렁한 바짓가랑이나 짚신을 끈으로 동여매고서 달음박질하였음.
速行(속행) 速度(속도) 速步(속보) 速報(속보) 速成(속성) 速球(속구) 速斷(속단) 速戰速決(속전속결)

近 가까울 근: 가까이할/거의 근 | 어조사 기. 3090-60

◉ 斤(도끼 근) + 辶 = 近
☞ 도끼(近)가 나아가는(辶) 거리, (나무를 쪼개기 위하여) 도끼를 치켜들었다가 내리찍으면 도끼가 멀리 나아가지 않고 거의 제자리에 머문다는 데서 「가깝다. 거의」 뜻으로.
近方(근:방 - 부근) 近處(근:처) 近代(근:대) 近來(근:래) 近郊(근:교) 近隣(근:린) 近墨者黑(근:묵자흑)

選 가릴 선: 뽑을 선. 3091-50

◉ 巽(사양할/부드러울 손) + 辶 = 選 (0950 참조)
☞ 직책을 사양하고(巽) 물러난 자리에 새로운 사람을 나아가게(辶) 하는, 곧 물러난 자리에 적임자를 가리어 뽑는다는 데서 「가리다. 뽑다」 뜻으로.
選定(선:정 - 가려서 정함) 選擇(선:택) 選別(선:별) 選手(선:수) 選出(선:출) 選拔(선:발) 選擧(선:거)

週 주일 주. 돌/두를 주. 3092-50

◉ 周(두루/합당할/주밀할 주) + 辶 = 週 (0816 참조)
☞ 두루(周) 돌아간다(辶)는 데서 「돌다. 두르다. (돌아가는 날짜를 묶어 놓은)주일」 뜻으로.
週日(주일 - 일요일부터 토요일 까지) 週間(주간) 週刊(주간) 週報(주보) 週休(주휴) 週番(주번)

過 지날 과: 넘을/건널/허물 과. 3093-50

◉ 咼(입비뚤어질 괘 | 입비뚤어질 화) + 辶 = 過
☞ 입 비뚤어진(咼) 모양처럼 (장애물을 이리저리 피하면서) 비뚤비뚤하게 지나간다(辶)는 데서 「지나다. (장애물을)넘다. 건너다. (비뚤게 지나가는 그릇된 행위에서)허물」 뜻으로.
過去(과:거 - 지나간 때) 過誤(과:오) 過失(과:실) 過速(과:속) 過剩(과:잉) 過激(과:격) 過渡(과:도)

★ 咼(입비뚤어질 괘 | 입비뚤어질 화)와 결합을 이룬 글자. 3093 별첨

禍(재앙 화)	☞ 示(2355) → 신(示)의 입이 비뚤어지는(咼), 곧 신이 시무룩하게 여김(거들떠보지 않음)으로 인하여 인간이 당하는 액운이라는 데서 「재앙. 재화」 禍根(화근)
渦(소용돌이 와)	☞ 水(1362) → 물(氵)이 입 비뚤어진(咼) 모양처럼 굽이지면서(이리저리 돌면서) 흘러내리는 모양이라는 데서 「소용돌이」 渦流(와류)
蝸(달팽이 와)	☞ 虫(2627) → 입이 비뚤어진(咼), 곧 주둥이를 껍질 바깥으로 비스듬하게 내어 밀고 먹이를 갉아 먹거나 이동하는 벌레(虫)이라는 데서 「달팽이」 蝸牛(와우)

辶 부수(자원과 쓰임 → 3084 참조)

| 送 보낼 송: 전송할 송. | 3094-42 |

- {八(여덟/나눌 팔) + 天(하늘 천) = 关(웃음 소)} + 辶 = 送
- 나뉘어져서(八) 다른 하늘(天)로 가는(辶), 곧 손님을 다른 곳으로 떠나보내는, 또는 웃음(关) 띤 얼굴로(좋은 모습으로) 손님을 떠나가게(辶) 한다는 데서「보내다. 전송하다」뜻으로.

送金(송:금) 送年(송:년 - 한 해를 보냄) 送電(송:전) 送辭(송:사) 送別(송:별) 送舊迎新(송:구영신)

★ 关(웃음 소)와 결합을 이룬 글자.	3094 별첨
朕(나 짐)	☞ 月(1097) → 선장이 배(月 = 舟)를 저어 나아가는 것처럼 하늘(天)을 헤치며(八) 나아가는, 곧 온 천하를 다스려 나가는 사람이라는 데서「(황제 자칭)짐. 나」

| 逆 거스를 역. 어길/거꾸로 역. | 3095-42 |

- 屰(거스를 역) + 辶 = 逆
- 거슬러(거꾸로)(屰) 간다(辶)는 데서「거스르다. 어기다. 거꾸로」뜻으로.

逆行(역행 - 거꾸로 감) 逆順(역순) 逆境(역경) 逆轉(역전) 逆光(역광) 逆流(역류) 逆賊(역적)

| 退 물러날 퇴: 물러갈/물리칠/겸양할 퇴. | 3096-42 |

- 艮(그칠 간) + 辶 = 退 (2907 참조)
- 진격을 그치고(艮) 제자리(출발지)로 간다(辶)는 데서「물러가다. 물러나다. (적군을)물리치다. (적절한 시기에 물러난다는 데서)겸양하다」뜻으로.

退却(퇴:각 - 물러감) 退去(퇴:거) 退勤(퇴:근) 退任(퇴:임) 退職(퇴:직) 退役(퇴:역) 退院(퇴:원) 退學(퇴:학)

★ 退(물러날/물러갈 퇴)와 결합을 이룬 글자.	3096 별첨
腿(넓적다리 퇴)	☞ 肉(2447) → 물러나는(退) 쪽(뒤편)에 위치하고 있는 신체(月) 부위라는 데서「넓적다리」
褪(바랠 퇴)	☞ 衣(2572) → 물러간(退) 옷(衤), 곧 한물가서(낡아 빠져서) 너덜거리고 색상이 무척 엷어진(빛깔이 바랜) 옷이라는 데서「바래다. 떨어지다」褪色=退色(퇴색)

| 連 이을 련. 연할/잇닿을 련. | 3097-42 |

- 車(수레 거) + 辶 = 連
- 수레바퀴(車)가 지면에 잇닿아 굴러간다(辶)는 데서「잇다. 연하다. 잇닿다」뜻으로.

連結(연결 - 이어서 맺음) 連續(연속) 連日(연일) 連絡(연락) 連鎖(연쇄) 連繫(연계) 連戰(연전)

★ 連(이을/연할/잇닿을 련)과 결합을 이룬 글자.	3097 별첨
蓮(연꽃 련)	☞ 艸(2755) → 수레바퀴 형상의 둥근 잎사귀가 서로 잇닿은(이어진)(連) 모양을 이루어 피어나는 풀(艹)이라는 데서「연. 연꽃」蓮花(연화)
漣(잔물결 련)	☞ 水(1286) → 수레바퀴가 잇닿아(連) 굴러가는 것처럼 물(氵)이 잔잔하게 일렁이는 모양이라는 데서「잔물결」漣川郡(연천군)

| 進 나아갈 진: | 3098-42 |

- 隹(새 추) + 辶 = 進

辶 부수(자원과 쓰임 → 3084 참조)

☞ 새(隹)가 나아가는(辶) 것처럼 줄곧 앞으로만 나아간다는 데서 「나아가다」 뜻으로.
※ 새는 앞으로 나아가기만 하고 뒷걸음질(후진)을 잘 못하는 짐승임.
進行(진:행) 進路(진:로) 進度(진:도) 進陟(진:척) 進步(진:보) 進學(진:학) 進級(진:급) 進退兩難(진:퇴양난)

達 통달할 달. 이를/다다를/새끼양 달.   3099-42

◉ 羍(새끼양 달) + 辶 = 達
☞ 새끼 양(羍)이 어미 양 곁으로 다가간다(辶)는 데서 「새끼 양. 이르다. 다다르다. (막힘이 없이 목적한 장소나 시기에 다다른다는 데서)통달하다」 뜻으로.
達成(달성 - 목적한 바를 이룸) 達人(달인) 達筆(달필) 達辯(달변) 達磨大師(달마대사) 通達(통달)

★ 達(통달할/이를/다다를 달)과 결합을 이룬 글자.	3099 별첨
撻(매질할 달) ☞ 手(1525) → 매를 쥔 손(扌)이 상대방의 종아리나 볼기에 다다른다(이른다)(達)는 데서 「매질하다」鞭撻(편달)	

邊 가(側)/성(姓) 변. 변두리 변.   3100-42

◉ {自(스스로 자 | 코 비) + 穴(구멍 혈) + 方(방위 방) = 臱(보이지않을 면)} + 辶 = 邊
※ 臱 → 코(自) 구멍(穴) 속으로 연하여 있는 방향(方)은 어두워서 「보이지 않다」 뜻으로.
☞ 보이지 않는(臱) 변두리 지역으로 다가간다(辶)는 데서 「가. 변두리」 뜻으로.
邊方(변방 - 가장자리가 되는 방면) 邊境(변경) 周邊(주변) 爐邊談話(노변담화) 海邊(해:변) 底邊(저:변)

造 지을 조: 갈/할/세울/이룰 조.   3101-42

◉ 告(고할/알릴 고 | 청할 곡) + 辶 = 造 (0800 참조)
☞ (일의 진척 상황을) 고하기(알리기)(告) 위하여 윗사람을 찾아간다(辶)는 데서 「가다. (찾아가서 보고를)하다. (보고서를)짓다. (짓는다는 데서)세우다」 뜻으로.
造成(조:성 - 만들어서 이룸) 造形(조:형) 造作(조:작) 造林(조:림) 造景(조:경) 造化(조:화) 造花(조:화)

遇 만날 우: 기회/때 우.   3102-40

◉ 禺(원숭이/해지는곳/갈피/허수아비 우) + 辶 = 遇
※ 갈피 → 일이나 물건의 부분과 부분이 구별되는 자리나 한가운데.
☞ (교차로나 한가운데 지점인) 갈피(禺)를 지나가면(辶) 여러 사람들 가운데 지인(知人)과 만나는 (마주치는) 기회를 맞이한다는 데서 「만나다. 기회. 때」 뜻으로.
待遇(대:우 - 대접함) 處遇(처:우) 禮遇(예:우) 境遇(경우) 不遇(불우) 遭遇(조우) 千載一遇(천재일우)

★ 禺(원숭이/해지는곳/갈피/허수아비 우)와 결합을 이룬 글자.	3102 별첨
愚(어리석을 우)	☞ 心(1884) → 원숭이(禺)가 생각하는 마음(心), 곧 원숭이가 생각하는 것처럼 사물을 분별하는 능력이 모자란다는 데서 「어리석다」 愚鈍(우둔)
偶(짝 우)	☞ 人(0103) → 다른 사람(亻)을 (자신만이 숭배하거나 사모하여) 허수아비(禺)처럼 맹목적으로 따른다(단짝으로 대한다)는 데서 「짝. (짝으로)합치다」 偶像(우상)
寓(부칠 우)	☞ 宀(0620) → 원숭이(禺)가 집(宀)을 지어 일시적으로 머무른다는 데서 「몸을)부치다」

辶 부수(자원과 쓰임 → 3084 참조)

| 隅(모퉁이 우) | ☞ 阜(3355) → 언덕(阝)의 갈피(禺) 지점, 곧 언덕이 갈리어지는(끝자락을 이루는) 모서리 지점이라는 데서「모퉁이」隅谷(우곡) |
| 嵎(산굽이 우) | ☞ 山(0552) → 산(山)의 갈피(禺), 곧 산과 산이 겹쳐지는 굴곡 지대라는 데서「산굽이」 |

迎 맞을 영. 맞이할/만날/마중나갈 영.   3103-40

◉ 卬(나/높을/바랄 앙) + 辶 = 迎
☞ 손님과 상봉하기(만나기)를 바라면서(卬) 걸어 나간다(辶)는 데서「마중 나가다. 맞이하다. 맞다. 만나다」뜻으로.
迎接(영접 - 손님을 맞이하여 대접함) 迎賓(영빈) 迎入(영입) 迎合(영합) 迎新(영신) 迎日灣(영일만)

遺 남길 유. 끼칠/보낼/잃을/잊을/버릴 유.   3104-40

◉ 貴(귀할 귀) + 辶 = 遺 (3038 참조)
☞ 귀한(貴) 유언이나 유산 같은 것을 남기고 저세상으로 떠나간다(辶)는 데서「남기다. (후손에게 영향을) 끼치다. (저세상으로 떠나)보내다」뜻을. 한편 귀한(貴) 재물이 밖으로 나가 버린다(辶)는 데서「잃다. 잊다. 버리다」뜻으로.
遺言(유언 - 임종 때에 부탁하는 말) 遺産(유산) 遺書(유서) 遺族(유족) 遺物(유물) 遺品(유품)

避 피할 피: 면할/벗어날 피.   3105-40

◉ 辟(임금/궁벽할/물러날 벽│피할 피) + 辶 = 避 (3317 참조)
☞ 위험한 곳을 피하여(辟) 안전한 곳으로 간다(辶)는 데서「피하다. 면하다」뜻으로.
避身(피:신 - 몸을 피함) 避難(피:난) 避亂(피:란) 避暑(피:서) 避妊(피:임) 避脫(피:탈) 避雷針(피:뢰침)

逃 도망할 도. 달아날/피할 도.   3106-40

◉ 兆(조짐/거북점 조) + 辶 = 逃 (0190 참조)
☞ 무리(대열)에서 (거북 껍질이 갈라진 모양을 표현한) 조(兆) 글자 형상처럼 갈라져서(이탈하여) 다른 곳으로 간다(辶)는 데서「달아나다. 도망하다」뜻으로.
逃亡(도망 - 피하여 달아남) 逃走(도주 - 도망) 逃避(도피 - 도망하여 몸을 피함)

遊 놀 유. 놀이/떠돌/여행/유세 유.   3107-40

◉ {方人(깃발날릴 언) + 子(아들 자) = 斿(깃발 유)} + 辶 = 遊
☞ 깃발(斿)이 풍향에 따라 이리저리 펄럭이는 것처럼 마음이 내키는 곳으로 이리저리 걸어간다(辶)는 데서「떠돌다. 놀다. 놀이. 여행. (떠돌아다니면서 선전하는)유세」뜻으로.
遊覽(유람 - 두루 돌아다니며 구경함) 遊戱(유희) 遊休(유휴) 遊說(유세) 遊牧(유목) 遊園地(유원지)

★ 斿(깃발 유)와 결합을 이룬 글자.		3107 별첨
游(헤엄칠 유)	☞ 水(1317) → 물(氵)에 들어가(입수하여), 바람에 펄럭이는 깃발(斿)처럼 팔다리를 펄럭거리며 나아가는 동작을 취한다는 데서「헤엄치다」游泳(유영)	

辶 부수(자원과 쓰임 → 3084 참조)

適　맞을 적. 찾아갈/갈/이를/마침 적.　　3108-40

- 啇(밑동/나무뿌리/과일꼭지 적) + 辶 = 適 (1803 참조)
- ☞ 밑동(啇)에 가는(辶), 곧 목표로 하는 시간과 장소에 꼭 들어맞게 다가간다는 데서「맞다. 찾아가다. 가다. 이르다. 마침」뜻으로.

適意(적의 - 뜻에 맞음) 適期(적기) 適性(적성) 適所(적소) 適當(적당) 適用(적용) 適應(적응)

還　돌아올 환(:) 돌/다시/도리어 환.　　3109-32

- 睘(눈휘둥그럴 경 | 돌아올 선) + 辶 = 還 (2032 참조)
- ☞ 돌아오는(睘) 방향으로 가는(辶), 곧 제자리로 다시 되돌아온다는 데서「돌다. 돌아오다. 다시. 도리어」뜻으로.

還給(환급 - 물건을 소유자에게 돌려줌) 還收(환수) 還拂(환불) 還國(환국) 還生(환생) 還甲(환:갑)

迫　핍박할/닥칠 박. 절박할/곤궁할 박.　　3110-32

- 白(흰/고할 백) + 辶 = 迫
- ☞ 희게(白) 되어 가는(辶), 곧 얼굴이 창백하게 되어 목숨이 매우 위태로운 지경에 다다라 있다는 데서「(사경에)닥치다. 절박하다. (절박하게 다그치어)핍박하다」뜻으로.

迫力(박력 - 힘차게 밀고 나가는 힘) 迫進(박진) 迫頭(박두) 急迫(급박) 緊迫(긴박) 驅迫(구박)

述　펼/베풀 술. 지을/이을/진술할/말할 술.　　3111-32

- 朮(찰기장 술 | 삽주 출) + 辶 = 述
- ☞ 차진 찰기장(朮)처럼 연설이나 문장 같은 것을 끈끈하게(흥미진진하게) 이어 간다(辶)는 데서「말하다. 진술하다. (문장을)짓다. 잇다. (이어서)베풀다. 펴다」뜻으로.

述語(술어 - 서술하는 말) 述懷(술회) 述作(술작) 論述(논술) 口述(구:술) 著述(저:술) 敍述(서:술)

逢　만날 봉.　　3112-32

- 夆(만날/봉우리 봉) + 辶 = 逢 (0527 참조)
- ☞ 상대편으로 다가가서(辶) 서로가 만난다(夆)는 데서「만나다」뜻으로.

逢着(봉착 - 서로 닥뜨려 만남) 逢變(봉변 - 뜻밖에 모욕을 당함) 逢敗(봉패) 逢年(봉년) 逢豐(봉풍)

★ 逢(만날 봉)과 결합을 이룬 글자.　　3112 별첨

| 縫(꿰맬 봉) | ☞ 糸(2499) → 실(糸)을 서로 만나게(이어지게)(逢) 하여 해진 옷을 꿰맨다는 데서「꿰매다」 |
| 蓬(쑥 봉) | ☞ 艹(2770) → 여러 가닥의 잎줄기가 한데 만나는(逢) 것처럼 매우 촘촘하게 자라나는 풀(艹)이라는 데서「쑥. 다북쑥」蓬髮(봉발) |

途　길 도: 도로 도.　　3113-32

- 余(나/나머지/남을 여) + 辶 = 途 (0118 참조)
- ☞ 내(余)가 걸어 나가는(다니는)(辶) 지면, 또는 여유롭게(余) 걸어가도록(辶) 넓적하게 조성하여

辶 부수(자원과 쓰임 → 3084 참조)

놓은 지면이라는 데서 「길. 도로」 뜻으로.
途中(도:중 - 길을 가고 있는 동안. 일이 진행되는 중간) 途上(도:상) 用途(용:도) 壯途(장:도) 別途(별도)

逸 편안할 일. 달아날/없어질/숨을 일. 3114-32

◉ 兔(토끼 토) + 辶 = 逸 (0191 참조)
☞ 덫에 걸려든 토끼(兔)가 그곳을 빠져(도망쳐) 나간다(辶)는 데서 「달아나다. 없어지다. (구금을 피하여) 숨다. (숨어서 조용히 지낸다는 데서)편안하다」 뜻으로.

逸脫(일탈 - 벗어남) 逸話(일화 - 숨은 이야기) 逸品(일품) 逸民(일민) 逸走(일주) 安逸(안일)

返 돌이킬 반: 돌아올/돌려보낼/갚을 반. 3115-30

◉ 反(돌이킬/되돌릴 반) + 辶 = 返 (0384 참조)
☞ (원래 자리로) 되돌아(反) 간다(辶)는 데서 「돌아오다. 돌이키다. (돌이키게 한다는 데서)돌려보내다. 갚다」 뜻으로.

返還(반:환 - 도로 돌려줌) 返戾(반:려) 返送(반:송) 返納(반:납) 返品(반:품) 返信(반:신) 返柩(반:구)

迷 미혹할 미(:) 정신이혼란할 미. 3116-30

◉ 米(쌀 미) + 辶 = 迷
☞ 쌀(쌀더미)(米) 속으로 걸어가는(辶) 것처럼 수없이 갈래지고 컴컴하여 나아가는 방향(갈피)을 잡지 못한다는 데서 「미혹하다. 정신이 혼란하다」 뜻으로.

迷路(미:로 - 갈래져서 찾기가 어려운 길) 迷宮(미:궁) 迷信(미:신 - 망령된 믿음) 迷惑(미혹)

★ 迷(미혹할 미)와 결합을 이룬 글자.			3116 별첨
謎(수수께끼 미)	☞ 言(3305) →	☞ (빗대어서) 미혹하게(헷갈리게)(迷) 말한다(言) 데서 「수수께끼」	

追 따를/쫓을 추. 미칠/뒤미칠/좇을 추ㅣ갈 퇴. 3117-30

◉ 𠂤(무더기/작은산 퇴) + 辶 = 追
☞ (수많은 병사들이) 무더기(무리)(𠂤)를 이루어 인솔자를 뒤따라(뒤쫓아) 걸어간다(辶)는 데서 「따르다. 쫓다. 미치다. 좇다. 가다」 뜻으로.

追求(추구 - 쫓아서 구함) 追究(추구 - 캐어서 연구함) 追加(추가) 追跡(추적) 追放(추방) 追擊(추격)

★ 追(따를/쫓을 추)와 결합을 이룬 글자.			3117 별첨
鎚(쇠망치 추)	☞ 金(3473) →	맞히고자 하는 물체에 뒤미치는(부딪치는)(追) 쇠(金)이라는 데서 「쇠망치」	
槌(방망이 퇴)	☞ 木(1714) →	맞히고자 하는 물체에 뒤미치는(부딪치는)(追) 나무(木)이라는 데서 「방망이」	

透 사무칠 투. 꿰뚫고지나갈/통과할 투. 3118-30

◉ {禾(벼 화) + 乃(이애 내) = 秀(빼어날 수)} + 辶 = 透 (2203 참조)
☞ 벼 이삭이 (줄기를 뚫고) 빼어나는(秀) 것처럼 장애물을 뚫고 곧장 나아(지나)간다(辶)는 데서 「꿰뚫고 지나가다. (꿰뚫고 지나가듯이 속속들이 파고든다는 데서)사무치다」 뜻으로.

辶 **부수**(자원과 쓰임 → 3084 참조)

透過(투과 - 꿰뚫고 지나감) 透徹(투철) 透視(투시) 透明(투명) 透映(투영) 透寫(투사)

逐 쫓을 축. 몰/물리칠/다툴 축 | 달아날 주. 3119-30

- 豕(돼지 시) + 辶 = 逐
- ☞ 사냥개가 (달아나는) 돼지(豕)를 뒤쫓아 간다(辶)는 데서 「쫓다. (돼지를)몰다. 물리치다. (사냥개와 돼지가)다투다. (돼지가)달아나다」 뜻으로.

逐出(축출 - 쫓아냄) 逐條審議(축조심의) 驅逐艦(구축함) 角逐(각축 - 서로 이기려고 경쟁함)

遂 드디어/이룰 수. 나아갈/전진할/통달할 수. 3120-30

- {八(여덟/나눌 팔) + 豕(돼지 시) = 㒸(= 㒸 드디어 수)} + 辶 = 遂
- ☞ 정체 상태에 있다가 드디어(㒸) 나아간다(辶)는 데서 「드디어. 이루다. 나아가다」 뜻으로.

遂行(수행 - 계획한 대로 해냄) 完遂(완수) 未遂(미:수 - 목적한 바를 이루지 못함)

★ 㒸(드디어/나아갈 수)와 결합을 이룬 글자. 3120 별첨

隊(떼/무리 대) ☞ 阜(3334) → 언덕(阝)에, 돼지가 떼를 이루어 나아간다(㒸)는 데서 「떼. 무리」 隊列(대열)

違 어긋날/어길 위. 3121-30

- 韋(다룬가죽/어그러질/어길/에울 위) + 辶 = 違 (3537 참조)
- ☞ (대열을 맞추지 않고) 어그러진(어긋난)(韋) 방향으로 간다(辶)는 데서 「어기다. 어긋나다」 뜻으로.

違反(위반 - 어기거나 배반함. 법령 등을 어기는 일) 違法(위법) 違憲(위헌) 違背(위배) 違和感(위화감)

遍 두루 편. 3122-30

- 扁(작을/넓적할/현판/두루 편) + 辶 = 遍 (1752 참조)
- ☞ (여기저기) 두루(扁) 걸어가는(辶), 또는 현판(扁)이 걸려 있는 이름난 서원이나 정자가 있는 곳을 두루 찾아간다(辶)는 데서 「두루」 뜻으로.

遍在(편재 - 두루 펴져 있음) ※ 偏在(편재 - 한곳에만 치우쳐 있음) 遍歷(편력 - 널리 돌아다님)

遣 보낼 견: 하사품 견. 3123-30

- 𠂤(작은덩어리 견) + 辶 = 遣
- ☞ 작은 덩어리(𠂤)를 지니고 가는(辶), 곧 나라에서 사신으로 하여금 상대국에 부절(符節)과 작은 선물 꾸러미 같은 물건을 가져가게 한다는 데서 「보내다. 하사품」 뜻으로.

遣使(견:사 - 외국에 사신을 보냄) 遣奠祭(견:전제 - 발인할 때 지내는 제사) 派遣(파견)

★ 遣(보낼 견)과 결합을 이룬 글자. 3123 별첨

譴(꾸짖을 견) ☞ 言(3300) → (죄가 무거운 자는 감옥에 가두는 데 반하여 죄가 가벼운 자는) 말씀(言)으로 꾸짖어(훈계하여) 집으로 돌려보낸다(방면한다)遣)는 데서 「꾸짖다」 譴責(견책)

遙 멀 요. 거닐 요. 3124-30

- 䍃(질그릇/독 요) + 辶 = 遙 (3222 참조)

☞ 질그릇(缶)을 짊어지고 걸어가는(辶), 곧 산골에서 구워낸 질그릇을 팔기 위하여 이들을 짊어지고 방방곡곡으로(머나먼 길을) 이리저리 돌아다닌다는 데서 「멀다. 거닐다」뜻으로.

遙拜(요배 - 멀리서 연고지를 향해 절을 함) 遙遠(요원) 遙天(요천 - 아득히 먼 하늘) 逍遙(소요)

遵 좇을 준: 따라갈 준. 3125-30

◉ 尊(높을/공경할 존ㅣ술통 준) + 辶 = 遵 (0563 참조)

☞ (아랫사람이) 지위가 높은(尊) 사람을 뒤따라간다(辶)는 데서 「좇다. 따라가다」뜻으로.

遵守(준:수 - 좇아 지킴) 遵範(준:범 - 규범을 지킴) 遵據(준:거 - 좇아서 의거함) 遵奉(준:봉) 遵行(준:행)

遷 옮길 천: 옮아갈/올라앉을/고칠 천. 3126-30

◉ 䙴(높은곳에오를 선) + 辶 = 遷

☞ 높은 곳에 올라(䙴) 가는(辶), 곧 승진을 하여 현직보다도 높은 자리로 이동하여 간다는 데서 「옮아가다. 옮기다. 올라앉다. (직위나 자리를)고치다」뜻으로.

遷都(천:도 - 도읍을 옮김) 遷客(천:객 - 귀양살이하는 사람) 變遷(변:천) 左遷(좌:천) 三遷之敎(삼천지교)

遲 더딜/늦을 지. 느릴/천천히갈 지. 3127-30

◉ 犀(무소 서) + 辶 = 遲

☞ (동작이 느릿한) 무소(犀)가 천천히 걸어간다(辶)는 데서 「천천히 가다. 더디다. 느리다. 늦다」뜻으로.

遲延(지연 - 더디게 끌어 나감) 遲刻(지각) 遲滯(지체) 遲脈(지맥) 遲發(지발) 遲遲不進(지지부진)

逮 잡을 체. 미칠/쫓을 체ㅣ미칠 태. 3128-20

◉ {⺕(→「손」을 의미) + 氺(아랫물 수) = 隶(미칠 이)} + 辶 = 逮 (3416 참조)

☞ 앞선 사람에게 손길이 미치도록(隶) 바짝 뒤쫓아 간다(辶)는 데서 「미치다. (손길이 미치어서) 잡다. 쫓다」뜻으로.

逮捕(체포 - 죄인을 쫓아가서 잡음)

遞 갈릴 체. 갈마들/교대로/번갈아 체. 3129-20

◉ {厂(끌/밝을 예) + 虎(범 호) = 虒(가지런하지않을 치)} + 辶 = 遞

☞ 가지런하지 않게(虒) 걸어가는(辶), 곧 바른 길로 곧장 걸어가지 않고 여기저기를 들리면서(목적지를 바꾸어 가면서) 걸어간다는 데서 「갈마들다. 갈리다. 교대로」뜻으로.

遞信(체신 - 여러 곳을 거쳐 가면서 편지 등을 전하는 일) 遞減(체감) 遞增(체증) 遞改(체개)

遮 가릴 차(:) 막을 차. 3130-20

◉ 庶(무리/여러/가까울 서) + 辶 = 遮 (0774 참조)

☞ 무리지어(庶) 지나가는(辶), 곧 많은 무리가 한꺼번에 지나가면 시야가 가리어지고 길이 막힌다는 데서 「가리다. 막다」뜻으로.

遮斷(차:단 - 막아서 그치게 함) 遮光(차:광 - 광선을 가림) 遮壁(차:벽) 遮蔽(차:폐) 遮陽(차양)

迦 부처이름 가. 3131-20

- 加(더할 가) + 辶 = 迦 (0364 참조)
- ☞ 迦는 범어 Sakyamuni(석가모니)의 이름자를 가(加)로 음역한 글자로서, 진리를 더하여(加) 가는(辶) 분이라는 의미가 부여되어 「부처 이름」 뜻으로.

釋迦牟尼(석가모니 - 불교의 교조教祖) 迦葉(가섭 - 석가의 제자)

遼 멀 료. 3132-20

- 尞(횃불/불놓을/밝을/비칠 료) + 辶 = 遼 (2309 참조)
- ☞ (봉화대에 지펴 놓은) 횃불(尞)이 멀리까지 비치어 나간다(辶)는 데서 「멀다」 뜻으로.

遼遠=遙遠(요원 - 아득히 멂) 遼東(요동 - 중국 요하遼河의 동쪽 지방)

邀 맞을 요. 3133-10

- {白(흰/고할 백) + 放(놓을 방) = 敫(칠/노래할 교 | 공경할 격)} + 辶 = 邀 (1206 참조)
- ☞ (침략자를) 물리치기(敫) 위하여 적군을 맞이하러 간다(辶)는 데서 「맞이하다」 뜻으로.

邀擊(요격 - 적을 도중에서 기다리었다가 침) 邀招(요초 - 청하여 맞이함) 奉邀(봉:요 - 웃어른을 청함)

迹 자취 적. 공적/사적 적. 3134-10

- 亦(또/다 역) + 辶 = 迹 (0203 참조) ※ 迹과 跡(자취 적)은 동자.
- ☞ 걸어간(辶) 흔적이 또(亦) 있는, 곧 앞서간 사람들이 지면 여기저기에 걸어 다녔던 흔적(행적)이라는 데서 「자취. (선인들이 힘들여 남겨 놓은 자취이라는 데서)공적. 사적」 뜻으로.

痕迹=痕跡(흔적 - 뒤에 남은 자취나 자국) 形迹=形跡(형적 - 형상과 자취)

逼 닥칠/핍박할 핍. 3135-10

- 畐(가득할/폭 복) + 辶 = 逼 (2348 참조)
- ☞ 한정되어 있는 폭(畐) 방향으로 나아가면(辶) 이내 막다른 가장자리에 다다른다는 데서 「닥치다. (막다른 곳에 닥치게 하듯이 바싹 죄어 몰아세운다는 데서)핍박하다」 뜻으로.

逼迫(핍박 - 바싹 다가 대듦. 바싹 죄어 괴롭게 굶)

遭 만날 조. 우연히만날/마주칠 조. 3136-10

- 曹(마을/관청/무리 조) + 辶 = 遭 (1993 참조)
- ☞ 무리(曹)를 이루어 지나가면(辶) 우연하게 다른 사람들과 마주치게 된다는 데서 「우연히 만나다. 만나다. 마주치다」 뜻으로.

遭遇(조우 - 우연히 만남) 遭逢(조봉 - 우연히 만남) 遭難(조난 - 재난을 만남)

邁 갈(行) 매: 멀리갈/힘쓸 매. 3137-10

- 萬(일만 만) + 辶 = 邁 (2719 참조)

☞ 만(萬) 이수(里數)나 되는 머나먼 길을 힘들여 걸어간다(辶)는 데서 「멀리 가다. 가다. 힘쓰다」 뜻으로.

邁進(매:진 - 씩씩하게 나아감) 高邁(고매 - 품위나 인격·학식 등이 높고 빼어남)

逋 도망갈 포. 숨을 포. 3138-10

◉ 甫(클/도울 보 | 남새밭 포) + 辶 = 逋 (2192 참조)
☞ (여러 가지 채소를 심어 놓은) 남새밭(甫)으로 피신하여(숨어들어) 간다(辶)는 데서 「숨다. 도망가다」 뜻으로.

逋脫(포탈 - 도망하여 면함. 조세를 피하여 면함) 逋逃(포도 - 죄를 저지르고 도망감)

遑 급할/허둥거릴 황. 3139-10

◉ 皇(임금/클 황) + 辶 = 遑 (2082 참조)
☞ (급한 부름을 받은) 신하가 임금(皇) 곁으로 허겁지겁 달려간다(辶)는 데서 「허둥거리다. 급하다」 뜻으로.

遑急(황급 - 황황하고 급박함) 遑遑(황황 - 마음이 급하여 허둥지둥함) 遑忙(황망 - 황황해서 매우 바쁨)

遜 겸손할 손: 사양할 손. 3140-10

◉ 孫(손자/겸손할 손) + 辶 = 遜 (0417 참조)
☞ 겸손한(孫) 자세로 윗사람을 따라간다(따른다)(辶)는 데서 「겸손하다. 사양하다」 뜻으로.

遜色(손:색 - 서로 견주어서 못한 점) 謙遜(겸손 - 자기를 낮추는 태도가 있음) 恭遜(공손)

逝 갈 서: 죽을 서. 3141-10

◉ 折(꺾을 절) + 辶 = 逝 (1437 참조)
☞ 나뭇가지가 꺾어지는(折) 것처럼 갑작스럽게(홀연히) 저세상으로 간다(辶) 데서 「가다. 죽다」 뜻으로.

※ 「가다. 나아가다」 뜻을 지닌 글자는 行(갈 행) 去(갈 거) 往(갈 왕) 邁(갈 매) 進(나아갈 진) 就(나아갈 취) 등이 있으나, 逝는 죽음의 길로 간다는 의미가 배어 있기에 주로 「죽다」 의미로 쓰임.

逝去(서:거 - 사거死去의 높임말) 永逝(영:서) 長逝(장서 - 영서) 急逝(급서 - 갑자기 세상을 떠남)

逍 노닐 소. 거닐/이리저리거닐 소. 3142-10

◉ 肖(닮을/같을/작을 초 | 쇠약할/흩어질 소) + 辶 = 逍 (2391 참조)
☞ (여러 방향으로) 흩어지는(肖) 것처럼 이리저리 걸어간다(辶)는 데서 「거닐다. 노닐다. 이리저리 거닐다」 뜻으로.

逍遙(소요 - 슬슬 거닐며 돌아다님. 자적自適하여 즐기는 일) 逍風(소풍 - 야외 등의 먼 길을 걷는 일)

遁 숨을/달아날 둔: 도망할 둔 | 돌 순. 3143-10

◉ 盾(방패/도망 순) + 辶 = 遁 (2283 참조)

☞ (창칼을 피하기 위하여) 방패(盾)를 이리저리 돌리는 것처럼 재빠르게 돌아 나간다(辶)는 데서 「달아나다. 도망하다. 숨다」 뜻으로.

遁世(둔:세 - 속세를 피하여 은둔함) 遁甲(둔:갑) 遁村洞(둔:촌동 - 서울에 있는 지명) 隱遁(은둔)

遐 멀 하. 3144-10

● 叚(빌/빌릴 가) + 辶 = 遐 (0070 참조)
☞ 이웃 나라의 길을 빌려(叚) 멀리 떨어진 제3국을 징벌하려 간다(辶)는 데서 「멀다」 뜻으로.
※ 遐는 천자문의 가도멸괵(假道滅虢 → 거짓으로 길을 빌려 멀리 있는 괵 나라를 치다)과 같은 의미.

遐邇(하이 - 멀고 가까움. 원근) 昇遐(승하 - 먼 곳으로 오른다는 뜻으로, 임금의 죽음을 일컫는 말)

迭 갈마들/바꿀 질. 교대할 질. 3145-10

● 失(잃을/놓을 실) + 辶 = 迭 (0733 참조)
☞ 전쟁터에서 잃은(失) 병사를 보충하여 나간다(辶)는 데서 「갈마들다. 바꾸다」 뜻으로.

更迭(경질 - 어떤 직위에 있는 사람을 갈고, 딴 사람을 그 자리에 임용함)

邂 만날 해: 우연히만날 해. 3146-10

● 解(풀/가를/헤칠 해) + 辶 = 邂 (3319 참조)
☞ 감겨 있는 실타래를 풀어(解) 나가면(辶) 실마리와 끝머리가 자연스럽게(우연히) 만난다는 데서 「만나다. 우연히 만나다」 뜻으로.

邂逅(해:후 - 우연히 서로 만남)

逅 만날 후: 3147-10

● 后(임금/왕후/뒤 후) + 辶 = 逅 (0846 참조)
☞ 앞 사람의 뒤(后)를 따라 걸어가면(辶) (언젠가는) 서로가 만난다는 데서 「만나다」 뜻으로.

邂逅相逢(해:후상봉 - 오랫동안 헤어졌다가 우연히 서로 다시 만남)

迅 빠를 신. 3148-10

● 卂(빨리날 신) + 辶 = 迅
☞ 빨리 날아(卂) 간다(辶)는 데서 「빠르다」 뜻으로.

迅速(신속 - 날쌔고 빠름) 迅捷(신첩 - 재빠름) 迅雷(신뢰 - 맹렬한 우레)

★ 卂(빨리날 신)과 결합을 이룬 글자.	3148 별첨
訊(물을 신) ☞ 言(3295) → (범죄의 실상을) 빨리(卂) 말하라(言)고 다그친다는 데서 「묻다」 訊問(신문)	

迂 멀/에돌 우. 피할 우. 3149-10

● 于(어조사/갈 우) + 辶 = 迂 (0215 참조)
☞ 가고(于) 가는(辶), 곧 걸어가고 또다시 걸어가서 먼 곳에 이른다는 데서 「멀다. 에돌다. (멀리 떠나간다는 데서)피하다」 뜻으로.

迂廻(우회 - 멀리 돌아서 감) 迂路(우로 - 멀리 돌아가는 길) 迂餘曲折(우여곡절) 迂廻生産(우회생산)

逵 큰길/길거리 규. 한길 규. 3150-10

- 坴(언덕/흙덩이 륙) + 辶 = 逵 (3327 참조)
- ☞ 언덕(坴)처럼 높다랗게 조성하여 놓은, 걸어가는(다니는)(辶) 지면이라는 데서 「큰길. 한길. 길거리」 뜻으로.

逵路(규로 - 아홉 방향으로 통하는 길. 큰길)

遝 뒤섞일 답. 모일/뒤미처따를 답. 3151-10

- 辶 + 眔(= 眔 눈서로미칠 답) = 遝
- ☞ 눈이 서로 미치는(眔), 곧 눈이 서로 부딪칠 정도로 많은 사람들이 뒤섞이어(한데 모이어) 지나간다(辶)는 데서 「뒤섞이다. 모이다. 뒤미처 따르다」 뜻으로.

遝至(답지 - 한군데로 몰려듦)

★ 眔(눈서로미칠 답)과 결합을 이룬 글자. 3151 별첨

鰥(홀아비 환) ☞ 魚(3649) → 눈이 서로 미치는(眔) 고기(魚), 곧 눈을 감지 않고 언제나 상대방을 바라다보고만 있다고 하는 고기이라는 데서 「환어. (환어처럼 밤에 눈을 감지 못하는)홀아비」

邏 돌/순라 라. 순행할 라. 3152-10

- 羅(벌릴/새그물/두를 라) + 辶 = 邏 (2653 참조)
- ☞ 새그물을 둘러(羅)놓은 모양처럼 원을 그리며 걸어간다(辶)는 데서 「돌다. (경계 지역을 돌아다니는)순라. (임금이 민정을 살피기 위하여 두루 돌아다닌다는 데서)순행하다」 뜻으로.

邏卒(나졸 - 옛날에 순찰을 돌던 병졸) 巡邏(순라 - 밤에 도둑·화재 등을 감시하며 순찰하던 군졸)

逞 쾌할 령. 통할/다할 령. 3153-10

- 呈(드릴/드러낼 정 | 쾌할/통할 령) + 辶 = 逞 (0843 참조)
- ☞ 쾌하게(呈) 걸어가는(辶), 곧 거리낌이 없이 지나간다는 데서 「쾌하다. 통하다」 뜻으로.

逞志(영지 - 제멋대로 함) 不逞(불령 - 제멋대로 행동하는 사람) 不逞之徒(불령지도 - 불령한 무리)

遡 거스를 소. 거슬러올라갈 소. 3154-10

- 朔(초하루/처음/비로소 삭) + 辶 = 遡 (1096 참조)
- ☞ 처음(朔) 출발한 지점으로(역행하여) 간다(辶)는 데서 「거슬러 오르다. 거스르다」 뜻으로.

遡及(소급 - 지나간 일에까지 거슬러 올라가서 미치게 함) 遡上(소상 - 강의 상류로 거슬러 올라감)

遽 급할 거: 갑자기/급히 거. 3155-00

- 豦(범두발들/서로잡고어울려싸울/큰돼지 거) + 辶 = 遽 (1442 참조)
- ☞ 범이 두발을 들고(豦) (먹잇감을 덮치기 위하여) 재빨리 뛰쳐나간다(辶)는 데서 「갑자기. 급하다. 급히」 뜻으로.

急遽(급거 - 급히 서둘러. 급작스럽게)

遯   달아날 둔: 피할 둔.   3156-00

◉ 豚(돼지 돈) + 辶 = 遯 (2998 참조)   ※ 遯은 遁(달아날 둔)의 본래 글자.

☞ 돼지(豚)가 덫 같은 장애물을 피하여 달려 나간다(辶)는 데서 「달아나다. 피하다」 뜻으로.

遯世=遁世(둔:세 - 세상을 숨어 삶) 遯卦(둔:괘 - 64괘의 하나) 隱遯=隱遁(은둔 - 세상일을 피하여 숨음)

邇   가까울 이.   3157-00

◉ 爾(너/가까울 이) + 辶 = 邇 (1820 참조)

☞ 가까운(爾) 곳으로 간다(辶)는 데서 「가깝다」 뜻으로.

邇來(이래 - 요사이) ※ 以來(이래 - 그 뒤로) 遐邇壹體(하이일체 - 멀고 가까운 곳이 한 몸이 됨)

자투리 마당

送人(송인)

雨歇長堤草色多(우헐장제초색다) — 비 개인 긴 둑엔 풀빛이 짙어 가는데
送君南浦動悲歌(송군남포동비가) — 남포에서 그대 보내니 슬픈 노래 떠오르네
大同江水何時盡(대동강수하시진) — 대동강 물은 어느 때에 다 마르려나
別淚年年添綠波(별루년년첨록파) — 이별의 눈물 해마다 더하여 푸른 물결 이루니

- 작가 정지상(鄭知常 - 고려 인종 때의 문신·시인 -

| 부수 7획 | 貝 조개 패 | 辵(辶) 쉬엄쉬엄 갈 착 | 車 수레 거 | 走 달아날 주 |

車 | 수레 거 | 수레 차. 바퀴/잇몸/성(姓) 차.   3158-70

수레(車)

- 자원: 車 → 차대(二)와 둥근 바퀴(日)와 굴대(ㅣ)로 이루어진 수레 모양을 표현.
- 쓰임: 「수레. 수레바퀴. 바퀴 모양」과 의미로 쓰임.

車馬(거마 - 수레와 말) 車駕(거가 - 임금의 수레) 車馬費(거마비 - 교통비) 車票(차표) 車費(차비) 車輛(차량) 車臺(차대) 車軸(차축) 車輪(차륜) 車庫(차고) 自動車(자동차) 自轉車(자전거)

軍 군사 군. 진칠/싸울 군.   3159-80

◉ 冖(덮을 멱) + 車 = 軍

☞ 나뭇잎이나 천막 같은 것으로 덮어(씌워)(冖) 위장하여 놓은 수레(車)를 에워싸고(진지를 구축하고) 전투에 임하는 군사들이라는 데서 「군사. 진 치다. 싸우다」 뜻으로.

軍人(군인 - 장교·부사관·사병의 총칭) 軍士(군사) 軍隊(군대) 軍服(군복) 軍靴(군화) 軍備(군비)

★ 軍(군사/진칠/싸울 군)과 결합을 이룬 글자.		3159 별첨
運(옮길 운)	☞ 辵(3087) → 군사들(軍)이 진을 치기 위하여 수레를 몰고 간다(辶)는 데서 「옮기다」	
渾(흐릴 혼)	☞ 水(1365) → 물(氵)이, 많은 군사들(軍)이 진(陣)치는 모양을 이루는 것처럼 여러 방면으로부터 흘러 들어(유입되어) 빙 둘리어 있다는 데서 「합수. (여러 곳의 물이 합수되어)흐리다」	
暈(무리 훈)	☞ 日(1082) → 해(日) 주위로 군사들(軍)이 진치는 형상을 이루어 빛이 둥그렇게 무리지어(둘리어) 있는 모양이라는 데서 「햇무리. 무리」 暈色(훈색)	
揮(휘두를 휘)	☞ 手(1440) → 지휘관이 손(扌)으로 지휘봉을 휘두르면서 수많은 군사들(軍)을 지휘한다는 데서 「지휘하다. (지휘봉을)휘두르다」 指揮(지휘)	
輝(빛날 휘)	☞ 車(3169) → 군사들(軍)의 전공이 빛난다(光)는 데서 「빛나다」 輝光(휘광)	

輕 가벼울 경. 낮을/업신여길/경솔할 경.   3160-50

◉ 車 + 巠(물줄기 경) = 輕

☞ 수레(車)가, (높은 곳에서 낮은 곳으로) 흘러내리는 물줄기(巠)처럼 막힘이 없이 가볍게 굴러가는 모양이라는 데서 「가볍다. (가볍게 여긴다는 데서)낮다. 업신여기다. 경솔하다」 뜻으로.

輕快(경쾌 - 홀가분하고 상쾌함) 輕率(경솔) 輕重(경중) 輕視(경시) 輕減(경감) 輕擧妄動(경거망동)

★ 巠(물줄기 경)과 결합을 이룬 글자.		3160 별첨
經(지날 경)	☞ 糸(2466) → 베틀의 북에서 공급되는 실(糸)이, 흘러내리는 물줄기(巠)처럼 세로 방향으로 짜여 나간다는 데서 「짜다. 세로줄. 지나다」 經過(경과)	
徑(지름길 경)	☞ 彳(0446) → 높은 곳에서 낮은 곳으로 거침없이 흘러내리는 물줄기(巠)처럼 곧장 나아간다(彳)는 데서 「곧다. (곧은)지름길」 直徑(직경)	

車 **부수**(자원과 쓰임) → 3158 참조)

勁(굳셀 경)	☞ 力(0381) →	(줄기차게) 흘러내리는 물줄기(巠)처럼 힘(力)이 끊임없이 넘쳐 난다는 데서 「굳세다」強勁(강경)
痙(경련 경)	☞ 疒(2325) →	굽이져 흘러내리는 물줄기(巠)처럼 근육이 일렁거리면서 뻣뻣하여지는 병(疒)이라는 데서 「경련. 목 뻣뻣하다」痙攣(경련)
脛(정강이 경)	☞ 肉(2440) →	굽이져서 흘러내리는 물줄기(巠)처럼 다리를 굽어지게끔 하는 신체(月) 부위라는 데서 「정강이」脛骨(경골)
莖(줄기 경)	☞ 艸(2800) →	흘러내리는 물줄기(巠)처럼 길게 뻗은 풀(초목)(艹)의 줄기라는 데서 「줄기」
頸(목 경)	☞ 頁(3521) →	흘러내리는 물줄기(巠) 형상을 이루어 머리(頁)를 떠받치고 있는 신체 부위라는 데서 「목」頸椎(경추)

輪　바퀴 륜. 둘레 륜.　　3161-40

◉ 車 + 侖(뭉치/둥글 륜) = 輪 (3217 참조)
☞ 수레(車)에 꿰어져 있는 뭉치(侖) 모양의 둥근 바퀴이라는 데서 「바퀴. (바퀴)둘레」 뜻으로.
輪番(윤번 - 돌아가는 차례) 輪禍(윤화) 輪廻(윤회) 輪轉機(윤전기) 輪番制(윤번제) 車輪(차륜 - 차바퀴)

轉　구를 전: 굴릴/회전할/옮길 전.　　3162-40

◉ 車 + 專(오로지/정성/전일할/저대로 전 | 모일 단) = 轉 (0567 참조)
☞ 둥근 수레바퀴(車)가 (내리막길에) 저대로(專) 굴러간다는 데서 「구르다. 굴리다. 회전하다. (회전하여 위치를)옮기다」 뜻으로.
轉入(전:입 - 다른 곳에서 옮기어 들어옴) 轉出(전:출) 轉勤(전:근) 轉換(전:환) 轉補(전:보) 轉向(전:향)

軟　연할 연: 연약할 연.　　3163-32

◉ 車 + 欠(하품/모자랄 흠) = 軟　※ 軟의 본래 글자는 㚇(가냘플 연)이 결합된 輭.
☞ 수레(車)의 차대나 차축 등의 이음새가, 입을 크게 벌리고 하품(欠)하는 모양처럼 많이 벌어져 있다(튼실하지 못하다)는 데서 「연약하다. 연하다」 뜻으로.
軟弱(연:약 - 연하고 약함) 軟性(연:성 - 유연한 성질) 軟質(연:질) 軟骨(연:골) 軟膏(연:고) 軟體(연:체)

較　견줄/비교할 교.　　3164-32

◉ 車 + 交(사귈/서로/엇갈릴 교) = 較 (0200 참조)
☞ 수레(車)에 우선적으로 탑승할 사람의 연령이나 신분 등을 서로(交) 견주어 본다는 데서 「견주다. 비교하다」 뜻으로.
較差(교차 - 최고와 최저의 차차) ※ 交叉(교차 - 서로 마주침) 日較差(일교차) 比較(비:교)

輩　무리 배: 같을/선후배순서/동아리 배.　　3165-32

◉ 非(아닐/어긋날 비) + 車 = 輩 (3414 참조)
☞ 좌우로 어긋난(非) 대형을 이루어(좌우로 늘어서서) 수레(車)를 호위하는 무리(호위병)이라는 데서 「무리. (무리를 이룬 비슷한 또래에서)같다. 선후배 순서. 동아리」 뜻으로.
輩出(배:출 - 인재가 계속하여 나옴) 先輩(선배) 年輩(연배) 不良輩(불량배) 暴力輩(폭력배)

車 부수(자원과 쓰임 → 3158 참조)

載　실을 재: 탈/기록할 재.　　　　　　　　　　　　　　　　　　　　　　　3166-32
◉ 𢦏(= 𢦏 다칠/상할 재 → 많은(十) 창(戈)이 꽂혀 있는 모양) + 車 = 載 (1638 참조)
☞ 다친(𢦏) 병사를 수레(車)에 실어 후송시킨다는 데서 「싣다. 타다. (글을 종이에 싣는다는 데서) 기록하다」 뜻으로.
載送(재:송 - 실어 보냄) 載筆(재:필 - 붓을 듦) 記載(기재) 積載(적재) 千載一遇(천재일우) 揭載(게:재)

輸　보낼/나를 수. 굴릴 수.　　　　　　　　　　　　　　　　　　　　　　3167-32
◉ 車 + {亼(모일 집) + (月 = 舟 주달 월) + 巜(도랑 괴) = 俞(점점/나을 유)} = 輸 (0357 참조)
※ 俞 → 배(月 = 舟)가 도랑(巜)을 타고 강으로 점점 모여(亼)든다는 의미를 지님.
☞ 수레(車)에 짐을 실어 앞으로 나아가게(俞) 한다는 데서 「(짐을)보내다. 나르다」 뜻으로.
輸送(수송 - 수송 수단으로 사람이나 물건을 실어 보냄) 輸出(수출) 輸入(수입) 輸血(수혈) 空輸(공수)

軒　집/추녀 헌. 수레앞가로막이나무/수레 헌.　　　　　　　　　　　　　　3168-30
◉ 車 + 干(방패/막을/난간 간) = 軒
☞ 수레(車) 앞쪽으로, 방패(干)처럼 가로막아 놓은 나무이라는 데서 「수레 앞 가로막이 나무. 수레. (가로막이 나무처럼 지붕 모서리에 받쳐 놓은)추녀. (추녀가 드리워져 있는)집」 뜻으로.
軒燈(헌등 - 처마에 다는 등) 軒擧(헌거 - 풍채가 좋고 당당함) 軒昂(헌앙) 東軒(동헌) 烏竹軒(오죽헌)

輝　빛날 휘.　　　　　　　　　　　　　　　　　　　　　　　　　　　　3169-30
◉ 光(빛/빛날 광) + {冖 + 車 = 軍(군사 군)} = 輝 (3159 참조)
☞ 군사들(軍)의 전공이 빛난다(光)는 데서 「빛나다」 뜻으로.
輝光(휘광 - 빛남. 찬란한 빛) 輝暎(휘영 - 밝게 비침) 輝度(휘도 - 밝기의 도수) 輝煌燦爛(휘황찬란)

輿　수레 여: 가마/등에질/질 여.　　　　　　　　　　　　　　　　　　　3170-30
◉ 車 + 𦥑(= 舁 마주들/들것 여) = 輿 (2605 참조)
☞ 두 사람이 마주 들어(𦥑) 어깨에 메고 가는 수레(車)이라는 데서 「수레. 가마. (가마를)등에 지다. 지다」 뜻으로.
輿駕(여:가 - 임금이 타는 수레) 輿論(여:론 - 대중의 의견) 輿望(여:망) 籃輿(남여) 喪輿(상여)

軌　바퀴자국 궤: 수레바퀴/바퀴굴대/길/법 궤.　　　　　　　　　　　　　3171-20
◉ 車 + 九(아홉 구 | 모을 규 → 「구불구불한 모양」을 의미) = 軌 (0037 참조)
☞ 수레(車)에, 구(九) 글자 형상처럼 구부렁한 모양을 이루어 꿰어져 있는 바퀴이라는 데서 「수레바퀴. 바퀴 굴대. (수레바퀴가 지나가는)길. 바퀴 자국. (굴대를 벗어나지 않는 수레바퀴처럼 일정한 질서를 유지시켜 나가는)법」 뜻으로.
軌範(궤:범 - 본보기) 軌道(궤:도) 軌跡=軌迹(궤:적) 軌條(궤:조 - 궤철. 기차선로) 軌鐵(궤:철 - 궤조)

車 부수(자원과 쓰임 → 3158 참조)

軸 굴대 축. 3172-20

◉ 車 + 由(말미암을/인할/지날 유) = 軸 (2108 참조)

☞ 여기에서 由는 바퀴(田)가 꿰어져(丨) 있는 굴대 모양을 표현. 수레(車)에 유(由) 글자 형상을 이루어 바퀴가 꿰여져 있는 굴대(차축) 모양이라는 데서 「굴대」 뜻으로.

軸距(축거 - 자동차의 앞뒤 바퀴의 중심 사이의 거리) 車軸(차축) 主軸(주축) 天方地軸(천방지축)

軾 수레앞가로나무 식. 3173-20

◉ 車 + 式(법/제도/수레앞가로막대 식) = 軾 (0936 참조)

☞ 수레(車)의 앞면에 걸쳐 놓은 가로 막대(式)이라는 데서 「수레 앞 가로 나무」 뜻으로.

金富軾(김부식 - 고려 인종 때의 학자. 삼국사기를 엮음) 蘇軾(소식 - 당송 팔대가의 한 사람)

輔 도울 보: 덧방나무 보. 3174-20

◉ 車 + 甫(클/도울 보ㅣ남새밭 포) = 輔 (2192 참조)

☞ 수레(車)의 양쪽 가장자리에 남새밭(甫) 울타리처럼 둘러(덧대어)놓은 나무이라는 데서 「덧방나무. (덧방나무로 수레의 안전을)돕다」 뜻으로.

輔仁(보:인 - 서로 도와 인仁을 권면함) 輔弼(보:필) 輔導(보:도) 輔翼(보:익) 輔佐官(보:좌관) 輔國(보:국)

輛 수레 량. 3175-20

◉ 車 + 兩(두/짝 량) = 輛 (0356 참조)

☞ 두(兩) 개의 바퀴가 꿰어져 있는 수레(車)이라는 데서 「수레」 뜻으로.

車輛(차량 - 여러 가지 차 종류를 통칭하는 말. 연결된 열차의 한 칸)

輯 모을 집. 모일 집. 3176-20

◉ 車 + {口(입 구) + 耳(귀 이) = 咠(귓속말할/참소할 집)} = 輯

☞ 여러 대의 수레(車)가 귓속말하는(咠) 것처럼 다닥다닥 붙어(한곳에 모여) 있다는 데서 「모이다. 모으다」 뜻으로.

輯要(집요 - 요점만을 모음) 輯睦(집목 - 화목) 輯錄(집록) 蒐輯(수집) 特輯(특집) 編輯局(편집국)

★ 咠(귓속말할/참소할 집)과 결합을 이룬 글자. 3176 별첨

葺(기울 즙)	☞ 艸(2823) → 입(口)을 상대방의 귀(耳)에 대고 귓속말하는(咠) 것처럼 풀(볏짚)(艹)을 지붕 위에 잇닿게 한다는 데서 「지붕 이다. (이엉으로 지붕을)깁다」 葺茅(즙모-집모)
揖(읍할 읍)	☞ 手(1509) → 입(口)을 상대방의 귀(耳)에 대고 귓속말하는(咠) 것처럼 두 손(扌)을 귀 언저리에 들어 올려 절하는 모양이라는 데서 「읍하다」 揖禮(읍례)

軻 수레/사람이름 가. 굴대 가. 3177-20

◉ 車 + {丁(고무래 정) + 口(입/어귀 구) = 可(옳을/착할/가히 가)} = 軻 (0802 참조)

☞ 수레(車)를 구르게 하는, 고무래(丁)의 구멍(口)에 끼워 놓은 자루처럼 생긴 차축(굴대)이라는 데서 「굴대. (굴대로 굴러가는)수레」. 軻가 맹자의 이름자로 쓰였기에 「사람 이름」 음훈으로.

車 부수(자원과 쓰임 → 3158 참조)

孟軻(맹:가 - 맹자孟子의 이름) 軻峨(가아 - 높은 모양)

輓　끌 만. 상엿소리/만가 만. 　　　　　　　　　　　　　3178-10

● 車 + 免(면할 면) = 輓 (0193 참조)
☞ 수렁에 빠진 수레(車)를 수렁으로부터 면하게(벗어나게)(免) 하기 위하여 끌어낸다는 데서 「끌다. (상여를 실은 수레를 끌면서 부르는 소리이라는 데서)상엿소리. 만가」 뜻으로.

輓歌(만가 - 상여를 메고 갈 때 부르는 노래) 輓章(만장 - 죽은 사람을 슬퍼하여 지은 글) 輓詩(만시)

軋　삐걱거릴 알. 부딪칠/형벌이름 알. 　　　　　　　　3179-10

● 車 + 乚(숨을 은) = 軋
☞ 수레(車)의 굴대가 은(乚) 글자 형상처럼 휘어져, 바퀴와 굴대가 서로 부딪친다(삐걱거리는 소리를 낸다)는 데서 「부딪치다. 삐걱거리다」 뜻으로.

軋轢(알력 - 수레가 삐걱거리는 것처럼 의견이 맞지 않아 서로 충돌함) ※ 轢(삐걱거릴 력)

輦　가마 련. 손수레/천자가타는수레 련. 　　　　　　　3180-10

● {夫(지아비 부) + 夫 = 夶(갈/짝 반)} + 車 = 輦 (1992 참조)
☞ 두 사람이 짝(夶)을 이루어 어깨에 메거나 손으로 끌고 가는 수레(車)이라는 데서 「손수레. 가마」 뜻으로.

輦輿(연여 - 천자가 타는 수레)

轟　수레소리/울릴 굉. 　　　　　　　　　　　　　　　3181-10

● 車 × 3 = 轟
☞ 많은 수레(車 × 3 → 「많은 수효」를 의미)가 지면을 지나가면서(많은 수레바퀴가 구르면서) 땅이 울리는 소리이라는 데서 「수레 소리. (땅)울리다」 뜻으로.

轟音(굉음 - 몹시 요란하게 울리는 소리) 轟沈(굉침 - 폭격 등으로 함선이 소리를 내면서 가라앉는 일)

轍　바퀴자국 철. 　　　　　　　　　　　　　　　　　3182-10

● 車 + 徹(거둘/통할 철) = 轍 (0441 참조)
☞ 수레(車)가 통과(徹)하면서 지면에 닿았던 흔적(자국)이라는 데서 「바큇자국」 뜻으로.

轍環天下(철환천하 - 세계 각지를 여행함을 일컬음) 前轍(전철 - 이전 사람의 잘못이나 실패를 일컬음)

輻　바큇살 복 | 바큇살 폭. 모일/다투어모일 폭. 　　　3183-10

● 車 + 畐(가득할/찰 복) = 輻 (2348 참조)
☞ 수레바퀴(車)에 가득하게 채워져(畐) 있는 뼈대이라는 데서 「바큇살. (바큇살이 바퀴 축에 빼곡하게)모이다」 뜻으로.

輻射熱(복사열 - 가열한 물질로부터 열에너지가 방출되는 현상) 輻輳幷臻(폭주병진) ※ 臻(이를 진)

車 부수(자원과 쓰임 → 3158 참조)

轎 가마 교. 상여 교. 3184-10

◉ 車 + 喬(높을/나뭇가지위굽을 교) = 轎 (0902 참조)

가마(轎)

☞ 높이(喬) 들어 올려 어깨에 메고 가는 수레(車)의 일종이라는 데서 「가마. 상여」 뜻으로.

轎軍(교군 - 가마를 메는 사람) 轎子(교자 - 종일품 이상의 당상관이 타던 가마)

輳 몰려들 주. 모일/수레바퀴살이바퀴통에모일 주. 3185-10

◉ 車 + 奏(아뢸 주) = 輳 (0746 참조)

☞ 수레바퀴(車)에, 신하들이 임금에게 아뢰기(奏) 위하여 어전에 모여드는 것처럼 바퀴살이 빼곡하게 몰려들어 있다는 데서 「바퀴살이 바퀴통에 모이다. 몰려들다」 뜻으로.

輻輳(폭주 - 폭주병진의 준말) 輻輳幷進(폭주병진 - 한곳에 많이 몰려듦을 이르는 말) ※ 臻(이를 진)

輾 돌아누울 전: 돌/반바퀴돌 전. 3186-10

◉ 車 + 展(펼/열/벌릴 전) = 輾 (0954 참조)

☞ 진(陣)을 치기 위하여 수레(車)를 반원형으로 펼친다(展)는 데서 「반 바퀴 돌다. 돌다. (몸통을 반 바퀴 돈다는 데서)돌아눕다」 뜻으로.

輾轉反側(전:전반측 - 누워서 뒤척거리며 잠을 못 이룸) 輾轉不寐(전:전불매 - 전전반측)

轄 다스릴 할. 관할할/비녀장 할. 3187-10

◉ 車 + 害(해할/해칠 해) = 轄 (0583 참조)

※ 비녀장 → 굴대 머리 구멍에 끼우는 큰 못.

☞ 수레(車)를 해침(害)으로부터 방비하는, 곧 수레바퀴가 굴대를 벗어나는(빠지는) 피해를 방비하기 위하여 굴대에 끼우는 큰 못이라는 데서 「비녀. (비녀장은 수레바퀴를 제어한다는 데서) 관할하다. 다스리다」 뜻으로.

管轄(관할 - 권한에 의하여 지배함) 直轄(직할 - 직접 맡아서 다스림) 管轄權(관할권) 直轄市(직할시)

貝	辵(辶)	車	走
조개 패	쉬엄쉬엄 갈 착	수레 거	달아날 주

부수 7획

走 달아날 주. 달릴/구할/하인/짐승 주. 3188-42

- **자원** 走 → 지면(土 흙 토)에 발(止 = 止 그칠/발 지)을 길게 뻗어 나가는, 곧 지면을 박차고 달려 나가는 모양을 표현.
- **쓰임** 「달아나다. 달리다. 달려 나가는 동작」과 의미로 쓰임.

走者(주자 - 달리는 사람) 走行(주행) 走力(주력) 走破(주파) 走馬看山(주마간산) 疾走(질주)

起 일어날 기. 일어설/시작할 기. 3189-42

- ● 走 + 己(몸 기) = 起
- ☞ 몸(己)이 달아나는(走) 자세를 취하는, 곧 앉은 자리를 박차고 몸을 재빠르게 일으킨다는 데서 「일어나다. 일어서다」 뜻으로.

起立(기립 - 일어섬) 起動(기동) 起工(기공) 起案(기안) 起草(기초) 起床(기상) 起寢(기침) 起枕(기침)

趣 뜻 취: 달릴/향할/풍취/멋 취. 3190-40

- ● 走 + 取(가질/취할/잡을 취) = 趣 (0387 참조)
- ☞ 마음에 품고 있는(목표한) 바를 취하기(이루기)(取) 위하여 줄곧 달려 나간다(走)는 데서 「달리다. 향하다. (향하는 바를 이루려는)뜻」 뜻으로.

趣旨(취:지 - 일에 대한 기본적인 목적이나 의도) 趣味(취:미) 趣意(취:의) 趣向(취:향) 情趣(정취)

超 뛰어넘을 초. 뛰어날/넘칠 초. 3191-32

- ● 走 + 召(부를 소 | 높을 조) = 超 (0833 참조)
- ☞ 높이(召) 뛰어오르면서 달려 나간다(走)는 데서 「뛰어넘다. 뛰어나다. (뛰어넘는 것처럼 물이) 넘치다」 뜻으로.

超過(초과 - 일정한 정도를 넘음) 超人(초인) 超越(초월) 超然(초연) 超能力(초능력) 超高層(초고층)

越 넘을 월. 건널/멀 월. 3192-32

- ● 走 + 戉(도끼 월) = 越
- ☞ 도끼(戉)가 자루에서 빠져나와 담을 넘어 달아난다(走)는 데서 「넘다. 건너다」 뜻으로.
- ※ 도끼질을 하면 이따금 도끼가 자루에서 빠져나와 월장하는 경우가 있음.

越牆=越墻(월장 - 담을 넘음) 越冬(월동) 越權(월권) 越境(월경) 越等(월등) 越尺(월척) 越南(월남)

★ 戉(도끼 월)과 결합을 이룬 글자.	3192 별첨
鉞(도끼 월) ☞ 金(3477) → 쇠(金)로 된 도끼(戉)이라는 데서 「도끼」 斧鉞(부월)	

走 **부수**(자원과 쓰임 → 3188 참조)

| 赴 　다다를/갈 부: 나아갈/알릴/부고할 부. | 3193-30 |

- 走 + 卜(점/줄 복) = 赴
- (점성술사가) 점친(卜) 내용을 윗사람에게(상부에) 일러주기 위하여 달려 나간다(走)는 데서 「나아가다. 가다. (나아가서 목적지에)다다르다. 알리다」 뜻으로.

赴任(부:임 - 임명을 받아 신 임지에 감) 赴援(부:원 - 도우러 감)

| 趙　나라 조: 성(姓)/추창할/섬길 조. | 3194-20 |

- 走 + 肖(닮을/같을/본받을 초 | 쇠약할/흩어질 소) = 趙 (2391 참조)
- ※ 추창(趨蹌) → 예도(禮度)에 맞도록 허리를 굽히고 빨리 걸어감.
- 본받는(본이 되는)(肖) 자세로(예의를 갖춘 차림으로) 달려가서(走) 윗사람을 맞이한다는 데서 「추창하다. 섬기다. (趙가 趙나라 국명으로 쓰였기에)나라」 음훈으로.

趙光祖(조:광조 - 조선 중종 때의 성리학자. 영의정으로 추증되어 문묘에 배향됨. 정암집이 전함)

| 趨　달아날 추. 달릴 추 | 재촉할 촉. | 3195-20 |

- 走 + 芻(꼴 추) = 趨 (2806 참조)
- ※ 꼴 → 소나 말에게 먹이는 풀.
- 꼴(芻)을 뜯어먹이려고 양 떼나 소를 다그치며 달려간다(走)는 데서 「달리다. 재촉하다. (소나 양 떼가)달아나다」 뜻으로.

趨勢(추세 - 세상일이 되어 가는 형편) 歸趨(귀:추 - 어떤 결과로서 귀착하는 바)

言	豆	辛	角
말씀 언	콩 두	매울 신	뿔 각

言 | 말씀 언. 말할/어조사/나/화평할 언. 3196-60

자원 言 → 𠃑(二 → 上「윗 상」의 고자)에서부터 하나하나(一 一)씩 설명을 곁들이어 (자세하게) 말한다(口 입/말할 구)는 데서 「말씀. 말하다」는 의미를 지님.

쓰임 「말씀. 말하다」는 의미로 쓰임.

言語(언어 - 음성 또는 문자로 사상·감정을 표현하고 의사를 전달하는 수단과 체계) 言論(언론) 言辯(언변) 言辭(언사) 言動(언동) 言行(언행) 言約(언약) 言質(언질) 言爭(언쟁) 言語道斷(언어도단)

記 | 기록할 기. 적을/기억할 기. 3197-70

◉ 言 + 己(몸/몸소 기) = 記

☞ 말씀한(言) 사항에 대하여 몸(己)을 만들어 주는, 곧 몸체가 없는(보이지도 남아 있지도 않는) 말씀에 대하여 형체를 만들어 준다는 데서 「기록하다. 적다. (기록하여)기억하다」 뜻으로.

記錄(기록 - 적음. 적어 놓은 성적) 記述(기술) 記憶(기억) 記號(기호) 記念(기념) 記者(기자) 記事(기사)

語 | 말씀 어: 알릴/논할 어. 3198-70

◉ 言 + 吾(나/우리 오) = 語 (0789 참조)

☞ 나(吾)의 생각이나 주의 주장(의견이나 사상 같은 것)을 다른 사람에게 전하는(알리는) 말씀(言)이라는 데서 「말씀. 알리다. 논하다」 뜻으로

語文(어:문 - 말과 글) 語法(어:법) 語源(어:원) 語錄(어:록) 語尾(어:미) 語彙(어:휘) 語不成說(어:불성설)

話 | 말씀 화. 이야기 화. 3199-70

◉ 言 + 舌(혀 설) = 話

☞ 혀(舌)로 말하는(言), 곧 단순하게(깊이 있게 생각함이 없이) 이야깃거리로 주고받는 말(말씀)이라는 데서 「말씀. 이야기」 뜻으로.

話術(화술 - 말재주. 이야기하는 기교) 話題(화제) 話頭(화두) 話法(화법) 談話(담화) 對話(대:화)

計 | 셀 계: 셈/회계/꾀할 계. 3200-60

◉ 言 + 十(열 십) = 計

☞ 말(言)로써 하나에서부터 열(十)까지의 수효를 센다(헤아린다)는 데서 「세다. 셈. 회계. (셈하여 수지 타산을 생각한다는 데서)꾀하다」 뜻으로.

計數(계:수 - 계산한 수치) 計策(계:책) 計算(계:산) 計劃(계:획) 計量(계:량) 計測(계:측) 計座(계:좌)

訓 | 가르칠 훈: 인도할/훈계 훈. 3201-60

◉ 言 + 川(내 천) = 訓

言 부수(자원과 쓰임 → 3196 참조)

☞ (높은 곳에서 낮은 곳으로) 거스름이 없이 흐르는 냇물(川)처럼 순리에 맞도록 말씀(言)하여 아이들을 가르친다(지도한다)는 데서 「가르치다. 인도하다. 훈계」 뜻으로.
訓育(훈:육 - 훈계하여 기름) 訓讀(훈:독) 訓令(훈:령) 訓戒(훈:계) 訓示(훈:시) 訓練(훈:련) 訓蒙(훈:몽)

讀 읽을 독 | 구절 두. 해독할 독 | 구두/이두 두. 　　3202-60

- 言 + 賣(팔 매) = 讀 (3039 참조)
- ☞ 책에 쓰인 글자를 마치 파는(판매하는)(賣) 것처럼 말소리(言)로 전환시켜 나간다(바꾼다)는 데서 「읽다. 해독하다. (해독하여 놓은 토막 글자인)이두. 구절」 뜻으로.

讀書(독서) 讀解(독해) 讀誦(독송) 讀經(독경) 讀音(독음) 讀後感(독후감) 句讀點(구두점) 吏讀(이:두)

識 알 식 | 기록할 지. 깨달을 식 | 표기 치. 　　3203-50

- 言 + {音(소리 음) + 戈(창 과 → 잉아 모양이기도 함) = 戠(찰흙 치 | 00 직)} = 識
- ☞ 말씀한(일러 준)(言) 사항을, 끈끈하게 달라붙는 찰흙(戠)처럼 뇌리에 인식하여 두거나 종이 같은 데에 기록하여 둔다는 데서 「알다. 깨닫다. 기록하다. 표기」 뜻으로.

識別(식별 - 알아서 구별함) 識見(식견 - 학식과 견문) 識者(식자) 知識(지식) 認識(인식) 標識(표지)

★ 戠(찰흙 치 | 00 직 → 뜻 미상)와 결합을 이룬 글자. 　　3203 별첨

職(직분 직)	☞ 耳(2871) → 귀(耳)로 (베틀의) 잉아(戈) 소리(音 → 잉아가 철거덕거리는 소리)를 듣는, 곧 항상 베를 짜는 소리를 듣는 직업에 종사하고 있다는 데서 「(일거리를 맡은)직분」
織(짤 직)	☞ 糸(2474) → 실(糸)이, (베틀에서 철거덕거리는) 잉아(戈) 소리(音)를 따라 베(천)로 짜여진다는 데서 「(베틀)짜다」 織物(직물)
幟(기 치)	☞ 巾(0990) → 베틀에 매달리어 철거덕거리는 소리(音)를 내는 잉아(戈 → 잉아 모양)처럼 높이 매달리어 펄럭이는 소리를 내는 천(巾)이라는 데서 「기」 旗幟(기치)
熾(성할 치)	☞ 火(1158) → 불(火)이, 차진 찰흙(戠)처럼 한데 달라붙어(엉기어서) 이글거리며 타오르는 모양이라는 데서 「(불)성하다」 熾烈(치열)

調 고를 조. 적합할 조. 　　3204-50

- 言 + 周(두루/합당할/주밀할 주) = 調 (0816 참조)
- ☞ 모든 사람이 두루(周) 이해할 수 있도록 적절하게 말한다(言)는 데서 「고르다. 적합하다」 뜻으로.

調節(조절 - 정도에 맞추어서 고르게 함) 調理(조리) 調和(조화) 調整(조정) 調定(조정) 調律(조율)

許 허락할 허. 들어줄/성(姓) 허. 　　3205-50

- 言 + 午(낮 오) = 許 (0333 참조)
- ☞ 밝은 낮(午)처럼 환하게 말씀(言)하는, 곧 요구 사항에 대하여 대낮처럼 환하게 들어주는 말씀을 한다는 데서 「허락하다. 들어주다」 뜻으로.

許諾(허락 - 청하는 일을 들어줌) 許可(허가) 許容(허용) 許多(허다) 許浚(허준 - 조선 선조 때의 명의)

變 변할 변: 고칠/바를 변. 　　3206-50

- {糸 + 言 + 糸 = 䜌(끊이지않을/맬 련)} + 攵(똑똑두드릴/칠 복) = 變 (0928 참조)

☞ 끊임없이(絲) 타이르고 회초리로 쳐서(매질하여)(攵) 훈육하면 나쁜 행실이 바르게 변한다는 데서 「바르다. 변하다. 고치다」 뜻으로.

變更(변:경 - 바꾸어서 고침) 變化(변:화) 變故(변:고) 變種(변:종) 變亂(변:란) 變異(변:이) 變死(변:사)

談 말씀 담. 이야기 담.   3207-50

◉ 言 + 炎(불꽃 염) = 談 (1118 참조)

☞ 활활 피어오르는 밝은 불꽃(炎)처럼 속내를 밝히면서 진지하고 화기애애하게 이어 나가는 말씀(言)이라는 데서 「말씀. 이야기」 뜻으로.

談論(담론 - 담화하고 의논함) 談笑(담소) 談話(담화) 談合(담합) 談判(담판) 漫談(만:담) 會談(회:담)

說 말씀 설ㅣ달랠 세: 풀/논할 설ㅣ기쁠 열ㅣ벗을 탈.   3208-50

◉ 言 + 兌(바꿀/기쁠 태ㅣ날카로울 예) = 說 (0195 참조)

☞ 상대방이 기뻐하도록(기분이 좋아지도록)(兌) 말씀한다(言)는 데서 「말씀. 기쁘다. (우울한 기분을) 달래다. 풀다」 뜻으로.

說明(설명 - 풀어서 밝힘) 說法(설법) 說敎(설교) 說得(설득) 說往說來(설왕설래) 遊說(유세) 說客(세:객)

課 과정/공부할 과. 매길/구실/시험할/조사할 과.   3209-50

◉ 言 + 果(실과/열매/결과 과) = 課 (1599 참조)

☞ 말씀(言)으로 일러(가르쳐) 준 사항이 열매(果)를 맺는 것처럼 결과물로 이어진다는 데서 「(가르치는)과정. (과정을)공부하다. (공부한 사항을)시험하다. (시험 점수를)매기다」 뜻으로.

課程(과정 - 부과된 일이나 학과의 진도) 課題(과제) 課業(과업) 課稅(과세) 課外授業(과외수업)

誠 정성 성. 참/공경할 성.   3210-42

◉ 言 + 成(이룰/마칠/성할 성)= 誠 (1758 참조)

☞ (윗분이) 말씀한(言) 사항을(바라는 바를) 이루기(成) 위하여 부단하게 정성을 쏟는다는 데서 「정성. 참. (정성으로 대한다는 데서)공경하다」 뜻으로.

精誠(정성 - 참되고 성실한 마음) 誠意(성의) 誠實(성실) 誠金(성금) 誠心誠意(성심성의) 至誠(지성)

訪 찾을 방: 널리물을/알현할 방.   3211-42

◉ 言 + 方(모/방향/연결할 방) = 訪

☞ (윗사람에게) 말씀(言)하여(여쭈어) 나아가야 할 올바른 방향(방도)(方)을 알아(찾아)낸다는 데서 「찾다. 널리 묻다. (묻기 위하여)알현하다」 뜻으로.

訪問(방:문 - 남을 찾아가서 봄) 訪韓(방:한) 訪美(방:미) 訪獨(방:중) 禮訪(예:방) 探訪(탐방) 答訪(답방)

設 베풀 설. 진열할/설치할 설.   3212-42

◉ 言 + 殳(날없는창 수 → 「밀어붙이다」는 의미로 쓰임) = 設

☞ 날 없는 창으로 밀어붙이는(殳) 것처럼 말하는(言), 곧 자기의 주의(주장)만을 (일방적으로) 유창

하게 늘어놓는다는 데서 「(연설을)베풀다. (베풀어서)진열하다. 설치하다」 뜻으로.
設置(설치 - 베풀어서 둠) 設立(설립) 設問(설문) 設定(설정) 設備(설비) 設計(설계) 設令(설령)

警 경계할/깨우칠 경: 경비할 경. 3213-42

- 敬(공경할/엄숙할/훈계할 경) + 言 = 警 (1798 참조)
- ☞ 훈계하는(敬) 말씀(言)으로 주의를 환기시킨다(자각하도록 한다)는 데서 「경계하다. 깨우치다. (경계 임무를 맡아서)경비하다」 뜻으로.

警戒(경:계 - 잘못이 없도록 미리 조심함) 警告(경:고) 警備(경:비) 警報(경:보) 警笛(경:적) 警察署(경:찰서)

議 의논할 의. 꾀할 의. 3214-42

- 言 + 義(옳을 의) = 議 (2370 참조)
- ☞ 옳은(義) 방도를 모색하기 위하여 여러 사람이 함께 모여 말한다(言)는 데서 「의논하다. 꾀하다」 뜻으로.

議決(의결 - 의논하여 결정함) 議題(의제) 議論(의논) 議員(의원) 議院(의원) 議政(의정) 議事(의사)

護 도울/지킬 호: 보호할/구해줄/호위할 호. 3215-42

- 言 + 蒦(풀이름 확 | 자(尺)/잴/헤아릴 약) = 護 (1394 참조)
- ☞ 어느 쪽이 옳고 그런지를 정확하게 헤아려(蒦) 보고, 바른 자(약자) 편을 옹호하여 말한다(言)는 데서 「(약자를)돕다. 지키다. 보호하다. 구해 주다」 뜻으로.

護衛(호:위 - 따라다니며 지켜 보호함) 護國(호:국) 護送(호:송) 護憲(호:헌) 護喪(호:상) 護身術(호:신술)

詩 시 시. 풍류가락 시. 3216-42

- 言 + 寺(절 사 | 관청/내시 시) = 詩 (0565 참조)
- ☞ 관청(寺)의 법치를 따르는(지키는) 것처럼 운율의 법칙(음성적인 형식)에 따라 지어 놓은 말(言)의 가락이라는 데서 「시. 풍류 가락」 뜻으로.

詩歌(시가 - 시와 노래) 詩題(시제) 詩人(시인) 詩作(시작) 詩句(시구) 詩想(시상) 詩集(시집)

論 논할 론. 말할/의논 론. 3217-42

- 言 + {亼(모일 집) + 冊(책 책) = 侖(뭉치/둥글 륜)} = 論
- ☞ 둥근 뭉치(侖)를 이루는 것처럼 여러 사람들이 둥글게 모여 앉아 각자가 생각하는 바를(의견을) 허심탄회하게 말한다(言)는 데서 「논하다. 말하다. 의논」 뜻으로.

論議(논의 - 서로 의견을 논술하여 토의함) 論說(논설) 論理(논리) 論述(논술) 論評(논평) 論爭(논쟁)

★ 侖(뭉치/둥글 륜)과 결합을 이룬 글자. 3217 별첨

輪(바퀴 륜)	☞ 車(3161) → 수레(車)에 꿰어져 있는 뭉치(侖) 모양의 둥근 바퀴이라는 데서 「바퀴」
倫(인륜 륜)	☞ 人(0106) → 사람(亻)이, (죽편에 글씨를 써서 가지런하게 엮어서 말아 놓은 책 뭉치인) 둥근 뭉치(侖)처럼 매사에 질서 정연하고 원만한 인품을 지니고 있다는 데서 「인륜. 차례」

言 부수(자원과 쓰임 → 3196 참조)

崙(산이름 륜)	☞ 山(0546) → (둘둘 말아 놓은) 둥근 뭉치(侖)처럼 산맥이 겹겹으로 둘리어져 있는 거대한 산(山)이라는 의미가 부여되어 「곤륜산. 산 이름」崑崙山(곤륜산)
淪(빠질 륜)	☞ 水(1331) → 물체가 물(氵)과 한 뭉치(侖)를 이루어 물속으로 빠져 들어간다는 데서 「빠지다」
綸(벼리 륜)	☞ 糸(2514) → 둥근 뭉치(侖)를 이루어 많이 감기어 있는 실(糸)이라는 데서 「낚싯줄. 실 줄기. (실줄기를 이루는 첫머리이라는 데서)벼리」 經綸(경륜)

試　시험할/시험 시(:). 비교할/쓸 시. 　　　　　3218-42

◉ 言 + 式(법/제도/의식 식) = 試 (0936 참조)

☞ 법(제도)(式)에 맞도록 바르게 말하는지(言)를 알아본다는 데서 「시험하다. 시험. 비교하다. (시험하여 인재로)쓰다」 뜻으로.

試驗(시험 - 사물의 성질·능력 등을 실지로 증험하여 봄. 성적의 우열을 판정하는 일) 試圖(시:도) 試食(시:식) 試飮(시:음) 試乘(시:승) 試運轉(시:운전) 試驗管(시험관) 試驗官(시험관) 入試(입시)

誤　그르칠 오: 그릇할/잘못할/의혹할 오.　　　　　3219-42

◉ 言 + 吳(나라이름/떠들썩할/크게말할/시끄러울 오) = 誤 (0842 참조)

☞ 떠들썩하게(吳) 말하여(言) 무슨 내용인지를 잘 알지 못한다(잘못 알아듣는다)는 데서 「그르치다. 잘못하다. 의혹하다」 뜻으로.

誤認(오:인 - 그릇 인정함) 誤解(오:해) 誤答(오:답) 誤報(오:보) 誤診(오:진) 誤算(오:산) 誤謬(오:류)

認　알(知) 인. 인정할/인가할 인.　　　　　3220-42

◉ 言 + 忍(참을/마지못해할 인) = 認 (0247 참조)

☞ 말하는(言) 것을 참고(忍) 있는, 곧 말로는 표현하지 않고 있으나 마음속으로는 이미 알고 있다는 데서 「알다. 인정하다. (인정하여)인가하다」 뜻으로.

認知(인지 - 사실을 인정하여 앎) 認定(인정) 認證(인증) 認許(인허) 認可(인가) 認識(인식) 認准(인준)

謝　사례할 사:　　　　　3221-42

◉ 言 + 射(쏠 사) = 謝 (0568 참조)

☞ 활을 쏘아(射) 과녁을 맞추는 것처럼 상대방의 의중에 닿도록 고마움을 표하여 말한다(言)는 데서 「사례하다」 뜻으로.

謝禮(사:례 - 언행이나 물품으로 상대자에게 고마운 뜻을 나타냄) 謝罪(사:죄) 謝意(사:의) 謝絕(사:절)

謠　노래 요. 세상풍속 요.　　　　　3222-42

◉ 言 + {〛(= 月(달 월) + 缶(장군 부) = 䍃(질그릇/독 요)} = 謠

☞ 질그릇(䍃)을 두드리면서(장단을 맞추어 가면서) 말한다(읊조린다)(言)는 데서 「노래. (노랫가락에 담겨 있는)세상 풍속」 뜻으로.　　※ 옛날에는 질그릇으로 장단을 맞추었음.

民謠(민요 - 민중 속에서 예로부터 불러 오던 가요) 歌謠(가요 - 민요·유행가 등의 총칭) 童謠(동:요)

言 부수(자원과 쓰임 → 3196 참조)

★ 䍃(질그릇/독 요)와 결합을 이룬 글자.　　　　　　　　　　　　　　　　3222 별첨

搖(흔들 요)	☞ 手(1480) →	손(扌)으로 질그릇(䍃)을 씻기 위하여 물을 넣어 흔든다는 데서「흔들다」
遙(멀 요)	☞ 辶(3124) →	질그릇(䍃)을 짊어지고 걸어가는(辶), 곧 산골에서 구워낸 질그릇을 팔기 위하여 이들을 짊어지고 방방곡곡으로(머나먼 길을) 이리저리 돌아다닌다는 데서「멀다」
颻(나부낄 요)	☞ 風(3548) →	질그릇(䍃)이 흔들릴 정도로 바람(風)이 제법 세차게 분다는 데서「나부끼다」

請 청할 청. 빌/고할/받아들일 청. 　　　　　　　　　　　　　　　3223-42

◉ 言 + 靑(푸를 청) = 請 (3369 참조)
☞ 푸른(靑) 시기, 곧 청년기(靑年期)에 접어든 남녀가 사랑을 받아들여 줄 것을 간절하게 말한다 (고백한다)(言)는 데서「고하다. 청하다. 빌다. (고백을)받아들이다」뜻으로.

請婚(청혼 - 혼인을 청함) 請託(청탁) 請約(청약) 請求(청구) 請願(청원) 請負(청부) 請牒狀(청첩장)

講 강론할 강: 담론할/익힐/화해할 강 | 화해할 구. 　　　　　　　　　3224-42

◉ 言 + {井(우물 정) + 再(거듭 재)} = 冓(재목어긋매겨쌓을/얽을 구)} = 講 (1616 참조)
☞ 재목을 어긋나게 매겨 쌓아(冓) 틀을 짜는 것처럼 서론에서 결론에 이르기까지 짜임새 있게 (논리가 정연하도록) 말씀한다(言)는 데서「강론하다. 담론하다. 화해하다」뜻으로.

講師(강:사 - 학교 등에서 강의하는 사람) 講士(강:사 - 강연하는 사람) 講義(강:의) 講演(강:연)

證 증거 증. 증명할 증.　　　　　　　　　　　　　　　　　　　　　3225-40

◉ 言 + 登(오를/나갈/높을 등) = 證 (2266 참조)
☞ (실제 사실을 뒷받침할) 근거 자료를 올려(제시하여)(登) 말한다(言)는 데서「증거」뜻으로.

證明(증명 - 증거로써 사물을 밝힘) 證言(증언) 證人(증인) 證據(증거) 證憑(증빙) 證券(증권)

誌 기록할 지. 표기할/표지 지.　　　　　　　　　　　　　　　　　　3226-40

◉ 言 + 志(뜻 지) = 誌 (1843 참조)
☞ 마음속에 품고 있는 뜻(志)을 말씀(言)으로 남겨 놓는다(글자로 표기한다)는 데서「기록하다. 표기하다. (표기하여 놓은)표지」뜻으로.

誌面(지면 - 잡지의 지면紙面) 誌上(지상 - 잡지의 지면) 誌齡(지령) 誌石(지석) 雜誌(잡지) 日誌(일지)

讚 기릴 찬:　　　　　　　　　　　　　　　　　　　　　　　　　　3227-40

◉ 言 + 贊(도울/밝을/기릴 찬) = 讚 (3056 참조)
※ 기리다 → 잘한 일이나 업적·인물 등을 추어서(칭찬하여) 말하다.
☞ (다른 사람의) 업적이나 선행 같은 것을 기리어(贊) 말한다(言)는 데서「기리다」뜻으로.

讚辭(찬:사 - 칭찬하는 말) 讚嘆(찬:탄) 讚美(찬:미) 讚揚(찬:양) 讚歌(찬:가) 讚頌(찬:송) 稱讚(칭찬)

評 평할 평: 헤아릴 평.　　　　　　　　　　　　　　　　　　　　　3228-40

◉ 言 + 平(평평할/바를 평) = 評 (0931 참조)

言 부수(자원과 쓰임 → 3196 참조)

☞ (치우침이 없도록) 공평하게(平) 논증하여(근거나 이유를 들어서) 말한다(言)는 데서 「평하다. 헤아리다」 뜻으로.
評論(평:론 - 비평하여 논함) 評價(평:가) 評判(평:판) 評點(평:점) 評定(평:정) 評議(평:의) 評決(평:결)

討   칠 토(:) 다스릴/치죄할/제거할 토.   3229-40

- 言 + 寸(마디 촌 → 「규칙. 법도. 헤아리다. 잡다」 의미로 쓰임) = 討
- ☞ 법도(寸)에 맞게 말하여(言) 범인의 죄상을 밝힌다는 데서 「(죄인을)다스리다. 치죄하다. (치죄하여 내친다는 데서)치다. 제거하다」 뜻으로. ※ 치죄(治罪) → 허물을 다스려 벌을 줌.

討伐(토벌 - 군대를 보내어 죄 있는 자를 침) 討破(토파) 討議(토:의) 討論(토:론) 聲討(성토)

訴   호소할 소. 아뢸/하소연할/송사할 소   3230-32

- 言 + 斥(물리칠/내칠/쫓을 척) = 訴 (1786 참조)
- ☞ (피해를 입힌) 가해자를 물리쳐(내치어)(斥) 달라고 상급 관청에 말한다(言)는 데서 「호소하다. 아뢰다. 하소연. 송사하다」 뜻으로.

呼訴(호소 - 억울한 사정을 하소연함) 訴訟(소송) 訴狀(소장) 訴追(소추) 訴願(소원) 起訴(기소)

譯   번역할 역. 통변(통역)할/풀이할 역.   3231-32

- 言 + 睪(엿볼/기찰할/끌 역) = 譯
- ☞ 다른 사람(외국인)의 대화나 글자를 엿보고(睪) 이해할 수 있게끔 풀이하여 말한다(言)는 데서 「번역하다. 통변(통역)하다. 풀이하다」 뜻으로.

譯註(역주 - 번역과 주석) 譯經(역경 - 경전을 번역함) 譯書(역서) 譯官(역관) 譯解(역해) 飜譯(번역)

★ 睪(엿볼/기찰할/끌 역)과 결합을 이룬 글자   3231 별첨

驛(역 역)	☞ 馬(3582) → 민정을 기찰하기(睪 → 비밀히 또는 넌지시 탐사하기)위한 교통수단으로 말(馬)을 대기시켜 놓은 곳이라는 데서 「역참. 역」 驛前(역전)
繹(풀어낼 역)	☞ 糸(2528) → 실(糸)을 끌어(睪)내는, 곧 누에고치나 솜으로부터 실오라기를 풀어(뽑아)낸다는 데서 「풀어내다. 실 뽑다」 演繹(연역)
釋(풀 석)	☞ 釆(2985) → 글을 읽는 사람이(독자가) 이를 엿보고(睪) 쉽게 이해할 수 있게끔 분별하여(釆) 놓은, 곧 어려운 문맥을 풀이하여 놓은 문구이라는 데서 「주내다. 풀다」
鐸(방울 탁)	☞ 金(3474) → 기찰하는(睪 → 비밀히 또는 넌지시 탐사하는) 것처럼 스님이 이 집 저 집을 빠짐없이 드나들며 흔드는 쇠(金)로 된 물건이라는 데서 「방울」 木鐸(목탁)
擇(가릴 택)	☞ 手(1443) → 손(扌)으로 필요한 것만을 끌어(睪)내어 고른다는 데서 「가리다」
澤(못 택)	☞ 水(1230) → 물(氵)을 끌어(睪)들이어 가두어 놓은 곳이라는 데서 「못」 沼澤(소택)

讓   사양할 양: 넘겨줄 양.   3232-32

- 言 + 襄(도울/옷벗고밭갈/오를/이룰/옮길 양) = 讓 (2560 참조)
- ☞ 윗분(임금)에게 말씀하여(言) 자신이 맡고 있는 자리(직책)에서 옮겨(襄) 간다(물러난다)는 데서 「사양하다. 넘겨주다」 뜻으로.

辭讓(사양 - 겸손히 사절하거나 남에게 양보함) 讓步(양:보) 讓渡(양:도) 讓位(양:위) 謙讓(겸양)

言 부수(자원과 쓰임 → 3196 참조)

譽　기릴/명예 예: 칭찬할/즐거울 예.　　3233-32

◉ 與(더불/줄/참여할 여) + 言 = 譽 (2606 참조)

☞ 다른 사람을 높이 받들어(칭찬하여) 주는(與) 말씀(言)을 한다는 데서 「기리다. 칭찬하다. (기리는) 명예. (칭찬하여)즐겁다」 뜻으로.

譽言(예:언 - 남을 칭찬하여 기리는 말) 譽望(예:망 - 명예와 인망) 毁譽(훼:예) 榮譽(영예) 名譽(명예)

謂　이를 위. 고할/설명할 위.　　3234-32

◉ 言 + 胃(밥통 위) = 謂 (2394 참조)

☞ 밥통(胃)에서 음식물을 소화시키는 것처럼 상대방이 충분하게 소화(이해)할 수 있게끔 상세하게 말한다(言)는 데서 「이르다. 고하다. 설명하다」 뜻으로.

可謂(가:위 - 가히 이르자면. 과연. 그야말로) 所謂(소:위 - 이른바) 云謂(운위 - 일러 말함)

誇　자랑할 과: 큰소리할 과.　　3235-32

◉ 言 + 夸(클/큰체할/자랑할 과) = 誇

☞ 실제보다 큰 체하면서(잘난 척하면서)(夸) 말한다(言)는 데서 「자랑하다」. 또는 음성을 크게(夸) 높이어 말한다(言)는 데서 「큰소리하다」 뜻으로.

誇張(과:장 - 사실보다 지나치게 부풀림) 誇大(과:대) 誇示(과:시) 誇大妄想(과:대망상)

★ 夸(클/큰체할/자랑할 과)와 결합을 이룬 글자.　　3235 별첨

| 袴(바지 고) | ☞ 衤(2573) → 아랫도리(바짓가랑이)가 크게(夸) 벌어져 있는 옷(衤)이라는 데서 「바지」 |
| 瓠(박 호) | ☞ 瓜(2099) → 큰 체하는(자랑하는)(夸) 것처럼 몸집을 맨드리하게 드러내고 (초가지붕 위에) 나뒹굴어 있는 오이(瓜) 종류의 넝쿨 열매이라는 데서 「표주박. 박」 瓠犀(호서) |

詳　자세할 상.　　3236-32

◉ 言 + 羊(양 양) = 詳

☞ (무리지어 노니는) 수많은 양 떼(羊)들의 수효를 빠뜨림이 없이 헤아리는 것처럼 소상하게 말한다(言)는 데서 「자세하다」 뜻으로.

詳細(상세 - 속속들이 자세함) 詳述(상술) 詳考(상고) 詳報(상보) 昭詳(소상) 仔詳(자상) 未詳(미:상)

詞　말/글 사. 고할 사.　　3237-32

◉ 言 + 司(맡을/주장할/벼슬 사) = 詞 (0820 참조)

☞ (자신의 견해를) 주장하는(司) 말씀(言)이라는 데서 「말. 글. (말씀으로)고하다」 뜻으로.

詞林(사림 - 시문을 엮은 책. 시인·문인들의 사회) 歌詞(가사) 名詞(명사) 品詞(품:사) 動詞(동:사)

誘　꾈 유. 달랠/나아갈 유.　　3238-32

◉ 言 + 秀(빼어날 수) = 誘 (2203 참조)

☞ 빼어나게(秀) 말하여(言) 상대방을 달래거나 부추긴다는 데서 「꾀다. 달래다」 뜻으로.

誘惑(유혹 - 남을 꾀어서 현혹되게 함) 誘導(유도) 誘發(유발) 誘致(유치) 誘引(유인) 誘拐(유괴)

諾 허락할 낙. 승낙할/대답할 낙. 3239-32

- 言 + 若(같을 약) = 諾 (2736 참조)
- 상대방의 의중과 같게(若) 말하는(言), 곧 상대방이 문의하거나 요청한 내용을 그대로 받아들인다는 데서「허락하다. 승낙하다. 대답하다」뜻으로.

許諾(허락 - 청하는 일을 들어줌) 承諾(승낙) 快諾(쾌락) 唯唯諾諾(유유낙낙 - 고분고분함) 應諾(응:낙)

謀 꾀/꾀할 모. 마음쓸/의논할 모. 3240-32

- 言 + 某(아무 모) = 謀 (1647 참조)
- 아무개(某)와 더불어, 또는 모종(某種)의 사안을 진지하게 말한다(言)는 데서「꾀하다. 꾀. 의논하다. 마음 쓰다」뜻으로.

謀議(모의 - 계책을 의논함) 謀事(모사) 謀陷(모함) 謀略(모략) 謀利輩(모리배) 權謀術數(권모술수)

諸 모두 제. 모든/제후 제 | 이/어조사 저. 3241-32

- 言 + 者(사람/놈/것/곳 자) = 諸 (2858 참조)
- 말씀(言)으로 일러 주는 (사람·사물·장소 같은) 모든 것(者)이라는 데서「모든. 모두. (일정한 지역의 모든 통치권을 부여 받은)제후」뜻으로.

諸般(제반 - 모든 것) 諸家(제가 - 많은 유파) 諸位(제위) 諸君(제군) 諸侯(제후) 諸子百家(제자백가)

謙 겸손할 겸. 사양할 겸. 3242-32

- 言 + 兼(겸할/합칠/어우를 겸) = 謙 (0328 참조)
- 겸하여(兼) 말하는(言), 곧 "예! 예! 괜찮습니다"처럼 같은 말을 (낮은 자세로) 되풀이하여 수긍하거나 만류한다는 데서「겸손하다. 사양하다」뜻으로.

謙遜(겸손 - 남을 높이고 제 몸을 낮추는 태도가 있음) 謙虛(겸허) 謙讓(겸양) 謙辭(겸사) 謙謹(겸근)

訂 바로잡을 정. 평론할 정. 3243-30

- 言 + 丁(장정/당할/고무래 정) = 訂 (0008 참조)
- (잘못된 것을) 당하게(이치에 맞게)(丁) 말한다(言)는 데서「바로잡다. 평론하다」뜻으로.

訂正(정정 - 잘못을 고쳐 바로잡음) 修訂(수정) 校訂(교:정) 改訂(개:정) 改訂版(개:정판)

訟 송사할 송: 고소할/다툴 송. 3244-30

- 言 + 公(공평할/바를/공작/제후/임금 공) = 訟 (0322 참조)
- 공청(公廳 → 공무를 처리하는 기관)에 나아가 억울한 사연을 말하는(言), 또는 공평한(公) 심판을 받아 내기 위하여 관청에 나아가 말한다(言)는 데서「송사하다. 고소하다」뜻으로.

訟事(송:사 - 분쟁을 관부에 호소하여 그 판결을 구하던 일) 訴訟(소송) 爭訟(쟁송 - 송사로 다툼)

言 부수(자원과 쓰임 → 3196 참조)

詠 읊을 영: 3245-30

- 言 + 永(길/읊을 영) = 詠 (1175 참조)
- ☞ 소리를 길게(永) 빼어 내어 말한다(言)는 데서 「읊다」 뜻으로.

詠歌(영:가 - 시가를 읊음) 詠誦(영:송 - 시가를 소리 내어 읊음) 詠歎(영:탄) 詠唱(영:창) 吟詠(음영)

詐 속일 사. 거짓/간사할 사. 3246-30

- 言 + 乍(잠깐/언뜻 사 | 지을 작) = 詐 (1022 참조)
- ☞ 언뜻(乍) 듣기에는 사실인 것처럼 (그럴듯하게) 말하는(言), 또는 인위적으로 지어서(조작하여)(乍) 말한다(言)는 데서 「속이다. 거짓. 간사하다」 뜻으로.

詐欺(사기 - 거짓말로 속이는 것) 詐取(사취 - 남의 것을 속여 빼앗음) 詐稱(사칭)

誦 욀 송: 외울/읽을/읊을 송. 3247-30

- 言 + 甬(물솟아오를 용) = 誦 (0361 참조)
- ☞ (땅을 뚫고 끊임없이) 물이 솟아오르는(甬) 것처럼 거침없이 술술 말한다(言)는 데서 「외우다. 외다. 읽다. 읊다」 뜻으로.

誦讀(송:독 - 소리 내어 글을 읽음) 誦詩(송:시 - 시詩를 외움) 朗誦(낭:송) 暗誦(암:송) 讀誦(독송)

諒 믿을/헤아릴 량. 살펴알/알/참/어질 량. 3248-30

- 言 + 京(서울/높은언덕 경) = 諒 (0201 참조)
- ☞ (의지처가 되는) 높은 언덕(京)처럼 듬직하게 말하는(言), 곧 크게 믿음이 가도록(진정성이 있게) 말한다는 데서 「믿다. (크게)알다. (상대방의 심리를 알아서)헤아리다. 참」 뜻으로.

諒知(양지 - 살펴서 앎) 諒察(양찰 - 헤아려 살핌) 諒解(양해) 諒燭(양촉) 諒恕(양서) 海諒(해:량)

誰 누구 수. 무엇/접때 수. 3249-30

- 言 + 隹(새 추) = 誰
- ☞ 새(隹)가 지저귀는 것처럼 시끄럽고 잡다하게 말하여(言) 누가·언제·무엇을 말하였는지를 도무지 분간할 수가 없다는 데서 「누구. 무엇. 접때」 뜻으로.

誰何(수하 - 누구. 아무개. 누구냐? 하고 묻는 말) 誰怨誰咎(수원수구) 誰知烏之雌雄(수지오지자웅)

謁 뵐/아뢸 알. 고할 알. 3250-30

- 言 + 曷(어찌 갈) = 謁 (1996 참조)
- ☞ 어찌(曷)하면 좋을지를 찾아뵙고 말씀(言)드린다는 데서 「아뢰다. 뵙다. 고하다」 뜻으로.

謁見(알현 - 높은 사람을 뵘) 謁聖(알성 - 임금이 문묘에 참배함) 拜謁(배:알 - 높은 어른을 만나 뵘)

★ 謁(뵐/아랠/고할 알)과 결합을 이룬 글자. 3250 별첨

靄(아지랑이 애) ☞ 雨(3408) → 비(雨)가 내릴 것이라고 아뢰는(謁) 것처럼 구름이 피어오르는 모양이라는 데서 「구름 뭉게뭉게 피어오르다. (뭉게구름처럼 피어오르는)아지랑이」 和氣靄靄(화기애애)

言 부수(자원과 쓰임) → 3196 참조

該 갖출/마땅(當) 해. 모두/다 해. 　　　3251-30

◉ 言 + 亥(돼지/열두째지지 해) = 該 (0205 참조)
☞ 마지막 지지(地支)인 열두째 지지(亥)까지 모두 말하는(헤아리는)(言) 것처럼 모든 자료를 갖추어 완벽하게 말한다는 데서「모두. 다. 갖추다. (모두 갖추어져서)마땅하다」뜻으로.

該當(해당 - 바로 들어맞음) 該地(해지 - 그곳) 該博(해박 - 학문이 넓음. 사물에 관하여 널리 앎)

謹 삼갈 근: 　　　3252-30

◉ 言 + {革(가죽 혁) + 土(흙 토) = 堇(진흙/찰흙 근)} = 謹 (0369 참조)
☞ 진흙(수렁)(堇)을 어렵게 헤쳐 나가는 것처럼 매우 조심스럽고 어렵사리 말한다(言)는 데서「삼가다」뜻으로.

謹愼(근:신 - 벌칙으로 금하는 일) 謹身(근:신 - 언행을 삼감) 謹弔(근:조) 謹製(근:제) 謹賀(근:하)

譜 족보/계보 보: 계통/적을 보. 　　　3253-30

◉ 言 + 普(넓을/널리미칠/두루 보) = 譜 (1035 참조)
☞ 조상이나 윗분의 말씀(言)이 두루(널리)(普) 미치는(전달되는) 직속 계열이라는 데서「계보. 계통. (계보를)적다. (계보를 적어 놓은)족보」뜻으로.

譜牒(보:첩 - 족보로 만든 책) 族譜(족보 - 족속의 계보를 적은 책) 曲譜(곡보) 樂譜(악보) 系譜(계:보)

諜 염탐할 첩. 이간할 첩. 　　　3254-20

◉ 言 + 枼(모진나무/얇을/들창 엽) = 諜 (2725 참조)
☞ 들창(枼)으로 새어 나오는 말소리(言)를 남몰래 엿듣는다는 데서「염탐하다」뜻으로.

諜者(첩자 - 간첩) 諜知(첩지) 諜報(첩보) 諜報員(첩보원) 間諜(간:첩 - 적국의 내정을 염탐하는 사람)

謄 베낄 등. 등사할 등. 　　　3255-20

◉ 言 + 𦟛(= 胼 못박힐/덧대어질/군은살 변) = 謄 (3586 참조)
☞ 말씀한(言) 사항을(기록으로 남긴 글자를) 군은살처럼 덧대는(𦟛), 곧 본래 글자와 같도록 베끼거나 본을 뜬다는 데서「베끼다. 등사하다」뜻으로.

謄寫(등사 - 베껴 씀. 등사판으로 박음) 謄本(등본 - 원본대로 베껴 적은 서류. 원본의 사본)

諮 물을 자: 상의할 자. 　　　3256-20

◉ 言 + {次(또 차) + 口(입/말할 구) = 咨(물을/차탄할 자)} = 諮
☞ (윗분에게) 말하여(言) 묻는다(咨)는 데서「묻다. 상의하다」뜻으로.

諮問(자:문 - 물음. 의견을 청함) 諮問機關(자:문기관 - 자문을 맡아 답신하는 일을 맡아보는 기관)

謨 꾀/꾀할 모. 　　　3257-20

◉ 言 + 莫(없을/말 막 | 저물/꾀할 모) = 謨 (2731 참조)
☞ 날이 저물도록(종일토록)(莫) 궁리하여 말하는(言), 또는 묘책을 꾀하여(莫) 말한다(言)는 데서

「꾀. 꾀하다」뜻으로.
謨訓(모훈 - 국가의 큰 계획. 후왕後王의 계율이 되는 가르침)

誕 낳을/거짓 탄: 태어날/속일 탄. 3258-20

◉ 言 + 延(늘일/펼/뻗칠 연) = 誕 (0410 참조)
☞ 임금(성인)의 말씀(言)을 후세에 늘이어(펼치어)(延) 나갈 자손이 태어난다는 데서 「태어나다. 낳다」뜻을. 한편 길게 늘이는(延) 것처럼 과장되게 말한다(言)는 데서 「거짓」뜻으로.

誕辰(탄:신 - 임금이나 성인이 난 날) 誕日(탄:일) 誕生(탄:생) 誕日鐘(탄:일종) 聖誕(성:탄) 佛誕日(불탄일)

謬 그르칠 류(:) 그릇될/잘못/속일 류. 3259-20

◉ 言 + {羽(깃 우) + 彡(머리숱검고많을 진) = 翏(높이날 류)} = 謬
☞ 높이 날아(翏) 올라가는 것처럼 가볍고 허황되게 말한다(言)는 데서 「그릇되다. 그르치다. 잘못. 속이다」뜻으로.

謬見(유:견 - 잘못된 생각) 謬說(유:설 - 이치에 어긋난 말) 誤謬(오:류 - 그릇되어 이치에 어긋남)

★ 翏(높이날 류 | 휙휙불어대는바람소리 료)와 결합을 이룬 글자. 3259 별첨

膠(아교 교)	☞ 肉(2408) → 몸(月)에, 깃(깃털)(羽)처럼 보드라운 잔털이 머리숱 검고 많은(彡) 모양을 이루어 매우 촘촘하게 붙어 있다는 데서 「붙다. (달라붙는 물질인)아교」阿膠(아교)
寥(쓸쓸할 료)	☞ 宀(0629) → 집(宀)에 있는 양식이나 집기 같은 모든 것이 높이 날아(翏) 가버린 것처럼 아무것도 남아 있지 않아 집안이 매우 공허하다는 데서 「쓸쓸하다 비다」寥寥(요요)
戮(죽일 륙)	☞ 戈(1773) → 휙휙 불어 대는 바람소리(翏)를 내면서(공기를 세차게 가르면서) 창(戈)으로 적군이나 죄인을 처단한다는 데서 「죽이다. 형벌」殺戮(살육)

誓 맹세할 서: 약속할/삼갈 서. 3260-20

◉ 折(꺾을/결단할 절) + 言 = 誓 (1437 참조)
☞ 결단하여(折) 말하는(言), 곧 어떠한 어려움에 부딪치더라도 변하지 않겠다고 다짐하여 말한다는 데서 「맹세하다. 약속하다」뜻으로.

盟誓(맹서 - 굳게 약속함) 誓約(서:약 - 맹세하고 약속함) 誓盟(서:맹 - 맹서) 誓約文(서:약문) 宣誓(선:서)

診 진찰할 진: 병상을살필/볼 진. 3261-20

◉ 言 + 彡(머리숱많고검을 진) = 診 (2031 참조)
☞ 머리숱 많고 검은(彡), 곧 수많은 머리카락을 샅샅이 헤집어 보는 것처럼 발병의 원인이나 진행 상태 등을 속속들이 들추어내어 말한다(言)는 데서 「진찰하다. 병상을 살피다」뜻으로.

診察(진:찰 - 병 증세를 살펴 알아냄) 診療(진:료 - 진찰과 치료) 診脈(진:맥) 診斷(진:단) 檢診(검:진)

託 부탁할 탁. 붙일/의탁할/맡길 탁. 3262-20

◉ 言 + 乇(붙일/부탁할 탁) = 託 (0587 참조)
☞ 말씀한(言) 사항을 제삼자에게 전하여 달라고 상대방에게 부탁한다(乇)는 데서 「부탁하다. 붙이다. 의탁하다. 맡기다」뜻으로.

託送(탁송 - 남에게 의탁하여 물건을 보냄) 託言(탁언) 託兒所(탁아소) 依託(의탁) 付託(부:탁)

闇 향기 은. 화기애애한모양 은. 3263-20

◉ 門(문 문) + 言 = 闇
☞ 문(門) 안에서 말하는(言), 곧 문을 닫고 정답게 이야기를 주고받는 분위기이라는 데서 「화기애애한 모양. (화기롭게 피어나는)향기」 뜻으로.

闇闇(은은 - 화기애애하게 논하는 모양. 온화하고 삼가는 모양) 南闇(남은 - 조선 왕조의 개국 공신)

諺 언문/상말 언: 큰말 언 | 뻐득뻐득할 안. 3264-10

◉ 言 + 彦(선비/클 언) = 諺 (1015 참조)
☞ 선비(彦) 사회에서 두루 쓰이는 말씀(言)이라는 데서 「큰 말. (선비가 고자세로 일컫는다는 데서) 뻐득뻐득하다. (뻐득뻐득하고 세속적인)상말. (한글을 상말로 일컬은 데서)언문」 뜻으로.

諺文(언:문 - 한글을 속되게 이르던 말) 諺解(언:해 - 한문을 한글로 풀이함) 諺字(언:자) 俚諺(이:언)

諭 깨우칠/타이를 유. 깨달을 유 | 꾈 투. 3265-10

◉ 言 + 俞(점점/나을 유) = 諭 (0357 참조)
☞ 말씀(言)으로 가르치거나 타일러서 이전보다 나아지도록(俞) 한다(깨우치도록 유도한다)는 데서 「깨우치다. 타이르다. 꾀다」 뜻으로.

諭示(유시 - 관청에서 백성에게 구두나 문서로 타일러 가르침. 또는 그 문서) 教諭(교:유) 訓諭(훈:유)

諱 꺼릴/숨길 휘. 고인이름 휘. 3266-10

◉ 言 + 韋(다룬가죽/어길/에울 위) = 諱 (3537 참조)
☞ 어기어(韋) 말하는(言), 곧 바른대로 말하기가 겸연쩍어서 우회적으로(다르게 돌리어) 말한다는 데서 「꺼리다. 숨기다. (함부로 부르기를 꺼려하는)고인 이름」 뜻으로.

諱(휘 - 돌아간 어른의 생전 이름을 이르는 말) 諱日(휘일 - 제삿날) 諱談(휘담 - 드러내기 어려운 말)

諡 시호 시. 시호내릴 시. 3267-10

◉ 言 + 盍(작은쟁반 혜) = 諡
☞ 말씀(言)을 쟁반(盍)에 담아 주는, 곧 임금이 선왕(先王)이나 별세한 공신의 호(號)를 지어 공덕을 칭송하는 말씀과 더불어 이를 쟁반에 담아 드린다는 데서 「시호. 시호 내리다」 뜻으로.

諡號(시호 - 선왕의 공덕을 칭송하여 붙인 이름. 재상 등이 죽은 뒤에 임금이 추증追贈하는 이름)

諷 욀/풍자할 풍. 3268-10

◉ 言 + 風(바람 풍) = 諷
☞ 바람(風)이 부는 것처럼 거침없이 말한다(言)는 데서 「외다」. 한편 스쳐가는 바람(風)처럼 빗대어 말한다(言)는 데서 「풍자하다」 뜻으로.

諷刺(풍자 - 무엇에 빗대어 재치 있게 경계하거나 비판함) 諷諫(풍간 - 완곡한 표현으로 간청함)

言 부수(자원과 쓰임 → 3196 참조)

諦 살필 체. 자세히조사할/자세히알/체념할 체 | 울 제. 3269-10

◉ 言 + 帝(임금/황제 제) = 諦 (0979 참조)
☞ 임금(帝)이 민정을 살피면서 자세하게 말씀한다(言)는 데서 「자세히 조사하다. 살피다. 자세히 알다. (임금이 살핀 사실에 대하여는 이의를 제기할 수 없다는 데서)체념하다」 뜻으로.
諦念(체념 - 아주 단념함) 要諦(요체 - 중요한 점)

謳 노래할 구. 읊조릴 구. 3270-10

◉ 言 + 區(구역/구분할 구) = 謳 (0271 참조)
☞ 구역(區)을 이루는 것처럼 장단과 고저의 가락을 이루어 말한다(言)는 데서 「읊조리다. 노래하다」 뜻으로.
謳歌(구가 - 많은 사람들이 칭송하여 노래함) 謳吟(구음 - 노래를 부름) 謳謠(구요 - 노래함. 노래)

謫 귀양갈 적. 꾸짖을/견책할/허물 적. 3271-10

◉ 言 + 啇(밑동/나무뿌리/과일꼭지 적) = 謫 (1803 참조)
☞ 밑동(啇)에 닿게 말하는(言), 곧 마음속으로 깊이 뉘우치도록 심하게 꾸짖어 말한다는 데서 「꾸짖다. 견책하다. 허물. (견책 받은 죄인이 벽지로)귀양 가다」 뜻으로.
謫客(적객 - 귀양살이하는 사람) 謫居(적거 - 귀양살이하고 있음) 謫所(적소) 謫中(적중) 謫仙(적선)

誨 가르칠 회: 깨우쳐줄 회. 3272-10

◉ 言 + 每(매양/늘 매) = 誨 (2021 참조)
☞ 매양(每) 되풀이하여 말씀(言)하는, 곧 같은 말씀을 여러 차례 반복하여 상대방의 뇌리에 지식을 주입시킨다는 데서 「가르치다. 깨우치다」 뜻으로.
誨言(회:언 - 가르치는 말) 誨諭(회:유 - 일깨워 줌) 敎誨(교:회 - 가르쳐서 잘못을 깨우치게 함)

諂 아첨할 첨: 3273-10

◉ 言 + 臽(함정/구덩이 함) = 諂 (3346 참조)
☞ 함정(臽)에 걸려들도록 솔깃하게(듣기 좋게) 말한다(言)는 데서 「아첨하다」 뜻으로.
阿諂(아첨 - 환심을 사기 위하여 알랑거림) 諂諛(첨:유 - 아첨함) 諂笑(첨:소 - 아첨하여 웃음)

諛 아첨할 유. 3274-10

◉ 言 + 臾(삼태기 궤 | 잠깐 유 | 쬘 용) = 諛 (0777 참조)
☞ 꾀기(臾) 위하여 솔깃하게(듣기 좋게) 말한다(言)는 데서 「아첨하다」 뜻으로.
諛言(유언 - 아첨하여 하는 말) 阿諛(아유 - 남에게 환심을 사거나 잘 보이려고 알랑거림. 아첨)

誼 의좋을 의. 옳을/착할 의. 3275-10

◉ 言 + 宜(마땅/옳을 의) = 誼 (0612 참조)
☞ 마땅한(옳은)(宜) 말씀(言)으로 서로가 대화를 나누는 매우 건전하고 친근한(의좋은) 사이이라는

데서 「의좋다. 옳다. 착하다」 뜻으로.
友誼(우:의 - 친구 사이의 정의) 厚誼(후:의) 交誼(교의 - 사귀어 친해진 정의) 情誼(정의 - 교의)

| 諫 | 간할 간: 바로잡을 간. | 3276-10 |

- 言 + 柬(분별할/가릴 간) = 諫 (1508 참조)
- ☞ 옳고 그름을 분별하여(가려내어)(柬) 주도록 임금에게 말씀(言) 드린다는 데서 「간하다. (간하여) 바로잡다」 뜻으로.

諫(간:하다 - 어른이나 임금께 잘못을 고치도록 말하다) 諫言(간:언) 諫官(간:관) 諫臣(간:신) 諫院(간:원)

| 諧 | 화할 해. 농지거리 해. | 3277-10 |

- 言 + 皆(다/모두/함께 개) = 諧 (2083 참조)
- ☞ 여러 사람이 함께(皆) 모여 화기애애하게 말한다(言)는 데서 「화하다. 농지거리」 뜻으로.

諧謔(해학 - 익살스럽고도 품위 있는 농담) 諧語(해어 - 농담) 諧和(해화 - 조화調和)

| 謔 | 희롱할 학. 농할/기뻐즐길 학. | 3278-10 |

- 言 + 虐(혹독할/사나울/몹시굴 학) = 謔 (2845 참조)
- ☞ 몹시구는(虐), 곧 짓궂게 굴면서(짙은 농담을 섞어 가면서) 말한다(言)는 데서 「희롱하다. 농하다. 기뻐 즐기다」 뜻으로.

謔笑(학소 - 익살맞은 웃음) 諧謔(해학 - 익살스럽고 품위 있는 농담)

| 訥 | 말더듬거릴 눌. 어눌할 눌. | 3279-10 |

- 言 + 內(안 내) = 訥 (0355 참조)
- ☞ 말(言)이 선뜻 나오지 않고 입안(內)에서 맴돈다는 데서 「말 더듬거리다. 어눌하다」 뜻으로.

訥言(눌언 - 더듬거리는 말) 訥辯(눌변 - 더듬거리는 말씨) 語訥(어:눌하다 - 말을 더듬어 유창하지 못함)

| 誹 | 헐뜯을 비. 꾸짖을/나무랄 비. | 3280-10 |

- 言 + 非(아닐/어긋날 비) = 誹 (3414 참조)
- ☞ (좋은 점은 제쳐 두고) 바르지 아니한(어긋난)(非) 부분만을 말한다(言)는 데서 「헐뜯다. (헐뜯어) 꾸짖다. 나무라다」 뜻으로.

誹謗(비방 - 남을 헐뜯어 말함) 誹譽(비예 - 헐뜯음과 칭찬함) 誹笑(비소 - 비웃음) 誹毀(비훼)

| 謗 | 헐뜯을 방. 비방할/꾸짖을 방. | 3281-10 |

- 言 + 旁(곁/기댈/두루 방) = 謗 (1980 참조)
- ☞ 참된 내면을 제쳐 두고 곁(외면적)(旁)으로 드러난 결점만을 말한다(言)는 데서 「헐뜯다. 비방하다」 뜻으로.

誹謗(비방 - 남을 헐뜯어 말함) 毀謗(훼:방 - 남을 헐뜯어 비방함)

詛 저주할 저: 3282-10

◉ 言 + 且(또 차 | 수두룩할 저) = 詛 (0011 참조)

☞ 말(言)을 수두룩하게(且) 늘어놓는, 곧 했던 말을 되풀이하여 남이 잘못 되기를 빈다는 데서 「저주하다」 뜻으로.

詛呪=咀呪(저:주 - 남이 안 되기를 빌고 바람)

詭 속일 궤: 3283-10

◉ 言 + 危(위태할/두려울 위) = 詭 (0346 참조)

☞ 상대방을 위험한(危) 지경에 처하도록(빠져들게끔) 말한다(言)는 데서 「속이다」 뜻으로.

詭說(궤:설 - 거짓으로 속이는 말) 詭策(궤:책 - 속이는 방책) 詭術(궤:술 - 궤책) 詭辯(궤:변)

誅 벨/벌줄 주: 꾸짖을 주. 3284-10

◉ 言 + 朱(붉을/그루터기 주) = 誅 (1622 참조)

☞ (죄인의) 얼굴이 붉어(朱)지도록 심하게 꾸짖어 말한다(言)는 데서 「꾸짖다. 벌주다. (벌을 내려 목을)베다」 뜻으로.

誅伐(주:벌 - 죄인을 침. 또는 죄인을 죽임) 誅殺(주:살 - 죄인을 죽임) 誅戮(주:륙) 苛斂誅求(가:렴주구)

詰 꾸짖을 힐. 물을 힐. 3285-10

◉ 言 + 吉(길할/이로울/착할 길) = 詰 (0805 참조)

☞ (죄상에 대하여 벌칙을 내리지 않고) 이롭게(吉) 말하여(言) 문책한다는 데서 「꾸짖다. (죄상을) 묻다」 뜻으로.

詰責(힐책 - 잘못을 따져 꾸짖음) 詰問(힐문 - 힐책하여 물음) 詰難(힐난 - 트집을 잡아 따지고 듦)

誣 속일 무: 꾸밀 무. 3286-10

◉ 言 + 巫(무당 무) = 誣 (0944 참조)

☞ 무당(巫)이 말하는(言) 것처럼 지어내어 말한다는 데서 「꾸미다. 속이다」 뜻으로.

誣陷(무:함 - 없는 사실을 꾸며 남을 못된 구렁에 빠지게 함) 誣告(무:고 - 거짓으로 꾸미어 고발함)

讐 원수 수. 대답할/대거리할 수. 3287-10

讎 원수 수. 대답할/대거리할 수. 3288-00

◉ {隹(새 추) + 隹 = 雔(새한쌍 수)} + 言 = 讐
◉ 隹(새 추) + 言 + 隹 = 讎 ※ 讎와 讐는 동자.

☞ 새 한 쌍(雔)이 마주 보면서 시끄럽게 지저귀는 것처럼 서로가 아옹다옹거리며(대꾸하며) 말하는 (言) 사이(관계)라는 데서 「원수. (다투면서)대답하다. 대거리하다」 뜻으로.

怨讐(원:수 - 원한이 맺히도록 자기에게 해를 끼친 사람) 讐仇=讎仇(수구 - 원수) 讎敵(수적) 復讐(복수)

言 부수(자원과 쓰임 → 3196 참조)

讖 예언 참. 조짐/비밀 참. 3289-10

- 言 + 韱(산부추/가늘/섬세할 섬) = 讖 (3576 참조)
- ☞ (어떠한 일이 발생할 것인지에 대하여) 가느다란(미세한)(韱) 징조(낌새)를 알아채어 미리 말한다(言)는 데서 「예언. 조짐」 뜻으로.

讖言(참언 - 앞일에 대한 길흉을 미리 들어서 예언하는 말) 讖書(참서 - 참언을 적은 책) 圖讖(도참)

讒 참소할 참. 헐뜯을/간악할/참람할 참. 3290-10

- 言 + 毚(약은토끼 참) = 讒 (0191 참조)
- ※ 毚 → 兔(→ 龜「거북 귀」의 획 줄임)과 比(비할 비)와 兔(토끼 토)의 결합. 거북이(兔)와 토끼(兔)가 나란히(比) 용궁에 가다가 약삭빠른 토끼가 거북이를 골려 주는 이야기에서 「약은 토끼」 뜻으로.
- ☞ 약삭빠른 토끼(毚)처럼 교활하게 꾸미어 말한다(言)는 데서 「참소하다. 헐뜯다」 뜻으로.

讒訴(참소 - 간사한 말로 남을 헐뜯어 윗사람에게 고해바침) 讒言(참언 - 참소하는 말) 讒毀(참훼)

詔 조서/고할 조: 가르칠 조ㅣ고할/소개할 소. 3291-10

- 言 + 召(부를 소) = 詔 (0833 참조)
- ※ 고(誥)하다 → 윗사람이 아랫사람에게 가르쳐 알리다. 고(告)하다 → 아뢰다.
- ☞ 임금이 신하를 불러(召)들이어 백성에게 알릴(고할) 사항을 말씀(言)으로 일러 준다는 데서 「고하다. 조서. 가르치다」 뜻으로.

詔勅(조:칙 - 왕이 국민에게 알릴 목적으로 적은 문서) 詔書(조:서 - 어명을 백성에게 알리는 문서)

註 주낼/글뜻풀 주. 3292-10

- 言 + 主(주인/임금/지킬/맡을 주) = 註 (0029 참조)
- ☞ 주된(주요한)(主) 문구나 낱말을 풀어서 말한다(言)는 데서 「주내다. 글 뜻 풀다」 뜻으로.

註釋(주석 - 낱말이나 문장을 알기 쉽게 풀이한 글) 註解(주해 - 뜻을 알기 쉽게 풀이하는 일)

訣 이별할 결. 영결할/끊을 결. 3293-10

- 言 + 夬(터놓을/결단할 쾌) = 訣 (1187 참조)
- ☞ 서로 간에 주고받는 말씀(言)이 결단(단절)되다(夬)는 데서 「이별하다. 영결. 끊다」 뜻으로.

訣別(결별 - 이별) 要訣(요결 - 중요한 방법이나 긴요함) 秘訣(비:결) 永訣終天(영:결종천 - 영원한 이별)

訛 그릇될 와. 3294-10

- 言 + 化(될/변화할/바꿀 화) = 訛 (0221 참조)
- ☞ 말씀한(言) 내용이 변화되어(化) 잘못 알아듣거나 전달된다는 데서 「그릇되다」 뜻으로.

訛傳(와전 - 그릇되게 전함) 訛謬(와류 - 그릇됨) 訛言(와언 - 잘못 전파된 말) 訛音(와음)

訊 물을 신. 나무랄 신. 3295-10

- 言 + 卂(빨리날 신) = 訊 (3148 참조)

言 **부수**(자원과 쓰임 → 3196 참조)

☞ (범죄의 실상을) 빨리(卂) 말하라(言)고 다그친다(책망한다)는 데서 「묻다. 나무라다」 뜻으로.
訊問(신문 - 물어서 캠. 죄를 따져 물음) 訊鞫=訊鞠(신국 - 죄상을 물어서 조사함)

訃 부고 부: 통보할 부.   3296-10

● 言 + 卜(점/줄 복) = 訃
☞ (사망한 사실을) 말씀(言)으로 알리어 준다(卜)는 데서 「부고. 통보하다」 뜻으로.
訃告(부:고 - 사람의 죽음을 알리는 통지) 訃音(부:음 - 부고) 訃報(부:보 - 부고. 통부) 通訃(통부)

訌 내홍/어지러울 홍. 무너뜨릴 홍.   3297-10

● 言 + 工(장인/만들 공) = 訌
☞ 말(言)을 만들어(조작하여)(工) 분란을 야기(惹起)시킨다(내부 결속을 무너뜨리게 한다)는 데서 「내홍. 어지럽다. (결속을)무너뜨리다」 뜻으로.
訌爭(홍쟁 - 안에서 일어나는 싸움. 내분. 내홍) 內訌(내:홍 - 내부에서 일으키는 분쟁)

詣 이를 예: 나아갈/도달할 예.   3298-10

● 言 + 旨(뜻/맛/조서 지) = 詣 (1065 참조)
☞ 임금의 말씀(言)을 적은 조서(旨), 곧 윤지(綸旨 → 임금이 신하나 백성에게 내리는 말)가 백성에게 하달된다는 데서 「(조서가 백성에게)이르다. 나아가다. 도달하다」 뜻으로.
詣闕(예:궐 - 대궐에 들어감. 입궐) 造詣(조:예 - 어떤 분야에 대한 깊은 지식)

譚 클/말씀 담. 이야기/깊을 담.   3299-10

● 言 + 覃(미칠/뻗을/깊고넓을 담) = 譚 (1259 참조)
☞ 깊고 넓게 뻗어(覃) 나가는 말씀(言), 곧 방방곡곡으로 깊고 넓게 퍼져 나가는 말씀(이야기)이라는 데서 「이야기. 말씀. 크다. 깊다」 뜻으로.
譚思(담사 - 깊이 생각함) 民譚(민담 - 민간에 전하여 내려오는 이야기)

譴 꾸짖을 견.   3300-10

● 言 + 遣(보낼 견) = 譴 (3123 참조)
☞ (죄가 무거운 자는 감옥에 가두는 데 반하여 죄가 가벼운 자는) 말씀(言)으로 꾸짖어(훈계하여) 집으로 돌려보낸다(방면한다)(遣)는 데서 「꾸짖다」 뜻으로.
譴責(견책 - 잘못을 꾸짖고 나무람) 譴告(견고 - 꾸짖고 훈계함) 譴怒(견노 - 꾸짖고 성냄)

譏 나무랄/비웃을 기. 꾸짖을/엿볼/살필 기.   3301-10

● 言 + 幾(몇/기미/작을 기) = 譏 (0908 참조)
☞ 기미(낌새)(幾)를 엿보아 가면서(살피면서) 훈계 차원으로 빗대어 말한다(言)는 데서 「엿보다. 살피다. 나무라다. 비웃다」 뜻으로.
譏謗(기방 - 헐뜯음) 譏讒(기참 - 비방하는 것) 譏弄(기롱 - 농락함) 譏察(기찰 - 넌지시 탐사함)

訝 맞을/의심할 아. 영접할/의아할 아. 3302-10

◉ 言 + 牙(어금니/싹틀/대장기 아) = 訝 (1421 참조)

※ 아기(牙旗) → 출정(出征)한 임금이나 대장의 거소인 병영에 세우던 큰 기.

☞ 아기(牙旗)를 세워 놓은 처소에 그 지방의 수령이 찾아와서 인사 치례로 말한다(言)는 데서「맞다. 영접하다. (맞이하면서 간계를 부릴 염려가 있기에 이들을)의심하다」뜻으로.

訝賓(아빈 - 왕명으로 손님을 맞이함) 疑訝(의아 - 의심스럽고 괴이쩍음)

譬 비유할 비: 3303-10

◉ 辟(임금/궁벽할/기울 벽 | 견줄 비) + 言 = 譬 (3317 참조)

☞ (쉽게 깨치도록) 다른 사물과 견주어(비교하여)(辟) 말한다(言)는 데서「비유하다」뜻으로.

譬喻=比喻(비:유 - 사물을 직접 설명하지 않고 비슷한 사물을 빌려와서 표현하는 일)

謐 고요할 밀. 고요히이야기할/편안할 밀. 3304-10

◉ 言 + 必(반드시 필) + 皿(그릇 명) = 謐

☞ 반드시(必) 필요한 것을 그릇(皿)에 담아 두는 것처럼 요점을 간추려서 차근하고 조용하게 말한다(言)는 데서「고요히 이야기하다. 고요하다. 편안하다」뜻으로.

謐然(밀연 - 고요한 모양) 靜謐(정밀 - 고요하고 편안함)

謎 수수께끼 미. 헷갈리게할 미. 3305-00

◉ 言 + 迷(미혹할 미) = 謎 (3116 참조)

☞ (빗대어서) 미혹하게(헷갈리게)(迷) 말한다(言) 데서「수수께끼. 헷갈리게 하다」뜻으로

謎語(미어 - 수수께끼) 謎題(미제 - 잘 풀어낼 수 없는 수수께끼 같은 문제)

言	豆	辛	角
말씀 언	콩 두	매울 신	뿔 각

부수 7획

豆 　콩 두. 팥/나무제기/도마/콩같이작은것의형용 두.　　　　　3306-42

제기(豆)

자원 　豆 → 껍질(꼬투리)(一) 속에 콩(ㅁ)이 가지런하게 맺혀 있는(ㅛ) 모양. 또는 뚜껑(一)과 받침이 딸려 있는 제기(묘) 모양을 표현.

쓰임 　「제기. 콩」 의미로 쓰임.

大豆(대:두 - 콩) 小豆(소:두 - 팥) 豆類(두류) 豆腐(두부) 豆乳(두유) 豆油(두유) 豆滿江(두만강)

豊 　풍년 풍. 풍성할/많을 풍 | 예도/제기 례.　　　　　3307-42

◉ 曲(굽을 곡) + 豆 = 豊

☞ 豊 → 제기(豆)가 굽어(曲)지도록 제물을 풍성하게 차리어 제례를 드리는, 또는 가지가 굽어(曲)지도록 콩(豆)이 무척 많이 열려 있다는 데서 「풍성하다. 풍년. 제기. 예도」 뜻으로.

豊年(풍년 - 농사가 잘 된 해) 豊盛(풍성) 豊足(풍족) 豊作(풍작) 豊富(풍부) 豊滿(풍만)

豐 　풍년 풍. 풍성할/많을/성할/제기 풍.　　　　　3308-00

◉ 山(뫼 산) + 丰(예쁠/성할 봉) + 丰 + 豆 = 豐

☞ 豐 → 산더미(山)처럼 성하고(丰) 성하게(丰) 콩(豆)이 많이 열려 있다는 데서 「풍년. 풍성하다. 많다. 성하다」 뜻으로.

豐年=豊年(풍년 - 농사가 잘 된 해) 豐盛=豊盛(풍성)

★ 豊(풍년/풍성할/많을 풍 | 예도/제기 례)과 결합을 이룬 글자.　　　3308 별첨

禮(예도 례)	☞ 示(2346) → 제기(豊)에 제물을 풍성하게 차려 놓고 신(示 = 神)에게 정성스레 예도를 표한다는 데서 「예도. 예절」 禮度(예도)
醴(단술 례)	☞ 酉(2968) → 제기(제사)(豊)에 올리는 단맛이 나는 술(酉)의 일종이라는 데서 「단술」
體(몸 체)	☞ 骨(3619) → 뼈(骨)에 살점이 풍성하게(豊) 감싸여 있는 몸뚱이라는 데서 「몸. 사지」
艶(고울 염)	☞ 色(2856) → 풍년(豊)이 깃들어 있는 것처럼 안색(色)이 풍요로워 보인다는 데서 「곱다」

豈 　어찌 기. 승전악(勝戰樂)/즐길/오를 개.　　　　　3309-30

◉ 山(뫼 산) + 豆 = 豈

☞ 제기(豆)에 음식을 산더미(山)처럼 수북하게 차려 놓고 개선한 병사들이 군악을 울리며 즐거워 한다는 데서 「어찌(즐겁지 아니한가). 즐기다. 승전악. (사기가)오르다」 뜻으로.

豈敢(기감 - 어찌. 감히) 豈不(기불 - 어찌~하지 않으리)

豆 부수(자원과 쓰임 → 3306 참조)

★ 豈(어찌/승전악/즐길/오를 개)와 결합을 이룬 글자.　　　　　　　　　　　　　　　3309 별첨

塏(높은땅 개)　　☞ 土(0685) → 오르막(豈)으로 이루어진 지대가 높은 흙(땅)(土)이라는 데서「높은 땅」

凱(개선할 개)　　☞ 几(0288) → 음식물을 산더미(山)처럼 제기(豆)에 차려 놓고 개선한 병사들이 안석(几)에 기대어 앉아 잔치를 벌이며 즐거워한다는 데서「즐기다. 개선하다」凱旋(개선)

★ 豆(콩/제기 두)와 결합을 이룬 글자.　　　　　　　　　　　　　　　　　　　　3309 별첨

短(짧을 단)　　☞ 矢(2183) → 화살(矢)이 자그마한 콩(豆)을 뚫은 정도, 곧 화살이 살갗을 뚫고 들어간 상처 깊이가 매우 야트막하다(짧다)는 데서「짧다」短縮(단축)

頭(머리 두)　　☞ 頁(3498) → 여기에서 豆는 머리와 얼굴, 목과 어깨 모양을 표현. 두(豆) 글자 형상처럼 생긴 머리(頁)라는 데서「머리」頭角(두각)

痘(천연두 두)　☞ 疒(2313) → 콩(豆)에 짓눌린 자국처럼 살갗에 파인 흔적을 남기는 병(疒)이라는 데서「역질. 천연두」天然痘(천연두)

壹(한 일)　　　☞ 士(0406) → 위쪽 획은 넓고 아래쪽 획은 좁은 사(士) 글자 형상처럼 이루어진 뚜껑이 덮여(冖) 있는 제기(豆), 곧 제기에 뚜껑이 딸리어 한 벌을 이룬 모양이라는 데서「하나」

|  부수 7획 | 言 말씀 언 | 豆 콩 두 | 辛 매울 신 | 角 뿔 각 |

辛 매울 신. 고생/혹독할/여덟째천간 신. 3310-30

자원 辛 → 辛(죄 건)과 一(한/같을 일)의 결합. 죄(辛)를 지으면 법에 따라 모두가 한결(一)같이 혹독한 고초를 겪는다는 데서 「혹독하다. 맵다. 고생」 의미를 지님.

쓰임 「죄. 죄인. 매운맛」 의미로 쓰임.

辛味(신미 - 매운맛) 辛勝(신승 - 간신히 이김) 辛苦(신고) 辛酸(신산) 辛未年(신미년) 千辛萬苦(천신만고)

辯 말씀 변: 말잘할/논쟁할 변. 3311-40

◉ {辛 + 辛 = 辡(죄인서로송사할 변)} + 言(말씀 언) = 辯

☞ 죄인이 서로 송사하는(辡) 가운데 원고와 피고 모두가 자신에게 유리하게끔 말씀한다(言)는 데서 「말씀. 말 잘하다. 논쟁하다」 뜻으로.

辯論(변:론 - 사리를 밝혀 옳고 그름을 말함) 辯護(변:호) 代辯(대:변) 強辯(강:변) 答辯(답변) 雄辯(웅변)

辭 말씀 사. 고할/송사할/양보할/사양할/문장 사. 3312-40

◉ 𤔔(다스릴 란) + 辛 = 辭

☞ 죄(辛)를 지은 자를 다스리는(𤔔), 곧 범인을 치죄하는(治罪 → 허물을 다스려 벌을 주는) 말씀을 한다는 데서 「말씀. (죄상을)고하다. 송사하다. (윗분에게 고하여 직책을 물러난다는 데서)사양하다. 양보하다. (고하는)문장」 뜻으로.

辭意(사의 - 사임할 의사) 辭讓(사양) 辭職(사직) 辭任(사임) 辭表(사표) 辭典(사전) 祝辭(축사)

★ 𤔔(다스릴 란)과 결합을 이룬 글자. 3312 별첨

亂(어지러울 란) ☞ 乙(0039) → 다스리는(𤔔) 방도가 구불구불한(乚), 곧 정사를 바르게 다스리지 못하여 정국이 어수선하다는 데서 「어지럽다」 亂世(난세)

辨 분별할 변: 구별할/두루/갖출 판. 3313-30

◉ {辛 + 辛 = 辡(죄인서로송사할 변)} + 刂(칼 도) = 辨

☞ 죄인이 서로 송사하는(辡) 가운데 재판관이 (어느 쪽이 옳고 그른지를) 칼(刂)로 물체의 가운데 부위를 정확하게 가르는 것처럼 공정하게 판별한다는 데서 「분별하다. 구분하다」 뜻으로.

辨明(변:명 - 사리를 분별하여 밝힘) 辨償(변:상) 辨濟(변:제) 辨別(변:별) 辨證法(변:증법) 辨理士(변:리사)

辣 매울 랄. 3314-10

◉ 辛 + 束(묶을 속) = 辣 (1609 참조)

☞ 죄(辛)를 저지른 자를 묶어(束) 놓고서 매섭게 문초(問招)하는, 또는 매운(辛) 것만을 골라내어 한데 묶어(束) 놓으면 맛이 매우 맵다는 데서 「맵다」 뜻으로.

辛 부수(자원과 쓰임 → 3310 참조)

辛辣(신랄하다 - 맛이 매우 쓰고 맵다. 수단이나 비평이 몹시 날카롭고 매섭다)

辜 허물 고. 3315-10

◉ 古(예/오랠 고) + 辛 = 辜 (0797 참조)
☞ 옛날(古)에 지은 죄(辛), 곧 범죄를 저지른 전과(前過)가 있다는 데서「허물」뜻으로.
無辜(무고 - 아무 죄가 없음) ※ 誣告(무:고 - 거짓으로 꾸며서 고발함)

辦 힘쓸 판. 갖출 판. 3316-10

◉ {辛 + 辛 = 辡(죄인서로송사할 변)} + 力(힘 력) = 辦
☞ 죄인이 서로 송사하는(辡) 가운데 원고와 피고가 증거를 갖추고 증인을 세우는 데에 힘(力)을 쏟는다는 데서「힘쓰다. 갖추다」뜻으로.
辦理(판리 - 사리를 판별하여 처리함) 辦公(판공 - 공무를 처리함) 買辦資本(매:판자본)

辟 임금 벽 제후/하늘/궁벽할/편벽될/기울 벽ㅣ견줄 비ㅣ피할 피ㅣ쪼갤 백. 3317-00

◉ 尸(주검/주장할 시 →「구푸린 몸. 굽다」의미로 쓰임) + 口(입 구) + 辛 = 辟
☞ 아래로 굽어(尸)보면서 소리(口) 내어 죄인(辛)을 다스리는 지체가 매우 높은 사람이라는 데서「임금. 제후. (임금의 말씀은 곧 법이며, 법에 의하여 나라를 밝게 다스린다는 데서)법. 밝히다」뜻을. 굽은(尸) 지역(口)인 후미진 곳에 죄인(辛)을 격리시킨다는 데서「궁벽하다. (격리시켜)피하다」뜻으로.
※ 辟은 위의 음훈(音訓) 이외에「부를/임/죽은남편의호칭/간사할/채찍질할/물러날/가슴칠/벼락소리 벽. 흘겨볼/비유할 비. 찢을/쓸 백. 어루만질 미」의 음훈을 지닌 글자이나 주로 다른 부수에 결합되는 쪽자 구실을 함.
辟公(벽공 - 제후諸侯를 일컫는 말) 辟雍(벽옹 - 중국 고대에 나라에서 설치한 대학大學)

★ 辟(임금/하늘/궁벽할/편벽/기울/벼락소리 벽ㅣ견줄 비ㅣ피할 피ㅣ쪼갤 백)과 결합을 이룬 글자.   3317 별첨

壁(벽 벽)	☞ 土(0661) → 비바람을 피하기(辟) 위하여 흙(土)으로 둘러놓은 구조물이라는 데서「벽」
僻(궁벽할 벽)	☞ 人(0138) → 다른 사람(亻)을 피하여 궁벽한(辟) 곳에서 지낸다는 데서「궁벽하다」
劈(쪼갤 벽)	☞ 刀(0261) → 칼(刂)로 물체를 쪼갠다(辟)는 데서「쪼개다」劈頭(벽두)
擘(엄지손가락 벽)	☞ 手(1564) → 임금(辟)에 비유하는, 곧 으뜸가는 손(손가락)(手)이라는 데서「엄지손가락」
璧(구슬 벽)	☞ 玉(2068) → 반원형의 하늘(辟)처럼 둥근 옥(王)이라는 데서「둥근 옥. 구슬」完璧(완벽)
癖(버릇 벽)	☞ 疒(2322) → 편벽되게(辟) 생각하거나 행동하는 병적인(疒) 습성이라는 데서「버릇」
闢(열 벽)	☞ 門(3389) → 닫힌 문짝(門)을 뒤로 물러나게(辟) 한다는 데서「열다」開闢(개벽)
霹(벼락 벽)	☞ 雨(3412) → 비구름(雨)으로부터 일어나는 벼락 소리(辟)라는 데서「벼락. 천둥」
臂(팔 비)	☞ 肉(2433) → 어깻죽지에 비스듬히 기울어져(辟) 있는 신체(月) 부위이라는 데서「팔」
譬(비유할 비)	☞ 言(3303) → 다른 사물과 견주어(비교하여)(辟)) 말한다(言)는 데서「비유하다」
避(피할 피)	☞ 辵(3105) → 위험한 곳을 피하여(辟) 안전한 곳으로 간다(辶)는 데서「피하다」

|  부수 7획 | 言
말씀 언 | 豆
콩 두 | 辛
매울 신 | 角
뿔 각 |

| 角 | 뿔 각. 받을/다툴/모퉁이/모/씨름/대평소/휘/소리이름/총각/별이름 각. | 3318-60 |

자원 角 → 감싸(宀) 놓은 형상을 이루어 빈(冂) 공간에 딱딱한 물질이 여러(十) 겹의 단(층)
(一)을 이루어 굳어 있는 쭈뼛한 뿔 모양을 표현.

쓰임 「뿔」 의미로 쓰임.

角木(각목) 角度(각도) 角逐(각축) 角弓(각궁) 角膜(각막) 角質(각질) 角抵(각저) 角者無齒(각자무치)

| 解 | 풀 해: 가를/느즈러질/개으를 해. | 3319-42 |

◉ 角 + 刀(칼 도) + 牛(소 우) = 解

☞ (살점에 돋아 있는) 뿔(쇠뿔)(角)에 칼(刀)을 들이대어 소(牛)로부터 분리(해체)시킨다는 데서 「(살을)가르다. (뿔을)풀다. (풀리어져서)느즈러지다」 뜻으로.

解說(해:설 - 풀어서 설명함) 解釋(해:석) 解決(해:결) 解答(해:답) 解弛(해:이) 解體(해:체) 解剖(해:부)

★ 解(풀/가를/헤칠/느즈러질 해)와 결합을 이룬 글자. 3319 별첨

懈(게으를 해) ☞ 心(1924) → 마음(忄)이 풀리어(느즈러져)(解) 의욕적이지 못하다는 데서 「게으르다」

邂(만날 해) ☞ 辶(3146) → 감겨 있는 실타래를 풀어(解) 나가면(辶) 실마리와 끝머리가 자연스럽게(우연하게) 만난다는 데서 「만나다. 우연히 만나다」 邂逅(해후)

| 觸 | 닿을 촉. 받을/범할 촉. | 3320-32 |

◉ 角 + 蜀(나라이름/나비애벌레 촉) = 觸 (2621 참조)

☞ 나비 애벌레(蜀)의 뿔(촉각)(角)이 더듬거리어 물체에 닿는다는 데서 「닿다. 받다」 뜻으로.

觸覺(촉각 - 부딪쳐서 느끼는 감각) 觸角(촉각) 觸感(촉감) 觸發(촉발) 觸媒(촉매) 一觸卽發(일촉즉발)

| 觴 | 잔(술잔) 상. | 3321-10 |

◉ 角 + {宀(= 人사람 인) + 昜(빛/열을/길 양) = 𩦠 → 길게 열린다는 의미)} = 觴

☞ 뿔(角)의 내부가 길쭉하게 열리어 있는, 곧 뿔의 내부를 길쭉하게 뚫어 놓은 기물이라는 데서 「잔(술잔)」 뜻으로. ※ 옛날에는 뿔을 다듬어 술잔을 만들었음.

觴肴(상효 - 술잔과 안주) 觴酒(상주 - 잔술) 濫觴(남:상 - 사물의 시초를 일컫는 말)

| 觝 | 씨름/찌를 저: 받을/이를 저. | 3322-10 |

◉ 角 + 氐(근본/이를/머리숙일 저) = 觝 (1984 참조)

☞ (소가) 뿔(角)을 낮게 숙이어(氐) 상대자를 들이받는다는 데서 「받다. 찌르다」 뜻으로.

觝觸=抵觸(저:촉 - 서로 부딪침. 서로 모순됨. 거슬림) 角觝=角抵(각저 - 기예를 경쟁하는 일. 씨름)

부수 8획	長(镸)	阜(阝)	靑	門
	긴 장	언덕 부	푸를 청	문 문

長 긴 장(:) 어른/길이/멀/기를/오랠/잘할/클/맏/두목/높을/좋을 장. 3323-80

자원 長 → 많은 수염(三)이 위아래로(丨) 겹겹이 자라나 옷자락(𠘨)처럼 드리워져 있는 노인의 길쭉한 수염 모양에서 「(수염이)길다. (수염이 길게 자라난)어른. (어른의 연령이)높다」는 의미를 지님.

쓰임 「길다. 기다란 모양. 수염 모양」과 의미로 쓰임.

長壽(장수 - 오래 삶) 長點(장점) 長期(장기) 長短(장단) 長久(장구) 長技(장기) 長考(장고) 長蛇陳(장사진) 長距離(장거리) 長子(장:자) 長成(장:성) 長兄(장:형) 長男(장:남) 長官(장:관) 長幼有序(장:유유서)

镺 길 오. 뻗을 오. 3324-00

◉ 镸 + 夭(예쁠/일찍죽을/풀성한모양 요) = 镺

☞ 풀이 성한 모양(夭)으로 길게(镸) 자라나(뻗어나) 있다는 데서 「길다. 뻗다」 뜻으로.

镺蔓(오만 - 잡초 등이 널리 뻗어서 퍼짐. 만연蔓延) ※ 傲慢(오:만 - 거만한 태도)

★ 長(긴/어른/멀/클 장)과 결합을 이룬 글자.	3324 별첨
張(베풀 장)	☞ 弓(0916) → 활(弓)의 시위를 길게(長) 끌어당겨 활과 시위 사이를 벌어지게 한다는 데서 「벌리다. 베풀다」 擴張(확장)
帳(장막 장)	☞ 巾(0978) → 길게(長) 둘러쳐 놓은 천(베)(巾)이라는 데서 「장막. 천막」 帳幕(장막)
脹(배부를 창)	☞ 肉(2420) → 몸(月)이 (뱃속에 음식물이 잔뜩 들어 있어) 크게(長) 불어나 있다는 데서 「배 부르다. 붓다」 脹滿(창만)
肆(베풀 사)	☞ 聿(2666) → 길게(镸) 붓(聿)을 늘어(펼치어)놓고 판매하는 노점상이라는 데서 「늘어놓다. 펴다. 베풀다. 가게」 冊肆(책사)

| 부수 8획 | 長(镸) 긴 장 | 阜(阝) 언덕 부 | 靑 푸를 청 | 門 문 문 |

阜 언덕 부. 땅/클/살찔/많을/두둑할/메뚜기 부. 3325-20

자원 阜 → 흙무더기(𠂤 작은산/흙무더기 퇴)가 많이(十 열/충분할 십) 쌓여 있는 두툼한 지형(지대)이라는 데서「언덕. (두툼한)땅. 크다. 두둑하다」는 의미를 지님.

※ 阝(阜)는 글자의 왼쪽 측면에 위치하기에 흔히들「좌부방(左阜傍)」이라고 함.

쓰임 「언덕. 언덕바지. 언덕 모양」과 의미로 쓰임.

阜陵(부릉 - 큰 언덕. 높은 언덕) 阜螽(부종 - 메뚜기) 曲阜(곡부 - 공자의 묘가 있는 중국의 지명)

陽 볕 양. 양지/양기/밝을/드러낼 양. 3326-60

◉ 阝 + 昜(빛/열을/날아오를/길 양) = 陽

☞ 햇빛(昜)이 드는 양지바른 언덕(阝)이라는 데서「양지. 밝다. 볕. (볕을)드러내다」뜻으로.

陽地(양지 - 볕이 바로 드는 곳) 陽氣(양기) 陽曆(양력) 陽刻(양각) 陽傘(양산) 陽動作戰(양동작전)

★ 昜(빛/열을/날아오를/길 양)과 결합을 이룬 글자. 3326 별첨

揚(날릴 양)	☞ 手(1462) → 손(扌)으로 연(鳶)이나 종이비행기 같은 것을 공중으로 던져 날아오르게(昜) 한다는 데서「날리다. 오르다」揚陸(양륙)
楊(버들 양)	☞ 木(1646) → 하늘 위로 날아오르는(昜) 것처럼 높이 자라나 있는 나무(木)이라는 데서「버들」
瘍(헐 양)	☞ 疒(2335) → 살갗이 열어(갈라)(昜)지면서 짓무르는 병(疒)이라는 데서「헐다. 피부병」
場(마당 장)	☞ 土(0652) → 흙(土)이 열려(昜) 있는, 곧 건물이 들어서 있지 아니한 땅이라는 데서「마당」
腸(창자 장)	☞ 肉(2383) → 길게 열려(昜) 있는 신체(月) 부위, 곧 몸속으로 길쭉하게 뚫리어 있는 소화 기관이라는 데서「창자」腸炎(장염)
暢(화창할 창)	☞ 日(1051) → 햇빛(昜)이 사방으로 펼쳐져(申) 있어 날씨가 맑고 온화하다는 데서「화창하다」
湯(끓을 탕)	☞ 水(1250) → 물(氵)이 날아오르는(昜), 곧 김이 나면서 물이 끓어오른다는 데서「끓다」

陸 뭍 륙. 땅/두터울 륙. 3327-50

◉ 阝 + {坴두꺼비 록) + 土(흙 토) = 坴(언덕/흙덩이 륙)} = 陸

☞ 언덕(阝)과 흙덩이(坴)가 연이어져 있는 두툼한 땅이라는 데서「뭍. 땅. 두텁다」뜻으로.

陸地(육지 - 지구 표면) 陸路(육로) 陸上(육상) 陸橋(육교) 陸軍(육군) 陸士(육사) 離陸(이:륙)

★ 坴(언덕/흙덩이 륙)과 결합을 이룬 글자. 3327 별첨

| 睦(화목할 목) | ☞ 目(2281) → 눈(目)언저리가(눈꺼풀이) 두툼한 흙덩이(坴)처럼 도톰하게(복스럽게) 생긴 모양이라는 데서「눈매 곱다. (고운 눈매로 대한다는 데서)화목하다」和睦(화목) |
| 逵(큰길 규) | ☞ 辵(3150) → 언덕(坴)처럼 높다랗게 조성하여 놓은, 걸어가는(辶) 지면이라는 데서「큰길」 |

院 집/관청 원. 서원/학교/절/담 원. 3328-50

阜 부수(자원과 쓰임 → 3325 참조)

- ⓞ 阝 + 完(완전할/지을/꾸밀 완) = 院 (0585 참조)
- ☞ 높은 언덕(阝)처럼 매우 높다랗게 지어(完) 놓은 건물이나 구축물이라는 데서 「집. 관청. 서원. 학교. 담」 뜻으로.

院兒(원아 - 육아원 등에서 기르는 아이) 院生(원생) 寺院(사원) 學院(학원) 法院(법원) 病院(병:원)

陰 그늘 음. 가릴/어둘/몰래 음. 　　　　　　　　　　　　　　　　　3329-42

- ⓞ 阝 + {今(이제 금) + 云(이를 운) = 侌(그늘 음)} = 陰
- ☞ 햇볕이 언덕(阝)에 가리어져서 생겨난 그늘(侌)이라는 데서 「그늘. 가리다」 뜻으로.

陰地(음지) 陰影(음영 - 그림자) 陰陽(음양) 陰散(음산) 陰害(음해) 陰謀(음모) 陰性(음성) 陰莖(음경)

★ 陰(그늘 음)과 결합을 이룬 글자. 　　　　　　　　　　　　　　　　3329 별첨

| 蔭(그늘 음) | ☞ 艸(2789) → 햇볕이 초목(艹)에 가리어져서 생겨난 그늘(陰)이라는 데서 「그늘」 蔭德(음덕) |

限 막을 한:. 막힐/한정/지경/그칠/기한 한. 　　　　　　　　　　　　3330-42

- ⓞ 阝 + 艮(그칠 간) = 限 (2907 참조)
- ☞ 언덕(阝)이 그치어(멈추어)(艮) 있는, 곧 전면이 언덕으로 가로막혀 있다(나아갈 길이 막혀 있다)는 데서 「막히다. 막다. 한정. 그치다. (한정지어 놓은)지경. 기한」 뜻으로.

限定(한:정 - 제한하여 정함) 限界(한:계) 限度(한:도) 上限(상:한) 制限(제:한) 期限(기한) 權限(권한)

障 막을 장. 막힐/장애/지장 장. 　　　　　　　　　　　　　　　　　3331-42

- ⓞ 阝 + 章(글/문장/밝을 장) = 障 (2256 참조)
- ☞ 높은 언덕(阝)이 앞을 가로막고 있는 것처럼 문장(章)이 쉽사리 풀리지 않는다(막힌다)는 데서 「막히다. 막다. 장애. 지장」 뜻으로.

障壁(장벽 - 칸막이로 된 벽. 장애가 됨을 비유) 障碍(장애) 障害(장해) 支障(지장) 故障(고:장)

際 즈음/가(邊) 제: 사이/기회/때/닿을/사귈 제. 　　　　　　　　　3332-42

- ⓞ 阝 + 祭(제사/사귈 제) = 際 (2349 참조)
- ☞ 높은 언덕(阝)에 제단을 차리고 천신에게 제(祭)를 드리면 신과 인간 사이가 가까워지는 계기(기회)를 맞이하게 된다는 데서 「사이. 기회. 즈음. 닿다. (닿는 가장자리 쪽의)가」 뜻으로.

際會(제:회 - 좋은 때를 당하여 만남. 군신이 뜻이 맞아 만남) 實際(실제) 國際(국제) 交際(교제)

防 막을 방. 둑/방비할/금할 방. 　　　　　　　　　　　　　　　　　3333-42

- ⓞ 阝 + 方(모/방소/연결할 방) = 防
- ☞ 언덕(阝)을 연결하여(方) 놓은 것처럼 토석을 높고 길쭉하게 쌓아서 출입구나 물길을 막아 놓은 모양이라는 데서 「막다. 둑. (막아서)금하다. 방비하다」 뜻으로.

防備(방비 - 막을 준비를 함) 防禦(방어) 防寒(방한) 防火(방화) 防水(방수) 防犯(방범) 防共(방공)

阜 **부수**(자원과 쓰임 → 3325 참조)

隊 무리 대. 떼/대오/떨어질 대 |떨어질 추.   3334-42

- ⻏ + {八(여덟/나눌 팔) + 豕(돼지 시) = 㒸(= 㒸 드디어/나아갈 수)} = 隊 (3120 참조)
- ☞ 언덕(⻏)에 돼지가 떼를 이루어 나아간다(㒸)는 데서「떼. 무리. 대오. (대오에서)떨어지다」뜻으로.

隊列(대열 - 질서 있게 죽 늘어선 행렬) 隊員(대원) 隊伍(대오) 橫隊(횡대) 縱隊(종대) 軍隊(군대)

★ 隊(무리/대오/떨어질 대)와 결합을 이룬 글자.	3334 별첨
墜(떨어질 추) ☞ 土(0716) → 무리(대오)에서 떨어져(隊) 땅(땅바닥)(土)에 주저앉는다는 데서「떨어지다」	

除 덜 제. 섬돌/계단/제할/제거할/나눗셈 제.   3335-42

- ⻏ + 余(나/나머지/남을 여) = 除 (0118 참조)
- ☞ 언덕(⻏)의 나머지(余) 지대, 곧 경사가 완만한 언덕의 끝자락이라는 데서「(경사가 덜하다는 데서)덜다. (덜어 내어)제하다. (언덕의 끝자락처럼 이루어진)섬돌. 계단」뜻으로.

除去(제거 - 덜어 없앰) 除名(제명) 除外(제외) 除隊(제대) 除草(제초) 除籍(제적) 除算(제산)

降 내릴 강: |항복할 항. 떨어질/떨어뜨릴 강.   3336-40

- ⻏ + {夂(뒤져올 치) + 䒑「걸을 과) = 夅(내릴 강)} = 降
- ☞ 언덕(⻏) 아래로 미끄러져(떨어져) 내린다(夅)는 데서「내리다. 떨어지다. (아군의 깃발을 아래로 끌어내린다는 데서)항복하다」뜻으로.

降臨(강:림 - 신불이 인간 세상으로 내려옴) 降雨(강:우) 降等(강:등) 降神(강:신) 昇降(승강) 降伏(항복)

險 험할 험: 험준할/높을/위태로울 험.   3337-40

- ⻏ + 僉(다/모두/여러 첨) = 險 (0176 참조)
- ☞ 모두(僉)가 높은 언덕(⻏)으로 이루어져 있는, 곧 언덕 위에 언덕이 겹겹으로 포개어져 있는 매우 높고 험난한 지형이라는 데서「험준하다. 험하다. 높다. 위태하다」뜻으로.

險峻(험:준 - 지세가 높고 가파름) 險難(험:난) 險路(험:로) 險談(험:담) 險惡(험:악) 險狀(험:상) 險相(험:상)

隱 숨을 은. 가릴/달아날 은.   3338-40

- ⻏ + {爫(손톱 조) + 工(장인 공) + ⺕(→ 又 손 우) + 心 = 㥯(삼갈/아낄 은)} = 隱
- ☞ 삼가는(㥯) 자세로 언덕(⻏)을 의지처(依支處)로 삼으며 속세와 동떨어져(숨어) 지낸다는 데서「숨다. (언덕으로)가리다. (속세를)달아나다」뜻으로.

隱居(은거 - 세상을 피하여 숨어 삶) 隱遁(은둔) 隱密(은밀) 隱語(은어) 隱匿(은닉) 隱德(은덕)

★ 㥯(삼갈/아낄 은)과 결합을 이룬 글자.	3338 별첨
穩(편안할 온) ☞ 禾(2218) → 벼(禾)를 추수하여 아끼는(㥯) 마음으로 갈무리한다는 데서「곡식 거둬 모으다. (곡식을 거두어 저장하여 놓으면 식생활이 풍족하여 마음이 안온하다는 데서)편안하다」	

陣 진칠 진. 싸움 진.   3339-40

- ⻏ + 車(수레 거) = 陣

阜 부수(자원과 쓰임 → 3325 참조)

☞ 언덕(阝)을 엄폐물로(가림막이로) 하여 수레(車)를 배치시켜 놓은 전투 대형이라는 데서 「진치다. 싸움」 뜻으로.

陣營(진영 - 군대가 진치고 있는 곳. 대립하는 세력의 한 쪽) 陣地(진지) 陣列(진열) 陣頭(진두)

階 섬돌 계. 층계/계단 계.   3340-40

◉ 阝 + 皆(다 개) = 階 (2083 참조)

☞ 비탈진 언덕(阝)처럼 다들(皆) 오르막 지게끔 토석을 겹겹이 쌓아 놓은 축조물이라는 데서 「섬돌. 층계. 계단」 뜻으로.

階段(계단 - 층층대. 층계. 단계) 階級(계급) 階層(계층) 階梯(계제) 階窮(계궁) 層階(층계) 段階(단계)

隨 따를 수. 연할/따라갈 수.   3341-32

◉ 阝 + 遀(따를 수) = 隨

☞ 언덕(阝)에 다른 언덕이 뒤따르는(遀) 것처럼 수많은 언덕이 연하여(잇닿아) 있다는 데서 「따라가다. 따르다. 연하다」 뜻으로.

隨伴(수반 - 함께 감. 동반) 隨意(수의 - 자기 의사대로 함) 隨行(수행) 隨時(수시) 隨筆(수필)

陵 (큰)언덕 릉. 높을/무덤/짓밟을/업신여길 릉.   3342-32

◉ 阝 + 夌(높을/넘을 릉) = 陵 (0521 참조)

☞ 높은(夌) 언덕(阝)이라는 데서 「(큰) 언덕. 높다. (높다랗게 봉분을 쌓아 놓은)무덤」 뜻을. 한편 언덕(阝)을 넘나드는(夌) 것처럼 다른 물체를 짓밟으면서 지나간다는 데서 「짓밟다. (짓밟는 것처럼 다른 사람을 홀대한다는 데서)업신여기다」 뜻으로.

陵蔑=凌蔑(능멸 - 업신여겨 깔봄) 陵辱(능욕) 陵墓(능묘) 陵官(능관) 陵畓(능답) 王陵(왕릉) 江陵(강릉)

陶 질그릇 도. 성(姓) 도.   3343-32

◉ 阝 + {勹(쌀 포) + 缶(장군 부) = 匋(질그릇 도)} = 陶

질그릇(陶)

☞ 언덕(阝) 모양처럼 높다랗고 길쭉하게 생긴 가마에서 구워낸 질그릇(匋)이라는 데서 「질그릇」 뜻으로.

陶工(도공 - 도자기를 만드는 사람) 陶藝(도예) 陶瓷器(도자기) 陶醉(도취) 陶冶(도야)

★ 匋(질그릇 도)와 결합을 이룬 글자.   3343 별첨

淘(일어낼 도)	☞ 水(1354) → 곡식이나 사금(砂金)을 담아 놓은 질그릇(匋)에 물(氵)을 흘러내리게 하여 쌀겨나 모래 같은 것을 띄워 보낸다는 데서 「일어 내다. 일다」 淘汰(도태)
萄(포도 도)	☞ 艸(2784) → (장독대에) 옹기종기 놓여 있는 질그릇(缶) 모양처럼 올망졸망하게 열매 송이가 맺히는 풀(식물)(艹)이라는 데서 「포도나무. 포도」 葡萄(포도)

阜 부수(자원과 쓰임 → 3325 참조)

附 붙을 부: 더할/의지할 부. 3344-32

- ⓞ 阝 + 付(줄/붙일/부탁할 부) = 附 (0108 참조)
- ☞ 붙어(付) 있는 언덕(阝), 곧 작은 언덕이 큰 언덕에 붙어(덧대어져) 있는 모양이라는 데서「붙다. 더하다. (큰 언덕에 붙어서)의지하다」뜻으로.

附加(부:가 - 덧붙임) 附着(부:착) 附與(부:여) 附錄(부:록) 附屬(부:속) 附記(부:기) 附和雷同(부:화뇌동)

阿 언덕 아. 아름다울/아첨 아. 3345-32

- ⓞ 阝 + 可(옳을/가히 가) = 阿 (0802 참조)
- ☞ 가히(可) 언덕(阝)이라 일컬을 정도로 경사가 제법 가파른 지대이라는 데서「언덕. (언덕배기의 풍광이)아름답다. (언덕에 의지하듯이 남에게 빌붙는다는 데서)아첨하다」뜻으로.

阿諂(아첨 - 잘 보이기 위하여 알랑거림) 阿膠(아교) 阿片(아편) 阿世(아세) 阿鼻叫喚(아비규환)

陷 빠질 함: 높은데서떨어질/무너질 함. 3346-32

- ⓞ 阝 + 臽(함정/구덩이 함) = 陷
- ☞ (바위 같은) 물체가 언덕(阝) 아래로 굴러떨어져 구덩이(臽) 속으로 들어간다는 데서「높은 데서 떨어지다. 빠지다. 무너지다」뜻으로.

陷沒(함:몰 - 표면이 움푹 들어가는 일. 재난으로 멸망함) 陷溺(함:닉) 陷穽(함:정) 陷落(함:락) 陷害(함:해)

★ 臽(함정/구덩이 함)과 결합을 이룬 글자.		3346 별첨
焰(불꽃 염)	☞ 火(1152) → 불(火)이, 우묵하게 파인 구덩이(臽) 모양처럼 속이 우묵한 꽃봉오리 형상을 이루어 활기차게 피어오르는 모양이라는 데서「불꽃」火焰(화염)	
閻(마을 염)	☞ 門(3384) → (속이 우묵한) 구덩이(臽)처럼 이루어져 있는 마을(지옥)을 드나드는 문(門)이라는 데서「마을. 마을 안의 문」閻羅(염라)	
諂(아첨할 첨)	☞ 言(3273) → 함정(臽)에 걸려들도록 솔깃하게(듣기 좋게) 말한다(言)는 데서「아첨하다」	

陳 베풀 진: ㅣ묵을 진. 늘어놓을/고할/오랠/성(姓) 진. 3347-32

- ⓞ 阝 + 東(동녘 동) = 陳 (1590 참조)
- ☞ 천신에게 제사를 지내기 위하여 동녘(東)의 높은 언덕(阝)에 제단을 차리어 제물을 진설한다는 데서「(제물을)늘어놓다. 베풀다. (제사를)고하다. (천신을 모시는 제례는 오래된 의식이라는 데서) 오래되다. 묵다」뜻으로.

陳設(진:설 - 제수를 차려 놓음) 陳列(진:열) 陳述(진:술) 陳謝(진:사) 陳情(진:정) 陳腐(진부) 陳穀(진곡)

隆 높을 륭. 풍성하게클/성할 륭. 3348-32

- ⓞ 阝 + 夆(하늘에예를지낼 륭) = 隆
- ☞ 하늘에 예(禮 → 제례)를 지내는(夆) 매우 높은 언덕(阝)이라는 데서「높다. 풍성하게 크다. (풍성하게 크고 높다는 데서)성하다」뜻으로.

隆起(융기 - 땅이 기준면보다 상대적으로 높아짐) 隆盛(융성) 隆崇(융숭) 興隆(흥륭)

阜 부수(자원과 쓰임 → 3325 참조)

隣 이웃 린.   3349-30

- ⻏ + 粦(도깨비불/불일어날/개똥벌레불 린) = 隣
- ☞ 언덕(언덕배기)(⻏)에 개똥벌레 불(粦)이 널리어 있는 것처럼 호롱불을 켜 놓은 초가집들이 옹기종기 이웃하여 있다는 데서 「이웃」 뜻으로.

隣近(인근 - 이웃. 근처) 隣接(인접) 交隣(교린) 近隣(근:린) 善隣(선:린) 善隣友好(선:린우호)

★ 粦(도깨비불/불일어날/개똥벌레불 린)과 결합을 이룬 글자.		3349 별첨
憐(불쌍히여길 련)	☞ 心(1904) → 마음속(忄)으로 도깨비불(粦)을 가련하게 여긴다는 데서 「불쌍히 여기다」	
麟(기린 린)	☞ 鹿(3669) → 갑자기 나타났다가 사라지는 도깨비불(粦)처럼 성군이 태어날 징조로 일시적으로 나타났다가 사라진다는 사슴(鹿) 유형의 (신령스러운) 동물이라는 데서 「기린」	
燐(반딧불 린)	☞ 火(1161) → 불(火)의 일종인 도깨비불(개똥벌레 불)(粦)이라는 데서 「도깨비불. 반딧불」	
鱗(비늘 린)	☞ 魚(3651) → 고기(魚) 표피에 다닥다닥 달라붙어서, 반짝이는 개똥벌레 불(粦)처럼 반짝거리는 각질이라는 데서 「비늘」 鱗紋(인문)	

陟 오를 척. 나아갈 척.   3350-20

- ⻏ + 步(걸음 보) = 陟 (2001 참조)
- ☞ 높은 언덕(⻏)을 걸어서(步) 올라간다는 데서 「오르다. 나아가다」 뜻으로.

陟降(척강 - 오르고 내려가기를 되풀이함) 黜陟(출척) 進陟(진:척) 三陟(삼척 - 강원도에 있는 지명)

陝 땅이름 섬. 나라이름/고을이름 섬.   3351-20

- ⻏ + {大(큰 대) + 入(들 입) + 入 = 夾(도둑질한물건가질 섬)} = 陝
- ☞ 옆구리에 도둑질한 물건을 가지고(끼고)(夾) 있는 것처럼 좌우로 두툼한 언덕(⻏)을 끼고 있는 지형이라는 의미가 부여되어 「땅 이름. 고을 이름」 뜻으로.

陝西省(섬서성 - 중국의 성 이름)

阪 언덕/비탈 판. 산비탈/험할 판.   3352-20

- ⻏ + 反(돌이킬/되돌릴/돌아올 반) = 阪 (0384 참조)
- ☞ 사람이 위로 오르면 되돌아(反) 내려올(미끄러질) 정도로 몹시 비탈진 언덕(⻏)이라는 데서 「언덕. 비탈. 산비탈. 험하다」 뜻으로.

大阪(대판 - 일본의 오사카)

隔 사이뜰 격. 막힐/막을/멀 격.   3353-20

- ⻏ + 鬲(오지병 격 ǀ 솥 력) = 隔 (3615 참조)
- ☞ 테두리가 둘리어진 솥(鬲) 모양처럼 주변이 언덕(⻏)으로 둘리어(막히어) 있어서 건너편과의 사이가 뜨다는 데서 「사이 뜨다. 막히다. 막다. 멀다」 뜻으로.

隔離(격리 - 분리시킴) 隔差(격차) 隔年(격년) 隔日(격일) 隔阻(격조) 隔世(격세) 隔靴搔癢(격화소양)

阜 부수(자원과 쓰임 → 3325 참조)

隋 수나라 수. 늘어질/떨어질/고기찢을 타. 3354-20

- ⓞ 阝 + {左(왼 좌) + 月(= 肉고기 육) = 肎(→「힘이 덜한. 무기력」함을 의미)} = 隋
- ☞ 언덕(阝)이, 왼쪽(左)의 신체(月) 부위처럼 힘이 덜한(무기력한)(肎), 곧 언덕이 밋밋하게(완만하게) 늘어져 있다는 데서「늘어지다. (늘어져서)떨어지다. (隋가 수나라 국명으로 쓰였기에)수나라」음훈으로.

隋(수나라 - 중국의 통일 왕조(581~617). 612년 살수薩水에서 고구려에게 대패하였음)

★ 隋(늘어질/떨어질 타)와 결합을 이룬 글자. 3354 별첨

| 墮(떨어질 타) | ☞ 土(0675) → (지상에 있는 물체가) 땅(土)에 떨어진다(隋)는 데서「떨어지다」墮落(타락) |

隅 모퉁이 우. 3355-10

- ⓞ 阝 + 禺(원숭이/해지는곳/갈피 우) = 隅 (3102 참조)
- ☞ 언덕(阝)의 갈피(禺), 곧 언덕이 갈리어지는(끝자락을 이루는) 모서리 지점이라는 데서「모퉁이」뜻으로.

隅谷(우곡 - 구석. 모퉁이) 隅廛(우전 - 과물전果物廛) 四隅(사:우 - 네 구석. 사방의 사이)

陛 섬돌 폐: 대궐섬돌/계단/층계 폐. 3356-10

- ⓞ 阝 + 坒(배합할/엇비슷할 비) = 陛
- ※ 섬돌 → 집채의 앞뒤에 오르내릴 수 있게 만든 돌층계.
- ☞ 언덕(阝)과 엇비슷한(坒) 모양으로 오르막 지게끔 토석을 층층이 쌓아 놓은 축조물이라는 데서「섬돌. 계단. 층계」뜻으로.

陛下(폐:하 - 황제나 황후에 대한 공대말)

隕 떨어질 운: 떨어뜨릴 운. 3357-10

- ⓞ 阝 + 員(인원/수효/둥글 원) = 隕 (0812 참조)
- ☞ 가파른 언덕(阝) 아래로 돌덩이 같은 둥근(員) 물체가 굴러떨어진다는 데서「떨어지다. (떨어지게 한다는 데서)떨어뜨리다」뜻으로.

隕石(운:석 - 지구상에 떨어진 별똥) 隕星(운:성 - 별똥별) 隕鐵(운:철 - 철을 주성분으로 하는 운석)

阻 막힐/험할 조: 3358-10

- ⓞ 阝 + 且(또 차 | 수두룩할 저) = 阻 (0011 참조)
- ☞ 언덕(阝)이 수두룩하게(且) 겹쳐져(겹겹으로 포개어져) 있는 매우 험난한 지형이라는 데서「험하다. (지형이 험난하여 길목이)막히다」뜻으로.

阻艱(조:간 - 길이 험하여 어려움) 阻面(조:면) 阻隘(조:애) 阻礙(조:애) 險阻(험:조) 隔阻(격조)

陋 더러울 루: 추할/좁을 루. 3359-10

- ⓞ 阝 + 㔷(= 匧 벗어날/더러울 루) = 陋

阜 부수(자원과 쓰임 → 3325 참조)

☞ 높은 <u>언덕</u>(阝)을 <u>벗어나서</u>(㢞) 계곡 쪽으로 이어지는 비좁고 후미진 지형이라는 데서 「좁다. (비좁아서)추하다」 뜻으로.

陋醜(누:추 - 지저분하고 더러움) 陋名(누:명 - 억울하게 뒤집어쓴 불명예) 陋屋(누:옥 - 좁고 더러운 집)

隘 좁을 애. 더러울 애 | 막을 액. 　　　　　　　　　　　　　3360-10

● 阝 + 益(더할/넘칠/넉넉할 익) = 隘 (2235 참조)
☞ <u>언덕</u>(阝)이 겹겹으로 <u>더하여져</u>(益) 나아갈 길이 막혀 있다는 데서 「막다. (막히어서)좁다. (비좁아서)더럽다」 뜻으로.

隘路(애로 - 좁은 산길. 일의 진행을 가로막는 장애) 險隘(험:애하다 - 지세가 험난하고 막히어 있다)

陪 모실 배: 도울/더할/거듭 배. 　　　　　　　　　　　　　3361-10

● 阝 + 咅(침뱉을 부) = 陪 (2921 참조)
☞ 높은 <u>언덕</u>(阝) 아래쪽으로 <u>침을 뱉어</u>(咅) 놓은 모양처럼 작은 언덕이 즐비하게 덧대어져 마치 큰 언덕을 보좌하고(모시고) 있는 모양이라는 데서 「(언덕이)더하다. 거듭. (더하여)돕다. (도와서) 모시다」 뜻으로.

陪行(배:행 - 윗사람을 모시고 따라감) 陪席(배:석) 陪乘(배:승) 陪侍(배:시) 陪臣(배:신) 陪審員(배:심원)

隙 틈 극. 　　　　　　　　　　　　　　　　　　　　　　3362-10

● 阝 + 𡭴(벽틈 극) = 隙
☞ 가파른 <u>언덕</u>(阝) 형상을 이루어 갈라져 있는 <u>벽 틈</u>(𡭴)이라는 데서 「틈」 뜻으로.

隙孔(극공 - 틈새) 隙駒(극구 - 세월이 빠르다는 말) 隙駒光陰(극구광음 - 빠른 세월) 間隙(간극)

阮 성(姓)/산이름 완: 관(關)이름 완. 　　　　　　　　　　3363-10

● 阝 + 元(으뜸/처음/근본/클 원) = 阮 (0187 참조)
☞ <u>으뜸</u>(元)가는 <u>언덕</u>(阝), 곧 가장 높은 언덕이라는 의미가 부여되어 「산 이름. (높은 산을 끼고 있는) 관(關) 이름」 뜻으로.

阮丈(완:장 - 남의 삼촌의 존칭)

陀 비탈질/부처 타. 험할 타. 　　　　　　　　　　　　　3364-10

● 阝 + 它(다를/짊어질/더할 타 | 뱀 사) = 陀 (2614 참조)
☞ <u>언덕</u>(阝)이 <u>더하여</u>(它) 있는, 곧 언덕과 언덕이 덧대어져(겹쳐져) 있어서 지세가 매우 가파르고 험하다는 데서 「비탈지다. 험하다. (범어 Buddha의 dha 음을 陀로 취하여)부처」 뜻으로.

佛陀(불타 - 범어 Buddha의 음역, 부처) 陀佛(타불 - 서방정토에 있다는 부처) 曼陀羅=曼茶羅(만다라)

陝 좁을 협 | 땅이름 합. 　　　　　　　　　　　　　　　3365-20

● 阝 + 夾(낄 협) = 陝 (0754 참조) ※ 陝은 狹(좁을 협)과 동자.
☞ <u>언덕</u>(阝) 사이에 <u>끼어</u>(夾) 있는 비좁은 지형이라는 데서 「좁다. (언덕에 에워싸인 지형이라는 의미가 부여되어)땅 이름」 뜻으로.

狹隘=陝隘(협애 - 좁음. 협곡) 陝川郡(합천군 - 경상남도의 북부에 위치한 지명)

阡 밭둑길 천. 두렁/일천/성(姓) 천.
3366-00

● 阝 + 千(일천 천) = 阡 (0332 참조)
☞ 두툼한 언덕(阝) 형상을 이루어 일천(千) 척(尺)이나 될 정도로 길게 뻗어 있는 밭둑길이라는 데서 「밭둑길. 두렁. 일천」 뜻으로.
※ 阡은 주로 금액 표기에서 1,000(千)의 갖은자로 쓰임.
金壹阡원整(금일천원정 - 돈 1천 원)

자투리 마당

바보 溫達(온달)과 平康公主(평강공주)

○ 고구려(高句麗)의 평원왕(平原王)의 딸이 어렸을 때에 울기를 자주하였더니 왕이 희롱하여 말하기를 "너는 장차 어리석은 바보 온달(溫達)에게 시집보내리라" 하였다. 공주가 다 자라나 상부(上部) 고(高)씨에게 시집을 보내려고 하자, 딸이 "임금으로서 거짓말은 할 수가 없습니다" 하고는 굳이 사양하여, 마침내 온달의 처가 되었다. 온달의 집이 어찌나 가난한지 (온달이) 길거리를 다니면서 빌어다가 어머니를 섬기니 그 때 사람들이 이를 보고서 어리석은 "바보 온달"이라 하였다. 하루는 온달이 산중에서 느릅나무 껍질을 짊어지고 돌아오니, 임금의 딸이 찾아와서 말하기를 "나와 그대는 부부입니다"라고 말하고서, 머리에 꽂은 비녀 등을 팔아 논밭과 집과 살림살이용 그릇을 사서 자못 넉넉하게 되었으며, 말(馬)을 잘 길러서 (공주가 온달에게 글과 무술을 가르치어) 마침내 높은 지위에 올라 영화롭게 되었다는 이야기.

- 明心寶鑑 廉義篇에서 -

부수 8획	長(镸) 긴 장	阜(阝) 언덕 부	青 푸를 청	門 문 문

青 푸를 청. 젊을/대껍질/초목무성할 청.　　　3367-80

자원 青 → 태양의 붉은(丹) 광선으로 말미암아 하늘에 드러나는(圭 → 生 날 생) 빛깔이라는 데서 「푸르다」는 의미를 지님. ※ 靑은 青의 본래 글자.

쓰임 「푸름. 푸른빛. 청년기」 의미로 쓰임.

青天(청천 - 푸른 하늘) 青年(청년) 青春(청춘) 青雲(청운) 青瓷(청자) 青果(청과) 青銅器(청동기)

靜 고요할 정. 조용할/쉴 정.　　　3368-40

◉ 青 + 爭(다툴/이끌/다스릴 쟁) = 靜 (1569 참조)

☞ 하늘이 푸른빛(青)으로 다스려져(爭) 있는, 곧 구름이 걷히고 바람마저 멎어 있어 풍광이 더없이 맑고 고요하다는 데서 「고요하다. 조용하다」 뜻으로.

靜寂(정적 - 쓸쓸할 정도로 고요함) 靜肅(정숙) 靜坐(정좌) 靜脈(정맥) 靜觀(정관) 靜物畵(정물화)

靖 편안할 정. 진정할 정.　　　3369-10

◉ 立(설 립) + 青 = 靖

☞ 외로이 서(立)서 푸른(青) 하늘을 바라보고 있노라면 왠지 모르게 마음이 진정되고 편안함을 느낀다는 데서 「편안하다. 진정하다」 뜻으로.

靖亂(정란 - 국란을 평정함) 靖國(정국 - 어지러운 나라를 진정시킴) 靖陵(정릉 - 중종의 왕릉)

★ 青(푸를/젊을/초목무성할 청)과 결합을 이룬 글자.　　　3369 별첨

淸(맑을 청)	☞	水(1180) → 푸른(青) 빛깔을 띠는 (불순물이 섞여 있지 않은) 물(氵)이라는 데서 「맑다」
晴(갤 청)	☞	日(1053) → 해(日)가 푸른(青) 하늘에 드러나 있는 (비구름이 말끔하게 걷혀 있는) 맑은 날씨이라는 데서 「개다」 晴天(청천)
請(청할 청)	☞	言(3223) → 푸른(青) 시기, 곧 청년기(青年期)에 접어든 남녀가 사랑을 받아들여 줄 것을 간절하게 말한다(고백한다)(言)는 데서 「고하다. 청하다. 빌다」 請婚(청혼)
情(뜻 정)	☞	心(1835) → 마음속(忄)에 간직하고 있는 푸른(青) 꿈이나 풋풋한 애정이라는 데서 「뜻」
精(정할 정)	☞	米(2581) → 쌀(米)이 잘 쓿어져 푸른빛(青)이 감돌 정도로 티 없이 맑다는 데서 「정하다」
睛(눈동자 정)	☞	目(2288) → 푸른빛(青)으로 둘리어 있는 눈(目)의 가운데 부위이라는 데서 「눈동자」
猜(시기할 시)	☞	犬(1399) → 개(犭)가 청년기(青年期)에 이르면, 곧 짐승들이 발정기(짝짓는 시기)에 이르면 서로가 힘을 과시하고 같은 무리들을 시샘한다는 데서 「시기하다」 猜忌(시기)

長(镸)	阜(阝)	靑	門
긴 장	언덕 부	푸를 청	문 문

부수 8획

門 문 문. 집/가문/집안/무리/길(道) 문. 3370-70

자원 門 → 두 짝으로 이루어진 문(대문) 모양을 표현.
쓰임 「문. 대문」 의미로 쓰임.

門間(문간) 門牌(문패) 門戶(문호) 門下(문하) 門閥(문벌) 門前成市(문전성시) 門前沃畓(문전옥답)

間 사이 간(:) 틈/공간/빌 간. 3371-70

◉ 門 + 日(날 일) = 間
☞ 햇빛(日)이 새어 드는 문(門)의 빈틈(사이)이라는 데서 「틈. 사이. 비다」 뜻으로.

間隔(간격 - 물건과 물건과의 거리) 間食(간:식) 間接(간:접) 間諜(간:첩) 間年(간:년) 間數(간수 - 칸수)

★ 間(사이/틈 간)과 결합을 이룬 글자. 3371 별첨

簡(대쪽 간)	☞ 竹(2680) → 대나무(竹) 사이(間)에 글씨를 써넣은 죽편이라는 데서 「대쪽. 문서」
澗(산골물 간)	☞ 水(1349) → 산골짜기 사이(間)로 흘러내리는 물(氵)이라는 데서 「산골 물」 澗泉(간천)
癇(간질 간)	☞ 疒(2327) → 일정한 사이(간격)(間)를 두고 수시로 발작하는 병(疒)이라는 데서 「간질」

閒 한가할 한. 사이/틈/공간/빌 간. 3372-00

◉ 門 + 月(달 월) = 閒
☞ 달빛(月)이 새어 드는 문(門)의 빈틈(사이)이라는 데서 「틈. 사이. 비다. (문틈으로 달빛이 비치는 한가한 밤 시간대이라는 데서)한가하다」 뜻으로.
※ 閒은 間의 본자(本字)이나 오늘날에 와서 閑(한가할 한)과 더불어 「한가하다」 뜻으로만 쓰임.
閒散=閑散(한산하다 - 일이 없어 한가하다) 閒寂=閑寂(한적하다 - 한가하고 고요하다)

開 열 개. 열릴/벌릴/깨우칠/시작할 개. 3373-60

◉ 門 + {干(방패 간) + 干 = 开(= 幵평평할 견)} = 開
☞ 문(대문)(門)을, 방패(干)와 방패(干)가 마주 대면하는 모양이 되게끔 열어젖힌다는 데서 「열다. 벌리다」 뜻으로.

開閉(개폐 - 열고 닫음) 開始(개시) 開放(개방) 開業(개업) 開店(개점) 開催(개최) 開通(개통)

關 관계할/빗장 관. 관문/중요할 관. 3374-50

◉ 門 + 鎖(북에실꿸 관) = 關
※ 북 → (베를 짜는) 베틀의 실을 날라 주는 기구의 하나.
☞ 북에 실을 꿰는(鎖) 것처럼 문(문짝)(門)에 꿰어 놓은 막대기이라는 데서 「빗장. (국경의 성문에 빗장을 채워 놓은)관문. (관문은 국경의 요충지이라는 데서)중요하다」 뜻으로.

759

門 부수(자원과 쓰임 → 3370 참조)

關聯(관련 - 서로 얽혀 걸림) 關心(관심) 關係(관계) 關節(관절) 關稅(관세) 關門(관문) 關鍵(관건)

★ 絲(북에실꿸 관)과 결합을 이룬 글자. 3374 별첨

聯(연이을 련) ☞ 耳(2874) → (베틀의) 북의 귀(耳)에 꿰어 놓은 실(絲)이 바디 앞으로 연이어져 베로 짜여진다 (이미 짜 놓은 베와 합하여진다)는 데서 「연이어지다」 聯合(연합)

閉 닫을 폐: 가릴 폐. 3375-40

◉ 門 + 才(재주/바탕/처음 재) = 閉 (1423 참조)

☞ 문(門)을, 닫혀 있는 처음(본래)(才)의 상태대로 둔다(닫는다)는 데서 「닫다. (문을 닫아 내부를)가리다」 뜻으로. 한편 재(才)는 대문에 채워 놓은 빗장 모양이기도 함.

閉門(폐:문 - 문을 닫음) 閉幕(폐:막) 閉業(폐:업) 閉店(폐:점) 閉會(폐:회) 閉校(폐:교) 閉鎖(폐:쇄)

閑 한가할 한. 문지방/마구간 한. 3376-40

◉ 門 + 木(나무 목) = 閑

☞ 문(門) 하단에 놓여 있는 나무(木)이라는 데서 「문지방. (문은 여닫히는 역할을 하지만 문지방은 가만히 놓여 있다는 데서)한가하다. (문지방과 연결되어 있는)마구간」 뜻으로.

閑暇(한가 - 할 일이 적어 틈이 있음) 閑散(한산) 閑寂(한적) 閑職(한직) 閑談(한담) 閑良(한량)

閣 집/누각 각. 문설주/다락집/대궐/관청 각. 3377-32

◉ 門 + 各(각각 각) = 閣 (0796 참조)

☞ 문(門)이 각각(各)으로 나 있는(벽면이 온통 문설주와 문짝으로 둘리어 있는) 집이라는 데서 「누각. 집. 문설주. 다락집. (문이 많이 나 있는)대궐. 관청」 뜻으로.

閣僚(각료 - 내각을 구성하는 장관) 閣下(각하) 閣議(각의) 樓閣(누각) 內閣(내:각) 殿閣(전:각)

閏 윤달 윤: 잉여/나머지 윤. 3378-30

◉ 門 + 王(임금 왕) = 閏

☞ 문(門) 안쪽에 임금(王)이 있는, 임금이 매달 초하룻날에 예(禮 → 제례)를 드리기 위하여 종묘(宗廟)에 가는데, 문밖으로 나서지 않고 문 안에 있는(예를 드리지 않는) 달은 윤달이라는 데서 「윤달. (윤달은 평년에 비하여 여분의 달이라는 데서)잉여. 나머지」 뜻으로.

閏月(윤:월 - 윤달) 閏餘成歲(윤:여성세 - 윤달을 여분으로 하여 해를 이룸. 千字文에서)

★ 閏(윤달/잉여/나머지 윤)과 결합을 이룬 글자. 3378 별첨

潤(윤택할 윤) ☞ 水(1217)→ 물(氵)이, (평년보다 한 달이 많은) 윤달(閏)처럼 여분으로 더하여져(불어나) 있다는 데서 「더하다. 붙다. (농사에 물이 더하여져 풍족하면 풍작을 이루어 식생활이)윤택하다」

閨 안방 규. 도장방/미인의침실 규. 3379-30

◉ 門 + 圭(홀/서옥 규) = 閨 (0697 참조)

※ 閨 → 위의 음훈 외에 「벽을뚫어위는원형이고아래는방형인홀과같은모양으로만든초라한출입구 규」이라는 긴 음훈(音訓)이 있음.

※ 도장방 → 여자들이 거처하는 방.　※ 홀(圭) → 상원하방(上圓下方), 곧 위는 둥글고 아래는 네모난 모양.
☞ 문(門)이 홀(圭) 모양처럼 이루어진 아담한 방이라는 데서「안방. 도장방」뜻으로.
閨房(규방 - 도장방) 閨房歌詞(규방가사) 閨秀(규수 - 처녀를 젊잖게 이르는 말. 학예에 뛰어난 여자)

閱　볼(覽) 열. 검열할/조사할 열.　　　　　　　　　　　　　　　　　　3380-20

● 門 + 兌(바꿀/기쁠 태 | 날카로울 예) = 閱 (0195 참조)
☞ 문(門) 안쪽을 날카롭게(兌) 들여다보는, 곧 관청 같은 곳을 감사하기 위하여 내부에 보관되어 있는 서류 같은 것을 빠짐없이 파헤쳐 본다는 데서「보다. 검열하다. 조사하다」뜻으로.
閱覽(열람 - 책 등을 죽 내리 훑어봄) 閱兵(열병) 査閱(사열) 檢閱(검:열)

閔　성(姓) 민. 힘쓸/우환 민.　　　　　　　　　　　　　　　　　　3381-20

● 門 + 文(글월/무늬/문채날 문) = 閔 (1824 참조)
☞ 문(가문)(門)에 문채(文)가 나는, 곧 가문(家門)이 빛나도록 부단하게 힘을 쏟는다는 데서「힘쓰다」뜻으로.
閔泳煥(민영환 - 조선 말기의 우국지사憂國之士)

閥　문벌 벌. 공훈/공로/가문 벌.　　　　　　　　　　　　　　　　　　3382-20

● 門 + 伐(칠/벨/공/자랑할 벌) = 閥 (0072 참조)
☞ 나라에 공(伐)을 많이 세운 가문(家門)이라는 데서「공로. 가문. 문벌. 공훈」뜻으로.
閥族(벌족 - 나라에 공로가 많은 집안) 閥閱(벌열) 門閥(문벌) 軍閥(군벌) 學閥(학벌) 財閥(재벌)

闕　대궐/빠질 궐. 빌/틈 궐.　　　　　　　　　　　　　　　　　　3383-20

● 門 + {屰(거스를 역) + 欠(하품 흠) = 欮(팔/뚫을/열 궐)} = 闕 (0294 참조)
☞ 대문(門) 안쪽으로 길쭉하고 넓게 뚫리어(열리어)(欮) 있는 넓은 터전에 지어 놓은 규모가 매우 큰 집이라는 데서「대궐. (대문 안쪽이)비다. 틈. (틈 사이로)빠지다」뜻으로.
大闕(대:궐 - 임금이 거처하는 집) 闕內(궐내) 闕席(궐석 - 자리를 비움) 闕額(궐액) 宮闕(궁궐)

閻　마을 염. 마을안의문 염.　　　　　　　　　　　　　　　　　　3384-20

● 門 + 臽(함정/구덩이 함) = 閻 (3346 참조)
☞ (속이 우묵한) 구덩이(臽)처럼 이루어져 있는 마을(지옥)을 드나드는 문(門)이라는 데서「마을. 마을 안의 문」뜻으로.
閭閻(여염 - 백성의 집이 모여 있는 곳) 閻羅大王(염라대왕 - 불교에서, 죄악을 징벌하는 염라국 임금)

閼　막을 알. 틀어막을 알.　　　　　　　　　　　　　　　　　　3385-20

● 門 + 於(어조사/살/여기에 어) = 閼 (1979 참조)
☞ (문지기가) 대문(門)에 딸려 있는 문간방에 살면서(於) 도적이나 잡인의 출입을 막는다는 데서「막다. 틀어막다」뜻으로.
金閼智(김알지 - 신라 김씨 왕조의 시조. 그의 7대손 미추가 신라 제13대 왕으로 됨)

門 부수(자원과 쓰임 → 3370 참조)

闊 넓을 활. 오래만나지아니할/트일/성길/멀 활.   3386-10

- 門 + 活(살 활) = 闊 (1173 참조)
- ☞ (바깥출입을 하지 않고) 문(門) 안에서 살아(活)간다(은둔 생활을 한다)는 데서 「(지인을)오래 만나지 아니하다. (만나지 아니하여)성기다. 멀다. (성기어서)트이다. 넓다」 뜻으로.

闊葉樹(활엽수 - 잎이 넓은 나무의 종류. 넓은잎나무) 廣闊(광:활 - 넓고 전망이 트이어 있음)

閃 번쩍할/번쩍일 섬. 언뜻볼 섬.   3387-10

- 門 + 人 = 閃
- ☞ 문틈(門) 사이로 스쳐 지나가는 사람(人)을 순간적으로 본다는 데서 「언뜻 보다. (언뜻 비친다는 데서)번쩍이다. 번쩍하다」 뜻으로.

閃光(섬광 - 뻔쩍하는 빛) 閃火(섬화 - 번쩍하는 불빛) 閃忽(섬홀하다 - 번쩍하다) 閃閃(섬섬)

闡 밝힐/열 천: 들어낼 천.   3388-10

- 門 + 單(홑/외짝 단) = 闡 (0813 참조)
- ☞ 두 짝으로 닫혀 있는 문(門)을 외짝(單)이 되게끔 열어젖힌다는 데서 「열다. (문을 열어 내부를)밝히다. (밝히어)들어내다」 뜻으로.

闡明(천:명 - 드러내서 밝힘) 闡揚(천:양 - 드러내 밝혀서 널리 퍼지게 함)

闢 열 벽. 개간할/피할 벽.   3389-10

- 門 + 辟(임금/물러날/궁벽할 벽 | 피할 피) = 闢 (3317 참조)
- ☞ 닫힌 문짝(門)을 뒤로 물러나게(辟) 한다는 데서 「열다. 문(門)을 열어젖히듯이 궁벽한 땅(辟)을 농경지로 일군다는 데서 「개간하다. 문(門) 안쪽으로 몸을 피한다(辟)는 데서 「피하다」 뜻으로

闢土(벽토 - 토지를 개간함) 闢邪(벽사 - 사설을 밝혀서 물리침) 開闢(개벽 - 천지가 처음으로 생김)

閭 마을 려. 마을의문(이문) 려.   3390-10

- 門 + 呂(법칙/음률/등마루뼈 려)} = 閭 (0845 참조)
- ☞ 뼈가 다닥다닥 붙어 있는 등마루 뼈(呂)처럼 집들이 다닥다닥 붙어 있는 마을에 세워 놓은 문(門)이라는 데서 「마을의 문(里門). 마을」 뜻으로.

閭門(여문 - 동네 어귀에 세운 문) 閭巷(여항 - 집이 모여 있는 곳) 閭閻(여염) 閭里(여리) 旌閭(정려)

闇 문닫을/숨을 암: 어둘/몰래 암.   3391-10

- 門 + 音(소리/그늘 음) = 闇
- ☞ 방에 그늘(音)이 지도록 문(門)을 닫는다는 데서 「문 닫다. (문을 닫아서 실내가)어둡다. (어두운 곳에)숨다. 몰래」 뜻으로.

闇鈍(암:둔 - 어리석고 우둔함) 闇(暗)市場(암:시장 - 불법으로 형성된 시장) 闇昧(암:매 - 생각이 어두움)

閘 수문 갑. 3392-10

● 門 + 甲(갑옷 갑) = 閘 (2114 참조)
☞ (창칼을 방어하는) 갑옷(甲)을 둘러놓은 것처럼 물이 밖으로 새어 나가는 것을 방비하는(물막이 용도로 설치하여 놓은) 문(門)이라는 데서 「수문」 뜻으로.
閘門(갑문 - 물문. 댐이나 운하 따위에 설치한 수량水量 조절용의 문)

자투리 마당

「말. 말씀」을 표현한 글자

○ 言(말씀 언) → 위(二 「윗 상」의 古字고자)에서부터 하나하나(一)씩 설명을 곁들이어 상세하게 말하는(口). 言語(언어)
○ 語(말씀 어) → 나(吾 나 오)의 생각이나 주장을 전하는 말씀(言). 語錄(어록)
○ 話(말씀 화) → 혀(舌)로 (깊이 생각함이 없이) 이야깃거리로 주고받는 말씀(言). 對話(대화)
○ 談(말씀 담) → 피어오르는 불꽃(炎 불꽃 염)처럼 속내를 밝히면서 화기애애하게 이어 나가는 말씀(言). 談話(담화)
○ 說(말씀 설 | 달랠 세) → 상대방이 기뻐하도록(기분이 좋아지도록)(兌 기쁠 태) 말씀하는(言). 說明(설명) 遊說(유세)
○ 辭(말씀/고할 사) → 죄(辛 매울 신 → 죄를 의미)를 지은 자를 다스리는(亂 다스릴 란), 곧 치죄(治罪)하는 말씀이라는 데서. 辭意(사의)
○ 詞(말씀 사) → 자신의 견해를 주장하는(司 맡을/주장할 사) 말씀(言). 名詞(명사)
○ 辯(말씀 변) → 죄인이 서로 송사하는(辡 죄인서로송사할 변) 가운데 원고와 피고 모두가 자신에게 유리하게끔 말하는(言). 辯論(변론)
○ 譚(말씀 담) → 깊고 넓게 뻗어나가는(覃 뻗을/깊고넓을 담), 곧 방방곡곡으로 퍼져나가는 말씀(言). 民譚(민담)

雨	非	隶	金
비 우	아닐 비	미칠 이	쇠 금

부수 8획

雨 │ 비 우: 비올 우. 3393-50

자원 雨 → 하늘(一)과 구름(冂), 빗방울(ㅊㅊ)과 비가 내리는 모양(丨), 곧 하늘에 떠 있는 구름에서 비가 내리는 모양을 표현.

쓰임 「비. 빗물. 비구름. 비오다. 빗방울 모양」과 의미로 쓰임.

雨天(우:천 - 비가 내리는 하늘) 雨期(우:기) 雨雹(우:박) 雨備(우:비) 雨衣(우:의) 雨傘(우:산) 降雨(강:우)

電 │ 번개 전: 번쩍할/전기 전. 3394-70

◉ 雨 + 电(→ 竜「용 룡」의 획 줄임으로 용 꼬리를 표현) = 電

☞ 비구름(雨)이 낀 하늘에, 소용돌이치는 용 꼬리(电)처럼 힘차게 퍼덕이는 밝은 불빛이라는 데서 「번개. 번쩍하다. (번개처럼 번쩍이는 현상을 일으키는)전기」 뜻으로.

電氣(전:기) 電力(전:력) 電線(전:선) 電流(전:류) 電信(전:신) 電話(전:화) 電算(전:산) 電子(전:자)

雪 │ 눈 설. 씻을 설. 3395-60

◉ 雨 + 彐(→ 彗「비 혜 | 살별 세」의 획 줄임) = 雪 ※ 䨮(눈 설)은 雪의 본래 글자.

☞ 비(雨)가 얼어붙어, (하늘을 스치며 지나가는) 살별(彐 → 彗) 형상을 이루어 땅에 떨어지는 흰 결정체이라는 데서 「눈. (흰 눈처럼 깨끗이)씻다」 뜻으로.

雪景(설경 - 눈이 쌓인 경치) 雪山(설산) 雪峰(설봉) 雪花(설화) 雪糖(설탕) 雪辱(설욕) 雪嶽山(설악산)

雲 │ 구름 운. 은하수 은. 3396-50

◉ 雨 + 云(이를/일어날/성한모양 운) = 雲 (0214 참조)

※ 云 → 구름이 뭉게뭉게 피어오르는 모양을 표현한 글자로서 본래 雲과 동자(同字).

☞ 비(雨)를 일으키게 하는 구름 모양(云)에서 「구름. (구름 띠 모양의)은하수」 뜻으로.

雲霧(운무 - 구름과 안개) 雲集(운집) 雲峰(운봉) 雲海(운해) 雲漢(운한) 雲泥之差(운니지차 - 심한 차이)

★ 雲(구름 운)과 결합을 이룬 글자. 3396 별첨

曇(흐림 담) ☞ 日(1084) → 해(日)가 구름(雲)에 가리어져 날씨가 흐리다는 데서 「흐리다」 曇天(담천)

需 │ 쓰일/쓸 수. 구할/기다릴/요구 수 | 부드러울 유. 3397-32

◉ 雨 + 而(말이을/따를 이) = 需

☞ 비(雨)가 때맞추어 이어져(而) 용수로 요긴하게 쓰인다는 데서 「쓰이다. 쓰다」. 비(雨)가 때맞추어 이어지기(내리기)(而)를 모두가 바란다는 데서 「기다리다. 구하다」 뜻으로.

需要(수요 - 필요로 해서 쓰임) 需給(수급) 需用(수용) 婚需(혼수) 軍需品(군수품) 內需(내:수)

764

雨 부수(자원과 쓰임 → 3393 참조)

★ 需(쓰일/쓸/구할/기다릴 수 | 부드러울 유)와 결합을 이룬 글자.   3397 별첨

儒(선비 유)	☞ 人(0087) → (세상사에) 두루 쓰이는(需) 학덕을 갖춘 사람(亻)이라는 데서 「선비」
孺(어릴 유)	☞ 子(0426) → 어머니의 보살핌이 요구(需)되는 유약한 아이(子)라는 데서 「어리다」
懦(나약할 나)	☞ 心(1960) → 마음(忄)을 부드럽게 쓰는(需), 곧 마음이 강건하지 못하고 매우 유약하다(여리다)는 데서 「나약하다. 부드럽다」 懦弱(나약)

霜 서리 상. 백발/세월/엄할 상.   3398-32

◉ 雨 + {木 + 目(눈 목) = 相(서로 상 → 「나무의 싹눈」을 표현)} = 霜 (2272 참조)

☞ 비(雨) 형태의 미세한 물방울이, 나무(木)에 마주 보고 돋아(맺혀) 있는 싹눈(目)처럼 결빙되어 풀잎이나 지면에 맺혀 있는 것이라는 데서 「서리. (서리처럼 하얀)백발. (서리가 내리는 계절의 도래함이라는 데서)세월. (찬 서리처럼 냉랭하게 대한다는 데서)엄하다」 뜻으로.

霜降(상강) 霜信(상신 - 기러기의 별칭) 星霜(성상 - 일 년의 세월) 秋霜(추상) 雪上加霜(설상가상)

★ 霜서리 상)과 결합을 이룬 글자.   3398 별첨

| 孀(과부 상) | ☞ 女(0512) → 서리(霜)를 맞아 잎이 떨어진 나무(나목)처럼 남편을 여의어서 보호막이 없어진 여인(女)이라는 의미가 부여되어 「과부」 靑孀寡婦(청상과부) |

露 이슬 로. 드러낼/젖을 로.   3399-32

◉ 雨 + 路(길 로) = 露 (3000 참조)

☞ 비(빗물)(雨) 형태를 이루어 길(路) 위의 풀잎에 맺히는 물방울이라는 데서 「이슬. (이슬은 길 위의 풀잎에 드러나서 보행자의 바짓가랑이를 적신다는 데서)드러내다. 젖다」 뜻으로.

露出(노출 - 겉으로 드러냄) 露宿(노숙) 露天(노천) 露積(노적) 綻露(탄로) 草露(초로) 白露(백로)

靈 신령 령. 신통할/영혼/혼백 령.   3400-32

◉ {雨 + 吅吅(떠새/떠들썩할 령) = 霝(비올 령)} + 巫(무당 무) = 靈

☞ 하늘에서 비가 내리는(霝) 것처럼 무당(巫)을 통하여 내리는(접신接神하는) 혼령이라는 데서 「신령. 신통하다. 영혼. 혼백」 뜻으로.

靈魂(영혼 - 죽은 사람의 넋) 靈地(영지) 靈智(영지) 靈芝(영지) 靈驗(영험) 靈妙(영묘) 靈柩(영구)

零 떨어질/영 령. 비뚝뚝떨어질 령.   3401-30

◉ 雨 + 令(하여금/영 령) = 零 (0060 참조)

☞ 윗분이 영(명령)(令)을 내리는 것처럼 비(雨)를 내리게 한다는 데서 「비 뚝뚝 떨어지다. 떨어지다. (비가 땅에 떨어지는 것처럼 바닥으로 떨어진 숫자라는 데서)영(0)」 뜻으로.

零雨(영우 - 큰 빗방울이 떨어지는 비) 零封(영봉) 零下(영하) 零度(영도) 零點(영점) 零細民(영세민)

雷 우레 뢰. 천둥 뢰.   3402-30

◉ 雨 + 田(밭 전 → 畾「밭갈피 뢰」의 획 줄임) = 雷 ※ 靁(우레 뢰)는 雷의 고자.

雨 부수(자원과 쓰임 → 3393 참조)

☞ 비구름(雨)이 덮여 있는 하늘에, 번갯불이 밭 갈피(田 → 畾)처럼 갈래지면서 울리는 소리이라는 데서「우레. 천둥」뜻으로.
雷聲(뇌성 - 천둥소리) 雷火(뇌화 - 낙뢰로 인한 화재) 雷電(뇌전) 雷管(뇌관) 落雷(낙뢰) 地雷(지뢰)

霧 안개 무: 　　　　　　　　　　　　　　　　　　　　　　　　　3403-30

◉ 雨 + 務(힘쓸 무) = 霧 (0365 참조)
☞ 비(雨)가 내리려고 힘을 쓰는(務) 것처럼(마치 비가 내리려는 것처럼) 미세한 빗방울 모양의 수증기가 구름처럼 자욱하게 끼는 현상이라는 데서「안개」뜻으로.
霧散(무:산 - 안개가 걷히듯 흩어져 사라짐) 霧露(무:로) 五里霧中(오:리무중) 雲霧(운무) 濃霧(농무)

霸 으뜸 패: 우두머리/두목/힘셀 패 | 초승달 백. 　　　　　　3404-20

◉ 雨 + {革(가죽/변혁할 혁) + 月(달 월) = 覇(00 파 → 뜻 미상)} = 霸
※ 覇 → 바뀐(革) 달(月), 곧 다시 떠오르는 초승달을 의미한 글자로 봄.
☞ 비구름(雨)에 가리어진 초승달(覇), 곧 가려져서 온전하지 않는(둥글고 밝은 보름달처럼 원만하지 않고 밝기도 덜한) 초승달처럼 아직은 원만하지 않는(덕망이 부족한) 신출내기 우두머리이라는 데서「우두머리. 두목. 으뜸. 힘세다」뜻으로.
霸道(패:도 - 패자의 도. 인의仁義를 돌보지 아니하고 무력과 권모에 의하여 천하를 통일하고자 하는 주의)
霸者(패:자) 霸權(패:권) 霸氣(패:기) 爭霸(쟁패)

★ 覇(00 파→ 초승달을 의미) 　　　　　　　　　　　　　　　　3404 별첨

霸(으뜸 패) 　　☞ 襾(2839) → 덮여(襾) 있는 초승달(覇), 곧 가리어져서 온전하지 않는 초승달처럼 원만하지 않는 (덕망이 부족한) 신출내기 우두머리이라는 데서「으뜸」霸氣(패기)

震 우레 진: 천둥소리/벼락칠/움직일 진. 　　　　　　　　　　　3405-20

◉ 雨 + 辰(별/일진/삼월 진 | 때 신) = 震 (2993 별첨)
☞ 비(雨)가 내리는 삼월(辰)에 이르면 비로소 벼락이 치며 천둥소리가 울려 퍼진다는 데서「우레. 천둥소리. 벼락 치다. (벼락이)움직이다」뜻으로.
震雷(진:뢰 - 울려 퍼지는 천둥) 震動(진:동) 震幅(진:폭) 震怒(진:노) 震天動地(진:천동지) 地震(지진)

雰 안개 분. 눈날릴 분. 　　　　　　　　　　　　　　　　　　　3406-10

◉ 雨 + 分(나눌/쪼갤 분) = 雰 (0227 참조)
☞ 비(雨)가 자잘하게 나뉘어져(分) 있는 것처럼 대기(大氣) 중에 미세한 물방울(눈발)이 흩날리는 모양이라는 데서「안개. 눈 날리다」뜻으로.
雰虹(분홍 - 무지개) 雰雰(분분 - 눈이 내리는 모양) 雰圍氣(분위기 - 대기大氣. 개인의 주변 상황)

霞 노을 하. 멀 하. 　　　　　　　　　　　　　　　　　　　　　3407-10

◉ 雨 + 叚(빌릴 가) = 霞 (0070 참조)
☞ 비구름(雨)을 빌려(끌어들여)(叚) 놓은 것처럼 보이는, 곧 미세한 수증기가 석양빛에 반사되어

구름 형태를 이루어 검붉게 보이는 현상이라는 데서 「노을」 뜻으로.
霞光(하광 - 노을빛) 霞彩(하채 - 노을의 아름다운 빛깔) 夕霞(석하 - 저녁노을) 紫霞門(자:하문)

靄 아지랑이 애. 구름뭉게뭉게피어오를 애. 3408-10

- 雨 + 謁(뵐/아뢸/고할 알) = 靄 (3250 참조)
- 비(雨)가 내릴 것이라고 아뢰는(謁) 것처럼 구름이 피어오르는 모양이라는 데서 「구름 뭉게뭉게 피어오르다. (뭉게구름처럼 피어오르는)아지랑이」 뜻으로.

靄靄(애애 - 안개·아지랑이 따위가 짙게 끼여 자욱함) 和氣靄靄(화기애애 - 온화하고 화목한 분위기)

霑 젖을 점. 3409-10

- 雨 + 沾(더할/젖을 첨ㅣ젖을 점) = 霑 (0398 참조)
- 비(雨)에 옷이나 물건이 젖는다(沾)는 데서 「젖다」 뜻으로.

霑潤(점윤 - 비나 이슬에 젖어 불음) 均霑=均沾(균점 - 동일한 혜택을 받음)

霽 갤 제: 비그칠 제. 3410-00

- 雨 + 齊(가지런할/다스릴/정제할 제) = 霽 (3719 참조)
- 비(雨)가 내리던 하늘이 맑게 다스려지는(정제되는)(齊), 곧 구름비가 말끔하게 걷힌다는 데서 「개다. 비 그치다」 뜻으로.

仁王霽色圖(인왕제색도 - 화가 정선鄭敾이 그린 산수화)

雹 우박(누리) 박. 3411-00

- 雨 + 包(쌀 포) = 雹 (0264 참조)
- 비(雨)가 결빙되어(얼어붙어서), 감싸(包) 놓은 꾸러미(덩어리) 형체를 이루어 떨어지는 것이라는 데서 「우박(누리)」 뜻으로.

雨雹(우:박 - 빗방울이 얼어붙어 내리는 작은 얼음덩어리) 風飛雹散(풍비박산 - 사방으로 날아 흩어짐)

霹 벼락 벽. 천둥 벽. 3412-00

- 雨 + 辟(임금/궁벽할/벼락소리 벽ㅣ피할 피) = 霹 (3317 참조)
- 비구름(雨)으로부터 일어나는 벼락 소리(辟)이라는 데서 「벼락. 천둥」 뜻으로.

霹靂(벽력 - 벼락. 벼락이 침. 천둥소리가 요란하게 남)

雨	非	隶	金
비 우	아닐 비	미칠 이	쇠 금

非 아닐 비: 어긋날/어길/그를/나무랄/없을 비. 3413-42

자원 非 → 서로 다른(어긋난) 방향으로 펼쳐져(서로 등지고) 있는 새의 날개(깃털) 모양에서 「(바른 방향이)아니다. 어긋나다. 그르다」는 의미를 지님.

쓰임 「아니다. 어긋나다. 날개(깃털) 모양. 등진 모양」과 의미로 쓰임.

非理(비:리 - 이치에 맞지 아니함. 부정한 사실이 있음) 非常(비:상) 非凡(비:범) 非違(비:위) 非難(비:난) 非命(비:명) 非需期(비:수기) 非常口(비:상구) 非一非再(비:일비:재) 非夢似夢(비:몽사몽)

靡 쓰러질 미. 얽을/흩어질/말(勿) 미. 3414-10

◉ 麻(삼 마) + 非 = 靡 (3662 참조)

☞ (무더기를 이루어 길쭉하게 돋아난) 삼(麻)이 서로 어긋난(非) 방향으로 엉클어져(쓰러져) 있다는 데서 「쓰러지다. 얽다. 흩어지다」 뜻으로.

靡寧(미령 - 노구로 편치 못함) 靡然(미연) 風靡(풍미 - 사상의 조류가 사회를 휩쓸고 있음을 일컫는 말)

★ 非(아닐/어긋날/어길/그를/나무랄 비)와 결합을 이룬 글자. 3414 별첨

悲(슬플 비)	☞ 心(1851) → 사랑하는 사람과 서로 어긋나서(非) 만나지 못하는(서로가 헤어져야만 하는) 애처로운 마음(心)이라는 데서 「슬프다」 悲痛(비통)
匪(비적 비)	☞ 匚(0281) → 상자(匚)가 반듯하지 아니하다(非)는 데서 「아니다. (품행이 반듯하지 아니한 무리이라는 데서)비적. 도적」 匪賊(비적)
誹(헐뜯을 비)	☞ 言(3280) → (좋은 점은 제쳐 두고) 바르지 아니한(어긋난)(非) 부분만을 말한다(言)는 데서 「헐뜯다. 나무라다」 誹謗(비방)
扉(사립문 비)	☞ 戶(1756) → 싸리나무 같은 잡목을 비(非) 글자 형상처럼 엮어서 달아 놓은 지게문(戶) 형태의 문짝이라는 데서 「문짝. 사립문」 柴扉(시비)
緋(비단 비)	☞ 糸(2530) → (날개 모양을 표현한) 비(非) 글자 형상, 곧 날개(깃털)처럼 보드라운 실(糸)로 짜 놓은 천(피륙)이라는 데서 「비단」 緋緞(비단)
蜚(날/바퀴 비)	☞ 虫(2628) → (날개 모양을 표현한) 비(非) 글자 형상의 두 날개로 날아다니는 벌레(虫)이라는 데서 「날다. 바퀴」 流言蜚語(유언비어)
翡(물총새 비)	☞ 羽(2918) → 등진(非) 형상을 이루어 날개(羽)를 저어 가는 새, 곧 (물고기를 낚아채기 위하여) 날개를 거꾸로 세워 수면으로 하강하는 새이라는 데서 「물총새」 翡翠(비취)
斐(아롱질 비)	☞ 文(1823) → 이리저리 어긋난(非) 형상의 갖가지 무늬(文)가 들어(새겨져) 있어서 무척 아롱져(아름다워) 보인다는 데서 「아롱지다. 아름답다」 斐然(비연)
排(밀칠 배)	☞ 手(1459) → 손(扌)으로 필요하지 아니한(非) 것을 옆으로 밀쳐 낸다는 데서 「밀치다」
輩(무리 배)	☞ 車(3165) → 좌우로 어긋난(非) 대형을 이루어(좌우로 늘어서서) 수레(車)를 호위하는 무리(호위병)이라는 데서 「무리」 輩出(배출)
俳(배우 배)	☞ 人(0147) → 사람(亻)의 참모습이 아닌(非), 곧 참모습을 보이는 것이 아니라 각본에 따라 (꾸며서) 연기(演技)하는 사람이라는 데서 「배우. 광대」 俳優(배우)
裵(성(姓) 배)	☞ 衣(2557) → (날개 모양을 표현한) 비(非) 글자 형상을 이루어 옷(옷자락)(衣)이 기다랗게 드리워져 있는(늘어뜨린) 모양이라는 데서 「옷 치렁치렁한 모양」

非 부수 (자원과 쓰임 → 3413 참조)

徘(어정거릴 배)	☞ 彳(0450) →	이리저리 어긋난(非) 방향으로(목적지가 없이 이리저리) 걸어간다(彳)는 데서 「어정거리다. 노닐다」 徘徊(배회)
罪(허물 죄)	☞ 网(2651) →	감옥(罒)에 가두어야 할 어긋난(非) 행위(비리)라는 데서 「허물. 죄」

자투리 마당

南柯一夢(남가일몽)

○ 남가일몽(南柯一夢) 또는 괴몽(槐夢)이란 「남쪽 가지에서의 꿈이란 뜻으로, 꿈과 같이 헛된 한때의 부귀영화」를 일컫는 고사성어(故事成語)이다.

- 당(唐)나라 때 순우분(淳于棼)이라는 사람이 하루는 술이 거나하게 취하여 그의 집 남쪽에 있는 커다란 느티나무 아래에서 낮잠을 자고 있었는데. 관복(官服)을 입은 두 사람이 나타나서 이르기를 자기들은 "괴안국왕(槐安國王)의 어명을 받고 그대를 모시러 왔습니다"라고 하기에 그들을 따라 괴안국의 궁궐에 들어가니 왕이 환대를 하여 연회(宴會)를 베풀어 주면서 총애(寵愛)하였고, 마침내 공주(公主)와 결혼을 하여 부마(駙馬 → 임금의 사위)의 신분으로 임금을 보필하게 되었다. 그러다가 면적이 넓고 인구도 많은 남가군(南柯君)이 잘 다려지지 않자, 임금이 사위인 우분(于棼)으로 하여금 남가군의 태수(太守)로 임명하였고, 우분은 태수로 부임하여 그간의 폐단을 없애고 선정(善政)을 베풀었기에 군민들이 송덕비(頌德碑)까지 세웠으며, 나라 안에는 우분의 덕치(德治)가 자자(藉藉)하였다. 이에 능력과 인품을 인정받아 재상(宰相)의 지위에 오르게 되었으며, 그 사이 아들과 딸들도 훌륭하게 자라나 높은 관직에 나아가고 좋은 집안에 출가(出嫁)하여 더없는 부귀와 영화를 누리고 있었다. 그럴 즈음에 이웃나라인 단라국(檀羅國)이 침공하여, 우분이 대장(大將)이 되어 적군을 맞이하여 싸웠으나 패주하였으며 엎치고 덮친 격으로 아내까지 병사(病死)하고 말았다. 이때에 즈음하여 평소에 우분을 시기(猜忌)하던 자가 순우분이 음모를 꾸몄다고 상소(上疏)를 하였기에, 임금은 우분을 근신(謹愼)하게 하고서는 "나도 이제 천도(遷都)를 해야 할 조짐이 보이는 구나. 이참에 자네도 고향에 내려갔으면 좋겠다"고 말하였다. 이에 우분이 고향에 내려가라는 소리에 잠에서 깨어나 보니 느티나무 아래에 누운 상태였고, 지나간 수십 년간의 부귀영화는 꿈속의 세월이었던 것이었다. 꿈이 하도 생생하여 느티나무 밑둥치를 들여다보니 개미가 살고 있었고 그 개미굴을 파내려 가니 성(城)처럼 쌓은 집에 수많은 개미가 여왕개미를 호위하고 있었는데 이곳이 바로 내가 꿈속에서 살았던 대괴안국(大槐安國)이라는 생각이 미치었으며, 남쪽으로 뻗은 나뭇가지 밑에도 역시 성처럼 쌓은 개미집이 있었는데, 이것은 바로 꿈속에서 내가 다스렸던 남가군(南柯君)이였을 것으로 생각하고는, 파헤친 개미집을 도로 묻어 두었다. 그날 밤에 마침 큰 비가 내렸기에 다음날 아침에 그 자리가 궁금하여 다시 가 보았더니 개미굴도 개미도 흔적 없이 사라지고 없었다. "아! 이것이 꿈속에서 왕이 천도해야 되겠다고 한 그 말씀과 일치하는 구나"라고 여기었다. 이에 순우분은 영고성쇠(榮枯盛衰)의 허무함을 깨닫고는 그날 이후로 도학(道學)에 심취(心醉)하였다는 줄거리의 이야기다.

- 남가기(南柯記) -

雨	非	隶	金
비 우	아닐 비	미칠 이	쇠 금

隶 | 미칠 이. 밑/근본 이 | 미칠/더불어 대. 3415-00

자원 隶 → 손(⺕ → 又「또/오른손 우」)이 물(氺 아랫물 수) 밑바닥에 미친다(이른다)는 데서 「미치다. 밑. (밑바탕이 되는)근본. (모두에게 미친다는 데서)더불어」 의미를 지님.

쓰임 「미치다(이르다). 더불어」 의미로 쓰임.

隸 | 종(奴) 례: 붙을/종속할/서체 례. 3416-30

● 士 + 示(보일 시) + 隶 = 隸

☞ 선비(윗사람)(士)의 지시(示)가 미치는(隶) 아랫사람, 곧 윗사람의 지시에 따르는(예속되어 있는) 사람이라는 데서 「종. 종속하다. (붙박이로 종속되어 있다는 데서)붙다. (글자가 쉬워서 종들이 주로 쓰는 글씨이라는 데서 예서체로 된)서체」 뜻으로.

隸書(예:서 - 종들도 이해하기 쉽게 만든 글이라는 뜻으로, 전서篆書의 번잡함을 생략하여 만든 서체)
隸屬(예:속 - 딸려서 매임) 隸書體(예:서체) 奴隸(노예)

★ 隶(미칠 이 | 더불어 대)와 결합을 이룬 글자. 3416 별첨
康(편안할 강) ☞ 广(0763) → 집(广)에 모든 식구들이 더불어(隶) 살아가는, 곧 온 집안 식구들이 함께 모이어 화목하게 살아간다는 데서 「편안하다. 화하다」 康寧(강녕)
逮(잡을 체) ☞ 辶(3128) → 앞선 사람에게 손길이 미치도록(隶) 바짝 뒤쫓아 간다(辶)는 데서 「미치다. (앞선 사람에게 손길을 미치어)잡다」 逮捕(체포)

雨	非	隶	金
비 우	아닐 비	미칠 이	쇠 금

金 | 쇠 금. 금/돈/단단할/병장기/귀할 금 | 성(姓) 김. 3417-80

자원 金 → 亼(모을 집)과 土(흙/땅 토)와 丶丶(丶 불똥 주 × 2)의 결합. 흙(땅)(土) 속에 분포되어 있는 불똥(丶丶) 형상의 반짝이는 광물질을 추출(제련)하여 이를 한데 모아(亼) 놓은 것이라는 데서 「금. 쇠」 의미를 지님.

쓰임 「쇠. 쇠붙이. 금. 금빛」 의미로 쓰임.

金屬(금속 - 쇠붙이) 金冠(금관) 金額(금액) 金錢(금전) 金賞(금상) 金枝玉葉(금지옥엽) 金科玉條(금과옥조) 金鰲新話(금오신화) 黃金(황금) 白金(백금) 金九(김구 - 독립운동가. 충칭 임시 정부 주석)

銀 | 은 은. 은빛/돈 은. 3418-60

● 金 + 艮(그칠/한정할 간 | 끌 흔) = 銀 (2907 참조)
☞ 출토가 한정되어(艮) 있는 금(金)과 유사한 금속, 또는 금(金)에서 끌어(艮)내린(금 성분을 이어 받은) 금과 유사한 금속이라는 데서 「은. 은빛. (은으로 주조한 화폐인)돈」 뜻으로.

銀錢(은전 - 은으로 만든 돈) 銀行(은행) 銀杏(은행) 銀幕(은막) 銀髮(은발) 銀盤(은반) 銀河水(은하수)

鐵 | 쇠 철. 검은쇠/단단할/철물/무기 철. 3419-50

● 金 + {𢦏(비로소 재) + 壬(착할/땅에서꿰져날 정)} = 𢧄(= 驖 검붉은말 철)} = 鐵
☞ 털빛이 검붉은 말(𢧄)처럼 검붉은 빛깔을 띠는 쇠(金)이라는 데서 「검은 쇠. 쇠」 뜻으로.
※ 鐵을 파자(破字)하여 쇠(金) 가운데 비로소(𢦏) 제왕(壬 → 王)이라 일컫는 (다른 쇠붙이에 비하여 용도가 무척 다양하여 으뜸으로 여기는) 쇠이라고 암기하기도 함.

鐵鋼(철강 - 강철) 鐵材(철재) 鐵工(철공) 鐵板(철판) 鐵絲(철사) 鐵筋(철근) 鐵骨(철골) 鐵道(철도)

銃 | 총 총. 3420-42

● 金 + 充(채울/막을 충) = 銃 (0188 참조)
☞ 쇠붙이(金)에 (화약이 장전된) 탄알을 채워(充) 발포하는 무기이라는 데서 「총」 뜻으로.

銃砲(총포 - 총. 총과 포의 총칭) 銃器(총기) 銃彈(총탄) 銃劍(총검) 銃擊(총격) 銃殺(총살) 獵銃(엽총)

銅 | 구리 동. 동전 동. 3421-42

● 金 + 同(한가지 동) = 銅 (0792 참조)
☞ 쇠(金)와 한가지(同) 부류의 금속이라는 데서 「구리」 뜻으로.
※ 옛날에는 구리를 적금(赤金 → 붉은 금)이라 하였고, 청동기 시대의 쇠(金)는 구리였다고 함.

銅像(동상 - 구리로 만든 사람 형상) 銅賞(동상 - 3등 상) 銅錢(동전) 銅線(동선) 銅鏡(동경) 靑銅(청동)

錄 | 기록할 록. 적을/목록/문서/금빛 록. 3422-42

金 부수(자원과 쓰임 → 3417 참조)

- 金 + 彔(나무새길/근본 록) = 錄 (2453 참조)
- ☞ 쇠붙이(金)에 글씨나 문양 같은 것을 새긴다(彔)는 데서 「기록하다. 적다. 목록」 뜻으로.

錄音(녹음 - 음성이나 음악 등을 저장하는 일) 錄畵(녹화) 錄取(녹취) 記錄(기록) 目錄(목록)

針　바늘 침(:) 바느질할 침. 3423-40

- 金 + {丨 + 一 = 十(열 십)} = 針
- ☞ 쇠(金)로 된 가느다란 막대(丨)에 실(一)을 꿰어 놓은 바늘 모양에서 「바늘. 바느질하다」 뜻으로.

針線(침:선 - 바늘과 실. 또는 바느질) 針母(침:모) 針小棒大(침:소봉대) 針形(침형) 針葉樹(침엽수)

鑛　쇳돌 광: 광석 광. 3424-40

- 金 + {广(돌집 엄) + 黃(누를 황) = 廣(넓을 광)} = 鑛 (0760 참조)
- ☞ 쇠(金) 성분이 넓게(廣) 분포되어 있는, 또는 쇠(金) 성분이 누른(黃) 돌집(广) 형태를 이루어 덩어리져 있는 광석이라는 데서 「쇳돌. 광석」 뜻으로.

鑛山(광:산 - 광물을 캐는 산) 鑛夫(광:부) 鑛石(광:석) 鑛物(광:물) 鑛業(광:업) 鑛泉(광:천) 金鑛(금광)

錢　돈 전: 성(姓) 전. 3425-40

- 金 + 戔(상할 잔 | 쌓일/얕고작을/적을/좁을 전) = 錢 (1578 참조)
- ☞ 쇠(金)를 얕고 작은(戔) 모형으로 주조하여 놓은 주화(鑄貨), 또는 쇠(金)로 만든 주화를 전(戔) 글자 형상처럼 꿰어 놓은 엽전(葉錢) 꾸러미 모양에서 「돈」 뜻으로.

錢票(전:표 - 현금으로 교환할 것을 약정한 쪽지) 錢主(전:주) 葉錢(엽전) 金錢(금전) 守錢奴(수전노)

鉛　납 연. 분 연. 3426-40

- 金 + {八(여덟/나눌 팔) + 口(입 구) = 㕣(산속의늪 연)} = 鉛 (1215 참조)
- ☞ 산속의 늪(㕣)에 깔려 있는 회색의 물렁한 진흙처럼 회색을 띤 무른 성질의 쇠(金)이라는 데서 「납. (납처럼 회색을 띠는)분」 뜻으로.

鉛筆(연필) 鉛粉(연분 - 화장하는 데 바르는 흰 가루)

鏡　거울 경: 밝을/비출/모범이될만한것 경. 3427-40

- 金 + 竟(마침내/다할/마칠 경)} = 鏡 (2260 참조)
- ☞ 연마 작업을 마쳐(竟) 놓은, 곧 표면을 문질러서 곱게 닦아 놓은 쇠붙이(金)이라는 데서 「거울. (거울에 물체를)비추다. (비추어져서)밝다」 뜻으로.

鏡臺(경:대 - 거울을 세워 놓은 가구) 破鏡(파:경) 眼鏡(안:경) 內視鏡(내:시경) 鏡浦臺(경:포대) 水鏡(수경)

鍾　쇠북 종. 종발/술병/모을/성(姓) 종. 3428-40

종(鍾)

- 金 + 重(무거울/거듭/겹칠 중) = 鍾 (2943 참조)
- ※ 鍾은 鐘(쇠북 종)과 통자(通字).

金 부수(자원과 쓰임 → 3417 참조)

☞ 쇠(金)를 거듭(重)지어(겹쳐) 놓은 모양, 곧 쇠를 높다랗게 겹쳐서 오므려 놓은 기물(쇠북이나 술병) 모양이라는 데서 「쇠북. 술병. 종발. (오므리어서)모으다」뜻으로.
鍾鉢(종발 - 중발보다 작은 그릇) 鍾子(종자 - 종지의 본딧말) 鐘鼎(종정) 鍾乳洞(종유동)

鑑 거울 감. 볼/비추어볼/식별할 감. 3429-32

◉ 金 + 監(볼/살필 감) = 鑑 (2236 참조)
☞ (들여다) 보는(監) 용도로 쓰는 쇠(金)로 된 물건이라는 데서 「거울. (거울로)비추어 보다. 보다. (비추어 보고)식별하다」 뜻으로.
鑑察(감찰 - 보아 살핌) 鑑札(감찰 - 영업 행위를 허가한 증표) 鑑定(감정) 鑑別(감별) 鑑識(감식)

鑄 쇠불릴 주. 쇠부어만들/기물을만들 주. 3430-32

◉ 金 + 壽(목숨 수) = 鑄 (0405 참조)
※ 불리다 → 쇠를 불에 달구어 단련(鍛鍊)하다.
☞ 쇠(金)로 하여금 목숨(壽)을 부여하여 주는, 곧 쇠를 불에 녹여 기물의 형체를 만들어 준다는 데서 「쇠 부어 만들다. 기물을 만들다. 쇠 불리다」 뜻으로.
鑄物(주물 - 쇠로 주조한 물건) 鑄貨(주화) 鑄造(주조) 鑄型(주형) 鑄錢(주전) 鑄字(주자) 鑄鐵(주철)

錦 비단 금. 비단옷/성(姓) 금. 3431-32

◉ 金 + 帛(비단 백) = 錦 (0986 참조)
☞ 금빛(金)을 띠는 비단(帛)이라는 데서 「비단. 비단옷」 뜻으로.
錦上添花(금상첨화) 錦衣還鄕(금의환향) 錦衣夜行(금의야행) 錦繡江山(금수강산) 錦山郡(금산군)

銘 새길 명. 기록할 명. 3432-32

◉ 金 + 名(이름 명) = 銘 (0790 참조)
☞ 쇠(쇠붙이)(金)에 이름(名)을 새기는, 또는 쇠(金)로 된 끌 같은 도구로 나무 같은 데에 이름(名)을 새긴다는 데서 「새기다. 기록하다」 뜻으로.
銘心(명심 - 마음에 새겨 둠) 銘記(명기) 銘刻(명각) 銘文(명문) 銘旌(명정) 碑銘(비명) 感銘(감:명)

鍊 쇠불릴/단련할 련: 제련한금속/익힐 련. 3433-32

◉ 金 + 柬(분별할/가릴 간) = 鍊 (1508 참조)
☞ 순수한 쇠(金)를 가려내기(柬) 위하여 광석을 불에 녹이는, 또는 품질이 좋은 쇠(金)를 가려(뽑아)(柬)내기 위하여 쇠를 불에 달구어서 두드리고 식히는 작업 과정을 수없이 반복한다는 데서 「쇠 불리다. 제련한 금속. 단련하다. (단련하여)익히다」 뜻으로.
鍊磨=硏磨(연:마 - 여러 번 갈고 닦음. 학문·기술을 연구하여 닦음) 鍊鋼(연:강) 鍊武(연:무) 製鍊(제:련)

鎭 진압할 진(:) 진정할/누를/변방/지킬/진영 진. 3434-32

◉ 金 + 眞(참/진실/바를/근본 진) = 鎭 (2274 참조)

金 부수(자원과 쓰임 → 3417 참조)

☞ 쇠(金)의 근본(본질)(眞)은 매우 강하고 무거워 다른 물질을 능히 제압한다(억누른다)는 데서 「누르다. 진압하다. (마음을 누른다는 데서)진정하다. 지키다」 뜻으로.

鎭靜(진:정 - 흥분 따위를 가라앉힘) 鎭定(진:정 - 진압하여 평정함) 鎭火(진:화) 鎭壓(진:압) 鎭海(진해)

鈍 둔할 둔: 무딜/우둔할 둔. 3435-30

- ● 金 + 屯(진칠/모일/둔전 둔 | 어려울/두터울 준) = 鈍 (0573 참조)
- ☞ 쇠(金)로 된 도끼날이나 칼날이 두터워져(屯) 있다는 데서 「무디다. 둔하다. (사고력이 둔하다는 데서)우둔하다」 뜻으로.

鈍器(둔:기 - 무딘 날붙이) 鈍濁(둔:탁 - 성질이 노둔하고 혼탁함) 鈍才(둔:재) 鈍感(둔:감) 鈍化(둔:화)

銳 날카로울 예: 뾰족할/민첩할 예. 3436-30

- ● 金 + 兌(바꿀/기쁠 태 | 날카로울 예) = 銳 (0195 참조)
- ☞ 쇠(金)로 된 창이나 칼날이 날카롭다(兌)는 데서 「날카롭다. 뾰족하다」 뜻으로.

銳利(예:리 - 낫 같은 연장 등이 날카로움) 銳敏(예:민) 銳鈍(예:둔) 銳角(예:각) 精銳(정예) 尖銳(첨예)

鋼 강철 강. 단련한쇠 강. 3437-30

- ● 金 + 岡(산등성이/언덕 강) = 鋼 (0544 참조)
- ☞ 산등성이(岡)처럼 굳건한 쇠(金), 곧 성질이 매우 강인한(단단하고 질긴) 쇠이라는 데서 「강철. 단련한 쇠」 뜻으로.

鋼鐵(강철 - 탄소 등 불순물이 제거된 단단한 쇠) 鋼板(강판) 鋼材(강재) 鋼管(강관) 製鋼(제:강)

錯 어긋날/섞일 착. 도금할/아로새길/잘못할 착. 3438-30

- ● 金 + 昔(옛/오랠 석 | 섞일 착) = 錯 (1046 참조)
- ☞ 여러 가지 성질의 쇠(金)가 섞이어(昔) 있다는 데서 「섞이다. (섞이어져서 진위를 착각한다는 데서)잘못하다. 어긋나다」 뜻으로. 한편 금(金)을 다른 금속이나 나무 같은 물체의 표면에 섞이게(昔) 한다는 데서 「도금하다. 아로새기다」 뜻으로.

錯雜(착잡 - 뒤섞이어 복잡함) 錯誤(착오 - 착각으로 인한 잘못) 錯覺(착각) 錯亂(착란) 錯視(착시)

鎖 쇠사슬 쇄: 자물쇠/수갑 쇄. 3439-30

- ● 金 + {小(작을 소) + 貝(조개 패) = 肖(자개소리 쇄)} = 鎖

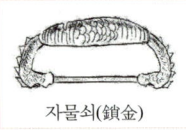
자물쇠(鎖金)

☞ 작은(小) 조개(貝) 모양처럼 생긴 쇠(金)로 된 물건, 또는 (조가비가 서로 부딪치는) 자개 소리(肖)처럼 찰카닥거리는 소리를 내면서 잠기는(열리는) 쇠(金)로 된 물건이라는 데서 「자물쇠. 수갑. 쇠사슬」 뜻으로.

鎖國(쇄:국 - 외국과의 통상·교역을 금함) 鎖門(쇄:문) 閉鎖(폐:쇄) 封鎖(봉쇄) 連鎖(연쇄)

鍛 쇠불릴 단. 두드릴/단련할 단. 3440-20

- ● 金 + 段(층계/계단/단련할 단) = 鍛 (1776 참조)

☞ 쇠(金)를 단련(段)시키는, 곧 쇠를 불에 달구어 두드리고 식히는 작업(단조) 과정을 반복한다는 데서 「쇠 불리다. 두드리다. 단련하다」 뜻으로.

鍛造(단조 - 금속을 가열하고 두드려서 형체로 만드는 일) 鍛鍊(단련 - 쇠를 불림. 심신을 닦아 기름)

錫 주석 석. 성(姓) 석. 3441-20

◉ 金 + 易(쉬울 이ㅣ바꿀 역) = 錫 (1036 참조)
☞ 형체가 쉽게 바뀌어(易)지는 (전연성이 매우 뛰어난) 금속(金)이라는 데서 「주석」 뜻으로.

朱錫(주석 - 놋쇠. 금속 원소의 하나) 錫杖(석장 - 중이 짚는 지팡이) 錫石(석석 - 주석 광석)

鋪 펼/가게 포. 늘어놓을 포ㅣ펼/깔 부. 3442-20

◉ 金 + 甫(클/도울 보ㅣ남새밭 포) = 鋪 (2192 참조)
☞ 쇠(金)를 두드려, (규모가 작고 평평한) 남새밭(甫) 모양처럼 납작하게 펼친다는 데서 「펴다. 깔다. 늘어놓다. (상품을 펼쳐 놓은)가게」 뜻으로.

鋪設(포설 - 펴서 베풂) 鋪裝(포장) 鋪道(포도) 紙物鋪(지물포) 店鋪(점:포) 老鋪(노:포)

鍵 자물쇠/열쇠 건: 문빗장/비녀장 건. 3443-20

◉ 金 + 建(세울 건) = 鍵 (0409 참조)
☞ (문짝에 가로질러서 채워 놓은) 빗장을 일으켜 세워(建) 문을 열어젖히는 쇠(金)로 된 물건이라는 데서 「열쇠. 자물쇠. 문빗장. (빗장 구실을 하는)비녀장」 뜻으로.

鍵盤樂器(건:반악기) 關鍵(관건 - 문빗장. 어떤 사물이나 문제 해결의 가장 중요한 곳. 핵심)

鎔 쇠녹일 용. 녹일 용. 3444-20

◉ 金 + 容(얼굴/모양/받아들일 용) = 鎔 (0591 참조)
☞ 쇠(金)가 뜨거운 열기를 받아들이어(容) 녹는다는 데서 「쇠 녹이다. 녹이다」 뜻으로.

鎔巖=熔岩(용암 - 화산에서 뿜어 나오는 암장巖漿) 鎔接(용접) 鎔融(용융) 鎔解(용해) 鎔鑛爐(용광로)

鎬 호경 호: 냄비 호. 3445-20

◉ 金 + 高(높을/위/클 고) = 鎬 (3578 참조)
☞ 테두리가 높은(高) 쇠(金)로 된 그릇이라는 데서 「냄비. (鎬는 주나라 도읍지인 호경의 지명으로 쓰였기에)호경」 음훈으로.

鎬京(호:경 - 중국 섬서성의 유적지. 주나라 무왕이 도읍한 왕도였음)

鉉 솥귀 현. 솥귀고리/삼공의지위 현. 3446-20

◉ 金 + 玄(검을 현 → 「높이 매달려 있는 실 모양」을 표현) = 鉉 (2094 참조)
☞ 쇠(金)로 된 솥의 가장자리에, (매달려 있는 실을 표현한) 현(玄) 글자 형상처럼 매달리어(부착되어) 있는 솥귀 모양에서 「솥귀. 솥 귀고리. (솥은 임금에, 솥귀는 임금을 보필하는 삼공에 비유하는 데서)삼공(三公)의 지위」 뜻으로.

鉉司(현사 - 삼공. 조선 때, 영의정·좌의정·우의정. 고려 때, 태사·태부·태보) 鉉席(현석 - 삼공의 지위)

金 부수(자원과 쓰임 → 3417 참조)

鈺 보배 옥. 3447-20

- 金 + 玉(구슬 옥) = 鈺
- ☞ 금(金)과 옥(玉), 또는 금붙이(金)에 옥(玉)을 꿰어 놓은 귀한 물건이라는 데서 「보배」 뜻으로.

鉢 바리때 발. 3448-20

- 金 + 本(근본/밑동/뿌리 본) = 鉢 (1596 참조)
- ※ 바리때 → 스님이 쓰는 나무 밥그릇.
- ☞ 바리때는 범어 Patra(바트라)를 발다라(鉢多羅)로 음역한 글자. 금빛(金)처럼 누른 빛깔을 띠는 의식 주의 근본(本)이 되는 나무 그릇이라는 의미에서 「바리때」 뜻으로.

沙鉢(사발 - 국이나 밥을 담는 사기그릇) 沙鉢通文(사발통문) 周鉢(주발) 托鉢(탁발)

釜 가마(솥) 부. 3449-20

- {八(여덟 팔) + 乂(벨/어질 예) = 父(아버지 부)} + 金 = 釜
- ☞ 여기에서 父는 솥 모양을 표현. 팔(八) 글자 형상처럼 생긴 솥뚜껑과 예(乂) 글자 형상처럼 속이 우묵하고 다리가 딸려 있는 쇠(金)로 된 솥 모양에서 「가마. 가마솥」 뜻으로.

釜山(부산 - 부산광역시. 우리나라 제2의 도시) 釜中魚(부중어) 釜中生魚(부중생어) 京釜線(경부선)

釣 낚시/낚을 조: 낚시질할/꿸 조. 3450-20

- 金 + {勹(쌀 포) + 一 = 勺(구기/잔질할 작)} = 釣 (0267 참조)

낚시(釣鉤)

- ☞ 쇠(金)를, 포(勹) 글자 형상처럼 오목하게 구푸리어 (가시랭이 모양의) 미늘(턱) (一)을 내어 놓은 낚시 모양이라는 데서 「낚시. (낚시로 고기를)낚다. 꿰다」 뜻으로.

釣魚(조:어 - 물고기를 낚음) 釣況(조:황 - 낚시질의 상황) 釣臺(조:대) 釣師(조:사) 釣絲(조:사) 釣遊(조:유) 釣鉤(조:구 - 낚시)

釧 팔찌 천. 3451-20

- 金 + 川(내 천) = 釧
- ☞ 금붙이(金)를, 굽이져 흐르는 냇물(川)처럼 굽이지게끔 이어(꿰어) 놓은 물건이라는 데서 「팔지」 뜻으로.

腕釧(완:천 - 팔찌. 완륜腕輪) 釧路(천로 - 일본 북해도에 있는 지명)

鑽 뚫을 찬. 끌 찬. 3452-20

- 金 + {兟(나아갈 신) + 貝(조개 패) = 贊(도울 찬)} = 鑽 (3056 참조)
- ☞ (조가비로 돈을 만들기 위하여) 쇠(金)로 된 끌 같은 연장이 앞으로 나아가(兟) 조가비(貝)를 뚫는다는 데서 「뚫다. (조가비를 뚫는)끌」 뜻으로.

研鑽(연:찬 - 학문을 깊이 연구함)

金 부수(자원과 쓰임 → 3417 참조)

鏞 쇠북 용. 큰종 용. 3453-20

- 金 + {广(돌집 엄) + 甫(엄숙할 숙) = 庸(떳떳할/쓸 용)} = 鏞 (0769 참조)
- ※ 여기에서 庸은 트인 집(종각)(广)에 매달아 놓은 종 모양(甫)을 표현.
- ☞ 쇠(金)로 된, 종각에 매달아 놓은 종 모양(庸)에서 「쇠북. 큰 종」 뜻으로.

鉀 갑옷 갑. 3454-20

- 金 + 甲(갑옷/껍질 갑) = 鉀 (2114 참조)   ※ 鉀은 甲(갑옷 갑)과 동자.
- ☞ 판판하게 다듬은 쇳조각(金)을 옷에 덧씌워 놓은 갑옷(甲)이라는 데서 「갑옷」 뜻으로.

鈗 창 윤. 3455-20

- 金 + {厶(사사로울 사) + 儿(어질 인) = 允(맏/진실로 윤)} = 鈗 (0194 참조)
- ☞ 윤(允) 글자 형상처럼 뾰족하게 갈래져 있는 쇠(金)로 된 무기이라는 데서 「창」 뜻으로.

銖 저울눈 수. 무게의단위 수. 3456-20

- 金 + 朱(붉을/줄기/그루터기 주) = 銖 (1622 참조)
- ☞ 붉은 그루터기(朱) 모양의 저울대에 가지런하게 박아 놓은 쇠(金)로 된 눈금이라는 데서 「저울눈. (저울눈이 가리키는)무게의 단위」 뜻으로.

銖量(수량 - 아주 작은 분량)

銜 재갈 함. 입에물/직함 함. 3457-10

- 金 + 行(갈/길 행) = 銜
- ☞ 길(行) 가운데에 놓여 있는 쇠(金), 곧 말(馬)의 입속에 가로질러 놓은 쇠막대이라는 데서 「재갈. (재갈을)입에 물다. (물고 다니는 재갈처럼 지니고 다니는)직함」 뜻으로.

銜勒(함륵 - 재갈. 말의 입에 물리는 쇠막대) 銜枚(함매) 銜字(함자) 名銜(명함) 職銜(직함) 姓銜(성:함)

錚 쇳소리 쟁. 징 쟁. 3458-10

- 金 + 爭(다툴 쟁) = 錚 (1569 참조)
- ☞ 다투는(爭) 소리처럼 징징거리는 소리를 내는 쇠(金)이라는 데서 「징. 쇳소리」 뜻으로.

錚盤(쟁반 - 동글납작한 그릇) 錚錚(쟁쟁 - 금속이 부딪쳐 울리는 소리. 여럿 가운데서 매우 뛰어남)

錮 막을/땜질할 고. 3459-10

- 金 + 固(굳을/고집할/막힐 고) = 錮 (0640 참조)
- ☞ (납 같은) 쇠(쇠붙이)(金)를 불에 녹이어 구멍(틈)이 생긴 부위를 막는다(固)는 데서 「땜질하다. 막다」 뜻으로.

禁錮(금:고 - 교도소에 가두고 노역은 시키지 않는 형벌) 禁錮刑(금:고형)

鍍 도금할 도. 3460-10

金 부수(자원과 쓰임 → 3417 참조)

- 金 + 度(법도/지날/건널 도 | 헤아릴 탁) = 鍍 (0757 참조)
- ☞ 금(金)을 녹여서 다른 물체의 표면에 지나가게(度) 한다(다른 물체의 표면에 입힌다)는 데서 「도금하다」 뜻으로.

鍍金(도금 - 물체의 표면에 금·은·니켈 등의 얇은 금속 막을 입히는 일) 鍍金液(도금액)

鍼 침 침. 바늘/침놓을 침. 3461-10

- 金 + 咸(다/모두/찰 함 | 덜 감) = 鍼 (0830 참조)
- ☞ 쇠(쇠붙이)(金)가 살갗이나 옷 속으로 다(모두)(咸) 들어가는, 곧 침을 놓거나 바느질을 하는 가느다란 쇠꼬챙이이라는 데서 「침. 바늘. 침놓다」 뜻으로.

鍼灸(침구 - 침질과 뜸질) 鍼術(침술) 鍼醫(침의) 手指鍼(수지침) 一鍼(일침) 頂門一鍼(정문일침)

鋒 칼끝 봉. 창끝/앞장 봉. 3462-10

- 金 + 夆(만날/봉우리 봉) = 鋒 (0527 참조)
- ☞ 쇠(쇠붙이)(金)로 된 칼이나 창의 봉우리(夆) 지점이라는 데서 「칼끝. 창끝」 뜻으로.

銳鋒(예:봉 - 날카로운 창끝. 날카로운 필봉) 筆鋒(필봉) 舌鋒(설봉) 先鋒將(선봉장) 先鋒軍(선봉군)

錐 송곳 추. 뾰족할 추. 3463-10

- 金 + 隹(새 추) = 錐
- ☞ 쇠(金)의 끄트머리가 새(隹) 부리처럼 뾰족하다는 데서 「뾰족하다. (뾰족한)송곳」 뜻으로.

圓錐(원추 - 원뿔) 方錐(방추 - 날이 네모진 송곳) 立錐之地(입추지지) 囊中之錐(낭중지추)

銑 무쇠 선. 3464-10

- 金 + 先(먼저/앞서나아갈/앞설 선) = 銑 (0183 참조)
- ☞ 제련 과정에서 먼저(先) 추출한 (제강 공정을 거치지 않은) 쇠(金)이라는 데서 「무쇠」 뜻으로.

銑鐵(선철 - 무쇠. 철에 2.0% 이상의 탄소가 들어 있는 철) 銑鋼(선강 - 선철과 강철)

鉤 갈고리 구. 끌어당길/낫/낚시 구. 3465-10

- 金 + 句(글귀/굽을 구) = 鉤 (0808 참조)
- ☞ 쇠(金)의 끄트머리를 구부려(句) 놓은 연장(도구)이라는 데서 「갈고리. 낫. 낚시」 뜻으로.

鉤掛(구괘 - 갈고랑이로 걸어 당김) 鉤勒法(구륵법) 單鉤法(단구법) 雙鉤法(쌍구법) 釣鉤(조:구 - 낚시)

釘 못 정. 3466-10

- 金 + 丁(장정/천간/고무래 정) = 釘 (0008 참조)
- ☞ (널조각에 자루를 끼워 놓은) 고무래(丁) 모양처럼 납작한 머리와 몸체(자루)로 이루어져 있는 쇠(쇠붙이)(金)이라는 데서 「못」 뜻으로.

釘頭(정두 - 못의 대가리) 押釘(압정 - 손가락으로 눌러 박는 머리가 크고 넓적한 쇠못)

金 부수(자원과 쓰임) → 3417 참조

鈴 방울 령. 방울소리 령. 3467-10

- 金 + 令(하여금/영/시킬 령) = 鈴 (0060 참조)
- ☞ 윗사람이 엄하게 영(명령)(令)을 내리는 소리처럼 쩌렁쩌렁한 소리를 내는 쇠(金)로 된 물건이라는 데서 「방울. 방울 소리」 뜻으로.

鈴鐸(영탁 - 방울) 鈴聲(영성 - 방울 소리) 鈴語(영어 - 풍경 소리) 搖鈴(요령) 電鈴(전:령)

鑿 뚫을 착. 끌/팔 착. 3468-10

- {丵(풀성할 착) + 臼(절구 구) + 殳(날없는창/칠 수) = 㲋(뚫을 착)} + 金 = 鑿
- ☞ 구멍을 뚫는(㲋) 쇠(金)로 된 연장이라는 데서 「끌. (끌로 구멍을)뚫다. 파다」 뜻으로.

鑿掘(착굴 - 굴을 파 들어감) 鑿孔(착공 - 구멍을 뚫음. 새로 길을 뚫어 냄)

銓 저울질할/가릴 전(:). 저울 전. 3469-10

- 金 + 全(온전/온통 전) = 銓 (0354 참조)
- ☞ 온전하게(全) 하기 위하여, 곧 공정하게 물건을 달기 위하여 표준 치수의 눈금을 설정하여(새겨) 놓은 쇠(金)로 된 기구이라는 데서 「저울. 저울질하다. (저울질하여 경중을)가리다」 뜻으로

銓衡(전:형 - 인물의 됨됨이나 재능을 시험하여 뽑음) 銓注(전:주 - 인물을 전형하여 적소에 배정함)

鍮 놋쇠 유. 유기 유. 3470-10

- 金 + 俞(성(姓)/점점/나을 유) = 鍮 (0357 참조)
- ※ 놋쇠 → 구리와 아연과의 합금.
- ☞ (합금 과정을 거치어) 더욱더 나은(俞) 성분으로 이루어진 쇠(金)이라는 데서 「놋쇠」 뜻으로.

鍮器(유기 - 놋그릇) 鍮尺(유척 - 검시檢屍에 쓰던 놋쇠로 만든 자) 眞鍮(진유 - 놋쇠)

鎰 무게이름 일. 무게의단위 일. 3471-10

- 金 + 益(더할/넘칠/넉넉할 익) = 鎰 (2235 참조)
- ☞ 쇠(金)로 된 저울추의 중량을 일정한 단위로 더하여(益) 차등화 시켜 놓은 무게 단위이라는 데서 「무게 이름. 무게의 단위」 뜻으로.

錘 저울추 추. 무게 추. 3472-10

- 金 + 垂(드리울 수) = 錘 (0698 참조)
- ☞ 저울대에 드리워(垂) 놓은 쇠(쇳덩이)(金)이라는 데서 「저울추」 뜻으로.

紡錘(방추 - 물레의 가락. 북) 秤錘(칭추 - 저울추)

鎚 쇠망치 추. 칠 추. 3473-10

- 金 + 追(따를/쫓을/미칠/뒤미칠 추) = 鎚 (3117 참조)
- ☞ 맞히고자 하는 물체에 뒤미치는(부딪치는)(追) 쇠(쇳덩이)(金)이라는 데서 「쇠망치. 치다」 뜻으로.

鎚殺(추살 - 쇠망치로 쳐서 죽임) 鐵鎚(철추 - 쇠망치)

779

鐸 방울 탁.   3474-10

◉ 金 + 睪(엿볼/기찰할/끝 역) = 鐸 (3231 참조)

☞ 기찰하는(睪 → 비밀히 또는 넌지시 탐사하는) 것처럼 스님이 이 집 저 집을 빠짐없이 드나들며 흔드는 쇠(金)로 된 물건이라는 데서 「방울」뜻으로.

鐸鈴(탁령 - 방울) 木鐸(목탁 - 나무를 파서 둥글넓적하게 다듬어 만든 불구佛具)

錠 신선로/덩이 정.   3475-10

◉ 金 + 定(정할/그칠/머무를 정)} = 錠 (0582 참조)

※ 신선로(神仙爐) → 상 위에 올려놓고 열구자 같은 음식을 끓이는 그릇 또는 그것에 끓인 음식.

☞ 머물러(定) 있는 쇠(金), 곧 방안의 탁자 위에 고정시켜(올려) 놓고 열구자를 끓이는 쇠로 된 기물이라는 데서 「신선로. (쇠로 뭉쳐진)덩이」뜻으로.

錠劑(정제 - 알약) 糖衣錠(당의정 - 먹기 좋게 겉에 단 물질을 입힌 정제나 한약)

鐘 쇠북 종. 종/음률이름 종.   3476-00

◉ 金 + {立(설 립) + 里(마을 리) = 童(아이 동)} = 鐘 (2255 참조)

☞ 마을(里) 어귀에 서(立)서 우는 아이(童)처럼 울음소리를 내는 쇠붙이(金), 또는 마을(里) 어귀의 종각에 세워(매달아)(立) 놓은 쇠(金)로 된 기구이라는 데서 「쇠북. 종」뜻으로.

鐘閣(종각 - 큰 종을 달아 두는 누각) 鐘樓(종루) 鐘鼓(종고) 鐘塔(종탑) 鐘鼎文(종정문) 梵鐘(범:종)

鉞 도끼 월. 큰도끼 월.   3477-00

◉ 金 + 戉(도끼 월) = 鉞 (3192 참조)

☞ 쇠(金)로 된 도끼(戉), 곧 (돌도끼와 구리 도끼 다음으로) 철기 시대에 등장한 쇠로 된 보다 단단하고 큰 도끼이라는 데서 「큰 도끼. 도끼」뜻으로.

斧鉞(부월 - 작은 도끼와 큰 도끼. 장군이 출정할 때 임금이 부신으로 주던 것. 정벌·형륙의 뜻)

銷 쇠녹일 소. 녹을/꺼질/다할 소.   3478-00

◉ 金 + 肖(담을/같을/본받을 초 | 쇠약할/흩어질 소) = 銷 (2391 참조)

☞ 단단한 쇠(金)의 성질을 쇠약하게(肖) 만드는, 곧 쇠에 열을 가하여 단단한 성질을 물렁하게 만든다는 데서 「쇠 녹이다. 녹다. (단단한 성질이)다하다」뜻으로.

銷金(소금 - 초상화 옷에 금으로 비단 무늬를 칠함) 銷錢鑄器(소전주기) 意氣銷沈(의:기소침)

隹			
새 추			

隹 | 새 추. 꽁지가 짧은 새 추. 3479-00

- 자원: 隹 → 깃이 촘촘하게 돋아 있는 새 모양을 표현.
- 쓰임: 「새. 새 모양」과 의미로 쓰임.

集 | 모을 집. 모일/이룰 집. 3480-60

- ◉ 隹 + 木(나무 목) = 集
- ☞ 새(隹)가 나무(나뭇가지)(木)에 떼를 이루어 모여 있는(모여드는) 모양이라는 데서 「모이다. 모으다. (떼를)이루다」뜻으로.

集結(집결 - 한곳으로 모임) 集合(집합) 集會(집회) 集團(집단) 集計(집계) 集約(집약) 集荷(집하)

雄 | 수컷 웅. 웅장할/영웅/용맹 웅. 3481-50

- ◉ 厷(팔뚝/둥글 굉) + 隹 = 雄 (0625 참조)
- ☞ 꼬리를 둥글게(厷) 구푸리어 교미하는 수컷 새(隹)이라는 데서 「수컷. (수컷은 암컷에 비하여 털이 화려하고 덩치가 크며 힘이 세다는 데서)웅장하다. 용맹. (용맹스러운)영웅」뜻으로.

雄壯(웅장 - 크고도 장함) 雄姿(웅자) 雄大(웅대) 雄志(웅지) 雄辯(웅변) 雄傑(웅걸) 雄飛(웅비)

難 | 어려울 난(:) 근심할/꾸짖을/막힐 난. 3482-42

- ◉ {革(가죽 혁) + 大 = 堇(→ 가죽끈을 크게 둘러놓은 모양)} + 隹 = 難 (1172 참조)
- ☞ 가죽끈(革)을 크게(大) 둘러(堇) 새(隹)를 얽어매어 놓은, 곧 새가 가죽끈에 얽매어져 매우 어려운 처지이라는 데서 「어렵다. 근심하다」뜻으로.

難易(난이 - 어려움과 쉬움) 難題(난제) 難局(난국) 難關(난관) 難處(난처) 難堪(난감) 難色(난:색)

雜 | 섞일 잡. 모일 잡. 3483-40

- ◉ 夰(→ 亦「또 역」의 고자) + 木 + 隹 = 雜
- ☞ 또(夰) 나무(나뭇가지)(木)에 새(隹)가 날아드는, 곧 나뭇가지에 온갖 잡동사니 새가 모여들어 뒤섞이어 있다는 데서 「섞이다. 모이다」뜻으로.

雜多(잡다 - 여러 가지가 섞여서 많음) 雜念(잡념) 雜草(잡초) 雜談(잡담) 雜誌(잡지) 雜穀(잡곡)

離 | 떠날 리: 이별할/나란히 리. 3484-40

- ◉ 离(헤어질 리) + 隹 = 離
- ☞ 새(隹)가 나란히 모여 있다가 헤어진다(离)는 데서 「떠나다. 이별하다. 나란히」뜻으로.

離散(이:산 - 헤어져 흩어짐) 離別(이:별) 離脫(이:탈) 離陸(이:륙) 離婚(이:혼) 離合集散(이:합집산)

隹 부수(자원과 쓰임 → 3479 참조)

★ 離(떠날/이별할/나란히 리)와 결합을 이룬 글자. 3484 별첨

籬(울타리 리)   ☞ 竹(2707) → 대나무(竹)를 엮어, 집 주위에 나란히(離) 둘러놓은 시설물이라는 데서「울타리」

雅 맑을 아(:) 메까마귀/바를/우아할/정악의노래 아. 3485-32

● 牙(어금니 아) + 隹 = 雅 (1421 참조)

☞ 여기에서 牙는 까마귀 소리를 표현. 아~아~(牙)하며 우는 새(隹)이라는 데서「메까마귀. (메까마귀 소리가)맑다. 우아하다. (맑고 우아한)정악의 노래. (정악은)바르다」뜻으로.

雅談(아:담 - 고상하고 조촐한 이야기) 雅樂(아:악) 雅號(아:호) 雅量(아:량) 雅正(아:정) 優雅(우아)

雁 기러기 안: 3486-30

● {厂(굴바위/언덕 엄) + 人 = 仄(기울 측)} + 隹 = 雁

기러기(雁)

☞ 기운(仄) 대형을 이루어 날아가는 새(隹), 곧 가을 하늘에 엄(厂)과 인(人) → ㄱ역과 ㅅ옷 형상을 이루어 줄지어 날아가는 새이라는 데서「기러기」뜻으로.

雁行(안:항 - 남의 형제의 경칭) 雁信(안:신 - 편지) 雁書(안:서 - 안신) 雁柱(안:주) 雁陣(안:진) 奠雁(전:안)

雌 암컷 자. 쇠할/약할 자. 3487-30

● 此(이/그칠 차) + 隹 = 雌 (2004 참조)

☞ (꼬리를 구푸리어 교미하는 수컷 새에 반하여) 꼬리를 제자리에 그친(멈춘)(此) 상태로 교미에 응하는 새(隹)이라는 데서「암컷. (암컷은 수컷에 비하여)약하다」뜻으로.

雌雄(자웅 - 암컷과 수컷. 우열을 겨루는 일) 雌伏(자복 - 굴복함) 雌花(자화 - 암꽃) 雌性(자성)

雖 비록 수. 도마뱀붙이/아무리…하여도 수. 3488-30

● 口 + 虫 + 隹 = 雖

☞ 입(口)에 새(隹)를 물고 있는 벌레(虫)이라는 데서「도마뱀붙이. (새가 벌레를 잡아먹는 데에 반하여 하찮은 벌레가 도리어 새를 잡아먹는다는 데서)비록. 아무리…하여도」뜻으로.

雖然(수연이나 - 그러하나) 雖不中不遠矣(수부중불원의) 雖乞食厭拜謁(수걸식염배알)

雙 쌍/두 쌍. 새두마리/짝/한쌍 쌍. 3489-32

● {隹 × 2 = 雔} + 又(또/오른손 우) = 雙

☞ 두 마리 새(雔)를 손(又)에 쥐고 있는 모양에서「새 두 마리. 둘. 짝. 쌍」뜻으로.

雙雙(쌍쌍 - 둘 이상의 쌍) 雙璧(쌍벽) 雙翼(쌍익) 雙龍(쌍룡) 雙曲線(쌍곡선) 雙眼鏡(쌍안경)

隻 외짝 척. 외새/하나 척. 3490-20

● 隹 + 又(또/오른손 우) = 隻

☞ 새(隹) 한 마리를 손(又)에 쥐고 있는 모양에서「외 새. 하나. 외짝」뜻으로.

隻身(척신 - 홀몸) 隻愛(척애 - 짝사랑) 隻步(척보 - 반걸음) 隻窓(척창) 隻行(척행) 隻手(척수)

雉 꿩 치. 3491-20

◉ 矢(화살 시) + 隹 = 雉

꿩(雉)

☞ 화살(矢)의 좋은 표적물이 되는 새(隹), 또는 화살(矢)의 깃으로 쓰이는 새(隹), 또는 화살(矢)처럼 타원형을 그리며 날아가는 새(隹)이라는 데서 「꿩」 뜻으로.

※ 꿩은 화살의 좋은 표적물이며 꿩 깃은 화살의 재료로 쓰이며, 꿩은 화살처럼 타원형을 그리며 날아가는 새임으로, 위에서 추측한 세 가지 가운데 글자를 창제한 의도가 있을 것으로 봄.

雉兎者(치토자 - 꿩·토끼 등을 사냥하는 사람) 雉岳山(치악산 - 강원도 원주에 있는 산)

雇 품팔 고. 품살/부릴 고 | 구호새 호. 3492-20

◉ 戶(지게문/집/지킬 호) + 隹 = 雇

☞ 집을 지키는(戶) 새(隹)이라는 데서 「구호새. (집을 지키는 것처럼 남의 집 일을 돌보아 준다는 데서)품 팔다. (주인 입장에서)품 사다. 부리다」 뜻으로.

雇用(고용 - 삯을 주고 사람을 부림) 雇傭(고용 - 삯을 받고 남의 일을 하여줌) 雇用主(고용주)

★ 雇(품팔 고 | 구호새 호)와 결합을 이룬 글자. 3492 별첨

| 顧(돌아볼 고) | ☞ 頁(3513) → 고용주(雇用主)가 머리(頁)를 돌려 고용자(雇傭者)에게 시킨 일의 진척 상황을 둘러본다는 데서 「돌아보다. 둘러보다」 顧客(고객) |

雍 화(和)할 옹. 화락할/모일/학교/막을 옹. 3493-20

◉ 亠(머리 두) + 彡(→ 니「감을/얽을 구」× 2) + 隹 = 雍

☞ 머리(亠)를 서로 감으면서(비벼 가면서)(彡) 새(隹)가 화락하게 노니는 모양에서 「화하다. 화락하다. (새들이)모이다. (학생들이 모여 있는)학교. (한데 모이어서)막다」 뜻으로.

雍容(옹용 - 마음이 화락하고 조용한 모양) 辟雍(벽옹 - 중국 고대에 나라에 설치한 대학大學)

★ (화할/화락할/모일/막을 옹)과 결합을 이룬 글자. 3493 별첨

擁(낄/안을 옹)	☞ 手(1494) → 두 손(扌)을 한데 모아(雍) 사람을 껴안거나 물건을 옆구리에 끼운다는 데서 「끼다. 안다」 擁護(옹호)
甕(독/항아리 옹)	☞ 瓦(2088) → 한데 모이어(雍) 있는 모양처럼 가운데(배) 부위가 불룩하게 튀어나온 도자기(瓦)이라는 데서 「독. 항아리」 甕器(옹기)
壅(막을 옹)	☞ 土(0704) → 뚫린(구멍 난) 곳을 흙(土)으로 채워 막는다(雍)는 데서 「막다」 壅塞(옹색)

雀 참새 작. 공작 작. 3494-10

참새(雀)

◉ 小(작을 소) + 隹 = 雀

☞ 몸집이 작은(小) 새(隹)이라는 데서 「참새」. 한편 갈래져 있는 소(小) 글자 형상처럼 날개를 자잘하게 펼치는 새(隹)이라는 데서 「공작」 뜻으로.

雀躍(작약 - 환호작약) 歡呼雀躍(환호작약 - 기뻐서 소리치며 날뜀) 孔雀(공작) 銅雀區(동작구)

首	頁	革	韋
머리 수	머리 혈	가죽 혁	다룬 가죽 위

부수 9획

首 머리 수. 우두머리/임금/괴수/먼저/처음/항복할/향할/수(數)/자백할 수.　3495-50

자원 首 → 머리카락(❀)과 코(自 스스로 자｜코 비)를 둘러싸고 있는 머리 모양을 표현.

쓰임 「머리」 의미로 쓰임.

首部(수부 - 처음의 부분. 두부) 首府(수부 - 수도) 首都(수도) 首相(수상) 首長(수장) 首肯(수긍) 首席(수석) 首魁(수괴) 首腦(수뇌) 首丘初心(수구초심) 元首(원수) 自首(자수) 白首(백수) 魁首(괴수)

馘 귀벨 괵. 머리벨 괵.　3496-00

◉ 首 + 或(혹시 혹｜나라 역 → 國「나라 국」의 고자) = 馘

☞ (전쟁터에서 전과를 입증하기 위하여) 적군의 머리(首)나 귀를 베어 나라(或)에 바친다는 데서 「머리 베다. 귀 베다」 뜻으로.

馘首(괵수 - 목을 벰)

※ 首와 결합을 이룬 글자는 道(길 도 → 辶 부수) 導(이끌 도 → 寸 부수) 등이 있음.

首	頁	革	韋
머리 수	머리 혈	가죽 혁	다른 가죽 위

頁　머리 혈. 페이지 혈.　3497-00

- 자원　頁 → 이마(머리)(一)와 코(自 스스로자 ｜코 비)와 목(八)을 포함한 머리 모양을 표현.
- 쓰임　「머리. 생각」 의미로 쓰임.

頁巖(혈암 - 점토가 응고되어 이루어진 수성암의 일종)

頭　머리 두. 위/두목/시초 두.　3498-60

- 豆(콩/제기 두) + 頁 = 頭 (3309 참조)
- ☞ 여기서 豆는 머리(一)와 얼굴(口), 목과 어깨(ㅛ) 모양을 표현. 두(豆) 글자 형상처럼 생긴 머리 (頁이라는 데서 「머리. (상단부의 머리처럼 맨 위쪽을 차지한)두목. 위」 뜻으로.

頭角(두각 - 뛰어난 재능) 頭髮(두발) 頭腦(두뇌) 頭痛(두통) 頭緖(두서) 頭目(두목) 頭蓋骨(두개골)

題　제목 제. 이마 제.　3499-60

- {日(날 일) + 疋(= 正 바를 정) = 是(이/옳을/바를 시)} + 頁 = 題 (1029 참조)
- ☞ 둥근 해(日)처럼 바른(疋), 곧 원만하고 반듯한(是) 머리(頁) 부위이라는 데서 「이마. (책의 이마 부위에 써넣은 글자라는 데서)제목」 뜻으로.

題目(제목 - 책머리에 쓰는 책의 이름) 題名(제명) 題字(제자) 題詞(제사) 題言(제언) 課題(과제)

願　원할 원: 바랄/청할 원.　3500-50

- 原(언덕/근원/들판 원) + 頁 = 願 (0291 참조)
- ☞ 자기가 태어나고 자라난 언덕(고향)(原) 쪽으로 머리(頁)를 돌려 돌아가기를 갈망한다는 데서 「원하다. 바라다. 청하다」 뜻으로.
- ※ 여우가 죽을 때에는 자기가 태어난 언덕 쪽으로 머리를 돌린다(수구초심首邱初心)고 함.

願望(원:망 - 원하고 바람) 願書(원:서) 念願(염:원) 所願(소:원) 請願(청원) 哀願(애원) 志願(지원)

類　무리 류: 종류/견줄 류.　3501-50

- {米(쌀 미) + 犬(개 견) = 类(같을 류)} + 頁 = 類
- ☞ 같은(类) 부류의 머리(頁)로 구성되어 있는, 곧 같은 부류의 동물 집단이나 같은 혈통의 종족이 무리지어 있다는 데서 「무리. (같은)종류」 뜻으로.

類似(유:사 - 비슷함) 類型(유:형) 類別(유:별) 類推(유:추) 類人猿(유:인원) 類類相從(유:유상종) 種類(종:류)

領　거느릴 령. 목/옷깃/차지할 령.　3502-50

- 令(하여금/영/부릴 령) + 頁 = 領 (0060 참조)
- ☞ 머리(頁)를 부리는(움직이게 하는)(令) 신체 부위이라는 데서 「목. (목에 닿는 옷의 부위인)옷깃.

頁 부수(자원과 쓰임) → 3497 참조

(긴요한 목을 차지하고서 병사를 통솔한다는 데서)거느리다. 차지하다」뜻으로.
領導(영도 - 거느려 이끎) 領域(영역) 領有(영유) 領土(영토) 領收證(영수증) 領袖會談(영수회담)

順 순할 순: 좇을/차례 순.   3503-50

- 川(내 천) + 頁 = 順
- ☞ 머리(頁)에서, 곧 윗분께서 생각하거나 지시하는 바를 (높은 데서 낮은 곳으로) 흐르는 냇물(川)처럼 거스름이 없이 순리대로 따른다는 데서「좇다. 순하다. 차례」뜻으로.

順從(순:종 - 따름) 順風(순:풍) 順序(순:서) 順位(순:위) 順理(순:리) 順坦(순:탄) 順應(순:응) 順調(순:조)

顯 나타날 현: 밝을/빛날/죽은부조를경칭하는말 현.   3504-40

- 㬎(밝을/나타날 현) + 頁 = 顯
- ☞ 머리(머릿속)(頁)에 옛날 생각이 밝게 나타나는(떠오르는)(㬎), 곧 머릿속에 사무치어 있는 정이나 추억 같은 것들이 또렷하게 떠오른다는 데서「나타나다. 밝다. 빛나다. (자손이 돌아가신 부조父祖를 회상하여 부르는)죽은 부조를 경칭하는 말」뜻으로.

顯著(현:저 - 뚜렷이 드러남) 顯達(현:달) 顯貴(현:귀) 顯德(현:덕) 顯示(현:시) 顯正(현:정) 顯祖考(현:조고)

頌 기릴/칭송할 송: 3505-40

- 公(공평할/바를/공작/제후/임금 공) + 頁 = 頌 (0322 참조)
- ☞ 공(제후·임금)(公)의 덕행을 오래도록 기억하기 위하여 치적 같은 것을 비문에 새기거나 시가(詩歌)를 지어 머리(頁)에 떠올리게 한다는 데서「기리다. 칭송하다」뜻으로.

頌辭(송:사 - 공덕을 기리는 말) 頌歌(송:가) 頌德(송:덕) 頌祝(송:축) 頌詩(송:시) 讚頌(찬:송) 稱頌(칭송)

額 이마 액. 현판/액수 액.   3506-40

- 客(손/나그네/붙일 객) + 頁 = 額 (0586 참조)
- ☞ (눈이나 코 이외에) 다른 무엇인가를 붙일(客) 공간이 남아 있는 넓적한 머리(頁) 부위이라는 데서「이마. (이마처럼 넓적한 판자에 글을 써넣은)현판. (이마에 다다르는 것처럼 한도에 다다른 금액이라는 데서)액수」뜻으로.

額字(액자 - 현판에 쓴 글자) 額子(액자 - 글·그림을 넣어 거는 틀) 額數(액수) 額面(액면) 扁額(편액)

顔 얼굴 안: 성(姓) 안.   3507-32

- 彦(선비/아름다운선비/클 언) + 頁 = 顔 (1015 참조)
- ☞ 아름다운 선비(彦)의 모습, 곧 이목구비(耳目口鼻)가 가지런하게 갖추어져 있는 머리(頁) 부위이라는 데서「얼굴」뜻으로.

顔面(안:면 - 얼굴) 顔色(안:색) 顔料(안:료) 老顔(노:안) 厚顔無恥(후:안무치) 無顔(무안) 紅顔(홍안)

頃 이랑/잠깐 경. 기울 경.   3508-32

- 匕(비수/숟가락 비) + 頁 = 頃

頁 부수(자원과 쓰임) → 3497 참조

☞ (목덜미가 비스듬하게 굽은) 숟가락(匕) 모양처럼 머리(頁)를 기울인다는 데서 「기울다. (머리를 기울이는 짧은 순간이라는 데서)잠깐. (비스듬하게 기울어져 있는)이랑」 뜻으로.
頃刻(경각 - 극히 짧은 시간. 삽시간) 頃歲(경세) 頃日(경일) 萬頃蒼波(만:경창파)

★ 頃(이랑/기울/잠깐 경)과 결합을 이룬 글자.	3508 별첨
傾(기울 경) ☞ 人(0090) → 사람(亻)의 자세가 비스듬한 이랑(頃)처럼 비스듬히 기울어 있다는 데서 「기울다」	

頂 정수리 정. 이마/꼭대기 정. 3509-32

◉ 丁(장정/고무래 정) + 頁 = 頂 (0008 참조)
☞ 고무래(丁)의 널조각 모양처럼 생긴 머리(頁) 부위이라는 데서 「이마. 정수리」 뜻으로.
頂上(정상 - 산꼭대기. 절정. 최상급의 지도자) 頂點(정점) 頂門一鍼(정문일침) 絶頂(절정) 山頂(산정)

項 목/항목 항: 목덜미/성(姓) 항. 3510-32

◉ 工(장인/만들 공) + 頁 = 項
☞ 공(工) 글자 형상처럼 머리(頁)를 떠받치고 있는 신체 부위라는 데서 「목. 목덜미. (하나의 목을 이루는 부위를 구분지어 놓은)항목」 뜻으로.
項目(항:목 - 조목) 項腫(항:종) 項鎖(항:쇄) 項背相望(항:배상망 - 이을 사람이 많음) 項羽壯士(항:우장사)

頗 자못 파. 치우칠/매우 파. 3511-30

◉ 皮(가죽/껍질/거죽/살갗 피) + 頁 = 頗 (2190 참조)
☞ 겉으로 드러난 거죽(皮)처럼 머리(頁)에서 자아내는 생각이 외면적(비합리적)으로 편중되어 있다는 데서 「치우치다. (깊숙이 치우쳐 있다는 데서)자못. 매우」 뜻으로.
頗多(파다 - 아주 많음. 매우 많음) 偏頗的(편파적 - 공평치 못하고 한쪽으로 치우친 것)

頻 자주 빈. 3512-30

◉ 步(걸음/걸을 보) + 頁 = 頻 (2001 참조)
☞ 걸음걸이(步)에 맞추어 머리(頁)가 빈번하게(자주) 끄덕여진다는 데서 「자주」 뜻으로.
頻發(빈발 - 일이 자주 생김) 頻繁(빈번 - 도수가 잦아 복잡함) 頻數(빈삭 - 매우 잦음) 頻度(빈도)

★ 頻(자주/급할 빈)과 결합을 이룬 글자.	3512 별첨
瀕(물가 빈) ☞ 水(1369) → 물(바닷물)(氵)이, 곧 조수가 자주(頻) 들락날락하는 지대이라는 데서 「물가」	
嚬(찡그릴 빈) ☞ 口(0888) → 입(口)을 자주(頻) 씰룩이는(삐죽거리는) 모습이라는 데서 「찡그리다」	

顧 돌아볼 고. 둘러볼/유의할 고. 3513-30

◉ 雇(구호새/품팔/품살/부릴 고) + 頁 = 顧 (3492 참조)
☞ 고용주(雇用主)가 머리(頁)를 돌려 고용자(雇傭者)에게 시킨 일의 진척 상황을 둘러본다는 데서 「돌아보다. 둘러보다. 유의하다」 뜻으로.
顧客(고객 - 물건을 사러 오는 손님) 顧問(고문) 顧命(고명) 顧命之臣(고명지신) 回顧(회고)

須 모름지기 수. 수염/잠깐/기다릴/반드시 수.　　　　　　　　　　　3514-30

● 彡(터럭/털자라날/털무늬 삼) + 頁 = 須
☞ 머리(頁) 앞쪽으로(안면에) 드리워져 있는 터럭(彡)이라는 데서 「수염. (수염은 자주 깎지 않으면 얼마 지나지 않아서 얼굴을 뒤덮는다는 데서)잠깐. 기다리다. 모름지기」 뜻으로.

須臾(수유 - 잠시 동안) 須知(수지 - 모름지기 알아야 함) 須彌山(수미산) 必須(필수)

★ 須(모름지기/잠깐/수염 수)와 결합을 이룬 글자.　　　　　　　　3514 별첨

鬚(수염 수)　　☞ 髟(3608) → 턱과 뺨에 머리털(髟)처럼 돋아 있는 수염(須)이라는 데서 「수염」

頓 조아릴 돈. 절할/갑자기 돈.　　　　　　　　　　　　　　　　3515-20

● 屯(둔전/진칠/모일 둔 | 어려울/두터울 준) + 頁 = 頓 (0573 참조)
☞ 머리(頁)를 턱 아래쪽으로 모은다(屯)는 데서 「조아리다. 절하다. (머리를 조아리는 짧은 순간이라는 데서)갑자기」 뜻으로.

頓首(돈수 - 머리가 땅에 닿도록 절함) 頓悟(돈오 - 별안간 깨달음) 頓腹(돈복 - 1회로 투여하는 약)

預 맡길/미리 예: 참여할/미칠 예.　　　　　　　　　　　　　　3516-20

● 予(나/줄/취할 여) + 頁 = 預 (0035 참조)
☞ 무엇인가를 주는(취하는)(予) 행위는 머리(頁)에서 진작부터 간직하고 있었던 생각을 드러냄이라는 데서 「미리. (미리)맡기다. (생각이)미치다. 참여하다」 뜻으로.

預金(예:금 - 금전을 금융 기관에 맡김) 預置(예:치 - 맡겨 둠) 預託(예:탁) 預貸(예:대) 參預(참예)

頑 완고할 완. 미련할/어리석을 완.　　　　　　　　　　　　　3517-10

● 元(으뜸/처음/근본/클 원) + 頁 = 頑 (0187 참조)
☞ 자신의 머리(頁)에서 생각하는 바를 가장 으뜸(元)으로 여기는, 곧 자기의 생각(주장)이 가장 이상적이라고 고집을 피운다는 데서 「완고하다. 미련하다. 어리석다」 뜻으로.

頑固(완고 - 완강하고 고루함) 頑强(완강) 頑昧(완매) 頑鈍(완둔) 頑蒙(완몽) 頑迷(완미) 頑愚(완우)

頒 나눌 반. 펼/널리퍼뜨릴 반.　　　　　　　　　　　　　　　3518-10

● 分(나눌 분) + 頁 = 頒
☞ 머리(頁)에서 자아내는 자신의 생각이나 이념 따위를 여러 사람에게 나누어(펼쳐)(分) 준다는 데서 「나누다. 펴다. 널리 퍼뜨리다」 뜻으로.

頒布(반포 - 세상에 널리 펴서 퍼뜨림) 頒祿(반록 - 녹봉) 頒料(반료) 頒給(반급) 頒賜(반사)

頹 무너질 퇴. 대머리/쓰러질 퇴.　　　　　　　　　　　　　　3519-10

● 禿(대머리/모지라질 독) + 頁 = 頹 (2230 참조)
☞ 머리카락이 모지라진(禿) 머리(頁)이라는 데서 「대머리. (머리카락이)무너지다」 뜻으로.

頹落(퇴락 - 무너지고 떨어짐) 頹廢(퇴폐) 頹敗(퇴패) 頹勢(퇴세) 頹毀(퇴훼) 頹屋(퇴옥)

頁 부수(자원과 쓰임 → 3497 참조)

顚 엎드러질/이마 전. 두상 전.   3520-10

- 眞(참/진실/바를 진) + 頁 = 顚 (2274 참조)
- 바르게(반듯하게)(眞) 드러나 보이는 머리(頁) 부위이라는 데서 「이마. 두상. (이마에 얹어 놓은 물건은 엎질러져 내린다는 데서)엎드러지다」 뜻으로.

顚覆(전복 - 뒤집힘. 뒤집음) 顚末(전말) 顚錯(전착) 七顚八起(칠전팔기) 本末顚倒(본말전도)

★ 顚(엎드릴/이마/두상 전)과 결합을 이룬 글자.   3520 별첨

| 癲(미칠 전) | ☞ 疒(2339) → 두상(머리)(顚)에서 자아내는 사고력이 이상 증세를 일으키어 발작하는 병(疒)의 일종이라는 데서 「미치다」 癲癇(전간) |

頸 목 경.   3521-10

- 巠(물줄기 경) + 頁 = 頸 (3160 참조)
- 흘러내리는 물줄기(巠) 형상을 이루어 머리(頁)를 떠받치고 있는 신체 부위이라는 데서 「목」 뜻으로.

頸椎(경추 - 목뼈) 頸血(경혈) 頸動脈(경동맥) 刎頸之交(문경지교 - 생사를 초월한 사귐) ※ 刎(목벨 문)

顆 낱알 과.   3522-10

- 果(실과/열매 과) + 頁 = 顆 (1599 참조)
- 열매(果)의 머리(頁) 부위에 해당하는(핵심을 이루는) 알갱이이라는 데서 「낱알」 뜻으로.

顆粒(과립 - 둥글고 잔 알갱이)

顴 광대뼈 관. 광대뼈 권.   3523-10

- 雚(황새 관) + 頁 = 顴 (2950 참조)
- 황새(雚)의 볼록한 목뼈처럼 얼굴(頁)에 불거져 나온 뼈대이라는 데서 「광대뼈」 뜻으로.

顴骨(관골 - 광대뼈)

顎 턱 악.   3524-10

- 咢(깜짝놀랄 악) + 頁 = 顎 (1933 참조)
- 깜짝 놀라서(咢) 악! 하는 소리를 지를 때 벌어지는 머리(頁) 부위의 기관이라는 데서 「턱」 뜻으로.

顎骨(악골 - 턱뼈) 上下顎骨(상:하악골 - 위턱뼈와 아래턱뼈)

顫 떨릴/떨 전: 머리비틀어질/사지떨릴 전.   3525-10

- 亶(클/많을/도타울/믿을 단) + 頁 = 顫 (0655 참조)
- 큰(많은)(亶) 물체가 머리(頁)를 짓누르면 힘에 겨워 머리가 비틀어지고 사지가 떨린다는 데서 「떨리다. 떨다. 머리 비틀어지다. 사지 떨리다」 뜻으로.

顫動(전:동 - 떨려서 움직임) 手顫症(수전증 - 자꾸 손이 떨리는 증세)

頰 뺨 협.   3526-10

- {大(큰대) + 人 + 人 = 夾(낄 협)} + 頁 = 頰 (0754 참조)

頁 부수(자원과 쓰임 → 3497 참조)

☞ 끼여(夾) 있는 형상을 이루어 머리(얼굴)(頁) 좌우 측에 도톰하게 솟아 있는 관자놀이 부위의 살점이라는 데서 「뺨」 뜻으로.

頰骨(협골 - 광대뼈) 紅頰(홍협 - 붉은빛을 띠는 뺨)

자투리 마당

學而時習之(학이시습지)

○ 子曰(자왈) 學而時習之(학이시습지) 不亦說乎(불역열호)아
　有朋自遠方來(유붕자원방래)하니 不亦樂乎(불역낙호)아
　人不知而不慍(인부지이불온)이면 不亦君子乎(불역군자호)

- 공자께서 말씀하시기를 배우고 때때로 익히면 어찌 기쁘지 아니한가,
  친구가 있어 먼 곳으로부터 찾아오니 어찌 즐겁지 아니한가,
  다른 사람들이 알아주지 않아도 부끄럽지 않게 여긴다면, 이 또한 군자가 아니라고 하겠는가?

　　　　　　　　　　　　　　　　　　- 논어(論語) 학이편(學而篇) -

首	頁	革	韋
머리 수	머리 혈	가죽 혁	다룬 가죽 위

부수 9획

革 가죽 혁. 고칠/변혁할/날개/펼/갑옷/가죽끈 혁 | 병급할 극. 3527-40

자원 革 → 스물(廿 스물 입)의 가운데(中) 부위를 이등분하여 십(十)이 되도록 분할시켜(펼쳐) 놓은 모양에서「펴다. 고치다. 변혁하다. (벗겨낸 털가죽에서 털과 지방 성분을 제거하여 변혁시켜 놓은)가죽」의미를 지님.

※ 짐승의 털가죽을 皮(가죽 피), 털가죽에서 털과 지방 성분을 제거하여 놓은 가죽을 革, 무두질을 하여 부드럽게 만든 가죽을 韋(다룬가죽 위)로 봄.

쓰임 「가죽. 가죽끈(띠)」 의미로 쓰임.

革命(혁명 - 국가나 사회 조직을 단번에 뒤집어엎는 일) 革新(혁신) 革帶(혁대) 皮革(피혁) 改革(개:혁)

靴 신 화. 구두/양화 화. 3528-20

● 革 + 化(될/변화할 화)} = 靴 (0221 참조)

☞ 가죽(革)을 (사람의 발에 맞도록) 변화시켜(化) 놓은 물건이라는 데서「신. 구두」뜻으로. 한편 化는 사람(亻)이 신는 신 모양(匕)의 표현이기도 함.

※ 현대식 가죽 구두는 서양(西洋)에서 들여온 것(서양식)이라는 데서 양화(洋靴)라고 함.

洋靴(양화 - 구두) 洋靴店(양화점) 長靴(장화) 軍靴(군화) 製靴(제:화 - 구두를 만듦) 運動靴(운:동화)

鞠 국문할/성(姓) 국. 공/기를 국. 3529-20

● 革 + 匊(움켜쥘/줌 국) = 鞠 (2730 참조)

☞ 가죽(革)을, 도톰한 줌(匊) 모양처럼 동그랗게 뭉쳐 놓은 물건이라는 데서「공. (공을 이리저리 굴리듯이 아기를 돌보거나 죄인을 다룬다는 데서)기르다. 국문하다」뜻으로.

鞠養(국양 - 기름. 양육함) 鞠問(국문 - 죄인을 심문함) 母鞠吾身(모:국오신 - 어머니께서 내 몸을 기름)

靺 말갈/말갈족 말. 북녘오랑캐이름 말. 3530-20

● 革 + 末(끝/다할/가루 말) = 靺 (1605 참조)

☞ 북녘의 끝(末)자락에 거주하면서, 질긴 가죽끈(革)처럼 끈질기게 노략질을 일삼는 종족이라는 의미가 부여되어「말갈. 말갈족. 북녘 오랑캐 이름」뜻으로.

靺鞨(말갈 - 중국 동북 지방에 있었던 퉁구스족의 일족)

鞨 오랑캐이름 갈. 말갈 갈. 3531-20

● 革 + 曷(어찌/쫓을/미칠 갈) = 鞨 (1996 참조)

☞ 끈질긴 가죽끈(革)처럼 집요하게 양민을 쫓아(曷)다니며 노략질을 일삼는 종족이라는 의미가 부여되어「말갈. 오랑캐 이름」뜻으로.

靺鞨(말갈 - 중국 동북 지방에 있었던 퉁구스족의 일족)

革 부수(자원과 쓰임 → 3527 참조)

鞏　묶을/굳을 공.　3532-10

- 巩(안을 공) + 革 = 鞏 (1866 참조)
- (두 팔로) 껴안는(巩) 형태를 이루어 물건을 가죽끈(革)으로 단단하게 묶는다는 데서「묶다. (건초 따위가 단단하게 묶이어져서)굳다」뜻으로.

鞏固(공고 - 단단하고 튼튼함. 확고하여 움직이지 아니함)

鞭　채찍 편. 회초리/채찍질할 편.　3533-10

- 革 + {亻(사람 인) + 更(다시 갱ㅣ고칠 경) = 便(편할 편)} = 鞭 (0047 참조)
- 사람(亻)의 나쁜 행실을 고치는(更) 방편(便)으로 쓰는, 곧 채찍질하는 용도로 쓰는 가죽끈(革)이라는 데서「채찍. 회초리. (채찍으로)채찍질하다」뜻으로.

鞭撻(편달 - 채찍으로 때림. 경계하고 격려함) 敎鞭(교:편 - 가르치는 회초리. 교사로서 수업을 하는 일)

靭　질길 인.　3534-10

- 革 + 刃(칼날 인) = 靭 (0247 참조)
- 가죽(革)은 칼날(刃)로 잘라야 끊어질 정도로 매우 질기다는 데서「질기다」뜻으로.

靭帶(인대 - 뼈마디를 이어 주고 있는 탄력성 있는 힘줄) 强靭(강인 - 억세고 질김)

鞍　안장 안:　3535-10

- 革 + 安(편안 안) = 鞍 (0580 참조)
- 사람이 편안하게(安) 앉을 수 있도록 가죽(革)으로 만들어 말(馬)의 등허리에 올려놓은 깔개이라는 데서「안장」뜻으로.

鞍裝(안:장 - 말 등에 얹어 놓는 깔개) 鞍馬(안:마 - 말 등 모양의 체조 기구) 鞍馬之勞(안:마지로)

| 부수 9획 | 首 머리 수 | 頁 머리 혈 | 革 가죽 혁 | 韋 다룬 가죽 위 |

| 韋 | 다룬가죽 위. 틀릴/어그러질/어길/부드러울/에울/성(姓) 위 ǀ 돌 회. | 3536-20 |

자원 韋 → 㐄(→ 牛「걸을 과」를 뒤집어 놓은 모양), 囗(에울 위), 牛의 결합. <u>에워싸인</u> (囗) 물체가 위아래로 (방향을 달리하여) <u>뒤틀리어져 나가는</u>(㐄) 형상, 이는 뻣뻣한 날 가죽을 위아래로 늘리어(부드럽게 손질하여) 놓은 것임을 표현하여「다룬 가죽. (가죽 이 위아래로)뒤틀리다. 어기다. 부드럽다」는 의미를 지님.

쓰임 「다룬 가죽. 어기다. 어그러지다. 에우다」는 의미로 쓰임.

韋革(위혁 - 다룬 가죽과 날가죽) 韋編三絕(위편삼절 - 공자가 주역을 공부할 때, 책을 엮은 가죽끈이 세 번이나 끊어졌다는 고사에서, 책을 수없이 많이 읽음을 이르는 말)

| 韓 | 나라 한(:) 나라이름/성(姓) 한. | 3537-80 |

◉ 卓(→ 倝「해돋을 간」의 획 줄임) + 韋 = 韓

☞ <u>해가 돋아 오르는</u>(卓) 동방에 <u>다룬 가죽</u>(韋)을 이용할 줄 아는 문명이 매우 발달한 나라이라 는 의미가 부여되어「나라 이름. 나라」뜻으로.

韓國(한:국) 韓服(한:복 - 우리나라의 전래 옷) 韓食(한:식) 韓流(한:류) 韓菓(한:과) 韓醫(한:의) 韓方(한:방) 韓民族(한:민족) 韓半島(한:반도) 韓醫院(한:의원) 韓石峰(한석봉 - 조선 선조 때의 명필)

★ 韋(다룬가죽/틀릴/어그러질/어길/에울 위)와 결합을 이룬 글자.   3537 별첨

偉(거룩할 위)	☞ 人(0064) → 만민(萬民)에게 <u>에워싸여</u>(韋) 추앙을 받는 <u>사람</u>(亻)이라는 데서「거룩하다」
衛(지킬 위)	☞ 行(2898) → 신분이 지극히 높은 분이 지나가는 <u>길</u>(行) 주변을 <u>에워싸고</u>(韋) 그분의 신변을 호위한다는 데서「지키다」衛兵(위병)
圍(에울 위)	☞ 囗(0643) → <u>가죽끈</u>(韋)으로 테두리(가장자리)를 <u>에워(둘러)</u>(囗) 놓은 모양에서「에우다」
緯(씨 위)	☞ 糸(2493) → <u>실</u>(糸)을 (물체의) 가로 방향으로 <u>에운다(두른다)</u>(韋)는 데서「묶다. 씨(씨줄)」
違(어길 위)	☞ 辶(3121) → (열을 맞추지 않고) <u>어그러진(어긋난)</u>(韋) 방향으로 <u>간다</u>(辶)는 데서「어기다」
諱(꺼릴 휘)	☞ 言(3266) → <u>어기어</u>(韋) <u>말하는</u>(言), 곧 바른대로 말하기가 겸연쩍어서 우회적으로(다르게 돌리어) 말한다는 데서「꺼리다. 숨기다」諱日(휘일)

	音 소리 음	香 향기 향	風 바람 풍	飛 날 비

音 | 소리 음. 음조/음악/소식/그늘 음. 3538-60

자원 音 → 설(立 설 립)서 말하는(읊조리는)(曰 가로/이를 왈), 곧 선 자세로 크게 소리를 지르거나 노래를 부른다는 데서 「소리. 음조. 음악」 의미를 지님.

쓰임 「소리. 그늘」 의미로 쓰임.

音聲(음성 - 말소리) 音響(음향) 音樂(음악) 音色(음색) 音盤(음반) 音律(음률) 音標(음표) 音階(음계)

響 | 울릴 향: 소리울림/풍류/악기 향. 3539-32

◉ 鄉(시골 향) + 音 = 響 (2923 참조)

☞ 시골(鄉)에서 울려 퍼지는 풍악이나 메아리 소리(音)이라는 데서 「소리 울리다. 울리다. 풍류」 뜻으로.

響動(향:동 - 울림) 響胴(향:동 - 울림통) 響應(향:응 - 응하여 울림) 影響(영:향) 交響樂團(교향악단)

韻 | 운 운: 화할/운치 운. 3540-32

◉ 音 + 員(인원/수효/둥글/고를 운) = 韻 (0812 참조)

☞ (시조나 창을 읊을 때) 고저와 장단을 고르게(員) 내는 소리(音)이라는 데서 「운. 화하다. 운치」 뜻으로.

韻律(운:율 - 시문의 음성적 형식) 韻致(운:치 - 우아한 멋) 韻字(운:자) 韻文(운:문) 韻脚(운:각) 韻響(운:향)

韶 | 풍류/아름다울 소. 이을 소. 3541-00

◉ 音 + 召(부를 소) = 韶 (0833 참조)

☞ 소리(音)를 여러 사람이 이어가며 부른다(召)는 데서 「잇다. 풍류 이름. 아름답다」 뜻으로.

韶和(소화 - 아름답고 화평함) 韶顔(소안 - 아름다운 얼굴. 젊은이의 용모. 젊어 보이는 노인의 얼굴)

音	香	風	飛
소리 음	향기 향	바람 풍	날 비

부수 9획

| 香 | 향기 향. 향기로울/사향/술이름 향. | 3542-42 |

자원 香 → 벼(禾 벼 화)가 무엇인가를 이르는(曰 가로/이를 왈), 곧 벼로(쌀밥으로)부터 은은하게 스미어 나오는 향기로운 냄새라는 데서 「향기」 의미를 지님.

쓰임 「향기」 의미로 쓰임.

香氣(향기 - 향기로운 냄새) 香水(향수) 香味(향미) 香料(향료) 香爐(향로) 香臭(향취) 香辛料(향신료)

| 馨 | 꽃다울/향기 형. 향내멀리날 형. | 3543-20 |

◉ 殸(소리 성 ǀ 경쇠 경) + 香 = 馨 (2872 참조)

☞ 사방으로 울려 퍼지는 경쇠 소리(殸)처럼 멀리까지 퍼져 나가는 꽃다운 향기(香)라는 데서 「향기. 향내 멀리 나다. 꽃답다」 뜻으로.

馨氣(형기 - 향기) 馨香(형향 - 향기로운 냄새. 그윽한 향기)

| 馥 | 향기 복. 향기로울 복. | 3544-20 |

◉ 香 + 复(= 夏 옛길을감/돌아올/되풀이할 복) = 馥 (0435 참조)

☞ 돌아오는(되풀이되는)(复) 향기(香), 곧 바람결에 주위를 맴도는 향기라는 데서 「향기. 향기롭다」 뜻으로.

馥郁(복욱하다 - 풍기는 향기가 그윽하다)

音	香	風	飛
소리 음	향기 향	바람 풍	날 비

風 　바람 풍. 경치/풍속/빠를/위엄/모습/가요/가르칠/중풍/바람날/울릴 풍. 　　3545-60

자원 風 → 무릇(凡 무릇 범) 메뚜기 떼 같은 수많은 벌레들(虫 벌레 충)이 날아가는 소리처럼 윙윙거리는 소리를 내는 공기의 흐름이라는 데서 「바람」 의미를 지님.

쓰임 「바람」 의미로 쓰임.

風向(풍향) 風速(풍속) 風俗(풍속) 風習(풍습) 風景(풍경) 風趣(풍취) 風貌(풍모) 風味(풍미) 風采(풍채) 風車(풍차)
風病(풍병) 風霜(풍상) 風琴(풍금) 風船(풍선) 風前燈火(풍전등화) 風飛雹散(풍비박산) 中風(중풍)

颱 　태풍 태. 몹시부는바람 태. 　　3546-20

● 風 + 台(별/삼정승 태) = 颱 (0847 참조)

☞ 삼정승(台)의 당당한 위세처럼 세력이 무척 강한 바람(風)이라는 데서 「몹시 부는 바람. 태풍」 뜻으로.

颱風(태풍 - 열대 지방에서 발생하여 아시아 대륙 동부 방면으로 불어오는 맹렬한 비바람)

飄 　나부낄 표. 회오리바람 표. 　　3547-10

● 票(표/쪽지/불날릴/훌쩍날 표) + 風 = 飄 (2351 참조)

☞ 표(쪽지)(票)가 날릴 정도로 바람(風)이 제법 세게 분다는 데서 「나부끼다. 회오리바람」 뜻으로.

飄風(표풍 - 회오리바람) 風飄飄而吹衣(풍표표이취의 - 바람은 가볍게 나부끼어 옷깃에 스며들고)

颻 　나부낄 요. 바람높이부는모양 요. 　　3548-00

● 䍃(질그릇/독 요) + 風 = 颻 (3222 참조)

☞ 질그릇(䍃)이 흔들릴 정도로 바람(風)이 제법 세차게 분다는 데서 「나부끼다. 바람이 높이 부는 모양」 뜻으로.

颻颻(요요 - 연달아 흔들리는 모양) 飄颻=飄搖(표요 - 가볍게 나부끼는 모양)

猋 　폭풍 표. 　　3549-00

● 風 + {犬 × 3 = 猋(개달아나는모양 표)} = 猋 　※ 猋와 飆(폭풍 표)는 동자.

☞ 개 달아나는 모양(猋)처럼 무척 날쌔게 휘몰아치는 바람(風)이라는 데서 「폭풍」 뜻으로.

猋風=飆風(표풍 - 회오리바람. 거센 바람) 猋塵(표진 - 바람에 날리는 티끌)

音	香	風	飛
소리 음	향기 향	바람 풍	날 비

飛 | 날 비. 여섯말(六馬)/빠를/흩어질/달아날/빨리전할 비.   3550-42

자원 飛 → 새가 깃을 뒤집어(⺁ → 羽「깃 우」를 뒤집어 놓은 모양) 날아오르는(升 오를 승) 모양에서 「날다」 의미를. 한편 여섯 마리의 말(⺁ → 여섯 필의 말 꼬리 모양)이 뛰어오르는(升) 모양이기도 하여 「여섯 말」 의미도 지님.

쓰임 「날다」는 의미로 쓰임.

飛行(비행 - 공중으로 날아감) 飛禽(비금 - 날짐승) 飛鳥(비조) 飛躍(비약) 飛翔(비상) 飛報(비보) 飛禍(비화) 飛火(비화) 飛虎(비호) 飛行機(비행기) 飛行船(배행선) 風飛雹散(풍비박산)

翻 | 뒤칠/번역할 번. 뒤집을/날 번.   3551-30

● 番(차례/갈릴/갈마들 번) + 飛 = 翻 (2110 참조) ※ 翻과 翻(뒤칠 번)은 동자.

☞ 새가 두 날개를 갈마들게(番) 하여(교대로 뒤집어 가면서) 날아(飛)오른다는 데서 「뒤치다. 뒤집다. 날다. (외래어를 뒤집어서 자국어로 바꾼다는 데서)번역하다」 뜻으로.

翻覆(번복 - 이리저리 뒤쳐서 고침) 翻譯=翻譯(번역) 翻案(번안) 翻文(번문)

| 부수 9획 | 食(飠) 밥 식 | 面 낯 면 | 韭 부추 구 | |

食 밥 식. 먹을/씹을/마실/녹(祿)/헛말/일식/월식 식 | 밥/먹일/양식 사. 3552-70

자원 食 → 人과 良(좋을 량)의 결합. 사람(人)에게 좋은(良) 음식물이라는 데서 「밥. 먹이. 양식」 의미를 지님. 한편 食의 본래 글자인 皀은 亼(모일 집)과 皀(밥고소할 흡)의 결합으로 여러 사람들이 함께 모여(亼) 고소한 밥(皀)을 먹고 있는 모습을 표현.

쓰임 「밥. 먹이. 양식. 먹다」는 의미로 쓰임.

食糧(식량 - 양식) 食量(식량 - 음식을 먹는 분량) 食口(식구) 食事(식사) 食單(식단) 食水(식수) 食品(식품) 食用(식용) 食堂(식당) 食率(식솔) 食券(식권) 食福(식복) 食言(식언) 簞食(단사 - 도시락밥)

飲 마실 음(:) 3553-60

◉ 飠 + 欠(하품 흠 → 「입을 크게 벌린 모양」을 표현) = 飮
☞ (고개를 뒤로 젖히면서 입을 크게 벌리어) 하품(欠)하는 모양처럼 입을 크게 벌리고 술이나 물 같은 것을 먹는다(飠)는 데서 「마시다」 뜻으로.

飮食(음:식 - 마시고 먹는 음식물) 飮料(음:료) 飮福(음:복) 飮毒(음:독) 飮酒(음:주) 飮河滿腹(음:하만복)

養 기를 양: 사육할/봉양할 양. 3554-50

◉ 羊(양 양) + 食 = 養
☞ 양(羊)에게 먹이(食)를 먹여 기른다는 데서 「기르다. 사육하다」, 부모님께 맛있는 양고기(羊) 반찬을 드시게(食) 한다는 데서 「봉양하다」 뜻으로.

養育(양:육 - 길러서 자라게 함) 養護(양:호) 養成(양:성) 養鷄(양:계) 養殖(양:식) 養老(양:로) 奉養(봉:양)

★ 養(기를/봉양할 양)과 결합을 이룬 글자. 3554 별첨
癢(가려울 양) ☞ 疒(2336) → 굵는 봉양(養)을 받아야만 시원하여지는 병(疒)의 일종이라는 데서 「가렵다」

餘 남을 여. 나머지/넉넉할 여 | 나머지/잔여 야. 3555-42

◉ 飠 + 余(나/나머지/남을 여) = 餘 (0118 참조)
☞ 밥(飠)을 배불리 먹고도 남음(여분)(余)이 있다는 데서 「남다. 나머지. 넉넉하다」 뜻으로.

餘裕(여유) 餘暇(여가 - 겨를) 餘力(여력) 餘念(여념) 餘白(여백) 餘生(여생) 餘韻(여운) 餘地(여지)

飯 밥 반. 먹을 반. 3556-32

◉ 飠 + 反(돌이킬/돌아올 반) = 飯 (0384 참조)
☞ 매번 돌아오는(反) 끼니때마다(날마다) 먹는 밥(飠)이라는 데서 「밥. 먹다」 뜻으로.

飯饌(반찬) 飯酒(반주) 飯店(반점) 飯盒(반합) 飯床(반상) 白飯(백반) 朝飯夕粥(조반석죽)

食 부수(자원과 쓰임 → 3552 참조)

飾 꾸밀 식. 닦을/복장차릴 식. 3557-32

- {食 + 𠂉(= 人(사람 인) = 飤(먹이/먹게할 사)} + 巾(수건 건) = 飾
- ☞ 밥(食)을 사람(𠂉 = 人)이 먹기(飤) 위하여 수건(천)(巾)으로 수저나 밥상을 닦는다(식단을 꾸민다)는 데서 「닦다. 꾸미다」 뜻으로.

飾僞(식위 - 거짓으로 꾸밈) 裝飾(장식 - 치장하여 꾸밈) 修飾(수식) 虛禮虛飾(허례허식) 假飾(가:식)

館 집 관. 객사/여관 관. 3558-32

- 食 + 官(벼슬/관가/기관/집 관) = 館 (0595 참조)
- ☞ 밥(음식)(食)이 제공되는 규모가 큰 집(官)이라는 데서 「집. 객사. 여관」 뜻으로.

館舍(관사 - 외국 사신을 묵게 하던 집) ※官舍(관사) 館長(관장) 旅館(여관) 公館(공관) 本館(본관)

飢 주릴 기. 굶주릴/흉년들 기. 3559-30

- 食 + 几(책상/기댈상 궤) = 飢 ※ 飢와 饑(주릴 기)는 동자.
- ☞ 밥(食)으로 채워져 있어야 할 그릇이나 뱃속이, 내부가 허공 상태인 책상 궤(几) 글자 형상처럼 비어 있다는 데서 「주리다. 굶주리다. 흉년들다」 뜻으로.

飢餓(기아 - 굶주림) 飢寒(기한 - 배고픔과 추위) 飢渴(기갈) 虛飢(허기) 療飢(요기)

饑 주릴 기. 흉년 기. 3560-00

- 食 + 幾(몇/기미/얼마못될 기) = 饑 (0908 참조)
- ☞ (남아 있는) 밥(식량)(食)이 얼마 되지 않는다(幾)는 데서 「주리다. 흉년」 뜻으로.

饑年(기년 - 흉년이 들어 백성이 굶주린 해) 飢餓=饑餓(기아 - 굶주림) 饑而求黍稷(기이구서직)

餓 주릴 아: 굶길/굶을 아. 3561-30

- 食 + {扌(손 수) + 戈(창 과) = 我(나 아)} = 餓 (1763 참조)
- ※ 我 → 손(扌)에 창(戈)을 거머쥐고 방어 자세를 취하는 나(우리)를 의미.
- ☞ 손(扌)에 창(戈)을 거머쥐고 적을 방어하는 것처럼 밥(食)을 먹지 못하도록 차단시킨다는 데서 「굶기다. 굶다. 주리다」 뜻으로.

餓死(아:사 - 굶어 죽음) 餓殺(아:살 - 굶겨 죽임) 餓鬼(아:귀 - 굶주린 귀신. 탐욕스러운 사람)

飽 배부를 포: 물릴/만족할 포. 3562-30

- 食 + 包(쌀/꾸러미 포) = 飽 (0264 참조)
- ☞ 밥(食)을 배불리 먹어서, 배가 감싸(包) 놓은 꾸러미처럼 불룩하다는 데서 「배부르다. (배가 불러서)만족하다. (너무 많이 먹어서)물리다」 뜻으로.

飽滿(포:만 - 배가 불러 가득함) 飽食暖衣(포:식난의 - 의식이 넉넉함) 飽和狀態(포:화상태)

飼 기를/먹일 사. 3563-20

- 食 + 司(맡을/주장할/벼슬 사) = 飼 (0820 참조)

799

食 부수(자원과 쓰임 → 3552 참조)

☞ 가축을 먹이는(사육하는)(食) 일을 맡고(司) 있다는 데서 「먹이다. 기르다」 뜻으로.
飼育(사육 - 짐승을 먹이어 기름) 飼養(사양 - 사육) 飼料(사료 - 가축에게 주는 먹이)

餐　밥/먹을 찬. 음식 찬. 　　　　　　　　　　　　　　　　　　　　3564-20

● {歹(뼈앙상할 알) + 又(또/오른손 우) = 奴(뚫다남을 잔)} + 食 = 餐
☞ 뼈가 앙상하여(歹)지도록 손(又)으로 살코기를 발라내어 밥(食)에 곁들여 먹는, 또는 뚫다 남은(奴) 밥(食), 곧 식사 도중에 있는 밥이라는 데서 「밥. 먹다. 음식」 뜻으로.
餐霞之人(찬하지인) 朝餐(조찬 - 아침 식사) 午餐(오:찬) 晩餐(만:찬) 聖餐(성:찬 - 성찬식 때 쓰는 음식)

餠　떡 병.　　　　　　　　　　　　　　　　　　　　　　　　　　3565-10

● 食 + 幷(겸할/아우를 병) = 餠 (0934 참조)
☞ 밥(食)을 아울러(뭉쳐)(幷) 놓은, 곧 쌀가루를 쪄서 덩어리지게끔 만들어 놓은 음식이라는 데서 「떡」 뜻으로.
餠餌(병이 - 떡) 煎餠(전병 - 부꾸미) 畫中之餠(화:중지병 - 그림의 떡)

餞　보낼/전별할 전: 전송할 전.　　　　　　　　　　　　　　　　3566-10

● 食 + 戔(상할 잔 | 쌓일/얕고작을/적을/좁을 전) = 餞 (1578 참조)
☞ 밥(食)을 그릇에 수북하게 쌓아(담아)(戔)서 길을 떠나는 손님을 배불리 먹이어(접대하여) 보낸다는 데서 「보내다. 전별하다. 전송하다」 뜻으로.
餞別(전:별 - 잔치를 베풀어 작별함) 餞送(전:송 - 전별하여 보냄) 餞春(전:춘 - 봄을 마지막으로 보냄)

饒　넉넉할 요. 많을/배부를/용서할 요.　　　　　　　　　　　　　3567-10

● 食 + 堯(요임금/높을/멀 요) = 饒 (0689 참조)
☞ 밥(식량)(食)이 그릇에 높이(堯) 채워져 있는, 또는 밥(食)을 많이 먹어서 배가 높게(堯) 불어 있다는 데서 「넉넉하다. (식량이)많다. 배부르다」 뜻으로.
饒富(요부 - 살림이 넉넉함) 饒足(요족 - 요부) 饒實(요실 - 요부) 饒舌(요설 - 말이 많음) 豊饒(풍요)

饌　반찬 찬: 차려놓을 찬.　　　　　　　　　　　　　　　　　　3568-10

● 食 + 巽(사양할/부드러울 손) = 饌 (0950 참조)
☞ 밥(食)이 부드럽게(巽) 넘어가도록 곁들여 먹는 여러 가지 음식이라는 데서 「반찬. (반찬을)차려 놓다」 뜻으로.
饌盒(찬:합 - 밥·반찬·술안주 등을 담는 그릇) 饌物(찬:물) 素饌(소:찬) 飯饌(반찬) 珍羞盛饌(진수성찬)

饗　잔치할 향: 대접할/흠향할/제사/드릴 향.　　　　　　　　　　3569-10

● 鄕(시골/대접할 향) + 食 = 饗 (2923 참조)
☞ 대접하기(鄕) 위하여 밥(음식)(食)을 차리는, 곧 여러 가지 음식을 차리어 잔치를 베풀거나 제사상에 올린다는 데서 「잔치하다. 대접하다. 제사」 뜻으로.
饗宴(향:연 - 손님을 대접하는 잔치) 饗奠(향:전 - 제수를 차려 놓고 제사를 지냄) 饗應(향:응) 歆饗(흠향)

| 餌 | 먹이/미끼 이. | 3570-10 |

- 𠈌(食) + 耳(귀/어조사/뿐 이) = 餌
- ☞ 먹이(食) 일 뿐(耳), 곧 (끼니때의 밥이 아닌) 단순한 먹잇감이라는 데서 「먹이. 미끼」 뜻으로.

餌藥(이약 - 보약을 한방에서 이르는 말) 食餌療法(식이요법) 好餌(호:이 - 좋은 미끼)

| 饉 | 주릴 근. 흉년들 근. | 3571-10 |

- 𠈌(食) + 堇(진흙/찰흙 근) = 饉 (0369 참조)
- ☞ 밥(식량)(食)을 진흙(수렁)(堇)에서 구하는 것처럼 무척 힘들게 구한다는 데서 「흉년 들다. 주리다」 뜻으로.

饑饉=飢饉(기근 - 흉년으로 먹을 양식이 없어 굶주림)

| 饅 | 만두 만. | 3572-10 |

- 𠈌(食) + {曰(가로 왈) + 罒(그물 망) + 又 = 曼(이끌/길/넓을 만)} = 饅 (1898 참조)
- ☞ 밀가루 반죽을 편편하게 넓혀(曼) 놓은 반대기에 갖가지 소를 넣어서 빚은 음식(食)이라는 데서 「만두」 뜻으로.

饅頭(만두 - 밀가루를 반죽하여 소를 넣고 빚어서 삶거나 찐 음식) 饅頭皮(만두피)

食(�food)	面	韭	
밥 식	낯 면	부추 구	

面 낯 면: 얼굴/향할/대할/앞/방위/면(행정구역) 면. 3573-70

자원 面 → 머리(이마)(一) 아래쪽으로 코(自 → 스스로 자 | 코 비)를 에워싸고(囗 → 에울 위) 있는 얼굴의 윤곽을 표현하여 「낯. 얼굴」 의미를 지님.

쓰임 「낯(얼굴). 납작한 모양」과 의미로 쓰임.

面貌(면:모 - 얼굴 모양) 面相·面像(면:상 - 얼굴의 생김새) 面前(면:전) 面談(면:담) 面會(면:회) 面刀(면:도) 面駁(면:박) 面民(면:민) 面長(면:장) 面從腹背(면:종복배 - 겉으로는 복종하고 내심으로는 배반함)

靨 보조개 엽. 3574-00

● 厭(싫을 염 | 누를 엽) + 面 = 靨 (0295 참조)

☞ 눌러(厭) 놓은 모양(자국)처럼 얼굴(볼)(面)에 오목하게 들어가(우물져) 있는 볼우물이라는 데서 「보조개」 뜻으로.

靨笑(엽소 - 보조개를 지으며 웃음)

★ 面(낯/얼굴 면)과 결합을 이룬 글자. 3574 별첨

緬(멀 면)	☞ 糸(2527) → 가느다란 실(糸)을 면(대면)(面)하고 있는 것처럼 바라다보이는 곳이 아주 멀리 떨어져 있다는 데서 「멀다. 아득하다. 가는 실」 緬羊(면양)
麵(국수 면)	☞ 麥(3636) → 밀(밀가루)(小麥)을 납작한 낯(얼굴)(面)처럼 판판하게 눌러서 썰어 놓은 식품이라는 데서 「국수」 冷麪(냉면)

| 부수 9획 | 食(飠) 밥 식 | 面 낯 면 | 韭 부추 구 | |

韭 부추 구. 3575-00

자원 韭 → 지면(一)에 非(非 아닐 비) 글자 형상을 이루어 갈래진 잎줄기가 촘촘하게 돋아 있는 부추 모양을 표현.

쓰임 「부추. 韭 모양」과 의미로 쓰임.

※ 부추 → 달래과에 속한 다년생 식물. 작은 비늘줄기에서 가늘고 긴 잎이 모여서 나며, 씨앗은 비뇨의 약재로 쓰고, 잎은 염분과 칼슘 함유량이 많으며 꽃과 더불어 식용함. 일명 정구지.

韭菜=韮菜(구채 - 부추) ※ 韭와 韮(부추 구)는 동자.

韱 산부추 섬. 가늘/섬세할 섬. 3576-00

◉ {쑤(쫓을 종) + 戈(창 과) = 㦰(찌를/끊어질/써레 첨)} + 韭 = 韱

※ 산부추 → 부추류에 속한 약재로서 산이나 들에 자생하며 어린잎은 나물로 식용함.
※ 써레 → 갈아 놓은 논밭의 흙을 판판하게 고르거나 흙덩이를 깨뜨리는 데 쓰이는 농기구.
☞ (끝이 뾰족하게 갈래져 있는) 써레(㦰) 모양처럼 잎줄기가 매우 가늘고 뾰족한 부추(韭) 유형의 식물이라는 데서「산부추. (잎줄기가)가늘다」뜻으로.

★ 韱(산부추/가늘/섬세할 섬)과 결합을 이룬 글자.		3576 별첨
纖(가늘 섬)	☞ 糸(2500) → 실(糸)이, (잎줄기가 가느다란) 산부추(韱)처럼 매우 가늘다는 데서「가늘다」	
殲(다죽일 섬)	☞ 歹(1588) → 죽은(歹) 시신이, 촘촘하게 돋아난 산부추(韱)처럼 즐비하게 널리어 있다는 데서「다 죽이다. 다하다」殲滅(섬멸)	
懺(뉘우칠 참)	☞ 心(1946) → 마음(忄)을 섬세하게(韱) 가다듬어 지난날의 잘잘못을 반성한다는 데서「뉘우치다」 懺悔(참회)	
讖(예언 참)	☞ 言(3289) → (어떤 일이 발생할 것인지에 대하여) 가느다란(미세한)(韱) 징조(낌새)를 알아채어 미리 말한다(言)는 데서「예언. 조짐」讖言(참언)	
籤(제비 첨)	☞ 竹(2709) → 가느다란 산부추(韱)처럼 가늘고 뾰뾰한 대나무(대꼬챙이)(竹)이라는 데서「날카롭다. (뾰뾰한 꼬챙이로 물체를)꿰뚫다. (꿰뚫어 맞추는)제비」抽籤(추첨)	

| 부수 10획 | 高 높을 고 | 馬 말 마 | 髟 머리털 표 | 鬥 싸움 투 |

高 | 높을 고. 존귀할/현저할/고상할/클/위/멀/성(姓) 고. 3577-60

성루(城樓)

자원 高 → 지붕(亠)과 망루(口), 벽체(冂)와 출입구(口)로 이루어진 높다란 성루 모양을 표현.

쓰임 「높다. 높은 모양」과 의미로 쓰임.

高低(고저 - 높음과 낮음) 高空(고공) 高級(고급) 高速(고속) 高價(고가) 高等(고등) 高見(고견) 高堂(고당) 高城(고성) 高麗(고려) 高句麗(고구려) 高架道(고가도) 高血壓(고혈압) 高官大爵(고관대작)

膏 | 기름/살찔 고. 3578-10

● 高 + 月(= 肉고기 육) = 膏 ※ 膏 → 肉 부수에 속한 글자임.

☞ 살점(月)이 높게(크게)(高) 불어나 있다는 데서 「살찌다. (살찌게 하는 물질인)기름」 뜻으로.

膏粱珍味(고량진미 - 살찐 고기와 좋은 곡식으로 만든 음식) 膏藥(고약) 膏血(고혈) 軟膏(연고)

※ 高 부수에 소속된 글자는 얼마 되지 않으며 또한 상용 글자가 없어서 肉(고기 육) 부수인 膏(기름 고)를 예시하였으며, 高와 결합을 이룬 글자는 다음과 같음.

★ 高(높을/위/존귀할/클/멀 고)와 결합을 이룬 글자. 3578 별첨

稿(원고/볏집 고) ☞ 禾(2209) → 높이(高) 자라난 벼(禾)의 잎줄기이라는 데서 「볏짚. (엉클어진 볏짚처럼 엉성하게 초안을 잡아 놓은 글이라는 데서)원고」 原稿(원고)

敲(두드릴 고) ☞ 攴(1813) → 높은(高) 곳에 매달아 놓은 종(鐘)이나 북을 친다(攴)는 데서 「두드리다」

鎬(호경 호) ☞ 金(3445) → 테두리가 높은(高) 쇠(金)로 된 그릇이라는 데서 「냄비. (鎬는 주나라의 도읍인 호경의 지명으로 쓰였기에)호경」 鎬京(호경)

高	馬	髟	鬥
높을 고	말 마	머리털 표	싸움 투

부수 10획

馬 | 말 마: 아지랑이/추녀끝/마르크(독일화폐단위)/성(姓) 마. 3579-50

말(馬)

자원 馬 → 말의 머리(一)와 길쭉한 목(丨), 갈래져서 드리워진 갈기(丰), 등줄기와 꼬리(⼅), 다리(灬), 곧 도약하는 말 모양을 표현.
쓰임 「말(馬). 말과 유사한 동물」 의미로 쓰임.

馬車(마:차) 馬賊(마:적 - 말을 탄 비적) 馬力(마:력) 馬術(마:술) 馬牌(마:패) 馬耳東風(마:이동풍)

驗 | 시험/시험할 험: 증험할/조짐 험. 3580-42

◉ 馬 + 僉(다/여러/모두 첨) = 驗 (0176 참조)
☞ (좋은 말을 고르기 위하여) 말(馬)에 대한 성질이나 주력·건강 상태 등에 관한 모든(僉) 것을 체험(증험)하여 본다는 데서 「시험하다. 시험. 증험하다」 뜻으로.

試驗(시험 - 재능·실력·성질 등을 실지로 경험하여 봄) 經驗(경험) 受驗(수험) 體驗(체험) 證驗(증험)

驚 | 놀랄 경. 두려워할 경. 3581-40

◉ {苟(진실로 구) + 攵(칠 복) = 敬(공경/엄숙할/훈계할 경)} + 馬 = 驚 (1798 참조)
☞ 진실로(참으로)(苟) 매우 아프도록 채찍으로 쳐서(매질하여)(攵) 말(馬)을 다루면 말이 놀라며 사람을 두려워한다는 데서 「놀라다. 두려워하다」 뜻으로.

驚氣(경기 - 경련을 일으키는 병) 驚異(경이) 驚歎(경탄) 驚愕(경악) 驚蟄(경칩) 驚天動地(경천동지)

驛 | 역 역. 역참/역말 역. 3582-32

◉ 馬 + 睪(엿볼/기찰(譏察)할/끌 역) = 驛 (3231 참조)
☞ 민정을 기찰하기(睪 → 비밀히 또는 넌지시 탐사하기)위한 교통수단으로 말(馬)을 대기시켜 놓은 곳이라는 데서 「역참. 역말. 역」 뜻으로.

驛站(역참 - 역마를 바꿔 타는 곳) 驛馬(역마) 驛舍(역사) 驛前(역전) 驛傳(역전) 驛務員(역무원)

騷 | 떠들 소. 소동할/근심스러울 소. 3583-30

◉ 馬 + 蚤(벼룩 조) = 騷 (1554 참조)
☞ 말(馬)이, 높이 뛰어오르는 벼룩(蚤)처럼 매우 사납게 날뛴다는 데서 「떠들다. 소동하다. (소동을 일으켜)근심스럽다」 뜻으로.

騷動(소동 - 여럿이 떠들어 댐) 騷亂(소란) 騷音(소음) 騷擾(소요) 騷客·騷人(소객·소인 - 시인의 별칭)

驅 | 몰 구. 쫓을/달릴 구. 3584-30

◉ 馬 + 區(구분할/구역/지경 구) = 驅 (0271 참조)

805

馬 부수(자원과 쓰임 → 3579 참조)

☞ 말(馬)을, 방목(사육)하는 구역(區)으로 몰아넣는다는 데서 「몰다. 쫓다. 달리다」 뜻으로.
驅步(구보 - 뛰어감) 驅迫(구박 - 못 견디게 괴롭힘) 驅逐(구축 - 몰아냄) 驅使(구사) 驅蟲劑(구충제)

騎 말탈 기. 기병 기. 3585-30

◉ 馬 + 奇(기이할/기특할 기) = 騎 (0736 참조)
☞ 달리는 말(馬) 위에 올라앉아 기이하게(奇) 기교를 부리는(활을 쏘거나 창칼을 다루는) 기마병이라는 데서 「말 타다. 기병」 뜻으로.
騎士(기사 - 말을 탄 무사) 騎乘(기승 - 말을 탐) 騎手(기수) 騎馬隊(기마대) 騎虎之勢(기호지세)

騰 오를 등. 뛸 등. 3586-20

◉ 朕(= 胖 못박힐/덧대어질/굳은살 변) + 馬 = 騰
☞ 말(馬) 등(등허리)에 사람이 굳은살처럼 덧대어져(朕) 올라앉는다(뛰어오른다)는 데서 「오르다. 뛰다」 뜻으로.
騰落(등락 - 물가의 오름과 내림) 騰貴(등귀) 急騰(급등) 暴騰(폭등) 龍蛇飛騰(용사비등) 沸騰(비:등)

★ 朕(= 胖 못박힐/덧대어질/굳은살 변)과 결합을 이룬 글자. 3586 별첨

謄(베낄 등) ☞ 言(3255) → 말씀한(言) 사항을(기록으로 남긴 글자를) 굳은살처럼 덧대는(朕), 곧 본래 글자와 같도록 베끼거나 본을 뜬다는 데서 「베끼다. 등사하다」 謄寫(등사)

駿 준마 준: 빠를/클 준. 3587-20

◉ 馬 + 夋(천천히걷는모양/갈 준) = 駿 (0120 참조)
☞ 천천히 걸어가는(夋) 말(馬), 곧 늠름한 자태로 무척 위엄스럽게 걸어가는 좋은 말이라는 데서 「준마. (준마는 보통 말에 비하여)빠르다. 크다」 뜻으로.
駿馬(준:마 - 잘 달리는 우량한 말) 駿良(준:량 - 뛰어나고 좋음) 駿逸(준:일) 駿足(준:족) 駿驥(준:기)

駐 머무를 주: 체재할 주. 3588-20

◉ 馬 + 主(임금/주인/지킬/맡을 주) = 駐 (0029 참조)
☞ 말(馬)이 주인(主) 곁에 머물러 있는, 또는 말(馬)을 맡겨(主) 두고 (그곳에) 머물러 있다는 데서 「머무르다. 체재하다」 뜻으로.
駐屯(주:둔 - 군대가 어떤 곳에 진을 치고 오래 머무름) 駐車(주:차) 駐在(주:재) 駐美(주:미) 進駐(진:주)

驪 검은말 려 | 검은말 리. 천리마 리. 3589-20

◉ 馬 + 麗(고울 려) = 驪 (3667 참조)
☞ 털빛이 곱게(麗) 빛나는 말(馬), 곧 털이 햇빛에 반사되어 윤기가 번지르르하게 흐르는 말이라는 데서 「검은 말. (윤기가 흐르는 좋은 말이라는 데서)천리마」 뜻으로.
驪駒(여구 - 검은 말) 驪州(여주 - 경기도에 있는 지명)

馬 부수(자원과 쓰임 → 3579 참조)

驥 천리마 기. 3590-20

- 馬 + {北(북녘 북ㅣ달아날 배) + 異(다를 이) = 冀(바랄 기)} = 驥 (0330 참조)
- ☞ 모든 사람들이 갖기를 <u>바라는</u>(冀) 출중한 <u>말</u>(馬)이라는 데서 「천리마」뜻으로.

驥驥(기기 - 천리마. 아주 좋은 말)

騏 준마 기. 검푸른말 기. 3591-20

- 馬 + 其(그/그것/키 기) = 騏 (0327 참조)
- ☞ 수많은 <u>말</u>(馬) 가운데 바로 <u>그것</u>(其)이라고 꼬집어서 일컬을 정도로 매우 뛰어난 말이라는 데서 「준마」뜻으로.

騏驥(기기 - 천리마. 아주 좋은 말)

馮 탈 빙ㅣ성(姓) 풍. 의지할 빙. 3592-20

- 冫(얼음 빙) + 馬 = 馮
- ☞ 여기에서 冫은 발걸이(발판) 모양을 표현. 말 옆구리에 드리운 <u>빙</u>(冫) 글자 형상의 발판을 딛고 <u>말</u>(馬) 등(등허리)에 오른다는 데서 「(말을)타다. (발걸이에 발을)의지하다」뜻으로.

馮據=憑據(빙거 - 사실을 입증할 증거를 댐) 馮怒(빙노) 馮陵(빙릉) 馮夷(풍이 - 음양을 맡아보는 천신)

★ 馮(탈/의지할 빙)과 결합을 이룬 글자. 3592 별첨

憑(비길 빙)　☞ 心(1917) → 남에게 <u>의지하려는</u>(馮) <u>마음</u>(心)을 낸다는 데서 「기대다. 비기다」 憑藉(빙자)

馳 달릴 치. 3593-10

- 馬 + 也(어조사/이를 야ㅣ잇닿을 이) = 馳 (0041 참조)
- ☞ <u>말</u>(馬)이 앞발과 뒷발을 <u>잇닿게</u>(也) 하여(모둠발을 하여) 잽싸게 달려 나간다는 데서 「달리다」뜻으로.

驅馳(구치 - 말을 몰아 빨리 달림. 남의 일을 위하여 힘을 다함) 馳報(치보) 馳突(치돌) 背馳(배:치)

駕 멍에/가마 가. 임금이탄수레/능가할 가. 3594-10

- 加(더할 가) + 馬 = 駕 (0364 참조)
- ☞ <u>말</u>(馬)에 <u>더하여</u>(덧대어)(加) 놓은 장신구나 장비이라는 데서 「멍에. 가마. (화려한 장신구를 갖춘) 임금이 탄 수레. (임금이 타는 수레는 일반 수레를)능가하다」뜻으로.

駕洛國(가락국 - 금관가야. 수로왕이 건국한 왕국) 凌駕(능가) 御駕(어:가 - 임금이 타는 수레)

駙 부마 부: 곁마/가까울/임금의사위 부. 3595-10

- 馬 + 付(줄/부칠/부탁할 부) = 駙 (0108 참조)
- ☞ <u>말</u>(馬) 곁에 <u>붙어</u>(付) 있는 다른 말이라는 데서 「곁마. 가깝다」. <u>어마</u>(御馬) 곁(가까이)에 <u>붙어</u>(付) 말을 관리하는 관직은 대체적으로 임금의 사위이라는 데서 「부마. 임금의 사위」뜻으로.

駙馬(부:마 - 부마도위. 임금의 사위) 駙馬都尉(부:마도위 - 부마)

馬 부수(자원과 쓰임 → 3579 참조)

駱 낙타 락. 가리온 락.   3596-10

● 馬 + 各(각각 각) = 駱 (0796 참조)

낙타(駱駝)

☞ 각각(各)의 혹(쌍봉)이 등줄기에 붙어 있는 말(馬)과 유사한 동물이라는 데서 「낙타」 뜻을. 한편 각각(各)의 색깔(희고 검은색)을 띠는 말(馬)이라는 데서 「가리온」 뜻으로.

駱駝(낙타 - 등에 큰 혹 모양의 육봉肉峰이 있는 사막 동물) 駱馬(낙마 - 털빛은 희고 갈기는 검은 말)

駭 놀랄 해.   3597-10

● 馬 + 亥(돼지/12째지지 해) = 駭 (0205 참조)

☞ 말(馬)이 (달려 나가다가) 마지막 지지인 열두째 지지(亥)에 다다르는 것처럼 막다른 길목에 맞닥뜨리면 앞발을 솟구치며 매우 놀란다는 데서 「놀라다」 뜻으로.

駭怪(해괴 - 매우 괴이함. 놀라 의심함) 駭浪(해랑 - 솟구치는 거센 파도) 駭怪罔測(해괴망측)

驕 교만할 교. 키가여섯자나되는말/뻣뻣할/방자할 교.   3598-10

● 馬 + 喬(나뭇가지위굽을/높이솟을 교) = 驕 (0902 참조)

☞ 높이 솟은(喬) 말(馬), 곧 키가 무척이나 큰 말이라는 데서 「키가 여섯 자(尺)나 되는 말. (키가 커서)뻣뻣하다. (태도가 뻣뻣하다는 데서)교만하다 방자하다」 뜻으로.

驕慢(교만 - 젠체하고 뽐내며 방자함) 驕氣(교기 - 교만한 마음) 驕傲(교오) 驕色(교색) 驕肆(교사)

駁 논박할 박. 얼룩말/섞일 박.   3599-10

● 馬 + 爻(사귈/효/본받을/형상 효) = 駁 (1818 참조)

얼룩말(駁)

☞ 말(馬)의 털빛이 여러 가지 형상(爻)으로 뒤섞이어 있는 얼룩빼기이라는 데서 「(털빛이)섞이다. 얼룩말. (뒤섞이어서 부딪치듯이 토론한다는 데서)논박하다」 뜻으로.

駁擊(박격 - 다른 사람의 이론을 공격함) 駁說(박설) 甲論乙駁(갑론을박) 反駁(반:박) 面駁(면:박)

駑 둔한말 노. 둔할/미련할 노.   3600-10

● 奴(종/노예 노) + 馬 = 駑 (0473 참조)

☞ (마지못해) 이끌려 가는 노예(奴)처럼 걸음이 매우 느릿한(굼뜬) 말(馬)이라는 데서 「둔한 말. 둔하다. 미련하다」 뜻으로.

駑馬(노마 - 걸음이 느린 말. 둔한 말) 駑鈍=魯鈍=鹵鈍(노둔 - 재주가 없고 미련함)

驩 기뻐할 환. 말이기뻐하는모양 환.   3601-10

● 馬 + 雚(황새 관) = 驩 (2950 참조)

☞ 황새(雚)의 기다란 목처럼 말(馬)이 목을 길쭉하게 뻗어 머리를 치켜드는 것은 기쁜 표정을 짓는 모양이라는 데서 「말이 기뻐하는 모양. 기뻐하다」 뜻으로.

驩然(환연 - 기뻐하는 모양) 交驩(교환 - 서로 즐거움을 나눔)

駒 망아지 구. 3602-10

◉ 馬 + {勹(쌀 포) + 口 = 句(글귀/굽을 구)} = 駒   (0808 참조)

※ 망아지 → 말 새끼.

☞ 입(口)을 감싸고(勹) 있는 말(馬), 곧 입을 어미 품에 파묻고서 젖을 빠는 젖먹이 말이라는 데서 「망아지」 뜻으로.

駒隙(구극 - 백구과극) 白駒過隙(백구과극 - 흰 망아지를 문틈으로 보듯 세월이 덧없이 빠름을 비유)

駝 낙타 타. 3603-10

◉ 馬 + 它(다를/짊어질/더할 타 ∣ 뱀 사)= 駝 (2614 참조)

☞ 등허리에 짐을 짊어지고(它) 있는 모양처럼 큰 혹이 돋아 있는 말(馬)과 유사한 동물이라는 데서 「낙타」 뜻으로.

駱駝(낙타 - 등에 큰 혹 모양의 육봉(肉峰)이 있는 사막 동물) 駝酪(타락 - 낙타 젖)

馴 길들일 순. 길들/좇을/순할 순. 3604-10

◉ 馬 + 川(내 천) = 馴

☞ 말(馬)을, 거스름이 없이 흘러내리는 냇물(川)처럼 주인의 명령을 거스르지 않고(순순히) 따르도록 길들인다는 데서 「길들이다. 길들다. (말이 주인을)좇다. (길들어져서)순하다」 뜻으로.

馴化(순화 - 기후가 다른 땅에 옮겨진 생물이 그 환경의 적응 체질로 변해 감) 馴養(순양) 馴致(순치)

騙 속일 편. 말에뛰어오를 편. 3605-10

◉ 馬 + 扁(작을/넓적할/현판 편) = 騙 (1752 참조)

☞ 말(馬)의 등에 씌워 놓은 작고 넓적한(扁) 안장에 올라탄다는 데서 「말에 뛰어오르다」 뜻을. 騙은 본래 「속이다」는 의미가 없었으나, 자전에 今俗借爲誆(금속차위광) → 오늘날 세속에서 誆(속일 광)의 뜻을 빌려 「속이다」는 의미로 쓰임.

騙取(편취 - 남을 속여 재물이나 이익 등을 빼앗음) 騙馬(편마 - 말 위에서 하는 재주놀이)

高	馬	髟	鬥
높을 고	말 마	머리털 표	싸움 투

髟 　머리털 표. 머리털늘어질/머리털희뜩희뜩할/깃발날릴 표. 　　　3606-00

자원 髟 → 길게(長 긴 장) 자라난 터럭(머리털)(彡 터럭 삼)이라는 데서 「머리털 늘어지다. 머리털」 의미를 지님.

쓰임 「머리털. 터럭」 의미로 쓰임.

眉髟髟而競長(미표표이경장 - 눈썹이 늘어지고 늘어져 길이를 겨루는 듯함)

髮 　터럭 발. 머리털 발. 　　　3607-40

◉ 髟 + 犮(개달아나는모양/없앨 발) = 髮

☞ 개 달아나는 모양(犮)처럼 길쭉하게 드리워져서 바람에 흩날리는 머리털(髟)이라는 데서 「머리털. 터럭」 뜻으로.

髮膚(발부 - 머리털과 피부) 頭髮(두발) 毛髮(모발) 調髮(조발) 理髮(이:발) 危機一髮(위기일발)

★ 犮(개달아나는모양/없앨 발)과 결합을 이룬 글자. 　　　3607 별첨

拔(뽑을 발)	☞ 手(1468) → 손(扌)을, 개 달아나는 모양(犮)처럼 재빠르게 뽑아(빼어)낸다는 데서 「뽑다」
跋(밟을 발)	☞ 足(3014) → 발(발걸음)(⻊)을, 개 달아나는 모양(犮)처럼 보폭을 넓히어 재빠르게 옮겨 딛는다는 데서 「밟다. 가는 모양」 跋文(발문)
魃(가물 발)	☞ 鬼(3629) → (술수를 부리어) 비를 달아나게(犮) 하는 귀신(鬼)이라는 데서 「가뭄 귀신. 가뭄」
黻(수 불)	☞ 黹(3665) → 개 달아나는 모양(犮)처럼 생동감이 있게끔(입체적으로) 갖가지 문양을 넣어 바느질한 여(黹) 놓은 천(옷)이라는 데서 「수(繡. 수놓은 예복」 黼黻(보불)

鬚 　수염 수. 턱수염 수. 　　　3608-00

◉ 髟 + 須(모름지기/수염 수) = 鬚 (3514 참조)

☞ 턱과 뺨에 머리털(髟)처럼 돋아 있는 수염(須)이라는 데서 「수염. 턱수염」 뜻으로.

鬚髮(수발 - 수염과 머리털) 鬚髥(수염 - 남자의 코밑과 턱·뺨에 나는 털)

髥 　구레나룻 염. 턱수염 염. 　　　3609-00

◉ 髟 + 冄(다팔머리 염) = 髥

※ 다팔머리 → 다팔다팔 흔들리는 머리털.

☞ 다팔머리(冄)처럼 바람결에 다팔다팔 나부끼는 (뺨이나 턱밑에 드리워진) 터럭(髟)이라는 데서 「구레나룻. 턱수염」 뜻으로.

髥虜(염로 - 털보 오랑캐. 서양 사람을 얕잡아 이르는 말) 霜髥(상염 - 흰 수염)

高	馬	髟	鬥
높을 고	말 마	머리털 표	싸움 투

鬥 싸움 투. 싸울 투 | 싸움 각. 3610-00

자원 鬥 → ⺁(잡을 국)과 ⺂(잡을 극)의 결합. 두 사람이 마주하여 창칼(멱살)을 움켜잡고 싸우는 모양에서 「싸움. 싸우다」는 의미를 지님.

쓰임 「싸움. 싸우다」는 의미로 쓰임.

鬪 싸움 투. 싸울 투. 3611-40

◉ 鬥 + 豆(콩/제기 두) + 寸(마디 촌) = 鬪

☞ 콩(豆)의 마디(寸)에서 나는 소리, 곧 콩대나 콩깍지가 불에 타는 타닥거리는 소리처럼 요란스러운 소리를 내면서 싸운다(鬥)는 데서 「싸움. 싸우다」 뜻으로.

鬪爭(투쟁 - 싸우는 일) 鬪志(투지) 鬪魂(투혼) 鬪牛(투우) 鬪技(투기) 鬪士(투사) 拳鬪(권:투) 戰鬪(전:투)

鬧 시끄러울/지껄일 뇨: 3612-00

◉ 鬥 + 市(저자 시) = 鬧

☞ 왁자지껄한 저잣거리(市)처럼 시끄럽게 싸운다(鬥)는 데서 「시끄럽다. 지껄이다」 뜻으로.

鬧市(요:시 - 번잡한 시장) 鬧歌(요:가 - 시끄러운 노래)

鬩 다툴 혁. 서로원망할 혁. 3613-00

◉ 鬥 + 兒(아이 아) = 鬩

☞ 아이들(兒)이 서로 비끼듯이 아옹다옹하며 싸운다(鬥)는 데서 「다투다. 원망하다」 뜻으로.

鬩墻(혁장 - 형제 사이의 다툼질)

鬲	鬯	骨	鬼
오지병 격	술 창	뼈 골	귀신 귀

부수 10획

鬲 오지병 격 | 솥 력. 막을/움큼(줌) 격. 3614-00

오지병(鬲)

자원 鬲 → 뚜껑(一)과 몸통(口), 솥전(받침대)(冂 그물 망)과 다리(丅)가 딸려 있는 솥이나 오지병 모양을 표현.

※ 오지병 → 진흙으로 병을 만들어 불에 구워 낸 검붉은 색깔의 병.

쓰임 「솥. 오지병. 막다. 병 모양」과 의미로 쓰임.

鬲閉門戶(격폐문호 - 문호를 막아 폐쇄시킴) ※ 鬲(= 隔 막을 격)

鬻 미음 죽 | 팔(賣) 육. 죽 죽 | 기를/어릴 국. 3615-00

◉ 粥(죽 죽) + 鬲 = 鬻

☞ 솥(鬲)에 들어 있는 죽(粥)이라는 데서 「죽. 미음. (미음을 먹이어 어린 아기를 기른다는 데서)기르다. 어리다. (흔히들 시장 바닥에 솥을 걸어 놓고 팥죽을 쑤어 파는 데서)팔다」 뜻으로.

鬻賣(육매 - 팔음. 판매)

★ 鬲(오지병/막을 격 | 솥 력)과 결합을 이룬 글자.		3615 별첨
隔(사이뜰 격)	☞ 阜(3353) → 테두리가 둘리어진 솥(鬲) 모양처럼 주변이 언덕(阝)으로 둘리어져(막혀) 있어서 건너편과의 사이가 뜨다는 데서 「사이 뜨다. 막히다」 隔離(격리)	
膈(흉격 격)	☞ 肉(2430) → 테두리에 둘러싸여 있는 오목한 솥(鬲) 모양처럼 장기를 둘러싸고 있는 신체(月) 부위 이라는 데서 「흉격」 胸膈(흉격)	
獻(드릴 헌)	☞ 犬(1393) → 솥(鬳)에 개(짐승)(犬)를 삶아서 웃어른께 바친다는 데서 「드리다. 바치다」	

鬲	鬯	骨	鬼
오지병 격	술 창	뼈 골	귀신 귀

부수 10획

鬯 술 창. 울창주/자랄/활집 창. 3616-00

자원 鬯 → 술독(凵 입벌릴/그릇 감)에 들어 있는 발효된 술밥(※ → 米「쌀 미」의 변형)과 이를 퍼내는 국자(匕 비수/숟가락 비)를 표현하여 「술. (술이)자라다」 의미를 지님.

쓰임 「술」 의미로 쓰임.

鬱鬯酒(울창주 - 기장에 울금향을 넣어 빚은 술) 鬯草(창초 - 울금향鬱金香)

鬱 답답할 울. 막힐/나무더부룩할 울. 3617-20

● 木 + 缶(장군 부) + 木 + 冖(덮을 멱) + 鬯 + 彡 (터럭/털자라날 삼) = 鬱

☞ 술밥이 들어 있는 장군(술독)(缶)을 나무(木)와 나무(木) 사이(나뭇단)에 덮어(冖)씌워 (이 때 발생한 열기로) 술(鬯)을 자라나게(彡) 하는(빚는), 곧 술을 발효시키기 위하여 술독을 나뭇단으로 덮어 씌워 놓은 모양으로, 술독 입장에서는 나뭇단에 둘리어져(막히어) 무척이나 답답하다는 데서 「답답하다. 막히다. 나무 더부룩하다」 뜻으로.

鬱鬱(울울 - 수목이 빽빽하고 푸르게 우거진 모양. 우울한 모양) 鬱蒼(울창) 鬱寂(울적) 鬱火(울화) 鬱憤(울분) 鬱結(울결) 鬱蟄(울칩) 鬱鬱蒼蒼(울울창창) 鬱陵島(울릉도 - 경상북도 동해안에 있는 섬)

| 부수 10획 | 鬲 오지병 격 | 鬯 술 창 | 骨 뼈 골 | 鬼 귀신 귀 |

骨 뼈 골. 뼈대/골수/사물의중추/백성 골. 3618-40

자원 骨 → 冎(살은발라내고뼈만앙상하게남을 과)와 月(= 肉 고기 육)의 결합. 살점(月)에 감싸여 있는 뼈(뼈대)(冎)를 표현.

쓰임 「뼈. 뼈대」 의미로 쓰임.

骨格(골격 - 뼈의 조직. 뼈대) 骨子(골자 - 일이나 말의 골갱이) 骨痛(골통 - 뼈가 쑤시고 열이 오르는 병) 骨髓(골수) 骨盤(골반) 骨組(골조) 骨肉之親(골육지친) 骨肉相殘(골육상잔) 骨肉相爭(골육상쟁)

體 몸 체. 사지/모양/물건/근본/본받을 체. 3619-60

◉ 骨 + 豊(풍성할 풍 | 예도/제기 례) = 體 (3308 참조)

☞ 뼈(骨)에 살점이 풍성하게(豊) 감싸여 있는 전체 몸뚱이라는 데서 「몸. 사지. (몸체를 이룬)모양. (몸체를 이루는)근본. (근본을)본받다」 뜻으로.

體質(체질 - 몸의 성질. 몸바탕) 體軀(체구) 體格(체격) 體長(체장) 體重(체중) 體育(체육) 體操(체조) 體級(체급) 體驗(체험) 體系(체계) 體溫(체온) 體言(체언) 肉體(육체) 形體(형체) 裸體(나:체)

骸 뼈/해골 해. 정강이뼈 해. 3620-10

◉ 骨 + 亥(돼지/열두째지지 해) = 骸 (0205 참조)

☞ 마지막 지지(地支)인 열두째 지지(亥)에 이르러 있는(마지막으로 남아 있는) 뼈(骨), 곧 (땅에 묻힌) 시신(屍身) 가운데 마지막으로 남아 있는 앙상한 뼈대이라는 데서 「해골. 뼈」 뜻으로.

骸骨(해골 - 뼈. 죽은 사람의 살이 썩고 남은 앙상한 뼈) 遺骸(유해 - 무덤 속에서 나온 뼈. 유골遺骨)

髓 골수/뼛골 수. 마음속 수. 3621-10

◉ 骨 + 遀(= 隨 「따를 수」의 고자) = 髓

☞ 뼈(骨) 속에 딸리어(채워져)(遀) 있는 물질이라는 데서 「골수. (뼈 속의 골수처럼 깊숙한 곳에 자리하고 있다는)마음속」 뜻으로.

髓腦(수뇌 - 머릿골. 사물의 가장 중요한 부분) 骨髓炎(골수염) 骨髓分子(골수분자) 精髓(정수)

鬲	鬯	骨	鬼
오지병 격	술 창	뼈 골	귀신 귀

부수 10획

鬼 | 귀신 귀: 도깨비/죽은사람의혼/멀 귀.   3622-32

- 자원: 鬼 → 귀신 머리(甶 귀신머리 불)를 풀어헤치고(儿 어진사람 인 → 「벌어진 모양」을 의미) 자유자재로(厶 나/사사로울 사 → 「제멋대로」 의미로 쓰임) 변신술을 부리는 혼령이라는 데서 「귀신. 혼. (귀신처럼 둔갑술을 부린다는)도깨비」 의미를 지님.
- 쓰임: 「귀신. 혼령」 의미로 쓰임.

鬼神(귀:신 - 죽은 사람의 혼령. 사람에게 화복을 내려 준다고 하는 정령) 鬼才(귀:재) 鬼氣(귀:기) 鬼面(귀:면) 鬼頭(귀:두) 鬼哭(귀:곡) 惡鬼(악귀) 雜鬼(잡귀) 魔鬼(마귀) 神出鬼沒(신출귀몰)

魂 | 넋 혼. 마음 혼.   3623-32

- 云(이를/일어날/돌아갈 운 → 본래 「구름」을 의미한 글자) + 鬼 = 魂 (0214 참조)
- ☞ (죽음에 이르면) 구름을 타고 하늘나라로 돌아가는(오르는)(云) 혼령(鬼)이라는 데서 「넋. 마음」 뜻으로.
- ※ 사람이 죽은 후에 하늘로 올라간다고 하는 정령(精靈)을 혼(魂)이라고 함.

魂靈(혼령 - 죽은 사람의 넋. 영혼) 魂怯(혼겁) 魂帛(혼백) 魂膽(혼담) 魂飛魄散(혼비백산) 鬪魂(투혼)

魅 | 매혹할 매. 도깨비/호릴/남의정신을흐리게할 매.   3624-20

- 鬼 + 未(아닐/아직 미) = 魅 (1611 참조)
- ☞ 귀신(鬼)이 아닌(未), 곧 귀신에는 미치지 못하지만 귀신처럼 신출귀몰하고 요사스러운 짓거리를 하는 괴물이라는 데서 「도깨비. 요괴. (요괴가 정신을)호리다. 매혹하다」 뜻으로.

魅惑(매혹 - 남을 흐려서 정신을 현혹하게 함) 魅力(매력) 魅了(매료) 魅惑的(매혹적)

魔 | 마귀 마. 귀신/마술 마.   3625-20

- 麻(삼 마) + 鬼 = 魔 (3662 참조)
- ☞ 가늘고 길쭉한 삼(삼 줄기)(麻)처럼 머리털을 기다랗게 풀어헤치고 나타난다고 하는 귀신(鬼)이라는 데서 「마귀. 귀신. (귀신처럼 요술을 부리는)마술」 뜻으로.

魔鬼(마귀 - 요사스럽고 못된 잡귀) 魔手(마수 - 음흉하고 흉악한 사람의 손길) 魔術(마술) 魔法(마법) 魔力(마력) 魔王(마왕) 魔窟(마굴) 惡魔(악마) 病魔(병:마 - 병을 악마에 비유한 말)

魏 | 성(姓)/나라 위. 높고큰모양/높을 위.   3626-20

- 委(맡길/붙일/따를 위) + 鬼(귀신 귀) = 魏 (0466 참조)
- ☞ 귀신(신)(鬼)의 보살핌에 맡기는(委), 곧 신(神)의 가호(돌봄)에 의지하는 나라라는 의미가 부여되어 「나라 이름. (신의 가호가)높고 큰 모양. 높다」 뜻으로.

魏(위 - 중국 전국 시대에 있었던 나라 BC403~BC225)

鬼 부수(자원과 쓰임 → 3622 참조)

魄　넋 백. 혼/형체 백.　3627-10

◉ 白(흰 백) + 鬼 = 魄

☞ (사람이 죽은 후에 무덤 속의) 흰(白) 뼈에 깃들어 있는(깃든다고 여기는) 혼령(鬼)이라는 데서 「넋. 혼. (뼈대에 깃들어 있다는 넋의)형체」 뜻으로.

※ 사람이 죽은 후에 하늘에 오르는 정령을 혼(魂), 무덤 속의 뼈에 깃든다는 정령을 백(魄)이라고 함.

魂魄(혼백 - 넋) 魂飛魄散(혼비백산 - 혼백이 흩어짐. 곧 몹시 놀라 어쩔 줄을 모름)

魁　괴수 괴. 우두머리/으뜸 괴.　3628-10

◉ 鬼 + 斗(말 두) = 魁

☞ 북두(斗) 자리를 차지하고 있는 귀신(鬼), 곧 (학식이나 덕망도 없이) 가장 높은 자리를 차지하고 있는 귀신(도깨비)같은 존재이라는 데서 「우두머리. 괴수. 으뜸」 뜻으로.

魁首(괴수 - 악당의 두목) 魁奇(괴기 - 뛰어나고 특이함) 魁頭(괴두 - 수석 급제자) 首魁(수괴 - 괴수)

魃　가뭄귀신/가물 발.　3629-10

◉ 鬼 + 犮(개달아나는모양/없앨 발) = 魃 (3607 참조)

☞ (술수를 부리어) 비를 달아나게(犮) 하는 귀신(鬼)이라는 데서 「가뭄 귀신. 가물다」 뜻으로.

※ 비(雨)를 관장하는 신(神)을 우사(雨師)라고 함.

旱魃(한:발 - 가뭄을 맡고 있다는 귀신)

黍	黃	麥	黑
기장 서	누를 황	보리 맥	검을 흑

부수 11획 -17획

黍 | 기장 서: 메기장 서. 3630-10

기장(黍)

자원 黍 → (이삭에) 결실한(禾 벼결실하려할 인) 알갱이가 물방울(氺 아랫물 수)처럼 조롱조롱 맺혀 있는 기장 모양을 표현.

쓰임 「기장. 차지다」는 의미로 쓰임.

※ 기장 → 오곡(五穀)의 하나로, 유사(有史) 이전부터 밭에서 재배하여 온 곡식. 일년초이며, 높이가 1~1.6m, 잎은 넓은 선형(線形)이며 길이가 30cm가량임. 이삭은 9~10월에 익으며 황실(黃實)이라고 함. 밥을 지으면 차지고 맛이 좋으며, 술을 담그거나 빵·과자 등의 원료로 쓰임.

黍粟(서:속 - 기장과 조) 黍酒(서:주 - 기장으로 빚은 술) 黍離之歎(서:리지탄 - 나라가 멸망한 궁전 터에 기장만이 무성함을 탄식하여 이르는 말)

黎 | 검을 려. 많을/뭇 려. 3631-10

◉ 黍 + 丿(삐침 별 →「끌어내리다. 드리워진 모양」을 의미) + 刀(칼 도) = 黎

☞ 기장(黍)에 드리워진 이삭(丿)을 칼(刀)로 베어 놓으면 이삭의 알갱이가 검게 보일 정도로 수없이 많다는 데서 「많다. 뭇. 검다」 뜻으로.

黎民(여민 - 뭇 백성 즉 일반 하층부의 백성) 黎明(여명 - 희미하게 밝아 오는 새벽. 희망의 빛)

黏 | 차질/붙을 점. 서로붙을/끈끈할/풀 점. 3632-00

◉ 黍 + 占(점칠/점령할/차지할/자리에붙어있을 점) = 黏 (0398 참조)

☞ 기장(黍)으로 지은 기장밥은 매우 끈끈하여(차지어) 자리에 달라붙는다(占)는 데서 「서로 붙다. 붙다. 차지다. 끈끈하다. (끈끈한)풀」 뜻으로.

粘土=黏土(점토 - 찰흙) 粘液=黏液(점액 - 끈끈한 액체) 粘性=黏性(점성 - 끈끈한 성질) 黏膜(점막)

※ 黏은 粘(차질/붙을 점)과 동자(同字)이나, 획이 간편한 粘이 주로 쓰임.

黍	黃	麥	黑
기장 서	누를 황	보리 맥	검을 흑

黃 누를 황. 흙빛/늙은이/어린이/급히서두를/성(姓) 황. 3633-60

자원 黃 → (붉은)빛(甘 → 「炗 빛 광」의 변형)으로 말미암아(由 말미암을/인할/지날 유) 그 빛의 농도가 나뉘어(엷어)져서(八 여덟/나눌 팔) 생겨난 빛깔. 또는 계란이 이십(廿 스믈 입) 일(一) 일이 지남(由)으로써 껍질을 제치고(八) 부화하는 노란 병아리 빛깔이라는 데서 「누르다. (누른)흙빛. (노란 병아리처럼 어린)어린이」 의미를 지님.

쓰임 「누르다. 누른 빛깔. 어린이」 의미로 쓰임.

黃色(황색 - 누른 빛깔) 黃土(황토) 黃砂·黃沙(황사) 黃昏(황혼) 黃金(황금) 黃銅(황동) 黃牛(황우) 黃鳥(황조) 黃鷄(황계) 黃泉(황천) 黃太(황태) 黃河(황하 - 중국에 있는 강) 黃喜(황희 - 세종 때의 명상. 영의정)

黌 글방 횡. 학교 횡. 3634-00

● 𦥑(→ 學「배울 학」의 획 줄임) + 黃 = 黌

☞ (노란 병아리처럼 어린) 어린이(黃)가 글을 배우는(𦥑) 장소이라는 데서 「글방. 학교」 뜻으로. 黌堂(횡당 - 공부하는 집. 글을 배우는 집) 黌舍(횡사 - 횡당) 黌門客(횡문객 - 독서인)

★ 黃(누를 황)과 결합을 이룬 글자.		3634 별첨
廣(넓을 광)	☞ 广(0760) → 트인 집(广) 형상을 이루어, 누른(黃) 빛깔의 땅덩어리를 감싸고 있는 거대한 우주 공간이라는 데서 「넓다. 크다」 廣野(광야)	
橫(가로 횡)	☞ 木(1631) → 누른(黃) 빛깔의 나무(木), 곧 외양간이나 부엌문을 가로질러 놓은 (때가 많이 끼어) 누른 빛깔을 띠는 나무이라는 데서 「빗장. (가로질러 놓은 빗장에서)가로」	

| 부수 11획 -17획 | 黍 기장 서 | 黃 누를 황 | 麥 보리 맥 | 黑 검을 흑 |

麥 　보리 맥. 메밀/귀리 맥.　　　　　　　　　　　　　　　3635-30

자원 麥 → 來와 夊(뒤쳐올 치)의 결합. 來는 본래「오다. 보리」뜻을 지녔으나,「오다」뜻으로만 쓰이고 麥은 새롭게 탄생된 글자로 봄. 뒤늦은 계절(늦은 가을)에 와서(夊) 파종하는 보리(來)이라는 데서「보리」의미를 지님.

쓰임 「보리. 밀」의미로 쓰임.

大麥(대:맥 - 보리) 小麥(소:맥 - 밀) 麥酒(맥주) 麥飯(맥반) 麥藁帽子(맥고모자) 麥秀之嘆(맥수지탄)

麵 　국수 면. 밀가루 면.　　　　　　　　　　　　　　　3636-10

● 麥 + 面(낯/얼굴 면) = 麵 (3574 참조)　　※ 麵은 麪의 속자.

☞ 밀(밀가루)(小麥)을 평평한 낯(얼굴)(面)처럼 판판하게 눌러서 썰어 놓은 식품이라는 데서「국수. 밀가루」뜻으로.

冷麵(냉:면 - 메밀로 만든 국수로서 차갑게 한 음식) 溫麵(온면 - 더운 장국에 만 국수. 국수장국)

麪 　국수 면. 밀가루 면.　　　　　　　　　　　　　　　3637-00

● 麥 + 丏(보이지않을/가릴 면) = 麪 (1296 참조)

☞ 밀(小麥)의 형체가 보이지 않도록(丏) 분쇄하여 놓은 것이라는 데서「밀가루. (밀가루로 만든) 국수」뜻으로.

麪子(면자 - 국수) 麪市鹽車(면시염거 - 밀가루 저자와 소금을 실은 수레, 곧 눈이 많이 쌓임을 형용)

麴 　누룩 국.　　　　　　　　　　　　　　　　　　　　3638-00

● 麥 + 匊(움킬/줌 국) = 麴 (2730 참조)

☞ 밀(小麥)을 분쇄하여 도톰한 줌(匊) 모양처럼 동그랗게 뭉쳐, 이를 띄워(발효시켜) 놓은 것이라는 데서「누룩」뜻으로.

麴君(국군 - 술의 애칭) 麴菌(국균 - 누룩에 들어 있는 녹말을 당분으로 변화시키는 효모酵母)

보리(麥)

밀(小麥)

黍	黃	麥	黑
기장 서	누를 황	보리 맥	검을 흑

부수 11획-17획

黑 | 검을 흑. 검은빛/어두울/캄캄할/사마귀 흑. 　　3639-50

- 자원: 黑 → 흙(土흙 토)으로 된 굴뚝(囧 창 창 | 굴뚝 총) 속으로 불(불길)(灬 불 화)이 지나가면서 그을리어진 검은 빛깔이라는 데서 「검다. 검은빛. (연돌 내부가)어둡다. 캄캄하다」는 의미를 지님.
- 쓰임: 「검다. 검은색」과 의미로 쓰임.

黑色(흑색) 黑白(흑백) 黑字(흑자) 黑心(흑심) 黑鉛(흑연)) 黑板(흑판) 黑幕(흑막) 黑人(흑인)

黨 | 무리 당. 많을/마을/편벽될 당. 　　3640-42

- 尙(오히려/높일/숭상할 상) + 黑 = 黨 (0576 참조)
- ☞ 오히려(尙) 검게(黑) 보이는, 곧 사람들이나 집들이 까마득하게 보일 정도로 수없이 많이 모여(무리지어) 있다는 데서 「무리. 많다. 마을」 뜻으로.

黨論(당론 - 당의 의견) 黨員(당원) 黨首(당수) 黨舍(당사) 黨規(당규) 黨權(당권) 黨利黨略(당리당략)

點 | 점 점(ː). 검은점/점찍을/더러울 점. 　　3641-40

- 黑 + 占(점칠/점령할/차지할/자리에붙어있을 점) = 點 (0398 참조)
- ☞ 검은(黑) 색상이 자리에 붙어 있는(占), 곧 자리에 검은 점이 찍혀 있다는 데서 「점. 검은 점. 점을 찍다」 뜻으로.

點檢(점검) 點數(점수) 點火(점화) 點呼(점호) 點線(점선) 點字(점자) 點綴(점철) 點心(점ː심)

黙 | 잠잠할 묵. 고요할/묵묵할/그윽할 묵. 　　3642-32

- 黑 + 犬(개/큰개 견) = 黙
- ☞ 검은(黑) 밤, 곧 칠흑같이 어두운 깊은 밤에는 개(犬)조차 잠들어 있어 더없이 고요하다는 데서 「잠잠하다. 묵묵하다. 고요(그윽)하다」 뜻으로.

黙念(묵념) 黙想(묵상) 黙認(묵인) 黙過(묵과) 黙視(묵시) 黙禮(묵례) 黙殺(묵살) 黙黙不答(묵묵부답)

黜 | 내칠/물리칠 출. 떨어뜨릴 출. 　　3643-10

- 黑 + 出(날/낼 출) = 黜 (0275 참조)
- ☞ 단체 내에서 검은색(黑)을 띤 흑색 분자(이적 행위 자)를 단체 바깥으로 내어(出)보낸다(퇴출시킨다)는 데서 「물리치다. 내치다」 뜻으로.

黜黨(출당 - 소속된 정당에서 당원의 자격을 빼앗는 일) 黜放(출방 - 물리쳐 내쫓음) 黜斥(출척)

魚	鹵	麻	黹
고기 어	소금밭 로	삼 마	바느질할 치

부수 11획-17획

魚 | 고기 어. 생선/어부/성(姓) 어.　　3644-50

자원 魚 → 보자기로 감싸는(勹 쌀 포) 모양처럼 오므리고 벌리는 아가미, 이랑(골)이 나 있는 전(田 밭 전) 글자 형상처럼 비늘에 둘러어 있는 몸통, 갈래진 꼬리지느러미(灬 불 화)로 이루어진 물고기 모양을 표현.

쓰임 「물고기. 물고기 유형의 파충류나 어패류」 의미로 쓰임.

魚類(어류 - 물고기의 무리) 魚網(어망) 魚肉(어육) 魚缸(어항) 魚頭肉尾(어두육미) 魚頭鳳尾(어두봉미)

鮮 | 고울 선. 생선/새로울/적을 선.　　3645-50

◉ 魚 + 羊(양/노닐 양) = 鮮

☞ 양 떼(羊)처럼 노니는 고기(魚), 곧 살아서 꿈틀거리는 고기이라는 데서 「생선. (내륙 지방에서 바다 생선을 접한다는 것은 새삼스럽고 드문 일이라는 데서)새롭다. 적다. (새롭게 보인다는 데서) 곱다」 뜻으로.

生鮮(생선 - 잡은 그대로의 물고기) 鮮明(선명) 鮮度(선도) 鮮血(선혈) 鮮魚(선어) 新鮮(신선)

鮑 | 절인물고기 포: 절인어물/성(姓) 포.　　3646-20

◉ 魚 + 包(쌀 포) = 鮑 (0264 참조)

☞ 소금에 싸서(包) 절여 놓은 물고기(魚)이라는 데서 「절인 물고기. 절인 어물」 뜻으로.

鮑魚(포:어 - 소금에 절인 생선. 전복) 鮑尺(포:척 - 전복을 따는 사람) 鮑石亭(포:석정 - 신라 시대의 유적)

魯 | 노둔할/노나라 로. 미련할/어리석을/성(姓) 로.　　3647-20

◉ 魚 + 曰(가로/이를 왈) = 魯

☞ 물고기(魚)가 입을 끔벅이며 무엇인가를 이르는(말하는)(曰) 것처럼 굼뜨게(미련스럽게) 말한다는 데서 「노둔하다. 미련하다. 어리석다」 뜻으로.

魯鈍(노둔 - 어리석고 둔함) 魯朴(노박) 魯迅(노신 - 중국의 학자. 광인일기 저작) 魚魯不辨(어로불변)

鯨 | 고래 경.　　3648-10

◉ 魚 + 京(서울/높은언덕 경) = 鯨 (0201 참조)

☞ 높은 언덕(京)처럼 덩치가 매우 거대한 물고기(魚)이라는 데서 「고래」 뜻으로.

鯨浪(경랑 - 큰 파도) 鯨波鯨波(경파경파) 鯨戰蝦死(경전하사 - 약자가 화를 당함을 비유) 捕鯨(포:경 - 고래잡이)

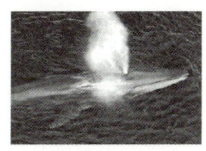

고래(鯨)

魚 부수(자원과 쓰임 → 3644 참조)

鰥 홀아비 환. 환어/잠이오지않는모양 환.　　　3649-10

- 魚 + 眔(= 眔 눈서로미칠 답) = 鰥 (3151 참조)
- ☞ 눈이 서로 미치는(眔) 고기(魚), 곧 눈을 감지 아니하고 언제나 상대방을 바라다보고만 있다고 하는 (전설상의) 고기이라는 데서 「환어. (눈을 감지 못하여)잠이 오지 않는 모양. (부인이 그리워서 밤을 지새우는)홀아비」 뜻으로.

鰥魚(환어 - 늘 눈을 감지 못한다는 전설상의 큰 민물고기) 鰥寡(환과 - 홀아비와 과부) 鰥鰥(환환)

鰍 미꾸라지 추.　　　3650-10

- 魚 + 秋(가을 추) = 鰍 (2194 참조)
- ☞ 가을(秋)에 (흔히들) 추어탕으로 식단에 오르는 고기(魚)이라는 데서 「미꾸라지」 뜻으로.

鰍魚(추어 - 미꾸라지) 鰍魚湯(추어탕 - 미꾸라지를 재료로 하여 국거리와 양념을 넣고 끓인 국)

鱗 비늘 린.　　　3651-10

- 魚 + 粦(도깨비불/개똥벌레불 린) = 鱗 (3349 참조)
- ☞ 고기(魚) 표피에 다닥다닥 달라붙어서, 반짝이는 개똥벌레 불(粦)처럼 반짝거리는 각질이라는 데서 「비늘」 뜻으로.

鱗蟲(인충 - 비늘이 있는 생물의 총칭) 鱗介(인개 - 어류와 패류) 鱗紋(인문) 鱗甲(인갑) 片鱗(편린)

鰻 뱀장어 만.　　　3652-10

- 魚 + 曼(이끌/길/멀/넓을/퍼질 만) = 鰻 (1898 참조)

뱀장어(鰻)

  - ☞ 몸뚱이가 긴(길쭉한)(曼) 고기(魚)이라는 데서 「뱀장어」 뜻으로.
  - 鰻鱺(만리 - 뱀장어) ※ 鱺(뱀장어 리)

鼈 자라 별.　　　3653-10

- 敝(옷해어질/무너질 폐 | 가릴 별) + 魚 = 鼈 (0994 참조) ※ 鼈은 鱉(자라 별)과 동자.
- ☞ 머리를 몸속으로 가리는(숨기는)(敝) 습성을 지닌 고기(魚) 유형의 파충류이라는 데서 「자라」 뜻으로.

鼈(鱉)主簿傳(별주부전 - 자라를 주인공으로 한 소설)

鰒 전복 복.　　　3654-10

- 魚 + 复(= 復 옛길을갈/돌아올/되풀이할 복) = 鰒 (0435 참조)
- ☞ 떠나갔던 길을 되돌아오는(复) 것처럼 언제나 가까운 주변을 맴도는 고기(魚) 유형의 어패류이라는 데서 「전복」 뜻으로.

全鰒(전복 - 몸은 귀처럼 생겼으며 살은 식용하며 껍질은 나전 세공의 재료로 쓰임) 全鰒粥(전복죽)

魚 부수(자원과 쓰임 → 3644 참조)

鯉 잉어 리. 편지 리.

3655-00

● 魚 + 里(마을/거할 리) = 鯉

잉어(鯉)

☞ 마을(里) 부근의 냇가를 오르내리면서 서식하는 물고기(魚)라는 데서 「잉어. (잉어 뱃속에서 편지가 나왔다고 하는 고사故事에서)편지」 뜻으로.

鯉魚(이어 - 잉어) 鯉魚風(이어풍 - 가을바람) 鯉素(이소 - 편지)

鰐 악어 악.

3656-00

● 魚 + {吅(부르는소리/지껄일 훤) + 亏(갈 우) = 咢(깜짝놀랄 악)} = 鰐 (1933 참조)

악어(鰐)

☞ (마주치면) 깜짝 놀랄(咢) 정도로 매우 흉측스럽게 생긴 고기(魚) 유형의 파충류라는 데서 「악어」 뜻으로.

鰐魚(악어 - 인도나 아프리카에서 서식하는 파충류의 일종) 鰐皮(악피 - 악어가죽)

魚	鹵	麻	黹
고기 어	소금밭 로	삼 마	바느질할 치

鹵 소금밭 로. 소금/염전/개펄/황무지/거동/훔칠 로. 3657-00

자원 鹵 → 쌀알(氺 → 米「쌀 미」의 변형으로 소금 모양을 표현) 형태의 흰 결정체가 자리에 붙어 (모여) 있는(占 점칠/자리에붙어있을 점) 소금밭(소금) 모양을 표현.

쓰임 「소금」 의미로 쓰임.

鹵田(노전 - 염분이 있는 메마른 땅) 鹵掠(노략 - 재물을 약탈함) 鹵鈍=魯鈍(노둔 - 둔하고 어리석음)

鹽 소금 염. 절일 염. 3658-30

◉ 臥(누울 와) + 鹵 + 皿(그릇 명) = 鹽

☞ 그릇(皿)에 누워(臥) 있는 소금(鹵), 곧 그릇에 깔려(담겨) 있는 소금이라는 데서 「소금」 뜻으로.

鹽分(염분 - 소금기) 鹽田(염전) 鹽氣(염기) 鹽基(염기) 鹽藏(염장) 鹽醬(염장) 鹽素(염소) 食鹽(식염)

鹹 짤 함. 소금기 함. 3659-10

◉ 鹵 + 咸(다/모두/찰 함) = 鹹 (0830 참조)

☞ (바닷물에) 소금(鹵)이 모두(咸) 들어 있어서 짜다는 데서 「짜다. 소금기」 뜻으로.

鹹水(함수 - 짠물. 바닷물) 鹹苦(함고 - 짜고 씀) 海鹹河淡(해:함하담 - 바닷물은 짜고 강물은 싱거움)

魚	鹵	麻	黹
고기 어	소금밭 로	삼 마	바느질할 치

麻 삼 마(:) 대마/약이름/악기이름/마비할 마. 3660-30

- **자원** 麻 → 덩그렇게 솟은 돌집(广 돌집 엄) 형상을 이루어 삼(朩 삼 빈)과 삼(朩)이 높다랗게 무더기를 이루어 자라나 있는 삼밭(삼) 모양을 표현.
- ※ 삼 → 줄기가 곧고 1.2m~3m정도 자라며, 껍질을 벗겨 내어 삼베옷이나 노끈의 재료로 사용함.
- **쓰임** 「삼. 삼베」 의미로 쓰임.

麻衣(마의 - 삼베옷) 麻布(마포 - 삼베) 麻袋(마대) 麻織(마직) 麻衣太子(마의태자) 麻雀(마:작)

麾 기(旗)/대장기 휘. 지휘할 휘. 3661-10

- ◉ 麻 + 毛(털 모) = 麾 (1419 참조)
- ☞ 삼베(麻)에 털(깃털)(毛)을 촘촘하게 꽂아 깃대에 드리워 놓은 깃발이라는 데서 「대장기. (대장기를 세워 놓은 본영에서 군사를 지휘한다는 데서)지휘하다」 뜻으로.

麾旗(휘기 - 지휘하는 깃발) 麾下(휘하 - 예하. 대장기의 아래, 곧 장군의 통솔 아래에 있는 모든 병졸)

麽 잘 마. 작을/그런가 마. 3662-00

- ◉ 麻 + 么(→ 幺「작을 요」의 속자) = 麽 ※ 麽는 麼(잘 마)의 속자.
- ☞ 삼(麻)으로부터 뽑아낸 가늘고 작은(么) 실오리이라는 데서 「잘다. 작다」 뜻으로.

麽陋(마루 - 모습이 비천함)

★ 麻(삼 마)와 결합을 이룬 글자. 3662 별첨

磨(갈 마)	☞ 石(2141) → (삼 껍질을 벗기기 위하여) 삼(麻)을 돌(石)에 올려놓고 문지른다는 데서 「문질러 갈다. 갈다」 磨崖(마애)
摩(문지를 마)	☞ 手(1493) → (삼 오라기를 잇기 위하여) 삼(麻)을 손(手)으로 문지른다는 데서 「문지르다」
痲(저릴 마)	☞ 疒(2308) → 삼(대마초)(麻)에 들어 있는 환각 성분으로 말미암아 신경 계통이 마비되는 병(疒)의 일종이라는 데서 「저리다」 痲醉劑(마취제)
魔(마귀 마)	☞ 鬼(3625) → 가늘고 길쭉하게 자라나 있는 삼(麻) 모양처럼 머리털을 기다랗게 풀어헤치고 나타나는(나타난다고 하는) 귀신(鬼)이라는 데서 「마귀. 귀신」 魔鬼(마귀)
靡(쓰러질 미)	☞ 非(3414) → 삼(麻)이 서로 어긋난(非) 방향으로 쓰러져 있다는 데서 「쓰러지다. 얽다」

魚	鹵	麻	黹
고기 어	소금밭 로	삼 마	바느질할 치

黹 | 바느질할 치. 수(繡) 치. 3663-00

자원 黹 → 옷이 해진(㡀 옷해진모양 폐) 부위에 바늘 실로 풀이 무성하게(业 → 丵「풀무성할 착」의 획 줄임) 돋아나는 모양처럼 촘촘하게 꿰맨다는 데서 「바느질하다」 의미를 지님.

쓰임 「바느질하다. 바느질」 의미로 쓰임.

黼 | 수(繡) 보: 3664-00

◉ 黹 + 甫(클/많을 보 | 남새밭 포) = 黼 (2192 참조)

☞ 여러 가지 채소를 심어 놓은 남새밭(甫) 모양처럼 갖가지 문양을 넣어 바느질하여(黹) 놓은 베(천)이라는 데서 「수(繡)」 뜻으로.

黼黻(보:불 - 임금이 예복으로 입는 치마에 새긴 도끼와 「亞」모양의 수) 黼衣(보:의 - 천자의 예복)

黻 | 수(繡)/슬갑 불. 수놓은예복 불. 3665-00

◉ 黹 + 犮(개달아나는모양 발) = 黻 (3607 참조)

☞ 개 달아나는 모양(犮)처럼 생동감이 있게끔(입체적으로) 갖가지 문양을 넣어 바느질하여(黹) 놓은 천(옷)이라는 데서 「수(繡). 수놓은 예복」 뜻으로.

黻冕(불면 - 슬갑膝甲과 갓)

| 부수 11획-17획 | 鹿 사슴 록 | 鼻 코 비 | 鼠 쥐 서 | 齒 이 치 |

鹿 사슴 록. 네모진곳집/녹두 록. 3666-30

사슴(鹿)

자원 鹿 → 우뚝하게 솟은 돌집(厂 돌집 엄)처럼 우두커니 서 있는 사슴의 측면 모양, 곁가지가 돋아난 뿔(卝), 가지런하게 뻗은 다리(比 비할/가지런할 비), 곧 사슴의 특징적인 모양을 표현.

쓰임 「사슴. 사슴 유형의 동물」과 의미로 쓰임.

鹿茸(녹용 - 사슴의 연한 뿔. 한약재로 쓰임) 鹿角(녹각) 鹿血(녹혈) 鹿皮(녹피-녹비) 鹿野苑(녹야원) 白鹿潭(백록담) 指鹿爲馬(지록위마 - 윗사람을 농락하여 권세를 마음대로 잡음을 비유한 말)

麗 고울 려. 빛날/꾀꼬리 리. 3667-42

- 丽(고울 려) + 鹿 = 麗
- ☞ 사슴(鹿)의 생김새가 곱다(丽)는 데서「곱다. (고운 빛깔에서)빛나다. (고운 목소리로 지저귀는)꾀꼬리」뜻으로.

麗句(여구 - 아름다운 시문의 문구) 麗朝(여조) 麗水(여수) 華麗(화려) 秀麗(수려) 美麗(미:려)

★ 麗(고울/빛날 려)와 결합을 이룬 글자.		3667 별첨
驪(검은말 려)	☞ 馬(3589) → 털빛이 곱게(麗) 빛나는 말(馬), 곧 털이 햇빛에 반사되어 윤기가 번지르르하게 흐르는 말이라는 데서「검은 말」驪駒(여구)	
灑(뿌릴 쇄)	☞ 水(1352) → 물(氵)이 고운(麗) 물보라를 일으키며 뿜어져 나오는, 곧 입김을 불어서 물을 뿜어내는 모양이라는 데서「물을 불다. 뿌리다」灑掃(쇄소)	

麒 기린 기. 3668-20

- 鹿 + 其(그 기)= 麒 (0327 참조)
- ☞ 성군이 태어날 그(其) 시기에 때맞추어 이 세상에 출현한다고 하는 사슴(鹿) 유형의 (상상의 신령스러운) 동물이라는 데서「기린」뜻으로.

麒麟(기린 - 상상의 신령스러운 동물로 성군이 태어날 조짐으로 출현한다는 짐승. 아프리카에서 사는 목과 발이 긴 짐승. 재주와 지혜가 특출한 사람을 비유) 麒麟兒(기린아 - 장래가 촉망되는 젊은이)

麟 기린 린. 3669-20

- 鹿 + 粦(도깨비불/반딧불 린)= 麟 (3349 참조)

기린(麒麟)

☞ 갑자기 나타났다가 사라지는 도깨비불(粦)처럼 성군이 태어날 징조로 일시적으로 나타났다가 사라진다는 사슴(鹿) 유형의 (상상의 신령스러운) 동물이라는 데서「기린」뜻으로.

麟角(인각 - 기린의 뿔. 곧 지극히 희귀함을 비유한 말) 麟孫(인손) 麟蹄(인제 - 강원도 북부

鹿 부수(자원과 쓰임 → 3666 참조)

에 있는 지명)

麓 산기슭 록. 산밑/산지키는관리 록. 3670-10

◉ 林(수풀 림) + 鹿 = 麓
☞ 수풀(林)이 우거져 있는, 사슴(鹿)이 노니는 산자락이라는 데서 「산기슭」 뜻으로.
山麓(산록 - 산기슭) 山麓帶(산록대 - 식물의 수직 분포상의 한 지대)

麝 사향노루 사: 3671-10

◉ 鹿 + 射(쏠 사) = 麝 (0568 참조).
☞ 사슴(鹿)의 일종으로, 향낭(香囊 → 향주머니)에서 분비되는 향을 쏘아(射) 향내를 풍기는 짐승이라는 데서 「사향노루」 뜻으로.
麝香(사:향 - 사향노루의 배꼽에 붙어 있는 향낭을 말린 향료) 麝香水(사:향수) 麝香囊(사:향낭)

| 부수 11획 -17획 | 鹿 사슴 록 | 鼻 코 비 | 鼠 쥐 서 | 齒 이 치 |

鼻 | 코 비: 비로소/처음/시초 비. 3672-50

자원 鼻 → 自(스스로 자 | 코 비)는 본래 「코」를 뜻하였으나 「스스로」 의미로 쓰임에 따라, 鼻는 새로이 태어난 글자. 공기를 허파에 넣어주는(畀 줄 비) 구실을 하는 코(自)이라는 데서 「코. (태아에서 코가 맨 먼저 생긴다는 데서)비로소. 처음. 시초」 의미를 지님.

쓰임 「코」 의미로 쓰임.

鼻腔(비:강 - 콧속) 鼻孔(비:공 - 콧구멍) 鼻音(비:음 - 코 안이 울리는 소리) 鼻血(비:혈) 鼻笑(비:소) 鼻聲(비:성)
鼻炎(비:염) 鼻祖(비:조 - 시조) 阿鼻叫喚(아비규환 - 아비지옥의 고통으로 울부짖는 소리)

鼾 | 코골 한. 3673-00

● 鼻(코 비) + 干(방패/막을 간) = 鼾
☞ 코(鼻)가 방패(干)에 가리어져 있는 것처럼 콧김이 갇혀 있다가 힘겹게 밖으로 빠져나오는 소리를 낸다는 데서 「코골다」 뜻으로.

鼻鼾(비:한 - 코를 곪) 鼾睡(한수 - 코를 골면서 잠) 鼾雷(한뢰 - 천둥 같은 코고는 소리)

鹿	鼻	鼠	齒
사슴 록	코 비	쥐 서	이 치

부수 11획 -17획

鼠 쥐 서: 우물쭈물할/좀도둑/근심할 서. 3674-10

자원 鼠 → 곡식을 찧는 절구(臼 절구 구)처럼 곡식 껍질을 벗기는 이빨, 치켜세운 발과 꼬리 (㲋) 모양, 곧 발을 곧추세우고 곡식을 갉아먹고 있는 쥐 모양을 표현.

쓰임 「쥐. 쥐와 유사한 동물(설치류)」 의미로 쓰임.

鼠疫(서:역 - 흑사병. 페스트) 鼠狼(서:랑 - 족제비) 鼠色(서:색 - 쥐의 털과 같은 잿빛) 鼠賊(서:적 - 좀도둑) 鼠竊(서:절 - 좀도둑) 鼠生員(서:생원 - 쥐를 의인화하여 부르는 말)

鼢 두더지 분. 3675-00

◉ 鼠 + 分(나눌 분) = 鼢 (0227 참조)

☞ (앞발을 이용하여) 흙을 가르며(파헤치며)(分) 땅속으로 기어 다니는 쥐(鼠) 유형의 동물이라는 데서「두더지」뜻으로.

鼢鼠(분서 - 두더지과의 포유동물로, 두더지보다 체구가 크며 몽고 지방에 분포함)

鼨 다람쥐 종. 3676-00

◉ 鼠 + 冬(겨울/마칠/감출 동) = 鼨 (0299 참조)

다람쥐(鼨)

☞ 겨우살이 양식을 감추어(冬) 두는 습성을 지닌 쥐(鼠) 유형의 동물이라는 데서「다람쥐」뜻으로.

鹿	鼻	鼠	齒
사슴 록	코 비	쥐 서	이 치

齒 이 치. 어릴/나이차례/종류/같은무리 치.   3677-42

자원 齒 → 입속(凵 입벌릴 감)에 혀(一)를 사이에 두고 위아래로 이(이빨)(从从)가 발가락(止 그칠/발 지)처럼 가지런하게 돋아 있는 모양을 표현.

쓰임 「이(이빨)」 의미로 쓰임.

齒牙(치아) 齒痛(치통) 齒科(치과) 齒藥(치약) 齒列(치열) 齒石(치석) 齒輪(치륜) 齒周炎(치주염)

齡 나이 령.   3678-10

◉ 齒 + 令(하여금/영 령) = 齡 (0060 참조)

☞ 이(齒)로 하여금(令) 판별하는 것이 나이이라는 데서 「나이」 뜻으로.

※ 소 같은 짐승은 (다 자라난 이가 일 년에 하나씩 빠지는) 이빨을 헤아려 나이를 알아냄.

年齡(연령 - 나이) 學齡(학령 - 취학 연령) 高齡(고령 - 썩 많은 나이) 老齡(노:령 - 늙은 나이)

齧 물/깨물 설. 씹을 설.   3679-00

◉ {丯(풀이나서산란할 개) + 刀(칼 도) = 㓞(새길 각 | 계약할 계)} + 齒 = 齧

☞ 풀이 나서 산란한(丯) 것을 칼(刀)로 자르는 것처럼 (얽혀 있는) 음식물을 이(이빨)(齒)로 가른 다(물어뜯거나 씹는다)는 데서 「물다. 깨물다. 씹다」 뜻으로.

齧殺(설살 - 깨물어 죽임) 齧齒類(설치류 - 쥐·다람쥐 따위의 동물)

齪 악착할 착.   3680-00

◉ 齒 + 足(발/걸을 족) = 齪

☞ 이(齒)를 악물고 발걸음(足)을 내딛는다(혼신의 힘을 다한다)는 데서 「악착하다」 뜻으로.

齷齪(악착 - 작은 일에도 끈기가 있고 모짊. 잔인하고 끔찍스러움) ※ 齷(악착할 악)

| 부수 11획-17획 | 黽 맹꽁이 맹 | 龜 거북 귀 | 龍 용 룡 | 鳥 새 조 |

黽 | 맹꽁이 맹. 힘쓸 민. 3681-00

맹꽁이(黽)

자원 黽 → 상자(匚 상자 방) 두 개를 맞대어 놓은 모양처럼 불룩하게 생긴 머리(㞢), 두 개의 상자를 맞대어 놓은 모양처럼 크게 부풀어 있는 몸통(E ㅋ), 등줄기와 꼬리(丨乚), 곧 머리와 몸뚱이가 포개어 놓은 상자처럼 불룩한 맹꽁이 모양을 표현.

쓰임 「맹꽁이. 두꺼비. 자라 유형의 파충류」 의미로 쓰임.

※ 일부 자전(字典)에서는 부수 명칭이 「힘쓸 민」으로 되어 있으나, 黽은 맹꽁이 모양을 표현한 글자이며 또한 맹꽁이 같은 파충류 의미로 쓰임으로, 「맹꽁이 맹」이 올바른 명칭으로 여겨짐.

黽勉(민면 - 부지런히 힘씀)

鰲 (큰)자라 오. 3682-00

● 敖(거만할/놀 오) + 黽 = 鰲 (0125 참조)

☞ 거만하게(敖) 움직이는 것처럼 무척 여유롭게 물을 헤집으면서 나아가는 맹꽁이(黽) 유형의 파충류(爬蟲類)이라는 데서 「큰 자라」 뜻으로.

鰲頭(오두 - 책에서 본문 상단에 써넣은 주해문註解文) 鰲山(오산 - 민속놀이의 일종인 산디놀음)

鱉 자라 별. 3683-00

● 敝(옷해어질 폐ㅣ가릴 별) + 黽 = 鱉 (0994 참조) ※ 鱉은 鼈(자라 별)과 동자.

자라(鱉)

☞ 머리를 몸속으로 가리는(숨기는)(敝) 습성을 지닌 맹꽁이(黽) 유형의 파충류이라는 데서 「자라」 뜻으로.

鱉甲=鼈甲(별갑 - 자라의 껍데기) 龜鼈類(귀별류 - 수척류水蜴類에 속하는 파충류)

※ 黽과 결합을 이룬 글자는 繩(새끼줄 승 → 糸 부수) 蠅(파리 승 → 虫 부수) 등이 있음.

부수 11획-17획	黽	龜	龍	鳥
	맹꽁이 맹	거북 귀	용 룡	새 조

龜 거북 귀. 무늬/점칠/본뜰/거북껍질/별이름 귀 | 터질 균 | 지명/인명 구.   3684-30

거북(龜)

자원 龜 → 보자기로 감싸는(勹 쌀 포) 것처럼 몸속으로 숨기는 머리, 두 개의 상자(匚 상자방)를 맞대어 놓은 모양처럼 생긴 넓적하고 딱딱한 몸통(吕), 뒤엎어 놓은 상자(ㄱ)에 금(×)을 그어 놓은 형상의 등판(젹), 빗자루 모양처럼 갈래진 발(彐), 척추와 꼬리(ㅣㄴ), 곧 거북의 특징적인 모양을 표현.

쓰임 「거북. 자라」 의미로 쓰임.

龜甲(귀갑 - 거북 껍데기) 龜殼(귀각 - 귀갑) 龜鑑(귀감 - 거울로 삼아 본이 될 만한 것) 龜船(귀선 - 거북선) 龜卜(귀복 - 거북점) 龜趺(귀부 - 거북 모양을 한 비석 받침) ※ 趺(받침 부) 龜毛兔角(귀모토각 - 거북의 털과 토끼의 뿔, 곧 있을 수 없는 일을 일컫는 말) 龜裂(균열) 龜尾市(구미시 - 경상북도에 있는 공업 도시)

鼈 자라 별.   3685-00

◉ 敝(옷해어질 폐 | 가릴 별) + 龜 = 鼈   ※ 鼈은 鱉(자라 별)과 동자.

☞ 머리를 몸속으로 가리는(敝) 습성을 지니고 있는 거북(龜) 유형의 파충류(爬蟲類)이라는 데서 「자라」 뜻으로.

鼈盞=鱉盞(별잔 - 자라 주둥이 같이 생긴 술잔)

부수 11획 -17획	黽 맹꽁이 맹	龜 거북 귀	龍 용 룡	鳥 새 조

龍 | 용 룡. 임금님/준걸/은총/별이름/둔덕/언덕 롱.   3686-40

용(龍)

자원 龍 → 立(설 립), 月(= 肉 고기 육), 卜(점 복), 己(몸 기), 三(석 삼)의 결합. 세운(立) 몸(月)으로(몸뚱이를 곧추세우고) 하늘 위로 날아오르며, (거북 껍질이 금간 모양을 표현한) 복(卜) 글자 형상처럼 갈래져 있는 비늘, 기(己) 글자 형상처럼 생긴 구부렁한 몸뚱이와 꼬리, 삼(三 → 많음을 의미), 곧 많은 발가락(발톱)이 돋아 있다고 하는 (상상의 동물인) 용 모양을 표현.

※ 龍은 획이 복잡하여 잊기 쉬운 글자이기에, 위에서 열거한 용의 특징적인 모양을 머릿속에 그리면서 이를 파자하여 입월복기삼(立月卜己三)으로 암기한다면 오래도록 기억할 수 있을 것임.

쓰임 「용. 용처럼 구불구불한 모양」과 의미로 쓰임.

龍(용) → 상상(想像)의 동물. 몸은 뱀과 비슷하며 뻣뻣한 비늘이 돋아 있고, 얼굴은 사나우며, 수염과 네 발이 있는데, 깊은 연못·호수·바다 등 물속에 살며, 때로는 하늘을 날고, 구름과 비를 일으킨다는 상서로운 동물로 여기어, 천자(天子)나 군왕(君王)에 비유함.

龍馬(용마 - 썩 훌륭한 말) 龍淚(용루) 龍顔(용안) 龍宮(용궁) 龍王(용왕) 龍虎(용호) 龍頭(용두) 龍尾(용미) 龍虎相搏(용호상박) 龍頭蛇尾(용두사미) 龍飛御天歌(용비어천가) 龍仁(용인 - 경기도에 있는 지명)

龐 | 높은집 방. 클/성(姓) 방 | 땅이름 롱.   3687-20

● 广(돌집 엄) + 龍 = 龐

☞ 하늘 위로 솟구치는 용(龍)처럼 높다랗게 지은 트인 집(广)이라는 데서 「높은 집. 크다」 뜻으로.

竜 | 용 룡. 일어날 용.   3688-00

● 立(설립) + 甩(甲「갑옷 갑」의 변형) = 竜 ※ 竜 → 立 부수에 속한 글자.

※ 竜은 龍의 고자(古字)이면서 약자(略字)이기에 필기체에서 많이 쓰임.

☞ 갑옷(甩 → 甲)을 둘러놓은 모양처럼 비늘에 둘리어 있는 구부렁한 몸뚱이를 일으켜 세우고(立) 하늘 위로 날아오른다고 하는 상상의 동물이라는 데서 「용. 일어나다」 뜻으로.

龕 | 감실 감: 담을/이길 감.   3689-00

● 合(합할/모을 합) + 龍 = 龕

☞ (죽은 사람의) 유품을 합하여(모아)(合) 용(龍)과 함께 깃들(기거할) 수 있도록 탑 속에 오목하게 파 놓은 방(유품 보관함)이라는 데서 「감실. (감실에 유품을)담다. (감실은 난세를 진정시킨다는 데서) 이기다」 뜻으로.

※ 탑 속에 함 모양처럼 오목하게 파 놓은 감실은 용과 영혼이 함께 깃든다고 여기는 곳임.

龕室(감:실 - 탑 속에 방을 만들어 불경·사리 등 신령스러운 유품을 보관하는 곳) 龕世(감:세 - 세상을 평정

함. 세상을 진정鎭定함)

★ 龍(용 롱)과 결합을 이룬 글자.		3689 별첨
籠(대바구니 롱)	☞ 竹(2690) →	대나무(竹)를 잘게 쪼개어, 용(龍)이 똬리를 트는(용트림치는) 형상처럼 굽이지게끔 엮어 놓은 그릇이라는 데서 「대바구니」 籠球(농구)
壟(언덕 롱)	☞ 土(0725) →	용(龍)이 똬리를 틀고 있는 모양처럼 흙(土)이 둥그스름하게 둘리어 있는 지형이나 지대이라는 데서 「언덕. 밭두둑」 壟斷(농단)
聾(귀머거리 롱)	☞ 耳(2880) →	용(龍)이 귓속(耳)으로 들어가서 똬리를 틀고(몸뚱이를 동그랗게 뭉쳐서 귀를 막고) 있는 것처럼 소리가 들리지 않는다는 데서 「귀머거리」 聾兒(농아)
瓏(옥소리 롱)	☞ 玉(2069) →	옥(玉)이 (부딪치어) 용용(龍龍)거리며 울리는 소리이라는 데서 「옥 소리」
襲(엄습할 습)	☞ 衣(2547) →	임금이 용(용무늬)(龍)을 수놓은 옷(衣)을 걸쳐 입는다는 데서 「옷을 껴입다. (용포를 입은 임금의 풍모에서 위엄스러움이)엄습하다」 掩襲(엄습)
寵(사랑할 총)	☞ 宀(0621) →	집(宀)에 용(龍)이 태어나는, 곧 (용은 임금이나 귀인에 비유하는 바) 집(궁궐)에 왕세자나 귀인이 태어나면 한없이 사랑을 쏟아붓는다는 데서 「사랑하다」 寵愛(총애)

| 부수 11획-17획 | 黽 맹꽁이 맹 | 龜 거북 귀 | 龍 용 룡 | 鳥 새 조 |

鳥 새 조.   3690-42

자원 鳥 → 새의 부리(丿), 머리와 눈(日), 갈래진 깃털(卜), 등줄기와 꼬리(⺄), 발톱(灬)으로 이루어진 새 모양을 표현.

쓰임 「새」 의미로 쓰임.

鳥獸(조수 - 새와 짐승) 鳥類(조류) 鳥籠(조롱) 鳥瞰圖(조감도) 鳥足之血(조족지혈) 益鳥(익조)

鳴 울 명. 새울 명.   3691-40

● 口(입/말할 구) + 鳥 = 鳴
☞ 소리(口)내어 새(鳥)가 지저귄다는 데서 「새 울다. 울다」 뜻으로.

鳴琴(명금 - 거문고를 탐) 雷鳴(뇌명) 耳鳴(이:명) 悲鳴(비:명) 共鳴(공:명) 百家爭鳴(백가쟁명)

鷄 닭 계.   3692-40

● 奚{어찌/종/배(腹) 해} + 鳥 = 鷄 (0743 참조)
☞ (사람의) 배(奚) 모양처럼 몸집이 불룩한 새(鳥)의 일종이라는 데서 「닭」 뜻을. 한편 奚는 닭의 볏(爫)과 목(幺), 몸통과 다리(大), 곧 닭 모양의 표현이기도 함.

鷄卵(계란) 鷄冠(계관 - 닭의 볏) 鷄肋(계륵) 鷄林(계림) 鷄鳴聲(계명성) 鷄鳴狗盜(계명구도)

鳳 봉새 봉: 봉황 봉.   3693-32

● 凡(무릇/우두머리 범) + 鳥 = 鳳 (0287 참조)
☞ 날짐승 가운데 (서열상으로) 우두머리(凡) 위치를 차지하고 있는 새(鳥), 또는 무릇(凡) 모든 짐승들을 거느리고 다닌다고 하는 상상의 새(鳥)이라는 데서 「봉황. 봉새」 뜻으로.

鳳凰(봉:황 - 0289 참조) 鳳駕(봉:가) 鳳輦(봉:련) 鳳輿(봉:여) 鳳枕(봉:침) 鳳尾(봉:미) 鳳仙花(봉:선화)

鶴 학 학. 두루미 학.   3694-32

● 隺(새높이날 학 | 마음이높을 각) + 鳥 = 鶴 (2135 참조)
☞ (하늘 위로) 높이 날아오르는(隺) 새(鳥)이라는 데서 「학. 두루미」 뜻으로.

鶴舞(학무 - 학춤) 鶴望(학망) 鶴壽(학수) 鶴首苦待(학수고대) 仙鶴(선학 - 두루미) 群鷄一鶴(군계일학)

학(鶴)

鴻 (큰)기러기 홍. 클 홍.   3695-30

● 江(강 강) + 鳥 = 鴻 (1169 참조)
☞ 강(강변)(江)의 늪지에 무리지어 서식하는 새(鳥)이라는 데서 「(큰) 기러기. 크

기러기(鴻)

다」뜻으로.

鴻業(홍업 - 나라를 세우는 사업) 鴻志(홍지) 鴻恩(홍은) 鴻基(홍기) 鴻毛(홍모) 鴻鵠之志(홍곡지지)

鴨 오리 압 3696-20

◉ 甲(갑옷 갑) + 鳥 = 鴨 (2114 참조)

☞ (창칼을 방어하는) 갑옷(甲)을 거죽에 둘러놓은 것처럼 차가운 물속에 들어가도 속가죽에 물이 스며들지 않는 새(鳥)라는 데서 「오리」뜻으로.

鴨綠江(압록강 - 백두산에서 발원하여 황해로 흐르는 우리나라 최대의 강) 家鴨(가압 - 집오리)

鵬 붕새 붕. 3697-20

◉ 朋(벗 붕) + 鳥 = 鵬 (1095 참조)

☞ 수많은 벗(朋)을 거느리고 다닌다고 하는 상상의 새(鳥)라는 데서 「붕새」뜻으로.

鵬鳥(붕조 - 장자의 소요유에 등장하는 붕새. 곤鯤이 변해서 된 상상의 큰 새로, 날개 길이가 삼천 리나 되며 한 번에 구만 리를 날아간다고 함) 鵬翼(붕익) 鵬圖(붕도) 鵬程萬里(붕정만리)

鷗 갈매기 구. 3698-20

◉ 區(구분할/구역 구) + 鳥 = 鷗 (0271 참조)

갈매기(鷗)

☞ 일정한 구역(區)을 근거지로 삼아 집단으로 서식하는 새(鳥)라는 데서 「갈매기」뜻으로.

鷗鷺(구로 - 갈매기와 백로) 鷗盟(구맹 - 갈매기와 벗이 됨) 白鷗(백구) 海鷗(해:구) 狎鷗亭(압구정 - 서울에 있는 지명)

鷺 해오라기/백로 로. 3699-20

◉ 路(길 로) + 鳥 = 鷺 (3000 참조)

해오라기(鷺)

☞ 주로 논둑길(路)을 다니면서 먹이 사냥을 하는 새(鳥)라는 데서 「해오라기」뜻으로.

白鷺(백로 - 백로과의 물새. 해오라기) 鷺梁津洞(노량진동 - 서울 동작구에 있는 지명)

鷹 매 응. 3700-20

◉ {厂(돌집 엄) + 亻 + 隹(새 추) = 雁(매 응)} + 鳥 = 鷹 (1847 참조)

매(鷹)

☞ 매(雁)를 의미하는 글자를 새(鳥) 부수에 결합시켜 「매」뜻으로.

鷹視(응시 - 매처럼 눈을 부릅뜨고 봄) 鷹犬(응견 - 사냥매와 사냥개) 鷹岩洞(응암동 - 서울에 있는 지명)

鳩 비둘기 구. 모을 구. 3701-10

비둘기(鳩)

● 九(아홉 구 → 여기에서 「구」는 의성어로 봄) + 鳥 = 鳩 (0037 참조)
☞ 구구(九)거리며 우는 새(鳥), 또는 구구(九)하고 부르는 새(鳥)이라는 데서 「비둘기. (비둘기를 구구하고 불러)모으다」 뜻으로.
※ 비둘기는 「구구」거리는 소리를 내며, 비둘기를 부를 때에도 「구구」하고 부름.
鳩首會議(구수회의 - 서로 머리를 맞대고 하는 회의) 鳩合(구합) 鳩聚(구취) 鳩巢(구소 - 비둘기 둥지)

鵠 고니/과녁 곡. 고니 혹. 3702-10

● 告(고할/알릴 고) + 鳥 = 鵠 (0800 참조)

고니(鵠)

☞ 무엇인가를 고하는(告) 것처럼 목을 길게 빼어 내어 소리를 크게 지르는 새(鳥)이라는 데서 「고니. (고니 모양의 표적물을 그려 놓은)과녁」 뜻으로.
鵠立(곡립 - 고니처럼 목을 길게 빼고 발돋움하여 바라봄) 鵠的(곡적 - 정곡) 正鵠(정:곡 - 과녁의 중심)

鵲 까치 작. 때까치 작. 3703-10

● 昔(옛/오랠 석 | 섞일 착) + 鳥 = 鵲 (1046 참조)
☞ 아주 먼 옛날(昔)부터 있었던 새(鳥), 곧 아득한 옛날 칠석날에 견우와 직녀가 서로 만나도록 은하수에 다리를 놓았다는 새이라는 데서 「까치. 때까치」 뜻으로.
烏鵲(오작 - 까막까치) 鵲報(작보 - 길조를 이르는 말) 鵲語(작어) 鵲巢鳩居(작소구거 - 남의 지위를 빼앗음)

鴛 (수)원앙 원. 3704-10

● 夗(누워서뒹굴 원) + 鳥 = 鴛 (1857 참조)

원앙(鴛鴦)

☞ 누워서 뒹구는(夗) 습성을 지니고 있는 새(鳥)이라는 데서 「(숫)원앙새」 뜻으로.
鴛鴦(원앙 - 오릿과의 새. 암수의 사이가 좋아 의좋게 사는 부부에 비유) 鴛鴦衾(원앙금)

鴦 (암)원앙 앙. 3705-10

● 央(가운데/중앙/반(半) 앙) + 鳥 = 鴦 (0737 참조)
☞ 수컷 원앙의 반쪽(央) 구실을 하며 정절을 지키는 새(鳥)이라는 데서 「(암)원앙」 뜻으로.
鴛鴦枕(원앙침 - 원앙을 수놓은 베게. 부부가 함께 베는 베개)

鶯 꾀꼬리 앵. 3706-10

● 炏(불성할 개) + 冖(덮을 멱) + 鳥 = 鶯 (1614 참조)

鳥 부수(자원과 쓰임 → 3690 참조)

꾀꼬리(鶯)

☞ 불이 성하게(炊) 덮여(冖) 있는 것처럼 붉은 꽃들이 온 산천에 만발하게 피어나는 봄철에 유난스럽게 울어 대는 새(鳥)이라는 데서 「꾀꼬리」 뜻으로.
※ 꾀꼬리를 보춘조(報春鳥 → 봄을 알리는 새이라는 뜻으로 꾀꼬리의 별칭)라고 함.
鶯語(앵어 - 꾀꼬리의 노래하는 소리) 鶯遷(앵천 - 승진) 鶯春(앵춘) 鶯歌(앵가) 鶯啼(앵제) 鶯聲(앵성)

鵑 두견새 견. 두견이/자규/소쩍새/진달래 견.　　3707-10

● 肙(작은벌레/요동할/빌(空) 연) + 鳥 = 鵑 (2490 참조)

두견이(鵑)

☞ (봄날에) 요동치는(肙) 듯한 애절한 울음소리를 내는 새(鳥)이라는 데서 「두견새. (봄에 나타나는 두견이처럼 이른 봄에 온 산천에 꽃이 흐드러지게 피어나서 바람에 요동치는 나무이라는 데서)진달래」 뜻으로.
杜鵑(두견 - 두견이·자규. 봄에 나타나는 철새. 울음소리가 매우 애절함) 杜鵑花(두견화 - 진달래꽃)

鸞 난새 란. 방울/천자의수레 란.　　3708-10

● 䜌(끊이지않을/맬 련 ǀ 말방울 란) + 鳥 = 鸞 (0928 참조)

☞ 말방울(䜌) 소리를 내어 우는 상상(想像)의 새(鳥)이라는 데서 「난새」 뜻으로.
鸞鳥(난조 - 상상의 새로 봉황의 일종. 모양은 닭과 비슷하며, 깃은 붉은 빛에 오채五彩가 섞이어 있고 소리는 오음五音에 해당한다고 함) 鸞駕(난가 - 천자의 수레) 鸞閣(난각 - 누각)

鳶 솔개 연. 연 연.　　3709-10

● 弋(주살 익) + 鳥 = 鳶

솔개(鳶)

☞ 화살에 끈을 매달아 놓은 주살(弋)처럼 낚아챈 먹이를 발톱에 매달고 하늘 높이 날아오르는 새(鳥)이라는 데서 「솔개. (솔개처럼 하늘 높이 날아올라 맴을 도는 놀이 기구인)연」 뜻으로.
鳶絲(연사 - 연실) 鳶色(연색) 鳶飛戾天魚躍于淵(연비여천 어약우연) 防牌鳶(방패연)

鷲 독수리 취: 수리 취.　　3710-00

● 就(나아갈 취) + 鳥 = 鷲 (0523 참조)

독수리(鷲)

☞ 먹이를 낚아채기 위하여 잽싸게 나아가는(就) 매우 진취적인 새(鳥)이라는 데서 「수리. 독수리」 뜻으로.
鷲瓦(취:와 - 망새. 기와집 지붕의 대마루 양 끝에 세운 기와. 취두) 鷲頭(취:두 - 취와)

鳧 물오리 부. 들오리 부.　　3711-00

● 鳥 + 几(책상/궤짝 궤) = 鳧

鳥 부수(자원과 쓰임 → 3690 참조)

☞ 궤짝(几) 형상을 이루어 물에 떠다니는 새(鳥)이라는 데서 「물오리. 들오리」뜻으로.
鳧鳩(부구 - 물오리와 갈매기) 鳧趨雀躍(부추작약 - 기뻐서 덩실덩실 춤을 추는 일)

鵝 거위 아.   3712-00

◉ {扌(손 수) + 戈(창 과) = 我(나/우리 아)} + 鳥 = 鵝 (1763 참조)

거위(鵝)

※ 我 → 손(扌)에 창(戈)을 거머쥐고 방어 자세를 취하는 나(우리)를 의미.
☞ 자기 자신(我)을 방어하는 새(鳥)이라는 데서 「거위」뜻으로.
※ 거위는 낯선 사람이 오면 자신을 방어하기 위하여 꽥꽥거리는 소리를 지르거나 물어 뜯기도 함.
鵝黃(아황 - 거위의 새끼. 노랗고 아름다운 물건의 비유)

鷦 뱁새 초.   3713-00

◉ 焦(탈/그을릴/델 초) + 鳥 = 鷦 (1129 참조)
☞ 불에 덴(데인)(焦) 것처럼 앉자마자 꼬리를 까딱이며 다급하게 날아가는 습성을 지니고 있는 새(鳥)이라는 데서 「뱁새」뜻으로.
※ 뱁새 → 몸집이 매우 작고 민첩하며, 덩굴 사이로 재빠르게 날아다니며 벌레를 잡아먹고 사는 익조.

鸚 앵무새 앵   3714-00

◉ 嬰(갓난아이/둘릴 영) + 鳥 = 鸚 (0509 참조)

앵무새(鸚鵡)

☞ 엉얼대는 갓난아이(嬰)처럼 사람의 말소리를 흉내 내는 새(鳥)이라는 데서 「앵무새」뜻으로.
鸚鵡(앵무 - 앵무새. 사람의 말을 잘 흉내 내는 새)

鵡 앵무새 무: 3715-00

◉ 武(호반/무사/굳셀/이을 무) + 鳥 = 鵡 (2002 참조)
☞ 말소리를 흉내 내어 이어(武) 가는 새(鳥)이라는 데서 「앵무새」뜻으로.
鸚鵡(앵무 - 앵무새. 사람의 말을 잘 흉내 내는 새)

부수 11획-17획	鼎	齊	鼓	龠
	솥 정	가지런할 제	북 고	피리 약

鼎 솥 정: 세발에 두 귀가 달린 솥/삼공(三公)/세 갈래/별이름/괘이름 정.   3716-20

자원 鼎 → 目(눈 목), 爿(조각널 장), 片(조각 편)의 결합. 둥그스름한 눈(目) 모양처럼 우묵하게 둘러어진 몸체와 이를 떠받치고 있는 귀와 발(爿.片), 곧 발이 달린 솥 모양을 표현.

쓰임 「솥」 의미로 쓰임.

鼎銘(정:명 - 솥에 새긴 글) 鼎臣(정:신 - 삼정승) 鼎立(정:립 - 세 세력이 솥발처럼 벌려 섬) 鼎談(정:담 - 세 사람이 솥발처럼 벌리어 마주 앉아 하는 이야기) 鼎席(정:석 - 삼정승) 鼎足之勢(정:족지세 - 솥발처럼 셋이 맞서 대립한 형세)

鼐 가마솥 내: 큰솥 내.   3717-00

● 乃(이에 내 → 「배가 불룩한 모양」을 표현) + 鼎 = 鼐

가마솥(鼐)

※ 가마솥 → 아주 크고 우묵한 솥.

☞ 내(乃) 글자 형상처럼 배가 불룩하게 나온 큰 솥(鼎)이라는 데서 「가마솥」 뜻으로

鼐鼎(내:정 - 가마와 솥)

鼏 솥뚜껑(소댕) 멱.   3718-00

● 冖(덮을 멱) + 鼎 = 鼏

☞ 솥(鼎)을 덮는(冖) 기물이라는 데서 「솥뚜껑(소댕)」 뜻으로.

鼎	齊	鼓	龠
솥 정	가지런할 제	북 고	피리 약

齊 가지런할 제. 이삭가지런할/고를/바를/다스릴/재계할 제 | 옷자락 자. 3719-32

자원 齊 → 머리(위쪽)(亠 머리 두) 부위가 두 갈래(丫 두갈래질 아)를 이루어 무성하게 드리워져(氐 → 卯「토끼/무성할 묘」의 획 줄임) 있는, 곧 가지런하지 못한 부위를 칼(刀)로 잘라 내어, 이들을 종횡으로 가지런하게(丨丨 二) 간추려 놓은 모양에서 「가지런하다. 고르다. 바르다」는 의미를 지님.

쓰임 「가지런하다. 정결하다. 다스리다」는 의미로 쓰임.

齊家(제가 - 집을 다스림) 齊民(제민 - 일반 백성) 齊唱(제창) 齊等(제등) 齊心(제심) 齊衰(재최) 一齊(일제) 整齊(정:제) 修身齊家治國平天下(수신제가 치국평천하)

★ 齊(가지런할/정결할/정제할 제)와 결합을 이룬 글자. 3719 별첨

濟(건널 제)	☞ 水(1202) → 배가 물(수면)(氵)에 가지런하게(齊) 떠서 강을 건너는, 또는 물(氵)에 가라앉은 물체를 수면과 가지런하여(齊)지게끔 건져 올린다는 데서 「건너다. 건지다」 救濟(구제)
劑(약제 제)	☞ 刀(0251) → 약초를 가지런하게(齊) 칼(刂)로 썰어서 조제한 약이라는 데서 「약제」
霽(갤 제)	☞ 雨(3410) → 비(雨)가 내리던 하늘이 맑게 다스려지는(齊), 곧 구름비가 말끔하게 걷힌다는 데서 「개다. 비 그치다」 仁王霽色圖(인왕제색도)

齋 재계할/집 재. 공부방 재. 3720-10

● 齊(→ 齊의 획 줄임) + 示(보일 시 | 귀신 기) = 齋

☞ 몸가짐을 가지런하게(정결하게)(齊) 하여 신(示 = 神)을 맞이한다는 데서 「재계하다」. 재계(齋戒)하는(조상신을 모시고 마음을 가다듬는) 곳이라는 데서 「집(재실). 공부방」 뜻으로.

齋戒(재계 - 부정을 피하고 심신을 깨끗이 함) 齋室(재실) 齋日(재일) 書齋(서재) 沐浴齋戒(목욕재계)

부수 11획-17획	鼎	齊	鼓	龠
	솥 정	가지런할 제	북 고	피리 약

鼓 북 고. 칠/부추길/별이름 고. 3721-10

북(鼓)

자원 鼓 → 壴(진나라풍류 수 → 지면에 세워 놓은 북 모양)와 支(지탱할/가지 지 → 북채)의 결합으로, 북(壴)과 북채(支) 모양을 표현.

쓰임 「북」 의미로 쓰임.

鼓聲(고성 - 북소리) 鼓手(고수 - 북을 치는 사람) 鼓吹(고취 - 북치고 피리를 붊. 용기를 북돋움) 鼓舞(고무) 鼓膜(고막) 鼓子(고자) 鐘鼓(종고) 腰鼓(요고 - 장구) 杖鼓(장고 - 장구) 鼓笛隊(고적대) 申聞鼓(신문고)

鼗 두드릴 고. 울릴/진동할 고. 3722-00

● 鼗 - 支(가지 지) + 攴(똑똑두드릴/칠 복) = 鼗
☞ 북(壴 → 鼓)을 두드린다(攴)는 데서 「두드리다. (북이)울리다. 진동하다」 뜻으로.
※ 鼓와 鼗의 어원(語源)으로 볼 때 鼓(북 고)는 체언(명사)이고, 鼗(두드릴 고)는 용언(동사)이지만, 鼓가 체언과 용언을 겸하고 있으며 한자(漢字)는 이와 같이 명사가 형용사나 동사로 넘나듦.

鼕 북소리 동. 3723-00

● 鼓 + 冬(겨울 동) = 鼕 (0299 참조)
☞ 여기에서 冬은 동동거리며 울리는 「북소리」를 표현한 의성어. 북(鼓)이 동동(冬)거리며 울리는 소리이라는 데서 「북소리」 뜻으로.

鼕鼕鼕(동동동 - 동동동 북소리. 향기가 풍기는 모양)

鼎	齊	鼓	龠
솥 정	가지런할 제	북 고	피리 약

부수 11획 -17획

龠 피리 약. 작(홉의10분의1) 약.   3724-00

생황(笙簧)

자원 龠 → 亼(모을 집), 㗊(떼새/떠들썩할 령), 冊(= 册책 책 | 발 산)의 결합. 여러 개의 구멍(㗊)이 나 있는 대나무를 한데 모아(亼) 이들을 발(冊)처럼 엮어 놓은 생황 유형의 악기를 표현.

쓰임 「피리. 피리 모양」과 의미로 쓰임.

※ 龠은 부수 가운데 획수가 가장 많은 17획으로, 쓰임이 미미(微微)한 부수임.

龠合(약홉 - 곡량穀量의 적은 수량을 일컬음)

龢 화할 화. 화목할/풍류조화될 화.   3725-00

- 龠 + 禾(벼 화) = 龢 ※ 龢 → 和(화할 화)의 고자.
- ☞ 피리(龠)를 불면서, 힘든 벼농사(禾) 일을 하는 농부들이 (일을 마치고서) 서로 어울려 화목을 다진다는 데서 「화하다. 화목하다. 풍류 조화되다」 뜻으로.

時龢年豊=時和年豊(시화연풍 - 나라 안이 태평하고 또 풍년이 듦) 時龢歲豊(시화세풍 - 시화연풍)

※ 龠과 결합을 이룬 글자는 籥(피리 약 → 竹 부수) 鑰(자물쇠 약 → 金 부수) 등이 있음.

약자(略字)와 속자(俗字)

가	價	価		결	缺	欠		귀	歸	帰
가	假	仮		경	經	経		귀	龜	亀
가	暇	昄		경	輕	軽		기	氣	気
각	覺	覚		경	徑	径		기	棄	弃
각	殼	殼売		경	莖	茎		기	旣	既
간	間	间		계	繼	継		긴	緊	紧
간	懇	恳		계	鷄	雞鸡		나	拿	拏
간	墾	垦		계	繫	繋		녕	寧	寕寍
간	艱	艰		곡	穀	穀		뇌	腦	脳
감	減	减		관	觀	観观		뇌	惱	悩
감	監	监		관	關	関		단	團	団
감	鑑	鉴		관	館	舘		단	斷	断
강	彊	強强		관	寬	寛		단	單	单
개	槪	概		광	廣	広		단	簞	箪
개	蓋	盖		광	鑛	鉱		담	擔	担
개	箇	个		괴	壞	壊		담	膽	胆
개	個	个		교	敎	教		당	當	当
개	開	开		구	區	区		당	黨	党
거	擧	挙举舉		구	舊	旧		대	對	対
거	據	拠		구	句	勾		대	臺	台
걸	傑	杰		구	驅	駆		대	擡	抬
검	檢	検		구	歐	欧		덕	德	德
검	儉	倹		구	鉤	鈎		도	圖	図
검	劍	剣		구	廐	厩		도	盜	盗
격	擊	擊		국	國	国		도	燾	焘
견	堅	坚		권	勸	勧劝		도	濤	涛
결	決	决		권	權	権权		도	禱	祷

약자(略字)와 속자(俗字)

독	讀	読	렵	獵	猟	맥	脈	脉
독	獨	独	령	嶺	岺	맥	麥	麦
동	同	仝	령	靈	霊 灵	모	貌	皃
두	頭	头	령	齡	齢	몽	夢	梦
등	燈	灯	례	禮	礼	묘	廟	庿
락	樂	楽	로	勞	労	무	無	无
란	亂	乱	로	爐	炉	묵	墨	黒
란	鸞	鵉	로	盧	卢	묵	默	黙
람	覽	覧 覧	로	蘆	芦	문	門	门
람	濫	滥	록	錄	录	문	問	问
람	藍	蓝	롱	籠	篭	문	聞	闻
람	籃	篮	뢰	賴	頼	미	彌	弥
랍	蠟	蝋	룡	龍	竜	박	迫	廹
래	來	来	루	壘	塁	박	撲	扑
래	萊	莱	루	樓	楼	발	發	発
량	糧	粮	루	屢	屡	발	醱	醗
량	兩	両	루	淚	泪	배	拜	拝
량	凉	涼	리	離	离	배	輩	軰
량	輛	輌	리	釐	厘	번	飜	翻
려	麗	麗	림	臨	临	범	範	范
려	勵	励	만	萬	万	변	變	変
려	廬	庐	만	滿	満	변	邊	辺
려	礪	砺	만	灣	湾	병	竝	並
력	曆	暦	만	彎	弯	병	倂	併
력	歷	歴	만	蠻	蛮	병	屛	屏
련	戀	恋	말	襪	袜	병	幷	并
련	聯	联	매	賣	売	보	寶	宝
련	鍊	錬	매	邁	迈	부	富	冨

부	敷	勇	성	聲	声	심	審	宷	
불	佛	仏	세	世	丗	쌍	雙	双	
불	拂	払	세	歲	歳	아	兒	児	
빈	賓	宾	소	燒	焼	아	亞	亜	
빈	濱	浜	소	騷	騒	아	啞	唖	
사	師	师	속	屬	属	악	惡	悪	
사	絲	糸	속	續	続	암	巖	巌岩	
사	辭	辞	쇄	碎	砕	압	壓	圧	
사	寫	写写	수	數	数	애	礙	碍	
사	瀉	泻	수	收	収	약	藥	薬	
사	獅	狮	수	壽	寿	양	壤	壌	
삼	滲	渗	수	帥	帅	양	讓	譲	
삽	揷	挿	수	獸	獣	양	釀	醸	
삽	澁	渋	수	搜	捜	양	孃	嬢	
상	狀	状	수	竪	竖	양	癢	痒	
상	嘗	甞	수	瘦	痩	엄	嚴	厳	
상	桑	桒	수	穗	穂	여	餘	余	
새	璽	壐玺	수	粹	粋	여	與	与	
서	緖	緒	수	隨	随	역	譯	訳	
서	敍	叙	수	髓	髄	역	驛	駅	
서	棲	栖	수	繡	繍	연	鉛	鈆	
석	釋	釈	숙	肅	粛	연	硏	研	
선	禪	禅	습	濕	湿	연	姸	妍	
선	船	舩	승	乘	乗	연	淵	渊	
섬	纖	繊	승	繩	縄	염	鹽	塩	
섬	陝	陕	신	燼	烬	영	榮	栄	
섭	燮	変	신	腎	肾	영	營	営	
섭	攝	摂	실	實	実实	예	豫	予	

약자(略字)와 속자(俗字)

예	譽	誉	잔	棧	桟	정	淨	浄	
예	藝	芸	잠	潛	潜	정	靜	静	
온	溫	温	잠	蠶	蚕	정	鄭	鄭	
온	穩	穏	잡	雜	雑	제	濟	済	
옹	甕	瓮	장	壯	壮	제	劑	剤	
요	堯	尭	장	將	将	제	齊	斉	
요	搖	揺	장	裝	装	조	條	条	
요	謠	謡	장	臟	臓	졸	卒	卆	
요	遙	遥	장	藏	蔵	종	從	従	从
울	鬱	欝	장	莊	荘	종	慫	怂	
원	員	貟	장	蔣	蒋	종	縱	縦	
원	圓	円	장	獎	奨	주	晝	昼	
원	願	愿	장	醬	醤	주	鑄	鋳	
원	遠	遠	재	齋	斎	주	疇	畴	
위	爲	為	재	哉	㦲	준	準	準	
위	僞	偽	쟁	爭	争	즉	卽	即	
위	圍	囲	저	豬	猪	증	證	証	
유	兪	俞	전	戰	戦	증	曾	曽	
은	隱	隠	전	傳	伝	증	增	増	
음	陰	阴	전	轉	転	증	憎	憎	
음	蔭	荫	전	專	専	증	贈	贈	
응	應	応	전	廛	厘	증	蒸	菡	
의	醫	医	전	箋	笺	지	遲	遅	
의	宜	冝	전	錢	銭	진	眞	真	
이	貳	弍	절	節	節	진	珍	珎	
이	爾	尓	절	竊	窃	진	盡	尽	
일	壹	壱	점	點	点	진	晉	晋	
잔	殘	残	점	霑	沾	질	質	貭	

징	徵	徴	취	醉	酔	현	顯	顕
찬	贊	賛	치	齒	歯	현	賢	肾
찬	讚	讃	치	癡	痴	협	陜	陕
찬	瓚	瓉	칠	漆	柒	협	俠	侠
찬	鑽	鑚	침	寢	寝	협	峽	峡
참	參	参	칭	稱	称	협	挾	挟
참	慘	惨	타	墮	堕	협	狹	狭
참	僭	僣	탄	彈	弾	협	頰	頬
처	處	処	태	兌	兊	형	螢	蛍
척	擲	掷	택	擇	択	혜	惠	恵
천	淺	浅	택	澤	沢	호	號	号
천	賤	贱	토	兔	兎	화	畫	画
천	踐	践	투	鬪	闘	환	歡	欢
천	遷	迁	패	霸	覇	확	擴	拡
철	鐵	鉄	폐	廢	廃	황	況	况
첩	疊	畳	학	學	学	회	會	会
청	廳	庁	함	艦	艦	회	懷	懐
청	聽	聴	함	檻	槛	회	繪	絵
청	靑	青	함	銜	啣	회	檜	桧
체	體	体	함	鹹	醎	회	膾	脍
체	遞	逓	해	解	觧	효	效	効
촉	囑	嘱	향	鄕	郷	효	曉	暁
촉	觸	触	허	噓	嘘	훈	勳	勲
총	總	総 摠	허	虛	虚	흑	黑	黒
총	聰	聡 聪	헌	獻	献	흥	興	兴
추	樞	枢	험	險	険	희	戲(戱)	戯
충	蟲	虫	험	驗	験	희	姬	姫
충	沖	冲	현	縣	県	희	犧	犠

색인(가나다순)

가 家	581	각 殼	1781	감 甘	2095	강 慷	1963	거 醵	2976
가 歌	2007	간 間	3371	감 鑑	3429	강 糠	2594	거 倨	169
가 價	69	간 干	929	감 憾	1914	강 腔	2421	거 渠	1350
가 加	364	간 看	2277	감 勘	380	강 薑	2817	거 遽	3155
가 可	802	간 簡	2680	감 堪	708	개 開	3373	건 件	66
가 假	70	간 刊	243	감 柑	1725	개 改	1794	건 健	63
가 街	2897	간 幹	933	감 疳	2328	개 個	81	건 建	409
가 暇	1034	간 懇	1876	감 瞰	2296	개 介	107	건 乾	40
가 佳	97	간 肝	2393	감 紺	2524	개 概	1632	건 鍵	3443
가 架	1644	간 姦	478	감 龕	3689	개 蓋	2750	건 巾	970
가 伽	1034	간 杆	1665	감 坎	727	개 慨	1896	건 腱	2439
가 柯	1670	간 艮	2905	(감) 邯	2933	개 皆	2083	건 虔	2846
가 賈	3070	간 墾	717	감 凵	274	개 价	141	걸 傑	83
가 軻	3177	간 奸	504	갑 甲	2114	개 塏	685	걸 乞	42
가 迦	3131	간 揀	1508	갑 岬	541	개 凱	288	걸 杰	1678
가 呵	850	간 澗	1349	갑 鉀	3454	개 愒	1923	걸 桀	1659
가 哥	901	간 癎	2327	갑 匣	283	개 漑	1315	검 檢	1612
가 嘉	870	간 竿	2705	갑 閘	3392	개 箇	2693	검 儉	73
가 嫁	501	간 艱	2907	강 江	1169	개 芥	2818	검 劍	245
가 稼	2223	간 諫	3276	강 强	913	객 客	586	겁 劫	376
가 苛	2797	간 桿	1666	강 強	914	갱 坑	691	겁 怯	1944
가 袈	2567	갈 渴	1256	강 康	763	갱 更	1990	게 憩	1902
가 駕	3594	갈 葛	2760	강 講	3224	갱 羹	2375	게 揭	1489
각 各	796	갈 鞨	3531	강 降	3336	(각) 醵	2976	게 偈	167
각 角	3318	갈 喝	865	강 剛	242	거 車	3158	격 格	1608
각 刻	236	갈 竭	2262	강 綱	2481	거 去	395	격 擊	1436
각 覺	2952	갈 褐	2575	강 鋼	3437	거 擧	1426	격 激	1206
각 脚	2386	갈 曷	1996	강 姜	486	거 居	955	격 隔	3353
각 閣	3377	감 感	1834	강 岡	544	거 巨	941	격 檄	1698
각 却	351	감 減	1197	강 崗	545	거 拒	1445	격 膈	2430
각 珏	2035	감 監	2236	강 疆	923	거 據	1442	격 覡	2955
각 恪	1962	감 敢	1805	강 畺	2122	거 距	3001	격 鬲	3614

색인(가나다순)

견 見	2947	경 硬	2140	계 桂	1648	고 膏	3578	공 廾	992
견 堅	664	경 耕	2600	계 械	1639	고 袴	2573	(곶) 串	19
견 犬	1386	경 頃	3508	계 溪	1227	고 辜	3315	과 果	1599
견 牽	1379	경 卿	352	계 癸	2268	고 錮	3459	과 科	2195
견 絹	2490	경 庚	771	계 繫	2501	고 鼓	3722	과 課	3209
견 肩	2396	경 竟	2260	계 悸	1964	곡 曲	1989	과 過	3093
견 遣	3123	경 儆	140	계 谿	2958	곡 穀	2201	과 寡	610
견 甄	2089	경 炅	1139	계 稽	2236	곡 哭	827	과 誇	3235
견 繭	2525	경 璟	2056	계 ㅋ	1003	곡 谷	2957	과 戈	1757
견 譴	3300	경 瓊	2046	고 古	797	곡 梏	1739	과 瓜	2098
견 鵑	3707	경 勁	381	고 苦	2722	곡 鵠	3702	과 菓	2763
결 決	1187	경 憬	1961	고 高	3577	곤 困	644	과 顆	3522
결 結	2456	경 梗	1741	고 告	800	곤 坤	679	곽 郭	2931
결 潔	200	경 痙	2325	고 固	640	곤 昆	1075	곽 廓	782
결 缺	2610	경 馨	2150	고 考	2859	곤 棍	1740	곽 槨	1690
결 訣	3293	경 脛	2440	고 故	1800	곤 袞	2574	곽 藿	2821
겸 兼	328	경 莖	2800	고 孤	419	곤 丨	17	관 觀	2950
겸 謙	3242	경 頸	3521	고 庫	764	골 骨	3618	관 關	3374
경 京	201	경 鯨	3648	고 姑	470	골 汨	1348	관 官	595
경 敬	798	경 耿	2883	고 稿	2209	공 工	939	관 管	2677
경 景	1024	경 冂	314	고 鼓	3721	공 空	2164	관 冠	311
경 競	257	계 界	2107	고 枯	1645	공 公	322	관 寬	607
경 輕	3160	계 計	3200	고 顧	3513	공 共	323	관 慣	1886
경 境	660	계 係	75	고 雇	3492	공 功	360	관 貫	3054
경 慶	1848	계 季	418	고 皐	2084	공 孔	420	관 館	3558
경 經	2466	계 戒	1761	(고) 賈	3070	공 攻	1799	관 款	2014
경 警	3213	계 系	2470	고 叩	900	공 供	96	관 串	19
경 傾	90	계 繼	2467	고 呱	857	공 恐	1866	관 琯	2058
(경) 更	1990	계 階	3340	고 拷	1502	공 恭	1867	관 棺	1708
경 鏡	3427	계 鷄	3692	고 敲	1813	공 貢	3053	관 灌	1335
경 驚	3581	계 啓	828	고 痼	2317	공 拱	1556	관 顴	3523
경 徑	446	계 契	738	고 股	2425	공 鞏	3532	(관) 莞	2782

851

관	舘	2852	교	較	3164	구	苟	2751	국	菊	2730	궤	潰	1313
괄	刮	254	교	矯	2185	구	驅	3584	국	鞠	3529	궤	詭	3283
괄	括	1501	교	郊	2929	(구)	龜	3684	국	麴	3638	궤	匱	285
광	光	185	교	僑	137	구	歐	2013	군	軍	3159	궤	几	286
광	廣	760	교	絞	2502	구	購	3073	군	郡	2920	귀	貴	3038
광	鑛	3424	교	膠	2408	구	鷗	3698	군	君	817	귀	歸	2003
광	狂	1397	교	咬	899	구	玖	2057	군	群	2371	귀	鬼	3622
광	匡	284	교	喬	902	구	邱	2930	군	窘	2179	귀	龜	3684
광	曠	1078	교	攪	1557	구	仇	168	굴	屈	956	규	規	2949
광	壙	720	교	嬌	510	구	嘔	880	굴	掘	1484	규	叫	837
광	胱	2417	교	狡	1402	구	垢	706	굴	窟	2169	규	糾	2508
괘	掛	1477	교	皎	2086	구	寇	615	궁	宮	597	규	閨	3379
괘	卦	401	교	蛟	2632	구	嶇	553	궁	窮	2167	규	圭	697
괘	罫	2658	교	轎	3184	구	枸	1726	궁	弓	910	규	奎	747
괴	壞	669	교	驕	3598	구	樞	1709	궁	穹	2176	규	揆	1496
괴	怪	1862	구	九	37	구	毆	1782	궁	躬	3035	규	珪	2053
괴	塊	682	구	口	788	구	溝	1311	권	權	1621	규	硅	2153
괴	愧	1900	구	區	271	구	灸	1146	권	券	238	규	窺	2178
괴	傀	134	구	球	2030	구	矩	2188	권	勸	371	규	葵	2819
괴	槐	1677	구	具	326	구	臼	2603	권	卷	348	규	逵	3150
괴	乖	27	구	舊	2604	구	舅	2607	권	拳	1458	균	均	666
괴	拐	1534	구	救	1797	구	衢	2903	권	圈	646	균	菌	2754
괴	魁	3628	구	句	808	구	謳	3270	권	倦	154	(균)	龜	3684
괵	馘	3496	구	求	1191	구	軀	3036	권	捲	1499	귤	橘	1723
굉	宏	625	구	究	2166	구	鉤	3465	권	眷	2290	극	極	1615
굉	肱	2413	구	構	1616	구	駒	3602	궐	厥	294	극	劇	240
굉	轟	3181	구	丘	13	구	鳩	3701	궐	闕	3383	극	克	189
교	敎	1791	구	久	21	구	廐	785	궐	蹶	3021	극	剋	255
교	校	1591	구	拘	1456	구	廏	786	궐	丨	32	극	戟	1771
교	交	200	구	俱	117	구	韭	3575	궤	軌	3171	극	棘	1728
교	橋	1604	구	懼	1903	국	國	634	궤	机	1724	극	隙	3362
교	巧	943	구	狗	1396	국	局	953	궤	櫃	1727	근	根	1600

근 近	3090	기 記	3197	기 箕	2688	난 煖	1155	뇨 撓	1551
근 勤	369	기 基	656	기 耆	2860	날 捏	1563	뇨 鬧	3612
근 筋	2676	기 己	945	기 驥	3590	날 捺	1545	눌 訥	3279
근 僅	124	기 技	1425	기 騏	3591	남 南	334	뉴 紐	2518
근 斤	1783	기 期	1093	기 麒	3668	남 男	2106	능 能	2378
근 謹	3252	기 汽	1185	기 伎	175	납 納	2519	니 泥	1241
근 槿	1661	기 器	814	기 嗜	869	납 衲	2571	니 尼	967
근 瑾	2044	기 起	3189	기 妓	496	낭 娘	476	닉 溺	1272
근 覲	2956	기 奇	736	기 崎	554	낭 囊	885	닉 匿	273
근 饉	3571	기 寄	601	기 耒	1098	내 內	355	다 多	999
근 勲	1968	기 機	1619	기 杞	1729	내 耐	2834	다 茶	2738
금 金	3417	기 紀	2471	기 畸	2128	내 乃	22	단 短	2183
금 今	50	기 企	94	기 綺	2511	내 奈	742	단 團	638
금 禁	2350	기 其	327	기 羈	2659	내 鼐	3717	단 壇	655
금 琴	2033	기 幾	2118	기 肌	2442	녀 女	455	단 單	813
금 禽	2252	기 祈	2353	기 譏	3301	녁 疒	2300	단 斷	1785
금 錦	3431	기 騎	3585	기 饑	3560	년 年	930	단 檀	1613
금 擒	1526	기 幾	908	기 攲	2024	년 撚	1558	단 端	2258
금 芩	2565	기 忌	1889	기 气	1969	녈 涅	1356	단 段	1776
금 襟	2570	기 旣	1972	긴 緊	2486	념 念	1841	단 丹	30
급 急	1831	기 棄	1656	길 吉	805	녕 寧	609	단 但	101
급 級	2452	기 欺	2012	길 拮	1562	노 努	367	단 旦	1038
급 給	2457	기 豈	3309	(김) 金	3417	노 怒	1849	단 鍛	3440
급 及	389	기 飢	3559	끽 喫	866	노 奴	473	단 湍	1307
급 扱	1542	기 棋	1674	나 那	2928	노 弩	927	단 簞	2710
급 汲	1351	기 冀	330	나 儺	173	노 駑	3600	단 緞	2526
긍 肯	2397	기 岐	542	나 懦	1960	농 農	2992	단 蛋	2631
긍 兢	196	기 沂	1294	나 挐	1536	농 濃	1260	달 達	3099
긍 亘	217	기 淇	1295	나 拿	1535	농 膿	2441	달 撻	1525
긍 矜	2181	기 琦	2052	나 懦	3239	뇌 腦	2387	달 疸	2329
기 旗	1974	기 琪	2054	난 暖	1031	뇌 惱	1895	담 談	3207
기 氣	1970	기 璣	2055	난 難	3482	뇨 尿	965	담 擔	1428

담 淡	1234	대 袋	2562	도 睹	2295	동 董	2764	라 螺	2634
담 潭	1259	덕 德	431	도 禱	2364	동 憧	1916	라 邏	3152
담 膽	2406	덕 悳	1908	도 萄	2784	동 疼	2330	(라) 剌	249
담 憺	1947	도 道	3085	도 賭	3076	동 瞳	2289	락 樂	1601
담 曇	1084	도 圖	637	도 蹈	3017	동 胴	2414	락 落	2726
담 澹	1355	도 度	757	도 鍍	3460	동 蟿	3723	락 絡	2477
담 痰	2326	도 到	229	(도) 兜	198	두 頭	3498	락 洛	1244
담 譚	3299	도 島	529	독 讀	3202	두 斗	1825	락 烙	1149
답 答	2668	도 都	2922	독 獨	1387	두 豆	3306	락 酪	2974
답 踏	3004	도 導	564	독 毒	2022	두 杜	1673	락 駱	3596
답 畓	2119	도 徒	436	독 督	2275	(두) 讀	3202	란 亂	39
답 遝	3151	도 盜	2237	독 篤	2686	두 兜	198	란 卵	347
당 堂	653	도 逃	3106	독 瀆	1333	두 痘	2313	란 欄	1629
당 當	2111	도 倒	93	독 禿	2230	두 亠	199	란 蘭	2734
당 黨	3640	도 刀	223	돈 敦	1809	둔 屯	573	란 爛	1117
당 唐	822	도 桃	1651	돈 豚	2998	둔 鈍	3435	란 瀾	1337
당 糖	2586	도 渡	1249	돈 惇	1915	둔 臀	2446	란 鸞	3708
당 塘	699	도 途	3113	돈 燉	1140	둔 遁	3143	랄 剌	259
당 撞	1512	도 陶	3343	돈 頓	3515	둔 遯	3156	랄 辣	3314
당 棠	1730	도 塗	700	돈 沌	1353	득 得	433	람 覽	2953
당 螳	2633	도 挑	1472	돌 突	2168	등 登	2266	람 濫	1262
대 大	729	도 稻	2210	돌 乭	43	등 等	2671	람 藍	2759
대 代	49	도 跳	3005	동 東	1590	등 燈	1106	람 籃	2708
대 對	562	도 悼	1912	동 冬	299	등 騰	3586	랍 拉	1485
대 待	430	도 燾	1144	동 動	359	등 藤	2777	랍 臘	2437
대 帶	974	도 堵	721	동 同	792	등 謄	3255	랍 蠟	2630
대 隊	3334	도 屠	968	동 洞	1171	등 鄧	2935	랑 朗	1092
대 臺	2867	도 掉	1566	동 童	2255	등 橙	1717	랑 廊	768
대 貸	3064	도 搗	1505	동 銅	3421	라 羅	2653	랑 浪	1221
대 坮	693	도 淘	1354	동 凍	298	라 裸	2555	랑 郎	2926
대 戴	1768	도 滔	1316	동 桐	1650	라 懶	1926	랑 狼	1406
대 撻	1565	도 濤	1321	동 棟	1660	라 癩	2323	래 來	48

래 萊	2762	력 曆	1042	령 齡	3678	뢰 儡	171	류 琉	2070
랭 冷	300	력 瀝	1359	례 例	53	뢰 牢	1381	류 瘤	2332
략 略	2115	력 礫	2152	례 禮	2346	뢰 磊	2155	륙 六	321
략 掠	1476	련 練	2458	례 隸	3416	뢰 賂	3075	륙 陸	3327
량 良	2906	련 連	3097	례 醴	2968	뢰 耒	2599	륙 戮	1773
량 量	2945	련 戀	1863	로 老	2857	료 料	1826	륜 輪	3161
량 兩	356	련 聯	2874	로 路	3000	료 了	34	륜 倫	106
량 糧	2582	련 蓮	2755	로 勞	362	료 僚	130	륜 崙	546
량 梁	1654	련 鍊	3433	로 爐	1112	료 療	2309	륜 淪	1331
량 涼	1224	련 憐	1904	로 露	3399	료 遼	3132	륜 綸	2514
량 凉	301	련 煉	1131	로 盧	2241	료 寮	628	률 律	434
량 諒	3248	련 漣	1286	로 蘆	2778	료 燎	1160	률 栗	1637
량 輛	3175	련 輦	3180	로 魯	3647	료 瞭	2294	률 率	2093
량 亮	209	렬 列	232	로 鷺	3699	료 聊	2881	률 慄	1922
량 樑	1681	렬 烈	1108	로 撈	1523	료 寥	629	륭 隆	3348
량 倆	156	렬 裂	2554	로 擄	1524	룡 龍	3686	륵 勒	379
량 樑	2591	렬 劣	373	로 虜	2848	룡 竜	3688	륵 肋	2426
려 旅	1976	렴 廉	770	로 鹵	3657	루 樓	1628	름 凜	308
려 麗	3667	렴 濂	1287	록 綠	2453	루 漏	1254	릉 陵	3342
려 慮	1859	렴 斂	1812	록 錄	3422	루 累	2487	릉 楞	1680
려 勵	372	렴 殮	1587	록 祿	2358	루 屢	963	릉 凌	305
려 呂	845	렴 簾	2701	록 鹿	3666	루 淚	1243	릉 稜	2229
려 廬	778	렵 獵	1398	록 碌	2154	루 壘	714	릉 綾	2512
려 礪	2148	령 令	60	록 麓	3670	루 陋	3359	릉 菱	2822
려 驪	3589	령 領	3502	론 論	3217	류 流	1188	릉 夌	521
려 侶	153	령 嶺	533	롱 弄	993	류 類	3501	리 里	2942
려 戾	1754	령 靈	3400	롱 籠	2690	류 留	2112	리 利	226
려 濾	1334	령 零	3401	롱 聾	725	류 柳	1626	리 李	1597
려 閭	3390	령 玲	2036	롱 瓏	2069	류 硫	2142	리 理	2027
려 黎	3631	령 囹	647	롱 壟	2880	류 謬	3259	리 離	3484
력 力	358	령 逞	3153	뢰 賴	3059	류 劉	252	리 吏	821
력 歷	1999	령 鈴	3467	뢰 雷	3402	류 溜	1347	리 履	960

리 裏	2545	막 漠	1226	망 茫	2753	몃 一	310	모 慕	1887
리 裡	2546	막 莫	2731	망 網	2497	면 面	3573	모 謀	3240
리 梨	1655	막 膜	2407	망 芒	2803	면 勉	370	모 貌	3029
리 俚	179	막 寞	617	망 惘	1932	면 免	193	모 侮	150
리 悧	1957	만 萬	2719	망 网	2650	면 眠	2280	모 冒	318
리 痢	2312	만 滿	1196	매 每	2021	면 綿	2482	모 募	374
리 籬	2707	만 晚	1052	매 買	3040	면 冕	317	모 暮	1048
리 罹	2660	만 慢	1898	매 賣	3039	면 沔	1296	모 某	1647
리 鼇	2946	만 漫	1255	매 妹	460	면 俛	142	모 帽	984
리 厘	296	만 娩	488	매 媒	482	면 棉	1686	모 矛	2180
(리) 驪	3589	만 灣	1281	매 梅	1636	면 眄	2293	모 牟	1380
리 鯉	3655	만 蠻	2618	매 埋	681	면 緬	2527	모 茅	2761
린 隣	3349	만 卍	343	매 枚	1667	면 麵	3636	모 謨	3257
린 麟	3669	만 彎	928	매 魅	3624	면 麪	3637	모 摸	1510
린 吝	875	만 挽	1504	매 寐	618	면 宀	578	모 牡	1384
린 燐	1161	만 瞞	2297	매 昧	1077	멸 滅	1232	모 耗	2602
린 躪	3020	만 蔓	2791	매 煤	1154	멸 蔑	2769	모 糢	2597
린 鱗	3651	만 輓	3178	매 罵	2661	명 名	790	목 木	1589
림 林	1592	만 饅	3572	매 邁	3137	명 命	793	목 目	2269
림 臨	2862	만 鰻	3652	매 呆	852	명 明	1021	목 牧	1378
림 淋	1346	만 万	16	맥 脈	2379	명 鳴	3691	목 睦	2281
립 立	2254	말 末	1605	맥 麥	3635	명 銘	3432	목 沐	1239
립 笠	2706	말 靺	3530	맥 貊	3030	명 冥	312	목 穆	2217
립 粒	2588	말 抹	1533	맹 孟	422	명 瞑	1083	몰 沒	1213
마 馬	3579	말 沫	1325	맹 猛	1390	명 溟	1344	몰 歿	1584
마 磨	2141	말 襪	2576	맹 盲	2278	명 皿	2233	몽 夢	1001
마 麻	3660	망 望	1094	맹 盟	2239	명 螟	2635	몽 蒙	2744
마 摩	1493	망 亡	202	맹 萌	2801	명 酩	2979	묘 墓	665
마 痲	2308	망 妄	474	맹 甿	3681	몌 袂	2563	묘 妙	463
마 魔	3625	망 忘	1891	몍 覓	2954	모 母	2020	묘 卯	350
마 麼	3662	망 忙	1890	몍 鼏	3718	모 毛	1416	묘 廟	772
막 幕	980	망 罔	2656	(몍) 汨	1348	모 模	1617	묘 苗	2748

묘 昴	1072	문 汶	1297	박 拍	1446	반 畔	2125	방 幇	988
묘 描	1507	문 蚊	2642	박 薄	2732	반 攀	2156	방 彷	449
묘 杳	1705	물 物	1376	박 迫	3110	반 絆	2531	방 昉	1085
묘 渺	1345	물 勿	265	박 泊	1240	반 蟠	2626	방 枋	1731
묘 猫	1415	미 米	2580	박 舶	2888	반 頒	3518	방 榜	1688
(묘) 畝	2129	미 美	2369	박 剝	257	발 發	2267	방 肪	2411
무 無	1104	미 味	810	박 搏	1500	발 髮	3607	방 膀	2416
무 務	365	미 未	1611	박 撲	1519	발 拔	1468	방 謗	3281
무 武	2002	미 尾	961	박 樸	1722	발 渤	1267	방 匚	280
무 舞	2648	미 微	444	박 珀	2078	발 鉢	3448	배 倍	56
무 茂	2737	미 眉	2282	박 箔	2697	발 勃	377	배 拜	1433
무 貿	3055	미 迷	3116	박 粕	2595	발 撥	1518	배 背	2380
무 戊	1766	미 彌	924	박 縛	2523	발 潑	1329	(배) 北	220
무 霧	3403	미 媚	515	박 膊	2428	발 跋	3014	배 配	2962
무 巫	944	미 薇	2820	박 駁	3599	발 醱	2971	배 培	671
무 憮	1958	미 靡	3414	박 雹	3411	발 魃	3629	배 排	1459
무 拇	1539	미 謎	3305	반 半	335	발 癶	2265	배 輩	3165
무 撫	1513	민 民	1983	반 反	384	방 方	1973	배 杯	1643
무 毋	2019	민 憫	1906	반 班	2029	방 放	1793	배 俳	147
무 畝	2129	민 敏	1807	반 盤	2240	방 房	1751	배 賠	3072
무 蕪	2786	민 旻	1063	반 般	2887	방 訪	3211	배 裹	2557
무 誣	3286	민 旼	1071	반 飯	3556	방 防	3333	배 裴	2558
무 鵡	3715	민 玟	2042	반 伴	143	방 妨	462	배 徘	450
무 无	1971	민 珉	2043	반 叛	390	방 芳	2747	배 湃	1341
묵 墨	680	민 閔	3381	반 返	3115	방 傲	123	배 胚	2409
묵 默	3642	민 悶	1931	반 搬	1487	방 傍	122	배 陪	3361
문 門	3370	(민) 黽	3681	반 潘	1279	방 邦	2927	배 盃	2246
문 問	794	밀 密	599	반 磻	2147	방 紡	2506	백 白	2079
문 文	1821	밀 蜜	2616	반 拌	1553	방 旁	1980	백 百	2080
문 聞	2869	밀 謐	3304	반 攀	1531	방 龐	3687	백 伯	100
문 紋	2520	박 朴	1598	반 斑	1822	방 坊	707	백 柏	1662
문 紊	2505	박 博	339	반 槃	1696	방 尨	525	백 栢	1663

백	帛	986	벽	辟	3317	보	步	2001	봉	峰	532	부	敷	1810
백	魄	3627	변	變	3206	보	普	1035	봉	逢	3112	부	膚	2400
번	番	2110	변	邊	3100	보	補	2552	봉	鳳	3693	부	傅	131
번	繁	2478	변	辯	3311	보	譜	3253	봉	蜂	2615	부	釜	3449
번	煩	1121	변	辨	3313	보	潽	1304	봉	俸	148	부	阜	3325
번	飜	3551	(변)	便	47	보	甫	2192	봉	縫	2499	부	俯	155
(번)	磻	2147	변	卞	399	보	輔	3175	봉	蓬	2770	부	剖	258
번	蕃	2788	변	弁	995	보	堡	713	봉	捧	1561	부	咐	903
번	藩	2795	변	釆	2984	보	洑	1373	봉	棒	1695	부	埠	712
벌	伐	72	별	別	225	보	菩	2816	봉	烽	1157	부	孵	425
벌	罰	2652	별	瞥	2298	(보)	布	973	봉	鋒	3462	부	斧	1789
벌	閥	3382	별	鼈	3683	보	黼	3664	봉	夆	527	부	腑	2445
벌	筏	2689	별	鱉	3653	보	宝	632	부	父	1815	부	芙	2807
범	犯	1389	별	鼈	3685	복	服	1090	부	夫	731	부	訃	3296
범	範	2678	별	ノ	20	복	福	2348	부	部	2921	부	賻	3074
범	凡	287	병	病	2301	복	復	435	부	副	235	부	駙	3595
범	汎	1235	병	兵	325	복	伏	85	부	婦	459	부	鳧	3711
범	范	2774	병	丙	10	복	複	2542	부	富	598	부	缶	2609
범	帆	985	병	屛	962	복	腹	2385	부	府	762	북	北	220
범	梵	1697	병	竝	2259	복	覆	2838	(부)	復	435	분	分	227
범	氾	1343	병	倂	149	복	卜	397	부	否	818	분	憤	1858
범	泛	1342	병	昞	1069	복	馥	3544	부	負	3050	분	粉	2583
법	法	1184	병	昺	1070	복	僕	166	부	付	108	분	奔	739
벽	壁	661	병	柄	1669	복	宓	268	부	扶	1454	분	奮	740
벽	碧	2138	병	炳	1137	복	輻	3183	부	浮	1222	분	紛	2484
벽	僻	138	병	秉	2214	복	鰒	3654	부	符	2684	분	墳	678
벽	劈	261	병	瓶	2091	(복)	洑	1373	부	簿	2685	분	芬	2780
벽	擘	1564	병	餠	3565	복	支	1790	부	腐	2401	분	吩	887
벽	璧	2068	병	幷	934	본	本	1596	부	賦	3067	분	噴	871
벽	癖	2322	보	保	76	봉	奉	734	부	附	3344	분	忿	1943
벽	闢	3389	보	報	657	봉	封	569	(부)	覆	2838	분	扮	1541
벽	霹	3412	보	寶	593	봉	峯	531	부	赴	3193	분	焚	1148

분 盆	2244	비 匪	281	빈 濱	1368	사 蛇	2614	(삭) 索	2485
분 糞	2587	비 丕	14	빈 瀕	1369	사 詞	3237	산 山	528
분 雰	3406	비 毖	1575	빈 斌	1824	사 邪	2925	산 算	2669
분 颺	3675	비 毘	1574	빙 氷	1183	사 似	113	산 産	2102
불 不	6	비 泌	1285	빙 冰	309	사 巳	947	산 散	1806
불 佛	71	비 匕	219	빙 聘	2877	사 捨	1478	산 傘	133
불 拂	1469	비 庇	780	빙 馮	3592	사 斯	1787	산 酸	2966
불 弗	919	비 憊	1955	빙 憑	1917	사 詐	3246	산 刪	253
불 彿	453	비 扉	1756	빙 冫	297	사 賜	3068	산 珊	2075
(불) 沸	1339	비 沸	1339	사 四	635	사 唆	848	산 疝	2331
불 黻	3665	비 琵	2064	사 事	33	사 赦	2989	살 殺	1775
붕 崩	537	비 痺	2314	사 使	54	사 飼	3563	살 撒	1514
붕 朋	1095	비 砒	2158	사 死	1577	사 泗	1293	살 煞	1164
붕 鵬	3697	비 秕	2228	사 社	2345	사 些	218	살 薩	2805
붕 棚	1702	비 緋	2530	사 仕	61	사 嗣	879	삼 三	2
붕 硼	2157	비 翡	2918	사 史	803	사 奢	748	(삼) 參	396
붕 繃	2513	비 脾	2424	사 士	402	사 娑	516	삼 森	1630
비 比	1573	비 臂	2433	사 寫	589	사 徒	452	삼 蔘	2771
비 費	3043	비 蜚	2628	사 思	1838	사 瀉	1320	삼 滲	1371
비 鼻	3672	비 裨	2577	사 査	1610	사 獅	1408	삼 衫	2578
비 備	79	비 誹	3280	사 寺	565	사 祠	2366	삼 彡	1008
비 悲	1851	비 譬	3303	사 師	976	사 紗	2510	삽 插	1492
비 非	3413	비 鄙	2940	사 舍	2850	사 簑	2804	삽 澁	1370
비 飛	3550	비 妣	499	사 謝	3221	사 麝	3671	(삽) 扱	1542
비 批	1438	비 斐	1823	사 射	568	사 砂	2162	상 上	4
비 碑	2136	빈 貧	3048	사 私	2200	사 肆	2666	상 商	806
비 祕	2352	빈 賓	3066	사 絲	2472	사 袈	2568	상 相	2272
비 秘	2204	빈 頻	3512	사 辭	3312	사 簑	2717	상 賞	3045
비 卑	340	빈 彬	1014	사 司	820	사 厶	394	상 常	975
비 妃	475	빈 嚬	888	사 斜	1827	사 糸	2449	상 床	761
비 婢	472	빈 嬪	511	사 沙	1211	삭 削	248	상 想	1853
비 肥	2392	빈 殯	1586	사 祀	2354	삭 朔	1096	상 狀	1388

상 傷	91	서 序	759	석 奭	745	설 卨	400	세 洗	1189
상 象	2995	서 徐	438	석 晳	1061	설 薛	2776	세 勢	368
상 像	105	서 恕	1868	석 錫	3441	설 屑	969	세 稅	2198
상 償	112	서 緖	2480	석 潟	1372	설 泄	1340	세 細	2462
상 喪	829	서 署	2655	선 先	183	설 洩	1312	세 貰	3071
상 尙	576	서 庶	774	선 線	2451	설 渫	1314	(세) 說	3208
상 桑	1652	서 敍	1808	선 仙	57	설 齧	3679	소 小	574
상 裳	2553	서 暑	1050	선 鮮	3645	설 褻	2579	소 少	575
상 詳	3236	서 誓	3260	선 善	807	섬 纖	2500	소 所	1750
상 霜	3398	서 逝	3141	선 船	2885	섬 暹	1068	소 消	1176
상 嘗	839	서 瑞	2041	선 選	3091	섬 蟾	2623	소 掃	1430
상 祥	2357	서 舒	2851	선 宣	602	섬 陝	3351	소 笑	2674
상 箱	2687	서 墅	407	선 旋	1978	섬 殲	1588	소 素	2463
상 庠	776	서 壻	517	선 禪	2359	섬 閃	3387	소 燒	1122
상 孀	512	서 嶼	550	선 繕	2496	섬 銛	3576	소 疏	2249
상 爽	1819	서 抒	1560	선 琁	2073	섭 攝	1495	소 蘇	2741
상 翔	2916	서 曙	1079	선 璇	2045	섭 涉	1245	소 訴	3230
상 觴	3321	서 棲	1687	선 璿	2047	섭 燮	1141	소 召	833
상 牀	1747	서 犀	1385	선 扇	1755	성 姓	456	소 昭	1049
(새) 塞	674	서 胥	2444	선 煽	1159	성 成	1758	소 蔬	2756
새 璽	2074	서 薯	2812	선 羨	2374	성 省	2271	소 騷	3583
색 色	2855	서 黍	3630	선 腺	2423	성 性	1839	소 紹	2503
색 塞	674	서 鼠	3674	선 膳	2432	성 城	658	소 巢	560
색 索	2485	서 筮	2715	선 銑	3464	성 星	1027	소 沼	1283
색 嗇	876	석 夕	997	(선) 亘	217	성 盛	2234	소 邵	2936
생 生	2101	석 席	972	선 蟬	2643	성 聖	2870	소 塑	722
(생) 省	2271	석 石	2131	선 嬋	518	성 聲	2872	소 宵	630
생 牲	1382	석 惜	1888	선 渲	1374	성 誠	3210	소 搔	1554
생 甥	2103	석 釋	2985	설 雪	3395	성 晟	1058	소 梳	1720
생 笙	2716	석 昔	1046	설 說	3208	성 醒	2972	소 甦	2104
서 西	2836	석 析	1640	설 設	3212	세 世	7	소 疎	2250
서 書	1986	석 碩	2145	설 舌	2849	세 歲	2000	소 瘙	2334

소 簫	2694	쇠 攵	519	수 嫂	507	순 殉	1581	시 示	2342
소 蕭	2813	수 水	1168	수 戍	1770	순 脣	2398	시 施	1977
소 逍	3142	수 手	1422	수 狩	1404	순 盾	2283	시 是	1029
소 遡	3154	수 數	1792	수 瘦	2333	순 洵	1292	시 視	2951
소 銷	3478	수 樹	1595	수 穗	2227	순 淳	1309	시 試	3218
소 韶	3541	수 首	3495	수 竪	2264	순 珣	2048	시 詩	3216
(소) 疋	2247	(수) 宿	588	수 粹	2592	순 舜	2649	시 侍	98
속 速	3089	수 修	78	수 繡	2515	순 荀	2832	시 矢	2182
속 束	1609	수 受	386	수 羞	2373	순 筍	2711	시 屍	964
속 俗	77	수 守	594	수 蒐	2790	순 醇	2980	시 柴	1658
속 續	2464	수 授	1434	수 袖	2564	순 馴	3604	시 匙	222
속 屬	958	수 收	1802	수 酬	2978	술 術	2890	시 媤	506
속 粟	2585	수 秀	2203	수 髓	3621	술 述	3111	시 弑	937
속 贖	3080	수 垂	698	수 讐	3287	술 戌	1767	시 猜	1399
손 孫	417	수 壽	405	수 讎	3288	숭 崇	530	시 諡	3267
손 損	1441	수 帥	981	수 鬚	3608	슬 瑟	2039	시 豺	3032
손 遜	3140	수 愁	1877	수 殳	1774	슬 膝	2429	시 柿	1719
손 巽	950	수 殊	1580	숙 宿	588	습 習	2909	시 尸	951
(손) 率	2093	수 獸	1391	숙 叔	388	습 濕	1263	시 豕	2994
송 送	3094	수 輸	3167	숙 肅	2664	습 拾	1453	식 植	1594
송 松	1625	수 隨	3341	숙 淑	1225	습 襲	2547	식 食	3552
송 頌	3505	수 需	3397	숙 熟	1114	승 勝	363	식 式	936
송 訟	3244	수 囚	645	숙 孰	423	승 承	1432	식 識	3203
송 誦	3247	수 搜	1479	숙 塾	703	승 乘	24	식 息	1845
송 宋	613	수 睡	2284	숙 夙	1002	승 僧	110	식 飾	3557
송 悚	1939	수 誰	3249	숙 菽	2802	승 昇	1039	식 殖	1583
쇄 刷	241	수 遂	3120	순 順	3503	승 升	341	식 湜	1290
쇄 鎖	3439	수 雖	3488	순 純	2461	승 繩	2507	식 軾	3173
쇄 灑	1352	수 須	3514	순 巡	559	승 丞	15	식 拭	1538
(쇄) 殺	1775	수 洙	1284	순 旬	1037	시 市	971	식 熄	1153
쇄 碎	2149	수 銖	3456	순 瞬	2279	시 時	1020	식 蝕	2625
쇠 衰	2550	수 隋	3354	순 循	447	시 始	457	신 信	52

신	新	1784	십	十	331	안	岸	534	애	埃	690	양	洋	1179
신	神	2344	(십)	拾	1453	안	顔	3507	애	艾	2781	양	陽	3326
신	身	3034	십	什	164	안	雁	3486	애	崖	549	양	養	3554
신	臣	2861	쌍	雙	3489	안	按	1537	애	曖	1087	양	羊	2368
(신)	辰	2991	씨	氏	1982	안	晏	1086	애	靄	3408	양	樣	1618
신	伸	115	아	兒	186	안	鞍	3535	애	隘	3360	양	壤	670
신	晨	1047	아	亞	213	알	謁	3250	액	液	1203	양	揚	1462
신	辛	3310	아	我	1763	알	關	3385	액	額	3506	양	讓	3232
신	紳	2504	아	牙	1420	알	斡	1829	액	厄	293	양	楊	1646
신	申	2113	아	芽	2749	알	軋	3179	액	扼	1559	양	孃	492
신	愼	1879	아	阿	3345	알	歹	1576	액	縊	2529	양	襄	2560
신	腎	2405	아	雅	3485	암	暗	1030	액	腋	2422	양	恙	1954
신	呻	856	아	餓	3561	암	巖	535	앵	櫻	1721	양	攘	1552
신	娠	497	아	俄	172	암	岩	536	앵	鶯	3706	양	瘍	2335
신	宸	624	아	啞	864	암	癌	2307	앵	鸚	3714	양	釀	2977
신	燼	1162	아	衙	2902	암	庵	779	야	夜	1000	양	痒	2336
신	薪	2785	아	訝	3302	암	闇	3391	야	野	2944	어	語	3198
신	蜃	2637	아	鵝	3712	압	壓	659	야	也	41	어	漁	1190
신	訊	3295	아	蛾	2644	압	押	1498	야	耶	2876	어	魚	3644
신	迅	3148	아	砑	2835	압	鴨	3696	야	惹	1909	어	御	440
(신)	丨	17	악	惡	1837	앙	仰	99	야	倻	132	어	於	1979
실	室	579	(악)	樂	1601	앙	央	737	야	冶	304	어	圄	648
실	失	733	악	岳	538	앙	殃	1582	야	揶	1550	어	瘀	2337
실	實	584	악	握	1490	앙	怏	1945	야	爺	1816	어	禦	2356
실	悉	1959	악	堊	723	앙	秧	2226	(야)	若	2736	억	億	58
심	心	1830	악	愕	1933	앙	鴦	3705	약	弱	912	억	憶	1875
심	深	1201	악	顎	3524	앙	昂	1080	약	藥	2723	억	抑	1455
심	審	608	악	嶽	555	애	愛	1832	약	約	2455	억	臆	2435
심	甚	2096	악	鰐	3656	애	哀	826	약	若	2736	언	言	3196
(심)	沈	1214	안	安	580	애	涯	1252	약	躍	3008	언	焉	1119
심	尋	570	안	案	1603	애	礙	2143	약	葯	2814	언	彦	1015
심	瀋	1291	안	眼	2276	애	碍	2144	약	龠	3724	언	堰	724

언 諺	3264	연 鉛	3426	영 榮	1614	오 傲	125	와 過	1362
엄 嚴	819	연 宴	605	영 映	1032	오 吾	789	와 蝸	2627
엄 儼	171	연 沿	1215	영 營	1111	오 嗚	841	와 訛	3294
엄 奄	751	연 燕	1123	영 迎	3103	오 娛	481	와 蛙	2645
엄 掩	1567	연 軟	3163	영 影	1011	오 汚	1236	완 完	585
엄 俺	170	연 硯	2139	영 泳	1251	오 梧	1649	완 緩	2491
엄 厂	290	연 妍	484	영 詠	3245	오 吳	842	완 莞	2782
엄 广	755	연 淵	1268	영 暎	1054	오 墺	683	완 婉	514
업 業	1602	연 衍	2901	영 瑛	2040	오 伍	161	완 宛	623
여 如	458	연 捐	1503	영 盈	2242	오 奧	749	완 玩	2066
여 餘	3555	연 椽	1718	영 嬰	509	오 寤	619	완 腕	2418
여 與	2606	연 筵	2692	영 瑩	709	오 懊	1956	완 阮	3363
여 子	35	연 鳶	3709	(영) 瑩	2049	(오) 惡	1837	완 琓	2071
여 余	118	(연) 羨	2374	예 藝	2727	(오) 於	1979	완 頑	3517
여 汝	1238	(연) 咽	859	예 豫	2996	오 鼇	3682	왈 曰	1985
여 輿	3170	열 熱	1103	예 譽	3233	오 鈺	3324	왕 王	2026
역 逆	3095	열 悅	1874	예 銳	3436	옥 屋	952	왕 往	432
역 域	667	열 閱	3380	예 預	3516	옥 玉	2025	왕 旺	1066
역 易	1036	(열) 咽	859	예 濊	1288	옥 獄	1395	왕 汪	1289
역 亦	203	염 染	1633	예 睿	2285	옥 沃	1274	왕 枉	1706
역 役	442	염 炎	1118	예 叡	393	옥 鈺	3447	왕 尢	522
역 疫	2306	염 鹽	3658	예 芮	2772	온 溫	1174	왜 歪	2005
역 譯	3231	염 厭	295	예 曳	1995	온 穩	2218	왜 倭	128
역 驛	3582	염 閻	3384	예 穢	2231	온 蘊	2815	왜 矮	2187
역 繹	2528	염 焰	1152	예 裔	2561	옹 擁	1494	외 外	998
연 然	1100	염 艷	2856	예 詣	3298	옹 翁	2911	외 畏	2120
연 演	1198	염 髥	3609	(예) 洩	1312	옹 甕	2088	외 巍	551
연 煙	1105	엽 葉	2725	오 五	211	옹 邕	2938	외 猥	1413
연 硏	2134	엽 燁	1135	오 午	333	옹 雍	3493	(외) 歪	2005
연 延	410	엽 饁	3574	오 誤	3219	옹 甕	704	요 要	2837
연 燃	1107	영 永	1175	오 悟	1871	와 瓦	2087	요 曜	1025
연 緣	2475	영 英	2724	오 烏	1113	와 臥	2863	요 謠	3222

요	搖	1480	용	鏞	3453	욱	旭	1062	원	袁	2559	유	乳	38
요	腰	2399	용	涌	1319	욱	昱	1067	원	猿	1412	유	儒	87
요	遙	3124	용	聳	2882	욱	煜	1126	원	鴛	3704	유	遊	3107
요	妖	487	용	茸	2799	욱	郁	2932	원	冤	313	유	遺	3104
요	堯	689	용	蓉	2808	욱	頊	2072	원	寃	631	유	幼	906
요	姚	495	용	踊	3013	운	運	3087	원	垣	728	유	幽	907
요	耀	2914	용	踴	3027	운	雲	3396	월	月	1088	유	悠	1872
요	僥	165	용	慂	1966	운	韻	3540	월	越	3192	유	柔	1634
요	凹	277	용	舂	2608	운	云	214	월	鉞	3477	유	猶	1392
요	夭	750	우	右	791	운	芸	2767	위	偉	64	유	維	2479
요	拗	1532	우	友	385	운	殞	1585	위	位	55	유	裕	2548
요	擾	1529	우	雨	3393	운	耘	2601	위	爲	1570	유	誘	3238
요	窈	2175	우	牛	1375	운	隕	3357	위	衛	2898	유	唯	838
요	窯	2177	우	優	86	(운)	暈	1082	위	危	346	유	惟	1899
요	邀	3133	우	遇	3102	울	鬱	3617	위	圍	643	유	愈	1897
요	饒	3567	우	郵	2924	울	蔚	2773	위	委	466	유	酉	2960
(요)	樂	1601	우	偶	103	웅	雄	3481	위	威	467	유	俞	357
요	飇	3548	우	宇	603	웅	熊	1128	위	慰	1855	유	庾	777
요	幺	905	우	愚	1884	원	園	636	위	偽	127	유	榆	1683
욕	浴	1186	우	憂	1885	원	遠	3086	위	胃	2394	유	踰	3009
욕	慾	1881	우	羽	2908	원	元	187	위	謂	3234	유	喻	874
욕	欲	2011	우	于	215	원	原	291	위	緯	2493	유	宥	616
욕	辱	2993	우	又	383	원	院	3328	위	違	3121	유	愉	1941
용	勇	361	우	尤	524	원	願	3500	위	尉	571	유	揄	1549
용	用	2191	우	佑	146	원	員	812	위	渭	1303	유	柚	1716
용	容	591	우	祐	2360	원	圓	642	위	韋	3536	유	游	1317
용	庸	769	우	禹	2253	원	怨	1857	위	魏	3626	유	癒	2324
용	傭	135	우	寓	620	원	援	1451	위	萎	2792	유	諛	3274
용	熔	1133	우	虞	2847	원	源	1209	위	口	633	유	諭	3265
용	溶	1269	우	迂	3149	원	苑	2766	유	有	1089	유	蹂	3019
용	瑢	2062	우	隅	3355	원	媛	491	유	油	1177	유	鍮	3470
용	鎔	3444	우	嵎	552	원	瑗	2061	유	由	2108	유	釉	2987

유	孺	426	응	凝	302	이	弛	925	일	日	1018	자	炙	1147
유	肉	2251	응	鷹	3700	이	爾	1820	일	逸	3114	자	煮	1163
육	育	2377	응	膺	2436	이	痍	2311	일	壹	406	자	瓷	2090
육	肉	2376	의	意	1833	이	餌	3570	일	佾	139	자	疵	2320
윤	潤	1217	의	衣	2540	이	邇	3157	일	鎰	3471	자	蔗	2828
윤	閏	3378	의	醫	2961	이	貽	3082	일	佚	158	자	藉	2794
윤	允	194	의	義	2370	(이)	茸	2799	일	溢	1310	작	作	51
윤	尹	966	의	議	3214	이	彛	1006	임	任	68	작	昨	1022
윤	胤	2403	의	依	84	이	彝	1007	임	壬	404	작	爵	1571
윤	鈗	3455	의	儀	82	이	隶	3415	임	賃	3063	작	酌	2965
율	聿	2663	의	疑	2248	익	益	2235	임	妊	485	작	勺	267
융	融	2622	의	宜	612	익	翼	2910	입	入	353	작	嚼	886
융	戎	1769	의	矣	2186	익	翊	2912	잉	剩	260	작	灼	1145
융	絨	2535	의	擬	1527	익	翌	2915	잉	孕	424	작	炸	1156
은	銀	3418	의	椅	1712	익	弋	935	자	子	413	작	綽	2536
은	恩	1846	의	毅	1780	인	人	44	자	字	416	작	芍	2829
은	隱	3338	의	誼	3275	인	因	639	자	自	2893	작	雀	3494
은	垠	688	이	二	210	인	印	345	자	者	2858	작	鵲	3703
은	殷	1779	이	以	62	인	引	915	자	姉	464	잔	殘	1578
은	誾	3263	이	耳	2868	인	認	3220	자	姊	465	잔	棧	1689
은	慇	1967	이	移	2197	인	仁	88	자	姿	468	잔	盞	2243
을	乙	36	이	異	2116	인	忍	1861	자	資	3051	잔	屛	427
음	音	3538	(이)	易	1036	인	姻	480	자	刺	249	잠	暫	1041
음	飮	3553	이	已	946	인	寅	611	자	慈	1880	잠	潛	1231
음	陰	3329	이	夷	741	인	刃	247	자	紫	2488	잠	蠶	2619
음	淫	1248	이	而	2833	인	咽	859	자	恣	1893	잠	箴	2700
음	吟	835	이	貳	3065	인	湮	1332	자	玆	2094	잠	簪	2704
음	蔭	2789	이	弌	938	인	蚓	2640	자	磁	2146	잠	岑	556
읍	邑	2919	이	伊	145	인	靭	3534	자	諮	3256	잡	雜	3483
읍	泣	1242	이	怡	1911	인	儿	182	자	雌	3487	장	長	3323
읍	揖	1509	이	珥	2038	인	夊	408	자	滋	1301	장	場	652
응	應	1847	이	姨	500	일	一	1	자	仔	163	장	章	2256

장 將	566	장 녀	1746	적 赤	2988	전 塡	702	점 黏	3632
장 障	3331	재 在	654	적 敵	1803	전 奠	752	접 接	1435
(장) 狀	1388	재 才	1423	적 積	2202	전 廛	784	접 蝶	2620
장 壯	403	재 材	1606	적 籍	2681	전 悛	1936	정 正	1998
장 帳	978	재 財	3041	적 績	2469	전 栓	1715	정 定	582
장 張	916	재 再	315	적 賊	3052	전 甎	1418	정 庭	756
장 腸	2383	재 災	1101	적 適	3108	전 澱	1330	정 情	1835
장 裝	2544	재 栽	1638	적 寂	606	전 煎	1150	정 停	65
장 獎	735	재 裁	2549	적 摘	1463	전 癲	2339	정 政	1801
장 丈	9	재 載	3166	적 笛	2682	전 箋	2696	정 程	2199
장 掌	1460	재 哉	831	적 跡	3002	전 箭	2712	정 精	2581
장 粧	2584	재 宰	614	적 蹟	3003	전 篆	2698	정 丁	8
장 臟	2389	재 滓	1361	적 滴	1257	전 纏	2537	정 整	1804
장 莊	2745	재 齋	3720	적 嫡	508	전 輾	3186	정 靜	3368
장 葬	2742	쟁 爭	1569	적 狄	1400	전 銓	3469	정 井	212
장 藏	2733	쟁 錚	3458	적 謫	3271	전 顚	3520	정 亭	204
장 墻	677	저 貯	3044	(적) 炙	1147	전 顫	3525	정 廷	411
장 庄	775	저 低	74	적 迹	3134	전 餞	3566	정 征	443
장 獐	1414	저 底	767	전 全	354	전 塼	726	정 淨	1228
장 璋	2050	저 抵	1457	전 前	224	절 切	228	정 貞	3060
장 蔣	2765	저 著	2743	전 電	3394	절 節	2672	정 頂	3509
장 仗	162	저 沮	1282	전 戰	1759	절 絶	2459	정 訂	3243
장 匠	282	저 咀	889	전 傳	59	절 折	1437	정 偵	129
장 杖	1704	저 狙	1403	전 典	324	절 竊	2171	정 呈	843
장 檣	1711	저 箸	2699	전 展	954	절 截	1772	정 艇	2890
장 漿	1363	저 詛	3282	전 田	2105	절 卩	344	정 旌	1981
장 薔	2825	저 躇	3024	전 專	567	점 店	758	정 晶	1060
장 醬	2975	저 邸	2939	전 轉	3162	점 占	398	정 楨	1679
장 牆	1748	저 牴	3322	전 錢	3425	점 點	3641	정 汀	1302
장 贓	2864	저 猪	1409	전 殿	1778	점 漸	1216	정 玎	2060
장 贓	3083	저 氐	1984	전 甸	2123	점 霑	3409	정 禎	2367
장 樟	1684	적 的	2081	전 剪	256	점 粘	2589	정 鄭	2934

정 鼎	3716	조 朝	1091	조 繰	2534	좌 佐	116	주 誅	3284
정 幀	987	조 調	3204	조 肇	2665	좌 挫	1516	주 躊	3023
정 挺	1555	조 操	1427	조 藻	2824	죄 罪	2651	주 輳	3185
정 町	2126	조 助	366	조 詔	3291	주 主	29	주 丶	28
정 睛	2288	조 早	1026	조 躁	3022	주 住	45	죽 竹	2667
정 碇	2151	조 造	3101	조 遭	3136	주 晝	1023	죽 粥	2598
정 穽	2173	조 鳥	3690	조 阻	3358	주 注	1178	죽 鬻	3615
정 酊	2981	조 條	1623	족 足	2999	주 州	558	준 準	1195
정 釘	3466	조 潮	1204	족 族	1975	주 週	3092	준 俊	120
정 錠	3475	조 組	2473	족 簇	2713	주 走	3188	준 遵	3125
정 靖	3369	조 兆	190	존 尊	563	주 周	816	준 准	303
제 弟	911	조 照	1116	존 存	421	주 朱	1622	준 埈	684
제 第	2670	조 租	2212	졸 卒	336	주 酒	2963	준 峻	539
제 題	3499	조 弔	918	졸 拙	1470	주 奏	746	준 晙	1073
제 制	233	조 燥	1115	졸 猝	1410	주 宙	604	준 浚	1305
제 提	1429	조 彫	1013	종 種	2196	주 柱	1635	준 濬	1306
제 濟	1202	조 措	1488	종 終	2454	주 株	1653	준 駿	3587
제 祭	2349	조 釣	3450	종 宗	596	주 洲	1219	준 樽	1732
제 製	2543	조 曹	1994	종 從	437	주 珠	2037	준 竣	2263
제 除	3335	조 祚	2361	종 鍾	3428	주 鑄	3430	준 蠢	2641
제 際	3332	조 趙	3194	종 鐘	3476	주 舟	2884	중 中	18
제 帝	979	조 凋	306	종 縱	2483	주 駐	3588	중 重	2943
제 諸	3241	조 嘲	881	종 綜	2498	주 疇	2124	중 衆	2854
제 齊	3719	조 曺	1993	종 琮	2051	주 做	157	중 仲	114
제 堤	676	조 棗	1694	종 慫	1965	주 胄	319-1	즉 卽	349
제 劑	251	조 槽	1734	종 腫	2443	주 冑	319-2	즐 櫛	1735
제 啼	873	조 漕	1360	종 踪	3015	주 呪	853	즙 汁	1336
제 悌	1934	조 爪	1568	종 踵	3016	주 嗾	890	즙 葺	2823
제 梯	1736	조 眺	2291	종 艐	3676	주 廚	781	증 增	662
제 蹄	3025	조 稠	2221	좌 左	940	주 紂	2533	증 證	3225
제 霽	3410	조 粗	2590	좌 座	766	주 紬	2532	증 憎	1878
조 祖	2343	조 糟	2593	좌 坐	668	주 註	3292	증 曾	1991

증	症	2304	직	織	2474	질	迭	3145	찬	贊	3056	창	彰	1016
증	蒸	2739	직	稙	2219	(질)	佚	158	찬	餐	3564	창	滄	1253
증	贈	3069	직	稷	2215	짐	斟	1828	찬	燦	1125	창	敞	1811
증	烝	1166	진	眞	2274	짐	朕	1097	찬	璨	2059	창	昶	1059
지	地	651	진	進	3098	집	集	3480	찬	瓚	2063	창	倡	178
지	紙	2450	진	珍	2031	집	執	672	찬	鑽	3452	창	娼	505
지	知	2184	진	盡	2238	집	輯	3176	찬	撰	1543	창	廠	783
지	止	1997	진	陣	3339	(집)	什	164	찬	纂	2516	창	愴	1921
지	志	1843	진	振	1464	(집)	葺	2823	찬	饌	3568	창	槍	1733
지	指	1431	진	辰	2991	징	徵	445	찬	篡	2702	창	漲	1357
지	支	2023	진	鎭	3434	징	懲	1907	찬	簒	2703	창	猖	1407
지	至	2865	진	陳	3347	징	澄	1323	찰	察	592	창	瘡	2316
지	持	1447	진	震	3405	(차)	車	3158	찰	刹	250	창	脹	2420
지	智	1033	진	塵	663	차	次	2008	찰	札	1671	창	艙	2891
지	誌	3226	진	津	1308	차	差	942	찰	擦	1522	창	菖	2826
지	之	23	진	診	3261	차	借	121	참	參	396	창	鬯	3616
지	枝	1641	진	秦	2216	차	此	2004	참	慘	1901	채	採	1449
지	池	1212	진	嗔	878	(차)	茶	2738	참	憯	1905	채	債	126
지	只	834	진	疹	2310	차	且	11	참	斬	1788	채	彩	1010
지	遲	3127	진	晋	1055	차	遮	3130	참	僭	177	채	菜	2735
지	旨	1065	진	晉	1056	차	叉	391	참	塹	718	채	埰	686
지	脂	2404	질	質	3046	차	嗟	891	참	懺	1946	채	蔡	2768
지	址	692	질	疾	2305	차	蹉	3018	참	站	2261	채	采	2986
지	芝	2779	질	秩	2207	착	着	2273	참	讒	3290	채	寨	622
지	咫	858	질	姪	483	착	錯	3438	참	讖	3289	책	責	3042
지	摯	1517	질	窒	2170	착	捉	1475	창	窓	2165	책	册	316
지	枳	1737	질	叱	855	착	搾	1511	창	唱	801	책	策	2683
지	祉	2365	질	嫉	513	착	窄	2174	창	創	234	책	栅	1707
지	肢	2412	질	帙	991	착	鑿	3468	창	倉	111	처	處	2842
지	趾	3026	질	桎	1738	착	齪	3680	창	昌	1040	처	妻	471
직	直	2270	질	膣	2448	착	辵	3084	창	蒼	2740	처	悽	1894
직	職	2871	질	跌	3010	찬	讚	3227	창	暢	1051	처	凄	307

척 尺	959	철 撤	1497	체 遞	3129	축 矗	2299	추 皺	2190
척 戚	1762	철 喆	849	체 締	2495	춘 寸	561	추 佳	3479
척 拓	1461	철 澈	1278	체 涕	1326	춘 村	1593	축 祝	2347
척 斥	1786	철 凸	278	체 諦	3269	춘 忖	1942	축 築	2675
척 隻	3490	철 綴	2522	초 草	2720	총 總	2465	축 蓄	2728
척 陟	3350	철 轍	3182	초 初	231	총 銃	3420	축 縮	2468
척 擲	1530	철 中	572	초 招	1452	총 聰	2875	축 畜	2121
척 滌	1328	첨 尖	577	초 礎	2137	총 叢	392	축 丑	12
척 瘠	2321	첨 添	1247	초 肖	2391	총 塚	710	축 逐	3119
척 脊	2410	첨 瞻	2286	초 超	3191	총 寵	621	축 蹴	3007
(척) 刺	249	첨 僉	176	초 抄	1467	촬 撮	1544	축 軸	3172
척 彳	428	첨 籤	2709	초 秒	2213	최 最	1988	춘 春	1019
천 千	332	첨 詹	3273	초 哨	844	최 催	104	춘 椿	1676
천 天	730	첨 恬	2097	초 焦	1129	최 崔	543	출 出	275
천 川(巛)	557	첨 妾	477	초 楚	1668	추 秋	2194	출 黜	3643
천 泉	1210	첨 諜	3254	초 憔	1919	추 推	1448	충 充	188
천 淺	1229	첩 帖	989	초 梢	1700	추 追	3117	충 忠	1842
천 賤	3058	첩 捷	1546	초 樵	1691	추 抽	1471	충 蟲	2613
천 踐	3006	첩 牒	1745	초 炒	1165	추 醜	2967	충 衝	2899
천 遷	3126	첩 疊	2127	초 硝	2159	추 趨	3195	충 衷	2556
천 薦	2758	첩 貼	3079	초 礁	2161	추 楸	1675	충 沖	1275
천 釧	3451	청 青	3367	초 稍	2224	추 鄒	2941	충 虫	2612
천 喘	872	청 清	1180	초 蕉	2827	추 墜	716	췌 悴	1920
천 擅	1547	청 請	3223	초 貂	3033	추 椎	1701	췌 膵	2438
천 穿	2172	청 廳	765	초 醋	2970	추 樞	1692	췌 萃	2793
천 闡	3388	청 聽	2873	초 鵲	3713	추 芻	2806	췌 贅	3081
천 仟	181	청 晴	1053	초 艸	2718	추 酋	2982	취 取	387
천 阡	3366	체 體	3619	촉 促	92	추 錐	3463	취 就	523
천 舛	2647	(체) 切	228	촉 觸	3320	추 錘	3472	취 趣	3190
철 鐵	3419	체 滯	1271	촉 燭	1120	추 鎚	3473	취 吹	825
철 哲	823	체 替	1992	촉 蜀	2621	추 鰍	3650	취 醉	2964
철 徹	441	체 逮	3128	촉 囑	884	추 槌	1714	취 臭	2894

취 炊	1136	치 菕	3663	탁 琢	2034	태 颱	3546	퇴 頹	3519
취 聚	2878	칙 則	230	탁 託	3262	태 兌	195	투 投	1439
취 娶	498	칙 勅	378	탁 擢	1528	태 台	847	투 鬪	3611
취 翠	2917	친 親	2948	탁 鐸	3474	태 汰	1338	투 透	3118
취 脆	2415	칠 七	3	(탁) 度	757	태 答	2691	투 套	753
취 鷲	3710	칠 漆	1265	탄 炭	1102	태 苔	2796	투 妬	502
취 毳	1419	침 侵	80	탄 彈	917	태 跆	3011	투 鬥	3610
측 測	1193	침 寢	600	탄 歎	2009	택 宅	587	특 特	1377
측 側	102	침 針	3423	탄 誕	3258	택 擇	1443	특 慝	1948
측 惻	1938	침 沈	1214	탄 灘	1280	택 澤	1230	파 波	1199
측 仄	180	침 浸	1246	탄 吞	851	탱 撑	1520	파 破	2133
층 層	957	침 枕	1642	탄 坦	705	탱 撐	1521	파 派	1208
치 致	2866	침 砧	2160	탄 憚	1918	탱 掌	1421	파 把	1491
치 治	1194	침 鍼	3461	탄 綻	2521	터 攄	1548	파 播	1482
치 置	2654	칩 蟄	2629	탄 嘆	904	토 土	650	파 罷	2657
치 齒	3677	칭 稱	2205	탈 脫	2382	토 討	3229	파 頗	3511
치 値	109	칭 秤	2220	탈 奪	744	토 兔	191	파 坡	695
치 恥	1869	쾌 快	1844	탐 探	1450	토 兎	192	파 婆	503
치 稚	2206	타 他	67	탐 貪	3061	토 吐	836	파 巴	949
치 峙	547	타 打	1424	탐 耽	2879	통 通	3088	파 爬	1572
치 雉	3491	타 墮	675	탐 眈	2292	통 統	2460	파 琶	2065
치 侈	151	타 妥	479	탑 塔	673	통 痛	2303	파 芭	2810
치 嗤	892	타 唾	862	탑 搭	1506	통 慟	1950	파 跛	3012
치 幟	990	타 惰	1940	탕 湯	1250	통 桶	1699	파 爸	1817
치 熾	1158	타 楕	1713	탕 宕	626	통 筒	2714	판 板	1607
치 痔	2340	타 舵	2892	탕 蕩	2787	(통) 洞	1171	판 判	237
치 癡	2318	타 陀	3364	태 太	732	퇴 退	3096	판 版	1743
치 痴	2319	타 駝	3603	태 態	1850	퇴 堆	715	판 販	3062
치 緻	2538	탁 卓	337	태 殆	1579	(퇴) 推	1448	판 阪	3352
치 馳	3593	탁 托	1466	태 泰	1218	(퇴) 槌	1714	판 辦	3316
치 夂	526	탁 濁	1261	태 怠	1892	퇴 腿	2447	팔 八	320
치 豸	3028	탁 濯	1264	태 胎	2402	퇴 褪	2572	패 敗	1795

패 貝	3037	폐 幣	982	포 勹	263	피 被	2551	한 恨	1854
패 霸	3404	폐 蔽	2757	폭 暴	1028	피 披	1540	한 閑	3376
패 覇	2839	폐 斃	1814	폭 爆	1110	(피) 跛	3012	한 汗	1237
패 佩	152	폐 陛	3356	폭 幅	983	필 必	1840	한 旱	1044
패 唄	898	포 包	264	폭 曝	1081	필 筆	2673	한 翰	2913
패 悖	1935	포 布	973	폭 瀑	1322	필 畢	2117	한 邯	2933
패 沛	1358	포 砲	2132	(폭) 輻	3183	필 匹	272	한 悍	1951
패 牌	1744	(포) 暴	1028	표 表	2541	필 弼	922	한 澣	1366
패 稗	2225	(포) 曝	1081	표 票	2351	(필) 泌	1285	한 罕	2662
팽 彭	1012	(포) 瀑	1322	표 標	1620	필 疋	2247	한 閒	3372
팽 澎	1367	포 胞	2381	표 漂	1258	핍 乏	26	한 韓	3673
팽 膨	2431	포 浦	1223	표 杓	1672	핍 逼	3135	할 割	246
팽 烹	1167	포 抱	1473	표 剽	262	하 下	5	할 轄	3187
팍 愎	1949	포 捕	1474	표 慓	1952	하 夏	520	함 含	824
편 便	47	포 飽	3562	표 豹	3031	하 河	1182	함 陷	3346
편 篇	2679	포 怖	1913	표 飄	3547	하 何	95	함 咸	830
편 偏	136	포 拋	1486	표 瓢	2100	하 荷	2746	함 艦	2889
편 片	1742	포 鋪	3442	표 彪	1017	하 賀	3057	함 函	279
편 編	2492	포 葡	2783	표 颮	3549	하 瑕	2067	함 喊	868
편 遍	3122	포 鮑	3646	표 髟	3606	하 蝦	2639	함 檻	1710
편 扁	1752	포 匍	269	품 品	804	하 遐	3144	함 涵	1318
편 鞭	3533	포 咆	860	품 稟	2222	하 霞	3407	함 緘	2509
편 騙	3605	포 哺	863	풍 風	3545	학 學	414	함 銜	3457
폄 貶	3078	포 圃	649	풍 豊	3307	학 鶴	3694	함 鹹	3659
평 平	931	포 泡	1324	풍 豐	3308	학 虐	2845	합 合	795
평 評	3228	포 疱	2341	풍 楓	1627	학 壑	719	(합) 陝	3365
평 坪	694	포 脯	2419	(풍) 馮	3592	학 謔	3278	합 盒	2245
평 萍	2811	포 蒲	2809	풍 諷	3268	학 瘧	2338	합 蛤	2638
폐 閉	3375	포 袍	2569	피 疲	2302	한 韓	3537	항 港	1192
폐 廢	773	포 褒	2566	피 避	3105	한 漢	1172	항 航	2886
폐 弊	994	포 逋	3138	피 彼	439	한 寒	590	항 抗	1444
폐 肺	2384	포 庖	787	피 皮	2189	한 限	3330	(항) 降	3336

항 恒	1870	향 嚮	883	혈 血	2853	혜 匸	270	혹 惑	1883
항 項	3510	향 饗	3569	혈 穴	2163	호 號	2841	혹 酷	2969
항 巷	948	허 許	3205	혈 頁	3497	호 湖	1181	혼 婚	469
(항) 行	2895	허 虛	2843	협 嫌	489	호 呼	811	혼 混	1205
항 亢	208	허 噓	897	협 協	338	호 好	461	혼 魂	3623
항 沆	1298	허 墟	711	협 脅	2388	호 戶	1749	혼 昏	1045
항 缸	2611	헌 憲	1856	협 峽	540	호 護	3215	혼 渾	1365
항 肛	2427	헌 獻	1393	협 陜	3365	호 浩	1233	홀 忽	1860
해 海	1170	헌 軒	3168	협 俠	160	호 胡	2390	홀 惚	1928
해 害	583	헐 歇	2018	협 挾	1515	호 虎	2844	홀 笏	2695
해 解	3319	험 驗	3580	협 狹	1405	호 豪	2997	홍 紅	2476
해 亥	205	험 險	3337	협 頰	3526	호 乎	25	홍 洪	1220
해 奚	743	혁 革	3527	협 夾	754	호 互	216	홍 弘	920
해 該	3251	혁 爀	1142	형 兄	184	호 毫	1417	홍 鴻	3695
해 偕	159	혁 赫	2990	형 形	1009	호 濠	1266	홍 泓	1276
해 咳	896	혁 閱	3613	형 刑	239	호 壕	701	홍 哄	895
해 懈	1924	혁 弈	996	형 衡	2900	호 扈	1753	홍 虹	2626
해 楷	1693	현 現	2028	형 亨	206	호 昊	1064	홍 訌	3297
해 諧	3277	(현) 見	2947	형 螢	2617	호 晧	1057	화 火	1099
해 邂	3146	현 賢	3047	형 型	696	호 澔	1277	화 花	2721
해 駭	3597	현 顯	3504	형 瀅	1299	호 皓	2085	화 話	3199
해 骸	3620	현 懸	1864	형 炯	1138	호 祜	2363	화 和	799
핵 核	1624	현 玄	2091	형 瑩	2049	호 鎬	3445	화 畫	2109
핵 劾	382	현 絃	2489	형 邢	2937	호 弧	926	(화) 畫	2130
행 行	2895	현 縣	2494	형 馨	3543	호 狐	1401	화 化	221
행 幸	932	현 弦	921	형 荊	2798	호 琥	2077	화 貨	3049
행 杏	1664	현 峴	548	혜 惠	1852	호 瑚	2076	화 華	2729
향 向	798	현 炫	1143	혜 慧	1882	호 糊	2596	화 禍	2355
향 鄉	2923	현 鉉	3446	혜 兮	329	호 瓠	2099	화 禾	2193
향 香	3542	현 眩	2287	혜 彗	1004	호 蝴	2646	화 靴	3528
향 響	3539	현 絢	2539	혜 醯	2983	호 虓	2840	화 嬅	493
향 享	207	현 衒	2904	혜 蕙	2830	혹 或	1760	화 樺	1685

화 龢	3725	황 惶	1930	후 後	429	흉 胸	2395
확 確	2135	황 慌	1937	후 候	89	흉 匈	266
확 擴	1483	황 煌	1151	후 厚	292	흉 兇	197
확 穫	2211	황 遑	3139	후 侯	119	흉 洶	1364
(확) 廓	782	회 會	1987	후 喉	832	흑 黑	3639
환 患	1836	회 回	641	후 后	846	흔 欣	2017
환 歡	2010	회 灰	1109	후 吼	854	흔 痕	2315
환 環	2032	회 悔	1873	후 嗅	877	흠 欽	2015
환 換	1465	회 懷	1865	후 朽	1703	흠 欠	2006
환 還	3109	회 廻	412	후 逅	3147	흠 歆	2016
환 丸	31	회 檜	1682	훈 訓	3201	흡 吸	809
환 幻	909	회 淮	1273	훈 勳	375	흡 恰	1925
환 桓	1657	회 徊	451	훈 壎	687	흡 洽	1327
환 煥	1127	회 恢	1953	훈 熏	1132	흥 興	2605
환 喚	867	회 晦	1076	훈 薰	2775	희 希	977
환 宦	627	회 繪	2517	훈 暈	1082	희 喜	815
환 驩	3601	회 膾	2434	훙 薨	2831	희 稀	2208
환 鰥	3649	회 蛔	2624	훤 喧	893	희 戲	1765
활 活	1173	회 誨	3272	훼 毀	1777	희 戱	1764
활 滑	1270	회 賄	3077	훼 卉	342	희 噫	840
활 猾	1411	획 劃	244	훼 喙	894	희 姬	494
활 闊	3386	획 畫	2130	휘 揮	1440	희 熙	1124
활 豁	2959	획 獲	1394	휘 輝	3169	희 嬉	490
황 黃	3633	횡 橫	1631	휘 徽	448	희 憙	1910
황 況	1207	횡 鐄	3634	휘 彙	1005	희 熹	1134
황 皇	2082	효 孝	415	휘 諱	3266	희 禧	2362
황 荒	2752	효 效	1796	휘 麾	3661	희 羲	2372
황 晃	1074	효 曉	1043	휴 休	46	희 犧	1383
황 滉	1300	효 哮	861	휴 携	1481	힐 詰	3285
황 凰	289	효 嚆	882	휴 烋	1130		
황 徨	454	효 爻	1818	휼 恤	1929		
황 恍	1927	효 酵	2973	흉 凶	276		

– 저자 소개(紹介) 및 이 책을 내기까지 –

저자는 한문학(漢文學)을 전공하지 않았으며 또한 별도로 한자(漢字)를 배우지도 않았다. 60년대 후반 대구상업고등학교를 졸업하고 취업하였으며, 군(軍)에 입대하여서는 월남전과 전후방을 경험하였다. 제대 후에는 포항종합제철과 산하 자회사에서 근무하였고, 90년대 초반에 중소기업을 인수하여 운영하였으나, 중도에 사업을 접어야 했던 암울한 세월이 漢字 뜻풀이에 몰두하는 계기가 되었다.

필자는 어린 시절부터 漢字에 관심이 많았으며, 이는 아마도 漢學을 하신 선친(先親)의 유전인자를 조금은 물려받았던 것 같다. 40대 중반에 이르러 지기(知己)의 추천과 권유로 당시선(唐詩選)을 접하여 한시(漢詩) 독송에 빠져들게 되었으며, 틈틈이 사서(四書)와 삼경(三經)을 들여다보면서 모르는 글자를 옥편에서 찾아보곤 하였으나 곧장 잊어버리기 일쑤였다. 이에 친구와 더불어 부수(部首)의 중요성에 대한 대화가 연유가 되어 部首를 익히게 되었으며, 부수를 어느 정도 알고 나니, 好(좋을 호) 戀(그리워할 련) 같은 글자가 시각적(視覺的)으로 닿는 진정한 뜻글자임을 자득(自得)하는 희열(喜悅)을 느끼게 되었다. 따라서 베일에 가리어진 뜻풀이에 매진(邁進)하였으며, 우둔(愚鈍)하고 몽매(蒙昧)하여 십 수 년이라는 긴 세월이 흘렀다.

漢字는 뜻글자임에도 몇몇 상형 글자를 제외하고는 왜 이러한 뜻이 담겨 있는지에 대하여 가르치거나 배우지도 않았다. 이러하기에 의미도 모르는 부호(符號)를 익히었기에 어렵게 느껴지고 또한 쉽게 잊어버리었던 것이었다. 이에 뜻풀이를 미지(未知)의 분야로 여기고 여기에 매달린 것이다. 필자가 보건데, 거의 모든 글자는 회의(會意)로 이루어진, 곧 부수는 글자에 배어 있는 주된 의미를 잡아주는 주연(主演)을, 이에 결합되어 있는 다른 부수나 쪽자는 주연을 보좌하는 조연(助演) 역할을 하여, 다양한 방법으로 의미를 표출하여 놓은 흥미로운 뜻글자이라고 과히 단언하는 바이다.

漢字의 절반 이상이 산천(山川)과 동식물, 농수산물 등의 자연이나 농어촌과 관련지어진 글자인 고로, 이를 모르고서는 글자에 배어 있는 의미를 찾아내기가 난해(難解)하였기에 지금껏 한학자들이 이들의 글자를 풀이할 수 없었지 않았나 하는 생각이 듦이다.

필자는 태생이 농촌이며 멀지 아니한 곳에 바다가 접하여 있고, 어릴 때에는 소(牛)의 볼기짝을 치면서 풀을 뜯어 먹이려 다니었기에 농촌의 생태며 산천초목과 농수산물에 친근하였고, 철강회사에 근무하였기에 쇠붙이에 대하여, 국궁(國弓)을 배우고 군 복무를 하였기에 궁시(弓矢)와 총포(銃砲)에 대하여, 문화유산 해설에 의한 유적의 견문 등, 걸어온 모든 발자취가 글자풀이 작업에 밑거름이 되었다. 그러나 漢字는 천차만별하고 교묘하게 엮이어져 있기에 필자의 역량이 미치지 못하여 미진(未盡)하고 미흡(未洽)한 부분이 많음을 밝혀 둔다. 다만 이 책은 어떻게 하면 글자를 머릿속에 새기어 쉬이 잊어버리지 않을 수 있을까 하는 방도를 찾기 위하여 추리하고 추측하여 독학(獨學)한 것으로, 뜻풀이가 그런대로 그럴듯하게 여겨지어 漢字를 조금이라도 쉽게 익힐 것이라는 바람으로 출간(出刊)에 이르게 된 것이다. 고교 3학년 때에 자작(自作)한 호(號) 만추(晩秋), 인생길의 晩秋에 들어서서 이 글을 쓰다.

2017. 2. 15.   지은이 鄭 俊寬

– 부수의 조합으로 이루어진 흥미로운 뜻글자 –

說 文 漢 字
설 문 한 자

2017년 3월 5일 초판 인쇄
2017년 3월 10일 초판 발행

지 은 이 정준관
표지사진 한재갤러리 박진수
본문삽화 포항항도중학교 미술중점반
발 행 인 배영환
발 행 처 도서출판 현우사
등록번호 제10-929호
주　　소 서울시 영등포구 영중로 138-1(영등포동 8가 80-2) 드림프라자 B 901호
　　　　　Tel. 02) 2637-4806, 4863　Fax. 02) 2637-4807
홈페이지 www.hyunwoosa.co.kr
E-mail okpress1208@naver.com
정　　가 26,000 원
I S B N 978-89-8081-500-5 93710

불법복사는 지적재산을 훔치는 범죄행위입니다.

저작권법에 의하여 무단전재와 무단복제를 금합니다.
이를 위반할 시에는 처벌을 받게 됩니다.